Alles gesagt?

ALLES GESAGT?

Eine vielstimmige Chronik
zu Leben und Werk
von Günter Grass

Herausgegeben
von Uwe Neumann

Steidl

Zugegeben, über Günter Grass ist alles gesagt, fast alles. Publizistisch ist er allgegenwärtig, weil nicht allein seine Bücher seit vierzig Jahren kontrovers gefeiert oder kontrovers attackiert werden, auch fast jede seiner Äußerungen als *homo politicus* zog und zieht größere Resonanz und deftigen Widerspruch auf sich. Bei keinem anderen Künstler hierzulande ist der Spannungsbogen der Wertschätzung so groß: zwischen Olymp und Todesdrohungen von Nazis. Unbestritten der Rang, den zumindest *Die Blechtrommel*, *Hundejahre* und *Katz und Maus* in der gegenwärtigen Weltliteratur einnehmen – und doch hat ihr Autor es geschafft, das zu bleiben, was man in Deutschland mit dem kreuzbraven Euphemismus »umstritten« bezeichnet.

Friedrich Christian Delius, 1997

Inhalt

Vorwort des Herausgebers 9
Texte 1955–2015 19

Editorische Notiz 853
Quellen 855
Zeittafel 929
Personenregister 933

Vorwort des Herausgebers

Man hat es seit Jahrzehnten immer wieder gehört, und es wurde auch in den Nachrufen oft wiederholt: Über Günter Grass sei alles gesagt. Aber ist das wirklich so? Selbst seine hasserfülltesten Gegner werden kaum annehmen, dass das medial vermittelte Bild des »öffentlichen« Günter Grass das einzig wahre sei. Wie das, was es noch zu sagen gibt, aussehen kann, darauf geben zwei unveröffentlichte Briefe von Schriftstellerkollegen einen kleinen Vorgeschmack. Zum siebzigsten Geburtstag schreibt Peter Härtling seinem langjährigen Weggefährten:

Und jetzt lese ich allerorts, was über Dich gedacht, gemutmaßt, wie Dir gratuliert wird. Ich wundre, ich ärgere mich. Das ist ein Grass, der in Geschenkpapier eingewickelt wird. Ich aber kenne einen, der ein mitreißender, mitunter mürrischer Freund ist, dessen Launen einheizen, wärmen; einen, der politisch über Stumpfköpfe wegsah und wegdachte; einen, »meinen« Präsidenten, der sich nie ums Akademische scherte; einen, dem beim Trinken, Essen, Streiten die Lust aus den Augen springt und der mit Melancholie nicht spart, einen, dessen Gedichte Wirklichkeiten traktieren und die Versfüße Schuhe anhaben; einen, der unverdrossen, wach und wütend, sich und uns erzählt. Das ist mein Grass. Dem danke ich, vielfach beschenkt. Der ist mir nah.[1]

Zwei Jahre später erhält Günter Grass den Nobelpreis für Literatur. Zu den Gratulanten gehört auch Ingo Schulze, der genau ein Vierteljahrhundert jünger ist als der Geehrte:

Bei allem, was ich an Schönem über Sie in den Zeitungen lesen konnte (während des Hotelfrühstücks waren wir von »front-page-Grassen« umgeben), schien mir etwas zu fehlen: Daß Sie zuhören können. Und daß Sie gelten lassen. Man ist einfach gerne mit Ihnen zusammen.[2]

Wie bitte? Ein Günter Grass, der zuhören kann und gelten lässt? Das passt so gar nicht in das Bild vom »Rechthaber«, »Besserwisser« und »Moralapostel«, wie es bis zum Überdruss beschworen wurde, ganz zu schweigen von Etikettierungen noch ganz anderer Art. Für den Ästhetik-Professor Bazon Brock ist Günter Grass »ein durch und durch totalitärer Charakter«, dazu »größenwahnsinnig und allmachtswahnsinnig«.[3] Ein Mehr an Infamie geht kaum, aber bei Grass-Kritikern weiß man nie.

Günter Grass und die deutsche Literaturkritik – das ist ein weites, vor allem aber ein wüstes Feld. Bevor man sich auf dieses begibt, tut man gut daran, ein Spezifikum der deutschen Literaturkritik in den Blick zu nehmen: die Lust an der ätzenden Polemik und am gnadenlosen Verriss. In einem sehr lesenswerten Aufsatz hat sich Dieter E. Zimmer Gedanken über die »Psychologie des Verreißens« gemacht und dabei hervorgehoben, dass die Literaturkritik in anderen Ländern deutlich weniger schneidend und erbarmungslos verfährt:

> *Im deutschen Sprachgebiet dagegen fühlt sich jeder Rezensent, auch wenn er nur halbanalphabetische Kurzinformationen für Publikumszeitschriften verfaßt, als Kritiker und damit unweigerlich zur »kritischen Attitüde« verpflichtet. Selbst bei bescheidenen Kurzinformationen findet man kaum eine, die im Ton neutral ist – der Kritiker blickt herab auf seinen Gegenstand. Er muß jederzeit und mit jeder Äußerung seinen Kritikerstatus nachweisen und verteidigen, und das heißt: er muß Abfälliges äußern. Entweder über das in Rede stehende Werk; oder über seine Leser, die es mißverstehen; oder über seine verantwortungslosen Lektoren, Verleger, Editoren, Übersetzer. Die Aggression weist den Kritiker als eine Person mit unabhängigem Geist aus (er kann sich Feindschaft leisten); durch Aggression profiliert er sich.*[4]

Die Äußerungen von Zimmer stammen aus dem Jahr 1980, sind aber aktueller denn je. Das Internet-Zeitalter hat es mit sich gebracht, dass die Zahl potentieller Kritiker ins Unendliche angewachsen ist. Die Bühne betreten hat nunmehr der ›Laien-Kritiker‹, dem allenthalben, und damit ist gemeint: weltweit, leicht zugängliche Foren offenstehen. Angesichts dieser Entwicklung von »Demokratisierung« zu sprechen, wäre allzu schmeichelhaft. Früher äußerten sich professionelle Literaturkritiker, heutzutage tun es Hinz und Kunz. Und wenn es ganz schlimm kommt, tobt der »Shitstorm«.

Einen Verriss muss wahrscheinlich jeder Schriftsteller irgendwann einmal in seinem Leben einstecken. Wenn das Verreißen allerdings zu einem »kollektiv veranstalteten Frikassieren«[5] verkommt, dann ging es in der Regel um Günter Grass. Die von Lothar Baier stammende Formulierung bezieht sich auf die Rezeption von *Ein weites Feld* und ist bei aller Schärfe durchaus angemessen. Der englische Germanist Robert Weninger sieht in der Art, wie in der deutschen Öffentlichkeit auf den Roman eingedroschen wurde, »vielleicht eine der herbsten Schelten, die überhaupt je ein Gegenwartsautor hat über sich ergehen lassen müssen«.[6] Im Ausland, wo man Günter Grass ohnehin ganz anders gegenübersteht, hat man die hitzigen Auseinandersetzungen mit Befremden wahrgenommen. »Man bekommt bei der ganzen Diskussion den Eindruck, Grass sollte regelrecht physisch zertreten werden«,[7] wunderte sich der niederländische Schriftsteller Harry Mulisch. »Habe ich recht mit der Vermutung«, fragte die Schweizerin Elsbeth Pulver, »das sei gegenwärtig nur im deutschen Sprachraum denkbar: daß man einen Autor, den man immer noch als einen ›Großen‹ bezeichnet, so ausgesucht lustvoll in die Pfanne haut?«[8] Der französische Literaturwissenschaftler Olivier Mannoni hat die Debatte um *Ein weites Feld* in einem kenntnisreichen Buch dokumentiert, das den Untertitel trägt »Deutschland gegen Günter Grass«. Für die »kollektive Entgleisung der deutschen Presse« macht Mannoni, und damit steht er nicht allein, vor allem politische Gründe verantwortlich, nicht mit einem Roman werde abgerechnet, sondern mit der Person Günter Grass, genauer: mit dem Kritiker der Wiedervereinigung.[9] Dass außerliterarische Gesichtspunkte ein literarisches Urteil unterminieren oder sogar ganz ersetzen, hat freilich Tradition, zumal in Deutschland. Und niemand ist an dieser Stelle ein besserer Gewährsmann als Theodor Fontane:

> *Die Unsicherheit des menschlichen Urtheils ist eben sehr groß, weil wir – Menschen sind. Am schlimmsten steht es damit in Deutschland, weil das Urtheil des Deutschen am meisten abhängig ist von Dingen, die mit der Kunst gar nichts zu schaffen haben. Ein Buch wird danach beurtheilt, ob es luthersch oder calvinistisch oder jesuitisch, ob es loyal oder oppositionell, ob es preußisch oder östreichisch, ob es kaiserwilhelmlich oder bismarkisch ist.*[10]

Damit ist Fonty gewiss aus der Seele gesprochen. Die Anfeindungen, die Günter Grass im August 1995 erfahren musste, sind zwar besonders heftig, aber keinesfalls neu, im Grunde beginnen sie schon mit seinem schriftstellerischen Debüt. Gut ein Jahrzehnt nach Erscheinen der *Blechtrommel* stellt sich Hans Werner Richter die Frage, was Günter Grass so viele Feinde einbringe: »Es kann nicht nur seine politische Haltung sein, die ja auch die meine ist, es muß da noch psychologische Ursachen geben, die schwer zu definieren sind. Grass ist nicht eitel, er spielt sich nicht als berühmter Mann auf, er ist kein Rechthaber. Also was ist es? Ich begreife es nicht.«[11]

Und noch einen weiteren Vorwurf kann man zumindest Teilen der Grass-Kritik nicht ersparen: die Erstarrung zum Ritual. Kurz bevor im Frühjahr 2002 die Novelle *Im Krebsgang* erscheint, veröffentlicht Ursula März einen Artikel, in dem sie diesen Aspekt auf den Punkt bringt:

> *Von Grass genervt sein, ist vereinbarter Stil, Grass interessant finden, wäre Stilbruch. Und das ist kläglich, unsouverän, unfrei, ermüdender im Übrigen als irgendein Grass der Welt es sein könnte. Die Mitgliedschaft im Anti-Grass-Verein ist zu einer Angelegenheit von schwer überbietbarer Langweiligkeit geworden. Der Verein sollte sich auflösen. Sein Bestehen zeugt von ödipaler Unreife, von übertreibender Enttäuschung und übertriebener Erwartung – an die Figur des Schriftstellers wie an sein Werk.*[12]

Um es aber gleich zu sagen: Der Verein hat sich damals nicht aufgelöst, er ist in den folgenden Jahren sogar noch größer geworden. Dafür gesorgt haben insbesondere die beiden tumultuösen Debatten, die 2006 und 2012 ein weltweites Echo fanden. In der einen ging es um Grass' Bekenntnis, als Siebzehnjähriger für einige Monate zur Waffen-SS eingezogen worden zu sein, in der anderen um das israelkritische Gedicht *Was gesagt werden muß*. Beide Diskussionen erreichten rasch einen Hitzegrad, der eine sachliche Auseinandersetzung gar nicht erst zuließ. Zur letztgenannten Debatte bemerkt Per Øhrgaard: »Als Ausländer rieb man sich die Augen über so viel teils Unsinn, teils üble Nachrede; das deutsche Feuilleton spielte verrückt wie seit langem nicht mehr.«[13] Nicht nur konnte man erleben, wie eine ganze Lebensleistung hinter einem einzigen Gedicht verschwand, selbst Todeswünsche wurden öffentlich ausgesprochen. »Womit hat unser einziger lebender Weltautor diesen fanatischen Vernichtungswillen bloß verdient?«, fragte Volker Neuhaus in seiner 2012 erschienenen Grass-Biographie.[14] Drei Jahre später schreibt Salman Rushdie: »Zu den Journalisten, die ihn 1982 niedermachen wollten, sagte ich: ›Vielleicht muss er sterben, bevor ihr erkennt, was für einen großen Mann ihr verloren habt.‹ Diese Zeit ist nun gekommen. Ich hoffe, sie erkennen es jetzt.«[15]

In dieser Anthologie wird Günter Grass einmal anders gezeigt. Im Sinne der eingangs zitierten Briefe wird versucht, dem häufig sehr eindimensionalen Bild ein komplexeres, facettenreicheres entgegenzusetzen. Zu Wort kommen vor allem Schriftsteller, naturgemäß viele Politiker, aber auch zahlreiche andere Persönlichkeiten des öffentlichen Lebens, darunter viele Namen, die man mit Günter Grass gemeinhin nicht in Verbindung bringt – von Boris Becker über David Bowie bis hin zum Papst. Gesetzt wurde auf Vielfalt.

Einmal anders soll auch die Perspektive sein, von der aus Günter Grass betrachtet wird. Nicht die öffentliche Debatte interessiert, sondern die subjektive Sichtweise jenseits davon. Zu den literarischen Werken wurden beispielsweise keine Rezensionen aufgenommen, sondern vor allem Briefe, die Günter Grass von Schriftstellerkollegen als Reaktion auf seine Veröffentlichungen erhalten hat, eine Form der Kollegenkritik, die er immer sehr zu schätzen wusste: »Ich habe von Urteilen über meine Bücher, geschrieben von Autoren, im positiven wie im negativen, die meiste Belehrung und den meisten Aufschluß erfahren.«[16] Ebenso wird sich die Reaktion auf den Nobelpreis in der persönlichen Korrespondenz spiegeln, nicht in den weltweit publizierten Kommentaren. Damit ist auch gesagt, dass diese Textauswahl keine Dokumentation im herkömmlichen Sinne ist. Zu bestimmten Aspekten von Leben und Werk von Günter Grass liegen bereits mehrere, teils hervorragend edierte Materialsammlungen vor, zu denen hier gar nicht erst in Konkurrenz getreten werden soll.[17]

Was diese Anthologie bieten möchte, sind Fundsachen für Grass-Leser, um es in Abwandlung eines Grass-Titels zu sagen. Ein Kernstück bilden rund 380 unveröffentlichte Briefe an Günter

Grass, die aus dem Lübecker Sekretariat von Günter Grass, der heutigen Günter und Ute Grass Stiftung, und dem Grass-Archiv der Berliner Akademie der Künste stammen. Auch bei anderen Zeugnissen sollte es sich im Idealfall immer um ›Fundsachen‹ handeln, sprich: um wenig bekannte, abseitige, originelle Texte. Der Leser ist zum Stöbern eingeladen, geboten wird ein Nachschlagewerk, das neben einer linearen Lektüre noch manch andere Zugangsmöglichkeit eröffnet. Angesprochen ist immer der interessierte Zeitgenosse, keinesfalls nur der Spezialist. Vorwissen ist nützlich, aber nicht notwendig.

Es geht im Wesentlichen um vier Themenbereiche, die sich zwar theoretisch trennen lassen, die aber häufig auch in ein und demselben Text erscheinen. Zunächst im weitesten Sinne um Persönliches, also Porträts oder Schilderungen von Begegnungen, wie man sie in Autobiographien, Memoiren, Briefen oder Tagebüchern finden kann. Um gar nicht erst den Verdacht aufkommen zu lassen, hier werde über eine gezielte Textauswahl eine Hagiographie konstruiert, sei von vornherein bemerkt, dass auch wenig Schmeichelhaftes berücksichtigt wurde, von verhaltener Kritik über Häme bis hin zur offenen Schmähung. Dasselbe Prinzip gilt selbstverständlich für die gesamte Anthologie.

Einen breiten Raum nehmen Äußerungen von Schriftstellern zum literarischen Werk ein, wobei man noch einmal unterscheiden kann zwischen Kommentaren und produktiver Rezeption. In zahlreichen literarischen Werken, darunter viele von internationalem Rang, finden sich intertextuelle Bezüge in ganz unterschiedlicher Gestalt. Fällt die Präsentation diesbezüglich fragmentarisch und impressionistisch aus, liegt das auch daran, dass die internationale Rezeption erst in Ansätzen untersucht worden ist. Und für die Germanistik gibt es hier wahrlich etwas zu tun: »Seit Thomas Mann«, befindet Nadine Gordimer, »hat kein deutscher Schriftsteller eine so große Wirkung auf die Weltliteratur gehabt.«[18]

Ein eigener Themenbereich, der die Stimmen von Politikern aller Couleur umfasst, ergibt sich aus Günter Grass' Selbstverständnis als Bürger dieses Landes. Wie kaum ein anderer hat es der geborene Danziger als seine republikanische Pflicht angesehen, sich immer wieder öffentlich zu Wort zu melden und Partei zu ergreifen. »Aus seinen öffentlichen Einsprüchen könnte man im

Rückblick die gesellschaftspolitischen Debatten der Bundesrepublik nahezu lückenlos rekonstruieren«,[19] bemerkte Wolfram Schütte 1997. Daran hat sich bis in das letzte Lebensjahr nichts geändert.

Bei einem vierten Themenfeld steht der Unterhaltungswert im Vordergrund, es geht um Anekdotisches, Amüsantes und Kurioses. Hierzu kann man auch die rund 20 Karikaturen und Porträtskizzen rechnen, die in den Band aufgenommen wurden. Nebenbei gesagt: Keinen anderen Nachkriegsschriftsteller haben die Karikaturisten so oft und so genüsslich aufs Korn genommen wie Günter Grass. Und das liegt gewiss nicht nur am Schnauzbart.

Zum Aufbau: Um der amorphen Stoffmasse überhaupt eine Form zu geben, sind die Texte chronologisch nach Jahren geordnet. Innerhalb der Jahre wurde die Chronologie aufgegeben und eine thematische Anordnung versucht, die einen gewissen Lesefluss ermöglichen sollte. Zum besseren Verständnis wurden in einzelnen Fällen Anmerkungen gemacht, auf einen ausführlichen Anmerkungsapparat musste aber schon aus Platzgründen verzichtet werden.

Und noch ein Wort in eigener Sache. Die vorliegende Auswahl ist von Herzen subjektiv, und es könnte auch gar nicht anders sein. Bei den Recherchen, die ich seit 2008 in verschiedenen Grass-Archiven unternommen habe (in Berlin, Bremen, Lübeck sowie im Deutschen Literaturarchiv in Marbach), hatte ich es mit einer Materialfülle zu tun, die niemand mehr überblicken kann. Allein das Bremer Medienarchiv verfügt über 120.000 Dokumente, die teils noch gar nicht bibliographisch erfasst sind. Auch wenn ich mich wochenlang in den Archiven aufhielt, wird mir doch vieles entgangen sein. Aus der Not lässt sich aber eine Tugend machen, denn, wie Walter Kempowski in seinen Notizen zum *Echolot* bemerkt: »Daß allerhand fehlt, ist eine gute Sache für Rezensenten, sie können sich dadurch profilieren.«[20] Bei ›fehlenden‹ Texten ist allerdings auch zu bedenken, dass einige Autoren nicht bereit waren, die Erlaubnis zur Veröffentlichung zu erteilen.

Schließlich gilt es einen aufrichtigen Dank auszusprechen an Hilke Ohsoling (»Kennen Sie eigentlich den Text von …?«), Dieter Stolz (»Hier würde ich kürzen«) und Isabel von Holt (»Wird sofort erledigt«), die mich über alle Jahre hindurch mit Rat und Tat unterstützt haben. Und mein Dank gilt natürlich auch und vor allem

Günter Grass, der mir Einblick in seine Korrespondenz gewährte und in ausführlichen Gesprächen auf meine Fragen einging. Dabei konnte auch ich es erleben: Er war ganz anders.

Ahrensburg, im Mai 2017
Uwe Neumann

1   Peter Härtling: Brief an Günter Grass vom 11.10.1997, unveröffentlicht, Günter-Grass-Archiv, Akademie der Künste, Berlin.
2   Ingo Schulze: Brief an Günter Grass vom 8.10.1999, unveröffentlicht, Günter-Grass-Archiv, Lübeck.
3   Bazon Brock: »Grass hat in gravierender Weise Kontrollverlust erlitten«. *Ästhetik-Professor Brock zum Israel-Gedicht des Nobelpreisträgers*, in: *Focus online* vom 8.4.2012.
4   Dieter E. Zimmer: *Notizen zur Psychologie des Verreißens und Verrissenwerdens*, in: Walter Jens (Hg.): *Literatur und Kritik. Aus Anlaß des 60. Geburtstages von Marcel Reich-Ranicki*, Stuttgart (DVA) 1980, S. 120–132, hier: S. 121.
5   Lothar Baier: *Was wird Literatur?*, München (Kunstmann) 2001, S. 115.
6   Robert Weninger: *Streitbare Literaten. Kontroversen und Eklats in der deutschen Literatur von Adorno bis Walser*, München (Beck) 2004, S. 214.
7   Harry Mulisch in: *Massive Kritik an Reich-Ranicki – Grass-Roman erschienen*, dpa-Meldung vom 28.8.1995.
8   Elsbeth Pulver: *Tagebuch mit Büchern*, in: *ZeitSchrift*, Okt. 1995.
9   Olivier Mannoni: *Un écrivain à abattre. L'Allemagne contre Günter Grass*, Paris (Ramsay) 1996, S. 36.
10 Theodor Fontane: Brief an Georg Friedlaender vom 1.8.1894, in: Ders.: *Briefe*, Bd. IV, hg. von Otto Drude und Helmuth Nürnberger unter Mitwirkung von Christian Andree, München (DTV) 1998, S. 377.
11 Hans Werner Richter: *Mittendrin. Die Tagebücher 1966–1972*, hg. von Dominik Geppert in Zusammenarbeit mit Nina Schnutz, München (Beck) 2012, S. 167.
12 Ursula März: *Abschied vom Phantom. Vor der Novelle: Grass und der Anti-Grass-Verein*, in: *Frankfurter Rundschau* vom 2.2.2002.

13 Per Øhrgaard: *Die Aufregung aus dem Ausland betrachtet. Ein Nachtrag in halbwegs eigener Sache,* in: Ders./Heinrich Detering (Hg.): *Was gesagt wurde. Eine Dokumentation über Günter Grass' »Was gesagt werden muss« und die deutsche Debatte,* Göttingen (Steidl) 2013, S. 363–370, hier: S. 365.

14 Volker Neuhaus: *Günter Grass. Schriftsteller – Künstler – Zeitgenosse. Eine Biographie,* Göttingen (Steidl) 2012, S. 458.

15 Salman Rushdie: *Der große Tänzer der Literatur,* aus dem Englischen von Felicitas von Lovenberg, in: *Frankfurter Allgemeine Zeitung* vom 15. 4. 2015.

16 Günter Grass: *Literaturkritik aus Autorenperspektive. Günter Grass im Gespräch mit Stephan Lohr,* in: *Der Deutschunterricht,* Jg. 43, 1991, H. 1, S. 69–73, hier: S. 71.

17 Vgl. besonders Gert Loschütz (Hg.): *Von Buch zu Buch. Günter Grass in der Kritik. Eine Dokumentation,* Neuwied/Berlin (Luchterhand) 1968; Heinz Ludwig Arnold/Franz Josef Görtz (Hg.): *Günter Grass – Dokumente zur politischen Wirkung,* München (Edition Text + Kritik) 1971; Franz Josef Görtz (Hg.): *»Die Blechtrommel«. Attraktion und Ärgernis. Ein Kapitel deutscher Literaturkritik,* Darmstadt/Neuwied (Luchterhand) 1984; Franz Josef Görtz (Hg.): *Günter Grass: Auskunft für Leser,* Darmstadt/Neuwied (Luchterhand) 1984; Daniela Hermes/Volker Neuhaus (Hg.): *Günter Grass im Ausland. Texte, Daten, Bilder,* Frankfurt/M. (Luchterhand) 1990; Oskar Negt (Hg.): *Der Fall Fonty. »Ein weites Feld« von Günter Grass im Spiegel der Kritik,* Göttingen (Steidl) 1996; Manfred Bissinger/Daniela Hermes (Hg.): *Zeit, sich einzumischen. Die Kontroverse um Günter Grass und die Laudatio auf Yaşar Kemal in der Paulskirche,* Göttingen (Steidl) 1998; Klaus Pezold (Hg.): *Günter Grass. Stimmen aus dem Leseland,* Leipzig (Militzke) 2003; Martin Kölbel (Hg.): *Ein Buch, ein Bekenntnis. Die Debatte um Günter Grass' »Beim Häuten der Zwiebel«,* Göttingen (Steidl) 2007; Kai Schlüter: *Günter Grass im Visier. Die Stasi-Akte. Eine Dokumentation mit Kommentaren von Günter Grass und Zeitzeugen,* Berlin (Ch. Links) 2010; Heinrich Detering/Per Øhrgaard (Hg.): *Was gesagt wurde. Eine Dokumentation über Günter Grass' »Was gesagt werden muss« und die deutsche Debatte,* Göttingen (Steidl) 2013.

18 Nadine Gordimer: *Phantasievoller Umgestalter seiner Zeit,* in: *Günter Grass zum 65. Geburtstag. Eine Zeitung,* hg. vom Steidl Verlag, Göttingen 1992, S. 7 f., hier: S. 7.

19 Wolfram Schütte: *Epiker & Zeitgenosse. Der Schriftsteller Günter Grass feiert heute seinen 70. Geburtstag,* in: *Frankfurter Rundschau* vom 16. 10. 1997.

20 Walter Kempowski: *Culpa: Notizen zum »Echolot«,* München (Knaus) 2005, S. 316.

1955

CK: *Das Knochengerüst der Dinge*
 Der Name Günter Grass wurde im Frühjahr dieses Jahres zum ersten Male diskutiert. Damals erhielt der 26jährige Berliner einen Lyrik-Preis des Süddeutschen Rundfunks. Bald darauf brachte die Zeitschrift *Akzente* Gedichte von ihm. Sie wurden nachgedruckt und lösten lebhafte Leserzuschriften aus: empörte und zustimmende. Dann las Grass anläßlich der Frühjahrstagung der »Gruppe 47« in Berlin. Beim deutsch-österreichisch-schweizerischen Schriftstellertreffen machten seine Gedichte beim Leseabend der Deutschen eine aufsehenerregende Figur. – Kürzlich erschien er mit präziser Prosa und neuen Gedichten auf der Herbsttagung der »Gruppe 47« in Bebenhausen. – Aber Grass ist seinem Beruf nach nicht Schriftsteller, sondern Zeichner und Bildhauer. Einen Einblick in sein Schaffen gibt eine kleine, aber gut zusammengestellte Ausstellung von Zeichnungen und Skulpturen in der Stuttgarter Galerie Lutz und Meyer.
 Die Gedichte und die Zeichnungen von Grass erwachsen aus dem gleichen Impuls. Sein Griff läßt nur die harten Konturen oder das Knochengerüst der Dinge bestehen, eine klirrende Landschaft der Kieselkristalle. Alles Umrahmende und Beschwichtigende fällt ab. Dieses Knochengerüst der Dinge aber geht unmerklich über in das feinste allgemeine Linienspiel: eine Kunst, die von den scharfen Umrissen und Skeletten des einzelnen ausgeht und sie ins abstrakte Liniengefüge einer großen Welt überleitet. Grass überrascht durch Energie und sicheren Strich. Das Geäder überdimensionaler Heuschrecken im Vordergrund einer Zeichnung verflicht sich mit dem Gestänge einer Stadt der Hochhäuser im Hintergrund. Das Gliederwerk einer Spinne geht über in eine feinnervige Brückenkonstruktion. In den Zeichnungen seiner »Windhühner« schafft er, ohne zu allegorisieren, überzeugende und faszinierende Linien-Chimären unserer Gegenwart. In der Plastik zeigt er, im Umriß einer Taube und in den Rundungen einer Krebsgestalt, wie er seine Härte aufzufangen sucht in einem modernen Märchenstil.
 Grass trifft damit die Lage: Gegenständliches und Abstraktes in einem zu sehen. Er wählt nicht den leichteren Weg, die Welt in einem

Abkürzungsprozeß möglichst bruchlos in Geometrie aufzulösen, über die Härte des Gegenstandes hinweg. Damit unterscheidet er sich in seiner Zeichnung, obwohl er auf seinem Weg weit ins Losgelöste vordringt, wie in der Lyrik (etwa von Helmut Heißenbüttel). – Vieles gibt sich noch verbissen und überanstrengt. Aber es ist eine staunenswerte Probe, die der Berliner zum ersten Male und mit mancher Mühe von seiner »Insel« herüber gebracht hat an einen etwas versteckten Ort; man sollte nicht daran vorbeigehen und man sollte ihr weitere Chancen geben.

> Erst nach Jahrzehnten wird bekannt, dass sich hinter dem Autorenkürzel »CK« der Grass-Mentor Walter Höllerer verbirgt. – Die frühen Grass-Gedichte hat noch ein Gottfried Benn zu lesen bekommen. Gegenüber Grass' Lehrer Karl Hartung nannte Benn die Gedichte »vielversprechend«, fügte aber hinzu: »Ihr Schüler wird später mal Prosa schreiben.« (*Beim Häuten der Zwiebel;* X, 602)

1956

LUCHTERHAND VERLAG: *WERBEZETTEL*
 Günter Grass wurde am 16. Oktober 1927, an einem Sonntag, in Danzig geboren. Seine Verehelichung mit Anna Margareta im Jahre 1954 ist das bisher größte Ereignis seit seiner Geburt. Zuvor floh er aus Westdeutschland nach Berlin. Hier geht es ihm gut.

ANONYMUS: *DIE VORZÜGE DER WINDHÜHNER*
 Wir hoffen, daß Grass nach Verabreichung dieses ungebärdigen Mostes uns auch noch einmal ausgereiften Wein vorsetzen wird.

PETER HAMM: *NEUE LYRIK*
 Grass traut man zu, daß er den eingeschlagenen Weg bis zum Ende gehen kann. Das Wort wird ihn weit führen, das ist sicher, schon heute. Was kann man Rühmenswerteres sagen?

WILLI LEPPLER: *OFFENER BRIEF AN GÜNTER GRASS*
 Aber die Sprache! Bitte, denken Sie immer daran, daß sie genau eigene Gesetze hat wie der Stein, das Holz oder die Farbe. Und diese Gesetze darf man nicht brechen, auch nicht Sie, Herr Grass; denn Sie sind in Gefahr, die Sprache mehr zu vergewaltigen, zu zerreißen, als es der sturste Grammatikpauker jemals imstande wäre zu tun.
 Das waren harte Worte. Sie dürfen mir glauben, sie sind nicht aus Ressentiment etwa gegen die moderne Kunst geschrieben; sondern aus Liebe zur Kunst und zur poetischen besonders.

1957

WIELAND SCHMIED: *DIE VORZÜGE DER WINDHÜHNER*
Wir waren drei, die wir im Mai 1955 in Stuttgart den Lyrikpreis des Süddeutschen Rundfunks erhielten. Christine Busta aus Wien, Günter Grass aus Berlin und der Verfasser dieser Zeilen. Günter Grass, 1927 in Danzig geboren, lebt seit Jahren als Bildhauer, Graphiker und Schriftsteller in Berlin. Er war ein netter, stiller Kerl, und das eine preisgekrönte Gedicht von ihm machte mich neugierig, mehr kennenzulernen. Nun legt er zum ersten Male eine Sammlung von Gedichten, kurzer Prosa und Zeichnungen vor, nachdem schon in den *Akzenten* (Hanser-Verlag, München) und in *Texte und Zeichen* (herausgegeben von Alfred Andersch in Berlin) einige seiner reizvoll verspielten Dichtungen erschienen sind.

Der Vorzug seiner Windhühner ist zu allererst der, daß sie gar keine Hühner sind, sondern ein Mittelding zwischen echten Traumhühnern und Wach-Traumhühnern, mit einem Wort: daß sie Windhühner sind. In diesem Sinne ist der Vorzug seiner Gedichte, daß sie nicht Gedichte sein wollen, sondern Windgedichte, charmante Windbeutel-Gedichte. Sie sind leicht, bekömmlich und durchsichtig wie die Eier von Traumhühnern. Verse wie »V, der Vogel« und »K, der Käfer« gehören zum Besten, was in den letzten Jahren in deutscher Sprache geschrieben wurde. Nirgendwo sonst fand ich diese selbstverständliche Unbekümmertheit der Assoziationen; und heute schon freue ich mich auf die nächste Sammlung von »Windhühnern«.

SIMPLICISSIMUS: *DIE VORZÜGE DER WINDHÜHNER*
GÜNTER GRASS / *Die Vorzüge der Windhühner* (Luchterhand). – Oder die Nachzüge der Luchterhände im Verlag Windhuhn. Nach der Lektüre dieser verdrehten Ergüsse marschierten wir mit Gesang in den Wartesaal 1. Klasse und bestellten, um den hochnäsigen Ober zu giften: »Einmal Telegraphenstangen mit Mark, einmal entgleisten D-Zug mit garnierter Drehscheibe und Stellwerkpüree, also das kleine Gedeck, und für die Damen ein halbes Schlußlicht!«

ADRIAAN MORRIËN: *EIN DEBÜTANT*
   Ich will nicht behaupten, *Die Vorzüge der Windhühner* enthielten lauter gute Verse. Der Band ist vielmehr ein Beginn, ein erster Anfang, persönliche Erfahrungen auszudrücken. Er besitzt den Charme eines Debüts, das noch alle Möglichkeiten offenhält. Ich fand die Gedichte amüsant zu lesen, vielleicht, weil ich daran denken mußte, wie Grass geht, lacht und spricht – bestimmt und ohne Pedanterie –, an seinen jugendlichen Eifer, Artigkeiten zu sagen und sich Artigkeiten vom Gesprächspartner gefallen zu lassen.

HEINER MÜLLER: *DIE KRÖTE AUF DEM GASOMETER*
   Die Gedichte von Günter Grass sind rhythmisch kraftlos, Assoziationsreihen ohne Struktur. Was bleibt ist Highbrow-Pornographie. Aufgabe der Dichtung bleibt die Verteidigung des Menschen gegen seine Verwurstung und Verdinglichung. Leute wie Grass haben uns und wir haben ihnen nichts zu sagen.

JOHANNES BOBROWSKI: *DIE WINDHÜHNER*
   Auf jeden Fall ist Grass aber eine Begabung, auf die man achten sollte. Ein Gedicht wie *Vogelflug* ist entschieden mehr als ein Versprechen. Er wird sich noch wandeln, das steht in den Gedichten, deutlicher noch in den vier Seiten Prosa *Fünf Vögel* und in den Zeichnungen, die entfernt einiges von Gromaire haben.

HERMANN LENZ: *BRIEF AN PAUL CELAN*
   Vor einigen Tagen war Höllerer bei Dr. Schonauer und erzählte von Paris. Daß Bächler als Zeitungskorrespondent einen dicken blonden Bart trägt und Günter Grass nur durch aufgehängte Wäsche zu erreichen ist, die in einem Hof flattert, wo ein Fahrrad- und Grammophon-Reparateur seine Werkstatt aufgeschlagen hat.

1958

HANS MAGNUS ENZENSBERGER: *BRIEF AN GÜNTER GRASS*
Lieber Günter, ich kann mir schon denken, warum Suhrkamp dir mein Ding [= den Gedichtband *Verteidigung der Wölfe*] nicht geschickt hat. Er wird eben denken, dir fehlt die nötige sittliche Reife. Ich sehe nicht recht, wie ich ihm diese Vorstellung rauben könnte. Schließlich ist da was dran. (Es, das Ding, kommt mit gleicher Post.)
Unser Einling hält unverändert den Vorsprung vor deinem Doppelsohn. Er wird sich anstrengen müssen um meine Tochter zu überrunden, die bereits deutlich muhen kann.
Sei vorsichtig und leg dich nicht in die Sonne. Wenn du zu braun wirst, legen dich die Faschisten um.

SIEGFRIED UNSELD: *BRIEF AN GÜNTER GRASS*
Lieber Herr Grass, / Herr Höllerer ist gestern von seiner Reise zurückgekehrt und hat mir auch von seinem Besuch bei Ihnen [in Paris] und von der Situation erzählt, die er bei Ihnen vorfand. Sie können sich denken, was sein Bericht in mir ausgelöst hat. Ich möchte Ihnen darüber aber nicht schreiben, sondern Ihnen heute nur nochmals sehr ans Herz legen, Ihre Entscheidung nicht zu überstürzen, damit wir in Großholzleute nochmals Gelegenheit haben, über die ganze Sache zu sprechen. Es ist sehr schade, daß Sie meine Bitte um einen Teil des Manuskriptes, die ich an Sie gerichtet habe, unbeantwortet ließen. Ich bin ganz sicher, daß wir dann entschieden weiter wären, und ich kann und will nicht einsehn, daß Sie sich, wenn Sie nun einmal von Luchterhand weggehen wollen, von einem anderen Verlag irgendwelche größere materielle oder wirkungsmäßige Vorteile versprechen. Wir sind von unserer Seite aus bisher nur nicht entschiedener geworden, weil wir es nicht schätzen, in eine Bindung mit einem anderen Verlag einzugreifen. Wenn aber bei Ihnen diese Neigung überhaupt besteht, so brauchten ja auch wir nicht zu zögern.
Ich wollte Ihnen dies nur nochmals sagen und hoffe, daß wir in Großholzleute Gelegenheit haben, in Ruhe darüber zu sprechen.

In seiner Unseld-Biographie schreibt Peter Michalzik: »Grass war ähnlich machtbewusst wie Unseld, er konnte ihn wie kein anderer parodieren. Und in Sigtuna dekretierte er über Unseld: ›Ein pompöser Mann, der alles zweimal sagt‹.« (*Unseld*, S. 150)

KLAUS MAMPELL: *LITERATURMESSE IN GROSSHOLZLEUTE*
Mit dem gnädigsten Urteil bei den Lesungen bedachte man im allgemeinen das Witzige und Spritzige, und besonders schätzte man die Grotesken von Günter Grass, der diesmal – wohlverdient! – den sporadisch vergebenen Preis der Gruppe 47 erhielt.

> Klaus Mampell hatte im April 1954 vor der Gruppe 47 gelesen und war durchgefallen. Von der Lesung berichtete er Thomas Mann, der ihm zur Antwort gab: »Das Benehmen der 47er bei Ihrer Vorlesung ist natürlich pöbelhaft bis zur Unglaubwürdigkeit, nur bei dieser Rasselbande möglich. Millionen des Schlages werden sich nun, mit hochstehender Währung reich versehen, reisend über die Welt ergießen und überall ihre dreiste Schnauze hören lassen.«

MARCEL REICH-RANICKI: *EIN ECHTES TALENT*
Grass schreibt eine unkonventionelle, kräftige, ja sogar wilde Prosa, deren Rhythmus schon jetzt unverwechselbar ist. Er kann beobachten und schildern, seine Dialoge sind vorzüglich, sein Humor ist grimmig und originell, und er hat viel zu sagen. Seine Prosa reißt manchmal hin und provoziert manchmal zum Widerspruch. Aber man kann ihr gegenüber nie gleichgültig sein. Sie stammt aus der Feder eines echten Talents.

> Marcel Reich-Ranicki war im Sommer 1958 von Polen nach Deutschland übergesiedelt und nahm erstmalig in Großholzleute an einer Tagung der Gruppe 47 teil. Die zitierte Passage ist seine erste veröffentlichte Äußerung zu Günter Grass. Seine Autobiographie eröffnet er mit der Erinnerung daran, wie bei der Tagung ein »jüngerer deutscher Autor« auf ihn zukam: »Dieser kräftige junge Mann, selbstsicher und etwas aufmüpfig, verwickelte mich nun in ein Gespräch. Nach einem kurzen Wortwechsel bedrängte er mich plötzlich mit einer einfachen Frage. Noch niemand hatte mir, seit ich wieder in Deutschland war, diese Frage so direkt und so ungeniert gestellt. Er, Günter Grass aus Danzig, wollte nämlich von mir wissen: ›Was sind Sie denn nun eigentlich – ein Pole, ein Deutscher oder wie?‹ Die Worte ›oder wie‹ deuteten wohl noch auf eine dritte Möglichkeit hin. Ich antwortete rasch: ›Ich bin ein halber Pole, ein halber Deutscher und ein ganzer Jude.‹ Grass schien überrascht, doch war er offensichtlich zufrieden, ja beinahe entzückt: ›Kein Wort mehr, Sie könnten dieses schöne Bonmot nur verderben‹.« (*Mein Leben*, S. 11)

KLAUS ROEHLER: *BRIEF AN ELFRIEDE UND WALTER ROEHLER*
Großholzleute: Baumgart nahm uns im auto mit. Gisela hat alles großen spaß gemacht. Überhaupt: Grass mit frau, Enzio + Dagrun, Gisela + ich: eine frau jünger und hübscher als die andere, wir waren sehr oft zusammen, und erst die gruppe: jedenfalls haben wir auch für gesellschaftliche ereignisse gesorgt. Preis: Grass hatte einige stimmen mehr, aber was er vorlas, war auch besser als meins, er ist einfach schon einen schritt weiter als ich. Nur Enzio war etwas verschnupft; er lag an dritter stelle. Sonntag abend dann nach Ulm: party in der hochschule für gestaltung. Montag und dienstag waren wir noch in München, auf kosten von Grass (er hatte 1955 die ersten Triboll-zeichnungen gemacht, vielleicht erinnert Ihr Euch noch), zwei herrliche tage, wir halfen ihm, einen teil des preises (4.500.–) zu verjubeln.

WOLFGANG HILDESHEIMER: *BRIEF AN HANS JOSEF MUNDT*
Lieber Hans Joseph, / zu meiner Bestürzung mußte ich einer Äußerung von Hans [Werner Richter] entnehmen, daß Du mir ein klein wenig ›gram‹ darüber bist, daß ich Grass zu Neske gebracht habe. Da auch andere Verleger das behaupten, ja, Unseld sogar meint, ich hätte ihn Suhrkamp ausgespannt, möchte ich Dir dazu etwas sagen, – den Anderen bin ich ja keine Rechenschaft schuldig.
Es ist wahr, daß ich Grass für eine ziemlich universal veranlagte geniale Begabung halte. Ich wurde bei seiner zweiten Lesung in der Gruppe auf ihn aufmerksam, habe Zeichnungen von ihm gekauft, andere Käufer zu beschaffen versucht, ihn – was ich tief bedauere – zum *Jahresring* gebracht, was ihm zumindest ein paar Tausend Mark, mir dagegen die nicht ganz unberechtigten Vorwürfe einiger Freunde eingetragen hat, und seine, zum Teil hinreißenden, Gedichte, dramatisierten Essays und Geschichten in den *Akzenten* verfolgt.
Aber davon, daß er Weltliteratur schreibt, wußte ich bis zu seiner Lesung selbst nicht. Neske hat ihn unabhängig von mir kennengelernt, er hat mit ihm, Höllerer und anderen in Paris die Lyrikplatte aufgenommen, hörte bei dieser Gelegenheit von den Romanplänen, von denen er mir dann hier erzählte, fuhr dann von hier in den Tessin, wo Grass damals war, ließ sich ein paar Seiten vorlesen und war

begeistert und hat sich sofort darum bemüht. Dann rief mich Grass an, erzählte mir von der Besprechung und sagte, er habe außerdem Angebote von Suhrkamp und Walter (Olten). Da ich Neske sehr schätze, riet ich zu ihm, rief Neske nochmals an, der sofort zurück ins Tessin zu Grass fuhr, und die Sache war abgemacht. Allerdings war, glaube ich, noch ein kleiner Kampf mit Luchterhand zu bestehen, aber der ist wohl inzwischen entschieden. So und nicht anders war es. Es standen also nur die drei Verlage zur Debatte, daß ich *aus den Dreien* zu dem mir sympathischsten geraten habe, wirst Du gewiß verstehen. Bitte sei mir deshalb nicht böse.

1959

RUDOLF HARTUNG: *BRIEF AN GÜNTER GRASS*
Lieber Herr Grass, / schönsten Dank für Ihre Zeilen vom 9. März und die Zusendung des Kapitels *Brausepulver* aus Ihrem Roman. Ich habe es mit beträchtlichem Vergnügen gelesen – erstaunlich war mir auch hier wiederum, wie glücklich Sie auch hier wieder die Fußangeln und Fallstricke des üblichen realistischen Erzählens vermeiden. Ich bin sehr gespannt, wie sich der Roman im ganzen darstellen wird. Daß wir das *Brausepulver* in den *[Neuen deutschen Heften]* bringen können, glaube ich freilich nicht – es braust wirklich zu sehr.

>Wegen der sexuellen Inhalte wird *Brausepulver* zu einem der berühmtesten Kapitel der *Blechtrommel*. Aufgenommen wird es 2009 in die von Sabrina Melandri herausgegebene Anthologie *Das literarische Kamasutra. Die schönsten verborgenen Stellen der Weltliteratur.*

KLAUS ROEHLER: *BRIEF AN GÜNTER GRASS*
Lieber herr Grass, / landbewohner, die nach Paris fahren, sind so naiv und denken, es gebe in Paris nur eine italienische straße, in wahrheit aber gibt es drei: Boulevard des Italiens, Rue d'Italie, Avenue d'Italie und einen Place d'Italie noch dazu. Ich hatte mir von Ihrer adresse nur die hausnummer gemerkt, 111, und das italienische; ich dachte, das genügt. Zuerst fuhren wir zum Boulevard des Italiens. Als wir an der oper ausstiegen, sagte meine frau, da siehst du mal, wie weit es der Grass schon gebracht hat, wer in so einer straße wohnen kann, muß eine menge geld haben. Leider hörte der Boulevard des Italiens mit der nummer 36 auf. Vorsichtshalber fragten wir auf nummer 11, ob hier vielleicht ein herr Grass wohne. Dann gingen wir in die Rue d'Italie. Sie hat es bis heute nicht über die nummer 18 hinausgebracht. Meine frau sagte, der Grass ist ein sonderling, ein misanthrop, er streut falsche adressen aus, damit ihn niemand besuchen kann. Trotzdem kauften wir einen stadtplan für frs. 240.– Darin entdeckten wir die Avenue d'Italie. Im hof der nummer 111 wurde uns gesagt, daß hier zwar ein herr Grass wohne, aber er sei verreist, in die Schweiz. Da setzten wir uns ins nächste

café, tranken eine coca-cola, aßen den kuchen auf, schenkten die blumen einem clochard und waren sehr traurig, daß herr Grass in der Schweiz ist. Pech. Vielleicht haben wir das nächste mal mehr glück.

Dr. Baumgart hatte mir erzählt, daß Ihr roman nun doch bei Luchterhand erscheint, zu bedingungen, wie sie nur ein Thomas Mann in seiner besten zeit hatte; fast kann ich mir das feilschen um die honorare vorstellen, wenn ich daran denke, wie Sie Ihre zeichnungen verkaufen. Hoffentlich tut Luchterhand etwas für den roman; Piper würde mehr tun, damit entledige ich mich gleich eines offiziellen auftrags, den mir herr Piper mit nach Paris gab: herrn Grass zu grüßen und behutsam anzudeuten, daß es doch sehr nett gewesen wäre, wenn herr Grass auf den brief geantwortet hätte, den ihm herr Piper geschrieben hat.

Die »Zweiunddreißig Zähne« konnte ich nicht besser hören als Sie; was den funkempfang betrifft, da scheint zwischen der Schweiz und Oberbayern kein großer unterschied zu sein. Die bearbeitung hat mir sehr viel spaß gemacht; hoffentlich hatten Sie nicht sehr viel daran auszusetzen. Etwas davon habe ich für meinen roman geklaut, nämlich die feststellung, daß der mensch 32 zähne hat, was mir vorher nicht recht bewußt war. Wenn ich es sagen darf, ohne mir Ihren zorn zuzuziehen: manchmal dachte ich, dieser Grass, wenn er doch da und dort gestrichen hätte, dann wäre sein stück nicht nur ein gutes, sondern ein sehr gutes stück.

Bei uns ist inzwischen ein monstrum von sohn angekommen, der Oskar heißt, mehr nach seinem großvater als nach Ihrem Oskar, und ungeheure mengen milch vertilgt. Ich übe täglich eine stunde vor dem spiegel das gesicht eines verantwortungsvollen familienvaters; vielleicht können Sie mir einige tipps geben, für künftige verhandlungen mit verlegern.

Ich vergesse nicht, daß ich Ihnen noch fünfzig mark schulde, die ich mit nach Paris gebracht hatte; dort sind sie in franken verlorengegangen. Falls Sie not leiden, schicke ich sie gleich, sonst wäre ich dankbar, wenn Sie noch bis zum herbst geduld hätten.

RAINER BRAMBACH: *BRIEF AN HANS BENDER*
Der Günter Grass war da und soff mir meinen Birnenschnaps, den ich für ganz miese Zeiten aufbewahrt habe, in kurzer Zeit aus.

Den Hochzeitswein hatte er nicht bei sich, nun, ich werde ihn schon noch kriegen.

HANS BENDER: *BRIEF AN RAINER BRAMBACH*
Der Grass hat also keinen Wein gekauft? Ich gab ihm DM 20,–, er soll 2–3 Flaschen Rotwein für Dich jenseits der Grenze kaufen und mit Dir zusammen [in Basel] trinken. Hat er uns also beide geschädigt? In Frankreich gefiel er mir gut. Er hat gesunde Ansichten, nicht nur über Literaten.

RAINER BRAMBACH: *BRIEF AN HANS BENDER*
Grass ist ein halber Pole und also ein Schnapstrinker; er entschuldigte sich gebührend, als er vernahm, dass ich ein Weintrinker bin. Wir hatten ein langes Abendgespräch, das ich in meinem Herzen notierte. Der Kerl hat neben einigen sympathischen Zügen ein unglaubliches Selbstbewusstsein. Worauf?

HANS MAGNUS ENZENSBERGER: *BRIEF AN GÜNTER GRASS*
nach drei tagen verbissener lektüre (die zähne tun mir noch weh) bin ich durch die blechtrommel gestoßen und erblicke nun die welt auf der andern seite dieses instruments wieder.
ich schreibe solche briefe nie, aber in diesem fall fühle ich mich gezwungen dir zu sagen, daß du eines der monstren hervorgebracht hast die man nicht mehr einstampfen kann. plötzlich erscheinen die andern die auch deutsch romane schreiben als schrebersgärtner. und so weiter. weißt du ja längst alles. jedenfalls: ich weiß es auch. warum kommst du nicht zu fuß? jetzt ist die richtige jahreszeit, jetzt heißt es zugreifen. / oskar ist unser.

PAUL CELAN: *BRIEF AN GÜNTER GRASS*
Lieber Günter, / zwei Zeilen, um auf diese Weise meinen Hut vor Oskar und seiner, also auch Deiner Blechtrommel zu lüften.
Standort des Hutlüftenden: Seite 230. Wobei selbiger nicht ver-

schweigen will, daß er dem (Seiden-)Futter des Gelüfteten einiges darunter Wohnende mitzugeben sich gezwungen sieht.
Klartext: Es gibt, sagt mein Onkel, nicht viele Trommeln wie diese.

HANS MAGNUS ENZENSBERGER: *BRIEF AN EDUARD REIFFERSCHEID*
die besprechung der blechtrommel habe ich gleich nach der lektüre des vorausexemplars verfasst. ich beglückwünsche sie zu dieser veröffentlichung. daß meine rezension einem so hervorragenden buch nützen wird, hoffe ich – sie wird auch über den süddeutschen rundfunk gesendet werden. übrigens bin ich sicher, daß das buch seinen weg machen wird, mögen nun die kritiker es loben oder verwerfen.

KURT WOLFF: *BRIEF AN GÜNTER GRASS*
Lieber Herr Günter Grass, / ich muß Ihnen doch sagen, wie ganz ausgezeichnet ich den Umschlag finde, den Sie zu Ihrem Buch gemacht haben. Ich finde, er sollte auch für alle fremdsprachigen Ausgaben verwendet werden. Jedenfalls möchte ich Ihre Erlaubnis haben, ihn für die amerikanische Ausgabe zu benutzen. Einverstanden?

KLAUS PIPER: *BRIEF AN KLAUS ROEHLER*
Ich war kürzlich in Paris und verlebte einen sehr schönen, für mich ungemein anregenden Abend beim Ehepaar Grass in der Avenue d'Italie. Es müßten Ihnen eigentlich die Ohren geklungen haben, denn Günter Grass hält viel von Ihnen – wie auch Ihr Verleger.

WOLFGANG GRÖZINGER: *GESCHMACKLOSIGKEITEN*
Der Verfasser ist vermutlich in Paris mit dem französischen Satanismus in Berührung gekommen. Was bei den Franzosen aber immer noch Literatur ist, wird bei dem Deutschen plump, grob, geschmacklos. Seine Blasphemien, die sich bis zur Schwarzen Messe

steigern, entspringen keinem Leiden, sondern einem zynischen Nihilismus, und deshalb sind sie unverzeihlich. Grass ist da nicht nur menschlich, sondern auch künstlerisch gescheitert – ein Unglücksfall ohne Beispiel in unserem Schrifttum.

KLAUS ROEHLER: *BRIEF AN GÜNTER GRASS*
Für das bucklige ungeheuer danken wir sehr. Meine frau liest mit glühenden wangen, ist sehr verwirrt, wenn sie aufsteht, spricht ihren sohn mit Oskar an, hat alle schlüssel zur kellertür im schnee vergraben und weigert sich, ihm das laufen zu lehren. Blöckers besprechung in der *FAZ* haben wir zuerst mit bestürzung gelesen. Ich fürchte, seine sehr private abscheu gegen bestimmte themen hat ihm den blick für die sprachlichen qualitäten des romans verstellt. Aber reaktionen dieser art waren fast zu erwarten; sie zeigen nur, daß Sie tatsächlich sehr weit von den wohlgefälligen wegen der mittelmäßigkeit abgekommen sind, die ein kritiker gewöhnlich rühmt.

PETER HORNUNG: *TROMMLER UND GOTTESLÄSTERER*
Eine Rebellion wurde *Die Blechtrommel* des Günter Grass genannt. Dem kann ich nur zustimmen, allerdings in einem anderen Sinne: sie ist eine Rebellion des Schwachsinns und des erzählerischen Unvermögens, die in klinischen Phantasmorgien endet.

ITALO CALVINO: *AMERIKANISCHES TAGEBUCH*
Meine Reisegefährten / Es sind drei, denn der Deutsche, Günter Grass, hat die medizinische Prüfung nicht bestanden und mußte wegen des barbarischen Gesetzes, dem zufolge man für die Einreise nach Amerika eine gesunde Lunge haben muß, auf das Stipendium verzichten.

> Auf Vermittlung von Walter Höllerer hatte Günter Grass ein viermonatiges Stipendium in den USA erhalten. Die Tuberkulome, die man bei der obligatorischen Untersuchung in seiner Lunge entdeckte, waren den ungesunden Arbeitsbedingungen in Paris geschuldet. In einem Interview aus dem Jahr 2013 erinnert sich Grass: »Ich hatte die *Blechtrommel* in Paris weitgehend in einem Raum geschrieben, der so feucht war, dass das Wasser die Wände herunterfloss. Aber das war gut für die Fantasie, das war ungeheuerlich! Obgleich es

für die Gesundheit nicht zuträglich ist, kann man eigentlich nur jedem raten, in Räumen zu schreiben, in denen das Wasser die Wände herunterfließt.«

ADRIAAN MORRIËN: *BRIEF AN GÜNTER GRASS*
Im *Börsenblatt für den deutschen Buchhandel* habe ich vom Welterfolg deines Romans gelesen und es scheint, dass dein Verleger das nicht so leichtfertig drucken lässt, wie andere, die einen etwas dicken Roman herausbringen. Guus hat den Roman gelesen und er hat sie fast erwürgt. Jetzt bist du wohl reich, wie ich es dir vor drei Jahren vorhergesagt habe. Du hast es auch zu gern gewollt!

EDUARD REIFFERSCHEID: *BRIEF AN GÜNTER GRASS*
Zur Zeit fahren zwei Autos unseres Verlages durch die Lande mit »Blechtrommeln« beladen, um überall dort schnell Lager zu füllen, wo man ausverkauft und vergessen hat, zu bestellen und wo man nach neuer Suada doch noch verkaufen möchte. Dadurch halten wir die Suppe am Kochen und durch den nunmehr vor sich gehenden Prospektversand, von dem Sie einige in der Anlage erhalten, bleiben wir, zumindest was den Sortimentsbuchhandel anbelangt, im Gespräch.

SIEGFRIED UNSELD: *BRIEF AN GÜNTER GRASS*
Lieber Günter Grass, / warum ich ein *Buch* von Ihren Stücken möchte, geschah neben dem Hauptgrund, daß sie mir gefallen, aus der bedachten Absicht, Ihnen unser Interesse an Ihnen als Autor zu bekunden, in gewissem Sinne fast als eine Art Wiedergutmachung für jenes Ungeschick, das, freilich nicht allein von uns verschuldet, Ihre *Blechtrommel* in einem anderen Haus als dem unseren ertönen ließ. Und zweitens: mit den Publikationen *Spectaculum* I und II, mit den Brecht-Einzelausgaben, denen Stücke von Beckett, Shaw, Frisch folgen werden, glaube ich, ein für Dramen spezifisch interessiertes Käuferpublikum erreicht oder geschaffen zu haben, und in dieser Woge ließen sich nach meinem Urteil und nach meiner Erfahrung Ihre dramatischen Arbeiten günstig wie jedenfalls nie zuvor publizieren.

Aber gerade ich wäre der Letzte, Sie zu einer Buchpublikation aus lediglich äußeren Gründen zu verführen; ich glaubte, mich zu entsinnen, Sie freute der Plan und Sie selbst sähen Ihre Stücke gern gedruckt, zumal eine gedruckte Ausgabe der Reputation eines dramatischen Autors bei Bühnen sehr förderlich ist (siehe Dürrenmatt und Frisch). – Aber ich nahm Ihre Haltung zur Kenntnis und ließ also für mich den Plan fallen, ein solches Buch im Frühjahr herauszugeben. Ich hoffe auf später.

ERHART KÄSTNER: *BRIEF AN JOACHIM GÜNTHER*
Schließlich ist UWE JOHNSON wohl auch ein Verpackungsgenie, aber hier muß ich erst weiterlesen und in Betracht [für den Fontane-Preis] kommt er jedenfalls. Wie auch GRASS, der mir schrecklich zuwider ist, wobei ich durchaus nicht verkenne, daß er ungeheuer begabt ist. Ein großes Talent, aber genügt das? Schließlich sind wir keine Lektoren, die sagen: ein ungewöhnliches Talent. Ich meinerseits ahnte immer, daß es unter den Unterröcken einer kaschubischen Großmutter so aussieht, aber es interessierte mich nicht.

> Die für den Fontane-Preis verantwortliche Jury, der neben Erhart Kästner und Joachim Günther noch Kurt Ihlenfeld angehörte, einigte sich schließlich auf Uwe Johnson als Preisträger. Günter Grass wird den Fontane-Preis 1968 erhalten.

ROLF SCHROERS: *BRIEF AN PAUL CELAN*
Mit der *Blechtrommel* komme ich in Verlegenheit. Von Wiese und Hirsch werde ich um Zustimmung bestürmt, sie haben sich recht energisch festgelegt. Kästner tendiert, wie er mir schrieb, mehr zu Johnson. Die übrigen, die ich nicht kenne, scheinen sich der *Blechtrommel* zu sperren, sind aber nicht die erwünschteste Gesellschaft. Blöckers Kritik in der *FAZ* wirst Du gesehen haben, sie ist übel und unverschämt, vor allem weil sie so gemein auf den Autor selber los geht. Das ist also auch Kritik aus der falschen Ecke und mit falschen Gründen. Ich weiß nun gar nicht, wie es mit mir wird. Es ist ja so, daß mich das Buch nicht eben enthusiasmiert, und ich schon darum nicht begreife, was andere so entzückt. Schade, daß Du

– zum Vergleich der Möglichkeiten – Johnson noch nicht gelesen haben kannst.

Die Jury für die Vergabe des Bremer Literaturpreises hatte sich schon auf die *Blechtrommel* geeinigt, als der Bremer Senat intervenierte und die Entscheidung rückgängig machte; vgl. Benno von Wiese, S. 303 ff.

RUDOLF HIRSCH: *BRIEF AN PAUL CELAN*
Schroers erzählte mir von seinen Telephongesprächen mit Ihnen in der Angelegenheit Grass (Bremen). Ich war empört. Nicht so sehr, wie die anderen, um des Politicum willen, das in der Sache steht. Die Anmaßung, die Ahnungslosigkeit, die Vulgarität sind das Schändliche. – So sieht es also in Deutschland aus, wenn sich die Obrigkeit um die Kunst bemüht.

INGEBORG BACHMANN: *BRIEF AN PAUL CELAN*
Lieber Paul, / von Rolf Schroers erfuhr ich von der Bremer Affaire, und da ich ihn jetzt anrufen musste, weil ich ohne Adressen und im Zweifel über die »Anrede« war, erfuhr ich auch noch, dass Du grosse Sorgen hast, deswegen. Paul, bitte darf ich Dich beruhigen, obwohl ich die Gedanken verstehe, die Dir gekommen sind; denn leider ist es so, dass wohl kaum einer der Preisträger imstande wäre, das Geld aufzubringen und zurückzugeben, und es ist niemand damit geholfen, ich kann keinen Sinn darin sehen, wenn ausgerechnet dieser Senat den Vorteil von der Demonstration hat. Hingegen ist mir, Deiner Gedanken wegen, ein anderer Gedanke gekommen. Ich glaube, so vielleicht hätte die Demonstration einen Sinn: Könnten wir nicht versuchen, Du und ich und die anderen, soviel Geld zusammenzulegen, unsren Kräften entsprechend, dass wir es Günter Grass geben können, als Preis – damit wäre das Urteil der Jury bekräftigt und dem Senat die wirksamste Lehre erteilt. Ich weiss nicht, vielleicht ist der Gedanke sehr töricht; sag mir, was Du meinst! Aber ich möchte gern, dass, wenn etwas geschehen soll, etwas geschieht, das sinnvoll ist.

MANFRED HAUSMANN: *EINE RICHTIGE ENTSCHEIDUNG*
Der Roman *Die Blechtrommel,* der von einem zweifellos hochbegabten Autor stammt, gehört meiner Meinung nach zu den Werken, die nicht der Aufrüttelung und Aufschreckung, sondern der Gefährdung, wenn nicht Zerstörung der menschlichen Seele und des menschlichen Geistes dienen. Von solchen Werken sind nachgerade mehr als genug im Umlauf.

HANS ERICH NOSSACK: *TAGEBUCH*
Die Blechtrommel von Grass. Ich las das Buch im November. Es kommt nicht darauf an, ob es mir gefällt oder nicht: eines scheint mir festzustehen, daß es das erste Buch der Generation nach 1945 ist, das internationalen und überzeitlichen Rang hat. Das ist an sich eine erfreuliche Tatsache für unsere Literatur. Es hat sich also für uns gelohnt durchzuhalten.

1960

ULRIKE MEINHOF: *BRIEF AN RENATE RIEMECK*
  Ich las jetzt ein famoses Buch: Günter Grass: *Die Blechtrommel*. Lies es auch – es ist wirklich grandios. Macht Spaß. Brillant geschrieben. Geht unter die Haut. In Ich-Form geschrieben, wobei er sich selbst mit »ich« oder mit »Oskar« anredet. Ein Krüppel, insofern er mit drei Jahren beschloß, nicht mehr zu wachsen. Später kriegt er noch einen Buckel dazu. Es spielt von 1926–45 in Danzig, dann Düsseldorf. Der *OS* hat es sehr gut besprochen und nennt die zurückgebliebene Körpergestalt des Oskar ein Symbol für die Situation des avantgardistischen Schriftstellers in der kapitalistischen Gesellschaft – damit scheint gemeint: allseitig beengt, unfähig sich auszuwachsen, abgedrängt in Bereiche der Skurrilität und Perversion – das ist seit Musil und Mann (Thomas – den ich gerade nachholend lese) wohl das Beste an westlicher Literatur (sonst wären ja H. Mann und A. Zweig noch zu nennen).

JOSEF W. JANKER: *BRIEF AN PETER HAMM*
  Über die *Blechtrommel* möchte ich sagen, daß sie das Werk eines genialen Rabauken, eines naiven Blasphemikers, eines schreibenden Barbaren ist, wenn ich so sagen darf. Sie kennen meine Vorliebe für knappe, verdichtete Texte. So umwerfend die Idee in der *Blechtrommel* ist, so gänzlich ohne Beispiel und schon dadurch vielen sogenannten Dichtern um ganze Hügellängen voraus, ich wetterte, mit Verlaub zu sagen, heimlich über die Zuchtlosigkeit dieses Trommlers und Glaszersingers. Einmalig, einmalig, das ist keine Frage! Die Barnes als Vergleich herangezogen, da haben Sie's, was ich meine. Ja, der Trend geht ganz eindeutig auf das umfangreiche Buch, auf den respektabeln Wälzer. Walser, der mir heute schrieb, sitzt auch über einem Mammutwerk –, aber er ist unglücklich und alles andere als mit sich im Reinen.
  Die nächsten 20 Jahre wird die Literaturgeschichte über der *Blechtrommel* sitzen und grübeln. Ich gebe zu, daß Grass an Vitalität, an Kraft, Wucht, Vertracktheit und Impertinenz das Ungeheuerlich-

ste darstellt, was wir seit Jahrzehnten erlebten. Mir ist halt das Verschweigen als Technik, als Kunstgriff lieber. Aber lassen wir Grass ruhig einmal trommeln. Vielleicht trommelt er unsere Stickluft und unseren Hinterstubenmuff ins Freie. Reißt nur die Fenster gehörig auf. Oskar möge jedes Fenster zersingen, das geschlossen bleibt. Ich fürchte, die Glaser werden 20 Jahre zu tun haben ...

Was ich heute schrieb, war bös und gehässig, und Sie müssen das alles nehmen, wie es ist: als die übellaunige Epistel eines neidischen Kollegen.

MARCEL REICH-RANICKI: *AUF GUT GLÜCK GETROMMELT*
Was wird aus dem Grass werden? Ja, wenn er Schauspieler wäre, würde man sagen, dieser wilden Begabung solle sich sofort der beste und energischste deutsche Regisseur annehmen. Aber für Schriftsteller gibt es bekanntlich weder Regisseure noch Lehrmeister. Sie müssen ganz allein mit sich fertig werden. *Die Blechtrommel* ist kein guter Roman, doch in dem Grass scheint – alles in allem – Talent zu stecken. Er muß mit den Feinden seines Talents kämpfen – sie sind in seiner eigenen Brust zu finden. Wir wünschen ihm sehr, sehr viel Glück.

Die sehr negative Kritik der *Blechtrommel* wurde Reich-Ranicki immer wieder zum Vorwurf gemacht. In seiner Autobiographie gesteht er: »Ich lieferte eine sehr einseitige Kritik, in der ich den Geschmacklosigkeiten und Schaumschlägereien des jungen Autors und den Schwächen, den Mängeln und Makeln seines Romans ungleich mehr Platz einräumte als den von mir mit Sicherheit unterschätzten Vorzügen seiner Prosa.« (*Mein Leben*, S. 431) Bereits 1963 verfasste Reich-Ranicki, was für ihn sehr ungewöhnlich ist, eine *Selbstkritik des »Blechtrommel«-Kritikers* (*Unser Grass*, S. 19 ff.).

SIEGFRIED UNSELD: *BRIEF AN PETER WEISS*
Sehr gern sähe ich es, wenn Sie uns, eventuell verbunden mit einer Zeichnung, den Umschlag [zu *Abschied von den Eltern*] gestalteten. Lassen Sie sich doch einmal in einer Buchhandlung Grass' Roman *Die Blechtrommel* und seinen neuen Gedichtband *Gleisdreieck* zeigen. Grass hat zu den beiden Büchern die Umschläge selbst entworfen, und ich finde dieses Verfahren dann nicht schlecht, wenn Autor und Zeichner identisch sind.

Hugo Loetscher: *Besuch bei Günter Grass*
Seit diesem Jahr wohnt Günter Grass wieder in Berlin, nach Schmargendorf hinaus; in die Stadt, die er verließ, um sich ganz seinem Buch *Die Blechtrommel* zu widmen, ist er als gefeierter Autor zurückgekehrt.

Als ich ihn dieses Frühjahr aufsuchte, fand ich zwar bald die Straße und die Nummer, eine Fassade, die das 19. Jahrhundert geschmückt und das 20. Jahrhundert angebombt hatte. Doch schien das Haus unbewohnt; die Felder im Namensschild waren leer; der Hausgang zwang zum Diebesschritt. Dann las ich »Grass« und wurde in eine Wohnung eingelassen: helle, weißgetünchte Räume, hohe Zimmer, zwei kleine Buben, die Türme bauten und Autos in sie hineinsteuerten, eine junge Frau, mit der ich sogleich heimatlichen Dialekt sprach, ein Salon, in dem die ersten Möbelstücke standen, auf denen die Werke Racines und ein Kriminalroman lagen, ein Arbeitszimmer mit einem altmodischen Schreibtisch-Sekretär, Manuskripte, Korrespondenz und Zeichnungen darauf, an den Wänden die neuesten Grafiken, die den nächsten Gedichtband illustrieren werden.

Ich hätte mir keine entsprechenderen äußeren Umstände wünschen können für den Besuch bei einem Manne, der sich eben in der deutschen Literatur eingerichtet hatte – unter Jubel und Schmähungen. Und mit ihm hatte eine Generation Platz bezogen. Ich meine nicht, man solle in Grass den Vertreter oder Sprecher einer Generation sehen. Er hat nichts gemein mit einem John Osborne, der stellvertretend zornig ist, oder den amerikanischen Beatniks, die von repräsentativer Geschlagenheit und Vitalität sind. Dazu gehört ein intellektueller Ehrgeiz, den man bei Grass vergeblich sucht. Und doch steht er für eine deutsche Generation, für jene nämlich, die so überaus skeptisch ist, daß man ihr Respektlosigkeit vorwirft, die der Vergangenheit so sehr mißtraut, daß sie auch der Gegenwart nicht trauen kann, die zwar den Nationalsozialismus und den Krieg noch mit Bewußtheit erlebte, aber zu jung war, um einen Schuldkomplex davontragen zu müssen und um die Literatur zur Wiedergutmachung zu mißbrauchen. Eine Generation, die auf unbelastete Weise die jüngste Vergangenheit als immensen Stoff erhalten hat, der zur Darstellung drängt. Die Erschütterung, die einst einen Max Frisch und einen Theodor W. Adorno so tief traf, daß sie an der Mög-

40 Illustration: Peter Leger

lichkeit von Kunst überhaupt zweifelten, ist ein Erlebnis, das hier nicht mehr nachvollzogen werden kann. Man hat die Theoretiker des Engagements gehört, aber dann doch gesehen, daß nicht die Feuerwehrleute am besten über das Feuer schreiben.

WERNER SCHLADITZ: *BRIEF AN GÜNTER GRASS*
Sehr geehrter Herr Grass, / ich bin mit einem Wiedergutmachungsverfahren beschäftigt, das den Angestellten der polnischen Post in Danzig, Herrn Kasimir Rogaczewski, betrifft, der bei der Erstürmung der polnischen Post bei Kriegsausbruch verwundet und bald darauf als »Freischärler« zum Tode verurteilt und hingerichtet wurde.

In Ihrer *Blechtrommel,* die ich gern gelesen habe, beschreiben Sie die Kampfhandlungen bei der Besetzung der polnischen Post derart eindringlich und genau – auch das Schreiben der SS-Gruppe »Eberhardt« stimmt wörtlich mit einem der Witwe des Herrn Rogaczewski vorliegenden Benachrichtigungsschreiben überein –, daß es mich interessieren würde, wo Sie diese genauen Informationen bekommen haben. Es würde vielleicht meiner Mandantin in der Sache weiterhelfen, wenn sie sich mit Ihnen oder Ihrem Gewährsmann in Verbindung setzen könnte.

HANS MAYER: *BRIEF AN GÜNTER GRASS*
Lieber Herr Grass, / von uns aus gesehen, bleibt es also bei der Einladung. Ich würde mich sehr freuen, wenn Sie im April [1961] einmal zu uns nach Leipzig kommen würden, um hier als Gast der Universität und unseres Instituts für Deutsche Literaturgeschichte aus Ihren Werken zu lesen. Gedichte und Prosa. Über die Wahl der Texte können wir uns dann noch einmal vorher in Berlin unterhalten. Ich dachte bei der Prosa doch vor allem an die *Blechtrommel,* die man hier noch gar nicht kennt.

1961

JOACHIM GÜNTHER: *BRIEF AN GÜNTER GRASS*
    Jemand hat Friedrich Sieburg zu Sylvester einen Gartenzwerg zugedacht, ihn in ein Päckchen verpackt und diesem Päckchen meinen Absender aufgeschrieben. Es kam heute annahmeverweigert an mich »zurück«, sozusagen zurück. Ich hab's, da es mir nicht gehört (und ich natürlich auch nicht wissen konnte, was drin war) auf der nächsten Polizeistelle öffnen lassen. Auch drinnen befand sich kein Hinweis, dass der fingierte Absender nicht der wirkliche war. Nun lasse ich mir Namen durch den Kopf gehen, von denen ich weiss, dass ihnen Sieburg in der Tat so etwas wie ein Gartenzwerg bedeutet, kurzum dass sie ihn zum Verrecken nicht leiden können. Ist es schlimm oder unfair, dass mir auch der Ihre dabei einfällt? Nun kommt freilich komplizierend hinzu, dass ich selbst sozusagen als Bote eines solchen Präsentes benutzt wurde und der »Bote« durch keinerlei erklärenden Zusatz im Innern des Päckchens von diesem Akt selbst entlastet wurde. Ich glaube im Grunde ganz und gar nicht, dass Sie sich mit mir solchen Scherz (wenn schon vielleicht mit Sieburg) erlauben würden. Sollte es aber doch geschehen sein oder sollten Sie den Veranstalter kennen, so sagen Sie es doch ganz offen, damit ich im Schwanken niemand anderen »verdächtige«. Ich habe Humor und auch Humanität genug, die Sache mit solcher Aufklärung beendet sein zu lassen.

    Zur Jahreswende 1960/61 hatten sich einige Mitglieder der Gruppe 47 für Friedrich Sieburg einen Streich ausgedacht: Tag für Tag brachte ihm die Post einen Gartenzwerg ins Haus. Sieburg reagierte mit der Glosse *Unternehmen Gartenzwerg* (*FAZ* vom 11.1.1961). Wer der Initiator der Aktion ist, konnte bis heute nicht ermittelt werden. Günter Grass war es nicht.

KURT ZIESEL: *DIE VERRATENE DEMOKRATIE*
    Wem nützt denn, wen erhebt denn das, was Grass und seine überall tonangebenden Genossen schreiben? Tröstet es jemand? Bringt es jemand weiter? Verwandelt es uns, die Zeit, die Menschen? Nichts dergleichen! Selbst wenn es sprachlich unerhörte Bilder schüfe, brauchen wir die Bilder dieser Gosse, des Abfallkübels und der Sik-

kergruben? Ist die Erweckung von Lüsternheit und Ekel, die weder diagnostischen noch therapeutischen Wert besitzt, die keinen Hauch von Heilsgesinnung und von Hilfe für den Menschen in sich trägt, Aufgabe, Sinn der Dichtung?

GERHARD ZWERENZ: *Ärgernisse*
Günter Grass: Erster Eindruck: Mütter, hütet eure Töchter! Martialische Unterlippe, martialischer Schnauzer. Dies, die Präferenz der Unterlippe und das schwarze Gewächs auf der oberen Lippe versieht den Bestseller mit dem Hintergrund eines physiognomischen Geheimnisses. Altfränkische, balkaneske Assoziationen stellen sich ein, man träumt krachig malmende Unterkiefer und simsonkräftige Malmzähne; hier ist ein Kerl dabei, die Scheußlichkeiten der Zeit aufzubeißen. Dazu bedarfs des Riesenrachens. Oder sollte der starke Unterkiefer eine einfache Folge sein? Kommt er her vom »Zähne zusammenbeißen«? So wie der Tierhuf sich bildete, entwicklungsgeschichtlich, als Schutz gegen Verletzungen?

Vier Jahre lang schrieb Grass an der *Blechtrommel*. Vier Jahre Hunger. Vier Jahre Entbehrung. Deutscher Autor im Dickicht des Wirtschaftswunders. Als der Roman erschien, erschien in der Lunge des Autors eine poröse Stelle. Tbc. Früher starb man an solchen Vorgängen. Heute gibt es Kräuter und Gifte dagegen. Ohne Röntgenapparaturen, ohne Antibiotica wäre er dahingegangen, ein Fressen den Würmern und Literaturwissenschaftlern späterer Generationen. Die Katharsis des Weltgeistes.

MINISTERIUM FÜR STAATSSICHERHEIT: *BERICHT*
Am Anfang seiner Lesung bestellte Grass Grüsse von Uwe Johnson. Nach der Lesung verbat sich Koll. Klein vom Literaturinstitut solcherart Grüsse, daraufhin Scharren bei den Studenten. Hans Mayer hielt dann eine einzige Lobrede auf Johnson, was von den Studenten mit grossem Beifall quittiert wurde.

Auf Einladung von Hans Mayer hatte Günter Grass im März 1961 an der Leipziger Universität im berühmten Hörsaal 40 aus der *Blechtrommel* gelesen [vgl. Mayer, S. 322ff.]. In einem Nachruf auf Hans Mayer schreibt Christoph Hein: »Ihm gelang es sogar, Grass nach Leipzig zu holen, was noch im nachhinein unvorstellbar erscheint und nach dem Weggang von Hans Mayer auch nicht mehr möglich war. Nach den Gesetzen der sowjetischen Ästhetik und denen der DDR war Grass ein Pornograph, daher nicht denkbar in Leipzig. Im Westen war man bereits multilateral: Dort galt Grass nicht nur als ›Verfasser übelster pornographischer Ferkeleien‹, sondern auch als ›Verunglimpfer der Kirche‹, als Ratte und Schmeißfliege, und man zeigte ihn an. Es gab also schon damals deutsche Gemeinsamkeiten, was dem späteren Zusammenwachsen der Brüder im Geist und einiger Parteien förderlich war. Aber in der Bundesrepublik wurde er gedruckt, in Leipzig dagegen war bereits eine Lesung von Grass eine Sensation. Seine Bücher mußte man sich auf Schleichwegen besorgen.« (*Keine Umarmung,* S. 567f.)

DER SPIEGEL: *FAMILIÄRES*
Günter Grass, 33, *Blechtrommel*-Autor, bekam eine Tochter. Name: Laura.

HANS MAGNUS ENZENSBERGER: *BRIEF AN GÜNTER GRASS*
lieber günter – wir gratulieren dir und deiner frau zu laura. davon haben wir im spiegel gelesen, der wird allmählich eine art familienblatt. überhaupt habe ich so meine nachrichten von dir, jeder der aus berlin kommt erzählt, ein bißchen atemlos, vom fortgang des ritterkreuzträgers.

BRIGITTE REIMANN: *TAGEBUCH*
Der zweite Kongreßtag stand im Zeichen der Jungen. Noll sprach, er dankte der Partei. Nachbar, impulsiv und ein bißchen stotternd, redete über unsere Freiheit (»wir haben nicht die Freiheit, unsere Unwissenheit zu verbreiten«). Stephan Hermlin (der an der Wandzeitung unter der Schlagzeile »Der König der Zierfische« erschien) polemisierte in unfairer Art gegen Strittmatter. Permanenter Streit zwischen unseren Schriftstellern und dem westdeutschen Günter Grass – wir finden keine gemeinsame Sprache mehr, trotz gutgemeinter Versuche, und ich fürchte, nicht einmal die gemeinsame Aufgabe, den Frieden zu erhalten, vermag uns noch zusammenzuführen.

Der V. Deutsche Schriftstellerkongress fand vom 25.–27. Mai 1961 in Berlin statt. Das Auftreten von Günter Grass war noch 1985 einer ostdeutschen Literaturgeschichte die Bemerkung wert: »Besonders Grass diffamierte die

DDR.« (Haase, S. 232) Heinz Knobloch schreibt in seinen Memoiren: »Ich sah aus der Nähe Strittmatter mit vor Anstrengung hochrotem Gesicht die Tagung leiten, Günter Grass saß dort.« (*Mit beiden Augen*, S. 94)

MINISTERIUM FÜR STAATSSICHERHEIT: *BERICHT*
Die KP [= Kontakt-Person Hermann Kant] kennt GRASS schon seit längerer Zeit. Obwohl sich auf dem Kongreß zwischen ihnen die Hauptauseinandersetzungen entspannen, besteht nach wie vor ein guter Kontakt zwischen beiden. / Er schätzt GRASS wie folgt ein.
GRASS ist ein Mensch ohne jede feste politische Einstellung und Haltung. Er schießt praktisch nach beiden Seiten und kommt sich dabei sehr imposant vor. Er möchte immer als ein Freiheitsapostel erscheinen. Er tritt gelegentlich auch in derselben Form wie bei uns gegen Adenauer auf, während er Tage später wieder vollkommen auf dessen Linie einschwenkt.

DDR-SCHRIFTSTELLERVERBAND: *OFFENER BRIEF*
Die Schriftsteller der Deutschen Demokratischen Republik verstehen, billigen und unterstützen alle Maßnahmen ihrer Staatsorgane, die – wie am 13. August 1961 in Berlin – in erster und letzter Konsequenz der Verteidigung des Friedens dienen.

> Der Brief ist eine Reaktion auf den offenen Brief, den Günter Grass und Wolfdietrich Schnurre drei Tage nach dem Mauerbau an die Mitglieder des ostdeutschen Schriftstellerverbandes richteten. In dem Brief forderten sie dazu auf, »das Unrecht vom 13. August beim Namen zu nennen« (XI, 41).

ANONYMUS (?): *BRIEF AN GÜNTER GRASS*
Das Sekretariat des Deutschen Schriftstellerverbandes hat Ihnen und Herrn Wolf-Dietrich Schnurre bereits auf Ihren gemeinsamen Brief geantwortet; trotzdem drängts mich, Ihnen persönlich noch etwas zu sagen, da wir auf dem V. Schriftstellerkongreß gewissermaßen ein öffentliches Gespräch begannen.
Sie haben Ihren Brief trotz der Panzer und Maschinenpistolen, über die Sie klagen, persönlich über die Sektorengrenze gebracht. Sie haben ihn im Verbandsbüro des Deutschen Schriftstellerverban-

des abgeben dürfen. Sie sind unbehindert in Ihre Dichterstube nach Westberlin zurückgekehrt. Das muß festgestellt werden, sonst könnten unbefangene Leser glauben, Sie hätten den Brief mit einer Rakete über die »gewaltsam geschlossenen Grenzen« schießen müssen.

Die Regierung der Deutschen Demokratischen Republik sah sich gezwungen, Schutzmaßnahmen an den Sektorengrenzen in Berlin einzuleiten. Sie unterstellen, die Schriftsteller der Deutschen Demokratischen Republik hätten zu diesen Schutzmaßnahmen geschwiegen. Das stimmt nicht, wir haben diese Maßnahmen begrüßt, weil sie notwendig waren, um einen Kriegskeim zu ersticken. Sie können in den verschiedenen Tageszeitungen nachlesen, was wir dazu zu sagen haben. Sie können uns auch im Rundfunk hören. Mithin dürften wir von Ihnen »freigesprochen« sein, denn Sie betonen in Ihrem Brief: »Wer schweigt, wird schuldig«.

Die Schriftsteller, deren Namen Sie in Ihrem Brief erwähnen, haben nie geschwiegen, wenn es um die Sache des Friedens ging. Eine andere Sache ist, ob Sie die gegenwärtigen Maßnahmen unserer Regierung als einen Beitrag zum Frieden erkennen. Vielleicht werden Sie es erst viel später wahrnehmen, daß es sich um eine wirkliche Friedenstat handelte, die auch Ihnen dient. –

Der denkende Mensch entwickelt sich.

Ihr Brief wird Zeugnis von Ihrer Menschenliebe ablegen. Ihre Menschenliebe ist jedoch nicht größer, als der Wohltätigkeitszehner in der Hand des Bettlers.

Verraten Sie nicht schon in den ersten Zeilen Ihres Briefes Ihre geheimsten Träume? »ES KOMME SPÄTER KEINER UND SAGE, ER SEI GEGEN DIE GEWALTSAME SCHLIESSUNG DER GRENZEN GEWESEN, ABER MAN HABE IHN NICHT ZU WORTE KOMMEN LASSEN!« – Liegt in diesem Satz nicht eine versteckte Drohung? Haben Sie nicht doch daran gedacht, daß den Schutzmaßnahmen der Regierung der Deutschen Demokratischen Republik an der Berliner Sektorengrenze bewaffnete Auseinandersetzungen folgen würden? Haben Sie vielleicht nicht doch an eine Vernichtung der Deutschen Demokratischen Republik gedacht, an DDR-Schriftsteller vor dem Tribunal und an sich selber als Richter, der die deutschen Schriftsteller in »Gute« und »Schlechte« einteilt?

Ich weiß, daß es in Ihrer Bundesrepublik nicht leicht ist, sogenannte publicity zu erlangen, weil gewisse Regierende bei Ihnen es nicht gern sehen, wenn Schriftsteller dem Volke literarisches Brot in die Hand geben. Sollten Sie nicht vorgehabt haben, sich diese publicity auf andere Weise zu verschaffen?

In Ihrem Brief an die Vorsitzende des Deutschen Schriftstellerverbandes, Anna Seghers, geben Sie sich zu Beschimpfungen eines Mannes wie Walter Ulbricht her. Solche Ausfälle haben nichts mehr mit Ihrem vielgerühmten »Non-Konformismus« zu tun. Oder Sie haben es in diesem »Genre« noch nicht zur Meisterschaft gebracht?

Sie bedienen sich sogar der provokatorischen Termini anderer Kriegshetzer, deren Stimme uns im Rias entgegenklingt.

Wenn Sie Ihren Brief wirklich ohne Auftrag geschrieben haben, steht's trotzdem schlimm um Sie. Sie sollten dann unbedingt sofort nachprüfen, wie weit Sie bereits von den üblichen Hetzreden bekannter Senats- und Rias-Sprecher infiziert sind.

Herr Schnurre sagte im Gespräch:»Vom Künstlerischen her würden wir uns verstehen, wenn nur die verfluchte Politik nicht wäre!«

Ein anderer Schriftsteller aus der Bundesrepublik sagte, er müsste nach England imigrieren, wenn es den Militaristen Westdeutschlands gelänge, einen Krieg anzuzetteln.

Diese politische Naivität (immer vorausgesetzt, daß es sich um eine solche und nicht um bewußte politische Ignoranz handelt) würde bei uns bereits einem Oberschüler ein überlegenes Lächeln entlocken.

Es ist gut, wenn sich ein Schriftsteller ein Reservoir von Naivität für seine schöpferische Arbeit zu erhalten versucht; in der Politik ist eine solche Naivität für einen Schriftsteller jedoch halsbrecherisch. Die *Bildzeitung* und viele andere Tageszeitungen bei Ihnen sind kein gediegener politischer Unterricht für jemand, der vorgibt, um Freiheit, Frieden und Demokratie besorgt zu sein.

Ich begrüße, daß Sie sich vornahmen, Ihre Stimme gegen das Vorhandensein eines Herrn Globke in der Bundesrepublik, gegen den »autoritären Klerikalismus« zu erheben. Ich werde Ihr Verdienst zu schätzen wissen, wenn Sie sich die Freiheit nehmen sollten, auf solche nicht zu verbergenden Auswüchse des Neofaschismus in der Bundesrepublik aufmerksam zu machen. Jeder denkende Bundesbürger betrachtet diese Erscheinungen ohnehin mit Besorgnis. Allein, mit dem Hinweis auf sie ist wenig getan. Man muß dem politischen System, das solche Auswüchse zeitigt, den Kampf ansagen.

Ich hörte und las nicht, daß Sie Ihre Stimme erhoben hätten, weil die KPD in der Bundesrepublik widerrechtlich verboten wurde, weil in der Bundesrepublik Gesinnungsterror herrscht und deutsche Patrioten vor die Gerichte gestellt werden, weil der Westberliner Senat Künstler terrorisiert, weil die Aufführung des *Puntila* von Brecht in der Schloßpark-Bühne vom Westberliner Senat unmöglich gemacht wurde, usw. usw.

Sie sehen: es gibt viel lohnende Arbeit für Sie als Schriftsteller in der Bundesrepublik, bevor Sie sich in unsere Angelegenheiten mischen und uns unberechtigt der Säumnis zeihen.

Die Urheberschaft des Briefes, der sich in den Stasi-Unterlagen von Erwin Strittmatter fand, ist umstritten. Im Briefkopf finden sich Name und Adresse von Erwin Strittmatter, unterzeichnet ist der Brief aber nur maschinenschriftlich mit »Gez. Erwin Strittmatter«. Die Biographin von Strittmatter, die Historikerin Annette Leo, wirft aufgrund der fehlenden Originalunterschrift die Frage auf: »Hatte jemand anders an seiner Stelle den letzten Entwurf auf den Weg gebracht?« (S. 370) Hierzu im Widerspruch steht, worauf Leo selbst hinweist, ein späterer Tagebucheintrag von Strittmatter [vgl. Strittmatter, S. 156f.].

MINISTERIUM FÜR STAATSSICHERHEIT: *BERICHT*
Es ist damit zu rechnen, daß auch der Feind Elemente schickt, die Provokationen anzetteln. In diesem Zusammenhang wurde das Gespräch auf die beiden Westberliner Schriftsteller SCHNURRE und GRASS gelenkt, die am 16.8. den Schriftstellerverband aufsuchten und an den GI [= ›Geheimen Informator‹ Erwin Strittmatter] einen von ihnen verfaßten offenen Brief übergaben. / In diesem Zusammenhang brachte der GI zum Ausdruck, daß er sich von dem Vorwurf betroffen fühlt, nicht veranlasst zu haben, daß die beiden Westberliner Schriftsteller verhaftet werden. [...]
Da der GI es als einen Vorwurf empfand, die Verhaftung nicht veranlasst zu haben, ist er der Meinung, wenn diese beiden Westberliner Schriftsteller verhaftet worden wären, hätte es innerhalb unseres Schriftstellerverbandes eine große Diskussion gegeben, besonders mit solchen Personen, wie Hermlin, dem Ehepaar Kurt und Jeanne Stern u.a., die bis jetzt zu den Maßnahmen von Partei und Regierung eine sehr positive Haltung auch öffentlich eingenommen haben. Der GI ist der Meinung, daß der Partei mehr gedient ist,

wenn solche Schriftsteller, die sich sonst sehr reserviert gegenüber unserer Politik und unseres sozialistischen Aufbaus verhalten, in einer solchen wichtigen Situation sich offen zu den Maßnahmen von Partei und Regierung bekennen und wir sie nicht durch solch eine Maßnahme, wie die evtl. Festnahme dieser beiden Westberliner Schriftsteller in die Defensive bringen.

STEPHAN HERMLIN: *BRIEF AN GÜNTER GRASS*
Lieber Grass, / Meine Antwort auf Ihren und Schnurres Brief steht in der letzten Nummer des *Sonntag*. Diese Antwort wurde ohne mein Wissen von der Redaktion mit einem Vorspann versehen, in dem Sie u. a. als »Blechtrommler des kalten Krieges« und »Provokateur« bezeichnet werden.

Mein Antwortbrief an Sie bringt zum Ausdruck, dass ich Ihren Ansichten heftig widerspreche. Meine Meinung im Fall Berlin bringt eine Gesinnung zum Ausdruck, der gemäss ich seit dreissig Jahren lebe. Aber meine Welt-Anschauung, das heisst meine Anschauung von Menschen lässt keine persönlichen Verunglimpfungen zu.

In meinen Augen irren Sie und Schnurre zutiefst. Ich bedaure, dass Sie nicht zu begreifen vermögen, worum es in Deutschland geht und wie es soweit kommen konnte. Aber Sie sind zugleich in meinen Augen ehrlich Irrende – weder Provokateure noch Anhänger des kalten Krieges.

Ich protestiere gegen die im *Sonntag* ausgesprochenen Beschimpfungen zweier Schriftsteller, die ich sehr schätze. Eine Kopie dieses Briefes geht an den *Sonntag*.

GUNTRAM VESPER: *TAGEBUCH*
Heute Nachmittag Buchmesse. Es war eine Bücher- und Prospekteflut ohnegleichen, durch die wir trieben und die uns begeisterte. Am Suhrkampstand sagte G. zu mir, daß Günter Grass (*Blechtrommel,* 1959) in der Nähe sein müsse. Tatsächlich erkannte ich ihn an seinem Oberlippenbart. Nicht sehr groß, füllig, blaues Oberhemd mit Krawatte. In ein Gespräch vertieft. Als er frei war, baten wir ihn um eine Signatur, er benutzte den Füller von G. Abends im Internat schnitt ich die Unterschrift aus und klebte sie

in den Roman, Weihnachtsgeschenk der Eltern, auf meinen Wunsch hin.

Kaum war Grass fertig, kamen zwei weitere wichtige Besucher an den Suhrkampstand. Der eine ganz Typ des Kulturmanagers, der andere ein alter Herr mit weißem Haar und erloschener Zigarre: Theodor Heuss. Ehemaliger Bundespräsident, Liberalist, Kunstliebhaber, Sonntagsmaler, Schriftsteller. Sehr gealtert. Die ganze Erscheinung bewies, wie vorher Grass, die fragwürdige Trägheit der Fotografie, die der Zeit nicht hinterherkommt.

Natürlich eilte der Leiter des Standes herbei. Vielleicht war es auch der Verleger. Jedenfalls zeigte er Heuss einen Gedichtband von Nelly Sachs. Können Sie das nicht Herrn Heuss überlassen, fragte der wendige Begleiter gleich. Das Buch brauchen wir noch für die Ausstellung, war die Antwort. Na, dann behaltet's eben, nuschelte Heuss und wandte sich zum Gehen.

Da bemerkte der Begleiter seitab Günter Grass und sagte zu Heuss: Darf ich Ihnen einen jungen Schriftsteller vorstellen, den Blechtrommler, ha ha!

Die beiden Männer reichten sich die Hand. Avantgardist Grass machte eine Millimeterverbeugung. Kein Wort fiel. Da trennten Welten, das war mir klar. Außerdem fing der eine erst an, und der andere war gerade dabei aufzuhören. Kein Wunder, wenn sie nach zehn Sekunden in verschiedene Richtungen auseinandergingen.

HERBERT READ: *BRIEF AN MICHAEL HAMBURGER*
Ich war 14 Tage in Deutschland (Berlin, Kassel) – ein Dichterkongreß in Berlin, aber keine Dichtung weit und breit. Ingeborg Bachmann, die ich zu treffen gehofft hatte, ist nicht aufgetaucht. Ich habe Günter Grass kennengelernt und mochte ihn ziemlich – vielleicht versuche ich noch einmal, seine Bücher zu lesen, mit denen ich bisher nichts anfangen konnte.

ALFRED ANDERSCH: *BRIEF AN HANS MAGNUS ENZENSBERGER*
Man braucht nur *Katz und Maus* zu lesen (ein ausgezeichnetes Buch, ein auf geniale Weise politisch und religiös zweideutiges Buch), um zu wissen, daß dieser Schriftsteller eines Tages ein

Schriftsteller der Rechten sein wird. Nein, ich will das noch nicht so entschieden haben. Grass hat viele Möglichkeiten.

HANS BENDER: *BRIEF AN GÜNTER GRASS*
    In der Zeitung vergeht kaum ein Tag, an dem nicht eine Grass-Erfolgsmeldung auf den Redaktionstisch flattert. Ich freue mich mit Ihnen. Sie machen alles richtig. Sie sind konsequent, mutig oder frech. – Den gestrigen Abend verbrachte ich – Ihre Stimme im Ohr – mit *Katz und Maus*. Die Vertreter des nouveau roman sind graue, blutleere Theoretiker dagegen! Ich habe fünffachen Spass an Ihrer Novelle!

1962

FRIEDRICH SIEBURG: *FREIHEIT IN DER LITERATURKRITIK*
Ja, kann ein sogenannter gebildeter Mensch, ein Regierungsrat oder ein gehobener Mann der Wirtschaft es sich noch leisten, die Unappetitlichkeiten eines Günter Grass (»Er ist doch so begabt«) abzulehnen? Nein, er muß es sich genau überlegen, wenn er nicht als Dunkelmann, als Faschist oder als Anbeter der Atombombe und vor allem als hoffnungslos unmodern gelten will.

KURT WOLFF: *BRIEF AN EDUARD REIFFERSCHEID*
Sehr gelacht haben meine Frau und ich über den Antrag, *Katz und Maus* als jugendgefährdend zu brandmarken. Und doch ist es, als Zeichen der Zeit, nicht eigentlich lächerlich. Was für Verheerungen wildgewordene Spießer anrichten können, ist uns allen in zu naher Erinnerung.

BENNO WURZELRISS: *LITERATICALS* (SATIRE)
Wurzelriss ist in eine merkwürdige Auktion geraten, die zu besuchen er jedem anrät, der über genügend Phantasie verfügt, sich auch wieder aus ihr zu entfernen. Er erinnert sich nicht mehr genau, wann sie stattfand: vor nicht allzu langer Zeit, in einem schummrigen Raum, in dem er einige jüngere und ältere Literaten auf Schulbänken sitzen sah, abgegriffene Heftchen vor sich, angebissene Bleistifte in der Rechten, vorne aber, hinterm Pult, ein eisgrauer Versteigerer, der alles, was er anbot, nicht zeigte – denn es war nicht sichtbar vorhanden. Es wurde Wirklichkeit, wenn er es beschrieb, Wirklichkeit im Geist der Sammler vor ihm. Wurzelriss erkannte Uwe Johnson, Martin Walser, Manfred Hausmann in der Bank hinter Wolfgang Weyrauch und Wolfgang Koeppen; Rudolf Alexander Schröder hatte sich neben Günter Grass gezwängt, der seinen Allwettermantel anbehalten hatte. Sie knaupelten, finster die Augenbrauen zusammengezogen an ihren Bleistiften.

Was der Auktionator ausrief: Themen, Gestalten! Zuerst kamen die gewöhnlichen, im Gebrauch der Jahrhunderte abgegriffenen an die Reihe: Liebe im Dreieck, einsame Leidenschaft, Freiheitskämpfer (Weyrauch hob zögernd den Stift, Schnurre bot gegen ihn), am Ende aber – und darauf warteten viele – wurden Absonderlichkeiten angeboten. »Ein Männlein, welches 30 Zentimeter hoch ist und an seinem eigenen Gift zugrunde geht!« Es meldete sich Grass. »Ein Kropf, ausgestaltet mit grünleuchtendem Größenwahn und rotleuchtendem Minderwertigkeitskomplex.« Es meldete sich Grass. »Eine hämische Puppe, die Kinder in die Backen beißt.« Es meldete sich Grass. »Eine selbständige Sommersprosse, die zum Luftballon aufgeblasen werden kann.« Es meldete sich Grass. »Ein gut zusammengestelltes Sortiment Sexualsymbole.« Es meldete sich Grass. »Ein exakt funktionierendes Bettnässerchen.« Es meldete sich Grass. »Und nun, meine Herren, Adolf Hitlers Hund, autobiographisch dressiert!« Es meldete sich, jauchzend, Grass.

Die Versteigerung war beendet. Rudolf Alexander Schröder war eingeschlafen. Schnurre unterhielt sich mit seinem Pudel Ali. Johnson versuchte eben, sich einen seiner Sätze als Krawatte umzuschlingen. Grass aber stand da, gleich einem beschenkten Kinde, putzte sich die Nase und summte vor sich hin. Da ging Manfred Hausmann, der nicht mehr an sich halten konnte, zu ihm und fragte: »Warum haben Sie das alles erstanden?« Grass sah ihm erstaunt in die Reformatorenaugen: »Aber, Herr Hausmann, das alles sind Romane! Ohne Kretin kein Roman. Nur ich kann aus einem Kropf eine Trilogie basteln. Es leben die Kropfeten und die Buckligen, die mit den kurzen Beinen und die mit den Wasserköpfen!«, schrie Grass euphorisch in die Dichtermenge hinein, klemmte Hitlers schreibenden Schäferhund unter den Arm und entschwand.

WOLFDIETRICH SCHNURRE: *DIE AUFZEICHNUNGEN DES PUDELS ALI*
    Einen meiner Sänftenträger entlassen. Habe ihn über der Lektüre eines Bündels unzüchtiger Seiten aus dem Roman eines gewissen Günter Grass angetroffen. Ich finde: *wenn* schon unzüchtig, dann mit Kultur.

JOACHIM SEYPPEL: *UMWEGE NACH HAUS*
 Unsere großen Dichter, Schiller, Goethe, Gerhart Hauptmann, hatten keine Bärte. Doch unsere kleineren, die Heimatdichter Ganghofer (Bayern), Frenssen (Holstein), Grass (Danzig), die tragen Bärte. Winke für künftige Dichter?

MICHAEL OSTWALD: *BESUCH BEI GÜNTER GRASS*
 Ein altberliner Miethaus.
 Fassade zerbröckelt.
 Tür, viele Fenster mit Pappe vernagelt –
 das ist ja – aber es stimmt:
 In diesem kriegsbenagten Haus haust Günter Grass.
 Also rein, hoch den Aufgang suchen – endlich hier –
 zwei Kinder öffnen,»Vata kommt gleich.«
 – Pause.
 Hemd offen, verknitterte Hosen, Schlüssel in der Hand, der Blechtrommler.
 »Hier wohne ich, geschrieben wird höher.« –
 Und weiter geht's. Wir steigen leicht senkrecht. Jetzt, pardon, ein langer dunkler Bodengang. (Aha, hier pfeift Oskarchen durch die Mauerrisse.) Achtung, was nun? Ach so, der Schlüssel. Quietschend (ein Neuntöner hätte seine reinste Freude) öffnet sich – soll eine Tür sein.
 »So hier ist es.«
 Das muß nach den Balken zu urteilen, ein umgebautes Dach sein. Egal.
 »Übrigens, ich zeichne auch. Wollen Sie sehen?«
 »Erst unter den Bleistift.«
 Das Modell hockt sich auf eine Art Stuhl.
 »Setzen Sie sich ruhig auf den Tisch, wenn Sie wollen.«
 An den Wänden hängen, mit Reißnägeln angeheftet, Zettel.
 »Lauter Gedanken von mir – auf den Zettel, ran an die Wand.«
 Na ja, jeder auf seine Weise.
 »Bitte, Herr Grass, den Kopf etwas schief.«
 (Mützen soll er auch sammeln.)
 Und Grass erzählt, erzählt ...
 »Es ist gut.«

Das Modell sieht auf die Uhr.
»9 ½ Minuten für ein Porträt?«
»Sie leben mit der Uhr?«
»Richtig – und mit meinen Ideen und Vorträgen und – Körben voll Briefen.«
– Kramt unter einem Tisch Blätter mit Käfern, Meerkatzen und Nonnen, seiner Hand entsprungen, hervor.
»Gefällt's Ihnen? Titelblätter für Bücher entwerfe ich auch.«
In der bildenden Kunst liebt er das Gegenständliche.
Und dann?
Der Grass erzählt, erzählt, erzählt, erzählt ...
Weder Aal noch Unterrock – sondern einfach Günter Grass.
Fast mit Schillerkragen nehme ich ihn auf meinem Blatt mit mir.

DAVID STACTON: *OLD ACQUAINTANCE* (ROMAN)
Natürlich ist da noch Günter Grass, aber er sieht immer so aus, als habe er einen harten Morgen mit seinem Leichenbestatter gehabt, und im übrigen ist er nur in diesem Jahr der größte lebende deutsche Romancier. Nächstes Jahr ist die Lage vielleicht besser.

MARY MCCARTHY: *BRIEF AN HANNAH ARENDT*
Hast Du Günter Grass' *Die Blechtrommel* gelesen? Ich bin fast fertig damit und weiß nicht recht, was ich davon halten soll. Zu Beginn gefiel es mir sehr gut, aber es wird gezwungen und langatmig. Der »epische Schwung« war, glaube ich, ein Fehler – ein Irrtum der Eitelkeit. Aber man stößt immer wieder auf gute Stellen. Grass hat viele der Stärken und Schwächen von Tucci und auch Nabokov, mir scheint, daß dieses groteske Posieren und die arrogante Akrobatik ein neues Genre darstellen – das Genre der *displaced person*.

HANNAH ARENDT: *BRIEF AN MARY MCCARTHY*
Die Blechtrommel: ich las sie vor Jahren auf Deutsch, und ich finde, es ist eine künstliche *tour de force* – als ob er alles an moderner Literatur gelesen und dann beschlossen hätte, sich einiges auszuleihen und etwas Eigenes zu machen.

WALTER BAUER: *BRIEF AN GRETE GAUPP*
Neulich fing ich abends Günter Grass' *Katz und Maus* zu lesen an; nach den ersten Seiten schon wurde ich nervös, ärgerlich und schläfrig. Es ist eine Prosa ohne Licht, ohne Farbe, ohne Tiefe; und anmaßend. Er kennt die Meister nicht. Mir hängt so etwas meterlang zum Halse heraus. Was wird er sein, wenn er fünfzig ist?

HANS WERNER RICHTER: *BRIEF AN WALTER HÖLLERER*
Grüß den Günter Grass, wenn Du ihn triffst. Am schönsten ist ein Bild: er und ich, darunter steht: Richters prominentester Gruppensohn, und auf der anderen Seite: »Der erfahrene Vater mit seinem mächtigen Sohn«. Darauf bin ich sehr stolz.

Illustration: Henry Meyer-Brockmann

1963

JEAN AMÉRY: *GRASS-LICHES AUS DER DEUTSCHEN LITERATUR*
Günter Grass lebt in Westberlin, wo die Gefahren der Zeit und ihre Schrecken eine andere Deutlichkeit haben als in den erschlaffenden Konsumgefilden der Bundesrepublik. Er besitzt ein Sommerhaus in der Schweiz für sich, seine Frau und die dreiköpfige Kinderschar, und er reist sehr viel, denn überall will man den mysteriösen Trommler sehen und hören, um das Gruseln zu lernen. Dabei kommt man nicht ganz auf seine Rechnung, denn Günter Grass ist ein ruhiger, höflicher und bescheidener Mann, dem man den Zwerg Oskar auf den ersten Blick kaum zutrauen möchte. Aber dem ersten Blick folgt der zweite und diesem die Aufmerksamkeit. Wer Grass lesen hört, traut ihm schließlich Gedichte und Werke zu, die über die *Blechtrommel* noch weit hinausgehen. Der »ganze Kerl« ist ja erst 36 Jahre alt!

CHRISTOPH BECK: *EIN NEUER DICHTERFÜRST?*
Haben wir in Berlin endlich unseren Dichterfürsten, einen Gerhart Hauptmann für unsere Jahre? So hochgetragen wurde noch keiner von denen, die seit 1945 bei uns schreiben. Er hat gewaltige Auflagen in Frankreich und Nordamerika; bald wird einer kommen und ihn unter die Nobelpreis-Anwärter versetzen – statt Heinrich Böll.

HANS WERNER RICHTER: *BRIEF AN SUSANNA BRENNER*
Sonst gibt es hier noch Grass. Geht man in ein Lokal mit ihm, ist man prominent, geht man ohne ihn, ist man nicht prominent.

HEINRICH VORMWEG: *DER BERÜHMTE*
Aber in diesem Augenblick kam auf dem Gehsteig vorm Hofgitter ein großer, rötlich blonder junger Mann vorbei. Er ging gebeugt, mit hängenden Armen, und trug eine Aktentasche. Von der Lederjacke nicht zu reden.

Uwe, sagte Günter Grass, kommst du mal rein?
Und zu mir: Sehen Sie, das ist hier ganz so wie auf dem Lande.
Uwe Johnson hat im Nebenhaus sein Studio. Er ging zur Arbeit.
Aber auf eine Viertelstunde kam es ihm offenbar nicht an.
Uwe Johnson trank etwas Kaffee mit und rauchte eine Zigarette.
Er rätselte mit über Schriftsteller und Nation und Gesellschaft. Das geschah in Fragen, mit Antworten nicht. Es ist ja in der Tat eher ein Thema, den Kopf wägend hin und her zu bewegen.

Frau Anna ging mit den beiden Grass-Söhnen, Raoul und Franz, blauäugig und schwarzhaarig, durch das Gittertor, Zeit für die Schule. Reinhard Lettau, seit zwei Monaten, wie er erzählte, Hausgast aus Amerika, beschloß, noch ein wenig zu arbeiten. Das Telefon klingelte (doch, Günter Grass hat ein wohlverborgenes Telefon). Uwe Johnson rauchte noch eine von Grassens schwarzen Zigaretten. Es war behaglich auf der Veranda. Hin und wieder strich ein Flugzeug ziemlich niedrig und ziemlich laut über Friedenau hin. Der Flugplatz Tempelhof ist nicht weit weg.

Daran gewöhne man sich bald, sagte Günter Grass.

Auch Uwe Johnson wollte jetzt arbeiten. Er ging durchs Gittertor. [...]

Es ist wirklich gut, hier zu wohnen, sagte Grass. Uwe Johnson hat nebenan sein Studio und wohnt um die Ecke, Wagenbach wohnt hier und Klaus Roehler auch. Warum ziehen Sie nicht nach Berlin? Uwe kann Ihnen eine Wohnung besorgen, das ist seine Spezialität, er kennt alle Makler.

Uwe Johnson: *Brief an Manfred Bierwisch*
Kennst Du, erinnerst Du das Haus Nummer 13 in der Niedstrasse? Den Bau aus bunten Klinkern mit leicht verförstertem Dach? In dem Vordergarten hinter dem gehäkelten grünen Zaun spielten immer die amerikanischen Kinder und sagten Hi. Ein indischer Student ging würdevoll zum Briefkasten, der im gemauerten Gartentürpfosten angebracht ist. Auf der Strasse standen mit Militärkennzeichen die drei Wagen der Familie. Alle sind jetzt ausgezogen. Das leere Haus hat zwei Dreizimmerwohnungen mit jeweils Bad und Küche im vorstehenden Hauptblock, im zurückgesetzten Block, der früher Kutscherwohnung bei Kommerzienrats war, übereinander zwei

Einzimmerwohnungen. Die schmalen Rundbogenfenster sind von innen grösser als aussen. Die Räume sind niedrig aber menschlich geschnitten. Unter dem steilen Dach, dem man von vorn nur die Sucht des Architekten nach neugotischen Schnörkeln ansieht, ist in Wirklichkeit und nach hinten offen ein Atelier so hoch, dass ein Elefant nicht anstösst. Nach hinten zwischen den Brandmauern von Nummer 14 und der Bäckerei, von der Albestrasse aber nicht ganz zugestellt, sind noch einmal 500 qm Garten mit Apfelbäumen. Dies Haus wollte mir unser Hauswart gegen Provision vermitteln.

Wir fanden das Inserat in der Zeitung, rissen es aus und banden es auf dem Flugplatz einem Ankömmling an, der manchmal aussieht wie ein brasilianischer Kaffeegrosshändler, manchmal wie ein spanischer Viehhändler, manchmal wie ein Zigeuner aus der Kaschubei. In einer dieser Gestalten, von einer in Lederjacke begleitet, besichtigte er das Haus und verblüffte den Makler mit der Ankündigung er sei interessiert dafür sechzigtausend auf den Tisch zu legen. Der Makler musste sich aber erst noch vergewissern und fand zu seiner weiteren Verwirrung Leute, die leichthin mit jeder Summe für dies bärtige Individuum gutsagen wollten. Darauf ging das Individuum fort. Gestern wieder wurde es in der Niedstrasse vor dem Haus gesehen, auf einem Klappstuhl, wie es das Haus zeichnete. Kinder standen umher und waren bemüht, sich nicht zu wundern. Der Mann mit dem Bart, leicht zu zeichnen für Kinder: Schwarz für das Gewächs unter der Nase, schwarz für die Augen, schwarz für das schwarze Band um den zerknautschten Hut, so ging er aufs Postamt und schickte die Zeichnungen express in die Schweiz. Aus der Schweiz traf Zustimmung ein, und heute wird das Haus verkauft.

Du entsinnst Dich vielleicht, dass ich Günter Grass von Anfang zuredete ein Telefon zu mieten. Unermüdlich hat er Jahre lang Berlin erpresst mit dem Telefon, an das man ihn nicht holen konnte. Auf diesem Umweg habe ich ihn doch hereingelegt, denn in dem Haus steht schon ein Telefon, das kann er übernehmen.

Im Dezember werden nun seine Zwillinge hinter dem Haus stehen und unermüdlich mich anspucken, wenn ich ins Haus daneben steige unters Dach.

INGEBORG BRANDT: *GESPRÄCH MIT ELIAS CANETTI*
Canetti findet Johnson interessant und eigenwillig, aber – man sieht es ihm an – er liebt den Grass. »Da fühle ich Verwandtschaft, obwohl ich viel weniger barock, viel trockener bin. Eine Figur wie der Oskar Matzerath entzückt mich einfach.«

WILLIAM S. SCHLAMM: *SCHMUTZTROMMLER IN AMERIKA*
Die Bücher zweier in der Bundesrepublik lebender Schriftsteller stehen im Augenblick auf der amerikanischen Bestsellerliste. Pathetische Lobeshymnen werden angestimmt. »Aus Deutschland eine schöpferische Stimme«, heißt es im *Encounter;* »Die deutsche Literatur erwacht wieder«, meint der Rezensent in der *New York Herald Tribune.* Auch die übrige amerikanische Presse rühmt die beiden als die interessantesten deutschen Autoren seit Thomas Mann, als die ersten repräsentativen und international bedeutenden Vertreter der deutschen Nachkriegsliteratur.

Raten Sie, um wen es sich handelt! Wer sind diese »Repräsentanten« der Literatur aus dem freien Deutschland? Uwe Johnson und Günter Grass. Nein, das ist kein Druckfehler. Kein Mißverständnis. Keine amerikanische Ente. Kein verspäteter Aprilscherz. Das ist die volle Wahrheit. Leider. Ausgerechnet Grass und Johnson! Der erste ein unübertroffenes Genie in der exakten, naturalistischen Beschreibung obszöner Szenen, eine wahre Jauchegrube für Perverslinge aller Sexualrichtungen. Der zweite, ein vor Jahren aus der Zone nach Westdeutschland »geflüchteter« Schreiber – »Wanderer zwischen zwei Welten«, zwischen Freiheit und Unfreiheit (die Wahl fällt Johnson wirklich schwer), ein Meisterjongleur mit schicken Manierismen, dazu fanatischer Verteidiger der Ulbricht-Mauer, deren Errichtung angeblich für Ulbricht eine moralische Notwendigkeit gewesen sei ... So jedenfalls behaupteten es Teilnehmer einer Mailänder Schriftsteller-Tagung, auf der auch Uwe Johnson zu Worte gekommen war.

Unsere Zeit entbehrt nicht kurioser Wunder. Schade, daß man über diese Wunder nicht lachen kann – und auch nicht darf. Nicht Stolz, sondern Scham sollten wir darüber empfinden. Johnson und Grass als Repräsentanten der heutigen deutschen Literatur, gefeiert und geehrt im freien Amerika – tiefer kann's mit dem Niedergang der deutschen Literatur wirklich nicht gehen. Und auch das ein Grund zur Scham: Amerikas Deutschenhasser Nr. 1, William Shirer, Autor des pseudohistorischen Hetzwerkes *Aufstieg und Fall des Dritten Reiches,* er lobt in der *New York Herald Tribune* das Buch des Schandmauer-Verteidigers Johnson! Der deutschen Literatur bleibt scheinbar doch nur *eine* Zukunft: ihre glorreiche, strahlende Vergangenheit ...

ZOFIA KOZARYNOWA: *GÜNTER GRASS*
Schwer zu sagen, was dieses Buch Deutschen, Franzosen, Italienern oder Amerikanern bedeutet. Vielleicht genügt ihnen der Zauber des Stils, das Exotische und Groteske der Einbildungskraft und die Darstellung der Deutschen, durch beide Seiten eines Fernglases betrachtet: einmal monströs vergrößert in den Jahren des Triumphes, das andere Mal verkleinert in der Niederlage. Aber den Ausländern aus dem Westen fehlt der Schlüssel zu dem Grundproblem, das den Kaschuben quält, der, wie es die Großmutter Oskars sagt, weder echter Pole noch echter Deutscher ist. Das Zauberwort, das dieses Buch über Oskar und seine Trommel, das voller Schätze steckt, allen zugänglich macht, kennen nur die Polen.

JAN DOBRACZYŃSKI: *OBSESSIVER INFANTILISMUS*
Lassen wir uns nicht täuschen darin, daß Grass wohlmeinend auf das Polentum von Danzig schaut. In seinem Buch gibt es vor allem einen nihilistischen Spott auf alles. Damit geizt er nicht, weder bei den Seinen – unabhängig davon, ob sie Hitleristen sind oder nicht – noch bei den Polen. Das Ideal von Grass scheint in einer absoluten Gleichgültigkeit gegenüber allen Idealen zu bestehen.

WOJCIECH ŻUKROWSKI: *WIRRWARR IM KOPF*
Wenn Grass nach dem bei uns herausgegebenen und nach den noch nicht übersetzten Büchern auf der Liste der fortschrittlichen Schriftsteller bleibt, so bitte ich, mich sofort auf die Liste der reaktionären Schriftsteller zu setzen, weil ich die gesunde Vernunft bewahren möchte.

ANONYMUS: *OSKAR ALS VERLAGSTROMMLER*
Der englische Verlag Secker & Warburg, der die britische Ausgabe der *Blechtrommel* von Günter Grass herausbrachte, wirbt von nun an mit Oskar Matzerath für seine Bücher. »Secker & Warburg rührt die Trommel für ...« heißt es in den Anzeigen, und immer ist der kleine Blechtrommler, den Grass selber für den Schutzumschlag seines Romans gezeichnet hatte, zu sehen. Der Verlag hat keine Angst, daß sich diese Marke abnutzen könnte: »Wenn die Trommel kaputt ist – was bei der Zahl der von Secker & Warburg veröffentlichten guten Bücher durchaus möglich ist –, wird man sie erneuern. Sie ist ja nur aus Blech.«

HEINRICH GOERTZ: *DAS GRASS-FIEBER GRASSIERT*
Grass in allen Journalen. Grass in allen Zeitschriften. Bild von Grass. Text von Grass. Text über Grass. Die Grass-Anekdote. Grass liegt in allen Vitrinen. Grass tönt aus allen Röhren. Ich ersticke, versinke, ertrinke in Grass ... Grass grinst von allen Kiosken. Ich hab' schon einen Grass-Komplex. Grass ist unser Mann. Und unser Brecht. Keinen Tag ohne Grass! Grass ist fleißig. Schreibt viele hundert Wörter täglich. Grass schießt aus allen Rohren. Grass schreibt drastisch. Meint es aber gut. Grass ist Moralist. Grass sieht prachtvoll aus. Kein Typ für Frauen, vielleicht. Oder doch? Typ gutmütiger Brummbär.
Keine Angst vor Grass! Grass ist ein Berliner. Auch er. Wohnt sogar in Berlin. Grass' Schnurrbart ist aus dem Stadtbild nicht mehr wegzudenken. Vorschlag: anstatt des Berliner Bären Grass in das Wappen setzen. Grass auf allen öffentlichen Plätzen! Grass auf jeden Nachttisch! In allen Lebenslagen: Grass gefragt!
Was tut Grass, wenn Grass nicht schreibt? Das weiß doch jedes Kind. Grass malt. Oder Grass liest vor. Aus werdenden Werken. Dann testet Grass: Lachen wir? Hüsteln wir? Sind wir gespannt? Das merkt sich Grass. So arbeiten wir mit. Oder Grass trinkt, Grass ist vital. Grass hat drei Kinder. Darunter Zwillinge. Wenn Grass spazierengeht, nimmt Grass die Zwillinge an die Hand. An jede Hand einen Zwilling. Wie sonst? Auch das gehört schon der Literaturgeschichte an. Grass' Leben liegt bloß. Ich habe Grass-Fieber. Da kann mir nur einer helfen: Grass. Ich stürze zur Telephonzelle.

Die Zelle ist besetzt. Grass steht darin. Er telephoniert. Mit Grass. Worüber spricht Grass mit Grass? Über Grass. Ein Streitgespräch? Mitnichten. Die Herren sind sich einig. Grass schätzt Grass. Grass ist gesund. Lest Grass! Die einen: Bald wächst Gras über Grass. Die anderen: Grass-Hausse ansteigend. Hilfe!

ANONYMUS: *SPÖTTER BESUCHTEN WALHALLA*
Einen Jux haben sich vor einigen Tagen ein paar Herren in schwarzen Anzügen geleistet, die im »Ruhmestempel der Deutschen« – der Walhalla bei Regensburg – eine Gipsbüste des umstrittenen Schriftstellers Günter Grass aufstellten und enthüllten. Der Leiter der Regensburger Staatsanwaltschaft, Oberstaatsanwalt Dr. Nolten, hat am Montag mitgeteilt, man überprüfe gegenwärtig, ob nicht von Amts wegen gegen die Täter – Redakteure der satirischen Zeitschrift *Pardon* – vorgegangen werden müsse. Nach den bisherigen Ermittlungen hat sich die merkwürdige Grass-Ehrung etwa so abgespielt: Fünf junge Herren mit würdigen Gesichtern und schwarzen Anzügen kamen gegen Abend zur Walhalla gepilgert, die von Ludwig I. in den Jahren 1830 bis 1842 zur »Erstarkung und Mahnung des deutschen Sinnes« errichtet worden war. Ungesehen von dem Verwalter betraten sie den Ruhmestempel und stellten die mit einem weißen Tuch verhangene Büste des *Blechtrommel*-Autors neben den anderen Büsten auf. Zwei Schwarzgekleidete stellten sich mit Blechtrommeln in den Händen vor der Büste auf, die enthüllt wurde. Dann legte ein dritter Herr in Schwarz einen goldenen Lorbeerkranz mit Schleife und der Inschrift: »Dem Genius Grass – von seinem Oskar« nieder. Alle Szenen wurden fotografisch festgehalten. Als kurz darauf der Verwalter der Walhalla kam und die Schwarzgekleideten auf die Ungehörigkeit ihres Tuns aufmerksam machte, zogen sie sofort wieder ab. Die Gipsbüste wurde entfernt.

MANFRED GÜNZEL: *LESERBRIEF AN DEN SPIEGEL*
Günter Grass weiß ziemlich genau, was er kann (Kunstgewerbe) und was nicht (Hochliteratur machen). So hat er Sinn für Dekoration (beschönigender Schnauzer; Biedermeier; Brandt; zur Berliner Promotion Kennedys trägt er Kavaliers-Gemüse und Applaus). Neu-

erdings schwärmt er für Thomas Mann, und seine Frau gefällt mir wirklich gut.

KURT ZIESEL: *DER DEUTSCHE SELBSTMORD*
Noch niemals traf wohl in der deutschen Geschichte die Feststellung Goethes mehr zu, die er 1814 in einem Brief an Schopenhauer traf: »Wenn man die Unredlichkeit der Deutschen in ihrer ganzen Größe kennenlernen will, muß man sich mit der deutschen Literatur bekanntmachen.« Ob Willy Brandt das bezweckte, als er den *Blechtrommel-* und *Katz und Maus*-Literaten Grass als Repräsentanten des geistigen Deutschlands seinem Besucher Kennedy vorstellte?

ANONYMUS: *GÜNTER GRASS*
Günter Grass, 35, Schriftsteller, der bei Kennedys Berlin-Besuch von Bürgermeister Brandt dem amerikanischen Präsidenten vorgestellt wurde, erzählte jetzt Freunden: Als er mit der vorgestreckten Rechten auf Kennedy zumarschiert sei, habe ihn unversehens ein Kennedy-Leibgardist angehalten und sein Hinterteil nach Waffen abgetastet.

HELLMUT KOTSCHENREUTER: *JOHN STEINBECK IN BERLIN*
Über seine Berliner Eindrücke schweigt Steinbeck sich diplomatisch aus: »Was erwarten Sie von mir? Ich habe meine Eindrücke noch nicht geordnet. Wenn das geschehen ist, verkaufe ich sie selber.« Als sicher darf immerhin gelten, daß Günter Grass ihn beeindruckt hat: Steinbeck kennt und schätzt seine Romane und gibt der Hoffnung Ausdruck, daß der Fasan, zu dem Grass ihn eingeladen hat, Grass' Bücher an Würze womöglich noch übertreffen werde.

ANONYMUS: *POLIZEIAKTION GEGEN DIE* »*BLECHTROMMEL*«
Eine reichlich verspätete »Zensur« des Buches *Die Blechtrommel* von Günter Grass übten gestern Behörden in Kempten. In zwei Buchhandlungen erschienen Beamte der Kriminalpolizei, die sich erkundigten, wieviel Exemplare des Buches vorrätig seien. In der

einen Buchhandlung wurde das einzige Exemplar mitgenommen, in der zweiten die Auflage erteilt, die *Blechtrommel* nicht zu verkaufen, bis eine Entscheidung des Staatsanwaltes vorliegt. Eine schriftliche Beschlagnahmeorder wurde den Buchhändlern nicht vorgelegt.

PETER HACKS: *BRIEF AN ELLY HACKS*
Die *Blechtrommel* habe ich zufällig jetzt in den Ferien gelesen. Ich find das ganz gut. Das ist wenigstens nicht modern, sondern ein ganz konservativer autobiographischer Roman, freilich bissel langweilig auf die Dauer. Immerhin kann der Mensch deutsch schreiben.

OSKAR MARIA GRAF: *BRIEF AN GÜNTER GRASS*
Sie haben genau da angefangen, wo einst der deutsche Roman anfing, nämlich beim abenteuerlichen Simplizissimus, nur ist bei Ihnen all das, was uns an Kenntnis und Erkenntnis im Leben und Künstlerischen unterkam, mit dazugekommen. Aber eben, weil Sie an überreicher Fabulierkunst alle anderen übertreffen und sich nicht um »Literatur« kümmerten, als Sie diesen monströsen »Roman« schrieben, darum gelang Ihnen dieses Stück schieres Leben. Und Sie haben außerdem noch den robusten Humor, der Sie überlegen macht. Alles ist noch Chaos – aber es ist dieses Buch (nach meiner Kenntnis) die bisher einzige Dokumentation des zwanzigsten Jahrhunderts, alles Vorherige ist noch neunzehntes.

Und eben deswegen beschwöre ich Sie: Schreiben Sie Kurzgeschichten! Darin werden Sie größer sein als O'Henry, Hemingway, Maupassant, Tschechow und Johann Peter Hebel. Damit wird Ihr Schaffen Weltliteratur.

IVAN NAGEL: *BRIEF AN GÜNTER GRASS*
Wir [an den Münchner Kammerspielen] glauben daran, daß kein heutiger deutscher Autor eine so bedeutende Entwicklung als Dramatiker vor sich hat wie Sie; glauben aber auch, daß es absurd ist, Ihre bisherigen Stücke, die besser als manches vielgespielte »avantgardistische« Stück aus dem Ausland sind, nicht wieder aufzuführen. So ließen sich bei uns Zukunfts- und »Vergangenheits«-Projekte gut

verbinden, wir könnten mit ziemlicher Regelmäßigkeit den »neuen« Grass spielen, wenn es einen gibt und den »alten«, wenn Sie mal eine Zeitlang nichts für die Bühne schreiben.

HANS F. NÖHBAUER: *DIE GROSSE DANZIGER HUNDE-SAGA*
Ein Meisterwerk war die *Blechtrommel* des Jahres 1959, ein Meisterwerk sind die *Hundejahre* des Jahres 1963. Die zwei höchsten Gipfel der deutschen Nachkriegsliteratur – und auf beiden Everesten die Grasssche Fahne!

PETER HORNUNG: *MEHLWÜRMER FÜR DEN STAATSANWALT*
Nach den *Hundejahren* ist dieser Autor kein Fall der Literatur mehr. Lediglich der Staatsanwalt könnte ein Arbeitsfeld finden.

LEW KOPELEW: *BRIEF AN HEINRICH BÖLL*
Entschuldige bitte für die Fragerei, aber ich möchte sehr gerne auch Deine Meinung über Grass' *Hundejahre* wissen. Hab' es eben zu Ende gelesen – wuchtige gestaltende Kraft, eigensinnige Phantasie, bitterböser, überschäumender, ätzender Esprit, unheimliche Sprachgewalt ... Hat mich sehr beeindruckt und wirklich in Bann gehalten. Aber – soll es vielleicht mein Konservativismus sein? – diese Art von esoterischem, nur für Eingeweihte erschließbarem Schrifttum erscheint mir doch fremd und irgendwie allzu luxuriös in der Welt, die immer noch wahrheitsverkündendes Dichterwort so dringend notwendig hat – das Wort, Hort der Freiheit.

JOHANNES BOBROWSKI: *BRIEF AN HANS PAESCHKE*
Aber nun der Grass. Ich kenn das Buch schon und find es, natürlich, großartig. Einwände und Zweifel eingerechnet. Aber schreiben kann ich drüber nicht, obwohl mich's sehr reizte, weil alle Leute wissen, daß Grass und ich befreundet sind, weil einer meiner Vorfahren häufig drin vorkommt und ich selber auch einmal, am meisten aber, weil ichs von hier aus nicht kann. Grass ist hierorts persona ingrata, geradezu ein Schreckensmann, im Buch ist dazu einiges Unfreund-

liche in Richtung Osten, womit ich mich also befassen müßte, von hier aus. Sie sehen, es geht nicht. Leider.

CHRISTA WOLF: *TAGEBUCH*
Später kam Baldauf vom Deutschlandsender und brachte das neueste Produkt von Günter Grass: *Hundejahre,* zum Rezensieren. Dabei wurde uns bewußt, wie wenig wir eigentlich von der geistigen Entwicklung von drüben wissen. Auseinandersetzung gibt es fast nicht mehr. Man sieht gar nicht mehr den Hintergrund, vor dem so ein Buch erscheint. Neulich, bei einer Diskussion mit Studenten, sagte jemand: Für mich ist Westdeutschland ein Land wie jedes andere – wie Frankreich oder Italien – nur, daß dort Deutsch gesprochen wird.

JOHANNES BOBROWSKI: *BRIEF AN GÜNTER GRASS*
Ich denk, es wird keinem nützen, sich mit Ausflüchten und sonstwas zu distanzieren, keiner wird sich das Buch vom Hals halten können: weil es kein Rezept für den Umgang mit ihm geben wird, weil es mit allen Verwandlungen des Lesers (Mäuschen, Tiger, Elefant) mitgehen wird, gut bei Lunge, ausdauernd zu Fuß, mit voller Sehschärfe, immer aufgelegt, angemaßte Sicherheiten abzuräumen. Ich hab es bei Deinem Lesen noch deutlicher gemerkt: Du bist – wie bekannt – ein guter Vorleser, aber auch Dein Lesen tut dem Text nichts hinzu, da ist nichts hinzuzutun. Und ganz unbegreiflich, denk ich, ist: daß die präzis gegebene Artistik sich an keiner Stelle neben oder vor die Handlung setzt, als Abwechslung, Überhöhung, Abkühlung (wie sonst immer), daß nichts zertrennbar ist, wie im *Moby Dick*. So bringt es die Lämmer zum Blöken und die Wölfe zum Heulen, steht da, bewegt sich – nichts mehr zu reden. Was nicht heißt, daß es nicht einem naseweisen Literatur»meister« vor die Nase stoßen kann, das hält es gut aus – die Nase weniger.

LUISE RINSER: *BRIEF AN KARL RAHNER*
Tanja schickte mir wieder Grass-Kritiken (seines neuen Romans *Hundejahre*), mit Textbeispielen. Ich weiß nicht – diese Kraftmeierei geht mir auf die Nerven. Aber können tut er was. Eine unheimliche

Phantasie. Hieronymus Bosch. Aber ohne die Aspekte in die Ewigkeit. Eine mir zu flache Hölle.

CHRISTA WOLF: *BRIEF AN WLADIMIR I. STESHENSKI*
Meine augenblickliche Lektüre, mit der ich mich sehr rumplage, ist der Monstre-Roman *Hundejahre* von Günter Grass. Du hast vielleicht aus westdeutschen Zeitungen gelesen, was sie mit ihm für eine Schau abziehen. Gerd schreibt für den Rundfunk darüber. Es liest sich furchtbar schwer, aber vielleicht solltest Du es doch mal versuchen. Irgendwie ist es symptomatisch, daß diese Art von Bürgerschreck-Literatur augenblicklich drüben hohe Auflagen erlebt.

JOHANNES BOBROWSKI: *DAS KÄUZCHEN* (ERZÄHLUNG)
Du hast die litauischen Lieder vor, plötzlich, mitten am Tag, das Essen ist auf dem Feuer, nachher kommen die Kinder aus der Schule, und ich hier schreib etwas auf, im Büro, um mit dir zu reden. Oder besinge noch immer dunkel, wie Grass sagt, das Flüßchen Szeszupe. Sag doch, wie leben wir hier? Nimmt man das Vaterland an den Schuhsohlen mit?

Bobrowski hatte seine Erzählung erstmalig im Oktober 1963 bei der Tagung der Gruppe 47 in Saulgau vorgetragen. Der Verweis »wie Grass sagt« bezieht sich auf die *Hundejahre* (IV, 234ff.). In einer ostdeutschen Literaturgeschichte kann man lesen: »In der Themenwahl mit dem BRD-Autor Günter Grass durchaus verwandt, ist Bobrowskis Werk geradezu ein Gegenentwurf zu dessen Menschen- und Geschichtsauffassung.« (Haase, S. 348)

WALTER JENS: *HERR MEISTER* (ROMAN)
Zunächst: bestehen Sie darauf, daß Meister unbedingt ein Zwerg sein muß? Als schlichter Leser bin ich, offen gesagt, der Krüppel, Irren und Gnome ein wenig überdrüssig geworden.

ROBERT WOLFGANG SCHNELL: *BRIEF AN GÜNTER GRASS*
Von Herrn Reifferscheid bekomm ich einen Brief, der mir zeigt, welch gewichtiges Wort Sie dort für mich eingelegt haben. Ich möchte Ihnen dafür danken.

Daß Menschen so unterschiedlicher Anschauung einander noch Gutes nachsagen, ist in unserer trübsinnigen Welt selten geworden. Seien Sie versichert, daß ich den Wert dieser künstlerischen Kameradschaft richtig einzuschätzen weiß.

HELEN WOLFF: *BRIEF AN GÜNTER GRASS*
Lieber Günter Grass, / wir haben zusammen gearbeitet, Feste gefeiert, Messe gespielt und am Grab gestanden. Sie sind mir sehr nah. Ich möchte Ihnen sagen, daß mir Ihre Anwesenheit, Ihre letzten Worte (in jedem Sinn) wohlgetan haben, weil sie so ganz das waren, was Kurt sich gewünscht, was ihn erfreut hätte – kein Pathos, kein tierischer Ernst, männlich, kurz, liebevoll, wahr.

Kurt Wolff wurde am 21. Oktober 1963 von einem Lastwagen angefahren und dabei tödlich verletzt. Bei der Trauerfeier am 24. Oktober in Marbach hielt Günter Grass eine kurze Rede.

1964

KURT ZIESEL: *GROSSANGRIFF GEGEN HEINRICH LÜBKE*
Das schlimmste aber ist Lübke passiert – und damit hat er die Feme der Gruppe 47 auf sein Haupt herabbeschworen –, als er gegenüber Willy Brandt, der eine Einladung zum Abendessen bei Lübke in Berlin ablehnte, weil er selbst die Familie Grass als Gast zu sich eingeladen hatte, die Bemerkung tat, man könne doch mit einem Mann wie Günter Grass nicht an einem Tisch sitzen, der »so unanständige Dinge schreibe, über die nicht einmal Eheleute miteinander zu sprechen wagten«. Wer als Bundespräsident die Ferkeleien von Günter Grass nicht liebt, hat auf dem Präsidentenstuhl nichts zu suchen.

KARLHEINZ DESCHNER: *TALENTE, DICHTER, DILETTANTEN*
Denn nur ein kompletter Narr wird *Die Blechtrommel* neben Werke von Musil, Jahnn, Döblin, Roth oder Broch placieren, oder auch nur unmittelbar darunter! Das nämlich sind Dichtungen, während die Bücher von Günter Grass mit Dichtung überhaupt nichts zu tun haben. Und ebensowenig mit einem Erzählungsstil ersten Ranges, wie ihn etwa die besten Werke Thomas Manns bekunden.

PETER JOKOSTRA: *BRIEF AN KARLHEINZ DESCHNER*
Ich teile andererseits aber nicht den Standpunkt unseres Freundes Zwerenz, der auf dem Standpunkt steht, daß ein Kritiker, der ein negatives Urteil über die Prosa von Günter Grass abgibt, einfach nicht ernst zu nehmen ist. Mir hängt der Grassismus zum Halse heraus. Mag Zwerenz ihn mitmachen. Ich nicht!

ANONYMER BUCHHÄNDLER: *BRIEF AN KARLHEINZ DESCHNER*
Froh bin ich, daß ich an die von Ihnen Abgehalfterten bisher kaum Zeit verschwendet habe! Ein gewisses Mißtrauen hat mich bewahrt, und hier und da hat mir – so bei Johnson und Grass – eine Leseprobe gereicht, wie mich auch das ganze Drum und Dran abge-

stoßen hat. – »Deitsches Volk frißt sich Gras(s)!« – auf Kassubisch oder Kaschubisch zu sprechen – sagte ich bei dem Rummel, der um Grass anhub. In einer Buchhandlung: Dame im Nerz: »Ach kann ich bitte die – Augenblick mal! (sieht auf einem Zettel nach, den sie ihrer Handtasche entnimmt) – ›Hungerjahre‹ (ausgerechnet!) von Grass haben?« Buchhändler: »Bitte sehr, gnä Frau, ›Die Hundejahre‹ macht soundsoviel. Soll ich's gleich als Geschenk einpacken?« »Nein, nicht nötig. Aber dann können Sie mir die ›Blechklammer‹ auch noch gleich mitgeben!«

THE BEATLES: *YEAH YEAH YEAH* (SPIELFILM)
[John Lennon:] Ich möchte noch n' Wallace-Film auf englisch drehn oder die *Hundejahre* auf deutsch und Grass drüber wachsen lassen mit Ringo in der *Blechtrommel*.

Der unter der Regie von Richard Lester entstandene Spielfilm (Originaltitel: *A Hard Day's Night*) schildert einen Tag im Leben der Beatles und macht sich dabei über die »Beatlemania« lustig, die weltweit um sich zu greifen begann. Die gesprochenen Texte in der deutschen Synchronfassung wurden teils vollständig verändert, so auch im vorliegenden Fall.

»DOORNKAAT«-GESCHÄFTSLEITUNG: *BRIEF AN GÜNTER GRASS*
Uns liegt Ihr Buch *Die Blechtrommel* vor. Ihr Buch ist außerordentlich interessant. Wir haben es gern gelesen.

Zum anderen haben wir mit Freude festgestellt, daß der Einband, der von Ihnen sehr auffallend mit Schlagzeilen ausgestattet wurde, auch unseren Schriftzug »DOORNKAAT« trägt. Originell ist für uns daran, daß das Wort »DOORNKAAT«, obwohl es im Original-Schriftzug erscheint, in der ersten Silbe nur mit einem »O« abgedruckt wurde.

Es würde uns freuen, wenn Sie bei Neuauflage des Buches den Verlag darum bitten würden, hier eine Änderung vorzunehmen. Denn bei aller künstlerischen Freiheit, hätten wir unseren Schriftzug »DOORNKAAT« gern in richtiger Schriftfolge gesehen.

Um Ihnen den Schritt zu erleichtern, haben wir uns erlaubt, Ihnen 12/1 Flaschen »DOORNKAAT« von unserem Hamburger Fabriklager nach Berlin zu übersenden.

UWE JOHNSON: *BRIEF AN SIEGFRIED UNSELD*
Lieber Siegfried, / ein Nachtrag zu Günter Grass' Smoking, nach dem du fragtest: er war gekauft bei C&A, für etwa zweihundert Mark, und zwar von dem Filmproduzenten Pohland, der so was braucht für seine speziellen Bälle, und zwar in Rot, und Grass passte das alles wie Massarbeit. Die Neonbeleuchtung des Ballsaales machte die Farbe aber lila.

JÜRGEN VON DER WENSE: *BRIEF AN DIETER HEIM*
Morgen [im Radio] Dialog zwischen Grass und Johnson oder wie die Burschen heißen, aber die Deutschen sind mir so entsetzlich eng und eitelfrech – das alles ist in drei Jahren schon morsch und faul, wie die Sportzeitung von gestern gewesen und vergessen.

HANS WERNER RICHTER: *BRIEF AN GÜNTER GRASS*
Mit Spannung verfolge ich Deinen Kampf für das *Spandauer Volksblatt*. Eine sehr gute Idee. Wenn Du mich brauchst, schalte ich mich ein.

ANONYMUS: *SPANDAUER VOLKSBLATT*
Günter Grass, 36, Schriftsteller *(Hundejahre)*, bot auf dem Kurfürstendamm in Berlin die Vorort-Gazette *Spandauer Volksblatt* feil, für die er künftig gegen ein Honorar von 30 Pfennig pro Zeile Artikel schreiben will. Grass, der für den Sondereinsatz eine Gewerbegenehmigung beantragt hatte, setzte gemeinsam mit den Kabarettisten und *Volksblatt*-Förderern Wolfgang Gruner, Jo Herbst und Wolfgang Neuss innerhalb einer Stunde 1000 Exemplare ab. Schriftsteller Uwe Johnson *(Das dritte Buch über Achim)* pendelte mit einem Fahrrad zwischen dem Spandauer Verlagshaus und dem Kurfürstendamm und versorgte die Verkaufskolonne mit Nachschub.

ALFRED ANDERSCH: *BRIEF AN MAX FRISCH*
Berlins Literatur-Welt zog an uns vorüber. Grass, seine showmanship mir gegenüber zügelnd, Uwe Johnson, ein pedantischer

MEINE
GROSS
MUTTER
ANNA BR
ONSKI
SASS AN
EINEM SP
ÄTEN OKT
OBER NACH
MITTAG IN IHREN
RÖCKEN AM RA
NDE EINES KAR
TOFFELACKERS
AM VORMITTAG HÄTTE
MAN SEHEN KÖNNEN
WIE ES DIE GROSSMUTTER
VERSTAND DAS SCHLAFFE
KRAUT ZU ORDENTLICHEN
HAUFEN ZU RECHEN MITTAG
ASS SIE EIN MIT SIRUP GES
SCHMALZBROT HACKTE DANN LE
DEN ACKER NACH SASS ENDLICH I
RÖCKEN ZWISCHEN ZWEI FAST
KÖRBEN VOR SENKRECHT GESTELLTE
SPITZEN ZUSAMMENSTREBEND
SOHLEN SCHWELTE EIN MANCHMAL ASTHMA
BENDES DEN RAUCH FLACH UND UMSTÄND
GENEIGTE ERDKRUSTE HINSCHICKE
FEUER MAN SCHRIEB DAS JAHR NEUNUN
DER KASCHUBEI NAHE BEI BISSAU NOCH N
SASS SIE HINTER VIERECK IN RICHTUNG DER S
DIRSCHAU UND KARTHAUS DEN SCHW

Illustration: Paul Flora

Lümmel, Schnurre mit dem Mauer-Komplex, Hans Werner Richter, das Genie der Bonhommie, Höllerer, mit Eleganz das Klavier des Betriebs spielend, Ernst Schnabel, Friedrich Luft etc. etc.

ARNO SCHMIDT: *BRIEF AN HANS WOLLSCHLÄGER*
Die Grass'sche Rede schien mir doch gut gemeint, (ich hab' sie allerdings nicht mehr gelesen, da ich sie ja gehört hatte); und war mir überdies taktisch sehr willkommen, weil durch sie meine schöne ›SEELANDSCHAFT‹ nunmehr praktisch kugelfest gemacht worden ist. – Ansonsten waren die 3 Tage natürlich maßlos aufreibend.

Bei der Verleihung des Fontane-Preises an Arno Schmidt hielt Günter Grass in Berlin die *Kleine Rede für Arno Schmidt* (XI, 53ff.). Als Grass nach der Rede wieder neben dem Preisträger Platz nahm, wurde er von diesem mit den Worten belobigt: »Ganz ordentlich«. Den weiteren Tagesverlauf hat Uwe Johnson festgehalten: »Beim Mittagessen erschöpft [Schmidt] alle Liebenswürdigkeit und möglichen Gesprächsthemen von GG, lässt ihn strampeln, kann nicht hören, nicht antworten, ist von dieser Welt nicht. Abends beantwortet er die freundliche Frage Anderschs nach der vorgesehenen Unterteilung des neuen Buches in sechs Spalten (drei Ebenen, sechs Sprachen) mit der Zurückweisung: ob man hier etwa die Welträtsel lösen wolle.« (Johnson, *Arno Schmidt*, S. 31)

JOHANNES BOBROWSKI: *LITERARISCHES KLIMA*

Nussknacker
Welch ein großmächtiger Kiefer! Und welches Gehege von Zähnen!
Zwischen die Backen herein nimmt er, was alles zur Hand,
und zerkracht es und weist euch die faul' oder trockenen Kerne,
leere Schalen, den Wurm – – Flieht, Nüsse, flieht diesen Grass!

Die Zukunft der Gruppe 47
Ist sie schon heute Reichsschrifttumskammer, so bildet sie morgen
gar die Regierung in Bonn: Hans Werner Richter Premier,
Grass Vertriebene, Andersch Sozialromantik, von Cramer
Landesverteidigung und Elsner Familie – das genügt.

ANONYMUS: *ERICH MENDE*
 Erich Mende, 47, Vizekanzler, verlas auf einer FDP-Wahlkundgebung in Crailsheim (Baden-Württemberg) einen Brief, in dem ein jüdischer Emigrant aus London den FDP-Vorsitzenden gebeten hatte: »Sorgen Sie dafür, daß Deutschland nicht von ›Lolita‹ mit Hilfe der ›Blechtrommel‹ in neue ›Hundejahre‹ geführt wird.« Mende ergänzte: »Ich habe nach einem Vorbild gesucht. Ich fand es nicht bei Günter Grass und nicht bei Heinrich Böll. Ich fand es bei Kant.« Auf Befragen erklärte der Vizekanzler später, er habe auf Kants Schrift *Vom Menschen* angespielt. Kant-Leitsatz: »Wir brauchen ... mutige, nüchterne Menschen, die ihren Kurs halten können, die ohne Beifall zu leben vermögen.«

ANONYMUS: *POSTKARTE AN DEN LUCHTERHAND VERLAG*
 Betr.: Günter Grass. *Hundejahre* / Der ebengenannte Roman ist eine Schande und eine Beleidigung aller Danziger und besonders der Langfuhrer Bürger. Dieser sogenannte Günter Grass ist ein ganz großes Schwein (frei nach G. Grass, er hat ja nur solchen Ton in dem Roman angeschlagen.) Seine Zoten und Gemeinheiten überschlagen sich förmlich. Wenn der Lump auch noch in Danzig groß geworden sein sollte, so müßte man ihn für diese Beleidigung der Danziger lebenslänglich einsperren. Alle 20 Seiten kommen sexuelle Gemeinheiten in dem Roman vor. Der sonstige Inhalt des Romans mit seinem Irrsinn vom daSein und nichtdaSein hat weder Hand noch Fuss. Sein dadaistisches Gestammel und die Verhunzung der deutschen Sprache zeugt eher von Schwachsinn als von Verstand. Und welcher Verlag gibt sich dazu her, solchen Schund und Schmutz zu drucken? Sie sind wohl mit dem sogen. G. Grass verwandt oder er ist in Ihrer GmbH einbegriffen. Denn ein anständiger, seriöser Verlag druckt ja wohl solche Gemeinheiten nicht. G. Grass könnte pornographische Schmarren schreiben, dafür reicht sein Geist vielleicht noch aus, aber keine Romane. Daß so etwas nicht verboten wird, ist ein Jammer – vielleicht fehlt uns doch eine Reichsschrifttumskammer.
 Der Roman *Hundejahre* ist ja schlimmer, weit schlimmer als der Film *Das Schweigen*. Genau so wahnsinnig wie dessen Einstufung in EE 2 ist der Druck dieses Fetzens von G. Grass. Seine Gemeinheiten

mit seiner »Ingemaus« und seine gesamten Zoten hat er hoffentlich nicht in Langfuhr gelernt, dann müsste man den Lorbas so verdreschen wie er den Itzig mit seiner Horde. Ich kenne Danzig, Langfuhr, Berlin, Hildesheim-Sarstedt u. – last not least – Düsseldorf. Aber nirgends habe ich solche Schweine wie G. Grass gesehen.

THEA STERNHEIM: *TAGEBUCH*
An Grass gemessen wirkt bereits Genet wie ein Novalis.

AUGUST SCHOLTIS: *BRIEF AN JACOB PICARD*
Die deutsche Situation wird immer verrückter. In Literatur und Fernsehen tut man eigentlich nur noch das, was im römischen Weltreich in der Agonie geschah. Ein sexueller Exzeß jagt den andern, während die kommunistischen Barbaren hinter dem Potsdamer Platz das Kunststück fertigbekommen, ihren Untertanen einen einfachen Lebensinhalt mit Übersoll und kleinbürgerlichen Sittenbegriffen einzudrillen, wie zu herrlichsten preußischen Zeiten. In der Welt der Realitäten gilt ja nicht Sigmund Freud, sondern der Primitivismus. Diese literarische Abartigkeit propagiert man als demokratische Freiheit. Bei Günter Grass kann man es lesen, wie Matern sich an den Nazis rächt, indem er ihnen die Weiber beschläft und deren Kindern die Kavalierskrankheit importiert. So setzt man sich mit dem Nationalsozialismus auseinander. Alsdann gute Verrichtung!

BERNT VON HEISELER: *SCHWEINEREIEN*
Seine Entdeckung, daß man der heutigen Gesellschaft in dieser Hinsicht buchstäblich alles zumuten kann, gibt ihm für den Moment einen Vorsprung und hat ihn zum international berühmten Mann gemacht, sozusagen zum deutschen Weltmeister im Auswurf. Jedoch sein Beispiel findet Nachahmung, die Konkurrenz ist scharf, und daher wird Grass nicht lange berühmt sein; er ist in der Lage eines Mannes, der ein neues erfolgreiches Verfahren aufgebracht hat, ohne es durch ein Patent schützen zu können. Andere, die ihm in der Konjunktion von Begabung und Geschmacklosigkeit ebenbürtig oder noch überlegen sind, werden ihn überflüssig machen. – Wir,

die wir an Lektüre begabter Schriftsteller auch ohne Grass keinen Mangel und nach gedruckter Schweinerei kein Verlangen haben, können uns heute schon sparen, ihn zu lesen.

CARL JACOB BURCKHARDT: *BRIEF AN CARL ZUCKMAYER*
Was mich, den alten Freund Boccacios verdriesst, ist die Freudlosigkeit mit der die Millers, die Grass und die hundert andern von den sogenannten erotischen Vorgängen reden. Schon diese Worte »erotisch« oder »sexuell«, die jede Studentin oder Verkäuferin heute so wissenschaftlich überlegen im Munde führen, sind mir ihres blechernen Tones wegen zuwider. Es gibt Dinge, die man tut und von denen man nicht spricht; Huren können Engel sein und Engel bisweilen Huren, aber, trotz der grossen Russen des letzten Jahrhunderts, ist beides doch eher die Ausnahme. Ein gesundes, frisches Mädchen, mit etwas Scheu und etwas Trotz, die etwas Wirkliches zu geben hat, ist doch das beste. Vor allem aber, die tätige Liebe, das »faire l'amour« ist etwas Schönes und nicht wie uns jetzt gelehrt wird eine übelriechende, hündische Mechanik. Was mich gegen solche »Hundejahre«, die ich lesen musste, aufreizt, sosehr dass ich den Autor verprügeln könnte, ist der Umstand, dass er uns das körperliche Lieben, diese warme, gewaltige, herrliche Grundwelle mit Ölabfällen und Fäkalien versaut, sodass man am liebsten als Asket und Säulenheiliger enden möchte. Du verstehst ganz gut, was ich meine und damit alles Herzliche Dir und Alice.

CARL ZUCKMAYER: *BRIEF AN CARL JACOB BURCKHARDT*
Lernt man dann so jemanden wie den Grass persönlich kennen, ist man völlig verblüfft: man muss denken, der Mann verstellt sich, wenn er schreibt. Im Leben: höflich, freundlich, respektvoll, sympathisch, mit einer angenehmen, liebenswürdigen Umgebung, einer reizenden, appetitlichen Frau, bürgerlich-charmanter Wohnung, guten Manieren, netten Kindern, soliden Lebensformen – aber *literarisch* darf das alles nicht sein. Sonderbar!

NICOLAS BORN: *BRIEF AN GÜNTER GRASS*
Sehr geehrter Herr Grass / herzlichen Dank für Ihren Brief. Ihr Kreditangebot hat mich sehr sprachlos gemacht und ich weiß nicht, wie ich Ihnen nun dafür danken soll. Danke! Ich hätte es im Notfall angenommen, bin aber froh, daß kein Notfall ist, auch keiner in Aussicht steht, denn ich arbeite ja wöchentlich 42 Stunden bis auf weiteres.

KURT IHLENFELD: *TAGEBUCH*
Zum Shakespearevortrag von Günter Grass drängen sich die Leute, als müßte der Verfasser der *Blechtrommel* und der *Hundejahre* auch zu diesem Thema Unerhörtes verlautbaren. Nicht einfach, so hochgespannten Erwartungen zu entsprechen – sei's als Erzähler, sei's als Redner: Das Publikum unersättlich machen heißt es unerbittlich machen.

> Zum 400. Geburtstag von William Shakespeare hielt Grass in der Berliner Akademie der Künste die Rede *Vor- und Nachgeschichte der Tragödie des Coriolanus von Livius und Plutarch über Shakespeare bis zu Brecht und mir* (XI, 58ff.).

HEINRICH VORMWEG: *BRIEF AN GÜNTER GRASS*
Ihre Shakespeare-Rede übrigens fand ich ganz außerordentlich. Der eindrucksvollste Essay für mich seit Jahren. Er wird zu dem wenigen über Shakespeare gehören, das zählt.

WALTER BAUER: *BRIEF AN GRETE GAUPP*
Interessant war mir, was Du von Grass' Rede über Shakespeare schriebst. Und über Hildesheimers Hörspiel. Was mir bei vielem, was ich von deutschen Schriftstellern und über sie lese, aufstößt – wirklich aufstößt, als hätte ich etwas gegessen, was nicht gut war – ist die erstaunliche Maßstablosigkeit; zum großen Teil ist es die Kritik, die daran schuld ist; aber das ist nicht mehr neu. Grass' Roman *Die Blechtrommel* ist original, hat Phantasie; aber er ist eben nicht so groß, wie die Leute es hermachen; er bedeutet nicht, keineswegs und absolut nicht den Durchbruch der deutschen Literatur; sowenig wie es Walser und Enzensberger sind.

SABINA LIETZMANN: *GRASS IN MANHATTAN*
In New York las Grass an zwei Abenden hintereinander im Goethehaus, nicht ohne pikanten Akzent. Der Einzug in den überfüllten Vortragssaal – Holztäfelung, Kronleuchter, Spiegel – fand frontal durchs Fenster statt, und im Publikum befand sich einer der Hohenpriester der Beatniks, Allen Ginsberg. Mit schulterlangem Lockenhaar (er ist Buddhist geworden), sorgfältig beklecksten Blue Jeans und nackten, doch untadelig sauberen Füßen in Sandalen folgte er mit stillem Lächeln und Kopfnicken der deutschen Lesung, weder ungeduldig noch enttäuscht. Grass ist ein glänzender Leser eigener Werke, und dies selbst nach dem Verlust der Hebammentasche, aus der er früher seine Manuskripte zu ziehen pflegte, stets ein lohnender Effekt. Er dirigiert die eigene Partitur fast distanziert und entlockt ihr Rhythmen und Akkorde, die das lesende Auge leicht überspringt. Er gliedert und artikuliert, unterkühlt Akzente eher, als daß er sie betont, und verwendet zuweilen eine Mischung von Stakkato und Krescendo, doch nie atemlos. Dies vor allem in der großen Eingangspassage des Knochenberg-Kapitels aus den *Hundejahren* – »Nichts ist rein«. Später, nach ein paar Tagen, sprach auf der Park Avenue ein alter Herr ihn an, ein Emigrant aus Deutschland: Zwanzig Jahre habe er in New York gelebt, auch oft das Goethehaus besucht, doch der Abend mit Günter Grass sei das Eindrucksvollste gewesen, was ihm hier widerfahren sei, und dafür wolle er ihm danken.

MARTIN WALSER: *BRIEF AN MAX FRISCH*
Sie haben Recht, Grass ist bewundernswert. Aber wenn ich jemandem gestehen würde (heute), daß ich diese kräftige Prosa doch nicht und nie zu Ende lesen kann, weil mich die hier studierten oder dargestellten Haltungen nicht interessieren, so klingt das unter uns immer wie Neid und Eifersucht. Trotzdem vermute ich, daß mich, jenseits von Neid und Eifersucht, etwas Wichtiges trennt von dieser Art. Mein Interesse wird nicht gefräßig dabei. Wahrscheinlich interessieren mich die historischen Kabinette und das Heraldische, das Abenteuerliche zu wenig. Gierig macht mich nur die einzelne, zerlegte Person.

ALFRED ANDERSCH: *BRIEF AN HANS MAGNUS ENZENSBERGER*
   Ich arbeite an keiner Sache mit, an der Günter Grass entscheidenden oder auch nur bedeutenden Anteil hätte, nicht, weil ich ihm seinen schriftstellerischen Erfolg neide oder ihn als literarische Figur für unbedeutend hielte, sondern weil ich ihn politisch für einen Flachkopf und – als Anti-Kommunisten aus Überzeugung oder aus Karriere-Gründen – für gefährlich ansehe.

AUGUST SCHOLTIS: *BRIEF AN TRAUD GRAVENHORST*
   Es ist klar und logisch und keineswegs überraschend, daß die Kommunisten Günter Grass nur mit Vorbehalt zur Kenntnis nehmen. Der einfache und normale Mensch kann ja auch Günter Grass gar nicht lesen, da diese Lektüre mit ihren unzähligen Anspielungen für den einfachen Menschen schwierig sein dürfte.

EINAR SCHLEEF: *TAGEBUCH*
   Günter Grass KATZ UND MAUS gelesen – Note 2.

MINISTERIUM FÜR STAATSSICHERHEIT: *BERICHT*
   Der GI berichtete, daß er zur Tagung der Weimarer Akademie eine Einladung erhalten hat.
   Die Zusammensetzung der westdeutschen Tagungsteilnehmer ist diesmal zahlenmäßig höher gehalten. Die westdeutschen Teilnehmer sind auch wesentlich jünger. Von westdeutscher Seite nehmen u. a. teil: GRASS, Günter, Schriftsteller (sehr begabter, meistgelesener westdeutsche Autor – Stil:»Bürgerschreck«).
   G. hat einen Roman über den 17. Juni 1953 geschrieben. Dieser soll zum 17. Juni 1965 ganz groß in Westberlin herauskommen. Auszüge aus dem Roman wurden bereits über das 3. Programm gesendet.

STEFAN HEYM: *DER 17. JUNI 1953*
   So zu tun, als sei es das beste, Gras über die Ereignisse wachsen zu lassen, nutzt ja doch nichts. Dann wird ein Günter Grass das Gras herunterfressen.

KATJA STERN: *WEIMAR IST EINE BESSERE DEBATTE WERT*
Hermann Kant las ein Kapitel aus seinem Roman *Die Aula,* an dem er gegenwärtig arbeitet. Günter Grass zog vor, nichts Eigenes zu lesen, sondern etwas von dem jetzt in Westberlin lebenden Uwe Johnson vorzutragen, dessen Namen er »mit einer nibelungenhaften Treue« (nach Hermann Kant) immer wieder in die Debatte warf. »Sein Buch wird hier doch wohl aufzutreiben sein«, frotzelte Grass. (Man sollte aus solchen Sticheleien eigentlich lernen. Hermann Kant könnte doch in einer westdeutschen Stadt auch einmal aus heiterem Himmel nach seinem Buch *Ein bißchen Südsee* verlangen ... Außer Bruno Apitz' *Nackt unter Wölfen,* Christa Wolfs *Geteiltem Himmel,* Manfred Bielers *Bonifaz* und ein paar Gedichtbänden von einigen Lyrikern aus der DDR ist bislang nichts von unserer neueren Literatur auf dem westdeutschen Büchermarkt vertreten.)

ROBERT NEUMANN: *TAGEBUCH*
»Konkret« mit einem Artikel »Grass in Weimar« (anklingend an »Goethe in —«), von einem seiner Hintersassen – berichtend, der Heros sei dort mit einigen seiner Spezis eingeladen gewesen, aber die Begrüßungsansprache eines ostdeutschen Germanisten habe Grass in toller Heldenhaftigkeit sogleich als »stotternd vorgetragen und gedanklich dünn« getadelt, worauf er dazu überging, statt der vereinbarten Lesung aus Eigenem schlagartig etwas von seinem Ostdeutschland-flüchtigen Freund Uwe Johnson zum besten zu geben (wobei er allerdings, selbst der Hintersasse muß es bekennen, ebenfalls stotterte: die Johnson-Prosa vorher durch das Eintragen von Interpunktionen lesegerecht zu machen, hatte er übersehen). Nachher, herrlich, ohrfeigte man einander, oder offerierte es wenigstens, dann verließ Grass samt Fähnlein demonstrativ den Saal – ein Held und ein Gentleman.

1965

SEBASTIAN HAFFNER: *MONATSLEKTÜRE*
Wer Erbauung oder geistliche Verbrämung sucht, wird Böll vorziehen, wer auf Symbolik und sogenannte Tiefe aus ist, Frisch, wer phantastisch unterhalten und ein bißchen schockiert werden will, dessen Mann ist Grass, und wer gern Kreuzworträtsel löst, wird bei Johnson seine Befriedigung finden.

MARTIN HEIDEGGER: *BRIEF AN ADOLF ARNDT*
Was Herrn Grass betrifft, so habe ich keins seiner Bücher gelesen, wurde nur von vielen Seiten auf seine Schmähungen hingewiesen. Ich habe aber anderes zu tun, als mich damit zu befassen.

MARCEL REICH-RANICKI: *BRIEF AN GÜNTER GRASS*
Ist es wahr, dass Sie das Brecht-Stück schon fertig haben? Bitte, informieren Sie mich auch darüber – denn Sie wissen ja, wie sehr mich dieses Stück interessiert und wie fest ich, obwohl ich nur die erste Hälfte kenne, an seinen Erfolg glaube.

ROSA VON PRAUNHEIM: *TAGEBUCH*
Adele und Manfred waren riesig besoffen, pöbelten Günter Grass an und schlugen sich dann mit ihm, so dass alle auf die Polizeiwache kamen.

ALEXANDER LERNET-HOLENIA: *BRIEF AN ALICE ZUCKMAYER*
Ich freue mich von ganzem Herzen, lieber Jobs, dass Du uns so gute Nachrichten von Zuck geben kannst. Krank sein und genesen ist doch eine viel vernünftigere Beschäftigung als dischten [sic] und mit der Drecksau Günter Grass konkurrieren.

OTTO F. BEER: *LITERARISCHE FEINSCHMECKEREI* (SATIRE)
Als Hors d'œuvre erfreut sich »Foie Grass« großer Beliebtheit. Man bereitet sie in einem Glasgeschirr, das man nachher von einem Zwerg in Stücke singen lässt. Einige fette ostpreußische Gänse werden ordentlich ausgenommen. Man lasse es sich nicht verdrießen, wenn die Leber nur klein ausfällt: gerade Zwergwuchs macht sich bei Grass sehr interessant. Man gleiche dieses Manko aus, indem man etwas Schweinsleber daruntermischt, denn irgendeine Schweinerei macht sich hier immer gut. Das Ganze wird von bösen Köchen in einer nicht zu großen Blechtrommel frisch von der Leber weg angerichtet. Man bereite ein Haschee aus Hitlers Schäferhund Prinz und gieße ätzende Lauge drüber; dann wird Foie Grass eiskalt serviert.

HANS BENDER: *BRIEF AN RAINER BRAMBACH*
Von Höllerers Hochzeit müsste ich erzählen. Nun verbringt er mit seiner Renate Flitterwochen auf Korsika. Grass war der andere Trauzeuge.

> Walter Höllerer und Renate von Mangoldt hatten Ende Juni 1965 geheiratet. Bei der Hochzeitsfeier, die in der Villa von Hans Werner Richter in der Erdener Straße stattfand, hatte Günter Grass für das üppige Festmahl gesorgt. Michael Jürgs berichtet: »Die Flügeltüren zum großen Garten waren geöffnet. Es sollte nach dem Essen getanzt werden, wie es sich für ein Hochzeitsfest gehörte. Es war ein barockes Mahl, ein würdiges Saufgelage, ein wirklich großartiges Fest, nur Reich-Ranicki schmeckte mäkelnd die Suppe nicht, und laut war es auch. Die von Nachbarn gerufenen Polizisten regten sich aber kaum auf, baten nur, die Musik ein wenig leiser zu stellen. Dann tanzten sie mit.« (*Bürger Grass*, S. 197f.) In seinem *Berliner Programm-Gedicht* erinnert Jürgen Becker an die »Hochzeit / Mit kaschubischer Mahlzeit und der Freundlichkeit / zweier Polizisten beim Reinschieben der Juke-Box / von der Terrasse« (S. 51).

RICHARD KLUGER: *EIN AUTORENORCHESTER*
Hätte ich ein Autorenorchester zu besetzen, würde ich vielleicht Henry James die Geige anvertrauen, D. H. Lawrence die Trompete, Tolstoj das Waldhorn, Scott Fitzgerald das Saxophon, Saul Bellow die Oboe, Norman Mailer das Becken, J. D. Salinger die Flöte und Günter Grass – Günter Grass wäre mein Dirigent. Er würde sein Orchester mit der publikumswirksamen nervösen Energie eines Bern-

stein führen, der alle Stimmen vorwärts und rückwärts kennt, sie schnell und langsam spielen kann, fortissimo oder pianissimo und zur Not – um das Publikum bei der Stange zu halten – im Handstand mit den Füßen weiterdirigiert. Denn Günter Grass' Talent ist so ungeheuer, daß es für ihn nur das Problem gibt, es zu bändigen.

WITOLD GOMBROWICZ: *TAGEBUCH*
Triumph von Günter Grass, sein letzter Roman nähert sich einer Auflage von zweihunderttausend verkauften Exemplaren. Grass' Humor: ihm wurde übelgenommen, daß er sich im Trainingsanzug auf Abendgesellschaften zeigte; er hat sich daher einen Smoking in scheußlichem Lila zugelegt und renommiert darin auf Déjeuners und Tees. Eine andere Eigenart des Grassschen Humors: er findet wenig Geschmack an Philosophie, ich wußte das und lenkte die Diskussion aufs philosophische Gleis. Grass darauf, höflich zu mir geneigt, subtil, diskret: »Entschuldigen Sie, aber meine hier anwesende Schwester bekommt einen nervösen Husten, wenn mehr als sechs Philosophen auf einmal erwähnt werden.«

URSULA HERKING: *BRIEF AN GÜNTER GRASS*
Ich weiss von vornherein, dass es ein ziemlich aussichtsloses Unterfangen meinerseits sein wird. Aber ich probiere es eben. Ich möchte so gern, dass Sie eben für mich schreiben. Eine Scene. Ein Chanson. Was Ihnen Spass machen könnte. Wenn überhaupt. Ich kenne niemanden, der so gut formuliert. Der so gut schreibt. Wenn ich überhaupt weiter Kabarett machen will, wie ich es verstehe, brauche ich Texte, Texte die stimmen. Was ich bekomme, sind entweder Leitartikel oder wehleidige Seelenpupe. Natürlich können Sie sagen »liebe Frau Herking, was gehen mich Ihre Textnöte, was geht mich Ihr Kabarett an«. Aber versuchen konnte ich es doch mal, nicht wahr?

ALBRECHT GOES: *BRIEF AN GÜNTER GRASS*
Bei den zahlreichen Gesprächen über den Autor GG, die sich werweißwo mit werweißwem entzünden, bin ich in der passablen

Lage, daß ich in der Regel der genaueste und (ich hoffe es fast) auch der differenzierteste GG-Kenner der Runde bin, meine Neigung gehört besonders *Katz und Maus,* meine Aufmerksamkeit nach der Coriolan-Rede Ihrem kommenden Drama.

KARL SCHILLER: *BRIEF AN GÜNTER GRASS*
   Lieber Freund! / Sie haben vielleicht gehört, daß ich in der letzten Woche in Stockholm war, um dort einen Vortrag zu halten. Ich stieß dabei überall auf die Spuren der »Gruppe 47«, die einen bleibenden und natürlich positiven Eindruck hinterlassen hat. Einen schönen Gruß soll ich Ihnen dabei besonders von Professor Korlén ausrichten. Er hatte eine nette Überraschung für Sie und mich parat: Am gleichen Tag meines Vortrages wurde ein Prüfungsthema in Deutsch an die (30 000!) schwedischen Abiturienten herausgegeben, das sich mit der »Gruppe 47« und ihrem Besuch in Schweden befasst. Sie werden sich über die anliegende Formulierung sicherlich genau so freuen wie ich selbst.

   Auf einem beigefügten Blatt steht der Wortlaut der schwedischen Abituraufgabe vom März 1965: »Schreiben Sie bitte einen Aufsatz, in dem Sie entweder von der ›Gruppe 47‹ erzählen oder (und) von einem ihrer Mitglieder berichten.«

EDUARD REIFFERSCHEID: *BRIEF AN HELEN WOLFF*
   Günter Grass gehört zu den wenigen Autoren, die sich sehr intensiv, sehr erfahren und sehr gekonnt an den Vorbereitungen für den Start eines neuen Buches beteiligen, und er gibt nur gute Ratschläge, und wenn sie mir und meinen Mitarbeitern anfänglich als ungewohnt oder nicht branchenüblich oder aus welchem Grunde auch immer nur schwer durchführbar erschienen, so bewies dann der Verlauf, daß er recht behielt; man darf auch in dieser Hinsicht auf seine Intuition bauen. Lassen Sie auf Günter Grass soviel Blitzlicht los, wie Sie nur mobilisieren können. Er hat jedes Verständnis dafür, daß solche Vordergründigkeiten in Amerika und schließlich auch anderswo zum Geschäft, zur Verkaufspublizistik, zu den public relations gehören, und er ist schließlich den Rummel auch nicht ungewohnt. Ich weiß das aus seinen Erzählungen, daß es ihm z. B.

in Stockholm viel Spaß, bei anderen Gelegenheiten auch Ärger gebracht hat. Aber, verehrte Frau Wolff, wir wissen, daß er seinen Ärger nicht weitergibt, daß er weiß, wie ungewollt sich Pannen einstellen können, und zuletzt auch über Pannen zu lachen vermag.

HANNAH ARENDT: *BRIEF AN GERTRUD UND KARL JASPERS*
A propos deutsche Schriftsteller: Sind augenblicklich alle hier [in New York], Grass und Johnson habe ich kennengelernt, darüber mündlich. Und Enzensberger ist im Anzug. Der Mangel an gesundem Menschenverstand ist oft zum Verzweifeln.

HANS HABE: *BRIEF AN »DIE TAT«*
Ich bin amerikanischer Staatsbürger, besuche häufig die Vereinigten Staaten, von meinen fünfzehn Büchern, die in Amerika erschienen, wurden mehrere bei Harcourt, Brace & World, dem Verleger Grass', publiziert. Nicht ohne Kenntnis der Tatsachen darf ich also sagen, dass Grass in Amerika von niemandem ernst genommen wird – mit Ausnahme eines kleinen Klüngels »revolutionärer« Literaten sowie von jenen Berufsliberalen, die, jedem sachlichen Urteil abhold, an den jungen Deutschen gutzumachen versuchen, was deren Väter an der Welt verbrochen haben. Ein einziges Buch von Grass, *Die Blechtrommel,* wurde von einer geschickten Managerin hochgepriesen, während seine späteren Werke beinahe einhellig abgelehnt wurden. Geniesst er dennoch eine gewisse Popularität, so aus einem durchaus verständlichen Grunde: Wenn sich Deutschland von Grass repräsentieren lässt – warum sollten dann die Amerikaner Grass' Heimat eines Besseren belehren? Man betrachtet Grass in Amerika als eine exotische Blüte des Nachkriegs-Deutschland, man staunt über ihn wie über das »Fräuleinwunder«.

WOLFGANG NEUSS: *DR. H. C. GÜNTER GRASS*
Neuestes Gerücht: sämtlichen Westdeutschen, die vor Bundestagswahlen in die USA reisen, wird empfohlen, mit gesenktem Kopf durch Städte mit Universitäten zu eilen, es fliegen völlig unkontrollierte Ehrendoktorhüte durch die Gegend, und können also

Leute getroffen werden, die keinen Wert legen auf schier taktische Behütungs-Gesten.

RUDOLF AUGSTEIN: *BRIEF AN GÜNTER GRASS*
Leider halte ich eine große Koalition, in der Strauß sitzt, und das hieße ja, eine Regierung mit Strauß und ohne Opposition, für eine Gemeingefahr. Also scheint mir, man muß genauso sehr darauf hinwirken, daß die FDP stärker bleibt als die CSU, wie man darauf hinwirken muß, daß die SPD stärkste Partei wird. Können Sie mir, vielleicht nach Rücksprache mit Willy Brandt aus dem Dilemma helfen?

LUDWIG ERHARD: *REDE BEIM CDU-LANDESPARTEITAG*
Wir wollen darauf verzichten, in unserem Wahlkampf die Blechtrommel zu rühren. [...] Ich kann die unappetitlichen Entartungserscheinungen der modernen Kunst nicht mehr ertragen. Da geht mir der Hut hoch.

ULRIKE MEINHOF: *HOCHHUTH*
Erhards Ausfälle gegen Hochhuth und Grass waren nicht nur das hilflose Gebelfer eines ungebildeten Spießbürgers. Die maßlose Verletzung allen Anstands in der Form seiner Attacken – »Pinscher«, »Banausen«, »Tuten und Blasen ...«, »Idiotie« –, die vor allem die Schriftstellerkollegen von Grass und Hochhuth in Harnisch gebracht hat (»... da fängt der Erhard an«), mag sein persönlicher Stil sein – Wahlkampfnervosität aber wäre ja tatsächlich verzeihlich. Auch die häßliche Mißachtung seiner eigenen Parteimitglieder, an die Erhard ja wohl dachte, als er Hochhuth vorwarf, sich »auf die paterreste (ein Kanzlerwort!) Ebene eines kleinen Parteifunktionärs« begeben zu haben, womit Hochhuth doch wohl etwas besonders Entwürdigendes nachgesagt werden sollte, das mag die so apostrophierten Damen und Herren von der CDU schockiert haben – hoffentlich.

DIE ZEIT: *Neuester Kanzlerwitz*
»Wissen Sie schon: Ludwig Erhard hat sich Günter Grass und Rolf Hochhuth als *ghost-writers* verpflichtet!«
»Wofür braucht er denn *ghost-writers?*«
»Er schreibt seine Memoiren.«
»Und warum ausgerechnet Grass und Hochhuth?«
»Er sitzt gerade an dem Kapitel *Hundejahre eines Stellvertreters*...«

Aktionskomitee für saubere Literatur: *Flugblatt*
Er, Dr. h. c. Günter Grass, ist hinreichend bekannt als Verfasser anrüchiger, schlüpfriger Geschichten. Er will seinen Atheismus in der Stadt des hl. Kilian vortragen. – Sind Sie damit einverstanden? Wenn nicht, dann protestieren Sie vor der Veranstaltung bei den Huttensälen. Sie werden nicht allein sein.

Hilde Domin: *Brief an Günter Grass*
Wir waren also gestern abend bei Ihrer Wahlrede incl. Diskussion. (Erwin war der einzige Professor, weithin). Ich bin die verstrubbelte Person, die dem Publikum mitteilte, das Grundgesetz sei etwas Herrliches und Sie hätten eine höchst moralische Rede gehalten. Was zu hören das Publikum nicht erwartet hatte (Um ein Haar hätte ich deswegen noch die *Blechtrommel* ein exemplarisches Buch genannt.) Man sprach mich nachher darauf an.

Erich Kästner: *Brief an Rudolf Walter Leonhardt*
Heute abend werde ich mir übrigens noch, um mir den Abschied von München zu versüßen, im Zirkus Krone den Wahlredner Günter Grass anhören. Kesten, der dieses Vergnügen bereits vor einigen Tagen in Nürnberg hatte, meinte, Grass habe als Wahlredner einen ausgezeichneten Eindruck gemacht.

Max Frisch: *Grass als Redner*
Günter Grass als Wanderredner zur Bundestagswahl – auch in

der Ferne hat man reichlich davon gelesen, dazu geplaudert: Alle Achtung! oder aber: Schon wieder eine Grass-Show?

Freunde, die ihn in Lübeck gehört haben, bringen ihn uns auf Band, und eben haben wir es abgehört, Rede samt Echo im Saal. Das ist wichtig: Reden muß man hören, und zwar als Ereignis an einem Ort, nicht als Gesang über den Wassern.

Die meisten Reden deutscher Schriftsteller (beispielsweise aus Anlaß einer Preisverleihung) sind keine; bemerkenswert als Text, lesenswert, sogar hörenswert, da ihre Sprache durch Aussprechen an spezifischem Gewicht gewinnt, sind es Vorträge und nicht Reden; das Dialogische daran bleibt Floskel, es wird durch die höfliche Anrede zwar versprochen und gelegentlich durch Wiederholung dieser Anrede als unerfüllt in Erinnerung gebracht, und am Schluß, wenn der Redner sich bedankt, ist es zwar sympathisch wie immer, wenn jemand sich bedankt, aber eigentlich stilwidrig: Nämlich der Zuhörer war die ganze Zeit nicht einbezogen als Partner, und jetzt dankt uns ein Einsamer dafür, daß wir seinen Monolog belauscht haben. Rede ist nicht Hymnus, sondern Szene: zwischen einem Mann, der vierzig Minuten lang das Wort hat, und einer Zuhörerschaft, der er auf suggestive Weise (aber die Suggestion kommt nicht aus der Deklamation, sondern aus der Konzeption der Rede als Antwort) Meinungen unterstellt, um sie zu widerlegen oder zu bestätigen, zu verspotten, zu ermutigen. Kontakt ist nicht Einverständnis, das kann sich daraus ergeben; Kontakt entsteht aus der suggestiven Fiktion, es handle sich um ein Gespräch und die Rede antworte spontan auf die Gedanken und Gefühle im Saal, dabei entstehen die Gedanken und Gefühle im Saal eben durch die Rede selbst.

Genau das ist Günter Grass gelungen:

Man war dabei, man hat reagiert, man ist haftbar geworden durch eine Unterstellung, die man angenommen hat: welche Unterstellung? Das Entscheidende, was Grass liefert, ist nicht die trefferreiche Entlarvung der Machthaber, sondern das persönliche Exempel, daß man wählen kann, ohne blindlings hingerissen zu sein, mit dem Temperament der Vernunft. Die Unterstellung, womit er den Saal für seinen Beifall haftbar macht, ist kühn: daß sein Zuhörer (die Jugend) reif sei für einen Geist, der in Deutschland noch wenig Geschichte gemacht hat, für den Geist der Aufklärung.

HANS WERNER RICHTER: *BRIEF AN KLAUS WAGENBACH*
Wenn Ihr mich braucht, genügt ein Anruf, ich meine mit dem Wahlkontor. Günter hat hier einen großen Erfolg gehabt. Man spricht noch heute davon. Er war wirklich gut. Wäre ich sein Vater, so hätte mich sein Auftreten mit Stolz erfüllt.

UWE JOHNSON: *BRIEF AN HANS MAGNUS ENZENSBERGER*
Aber Günter G.s Eifern für eine westdeutsche Partei brach über uns herein. Da solche Gespräche auf Wiederholung, Affirmation durch Repetition hinauslaufen, könntest du dich gelangweilt haben. GG möchte nicht zugestehen dass er nicht von jedermann verlangen darf er möchte sich ändern wie er selbst aus einem kommentierenden Betrachter zu einem öffentlichen Redner wurde.

FRITZ ERLER: *BRIEF AN GÜNTER GRASS*
Lieber Herr Grass, dass Sie für die Es Pe De werben, freut mich. Dass Sie nicht mit allem einverstanden sind, was wir sagen, ist uns beiden bekannt. Dass ich nicht mit allem einverstanden bin, was Sie sagen, wissen wir auch.

WALTER KEMPOWSKI: *MEIN KABINETT*
Nordhoff – Verkehr / Beitz – Außenhandel / Augstein – Verteidigung / Grass – Innenminister / H. Knef – Familien

ERICH KÄSTNER: *BRIEF AN GÜNTER GRASS*
Lieber Günter Grass, / besten Dank für Ihre Anfrage vom 26.7., – aber ich habe mein Leben lang SPD gewählt und mich immer schwarzgeärgert (bzw. rot). Seit Godesberg ist das äußerste, wozu ich fähig bin: schweigen. Ich kriege die pragmatische Einstellung nicht raus.
Meine Glückwünsche zum Büchnerpreis und herzliche Grüße
Ihr Kästner

KLAUS ROEHLER: *BRIEF AN GÜNTER GRASS*
Herzlichen glückwunsch zum Büchner-preis. Wenn ich mich nicht täusche, ist das der erste literatur-preis, der auf Sie zukommt mit geld; ich freue mich auch für die SPD, denn dieser preis macht jedes Ihrer wahlworte noch gewichtiger. [...] Das wahlkontor, Ihre erfindung, ist für mich ein vierundzwanzig stunden-unternehmen geworden. Über zuspruch können wir nicht klagen: acht reden von Schiller, vier von Brandt, zwei von Helmut Schmidt, eine von Erler, drei fassungen des Dortmunder Manifestes, verschiedene kleinere arbeiten, und das alles in den letzten zehn tagen, dazu täglich wenigstens einen herrn oder eine dame von presse oder rundfunk, die immer die gleichen dummen fragen stellen. Die SPD ist aber der meinung, wir sollten die publikationsmittel bedienen, das sei auch eine art der werbung.

KARL SCHILLER: *BRIEF AN GÜNTER GRASS*
Nehmen Sie bitte meine herzlichsten Glückwünsche zu dem Büchner-Preis. Diese Ehrung, dazu in diesem Augenblick, wird gerade im Ausland manches von dem Schaden wiedergutmachen, der durch die hiesigen Schimpfer angerichtet worden war. Ich freue mich sehr darüber, daß Sie jetzt diese Genugtuung erhalten.

SIEGFRIED VON VEGESACK: *BRIEF AN ODA SCHAEFER*
Auch ich kann mich nicht für den guten Grass begeistern, – quäle mich eben durch seine Erzählung *Katz und Maus,* die allgemein sehr gerühmt wird, – aber ich weiss nichts damit anzufangen. Ich bin wahrhaftig nicht prüde, – aber was er da von sich gibt, ist mehr als unappetitlich, ist Pornographie im übelsten Sinn des Wortes!
Ich weiss nicht, wer unseren Büchner-Preis verteilt, – aber das regt mich nicht weiter auf, ich nehme das nicht tragisch! Mag er den Preis bekommen, – das berührt mich nicht. Ich finde es jedenfalls besser, dass auch solche seltsame Literatur-Blüten, wie Grass, den Preis bekommen, als wenn wir uns auf normale, weniger fragwürdige Grössen beschränken würden, – und wenn die Preisträger den Preis schlucken, und dann nie wiederkommen, finde ich dies nicht für uns beschämend! Wir wollen ihnen nicht nachlaufen, – wenn sie

von uns nichts wissen wollen! Wir sollten das nicht tragisch nehmen,
– lachen, und nicht protestieren!

HILMAR HOFFMANN: *BRIEF AN GÜNTER GRASS*
   Was sich inzwischen in Berlin ereignet hat, nannte Luise Albertz in ihrem Grußwort zum Vortrag Willy Brandt's »Brandstiftung, von der es bis zur Bücherverbrennung nicht mehr weit ist«. Selbst wenn die Brandleger nichts mit der CDU gemein haben, so hat diese Partei doch diesen Geist erst erzeugt, der solche Taten stimuliert. So traurig der Anlaß ist, er wird Ihnen insofern Trost geben, als die Sympathien für Sie und Ihr campaigning schlagartig gestiegen sind und damit wohl auch für den Mann, für den Sie trommeln.
   In der Nacht vom 15. auf den 16. September 1965 war ein Brandanschlag auf Grass' Haus in der Niedstraße verübt worden. In einer Protestnote des ›Wahlkontors deutscher Schriftsteller‹ heißt es, die Brandstifter »sind vor allem Werkzeug und Opfer einer Gesinnung, die den mündig gewordenen Staatsbürger fürchtet. Jeder, der in diesem Land schon wieder die Position für einen Notstand, Kritik für Zersetzung und Kunst für entartet erklärt, hilft dieser Gesinnung zur Tat. Auf ihn fällt jegliche Verantwortung zurück. Wir klagen eine Politik an, die Argumente ersetzt durch Zündholz und Benzin. Darum ersuchen wir Herrn Prof. Erhard, von seinen Verunglimpfungen der deutschen Künstler, Schriftsteller und Wissenschaftler in aller Öffentlichkeit Abstand zu nehmen, damit unserem Land und unserer Demokratie kein weiterer Schaden zugefügt werde.« (Roehler, *Wahlkontor*, S. 118) Vgl. *Grimms Wörter*, S. 295f.

WOLFGANG KOEPPEN: *BRIEF AN GÜNTER GRASS*
   Lieber Günter Grass, / ich gratuliere Ihnen sehr herzlich zum Büchnerpreis, freue mich sehr, dass Sie ihn bekommen haben, und bedaure, Ihnen in Darmstadt nicht endlich die Hand drücken und Ihre Rede hören zu können, da allerlei Unbehagen mich für eine Weile in Italien sein lässt.

KAROLA BLOCH: *BRIEF AN GÜNTER GRASS*
   Lieber Herr Grass, / mit grosser Erregung las ich Ihre Darmstädter Rede. Sie ist sprachgewaltig und tatsächlich Ihre beste Wahlrede. Dass Sie sich nicht entmutigen lassen, nach der Enttäuschung noch

kämpferischer geworden sind und Ihre Überzeugung so glänzend mit Büchner koppeln, gereicht Ihnen zur Ehre. Die Besten in Deutschland werden stolz auf Sie sein, auch wenn sie nicht ganz Ihre Ansicht teilen sollten. Den Fehdehandschuh haben Sie im Zorn hingeworfen, manche Lauen werden aufhorchen, werden durch Sie erzogen. Das ist in Deutschland bedeutungsvoll. Jedoch ist Ihre pauschale Kritik an den zurückhaltenden Intellektuellen nicht ganz gerecht. Denn ihr fehlendes Engagement beruht nicht nur auf Indifferenz. Vielen von ihnen fehlt Ihre ehrliche und bezwingende Überzeugung von der Richtigkeit der SPD-Politik.

Günter Grass hielt seine Rede zur Verleihung des Büchner-Preises am 9. Oktober 1965, drei Wochen nach der Wahlniederlage der SPD. In seiner Rede fragte Grass rhetorisch: »Wo, Alfred Andersch, hat Ihre beredte Entrüstung die Milch der Reaktionäre gesäuert? Wo, Heinrich Böll, hat Ihr hoher moralischer Anspruch die bigotten Christen erbleichen lassen?« (XI, 164) Gleichzeitig bedankte er sich bei Siegfried Lenz, Paul Schallück, Max von der Grün und Hans Werner Henze für deren Engagement im Wahlkampf. Die beiden folgenden Texte von Andersch und Böll sind direkte Reaktionen auf die Rede.

ALFRED ANDERSCH: *ERKLÄRUNG*

Ich entnehme Ihrem Bericht über die Verleihung des Büchner-Preises der Deutschen Akademie für Sprache und Dichtung an Günter Grass (*FAZ* vom 11. Oktober 1965), der Preisträger habe sich öffentlich darüber entrüstet, daß ich mich nicht an seiner Wahltournee für die SPD beteiligt habe. Ich wäre jedoch, selbst wenn ich dies gewollt hätte, dazu nicht in der Lage gewesen, weil ich mich zur Zeit des Wahlkampfes auf 80 Grad 45 Strich nördlicher Breite aufhielt. Ich gebe zu, damit völlig verantwortungslos gehandelt zu haben, doch hat mir die Beobachtung von Eisbären sicherlich mehr Vergnügen bereitet als der Anblick erstklassiger Schriftsteller, wie sie, verführt von Günter Grass, für sechstklassige Politiker Wahlreden umschreiben und diese Art von Beschäftigung für schriftstellerisches Engagement halten. Um das Maß meiner Nichtswürdigkeit voll zu machen, erkläre ich jedoch, daß ich mich an Günter Grass' Wahlkampf in keinem Fall hätte beteiligen können, weil es mir unmöglich gewesen wäre, die SPD zu wählen. Ich habe andere politische Ansichten. Für dieses Verbrechen habe ich die Diffamierung meines persönlichen und literarischen Wegs vom Konzentrationslager Dachau bis zu den *Kirschen der Freiheit* durch den Kollegen Grass in öffentlicher Sitzung der Deutschen Akademie für Sprache und Dichtung zu Darmstadt völlig verdient.

HEINRICH BÖLL: *BRIEF AN GÜNTER GRASS*
Lieber Grass, Sie haben, wie ich heute morgen in der Zeitung las, mir öffentlich eine Frage gestellt, und ich dachte einige Augenblicke lang daran, Ihnen öffentlich zu antworten; nun aber erscheint mir das zu dumm und ich antworte Ihnen privat, weil Ihre demagogische Frage, meine notwendigerweise undemagogische Antwort – wieder unnötige Publicität einbringen würde, die ich (nicht aus Bescheidenheit, sondern aus Hochmut) immer anrüchiger finde. Schon wegen der aus dem Gebüsch kommenden, erröteten Jungen wollte ich Ihnen einmal schreiben: ob Ihnen nie der Gedanke gekommen ist, die Jungens könnten nicht aus Scham, sondern vor Erregung, wie sie ja nach sexuellen Erlebnissen verschiedenster Art nicht unüblich ist, errötet sein? Inzwischen sind ja diese erröteten Jungen zum festen Bestandteil der deutschen Bildungswelt geworden, und es ist nicht meine Sache, den deutschen Bildungsspiessern solche Missverständnisse auszutreiben. Mir scheint dieses Errötungs-Missverständnis liegt auch Ihrer Beurteilung meines »hohen moralischen Anspruchs« zu Grunde. Ich habe diesen Anspruch nie gestellt, er mag sich aus der Wahl meiner Themen und aus der Art meines Ausdrucks ergeben, aber Sie sollten als Autor doch wissen, wie unsinnig es ist, einen anderen Autor bei der ihm unterstellten, in ihn hineininterpretierten Moral packen zu wollen? Mein Gott, es genügt doch, wenn die Kritiker es sich so leicht machen, wollen wir es uns ebenso leicht machen? Mir käme nie der Gedanke, Sie bei Ihrer »Unmoral« zu packen und Ihnen vorzuhalten, Ihre höchst moralischen Wahlreden ständen im krassen Widerspruch zu Ihrem gesamten Werk. Lassen wir doch diese gegenseitige Vereinfachung. Wahrscheinlich werden Sie in fünf Jahren der »Moralist« sein, ich möglicherweise das Gegenteil.

Im übrigen hat die nachträgliche Konfessions-Analyse der Wähler ergeben, dass 1961 von 100 CDU Wählern 65 katholisch waren, 35 evangelisch – 1965 aber nur noch 52 kath. und 48 evangelisch. Ich bilde mir ein, gemeinsam mit Amery und anderen daran nicht ganz unschuldig zu sein, bilde mir aber nicht ein, ich könnte irgendeinen Menschen, ob Christ oder Nichtchrist – angesichts der Wahl zwischen CDU, SPD und FDP zum »Erbleichen« bringen. Das ist doch Unsinn, mag Ihrem Zorn entspringen, Ihrer berechtigten Wut über den deutschen Spiesser – aber sehen Sie wirklich keinen Grund, die SPD in Ihren Zorn, Ihre Wut mit einzubeziehen? Diese nichtig gewordene, opportunistische Partei, die nun mit ihrer Weinerlichkeit die Wähler verrät, die ihr Zuwachs gebracht haben. Ich teile nicht Ihre Ansicht über die Ursachen von Willy Brandts »Niederlage«, die ja gar keine war – aber weder Sie noch ich werden unsere Ansicht je beweisen können.

Es kommen schwere Zeiten, lieber Grass – ich denke, wir sollten nur dann öffentlich gegeneinander polemisieren, wenn wir *ernste* Gründe dazu haben. Sie kannten meine Meinung über Ihren Wahlgang, den ich respektiert habe, kannten auch meine Meinung über den Wunsch, mich auf Ihrer Bahn engagiert zu sehen. Wozu also das? Lassen Sie sich doch nicht von dieser Verbitterung und Gekränktheit der SPD infizieren – immerhin hat diese Partei im stärksten Bundesland (ausgerechnet hier also, in diesem ziemlich »christlichen« Rheinland) einen klaren Sieg gehabt: in Köln hat sie – was geradezu fürchterlich ist, denn damit ist nun der »linke« Flügel der CDU endgültig ausgebootet – Herrn Katzer verdrängt. Sie sehen, welche Folgen es haben kann, wenn die »Christen« vor der CDU »erbleichen«.

HELMUT SCHMIDT: *BRIEF AN GÜNTER GRASS*
Darüber hinaus aber finde ich es wirklich sehr dankenswert, daß Sie als Schriftsteller sich überhaupt engagiert und daß Sie Farbe bekannt haben. Dieses Beispiel sollte Schule machen und aus zukünftigen deutschen Wahlkämpfen nicht wieder verschwinden.

SIEGFRIED VON VEGESACK: *BRIEF AN ODA SCHAEFER*
Ein glücklicher Zufall fügte es, dass Grass, der Freitag Mittag mit seiner Frau in die Traube hereinplatzte, wo wir schon an den Tischen sassen, sich gleich zu Job, Hollander und mir setzte, wo noch zwei Plätze frei waren, – er sass neben mir, und seine Frau mir gegenüber.

Später gesellte sich auch die Witwe von Max Rychner zu uns. So waren wir Balten und Schwyzer ganz allein mit Grass beisammen, – kein »Reichsdeutscher«! Und wir konnten uns ausgiebig mit dem Schnauzbart unterhalten! Er ist ganz anders, als ich erwartet hatte: kein wilder, aufgeblasener Erfolgsautor, sondern ein fast scheuer, unbefangener, gescheiter Mann mit gütigen Augen, viel Humor, Selbstironie, – alles an ihm ist echt, nichts gemacht, – ein urwüchsiger Kerl, ein Barock-Mensch von grosser Lebensfülle, – und grossem Charme! Ich kann seine Sachen nicht lesen, – finde ihn aber grossartig! Jedenfalls kein »Kartoffelkäfer«, kein Gehirn-Akrobat, – ein Kerl mit Blut, und nicht mit Sägespänen im Leibe! Natürlich hat er auch viel Widerspruch und Proteste erregt, – aber das ist ja nur gut, – er hat viel Staub aufgewirbelt und etwas Leben in unsere geruhsame Akademie gebracht! Und das kann uns nicht schaden!

KASIMIR EDSCHMID: *BRIEF AN ERNA PINNER*
In Ascona schrieb ich auch die Grass-Rede, für die ich über sechzig Briefe und Beschimpfungen erhielt, inklusive einer Morddrohung.

Bei der Verleihung des Büchner-Preises hatte Edschmid die Laudatio gehalten.

FERDINAND RANFT: *EIN MAKABRES SCHAUSPIEL*
Der Scheiterhaufen war am Erntedanksonntag am Düsseldorfer Rheinufer aufgerichtet. Fünfundzwanzig Mitglieder des Jugendbundes für Entschiedenes Christentum (EC) im Alter von 17 bis 28 Jahren und die beiden 30jährigen Diakonissen Christa Kranzhöfer und Brigitte Hellwig hatten sich zu einem »missionarischen Einsatz« versammelt. Eine Handvoll Straßenpassanten beobachtete das Geschehen. EC-Mitglied Karl-Heinz Vranken hielt eine kurze Ansprache: »Wir haben uns über Schmutz- und Schundliteratur unterhalten und sind zu der Erkenntnis gelangt, daß brutale, kriminelle, sexuelle und utopische Szenen und Bücher das Glaubensleben des einzelnen beeinträchtigen können. Wir wollen uns von der Übermacht solcher Leitbilder befreien. Sie bringen uns von Jesus ab.«
Dann züngelten die Flammen empor. Neben billigen Romanheften, Kinoreklamebildern und Pin-up-girl-Ausschnitten aus

Jugendzeitschriften befreien sich die entschiedenen Christen auch von Erich Kästners *Herz auf Taille,* Günter Grass' *Blechtrommel,* Albert Camus' *Der Fall,* Françoise Sagans *In einem Monat, in einem Jahr* und von Vladimir Nabokovs *Lolita.* Dazu sangen die Jungen und Mädchen mit Klampfenbegleitung das Lied Nummer 125 aus ihrem Liederbuch »Frohe Botschaft«: »Wir jungen Christen tragen ins dunkle deutsche Land ein Licht in schweren Tagen als Fackel in der Hand. Wir wollen Königsboten sein des Herren Jesu Christ, der frohen Botschaft heller Schein uns Weg und Auftrag ist.«
Das makabre Schauspiel am Rhein erfreute sich der offiziellen Genehmigung des Ordnungsamtes der Stadt Düsseldorf.

BISCHOF OTTO DIBELIUS: *BRIEF AN RAIMUND LE VISEUR*
Man muß m. E. auch Jugendlichen den Spielraum gewähren, ihrem Empfinden freien Lauf zu lassen. Aber darüber mag man verschiedener Meinung sein! Mir persönlich ist es wichtig, daß auf diese Weise ein kleines Protestzeichen gegen eine gewisse Literatur deutlich geworden ist, mit der wir heute überschwemmt werden. Auch nach meiner Meinung ist *Die Blechtrommel* von Günter Grass ein unappetitliches Buch. Für meine Kinder und Enkelkinder wünsche ich mir andere Lektüre. Das ist kein literarisches Urteil, sondern ein Urteil des sittlichen Empfindens, das nicht weiter zu diskutieren ist!

VERENA JANSSEN: *BRIEF AN GÜNTER GRASS*
Lieber Herr Grass / gern würde ich meinen Mann überreden, *Die Blechtrommel* doch zu illustrieren, aber es würde nur Ärger geben. Horst ist unzuverlässig. Sehr. Er kann keine Termine einhalten und wird schon bei der Vorstellung krank und hysterisch.
Dennoch war er zwei Tage lang fest davon überzeugt, *Die Blechtrommel* zu illustrieren, und er war sehr glücklich über Ihre Anfrage. – Dann sah er selbst ein, daß er das nicht durchhalten kann. Denn es würde ein ganzes Jahr Arbeit bedeuten. Und im Moment will er eigentlich nur an seinem Pult stehen und große, ganz feine Bleistiftzeichnungen machen. Nebenbei kann er kein Buch illustrieren. Ebensowenig kann er ein Buch illustrieren und nebenbei »seine«

Zeichnungen machen. Deshalb seien Sie ihm nicht böse wegen der Absage.

Ivan Ivanji: *Brief an Günter Grass*
Lieber Meister Grass, / Heute habe ich endlich die *Hundejahre* serbokroatisch in die Hand bekommen und bin zufrieden. Mehr noch. Hoffentlich bekommen Sie auch bald Ihre Exemplare in die Hand und dieses fremde Alphabet wird Ihnen nicht viel sagen können. Heute habe ich schon so aufs geratewohl hineingelesen in den übersetzten Text. Im Laufe der Arbeit habe ich ihn oft gehasst. Jetzt freue ich mich, als wäre es mein eigenes Buch, und, entschuldigen Sie mir, wenn ich Sie mit dieser Erklärung belästige: aber ich bin Ihnen dankbar, dass Sie dieses Buch geschrieben haben.

Hermann Kant: *Die Aula* (Roman)
Das ist fein, daß Sie meinen Kaffee gut finden, da sind wir schon in zwei Punkten verbunden: Kaffee und Heinrich Heine. Ich bin nämlich ein lesender Kaufmann, Herr Iswall, ich lese den Böll, ich lese den Grass, ich lese die Bachmann und den Heine, na, aber ich bitte Sie.

Peter Hacks: *Brief an Hellmuth Karasek*
Wieso gilt ein mediokres Talent wie Herr Grass bei Ihnen als Papst der Epik, während Arno Schmidt seit gut zwanzig Jahren in der Ecke stehen muß, zur Strafe dafür, daß er Deutsch kann?

Rolf Schneider: *Brief an Günter Grass*
Huchel läßt Sie grüßen; ich habe ihm gestern von unseren Gesprächen erzählt. Den *Plebejern* geht es doch gut, hoff ich? Das wird ein hübsches Geheul geben in Deutschlands Gauen.

Christa Wolf: *Antikommunismus*
In der Zeit vor den westdeutschen Bundestagswahlen, als Günter

Grass angegriffen, als sein Haus angekokelt wurde, rief man mich an, ob ich eine Stellungnahme dazu geben möchte. Das habe ich abgelehnt. Ich habe mir lange überlegt, ob es richtig war, weil man natürlich gegen diese ausgesprochen faschistischen Züge, die in Westdeutschland auftreten und die einen so bedrücken, weil man sieht, wie ihnen die Masse der Menschen wehrlos ausgeliefert ist, Stellung nehmen muß. Andererseits war in der Zeit unsere Propaganda in der Presse so einseitig, daß es so aussah, als sei Grass ein halber Kommunist. Das ist natürlich nicht der Fall. Wir wissen, daß er ein Stück in Reserve hat, das demnächst aufgeführt wird, das uns zeigen wird, daß er nach wie vor Antikommunist ist. Und da der Antikommunismus in Westdeutschland eine der kompliziertesten und gefährlichsten Erscheinungen ist, mit der wir uns auseinandersetzen müssen, sah ich mich nicht in der Lage, nur eine kurze positive Stellungnahme abzugeben, die für Grass ausgeschlagen wäre.

JOACHIM KAISER: *GÜNTER GRASS' FLÜCHTLINGSROMAN*
Der vielleicht entscheidende Bestandteil des Talentes von Günter Grass ist die Beständigkeit, die Zielstrebigkeit. Während seine Gegner in ihm nur einen begabten Luftikus sehen, der Wahlreden hält, bei seinem New Yorker Besuch zusammen mit Holthusen durchs Fenster des Goethe-Hauses klettert und vernarrt ist in Partys und seinen Ruhm, widmet er sich unauffällig seinem Werk. So entstand, ohne Vorabdruck und Funkreklame, die *Blechtrommel,* so setzten die *Hundejahre* episches Fett an, und so brachte Günter Grass, fast unbemerkt, seinen jüngsten Roman *Wartezeit* heraus. Auch dieser Roman bietet nur denjenigen eine Überraschung, die sich von Günter Grass' politischer Aktivität ablenken oder ins Bockshorn jagen ließen. Sorgfältigere Beobachter des Grassschen Schaffens wissen, daß schon im großen Grass-Aufsatz des *Spiegel* (Nr. 36 / Jahrgang 1963) von der »epischen Ergiebigkeit des Themas ›Vertriebenentreffen‹« die Rede war.

Der Roman *Wartezeit* bietet eine – offenbar wiederum nicht die letzte – Auseinandersetzung des Epikers Günter Grass mit Danzig und dem Vertriebenenproblem. Im III. Kapitel ziehen gelegentlich einer hinreißend karikierten Wahlrede in »brandt-eiliger, brandtgefährlicher, ver-brandter Zeit« die Geschöpfe des Grass-Kosmos vorbei: Oskar trommelt nicht, weil er zuhören will, Joachim Mahlke erwägt den Austritt aus der DRP, Eddie Amsel, längst hochbezahlter Journalist geworden, will die Springer-Presse mit Kinderversen angreifen. Eddie erwähnt dabei den – gerade für alle hinlänglich informierten Danziger sehr überraschenden – Sohn von Tullas Tanzlehrer aus alter Danziger Zeit, dessen Schicksal noch der Beschreibung harre.

Der angeblich 1860 Seiten umfassende Roman ist natürlich Erfindung. »Dieser Silvesterscherz«, wie sich Joachim Kaiser erinnert, »löste damals einigen Wirbel aus. Die Buchhandlungen wurden bestürmt; man machte dem Autor Vorwürfe, er sei mittlerweile offenbar derart hochnäsig, daß er und sein Verlag es schon nicht mehr für nötig hielten, neue Werke im *Börsenblatt* zu annoncieren. Und der Philosoph Ernst Bloch konnte es in der Tübinger Buchhandlung Gastl, einem intellektuellen Umschlagplatz der Universitätsstadt, gar nicht fassen, daß man ihm die *Wartezeit,* auf die er so neugierig war, trotz seiner Bitten störrisch vorenthielt.« (*Erlebte Literatur,* S. 276)

1966

MINISTERIUM FÜR STAATSSICHERHEIT: *BERICHT*
Theaterstück *Die Plebejer proben den Aufstand* von Günter Grass
Am 15. Januar 1966 findet im Westberliner Schiller-Theater die Uraufführung des o. g. Stückes statt. Seit Oktober 1965 wird es unter der Regie von Hansjörg Utzerath geprobt. In Kürze wird der Kiepenheuer-Verlag das Theaterstück gedruckt herausbringen.

Die Vorbereitungen für *Die Plebejer* gingen unter größtem Stillschweigen vor sich, denn – wie sich der Intendant [Boleslaw Barlog] des Schiller-Theaters äußerte – »die Aufführung soll wie eine Denkmalsenthüllung sein«.

Das Stück spielt im Theatermilieu und hat die Vorkommnisse des 17. Juni 1953 zum Inhalt.

Trotz der sehr unvollständig vorliegenden Angaben über den Inhalt des Stückes kann geschlossen werden, daß es politische Angriffe gegen die DDR enthält. So werden Ereignisse des 17. Juni aus westlicher Sicht rekonstruiert, z. B. Demonstrationen usw.

Offensichtlich werden noch weitere Anspielungen auf die Niederschlagung des konterrevolutionären Putsches vom 17. Juni dadurch gemacht, daß die *Coriolan*-Bearbeitung in die Handlung einbezogen wurde. Coriolan ist bekanntlich ein sagenhafter römischer Patrizier, der von den römischen Plebejern verbannt wird, sich mit einem anderen, den Römern feindlichen Stamm verbündet und als ihr Anführer Rom erobern will.

Hinzu kommt, daß der Autor auch Bert Brecht als handelnde Figur auftreten läßt. Während der »Chef« – gemeint ist Brecht – am 17. Juni seine Bearbeitung des Shakespeare-Stückes *Coriolan* probt, gehen die Arbeiter und offensichtlich auch die Schauspieler auf die Straße. Sie bitten den Theatermeister um geistige Unterstützung. Er lehnt ab, weil die Revolte für einen Erfolg nicht gründlich genug vorbereitet sei. Nur die Eindrücke vom gescheiterten Aufstand verwertet er später für seine Inszenierung. Die gehässigen Angriffe von Grass werden noch dadurch unterstrichen, daß der bei ihm auftretende »Chef« in Maske und Kostüm Brecht genau kopiert.

Helene Weigel soll bereits beim Schiller-Theater gegen die Aufführung des Stückes protestiert haben.

STEFAN HEYM: *BRIEF AN GÜNTER GRASS*
Lieber Kollege Grass, / leider habe ich für den 13. Januar keinen Tagespassierschein erhalten können. Ich hatte mich sehr auf das Gespräch mit Ihnen gefreut, denn ich weiss – nach der Lektüre Ihrer Büchner-Rede –, dass wir sehr bald zu interessanten Fragen gelangt wären.
Ich hoffe, dass wir die Sache bei Gelegenheit nachholen können; aufgeschoben ist, wie man sagt, nicht aufgehoben.

WILLY BRANDT: *BRIEF AN GÜNTER GRASS*
Sie wissen, wie leid es mir getan hat, dass ich nicht zur Uraufführung der *Plebejer* kommen konnte. Umso mehr liegt mir daran, Sie wissen zu lassen, ein wie starkes Erlebnis das Stück für uns am Sonntagabend gewesen ist. Meine Frau und ich saßen nicht zusammen – umso besser konnten wir vergleichen, wie sehr wir aufgewühlt waren, uns engagiert fühlten, aber eben mehr als einmal auch nahe am Heulen waren.
Dies ist ein grosses Stück deutscher Nachkriegsdichtung. Das kann durch klugscheisserische Kritiken nicht kleiner gemacht werden.
Vom Theater-Betrieb verstehe ich nicht genug. Trotzdem wage ich die Vermutung, dass da einiges noch klarer und überzeugender herauskommen könnte.

HARTMUT VON HENTIG: *BRIEF AN GÜNTER GRASS*
Ich bin vor einer Woche nach Berlin gefahren, mit zehn jungen Mitarbeitern und Assistenten, um mir die *Plebejer* anzusehen [...].
Wenn es nicht verdächtig wäre, wenn ein deutscher »Ordinarius« so etwas sagt, so würde ich gern bekennen, daß wir – vielleicht zum ersten Mal alle elf ganz einig waren: dies ist ein ganz großes Stück! Ich beschränke mich stattdessen auf einige Einzelheiten, die viel-

leicht glaubwürdig machen, was ich da eben ungeschützt vor mich hin gesagt habe:

1. Die Kritiker, die dies alles so bemäkelt und zerklügelt haben (ich habe einige Rezensionen gelesen, einen langen Abend mit Hans Mayer darüber geschwätzt und Sie selbdritt am Fernsehschirm gesehen), scheinen mir deshalb so hilflos, weil man in Deutschland nicht mehr gewohnt ist, daß Stücke sorgfältig konstruiert werden: Ihr Stück ist für die deutsche Kritik zu dicht, zu genau, zu klug.

2. Seit dem *Prinzen von Homburg* gibt es nichts, was den von Ihnen gewählten Untertitel beanspruchen könnte. Ich jedenfalls kenne kein Stück, das ein »deutsches Trauerspiel« in dem doppelten Sinn zu heissen verdiente
(a) daß es von den spezifischen deutschen Schwierigkeiten ja Traurigkeiten handelt und
(b) daß es eine deutsche Sprache und Form dazu braucht.

Brechts Stücke handeln – gut marxistisch – immer vom Menschen schlechthin (wenn diese Denkfigur des Idealismus hier einmal meine Darstellung abkürzen darf). *Andorra* ist ein großes Trauerspiel – aber es ist in seinem Gegenstand nicht »deutsch«. Ja, indem ich dies schreibe, wird mir klar, daß es so gut wie gar keine deutschen Trauerspiele gibt – so, wie der *Zerbrochene Krug* oder auch der *Hauptmann von Köpenick* oder *Der Schwierige* mit Recht »deutsche Lustspiele« genannt werden. Allenfalls ließe sich das von W. Borcherts *Draußen vor der Tür* und, wie mir ein Freund eben sagt, von Hofmannsthals *Turm* sagen. Aber da muß man schon sich und den Begriff sehr anstrengen, um noch bei der Sache zu bleiben.

3. Die *Plebejer* sind ungewöhnlich aufregend für den, der Ihr Thema versteht und meint. Ich begreife nicht – oder vielmehr: ich begreife zu gut – wie sich RR hat langweilen können: ihn langweilte RR im Angesicht der von GG gestellten Fragen. Muß ein Autor auch noch seine Berufskritiker umstimmen? Und zu was?

4. Nun, ich versuche meine eigene Vereinfachung hierzu: GG hat gleichsam BB seiner eigenen »Maßnahme« ausgesetzt. Wenn irgendeiner sie aushält und durchhält, dann müßte er es sein – ich meine: auf der Bühne, denn über die Wirklichkeit, über das Leben darf man solche Aussagen nicht machen. – Ihr Chef hält die »Maßnahme« durch, und wir sehen zweieinhalb Stunden lang, daß dazu

keine Rigueur und kein Zynismus, kein Chinesentum und keine Unmenschlichkeit gehören, sondern genau das Maß an Ungewißheit, das einen BB am Sinn der Tugenden zweifeln ließ, und genau die Redlichkeit, die ihn dies sein Leben lang hat sagen lassen.

5. Außerdem ist Ihr Stück ein Muster der qualvollen Verfremdung – ein Lehrstück, nachdem Lehrstücke schon zum täglichen Haushaltsgerät des Theaters gehören. Alles, was ich Ihnen heute sagen kann und will ist, daß es Sie und Ihr Stück doch ehrt, wenn man so ratlos davor steht wie die professionelle Kritik der bundesrepublikanischen Öffentlichkeit.

Es grüßt Sie und dankt Ihnen / Ihr Hartmut von Hentig

MICHAEL HAMBURGER: *BRIEF AN GÜNTER GRASS*

Lieber Günter, / es war eine Freude, in dieser Woche Deine *Plebejer* zu erhalten, obwohl ich mit hohem Fieber im Bett lag und es in diesem Zustand las. Als Theaterstück kann ich es nicht beurteilen – ich habe zum Theater gar keine Beziehung – aber als ein Stück Dialektik und Darstellung eines Sachverhalts hat es mich gefesselt und überzeugt. Auch sprachlich – im Gegensatz zu manchem sogenannten dokumentarischen Theater der letzten Jahre. Hoffentlich hat es auch auf der Bühne Erfolg.

FRITZ KORTNER: *BRIEF AN GÜNTER GRASS*

Lieber und verehrter Herr Grass, / die Reaktionen auf Ihr Gedicht *[König Lear]*, das sich mit mir befaßt, sind: wie schön, daß überhaupt eines geschrieben wurde zwanzig Jahre nach Hitler, – daß nun auch noch Sie es waren, der es schrieb, und nicht irgendein anderer, sagen wir Habe, – daß es mir so erspart blieb, meine leicht entfachbare Eitelkeit womöglich auch dann noch ins Kraut schießen zu sehen, wo sie sich nunmehr legitim auch darüber freuen darf, daß durch Ihre Zeilen mein Name vor totalem Vergessensein bewahrt wird, weil nichts, was Sie schreiben, diesem Schicksal anheimfallen kann, – daß Ihr Gedicht mir den Mut gibt, Ihnen zu wünschen, solange die »Plebejer« umzuschreiben, bis sie dem Torberg nicht mehr gefallen können.

IVAN IVANJI: *LOB DER DEUTSCHEN LITERATUR*
Günter Grass ist für mich der bedeutendste Romancier auf der Szene der Weltliteratur. Den Dichterstab, den Thomas Mann fallen ließ, nahm Grass als erster auf. In dieses Urteil beziehe ich das Grass-Stück *Die Plebejer proben den Aufstand* nicht unbedingt ein. Ich glaube allerdings nicht, daß Grass hier Brecht kritisieren wollte. Ich bin vielmehr sicher, daß Bertolt Brecht – lebte er noch – mit höchstem Vergnügen dieses Stück inszenieren würde. Nur setzt das Grass-Stück zuviel voraus. Es ist für unser Theaterpublikum zu vielschichtig, denn es setzt eine genaue Kenntnis des Brechtschen Gesamtwerkes, des Shakespeareschen *Coriolan* und der historisch-politischen Hintergründe, die zum Berliner 17. Juni führten, voraus. Sicher ist der Prosaist Grass bedeutender als der Theaterdichter.

OSKAR MARIA GRAF: *BRIEF AN GÜNTER GRASS*
Ihre beste Rede war für mich ganz entschieden diejenige, die Sie bei Verleihung des Georg Büchner-Preises gehalten haben. Man fühlt dabei, dass Sie jenes Publikum vor (und wahrscheinlich auch gegen) sich gehabt haben, das Sie anspornte. Die anderen Reden in der Wahlzeit finde ich nicht volkstümlich genug, um Massen mitzureissen. Dazu kam auch, dass man Ihr politisches Auftreten (ob mit Absicht oder nicht, sei dahingestellt) zu sehr als eine Art »gesellschaftliches Ereignis« aufgenommen hat. Die Presse hat das auch durchaus so dargestellt, und es war gut, dass Sie das in Ihrer Büchnerrede festnagelten. Eben so richtig fand ich, dass Sie Böll und Andersch namentlich angriffen, aber was war mit dem sonst so radikalen Enzensberger und einigen anderen noch, die jetzt so weitgehend als »Linke« angesehen werden? Ich sprach übrigens grade um jene Zeit, da Sie Ihre Wahlreden hielten, mit Andersch und verteidigte Ihre Haltung, als er ins Treffen führte, »für die SPD könne man doch nicht eintreten«. Andersch war immerhin einst in München Leiter einer kommunistischen Zelle, was ich ja seit eh und je wusste. Er blieb bei dem Tessiner Gespräch dennoch bei seinem abgedroschenen Standpunkt. Schade, dass mich meine Krankheit und mein allzu kurzer Aufenthalt daran hinderten, ihm noch einmal zu begegnen und mehr zuzusetzen, denn ich halte Andersch für

einen der Begabtesten Ihrer Generation. Man muss, glaube ich, all diese Menschen einzeln stellen und – beschämen oder aktivieren. Auch das ist eine sehr wichtige und notwendige politische Arbeit, und man kann sich da an der seinerzeitigen russischen Intelligenz um Gorki ein Beispiel nehmen.

UWE JOHNSON: *BRIEF AN MARTIN WALSER*
Es ist auch der Umgang mit Grass heikler geworden. Er bringt es nicht über sich, Argumente anzuhören, benimmt sich schroff und parental, offenbar in der Meinung, die Konturen seines persönlichen Zustands seien die des repräsentativen Lebens, das der Berühmte vom Dienst zu führen hat.

MARTIN WALSER: *BRIEF AN UWE JOHNSON*
Daß Grass an literarischem Stalinismus leidet, wird mit jedem Jahr deutlicher. Mir gingen nachts im April in Frankfurt bei Siegfried [Unseld] die Augen auf, als Grass Baumgart wegsäbelte, weil der nicht gleich anbetete.

PETER HANDKE: *BRIEF AN SIEGFRIED UNSELD*
Gern würde ich einen »großen« Artikel gegen all diese Kritiker schreiben, die die Konsumliteratur, zum Beispiel die Romane eines Günter Grass, zur literarischen Norm erheben wollen.

DIETER WELLERSHOFF: *FÜR EINEN NEUEN REALISMUS*
Seit Jahren dominiert in Deutschland die manieristische und groteske Literatur, deren Prototyp die Romane von Günter Grass sind. Diese Stilrichtung, die mit phantastischen Erfindungen, Allegorien und Sprachspielen arbeitet, scheint vorauszusetzen, daß die Realität künstlerisch aufgemacht und phantastisch, dämonisch oder grotesk onduliert werden müsse, um darstellungswürdig zu sein. Überall sucht sie das Extravagante, Aparte, Auffällige, den bizarren Effekt. Sie hat keine Mittel entwickelt, das gegenwärtige alltägliche Leben darzustellen, hat anscheinend, dupiert von idealistischen Kunstide-

alen, diese Aufgabe überhaupt erst nicht gesehen. Jedenfalls ist trotz visionärer Attitüden, trotz ihres Pathos der Enthüllung der Erkenntniswert jener Literatur gering. Wenn Günter Grass in den *Hundejahren* unsere Gesellschaft in einer Ansammlung von Vogelscheuchen repräsentiert sieht, dann ist das bloß ein inszeniertes Aperçu, eine rhetorische Beliebigkeit.

Ivan Ivanji: *Brief an Günter Grass*
Lieber Meister Grass, / Ich darf Ihnen vielleicht sagen, dass Sie in Beograd in mehr oder minder literarischen oder sich dafür haltenden Kreisen Stadtgespräch sind. Ich bin neidisch. Nach keinem eigenem Buch hat man mich so oft angesprochen, und so lobend, wie nach den *Hundejahren*.

Georg Lukács: *Grass gefällt mir nicht!*
Grass gefällt mir vor allem deshalb nicht, besser gesagt: ich kann ihn deshalb nicht akzeptieren, weil er seine nicht alltäglichen schriftstellerischen Möglichkeiten zu forciert ausnutzt. Dieser Umstand verführt ihn zu Abenteuern.

Herbert Otto: *Zeit der Störche* (Roman)
Nun las sie von der Großmutter des Trommlers, die als junges Mädchen vier Röcke trug und auf dem Acker vor dem Kartoffelfeuer saß und diesen Fremden, der auf der Flucht war, unter ihren Röcken versteckte, so daß die Verfolger, die Polizisten, ihn nicht fanden; und der Verfolgte da unter den Röcken blieb nicht untätig und übte auf seine Weise Dankbarkeit für den gewährten Schutz und schwängerte das Mädchen dort auf dem Acker, vor dem Feuer und in Gegenwart der Verfolger, die sich wunderten, wie ein Mann so schnell und gründlich verschwinden konnte.
Es gab Bücher, in denen sie sich wohl fühlte. Dies hier fand sie verstiegen, und es gefiel ihr nicht in der Welt und an der Hand dieses schwachsinnigen Trommlers. Sie hätte noch nicht erklären können weshalb: sie mochte ihn nicht, las aber weiter, denn nach siebzehn Seiten war es zu früh für ein Urteil.

Der Roman *Zeit der Störche* war in der DDR ein Bestseller und wurde 1971 von Siegfried Kühn verfilmt. Herbert Ottos Werke galten als sozialistische Unterhaltungsliteratur, deren ästhetischer Wert selbst von ostdeutschen Literaturwissenschaftlern nicht hoch gehandelt wurde. Nichtsdestotrotz erhielt der Autor bedeutende Staatspreise.

GERHARD ZWERENZ: *CASANOVA* (ROMAN)

Danach, auf dem Weg durch die nach Anis und Fenchel duftende Stadt, an einer gewissen Stelle in der Schildergasse also, denn sonst riechts nach Hundepisse, kommt mir eine Kritik in den Sinn: Hatte der kluge Rezensent die Abwesenheit des Eros in Enzensbergers Gedichten bemängelt und gemeint, die Lyrik dieses Autors müsse, mit Verlaub, »schwanzlastiger« werden.

Während ich weitergehe, überlege ich, wies damit bei den andern steht: Heinrich versteckt ihn, Wohmann und Bachmann haben keinen, Walser ist wütend drüber, Sohn John ist jeweils gesellschaftspolitisch verhindert, Hochhuth verhält sich neutral, Frisch und Dürrenmatt sind Schweizer und scheiden damit aus. Grass schwingt ihn drohend in der Hand und erschreckt die Leute mit Sinn fürs Detail.

»Seit der *Blechtrommel*«, schreibt Ludwig Marcuse im August 1966 an Dieter E. Zimmer, »hat mir kein Roman so gut gefallen wie Zwerenz' *Casanova*.« (Marcuse, *Briefe*, S. 229)

WERNER KRAFT: *BRIEF AN CURD OCHWADT*

In fünfzig Jahren wird man sehen oder auch nicht. Beispiele, wie *ich* es sehe. Brecht, ein Genie. Johnson in den *Mutmassungen über Jakob* hochbegabt. Peter Weiss: *Sade* halb und halb oder viertel, Grass, *Blechtrommel,* zwei Kapitel gelesen, ich gebe eher zu, daß das ein großer Roman ist als daß ich ihn zuendelese. Unendlich langweilig wie – Verzeihung – der viel begabtere Musil. W. H. Fritz ein *ernster* Autor. Adorno, hochbegabt, aber –? Too clever. Usw. usw. Alles kann falsch sein.

GÜNTER DE BRUYN: *DAS DING AN SICH* (PARODIE)

Wer steht da, hat sich erleichtert und betrachtet sein Produkt? Der Mensch, der hier die Feder führt – nicht mit der Hand, nicht mit den Zehen, nicht mit dem Mund, er hat weder noch –, blickt nachdenklich der Vergangenheit hinterdrein und sinnt neuen Überraschungen nach. Kann Hotten Sonntag durch Ohrenwackeln das Conradinum in Langfuhr zum Einsturz bringen? War Himmlers in Westpreußen gezüchteter Wellensittich kriegsentscheidend?

Duft steigt auf, schlägt zu und gewinnt. Glibbrige Aale, Schaumzeug auf rostigem Wrack, rosige Puddinggebisse hatten wir schon. Doch jeder Mensch hat seinen eigenen Geburtsvorgang. Jedes Buch weiß, warum. Jeder Leser will auch mal. Jeder Erfolg hat Gründe. Jeder Autor sein Ziel: Brechreiz oder Tränenfaß, Großauflage und Parnaß.

Es war einmal ein Hintergrund,
der war fix und fertig und kann hier wieder mal benutzt werden.
Es war einmal ein Zeitalter,
das man die Matzerath-Mahlke-Matern-Epoche nennt. In der kam ich – Geschichte ereignet sich dauernd –, wie man so sagt, zur Welt. Das war, als Tulla Prokriefke noch im Fruchtwasser schwamm.
Es war einmal eine Frau,
die unter Schmerzen gebar, was sie nachher in Entsetzen versetzte.

Die Weichsel mündet immerfort. Man sagt den Wehen nach, daß sie einsetzen. Also: Die Wehen setzten ein. Die Weichsel mündet auch in diesem Buch. Die Frau schreit im Kindbett. In Danzig fahren die Straßenbahnlinien Zwei und Fünf. Aber da ist kein Kindbett. Da ist auch keine Couch und kein Himmelbett und keine Hängematte. Da ist eine Straßenbahnbank. Die Bank ist hart, hart, hart. Aber die Frau will, muß, will das Kind. Aber so leicht kann man ein Kind nicht. Auch nicht ein so aufs Wesentlichste reduziertes. Dreh dich nicht um, der Mißwuchs geht um.

Der hier mit Weißnichtwas die Feder führt und zwecks Anregung ins Becken stiert, sieht dabei deutlich das Menschenknäul, das Kuddelmuddel in der Linie Fünf nach Oliva, langbehost, seidenbestrumpft, blechbetrommelt, hundebejahrt, wortzerspielt. Das rauft sich um die besten Plätze, das sieht, schaut, blickt unter, über, durch, nach, auf, vorbei. Das schreit, schreit, schreit: »Nu kick dech dem an!«

Was da herauskommt, ist kein Arm, kein Bein, kein Kopf, kein Steiß. Das alles fehlt an dieser originellsten Schöpfung. Warum? Darum. Was da herauskommt, ist rot, tomatenrot, ziegelrot, schamrot, sozialistenrot, periodenrot, ordensbandrot, blutegelrot, abendrotrot, trommelrot, mülltonnenrot, frackrot, grassrot. Was da herauskommt, ist groß, größer, am größten. Größer als bei Mahlke? Als Shakespeare? Aber ja. Als Brecht? Ohne Frage. Als ich? Der hier auf neuen siebenhundert Seiten Papiers Artistik betreibt und eigentlich wie der Große Mahlke Clown dann Modeschöpfer werden wollte, weicht augenzwinkernd aus: »Am größten ist der liebe Gott.« Der schaut auch zu, als das Menschenstück geboren wird, diese endlich von allem unnötigen Ballast befreite literarische Gestalt, das Ding, an dessen Größe die Größe des Mannes gemessen wird, das Ding aller Dinge, endlich ganz rein, dieses Dingslamdei, dieser Artikel, der Magnet, das Gegenstück zur Schrippe, der Apparat, das Ding, Ding, Ding, das Ichsprechesnichtaus. Der hier die Feder führt, hat es wieder und wieder benannt, deutsch, lateinisch, volkstümlich, medizinisch, direkt, bildlich und sonstwie. Und jetzt weiß er keinen Namen. Aber braucht er einen? Er zieht die Wasserspülung, hebt den Blick und hat sich, während er betrachtete, der Zeit erinnert, in der er noch nicht altersmüde die Feder führte, sondern in der Helene-Lange-Schule, dann Gudrunschule, in Düsseldorf, in Bonn und am Kölner Hauptbahnhof – grassierte.

> Die Parodie findet sich in dem Band *Maskeraden,* der von der DDR-Literaturkritik sehr wohlwollend aufgenommen wurde. Johanna und Günter Braun lobten, dass es de Bruyn gelungen sei, das Genre der Parodie auf ein »literarisches Niveau gehoben« zu haben; einschränkend merkten sie an: »Grass parodistisch in den Griff zu bekommen, scheitert allerdings daran, daß Grass zu viele Techniken und Stilmittel handhabt, daß er selbst schon parodiert.«

ROLF ITALIAANDER: *ZUM SCHADEN DER LITERATUR*
In einem Bericht, der nach dem Übersetzersymposium in Moskau in einer Berliner Tageszeitung erschien, hieß es: »Man gab zu, daß auch Lektoren in der Sowjetunion gewisse Werke immer wieder korrigieren oder gar kürzen. Gegenwärtig wird *Katz und Maus* von Günter Grass übersetzt. Die sexuellen Passagen des Buches muß der Übersetzer streichen, anderenfalls würde es der Verlag nicht wagen können, das Buch herauszubringen.« Eduard Reifferscheid vom Luchterhand-Verlag, der das Werk von Günter Grass herausgibt, schrieb mir, daß durch diese Ankündigung Grass und sein Verleger

zum erstenmal von der geplanten Veröffentlichung der Novelle in der Sowjetunion erfuhren. Der Verleger wendete sich an den sowjetischen Schriftstellerverband: »Die Absicht, ein Kunstwerk zu beschneiden, zu kürzen, ruft den heftigen Protest des Autors, des Verlags hervor. Gerade bei *Katz und Maus* hat diese Absicht schon einmal bestanden: in Spanien. Der Autor hat damals seine Genehmigung zum Druck versagt. Günter Grass zieht deswegen auch jetzt vor, seine Novelle *Katz und Maus* in Rußland nicht übersetzt zu sehen, es sei denn, unter der Bedingung einer ungekürzten Fassung.«

Franz Josef Strauss: *Rede vor dem Bundestag*
Tun Sie [= Helmut Schmidt] das Ihre, daß die Darbietung von hohen Orden, getragen von jungen Leuten prominenter Politiker, und das in dem Falle in Danzig bei der Verfilmung eines Stückes von Günter Grass, entweder überhaupt nicht erfolgt oder nicht veröffentlicht wird. Sie wissen, was ich meine.

> Strauß bezieht sich auf den Film *Katz und Maus,* dessen Uraufführung für den Februar 1967 anstand. Bei dem Film wirkten auch Willy Brandts Söhne Peter und Lars mit. Der Einspruch von Strauß blieb folgenlos.

Gertrud von Le Fort: *Ein Aushängeschild?*
Die Bücher von Grass sind einigermaßen attraktiv – für Leute, die am Sensationellen interessiert sind; aber diese Arbeiten verdienen nicht ihre große Publizität. Grass ist nicht unbegabt – aber wir haben schließlich auch noch bessere Schriftsteller. Daß man ihn zu einer Art Aushängeschild macht für die moderne Literatur unseres Landes, tut mir doch weh.

Sabina Lietzmann: *Grass im Weissen Haus*
Die Blechtrommel von Günter Grass erscheint in englischer Übersetzung als einziger Titel ausländischer Belletristik in einer Sammlung von 250 Büchern, die Präsident Johnsons Familienbibliothek von dem amerikanischen Buchhändlerverband als Geschenk erhalten hat.

Eduard Reifferscheid: *Telegramm an Helen Wolff*
Telegramm bitte Herrn Grass weiterleiten: Bin froh, dass es für Sie beide beim Schrecken blieb. Ich bin nachträglich in meinem Fastensanatorium doppelt erschrocken. Ich bitte Anna um einen kurzen Bericht.

Zur Tagung der Gruppe 47 in Princeton reisten Anna und Günter Grass mit dem Kreuzfahrtschiff Michelangelo an. Bei der Überfahrt kam es zu einem Unglück, das drei Menschen das Leben kostete. Klaus Wagenbach erinnert sich: »Das Land lag freilich weit weg und ich hatte Flugangst. Glücklicherweise auch Anna, die Frau von Günter Grass, also nahmen wir die Michelangelo, das funkelnagelneue Flaggschiff der italienischen Zivilflotte. Auf dem Weg nach Genua besuchten wir Giangiacomo Feltrinelli, der uns noch warnte: ›Italien ist keine Seefahrernation‹. Er sollte recht behalten. Grass fuhr erste Klasse, ich dritte, in der zweiten trafen wir uns zum Skatspielen. Am vorletzten Tag begann das Schiff zu schaukeln, schließlich so stark, daß die (aus Arroganz nicht befestigten) Polstermöbel von der einen auf die andere Seite des Salons schossen, am Ende die Panoramafenster durchbrachen und im Meer verschwanden. Das Schiff begann, sich von innen zu zerstören, einschließlich (und hörbar) riesiger Mengen an Geschirr. Und dann kam das Wasser. In Kniehöhe blieb es stehen, wir waren gerettet. Der hochmütige Kapitän hatte gemeint, mit seinem Schiff einem Hurrikan widerstehen zu können, es wurde per Hand und rückwärts aus der Gefahrenzone geschleust, die *coast guard* holte mit Hubschraubern die Verletzten von Bord. Der erste Besucher des ruinierten Schiffs war allerdings ein winziges Sportflugzeug mit weit heraushängendem Fotoreporter, so begrüßte uns Amerika. Einen Tag später kamen wir in New York an, in vielerlei Hinsicht grün. Helen Wolff, die Witwe von Kurt Wolff, erwartete uns auf dem Kai und begann gleich, diesen *greenhorns* das Land zu erklären: Bestimmte Viertel meiden, nur wenig Bargeld, keine Entschuldigung für deutschen Akzent, die Parole heißt *you have to mix up,* Einladungen annehmen als Landessitte, und viele andere gute Ratschläge, das Rüchlein der Freiheit betreffend.« (*Die Freiheit des Verlegers,* S. 55 f.)

Jochen Ziem: *Grass*
Günter Herburger spricht von ihm, als wäre er eine Art Halbgott. Zur Tagung der Gruppe 47 in Amerika hatte es Grass abgelehnt, das Flugzeug zu benutzen. Er nahm statt dessen einen Dampfer. Aber er schaffte es doch tatsächlich, erzählt Herburger, daß dieser Dampfer in einen schweren Sturm geriet, unter Wellen geriet, die die Kommandobrücke beschädigten (sogar Tote hatte es gegeben). Doch bevor der Kahn im New Yorker Hafen einlief, waren Hubschrauber mit Reportern auf dem Deck gelandet, und da umstand ihn wieder die

Presse, und er konnte berichten und glänzen. Nun stell dir mal vor, er wäre mit einem normalen Linienflugzeug geflogen. Dieser Mann hat einmaligen und unnachahmlichen Sinn für Publicity, schreibt Günter aus den USA, und ich vermute, er denkt: Irgendwie hat Grass auch diesen Hurrikan beeinflußt, sich gerade auf sein Schiff zu konzentrieren. Wenn irgendwo in Amerika ein Blitzlicht aufgeleuchtet ist, sagt Herburger, hat bestimmt Grass davor gestanden.

GABRIELE WOHMANN: *DIE 47ER IN PRINCETON*
Für Gedichte gelobt wurde nur Grass, längst nicht mehr seekrank, aber noch böse auf Ozean und Michelangelo – zu seinem Erfolg trug wieder bei, was er beim Lesen bietet: keineswegs bloß den Text. Sicher und eindrucksvoll sitzt er da, selbstbewußt auf die überzeugende Art, er spricht genau richtig, weiß, wie lang er seine Zuschauer beanspruchen kann. Dies Beiwerk ist von Bedeutung.

PETER O. CHOTJEWITZ: *GRUPPE 47 IN USA*
Einiger recht guter Gedichte wegen benahmen sich stadtbekannte Hausfreunde von Günter Grass wie die Anhänger Uwe Seelers und trugen ihn fast aus dem Saal.

SABINA LIETZMANN: *GRASS, WEISS UND ANTI-VIETNAM*
Es war interessant, zu sehen, wie verschieden Grass und Weiss auf die Woge des Ruhmes reagierten, die sie, zusammen mit Rolf Hochhuth, zu den bekanntesten und geehrtesten deutschen Schriftstellern der jungen Generation in Amerika gemacht hat. Grass, seit seiner Ankunft auf der sturmlädierten »Michelangelo« von Reportern befragt, in Zeitungen zitiert, zu Diskussionen gebeten, betrug sich nüchtern, immer eher dämpfend und bremsend als radikal (wie ihn mancher hier erwartet haben mag). Zusammen mit dem bärtigen Allen Ginsberg auf ein Podium zur Diskussion des Stils der sechziger Jahre vor zwölfhundert Studenten gesetzt, strahlte er fast professorale Würde aus. Als Ginsberg erregt den »Polizeistaat« Amerika anklagte, dem Künstler die zum schöpferischen Dasein unerläßlichen halluzinogenen Drogen und Marihuana zu entziehen

und damit bedeutende Talente in die Emigration zu treiben, konstatierte Grass, er könne über LSD, das Halluzinogen, nicht reden, da er zum Arbeiten nur Kaffee und allenfalls einen Calvados trinke, eine Feststellung, die kräftigen Beifall fand, worauf er sich an eine kurze, von Polemik und Animositäten freie Darstellung der Geschichte der Gruppe 47 und der Entdeckung des Stilproblems in der jüngeren deutschen Literatur begab. [...]

Grass, der ebenfalls zur Teilnahme an dem Teach-in gebeten worden war, aber abgelehnt hatte, konnte während seines Aufenthaltes in New York zur Premiere einer Aufführung erscheinen, die sich »The world of Günter Grass« nennt. Dies ist keines seiner Theaterstücke, sondern eine Montage aus dramatisierten Szenen seiner Romane, zusammengestellt von Dennis Rosa.

> In der szenischen Grass-Montage, die im Pocket Theatre aufgeführt wurde, wirkte ein junger Schauspieler mit, der in den folgenden Jahren eine Weltkarriere machen sollte: Robert de Niro.

PETER HANDKE: *OFFENER BRIEF AN GÜNTER GRASS*

Lieber Herr Grass, Sie bitten mich um bessere Feinde der Gruppe 47. Mich? Sie wissen, daß ich kein Feind der Gruppe bin, nicht sein kann, weil ich zu wenig von ihr weiß. Ich finde nur die meisten Kritiker in ihr (Marcel Reich-Ranicki, Joachim Kaiser, Walter Jens, Hans Mayer) indiskutabel. Warum aber schreiben *Sie,* jetzt ernsthaft, einen offenen Brief an mich? Ich würde mich viel mehr freuen, könnten Sie mir einmal privat einen schicken.

> In Princeton hatte der erst vierundzwanzigjährige Handke für Aufsehen gesorgt, als er die gestandenen Gruppenmitglieder der »Beschreibungsimpotenz« bezichtigte. Milo Dor erinnert sich: »Die Zeitungen hatten endlich einen literarischen Skandal, den sie weidlich breittreten konnten. Die Berichte darüber überflügelten die Nachricht, dass Günter Grass bei der Überquerung des Atlantiks in einem vermeintlich sicheren Schiff bei einem Sturm, Skat spielend, beinahe umgekommen wäre. Peter Handke war das literarische Gesprächsthema des Tages.« (*Auf dem falschen Dampfer,* S. 27 f.) Grass reagierte auf Handkes Vorwürfe mit dem offenen Brief *Freundliche Bitte um bessere Feinde* (XI, 178 ff.).

Erich Fried: *Grass-Grässlichkeiten*

Ob ein schreibender Hofnarr
der Rede wert ist
läßt sich so schwer beantworten
wie manche andere Fragen
die vielleicht nur Kulisse
für ihren Frager sind

Doch glaube ich immer noch
Günter Grass ist der Rede wert
nur leider diesmal
keiner besseren Rede
als der üblen Nachrede
die er in Princeton gehalten hat

Das stimmt mich traurig
denn ich bin kein »Miefbeweger«
der weiße Raben anschwärzt
und uns dann weismachen will
er hätte sie eigentlich
nur höflich genarrt

Das Gedicht ist eine Replik auf die von Günter Grass in Princeton gehaltene Rede *Vom mangelnden Selbstvertrauen der schreibenden Hofnarren unter Berücksichtigung nicht vorhandener Höfe* (XI, 169 ff.). In der Rede kommt Grass auch auf Peter Weiss zu sprechen: »Wenn, zum Beispiel, Peter Weiss, der doch immerhin das Buch *Der Schatten des Körpers des Kutschers* geschrieben hat, plötzlich bekennt, er sei ein ›humanistischer Schriftsteller‹, wenn also ein mit allen Sprachwässerlein gewaschener Dichter und Poet dazu nicht bemerkt, daß dieses Adjektiv als Lückenbüßer schon zu Stalins Zeiten verhunzt worden ist, wird die Farce vom engagiert-humanistischen Schriftsteller bühnenwirksam. Wäre er doch lieber der Narr, der er ist.« (XI, 171 f.) In einem Brief an Hans Werner Richter schreibt Fried: »Ich fand diese Rede so scheusslich, einen so unverschämten Mißbrauch der Fähigkeit, schillernde Wortgebilde aufzurichten; ich fand die kaum verhüllte Beweihräucherung des eigenen Tuns, selbstgefällig genau auf Maß zugeschnitten; so ermüdend, namentlich nach dem berühmten Selbstlob anlässlich des Büchnerpreises, dass einem entweder die Spucke wegbleibt oder dass man aus dem Spucken gar nicht mehr herauskommt. Ich verstehe nicht, wie ein intelligenter, begabter, erfolgreicher Mann sich zu so einem Angriff auf Peter Weiss hinreissen lassen kann, noch dazu in Amerika, in englischer Sprache; einem Angriff, der dadurch nicht weniger arg wird, dass der Redner, glatt und appetitlich wie einer seiner Aale, versucht, sich jedem Festnageln auf einen Punkt, auch auf die Tatsache, dass er einen Angriff vom Stapel lässt, zu entziehen. Bis ins kleinste Detail voller Mißgunst, erwähnt Grass als bedeutendes Werk nicht etwa den *Marat,* nicht etwa das *Gespräch der drei Gehenden* (das ich für besser halte als alle bisherige Grassprosa), sondern den *Schatten des Körpers des Kutschers.*« (Richter, *Briefe,* S. 607f.)

ROBERT NEUMANN: *DER CHEF DER GRUPPE 47*
Daß Grass heute der Chef ist und die um ihre frühere Potenz kastrierte Gruppe zu seinem ihm persönlich tributpflichtigen Fähnlein oder Gang deklassiert hat, steht für jeden nüchternen Beobachter außer Frage.

HANS WERNER RICHTER: *BRIEF AN ERICH FRIED*
Aber ein paar Dinge möchte ich doch schnell richtig stellen. Grass hat nie versucht auf Angelegenheiten der Gruppe Einfluß zu nehmen. Tatsächlich bin ich da ganz allein verantwortlich und war es immer, von Anfang an. Natürlich hängt Grass an der Gruppe 47, er war immer, jetzt elf Jahre lang, dort, hat fast immer gelesen und seine ersten Erfolge dort gehabt. Dadurch, ich meine durch seine anhaltende Anwesenheit, und natürlich durch seine Persönlichkeit, ergibt sich eine dominierende Stellung. Das sehe ich auch, bin aber andererseits froh, daß wenigstens er der Sache »die Treue gehalten« hat. Selbstverständlich hat er – im Gegensatz zu mir – ein Verhältnis zur Macht. Aber er ist mir gegenüber in dieser Hinsicht außerordentlich zurückhaltend, und ich glaube nicht, daß dies Taktik ist. Was jemand außerhalb der Gruppe 47 tut – siehe das politische Engagement Peter Weiss oder Günter Grass – darauf kann ich keinen Einfluß nehmen. Täte ich es, wäre die Gruppe 47 schon vor zehn Jahren gestorben. Ich glaube nicht, daß die Gruppe 47 an Grass kaputtgehen kann, wohl aber an sich selbst, d.h. an ihren inneren Widersprüchen, die ich zwanzig Jahre lang ausbalanzieren konnte, zur Zeit aber – und das wirst Du verstehen – habe ich nicht viel Lust, diesen Kraftakt fortzusetzen, denn er kostet viel mehr Nerven und mehr Energie als die meisten ahnen.

Arthur Miller: *Die Kunst und das Leben*
Ich glaube, Günter Grass sagte unlängst, dass die Kunst kompromisslos sei und das Leben voller Kompromisse stecke. Beides zusammenzubringen, ist nahezu eine Unmöglichkeit, und das ist es, was ich zu tun versuche.

Anonymus: *Günter Grass*
Günter Grass, 39, Schriftsteller *(Hundejahre),* der am letzten Dienstagabend auf Einladung der Vierten Luftwaffendivision in der Blücher-Kaserne im ostfriesischen Aurich 1200 Soldaten und Zivilisten aus seinen Werken vorlas, besichtigte zuvor bei einem Rundgang durch den Fliegerhorst auch einen Starfighter. Grass setzte sich zwar in die Maschine, verzichtete jedoch auf einen Übungsflug: »Ich habe vier Kinder, meine Frau würde mir den Kopf abhacken – und sie hätte recht.« Der Schriftsteller und ES-PE-DE-Wahlhelfer über seine Gespräche mit Starfighterpiloten, die in Kürze ihren Dienst bei der Bundeswehr quittieren: »Sie sehen, daß unter einem Verteidigungsministerium, wie es jetzt geführt wird, keine Verbesserung für das Waffensystem möglich ist. Außerdem wollen sie besser bezahlt werden.« Anschließend unterhielt sich der Autor, der im Zweiten Weltkrieg als Luftwaffenhelfer bei Danzig diente, mit Angehörigen einer Raketenbatterie. Grass: »Die Soldaten dort waren überfordert: Die machen teilweise seit Wochen 24 Stunden Dienst. Man redet dort leider schon wieder von Opfermut und Durchhaltenkönnen.«

Heinar Kipphardt: *Als Gast bei der Bundeswehr*
Mein Kollege Günter Grass
der hat in einem Starfighter gesessen
im Cockpit, auf dem Boden
von Associated Press fotografiert.
»Die Antworten der Piloten
waren farbig und widerspruchsvoll.«
Das hat ihn sehr beruhigt
und mich
und die Bildzeitung.

Mein Kollege Günter Grass
der hat die 4. Luftwaffendivision inspiziert,
der Realist,
wie Helmut Schmidt
und Heinrich Lübke
und unser Kai-Uwe von Hassel.
Das hat ihm viel Mut gemacht
und mir
und unserem neuen Nationalgefühl.
Da wird an seiner Tür nicht mehr gezündelt werden.

In einem Brief an Peter Hacks schreibt Kipphardt zu seinem Gedicht: »Ich leg Dir eine Polemik gegen Grass bei, der mit der SPD in alle Arschlöcher kriecht, in das des Papstes inklusive.« (Kipphardt/Hacks, *Briefwechsel*, S. 95)

HUBERT FICHTE: *GRASS UND GOETHE*
Grass will mehr und mehr Goethe ähneln und wird Rasputin immer ähnlicher. / Es ärgerte Jäcki noch 30 Jahre später, daß sein Tagebuch mit Grass anfing, den er nicht ausstehen konnte.

Der fiktive Schriftsteller Jäcki, Fichtes alter ego, ist auch die Hauptfigur in *Die Palette,* Fichtes Roman über die berühmte Hamburger Kellerkneipe. In dem 1968 veröffentlichten Roman, von dem Reinhard Baumgart meinte, er könne sich »neben der *Blechtrommel* behaupten«, sollte ursprünglich auch Günter Grass Erwähnung finden. In einem 1965 veröffentlichten Vorabdruck ist zu lesen, dass man unter den Gästen der ›Palette‹ auch »Günter-Grass-Bärte« ausmachen könne. Für die spätere Veröffentlichung hat Fichte die Stelle gestrichen.

ANONYMUS: *ATTENTATE GEGEN BRANDT UND GRASS GEPLANT*
Der 24jährige amerikanische Staatsbürger Reinhold Ruppe und der 34 Jahre alte Oldenburger Erich Lindner, die vor dem Dritten Strafsenat des Bundesgerichtshofes in Karlsruhe unter der Anklage stehen, einen nationalsozialistischen Geheimbund gegründet zu haben, waren gestern, am ersten Verhandlungstag, voll geständig.

Alle Anregungen und Pläne für die Geheimbündelei schoben die beiden jedoch auf den Deutschamerikaner Kurt Rheinheimer, der sich zur Zeit angeblich in New York aufhält. Rheinheimer soll die Absicht gehabt haben, eine Art »Mafia« aufzustellen und nach Art des Ku-Klux-Klans eine Terrorherrschaft zur »Machtübernahme« zu errichten.

Zu diesem Zweck hatten sich die Angeklagten moderne Waffen beschafft. Ruppe – »Mein Vorbild war der Soldat der Waffen-SS« – hatte sich zudem eine SS-Montur besorgt. Ferner sammelten die Freunde NS-Hetz- und Propagandaschriften.

Um eine Einstellung der NS-Prozesse zu erreichen, hatten die Angeklagten geplant, den Frankfurter Generalstaatsanwalt Bauer als »Kopf dieser Prozesse« und die Ludwigsburger Zentralstelle in die Luft zu sprengen. Lindner erklärte, daß auch der Berliner Bürgermeister Willy Brandt und der Schriftsteller Günter Grass hätten gelyncht werden sollen.

> Wegen Beteiligung an einer neonazistischen Organisation sowie versuchten Sprengstoffdiebstahls wurden Reinhold Ruppe und Erich Lindner zu je zwei Jahren Zuchthaus verurteilt.

Max von der Grün: *Brief an Günter Grass*

Die Bonner Vorgänge [= die Bildung einer großen Koalition] brachten mich so in Rage, daß ich Ihnen zwei Sätze ins Gedächtnis rufen möchte. Sie sagten damals in der Westfalenhalle zum Bundestagswahlkampf (sinngemäß): »Über Franz Josef Strauß brauchen wir nicht zu sprechen, seine Zukunft ist Vergangenheit.«

Eine andere Unterhaltung fällt mir ein, die ich mit Manfred Bieler vor einem Jahr in Prag führte. Er sagte (wieder sinngemäß): »Die SPD wird eine große Koalition mit der CDU eingehen, Franz Josef Strauß als Minister akzeptieren (Vermutung Finanzen – was eintraf) und sie wird dadurch Strauß gesellschaftsfähig für den Posten des neuen Kanzlers machen, er wird Kanzler werden – dann lerne ich schießen.« Wie gesagt, sinngemäß.

Ich möchte Ihnen an dieser Stelle sagen, daß ich mich schäme, für eine Partei, an die ich immer geglaubt habe, geworben zu haben. Vielleicht sollten die Politiker der SPD einmal in die Arbeiterviertel des Ruhrgebietes gehen um zu hören, was man über sie denkt. Das, lieber Günter Grass, wollte ich Ihnen sagen, denn ich sitze schon seit Tagen am Schreibtisch und drehe Däumchen, ohne eine Zeile schreiben zu können. Gestern kam ein Brief meines schwedischen Übersetzers Vegesack, der mich ironisch fragte, wie lange ich es in einem Staate noch aushalten kann, in dem Lüge und Täuschung Voraussetzungen sind für ein Ministeramt.

Hans Werner Richter: *Tagebuch*
Treffe Mundt, Fried, Christian Mayer-Amery, Nowakowski, alle sind betroffen über die Entwicklung in Bonn, die große Koalition, die an diesem Abend zustande kam. Eine schreckliche Woche. Grass schrieb drei Briefe, zwei an Brandt, einen an Kiesinger. Bei dem zweiten Brief an Brandt bat er mich um meinen Besuch. Enzensberger und ich sollten die Briefe an Brandt korrigieren. Enzensberger ironisch, spitzfindig und skeptisch wie immer. Grass bemerkt nicht, wie er sich selbst als den berühmten Mann gibt, der seine Freunde um Rat bittet, ohne ihnen eine gemeinsame Aktion in der Frage der großen Koalition vorzuschlagen. Nein, er, Grass, korrespondiert mit den zukünftigen Kanzlern, Vizekanzlern und Ministern, nicht die deutschen Schriftsteller. Wenn er protestiert hat, können alle anderen nicht mehr protestieren. Es sähe wie ein Nachklappen aus. Grass hat gesprochen, warum sollen dann alle anderen noch sprechen. Er sprach – obwohl das niemand will – für alle anderen. Böswillige – Jens, Raddatz, Schonauer, Fried – sagen: »er spricht für eine Sache, für alle anderen und doch zugleich zu seinem Ruhm.« Hier an diesem Punkt entsteht Hass, Abneigung, Antipathie, und sagt man es einfach, in der Alltagssprache unserer Zeit, so würde ich über seine Gegner sagen: er stiehlt ihnen die Show. Das ist es, was sie ihm übel nehmen. Bemerkt er nicht, daß politischer Einfluss nur »kollektiv« wirksam ist, bemerkt er nicht, daß er durch seine »Alleingänge« alle anderen zur Passivität verurteilt? Dies beunruhigt mich immer mehr, es zerstört die politische Gemeinsamkeit, die fast ein Jahrzehnt lang unter den Schriftstellern der Gruppe 47 bestand. Übrig bleibt nur ein Name: »Günter Grass«. Und das ist mir zu wenig ... trotz allem.

Hans Sahl: *Brief an Günter Grass*
Ich schreibe Ihnen unter dem Eindruck Ihres grossartigen Briefes an Kiesinger [XI, 195f.]. Es ist ein Dokument, das man nicht vergessen wird und für das man Ihnen danken muss. Ich habe fast

dieselben Argumente benutzt, um meine Freunde hier zu überzeugen. Der Fall K. ist ja weniger eine Sache der Politik als des Taktes und des – öffentlichen – Gewissens. Denazifizierung kann nicht von oben befohlen werden. Sie beginnt bei einem selber. Wenn er gesagt hätte, ich kann das Amt nicht annehmen, ich bin auf Grund meiner Vergangenheit, obwohl ich sie später bereut habe, nicht dazu berufen, so wäre das mal eine Tat gewesen, die Aufsehen erregt hätte. Wie ich jedoch aus zuverlässiger Quelle erfahre, soll Ethik mit Politik nichts zu tun haben, womit auch diese Erörterung sich erübrigt.

Kurt Georg Kiesinger: *Der Brief von Günter Grass*
Günter Grass hat mir geschrieben, daß ich seinen Rat als den eines »fiktiven Sohnes« annehmen solle. Das Problem ist sehr ernst zu überlegen. Ich hatte einen anderen Kandidaten vorgeschlagen: Herrn Gerstenmaier, einen Widerstandskämpfer. Ich habe mich nicht nach diesem Amt gedrängt. Meine Partei wollte es so. Und am Anfang hoffte ich, daß Herr Gerstenmaier mein Außenminister werden würde. Nun habe ich einen anderen Widerstandskämpfer an meiner Seite. Das zeigt, wie ich dazu stehe. Ich bin als Nationalkonservativer zur Partei 1933 gekommen, um Deutschland zu helfen. Ich habe niemals mit den Nazi-Ideen sympathisiert. Aber ich dachte, man könnte sie überspielen.

Helen Wolff: *Brief an Günter Grass*
Ich bekomme nach und nach alle Ihre Reden, offenen Briefe (Brandt, Kiesinger) etc. zugeschickt, bewundere, wie Sie gegen den neuen Strom schwimmen, und bin gleichzeitig besorgt um Sie. Diese Tätigkeit ist gut für die Lungen und schlecht fürs Herz.
Mir steht der Verstand still. Daß man sich seinerzeit Hitler an den Hals warf, geschah erstens in Zeiten großer Not und im Zustand einer gewissen Unschuld – aber heute, mit aller hindsight, in voller prosperity, bedient von Fremdarbeitern, diesen Graus aus dem Souterrain ins Rampenlicht zu schicken, das begreift im Ausland keiner.
Lieber Günter, Sie sind ein großer weißer Fleck auf der schwarzen Weste, eine Meinung, die auch Uwe [Johnson] teilt.

1967

ITALO CALVINO: *PHILOSOPHIE UND LITERATUR*
   Der Schriftsteller, der ein »philosophe« ist nach der Manier des 18. Jahrhunderts, erfährt heute seine blühendsten Formen der Wiedergeburt in Deutschland, als Lyriker (Enzensberger), Theaterschriftsteller (*Sade-Marat* von Peter Weiss) oder Romancier (Günter Grass).

KARL JASPERS: *ANTWORT*
   Wir haben in der Bundesrepublik einen politischen Schriftsteller, den man nicht genug rühmen kann: Günter Grass. (Vielleicht gibt es andere dieser Art, die ich bisher nicht kenne.) Er hat sich als wirklich unabhängig erwiesen. Aus ihm spricht ein politischer Wille, der in einer mit sich identischen Gesinnung gründet. Ihm liegt nicht an gelehrten, gescheiten und geistreichen Meinungen, wie sie manche Schriftsteller für den Augenblick äußern. Seine Sprache ist kraftvoll und einfach, sucht nicht nach artistischen Pointen. Er greift mit seinem Wort ein in das aktuelle Geschehen. Ein Beispiel sind seine öffentlichen Briefe vor der Konstituierung der Regierung der Großen Koalition.
   Aus dem Brief an Kiesinger: »Ich will in aller Öffentlichkeit den letzten Versuch unternehmen, Sie zur Einsicht zu bewegen. Wie sollen wir der gefolterten, ermordeten Widerstandskämpfer, wie sollen wir der Toten von Auschwitz und Treblinka gedenken, wenn Sie, der Mitläufer von damals, es wagen, heute hier die Richtlinien der Politik zu bestimmen? Wie soll fortan der Geschichtsunterricht in unseren Schulen aussehen?«
   Aus dem ersten Brief an Brandt: »Bevor Sie zwischen den Herren Kiesinger und Strauß den Kronzeugen einer falschen Harmonie werden abgeben müssen, bitte ich Sie, den Vorsitzenden der SPD, ... noch einmal die unabsehbaren Folgen einer solchen Entscheidung zu bedenken ... Wie sollen wir weiterhin die SPD als Alternative verteidigen, wenn das Profil eines Willy Brandt im Proporzeinerlei der Großen Koalition nicht mehr zu erkennen sein wird? Die allgemeine Anpassung wird endgültig das Verhalten von Staat und Gesellschaft

bestimmen. Die Jugend unseres Landes aber wird sich vom Staat und seiner Verfassung abkehren.«

Ob die Aktivität von Günter Grass auf die regierenden Politiker wirkt, ist zweifelhaft, denn diese kümmern sich um nichts, was nicht greifbare Macht hat. Nicht zweifelhaft ist die Wirkung seiner Stimme auf die Minderheit der freiheitlich denkenden Deutschen.

H<small>ANNAH</small> A<small>RENDT</small>: *B<small>RIEF AN</small> K<small>ARL</small> J<small>ASPERS</small>*
Sehr erfreut war ich über Deine Worte über Günter Grass, ja, man kann ihn gar nicht genug rühmen.

F<small>RITZ</small> S<small>TERN</small>: *P<small>OSTKARTE AN</small> G<small>ÜNTER</small> G<small>RASS</small>*
Nur ein Wort: ich habe eben Ihre »Rede über die erste Bürgerpflicht« [XI, 207ff.] in der *ZEIT* gelesen. Das ist das Beste und Mutigste, was ich seit langem gelesen habe!

J<small>OCHEN</small> S<small>TEFFEN</small>: *B<small>RIEF AN</small> G<small>ÜNTER</small> G<small>RASS</small>*
Sehr geehrter Herr Grass, / wie mir Herr Vesper-Triangel kürzlich telefonisch mitteilte, seien Sie nicht abgeneigt – so sagt man es wohl richtig – im Wahlkampf in Schleswig-Holstein zu sprechen. Aber mir schien es so, als seien Sie sich nicht ganz klar darüber, ob etwa bei der SPD des Landes dagegen eine Abneigung bestünde.

Sie werden sicher verstehen, daß Ihnen gegenüber als einem »Bürgerschreck« bei einer weitgehend bürgerlichen Partei nicht nur Gefühle des Wohlbehagens zu registrieren sind. Ich kann das umso eher beurteilen, da ich auch als Bürgerschreck gelte oder als solcher von der CDU aufgebaut werden soll.

Persönlich würde ich mich aber schon aus dem Verhältnis der Abstempelungsverwandtschaft heraus sehr freuen, wenn es Ihnen möglich sein würde, in Flensburg, Kiel oder Lübeck zu sprechen.

W<small>ERNER</small> K<small>RAFT</small>: *B<small>RIEF AN</small> C<small>URD</small> O<small>CHWADT</small>*
Wir haben hier [in Jerusalem] allerhand Besuch. Günter Grass

ist hier. Ich werde ihn demnächst kennenlernen. Gegen den Dichter habe ich große Zweifel, aber eine politische Figur ist er.

ABNER NECHUSCHTAN: *GÜNTER GRASS KAM, SAH UND SIEGTE*
Stürmisch applaudierten die Bewunderer von Günter Grass, die in Tel Aviv zusammengeströmt waren, um den Schriftsteller aus Deutschland zu hören und zu sehen, als er nach seiner *Rede über die Gewöhnung* das *Ausgefragt* als erstes seiner unter diesem Titel soeben in der Bundesrepublik in Buchform erschienenen Gedichte vortrug. »Soll ich noch fragen? – Frag mich aus«, mit diesen Worten geht es zu Ende. Vielleicht blieb der hintergründige Sinn des »Frag mich aus« vielen von ihnen im Moment verborgen, aber instinktiv spürten die Zuhörer dahinter den Menschen, der als Ehrengast der Regierung nach Israel gekommen war.

Und wahrhaftig, in den mit Empfängen, Besichtigungen, Gesprächen, Interviews gefüllten zwei Wochen seines Aufenthaltes haben sie ihn, und hat er sie »ausgefragt«, wie es ohne Zweifel noch niemandem von den tausenden Deutschen, die ihm als Besucher in den letzten Jahren vorangegangen sind, ergangen ist. Es ist nicht zuviel gesagt, wenn festgestellt wird, daß er die israelische Öffentlichkeit faszinierte, der führende »zornige junge Mann« der Bundesrepublik, wie er in einer der Tel Aviver Zeitungen apostrophiert wurde, der unentwegte deutsche Gegen-den-Strom-Schwimmer, wie eine andere ihn nannte. Merklich überschattete er sogar das allgemeine Interesse am Großmeister des französischen Existentialismus, Jean-Paul Sartre, der sich mit seiner Lebensgefährtin Simone de Beauvoir zufällig zur gleichen Zeit in Israel aufhielt. Grass kam, sah und siegte, weil er aus seinem Herzen keine Mördergrube machte, ob es sich nun um die früheren oder jetzigen regierenden Herren in Bonn handelte, oder aber auch um das, was er am Israel des Jahres 1967 auszusetzen hatte.

ERWIN LICHTENSTEIN: *BRIEF AN GÜNTER GRASS*
Ich stelle mir vor, dass Sie ganz froh sind, wieder zu Hause zu sein. Die vierzehn Tage in Israel müssen selbst für einen Mann Ihres Alters und Ihrer Kraft ziemlich anstrengend gewesen sein. Ich

erinnere mich eigentlich an keinen Besucher, der so viel vom Lande gesehen und gleichzeitig mit so weiten und verschiedenen Kreisen Fühlung gehabt hat, und dementsprechend scheint mir auch das Interesse, das Sie hier erregt haben, weit größer zu sein, als das im Falle anderer Persönlichkeiten, die im Allgemeinen nur für einen begrenzten Kreis von Menschen – sei es politisch Interessierten, sei es künstlerisch Interessierten – von Bedeutung waren.

WILLY BRANDT: *BRIEF AN GÜNTER GRASS*
Ich habe mich sehr gefreut, den verschiedenen Berichten über Ihren Besuch in Israel entnehmen zu können, daß Ihr dortiges Auftreten von der israelischen Regierung und Öffentlichkeit trotz aller Schwierigkeiten positiv aufgenommen und als wichtiger Beitrag zur Förderung eines besseren Verstehens zwischen unseren beiden Völkern gewertet wurde.

KURT ZIESEL: *BOTSCHAFTER GRASS*
Als vor einigen Jahren als erster Botschafter der Bundesrepublik der schwerkriegsbeschädigte ehemalige Offizier der Wehrmacht, Dr. Pauls, nach Israel entsandt wurde, zeterten die Linksintellektuellen von Hamburg bis New York und empörten sich über diesen »Mißgriff«. Ihr Vorschlag war, man hätte einen »wirklichen Demokraten« nach Israel schicken sollen, nämlich Günter Grass. Da damals noch nicht Willy Brandt in Bonn regierte, sondern Ludwig Erhard, blieb es der Bundesrepublik erspart, den Pornographen Günter Grass als Botschafter in Israel zu sehen.

Nun hat Günter Grass in der ihm eigenen Art, Skandale zur Förderung seines Buchabsatzes und der Publizität für seine Person zu inszenieren, der Öffentlichkeit demonstriert, wie er sich die Rolle des Botschafters in Israel vorstellt.

Die Haupttätigkeit von Günter Grass in Israel bestand darin, daß er sich selbstgerecht in der Rolle des Sittenrichters gegen sein eigenes Land aufspielte und einige Tage lang alles tat, um das Ansehen der Bundesrepublik in Israel zu untergraben und die Versöhnung der beiden Länder zu stören. Grass konnte nicht umhin, in Israel massive Angriffe gegen Konrad Adenauer zu starten, der wie kein

anderer deutscher Staatsmann sich seit zwei Jahrzehnten um die
Versöhnung mit Israel und die Wiedergutmachung der nazistischen
Verbrechen bemüht hat.

ROMAIN GARY: *DER TANZ DES DSCHINGIS COHN* (ROMAN)
Unleugbar haben der Zynismus der letzten zwanzig Jahre, das
Fehlen jeglichen Ideals und die bilderstürmende Propaganda verjudeter Schriftsteller [wie Günter Grass] einige Spuren hinterlassen.

> Der Roman spielt in der Gegenwart des Jahres 1967 und wird aus der Perspektive eines ehemaligen Nationalsozialisten erzählt. Der in eckigen Klammern hinzugefügte Name von Günter Grass steht im französischen Original, fehlt jedoch in der deutschen Übersetzung.

ERWIN SCHÖNBORN: *DIE SCHANDE VON AURICH*
Ein Brigadegeneral veranstaltete mit 1000 Gästen, darunter
neben Admiralen, Generalen und dem Kommandierenden General
der Luftwaffengruppe Nord in der Auricher Blücher-Kaserne eine
Dichterlesung mit Günter Grass, also mit dem Mann, der in jedem
seiner Werke das deutsche Soldatentum in widerlichster Weise in
den Dreck zieht. Meine Freunde, nichts kann deutlicher zeigen, wie
stumpf das Ehrgefühl gewisser deutscher Soldaten geworden ist,
und wir können nur hoffen, daß es noch nicht zu spät ist, die Ehre
der deutschen Soldaten in ihrer Gesamtheit wiederherzustellen. Wie
notwendig die Aktion der Frontgeneration ist, zeigt überdeutlich
der Vorfall in Aurich, der ein ewiger Schandfleck in der deutschen
Militärgeschichte sein wird.

> Erwin Schönborn war in der NS-Zeit »Reichsarbeitsdienstführer«. Nach 1945 gründete er mehrere neonazistische Vereinigungen, die es sich zum Ziel setzten, den Ruf von Adolf Hitler zu verteidigen und gegen die »Vergasungslüge« anzugehen. Im Jahr 1975 gründete er den »Kampfbund deutscher Soldaten« und setzte in öffentlich verteilten Flugblättern eine Belohnung von 10 000 DM aus für »jede einwandfrei nachgewiesene ›Vergasung‹ in einer ›Gas-Kammer‹ eines deutschen KZ's«. Weiter heißt es: »Wir akzeptieren keine KZ-Zeugen aus Polen, Israel oder den USA, die, wie in den NS-Prozessen, Meineide geschworen haben, ohne dafür belangt werden zu können.« Der »deutsche Reichsverweser«, wie sich Schönborn selbst titulierte, verbüßte in der Nachkriegszeit mehrere Haftstrafen, unter anderem wegen seiner Holocaustleugnungen.

ORDENSGEMEINSCHAFT DER RITTERKREUZTRÄGER: *AUFRUF*
Die Novelle des Schriftstellers Günter Grass *Katz und Maus,* die nunmehr auch mit erheblichen Mitteln aus Steuergeldern verfilmt worden ist, hat nach ihrem Erscheinen auf dem Büchermarkt schon zu zahlreichen Protesten in der Öffentlichkeit geführt, weil in dem zweifellos pornographischen Text nicht nur das Schicksal eines jungen Menschen am Rande der Kriegsgeneration, sondern vor allem die Kriegsauszeichnung das »Eiserne Kreuz« in seiner Stufe Ritterkreuz zum Gegenstand erotomanischen Spiels gemacht wird. Die Hoffnung, der gute Geschmack werde es unseren Mitbürgern verbieten, das Buch von Günter Grass überhaupt zur Kenntnis zu nehmen, hat sich nicht erfüllt.

ERWIN SCHÖNBORN: *BRIEF AN ALFRED BURGEMEISTER*
Wäre der fünfzehnjährige Halbstarke der Sohn eines Zuhälters und einer Hure, nun dann würde man sagen: »Pfui Teufel!« und den Staatsanwalt einschalten; bei dem fünfzehnjährigen Halbwüchsigen, der in dem genannten Film die pornographischen Szenen mit dem Ritterkreuz spielt, handelt es sich jedoch um den Sohn des jetzigen Vizekanzlers und Außenministers der Deutschen Bundesrepublik, also des Mannes, der die Bundesrepublik im Ausland vertritt und der sich getreu der »Hallstein-Doktrin« anmaßt, im Namen des ganzen deutschen Volkes zu sprechen. Und, sehr geehrter Herr Burgemeister, es handelt sich um den Sohn des Mannes, der mit Ihren Fraktionskollegen zusammen Träger der Großen Koalition ist.

LARS BRANDT: *JETZT BIN ICH DER BUHMANN*
Jetzt bin ick dran, jetzt bin ich der Buhmann. Ich bekomme schon Drohbriefe aus Amerika, weil ich und nicht Peter im ersten Teil des Filmes mit Ritterkreuz und Badehose tanze. Da mach' ich mich doch nicht als Lars Brandt drüber lustig! Es ist doch Mahlke, die Filmfigur, der das Ritterkreuz von einer Uniform geklaut hat, weil er damit seine Komplexe überwinden möchte.

Illustration: Ole Jensen

WILLY BRANDT: *BRIEF AN DEN »STERN«*
Wer den Film gesehen oder die Novelle von Grass gelesen hat, weiß, daß es nicht um die Verunglimpfung eines Ordens geht, der die Tapferkeit seiner Träger ausgezeichnet hat. Im übrigen verdächtigt man keinen Darsteller des Orest der Gelüste des Muttermordes. Gerade weil dies und anderes bekannt sein musste, wird mir unverständlich bleiben, daß Sie in Ihrem Blatt eine falsche Präsentation des Films zugelassen haben und sich danach über ein entsprechendes Echo wundern.

JOCHEN ERNST: *GRASS DURCHGEFALLEN*
Während sich die bundesdeutsche Öffentlichkeit über die Verfilmung der kitschigen Porno-Novelle *Katz und Maus* empört, blieb ein weiterer Mißerfolg trotz ähnlicher reklameschreiender Ankündigung des Blechtrommlers weithin unbekannt. Fast gleichzeitig mit der Aufführung der Filmklamotte wurde im New-Yorker Orpheustheater das »allegorische« Grass-Stück *Die bösen Kühe* [sic] uraufgeführt. [...] Das Stück sei schwer verständlich, hieß es nicht nur in der Kritik. Allgemein hielt man die von undeutbaren Symbolen, Allegorien und Metaphern strotzenden Dialoge für überladen. Die »Kühe«, die einem nichtexistierenden Rezept nachjagten, um offenbar ein ideologisches Endziel zu erreichen, blieben ohne Wirkung. Sie gebärdeten sich wohl »böse«, weil sie sich schlugen und prügelten, doch waren sie bei alledem zu laut. Niemand wußte zu sagen, ob Grass mit den bösen Kühen die »Nazis« meinte oder die Christen. Leute verschwanden in der Versenkung – aber vom NKWD war nicht die Rede. Die animalischen Wesen muhten sich strapaziös durch das Stück, aber vergeblich; sie gaben keine bekömmliche Milch. Nicht einmal tendenziöse Nutzanwendungen konnten die Kritiker herauslesen.

Wie auch immer der Lese- bzw. Übersetzungsfehler zustande gekommen sein mag, gemeint sind natürlich *Die bösen Köche*.

JOCHEN ZIEM: *AUSSENSEITER*
Ich bin kein Grass-Verehrer, kein Grass-Bewunderer. Seine *Blechtrommel* finde ich gut und notwendig. *Katz und Maus* ist das

beste Buch, was er geschrieben hat, alles weitere ist überflüssig. Ich begegne ihm nicht servil. Ich ärgere mich und zeige es ihm, daß er nicht zuhört. Er fragt und wartet Antworten nicht ab. Seine Fragen sind seine Erkenntnisse. Er ist ein Denkmal, eine deutsche Institution, er wartet darauf, von allen Seiten betrachtet zu werden und ist demzufolge unentwegt damit beschäftigt, sich in Positur zu stellen.

WALTER HÖLLERER: *BRIEF AN GÜNTER GRASS*
Von Knoff soll ich Dich grüssen, er hofft Dich aus dem Feld zu schlagen (er hat einen hinterfotzigen Charakter).

> Unter dem Pseudonym ›Artur Knoff‹, dem Namen des Lieblingsbruders seiner Mutter, veröffentliche Günter Grass Mitte der sechziger Jahre einige kürzere Prosatexte. Die Namenswahl erfolgte, so Grass, »teils um die Geschichten vor der Häme launischer Kritik zu schützen, teils weil so dem kurzen Leben des Arthur Knoff ein wenig Nachruhm zu sichern war« (X, 258). Die Erstausgabe von ›Artur Knoffs‹ Geschichten ziert ein Titelphoto, das Renate von Mangoldt aufgenommen hat und eine als Mann verkleidete Anna Grass zeigt. »Kritiker glaubten, dem entdeckten Talent trotz erkennbarer Anlehnung an einen bekannten Autor Zukunft gutschreiben zu können. Zwar meinte eine italienische Verlegerin, vorerst sei an die Übersetzung der Kurzgeschichten nicht zu denken, doch hoffe sie, von dem bis dahin Unbekannten demnächst Größeres erwarten zu können, etwa ein Familienepos. Sein Erzähltalent, so hieß es, weise eindeutig in Richtung Roman.« (ebd.). Die Tarnung hält an, bis sie 1980 von Klaus Roehler »im Suff« (ebd.) entschleiert wird. Nicht ohne Zufriedenheit bemerkt Roehler in der von ihm herausgegebenen Anthologie *Geschichten aus der Geschichte der Bundesrepublik Deutschland:* »Ein ›berühmter‹ Autor wollte wissen, was er bei der Literaturkritik gilt, wenn er sich als Anfänger tarnt. Kein Kritiker hat je Artur Knoff auch nur bemerkt.« (S. 407)

DIE ZEIT: *EIGENBERICHTE VOM TAGE* (1. APRIL)
Uwe Johnson, der sich seit fast einem Jahr in New York aufhält, wird in absehbarer Zeit nicht nach Deutschland zurückkehren. Er wird vielmehr demnächst die Leitung des Goethe-Hauses in Neu-Delhi übernehmen. Vermutungen, daß es sich bei dieser Nachricht um einen von Günter Grass lancierten Aprilscherz handele, erwiesen sich als unzutreffend.

ANNA GRASS: *BRIEF AN UWE JOHNSON*
Lieber Uwe, / deine Vollmacht haben wir, deine Schlüssel auch. Sie wurden am Samstag morgen von Ulrich Enzensberger abgeliefert, als er mit seiner Kommune die Koffer packte, nachdem die Polizei die Tür entsiegelte, dies alles geschah im Beisein von Günter. Auf der Treppe drängten Journalisten, die die Kommune herbeizitiert hatte. Günter konnte sie nur mit seiner Schulterbreite und Zureden daran hindern, deine Wohnung zu fotografieren. Nun werden am Anfang nächster Woche noch die Matratzen und die Möbel von U. E. abgeholt, ich werde ihnen aufschliessen und dabeistehen. In keiner der Wohnungen wohnt jemand. Ich brauche dir nicht zu sagen, wie ungern ich das tue. Die Leute sind nämlich manchmal fast etwas zum Fürchten. Aber U. E. war bis jetzt jedenfalls höflich zu mir. Mit der Stierstrasse wird es ebenso geschehen. Nach Günters Augenschein sollen die Wohnungen nach Lager, aber sonst (oberflächlich besehen) unbeschädigt aussehen.

Als Uwe Johnson 1966 für zwei Jahre nach New York ging, hatte er Ulrich Enzensberger seine Wohnung in der Niedstraße 14 zur Verfügung gestellt. Im Frühjahr 1967 quartierte sich dort die berühmte ›Kommune I‹ ein, zu deren Gründungsmitgliedern Ulrich Enzensberger gehörte. Später besetzte die Kommune auch noch Johnsons Wohnung in der Stierstraße 3. In den Räumen planten die Kommunarden ein Attentat mit Puddingpulver auf den amerikanischen Vizepräsidenten Hubert Humphrey. Einer der damals Beteiligten, Dieter Kunzelmann, erinnert sich: »Neben dem Berliner Staatsschutz war auch der amerikanische Geheimdienst blamiert. Letzterer hatte die Telefone in der Wohnung von Uwe Johnson abgehört und aus unserem konspirativen Geflüster um Puddingpulver, Mehl und Nebelkerzen die Vorbereitung eines Bombenattentats herausgehört. Vermutlich wußte der Staatsschutz schon vor unserer Festnahme, daß wir kein Bombenattentat, sondern einen Klamauk planten. Doch benötigte man endlich einmal einen richtigen Erfolg im Konkurrenzkampf mit dem Landesamt für Verfassungsschutz und hat deswegen die harmlose Sache zum Bombenanschlag hochstilisiert. Für uns hatte die Affäre neben Jux und Dollerei aber auch einen negativen Aspekt. Uwe Johnson erfuhr am Tag nach unserer Festnahme durch eine Schlagzeile der *New York Times,* daß in seiner Berliner Wohnung ein Attentat auf den Vizepräsidenten seines Gastlandes vorbereitet worden sei. Johnson rief sofort seinen Friedenauer Nachbarn und Freund Günter Grass an und erteilte ihm den Auftrag, uns aus der Wohnung zu werfen, was mit Hilfe der Polizei dann auch geschah.« (*Leisten Sie keinen Widerstand!,* S. 64f.) Nach dem Hinauswurf schreibt Günter Grass an Uwe Johnson, dass er nunmehr im Rufe stehe, der »große Rausschmeißer der Puddingschmeißer« zu sein: »Auch diesen Titel werde ich mit Würde und Anstand bis an das Ende meiner Tage zu tragen wissen.« (Grass/Johnson, *Briefwechsel,* S. 92)

Ulrike Meinhof: *Napalm und Pudding*
   Hubert Humphrey durfte in Berlin erklären, »die Berliner dürften es gut verstehen, wenn sich die Vereinigten Staaten verpflichtet fühlten, ihr dem Volk von Südvietnam gegebenes Wort ebenso einzuhalten, wie ihr Versprechen zur Erhaltung der Freiheit Berlins« (*Neue Zürcher Zeitung* am 8. April).
   Die Berliner sollten wissen, daß das Volk von Südvietnam nie um ein solches Versprechen gebeten hat, daß dieser Satz des US-Vizepräsidenten keine Zusicherung ist, sondern eine Drohung, amerikanische Berlin-Politik auch dann zu machen, wenn die Berliner es gar nicht oder anders wollen. Die Politiker in Bonn und Berlin wissen es. Wissend haben sie die Studenten zusammenschlagen lassen, verhaften, verleumden, bedrohen. Wissend hat Günter Grass die elf aus Uwe Johnsons Dachstuben gefeuert, wissend hat der akademische Senat in Berlin mit einem Verbot des SDS an der Freien Universität gedroht. Napalm ja, Pudding nein.

Anonymus: *Brandstiftung*
   In einem neuen Flugblatt ruft die »Kommune I« im Hinblick auf den morgen beginnenden Prozeß gegen Fritz Teufel wegen des Verdachts der Brandstiftung in ironischer Form auf: »Macht Euch einen schönen Prozeß – ruft zur Brandstiftung auf!« In einem auszufüllenden Abschnitt kann dann angegeben werden, welche Gebäude entzündet werden sollen. Die freie Auswahl reicht vom Springerhochhaus über das Haus von Günter Grass bis zur US-Mission.

Ernst Bloch: *Die Aufgabe der Intelligenz*
   Es gibt in Deutschland immer noch die stille Sehnsucht nach einer Republik mit einem Großherzog an der Spitze. Sehr säkularisiert natürlich, aber als Gegenspieler zu rebellierenden Studenten, den Hippies und all dem, worüber sich der kleine Spießer Moritz aufregt. Und es gibt viele – vor allem in einer gewissen Presse –, die diese Stimmung anheizen, statt sie zu neutralisieren. Es ist Aufgabe der Intelligenz, hier einzuschreiten. Günter Grass liefert ein bewundernswert mutiges Beispiel dafür.

ROSA VON PRAUNHEIM: *TAGEBUCH*
Studentenunruhen wegen des persischen Kaiserpaares. Wir alle zum Schöneberger Rathaus, Günter Grass kam wegen der Unruhen. Polizei und Demonstrationsverbot in der ganzen Stadt, eine richtige Polizeistadt mit Gewalt gegen Studenten.

> Am 2. Juni 1967 wurde der Student Benno Ohnesorg am Rande einer Demonstration gegen den Schah von Persien von dem Polizisten Karl-Heinz Kurras erschossen [vgl. Schneider, S. 723]. Zur Ermordung von Ohnesorg äußert sich Grass u. a. in *Mein Jahrhundert* (IX, 215f., 220) und in *Grimms Wörter*, S. 297f.

RUDI DUTSCHKE: *TAGEBUCH*
Rathaus Schöneberg war eine belagerte Festung ... / 16:00 Uhr auf der Wiese vor der Wiso-Fak Protestversammlung, die wir nach der 2. Aufforderung der Polizei, die Ansammlung zu räumen, diszipliniert auflösten – war vielleicht ein Fehler – in die Wetzel-Wiso geführt, dort fortgeführt. Audi-Max hatte der Rektor uns verweigert!! Viele Reden, viele Prominente (Grass etc.) – viel Unsinn auch darunter.

ANONYMUS: *SCHWARZE FAHNEN VOR DER FU*
Der Schriftsteller Günter Grass, der erst zwei Stunden zuvor aus Westdeutschland nach Berlin zurückgekehrt war, forderte die Kommilitonen auf, Ruhe zu bewahren und nicht die Praxis der Polizei zu übernehmen. Grass meinte, es sei darauf zu achten, daß kleine Grüppchen nicht auf den berechtigten Protestwellen ihr Süppchen mitkochen könnten. Als er berichtete, daß er im Bundesgebiet für das bedrängte Israel geworben habe, beschimpften ihn Zwischenrufer als »Zionist«.

HUBERT FICHTE: *TAGEBUCH*
Die Gruppe 47 ruft zum Zivildienst in Israel auf.
Günter Grass will eine Gruppe jener Schriftsteller leiten.
Überall drängt er sich rein.
Will Israel ihn?
Wollen die jungen Schriftsteller von ihm geleitet werden?

Ich nicht!
In einem Augenblick, wo sogar L. B. Johnson versucht, sich herauszuhalten, mischen die deutschen Schriftsteller mit, im Verein mit der *Welt* und der *Bildzeitung.*

LUISE RINSER: *TAGEBUCH*
Springer macht die Honneurs. Auch ich werde von ihm angesprochen, sehr charmant. Er sagt, er schätze mich hoch, denn ich gehörte zu den ganz wenigen Autoren heute, die noch »*Werte* hochhielten«, (ich schlucke) und ich solle mich um Gotteswillen nicht anstecken lassen von der sogenannten Moderne; Leute wie ich seien für die Zukunft wichtig. Leute wie Grass verschwänden von der Bildfläche. (Ich lasse ihn reden.)

ARNOLD ZWEIG: *BRIEF AN GÜNTER GRASS*
Lieber Günter Grass, / Sie können sich ja denken, daß bei uns Tag für Tag neuer Trubel eintritt, sei es durch die Post, sei es durch Besuche meiner Kinder und Nachbarn. Ich muß aber doch Ihnen die Hand schütteln für die ritterliche Art, mit der Sie mir zu Hilfe kommen wollten. Inzwischen sind Sie selber zum Ziel Nr. 1 jener Springerei geworden; Sie sind zum Glück jünger und werden damit so gut fertig werden wie unsereiner mit ähnlichen Einbrüchen vor Jahrzehnten.
In der Hoffnung, Sie bald einmal persönlich kennenzulernen, bin ich mit besten Grüßen / Ihr / Arnold Zweig
PS. Bitte betrachten Sie diesen Brief als privates Blatt, das nur in Ihre Tasche gehört.

> Günter Grass hatte sich im September 1967 für Arnold Zweig eingesetzt, nachdem dieser in die Schlagzeilen der Springer-Presse geraten war. Im *Hamburger Abendblatt,* der *Berliner Morgenpost* und dem Düsseldorfer *Mittag* wurde Zweig mit regimekritischen Worten zitiert, unter anderem: »Das Leben in der DDR ist die Hölle!« Diese und noch andere Äußerungen erwiesen sich als Falschmeldungen. Daraufhin klagte Grass die Springer-Presse in der Sendung *Panorama* an, »mit wahrhaft faschistischen Methoden Zweckmeldungen zu verbreiten« (XI, 297). Ein Strafantrag von drei Springer-Zeitungen wegen »Beleidigung, übler Nachrede und Verleumdung« wurde 1970 zurückgezogen.

BEATE KLARSFELD: *BRIEF AN GÜNTER GRASS*
　　Ich bin sehr glücklich, dass Sie meine Partei in der Öffentlichkeit ergreifen wollen und mir in meinem Kampf um so echte Prinzipien zur Seite stehen werden. Sie ermutigen mich in jeder Hinsicht, das angefangene Unternehmen weiterhin mit heissem Eifer durchzuführen. Gern hätte ich allerdings Ihre Meinung über meine in *Combat* veröffentlichten Artikel erfahren, von denen viele sagen, dass sie utopisch seien. Handelt es sich um Utopie, wenn man Moral in der Politik verlangt?

HERBERT BÖHME: *DIE HEUTIGE JUGEND*
　　Sie kennen nichts Ewiges, deshalb kennen sie auch keine Ruhe. Das Kind wird mit elektrischer Schaukel eingelullt, die Schallplatte ersetzt den Gesang der liebenden Mutter. Der junge Mensch erfährt Dinge, denen er ungewappnet gegenübersteht, eine sexuelle Überhitzung macht ihn frühreif. Nun muß er doch den Film *Das Schweigen* gesehen haben, muß dabei gewesen sein, als man dem Schah oder dem Bundespräsidenten die Tomaten ins Gesicht warf, muß Grass gelesen haben und die »Moderne« als Schlagwort, als Gag in Besitz nehmen. Maske in allem, was noch ist. Wo wächst hier eine gebildete Welt im goetheschen oder humboldtschen Sinne?

> Der leidenschaftliche Nationalsozialist Herbert Böhme war einer der führenden Kulturfunktionäre im Dritten Reich. 1933 wurde er Mitglied der NSDAP und trat noch im selben Jahr der SA bei. Zwei Jahre später wurde er Hauptschriftleiter der NSDAP und Leiter der Fachschaft Lyrik in der Reichsschrifttumskammer. Er selbst verfasste zahlreiche Gedichte, in denen er Adolf Hitler verherrlichte. Das bekannteste, auf NS-Veranstaltungen immer wieder rezitierte Gedicht trägt den Titel *Der Führer* und beginnt mit den Worten: »Eine Trommel geht in Deutschland um«. Erich Loest zitiert das Gedicht in seinem Roman *Die Mäuse des Dr. Ley* (1966) und fügt hinzu: »Heute frage ich mich, ob vielleicht Günter Grass zu seinem Roman *Die Blechtrommel* von diesem Gedicht, wenn auch unterschwellig, angeregt worden ist?« (S. 121) – Nach 1945 war Böhme im kulturellen und politischen Bereich weiterhin sehr aktiv; unter anderem gründete er 1950 das »Deutsche Kulturwerk Europäischen Geistes«, dessen Präsident er bis zu seinem Tod war. 1965 trat Böhme der NPD bei.

ALFRED ANDERSCH: *SCHRIFTSTELLER UND POLITIKER*
Grass und Böll kann man nicht in einen Topf werfen. Grass nimmt laufend zur Tagespolitik Stellung, Böll äußert sich nur hin und wieder und trägt dann eine prinzipielle Kritik vor. Grass verhält sich wie ein Politiker, Böll wie ein Schriftsteller.

JOSEF W. JANKER: *BRIEF AN MARTIN WALSER*
Grass hat einmal in meiner Gegenwart gesagt: Autoren wie Böll machten vor dem Schlafzimmer Halt, oder sie bekreuzigen sich, bevor sie hineingingen. Er aber betrete das Schlafzimmer wie jeden beliebigen Ort. Von Ihnen könnte man dann weiterführend sagen, Sie müssen es nicht erst betreten; es ist Ihr gemäßer Ort.

ALBERT VIGOLEIS THELEN: *EINE LESUNG VON MARTIN WALSER*
Ich horchte herum, Damen tuschelten: Ob er selber wohl homo sei, und ob er selber alle diese erotischen Abenteuer hinter sich habe ... Zwei Studenten hatten es wieder mit dem PG [Parteigenossen] Kiesinger, sie drängten sich vor, der eine sagte, na, wir fragen den Dichter einfach um seine Meinung, worauf der andere flüsternd entgegnete: Il faut faire attention, der da gerade mit Walser spricht, ist der dt. Ambassadeur, und der andere, so höre ich, ist auch ein dt. Schriftsteller, gehen wir lieber an die Bar. – Das taten die Jungens, doch als Walser einer jungen Dame etwas Heikles erklären mußte, redete mich ein anderer junger Herr an, Student wohl auch er ... Ob ich die letzten Gedichte von Grass gelesen hätte ... mit solchen Versen könne er nichts anfangen, das sei Nonsens. Ich: Nonsens sei keine lit. Kategorie, es handele sich vielmehr bei den betr. Gedichten um Eieruhrgedichte. – Er: Was das denn sei ... Ich: Das ist eine Begriffsbestimmung von mir, noch wenig bekannt. Ich schriebe selbst solcher Art Gedichte, mit der Eieruhr: Wenn der Sand durchgelaufen sei, müsse das Poem druckreif auf dem Papier stehen, ich hätte eine kranke Frau, der zur Belustigung verfasse ich derartige Sachen...

Reinhard Lettau: *Erlebnis und Dichtung*

   Wer
   kommt nach Hause mit einem Schweinekopf,
   den er neben die Staffelei legt, vor die er sich stellt,
   um ihn zu malen,
   trägt ihn dann in die Küche, kocht und
   ißt ihn später im Wohnzimmer, nachdem er
   am Schreibtisch ein Gedicht über ihn gemacht hat, wer
   erhebt sich mit dem Skelett und
   malt es im gleichen Format?

   Ein Kollege, mitten in seiner
   klassischen Periode.

   Aus dieser einfachen Überlegung: daß
   alles gelingt, d. h.
   alles fertig wird, d. h.
   alles verwendbar ist,
   entsteht Klassik.

   Dies
   ist ein klassisches Gedicht.

Michael Hamburger: *Brief an Günter Grass*

   Irgendetwas machen ist ein grossartiges Gedicht, obwohl ich nicht ganz damit einverstanden bin, da der Protest als Geste einen Wert hat, auch wenn er ohne Wirkung bleibt. Was würde überhaupt von den menschlichen Tätigkeiten & Beschäftigungen übrigbleiben, wenn man sie nur nach der Wirkung wertete? Und was ist die Alternative? Auch das praktische, konkrete Engagement kann seine Wirkung verfehlen – gerade in der Politik. Dass Du nicht für den Konformismus bist, weiss ich. Aber für die meisten Intellektuellen gibt es nur die Alternative zwischen Protest und Konformismus. Eine gewisse Utopie gehört zur Funktion der Intellektuellen und Künstler – immer schon. Die Utopie ist zwar kein Brot, aber sie ist die Hefe. Leider wird das Gedicht sehr arg missverstanden werden. Die falschen Leute werden sich darüber freuen.

MARCEL REICH-RANICKI: *POESIE IM TAGESLICHT*
Grass hat sich seine oft gerühmte Unbefangenheit bewahrt, zu der sich neuerdings eine Abgeklärtheit gesellt, die indes den frischen Glanz, den kräftigen Ton und den herben Reiz dieser Verse nicht beeinträchtigt. Seine Naivität ist nun weiser, seine Verspieltheit raffinierter geworden. Die neuen Gedichte von Günter Grass beweisen, daß sich unsere Welt – trotz allem – der lyrischen Formulierung nicht entzieht. Sie widerlegen auch die Behauptung, der Dichter könne der Gegenwart nur noch ironisch oder parodistisch begegnen. In manchen Versen des Bandes *Ausgefragt* gewinnt die Vergänglichkeit Dauer. Mehr kann von der Poesie nicht erwartet werden.

> »Kaum war dieser sehr lange und sehr lobende Aufsatz gedruckt«, berichtet Reich-Ranicki in seiner Autobiographie, »da rief mich Erich Fried an: Das gehe nun doch zu weit, denn bei meinem Artikel handle es sich unzweifelhaft um ›Personenkult‹. Er dürfe wohl erwarten, daß nun auch seine Lyrik von mir so ausführlich abgehandelt werde. Gleich meldeten sich weitere Poeten, die indes nicht etwa das Bedürfnis hatten, sich über die Qualität oder Miserabilität der Verse von Grass oder meiner Darlegungen zu äußern, wohl aber, ähnlich wie Fried, eine genauso ausführliche Würdigung ihrer Lyrik anmahnten.« (*Mein Leben*, S. 467)

HANS MAYER: *BRIEF AN HANS WERNER RICHTER*
Mir erweist Du mit Deiner Einladung [zur Tagung der Gruppe 47 in der Pulvermühle] keinen Gefallen, der Sache vielleicht auch nicht, denn irgendeine Sabine Lietzmann wird hinterher feststellen, der einzig wirklich potente Kritiker sei doch allein der Günter Grass.

ULRICH HEINEMANN-RUFER: *GRASS IM ZUCHTHAUS TEGEL*
Der Gefängnisleiter Dr. Thom sagte: »Was wir heute hier erleben, ist bislang einmalig in der Geschichte der deutschen Literatur wie auch des deutschen Strafvollzugs.« Dann stellte er den Gefangenen seinen Gast vor: Günter Grass.
Es war letzte Septemberwoche im Berliner Zuchthaus Tegel. Eine erweiterte Zelle des Hauses III diente als enger Vortragsraum, siebzig Männer in der braunen Montur der Zuchthäusler, Mörder und Räuber, Wärter und Kalfaktoren, drängten dicht heran, klemmten den Dichter ein, kaum hatte er Platz, in seiner *Blechtrommel* zu blättern.

Grass trägt zwei Kapitel vor, er zelebriert sie nicht, er liest ganz einfach, mit kräftiger, tiefer Stimme, dann wird er mit Fragen eingedeckt.

Warum er, erklärter Sozialdemokrat, nicht in der SPD sei. Antwort: »Ich möchte mich nicht ständig am Weltbild anderer Leute orientieren. Auch möchte ich dem Parteivorstand den Ärger ersparen, dauernd zu beraten, ob ich rausgeschmissen werden soll oder nicht.«

EGON BAHR: *BRIEF AN GÜNTER GRASS*
Willy Brandt hat mir gegenüber, vor fünf Jahren, behauptet, mit 40 würde man erwachsen. Zu einem Teil sind Sie es längst, zu einem anderen Teil werden Sie es hoffentlich nie.

INGEBORG BACHMANN: *BRIEF AN GÜNTER GRASS*
Lieber Günter, / was für ein schwieriger Brief! Zeichnen kann ich leider nicht, sonst würde ich mit ein paar Strichen eine Geburtstagstorte und viele, viele Kerzen aufs Papier tun. Aber die begabten Kinder werden mir diese Arbeit abnehmen.

Soll ich Ihnen also Altersweisheiten zum besten geben? Ich könnte höchstens sagen, nach diesem Geburtstag wird es besser. Vorausgesetzt natürlich, dass man vorher viel und lange nachgedacht hat. Haben Sie es getan?

Ich hoffe, Sie werden ein schönes grosses Fest haben und gar nicht traurig sein.

Ich umarme Sie, und Sie sollen zwei römische Oktoberküsse haben, aus einem ganz blauen Monat, in dem keine altwienerische Melancholie und keine neuberlinische Hysterie mehr zugelassen sind.

UWE JOHNSON: *BRIEF AN GÜNTER GRASS*
Wir freuen uns dass dein Geburtstag dir so gut bekommen ist. Es ist schade, deine Feste zu versäumen. Wir blicken dem Oktober nächsten Jahres entgegen, und verlassen uns schon auf die Begehung von Lauras Verlobung, von Brunos Abitur, und auf die Nachfeier zum Preis Nobel.

OTTO KLEMPERER: *BRIEF AN GÜNTER GRASS*
Obgleich ich nicht das Vergnügen habe Sie persönlich zu kennen, wollte ich Ihnen heute nur schreiben, dass ich von Ihrem Roman *Hundejahre* entzückt bin. Dass die Weichsel *rechts* und *links* fliesst, ist ein vorzügliches Symbol. Ich glaube beinahe, dass ich Sie durch Ihren Roman besser kenne wie durch eine persönliche Bekanntschaft. [...]
P. S. Ich habe auch zwei Lieder aus Ihrem Roman (»Die Mühle geht langsam« und »Mit Haken und Ösen«) komponiert. Sollten wir uns irgendwo mal treffen, so werde ich sie Ihnen vorspielen.

PETER KRAUS: *BRIEF AN GÜNTER GRASS*
Sehr geehrter Herr Günter Grass! / Bezugnehmend auf mein neulich geführtes Telefongespräch bringe ich Ihnen mein Anliegen zur Kenntnis:
Ich beabsichtige eine Peter Kraus-LP zu produzieren, die mich als Interpret von einer völlig neuen Seite zeigt. Dieses Vorhaben kann nur gelingen, wenn ich die entsprechenden Texte bekomme. Würden Sie so liebenswürdig sein mir in diesem Fall, der einen Wendepunkt in meiner Karriere bedeuten kann, durch Hergabe von Versen aus Ihrer Feder, behilflich zu sein? Selbstverständlich bleibt Ihnen das letzte Wort bei jeder künstlerischen Entscheidung, soweit es sich z. B. um die Auswahl der Komponisten u. ä. handelt. »Die Besetzung wäre Grass-Flöte und Blechtrommel«.
In der Hoffnung, dass meine Bitte Sie bei guter Laune antrifft und Sie mir einen Rücksprachetermin geben, bin ich / mit freundlichen Grüssen
Ihr ergebener
Peter Kraus

HILDEGARD KNEF: *GESPRÄCH MIT GÜNTER GRASS*
Sie sind mein Enkelkind, was Berlin anbetrifft. Sie sind nicht in Berlin aufgewachsen. Sie haben ein Erwachsenen-Engagement mit Berlin und sind dadurch distanzierter und balancierter in Ihrer Beziehung.

Quick: *Meldung aus Berlin*
  Nach stundenlangem Suchen fand Günter Grass seinen englischen Wintermantel nebst Hausschlüssel in der S-Bahn-Kneipe »Bellevue« wieder.

1968

Helen Wolff: *Brief an Günter Grass*
Und nun zu Ihrem amusement: Das Public Library System von Philadelphia gibt eine Leseliste europäischer Literatur heraus unter dem Titel: »Marching with Oskar«. Das ist Ruhm – es wird eben vorausgesetzt, daß jeder, der lesen und schreiben kann, auch sofort weiß, wer Oskar ist – nicht in Deutschland, nicht einmal im Staate New York, sondern im Staate Pennsylvania!

Bernt Engelmann: *Günter Grass*
In viele Sprachen übersetzt, mit zahllosen deutschen und internationalen Preisen und Auszeichnungen geehrt, gehört der heute erst Vierzigjährige zu den Großen der deutschen Literatur, zur geistigen und künstlerischen Elite Europas.

Antonio Di Benedetto: *Lieblingsschriftsteller*
Unter den ausgesprochen zeitgenössischen Romanciers Europas schätze ich besonders Günter Grass.

Augusto Roa Bastos: *Deutsche Gegenwartsliteratur*
Nun ja, Grass ist ganz amüsant, aber mehr ist dazu wohl nicht zu sagen. Böll und Enzensberger und Walser, das ist doch alles »internationales Mittelmaß«, wenn ich so sagen darf. Ich wüßte nicht, was ich mit denen anfangen sollte, wenn ich über sie sprechen müßte.

Gustav Korlén: *Übersetzungsprobleme*
Man kann sich auch fragen, wie es um die Qualität der Übersetzungen deutscher Literaten ins Schwedische bestellt ist. Man wird sehr bald feststellen, daß Abgründe sich auftun. Auf der ersten Seite von Günter Grass' *Blechtrommel* liest man in der schwedischen Übersetzung, die ich jetzt also ins Deutsche zurückübersetze, die erstaunliche Feststellung: »Mein Anwalt stolpert jedes Mal auf der

Nylonhaut über dem linken Bettpfosten am Fußende meines Bettes«. Im Original steht dafür: »Mein Anwalt stülpt jedes Mal den Nylonhut über den linken Pfosten am Fußende meines Bettes«.

Anonymus: *Nobelpreis an Grass?*
Günter Grass ist nach einem Bericht der schwedischen Abendzeitung *Aftonbladet* vom Montag einer der »heißen Namen« im Zusammenhang mit der Verleihung des Nobelpreises für Literatur in diesem Jahr. Andere Spekulationen drehen sich, wie bereits im vergangenen Jahr, um Heinrich Böll.

Peter Bichsel: *Brief an Hans Bender*
Meine Lesung in der Casino-Gesellschaft hatte ja ausgesprochen erschütternde Folgen, weil ich ein blaues Hemd trug (immerhin mit Krawatte).
Der Rektor des Gymnasiums in Langenthal hörte später davon und untersagte meine Lesung an seiner Schule, weil er seinen Schülern einen solchen Anblick ersparen wolle.
Ausgelöst wurde seine Vorsicht gegenüber Schreibern durch das Auftreten von Günter Grass am deutschen Fernsehen mit offenem Hemdkragenknopf. Sie sehen – auch wir haben Probleme mit jungen Intellektuellen.

Anonymus: *»Grass – SPD-Hofpornograph«*
Als »Rabaukenbande« bezeichnete der Kreisvorsitzende der CDU Fulda-Land, Hans Nolte, den Sozialistischen Deutschen Studentenbund bei einem politischen Frühschoppen der CDU in Flieden. Als »Hofpornographen« der SPD bezeichnete er den Schriftsteller Günter Grass, der das Märchenbuch der Gebrüder Grimm um ein politisches Märchen erweitert habe, als er der CDU Versagen vorgeworfen habe.

Luise Rinser: *Tagebuch*
Anpöbelung Kardinal Döpfners durch die »Una-Voce«: er habe

gezeigt, daß er Maria, die Gottesmutter, verachte, weil er gestattet hatte, daß genau am 25. März, am Tage »Mariä Verkündigung«, in der Katholischen Akademie in München ein Disput stattfand zwischen dem Jesuiten Kurz und dem Literaten Grass (dem »Pornographen«, dem Lästerer der Gottesmutter – vermutlich wird auf *Katz und Maus* angespielt). Ich stehe fassungslos vor soviel Dummheit.

HEINRICH HÄRTLE: *BELEIDIGUNG FONTANES*
Die »Berliner Kunstpreise« zeigen nur erneut, wie sich eine linksradikale Clique die roten Bälle zuspielt. Fontane mit Grass zu beleidigen, das ist nur möglich in Hundejahren deutscher Literatur – oder sind es bereits Köterjahre?

KURT IHLENFELD: *LOSES BLATT BERLIN*
Catull schrieb seine Spottverse an die Häusermauern in Rom, Wandgedichte. (Als welche auch »Luchterhands Lose Blatt Lyrik« gemeint ist.) Im Palast zu Babylon genügten drei Worte, den Fall zu entscheiden, drei Worte an der Wand. Und wer, wer wird es in Westdeutschland Günter Grass nachsprechen – »Ich grüße Berlin«?

ANONYMUS: *ZUFLUCHT FÜR RUDI DUTSCHKE*
Der Berliner Schriftsteller Günter Grass hat dem SDS-Ideologen Rudi Dutschke angeboten, in sein Haus zu ziehen, um dort Zuflucht vor möglichen Attentaten zu finden. Die Massenschlägereien während der Kundgebung des Berliner Senats haben Grass zu diesem Angebot veranlaßt.

> Am 11. April 1968, knapp zwei Monate nach dem Angebot von Grass, verübte der Hilfsarbeiter Josef Bachmann ein Attentat auf Rudi Dutschke. Grass hierzu: »ohne die systematische Pogromhetze einiger Springer-Zeitungen hätte Josef Bachmann seine infantile Welt nicht verlassen, um auf Rudi Dutschke zu schießen« (XI, 387).

Hans Habe: *Der Anschlag auf Berlin*
　Es sind nicht die Polizisten, die gegen die »Studenten« vorgehen. Seit dem Unglück Ohnesorg, seit dem Sturz Albertz' tragen sie Samthandschuhe. Am Straßenrand stehen Arbeiter, Kleinbürger, kleine Leute, Berliner. Manchmal holen sie sich eine Mao-Fahne aus der Menge. Zwei, drei Demonstranten werden gleich mitgeholt. Das nennt der Seitensteher Günter Grass – man ist dabei und auch nicht, Demonstration plus amerikanische Tantiemen – »Pogromstimmung«.

Wolfgang Sieg: *Säurekopf* (Roman)
　Ja, ich, der ich in Berlin studiere, habe meine Freude an dem schneidigen Benehmen der Jungens von der Polizei! Ich liebe und verehre die Polizisten und bin zutiefst von der pädagogischen Wirksamkeit des Gummistabs überzeugt! Ebenso bin ich Nichtraucher, Nichttrinker, monogam und verabscheue LSD. Ich verehre den Kaiser von Persien, halte den Krieg für gesund und wasche mich täglich. Meine Freundin ist noch unberührt, und ich besitze alle Wagner-Platten. Ich kann alle Gedichte Hermann Hesses auswendig und werde andächtig, wenn ich eine Rodin-Plastik sehe ... Kann man sich aber in Berlin öffentlich zu einer so beschaffenen Seelenlandschaft bekennen? Nein! So wurde ich zum Lügner und Heuchler. Ich nahm Marihuana, jubelte dem Grass zu, erzählte Zoten, memorierte Mao-Zitate, ach, warum soll ich die ekelhaften Dinge alle aufzählen, die den Gral meiner Seele in ein Rieselfeld verwandelten! Aber nun kann ich nicht mehr lügen...

Melina Mercouri: *Brief an Günter Grass*
　Lieber Herr Grass, Vielen Dank für all Ihre Hilfe und Unterstützung, die Sie mir bei meinem Besuch in Berlin gegeben haben, und ganz besonders für eine perfekte Rede in der Kongress Halle.
　Ich möchte Ihnen für den Mut danken, den Sie mir in unserem Kampf gegeben haben, und seien Sie sicher, dass sich das griechische Volk Ihrer erinnern wird – ein Volk, das zum Leiden geboren wurde, weil es an Demokratie glaubt. / Mit besten Wünschen und aufrichtigem Dank / Mit freundlichen Grüßen Melina Mercouri

Melina Mercouri, die seit 1967 im Exil in Frankreich lebte, war im Frühjahr 1968 nach West-Berlin gekommen, um für die Gründung eines Komitees »Freiheit für Griechenland« zu werben.

REINHARD LETTAU: *DER LIEBHABER VON ORIGINALSPRACHEN*

»Daß ich«, ruft der
Schriftsteller Günter Grass, »mir
was andres
wünsche als
den Sieg des
Vietcong
hat folgenden Grund: ich
konnte über den Vietcong
nichts in Erfahrung bringen. Zwar
es gibt
einige Schriften über diesen
Problemkreis, aber
sie sind alle in
chinesisch und ähnlichen
Sprachen, die ich
nicht kenne,
geschrieben, wie
Sie wissen. Übersetzungen
lese ich nicht. Ich
lese nur

Originalsprachen.
Soviel für
heute
zur
Politik.«

PETER O. CHOTJEWITZ: *DIE INSEL* (ROMAN)
Man stelle sich nur vor, statt Mao und Ho gelangten Günter Grass und Kurt Bartel (Kuba) in ähnlich einflußreiche Positionen wie Mao und Ho. In diesem Falle könnte man ihnen nur so geringe

Chancen wie möglich wünschen. Zum Vergleich: der Aufruf Kubas nach dem 17. Juni 1953 und sämtliche Reden von Günter Grass.

HANS MAGNUS ENZENSBERGER: *BERLINER GEMEINPLÄTZE*
Die Revolution, denkt ihr, nimmt euch eure Schuhlöffel und eure Stewardessen weg, macht die Beatschuppen zu, kürzt die Romane von Günter Grass. Sie vergewaltigt Nonnen, hängt Traktorenbilder an die Wand und verbietet die NPD. Mit einem Wort: sie ist der reine Terror. So etwas mag für Cuba angehen, in Deutschland ist es undenkbar.

FRITZ SELBMANN: *EIN KONTERREVOLUTIONÄR*
Er ließ die »Plebejer den Aufstand proben«, durfte er bei der Generalprobe der Konterrevolution fehlen? Und also schrieb die westdeutsche Studentenzeitung *konkret:* »Man sollte sich in der Bundesrepublik nun endlich abgewöhnen, Günter Grass als ›Mann der aufrechten Linken‹ anzusehn.«

LUDWIG MARCUSE: *BRIEF AN HERMANN UND TONI KESTEN*
Opapa Grass und Opapa Reich-Ranicki und viele Opapas Anfang vierzig sind in Bierverschiß: die Szene beherrscht Handke und Peter Hamm und Ähnliches. Die Studenten fressen einander auf. Es ist eine Frage der Zeit, wieweit von rechts und links, bedrängt, ein starker Mann auftritt.

JOCHEN STEFFEN: *BRIEF AN GÜNTER GRASS*
Ob eine »Truppe Grass« im Wahlkampf durch die Bundesrepublik ziehen sollte, kann ich nicht entscheiden. Sie kennen meine Meinung darüber. Die Wirkung solcher Art der Wahlveranstaltungen wurde bisher nicht exakt gemessen. Eines spricht allerdings für sie, Sie erreichen ein Publikum, das auf den üblichen SPD-Veranstaltungen durch Abwesenheit glänzen würde. Sie selbst müßten entscheiden, ob der Aufwand im Verhältnis zu dem Ertrag steht. Dabei wollen Sie

bitte sich selbst prüfen, ob Sie diese Veranstaltungen nicht auch deshalb durchführen, weil sie Ihnen selbst Spaß machen. Das ist keine Kritik, sondern eine Anmerkung, die mir erforderlich erscheint, damit beim Abwägen des Für und Wider diese Tatsache in Ihrem Bewußtsein bleibt.

Heinz Rühmann: *Brief an Günter Grass*
Ich muss Ihnen heute mitteilen, dass ich mich im Augenblick – bei dem momentanen Stand des Wahlkampfes – auf keine der beiden Koalitionsparteien festlegen und Ihnen daher auch den gewünschten Artikel nicht einsenden kann.

Thea Sternheim: *Tagebuch*
Nichts Langweiligeres als Menschen, die jeden Entschluss einem feststehenden Ziel unterordnen. Ein Schriftsteller wie Grass büsst seine schöpferische Verführbarkeit ein, wenn ich ihn an der Television für den Sozialismus wirken sehe. Er soll das den Politikern überlassen.

Hilde Domin: *Brief an Günter Grass*
Ich verfolge, seit Langem, was Sie in politicis tun, mit Bewunderung. Wegen der Tapferkeit und wegen der Aufrichtigkeit. Ich hasse Mitläufertum, gleichgültig, mit wem »mitgelaufen« wird. Sie sind der geborene Nicht-Mitläufer, in der Politik.

Golo Mann: *Hiergeblieben: Der Staat sind wir*
Günter Grass sollte schleunigst Regierender Bürgermeister von Berlin werden. Sicher, das wäre für ihn ein gewaltiges Opfer, ungleich größer als jenes, was er mit seinen 52 Wahlreden brachte; so mancher liebe Plan müßte aufgeschoben werden. Aber er wäre ja jung genug, um nach ein paar der res publica geopferten Jahren wieder zu seiner Kunst zurückzukehren, und die wäre dann um eine Erfahrung reicher. Nach ein paar friedensstiftenden Jahren. Denn wenn einer in Berlin Frieden machen kann, so ist es Grass. Er kennt

und liebt die Stadt. Er steht mit einem Fuß im Lager der Studenten, mit dem anderen dort, wo man Ordnung und Legalität schätzt. Er hat Kontakt mit den Leuten, Herzenswärme und Einfälle, Vitalität und die geforderte Nervenkraft. Da er von hellem, keineswegs unpraktischem Verstand ist, so würde er vom administrativen Kram das Notwendigste schnell lernen; das Übrige könnten andere tun. Die Aufgabe des Bürgermeisters von Berlin ist heute eine überwiegend moralische, politische; in Westberlin sowohl, um Hochschulen und »Volk« zu beruhigen, wie in der geteilten, ganzen Stadt. Günter Grass Bürgermeister – und der dumme, ewige Kampf um die »Passierscheine« würde bald zu einer glatten Routine-Angelegenheit werden; und dann vielleicht noch manches andere. Außerordentliche Situationen verlangen außerordentliche Menschen. Warum versucht man es nicht mit diesem unorthodoxen Helfer in der Not? Wenn man es mit ihm versuchen wollte, dann sollte er nicht nein sagen.

ANNA GRASS: *BRIEF AN UWE JOHNSON*
Golo Mann ist neulich in der *FAZ* etwas Neues eingefallen. Er meinte, man sollte Günter »schleunigst« zum Bürgermeister von Berlin machen. So gut wie die meisten, die ins Haus kommen (auf der Veranda kann man nicht mehr sitzen, weil es sehr kalt ist) finde ich diese Idee aber nicht, nein ich finde sie sogar ganz abscheulich, wie du dir denken kannst.

JOHANNES RAU: *BRIEF AN GÜNTER GRASS*
Lieber Günter Grass, / haben Sie freundlichen Dank für Ihren Brief vom 24. Juni. Ich bestätige Ihnen gern, daß ich Ihren Vorschlag zur Wahl eines neuen Bundespräsidenten erhalten habe. Ich habe mir Ihren Brief bereitgelegt, um ihn bei kommenden Gesprächen über dieses Thema zu verwenden. Ihren Überlegungen und Argumenten stimme ich zu.
Der von Günter Grass vorgeschlagene Kandidat ist Gustav Heinemann.

Luise Rinser: *Tagebuch*

Aus dem Raritätenkabinett: Da schickt mir (ausgerechnet mir) eine obskure Gesellschaft ein Blättchen, in dem ich dringend aufgerufen werde, mich einer Protestaktion gegen Günter Grass anzuschließen, der, wie das Blättchen bieder berichtet, laut Gerichtsbeschluß ein schändlicher Pornograph sei und als solcher einfach nicht im Kulturkomitee der Olympischen Spiele geduldet werden dürfe. Das Blättchen nennt sich einen »Fackelträger in der allgemeinen Finsternis« und schreibt (ich zitiere wörtlich!): »Dies ist unsere von Leidenschaft getragene Aufgabe. Der ›Bamberger Reiter‹ gilt uns als Vorbild: Sehnsucht im Auge und Orgelwind im Haar, aber auch voller Geschichtsbewußtsein, das Sinnbild einer deutschen Nation.«

Erst warf ich das Blatt in den Papierkorb, dann holte ichs wieder heraus. Ich antworte sogar. Ich schreibe: »Da ich weder Sehnsucht im Auge noch Orgelwind im Haar habe und da weder vor noch nach 1933 der Bamberger Reiter mein Vorbild war ...«

Auf der Rückseite des Blättchens steht unter »Glückwünsche aus unserem Leserkreis«, gezeichnet von einem Günter Hessler: »Jede Schwammigkeit, jede falsche Rücksichtnahme oder taktische Leisetreterei ist im erzwungenen Schicksalskampf unsres Volkes völlig fehl am Platze.«

Sehr lustig ist ein Zitat von einem E. Hentschel: »... Er gab mir, der die Modernen schon wegen deren widerlichen Stiles nie zur Hand nimmt, einige Auszüge aus Günter Grass' Schweinereien. Und da konnte ich voll ermessen, wie sehr Abscheu und Verachtung für derartige Schreiberlinge berechtigt sind.«

Bemerkenswert auch, vom selben Verfasser, der Satz: »Wenn schon die christliche Priesterschaft nicht wagt, etwas zu unternehmen« (nämlich gegen G. Grass), »weshalb schickt sie nicht die Gemeinden der Gläubigen, besonders die Frauen, vor? In großer Besorgnis. Ihr ...«

Auf einem beigefügten Blatt steht: »Was heute an Kunst prämiiert wird, wissen wir. Wir wissen auch, wer dahinter steht.«

Frage: wer denn? Ists wieder einmal der Welt-Jude? Oder der böse ›Kommunist‹? Oder die beinah so böse SPD?

GERHARD ZWERENZ: *ERBARMEN MIT DEN MÄNNERN* (ROMAN)
Geschichten sind Anlässe für Entdeckungsfahrten. Hegels Ästhetik ist ein toter Hund. Sina nimmt eine von Wehners Tabakspfeifen und steckt sie sich unten rein. Das ist obszön. Wegen Wehner. Aber Sina raucht. Genossen, jemand hat meine Pfeife vergiftet. Immerhin, es ist eine sozialdemokratische Pfeife. Darüber wird der rhetorische Danziger noch eine Rede halten. Prosa als Zusammenschau unzusammengehörender Dinge.

WOLFGANG BAUER: *MAGIC AFTERNOON* (THEATERSTÜCK)
BIRGIT: Geh jetzt hör auf *(er boxt noch einmal fester, sie kratzt ihn, er schlägt sie, daß sie aufs Bett fällt, sie wirft ihm Bücher nach, er wirft Bücher zurück, es kommt zu einer regelrechten Bücherschlacht, bei der beide langsam immer fröhlicher werden. Bevor sie werfen, schreien sie die Autoren der Bücher. Also z. B.: Scheiß-Dürrenmatt, Scheiß-Pinter, Scheiß-Albee, Scheiß-Walser, Scheiß-Grass, dann fröhlicher werdend: Scheiß-Ionesco, Scheiß-Audiberti, Scheiß-Adamov, Scheiß-Genet, Scheiß-Anouilh, Scheiß-Beckett ... (beide lachen schon) jetzt eine abschließende Balgerei mit Klassikern: Scheiß-Goethe, Scheiß-Schiller ... etc.)*

UWE JOHNSON: *BRIEF AN FRITZ RUDOLF FRIES*
Martin Walsers Verzweiflung am erfundenen Beispiel lässt ihn nun die Beichten und Protokolle anderer als Nachricht von der Wirklichkeit vorziehen, zur Zeit dreht er einen Fernsehfilm ›Mit der Strassenbahn durch das Ruhrgebiet‹; Enzensberger hat die Poesie schon längst mit theoretischer Agitation vertauscht und berät kubanische Verlagsbehörden bei der Auswahl des wahrhaft revolutionären Schrifttums in Europa; Günter Grass bezieht eine Wohnung in Bonn, um darin für die Wahl der S.P.D. Dinge zu tun, hat sich allerdings für das Frühjahr mit einem Theaterstück und für den Herbst mit einem Roman eingedeckt, so dass Hoffnung besteht wir bekämen ihn wieder.

RUDI DUTSCHKE: *ES KRACHT AN ALLEN ECKEN UND ENDEN*
Grass, der wohl bald im Bonner Innenministerium mitarbeiten

wird, darf »kulturell« breit kritisiert werden. Die politische Bekämpfung von Grass, die wichtiger als alles andere ist, findet sich in den Medien der Erhaltung von »Ruhe – Sicherheit« nicht.

August Scholtis: *Brief an Max Tau*

Im letzten *Spiegel* lese ich, daß die jungen Autoren schon Günter Grass als einen Großvater bezeichnen. Wenn ich nun bedenke, dreißig Jahre älter zu sein als Günter Grass, so bin ich schon in einem biblischen Alter eines Methusalem, und es erübrigt sich jedes weitere Wort.

1969

HORST KRÜGER: *DAS WAPPENTIER DER REPUBLIK*
Grass – das ist die perfekte Identität von Individualität und Image. Ein Reklamebild, das immer stimmt. Er sieht tatsächlich so aus, wie ihn die Massenmedien reproduzieren. Sehr individuell, etwas fremdartig, und in beidem ungemein einprägsam, wie ein Wappentier. Fast hat er etwas von der Ausgereiftheit eines hervorragenden Markenartikelzeichens. Nationale Repräsentanz schwingt da mit, etwa wie bei dem Mercedes-Stern. Den kennt man auch überall in der Welt und weiß, was man daran hat.

ADOLF VON THADDEN: *EINSATZ FÜR DEUTSCHLAND*
Was aber den menschlichen Geist anbetrifft, so kann nur ein Quizmaster glauben, daß wir in einer hochgeistigen Epoche leben. Als der amerikanische Präsident Nixon bei seinem Besuch den Bundeskanzler Kiesinger bat, ihm einige deutsche Schriftsteller vorzustellen, kannte Kiesinger keinen einzigen. Außer Günter Grass fiel ihm niemand ein. Diesen vorzustellen, war allerdings dem Bundeskanzler zu peinlich.

KURT GEORG KIESINGER: *ERNST BLOCH*
Man hat sich gedacht, der Mann wird jetzt, nachdem er von drüben gekommen ist, hier seine Vorlesungen halten. Von wegen! Er ist ein ganz wilder Kämpfer. Sein Held ist Thomas Müntzer. Den zitiert er. Ich habe den Dutschke einen wildgewordenen Widertäufer genannt, ohne zu ahnen, daß das in der Rede von Herrn Bloch der Patron ist. Ich sage das deswegen, diese Art von linken Leuten ist in Deutschland hoffähig, und sie werden repräsentiert durch einen großen Teil unserer Literaten, wobei ich den Grass ausnehme. Der Grass ist zwar ein naiver, aber immerhin engagierter Demokrat. Aber Herr Böll usw.!

Heinrich Böll: *Blumen für Beate Klarsfeld*
In recht schulmeisterlicher Weise hat Günter Grass in einer Rede, die die ZEIT abdruckte, festgestellt, es habe kein »Anlaß bestanden, Beate Klarsfeld Rosen zu schicken«. Nun, mir erscheint diese Feststellung ziemlich anmaßend, peinlich und, da öffentlich getan, ganz und gar fehl am Platze. Ich frage mich mit der mir zustehenden Bescheidenheit, ob es Günter Grass zusteht, festzustellen, ob und wann ich Anlaß habe, einer Dame Blumen zu schicken.

> Am 7. November 1968 hatte Beate Klarsfeld beim Berliner Parteitag der CDU Kurt Georg Kiesinger wegen seiner Nazivergangenheit öffentlich geohrfeigt. Noch am selben Tag wurde sie in einem Schnellverfahren zu einem Jahr Gefängnis ohne Bewährung verurteilt. In seiner Rede zur Verleihung der Carl von Ossietzky-Medaille am 9. Dezember 1968 griff Günter Grass den Vorfall auf: »Was Argumente nicht vermocht hatten, die irrationale Tat heckte Schlagzeilen und Kommentare: endlich mal was Fotogenes, ein Knüller, ein sogenannter Aufhänger. Tags drauf ging es schon nicht mehr um Kiesinger und seine Vergangenheit, sondern um das zu hohe Strafmaß – ein Jahr Gefängnis für Majestätsbeleidigung.« (X, 387) In der Berufungsverhandlung im August 1969 wurde das Urteil auf vier Monate mit Bewährung reduziert.

Henrik Bonde-Henriksen: *Muss man Germanen mögen?*
Ich habe niemals ein Hehl daraus gemacht, daß ich die Propagandamethoden eines Günter Grass verachte. Grass verurteilt Bundeskanzler Kiesinger, passives NSDAP-Mitglied, als »Nazi« – mit allem, was an diesem Wort klebt. Aber er hat wohl seinen eigenen Freund, den sozialdemokratischen Wirtschaftsminister der Bundesregierung, Professor Karl Schiller, vergessen, der in der Hitler-Partei äußerst aktiv war, und dessen Ergebenheitsadressen an den Führer ihm nicht gerade zur Ehre gereichen.

Erwin Strittmatter: *Tagebuch*
Eine Stunde ins Fernsehen geglotzt. U. a. ein Film über den grossschnäuzigen Herrn Grass drüben. Was ich vor Jahren vermutete und in einem Offenen Brief an ihn aussprach, wird jetzt allen sichtbar. Mit seiner mittelmässigen literarischen Produktion ist auf die Dauer keine Sensation zu machen. »Gut Ding braucht Weile«, Sensation braucht Eile. Herr Grass zieht nach Bonn. Er hat sich

vorgenommen, Entwicklungsminister zu werden. Viel Spass auf der Reise in die obere Unterwelt, Herr Grass.

GOLO MANN: *BRIEF AN JENS-PETER OTTO*
Was er tut, sich so in die Politik zu werfen, finde ich ja im höchsten Grade lobenswert. Aber nachgerade glaube ich nicht mehr, daß er ein sehr gutes Urteil hat oder sehr gescheit ist. Der ist mehr vom Schlage Gerhart Hauptmanns: kann lebende Menschen hinstellen, mit Busen und Hintern, aber so recht denken kann er nicht.

CARL ZUCKMAYER: *BRIEF AN GÜNTER GRASS*
Ich bewundere außerordentlich Ihren persönlichen Einsatz in der Politik. Sie tun das, was wir, die Schriftsteller und Intellektuellen, in den zwanziger Jahren versäumt haben. Aber Sie wissen genau, was Sie tun, und kennen sich im politischen Gelände der heutigen Bundesrepublik völlig aus, was eben bei mir nicht der Fall ist.

JOSEF NECKERMANN: *BRIEF AN GÜNTER GRASS*
Für Ihr freundliches Schreiben vom 7. März 1969 möchte ich Ihnen verbindlich danken und Sie um Nachsicht bitten, wenn die Beantwortung infolge meiner starken Inanspruchnahme etwas verspätet erfolgt.
Von Ihrer Forderung ausgehend »Bürger und Wähler sollen den Wahlkampf nicht allein den Parteien überlassen«, erlauben Sie mir bitte den freundlichen Hinweis, daß mein Engagement – und wo auch immer man zum »Kampf«, d.h. zur Stellungnahme bereit ist, wird dieses gefordert – seit jeher der Unternehmungspolitik unseres Hauses sowie den Zielen des Sportes gegolten hat. Meine persönliche Meinung habe ich auch stets nur in diesen Bereichen nach außen vertreten.
Ich hoffe zuversichtlich, mich Ihres Verständnisses dafür versichern zu dürfen, daß ich – ohne unpolitisch zu sein – auch in Zukunft mein Engagement begrenzen möchte.

SEPP HERBERGER: *BRIEF AN GÜNTER GRASS*
Sehr geehrter Herr Günter Grass! / Zu meinem aufrichtigen Bedauern kann ich dem von Ihnen mir vorgetragenen Wunsche nicht entsprechen.

Um aber auf keinen Fall mißverstanden zu werden, lege ich ganz besonderen Wert auf die Feststellung, daß ich die von Ihnen für den Bundestagswahlkampf übernommene Aufgabe – wie schon in der Vergangenheit, so auch diesmal wieder – mit wohlwollendem Interesse verfolgen werde.

Zum besseren Verständnis meines ablehnenden Verhaltens in dieser Angelegenheit möchte ich Ihnen die Gründe nennen, die mir diese Entscheidung auferlegen.

Ich habe über 30 Jahre der deutschen Fußballnationalmannschaft als ihr verantwortlicher Mann vorgestanden. In dieser Zeit gab es für unsere Spieler – und das gilt in ganz besonderem Maße für den Zeitabschnitt der dunkelsten Jahre in der Deutschen Geschichte – immer nur eine Politik, und zwar die des untadeligen, vorbildlichen Verhaltens und Auftretens. Auf diese Weise hat unsere Fußballnationalmannschaft – unabhängig vom Dekor der jeweiligen Regierungspartei – unserem Lande und unserem Volk den denkbar besten Dienst erwiesen. Ganz gleichgültig, wie die Wettkämpfe unserer Nationalmannschaft mit der Sportjugend der übrigen Welt auch ausgegangen sein mögen, der sportliche Geist war dabei und am Ende immer der gefeierte Sieger. Wo unsere Mannschaft einmal war, war sie immer wieder auf das herzlichste willkommen.

So war es und so wird es auch bleiben. Wer in unserer Elf einen festen Platz haben wollte, musste nicht nur ein großer Könner, sondern auch ein untadeliger vorbildlicher Sportsmann sein. Das war unsere Politik zu allen Zeiten. Wir sind ausgezeichnet dabei gefahren. Das gilt in gleichem Maße auch für die Erziehung zum Staatsbürger. Wer nämlich in unserem Spielerkreis sich bewährte und bestand, der hatte auch für die Bewährung in der größeren Gemeinschaft unseres Volkes eine grundbildende Schulung durchlaufen. Unsere Vertretung rekrutierte sich aus allen Bereichen und Kreisen unseres Landes und Volkes. Nach politischer Meinung oder konfessioneller Zugehörigkeit wurde nie gefragt. So wie es war, soll es auch in Zukunft bleiben.

Ich hoffe, lieber Herr Grass, daß Sie meine Gründe würdigen und

Verständnis für mein Verhalten haben. Ich wünsche Ihrer Aufgabe einen sportlich-fairen Ablauf und einen schönen, zufriedenstellenden Erfolg!

JAMES KRÜSS: *BRIEF AN PETER HACKS*
Günter Grass will mich als Wahlhelfer engagieren; aber ich sehe nicht recht, was die heutige SPD von der CDU unterscheidet.

WALTER SCHEEL: *BRIEF AN GÜNTER GRASS*
Natürlich sind wir nicht überrascht worden von der Reaktion der CDU/CSU, denn sie hat erkannt, daß es seit 20 Jahren zum ersten Mal in einer wichtigen politischen Frage zu einer Mehrheitsbildung gegen sie gekommen ist. Ich habe nach dieser Bundesversammlung von einzelnen Mitgliedern, und zwar prominenten Mitgliedern der CDU/CSU geradezu bestürzende Haßausbrüche erlebt, die mir gezeigt haben, wohin es führt, wenn eine Partei 20 Jahre lang ununterbrochen ihre eigene Meinung in jeder wichtigen Frage durchsetzen konnte.

WILLY BRANDT: *BRIEF AN RAINER BARZEL*
Günter Grass spricht in eigener Verantwortung. Ich stimme mit ihm und mit der »Sozialdemokratischen Wählerinitiative« nicht immer überein, wie ich auch auf dem Landesparteitag der SPD in Ingolstadt am 22. des Monats öffentlich dargelegt habe. Ähnliches gilt aus Ihrer Sicht vermutlich für den einen oder anderen Schriftsteller oder sonst nicht-parteigebundenen Helfer, der sich zugunsten der Union geäußert hat.

JENS BJØRNEBOE: *BRIEF AN KARLHEINZ DESCHNER*
Am 9. Oktober dieses Jahres werde ich 49. Um diesen heiligen Tag mit entsprechender Würde und Hingabe feiern zu können, bräuchte ich eigentlich noch ein Kapitel: über das allerschleimigste dieser syphilitischen Arschlöcher der Gruppe 47 – über den *Grass!* – Das muß doch kommen!!

HANS WERNER RICHTER: *BRIEF AN WOLFGANG HILDESHEIMER*
Unsere Zeit läuft langsam aus. Die letzten zwei Jahrzehnte haben uns gehört. Die kommenden gehören uns nicht mehr. So habe ich jetzt auch die »Gruppe 47« beerdigt, in meiner eigenen Brust, ein seltsames Stück schöner Erinnerung. Die »Hochzeit« der Literatur läuft nicht mehr aus. Sie ist schon zuende. Was bleibt, kann man nicht beurteilen. Vorläufig hört man nur noch von zwei Schriftstellern. Sie äußern sich zu allem, zur Wahl, zum Kirchentag (ganz gleich welchem), zur Eroberung des Mondes. Das meiste, was sie sagen, ihre ständigen Randbemerkungen wirken auf mich veraltet, Worte aus dem Gestern. Es sind Böll und Grass. Sie können anscheinend nicht schweigen, vielleicht, weil sie beide unbewußt spüren, daß sie überholt werden, oder schon überholt sind. Alle anderen versinken in Schweigen und niemand spricht mehr von ihnen, weil eben auch niemand mehr über Literatur spricht. Ist das alles nicht merkwürdig?

HEINRICH BÖLL: *ENGAGEMENT FÜR DIE SPD?*
Ich glaube einfach nicht, daß schriftstellerischer Kredit, nennen wir es so, unmittelbar in Wählerstimmen zu verwandeln ist. Und es bestehen natürlich sehr viele Unterschiede im Temperament, in der Generationserfahrung zwischen Günter Grass und mir. Ich glaube, daß er eine, wie ich finde, großartige Naivität hat, die ich nicht habe. Verstehen Sie, ich kann es nicht, und ich könnte es nicht für eine Partei, auch nicht für die SPD, unmittelbar sagen: Kinder, wählt SPD!

JOACHIM KAISER: *DIE LIBERALE KULTUR UND IHRE KINDER*
Zwischen den Noch-Nicht-Dreißigjährigen und den mehr oder minder zum Establishment gerechneten, leicht verbiesterten Vierzigjährigen scheint es kaum eine Verständigungsmöglichkeit zu geben. Viele Sechziger halten naturgemäß wiederum lieber zu den ganz Jungen. Falls ihnen die ganze Richtung allzu unpassend wird, bauen sie freilich auf die tapfere Vernunft des Günter Grass. (Darum Dutschke: »Die politische Bekämpfung von Grass, die *wichtiger als alles andere ist* ...«) Grass selbst probiert, ob man als 41jähriger eine Mischung aus Gerhart Hauptmann und Hindenburg darstellen

kann, ohne die Nerven zu verlieren. Die meisten seiner Freunde sind seiner Ansicht, aber vorsichtiger, schweigsamer.

Anonymus: *Drohbrief an Grass*
»Sie haben den Sozialismus verraten. Wir sagen Ihnen, Sie fieser Hund, den entschiedenen Kampf an. Sie sind für uns ab heute Hauptfeind Nr. 1!« So lauten einige Sätze aus einem Drohbrief an den Schriftsteller Günter Grass, den dieser als Reaktion auf sein jüngstes *NRZ*-Interview erhielt.
Der in Lintorf bei Düsseldorf aufgegebene Brief ist mit den Initialen »SDS« (Sozialistischer Deutscher Studentenbund) unterzeichnet. Grass, der in dem *NRZ*-Gespräch erklärt hatte, man müsse die Studenten vor dem Verschleiß durch den SDS retten, wird in dem Drohbrief abschließend angekündigt: »Wir werden Ihre Schundbücher öffentlich verbrennen!«

Peter O. Chotjewitz: *Supermenschen in Paranoia* (Erzählung)
Wer hat uns beschissen? Kapitalisten!
Wer hat uns verraten? Sozialdemokraten! Wer unterschlägt den Erfolg der Revolution?
Der Funktionär und die bürokratische Organisation.
Eine Bürotür wiegt oft so schwer, wie ein qualifizierter Aktienbesitz.
Lust statt Leistung!
Individualismus und Individualismus sind Scheiße und stinken.
Gestern hatte ich einen guten Tag; ich habe Günter Grass, Marcel Reich-Ranicki, sämtliche Redakteure der Blätter *DIE ZEIT* und *Der Spiegel* und viele andere von der Art fast gleichzeitig getroffen.
Und wo bitte?
Fast genau zwischen den Augen, etwas über der Nase.

Hildegard Hamm-Brücher: *Über den Mut zur kleinen Utopie*
»Auswählen können und nachbestellen – das verstehen sie unter Demokratie«, so urteilt der Primaner Philipp Scherbaum in dem interessanten neuen Lesestück von Günter Grass *Davor* über diese

unsere Generation, und seine Freundin Vero, die »ihren Mao liest wie unsere Mütter Rilke«, ergänzt an anderer Stelle mit aggressiver Verachtung: »Sie wollen die Welt bestenfalls noch interpretieren, ändern, das schaffen sie nicht!«

Unverblümter und unmissverständlicher lässt sich der harte Kern des Generationskonfliktes mit den Dreißigjährigen und Jüngeren nicht beschreiben: sie *wollen* die Welt verändern, und unsere apologetische Wenn- und Aber-Interpretation ist ihnen unbegreiflich – ja zuwider. Sie wollen weder von unseren Irrtümern noch von unseren Erfahrungen und Einsichten etwas wissen, weil sie unser mangelhaftes politisches Engagement bemerken und unsere obrigkeitsstaatlichen Attitüden nicht nachvollziehen wollen. Deshalb distanzieren und emanzipieren sie sich in einem Atemzug von unseren Vorstellungen von Demokratie – kann man es ihnen verdenken?

Anonymus: *Die Idole der deutschen Jugend*
Amerikas ermordeter Präsident John F. Kennedy, sein erschossener Bruder Robert Kennedy und Deutschlands Chansonstar Nr. 1 Udo Jürgens sind die Idole der deutschen Jugend. Zu diesem Ergebnis kam eine Repräsentativumfrage der Tübinger Wickert-Institute. Die Fragestellung lautete: Wer sind die Idole der deutschen Jugend? Wem wollen sie nacheifern? Hier das genaue Ergebnis:

1. John F. Kennedy, Präsident der USA, ermordet am 22.11.1963.
2. Robert F. Kennedy, ermordet am 5.6.1968.
3. Udo Jürgens, Deutschlands Chansonstar Nr. 1.
4. Tom Jones, international erfolgreicher englischer Plattenstar.
5. Die Beatles, berühmteste und erfolgreichste Beatband der Welt; Salvatore Adamo, kontinentaler Chansonstar.
6. Rudi Dutschke, radikaler Studentenführer.
7. Kurt Georg Kiesinger, deutscher Bundeskanzler.
8. Günter Grass, Schriftsteller.
9. Die Bee Gees, australische Beatband.
10. Elisabeth II., Königin von England; Ernesto »Che« Guevara, erschossener kubanischer Revolutionär.
11. Die Rolling Stones, weltweit populäre englische Beatband; Françoise Hardy, französische Chansonsängerin.
12. Lyndon B. Johnson, Expräsident der USA; Mao Tsetung,

Chinas Parteichef; Gunter Sachs, Playboy und Ehemann von Brigitte Bardot.
13. Jacqueline Onassis, Witwe von John F. Kennedy.
14. Roy Black, beliebter deutscher Schlagersänger.
15. Engelbert Humperdinck, englischer Schlagersänger.

FRANZ JOSEF STRAUSS: *GÜNTER GRASS UND DIE BAYERN*
Dem ist die bayerische Volksseele so unbekannt, daß er am besten zu Hause bleibt. Der hält alle Bayern mehr oder weniger für Analphabeten, dieser auf dem Pegasus dahertrabende deutsche Oberdichter.

ANONYMUS: *HUNDHAMMER WETTERT IN TUNTENHAUSEN*
Auf der Frühjahrstagung des Katholischen Männervereins Tuntenhausen, der in diesem Jahr sein 100jähriges Bestehen feiert und dessen Vorsitzender Hundhammer ist, kritisierte er scharf die Katholische Akademie in München, weil sie den Schriftsteller Günter Grass, dem ein oberstes Gericht »Pornographie und Gotteslästerung« nachgewiesen habe, vor ihrem Forum als Redner habe sprechen lassen. »Wie kann ein Priester sich so verlieren, daß er einen solchen Mann auftreten läßt«, warf Hundhammer dem Direktor der Katholischen Akademie vor. Auch die *Münchener Katholische Kirchenzeitung* griff Hundhammer an, weil sie ein Porträt von Grass trotz dessen »unvorstellbarer Schamlosigkeiten« als Schriftsteller und »bodenloser Gemeinheiten gegen die katholische Kirche« veröffentlicht habe. Aus dem gleichen Grund forderte er, daß der katholischen Zeitschrift *Publik* die »Finanzierung aus Kirchensteuern« entzogen werden soll. Hundhammer zitierte Stellen aus den Werken von Grass, die bei den anwesenden katholischen Bauern einen Sturm von Pfuirufen auslösten. Er lobte demgegenüber den Schriftsteller Kurt Ziesel, der »in dankenswerter Weise« seine Stimme gegen Grass erhoben habe.

EMIL STAIGER: *BRIEF AN HERMANN STOLZ*
Sehr geehrter Herr Stolz, / die Dokumentation *Der Prozeß Grass gegen Ziesel* war mir nicht bekannt. Ich bin Ihnen sehr dankbar, daß

Sie mich auf diese Schrift hinweisen und mir Gelegenheit geben, einem Mißbrauch meines Namens zu wehren. Mein Protest gegen gewisse Richtungen der zeitgenössischen Literatur betrifft – was aus der Rede deutlich hervorgeht – ausschließlich die künstlerisch und gesinnungsmäßig unbegründete Sucht, zu verblüffen, zu reizen und einen echten dichterischen Gehalt durch skandalöse Sensationen zu ersetzen. Günter Grass habe ich in diesen Protest niemals einbezogen. Ich schätze ihn als einen der bedeutendsten Schriftsteller unserer Zeit und finde, daß er sich zwar starke Stücke leistet, daß bei ihm aber alles durch ein großes vitales Temperament gerechtfertigt ist, so gut wie – wenn ich hier ganz große Namen nennen darf – bei Rabelais oder bei Aristophanes, mit denen ich ihn freilich dem Rang nach nicht vergleichen würde. Ich ermächtige Sie ausdrücklich, von dieser Erklärung jeden Gebrauch zu machen, der Ihnen gut erscheint, und bitte Sie überdies, Herrn Grass meine aufrichtige Bewunderung seines Werks wissen zu lassen.

> Der Schweizer Emil Staiger, einer der renommiertesten Germanisten der Nachkriegszeit, hatte 1966 mit der Rede *Literatur und Öffentlichkeit* den »Zürcher Literaturstreit« ausgelöst. In einem Rundumschlag warf Staiger der zeitgenössischen Literatur vor, nur noch »im Scheußlichen und Gemeinen zu wühlen«. Einer seiner heftigsten Kritiker, Max Frisch, stieß sich vor allem daran, dass der Kläger im Ungefähren verblieb und keine Namen nannte. Direkt an Staiger gewandt, fragte Frisch:»Grass, Walser, Johnson, Enzensberger? Da müßte man schon ein wenig untersuchen. Hast Du bei Grass nur die Schweinigeleien gelesen? Sein Anti-Brecht-Stück, sein schlechtestes Erzeugnis, müßte Dich mindestens irritieren, indem es nicht ohne Pathos eben die Meinung verficht, der Dichter dürfe die Gemeinschaft nicht verhöhnen.« (Frisch, *Werke*, Bd. 5, S. 457)

JOACHIM SEYPPEL: *TORSO CONNY DER GROSSE* (ROMAN)
Lange lag ich im Krankenhaus, und man benutzte mich als Versuchskaninchen, nicht um mir, wie ich einst meiner Alice, Schwimmen oder Fliegen beizubringen, sondern um an mir gewisse neue medizinische Verfahrensweisen auszuprobieren. So, wie man schon Kretins zum Wachstum verholfen hatte, wollte man mir zum Schrumpfen verhelfen.

Gut, dachte ich, dann würden auch meine Wunden schrumpfen und heilen. Mit einem Herrn Matzerath wurde ich zusammengeschlossen. Wir erhielten durch Röhren und Schläuche einen gemeinsamen Blutkreislauf, viele Wochen lang; der Sinn war wohl der, sein Blut in meines und mein Blut in seines fließen zu lassen zum Zwecke des Austauschs, des Wachstums dort und des Schrumpfens hier. Man wollte zwischen uns einen Kompromiß schließen und zwei mittelgroße Menschen schaffen, aus dem Kretin einen Normalbürger machen und aus dem Riesen ebenfalls. Leider mißlang es, weil unser Blut sich nicht vertrug.

DIE ZEIT: *Exklusive Nachrichten* (1. April)
Der Deutschen Abteilung der Washington University in St. Louis (Missouri, USA) ist es gelungen, ein Museum der deutschen Gegenwartsliteratur einzurichten, das erste dieser Art auf der westlichen Halbkugel. In dem Museum kann man unter anderem sehen: / 1. Echte Schnurrbarthaare von Günter Grass / 2. ein Strumpfband Ingeborg Bachmanns, das die Dichterin während der Entstehung der *Gestundeten Zeit* benutzt haben soll / 3. ein Exemplar des *Kommunistischen Manifests* von Karl Marx und Friedrich Engels mit Randbemerkungen von Peter Weiss, denen zu entnehmen ist, daß er das Manifest mit Sicherheit bis Seite 9 gelesen hat.

Anonymus: *Günter Grass-Schulbücher*
An vier preisgekrönte Manuskripte wurde der von Günter Grass gestiftete Schullesebuchpreis in Berlin vergeben. Der Berliner Schulsenator, Genosse Evers, versicherte dabei, es handele sich um ein »Kontrastprogramm zu allen gängigen Lehrbüchern in der Bundesrepublik«. Warum nicht gleich Günter Grass-Pornolehrbücher?

Herbert Böhme: *Festrede*
Es ging nicht an, aus den Mühen und Opfern umsichtiger Bürger einen neuen Preis nur zu stiften, sondern wir mußten den bestehenden Preisen ein »Entgegen« oder zumindest ein »Gegenüber« setzen, und zwar allein aus dem Geiste des deutschen Genius, wie er sich in Schiller offen kundtut. / Genüge es, sich zu erinnern: Es gibt einen Reuchlinpreis mit 10 000 DM der Stadt Pforzheim, 1969 vergeben an den jüdischen Religionswissenschaftler Professor Gershom

Scholem, hervorragender Interpret der Kabbala und der jüdischen Mystik. Es gibt den Theodor-Heuss-Preis mit 10 000 DM, sattsam bekannt durch seine Vergabe an Günter Grass, den Blechtrommler für Pornographie, die ihm das Landgericht München in seinen Schriften bescheinigte. Es gibt den Friedenspreis des deutschen Buchhandels, 1969 verliehen an Professor Mitscherlich, der die vaterlose Gesellschaft propagiert und damit der Lebensgemeinschaft Volk den Dolchstoß gibt. Wahrlich keine Glanzleistung deutschen Geistes.

HEINRICH HÄRTLE: *DIE MIESEN FIGUREN DES GÜNTER GRASS*
Hundsföttisch wirkt das Zerrbild des Feldmarschalls Schörner: Grass lügt ordinär über Schörners Rückkehr aus sowjetrussischer Gefangenschaft und läßt ihn nun am Sandkasten seine »verlorenen Schlachten« gewinnen. Eine solch geist- und witzlose Karikatur kann nur jemand erfinden, der sich strategisch zum Feldmarschall verhält wie der Dackel zum Mond. Grass beweist nur erneut, daß er Schörner auch an Bildung und Kultur weit unterlegen ist. Da werden die alten Lügen und Verleumdungen aufgewärmt, frech darauf spekulierend, daß einer der größten Soldatenführer unserer Zeit heute in Deutschland wehrlos geworden sei.

Wenn sich diese Infamie noch steigern läßt, gelingt das Grass mit seelischer Sippenhaft, durch eine unverschämte Verleumdung der Tochter des Feldmarschalls. Sie wird vorgestellt als Verlobte des Starusch, die mit Betriebselektriker Schlottau, einem ehemaligen Kameraden Schörners, und mit anderen koitiert, um negative Informationen über ihren Vater zu erschleichen. Zur Kennzeichnung der Grass'schen Dichtkunst darf dem Leser nicht erspart bleiben, wie der SPD-Literat so etwas macht: »Er läßt die Hosen, sie ihre Schlüpfer runter. Nur im Stehen darf er sie stoßen ...«.»Indem sie ihn zwischen Hohlbausteinen im Stehen bediente, erfuhr, was ihr Vater, der während des Krieges an der Murmansk front, später im Kurland ... usw. ...«. Solche perfide Flegeleien ließen sich in gesunden Verhältnissen nur mit Ohrfeigen beantworten. Bei uns gibt es zwar einen Ehrenschutz für Verstorbene, nicht aber für den wehrlosen Schörner und seine Tochter.

Darauf spekuliert der SPD-Pornograph. Sonst bietet sein Roman *örtlich betäubt* wenig Neues, außer dem raffiniert dargestellten Dentisten-Milieu und dem üblen Mundgeruch seiner Hauptfigur. Die eigentliche Substanz wäre mit 20 Seiten erschöpft; Grass schmiert 358 Seiten zusammen mit sich ständig wiederholenden Platitüden. Vielleicht ist sein gebrochenes Verhältnis zur deutschen Geschichte teilweise aus seiner kaschubischen Abstammung zu erklären. Daß er weniger Deutscher als Kaschube sein will, verrät er durch eine groteske Fälschung unserer Kulturgeschichte. Nachdem sogar polnische Chauvinisten bei einiger Bildung nicht mehr an die Legende glauben, Kopernikus sei polnischer Abstammung, versetzt SPD-Grass den nach Herkunft und Geburt eindeutig deutschen Kopernikus in die Kaschubei: »Kopernikus ist weder deutscher noch polnischer, vielmehr kaschubischer Herkunft«.

Damit rundet sich das Geschichtsbild des SPD-Historikers. Frahm-Brandts Ghostwriter, Verfasser und Bearbeiter seiner Reden, hat sich so im Bundestagswahlkampf erneut bewährt, wie er selbst gestand: »Ich rieche gern den Mief, zu dem ich gehöre«. Darin wirbt Grass für die SPD, wie die SPD für Grass. Wer Sozialdemokratie wählt, wählt die Sexualdemokratie!

> Heinrich Härtle trat 1927 in die NSDAP ein und war ab 1928 Mitglied bei der SA, in der er 1942 zum Sturmbannführer aufstieg. Während des Dritten Reiches verfasste er mehrere Schriften nationalsozialistischen Inhalts, darunter die pseudowissenschaftliche Studie *Nietzsche und der Nationalsozialismus*. Ferdinand Schörner war hochdekorierter Oberkommandierender verschiedener Armeen und Heeresgruppen. Zuletzt war er Generalfeldmarschall und damit der letzte Oberbefehlshaber des Heeres. Gefürchtet war Schörner für seine »rücksichtslose Härte«. Am 12. März 1945 vermerkt Joseph Goebbels in seinem Tagebuch: »Der Führer ist auch der Meinung, dass Schörner einer unserer hervorragendsten Heerführer ist. [...] Es sei Schörner gelungen, die Front in seinem Kampfraum im wesentlichen zu stabilisieren. Auf ihn sei es zurückzuführen, dass die Moral der Truppe dort so hervorragend gehoben worden sei. Ich berichte dem Führer von den radikalen Methoden, die Schörner zur Erreichung dieses Zieles anwendet. Deserteure finden bei ihm keine Gnade. Sie werden am nächsten Baum aufgeknüpft, und ihnen wird ein Schild um den Hals gehängt mit der Aufschrift: ›Ich bin ein Deserteur. Ich habe mich geweigert, deutsche Frauen und Kinder zu beschützen, und bin deshalb aufgehängt worden‹. Solche Methoden wirken natürlich. Jedenfalls weiss der Soldat im Kampfraum Schörners, dass er vorne sterben kann und hinten sterben muss.« (S.164) In *Beim Häuten der Zwiebel* wird Schörner bezeichnet als »die Bestie, die umstandslos hängen ließ« (X, 334f.).

Peter Hacks: *Brief an Elly Hacks*
Wann habt Ihr denn die große Wahlposse? Ich hoffe, Dir ist bekannt, daß Du ADF zu wählen hast. Wer SPD wählt, wählt Thadden; ich würde diese Belehrung für überflüssig gehalten haben, wenn Du nicht verwirrt genug wärst, auf diesen Erzgangster Grass hereinzufallen.

Christa Wolf: *Tagebuch*
Im Fernsehen beschwört Kai-Uwe von Hassel seine Landsleute, doch ja zur Wahl zu gehen: Jede fehlende Stimme helfe den »extremistischen Gruppen«. Im ZDF läuft ein haarsträubender Spionagefilm, in dem wie immer die sowjetischen Agenten als Killer und kaltblütige Idioten dargestellt werden. Dahinein Reich-Ranicki mit einem Verriß des neuen Grass-Buchs *örtlich betäubt* und eine ausführliche Rezension der Memoiren des Herrn Speer, der immer noch von Hitler fasziniert sei, aber seine Mitschuld zugebe. Er sei auch mitschuldig an Auschwitz. – Dann muß er hingerichtet werden, sage ich. Annette sagt: Ihr wollt immer gleich hinrichten. Er hat zwanzig Jahre gesessen. Mit Todesstrafe ist nicht alles zu lösen. – Karl-Eduard von Schnitzler versichert auf dem anderen Kanal, daß bei uns das Volk frei und offen seine Politik selbst entscheidet, während drüben Lüge, Heuchelei und Ausbeutung herrschen. Gerd sagt: Man weiß wirklich nicht, welche der beiden Welten besser ist.

Franz Wurm: *Brief an Paul Celan*
örtlich betäubt habe ich angelesen, bißl weiter als Ihr Lesezeichen, bis S. 200. Ich bin ein miserabliger Romane-Leser, es will also nichts heißen, wenn ich sage: der Jüngel ist enorm geschickt u. ich tu mich dabei ganz fürchterlich langweilen (ohne Komma vor dem »und«).

Hans Erich Nossack: *Tagebuch*
Das neue Buch von Grass *örtlich betäubt* hat nur vernichtende literarische Kritiken, trotzdem wird es wie warme Semmeln verkauft, also nicht aus literarischen Gründen, sondern aus einer völlig unliterarischen Neugier wegen seiner parteipolitischen Tätigkeit.

HANS WERNER RICHTER: *TAGEBUCH*
   Gestern abend bei Günter Grass. Seine Wohnung wie immer: proletarisch-kleinbürgerlich. Sein Ausspruch: »Na, was sagst Du jetzt, daß ich Dir doch noch diesen Sieg zu Füßen lege.« Er plapperte immer noch, wie eine Maschine, die nicht still stehen kann, über seinen Wahlkampf, Sätze, Parolen, Anekdoten, die ich alle schon kannte. Trotzdem habe ich mich gefreut, ihn zu sehen: einen fröhlichen, wenn auch etwas selbstgefälligen Sieger. Später kam Klaus Roehler dazu. Er dämpfte die allgemeine Freude ein wenig mit dem Satz: »Aber was machen wir Intellektuellen jetzt. Wir können doch nicht positiv und kritiklos zu einer Regierung stehen. Nach jahrelangem Meckern und Kritisieren können wir doch nicht plötzlich in Lobgesänge ausbrechen.«
   Roehler hat recht. Es ist eine merkwürdige Situation. Noch nie haben die deutschen Intellektuellen einer Regierung gegenüber gestanden, die fast ausschließlich aus Leuten ihrer Mentalität besteht. Grass, der möchte, daß alle Schriftsteller schreibend diese neue Regierung unterstützen, antwortet auf meine Bemerkung »Was willst Du eigentlich von den Schriftstellern? Sie sind keine Politiker, sie denken nicht politisch« mit dem harten Satz: »Ja, Schriftsteller sind dumm.«

HANS-JOCHEN VOGEL: *BRIEF AN GÜNTER GRASS*
   Nachdem die Wahlen hinter uns liegen, möchte ich es nicht versäumen, Ihnen ganz besonders für die Initiative und die Energie zu danken, mit der Sie sich um die Sozialdemokratische Wählerinitiative gekümmert und über Wochen hin exponiert und engagiert haben. Ich bin ganz sicher, daß Sie damit zu dem erfreulichen Ergebnis unserer Partei und auch zu dem sich jetzt abzeichnenden Machtwechsel ganz entscheidend beigetragen haben.

KARL SCHILLER: *BRIEF AN GÜNTER GRASS*
   Den beachtlichen Stimmengewinn der ES-PE-DE kann man sicherlich nicht allein dem »Trend« zugute halten. Dieser schöne Erfolg ist auch das Ergebnis mühevoller Arbeit, an der Du und die Wählerinitiativen so wirksam beteiligt waren.

WILLY BRANDT: *REGIERUNGSERKLÄRUNG*
Wir wollen mehr Demokratie wagen. Wir werden unsere Arbeitsweise öffnen und dem kritischen Bedürfnis nach Information Genüge tun.

Die berühmte Formel »mehr Demokratie wagen« stammt aus der Feder von Günter Grass. In seiner Autobiographie schreibt Johano Strasser: »Ich erinnere mich, welchen Mut und welche Zuversicht dieser Satz bei uns auslöste, die wir angetreten waren, das Demokratieversprechen des Grundgesetzes endlich einzulösen. Die Aufbruchstimmung war ungeheuer: Wir waren fest davon überzeugt, daß es nun erst richtig losgehe mit der Demokratie, und daß, was jetzt begann, nur im Sozialismus, im richtigen, demokratischen und humanen, versteht sich, enden würde, in jenem Sozialismus mit menschlichem Antlitz, den es in der ČSSR nicht geben durfte, weil er die Herrschaft der alten Männer im Kreml und in Ost-Berlin gefährdet hätte.« (*Als wir noch Götter waren*, S.132)

ANONYMUS: *GRASS-HYMNE?*
Der ehemalige gesamtdeutsche Minister und Berlin-Bevollmächtigte der Bundesregierung, Ernst Lemmer, hat gegenüber unserem Korrespondenten größte Bedenken gegen den Beschluß der Bundesregierung zum Ausdruck gebracht, Zonenflagge und Becher-Hymne in der Bundesrepublik zuzulassen. Die »DDR« werde dies keineswegs honorieren und weiterhin nicht das Abspielen der Deutschlandhymne in ihrem Machtbereich zulassen, was auch der Staatssekretär im Auswärtigen Amt, Prof. Dahrendorf, zugeben mußte. Lemmer deutete an, daß er es für richtig gehalten hätte, wenn die CDU/CSU aus Protest geschlossen die Sitzung verlassen hätte. Ein CDU-Politiker kommentierte den Beschluß der Bundesregierung so: »Bald werden sie (die »DDR«) von uns verlangen, daß wir uns eine neue Hymne anschaffen sollten. Dann wird Brandt wohl Günter Grass bitten, den Text und Henze die Musik zu schreiben.«

ERHARD EPPLER: *MISSVERSTÄNDNISSE DA UND DORT*
Allzulange war es unter Politikern Mode, über Günter Grass zu witzeln. Heute, nach manchem gemeinsamen Auftreten, weiß ich: Dieser Schriftsteller hat mehr politisches Augenmaß als mancher Professionelle.

1970

Uwe Johnson: *Jahrestage* (Roman)
Entweder liegt es am Näherrücken des Weihnachtsfestes, oder die alte Dame New York Times wird nun allen Ernstes klapprig. Jetzt behauptet sie doch ohne Scham, es gebe einen westdeutschen Schriftsteller namens Günther Glass. Schon das th ist falsch, und das andere kann doch nicht sein.

Friedhelm Drautzburg: *Brief an Eberhard Jäckel*
Vielleicht empfiehlt es sich, einmal in einem kleineren Kreis der Beteiligten Alternativausdrücke und -namen zu suchen. Dann könnte man mal wechseln Pornograph, Dreckschleuder vom Dienst, Blechtrommler, Politpoet, Danziger Schnauzbart, Kommunist, Revisionist, Rechtsabweichler, Reisender in Sachen Es-Pe-De, entschärfter Bürgerschreck, Kaschube, Wappentier der Nation, Kulturexporteur, Entwicklungsminister in spe, Hofliterat, Dr. h.c., Nicht-Autofahrer, Kleiner als erwartet, Feind Nr. 1, Nestbeschmutzer, Kirchenfeind, Lustmolch, Judenfreund, Schütz-Büttel, örtlich begrenzt, Oskar, Dichterfürst, Brandredenschreiber, Linksintellektueller, Rechtsaußen, Verzichtler, Atheist, Katholik, Nachfolger Walthers von der Vogelweide, Schmutzfink – och, das kann man beliebig ausdehnen.

Joseph Ratzinger: *Glaube und Zukunft*
Die Wahrheit, die Wirklichkeit selbst, entzieht sich dem Menschen, er erscheint (um einen Buchtitel von Günter Grass zu zitieren) örtlich betäubt, nur noch fähig, verzerrte Fetzen des Wirklichen wahrzunehmen; er ist unsicher überall da, wo ihn die exakte Wissenschaft verlässt, und an dem Maß seines Verlassenseins erst merkt er, wie gering der Wirklichkeitsausschnitt trotz allem ist, in dem diese Wissenschaft ihm Sicherheit gibt.

WALTER E. RICHARTZ: *WÖRTLICH BETÄUBT* (PARODIE)
Auf einmal – weiß auch nicht wie das kommt – kriege ich eine furchtbare Wut. Vielleicht eine geheime Wurzel? Jedenfalls – ich schäume: Beschissene Welt von heute, nichts Solides mehr, überall Ausverkauf (aller Werte)! Tinnef! Scheißkonsum! Ich will auch mal alles kaputtmachen! (Kann *auch* ganz schön radikal sein!)
Meine Wut sucht Ausdrücke. (Ist schließlich Dichter-Wut). All diesen Ramsch und Überfluß müßten zehntausend gewalttätige, alles niederreißende Bulldozer ... Auch während die große Geschirrspülmaschine der lachenden Hausfrau die Arbeit abnimmt. Wut, die Dunlop-Reifen schlitzen und Osram-Birnen abknallen will. Von den glattkrausen Socken durch beide Hosenbeine steigende, sich überm Gehänge bündelnde Wut ... (mir ist so ... ich möchte der niedlichen Arzthilfe direkt ... die Finger abreißen ...!)

WOLFGANG KOEPPEN: *BRIEF AN GÜNTER GRASS*
Lieber Herr Grass, / als ich im Januar bei Ihnen war, boten Sie mir Ihre Hilfe an. Ich dankte Ihnen und meinte, es werde schon gehen. Jetzt geht es nicht mehr. Ich bin geldlos, ich werde bedrängt, gepfändet, das Licht ist gefährdet, zum schlimmsten droht wegen Miets- und Heizungsschulden der Hinauswurf aus der Wohnung. Das wäre das Ende. Ich kann so nicht arbeiten.
Ich hoffte, in zwei Monaten ein Manuskript fertig zu haben und mit anderen Arbeiten zu verdienen. So wage ich, Sie zu bitten, mir dreitausend Mark zu leihen. Ich glaube, ich könnte sie bis zum Jahresende zurückgeben.

> Die Antwort von Günter Grass erfolgt umgehend: »Lieber Herr Koeppen, / vielen Dank für Ihren Brief. Ich habe die Summe nach Ihrem Vorschlag sogleich an Ihre Adresse überweisen lassen; mit der Rückzahlung – das können Sie mir glauben – hat es keine Eile. / Sollte ich sonst und weiterhin irgendwie helfen können, dann melden Sie sich bitte ohne Scheu; denn wie ich Ihnen in Berlin erklärte: ich wüßte keinen besseren Anlaß, etwas Vernünftiges mit meinem Überfluß anzufangen.«

VICTOR DE KOWA: *BRIEF AN GÜNTER GRASS*
Lieber Günter, / Diese prachtvolle Karte wollte ich Ihnen nach Ihrem Wiener Abend, bei dem ich war und für den ich herzlich

danke, überreichen, aber ich darf mit Ensikat sagen: Es ist so schön im Frühling wohl zu riechen, obwohl ich sonst kein Lüstling bin, ich wollte Ihnen in den Hintern kriechen, aber leider saß da schon Hans Weigel drin.
Trotzdem bleibe ich ganz Ihr / Victor

PAUL KRUNTORAD: *WIESO IST GRASS BERÜHMT?*
Wenn man den Kritiken nach der Aufführung von *Davor* im Wiener Volkstheater, aber auch dem ungewöhnlich lang anhaltenden Premierenapplaus nach urteilen sollte, dann ist Grass berühmt geworden, weil er in diesen Zeiten der Turbulenz, des nahenden Chaos, der bevorstehenden Apokalypse die Ruhe bewahrt und Vernunft gepredigt hat. Würde Grass in Österreich, sowie Jaroslav Hašek, der Autor des Guten Soldaten Schwejk, einst in Böhmen, eine Partei des gemäßigten Fortschritts im Rahmen des Gesetzes gründen, er könnte ins Parlament einziehen, Bundeskanzler werden.

FRANZ SCHÖNHUBER: *WÄHLERPSYCHOLOGIE*
Das Gebot der Stunde aber sollte für die Sozialdemokraten sein, von Wählerpsychologie nicht nur zu *reden,* sondern auch psychologisch zu *handeln.* Mir bleibt zum Beispiel unerfindlich, was sie sich dabei dachten, Günter Grass ausgerechnet in der bayerischen Provinz beim Wahlkampf einzusetzen. Man hätte nur an das physikalische Gesetz von den gleichnamigen Polen, die sich abstoßen, denken sollen. Einiges hat nämlich Grass mit der bayerischen Mentalität gemeinsam: Empfindlichkeit, Neigung zu Ressentiments und heftige Reaktionen. Einem Landsmann billigt man dies alles zu, einem »Fremden« jedoch nicht!

FRIEDHELM DRAUTZBURG: *GÜNTER GRASS AUF TOURNEE*
Nirgendwo sonst war Grass so dauerhaft witzig, so aufgeräumt wie in Bayern. Hier mangelte seiner Kampfeslust die Bitterkeit, die ihn andernorts mitunter daran hinderte, eine seiner größten Fähigkeiten auszuspielen: den politischen Gegner breitseitig anzugreifen, ohne selbst unsympathisch zu werden, selbst nicht dem CDU/CSU-

Wähler. Vieles ihm Vertraute und Geschätzte fand er hier vor: den ihm manchmal heidnisch vorkommenden Katholizismus – weit angenehmer als etwa im Münsterländischen, wie er einmal ganz nebenbei anmerkte –, das volkstümlich Direkte, die deutliche Sprache, die eingewurzelte Bauernschläue und eine SPD, die sich seit zwanzig Jahren erfolglos, von der Bonner Baracke abgeschrieben und vernachlässigt, unermüdlich und ehrpusselig Zehntel- um Zehntelprozent vorwärts verliert, die auf der anderen Seite aber auch so urbane und populäre Erfolgspolitiker wie Wilhelm Hoegner oder Jochen Vogel in ihren Reihen hat. Und ihm gefällt auch ein Mann wie der Wirtschaftsminister Otto Schedl von der CSU, dem er im traulichen Gespräch mit Journalisten Achtung und Anerkennung zollte. Ja, selbst Franz Xaver Unertl, der ihm, komme Günter Grass in seinen Wahlkreis, Prügel in Aussicht stellte, wurde mit einem Anflug von Liebenswürdigkeit das »Unikum der CSU« genannt. Am Montag- oder Dienstagmorgen, gerade dem Flugzeug aus Berlin entstiegen, lachte er aufgeräumt: »Endlich wieder in Bayern!«

Auf der Pressekonferenz am Nachmittag oder in der Diskussion am Abend bekannte er freimütig, daß seine blauweiße Rautenkrawatte eine Liebeserklärung an Bayern sei, die er sich auch von Strauß oder Jaeger nicht vermiesen lasse. In Straubing stürzte er sich am späten Abend noch ins Kirmesgewühl, ließ sich breitschlagen, im Bierzelt die Trachtenkapelle zu dirigieren und freizuhalten und verlor die gute Laune auch nicht, als ihm einer wütend die Zigarette aus der Hand schlagen wollte. Geradezu genüßlich schwelgte er in der Vorstellung, der junge Gegenkandidat der SPD könne CSU-Erbhofbesitzer Jaeger den Wahlkreis abjagen. In Bayern (Erlangen) wurde ihm zu guter Letzt, ohne sein Zutun und ohne darauf gefaßt gewesen zu sein, der Zettel zugeschoben, der ihm im Endkampf der Wahlschlacht dazu verhalf, die bis dahin mehr als aufsässige APO ein klein wenig zu versöhnen. Mitten in seinen vom Beifall aller getragenen Angriffen gegen Strauß und dessen Vergleich der APO mit Tieren erkannte ein Student die Gunst der Stunde, fragte Grass coram publico, ob er eine bereits formulierte Anzeige gegen Strauß mit unterzeichnet und erhielt nach kurzen Augenblicken der Verlegenheit und des Nachdenkens die prominenteste Unterschrift. Grass heimste dafür den längsten und einmütigsten Beifall ein, den ich erlebte. Grass hatte unmittelbar politisch gehandelt wie vielleicht kein zweites Mal. Bei seinem Gespür für Öffentlichkeitswirkung war es am nächsten Morgen nur selbstverständlich, an alle Nachrichtenagenturen ticken zu lassen, Grass habe Strafanzeige gegen Strauß wegen Volksverhetzung gestellt. Tags darauf wußte es jedermann, und manch einem wurde erst jetzt bewußt, daß Strauß in der Tat kriminell geworden war. Denn Grass legte entscheidenden Wert darauf, daß es der Nachsatz jenes berüchtigten Telegramms sei, der ihn entsetzte und der APO-Anhängern die Anwendung menschlicher Gesetze verweigerte. Der Vergleich mit Tieren dagegen sei nicht ungewöhnlich und durch Erhard seit langem eingeführt, spielte Günter Grass den ersten Satz herunter.

JENS REHN: *DAS NEUE BESTIARIUM* (SATIRE)
    Der GRASS zeigt sich sowohl außerordentlich gern als auch als Standhahn mit mehreren Kämmen, die sich beliebig schwellen lassen, stets öffentlich. Das Tier stammt aus Gegenden, wo die Kartoffeln unheimlich groß sind. Der Hahn lebt angenehm bei flüssiger Nahrung, stellt jedoch auch festen Fraß mit großer Liebe her. Zur Nacht, wenn der GRASS nicht schläft, gräbt er nach Würmern und pfeift dabei. Hat er sie gefunden, haut er sie ein in Marmelstein oder skizziert sie geschickt. In stiller Stunde betet das Literatier sein Pferdevaterunser und denkt nach über Nonnen, allerdings nur über die hübschen. Hingegen ist es eine Verleumdung phallischer Neider, der GRASS habe sich als Kraftfutterreklame (Kikiriki: Iß-Pi-Diii!) vermietet, da man ihn allerorten sehe: dem ist nicht so! Vielmehr ist es erfreulich für die deutsche Literatur, einen GG zu besitzen, nachdem wir seit längerem in anderen Künsten an den – bzw. die – BB gewöhnt geworden sind. Hierzu hat der Standhahn die Plebejer eigenhändig aufgerufen, nachdem er sie Davor örtlich betäubt hatte. Grüß Gott, Herr Minister!

HERBERT BÖHME: *DIE STURMFLUT STEIGT*
    Der Rattenfänger von Hameln tritt heute als »Blechtrommler seiner Hundejahre« auf, und die Törichten singen ihm das Lied hinterdrein, uneingedenk des Berges, in den er sie mit seinem Haß gegen das Deutsche führen wird. Das eigene Denken, der felsenfeste

Glaube, werden von einer Gegenwartsmystik eingelullt und vergessen, die in Wirklichkeit nichts anderes ist als die Entführung aus der Sinngebundenheit des Volkes in die Unsinnigkeit menschheitsbeglückender Aufweichung aller Werte und Traditionslosigkeit des Lebendigen.

ANONYMUS: *SPRICHT DER WELTGEIST NOCH DEUTSCH?*
Mitunter auch sitzen die Kultur-Reaktionäre in den Instituten, vor allem, wenn das Auswärtige Amt Goethe-Stellen als Pfründen an pensionierte Botschafter vergibt. Der Goethe-Chef in Neapel zum Beispiel, Botschafter a. D. Stolzmann, versicherte, er werde Grass nie lesen lassen, denn so etwas sei keine Literatur.

KLAUS STILLER: *BRIEF AN GÜNTER GRASS*
Es tut mir leid, daß gestern Abend kein besseres oder eigentlich überhaupt kein Gespräch zustande kommen konnte. Es ärgert mich auch, wenn ich miterleben muß, wie Leute, die sich als »fortschrittlich« verstehen wollen, immer wieder in Klischeevorstellungen verfallen und glauben, mit Fahnenschwingen und Transparentetragen sei die Welt zu verbessern. Dabei bleiben die spezifischen Erfahrungen, die in Deutschland mit dem Hitlerfaschismus gemacht worden sind, letzten Endes wirkungslos, und Inhumanität, Irrationalismus, Massenrausch werden (oder bleiben) die Hauptimpulse politischen Ehrgeizes. Wenn in Südamerika oder in arabischen Staaten Begriffe wie »Kampf«, »Sieg«, »heroisch«, »gnadenlos« etc. unreflektiert verwendet werden, mag darin noch eine gewisse politische Naivität zum Ausdruck kommen, aber es ist m. E. schon recht kleinkariert, das verbrauchte Vokabular wiederaufzuladen und zu importieren. Das hätte auch kaum etwas mit jener Phantasie zu tun, die die westdeutschen Fahnenschwinger herbeiführen zu wollen vorgeben. Sehen Sie, es genügt, einen exemplarischen Satz wirklich zu nehmen, wie jenen in dem beigefügten Artikel der *SZ* zitierten (»Die politische Bekämpfung von Grass ist wichtiger als alles andere«) von Dutschke, um die Großmäuligkeit faschistischer Sprache nachzuweisen. Denn, wenn die »Bekämpfung« von Grass »wichtiger als *alles andere*« wäre, dann hätte sie für Dutschke ja gewiß auch Vorrang vor der Notwen-

digkeit der Entprivatisierung der Produktionsmittel oder vor dem Ziel, den Hunger in der Welt abzuschaffen ...

Horst Tomayer: *Brief an Eva Genée*
So manches Mal habe ich Günter Grass gegen seine Feinde verteidigt (und bin blutig geschlagen worden). So manches Mal habe ich Günter Grass am Flipper im Bundeseck gesehen und immer mein schönes »Nabend, Herr Grass« gesagt.
Und immer hat er zurückgenickt.

Hans Werner Richter: *Tagebuch*
Gestern Geburtstag bei Grass, sein 43. Geburtstag, eine etwas trostlose, traurige Angelegenheit. Auch bei ihm wird nun das Vakuum sichtbar, sein Ausspruch »Die Zeit ist noch nicht gekommen, in der man wieder große Geburtstage feiern kann«. Es war nur noch Ulf Baring dort, ein rumänischer, junger, etwas tragisch anmutender Dichter und noch ein junger Kritiker, beides anscheinend Grass-Verehrer, und dann alle vier oder fünf Grasskinder, die unbedingt aufbleiben und dabei sein wollten, nachdem, wie die neunjährige Laura sagte, Vater Günter ihnen versprochen hatte, an diesem Abend einmal ausnahmsweise nicht von der SPD zu sprechen. Aber Grass sprach trotzdem von der SPD, was die Kinder veranlasste, nach einer Lärmszene sich langweilend ab ins Bett zu verziehen.

Martin Walser: *Über die Neueste Stimmung im Westen*
Wenn etwa von Günter Grass gemeldet wird, wie er über das Geschäft denkt, das die CDU mit den Ressentiments der ehemaligen Flüchtlinge im Wahljahr macht, dann ist das nicht der Autor als Botschaft, sondern eine politische Meinung von Günter Grass. Das ist die alte Stimmung des engagierten Autors. Die Neueste Stimmung artikuliert sich, wenn Rolf D. Brinkmann einem Kritiker gegenüber nach einem Maschinengewehr ruft. Das ist der Autor als Botschaft.

Bei dem genannten Kritiker handelt es sich um Marcel Reich-Ranicki. Der Vorfall ereignete sich 1968 in der Berliner Akademie der Künste.

Hans Werner Richter: *Tagebuch*

Abend mit Wanda Bronska-Pampuch, mit Helen von Ssachno, mit Tadeusz Nowakowski über die Auswirkung des Nobelpreises auf die russische Gegenwartsliteratur und auf die dortige Opposition. Später kam ein Maler dazu, von dem Toni Bilder kauft: Uwe Bremer, ein Freund von Lettau, und vor zwei Jahren noch ein heftiger Demonstrant, und nun, im Aufstieg, fast ein liberaler Mann, der über das Leben in der Bundesrepublik sagt: »besser werden, ja können wir es niemals haben, nur schlechter.« Trotzdem später, um Mitternacht, fast Schlägerei mit Günter Grass, mit wüsten Beschimpfungen wie »Du hast in den letzten drei Jahren doch nur Scheiße gebaut«. So Bremer zu Grass. Es ging so weit, daß Grass die Wohnung verlassen und niemals wieder kommen wollte, bis sich Bremer entschuldigte. Eins wurde mir dabei nicht klar: was ist es nur, das dem Günter Grass so viele Feinde einbringt? Es kann nicht nur seine politische Haltung sein, die ja auch die meine ist, es muß da noch psychologische Ursachen geben, die schwer zu definieren sind. Grass ist nicht eitel, er spielt sich nicht als berühmter Mann auf, er ist kein Rechthaber. Also was ist es? Ich begreife es nicht.

Peter Weiss: *Rekonvaleszenz*

Die Attacken des Grass gegen mich begannen mit meinem offiziellen Eintritt in den westdeutschen Kulturbetrieb, 1962, als ich zum ersten Mal an der Zusammenkunft der Gruppe 47 teilnahm. Seit zwei Jahren war ich bereits als Lieferant von Gehirnprodukten bekannt, doch jetzt erst, nach meiner Lesung aus dem *Gespräch der drei Gehenden,* wurde mir klar, in welch ein Kräftespiel von Interessen und Intrigen ich hineingeraten war. Eine von Grass geschickt geführte Mafia setzte unmittelbar nach den ersten Anzeichen einer positiven Kritik ihre Tätigkeit ein, mit geflüsterten Rankünen, Herbeiwinkungen, zusammengesteckten Köpfen, es ging darum, einen nicht genehmen Läufer im Rennen außer Spiel zu setzen. So wie Grass sich patriarchalisch für jüngere Anfänger einsetzen konnte, so zwang ihn ein tiefgehendes Standesbewußtsein, denjenigen anzugreifen, dessen Konkurrenz er witterte. Unterbaut von der Autorität des führenden deutschen Prosaisten, wurden hämische Abwertungen laut, es ging zu wie bei Börsenjobbern, in einer kurzen effektiven Kampagne wurde ein angelegtes Kapital verunsichert, ich verstand den Mechanismus damals noch nicht ganz, mir war das plötzliche Zusammentreffen mit schreibenden Kollegen noch etwas Neues, die Umstellung von meiner Stockholmer Isolierung zur verdichteten Hochkultur, vom Selbstgespräch zur Festung literarischer Koryphäen, war allzu heftig, als daß ich schon den Aktienmarkt, der dahinter lag, hätte überblicken können. Ich begriff noch nicht, warum Grass, den ich als Autor schätzte, meine Prosatexte als wertlos erklären mußte. Ich wurde dann, in der Idiotie des Wettbewerbs, der zur Einrichtung dieser Literaturarena gehörte, zusammen mit Bobrowski auf die Bahn gejagt und in dieser überaus peinlichen Hatz, unterm Gepfeife und Gejohle der Zuschauer, von meinem Mitbewerber, der ebenso zerknirscht war wie ich, mit ein paar Punkten geschlagen. Weder er noch ich hatten irgendetwas mit dieser Art finanziellen Kräftemessens zu tun, doch indem wir uns der Veranstaltung hinzugesellt hatten, waren wir schon zu Bestandteilen geworden eines Systems, dem wir, solange wir uns schreibend betätigten, nicht entgehen konnten. Als sich die Gruppe im folgenden Jahr in irgendeinem Oberammergau wiedertraf, und auch ich, der ich nun einmal Blut geleckt hatte, dabei war, sammelte Grass seine Verbündeten zu einem Frontalangriff gegen meinen eben abgeschlossenen *Marat*. Damals war es Hans Mayer, der mir zur Hilfe eilte, und als glänzender advocatus diaboli ein gewisses Gleichgewicht in diesen mit blanker Klinge ausgefochtenen Kämpfen herstellte. Ich hatte inzwischen ein deutlicheres Bild gewonnen von der europäischen Intellektuellen-Schizophrenie, ich war, nach zahlreichen privaten Gesprächen, der Meinung gewesen, daß mich mit Grass fast etwas wie Freundschaft verband, und sah nun, wie er sich jetzt, als handle er in einem Lehrstück über kulturelle Eigentumsverhältnisse, mit mächtigem Elan der Konspiration gegen mein Drama widmete, um dieses, noch ehe es auf die Bühne kam, zu vernichten. Als das Stück dann 1964 in Berlin uraufgeführt wurde, war zu beobachten, mit welch verbissener Abscheu mein Kollege diese Premiere über sich ergehen ließ, wie er in der Pause noch einmal versuchte, Stimmen für eine Ablehnung des Stücks zu gewinnen, wie er dann, nach der Vorstellung, grußlos an mir vorbeiging; ich hatte zumindest ein freundliches Beileid erwartet, wie bei solchen Gelegenheiten üblich. Seitdem sind die Gespräche zwischen uns beendet, nur hin und wieder trifft mich noch ein Pfeil aus seinem olympischen Köcher. Meine Gastspiele in den von Futterneid dominierten Literatenkreisen sind selten geworden, ich spüre wenig Verlangen, mich Konfrontationen in diesem intellektualistischen Schlachthaus auszusetzen. Wohin aber gehört dieser europäische Intellektuelle, den der Aasgestank des Spätkapitalismus betäubt, der sich der hier befindlichen künstlerischen und wissenschaftlichen Arsenale zwar noch bedient, lieber aber sprechen möchte im Namen seiner vietnamesischen, cubanischen, afrikanischen Freunde.

CHRISTINE BRÜCKNER: *DAS GLÜCKLICHE BUCH DER A. P.* (ROMAN)
Gestern abend im dritten Programm eine Sendung über den engagierten Schriftsteller. Grass (der von allen die beste Figur machte), Walser, Arno Schmidt, Nossack. Wer noch? Max von der Grün und ein junger, mir unbekannter Autor und: als einzige Frau die alte Ina Seidel, um die abgetretene Generation zu verkörpern. Alle saßen wohlinstalliert in ihren Häusern. Alle schienen durchaus kamerasicher und gaben sich natürlich. Wie unnatürlich das ist!

HELMUT HEISSENBÜTTEL: *D'ALEMBERTS ENDE* (ROMAN)
Sie reden über Literatur und Politik. Über das Kursbuch. Über Enzensberger. Über das neue Stück von Grass. Über den kommenden Roman von Grass, von dem Eduard gehört hat, daß usw. Sie reden von der Rolle Heinrich Bölls. Sie reden über Kunst und Politik. Über Pop-Art und Minimal-Art.

ANONYMUS: *USCHI GLAS*
Uschi Glas, Deutschlands Filmstar Nr. 1 mit wachsendem Schallplattenerfolg, kommt als Sängerin bei Intellektuellen offenbar besonders an – vor allen Dingen bei Herren von links. Beim *stern*-Fest in Timmendorf machten ihr *Spiegel*-Herausgeber Augstein, bei einem Berlin-Flug »Blechtrommler« Günter Grass nicht nur Komplimente. Beide boten ihre mehr oder weniger spitzen Federn als Textautoren an – und das allen Ernstes. Unser Vorschlag für die Pseudonyme auf eventuellen Platten: Jens Daniel und Oskar Matzerath.

Arno Schmidt: *Walser, Grass, Johnson?*
Ja, ich kenne von jedem ein bis zwei Bücher. Aber wenn ich ein Werturteil fällen soll, da muß ich, im pluralis majestatis, sagen: We are not amused.

Heinz Ludwig Arnold: *Was Studenten wissen*
Die Frage nach drei Literaturpreisen ermöglicht 96 richtige Antworten. Aber 58mal passen die Studenten, 11mal wird der Büchnerpreis genannt, 8mal der Nobelpreis, je 4mal der Fontanepreis und der Preis der Gruppe 47, je drei kennen den Prix Goncourt und den Pulitzer-Preis; einer nennt einen »Friedenspreis des Deutschen Bücherbundes«, ein anderer erinnert sich des Kleistpreises, einer schließlich schafft einen »Günter-Grass-Preis«.

Peter Jokostra: *Paul Celan und Günter Grass*
Celan, bei dem ich [in Paris] den damals hungernden, sich von Freund zu Freund durchfechtenden und gerade mit der *Blechtrommel* beschäftigten Günter Grass antraf, hatte bereits zu dieser Zeit den Gedanken an ein gewaltsames Ende gefaßt. Als wir uns im Morgengrauen zurückzogen, blieb Grass mit der halbgeleerten Kognakflasche allein im Besuchszimmer zurück. Celan bemerkte treffend: »Günter, du gehst doch nicht nach Hause, ehe du sie leergetrunken hast.« Er bewunderte den – wie er sagte – »noch gänzlich unbekannten jungen Mann«, der eine Nacht durchzechen konnte und sich dann, ohne vorher zu schlafen, an das Manuskript seines Romans setzte.

Max Frisch: *Album*
Hier ist er auf dem Album-Deckel, wie jedermann ihn kennt, der im letzten Jahrzehnt die deutsche Presse oder die übrige Weltpresse verfolgt hat.
...
Hier sein Werkverzeichnis.
...
Hier ist er noch jung, 1955, schnurrbärtig auf den ersten Blick.

Die Schlägermütze trägt er bei Tisch natürlich nicht, hingegen ein himbeerrotes Hemd, Kragen offen. Abend in einer Villa am Zürichberg. Er ist hier Neffe, nicht verschüchtert von dem bürgerlichen Porzellan und Silber, nur nicht zu haben für Konversation; da macht er sich nichts draus. Bildhauer. Was er von der derzeitigen Literatur hält, ist schon seit der Suppe ziemlich klar; ein neues Stück von Friedrich Dürrenmatt, *Besuch der alten Dame,* sieht er sich gar nicht an. Er schreibe selber Stücke. Man speist vor sich hin. Da ich das freundliche Haus von früheren Besuchen kenne, trage ich eine Krawatte, was sich als Nachteil erweist, als ich kapiere, zu welchem Zweck ich heute eingeladen bin; ich kann mich nur gediegen wehren gegen den Hausherrn, als er ankündigt, der Neffe werde nachher vorlesen. Noch ist man bei Käse und Früchten. Der junge Mann, bisher in einer lauernden Haltung, scheint jetzt belustigt über die Verlegenheit des Älteren. (Ich bin an diesem Abend ungefähr so alt, wie er heute ist.) Er überläßt uns weiterhin die Konversation; er stellt keine Frage. Als man sich vom Tisch erhebt und eine Treppe hinaufgeht zum schwarzen Kaffee, nimmt er sein Manuskript, wartet auf dem zierlichen Sofa schweigsam, bis alle ihren Cognac haben. Ich wiederhole meine Bitte, das Stück zuhause lesen zu dürfen. Immerhin erklärt er sich bereit, nur den ersten Akt zu lesen. Es gibt Leute, die ihr literarisches Urteil sofort formulieren können; dazu gehöre ich leider nicht, wie schon gesagt. Da seine Akte, wie ich zugeben muß, sehr knapp sind, liest er alle Akte. Ein trefflicher Vorleser; nachher fühlt er sich wohl, obschon ich wenig begriffen habe.

...

Das ist ein Jahr später. Hier sitzt er in meiner ländlichen Bude in Männedorf, wo ich auch keine Krawatte trage. Das neue Stück, das er zur Lektüre geschickt hat, gefällt auch mir. Mehr will er eigentlich nicht wissen. Er kommt von Paris, wo er seinen Roman schreibt. Vormittags hatte ich die militärische Inspektion; Helm und Tornister und Gewehr liegen noch im engen Korridor. Später in Paris erzählt er belustigt von dem Schweizer, der jahrein und jahraus seinen Helm und sein Gewehr draußen im Korridor bereit habe.

...

Hier dreht er sich eine Zigarette, dann leckt er langsam das bräunliche Papier. Das ist in Berlin. Auf einen einzelnen Bewunderer ist er nicht mehr angewiesen. Er trägt seinen Ruhm als etwas, das vorauszusehen war.

...

Hier lacht er. Das bedeutet nicht Einverständnis, auch nicht Gemütlichkeit. Meistens lacht er nicht mit, sondern gegen.

...

Das ist wieder in Berlin. Eine Kneipe. Es gibt Bier und dazu einen Klaren, dann dasselbe. Dazu das Bewußtsein von geteilter Stadt, Danzig im Hintergrund, auch Mecklenburg, Kollegialität zwischen Wahl-Berlinern; es gibt wieder eine Literatur. Hier trägt er die Schlägermütze. Wer sich nicht in Berlin niederläßt, ist selber schuld.

...

Das ist 1961, *Bonne Auberge,* Nachmittag zu zweit; hier spricht er zum ersten Mal von Politik, aber nicht literarisch, sondern beinahe helvetisch: Politik nicht als Utopie, sondern pragmatisch. Ich muß trotzdem zu einer eigenen Aufführung ins Schiller-Theater.

...

Hier schweigt er, Pause im Foyer.

...

Das ist am selben Abend, *Bonne Auberge,* der Hauptdarsteller fragt rundheraus: Sie sind drin gewesen? Schauspieler sind natürlich: von jedermann, der drin gewesen ist, erwarten sie Beifall, zumindest Kritik als Nettigkeit. Er dreht sich eine Zigarette, leckt dann das bräunliche Papier usw., kein Wort über die Aufführung (Lietzau) oder das Stück. Er mag nicht lügen.

...

Hier mit Kollegen, Gruppe 47.

...

Hier verstehe ich seinen schmalen Blick nicht. Zufällige Begegnung in Sperlonga, Italien. Es scheint zwischen uns etwas vorgefallen zu sein; da hilft keine Einladung ins Haus, kein Blick aufs nächtliche Meer. Hier spricht er als Richter in fremder Ehesache, aber nur kurz, denn ich werfe ihn hinaus. Er bleibt sitzen und sagt besonnen: Lassen Sie uns wenigstens diesen Grappa austrinken.

...

Hier, am andern Tag, spielen wir Boule am Strand.

...

Das ist wieder im Schiller-Theater, Berlin, eine Hauptprobe; außer dem Regisseur (Lietzau) und ihm, dem Autor, ist niemand da, viele Kamera-Leute, aber kein einziger seiner deutschen Kollegen.
...
Hier sieht man unter dem Schnurrbart nur die Unterlippe, den Mund erst, wenn er lacht; er lacht weniger ausfällig als früher.
...
Hier tanzt er gerade.
...
Hier sitzt er, auch als Koch berühmt, an unserem Tisch, errät jedes Gewürz; im übrigen anerkennt er die Küche, indem er ißt und von eigenen Rezepten berichtet, insbesondere für Innereien schwärmt er; auch Hoden, zum Beispiel, habe ich noch nie gegessen.
...
Hier steht er wohl in Frankfurt. Die junge Linke hat ihn ausgepfiffen; er dreht sich wieder eine Zigarette, dann leckt er langsam das bräunliche Papier usw., kein Geschlagener, er hat keine Angst vor Feinden, er sucht sie auf, dazu sind sie da.
...
Hier eine Silvester-Nacht im Tessin; andere sind übermütiger als er. Es ist nicht seine Art, alles plötzlich auf die leichte Schulter zu nehmen.
...
Hier steht er am eignen Herd, schmeckt ab; man sieht es von hinten, daß er sich in seinem Körper wohl fühlt.
...
Das ist in Zürich, er spricht zu tschechoslowakischen Schriftstellern, Freunden aus Prag, nach dem Einmarsch der Russen; hier hört er gerade zu, Hände in den Hosentaschen, Kopf gesenkt, ein Verantwortlicher, der auf praktische Hilfe sinnt.
...
Hier am Kamin: nicht familiär, nur entspannt. Auch dann schmeichelt er nicht und steckt nicht zurück. Wenn man getrunken hat, kommt er auf sein Thema zurück (Entwicklungshilfe). Ich könnte mir denken, daß Jeremias Gotthelf nicht minder hartnäckig war.
...
Hier spricht er zur Nation im Fernsehen. Ein Schriftsteller mit

persönlicher Haftung. Er spricht der Nation ins politische Gewissen, das er voraussetzt.

...

Hier redet er über Literatur: Alfred Döblin.

...

Hier schwimmt er in der kalten Maggia. Wenn er aus dem Wasser kommt, wird er von Willy Brandt sprechen: er weiß, was man eben wissen müßte, nämlich Fakten, die jeden Gegner widerlegen; ich bin zwar kein Gegner.

...

Hier mit Gershom Scholem. Wenn jemand nicht auf sein Thema eingeht, zeigt sich seine große Belesenheit auf vielen Gebieten.

...

Soll ein Schriftsteller usw.? Seine Antwort: sein Beispiel. Kann einer als Wahlkämpfer eindeutig sein, als Schriftsteller offen bleiben? Das ist zuhause; er liest vor.

...

Hier im Auto; er fährt nicht selber.

...

Hier streitet er öffentlich in einem großen Saal gegen Widersacher, gewöhnt an ihr Buh, standfest, aber behindert durch einen angeborenen Mangel an Zynismus; er debattiert beschlagen und unerschrocken, aber dann meint er immer, was er sagt.

...

Hier ist er nicht auf dem Bild zu sehen, aber wir sprechen von ihm, und insofern ist er da: stark genug, um Einträchtigkeit zu verhindern, nachdem sein Name gefallen ist.

...

Hier schweigt er unter vier Augen undurchlässig, nicht unherzlich, aber nicht willens, die Zone öffentlicher Thematik zu verlassen; er stellt auch keine persönliche Frage unter vier Augen, bleibt geballt, bis ich eintrete in die Zone öffentlicher Thematik.

...

Hier fragt er, was ich arbeite.

...

Hier schweigt er vor sich hin, ein Mann, der als unverwundbar gilt; man weiß von einer Infamie gegen ihn, er erspart uns die private Klage. Er wird sich öffentlich wehren.

...

Hier freut er sich. Worüber? Wenn ein politischer Erfolg zu verzeichnen ist, sieht er anders aus; dann ist er zufrieden, sehr ernst im Bewußtsein, wie vieles noch zu tun ist. Hier freut er sich offenbar über ein Zeichen von Sympathie.

...

Hier ist er eher still; er fühlt sich wohl im Häuslichen. Zwar hat er uns als Besucher in der großen Stube; es gibt Pilze aus dem Grunewald. Morgen muß er nach Bonn.

...

Hier wird er von der Weltpresse ausgefragt: *Germany's Günter Grass,* er antwortet nicht als Sprecher der Regierung, aber auch nicht als Privat-Schriftsteller, sondern als Staatsbürger mit besonderer Reputation. Dabei lächelt er nicht nach der Art der Diplomaten; die Frager sind ihm nicht lästig, im Gegenteil, und er kneift vor ihren Fragen nicht, seine Antworten sind nicht geheimnisvoll. Seine zähe Allergie gegen deutsche Verstiegenheit stiftet Vertrauen gegenüber Deutschland.

...

Hier hört er zu.

...

Hier schweigt er sich aus, ohne daß er sich dazu eine Zigarette dreht; nachträglich fällt mir ein: über sein Stück, das Bertolt Brecht auf die Szene schickt, habe ich mich bis heute auch ausgeschwiegen.

...

Sein Gesicht ist schmaler geworden, meine ich, nicht weniger kräftig als in der Villa am Zürichberg; damals war es, von vorne gesehen, zugleich weicher und aggressiver. Hier schneit es; sonst trägt er die Schlägermütze nur noch selten. Hingegen das Profil, meine ich, hat sich verschärft.

...

Hier habe ich einen Namen erwähnt, dem er seine Achtung verweigert; er läßt sich über den traurigen Fall nicht mehr aus. Pause. Es gibt anderes zu besprechen. Eine Zusammenkunft mit Herbert Wehner. Er wird die deutsche Seite veranlassen, ich soll die schweizerische Seite veranlassen. Dabei duzen wir uns: 60 Millionen zu 6 Millionen. Aber der Unterschied ist nicht bloß numerisch. Er repräsentiert. Was er nicht ganz versteht: die Situation des Privat-Schriftstellers.

…
Hier im Freien, Sommer, er dreht das Spanferkel am Spieß, schwitzt und ordnet an, wo noch Glut hingehört, während wir in der nächtlichen Wiese hocken oder um das Feuer stehen in kulinarischer Zuversicht; ab und zu streut er Gewürz auf das Spanferkel.
…
Hier, glaube ich, weiß er nicht, daß jemand ihn sieht; daß er es nicht weiß, verändert ihn nicht.
…
Hier ein Bild, wie ich ihn nicht kenne, eines von vielen; ausreichend für einen Steckbrief: Stirn, Nase, Schnurrbart, Kinn usw., alles zu eindeutig, vor allem der Blick.
…
Hier seine Handschrift: barock-graziös.
…
Das kann irgendwo sein, ich weiß nicht, ob in einem Flughafen oder in einem Grotto, es spielt keine Rolle: er ist sich bewußt, eine öffentliche Figur zu sein wie kein anderer deutschsprachiger Schriftsteller; weder legt er Wert darauf, von Leuten erkannt zu werden, noch stört es ihn, so scheint es.
…
Hier spricht er über die *Melencolia I* von Dürer.
…
Hier trägt er einen leichten Bart, was bedeutet, daß er sich gerade im Tessin befindet und an einem Buch arbeitet; er zeigt uns die gesammelten Schnecken auf Granit, Signet der Sozialdemokratie, ferner Skorpion in Grappa, den er als Hausvater gefangen und unschädlich gemacht hat.

SIEGFRIED UNSELD: *SCHRIFTSTELLERKONGRESS IN STUTTGART*
Günter Grass' Rede war pragmatisch, wie immer klug, einfallsreich; sie zielte darauf ab, die Schriftsteller zu bewegen, in die Gewerkschaft Druck und Papier als Gruppe einzutreten.

DIETER FRINGELI: *KANN DER SCHRIFTSTELLER DIE WELT VERÄNDERN?*
Noch vor sehr kurzer Zeit hätte ich diese Frage verneint. Ich

glaube aber jetzt, daß der Schriftsteller einen gewissen Einfluß auf die Politik gewonnen hat. Lange genug wurde der Schriftsteller als »Pinscher« behandelt. Ein Politiker wie Willy Brandt hat das Bild revidiert, das sich seine salbadernden christlich-demokratischen Vorgänger vom Autor gemacht haben. Willy Brandt läßt sich von bundesdeutschen Autoren »etwas sagen«. Unter den Freunden des Bundeskanzlers finden sich zahlreiche kluge Schriftsteller. Brandt legt Wert auf die Ansichten von Günter Grass, von Siegfried Lenz, von Heinrich Böll. Nun, auch der Einfluß dieser Kapazitäten wird die Gesellschaft kaum »verändern«. Sie tragen aber gewiß zu einer Verbesserung, zu einer Humanisierung der Gesellschaft bei. Wenn doch bloß das Beispiel »Willy Brandt« auch hierzulande Schule machen würde...

WILLY BRANDT: *BRIEF AN GÜNTER GRASS*
Sehr geehrter Herr Grass, / am Montag, dem 7. Dezember 1970, soll in Warschau der Vertrag zwischen der Bundesrepublik Deutschland und der Volksrepublik Polen über die Grundlagen der Normalisierung ihrer gegenseitigen Beziehungen unterzeichnet werden. Damit verbindet sich der Wunsch, einen neuen Abschnitt in der bisher so tragischen Geschichte unserer Völker zu beginnen, der durch gemeinsame Bemühungen um ein friedliches Zusammenleben gekennzeichnet sein soll.
Ich würde es begrüssen, wenn bei der feierlichen Unterzeichnung Persönlichkeiten anwesend sind, die den Wunsch weiter Kreise der Bevölkerung der Bundesrepublik Deutschland, zu einem Ausgleich mit dem polnischen Volk zu kommen, verkörpern.
In diesem Sinn möchte ich Sie, sehr geehrter Herr Grass, einladen, mich nach Warschau zu begleiten.

FRITZ MEYER: *GRASS WAR DABEI*
Als der Bundeskanzler, Herr Frahm alias Brandt, alias Flamme, am 6. Dezember zu seinen Sowjetfreunden nach Warschau flog, um auftragsgemäß das künftige Schicksal Deutschlands kniend auf dem Altar der marxistischen Welt-Internationale zu deponieren, befand sich in seiner Begleitung u. a. der bundesdeutsche Pornograph Gün-

ter Grass. Da dieser Mann aus dem unteren Weichselland stammt, war ihm offenbar die Rolle eines »Repräsentanten« von Danzig-Westpreußen bzw. eines Groß-Verzichtlers auf dieses urdeutsche Land zugewiesen worden, so daß die Frage nach der Herkunft dieses »Landsmannes« gerade heute berechtigt erscheint. Zunächst ist an diesem vermeintlichen »Westpreußen« die Tatsache auffällig, daß er zur deutschen Geschichte wie auch zum deutschen Volk in einem gebrochenen Verhältnis steht, das ihn einwandfrei und unverkennbar als Bastard jener Gegend ausweist. Als ehemaliger Westpreuße und Kenner der Volkstumsverhältnisse an der Weichsel möchte ich hierzu folgendes sagen: Die ca. 150 000 Kaschuben im Nordteil von Westpreußen gehören zum Stamm der Pomeranen und haben – als biederes Völkchen – keine nennenswerte Persönlichkeit hervorgebracht. Dennoch muß gesagt werden, daß der Schriftsteller und Pornograph Grass (laut Gerichtsurteil vom 8. Januar darf Grass als »Verfasser übelster pornographischer Ferkeleien« bezeichnet werden) erbbiologisch wie auch visuell alle Merkmale eines kaschubischen Mischlings hat, unter denen bekanntermaßen verschiedentlich glühende Deutschenhasser zu finden waren, die den polnischen Fanatikern in nichts nachstanden. Man müßte schon blind sein, um nicht zu erkennen, daß hinter seiner ekelerregenden Pornographie eine ganz bewußte Einstellung zu allen Deutschen steht, die er – um nur ein Beispiel zu nennen – im Film *Katz und Maus* in der Anheftung des Ritterkreuzes in Nähe menschlicher Geschlechtsteile ganz bewußt und für jedermann deutlich zum Ausdruck bringen wollte. Das »Establishment« kennt wahrlich seine Pappenheimer und hat mit ihm dem Michel ein – wenn auch penetrantes – Kuckucksei ins deutsche Nest gelegt.

Ein anderer pomeranisch-deutscher Mischling, der über die Grenzen Westpreußens hinaus bekannt geworden ist, war der vielfache Förster- und Raubmörder Franz Kleinschmidt, der 1888 in Puttli bei Czersk geboren wurde. Dieser »Waldmensch« trieb sich als Fahnenflüchtiger seit 1916 mordend und raubend in den Wäldern der Tucheler Heide umher und auf sein Konto kommen mehr als 20 Morde. Es ist bemerkenswert, daß dieser mehr einem Gorilla als einem Menschen ähnliche Gewaltverbrecher – trotz seines deutschen Namens – ein glühender Deutschenhasser war, der später in den polnischen Zeitungen mehr als einmal als »Freiheitskämpfer vom preußischen Joch« gerühmt wurde. Am 15. August 1918 wurde dieser fanatische Mörder von einem deutschen Soldaten erschossen.

Wenn auch der pornographische Genius des kaschubischen, sagen wir noch großzügigerweise: deutschen »Dichters« Grass in keinem Zusammenhang mit den menschlichen Niederungen seines Landsmannes Franz Kleinschmidt gebracht werden soll – schließlich ist Grass ein mit Bundesmeriten behafteter Vorläufer von »Hair« und »O Calcutta« –, so bleibt doch die Tatsache, daß beide – der Pornograph Grass und der Raubmörder Kleinschmidt – ihre Wurzeln im Lande der an sich honorigen Kaschuben hatten, denen wir mit dieser Feststellung keinerlei Unbill bereiten möchten.

WILLY BRANDT: *BRIEF AN GÜNTER GRASS*
Lieber Günter, / ich möchte noch einmal ganz herzlich danken dafür, dass wir diesen so schweren und wichtigen Weg gemeinsam gehen konnten.
Dein W. B.

1971

Rote Armee Fraktion: *Das Konzept Stadtguerilla*
Die sozialdemokratische Wählerinitiative von einigen honorablen Schriftstellern – nicht nur dem abgefuckten Grass – als Versuch positiver, demokratischer Mobilisierung, als Abwehr also von Faschismus gemeint und deshalb zu beachten, verwechselt die Wirklichkeit von einigen Verlagen und Redaktionen in Funk- und Fernsehanstalten, die der Rationalität der Monopole noch nicht unterworfen sind, die als Überbau nachhinken, mit dem Ganzen der politischen Wirklichkeit. Die Bereiche verschärfter Repression sind nicht die, mit denen ein Schriftsteller es zuerst zu tun hat: Gefängnisse, Klassenjustiz, Akkordhetze, Arbeitsunfälle, Konsum auf Raten, Schule, Bild und BZ, die Wohnkasernen der Vorstädte, Ausländerghettos – das alles kriegen Schriftsteller höchstens ästhetisch mit, politisch nicht.

Erik Neutsch: *Unsere Revolutionen*
Es gibt Modelle und Moden. Die ersteren sind mir lieber als die letzteren. Der Realismus von Anna Seghers und Erwin Strittmatter zum Beispiel ist mir lieber als jede Art von Nachäffung der literarischen Clownerie eines Günter Grass.

Manfred Bosch: *Der Literaturgarten* (Satire)
5. Szene: Auf dem Weg, der zum Literaturgarten hinführt, ein Spaziergänger, der beim Näherkommen als Eugen Roth identifizierbar ist.
ROTH, deklamierend: *Ein Mensch, im Reimen sonst beflissen, / stand plötzlich ganz beschissen –*
ZWERENZ, laut unterbrechend: *Der hat uns gerade noch gefehlt! Hier von der Rewolluzion abzulenken!*
KOEPPEN: *War hier von Revolution die Rede?*
ZWERENZ, kleinlaut: *Na, dann eben nich! Für mich hätt ichs ja nicht gemacht. Von mir aus solls euch so dreckich gehn wies will!*
GRASS, beschwichtigend: *Ne Revolution brauchts gar nicht! Die ESPEDE macht das schon. Hauptsache wir ham erstma unsre Verträge in der Tasche!*

HANS WERNER RICHTER: *TAGEBUCH*
Grass erzählte, Wehner habe ihn aufgefordert, vor der SPD-Fraktion in Bonn zu sprechen, er sprach davon mit Genugtuung, vielleicht auch mit Stolz. Dabei fiel der Satz: »Ich überlege mir, ob ich in einigen Jahren nicht doch hineingehen muß.« Auf meine Frage »Wo hinein, in die SPD?«, kam ein Satz, den ich nicht erwartet hatte: »Nein, ob ich eine Position in Bonn annehme.« Sollte er »Staatsmann« werden wollen? Ich war ein wenig erschrocken und fragte nicht weiter. Ihn für einen Politiker zu halten, fällt mir schwer, aber er ist mit seiner Begabung zu erstaunlichen »Lernprozessen« fähig, zu Verwandlungen also, die man kaum erwarten kann.

HORST EHMKE: *BRIEF AN GÜNTER GRASS*
Lieber Günter, / leider mußte ich neulich aus der Fraktion, bevor Du »dran warst«. Nachdem ich die Rede jetzt gelesen habe, bedauere ich um so mehr, sie nicht gehört zu haben. Leider habe ich nun auch keinen persönlichen Eindruck von der Reaktion der Fraktion. Die Rede trifft ins Rote. Die Frage ist nur, wie man praktisch weiterkommen kann.

Auf Einladung von Herbert Wehner hatte Günter Grass am 23. März 1971 vor der SPD-Bundestagsfraktion in Bonn gesprochen; vgl. *Rede an die Sozialdemokratische Bundestagsfraktion* (XI, 650ff.).

HEINRICH HÄRTLE: *GENOSSE PORNO REGIERT ...!*
Allmählich abgebrüht erkennt man, daß mit seiner Sorte von Pornographie politische Effekte und umerzieherische Wirkungen zu erzielen sind. Das Obszöne verkauft sich leicht, und nur dadurch wurde die *Blechtrommel* der erste große Erfolg des Günter Grass. Er mißbrauchte sein Kolportage-Talent, um ein Zerrbild der jüngsten Vergangenheit zu zeichnen. Grass symbolisiert sein Verhältnis zur deutschen Zeitgeschichte durch einen Giftzwerg, der die Kriegsgeneration aus seiner Perspektive von unten betrachtet, aus dem Haß des Niedrigen gegen die Großen. Er kann seine Um- und Mitwelt nur aus der Zwergen-Perspektive betrachten. Aus dieser verkürzten und verzerrten Sicht läßt Grass Politik und Zeitgeschichte zynisch verfremden.

Sein Minisatan schlägt die Blechtrommel gegen alle höheren Werte des Lebens und der Kultur. Grass selbst nennt ihn »den Satan in sich«, und man darf wohl von diesem Giftzwerg auf seinen Erzeuger schließen. Er bestätigt auf dem pornographischen Umweg jenes Zerrbild, das der Antigermanismus im Auslande verbreitet hat, und nur daraus erklärt sich auch die Auslandswirkung dieses »deutschen Poeten«, der als Halbkaschube wohl besser kaschubisch gedichtet hätte.

WIR FRAGTEN PROMINENTE: *LIEBEN SIE SEX?* (SATIRE)

Roy Black, Deutschlands Schlägersänger Nr. 1: *Was ist das? In der Schule hatten wir leider kein Englisch.*

Gerd Müller, Bundesliga-Kicker: *Ich bumse am liebsten Tore.*

Rainer Candidus Barzel, Jasmin-Fouché und Kanzler-Anwärter: *Die Christliche Union hat sich schon immer für eine Befreiung der Gefühle ausgesprochen. Und wenn heute der Bundeskanzler von Liberalisierung spricht, so kann ich nur sagen: Wir haben das schon vor zehn Jahren befürwortet.*

Andrea Rau, Deutschlands Oben-ohne-Biene: *Oh, am meisten mittags.*

Peter Müller, de Aap und Berufsboxer a. D.: *Dem hau ich auch noch kaputt!*

Karl Schiller, Bundesfinanzminister: *Für konzertierte Aktionen habe ich mich schon mehrfach eingesetzt.*

Günter Grass, SPD-Mitglied und Dichter: *Schlagen Sie dazu in meinem Buch »Die Blechtrommel« nach, Fischer-Taschenbuch-Ausgabe, Seite 229ff.*

Heintje, Goldkehlchen made in Germany: *Mein Manager hat mir's verboten. Das schädigt mein Image.*

ANONYMUS: *AUTOGRAMME*

Günter Grass, Schriftsteller, wurde von seiner Tochter Laura um sechs Autogramme gebeten. Auf die verwunderte Frage ihres Vaters, wozu sie gleich so viele brauche, antwortete die Zehnjährige: »Für sechs Autogramme von dir bekomme ich eins von Heintje!«

Anonymus: *Lachsalven*
   Lachsalven löste Bundesminister Egon Franke (57) letzte Woche im »Bierkeller« der Bayern-Vertretung in Bonn vor interfraktionellem Publikum aus, als er den Auftritt des »Es-Pe-De«-Hofpoeten Günter Grass (43) verulkte. Der innerdeutsche Minister in seiner Standpauke auf den Blechtrommler: »Da empfiehlt er uns, wir sollten das Pornographie-Gesetz zurücknehmen, weil es der Regierung schaden könnte – dabei wollten wir es doch nur machen, um ihm zu helfen.«

Anonymus: *Ganz privat*
   Ex-Minister Hermann Höcherl (CSU) will dem Schriftsteller Günter Grass (SPD) einen Pullover in den bayerischen Landesfarben schenken. Höcherl: »Der Grass hat so einen schrecklichen roten. Blau-Weiß, das aber sind die Farben der Natur, die holen wir uns direkt vom Firmament herunter.«

Hans-Jochen Vogel: *Brief an Günter Grass*
   Lassen Sie mich auf diesem Wege noch einmal für die *SZ*-Kolumne vom 30. April 1971 zum Thema Abschußlisten danken. Diese Kolumne ist nicht nur inhaltlich, sondern auch in der Form ein Meisterwerk. Übrigens ist der Vorgang – leider – für eine ganz generelle Entwicklung symptomatisch. Verwandte Aktivitäten sind allerorten zu spüren. Die reformerischen Kräfte geraten dadurch immer mehr in einen Zwei-Fronten-Kampf. Dabei sind auch Anzeichen von Resignation und Entmutigung nicht zu verkennen. Ich würde es deshalb sehr begrüßen, wenn unser Gespräch in München bald zustande käme. Bitte lassen Sie mich rechtzeitig wissen, wann Sie kommen.

> Für die *Süddeutsche Zeitung* hatte Günter Grass von 1970 bis 1972 unter dem Titel »Politisches Tagebuch« regelmäßig Kolumnen geschrieben. Die Kolumne *Abschußlisten* vom 30. April 1971 (XI, 665ff.) löste einen Skandal aus, die »Kipphardt-Affäre«. Stein des Anstoßes war ein Programmheft zu Wolf Biermanns Theaterstück *Der Dra-Dra. Die große Drachentöterschau in acht Akten mit Musik*. In dem Heft, für das Kipphardt presserechtlich die Verantwortung trug, sollten Photos mit zu tötenden »Drachen« gezeigt werden, darunter Axel Springer, Franz Josef Strauß, Karl Schiller und Hans-Jochen Vogel. Auf Veranlassung des Intendanten August Everding erschienen die Photos zwar nicht, auf einer leeren Doppelseite fand sich allerdings der Satz:

»Aus rechtlichen Gründen konnten die für diese Seiten vorgesehenen Bilder von Drachen aus Politik und Wirtschaft leider nicht abgedruckt werden.« In seiner Kolumne erinnerte Grass an rechtsradikale Praktiken und nannte Kipphardt einen »Hexenjäger«. Für Kipphardt hatte die Angelegenheit berufliche Folgen, sein Vertrag an den Münchner Kammerspielen wurde vom Stadtrat nicht verlängert. Grass sah sich daraufhin massiven Anfeindungen ausgesetzt; an Helen Wolff schreibt er: »Ich muß zugeben, daß mich das Drum und Dran der Auseinandersetzung mit Kipphardt ziemlich gebeutelt hat« (Grass/Wolff, *Briefe*, S. 179). In *Grimms Wörter* kommt Grass noch einmal auf die Affäre zu sprechen und unterstreicht die Berechtigung seiner Warnungen: »wenige Jahre später wurden Personen, die als Drachen zu gelten hatten und Ponto, Schleyer, Buback, Herrhausen hießen, von Kriminellen, die sich Rote Armee Fraktion nannten, liquidiert« (S. 117 f.).

DIETER HILDEBRANDT: *ABENDLICHES GESPRÄCH*
Es ist laut geworden um Günter Grass. Das Ressentiment gegen ihn hat sich seit längerem auf einer Seite zusammengebraut, wo er es früher nicht zu finden gewohnt war: links. Seit er aber im Konflikt zwischen dem Münchner Chefdramaturgen Heinar Kipphardt und der Stadt München im genauen Wortsinn die Partei des Münchner Oberbürgermeisters Vogel ergriffen hat, ist Grass Objekt einer konzentrischen Polemik, an der sich Kollegen wie Günter Herburger und Martin Walser, Kritiker und Dramaturgen wie Karasek und Urs Jenny nach Kräften beteiligt haben. Gipfel des öffentlichen Angriffs war ein Abend in der Berliner Schaubühne, wo sich vor einem *Peer-Gynt*-Abend das Ensemble auf der Spielfläche versammelte und der Schauspieler Dieter Laser eine Resolution verlas, in der sich das Kollektiv mit Kipphardt solidarisch erklärte. Günter Grass aber, »der in der Manier eines bezahlten Mietlings der Münchner SPD-Spitze« gegen Kipphardt aufgetreten sei, werde hiermit »unsere Verachtung« ausgesprochen. Beifall und Rufe: »Grass raus!« Die Resolution übergab die Schaubühne der Presse; man erfuhr nicht, was noch passiert war: daß Grass aufstand und etwas von Methoden sagte, die man aus nicht sehr ferner Vergangenheit kenne, Methoden öffentlicher Anprangerung, und von der Konsequenz jener Drachentöterspiele, die von der Bühne weg in die Wirklichkeit projiziert würden. Ein paar klatschten auch für ihn.

HANS EGON HOLTHUSEN: *BRIEF AN GÜNTER GRASS*
Lieber Herr Grass, / ich lese eben in der *Süddeutschen,* dass Sie mit einem »riesigen Brett vorm Kopf« herumlaufen (Urs Jenny), überhaupt in letzter Zeit wegen zunehmender Eckigkeit zu Besorgnis Anlass geben, und vor ein paar Tagen wurde sogar gemeldet, dass die Schauspieler eines Berliner Theaters Ihnen von der Rampe herunter geschlossen ihre »Verachtung« gezeigt hätten. Erlauben Sie mir, Ihnen zu sagen, dass ich nichts als Hochachtung und Sympathie für Sie empfinde. Ich bin sonst nicht jemand, der dazu neigt, fan mail zu produzieren, aber diesmal kann ich mich nicht zurückhalten und fasse mir also ein Herz. Was mich an der Affaire Kipphardt vor allem bedrückt, das ist der Umstand, dass Sie offenbar der einzige sind (von denen, die gehört werden), der das Übel erkannt hat, – denn das verworrene Gerede von Herrn Lattmann kann man nicht für eine vollgültige Meinungsäußerung nehmen. Und was mich wundert und ängstigt, ist der Eindruck, dass offenbar niemand sehen will, aus welcher Richtung die Gefahr für die ominöse »Freiheit der Kunst« eigentlich droht. (Nicht aus Richtung Staat bzw. Stadtrat.) Von Schauspielern wird man im allgemeinen nicht erwarten, dass sie das Pulver erfunden haben – es gibt Ausnahmen –, aber dass die gesamte literarische Intelligenz der Bundesrepublik sich durch diese unsäglich dumme und primitive Drachentöterschnulze des Zeitgenossen Biermann in ein Männerstolz vor Königsthronen-Delirium versetzen lässt, das ist – zuviel!

CARL AMERY: *BRIEF AN GÜNTER GRASS*
Wie ich höre, kannst Du etwas Solidarität brauchen. Wenn ich mir den ganzen Rummel so ansehe und -höre, kann ich Dir nur mein Bedauern ausdrücken, daß alles so vollkommen bekloppt verläuft. Vor allem finde ich es grotesk, was für schlechte Marxisten diese ganze Komödianten-Crew eigentlich sind.

URSULA HERKING: *BRIEF AN GÜNTER GRASS*
Ich wollte Ihnen nur schnell schreiben, um Sie »meiner Sympathie« zu versichern. Es kotzt mich an, ganz gleichgültig wie weit Sie recht oder nicht recht haben, wie sich alle mit Speichel vorm Mund

unfruchtbar begeifern, und mal wieder keiner dem andern zuhört, nur von sich reden hören will, und es Ihnen nur mal »richtig geben kann«! Arschlöcher. So, das wärs. Das musste ich los werden.

SIEGFRIED UNSELD: *DER 60. GEBURTSTAG VON MAX FRISCH*
Im Mittelpunkt GÜNTER GRASS. Wie hatte sich Grass verändert! Er ist nervöser, ernster geworden, man merkt ihm an, wie sehr ihm die Attacken wirklich an die Nieren gehen. Noch kämpfte er gegen Otto F. Walter, dem er unverantwortliches Verhalten vorwarf, gegen Boehlich, den er einen gefährlichen Menschen nannte, gegen Braun, dessen ganze Aktivitäten ihm nicht paßten, und eingepackt in viel Sympathie, hatte er natürlich auch etwas gegen mich, unser »Boykott-Engagement« im Falle Kipphardt. Die »Affäre« Kipphardt droht die Intellektuellen vollends zu polarisieren, Freundschaften zu zerbrechen, Verlage zu spalten, Redaktionsteams zum Platzen zu bringen. Es dauert nicht mehr lange, wird Grass ohne Freunde dastehen.

MORDECAI RICHLER: *DER TRAUM DES JAKOB HERSCH* (ROMAN)
Wie, wurde Jakob immer wieder gefragt, als sei es pervers von ihm, wie nur könnte er immer noch die Deutschen hassen?
»Leicht.«
»Jetzt pass mal auf«, argumentierte Nancy liebevoll, »kannst du Günter Grass hassen?«
»Mühelos.«
»Brecht?«
»Bis in die zehnte Generation.«

JOSEPH HONE: *THE PRIVATE SECTOR* (ROMAN)
Ich sprach mit Morsys Ehefrau Leila, einer attraktiven, etwas molligen Frau in den später Dreißigern, aber mit der anstrengenden Haltung von so vielen gebildeten Ehefrauen aus Kairo: eine fähige Frau, die immer mehr wollte, als sie jemals bekam, ob von ihrem Ehemann oder vom Leben in Ägypten. Sie gab passende Urteile über den Präsidenten ab und über die Art Gesellschaft, die er in Ägypten

schuf, aber man fühlte, dass es sie nicht wirklich berührte, nicht weil sie frivol oder dumm war, sondern weil sie aus der städtischen beruflichen Oberklasse kam – aus einer Familie von Bänkern oder Rechtsanwälten oder was auch immer –, von einer großstädtischen Gesellschaft jedenfalls, die seit Generationen befreit war. Sie hätte sich so gerne in einer größeren Welt ausgelebt, oder sich zumindest als Teil davon gefühlt – von Paris und London und Günter Grass.

NORBERT MUEHLEN: *AMERIKAS JUGEND*
Die seltsamste Erklärung für jene »romantischen Bewegungen« lieferte Günter Grass, der allen Ernstes in der *New York Times* versicherte, es gäbe sie ebenso wie Hippies und Hasch nur deshalb in den USA, weil dort keine sozialdemokratische Partei existiere – eine Entdeckung, die seinen hiesigen Ruf als grotesker Humorist endgültig bestätigt.

GÜNTER HERBURGER: *ÜBERLEBENSGROSS HERR GRASS*
Es ist klar: Ich, wir, wie gesagt Freunde und Feinde, wovon die insgeheimen Freunde überwiegen, was er wahrscheinlich schon nicht mehr wahrhaben will, denn Polarisation ist bequem nützlich, wir können uns nur ereifern, weil wir alle noch auf ihn hoffen. Wir glauben, daß er, der überlebensgroß gewordene Kleinbürger, noch genug Zähigkeit, Temperament, Phantasie und Selbstmitleid, schöne, dicke Selbstanklage besitzt, daß er wieder einmal zu uns gehören könnte, wenn er genügend schrumpft. Er hat, als Millionär und automatisches Auflagenroß, seine Klasse vergessen, den miesen Mittelstand der schimpfenden, nörgelnden, verzweifelten, erschöpften und eines Tages mörderischen Mehrheit.

Falls er noch einmal zusammenschnurrt, wie unsereins, werden wir ihn wieder verstehen und mit ihm gehen können, denn dann wird auch sein Satzbau nicht mehr so großartig pumpen. Wir werden ihn wieder lesen und ihn nicht mehr mit irgend jemand verwechseln, der auch die Verwaltungslaufbahn hinter sich haben könnte und jetzt dröhnt wie Vaters Ofenblech.

HANS WERNER RICHTER: *TAGEBUCH*
Nun ist das eingetreten, was ich lange erwartet habe. Günter Grass hat den Punkt erreicht, der in seiner Laufbahn wahrscheinlich ein Kulminationspunkt ist, das heißt Rückschlag, unter Umständen Abstieg. Seine vielen Alleingänge rächen sich jetzt. Die Zukurzgekommenen, die Mittelmäßigen, alle, denen er ein Dorn im Auge war, stehen gegen ihn auf. Sie werfen ihm »stilistische Prunksucht«, selbstherrliches »Gottvatertum«, sein »Gekunkel mit den Regierenden« vor und sie bezeichnen ihn als einen »bezahlten Mietling der SPD«, was er nicht ist. Zweifellos hat er immer nur aus Überzeugung gehandelt. Aber Günter Herburger nennt ihn in der *ZEIT* frei nach Martin Walser »Überlebensgroß Herr Grass«, ein böses, ein allzu böses Wort. Es enthält jedoch alles, was man Grass vorwerfen kann: nämlich dies, auf allen Hochzeiten gleichzeitig zu tanzen, ob es mit Albrecht Dürer in Nürnberg oder mit Willy Brandt in Warschau ist, ob mit Jochen Steffen in Schleswig-Holstein oder mit dem Entwicklungsminister Eppler in Tansania, immer ist er Mittänzer, Vortänzer, Nachtänzer. Das mußte alles mögliche hervorrufen: Mißgunst, Neid, Bosheit und das Schlimmste, was es gibt unter Schriftstellern: Lächerlichkeit. Und nun ist es so weit, nun kann man sich über ihn lustig machen, nun hat man ihn in die Ecke der »bombastischen« Lächerlichkeit geschoben. Es wird schwer für ihn sein, aus dieser Ecke wieder herauszukommen, sehr viel schwerer, als er es sich jetzt noch vorstellt.

HELMUT HEISSENBÜTTEL: *NACHRUF AUF DIE GRUPPE 47*
Wer weiß heute, daß Rolf Schroers einmal eine gewisse Rolle spielte. Oder Walter Jens, der den Neulingen zeitweise als der Vize von Richter erschien. Oder gibt es nicht die andere Version, nach der Gruppe 47 einfach dasselbe ist wie Günter Grass?

1972

WOLF BIERMANN: *DEUTSCHLAND. EIN WINTERMÄRCHEN*
Hamburger Nieselregen
Der Nieselregen ist berühmt
Genau wie Günter Grass
Er trommelt auf die Deutschen, doch
Er macht sie nie ganz naß

HEINRICH BÖLL: *BRIEF AN LEW KOPELEW*
Die Deutschen machen es mir schwer, sie sind doch eine Zeigefingerschwenkernation – alles Schulmeister! Manchmal auch mein Kollege Günter Grass (Ausnahme: Siegfried Lenz!!), der alles so furchtbar »humorlos« macht.

PETER RÜHMKORF: *DIE JAHRE DIE IHR KENNT*
Wieder zurück Anfang 60. Höhepunkt Liederproduktion und Erzeugung neuer, in deutscher Sprache bishin unbekannter Reibelaute zwischen »heute Hoffen – morgen tief«. Behutsam sich anbahnende Bekanntschaft mit Wagenbach und Grass. Letzterer war nach dem sehr vehement über ihn hereingebrochenen Erfolg seines Blechtrommel-Buches zunächst durchaus noch als Privatperson vorhanden. Er war ein ernsthafter Skatspieler (d. h. jemand, der sich mit Skat nicht nur demonstrativ gemein macht), begabter Handlinienleser und unterhaltsamer Geschichtenerzähler, obwohl er schon früh an der allgemeinen Epikerkrankheit litt, seine unerhörten Begebenheiten (selbsterlebte) doppelt und dreifach, nein, dreißigfach zu erzählen (im Gegensatz zu Lyrikern, die einen Witz nur einmal machen). Ich hielt ihn von Anfang an für einen wirklichen Elementarschreiber, der mehr als nur mit Wasser kochen konnte; um so mehr war sein kommoder Umgang zu schätzen, und auch als sein Ruhm sich richtig auftat wie eine Wundertüte, blieb seine Persönlichkeit in ihren großen Zügen unverbildet. Im Gegenteil, er schätzte durchaus den Umgang mit andrer Leute kontroversen Meinungen, und wiewohl ihn und uns Hamburger Marxisten/Konkretisten halbe Welten

trennten, verbrachten wir viele Nächte gemeinsam bei Korn und Bier und Sympathie (in denen sich so seltsame Nachtwanderer-Einheiten bildeten wie das ungleiche Paar Güntergrass/Ulrikemeinhof). Erhebende Stunden dann auch auf dem »Ball der einsamen Herzen«, gegenüber von Mantheys, Ecke Lehmweg, wo literarischer Ruhm soviel wie Hekuba war, und »der Herr mit dem Schnauzer« über Mikrophon gebeten wurde, die offene Tanzart endlich einzustellen. – Ein schwieriger Fall für seine Bekanntschaften wurde Grass erst, als die Qualität seiner politischen Meinungsbeiträge seinem wachsenden Bedürfnis nach ungebrochener Resonanz nicht mehr nachkam. Er, der von Anlage, Milieuschäden und Temperament her eigentlich zum Anarchismus neigte (seiner persönlichen Auflehnungsform gegen kleinbürgerlichen Stinkmief), versuchte sich plötzlich links zu definieren, was freilich aus Mangel an tieferer Geschichts- und Bücherkenntnis nur bis zum Godesberger Programm reichte. Mit dem Sprung auf den Paukboden der Politik begab er sich nun auf eine Bühne, wo andere die bessere Ausbildung, den schärferen Perspektivblick, auch entschiedenere Zielvorstellungen besaßen, eine Konkurrenz, der er mit zunehmend unerträglicher werdendem Besserwissertum begegnete. Seiner kleinbürgerlichen Einzelhändlerdenkungsart gemäß war die nachgodesbergische Sozialdemokratie das Äußerste, was er sich an politischer Grundlagenforschung zumuten konnte. Seiner an sich löblichen Verhaftung an den Teppich, d.h. dem haushälterischen Blick auf das wirklich und praktisch Erreichbare, gesellte sich, wertmindernd, eine fast kindlich-aperspektivische, eine naive Oskar-Optik, die bloße Phänomene für gesellschaftliche Triebkräfte und Verpackungsgewichte für politische Inhalte hielt. Aber auch was die Einschätzung seiner eigenen Kreationen anging, wußte er bald nicht mehr, wo die Politik anfing und die Kunst aufhörte bzw. wo die öffentlichen Dinge radikal im argen lagen und das Subjekt seine Grenzen hatte. Schließlich griff das magische Denken (die Verwechslung von Wunsch und Wirkung) so mächtig Platz in seinem Bewußtsein, daß die zur Institution aufgeblasene Privatperson ernsthaft zu glauben schien, sie hätte goldene Hände, die schlechthin allem, was sie berührten (Bau, Steine, Erden, Druck und Papier und selbstverständlich Politik), den Stempel der Allgemeinverbindlichkeit aufdrückten. Das letzte private Wort, das ich von ihm hörte, war in der *Süddeutschen Zeitung* vom 10.7.71 abgedruckt, wo er meine frühen Verdienste um das alte *konkret* belobigte und die neueren Erscheinungsformen des Blattes durch die Volkswartbrille kritisierte, das sei ja vielleicht ein verlotterter Porno-Verein [vgl. Grass, XI, 715f.]. Nun, in der Zwischenzeit haben sich manche Institutionen der späten Fünfziger und der frühen Sechziger verwandelt, manche im Deckblatt, manche in der Substanz, und manche existieren überhaupt nur noch in der Erinnerung.

RUDOLF HEIZLER: *UNTERSCHIEDE*

Hans Habe, der sonst an dieser Stelle jeden Samstag schreibt, reist gefeiert und geehrt durch Israel. Zu diesem Land und seinem Volk hat er sich auf dieser Reise bekannt. Es muß einem kleinen Volk guttun, wenn sich einer der Berühmten und Großen der Feder zu ihm in der Stunde der Not und Gefahr bekennt. Niemand weiß in Israel, wann der nächste Sturm losbricht.

Israel sieht oft Literaten bei sich. Es ist noch nicht lange her, daß Günter Grass das Land bereiste. Er brachte einen Brief des Bundeskanzlers mit und den erhobenen Zeigefinger. Den Israelis gab er Lehren, wie sie Politik machen müßten. Hans Habe brachte seine Freundschaft mit. Das ist der Unterschied. Der eine stammt aus Danzig, der andere wuchs in Wien auf. Liegt darin der Unterschied begründet?

ERWIN LICHTENSTEIN: *BRIEF AN GÜNTER GRASS*

Heute habe ich [*Aus dem Tagebuch einer Schnecke*] beendet und möchte, unter dem frischen Eindruck, die von Ihnen gewünschte Meinung zum Ergebnis Ihrer Arbeit sagen.

Ich bin in vieler Hinsicht voreingenommen. Nicht nur wegen unserer Beziehungen zueinander. Nicht nur wegen des Materials über die Danziger Juden, das Sie verwertet haben. Die Grundhaltung des Buches, die Schnecke als Symbol des Fortschritts, entspricht so ganz meiner eigenen Auffassung, dass ich schon deshalb das Buch als besonders verwandt empfinde. Dazu kommt, dass ich in den Jahren zwischen dem ersten und zweiten Weltkrieg, als Redner für die Liga für Menschenrechte in Danzig, für die SPD in Königsberg, auf Propagandareisen Anfang der zwanziger Jahre quer durchs Reich so vieles an Positivem und Negativem erlebt habe, was in Ihrem Tagebuch vom Wahlkampf wieder lebendig wurde – wenn ich auch nie die Kraft hatte, die Ihnen eignet und die Ihnen wohl jetzt wieder, im neuen Wahlkampf, neue Anstrengungen abverlangen wird.

Schon seiner Haltung wegen muss ich also zu diesem Buch ja sagen. Aber das ist nicht alles: es gibt in diesem Buch Dinge, die zu dem Schönsten gehören, was Sie bisher veröffentlicht haben: ich denke hierbei besonders an das Kapitel über die Reise nach Böhmen, an die Gespräche mit Ihren Kindern (und die Gedichte an Ihre Kinder) und an das, was Sie über sich selbst bekennen. Dass ein Mann von 45 Jahren sagen muss »lachen konnte ich früher besser« – wer könnte es Ihnen nicht nachfühlen?

Was Sie aus dem Material über die Danziger Juden gemacht haben, bringt die Kenntnis über diese Dinge in Kreise, die ich mit meinem historisch-juristischen Werk nie erreicht hätte. Auch die Art, wie Sie uns Ruth Rosenbaum und Eva Gerson vorgestellt haben, ist so feinfühlig, dass wohl auch R. R. zufrieden sein wird.

MARCEL REICH-RANICKI: *BRIEF AN GÜNTER GRASS*

Lieber Günter Grass, / ich danke für Ihren Brief vom 19. Mai und das Umbruchexemplar Ihres Buches. Ich habe das Buch sehr aufmerksam gelesen, und ich übertreibe keineswegs, wenn ich Ihnen sage, dass ich tief beeindruckt bin. Es ist – und das scheint mir heute sehr selten – ein Buch für Erwachsene, endlich. Ob es gefallen wird, weiss ich nicht. Viele werden vermutlich nicht merken, wie raffiniert das Ganze komponiert ist. Der permanente Kontrapunkt – Wahlkampf heute, Judenverfolgung gestern – ist ausgezeichnet durchgeführt. Großartig, was Sie über Barzel, Wehner, Bahr, Brandt schreiben. Die Nürnberger Rede wird, befürchte ich, als Zugabe oder Zuwaage verstanden werden, indes bildet sie, meine ich, den logischen und organischen Abschluss. Meine Geschichte habe ich natürlich wiedererkannt, sie fügt sich glänzend in das Ganze ein [vgl. Reich-Ranicki, S. 551f.]. Für mich besonders interessant und bemerkenswert der Umstand, dass Sie dem Thema Judenverfolgung wieder ganz unkonventionell beikommen und ihm wieder neue Seiten abgewinnen, was zynisch klingen mag, doch natürlich sehr ernst gemeint ist. [...]

Ja, und was Ihr neues Buch noch betrifft: Immerhin ist es nun doch nachweisbar, dass ein Kritiker einen Romancier inspirieren kann. Darauf werden Sie antworten: Gewiss, aber er hat es ja nicht in seiner Eigenschaft als Kritiker, sondern ... usw. Und damit hätten Sie wieder recht.

Heike Doutiné: *Brief an Günter Grass*
Liebes Tagebuch einer Schnecke / oder / sehr verehrter Herr Grass, / was ich zu sagen habe, ist bald gesagt, besteht aus vier Silben, simpel und der rednerischen Variation nicht weiter fähig: Bewunderung. Bewunderung für Sie, der größte Sensitivität mit der Empfindlichkeit für Zukunftsnotwendigkeiten verbindet. Was das bedeutet? Ihre Arbeit, Sie selbst, der Sie nicht nur mit Worten, sondern auch mit Taten kämpfen, geben am besten Antwort.

Jean Améry: *Brief an Günter Grass*
Herzlichen Dank für die aufmerksame Übersendung eines Leseexemplars Ihrer *Schnecke*.
Ich habe das Buch in einem Zuge gelesen. Wie großartig das Werk ist und wie sehr Ihre legendäre Sprachgewalt sich wieder bewährt, brauche ich Ihnen nicht zu sagen; Berufenere werden es Ihnen bestätigen und Sie selbst müssen es wissen.
Zum Grundproblem hier nur ein kleines Wort: die Gegenüberstellung der Schwestern Utopia und Melencolia ist eine glänzende Motiv-Metapher. Nur würde ich glauben, es kann und soll unter gewissen historischen Umständen noch ein drittes Weibsbild dazukommen: die Marseillaise von Rude. Aber das ist nur so ein Gedanke, der mir kam, vielleicht aus ganz persönlichen Gründen.

Tadeusz Nowakowski: *Brief an Günter Grass*
Vielen Dank für Ihr SCHNECKENBUCH. Ich nehme es mit nach FORMENTERA (eine kleine Insel im Mittelmeer, »fest in polnischer Hand«; nicht nur »Togo bleibt deutsch«) und freue mich schon jetzt auf diese Lektüre, denn G.G. gehört zu meinen Lieblingsautoren;

mein Junge nennt ihn sogar »Beckenbauer der deutschen Literatur« und das will schon was heißen.

WILLY BRANDT: *TAGEBUCH*
Im Urlaub habe ich Grass' Schneckenbuch noch anhand eines Vorwegexemplars gelesen. Es wird wohl nicht zu einem ganz großen Erfolg werden, aber ich meine, es ist ein bedeutendes Werk. Was er im übrigen mit seiner Wählerinitiative wieder vorhat, ist beeindrukkend.

RUDOLF KRÄMER-BADONI: *GÜLLY BRASSEL IM WAHLKAMPF*
Wer ist Gülly Brassel? Gülly Brassel ist das schnauzbärtige Kind aus der Ehe der SPD mit der Sozialdemokratischen Wählerinitiative.

In der knapp zur Hälfte besetzten Stuttgarter Liederhalle unterstützten der parteilose »Wähler« Günter Grass (Sozialdemokratische Wählerinitiative) und der Emeritus der überparteilichen IG Metall, Willi Bleicher, unter dem überparteilichen Stichwort »Friedenspolitik« den schwäbischen Wahlkampf der SPD. Walter Krause, der SPD-Landesvorsitzende, hielt ebenfalls eine kurze Ansprache, und die fünf Stuttgarter SPD-Kandidaten standen zu einer Diskussion bereit, die allerdings nicht recht in Gang kam.

Da Günter Grass Schriftsteller ist, wollte er auch einen literarischen Einfall produzieren: »Schon ist der Strauß in den Barzel gefahren, und es steht uns der Franz Rainer Strauzel bevor«. Mit diesem Kalauer spielte er eine gute Weile weiter. Wie sinnvoll das ist, begreift man sofort, wenn man sich ein paar Pendants ausdenkt: Der Brandt sei in den Krause gefahren, und den Schwaben stehe eine naßforsche Brause bevor. Oder der Günter Grass sei in den Willy Brandt gefahren, und da hätten wir also den ganzen Gülly Brassel. Was aber würde die SPD sagen, wenn ein CDU-Initiativling behauptete, der Breschnew sei in den Brandt gefahren, und in Zukunft stehe uns eine Branschnjew-Politik ins Haus? Es scheint doch geraten, dieses Strauzel-Brassel-Spiel sofort wieder abzuschaffen.

KARLHEINZ DESCHNER: *RUNTER MIT DER GLORIE*
 Bleibt – nach der Feststellung, daß Grass von Roman zu Roman noch abgefallen, daß seine Lyrik erregend unbegabt und seine Dramatik zum Einschlafen ist – nur noch die Überlegung, ob man in Stockholm, wo man zwar fast alle großen deutschen Dichter unseres Jahrhunderts – von Kafka und Rilke über Loerke, Musil, Broch bis zu Benn, Brecht und Jahnn – übersehen, aber einen Hesse, ja Heyse ausgezeichnet hat, noch einen Abstieg verkraften kann selbst bis zu Günter Grass.

ERWIN LEISER: *BRIEF AN GÜNTER GRASS*
 Ich mag Ihr Buch *[Aus dem Tagebuch einer Schnecke]* sehr, und ich habe es, zusammen mit Ihrer Art des politischen Engagements, zum Anlass genommen, um Ihren Namen in die Debatte über den diesjährigen Nobelpreis zu werfen.

ANONYMUS: *NOBELPREIS FÜR BÖLL*
 »Wie, ich allein, und nicht der Grass auch?« Das war Heinrich Bölls erster Kommentar zu seiner Nobelpreis-Krönung. Tatsächlich besiegelt der Preis – 43 Jahre nach der Nobelitierung Thomas Manns – die neue Weltgeltung der deutschen Literatur, zu der auch Grass wesentlich beigetragen hat. Mit Böll wurde, wie 1971 mit dem Friedenspreis an Willy Brandt, ein in West und Ost gleichermaßen angesehener »guter Deutscher« geehrt. Statt zu gratulieren, glaubte Franz Josef Strauß warnen zu müssen, »daß auch dieser Nobelpreis« im Wahlkampf »mißbraucht wird«. Böll tritt als »Bürger für Brandt« ein und auf.

BRUNO KREISKY: *BRIEF AN WILLY BRANDT*
 Wenn bei uns auch die Wahlen erst im Oktober 1975 sein werden, wird das Jahr 1973 ein sehr entscheidendes für uns sein. Wir können nicht früh genug beginnen und ich wäre sehr froh, wenn Du mir helfen könntest, Günter Grass zu veranlassen bei uns einen Vortrag vor Intellektuellen und Künstlern zu halten, wobei er sich Thema und Titel aussuchen könnte. Herauskommen aber muss letztlich die

Wählerinitiative. Wir denken die Veranstaltung im grossen Saal der Hofburg zu machen und mit dieser Veranstaltung eine »österreichische Parallelaktion« zu starten. Wenn er ein paar Leute mitbringen will, die mit uns die organisatorischen Fragen beraten könnten, wäre ich sehr froh. Die Entscheidung darüber überlasse ich ganz ihm. Jedenfalls haben wir beste Voraussetzungen auf Grund von Briefen, die ich von den bekanntesten Künstlern habe, für eine erfolgreiche Aktion, nur müsste Günter Grass sozusagen die Geburtshilfe leisten.

CHRISTINE BRÜCKNER: *BRIEF AN JOHANNES RÜBER*
Was für eine traurige, brieflose Epoche! War die Erfindung des Telefons wirklich den Verlust des Briefwechsels wert? Wird sich je die Herausgabe gesammelter Telefongespräche des Günter Grass lohnen –?

HERMANN BURGER: *LOKALBERICHT* (ROMAN)
Apropos grässlich: ich suche die Bibliothek nur auf, wenn ich den Zettelkasten meiner Dissertation »Das Weltbild des Dichters Günter Grass im Spiegel seiner Namengebung unter besonderer Berücksichtigung der Orts-, Flur- und Straßennamen« in Ordnung bringen muss. Wie Sie wissen, gerät mir das Material aus dem Zettelkasten, da ich ein unordentlicher Schreiber bin und immer alle angefangenen Arbeiten auf dem Tisch herumliegen lasse, ständig unter die Blätter des Romans, was verheerende Folgen hat. Seine langen Nebensätze schleichen sich ein, seine Ironie schleicht sich ein, sogar Namen wie Stockturm und Laubschad schleichen sich ein. Ich bin umschlichen und angeschlichen, ohne ihm wirklich auf die Schliche zu kommen. Und der arme Günter Grass hat nichts als Schereien mit seinem dissertierenden Scherbaum, das heißt, Familienpflichten noch und noch. Er muss Pate stehen zu diesem Roman, muss ihn aus der Taufe heben, muss sein geistiger Urgroßvater und gleichzeitig sein Zwillingsautor sein, muss mir onkelonkelhaft auf die Schulter klopfen und ein väterliches Vorbild abgeben, muss sich handkehrum in eine sechzehnjährige Göre verwandeln und sich vergewaltigen lassen, darf womöglich Katz und Maus mit mir spielen und muss sich örtliche Betäubungen gefallen lassen, vom Vergleich mit einem

germanistischen Plebejer, der den epischen Aufstand probt, ganz zu schweigen. Nun, das ist der Lauf der Germanistenprosa. Ich sortiere also die eingeschlichenen Nebensätze unter dem Stichwort »Missverhältnis zwischen Form und Inhalt«, schicke den Stockturm zurück in ein Werk über ostdeutsche Backsteingotik, lasse den Buchhändler Laubschad wieder Uhren flicken und stelle im potentiellen Werk der Sekundärliteratur jene beruhigende, wissenschaftliche Ordnung her, die in meiner Prosa, die natürlich auch eine Form von Sekundärliteratur darstellt, um alles in der Romanwelt nicht herrschen will.

HERBERT HECKMANN: *DER GROSSE KNOCK-OUT* ... (ROMAN)
Ich landete bei einem Kritiker, der an irgendeiner kleinen Zeitschrift das Kunstleben New Yorks zerfledderte, ein beängstigend dürres Bürschchen, das in der Mitte einzuknicken drohte. Er quetschte mich mit Fragen aus. Als ich ihm erzählte, daß ich aus Deutschland frisch importiert wäre, wuchs sein Interesse. Er hatte sofort eine Frage auf Lager: »Ist es wahr, daß hinter Günter Grass die Jugend steht?«

WOLFGANG BÄCHLER: *TRAUMPROTOKOLL*
Ich bin bei Günter Grass eingeladen, und er zeigt mir, wie er kocht. Er wirft einen Riesenberg Hackfleisch auf ein breites Brett. Darauf schmeißt er seinen etwa 6-jährigen nackten Sohn und rollt ihn hin und her über das Hackfleisch, bis ein schöner Fladen daraus wird. Er brät ihn und rührt nebenbei in einem Kochtopf. Frau Grass hat französisches Weißbrot mitgebracht und bereitet Salate zu. Der Sohn lacht, ist quietschfidel, auch noch beim gemeinsamen Essen. Danach macht Grass mit ihm noch andere merkwürdige Spiele und Kunststücke.

ANONYMUS: *TRAUMBERUFE*
Taxifahrer oder Dichter.
Der siebenjährige Bruno Grass auf die Frage, was er einmal werden möchte.

Illustration: Lutz Backes

1973

FRANZ FÜHMANN: *TAGEBUCH EINER UNGARNREISE*
»Paprikáskrumpli«, sagt Elga, »hat auch der Grass Günter bei mir gegessen, der hat zwei große Teller gegessen, dann hat er sich einen dritten genommen, da haben wir aufgehört zu essen und haben nur nach dem Grass geschaut, doch der hat auch den dritten Teller verschlungen, dann hat er sich einen vierten genommen, da hab' ich mir gedacht, das kannst du nicht dulden, der platzt auseinander, aber dann war ich doch neugierig und hab' ihn gelassen, und da hat er auch den vierten Teller hinuntergebracht!« – »Und dann?« frage ich begierig, und Elga sagt strahlend: »Und dann hat er Salami und Käse gegessen.«

MAX FRISCH: *BERLINER JOURNAL*
Übernahme der Wohnung (Sarrazin Strasse 8) und Abend bei Grass. Nieren. [...]
Erste Einkäufe auf dem Wochenmarkt, der in Zukunft unser Markt sein soll, Breslauer Platz, eingeführt durch Günter Grass; Fischkunde.

Im Februar 1973 waren Marianne und Max Frisch nach Berlin gezogen. Im Rückblick erklärte Max Frisch: »Wir haben die Wohnung in Berlin-Friedenau damals auch genommen, weil Grass und Johnson in der Gegend wohnten.« (Hage, *Max Frisch,* S. 235)

PETER SCHNEIDER: *LENZ* (ERZÄHLUNG)
Beim Einkaufen traf Lenz einen Schriftsteller, der früher einmal sein Gönner gewesen war. In seinem Gesicht bemerkte Lenz so eine Trauer, wie sie Leute auszeichnet, deren sämtliche Wünsche in Erfüllung gegangen sind, und die sich nun erstaunt fragen, was sie auf dieser Welt, die ihnen schon zur Nachwelt geworden ist, überhaupt noch auszurichten haben. Lenz begleitete den früheren Gönner auf dem Nachhauseweg und wurde von ihm sofort in ein Gespräch ver-

wickelt. Den Argumenten des Gönners merkte Lenz an, daß sie alle schon irgendwo veröffentlicht waren.

Ob nun auch Lenz zur Vernunft gekommen sei. Die Studentenbewegung sei wichtig und fruchtbar gewesen, die Gesellschaft verdanke ihr wichtige Anregungen. Aber nun hätten andere gesellschaftliche Gruppen die besten Initiativen der Studenten übernommen, während diese immer noch glaubten, daß sich die ganze Welt um sie drehe. Es gelte, diesen Prozeß zu erkennen und sich daran zu beteiligen, statt die unvermeidlichen Einbußen zu bejammern, denen die Ideen der Studenten auf dem Weg des Einsickerns in die Gesellschaft ausgesetzt seien. Die Studenten gefielen sich in der Rolle des Propheten in der Wüste, sie hätten Angst, sich mit der praktischen Arbeit in den Institutionen die Hände schmutzig zu machen, sie hätten eine selbstzerstörerische Angst vor dem Erfolg.

Es störte Lenz, daß er nicht in allen Punkten gegensätzlicher Meinung war wie sein früherer Gönner. Unwillkürlich hatte Lenz öfter genickt. Trotzdem fühlte er sich gereizt, in allem und jedem zu widersprechen. Nach einigen unbefriedigenden Versuchen des Widerspruchs fand er heraus, daß er sich nicht so sehr über die Sätze des Gönners ärgerte, sondern über seinen würdigen Ton und über den Anzug, den er dazu trug. Um etwas Abstand in das Gespräch zu bringen, erkundigte sich Lenz nach der Arbeit des Begleiters und nach seinen Plänen. Aber der ließ sich einfach nicht vom Thema ablenken, er forderte Lenz zu einer Stellungnahme auf. Dabei drängte er ihn mit seinem ziemlich umfänglichen Bauch in einen Hauseingang und merkte gar nicht, daß er Lenz so häufig ins Wort fiel, daß dieser gar nicht dazu kam, ihm zu antworten. Lenz versuchte mehrmals, unter dem Arm durchzuschlüpfen, mit dem sich der frühere Gönner an der Türfüllung abstützte, aber er kam erst zu Wort, als ein Anwohner freien Eintritt verlangte.

»Haben Sie nicht dasselbe gesagt, bevor die Rebellion der Studenten überhaupt anfing?« fragte Lenz. »Ich erinnere mich, daß Sie bereits vor Verirrungen warnten, als noch niemand irgendwohin aufgebrochen war. Während andere auf die Straße gingen und sich mit der Polizei prügelten, haben Sie warnend den Zeigefinger erhoben, umsichtig das Richtige vom Falschen getrennt, Ihre Auflagen gesteigert und Häuser gebaut. Es ist aber nicht das gleiche, wenn einer, der statt des Kugelschreibers nie einen Stein in die Hand nahm, jetzt das Werfen von Steinen verurteilt mit den gleichen Sätzen, mit denen ein anderer die Erfahrung beschreibt, daß es sinnlos geworden ist, Steine zu werfen. Praktisch werden die gleichen Sätze nicht das gleiche bedeuten, meinen Sie nicht?«

Gut, darüber brauchten sie nicht zu streiten, versetzte der frühere Gönner im Weitergehen, wichtig sei das Ergebnis, was Lenz jetzt denn mache, er sei bereit ihm zu helfen, den Weg zu einer praktischeren politischen Tätigkeit zu finden. Er umriß dann, was er darunter verstand. Lenz war zu wenig informiert, um in allem folgen zu können, ihm blieb nur das Wort Butterberg hängen, der europäische Butterberg müsse abgetragen werden. Und während der frühere Gönner bereits von dem enttäuschenden Verhalten eines Finanzministers sprach, sah Lenz immer noch den Gönner mit einem Spaten vor einem riesigen Butterberg stehen.

Lenz wollte noch genauer wissen, was der frühere Gönner unter einer praktischen politischen Arbeit verstehe. Aber der hatte einen Termin, er lud Lenz ein, einmal vorbeizukommen, wenn er Rat brauche.

BARBARA KÖNIG: *SCHÖNER TAG, DIESER 13.* (ROMAN)

Drei Tage lang [in Paris]: Lorenz und Pol. Mit Pol im Quartier auf den Spuren der alten Emigranten: Dort drüben, sagt er, hat Joseph Roth gewohnt ... Und: Wissen Sie auch, daß Ihr Hotel im Krieg voll Berliner Emigranten steckte? – Wir sitzen in den kleinen Restaurants und in den großen Cafés, die er schon so lange kennt, und er sprudelt von Geschichten, Ideen, Witz.

Dazwischen mit Lorenz in den Bistros, stundenlang, von einem ins andere; sein Französisch, begrenzt, aber ausreichend: »Deux Calvas ...« und: »'revoir«. Und ich habe endgültig das Zigarettendrehen gelernt.

Dann, heute, beide zusammen, Pol und Lorenz, in stundenlangem Gespräch über Literatur, Nationen, Geschichte, wieder Literatur. Ich saß dabei, ihr Publikum, und rührte mich kaum: kein Bedürfnis, mitzusprechen, geschweige denn, zu brillieren. Hin und wieder warf ich ein paar Worte dazwischen, aber sie hörten mich kaum an. Ich kam aus dem Staunen nicht heraus: früher hätte meine

Eitelkeit eine solche Situation nicht ertragen, wahrscheinlich gar nicht erst möglich gemacht. Heute? Heute sitze ich zufrieden da und schnurre, träg-sinnliche Katze, die sich kraulen läßt. Lieber Gott: werde ich ein Weibchen?!

Und Lorenz, ebenfalls heute, zu Pol: »Sie kommt mir vor wie eine Thronfolgerin, die in der Provinz erzogen wurde ... There is royalty, but the education has been wrong ...« Pol verstand kein Wort, denn es war auf dem Boulevard St. Germain und ein Lastzug tobte vorbei, aber ich verstand sehr gut und sagte: »I'll catch up, my dear.« – Nur gut, daß Leo mir rechtzeitig eines auf den Kopf gegeben hat, das schützt mich jetzt vor übereilten Schlüssen.

<small>Hinter Lorenz und Pol verbergen sich Günter Grass und Paul Celan. Die geschilderte Begegnung in Paris hat in den fünfziger Jahren tatsächlich stattgefunden.</small>

Max Frisch: *Berliner Journal*

Günter, zurück von seinem Haus in Schleswig-Holstein, wo er, wie er sagt, gezeichnet hat; die Entwicklung unsrer Beziehung: er zeigt sich bedürftig, wird offen-herzlich, es zeigt sich in Kleinigkeiten, z. B. indem er etwas Ermunterndes über das körperliche Aussehen des andern sagt. Das Porträt im TAGEBUCH, 1970, ist völlig überholt. Er gibt dem andern seine Möglichkeit, präsent zu werden, und nimmt ihn nicht lediglich als Publikum; das befreit die Zuneigung. Schade, dass er in den nächsten Tagen ins Tessin fährt. Kommt doch ins Tessin, sagt er wie einer, der wenige Freunde hat.

Vagelis Tsakiridis: *Brief an Günter Grass*

Lieber Günter, / oft denke ich an Dich. Du gehörst zu den wenigen Menschen aus meiner »Vergangenheit«, die noch bei mir geblieben sind.

Conrad Ahlers: *Brief an Günter Grass*

Ich bedauere sehr, daß Ihr Brief in einem so resignierenden Tonfall geschrieben ist. Eine Partei ist gewiß eine schwierige Sache. Aber der Anteil, den Sie daran haben, daß die SPD eine transparente

Partei geworden ist, kann auch nicht unterschätzt werden. Viel mehr ist in unserem Parteisystem wohl kaum zu erreichen.

Was Ihre politische Aufgabe angeht, so verwundert es mich, daß Sie sich nicht auch um ein Mandat bemüht haben. Ich kann mir nicht vorstellen, daß man es Ihnen hätte abschlagen können. Und ich meine, Sie sollten sich das für 1976 doch noch einmal überlegen.

BRUNO KREISKY: *BRIEF AN GÜNTER GRASS*
Vielen Dank für Ihr *Tagebuch einer Schnecke* und auch dafür, daß Sie uns einen solchen Impetus gegeben haben. Er macht sich da und dort schon geltend und wird gute Leute, die sich für politische Dinge wenig interessieren, mobilisieren. Für meine Landsleute ist die Schnecke viel weniger symptomatisch was ihre Bewegung betrifft als das Zurückziehen in ihr Haus.

REINHARD WILKE: *AUFZEICHNUNGEN*
Brandts Distanz zu Menschen wird heute morgen wieder deutlich. Er will Grass auf seine Bitte hin einen längeren Termin vor den Sommerferien geben, aber »ich habe keine Lust, ein Wochenende mit ihm zu verbringen«; dann gehe er – Grass – ihm auf die Nerven.

KLAUS HARPPRECHT: *AKTENNOTIZ FÜR WILLY BRANDT*
Besuch bei Herrn Grass. / Der Dichter läßt grüßen. Wir haben den ganzen Sonntag bis spätabends geredet. Ich kann nicht verschweigen, daß sich bei Grass eine gewisse Bitterkeit festgefressen hat, die ich auch mit Nacherschöpfung erkläre. Er hat das Gefühl, daß man ihn nach der konzentrierten Arbeit ins Leere gleiten läßt. Das gilt zum Teil für die Initiative, zum Teil aber auch für ihn selbst.

Er scheint darauf gewartet zu haben (und noch darauf zu warten), daß man ihm ein konkretes Arbeitsangebot macht. Jeden »repräsentativen« Job würde er ablehnen. Er will die literarische Arbeit, die ihm allein nicht mehr genügt, mit praktischen Erfahrungen verbinden. Er nannte zwei Aufgabengebiete, die ihn reizen würden: a) Aufbauhilfe für Vietnam; b) die Kulturarbeit beim künftigen Beauftragten in Ostberlin.

Es bedrückt ihn, daß er den Bundeskanzler so wenig sieht. Mit Ein-Stunden-Terminen dann und wann will er sich nicht begnügen. Darüber haben Herr Wilke und ich miteinander gesprochen. Es wäre vielleicht gut, wenn man ein- oder zweimal im Jahr ein Wochenende nicht nur mit Günter Grass, sondern vielleicht außer ihm Eberhard Jäckel, Veronika Schröter und anderen (zusammen etwa vier oder fünf) in Münstereifel vorsehen könnte. Zu Sachgesprächen könnten andere wie Ehmke oder Vogel dazukommen.

Die Lage der Wählerinitiative ist schwierig. Grass hat nach seinen Angaben verhindert, daß die Organisation von Parteimitgliedern zu einer Pressure Group umfunktioniert werde. Aber als »Anwalt der Wähler« vermißt er den versprochenen »großen Dialog«. Am kommenden Sonntag wird er der Partei links wie rechts die Leviten lesen wollen. Ich bin nicht sicher, daß meine sanften Mahnungen mit dem Blick auf die ohnedies schwierige Situation vor dem Parteitag etwas fruchteten. Es wird nicht einfach sein, das in der Ansprache des Kanzlers aufzufangen.

Grass hat mit einem sicher recht: daß die Bewegung der Bürgerinitiativen an der Partei vorbei wachsen wird, wenn der Kontakt nicht lebendig bleibt. Er ist ohne einen Mittelpunkt wie Grass schwer organisierbar. Wilkes Hinweis auf Fachgespräche zwischen den Interessierten der Partei und den Ministerien und den Fachleuten der Initiative ist gut. Das sollte ein Beauftragter des Parteivorstands in die Hand nehmen. Die Verständigung wäre allerdings leichter, wenn Grass der Partei nicht mit der Haltung begegnete, daß er sozusagen dem Wähler näher sei als ein eingeschriebener Sozialdemokrat. (Selbst wenn es so sein sollte, wäre es besser, wenn das nicht betont würde.)

Er gab sehr wertvolle Anregungen für die Parteitagsrede, die ich gesondert notiere.

Ferner gesonderte Notiz über Nationalstiftung.

PS: Grass würde sehr gern mit nach Israel reisen. Nach der Arbeit, die er dort geleistet hat, sollte das auch so sein.

Ivan Ivanji: *Brief an Günter Grass*

Zum Buch *[Aus dem Tagebuch einer Schnecke]* nur noch eines, an der Stelle, wo Sie schreiben, wie Sie am 9. November 1971 in Jerusalem lesen und ganz still und ruhig Ihren eigenen Kindern sagen, dass sie keine Mörder sind, habe ich dreimal – als ich das Buch zum ersten mal las, zum zweiten mal las um es zu übersetzen, und zum dritten mal, als ich diese Stelle übersetzte – ein wenig einhalten und weinen müssen. Dabei glaube ich, dass Sie mich als zynisch kennen, Büchern gegenüber mich eher als Handwerker verhalte, aber eben Jahrgang 1929 bin und so 13 Monate in Auschwitz, Buchenwald ... Also, ich will sagen, ich bin ganz (mit Verstand und emotionell) mit Ihnen einverstanden und sehr für Ihr Werk [...].

Lew Kopelew: *Brief an Christa Wolf*
Ich lese gerade jetzt Grass *Aus dem Tagebuch einer Schnecke*. Ein sehr gutes Buch, das u. a. durch die ungehemmt innere Freiheit des Autors fasziniert, manchmal unsereinen sogar befremdet, dann bereits an Exhibitionismus grenzt, als subjektivistische Willkür empfunden wird. Zuletzt behält er Recht – wenn er auch hin und wieder maniriert, kokett, nicht nur künstlerisch, sondern auch gekünstelt sich zu geben scheint. Trotzdem summa summarum überzeugt er, führt mit – das ist eben nicht das thrillerhafte *Mitreißen*, sondern das überlegene *Mitführen*.

Max Frisch: *Berliner Journal*
Abends zu Anna und Günter. [...] Es kam zu einem langen Gespräch zu viert: über Grass als politisch-öffentliche Figur und als Schriftsteller. Er sieht seine politische Aktivität jetzt als eine Phase, also in der Hoffnung, sie sei vorbei. Dabei bereitet er gerade eine Rede zum 1. Mai vor. Es scheint, dass er noch nicht in einer grossen Arbeit ist; er sagt oft, sehr oft, dass er jetzt zeichnet, nichts lieber als Zeichnen. Was die politische Phase an literarischer Potenz gekostet hat, ist nicht auszumachen; immerhin lässt er diese Frage jetzt zu. Die Gefahr der Verbravung, Kastration der Fantasie durch den politisch-bedingten Trend ins Pragmatische, Didaktische. Er ist nicht einverstanden, teilt solche Bedenken gar nicht, hört sie sich aber an; das war vor einem Jahr noch nicht möglich.

SIEGFRIED LENZ: *DAS VORBILD* (ROMAN)

Zwei schwarze Regenschirme streben vorbei, gleich darauf, in Dwarslinie, zwei geräuschlos segelnde Nonnen, die zum dunklen Garten der Elisabethkirche abdrehen – so windgerecht in ihrem Verhalten, wie Günter Grass es ihnen in einem Trockenkurs ein für allemal beigebracht hat.

SARAH KIRSCH: *JAGDZEIT* (ERZÄHLUNG)

Bevor wir den Kammweg betreten konnten, der geradewegs auf eine Wetterwarte hinführte, mußten wir eine exotische Gesellschaft passieren lassen. Fünfzehn englischsprechende Reiter und Reiterinnen mit gelben Sturzhelmen auf den wehenden Haaren. Das schönste Tier, eines mit einer sternförmigen Blesse, trug Oskar Matzeraths Schwester.

Illustration: Dacey

WALTER HÖLLERER: *DIE ELEPHANTENUHR* (ROMAN)
Es ist richtig, bei Dr. Huder sehe ich, hinten im Gang, bei den Gips-Büsten, – Oskar. »Sehen Sie ihn!« sagt Dr. Huder, leise, »er schreibt eine Biographie des Autors!« »*Seines* Autors?« frage ich. »Er sammelt den kleinsten Beleg«, sagt, unbeirrt, Huder, »er reist ihm überall nach!« »Stimmt, ich sah ihn in einer Wahlversammlung!« sage ich, leise. – Ich werde von Oskar begrüßt, der an der Mauer entlang kommt, die Schläger-Mütze ins Gesicht gezogen. Er begrüßt mich mit einem gedämpften barríto der Elephanten. Oskar erinnert sich: Stadthalle. Sliwowitz. Unglaublich-klare-Nacht.

FRITZ RUMLER: *DER KOMIKER MARTY FELDMAN*
Er hat vor etwa sechs Jahren die *Blechtrommel* von Günter Grass gelesen, und die Geschichte vom bösen, scheibenzersingenden Gnom Oskar habe einen »ungeheuren Einfluß« auf sein Leben ausgeübt. Er betrachte nun die Welt aus einem »anderen Blickwinkel«.

GÜNTER WALLRAFF: *WAS MACHE ICH FALSCH?*
Grass ist mir zu sehr Galionsfigur, der meint auch, ein Dichter sei nun was Besonderes, daß hier soviel Aufhebens gemacht wird. Was hat Grass denn gemacht? Er hat ein paar Reden geschwungen zu jeweiligen Wahlanlässen. Sicher, das mag im Bereich seiner Möglichkeiten durchaus ehrenswert sein und gar nicht mal schlecht; aber es ist doch nur eine repräsentative Aufgabe, keine selbstverständliche alltägliche Aufgabe.

ANONYMUS: *PERSONALIEN*
Willy Brandt, 59, Bundeskanzler, begegnete seinem langjährigen Wahlhelfer Günter Grass mit Ironie. Als der SPD-Vorsitzende vergangenen Donnerstag bei einem Abendessen zu Ehren des Malers Max Ernst den Schriftsteller traf, der ihn drei Tage zuvor in einer *Panorama*-Sendung beschimpft hatte (»Offenbar hat der sichere Wahlsieg ... zu allseits lähmender Selbstgefälligkeit verführt«), begrüßte er ihn hintersinnig: »Günter, es ist immer wieder gut zu wissen, daß man sich in schwierigen Lagen auf seine Freunde ver-

Illustration: Michael Mathias Prechtl

lassen kann.« Zugleich gab der Kanzler seiner Planungsabteilung Anweisung, dem Autor *(Aus dem Tagebuch einer Schnecke)* eine Liste sämtlicher Reformgesetze dieser Legislaturperiode zuzuschicken, damit dieser sehe, »daß die Schnecke manchmal sogar Sprünge macht«.

ARMIN GRÜNEWALD: *BRIEF AN GÜNTER GRASS*
Sehr geehrter Herr Grass, / da ich Ihren *Panorama*-Text vom 26. November noch gut in Erinnerung habe, möchte ich Ihnen eine dem Tätigkeitsbericht 1973 der Bundesregierung entnommene Zusammenstellung der abgeschlossenen Vorhaben dieses Jahres schikken. Diese Zusammenstellung ermöglicht Ihnen vielleicht besser als die Lektüre anderer Druckerzeugnisse einen Überblick über die Tätigkeit der Bundesregierung und der Koalitionsfraktionen. Vielleicht inspiriert diese Liste Sie dazu, ein paar neue Formulierungen auszudenken, wenn Sie wieder einmal vor der klassischen biblischen Situation stehen: Wes das Herz voll ist, des läuft der Mund über.

1974

HANS WERNER RICHTER: *DIE GRUPPE 47*
Und Günter Grass? Er erschien auf der Tagung 1955 in Berlin, ein junger Mann, den ich nicht kannte. Ein Lektor riet mir, ihn unbedingt noch telegrafisch einzuladen: »Ein Bildhauer, ein Anfänger«, sagte er, »etwas verrückt, aber hochbegabt.« Ich reagierte zuerst nicht. Es war mir lästig, im letzten Augenblick noch Einladungen auszusprechen und gar telegrafisch. Aber der Lektor gab nicht nach: »Er schreibt gute Gedichte und hat gerade den Lyrikpreis des Süddeutschen Rundfunks bekommen.« Ich sagte: »Wer bekommt nicht alles Preise. Das ist kein Argument.« Doch dann ließ ich ihn ein Ortstelegramm aufgeben. Ein oder zwei Stunden später kam Günter Grass in den Vorleseraum. Er sah verwegen aus, etwas heruntergekommen, wie mir schien, desparat wie ein bettelnder Zigeuner. Ich wollte ihn hinausweisen. Ich weiß nicht mehr genau, was ich gesagt habe, aber der Dialog war ungefähr so. Ich: »Was wollen Sie hier?« Grass: »Man hat mir ein Telegramm geschickt.« Ich: »Ihnen?« Grass: »Ja, mir, ich heiße Günter Grass.« Ich: »Ach, Sie sind der Bildhauer?« Grass: »Ja, das bin ich, auch Bildhauer.« Und dann nach einer Pause mit einem Rundblick über die versammelten Teilnehmer: »Was ist denn das für ein Verein hier?« Ich: »Die Gruppe 47.« Und Grass: »Davon habe ich noch nie etwas gehört.« Dann las er als letzter auf dieser Tagung sein Gedicht *Polnische Fahne* und hatte Erfolg.

MAX VON DER GRÜN: *MEHR ALS NUR GESCHWÄTZ*
Die Szene war damals, ab 1959, schon so, daß große heiße Debatten geführt wurden, die in die Politik hineingingen; z. B. als von Grass *Die Blechtrommel* und von Hochhuth *Der Stellvertreter* erschienen. Das waren doch markante Punkte, die über das rein literarische Geschwätz und über die reine Beschäftigung mit der Sprache weit hinausgingen. Grass hat – so wie ich das heute sehe – mit der *Blechtrommel* eine Debatte über den Begriff der Pornographie eingeleitet, der ja auch seine politischen Aspekte hat.

Wolfram Siebeck: *Poeten an Pötten und Pfannen*
Sogar Günter Grass, dessen Rezept für eine Schweinekopfsülze ein literarischer Leckerbissen ist (und nachkochbar), beschreibt die Herstellung der Sülze so luzid antikulinarisch, daß einem der Appetit darauf vergeht. Man begreift, daß er schon damals, mit der *Blechtrommel,* vielen Lesern ihre Vorliebe für Aale austreiben konnte.

Gaston Salvatore: *Wolfgang Neuss* (Biographie)
Bei Grass lernte ich [= Wolfgang Neuss] Uwe Johnson kennen, der am nächsten Tag eine Lesung in einer Buchhandlung hielt. Ich ging hin. Anschließend ließ ich mir in einer Reihe von Teenagern, die sich irgendwie wie ich verpflichtet fühlten, trotz der Langeweile begeistert zu sein, eine Unterschrift geben.
Wir gingen zusammen Bier trinken. In der Kneipe sagte Uwe Johnson langsam und sehr betont: »Wissen Sie daß der Grass im Krankenhaus liegt und eventuell schon tot ist?«
»Wie?«
»Es ist sein Geburtstag aber das nicht allein. Es ist ein Geburtstagsgeschenk das dies veranlaßt hat.«
»Wie meinen Sie das? Ist gestern noch was passiert?«
»Nein ein Herr hat ihm einen Aal geschenkt ich war zufällig Zeuge dieser Begebenheit und ein Fläschchen Danziger Goldwasser welches aber keine Rolle spielt.«
Johnson sprach also auch privat ohne Komma. Ich verliebte mich in diesen Fleischkoloß. Alles ist Ironie. Er ist keine.
Er erzählte mir, daß Grass nach dem Fest, als alle Gäste gegangen waren, den Aal angeschnitten und allein aufgegessen hatte. Nach dem Genuß dieses Aals sei Herr Grass ins Krankenhaus transportiert worden, von seiner Frau Anna, die den Aalgenuß verschmähte und ihn deshalb transportieren konnte. Dort läge er nun.
»Ob man ihn besuchen soll?«
»Nein.«
»Können Sie mit mir morgen mal in das Geschäft gehen?«
»Selbstverständlich«, sagte er, wie wenn er dem Fall nachgehen wolle. Johnson kam mir vor wie Korff, der immer einem Fall nachspüren will.

Als ich mit Johnson in der Sonne zum Jaguar ging und den Wagen sah, erinnerte ich mich: »Ooh, da war Benzin in dem Aal.«
»Wieso?«
Wegen des großen Tanks hatte der Jaguar nur einen kleinen Kofferraum, so daß nur eine Aktentasche hineinpaßte.
Und da hatte der Aal auf dem Tank gelegen und nichts Eiligeres zu tun gehabt, als sich mit Benzin durch das dünne Blech vollzusaugen. Der Salzaal war zwar verpackt, aber gerochen hatte er doch bestimmt. Der Grass hätte wirklich draufgehen können an Bleivergiftung!
Ein ganzes Jahr lang hat der Grass geglaubt, ich hätte ihn vergiften wollen, und ein Jahr lang hat er geglaubt, ich wolle sein Stück *Die Plebejer proben den Aufstand* stören. Er hat mir nie getraut. Als ich ihn danach das erste Mal wieder traf, zeigte er mit Fingern auf mich und sagte etwas spaßhaft, doch ich bemerkte dahinter eine krankhafte Angst: »Du wolltest mich umbringen!«

MAX FRISCH: *BERLINER JOURNAL*
Schwierigkeit mit Günter Grass, meine Schwierigkeit: ich weiss nicht, wie ich es ihm sage, wenn ich mit seinen Proklamationen nicht einverstanden bin, mit seinem Hang zur Publizität. Stattdessen lasse ich mich dazu verleiten, andern davon zu reden, und das ist misslich. Attacke auf Brandt (der jetzt von allen attackiert wird), Gedicht auf Ingeborg Bachmann (»wichsende Knaben löcherten ihren Schleier«, ich fragte ihn bloss im Bundeseck, was damit gemeint sei), sein Israel und ICH, seine Lesung hier (wie die BLECHTROMMEL entstanden ist), sein Verdikt gegen Kollegen, die nicht zu Solschenizyn sich äussern, mit dem Schluss, ein Dialog sei mit solchen nicht mehr möglich usw., keine Woche ohne solche Hirtenbriefe. Wer soll's ihm sagen? Mein Mangel an Durchschlagkraft; ich frage (z. B. warum jetzt gegen Brandt?), und sofort findet er sein Tun richtig, die Frage irritiert ihn nicht. So scheint es. Er wird nicht scharf, nicht böse, er verschanzt sich bloss hinter spezielle Sachkenntnis. Er ist in hohem Grad isoliert. Beginnt er zu reden, so setzt er Einverständnis voraus, zumindest wenn es sich um seine öffentlichen Verlautbarungen handelt. Dagegen ist er im privaten (Ehe-)Problem ansprechbar,

sogar bedürftig nach Angesprochenwerden (Teilnahme). Sein Beschluss, er werde sich aus der politischen Aktivität zurückziehen, aber offenbar verträgt er nicht, was damit verbunden ist: Abnahme seiner öffentlichen Präsenz. Braucht er seinen Namen in den Zeitungen? Grass äussert sich zu: Scheel als Bundespräsident, Genscher als Aussenminister etc., Anruf von einer Redaktion genügt, und er verlautbart. Als könne er Aktualität ohne Grass nicht ertragen. Wie heilt man ihn? Einige behaupten, er höre auf mich wie sonst auf niemand. Mag sein; weil ich zu unscharf widerspreche. Es geht nicht um seine einzelnen Verlautbarungen, Meinung gegen Meinung; es ginge darum, ihm die Sucht zu lindern. Was möglich wäre durch begeisterte Teilnahme an seiner schriftstellerischen Arbeit; aber dazu muss ein Anlass bestehen. Er hasst Böll nicht, aber Böll, der andere Staatsschriftsteller, macht ihm zu schaffen: nicht als Konkurrenz literarisch, aber als Schlagzeilen-Name. Der Ehrgeiz, in der Zeitung auf der ersten Seite (Politik) zu erscheinen neben Henry A. Kissinger, Franz Josef Strauß, Dayan etc. Dabei im privaten Umgang ganz schlicht, auf natürliche Art bescheiden-privat, bedürftig nach Sympathie, auch fähig zur Anteilnahme durchaus. En famille. Wenn der Kreis grösser ist, wenn Fremde zugegen sind, kann er nicht umhin, redet als Instanz: GERMANY'S GÜNTER GRASS. Ich schaue ihn an, er merkt es und merkt es nicht, er sagt: Max hat heute seinen melancholischen Tag. Ich treffe kaum jemand, der mit Sympathie von ihm spricht, das Freundlichste ist Bedauern.

UWE TIMM: *HEISSER SOMMER* (ROMAN)
Jemand ruft: Alles muß ausdiskutiert werden. Jemand fordert, das plebiszitäre Verfahren um jeden Preis zu wahren, und setzt es von der Mauschelei des Establishments ab. Viele klopfen, einige rufen: Venceremos, einer: Günter Grass. Alle lachen.

BRIGITTE REIMANN: *FRANZISKA LINKERHAND* (ROMAN)
Sie war launisch und verletzbar geworden, ein spöttisches Wort trieb ihr Tränen in die Augen, sie biß zurück, sie stritten wie Feinde über ein Buch von Granin, einen Unfall im Kombinat, Günter Grass als Wahllokomotive, Aufstand der Ibos, Leihwagensystem oder

Jedem-sein-eigener-Trabant, über den ochsenblutroten Putz im dritten Wohnkomplex: sie verteidigten längst nicht mehr Meinungen, sondern ihre Unabhängigkeit von der Meinung des anderen. Sie sind dagegen, weil ich dafür bin, schrie Franziska.

Peter Hacks: *Gespräch mit Manfred Durzak*
Grass, der ist als Schriftsteller wohl längst ausgebrannt. Sollte Siegfried Lenz je bei uns gedruckt werden, schicken wir Ihnen dafür den Friedrichstadt-Palast.

Wolf Wondratschek: »*Nimm mein Mädchen*« ... (Gedicht)
[...] lausige Interviews,
die ich immer in einer ausgedachten,
politisch symmetrischen Harmonie absolvierte,
rechts ein Konservativer, sonnengebräunt,
halbrechts der liberale Universitätslehrer, er läßt seine
Schwäche für Neger durchblicken, sobald es Zeit dafür ist,
in der Mitte Schweinchen Schlau,
daneben meistens Günter Grass – [...]

Charlie op den Draht: *Volkslied* (Satire)
Vor einiger Zeit äußerte sich Günter Grass zur Wahl des Bundespräsidenten und machte dabei deutlich, daß er den Kandidaten Walter Scheel nicht gut findet, denn dieser »legitimiert sich mit einer Schallplatte und volkstümelt«. Die Leute lasen es und vergaßen es, das selbsternannte Gewissen der Nation hatte wieder einmal in seiner Art vom Mißverständnis einer Drohgebärde Männchen gemacht. Das kennt man lange.
Etwas ganz anderes erregte das Interesse. War da nicht von einer Schallplatte die Rede? Zeitungsleser sind nicht immer Freunde volkstümlicher Platten. Da diese nun aber ein Politikum geworden war, wollte man wissen, was da eigentlich gespielt wurde. Auch uns erreichten viele Anfragen. Wir konnten nicht alle Briefe beantworten, hoffen aber im Interesse nicht nur der Briefschreiber zu handeln, wenn wir hier das Lied in seinem vollen Wortlaut abdrucken.

Mit seinen giftigen Klagen
Sitzt er auf hohem Roß,
Immerfort muß er uns sagen,
Was ihn schon wieder verdroß.
Alle will er verhauen,
Der große Angriff, der rollt.

Refrain:
Es wäre langsam Zeit zu überwintern,
Aber er klagt und er grollt.
Die Leser verlieren das Vertrauen,
Aber er klagt und er grollt.

Danzig ist in der Versenkung,
Und es gelingt ihm kein Buch,
Nur noch Metaphern-Verrenkung,
Das erklärt so manchen Fluch.

Refrain:
Vor dem großen Kesseltreiben
Trieb er's mit der Muse so hold.
Er möchte' ja so gerne wieder schreiben,
Aber er klagt und er grollt.

Nörgeln hör' ich und Keifen,
Die meisten sind ihm zu dumm.
Die Leute das Lachen verkneifen,
Keiner schert sich mehr drum.

Refrain:
Vor Wut beißt er sich in den Hintern,
Das hat er echt nicht gewollt.

WILLY BRANDT: *NOTIZEN ZUM FALL GUILLAUME*
    Günter Grass: »Denkmal« + andere Klugscheissereien

UWE JOHNSON: *BRIEF AN HANNAH ARENDT*
Schriftsteller in der Politik: Günter Grass hat den Abgang Willy Brandts verglichen mit dem Sturz Allendes durch das chilenische Militär. Wir sagen uns erleichtert, dass Herr Brandt wohl hätte noch eher gehen müssen, wären ihm die Ratschläge von Günter Grass nicht so bald verdächtig erschienen, aber der Anblick bleibt: Schriftsteller in der Politik.

WILLY BRANDT: *ÜBER DEN TAG HINAUS*
Politik ohne Menschlichkeit ist am Ende dazu verurteilt, Unmenschliches zu bewirken. Auch als Bundeskanzler habe ich nicht gezögert, darauf hinzuweisen, durch welche Beispiele ich mich ermutigt fühlte. Davon sprach ich im September 1972 bei der Gedenkfeier für Leo Bauer, den geplagten Weggenossen arbeitsreicher Jahre, dem Günter Grass in seinem *Tagebuch einer Schnecke* ein Denkmal gesetzt hat. Ich versuchte auszudrücken, was mir das Wesentliche an der Lebensleistung des Toten zu sein scheint: »Wir werden uns oft, zur Selbstkorrektur, an seine Bescheidenheit erinnern und an seine Fähigkeit zum Mitleiden am Leid und an der Not des Nächsten – zur ›compassion‹.«

ERWIN SCHÖNBORN: *SOLDATEN VERTEIDIGEN IHRE EHRE*
In keinem Land dieser Erde wäre es möglich, daß ein solcher Mann, mit der Verhaltensweise gegenüber seinem Volk, wie sie Willy Brandt gegenüber dem deutschen Volk praktizierte, auch nur Portier in einem Nachtlokal sein dürfte. Für die Masse der anständigen Deutschen kann man als Entschuldigung gelten lassen, daß sie weder seine Tätigkeit im Jahre 1946 oder die Vorgänge um den »Mord von Lübeck« noch seine antideutsche Schmähschrift kannten. In einem Falle jedoch fällt es uns schwer, einen großen Teil unseres Volkes freizusprechen und zwar in dem, den wir hier behandeln wollen, dem Fall *Katz und Maus,* denn der blieb nicht unbekannt; der stand ausführlich und aufsehenerregend in führenden deutschen Zeitschriften und Zeitungen. Wenn *Stern* und *Spiegel* in derartig großer Aufmachung über die Porno-Szenen des 15jährigen Sohnes des damaligen Bundesaußenministers berichteten, dann gibt es keine

Entschuldigung für jene Deutschen, die davon wußten, und die nicht mit allen Mitteln versuchten, die politische Karriere Willy Brandts zu beenden. Daß nicht nur seine Karriere nicht beendet wurde, sondern daß er danach Kanzler des westdeutschen Separatstaates wurde und schließlich auch noch den Friedensnobelpreis erhielt, ist ein Vorgang ohne Beispiel in der Geschichte der Menschheit. Er zwingt unser Volk für lange Zeit zu einer tiefen Scham.

Wir vom »Frankfurter Kreis Deutscher Soldaten« sind stolz darauf, damals gegen die Schande protestiert und demonstriert zu haben. Wenn unsere Aktion, mit ihrem Höhepunkt am 12. Februar 1967, keinen größeren Erfolg hatte, dann zeigt das nur, wie total besiegt wir waren und wie wenig Freiheit und Ehre uns zugestanden wird. Von der Unzulänglichkeit gewisser »deutscher« und »nationaler« Schwätzer soll hier besser geschwiegen werden. Es sind die gleichen Kräfte, die auch heute jede echte deutsche Aktion sabotieren oder diskreditieren.

Wenn wir den Fall jetzt veröffentlichen, dann wollen wir damit zeigen, wie sehr unser Volk geschlagen und zerrissen, und wie stumpf die Ehre vieler Deutscher geworden ist. Bestärkt hat uns dabei die Frechheit und Dreistigkeit der Programmgestalter des Deutschen Fernsehens, die es wagten, auch dieses widerliche pornographische Machwerk in die guten Stuben der Deutschen zu bringen. Schließlich bestärkten uns die Vorgänge um den Rücktritt Willy Brandts als Kanzler in unserem Entschluß, die Einzelheiten zu veröffentlichen, nachdem offenbar wurde, was wir 1967 nur ahnen konnten, wenn in dem Grundsatzreferat anläßlich der Tagung der Soldatenverbände in Frankfurt am Main über den 15jährigen Brandt-Sohn gesagt wurde: »In welcher geradezu grauenhaften familiären Atmosphäre muß dieser letztlich bedauernswerte Junge aufgewachsen sein ...«

<small>Der Schrift steht ein 1974 verfasstes Gedicht von Manfred Roeder voran, dem zeitweiligen Anwalt von Rudolf Heß. Das Gedicht lautet: »Rudolf Heß / ist keine Familienangelegenheit, / sondern der einzige rechtmäßige / Regierungsvertreter des deutschen Volkes / und das sieghafte Symbol / gegen 29 Jahre vergebliche Umerziehung / und Rechtlosigkeit. // Der Gefangene in Spandau ist der Garant / für unsere gerechte Sache und / unseren Wiederaufstieg!«</small>

1975

MARTIN WALSER: *BRIEF AN GÜNTER GRASS*
   Lieber Günter, ich krieg kaum Briefe, über die ich mich freue, Deiner war eine Ausnahme. Es gibt ja ein paar Kollegen, zu denen ich körperliches Vertrauen gefaßt hatte, hauptsächlich waren das Uwe und Du. Die Entwicklungen haben das förmlich zerrissen. Uwe ist zornig aus unserm Haus gestürmt vor bald einem Jahr, und ich scheue den Kniefall, den er wahrscheinlich erwartet, um sein Hinausstürmen vergeben zu können. Vor 10 Jahren habe ich zu jemandem gesagt, das Schreiben sei der angenehmste Beruf, weil man in diesem Feld die liebsten Leute treffe. Dann wurde alles auf einmal monströs...

GODEHARD SCHRAMM: *DAS KUPFER IST VERKAUFT* (GEDICHT)
   Und wenn du jetzt nach Freunden suchst:
   vielleicht triffst du Willy Brandt,
   und aus Rücksicht auf die Industrie wird er sagen:
   Vorstellungen vom Klassenkampf
   sind aus dem letzten Jahrhundert.
   Fortschritt – noch immer gleicht er einer Schnecke.
   Aber, haben Sie ein schnelleres
   Fortbewegungsmittel?
   fragte mich Günter Grass zurück,
   und das war weder Zynismus,
   noch Resignation – fast
   schäme ich mich: doch es klang
   wie Klugheit, nicht desillusioniert,
   eher mit einer Hand am Stock
   einer Rose aus Jericho –
   denn der Verwandlungstrick...
   denn der gelingt uns nicht,
   auch das braucht seine böse Zeit.

GÜNTER HERBURGER: *ZUR VERBESSERUNG DES FEUILLETONS*
(GEDICHT)
   Einfach Günter Grass darin bestätigen,
   nur noch zu kochen und Reden zu halten,
   doch beides in einem sozialdemokratischen
   Werbepilz vor dem Hauptportal
   Der Volkswagenwerke Wolfsburg.

HELMUT SCHELSKY: *DIE ARBEIT TUN DIE ANDEREN*
   Um es augenfällig zu machen: An die Stelle der Krupp und Ballin, der Thyssen und Flick und ihren Generaldirektoren und Aktionären als personhaften Symbolen der Ausbeutung des »Reiches der Notwendigkeit«, also der produktiven Arbeit, sind heute als sozialmächtige Konkurrenz doch längst die Böll und Grass, die Marcuse und Mitscherlich mit ihren intellektuellen »Show-mastern«, ihren Freizeitverdienern und ihren Agenten unter Ministern und Abgeordneten getreten. (Daß die Einkommensmillionen aus Klassenherrschaft sich bei den Böll, Grass usw. gegenüber den Krupp, Ballin, Thyssen usw. erheblich verringert haben, sei nicht unterschlagen; es ist eben alles billiger geworden, auch die Klassenausbeutung. Man könnte dies als sozialen Fortschritt preisen. Dagegen kann ich nicht die Bemerkung unterdrücken, daß eine unbefangene herrschaftssoziologische Analyse wahrscheinlich das Verhältnis von Grass zum Kanzler Willy Brandt mit dem von Ballin zu Kaiser Wilhelm II. als weitgehend strukturgleich beurteilen müsste.)

HEINRICH BÖLL: *DAS GEWISSEN DER NATION?*
   Es gibt ja dieses Wort vom Gewissen der Nation, das Grass und ich und andere sein sollten – das halte ich für lebensgefährlichen Wahnsinn; das Gewissen der Nation ist eigentlich ihr Parlament, ihr Gesetzbuch, ihre Gesetzgebung und ihre Rechtsprechung, das können wir nicht ersetzen und das maßen wir uns auch gar nicht an.

MARIANNE STRAUSS: *LEKTÜREGEWOHNHEITEN*
   Ich liebe es nicht, sämtliche Schattenseiten des Lebens auch nur

theoretisch kennenzulernen. Ich lese auch grundsätzlich kein Buch, das mir auf irgendeiner Seite nicht paßt (wie Grass oder Böll), ich tue es eben nicht...

ANONYMUS: *Der Tod von Holger Meins*
Beim Tod des zum harten Kern der Baader-Meinhof-Bande gezählten Holger Meins nach einem Hungerstreik in der Strafvollzugsanstalt Wittlich/Eifel liegt nach Ansicht des Schriftstellers Günter Grass der »begründete Verdacht der fahrlässigen Tötung« nahe. Auf einer Dichterlesung vor Strafgefangenen in der Kieler Justizvollzugsanstalt führte Grass am Donnerstag als Begründung an, daß Meins bei seinem Tod nur noch 38 Kilogramm gewogen habe und der Anstaltsarzt dennoch für 24 Stunden weggefahren sei. Auf weitere Fragen der Strafgefangenen erklärte Grass, daß die »Baader-Meinhof-Vereinigung« politisch angefangen habe, im Laufe ihrer Praxis jedoch verbrecherisch – eine »kriminell gewordene Vereinigung« – geworden sei. Die Mißstände in den Justizvollzugsanstalten der Bundesrepublik würden durch die Aktionen der Baader-Meinhof-Bande verdeckt und die Strafvollzugsreform unterlaufen.

FRANZ JOSEF STRAUSS: *Debatte zur inneren Sicherheit*
Meine sehr verehrten Damen und Herren, und wenn Sie vom Dunstkreis sprechen oder mich hier angreifen, Herr Kollege Brandt, darf ich Ihnen einmal einige ungute Tatsachen in Erinnerung rufen. Sie wissen doch, daß eine einsitzende Gewaltverbrecherin, Gudrun Ensslin, Mitarbeiterin im Wahlkonsortium von Günter Grass und anderen Schriftstellern war, die damals die Reden Ihres Wahlkampfes im Jahre 65 geschrieben haben...

KLAUS RAINER RÖHL: *Die Genossin* (ROMAN)
Im September [1966], zu einer der ersten Veranstaltungen im großen Auditorium Maximum der Universität, kam Heiner Heck nach Hamburg, zusammen mit Rudi Dutschke, der auch an der Forumsdiskussion teilnehmen durfte, es war übrigens dies die erste

Veranstaltung, auf der der später so bekannte Studentenführer Rudi Dutschke öffentlich auftrat.

Heiner Heck, der gebürtiger Görlitzer war und den breiten Dialekt aus Gründen der Popularität künstlich beibehalten hatte, kam, sah und siegte gewöhnlich, wo immer er hinkam. Hübsche, bildhübsche Mädchen, die meisten auch durchaus gebildet (also zumindest Jungbuchhändlerinnen), standen dutzendweise am Ausgang des Saals oder der Buchhandlung, wenn er eine Dichterlesung abhielt. Er hatte die freie Wahl. Jeder würde sich freuen, einmal mit dem Dichter der *Aussage* zusammen zu sein. Die *Aussage* hieß jenes erschütternde Buch über die Generation der Nichtmehr-Nazis, die sehr peinliche Fragen an ihre Eltern richtet. Sein Satz: »So wie wir heute unsere Eltern nach Hitler fragen, werden unsere Kinder uns einmal nach Adenauer fragen«, hatte ihm einen Prozeß gegen Adenauer und eine enorme Auflagensteigerung eingebracht, das Buch war monatelang auf der Sellerliste, und die *Weltbühne* hatte über Adenauers vergeblichen Kampf gegen Heck eine ganze Szene mit einem Chanson gemacht, die monatelang lief und das Buch noch berühmter machte. Heiner Heck hatte also in jeder Stadt die Wahl.

Diesmal aber fiel seine Wahl auf Katharina Holt, die sich immer noch nicht Luft, sondern gewissermaßen als Künstlernamen Holt nennen ließ. Er lernte Katharina am Abend nach der Forumsdiskussion kennen, obwohl an diesem Abend nichts programmgemäß ablief.

> In seinem autobiographischen Roman schildert Klaus Rainer Röhl, wie die Protagonistin Katharina Holt, hinter der sich Ulrike Meinhof verbirgt, in den Terrorismus gerät. Der Klappentext lautet: »Der Mann Ulrike Meinhofs schrieb den Roman, den außer ihm niemand schreiben konnte.«

ANONYMUS: *GRASS IN DER »DDR«?*

In einem Gespräch mit dem deutschsprachigen Dienst der BBC hat der Ostberliner Schriftsteller Rolf Schneider *(Die Reise nach Jaroslaw)* erklärt, er sei »guten Mutes«, daß Bücher von Günter Grass in »absehbarer Zeit« in der »DDR« erscheinen würden. Der gebürtige Danziger Grass ist dort bisher nicht verlegt worden.

JOACHIM KNAPPE: *FRAUEN OHNE MÄNNER* (ROMAN)

Der kleine Oskar stand mitten auf dem Marktplatz von Nettesheim und zersang kein Glas mehr, zeigte unverblümt sein Gießkännchen, das ihm zwischen den Schenkeln gewachsen war und hatte keine Blechtrommel mehr um, trommelte nicht mehr, trommelte schon lange nicht mehr. Die Blechtrommel hatten ein paar Millionen Autos breitgefahren, da war kein Ton mehr herauszuschlagen, da klang nichts mehr.

1976

PETER-PAUL ZAHL: *LITERATURFRIEDHOF*
 Das »Bundeseck«. Eine Marotte wie viele andere. Warum nicht? Ja, wenn hier nicht Hof gehalten würde vom Deutschen Dichterfürsten. Neuen wird erklärt, er (ER) trinke hier sein Bierchen. Ganz Mensch. Mensch unter Menschen. Schnauzbart unter Schnauzbärten. Goethes Stellvertreter auf Erden, Gerhart Hauptmann im Exil, alias Günter Grass.

PETER BURGER: *GÜNTER GRASS?*

... Ein Plebejer, der
den Aufstand
zu Kochrezepten verkommen ließ.
In die Hundejahre gekommen,
schnallt auch dieser Pappi
langsam, aber sicher
ab.

Was Wunder an Kraft
klang es mal
auf der Blechtrommel.
Heute schlurft
aus dem Schneckenhaus
ein altgewordener Hippie
vondannen.

WILLY BRANDT: *BRIEF AN GÜNTER GRASS*
 Ich glaube, Du irrst, wenn Du meinst, von Deiner langjährigen politischen Arbeit sei nicht viel übrig geblieben. Allerdings ist die SPD anders, als Du sie vor zehn-fünfzehn Jahren getroffen hast, und sie hat sich nicht nur nach vorn entwickelt. Das gesellschaftliche und geistige Klima hat sich auch nicht nur zum Vorteil verändert. Aber das meiste von dem, woran Dir lag, wird wiederkommen.

Heinz Piontek: *Dichterleben* (Roman)
   Er begann wieder, die Rezensionen in immer umfangreicheren Literaturbeilagen zu überfliegen, Funkessays abzuhören, in Zeitschriften nicht nur die Beiträge, auch die Verlagsannoncen zu lesen und bei Leuten, die Neuigkeiten wußten, aufzumerken. Höller war gerade aus England zurückgekommen und verkaufte in seinem ›Modernen Antiquariat‹ Taufrisches mit 30 Prozent Rabatt. Einer mit einem Stalinschnauz, bei dem man nicht wußte, lächelte er oder mahlte er mit den Zähnen, wurde so häufig abgebildet, daß man mit Sicherheit annehmen konnte, er beherrsche jetzt die Szene absolut. Neue, mächtig gewordene Kritiker machten die Musik. In München zum Beispiel Joachim Kaiser, ausgebildeter Pianist, der jetzt ebenso sublim wie mit Superlativen neue deutsche Kultfiguren schuf. Oder an der Elbe einer wie Reich-Ranicki (korrekt ›Ranitzki‹ ausgesprochen), der lustig wie ein Skalpell war und es nicht nötig hatte, auf jeder Hochzeit zu tanzen. Waren nicht alle mit ihnen einig?

Peter Härtling: *Brief an Günter Grass*
   Lieber Günter, / die Charakterisierung der Michaelis-Kritik als einen »länglichen Furz« hat mir wohlgetan, daß Du daran dachtest, der Kerl könnte mich wundgeschlagen haben. Einen Vormittag lang hab ich einen Buckel gemacht und geschwiegen; dann war ich drüber weg. Aber so ein Brief wie der Deine, der steift einem wieder die Seele. Danke! (Im übrigen sollte man Kritiker in Kurse schicken, in denen sie lernen, Bücher zu lesen. Bücher als Vorwand zu nehmen, sich selber herauszuputzen – das können die ohnehin. Gottlob vergeht der Gestank von Furzen!)

   Die Rede ist von der Rezension, die Rolf Michaelis zu Peter Härtlings Roman *Hölderlin* verfasst hat: *Mein Name sei Hölderlin*, in: *DIE ZEIT* vom 13.8.1976.

Martin Walser: *Tagebuch*
   Akademie der Künste. Günter Grass hat als Einziger aus unserer Abteilung etwas gesagt zu der Diskussion um die Gesamtschule in Berlin, für die die Akademie offenbar eine Art Patenschaft übernommen hat. Nachher einer, den ich nicht kenne: Also, Günter, du

kannst einfach zu allem etwas sagen. Grass hatte den Ausdruck eines Verteidigers des offenbar nicht billigenswerten Zustandes aufgenommen und hatte gesagt: Jetzt mögen es Kinderkrankheiten sein, aber in ein paar Jahren ... beschwörend, im Vollton, ungeheuer besorgt. Dann tauschen er und ich unsere Erfahrungen mit Uwe und Hans Magnus Enzensberger aus. [...]

Ich schlug Günter vor, in ein Pornokino am Ku'damm zu gehen. Günter wollte nicht. Ich habe Phantasie, ich geh doch in keinen Porno. Ich hätte nicht gedacht, dass du so altmodisch bist und in einen Porno gehst. Ich wusste nicht, was ich darauf sagen sollte. Ich hatte nicht das Gefühl, als müsse ich mich jetzt genieren.

1977

EVA-MARIA HAGEN: *BRIEF AN WOLF BIERMANN*
Was machst Du in Westberlin? Du riefst von Günter Grass aus an. Sympathische Erscheinung, kluge Augen, politischer Kopf mit Durchblick. An sein umfangreiches Werk hab ich mich immer wieder rangewagt mit Lust und Laune und bin irgendwann steckengeblieben zwischen den Klumpen masurischer Ackerfurchen; hatte mich überfressen an der derben Hausmannskost.

KURT HAGER: *ERKLÄRUNG VOR DER SED-KULTURKOMMISSION*
Eine scharfe Auseinandersetzung sollte mit Günter Grass geführt werden, der Herausgeber eines antikommunistischen Organs und Ideologe der rechten Sozialdemokratie ist.

BERNWARD VESPER: *DIE REISE*
Schließlich, auf der Müllkippe des Jahres, speit die Rotation der *Süddeutschen Zeitung* einen Abschnitt aus dem *Politischen Tagebuch* von Günter Grass in die Kioske; das ist nicht mehr der schwitzende Heros im Empfangssaal des Frankfurter Hofs, auf den junge Buchhändlerinnen rote Rosen werfen. Ganz Staatsmann, ganz Hofpoet, ganz Gerhart Hauptmann der 2. Deutschen Republik, blickt er auf den Strich, unter dem seine Kolumne abrollt, in den Zeilen, sehen wir ihn, wie er, ein Rosa-Luxemburg-Zitat eingelegt (›Freiheit ist immer nur Freiheit des Andersdenkenden‹), auf Wladimir Iljitsch und die leninistische Kaderpartei losreitet, ein entflammter Don Quijote, schockiert durch die marxistische Erbsünde des Antikapitalismus, die Obszönität der 50jährigen Weltrevolution. Mit dem Mut des Verzweifelten wirft er Stalin und Hitler, Lenin und Petrus, Marx und Jesus, Kaiser Konstantin und Trotzki, Franco und Breschnew in einen Topf, hoffend, daß aus dem Kochdunst die Gestalt des Sozialdemokraten als höchstes politisches und moralisches Prinzip der Geschichte aufsteigen möge. Da er aber selbst an die Wirkung seines Zaubertrankes nicht mehr glauben kann, wirft er sich, mit dem ganzen Gewicht seiner (selbst mitreißenden) Persönlichkeit

in den Strudel, ›ich als Sozialdemokrat‹ – ohne zu bemerken, daß niemand seinem Beispiel folgen will. So endet Lilis Abgesang auf das Jahr 1970 tonlos.

Weihnachten 1964/65?: Klaus Roehler nimmt uns mit in die Villa des GG, Louis XVI. auf abgespänten Dielen, im Ofen der in Teig eingebackene Kräuterbraten nach Art des Hausherrn, ich kehre meine besten Manieren hervor, während wir speisen, Roehler sagt: »Herr Vesper glaubt noch an die Revolution.« Und Grass, ein Rosa Luxemburg-Zitat eingelegt, reitet auf mich zu, mit traurigem Lächeln, »wissen Sie nicht, daß sie schon gesagt hat, daß …?« Ich wußte nicht. In meinem Kopf herrschte Leere, die die Erziehung der herrschenden Klasse dort zurückgelassen hatte. Ich sah auf seinen Finger, der vor seinem Munde zwischen den Enden seines Schnauzbartes zitterte. Aber der Lehrer ließ Milde walten, legte mir ein Stück Braten vor und empfahl uns (Gudrun [Ensslin] und mir) eindringlich, in die SPD einzutreten. (Ungeachtet des guten Bratens und der kaschubischen Kasuistik aber verließ mich keinen Augenblick lang das Gefühl, daß Veränderungen nötig wären, von denen ein hochselektierter SPD-Bonze noch nicht einmal zu träumen wagt. 1964: inzwischen sind 6 Jahre antikapitalistische Bewegung, Information, Aktion vergangen. Die Argumente des Liberalen haben sowieso nie etwas mit der Wirklichkeit zu tun; deswegen braucht er sie auch nie zu verändern.) Derartige Zweifel brachten uns bald um den Ruf, politisch verantwortliche hoffnungsvolle junge Leute zu sein.

FRITZ J. RADDATZ: *GG + BB. EINE REVOKATION*

Als Günter Grass seinerzeit bei der Gruppe 47 aus seinem *Plebejer*-Stück vorlas, gehörte ich zu seinen heftigsten Kritikern. Er hatte mir an einem Denkmal gewackelt, vielleicht brodelte bei mir auch noch der so schöne Vergleich eines bundesrepublikanischen Außenministers – Brecht = Horst Wessel – nach, als Kritik-Sperre. Liest man Grass' Stück neu, so ist zu sagen: dieses ist nicht nur ein dramaturgisch kunstvoll geglücktes Drama, sondern auch ein politisch richtig argumentierendes Pamphlet. Es ist die Denkvariation zum Thema Macht und Moral und Verantwortlichkeit – und damit, ihn widerlegend, ein Exerzitium bester Brecht'scher Manier. Es ist die umgewendete Antwort auf Max Frisch's berühmte Frage nach der Darstellbarkeit der Wirklichkeit auf der Bühne: »Kann man Bertolt Brecht auf der Bühne darstellen?« »Ja, als einen veränderbaren«.

UWE JOHNSON: *BRIEF AN FRITZ J. RADDATZ*
Gast [bei der Gruppe 47] war ich gerne. Tatsächlich konnte man lernen, welche Fehler beim Vorlesen zu vermeiden sind, oder, anders herum, wie einer sich selbst vermittels seiner Gedichte versteht, so dass man rechtzeitig erfuhr, wie die Gedichte von Günter Grass später im Druck aufzunehmen seien. Zum Erschrecken war es andererseits, wenn Ingeborg Bachmann ihr Gedicht *Liebe – dunkler Erdteil* der verstörten Zuhörerschaft ein zweites Mal vorlesen musste und dann einer fragte, in welchem verzweifelten Sinne dies nun mit Afrika zu tun haben könne. Das war 1961 in der Göhrde (wenn mich die Erinnerung nicht täuscht), und 1960 hatte ich in Aschaffenburg am eigenen Leibe die Risiken solchen Kritisierens aus dem Stand erfahren dürfen: nachdem ich etwas vorgelesen hatte, in dem unter anderem auch ein Vater vorkam, verwandelte Günter Grass sich aus einem Nachbarn und Freund in einen Psychologen, der bei mir ein Vater-Trauma feststellte, väterlich warnend. An dieser Funktion der Tagungen hatte ich seither Zweifel. Aber ich war gerne Gast.

WOLFGANG HILDESHEIMER: *BRIEF AN GÜNTER GRASS*
Völlig neidlos möchte ich Dir bestätigen: Du schreibst eben besser als alle Anderen. Vielleicht haben Dir das Andere auch schon bestätigt. Aber vielleicht doch nicht neidlos?

HANS F. NÖHBAUER: *BRIEF AN GÜNTER GRASS*
Lieber Herr Grass, / aber das ist ja gar keine Frage: Natürlich würde ich gerne ab Ende Mai im *Butt* schmökern – bisher hole ich mir, sehr, sehr spärlich noch, die kleinen Fischportionen aus den Gazetten ... und das sind, wenn Sie ein erstes Leserurteil interessiert, echte Appetithappen (die's freilich dem Leser – Gott sei Dank – nicht leicht machen, ein fixes Urteil abzupacken. Ich könnte mir denken, das liegt, wenn's so weitergeht und wenn ich mich nicht verlesen habe, zwischen dem getrippelten Danzig und jenem *Tagebuch einer*

Schnecke, das ich noch immer zu den unterschätztesten Romanen der letzten zehn Jahre zähle ... aber nun bin ich auf dem besten Wege, mir schon zu viele Gedanken über den *Butt* zu machen; zu viele Gedanken zu früh. Jedenfalls bin ich sehr neugierig auf diesen Fisch, der sich ja auch graphisch, wie ich dem Fernsehen entnahm, sehr gut präsentiert.)

VOLKER SCHLÖNDORFF: *TAGEBUCH*
Heute zum ersten Mal *Die Blechtrommel* gelesen, nicht an einem Tag natürlich. (Damals, als das Buch erschien, 1959, war ich Assistent bei Louis Malles *Zazie in der Metro.* Deutsche Literatur interessierte mich nicht. Erst durch den langen Aufenthalt in Frankreich, immer wieder mit »Du, als Deutscher« angesprochen, bin ich mir meines Deutschseins richtig bewußt geworden.)
Ich versuche mir einen Film vorzustellen, der von der *Blechtrommel* ausginge. Das könnte eine sehr deutsche Freske werden, Weltgeschichte von unten gesehen und erlebt: riesige, spektakuläre Bilder, zusammengehalten von dem winzigen Oskar. Eine Ausgeburt des zwanzigsten Jahrhunderts hat man ihn genannt. Für mich hat er zwei zeittypische Eigenschaften: die Verweigerung und den Protest. Er verweigert sich der Welt so sehr, daß er nicht einmal mehr wächst. Wachstum null. Er protestiert so lautstark, daß seine Stimme Glas zerbricht. So gesehen ist er uns heute sogar näher als vor fünfzehn Jahren bei Erscheinen des Buches.
Ich empfinde die Möglichkeit, an der *Blechtrommel* zu arbeiten, als eine Herausforderung, der man sich nicht entziehen kann. Also willige ich ein. Ohne auch nur die geringste Vorstellung zu haben, wie ich es machen werde, lasse ich mich darauf ein. Ich ahne, daß es mehrere Jahre dauern wird. Gerade deshalb zögere ich nicht, mich darauf einzulassen.

WALTER HÖLLERER: *POSTKARTE AN GÜNTER GRASS*
Lieber Günter, gestern und heute habe ich den *Butt* von vorn bis hinten gelesen. Da hast Du ein prima Buch in die Welt gesetzt.

Illustration: Klaus Puth

WOLFGANG HILDESHEIMER: *BRIEF AN GÜNTER GRASS*
Lieber Günter / Silvia und ich sind zutiefst im Banne des *Butt,* wir reden praktisch von nichts anderem. Das ist ein JAHRHUNDERTBUCH. Soweit ich es beurteilen kann, ist nach *Finnegans Wake* – mit dem es ja zyklen-formal Ähnlichkeit hat – nichts Gleichwertiges geschrieben worden. Ich gratuliere Dir – auch im Namen der hingerissenen Silvia / Dein Wolfgang

SIEGFRIED UNSELD: *BRIEF AN GÜNTER GRASS*
Lieber Günter Grass, / zwei freundliche Zufälle spielten mir ein Leseexemplar Ihres Romans *Der Butt* zu und auch einen »freien« Tag, ich hatte meinen Mitarbeitern für den 10. Juni einen »ponte« eingeräumt, dies aber für mich vergessen. Ich werde diesen Tag mit dem Butt nicht vergessen. Die Lektüre hat mich von allem Anfang an fasziniert und wirklich in ihren Bann geschlagen. Sie haben da ein meisterliches Buch geschaffen und ich möchte Sie herzlich dazu beglückwünschen. Daß Sie auf dem Markt und bei der Kritik Erfolg haben werden, ist wichtig und unschwer vorauszusagen, aber ich hoffe, daß Sie viele solche Leser haben, die so betroffen werden. »Nur das Märchen ist wirklich«, schreiben Sie. Das Märchen dieses Romans hat eine große Wirklichkeit.
Herzlichen Dank und herzliche Grüße,
Ihr alter Siegfried Unseld

ELISABETH BORCHERS: *BRIEF AN GÜNTER GRASS*
Lieber Günter, / ich kann der Versuchung, Ihnen ein Wort zu schicken, nicht widerstehen. Ich habe eben in der *FAZ* den Anfang gelesen, nachdem ich schon wusste, was Siegfried Unseld weiss: dieses Buch muss ein Himalaya sein!

VOLKER SCHLÖNDORFF: *TAGEBUCH*
Erster Besuch bei Günter Grass mit Franz Seitz. Er hat uns einen Linseneintopf mit Bauchspeck gekocht. Wir kommen sofort aufs Thema. *Die Blechtrommel* ist das Gegenteil eines Entwicklungsromans: alles und alle um Oskar entwickeln sich – nur er nicht. Oskar

verkörpert die Rachsucht des Kleinbürgers und seinen anarchischen Größenwahn. Bedeutung der Gegenstände, die oft sogar die Handlung auslösen wie beim nouveau roman: die Trommel, die Standuhr, der Kronleuchter, die Skatkarten, das Halsband, das Parteiabzeichen, erklärt Grass.

Trotz lebhafter Gespräche bleiben wir uns fremd. Ich bekomme Panik vor dem Ausmaß des Unternehmens und Angst vor dem Autor. Das meiste, was sich im Buch wie frei fabuliert liest, ist für ihn erlebte Wirklichkeit.

Der Film darf nicht inszenierte Literatur werden. Grass schreibt ja auch nicht nur gegen die Behauptung an, es könne kein Roman mehr geschrieben werden, sondern die Geschichten drängen sich in ihm als Erlebtes, das er mitteilen muß. Woher wird beim Film diese innere Energie kommen?

In Bölls Wut z. B. konnten wir bei *Katharina Blum* mit unserer eigenen einsteigen und sie fortführen. Grass dagegen spricht von sich, seinen Erfahrungen und seinen ureigensten Träumen; ihm und seinem starken Ich dabei zu folgen ist schwer; anders als bei Böll, der sich selbst ausspart und in viele Personen versetzt. Hat man denselben Impuls wie Böll für oder gegen eine Sache, fällt es leichter, sein Personal zu übernehmen und darzustellen – es ist selten unmittelbar autobiografisch: bei Grass trotz aller Übertreibungen immer. Die Wohnung am Labesweg, der Petroleumfleck an der Wand, die Menschen, alles ist ganz konkret, sicher auch die vier/fünf Röcke der kaschubischen Großmutter, deren Gebiß (»gesunde, starke Zähne mit breiten Lücken dazwischen«) er beschreibt wie sein eigenes.

Ich muß also zunächst einmal meine Beziehung zu Oskar klarstellen. Ich halte mich an die Kindheit, suche den Oskar in mir. Meine Filme sind nur gut, wenn ich mich mit einer Person so identifizieren kann, daß sie mir den Einstieg möglich macht.

Viel über Danzig, Kleinbürger und Nazis gelesen, Zeitungen, Romane, Dokumente.

HANS F. NÖHBAUER: *BRIEF AN GÜNTER GRASS*
Ich habe, soweit das möglich war (störend wirkten: 3 × tägliches Hungergefühl, Schlafbedürfnis nach etwa 18 Stunden etc.) den *Butt* in einem Zuge gelesen – und war besoffen und überwältigt und be-

geistert ... und wenn ich jetzt mit den Details begänne, bekämen Sie einen unhöflich langen Brief. Denn zu rühmen und zu preisen wäre ein gescheiter, witziger, fabelhafter – kurzum: ein GROSSER Roman.

SIEGFRIED UNSELD: *BRIEF AN GÜNTER GRASS*
Inzwischen werden Sie ja sehr viel Zustimmung zu Ihrem neuen Buch erhalten haben. Ich habe übrigens auch noch nie erlebt, wie sehr ein Leseexemplar wichtig genommen wurde und daß es allen, auch mir, ein besonderes Vergnügen machte, schon so weit im voraus den Text lesen zu können. Seien Sie sicher, dieses Buch wird eine große Wirkung haben.

EMMA: *PASCHA DES MONATS*
Er pirscht sich ran. An die Frauenfrage. Günter Grass, als Pascha kein Neuling. Zur Zeit seiner *Blechtrommel* saß er den Frauen noch unter den Röcken. Jetzt kriecht er uns auf den Schoß. Propagiert die Legende, die Frauen seien von Natur aus die besseren Menschen. Ausersehen, nun die böse Welt und vor allem die armen, bösen Männer zu retten. Und jetzt will er auch noch unser Maskottchen werden. Sein neuer Roman *Der Butt* sei – so verspricht der Klappentext – die »ungeschriebene Geschichte der Frauen überhaupt«. Nicht unbescheiden. Mit diesem Ziel nun rast Gege auf 694 Seiten durch die gesamte Weltgeschichte. Von den steinzeitlichen Müttern, dreibrüstig, »Aua« genannt, über Zeugungen, »Klitorisentstehung« bis zu den Feministinnen von heute. Günter war überall dabei. Vor allem bei den Frauen, »die sich aus vagen Gründen als lesbisch begriffen und deshalb einem feministischen Zirkel angehörten, dessen erstes Gebot den radikalen Verzicht auf penetrierende Männer aussprach«. Toll, wie er sich da auskennt. Gege hat emsig gesammelt, weiß alles, verwurstet alles. Der zu erwartenden feministischen Kritik versucht er auch gleich die Luft abzulassen: »Der Herr Schriftsteller suche wohl Stoff, wolle sich anbiedern, mal schmarotzen, seine Komplexe in Literatur ummünzen«, läßt er sein feministisches Tribunal prophetisch formulieren. Exakt so ist sein Buch. Und dabei weit davon entfernt, »pralle Dichtung« zu sein. Es ist halt leidig, wenn man über

Sachen schreibt, die einen nichts angehen. Da können Bildungsberge aufgetürmt, der Zeitgeist hart bedrängt, winzige Kuriosa gesammelt werden. Am Ende kommt doch nur Geschwätziges dabei heraus. Wort- und Ideengeklingel. Armer Gege. Hättest du abgelassen von den Frauen, du wärst (vielleicht) ein Dichter geblieben. So aber reichts nur zum modischen Softy mit Schnauzbart.

JÜRGEN LODEMANN: *DAS GROSSE FRESSEN*
Dies ist in der Tat die Rückkehr eines Autors aus der politischen Tagesaktualität in die Welt der Magie, er geht zurück auf den Weg des schönen Scheins, seine Sprachkunst serviert uns auf siebenhundert Seiten ein lukullisches Lese-Mahl von soviel Abwechslung, Würze, Zutaten und in so geschickter Dramaturgie, daß man sich das Buch wie eine große alte Hochzeitstafel drei volle Tage lang gern einverleibt, ohne vom großen Fressen irgendwann lassen zu wollen.

GEORGE TABORI: *BRIEF AN GÜNTER GRASS*
Ich denke, Sie werden mittlerweile all der Lobesfeiern des *Butt* überdrüssig sein, aber ich muss meine Freudenschreie hinzufügen, dass in dieser anal-faschistischen Welt, in der alles Scheiße ist, diese große orale Gleichsetzung kommt, dieses Kochen-Essen-Ficken-Erzählen, und die wiedergefundenen Freuden an der Sprache als etwas Sinnlichem, das einem Zähne und Zunge und alle Speicheldrüsen aktiviert.

Und natürlich meine eigenen Affinitäten mit allem, was Sie über Frauen zeigen und sagen. Und damit einher geht mein ehrfürchtiger Neid – denn hier ist ein Buch, das erste seit wann? – das ich selbst gern geschrieben hätte und es in gewisser Weise tat, das in unterschiedlichstem Wortsinne so viele meiner Beschäftigungen und Versuche berührt. Vor etwa 12 Jahren schrieb ich eine Trilogie von Stücken – ich nannte sie die Eating Plays – nur Kannibalen gingen daraus hervor, was, wenn Sie unter der historischen Oberfläche kratzen, nicht von KZs handelt, sondern von dem, was Kott das Gott-Essen nennt, oder Vater-Essen. Und wie schön es Ihnen gelingt, die mythologischen Aspekte von all dem »gastronomischen« Selbst zu zeigen, das überhaupt nicht gastronomisch oder kulinarisch ist, sondern die unterste Stufe menschlicher Anstrengung, unserer größten Leidenschaften und größten Ängste. Somit kommt, jenseits von Neid und Bewunderung, meine tiefste Befriedigung daher, dass jemand aus Danzig (!), der so anders ist als ich, meine tiefsten Geheimnisse ausspricht. So kann ich nunmehr ausruhen und es lesen, statt es zu schreiben.

Unlängst habe ich in Bremen eine Version von Kafkas Hungerkünstler gespielt – dieselbe Sache nur aus einem anderen Blickwinkel, aber es bestätigt, dass die wichtigste Frage tatsächlich ist Essen Oder Nicht Essen. Kafka antwortete negativ, weil er anders als Sie niemals die Nahrung fand, die er wirklich liebte, d. h. Diese Dritte Titte.

Was ich meine, ist, dass Sie mein Bruder sind, der verlorene, der den ich niemals hatte, aber haben wollte. Vielen Dank für diese Erleichterung.

MARCEL REICH-RANICKI: *VON IM UN SYNEN FRUEN*
Fazit: Grass ist, alles in allem, gescheitert. *Der Butt* dokumentiert einen künstlerischen Fehlschlag. Aber seiner vielen Schwächen zum Trotz beweist der Roman, wer der originellste deutsche Erzähler dieser Jahre, wer der neben Wolfgang Koeppen größte Meister der deutschen Sprache unserer Zeit ist: Günter Grass.

EINAR SCHLEEF: *TAGEBUCH*
In der heutigen *FAZ:* Der Kritiker Reich-Ranicki über Grass' *Der Butt,* dort sei ein Grunewaldausflug beschrieben, wobei eine junge Frau auf eine Kiefer klettert und dort oben onaniert. Nun wisse man, dass junge Frauen gern und häufig onanieren, aber muß es denn gerade auf einer Kiefer sein. Leider habe ich den Artikel nicht mehr gefunden, dabei eine Zeichnung von Grass, der an 3 Titten nuckelt.

Der Butt: Kochrezepte. Mit Übelkeit. Ein Bestseller wie *Die Blechtrommel.* Der Samen spritzt ins Wasser wie die Bouillon in die Tasse.

Peter Handke: *Brief an Alfred Kolleritsch*
Das Buch von Grass habe ich redlich versucht zu lesen, kam aber an keinen Moment der Wahrheit. Aber das ist ja ein allgemeines Problem.

Wolfgang Hildesheimer: *Brief an Fritz J. Raddatz*
Wer das Buch negativ beurteilt, wird in der Literaturgeschichte dafür geradezustehen haben, er wird Mühe haben, aufrecht stehen zu bleiben. Ich kann mir die Fehlurteile, deren es ja wohl nicht sehr viele geben kann, nur als Affektreaktionen vorstellen, gewiß wird es auch einige neidvolle Schreiber geben, die das Buch schlecht finden, weil sie es nicht selbst geschrieben haben. In Wirklichkeit kann das Günter aber gar nichts anhaben. Wie ich in der *Welt* lese, sind die ersten Hunderttausend schon weg, für die materielle Seite ist, trotz Karasek & Ranicki, keine Gefahr, und daß Günter hier ein ganz großes Buch geschrieben hat, muß er doch selbst wissen. Wenn nicht, sagen Sie es ihm.

Carola Stern: *Brief an Günter Grass*
Herzliche Glückwünsche zum *Butt,* zum Verkaufserfolg und den positiven Rezensionen. Zöger und ich haben uns alle Besprechungen Sonntagnacht vorgelesen.

Hans Werner Richter: *Brief an Günter Grass*
Lieber Günter, / ich bin bei Seite 328, viel Spaß, viel Vergnügen, viel Schmunzeln, keine Langeweile. Ein herrliches Buch. Da kann ich nur gratulieren. Manchmal habe ich den Eindruck, als hättest Du es für mich geschrieben, so sehr spricht es mich an. Die letzten Steinbutte, die ich gesehen habe, sah ich in Bansin vor vier Jahren. Ein Cousin von mir (Fischer) brachte sie aus der Ostsee mit. Mein Bruder hat sie ausgenommen und wir haben sie dann weiß und in Dill gekocht. Übrigens Wolgast, Rügen, Hiddensee, das alles ist im größeren Umkreis meine Heimat. Deine Freundin kenne ich. Ich habe sie auf dem Ponyhof und bei Bahlsens gesehen. Ich freue mich, daß sie mitkommt. Wahrscheinlich haben wir zwei schöne

Tage in Saulgau vor uns. Alle freuen sich, nur Walter Höllerer hat abgesagt: er findet ein solches Treffen »Vereinsmeierei«. Nun soll er. Für Sonnabend-Abend habe ich eine Kapelle aus jungen Oberbayern: einen Töpfer, einen Tischler, einen Vertreter und einen Maler. Sie spielen Schlager der letzten zwanzig Jahre. Du kannst also das Tanzbein schwingen.

Nun habe ich noch etwas vor, zu dem ich gerne Deine Meinung wüßte. Da ich Dein Buch für etwas ganz Besonderes halte, spiele ich mit der Idee eines kleinen *Butt*-Festivals. Etwa so: Du liest ein kurzes Kapitel, vielleicht das mit Olle Fritz, nur einen Bonbon sozusagen. Dann anschließend lesen drei Kritiker ihre Kritiken dazu: etwa Kaiser, Reich-Ranicki und, ich dachte zuerst an Hans Mayer, aber da er noch nicht so weit ist, hat er mir zu Raddatz geraten. Dann sprechen wir alle über die Kritiken, über Methoden, Form und so weiter, also eine Art Kritik der Kritik. Was hältst Du davon?

> Die Idee einer »Kritik der Kritik« wird bei der Tagung der Gruppe 47 umgesetzt. In der Diskussion erzielt Günter Grass einen Lacherfolg, als er Bedauern darüber äußert, dass das neue Ehescheidungsrecht, das auf dem ›Zerrüttungsprinzip‹ beruht, nicht auch auf sein Verhältnis zu Marcel Reich-Ranicki angewandt werden könne.

Wolfgang Ignée: *Kartoffelsupp, Kartoffelsupp*

Kurz und gut: das Grass- und Buttfieber hat uns ergriffen. An lauten Tankstellen, auf stillen Almen, unter Strandschirmen, wo sie noch stehen, wird gelesen, diskutiert, rezensiert, werden Rezensionen rezensiert, wird um den »Vatertag« gerungen, wird nicht darum gerungen, wird der Schluß gelobt, wird der Anfang verworfen, wird mitgeredet, mitdiskutiert, mitrezensiert, stehen einige herum, die nicht mitreden, die sich schämen (Schämt euch!), weil sie das Wunderbuch noch nicht gekauft, noch nicht gelesen haben, in ihm nicht weiterkommen.

Luise Rinser: *Tagebuch*

Er sollte seinen Namen ändern, er heißt Grass, aber Jürgen Grass. Für zwei Grass ist kein Platz auf der Literaturweide unseres Landes, so scheints.

Hans Christoph Buch: *Aus meinem literarischen Bestiarium*
   Das GRASS (von urkaschub. *grźć: onomatopoëtische Beschreibung des Knirschens seiner gewaltigen Kiefer) war früher in der Weichselmündung bei Danzig heimisch und soll dort einst sehr zahlreich gewesen sein. Das Gr. ist ein *Allesfresser,* bevorzugt jedoch frischen Fisch (Aal, *Butt!*) und derbe fleischliche Kost (Innereien et al.); manchmal gibt es sich auch mit einem Linsengericht zufrieden. Durch die Eindeichung der Weichsel in seinem Bestand gefährdet, wanderte es nach dem Kriege westwärts, wo es in den Sümpfen von *Friedenau* und, nach deren Trockenlegung, in den Marschen der *Unterelbe* ideale Laichbedingungen vorfand. Ähnlich wie sein Vetter, der inzwischen ausgestorbene europäische Biber, zeichnet es sich durch spitze Klauen und einen scharfen *Biss* aus; es wird als trotzig und angriffslustig geschildert, erweist sich bei vorsichtiger Annäherung jedoch als gutartig. Von Natur aus eigenbrötlerisch, schliesst es sich zuweilen artfremden Herden an, zu deren Leittier es sich gerne aufwirft; so wurde es mehrere Sommer lang in Gesellschaft von *Lemmingen* beobachtet, von denen es sich jedoch, vor dem kollektiven Sprung in den Abgrund, rechtzeitig distanzierte.
   Wenn es kalt wird, zieht es sich zum Winterschlaf in seine Behausung zurück, wo es ein lieblich pfeifendes oder schnarchendes Geräusch erzeugt – den *Erzählton,* der erst wieder aussetzt, nachdem es den im Sommer angesetzten *Erzählspeck* restlos aufgezehrt hat. Hernach frisst es wieder mit gutem Appetit und geht seinen üblichen Geschäften nach, unter denen die *Fortpflanzung* den ersten Platz einnimmt. Obwohl das Gr. häufig Flurschäden anrichtet, wird es, seiner Seltenheit wegen, nicht zum Abschuss freigegeben.

Volker Schlöndorff: *Tagebuch*
   Mit Franz Seitz auf dem Kongreß Kleinwüchsiger Menschen in Goslar. Etwa 60 Zwerge in der Kaiserpfalz. Ergebnis: Oskar kann kein Zwerg sein, Oskar muß ein Kind sein, und zwar möglichst ein kleinwüchsiges. Ich spreche mit spezialisierten Ärzten, um an solche Kinder heranzukommen. Das ist nicht ganz einfach. Es ist zwar nicht mehr so wie früher, daß eine Familie, in der ein Liliputaner geboren wird, ihn versteckt, aber Öffentlichkeit sucht man auch nicht gerade. In München erzählt mir Dr. Butenandt vom Sohn eines Schauspie-

lers, den er mir, ohne die ärztliche Schweigepflicht zu verletzen, nennen könne: David Bennent. Seinen Vater, Heinz Bennent, kenne ich gut. Er hat Katharina Blums Anwalt Blorna gespielt. Ich habe ohnehin an ihn gedacht – als Besetzung für den Gemüsehändler und Pfadfinderführer Greff. Das wird er mir jetzt nur schwer glauben.

Seinen Sohn habe ich nie gesehen. Familie Bennent ist in Ferien auf einer griechischen Insel. Ich schreibe ihnen einen Brief.

MARTIN WALSER: *TAGEBUCH*

Günter Grass mit Ute, deren Mutter in Gaienhofen sie besuchen. Beide sind sehr angenehm. Wie sie das Haus in der Niedstraße in Berlin umgebaut haben, dass Anna und er getrennt sind. Nur, dass sie noch eine Haustüre gemeinsam haben, findet Ute nicht so gut. Wegen Annas Mann. Er leidet unter Günters Schatten. Günter Grass sagte beiläufig, dass er Fischfilets nicht leiden könne. Wenn Käthe nicht krank gewesen wäre, hätte er bei uns welche bekommen.

MINISTERIUM FÜR STAATSSICHERHEIT: *INFORMATION 709/77*

Hetzerische Ausführungen von Günter GRASS zu angeblichen Willkürmaßnahmen der DDR gegen Kulturschaffende und andere Intellektuelle.

Informiert wurde über eine am 24.8.1977 stattgefundene Veranstaltung im »Deutschen Literaturarchiv« Marbach/a. Neckar, auf der Günter GRASS nach erfolgter Lesung aus seinem Roman *Der Butt* sich in hetzerischen Ausfällen über angebliche Willkür- und Terrormaßnahmen der DDR gegen Kulturschaffende und andere Intellektuelle erging.

Diese Veranstaltung wurde von einem ZDF-Team gefilmt; der letzte Teil der Veranstaltung – die Hetze gegen die DDR – soll nach Äußerungen eines Kameramannes am 6.9.1977 in der ZDF-Sendung »Kennzeichen D« ausgestrahlt werden.

GRASS bewertete die Inhaftierung des Rudolf BAHRO als »Zwangsmaßnahme und Terror gegenüber Andersdenkenden« in der DDR.

Ein weiteres Beispiel für Repressionsmaßnahmen gegen Intellektuelle sei Hans-Joachim SCHÄDLICH, dessen Buch *Versuchte Nähe* demnächst im Rowohlt-Verlag herausgegeben werde. Die Lage von SCHÄDLICH in der DDR wäre deshalb so »miserabel«, da er in der BRD keine Öffentlichkeit habe. Deshalb wolle er – Günter GRASS – einen Beitrag leisten, Schädlich bekannt zu machen, und fordere dazu auf, dessen Buch zu kaufen und zu lesen.

Er finde es »schrecklich«, daß BRD-Verlage nur ein finanzielles Interesse an Schriftstellern und ihren Werken aus der DDR haben. Für die Autoren selbst, die in der DDR staatlichen Zwangsmaßnahmen ausgesetzt wären, würden die Verlage nichts unternehmen. Bei Reiner Kunze sei dies anders gewesen; er hatte in der BRD eine »breite Lobby«. Nur deshalb hätten die DDR-Behörden es nicht gewagt, gegen KUNZE physischen Zwang auszuüben. Am Beispiel KUNZE sei deutlich geworden, daß er nur deshalb »freigekommen sei«, weil sich eine breite Öffentlichkeit in der BRD für ihn »stark gemacht« habe.

Für ihn selbst bedeute übrigens SCHÄDLICH als Schriftsteller mehr als KUNZE.

GRASS las aus dem Buch *Versuchte Nähe* vor, in dem vornehmlich Vernehmungs- und Abhörmethoden des MfS behandelt werden.

Seinen eigenen politischen Standpunkt erklärend, bezeichnete GRASS sich als »demokratischer Sozialist«. Entsprechend diesem ideologischen Standpunkt stünde er konträr zur Bundesregierung unter Schmidt. Bei Brandt hingegen habe er einige Ansätze in Richtung »demokratischer Sozialismus Politik« gesehen.

EVA FIGES: *BRIEF AN GÜNTER GRASS*

Aber ich finde es sehr grosszügig, dass Du so viel für Schädlich gemacht hast. Ich hoffe, sein Leben im Westen wird erfolgreich und glücklich sein.

VOLKER SCHLÖNDORFF: *TAGEBUCH*

Mit David Bennent auf dem Oktoberfest. Ich hatte vorher mit seinem Vater telefoniert, um ihn abzuholen. Als ich ihn am Straßenrand stehen sehe, weiß ich, daß der Darsteller des Oskar Matzerath gefunden ist.

Ich photographiere David auf dem Oktoberfest, zusammen mit

anderen Kindern zwischen drei und zwölf, um die Größenverhältnisse und das Verhalten zu vergleichen. David ist der Kleinste, wirkt aber am ältesten. Seine Eltern haben ihm das Buch schon vorgelesen. Er weiß Bescheid. Vom ersten Moment an haben wir einen professionellen Kontakt. Er weiß, daß er die Rolle seines Lebens gefunden hat und auch, daß er seine Rolle im Leben gefunden hat: Schauspieler sein. Abends sagt er zu seinem Vater: »So eine Rolle hast du nie und wirst du nie spielen!« – Auch seiner Schwester Anna gegenüber – sie hat in der *Wildente* gespielt – triumphiert er. / Die Fotos belegen den spontanen Eindruck: David hat Präsenz.

HERMANN KINDER: *DER SCHLEIFTROG* (ROMAN)
Der Trommler. Der mit den Welten im Kopf. Der mit dem kaschubischen Vorbiß. Der Aalliebhaber und Kuttelnfresser, der Brausepulverschlecker und Weihrauchschnupfer. Der machte das Tor auf, packte seinen Koffer in Berlin, verließ den deutschen Nabel der Welt, dem war eine Reise aus Berlin die Partei schon wert, der ließ freiwillig hinter sich: Karajan, Biermann und die Rixdorfer, Höllerer und seine Leute, den Tsak und den Wagenbach, die Wühlmäuse und das Bügelbrett, die Akademie und die besoffenen Studenten bei der dicken Wirtin in der Carmerstraße, das beworfene Amerikahaus, der verließ sein großes Arbeitszimmer und das gerade von Uwe Johnson reparierte Tonbandgerät, küßte seine Frau am blaugestrichenen Gartenzaun (alles wußte ich über ihn und Berlin, die Morgenröte der Kultur), der stieg herab, zog durch die Provinz und war sich nicht zu schade, für die SPD zu trommeln, in die vollen Säle meißelte er seine Stakkato-Sätze, sang sein ›Loblied auf Willy‹, stapfte mit breitgestellten Ellenbogen in Münsters Lindensaal, wo an andern Abenden sich der Tanzclub lateinamerikanisch drehte und nicht aus dem Rahmen fiel, der trug kein Seidenhemd, kein Nyltesthemd, dem baumelte schräg ein roter Wollschlips überm bunten Hemd, die Haare wuchsen dem bis an die Ohren, der war das Original und sein Schnauzbart dicker und wüster als die der studentischen Rebellen im Saal, der schwebte nicht über den Wassern, sondern saß mittendrin im bundesdeutschen Sumpf und war doch ein Künstler, der patschte, spritzte, gurgelte und rollte das R, donnerte, mahnte, drohte: *Wer Ohren hat, höre: Es ist fünf Minuten vor zwölf. Packt den*

Willy in den Tank! Der war ein Dichter und ein Politiker, der hielt die Wirklichkeit und die Phantasie ununterscheidbar fest in seinen bißstarken Zähnen.
Das war ein Vorbild.
Großer Beifall.
Die Gegner fauchten in der Diskussion: Warum, Herr Grass, haben gerade Sie etwas gegen Freiheit und Wohlstand, obwohl es Ihnen gut geht, weil Sie in einem freien Land Ihre Schmutzschriften wie *Die Blechtrommel* veröffentlichen können? Jawohl, schreien Sie, meine Herren Studenten, aber wir leben noch in einer Demokratie, und ich sage, was ich denke: bei diesem Oskar fällt mir nur Goethe ein: eine *Mißgeburt aus Dreck und Feuer*. Lassen Sie mich doch ausreden, warum hetzen Sie gegen die Kirche und eine Politik, die diesen Staat aus Schutt und Asche aufgebaut hat, den besten deutschen Staat...
Aufhören! Süsterhenn! Was ist mit Oberländer! Und Globke!
Jemand schrie zurück: Vaterlandsverräter Frahm. Da barst der Saal, tobte sich die Kehlen heiß, ließ sich doch den Willy nicht vermiesen, die Zukunft und den Fortschritt nicht versauern.
Mit breitgestellten Ellenbogen stapfte Grass aus dem Saal. Klatschen, noch als er schon draußen ohne Lächeln signierte, Berge von Büchern abarbeitete, selbst auf Bierdeckel mit rotem Filzstift seine sündig unterlängten Gs malte. Uns erklärte er hinterher im Schwarzen Schaf, wie man Zigaretten dreht mit der Hand und eine Wählerinitiative organisiert. Da hielt ichs nicht mehr aus, da machte ich mich ran, holte Luft und fragte: Wie macht man denn das, die Dichtung und die Politik vereinen? Er zupfte sich einen Tabakkrümel von der Unterlippe: Eins sei ihm das, denn schließlich sei alles eine Realität.
Das war ein Vorbild.

Patricia Highsmith: *Ediths Tagebuch* (Roman)
Sie wohnte allein in einem Apartment in Trenton – ihre Familie lebte in Ardmore und war recht wohlhabend. Angeblich konnte sie Deutsch und las Günter Grass und Böll lieber im Original; das war so ziemlich alles, was Edith von ihr wußte.

YOHANAN MEROZ: *BRIEF AN GÜNTER GRASS*
   Sie waren für mich der erste Schriftsteller und Dichter deutscher Sprache, über den ich nach den Schreckensjahren den Kontakt mit ihr wieder aufnahm; ursprünglich war dieses »erster« ein chronologischer Begriff – sehr bald wurde er es in Inhalt und Qualität. Seither habe ich, wie ich glaube, nichts »ausgelassen«, und es ist mir ein ehrliches Bedürfnis, Ihnen für das viele, durch Sie vermittelte, Dank zu sagen.

HELEN WOLFF: *BRIEF AN GÜNTER GRASS*
   Lieber Günter, bleibe wie Du bist – only more so. Wem sonst unter den Lebenden könnte man das aufrichtig wünschen, an einem solchen Lebensdoppelpunkt?

NICOLAS BORN: *BRIEF AN GÜNTER GRASS*

Lieber Günter, ich gratuliere Dir zu Deinen
50 Jahren auf der Erde
etliche davon voll getroffen vom Ruhm
in dem Du manchmal groß und verlassen aussahst.
Aber schließlich konntest Du ihn so behaun
daß er in Deine Küche paßte jederzeit.

Freundschaften sind heikel, schmale Hände
Risse in der Stirn, die Eifersucht jeder Welt
auf die des anderen, das Unverstehn über Jahre
für ein paar gute Stunden
in denen das Verstehen überflüssig.

Kannst Du die Erde retten?
Nein, ich glaube, Du kannst die Erde nicht retten.

Wenn ein guter Mann 50 wird, dann ist da
wenigstens für einen Moment
der Mittelpunkt des Universums –
wir brauchen uns nichts vorzumachen:
es ist so.

Einmal habe ich aufgeatmet als es einmal nichts war
was Du öffentlich sagtest.
Wie mit einem Ruck konnte das Leben weitergehn.

Plötzlich hattest Du große Geduld
plötzlich trugst Du weitere Hosen, epischer
plötzlich sah ich Luft, Wolken, Mobiliar um Dich.
Plötzlich erkannte ich Holz, Kork, Stein, Eisen
durch Dich zum ersten Mal, Tabak, Kippen
und alles das in der Kasserolle.

Du bist Schreiben und Lesen auch mit der Nase
das Arbeiten mit atmenden Poren, das Suhlen auch
Du bist Dein Stallgeruch, ein Schreiben wie Leben,
nein, nicht wie Leben, und wieder doch wie Leben.

Ich gratuliere Dir mit Kraft und Liebe
Zu Dir und guten harten 50 Jahren!

WOLFDIETRICH SCHNURRE: *BRIEF AN GÜNTER GRASS*
Lieber Grass, / jetzt hast Du's hinter Dir. Meine sieben Jahre ältere Erfahrung hat mich gelehrt, die angenehmsten Briefe sind immer die, die hinterhergekleckert kommen. Das ist, wie wenn man mit der Zungenspitze schließlich doch noch eine Fleischfaser des Festtagsbratens zwischen den Zähnen erwischt hat. Nachgeschmack hat eben schon eine philosophische Note. Aber wem sage ich das. Wenn ich so überlege, warum Du mir, so lang ich Dich kenne, zu kennen glaube, sympathisch bist und was ich eigentlich an Dir finde, fällt mir eine ganze Menge ein. Einiges aber besonders. Du hast mich mal, nach einer Lesung, die *Du* hattest, als Geschichtenschreiber gelobt. Ich brauchte ein Vierteljahr, bis ich wieder schreiben konnte. Denn ich kam von der fürchterlichen Dicke des Wälzers nicht los, aus dem Du gelesen hattest, Oskar wars. Dann sind wir einmal besorgt und vergnatzt, denn es regnete auch noch, an den marschierenden Betriebskampftruppen vorbei, die ostberliner Friedrichstraße runter oder raufgelaufen und haben den Schriftstellerverband gesucht. Vieles sehe ich anders seither. Was ich aber unverändert sehe, das ist Dein mürrisches Kaschubengesicht mit dem verläßlich beidseits nach unten weisenden Schnurrbart drunter und dem triefenden

Mützenschirm drüber. Dann bist Du mal mit auf ein Begräbnis gegangen. Wieder wars dieses Gesicht und auch die Art, wie Du Dir vorher zu Hause die Zigarette gedreht hast, die mir vielleicht nicht gleich wieder Mumm gemacht, aber irgendwie Leuchtbojenwert hatte, bis heute behielt. Na, und dann verdanke ich Dir die schönste und wichtigste Reise, die wir bisher gemacht haben, die nach Israel, meine ich. Ein Großteil meines orthodoxen Unglaubens geht auf sie, also auf Dich zurück. Und dann sah ich Dich neulich beim Gruppenabgesang wieder und roch irgend so was wie Einsamkeit um Dich herum und sah diesem Gesicht an, da war inzwischen eine ganze Menge passiert, und auch sein Inselcharakter hatte sich präziser konturiert. Na ja, und dann noch die traurigmachende, wahre überlegene und zurechtrückende Art, mit der Du das Verhältnis zwischen Autor und Kritiker darlegtest, unserm Freund Ranicki gegenüber – wie gesagt, es kommt was zusammen. Und so mischt sich eben ins Alles-Gute-sagen auch noch eine Portion dankbarer Herzlichkeit mit rein, auf die man alle fuffzich Jahre ja wohl mal kurz hinweisen darf. Bleib gesund, hab' Freude am Schreiben, werde uralt. Marina meint Ähnliches. Immer / Dein Wolfdietrich Schnurre

HANS MATTHÖFER: *BRIEF AN GÜNTER GRASS*
Lieber Günter, / Dein 50. Geburtstag fällt in eine Zeit, in der Du persönlich und eine Reihe Deiner Schriftsteller- und Künstlerkollegen sich einem schwer faßbaren, aber wohl zunehmendem Klima des Ressentiments ausgesetzt sehen. Dieses Klima richtet sich gegen die kritische Intelligenz in ihrer Unbequemlichkeit für bestehende Herrschaftsverhältnisse und überkommene gesellschaftliche Vorstellungen. Ich brauche Dir nicht zu sagen, daß diese Entwicklung auch in der Sozialdemokratie große Besorgnisse auslöst, und dies nicht nur im Hinblick auf wachsende Widerstände und Zweifel gegenüber der eigenen Reformpolitik.

Ich möchte meine Glückwünsche zu Deinem 50. Geburtstag mit der Hoffnung verbinden, daß Du auch gerade in dieser Zwischenzeit weiter als jemand wirkst, der die Verbindung von kritischer Intelligenz und konstruktiver Politik aufrechterhalten kann. Ich habe darüber hinaus die Hoffnung, daß Du der Sozialdemokratie als kritischer, auch kompromißloser Begleiter erhalten bleibst. Hier schließt sich der Wunsch für uns alle an, daß wir im Bündnis mit vielen demokratischen Kräften und in großer Solidarität bürgerliche Freiheiten und gesellschaftliche Reformen erhalten und durchsetzen können.

MARCEL REICH-RANICKI: *LEBENSGEFÄHRLICH*
Nach Luise Rinser und Heinrich Böll soll nun, wie man hört, Grass an die Reihe kommen. Einem Bericht der *Süddeutschen Zeitung* zufolge gibt es schon Listen von »Sympathisanten«, mit denen abzurechnen sei. Wenn das so weitergeht, wird jeder ehrenwerte deutsche Schriftsteller, den man nicht als »Sympathisant« bezeichnet, dies geradezu als beleidigend empfinden.

HELMUT SCHMIDT: *REDE AUF DEM SPD-PARTEITAG*
Wir werden geachteten Männern und Frauen wie Böll und Rinser und Grass zur Seite stehen, wenn sie zu Wegbereitern des Terrorismus gestempelt werden sollen.

1978

DAVID BOWIE: *ZENTRUM BERLIN*
  Ich bin derselben Meinung wie Günter Grass, dass Berlin das Zentrum von allem ist, was in Europa passiert und in den nächsten Jahren passieren wird.

ROSA VON PRAUNHEIM: *SEX UND KARRIERE*
  Die 60er Jahre waren revolutionär. Begeistert von der Beat-Generation (Ginsberg, Kerouac, später W. S. Burroughs, dessen *Naked Lunch* mich zu rasender Begeisterung trieb, den ich neben meine literarischen Götter wie Joyce, Musil, Genet stellte) und Pop-art (vor allem die Herzen von Jim Dine und die Blumenbilder von Warhol), versuchte ich, mir in der spießigen deutschen Kulturlandschaft meine eigene künstlerische Welt aufzubauen. Da waren der furchtbare Günter Grass und der poetische versoffene Günter Bruno Fuchs und Robert Wolfgang Schnell, die im Berliner Arbeiterviertel Kreuzberg Dichterlesungen hielten.

CHRISTIANE BINDER-GASPER: *KREUZBERGER ROMANZE*
  christopher m. verzeih' ich weiß nach der statistik
  sehen frauen dir zuerst nur in die augen, bist du stimme,
  blick ...
  oh hai oh butt oh schlei oh scham
  mit g. g. träum ichs mir nie!!!

  Die Autorin hat Günter Grass in einem Brief auf ihr Gedicht aufmerksam gemacht. Es handle sich um »eine erotische Ballade, in der viele Dichter Berlins angedeutet sind«, worauf sie hinzufügt: »ich hoffe sehr auf Ihren Humor und Ihren Charme«.

ROBERT WOLFGANG SCHNELL: *BRIEF AN GÜNTER GRASS*
  Lieber Günter Grass, die Zeitungsschwätzer-Tagung hat mich ganz krank gemacht. Wir arbeiten alle völlig umsonst, sie merken nichts. »Man kann nicht mehr über Liebe schreiben« – was für ein

Unsinn. Ich habe vor zwei Jahren eine Liebesgeschichte *Eine Tüte Himbeerbonbons* geschrieben. Die Leute lesen überhaupt nicht. Aber was ich eigentlich sagen wollte: Dein »Butt« *ist für mich eine einzige Liebeshymne an das Leben* vom Fisch bis zum Weiberbein mit Resignation, Trauer, mit allen Dissonanzen, die zum Leben gehören. Man sollte ihnen ihre Blättchen um die Ohren hauen. Das mußte ich Dir sagen, weil Du weg warst, als ich noch da herumlungerte.

LUDWIG FELS: *AUSFLUG NACH BERLIN* (KURZGESCHICHTE)
Manche Blicke [im »Bundeseck«] machen mich fertig. Der Sowieso ist sowieso anwesend. Ich werde von Worten angeblasen, mit Fragen an verschiedene Tische gelockt. Vorn am runden Stammtisch sieht plötzlich einer aus wie Günter Grass – und ist es auch wirklich.

KLAUS DÖBLIN: *BRIEF AN GÜNTER GRASS*
Frau Dr. Maria Sommer teilte mir mit, dass Sie planen, zusammen mit der Berliner Akademie, einen Alfred Döblin-Preis zu stiften. Ich möchte Ihnen dafür mit ganzem Herzen meinen Dank aussprechen.

UWE JOHNSON: *BRIEF AN SIEGFRIED UNSELD*
Im Vertrauen sage ich dir, dass Günter Grass in der westberliner Akademie aus dem Verdienst »für« sein letztes Buch eine Stiftung bürgerlichen Rechts einrichten will, für die Vergabe eines nach Alfred Döblin benannten Preises, also einer Auszeichnung, bei der man garantiert Günter Grass mitdenken wird. Es ist eine der vielen Gelegenheiten, bei denen man ihm aus schierer Freundschaft abraten möchte (es gibt ja Hilfsfonds bei der Akademie wie beim Schriftstellerverband, deren Dürftigkeit man verringern könnte), aber er wird ja wohl darauf bestehen und eines Tages der gute Mensch von Danzig genannt werden. Na, sag es nicht weiter.

WOLFGANG KOEPPEN: *BRIEF AN GÜNTER GRASS*
Lieber Herr Günter Grass, / von Helmut Heißenbüttel zu einem Gedankenaustausch über den von Ihnen gestifteten Döblin-Preis

zum 14. Januar nach Berlin eingeladen, bitte ich Sie, mein Nichtkommen-können zu entschuldigen.

Ich bin von der Absicht, Alfred Döblin nachdrücklich zu ehren und sein Andenken mit der Literatur der Gegenwart zu verknüpfen, begeistert. Der Preis könnte sehr neben dem Büchner bestehen und der deutsche Goncourt werden. Ich sehe da die glücklichsten Entwicklungen und gratuliere herzlich. / Wie ich zum *Butt* gratuliere, den ich Weihnachten las, bewundernd und vergnügt.

HANS PAESCHKE: *BRIEF AN GÜNTER GRASS*
»Meister« sage ich seit einem halben Jahr in meiner Zwiesprache mit dem Butt. Überdenke ich meine nun drei Jahrzehnte MERKUR-Arbeit und schaue mich in der literarischen Welt rund um den Erdball um, dann wüßte ich heute keinen Autor, den ich Ihnen zum Vergleich an die Seite stellen könnte. (Eine Ahnung sagt mir, daß es vielleicht einmal Julio Cortázar ist, wenn sein 700-Seiten-Roman *Rayuela* endlich übersetzt ist.)

MICHI STRAUSFELD: *IN GRANADA UND MADRID NOTIERT*
Während man geduldig/ungeduldig auf neue, gute spanische Bücher wartet, breitet sich die Überzeugung aus, daß die zeitgenössische deutsche Literatur neben der lateinamerikanischen als beste und vielseitigste anzusehen ist. Und so erscheint Neues und wird bislang Verbotenes verbreitet. Der literarische Hit der Saison heißt *Die Blechtrommel*. Und Günter Grass wurde bei seinem Besuch sowohl als politisch engagierter Schriftsteller wie als literarische Persönlichkeit zur unumstrittenen Vedette der Buchmesse.

CURT MEYER-CLASON: *ÜBERSETZUNGSKURS IN PORTO ALEGRE*
Vor der Stadt, in der neuangelegten Bundesuniversität zwischen grünen Hügeln auf roter Erde, Übersetzungs-»Seminar«: 70 Studenten, die meisten weiblich, die meinen Vortrag über Guimarães Rosa wild beklatscht hatten, hörten zerstreut tuschelnd zu, während es auf den Gängen dröhnt und ich mit einigen willigen Teilnehmern die ersten Sätze von Günter Grass' *örtlich betäubt* an der Tafel Wort

für Wort interpretiere und übertrage. Als Grundlage dient die Übersetzung einer hübschen Lyrikerin, die leidend dabeisitzt. Da ist zum Beispiel die Konkordanz zwischen dem »erzählen« des Zahnarztes und dem »erzählen« der Mattscheibe nicht beachtet, *Wüstenrot* ist als *rote Wüste* wiedergegeben, Lakonik ist verdünnt. Hier ist Neuland zu beackern. Grass' hochbewußte Prosa aus brasilianischer Optik zu lesen, ist eine spannende Erfahrung. Vermutlich bin ich der glücklichste Nutznießer.

DIETER E. ZIMMER: *ÜBER DIE BEACKERUNG VON WORTFELDERN*
Eine Woche lang *Butt* aus der übersetzerischen Nahsicht: das ist eine ganz andere Art der Lektüre als die normale, und nicht die schlechteste. Da tritt plötzlich die Sprache in Relief, zu dem bloßen »Sinn« treten die Ober- und Unter- und Zwischentöne, die Querbeziehungen, Tonlagen und Rhythmen. Von dem (nicht mehr übersetzbaren) Arno Schmidt abgesehen, schreibt zur Zeit wohl kein anderer lebender Autor ein so voll instrumentiertes Deutsch wie Grass. *Der Butt:* Das ist ein Buch über Danzig und Weltgeschichte, Kochen und Essen, Männer und Frauen – aber auch ein Gebilde aus säuberlichen und komplizierten sprachlichen Verknotungen. Ganz ausdrücklich versteht Grass sein Schreiben als eine Maßnahme gegen die Verarmung und Rationalisierung der deutschen Sprache, seine Rückkehr zur Epik durchaus als Abwendung auch von der eigenen politischen Sprachverflachung. Darum machte er auch seinen Übersetzern immer wieder Mut, wie er selber gegen das Diktat des normierten, des geglätteten Sprachgebrauchs zu verstoßen, nicht der »Lesbarkeit« zu opfern, was er selber seinen deutschen Lesern zugemutet habe.

JOHN UPDIKE: *FISCHGESCHICHTEN*
Jeder Koch aus Leidenschaft, der mit Backpflaumen gefülltes Rinderherz in Biersauce zubereiten möchte oder Kalbskopfsülze mit gewürfelter Zunge und Bries oder Kröteneier, im Fett totgeborener Knaben gebraten, oder eine Suppe aus Rindsknochen, einem Schmiedenagel und einem Kälberstrick, in die zur Stärkung ein Ei gerührt wird, sollte dieses Buch besitzen. Aber Literatur kann nicht nur aus Rezepten bestehen, und selbst der Leser mit dem eisern-

sten Magen muß sich im Laufe dieses Festmahls von neun Gängen und 550 Seiten gelegentlich überfüttert vorkommen. Grass hat den Mund keineswegs zu voll genommen; denn er kaut alles genüßlich vor unseren Augen. Aber während er kaut, läuft uns nicht mehr das Wasser im Mund zusammen; mein eigener Verzehr einiger Portionen vom *Butt* wurde nur noch vom puritanischen Bestreben bestimmt, den Teller leer zu essen.

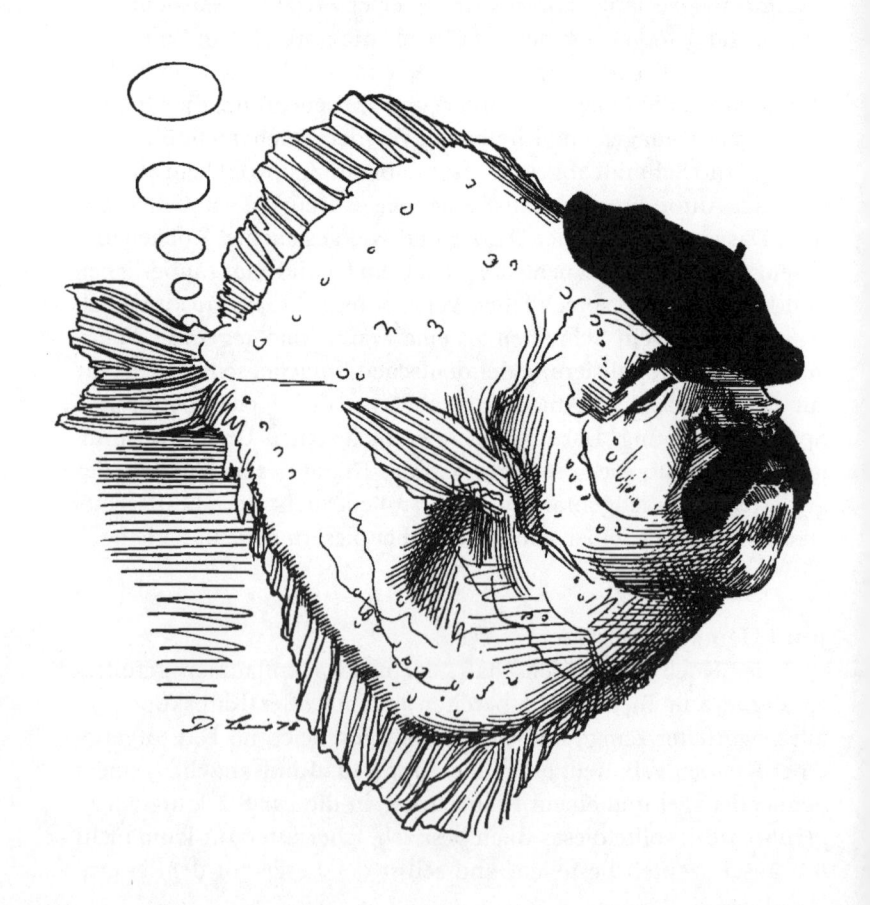

Illustration: David Levine

Cay-Heinrich Röhl: *Deutsche Literatur – ein Dreck?*
Hatte ich 20 bis 30 Seiten gelesen, mußte ich erst einmal Pause machen, um frische Luft zu schöpfen. Ob Grass gar nicht weiß, daß in Deutschland noch Menschen leben, die ihre Behausungen nicht in Kloaken aufgeschlagen haben, die nicht so pfuhlisch denken wie er? Kein unvoreingenommener und unverbildeter Mensch, der etwa das sechste Kapitel vom Vatertag liest, kann doch an solchen Ferkeleien seine Freude haben. Ich möchte meinen, daß Grass nicht nur durch dieses Buch, aber durch dieses Werk besonders, zur Entsittlichung Deutschlands beiträgt.

Anthony Burgess: *Ein Fisch unter Feministinnen*
Seit Erscheinen der *Blechtrommel* war es Günter Grass' wichtigste Funktion, dem deutschen Volk dienlich zu sein. Die Nazis hatten die deutsche Sprache ausgelaugt und aufgebläht. Grass hat ihr Blutfülle und Eigenart zurückgegeben und seinen Lesern ganze Wörterbücher an den Kopf geworfen. Bis heute schreibt er allerdings keine Bücher, die Thomas Mann als Romane bezeichnen würde; denn die Technik des realistischen Romans hätte ihm den Zwang auferlegt, mit düsterer Akkuratesse die schmachvolle Vorkriegs-, Kriegs- und Nachkriegszeit zu beschreiben – oder sich eskapistischen Themen zuzuwenden. So hat er das verseuchte, das genesende, das im Überfluß lebende Deutschland mit den Augen der Phantasie betrachtet, der Phantasie, die man nach Rabelais benannt hat und die monströse Übertreibungen, Wortspiele, verrückte Aufzählungen, Fäkalwitze und -geräusche, Allegorien und Zauber zuläßt, die es erlaubt, das Peinliche und Qualvolle der Geschichte mit Gelächter zu begleiten.

Helen Wolff: *Brief an Günter Grass*
Ich übertreibe keineswegs, wenn ich sage, daß nach dem deutschen Publikum Dein amerikanisches Publikum das bis heute treueste und bedeutendste ist. Es ist sehr nobel von Dir, den Alfred-Döblin-Preis so großzügig zu finanzieren. Da ich weiß, wen Du sonst noch unterstützen mußt, bin ich mir klar darüber, daß das Deinerseits sicher ein Opfer ist.

MARTIN WALSER: *TAGEBUCH*
　Abends bei Ingrid Storz [in Stuttgart]: Günter Grass habe eine Zeit lang signiert, dann habe er keine Lust mehr gehabt und gesagt, er habe eine solche Freude am Handeln. Ob sie nicht ein bisschen handeln könnten miteinander. Sie bietet ihm zwei Kisten Rotwein an, wenn er weiter signiere. Da springt er auf und tanzt vor Freude. Jetzt signiert er gern weiter. Dabei kriegte er ein Honorar von 1000 oder 1200 Mark für die Lesung. Wie viel es genau war, weiß Ingrid Storz, vielleicht mit Rücksicht auf die 500, die ich kriege, nicht mehr.

VOLKER SCHLÖNDORFF: *BRIEF AN GÜNTER GRASS*
　Lieber Günter Grass, / das Drehbuch ist schon vorausgeschickt worden und hoffentlich rechtzeitig da, damit Sie es mal ansehen können, bevor wir kommen. Die Arbeit war eine reine Freude, Szene für Szene haben wir versucht, es uns als Film vorzustellen, und zwar besonders für jemanden unter 24, der den Roman nicht kennt – denn das ist ja das Publikum. Immer wieder waren wir erstaunt, wie gut die Situationen sich szenisch auflösen ließen, wenn man dem Buch nur ganz genau folgte. Was mir vor einem halben Jahr oft noch fremd war, manchmal fast willkürlich erschien, ist mir jetzt vertraut und zwingend. Noch nie hatte ich soviel Vertrauen in die »Machbarkeit« einer Adaptation, obwohl doch gerade die *Blechtrommel* als unmachbar galt. Natürlich liegt das auch sehr am Umgang mit unserem kleinen Hauptdarsteller, David Bennent, mit dem wir schon ganze Szenen durchgesprochen und -gespielt haben, so daß die Wirklichkeit Oskars für mich auch schon eine sinnliche Erfahrung ist.

JEAN AMÉRY: *DEUTSCHLANDS GRÖSSTE SCHRIFTSTELLER*
　Grass ist in meinen Augen ein großer Schriftsteller, wahrscheinlich, neben Uwe Johnson, den ich auch sehr hoch schätze, der größte, den Deutschland hat. Er ist zugleich ein Mann, der politisch Position bezieht. Das heißt, der Staatsbürger Günter Grass tritt wie der Staatsbürger Hans Müller politisch an die Rampe und gibt Bekenntnisse ab, wobei es ganz klar ist, daß Grass sein Prestige als großer Schriftsteller zugute kommt und seinem Wort ein ganz anderes Gewicht gibt, als es das Wort des Hans Müller hat.

HANS-DIETRICH GENSCHER: *BRIEF AN GÜNTER GRASS*
Haben Sie besten Dank für Ihr Schreiben vom 6. Juli 1978, mit dem Sie sich für die Ausreisebemühungen der Angehörigen von Herrn Oskar Pastior aus Rumänien einsetzen.

HEINRICH BÖLL: *DEUTSCHE UTOPIEN* (SATIRE)
Günter Grass, der bei Familie Strauß zum Kaffee eingeladen war, gibt dort Rudi Dutschke die Klinke in die Hand. Dame, Herr und Söhne des Hauses rufen Grass nach und Dutschke zu: »Der Sozialismus hat gesiegt.« Dutschke korrigiert: »Nicht der, sondern ein Sozialismus hat gesiegt.« Umarmungen finden statt, Tränen fließen, Kaffee strömt, Innigkeit breitet sich aus, während Dutschke frisches Hefegebäck, das dem Löffel nicht gehorchen will, kurz entschlossen in die Hand nimmt. Die Söhne des Hauses erkundigen sich nach Hosea Che.

ANONYMUS: *BEKANNTSCHAFT MIT BÖLL GESUCHT*
»Welchen Autor möchten Sie persönlich kennenlernen?« Rund 2000 Bundesbürger, Alter: 14 bis über 60, ließ *Buchreport* über das Ifak-Institut befragen. Spitzenreiter: Durchschnittlich je fünf Prozent möchten Böll und Simmel, je zwei Prozent Hildegard Knef und Günter Grass kennenlernen. Aufschlüsselung innerhalb der Statistik – Alter, Einkommen, Bildung – differenzieren jedoch das Bild. Wunsch-Autor Nr. 1 für »Personen mit Abitur und Studium« ist Grass; Böll-Liebhaber liegen »schwerpunktmäßig« in der Einkommensgruppe »2500 Mark und darüber«, Simmel-Fans dagegen darunter.

BARBARA KÖNIG: *TAGEBUCH*
Hotel Kleber-Post in Saulgau, der siebzigste Geburtstag. Ein Fest, so wie Hans Werner es liebt. Fröhliche Gäste, gutes Essen, guter Wein, Musik und Tanz, Worte, ernst und heiter, gesprochen und gelesen. Geschenke, darunter ein fürstliches: *Das Treffen in Telgte,* von Günter Grass. Die Darstellung eines Dichtertreffens, um dreihundert Jahre zurückversetzt in die Zeit der Barockliteratur, unter der

Ägide des berühmten Simon Dach – Hommage und Dank an Hans Werner Richter. Applaus, Applaus. Es schreibt nicht nur keiner so wie Grass, es kann auch keiner so lesen. Hans Werner verschlägt es vorübergehend die Sprache.

JOACHIM KAISER: STATT TOD DOCH LIEBER TAGUNG
Und als wir diese Geschichte hörten – sie heißt *Das Treffen in Telgte* – da ahnten wir, daß es eine große Geschichte sei. Man bat Grass, weiterzulesen. Aber auch nach anderthalb Stunden hatte er erst ein Viertel geschafft. So erlebte und diskutierte die Gruppe 47 in Saulgau die Geburt einer großen, ungefähr 150seitigen Erzählung ihres prominenten Autors.

HANS WERNER RICHTER: BRIEF AN GÜNTER GRASS
Lieber Günter / ich habe schon alles gesagt, was ich zu Deinem Geschenk zu sagen habe. Du hast mich damit so beeindruckt, daß ich nun doch weitermachen werde, wenn auch in veränderter Form. Kaum ein anderer hätte das erreicht. Aber es ist nicht nur Dank an Dich. Während Deiner Lesung fiel mir schreckhaft ein, was ich aus der Hand gebe, wenn ich aufhöre: meine eigene Freude!
Dein / Simon Dach

HEINRICH BÖLL: BRIEF AN GÜNTER GRASS
Lieber Günter, / ich erinnere mich Deines ersten Auftauchens bei der 47er Tagung in Berlin – es muss 1957 gewesen sein – Du kamst und fragtest nach H. W. Richter! Aber ich will keinen Veteranklöhn halten – immerhin sind es 20 Jahre; Du damals 30, ich 40 – und es war schon eine Generation zwischen uns! [...] Ich freue mich, daß wir beide – wohl, weil wir so verschieden sind! – zusammen gekommen sind, habe mich auch gefreut über den Butt, als Buch, als Zeichnung – das Buch hat uns, Annemarie und mir, auch viel Schrecken verursacht – notwendigen Schrecken. Der eben doch mit den 10 Jahren zu tun hat! Eines Tages werde ich wohl auch ans Malen kommen und Dir was schenken können, und eines Tages werde ich auch über den »Bruder aus der Fremde« Günter Grass schreiben.

Nein, Guter, 10 Jahre sind 10 Jahre – sind auch 10 Jahre (3650 Tage ×?) Zigaretten mehr! Ich kann Dich nur zitieren »rauch nicht so viel!«

PETER WEISS: *NOTIZBÜCHER*
    1962 wurde ich zum ersten Mal von Hans Werner Richter eingeladen, an der Tagung der Gruppe 47 teilzunehmen. Sie fand in einer Villa am Wannsee statt, in der Nähe des Grabs von Heinrich von Kleist. Ich geriet in eine Versammlung, in der es schwirrte von Ranküren, Eifersüchten, Rivalitäten, Machtkämpfen, Kulturpolitik. Wenn Literatur beurteilt werden sollte, so geschah dies vor allem mit der Absicht, Tendenzen, Richtungsverläufe festzustellen, und dahinter standen Instanzen, die nach Marktwerten suchten. Für mich bedeutete die Einladung eine Anerkennung meiner literarischen Arbeit, ich kam mit großen Erwartungen, eigentlich zum ersten Mal mein künstlerisches Exil verlassend, in den Kreis von Kollegen tretend. Doch ich fand nicht Vertreter eines einheitlichen Interesses, nämlich an der vorbehaltlosen Diskussion unsres Handwerks, sondern eben Gruppenbildungen. Um Grass scharte sich ein Kreis. Andre sammelten sich um Enzensberger, um Walser. Mit Höllerer, der das Manuskript des Kutschers »entdeckt« und an den Suhrkamp Verlag gebracht hatte, mit Alfred Andersch und einigen andern stellte sich eine freundschaftliche Beziehung her, Enzensberger, der sich im Verlag für mich eingesetzt hatte, verhielt sich indessen, hier zwischen seinen Verbündeten, kühl. Ich wurde aufgefordert, aus meinem eben abgeschlossenen *Gespräch der drei Gehenden* vorzulesen. Enzensberger hatte dieser Text gefallen, ich glaube, er beurteilte ihn positiv. Grass jedoch mochte ihn nicht. Er fand, der Autor verhöhne seine Figuren, mache sich lustig über sie. Er nannte den Text amoralisch, antihumanistisch. Da ein Preis vergeben werden sollte, begann ein hektisches Tuscheln und Knobeln, wie es Wettrennen vorausgeht. Am letzten Abend ein Konspirieren, ein Herbeiwinken, ein Hin und Her von Meldeläufern. Die etablierten Literaten und Kritiker warben um Stimmen für ihre Günstlinge. Die Hetzjagd begann. […]
    Im folgenden Jahr, in Saulgau, las ich aus dem *Marat*. In diesem Jahr sollte kein Preis vergeben werden. Zum Song von der Vendée schlug ich den Takt auf einer kleinen Trommel. Böse sah es Grass. Er äußerte diesmal nur, daß ich schlecht getrommelt hätte.

Hans Mayer war es, der mich, mit plötzlichem Einspringen, aus schon gewichtig werdenden Angriffen errettete. Daß Grass mir nicht gewogen war, war kein Geheimnis. Blieb die Kritik eines Enzensberger undurchsichtig, hielt ein Baumgart sich an Akademismus, so teilte Grass offen seine Meinung mit. Auch bei der Premiere des *Marat,* am 29. April 1964, zeigte er mir seine Ablehnung.

WALTER KEMPOWSKI: *TAGEBUCH*
[Traum]: Lesung in Hamburg. Ich warte, daß es endlich anfängt, und die Zuhörer warten auch. Endlich sagte einer: »Geht das nun nicht bald los?« – Es ist schon fünf vor halb, und ich fange an. Da kommt noch Günter Grass, er zieht sich irgendwie die Jacke oder die Hose an und nimmt mir das Buch aus der Hand und liest aus Solidarität statt meiner. Wir sind uns ganz einig.

1979

WALTER SCHEEL: *BRIEF AN GÜNTER GRASS*
Ich danke Ihnen sehr für die Wertschätzung, die Sie meiner Amtsführung als Bundespräsident entgegenbringen. Ihr Brief vom 23. 2. 1979 ist für mich sehr wertvoll, kommt er doch von einem Bürger, der nicht so ohne weiteres auf den Gedanken kommt, einem Vertreter unseres Staates freundliche Worte zu übermitteln, den ich aber gerade wegen seiner Urteilskraft hochschätze.

HILDEGARD HAMM-BRÜCHER: *BRIEF AN GÜNTER GRASS*
Wie Sie wissen, bemühen sich unsere Botschaften und Konsulate in Verbindung mit den Goethe-Instituten und anderen Mittlerorganisationen um die Verbreitung korrekter Informationen über unser Land. Dies geschieht mit – zugegeben – recht unterschiedlichen Ergebnissen. Um so erfreulicher ist es, wenn politisch engagierte Künstler Ihrer Statur zu den gegenwärtigen Verhältnissen in der Bundesrepublik Deutschland und zu gewissen ausländischen Reaktionen auf innenpolitische Erscheinungen glaubwürdig Stellung nehmen.
Das Echo auf derartige Meinungsäußerungen hat eine Botschaft so zusammengefaßt: »Der Besuch Günter Grass' war für unsere Kulturarbeit wie auch für unsere Öffentlichkeitsarbeit ein großer Erfolg. Sein sympathisches Auftreten hat ihm (und uns) weitere Freunde gewonnen.« / Dafür nochmals vielen Dank.

HANS-DIETRICH GENSCHER: *BRIEF AN GÜNTER GRASS*
Lieber Herr Grass, / ich danke Ihnen für Ihr Schreiben vom 27. Juli 1979, mit dem Sie sich für die Ausreise der in Rumänien lebenden Angehörigen von Frau Lilly Fraenk in Rosenheim verwenden.

JEAN AMÉRY: *JAGD AUF INTELLEKTUELLE*
Die – inzwischen allerdings wieder abgeblasene – unfrische und jeder Fröhlichkeit bare Jagd auf »linke« Intellektuelle, zu denen man

sogar den seinerseits von der extremen Linken als zum »Establishment« gehörenden Günter Grass zählte, war eine Veranstaltung, wie sie nur Lion Feuchtwanger in einem neuen Bayern-Roman würde sachgerecht beschreiben können.

MARIE SCHLEI: *EINE ZWERGWÜCHSIGE REPUBLIK*
Die wohlversorgte Bundesrepublik Deutschland, auf die praktisch alle Völker der Welt blicken, bleibt entwicklungspolitisch vorerst ein zwergwüchsiger Oskar Matzerath, den Günter Grass lebenslang die Blechtrommel schlagen ließ.

PETER-PAUL ZAHL: *DIE GLÜCKLICHEN* (ROMAN)
Grass, 1.) Günter, sozialdemokratischer Rabelais, 2.) engl., Marihuana, Kif, Lady Jane, Mary Jane; bestes Anbaugebiet: Kongo.

JÜRGEN SCHIMANEK: *NEGERWEISS* (ROMAN)
[Frau Bellin, die Gattin des deutschen Botschafters in Uganda:] Goethe und Shakespeare sind meine Lieblingsschriftsteller, die Sie sicherlich alle kennen werden, aber es gibt noch viele deutsche Lieblingsschriftsteller wie Heinrich Böll, Günter Grass, Willi Heinrich und Peter Handke, die Sie leider wohl nicht kennen, aber eines Tages gewiß kennenlernen werden...

MARLENE DIETRICH: *NEHMT NUR MEIN LEBEN*...
Ich bin kein Kritiker, ich bin nur Leser. Nach dem dritten Buch [von Peter Handke] fühlte ich eine ermüdende Eintönigkeit und gab auf. Wahrscheinlich mein Fehler. Vielleicht klingt das alles in Englisch besser – die Kritiken lassen es vermuten. Aber ich bleibe lieber bei Böll, auch bei Grass.

STEPHAN HERMLIN: *BRIEF AN GÜNTER GRASS*
Ich will Ihnen nur schnell sagen, daß ich das *Treffen in Telgte*, das ich von Ihnen bekam, sofort und mit wachsender Bewunderung

gelesen habe. Es ruht genau dort, wo deutsche Literatur in diesen Jahren ihren Stand haben muß. Meinen Glückwunsch zu diesem chef d'œuvre, und beste Grüße.

Otto Waalkes: *Du kaufst jetzt* ...
Du kaufst jetzt Hermann Hesse,
sonst gibt's eins in die Fresse!
Du kaufst jetzt Günter Grass,
sonst setzt es was!
Du kaufst mir jetzt den Simmel ab,
sonst schneid ich dir
ins Ohrläppchen.

Gudula Budke: *Grass verkauft Lakritze* (Erzählung)
Günter Grass lehnte hinter einem Stand. Eine Markise, rot-weiß gestreift, warf Schatten in sein Seehundsgesicht, er stand markig da, zwar angelehnt, aber immerhin jahrmarktig markig, und er wirkte sehr lebendig, ich möchte sagen: medienbewußt, als er antwortete: »Ja, ich verkaufe Lakritzen.« »Lakritzen?«
»Ja, wissen Sie –«, sagte Grass, »mit Büchern ist kein Geschäft mehr zu machen. Fast jeder Mensch schreibt, alle Lehrer, Pensionäre, Hausfrauen. Für Belletristik reißt kein Mensch das Portemonnaie mehr auf. Das Geschäft mit dem Schreiben ist vorbei, wo fast jeder nur noch seine eigenen Gedichte und Geschichten liest. Das haben wir genau kalkuliert: eintausend Buttlakritzen verkaufen sich schneller als ein gedruckter Butt in Leinen oder Leder gebunden.«

Robert Wolfgang Schnell: *Die »Zinke«*
Mal haben wir Tüten mit zwei Sehlöchern verteilt, die sich die Besucher über den Kopf stülpen sollten, da dachte noch niemand an happenings. Es wurde oft so voll, daß die Leute im Treppenhaus standen und geduldig warteten, bis sie sich langsam in die Räume nachschieben konnten. Jede Eröffnung war mit einer Lesung verbunden, und wir mussten die Fenster öffnen, damit die im Hof Stehenden auch etwas hören konnten. Darüber dicker Qualm, denn in

der »zinke« durfte geraucht werden. Günter Grass löste das Problem bei der Eröffnung der Ausstellung seiner Nonnen-Graphiken, zu der er las, indem er sich in den Fensterrahmen setzte und die Beine in den Hof baumeln ließ.

BERND JENTZSCH: *LIEBER NICOLAS [BORN]*
Erinnerst du dich noch an das Fußballspiel, das wir an einem Herbstnachmittag in unserem Garten in der Lasallestraße veranstalteten? Du und Grass im Sturm, Buch als Verteidiger, Mickel brillierte als Libero, aber eigentlich spielte jeder gegen jeden. Ich weiß nicht einmal mehr, wer im Tor stand, Johnson oder Czechowski. Jedenfalls hast du die Äpfel kiloweise von den Bäumen geschossen.

ERICH MALETZKE: *KIELER IMPRESSIONEN*
Er heiße Grass und sei Schriftsteller, sagte Günter Grass zu dem Justizbeamten am Eingang, und dann durfte er sich zwischen den drängelnden Kernkraftgegnern vor dem Schleswiger Verwaltungsgericht durchschieben, obwohl er auch keine Eintrittskarte hatte. Aber später sagte ihm der Beamte, es sei ja schließlich eine Ehre, so ein bekannter Mann. Und ein anderer fragte, ob das wirklich der Grass sei, oder ob der nur so aussehe. Vielleicht hatte er sich die literarische Berühmtheit mit Bügelfalten und Schlips vorgestellt?
Wer im Rolls-Royce vorfahren könnte, der darf es sich leisten, im Werktätigen-Look aufzutreten, den Nebenmann ständig nach der Uhrzeit zu fragen, weil es zum eigenen Zeitmaß wohl noch nicht gereicht hat, der darf in der Pause auch die Zigaretten selber drehen und die Verhandlungsnotizen mit schlichtem Reklame-Schreibstück Marke »Deutsche Welle« auf mehrfach gefaltetem Zettel festhalten.
Er werde wohl ein neues Werk über planerischen Aufstieg und praktischen Niedergang des AKW Brokdorf in Vorbereitung haben, munkelte es schon um Grass herum. Doch der Literat war in erster Linie als betroffener Bürger der klagenden Gemeinde Wewelsfleth vor Gericht erschienen, wohl auch um seinem Bürgermeister Sachse ein wenig prominent den Rücken zu stärken. Und als der kleine Mann mit dem weißen Haar zum Plädoyer gegen das Brokdorf-Ungeheuer

anhebt, da klingt es so wohlgeformt, als habe der Vater von *Butt* und *Blechtrommel* dem Gemeindeoberhaupt die Feder geführt.

BOLESŁAW FAC: *BRIEF AN GÜNTER GRASS*
Vorher hat man bei uns zuhause gesagt, man sollte deutsch verstehen, um *Die Blechtrommel* lesen zu können. Jetzt ist das schon Gott sei Dank nicht mehr nötig, da das Buch schon erschienen ist. Maja hat selbst gelesen, ohne Dolmetscher, und ist sehr begeistert für dieses. Die Frauen mit der Literatur zu verführen, das war immer eine alte Begabung der Deutschen. Ich gratuliere Dir für die polnische Ausgabe, auch uns Polen sollte man beglückwünschen, daß das Buch endlich auch unter unsere Dächer traf...

MARTIN WALSER: *TAGEBUCH*
Traum: Der neue Papst, der Pole, liest in der Peterskirche eine Stelle aus der *Blechtrommel* vor. Ich beneide Günter Grass. Aber dann bemerke ich, dass das ein Traum ist, und überlege, ob ich daraus ein Bonmot für eine Gruppe-47-Tagung machen kann. Irgendwann, wenn es passt, werde ich plötzlich einflechten, dass der Papst Johannes Paul sicher bald aus der *Blechtrommel* vorlesen wird, das scheint mir eine ungeheuer witzige Bemerkung zu sein. Immer noch im Traum. Denn jetzt sehe ich ja, wie völlig unwitzig sie ist.

1980

PETER BICHSEL: *WIE DEUTSCH SIND DIE DEUTSCHEN?*
Sie machen mir grauenhaft Mühe, die Deutschen, wenn sie einkaufen und bezahlen. Schlechtes italienisches Essen und schlechtes französisches, griechisches, jugoslawisches Essen ist hier leichter zu finden als einfaches, gutes deutsches Essen. Das Eisbein ist inzwischen unter der Würde eines Deutschen, und gutes deutsches Essen kenne ich nur noch von meinem Leibkoch Günter Grass.

HELLMUT JAESRICH: *DEUTSCHER NEUEN TYPS*
Daß der im Ausland erfolgreichste Nachkriegsdeutsche – nimmt man einmal die Politiker aus – so ausschaut wie der sich stolz zu seinen kaschubischen Ahnen bekennende Günter Grass, ist gewiß kein Zufall. Das Erscheinungsbild mußte sich möglichst weit von dem in Mißkredit geratenen Muster der voraufgegangenen Jahrzehnte unterscheiden. Ein schriftstellernder blonder Recke hätte sich vermutlich die Finger krumm schreiben können und niemals die Millionen-Auflagen der *Blechtrommel* rund um den Erdball erreicht.

ANONYMUS: *EIN OSCAR FÜR OSKAR*
Am Montag dieser Woche indessen wurde dem deutschen Film eine Ehrung zuteil, wie es sie seit über fünfzig Jahren nicht mehr gegeben hat: In Los Angeles zeichnete die amerikanische Film-Akademie Volker Schlöndorffs Günter-Grass-Verfilmung *Die Blechtrommel* mit einem Oscar als besten ausländischen Film des Jahres 1979 aus. So kommt der rebellische, zwergenwüchsige Trommler Oskar Matzerath zu einem Triumph, wie ihn zuletzt der Schauspieler Emil Jannings vor 52 Jahren erlebte: Mit der vergoldeten Statuette namens Oscar (offiziell heißen die nicht sehr geschmackvoll gestalteten Trophäen *Academy Awards*) wird auch und zumal ein wichtiger Teil der deutschen Kultur der Gegenwart geehrt. Seit den Tagen von Weimar war der deutsche Film nicht mehr so reich an Talenten und Ausdrucksformen. Das hat man (nicht nur) in Hollywood gemerkt.

Anonymus: *Oskar, beschnitten*
Oskar, der Trommelbube in Volker Schlöndorffs »Oscar«-prämiierter *Blechtrommel*, darf in Ontario nur noch in reduzierter Form agieren. Die berüchtigte erzkonservative Zensurbehörde der zweitgrößten Provinz Kanadas, die immerhin 40 Prozent des gesamten kanadischen Filmmarktes kontrolliert, hat drei Szenen aus der weltweit erfolgreichen Grass-Verfilmung herausgeschnitten und damit heftige Debatten ausgelöst. Gegner der staatlichen Moralzensur verwiesen darauf, daß der Film in Quebec und British Columbia ungeschnitten läuft, viele Zeitungen und Politiker unterstützen aber nachdrücklich das Verbot öffentlicher Darstellungen von »Pornographie mit Kindern«: Louis Malles *Pretty Baby* und Bernardo Bertoluccis *La Luna* wurden in Ontario ganz verboten.

Illustration: Loredano

SVENDE MERIAN: *DER TOD DES MÄRCHENPRINZEN* (ROMAN)

Am nächsten Morgen habe ich Arbeitsgruppe mit Ellin. Ich erzähle ihr, daß ich am Abend vorher die *Blechtrommel* gesehen habe. Daß mich die Sexualität angeekelt hat und daß ich mir unsicher bin, ob das am Film liegt oder an mir. Ohne Angst. Ohne Scheu.

Ich fange an, Ellin von dem Film zu erzählen. Anfangsszene: Frau sitzt mit langen, weiten Röcken auf dem Feld und ißt heiße Kartoffeln. Mann kommt angelaufen. Polizei ist hinter ihm her. Er bittet die Frau, ihn unter ihren Röcken zu verstecken. Sie tut es. Er legt sich auf den Boden. Sie setzt sich auf ihn und breitet ihre Röcke so aus, daß man nichts mehr von ihm sieht. Die Bullen kommen an, fragen sie, ob sie einen hat hier langlaufen sehen. Sie sagt ja und zeigt ihnen eine Richtung, wo er hingelaufen sei. Die Bullen bedanken sich und rennen weiter.

Als sie aufsteht, kommt er unter ihren Röcken hervor und knöpft sich die Hose zu. Das Kinopublikum lacht.

Die beiden gehen wie selbstverständlich zusammen nach Hause und sind von Stund an zusammen. Sie ist schwanger.

Als ich Ellin das jetzt erzähle, wird mir plötzlich bewußt, daß hier eine Vergewaltigung derart verharmlost dargestellt wird, daß sie nicht mal mehr als Vergewaltigung zu erkennen ist. Keiner der Leute, die den Film gesehen haben, wird sagen, es war eine Vergewaltigung. Nicht mal ich habe das gestern abend gleich geschnallt. Ich habe mich nur unwohl gefühlt und mich nicht getraut, mit Arne drüber zu sprechen.

Mir wird allmählich klar, was da eigentlich gelaufen ist: Da versteckt eine Frau einen flüchtigen Sträfling, und während sie sich mit den Bullen absabbelt, um ihn nicht auszuliefern, benutzt er ihre Geschlechtsorgane, um mal eben kurz abspritzen zu können.

In einer Situation, wo sie sich nicht wehren kann, weil sie damit den Bullen gegenüber hätte zugeben müssen, daß sie einen entlaufenen Sträfling vor ihnen versteckt. Wo sie noch nicht mal die Möglichkeit hatte, sich wie bei einer »normalen« Vergewaltigung zu wehren.

Aber wahrscheinlich wollte sie sich gar nicht wehren. Sie hat ihm ja noch nicht mal eine gescheuert, als die Bullen weg waren. Wahrscheinlich meint Günter Grass, daß sie das auch ganz geil fand, und unten noch'n vaginalen Orgasmus gekriegt hat, weil der Typ seinen Schwanz in ihr drin hatte, während sie sich oben mit den Bullen absabbeln muß. Es gibt ja immer noch genug Männer, die sich einbilden, daß ihr Schwanz in unserer Scheide das einzig Seligmachende für uns Frauen ist.

Jedenfalls gehen die beiden ganz selbstverständlich zusammen nach Hause. Die Frau beschwert sich mit keinem Wort. Also muß sie es wohl auch ganz gut gefunden haben.

Ich möchte mal wissen, wieviel Prozent der Kinobesucher oder der Leute, die das Buch gelesen haben, gemerkt haben, daß es sich hier um eine Vergewaltigung handelt. Arne hat es sicher nicht geschnallt.

Im Gespräch mit Ellin komme ich zu der Überzeugung, daß frau das Buch nicht gelesen haben muß. Daß der Film das Buch nicht so entstellen kann, daß diese Frauenfeindlichkeit vielleicht nicht aus Grass' Feder geflossen ist.

»So was kann sich nur ein krankes Männerhirn ausdenken«, meint Ellin. Ich schnalle allmählich die ganzen Zusammenhänge: Da stellt ein Film eine Vergewaltigung so verharmlosend dar, daß frau nicht mal auf Anhieb merkt, daß es eine ist. Frau fühlt sich in und nach dem Film so beschissen, daß sie es nicht mal verbalisieren kann. Und Günter Grass wird als bedeutender Autor in die männliche Literaturgeschichte eingehen. Und ich wahrscheinlich als verklemmte Feministin, die keinen vaginalen Orgasmus kriegt. Vorausgesetzt, mann nimmt mich überhaupt zur Kenntnis. Eine verklemmte Feministin, die die Aussage des Buches nicht verstanden hat und alles zu überspitzt sieht. Sich an Nebenpunkten hochzieht. Frauenunterdrückung in der Sexualität ist eben ein untergeordneter Punkt. Was regt die sich so auf?

> Der im Untertitel ausdrücklich als »Frauenroman« bezeichnete Bestseller galt als Kultbuch der Alternativszene. Unter dem Pseudonym Arne Piewitz hat Henning Venske 1983 die Parodie *Ich war der Märchenprinz* geschrieben. »Das liest sich, logo, weitaus witziger als der Ur-›Märchenprinz‹«, kommentierte der *Spiegel* (12.12.1983). Noch weiter geht Frank Schätzing: »Ich glaube, das schlechteste Buch, das ich je gelesen habe, war Svende Merians *Der Tod des Märchenprinzen.« (Der erste Satz ist heilig)*

HILDEGARD KNEF: *MODERNE LYRIK*
Ich bade in Adjektiven, denn ich hab' jetzt über 300 Chanson-

texte geschrieben, und die zwingen einen zu größter Kargheit. Da schreiben Sie eine herrliche Kurzgeschichte, und dann müssen Sie die bis auf die Knochen zusammenstreichen, weil es musikalisch nicht hinpaßt. Deshalb bin ich froh, wenn ich mich mal austoben kann in Worten und Formen. Das ist ganz irre und wächst auch oft über die Ufer hinaus, wird größer und größer. Deshalb hat mir der Günter Grass auch geraten, moderne Lyrik zu schreiben, weil das zwingt zu einer gewissen Bremse.

JOYCE CAROL OATES: *LITERATUR IST EINE FORM DER SYMPATHIE*
[*Gibt es lebende deutsche Schriftsteller, die Ihnen etwas bedeuten?*] Natürlich Günter Grass; ich habe viele Diskussionen über ihn gehabt.

GRAHAM GREENE: *LEKTÜRE*
Die Blechtrommel habe ich angefangen, aber ich fürchte, nie zu Ende gelesen.

ANTHONY BURGESS: *DER FÜRST DER PHANTOME* (ROMAN)
In der kleinen Schiffsbibliothek machte ich eine erstaunliche Entdeckung, einen österreichischen Schriftsteller namens Jakob Strehler, natürlich in englischer Übersetzung. Die Bibliothek hatte vollständig seinen siebenteiligen Romanzyklus mit dem Gesamttitel *Vatertag*. In meiner Aufregung über diese Entdeckung, in der Überzeugung, hier vielleicht den größten Romancier unserer Zeit vor mir zu haben, kaufte ich mir seine Bücher nicht sehr viel später auf deutsch, zusammen mit Cassell's großem Wörterbuch und der englischen Fassung nur als Lesehilfe, denn keine Übersetzung vermag das Original in der ganzen Fülle seiner Kraft wiederzugeben. Dabei lernte ich alles, was ich von diesem zungenbrecherisch und rachensperrend gemütvollen Fleischwolfsheulen, als das mir die deutsche Sprache früher erschienen war, heute noch weiß. Obwohl ich mich jetzt an diese erste Lektüre der etwas blassen Übersetzung von William Meldrum erinnere, fallen mir daher als erstes die deutschen Titel der einzelnen Bände ein: *Dreimal Schweinekohl, Nur Töchter, Wir saßen zu dritt, Hinter den Bergen, Wie er sich sah, Arbeit geteilt,*

und *Woran sie sich nicht erinnern will.* Warum standen diese Romane hier (*Three Helpings of Pork and Cabbage, Over the Mountains* etc.), im steifen braunen Einband der Schiffahrtsgesellschaft und mit einem goldenen Anker vorn draufgestempelt?

Die Titel, die Anthony Burgess den Romanen des fiktiven Schriftstellers Jakob Strehler zuschreibt, entsprechen Kapitelüberschriften aus dem *Butt.*

HELMUT HEISSENBÜTTEL: *EPPENDORFER NACHT* (ERZÄHLUNG)
Seine Karriere hatte mit zwei Fehlurteilen begonnen. Er hatte Arno Schmidt als einen Autor bezeichnet, den man noch vor seinem Tod vergessen haben würde. Er hatte die *Blechtrommel* von Günter Grass für eine mittelmäßige Imitation des späten Thomas Mann gehalten. Er war inzwischen nicht nur der ortsansässige, sondern sogar der überregionale Kritiker.

PAUL WÜHR: *TAGEBUCH*
Hundejahre. Gestern Nacht im Adenauer-Buch von Elisabeth Endres gelesen. Das Buch selbst las ich nie. Er hat also auch über die Hunde geschrieben, dieser Diesseiter. – Meine Ungeduld. Seine Pornographie – die meine. Er keine, ich auch keine. Aber was für ein Unterschied! Dieser Schollen-Günter. Gras drüber. Vollblüter muß ich doch hassen. Aber der besondere Saft. Er kommt eben von H. Mann her, der SPDler.

WALTER KEMPOWSKI: *BRIEF AN UWE JOHNSON*
Günter G. macht sich ein wenig lächerlich durch sein stetiges Senfgeben, aber das ist ja seine Sache.

GASTON SALVATORE: *BRIEF AN GÜNTER GRASS*
Du hast mir in der Vergangenheit sehr geholfen, als ich Probleme mit der Polizei hatte. Ich weiß von vielen Fällen, in denen Du in jeder Hinsicht enorm großzügig warst. Aber Du bist vor allem ein großer Schriftsteller.

Fritz Schönborn: *Deutsche Dichterflora* (Satire)
    Trommelgrass, das gemeine (Zwergenkraut, der neue Gerhart Hauptmann, Wiesenschnauz, des Spießers Wunderhorn, Wunder von Telgte etc. – Rolf Michaelis glaubt, daß an der Vielzahl der Bezeichnungen die Beliebtheit der Pflanze abzulesen sei.) ausdauernd. Familie der satirischen Importanzen. Heil- und Küchenkraut. *Dottergelbe Blüten in Pfannenform. Sehr ausgeprägte Griffel. Schnauzbartartige Blätter, die eine klebrige Substanz ausschwitzen. Insektenfalle. Große Kapselfrucht, die im Winde trommelähnliche Geräusche von sich gibt. Die Wurzeln lockern den Boden derart auf, daß schon mancher eingebrochen ist.*
    Das Trommelgrass war ursprünglich nur in der Gegend von Danzig anzutreffen. Seine Verbreitung nach Westen geschah lawinenartig. Der Pflanze haftet freilich noch immer der Kohlgeruch ihrer kaschubischen Heimat an, der Marienkäfer und Pfarrersköchinnen vertreibt. Heute findet man das Trommelgrass überall, und das soll etwas heißen. Keine Ausschmückung eines Festaktes ohne seine Blüten. Es ist landschaftsbestimmend und tritt meist derart massenhaft auf, daß die anderen Pflanzen ganz in den Hintergrund geraten. Die Pflanze liebt einen kleinbürgerlich durchsäuerten Boden, aus dem sie ihre reformerischen Blüten zieht. Diese stecken sich Politiker bei Wahlkampagnen an den Hut, um ihre Verbundenheit mit der Natur zu zeigen. Nachher werfen sie die Blüten wieder weg, was Willy Brandt mit der Bemerkung kommentierte: »Das Trommelgrass ist kein Schmuck für alte Hüte.«
    Die heilkräftigen Eigenschaften der Pflanze sind so vielfältig, daß Ärzte sie für und gegen alles empfehlen. In der deutschen Hausapotheke nimmt sie zweifellos den bedeutendsten Platz ein und fehlt in keiner Familie, die vom Puls der Zeit angeregt ist. Es werden mehr Dissertationen über sie geschrieben, als es zu ihrem besseren Verständnis dienlich ist.
    Der Saft des Trommelgrass macht eine helle Stimme zum Mitreden und lindert reaktionäre Heiserkeit, treibt den Harn und laxiert. Auch beseitigt er bildungsbedingte Blähungen und die Fleischesunlust. Der Tee aus den Blüten soll das Wachstum stoppen und Zwerge größenwahnsinnig machen. Auf jeden Fall nimmt er die Ehrfurcht vor heiligen Dingen und drängt zu hemdsärmeliger Unmittelbarkeit, die sich auch nicht davor scheut, offene Türen ein-

zurennen. »Das Trommelgrass«, so schreibt Marcel Reich-Ranicki in seinem Buch *Kraut und Unkraut,* »macht die Froschperspektive zum klassischen Ausgangspunkt. Da sitzen wir nun und warten auf den großen Sprung.« Manche mißtrauen der Heilwirkung der Pflanze. So bemerkt Dolf Sternberger in seinen botanischen Erinnerungen *Sternstunden eines Gärtners:* »Die Redensart geht ›Vorne getrommelt und hinten keine Soldaten‹. Das scheint mir das Trommelgrass sehr gut zu charakterisieren. Eine gute Verdauung ist sicherlich eine wesentliche Grundlage der Gesundheit, aber schließlich leben wir nicht vom Bauch allein.«

Auch in der Küche ist die Pflanze nicht mehr wegzudenken. Sie ist der beste Fleischersatz. Kinder benutzen den mausdreckgroßen Samen als Juck- und Lachpulver. Er soll auch die Pubertät beschleunigen und die Masturbation in vernünftige Bahnen lenken. Während der Korrekturen erfahre ich, daß eine künstlerische Nachbildung des Trommelgrass in Bonn auf dem Marktplatz aufgestellt wurde.

HANS-JÜRGEN SYBERBERG: *NOTIZEN*

Und er spricht über die deutsche Nationalstiftung, schöne Worte von Ost-West, und wie unpraktisch. Deutsch eben, weltfremd, ohne praktischen Zugriff. Das alte Problem, unpraktisch und politisch unrealisierbar. Ein Haus dieser Nationalstiftung nämlich an der Grenze zwischen Ost und West stehend, zugänglich für Bürger der DDR und des Westens. Wie lustig als Traum. Aber träumten sie nicht immer, und gut, die Hölderlin bis Büchner? Aber wollte Grass nicht praktische Politik betreiben als neuer deutscher Schriftsteller einer anderen Generation? Und was könnte man den Politikern nicht alles vorschlagen, um diese 30 Millionen anzuwenden, eben anders und praktizierbar?

SIEGMAR FAUST: *IN WELCHEM LANDE LEBT MEPHISTO?*

Die Großkotzigkeit der Linken, die ich dann allerorts im Westen kennenlernen durfte, steht eigentlich nur Wolf Biermann an, denn er kann so großkotzig sein, daß es einem sogar ein Lächeln abringt – wenn auch meistens nur ein mitleidiges. Günter Grass, der einst, als ich gerade aus dem Knast kam, in meinem Beisein Biermann vorschlug, mich doch als Privatsekretär einzustellen, versprach mir schon in Ostberlin, mir auch helfen zu wollen, falls es mich doch einmal nach dem Westen verschlagen sollte.

Grass nahm sich meiner tatsächlich an. Es war für mich erst einmal ein ähnlich starkes Erlebnis wie damals im Atelier von Rudolf Nehmer, als ich nun in den sauberen, schlichten Räumlichkeiten des berühmten und von mir sehr verehrten Meisters der deutschen Sprachkunst weilen durfte. Vor lauter Ehrfurcht konnte ich mich überhaupt nicht richtig unterhalten, so daß Grass ziemlich wenig mit mir anfangen konnte und mich endlich nach einer dreiviertel Stunde mit dem Stapel seiner Bücher vor seine Tür begleitete. Unsere nächste Begegnung fand kurze Zeit darauf zu einer Lesung von ihm statt, bei der er aus dem *Butt* vortrug. Danach nahm er mich in die Berliner Künstlerkneipe ZWIEBELFISCH mit, wo es mir überhaupt nicht gefiel, obwohl wir uns dort beim Bier doch etwas näher kamen, so daß er mich sogar mit Du ansprach und mich zu seinem Geburtstag einlud. Zu seinem Ehrentag sprach er mich jedoch wieder mit Sie an. Ansonsten verlief der Abend auf hausbackene Art im engsten Freundes- und Familienkreis. Ich mußte laufend daran denken, was mancher, besonders meine ehemalige Lehrerin Ursula Großmann, dafür hergegeben hätte, um Grass einmal so nahe sein zu dürfen. Innerlich schämte ich mich bald für meine »Heldenverehrung« und versuchte, ihm aus dem Weg zu gehen. Heute könnte ich auch locker zugeben, daß mir die berühmte Freundschaft zu Grass einfach drei Nummern zu groß war. Später, auf der Frankfurter Buchmesse 1977, trieb er ein Späßchen mit mir. Im Gewühl der Menge drängte ich mich an der Koje des Luchterhand-Verlages vorbei, fast vorbei, denn Grass, den ich dort mit seinem DDR-Kollegen Hermann Kant im Gespräch vertieft glaubte, sah mich und rief mich lauthals zurück. Mit sichtlichem Vergnügen stellte er Kant einen »Dissi« vor, der mir nun mit saurer Miene die Hand geben mußte. Vor Kant spielte sich Grass als mein engster Freund und Förderer auf. In Wirklichkeit bemühte er sich, mich zwar als DDR-Fall ernst zu nehmen, aber einen Schriftsteller sah er in mir offenbar nicht. Ein paar Seiten aus meinem letzten geretteten Romanmanuskript, die mir mittlerweile meine Schwester aus der DDR zugesandt hatte, gab er mir mit der Bemerkung zurück: »Naja Joyce! Das ist doch ein alter Hut!«

Grass gehört immerhin zu den wenigen Schriftstellern der Bundesrepublik, die den Realsozialismus durchschaut haben. Die DDR dankt es ihm, indem sie bis heute noch keine Zeile von ihm veröffentlicht hat.

RAINER KIRSCH: *BRIEF AN GÜNTER GRASS*
  Lieber Günter, / ob Du mal an Reclam Leipzig (Verlagsleiter Marquardt, 7031 Leipzig, Postfach 48) schreibst, und mitteilst, daß Du am Erscheinen von *Katz und Maus* dort besonderes Interesse hättest? Weil doch West-Reclam diesen Band mit Kritiken zu dem Buch gebracht hat, und es da besonders passen würde. Du würdest dem Verlag helfen mit dem Brief, und vielleicht kriegen wir dann endlich mal einen Grass als Vorreiter, über die von der verdienstvollen ungarischen Nation erfundene Salami-Taktik. *Kopfgeburten* habe ich mit größtem Interesse gelesen, insbesondere ab Korrekturbogen 28; vorher schiene mir einiges gerafft zu werden können, aber das kann auch an meiner Miß-Laune infolge des angebrochenen Zehs liegen. Ich denke gerne an den angenehmen Vormittag bei Euch.

ARMIN EICHHOLZ: *KOPFGEBURTEN*
  Das bei Grass pflichtschuldigst fällige Registrieren von Literatur braucht einen nicht abzuhalten, ein paar dieser *Kopfgeburten* vom Wahljahr 80 auch schlicht und kaschubisch als Gesinnungsfurze zu werten.

WALTER HÖLLERER: *BRIEF AN GÜNTER GRASS*
  Dein Buch *[Kopfgeburten]* wurde mir zur willkommenen Nacht-Lektüre, ich war Dein ganz-überall-mit-hingehender Leser, und Du warst näher in meiner chirurgischen Bude im 6. Stock des Univ.-Spitals, als Du ahnen kannst. Viel ist mir dabei eingefallen, unsere Gespräche in Paris, unsere Umwanderungen des Grunewaldsees, unser Pilzfischzug in Sigtuna, unsere Maggia-Picknicke, – und Du hast recht, wir müßten Dich mal in Wewelsfleth besuchen. Ich finde, Freundschaften sind dünn gesät, man soll sie düngen, immer wieder (obwohl die unsere das gar nicht nötig hat).

1981

LECH WAŁĘSA: *BRIEF AN GÜNTER GRASS*
Sehr geehrter Herr Günter Grass! / Mit Freude empfing ich von Herrn Bolesław Fac die Nachricht, daß Sie in den kommenden Tagen wieder zu Besuch nach Polen kommen, zudem nach Gdańsk, das doch Ihre Heimatstadt ist.
Meine zahlreichen Pflichten erlauben mir leider nicht, Ihre weltbekannten Werke zu verfolgen. Nehmen Sie jedoch meine Versicherung entgegen, daß ich, auf Grund der Aussagen von Personen, die mein volles Vertrauen haben, Ihre Werke und Ihren Beitrag zur Verständigung zwischen den Völkern und besonders zwischen Deutschen und Polen sehr hoch schätze. Ich vertrete die Meinung, daß Ihre Roman-Reihe, die man kurz als kaschubisch-polnisch-deutsche bezeichnen kann, in kürzester Zeit in Polen auf dem Markt erscheinen sollte. Das betrifft besonders den Roman *Die Blechtrommel,* der bisher nur in kleiner Auflage von dem unabhängigen Verlag »Nowa« veröffentlicht wurde, sowie den Roman *Der Butt.*

FRITZ J. RADDATZ: *GRASS IN DANZIG*
Die *Blechtrommel* existiert nur in einem zweibändigen Samisdat-Druck, vom *Butt* hat lediglich *Solidarność,* die Zeitung der freien Gewerkschaft, ein Kapitel (das die polnischen Ereignisse 1970/71 behandelt) publiziert, und verlegt wurde bisher nichts als die Erzählung *Katz und Maus:* Günter Grass war in Polen bisher mehr Mythos als Gegenwartsschriftsteller.
Das neue Selbstbewußtsein der Polen hat auch das geändert. Auf Einladung des Verbandes Bildender Künstler war Grass nun erstmals offizieller Gast in seiner Heimat, die ihn mit einem Empfang des Stadtpräsidenten von Gdańsk und einer Medaille ehrte, »in Anerkennung seiner kulturellen Verdienste um die Stadt Gdańsk«.
Der Besuch von Grass, der immerhin »Danzig als geistige Lebensform« fixiert hat, fand in der polnischen Presse große Aufmerksamkeit, sowohl seine Geste – er schenkte sämtliche Exponate seiner Graphik-Ausstellung dem Museum von Gdańsk – als auch seine

Worte: »Vielleicht muß man seine Heimatstadt erst verloren haben, um von ihr so feierlich empfangen zu werden.«

HERMANN PETER PIWITT: *DEUTSCHLAND*
Sehnsuchtsvolle Distanz zu etwas, was verloren geht, ist fast eine Garantie für ein gerührtes Publikum. Der Erfolg von Günter Grass' Danzig-Büchern erklärt sich zu einem gut Teil so.

ERICH LOEST: *DURCH DIE ERDE EIN RISS*
Der Chronist besitzt kein Gedächtnisvehikel wie Oskar Matzerath in der *Blechtrommel* des Günter Grass, mit dem er sich die Vergangenheit aus weiter Ferne aus dem Brunnen der Vergangenheit herauftrommeln könnte. Sein bißchen Gehirn befragte er, nutzt die Erinnerung der Schwester, der Schwägerin, auch die Chronik des Arztes Dr. Sauer. Und das Familienalbum. Oskar Matzerath stellt die umfassende Frage: Was auf dieser Welt, welcher Roman hätte die epische Breite eines Familienalbums?

NURUDDIN FARAH: *TOCHTER FRAU* (ROMAN)
Dann stellte sie sich vor, sie sei das Kind, das nicht mehr weiter wachsen wollte. In der Ferne wurde eine Blechtrommel geschlagen, und zu deren Rhythmus marschierte sie *eins-zwei-drei, drei-zwei-eins, eins-drei-zwei ...*

SALMAN RUSHDIE: *MITTERNACHTSKINDER* (ROMAN)
Es war einmal ein kleiner Junge, der wurde in der Stadt Bombay geboren ... Nein, so geht es nicht, ich kann mich um das Datum nicht herummogeln: Ich wurde am 15. August 1947 in Dr. Narlikars privatem Entbindungsheim geboren. Und die Zeit? Die Zeit spielt auch eine Rolle. Also dann: nachts. Nein, man muß schon genauer sein ... Schlag Mitternacht, um die Wahrheit zu sagen. Uhrzeiger neigten sich einander zu, um mein Kommen respektvoll zu begrüßen. Oh, sprichs nur aus: genau in dem Augenblick, in dem Indien die Unabhängigkeit erlangte, purzelte ich in die Welt.

Salman Rushdie hat sich immer wieder zu seinem »Lehrer« Günter Grass bekannt. Der Roman *Mitternachtskinder* enthält mehrere Anspielungen auf die *Blechtrommel,* darunter die hier zitierte Geburtsszene. Unter dem Titel *Ein Blechtrommler aus Bombay* schrieb Ulrich Enzensberger: »Mit diesem Roman hält kein vegetarischer Guru Erbauungsstunden in Cinemascope, hier schmatzt eher ein indischer Günter Grass. *Mitternachtskinder,* seit 1981 in England und den USA mit einer halben Million verkaufter Exemplare als literarisches Werk ein succès fou, hat seinen Autor auf einen Schlag in fast schon olympische Höhen gehoben: Booker Prize 1981, Lord Snowdon kam zum Photographieren.«

John Irving: *Das Hotel New Hampshire* (Roman)
Ich wollte nicht darüber diskutieren, wer der größere Nutznießer aus dem Briefwechsel zwischen Henry Miller und Lawrence Durrell sein mochte. Ich wollte nicht einmal über *Die Blechtrommel* reden, obwohl es nichts Besseres gab – und vielleicht *nie* geben würde –, worüber man reden konnte.

Michel Tournier: *Die beste Antwort*
Nach dem Krieg, in einem zweigeteilten, von rauchenden Ruinen bedeckten und mit Anklagen überhäuften Deutschland, konnten sich zwanzigjährige Schriftsteller fragen: »Was sollen wir jetzt tun?« Unter den Antworten, die man auf diese Frage versucht hat, ist die *Blechtrommel* sicherlich die beste.

Salman Rushdie: *Trümmerfelder*
Vielleicht überlegen Sie mal, wenn Sie *[Das Treffen in Telgte]* lesen, warum die Trümmer der deutschen Städte Schriftsteller wie Grass, Böll und Lenz hervorgebracht haben, während aus britischen Trümmerfeldern nur Parkplätze entstanden.

Robert Jarowoy: *Die Prinzessin und der Schnelläufer* (Roman)
Im Haus ist alles klebrig und dreckig, und Gina schnupft wieder wie verrückt ihr Kokain. Außerdem behauptet Marcel, daß sie einen Tripper hätte, was sie allerdings bestreitet. Sie wäre sogar beim Arzt

gewesen, aber Marcel meint, daß man Ärzten sowieso nicht trauen könne, und er will, daß sie vorsichtshalber in eine Steckdose pißt. Günter Grass würde das auch immer tun. Ich hab ihn darauf hingewiesen, daß sie dabei einen Stromschlag bekommen würde und daß es für Frauen womöglich auch etwas komplizierter als für Männer sei, aber er meint, daß der Schlag, den sie bekäme, ja gerade das Heilmittel sei, und ansonsten müsse sie eben ein bißchen üben, irgendwann würde sie schon treffen. Na, ich finde das ziemlich morbide.

FRIEDRICH DÜRRENMATT: *GESPRÄCH MIT ANDRÉ MÜLLER*
Ich bin immer froh, wenn ich nicht lesen muß, was die Kollegen schreiben. Ich verschicke auch nie meine Bücher. Günter Grass hat mir sehr höflich den *Butt* versprochen, aber er hat ihn dann nie geschickt, also brauchte ich ihn auch nicht zu lesen. Der Grass ist mir einfach zu wenig intelligent, um so dicke Bücher zu schreiben.

JOHANNES RAU: *BRIEF AN GÜNTER GRASS*
Das letzte, was ich von Dir gelesen habe, war die Erzählung *Das Treffen in Telgte*. Da hatte ich noch hin und wieder eine freie Abendstunde. Darf ich sagen, daß ich diese Lektüre auch als ein Stück Entspannung, als sprachlichen Genuß in Erinnerung habe?
Zu Deinem Geburtstag grüße ich Dich mit diesen Erinnerungen, hoffend, daß Du in gesunder und auch »schreiblustiger« Verfassung bist. Mit Blick auf unser Theaterleben wünsche ich insgeheim, daß ein neues Grass-Stück, ob nun von historischer oder von politischer Relevanz, die von Lyrismen und Stilexperimenten beherrschte Szene beleben sollte. Ach, das schreibe ich so unbekümmert – könnte es Dich überhaupt reizen?

BOLESLAW BARLOG: *THEATER LEBENSLÄNGLICH*
Anfang 1966 zeigte das Schiller-Theater die Uraufführung von Günter Grass' *Die Plebejer proben den Aufstand* unter der Regie von Hansjörg Utzerath. Das war gewiß kein Jahrhundertdrama, aber immerhin ein Stück Berliner Historie und deshalb, trotz einiger klarer Mängel, wert, in Berlin, wo die Handlung spielt, zuerst gezeigt zu

werden. Die Annahme dieses Stückes brachte mir die Feindschaft von Helene Weigel, der Witwe Bertolt Brechts und Chefin des Berliner Ensembles, ein, die ihren Mann in diesem Werke verunglimpft sah. Alle meine Vorhaltungen, daß das Westberliner Schiller-Theater doch ein freies Forum sei, welches heute ein Stück von Brecht und morgen eines von Grass, das sich mit Brecht kritisch beschäftigt, zeigt, stießen auf taube Ohren. Eine alte Freundschaft ging in die Brüche, Besuche im Theater am Schiffbauerdamm und private Besuche galten nunmehr als »unerwünscht«. Die »Cosima von Pankow«, wie ich die Weigel daraufhin nannte, blieb bis zu ihrem Tode hart und verweigerte uns die Aufführungsrechte von Brechtstücken mit der Begründung, die Inszenierungen des Schiller-Theaters seien einfach zu schlecht. Schade, nach so vielen Jahren guter Freundschaft.

KAROLA BLOCH: *AUS MEINEM LEBEN*
Hans Mayer war sehr rührig als Initiator literarischer Veranstaltungen in seinem Institut, vor allem gelang es ihm, auch westdeutsche Autoren an die Pleiße zu holen. Dabei machte er es immer möglich, daß wir daran teilnahmen. 1959 lud er Walter Jens zu einem Vortrag über »Moderne Literatur und moderne Wirklichkeit« ein. Damals sahen wir Jens zum ersten Mal und eine Freundschaft begann, die sich in der Tübinger Zeit vertiefen sollte. Auch Günter Grass kam. Wir lernten ihn kennen, als Ernst und ich im »Hotel International« aßen. Ich bemerkte, daß sich an einem der Nebentische ein Mann mit einem schwarzen Schnurrbart erhob und auf uns zusteuerte. Ich konnte Ernst gerade noch »warnen«: »Achtung, ein Schlawiner will dich begrüßen!«, ehe sich herausstellte, daß der Schlawiner Günter Grass war.

ULRICH HÄRTER: *IM HAUS VON GÜNTER GRASS*
Mein Sohn war etwa 2 Jahre alt, als wir in Berlin umziehen mußten, um eine Wohnung zu suchen, die unseren damaligen Verhältnissen entsprach. Herr und Frau Grass boten uns als Übergang an, in ihrem Haus in Berlin zu wohnen, bis wir etwas Passendes gefunden hätten. – Es vergingen drei Monate, in denen wir seine Gastfreundschaft genossen.

Ich meine genießen im wirklichen Sinne, weil es eine der Grassschen Eigenschaften ist, andere Menschen in seiner Umgebung als Individuen zu tolerieren und da zu sein, ohne zu fordern. Trotzdem bleibt Grass immer ganz er selbst. Seine Beobachtungsgabe und Sensibilität versetzen ihn in die Lage, Menschen nicht nach dem äußeren Schein, Auftreten oder Wohlhabenheit zu beurteilen. Ich jedenfalls kenne kein zweites Haus, in dem man als Gast so man selbst sein kann.

KARIN VOIGT: *JAHRESBLÄTTER*
Ziemlich lange habe ich nicht an den Jahresblättern geschrieben. Nun habe ich einen realen Anlaß. Die Fahrt nach Wewelsfleth zu Günter Grass, die ziemlich intensiv auf mich einwirkt, ich ihn und sein Wesen im nachhinein zu erfassen versuche.

Ich lernte einen anderen Grass kennen, als diesen offiziellen Grass, den ich von Lesungen, von Podiumsdiskussionen her kenne. Wie oft ich ihn nun schon fotografiert habe, meine Bilder von ihm publiziert wurden. Wie anregend hat er damals 1972 auf mich eingewirkt, indem er mich aufforderte, in Mannheim eine Sozialdemokratische Wählerinitiative zu gründen, was dann mit der zusätzlichen Initiative von zwei weiteren Frauen zu einer aktiven SWI in Mannheim führte.

Grass in seinem Garten, den er wie ein zufriedener Landmann abläuft, dem Regen gelber Birnen ausgesetzt, den Bienen, die sich in diese überreifen Birnen einwühlen. Beeindruckt bin ich von seiner Ruhe, die er ausstrahlt. Ich möchte das bei ihm nicht als Alterssymptom bezeichnen, nicht als Abgeklärtheit. Eher wirkt diese Ruhe auf mich wie ein Auf-sich-Besinnen, ein Untertauchen in die eigenen Jagdgründe, was er nach außen immer verleugnet, er sich als nüchternen Menschen darstellt, das Wort Sehnsucht ablehnt, das Wort Geborgenheit ausklammert. »Es gibt keine Geborgenheit, das ist Illusion! Der Künstler setzt alles an sich frei, muß sich überfordern, darf nicht nach der Begrenzung durch Unstabilität der Konstitution fragen!« Er meint sicher das, was ich immer als mein Mich-totales-Aussetzen betitle. Doch ist er natürlich auch durch die vielen Erfolgserlebnisse, die er zu verbuchen hat, sicher geworden. Er ist von seinen Fähigkeiten überzeugt, er sucht nicht, er findet aus all den Möglichkeiten, die sich ihm äußerlich und innerlich bieten. Er orientiert sich an natürlichen Formen der Pflanzen, der Pilze, und wie er sagt, ist ihm das ländliche Leben nicht Fluchtpunkt, sondern Einkehr zu sich selbst, Konzentration auf die Arbeit.»Wenn ich Radierungen mache, die Radiernadel betätige, bekomme ich den Kopf leer für die nächste epische Arbeit.«

Ich muß einen Artikel über Grass für die *Scala* schreiben, ich habe ihn, seine Frau Ute und die drei Söhne fotografiert. Erst werde ich meinen subjektiven Eindruck für mich niederschreiben. Ich will nicht angestrengt über einem Artikel sitzen, der dann krampfhaft gedeiht, nicht aus mir herauswächst. Was ich vor allem bei diesem Besuch für mich als schreibende Autorin gelernt habe: Grass kann warten, wartet geduldig seine Inspiration ab, glaubt daran, daß sie ihn nicht verläßt. Das ist ein Selbstbewußtsein von innen heraus, das Bewußtsein, Schöpfer zu sein. Ist der Zeitpunkt der Gestaltung gekommen, läßt er nicht locker, arbeitet intensiv, bis das Gestalt annimmt, was gestaltet werden muß.

Am 6. 8. 81 kam ich gegen 17.30 Uhr in W. mit dem Taxi an. In der Dorfmitte dieses Haus aus dem 16. Jahrhundert, das er im Dachgeschoß ausbauen ließ, wohin er sich zum Schreiben, zum Radieren zurückzieht. Die geöffnete Eingangstür, die nie abgeschlossen wird, jeder eintreten kann wie früher, wenn man in den ehemaligen Laden eintrat. Eine uralte Klingel bimmelt schrill. Wie ein Kind trete ich neugierig, wißbegierig in den nostalgischen Kramladen, der heute für die Unterbringung von Geschirr umfunktioniert ist. Aber ich sehe in meiner Imagination hüpfende Kinder in den Laden kommen, sehe wie sie ihre Ärmchen nach oben strecken und Lutscher verlangen. Die ochsenblutfarbenen Holzschütten ziehe ich auf und sehe klebrige rote Himbeerbonbons, gelbe mit Zuckerstaub, gepuderte Zitronenscheibenbonbons, Lakritze schwarz und glänzend, und rosa Pferdchen aneinandergekettet hängen überall an silbrigen Haken. Dunkel ist der Laden und Ute erzählt später, würde sie Schilder an die Schütten machen, könne sie Krimskrams darin verstauen, sonst fände sie nichts wieder, würde sie diese füllen.

Hinter den Glasteilen, wo früher vielleicht die Würste und Schinken hingen, stehen große Keramikteller, Porzellan und das Kaffeeservice. Die frühere Verkaufstheke ist mit einem russischgrünen Holzbogen eingefaßt. Auf dem Boden sitzen und träumen möchte ich, Kaufmannsladen spielen, Erbsen und Grieß verkaufen, Reis und Linsen durch die Hände rieseln lassen. Stattdessen hänge ich an der anderen Seite des Ladens meine Jacke an den Haken, sehe ins Eßzimmer mit der Delfter Kachelwand, dem weißen Kachelofen, sehe Malte, 14, Hans, 12, die beiden Söhne von Ute, der zweiten Frau von G. G., mit ihren zarten sensiblen Gesichtern in den Farbfernseher glotzen. Also wie überall, denke ich.

Weihnachtsvertraulichkeit im Spätsommer, Gänsebratenduft! Ute übergießt in der Küche, die auch recht dunkel anmutet, die Gans. Wir kennen uns flüchtig von Lesungen, wir begrüßen uns, gehen in den Garten und reden über die Schwierigkeiten der Jugendlichen. Wir haben die gleichen Sorgen, ihre Lethargie, ihre Begeisterungslosigkeit bereiten uns Kummer.

Grass, wie er die Garung der Gans begutachtet, wie er an seiner Pfeife nuckelt. Brustkind, ewiges Brustkind, wie er sich im *Butt* betitelt. Er holt den Wein aus dem Keller, die Kunerts kommen. Frau Kunert rauscht mit weiblicher Fülle wie ein Star in das Dämmerlicht und packt Flohmarktgläser aus. Der agile Günter Kunert steht mit glänzender Glatze, einem ironischen Lachen daneben. Heimatlich für mich, der »Berliner-Schnauze-Jargon«. Man erinnert sich nicht, mir einmal auf der Buchmesse erzählt zu haben von der großen Katzenanzahl im kinderlosen Haushalt, man erinnert sich nicht an das große Foto von Kunert in der Zeit, das ich damals schoß. Seine urige Frau rollt mit schönen Augen, ist ständig in Bewegung, während Ute, die Hausfrau, wie ein sanfter Wind durch das Haus streicht, Ruhe verbreitet.

Grass, der mit kräftigen Händen die Gans auseinanderbricht, der keine Geflügelschere leiden mag, er muß das Brechen der Knochen hören. Wir nagen beide gerne Knochen, wir teilen uns den Gänsehals. Kindheitsallüren, Kleinleutegelüste, wer weiß? Und vom alt werden spricht er, von seinem alten Vater, der sich besonders gerne von Ute pflegen läßt, feminine, geduldige Ute, rothaarig, größer als Grass, klug und beherrscht, scheint sie doch zu wissen, was sie will und kommt wohl zurecht mit dem Genie.

»Jetzt will ich alt werden«, meint er grienend, »mein Gebiß will ich nicht ausbessern lassen, ich lasse mir noch einige Zähne ziehen und behalte meine Zahnlücken.« Er kann über sich lachen, er weiß, wie schief und braun vom Tabak seine Zähne sind. »In Mexico fiel ich nicht auf. Man hielt mich für einen Gringo, ich konnte durch alle Straßen gehen, niemand sah sich nach mir um.«

»Man ißt nicht, bevor der Boß angefangen hat«, flüstert mir Bruno, sein Sohn aus erster Ehe, zu. Und ich esse das erste Mal Pellkartoffeln mit Pelle. Von der Schwiegermutter als Uhrensammlerin mit Uhrentick erzählt die Kunertfrau, Grass grient anhaltend und entspannt großartig. Grass, der sich um die Zukunft allgemein sorgt, Grass, der nach zwanzig Jahren wieder seine Bildhauerei beginnt. Ich darf im Atelier zusehen. Er ist immer dann frei und gelöst, wenn kein Tonband läuft, wenn wir uns locker unterhalten.

Es ist dort im zweiten Haus am Deich, das er modernisieren ließ, wo er Gästezimmer und das helle Atelier hat und stolz erzählt, wie er für den Hauseingang eine alte Tür gesucht hat, die wieder in Ochsenblutfarbe mit Russischgrün abgesetzt aufleuchtet. Rhythmisches Tuckern von der Werft und Stille im Atelier, wo zur Zeit die zukünftigen Mythenreliefs, Frauenköpfe mit aus dem Kopf herausragenden Phallussymbolen, aus Ton entstehen.

Wir gehen durch das Dorf. Die grauen Müllsäcke stehen Spalier. Grass bereitet das Frühstück vor, wir tragen das Geschirr gemeinsam in den Garten. Ute kommt, die Birnen fallen auf den Tisch, Dorfidylle und im Hintergrund die alten Grabsteine auf dem Friedhof.

Er steht zum Abschied am Eingang des alten Ladens, er umarmt mich, er spürt vielleicht, daß es mir weniger um die Reportage, als um die Begegnung mit dem Menschen G. G. ging. Grass sagte: »Geborgenheit gibt es nicht!«

ALOIS BRANDSTETTER: *DIE KUNST DES MÖGLICHEN*
Vor ungefähr 15 Jahren habe ich einmal in Saarbrücken den Wahlredner Günter Grass gehört, als er die Werbetrommel für die espede rührte. Er sprach über das Modell der Mitbestimmung in der Montanunion, über Lohnfortzahlung für Arbeiter im Krankheitsfall und ähnliches mehr. Man wurde den Verdacht nicht los, daß hier ein kunst- und phantasiereicher Mann gegen seine Natur handelte und sich disziplinierte, um durch Nennung vieler Zahlen und Zitieren von Statistiken den Eindruck einer großen und kühlen Sachlichkeit zu machen. Grass gab sich sozusagen prosaisch, ein Berauschter spielte nüchtern. Man merkte aber, daß er etwas wollte, daß also die ganze

beamten- und buchhalterhafte Rechnerei eine Anstrengung und eine Veranstaltung war. Eben heißt es vom amerikanischen Wahlkampf um die Präsidentschaft von Ronald Reagan, dem Mann mit dem kunstvoll alliterierenden Namen, daß er den Präsidentschaftskandidaten wie ein Schauspieler, der er einmal war, spielt, so wie er, sollte er gewinnen, auch den Präsidenten nur spielen werde. Vielleicht ähnlich wie Orson Welles in *Citizen Kane?* Mir kam es seinerzeit vor, daß auch Grass den Politiker markierte und zum Erstaunen seiner Zuhörer deren Erwartungen enttäuschte und zugleich übertraf, wie er diese Rolle beherrschte. Agierte da vorne nicht ein Bauchredner, den Mund sah man nämlich schlecht, weil ihn der Lippenbeißer ja unter seinem Schnauzer versteckt. Waren wir Zeugen einer Verstellung, einer Vorstellung? Ich hielt für das eigentliche Motiv, daß sich der große Dichter die große Tortur dieser Reisen und dieses bedrohlichen Gedränges antat, nicht das politische, sondern die Neigung zu Mimesis und Mimikry. Es wirkte aber alles zugleich verdammt echt. Ich habe die Veranstaltung bald verlassen, da konnte man ja gleich zu einem wirklichen Politiker gehen. Grass for president!, hieß es denn auch einiges später, freilich wurde dies dann der Doktor Doktor Gustav, wie Grass G. Heinemann im *Tagebuch einer Schnecke* nennen läßt. Was aber das Echte betrifft: Ging es etwa ähnlich zu wie in jenen Filmen, wo sich Laiendarsteller in Liebesszenen plötzlich vergessen und ernst machen wollen ...

Hernán Valdés: *Vom Ende an* (Roman)
Die Regierung hat sich etwas einfallen lassen, das ›Operation Wahrheit‹ heißen wird: sie werden große Persönlichkeiten einladen: Sartre, Yves Montand, Günter Grass, Cortázar ...

Horst Bienek: *Tagebuch*
Schlage Reich-Ranicki für die *Frankfurter Anthologie* eine Interpretation des Gedichts von Günter Grass *Polnische Fahne* vor. Ist wie ein Psychogramm Polens, und ganz aktuell!

294   Illustration: David Levine

Helga Schütz: *Brief an Günter Grass*
    Lieber Günter Grass, / gewiß wissen Sie selber, wie notwendig es ist, heute über den Frieden zu reden, und Sie ahnen sicher auch, daß ein Gespräch, ein Eintreten für Frieden und Abrüstung hier in Berlin, mehr wäre als eine verbale Bekundung. Ich denke, es wäre der Anfang des Menschenmöglichen und der Beginn, den alten schlimmen Teufelskreis zu durchbrechen, den Zirkel, der Friede sei nur mit Waffen zu halten und zu verteidigen.
    In meiner Umgebung haben sich Jugendliche in einer Kirche getroffen. Sie haben erklärt, daß sie das Sicherheitsdenken, die Spirale des Wettrüstens und die immer stärker werdenden Armeen für unverantwortlich halten. Sie wollen aber persönliche Verantwortung tragen und bitten um die Möglichkeit des Wehrersatzdienstes. Ich habe ihnen gesagt, daß ich sie dabei unterstützen werde.
    In den Sommermonaten habe ich im Haus, in dem Peter Huchel gelebt hat, gewohnt. Das Haus steht am Waldrand. Ich habe angefangen über seinen einstigen Bewohner zu schreiben; im Schuppen und auf dem Boden liegen noch Bücher und andere Utensilien von ihm. Eine Fülle von Geheimnissen. Eines Nachts heulten die Sirenen hinter den Wäldern, immer wieder setzten sie neu an und gaben irgendwelche Zeichen. Ich lag da und dachte: nun ist es soweit und nun bloß nicht übrigbleiben, vielleicht dauert es noch eine Weile und es vernichtet mich im Schlaf. Es – das Feuer oder Gift oder die Strahlen. Meine Angst überschlug sich, ich wollte wenigstens noch eine Stunde schlafen. – Ich möchte mir die Ohren zustopfen, wenn sie von Atombunkern reden oder von Fluchtwegen. Als wäre es ein Spänlein Gewinn, auf einer verseuchten Erde oder im verseuchten Europa zu überleben. Ich bin schon einmal übrig geblieben – als Kind in Dresden am 13. Februar 45 – alle in unserem Haus sind durch Sprengbomben umgekommen, nur ich habe als Achtjährige überlebt. Hoffentlich wird mir von daher nicht mein Abrüstungswille entschuldigt: akuter Friedensfanatismus, von einem Trauma stammend. Von der Entschuldigung wäre nur ein Schritt zur Erklärung einer Unzurechnungsfähigkeit. Will sagen: wäre man allein, hätte man etliches auf sich zu nehmen. Sie kennen das auch, die Bonner Friedensdemonstranten heißen Irrationalisten und Emotionale Narren ...

Was könnte denn geschehen, wenn unser Land, ich meine die DDR, und Ihr Land, die Bundesrepublik, richtig radikal abrüsteten? Expertenkommissionen müßten sich die Köpfe zerbrechen, wohin mit dem Atomkram und was wird aus den Panzern und Raketen und Flugzeugen? – Die vielen Berufssoldaten würden Förster und räumten den Wald auf, oder sie gingen zur Eisenbahn oder zur Post. Wir hätten endlich Brötchen-, Kuchen- und Brezelbäcker. Das klingt wie der Anfang eines Kindermärchens, ich weiß, aber etwas anderes leuchtet mir nicht ein.

Was nützen die vielen schlauen Bücher über Sozialgeschichte und Ideologie der Gesellschaft, über Struktur der Kristalle und die Beschaffenheit der Gene und so weiter und die schönen über den *Butt* oder *Levins Mühle,* Bücher, die ich besonders liebe, wenn sie die Gespenster nicht bannen, allenfalls die Ängste im Kreis herum lenken. Ich möchte beim Schreiben oft verzweifeln. Dann aber denke ich, daß Literatur vielleicht geholfen hat, die von Politikern so mächtig aufgebauten und tabuisierten Feindbilder zu berühren und zu stürzen und die wirklichen Gefahren, wenn auch nicht abzuwenden, so doch namhaft zu machen.

Ich wäre froh, wenn Sie nach Berlin kämen und mit den Hiesigen sprächen – in Ihrer unerschrockenen Art und grüße Sie und Ihre Frau unterdessen sehr herzlich / Ihre Helga Schütz

MINISTERIUM FÜR STAATSSICHERHEIT: *INFORMATION*
Günter Grass unternimmt seit Jahren Versuche, Kontakte zu Kulturschaffenden der DDR, insbesondere zu Literaten aufzunehmen und auszubauen, um politisch-ideologische Diversion zu verbreiten und mittels feindlich beeinflußter Stützpunktpersonen im Innern der DDR Opposition zu initiieren und feindlich-negative Kräfte zu sammeln. Insbesondere verbreitet Grass die sozialdemokratische Variante des Weiterbestehens einer sogenannten einheitlichen deutschen Nation.

ERIK NEUTSCH: *REDE BEI DER ›BERLINER BEGEGNUNG‹*
Günter Grass, ich sehe Sie ja hin und wieder auch im Westfernsehen, – das soll nun keine Polemik sein. Verstehen Sie das bitte

nicht als Polemik, sondern nur vielleicht als einen Hinweis. Ich sage, wo ich mit Ihnen voll übereinstimmen kann, auch mit dem, was Sie heute in Ihren sieben Thesen gesagt haben. Aber ich sehe auch, wie Sie mit einem Mann wie Walden diskutieren – sicherlich ist das jetzt meine DDR-Terminologie: den ich als eine Art Neofaschisten ansehe. Da sind Sie sehr gut. Aber wenn es dann um diesen Sozialismus in Europa und vielleicht auch um den Sozialismus in der DDR geht, dann haben Sie merkwürdigerweise so ein antikommunistisches Brett vor dem Kopf. Ich verstehe nicht, warum das eigentlich sein muß. Könnten wir uns nicht in der Frage Frieden-Krieg immer noch darüber unterhalten, was vielleicht machbar ist oder was nicht machbar ist, ob Kapitalismus oder Sozialismus, ob Ihre Gesellschaft oder unsere Gesellschaftsordnung?

> Die von Stephan Hermlin organisierte ›Berliner Begegnung zur Friedensförderung‹, zu der zahlreiche Schriftsteller und Wissenschaftler aus Ost und West eingeladen waren, fand am 13. und 14. Dezember 1981 in Ost-Berlin statt. Der erste Kongresstag fiel mit der Ausrufung des Kriegsrechts in Polen zusammen. Die von Günter Grass vorgetragenen sieben Thesen finden sich in der Werkausgabe unter dem Titel *Preisgabe der Vernunft* (XII, 30ff.).

LUISE RINSER: *TAGEBUCH*

Günter Grass, geborener Danziger, zutiefst verstört vom polnischen Unglück, von dem wir eben an diesem Morgen, dem 13. Dezember 1981, gehört haben, kann nicht umhin, davon zu reden. Aber sieht er nicht, wie verstört ALLE sind? Freut sich die DDR etwa? Kann man nicht sagen, die Sowjets liefern nicht eben jetzt den Beweis, daß sie so eine Lage nicht (nicht mehr nach Afghanistan) ausnützen wollen? Daß sie um jeden Preis Frieden wollen?!

ULRICH DIETZEL: *TAGEBUCH*

Die Begegnung ist vorbei. Hermlin hat sich, wie er gestern abschließend auf der Tagung sagte, einen Traum erfüllt. Tatsächlich hat das, was da im Hotel Stadt Berlin stattfand, etwas Traumhaftes. Da sitzen unsere Leute mit Grass, Becker, Thomas Brasch, Muschg, Peter Schneider, Robert Jungk an einem Tisch und sprechen aus, was in der DDR-Provinz die Sicherheitskräfte auf den Plan gerufen hätte. Mein Schwager erzählte, daß in Berlin die Volkspolizei angewiesen worden sei, gegen etwaige Solidarność-Sympathisanten sofort einzuschreiten. Er sagte es mit einem kritischen Unterton zur Begegnung. Was Thomas Brasch auf der Begegnung sagte, daß nämlich der seit über 30 Jahren währende Frieden in der DDR für ihn kein Friede gewesen sei, weil er lähmend auf ihn und seine Generation gewirkt habe, bedeutet das Schlachten einer heiligen Kuh.

JUREK BECKER: *BRIEF AN GÜNTER GRASS*
Ansonsten fand ich in meinem Auto eine zerrauchte Pfeife, die Dir gehören muß. Und ich fand auch Reaktion bei Leuten, Fernsehen und Presse, die mich glauben lassen, daß die Schriftstellersache nicht unnütz gewesen ist. Ganz nebenbei – Du bist mir in diesen zwei Tagen nähergekommen.

1982

JOHN IRVING: *KÖNIG DER SPIELZEUGHÄNDLER*
Zu welcher Leserkategorie Sie auch selbst gehören: Sie können sich heute nicht mehr als belesen bezeichnen, wenn Sie ihn nicht gelesen haben. Günter Grass ist einfach der originellste und vielseitigste lebende Autor.

ERWIN WICKERT: *CHINA VON INNEN GESEHEN*
Wir saßen mit sechs bekannten chinesischen Schriftstellern und Schriftstellerinnen in der Bibliothek, und Günter Grass fragte sie, ob sie den Roman *[Kin Ping Meh]* kannten. Alle hatten ihn gelesen, und sie erröteten keineswegs, als sie das zugaben. Xie Bingxin lachte sogar. Sie war damals achtzig. Ob man ihn denn in jeder Buchhandlung kaufen könne, wollte Günter Grass wissen. Da lachten alle. Natürlich nicht! Selbst wenn man ihn in einer Auflage von einer halben Million Exemplare auflegte, wäre er sofort vergriffen. Man weiß doch, wie neue Bücher in wenigen Stunden ausverkauft sind. Und nun noch dieser Roman! Nein, die meisten hatten das Buch aus Bibliotheken entliehen.

ERWIN WICKERT: *BRIEF AN GÜNTER GRASS*
Wurst wider Buch oder auch Buch wider Wurst! Ich habe ziemlich lange an dem Buch *[China von innen gesehen]* gearbeitet, weil es allgemeinverständlich sein sollte, und weil ich unterhaltsam sein wollte. Ich leide immer so unter den gescheiten Büchern, durch die ich mich mühsam durcharbeiten muß.
In dem Buch sind – das ist, wie ich einsehe, ein schwerer Fehler – weder unsere Ginseng-Orgien noch Ute erwähnt. Aber die entscheidenden Sachen fehlen ja immer. Schon bei Homer.

Bevor Günter Grass 1979 nach China flog, hatte ihn Erwin Wickert, damals deutscher Botschafter in Peking, darum gebeten, zwei hausgemachte Leberwürste mitzubringen. Grass berichtet davon in *Kopfgeburten* (VII, 31f.) und in *Die Box* (S. 173f.); vgl. auch U. Wickert, S. 790.

BEAT STERCHI: *TAGEBUCH, WEWELSFLETH*
Das Haus des Dichters / An der Dorfstrasse mit grossem Garten hinter der schützenden Hecke das grosse Kaufmannshaus. Wie eine Ladenklingel Eingangstür, Paula die Schäferhündin hat noch zwei von ihren 7 Jungen und bellt, und auf dem Ladentisch liegen Fussbälle, in den Schränken stehen Vasen, ein bewohntes Haus, in jeder Ecke eine Geschichte, eine Küche hinter dem Laden angeordnet wie in einem grossen Bauernhaus. Alles zeugt von Zweck und Lust an der Sache, um der Sache Willen. Keine Ordnung und doch gemütlich. Anarchie, Schränke überall, noch steht die Getreidetruhe, ein riesiger Holzlöffel hängt von der Decke, überall Kochgeräte, Werkzeuge, Gebrauchsgegenstände. Das Esszimmer ziemlich leer. Und die Treppe führt rauf zu geräumigen Etagen, auch dort Teppiche, Raum, Farben, Licht, man sieht es fehlt an nichts, doch mit nichts wird geprotzt. Ein riesiges Schlafzimmer, schöne Bilder, Bücher, Reiseandenken, aber schön gross das Bett.
Der Dichter / Auch im Bett unter der dicken Decke liegend die *Frankfurter Rundschau* neben sich, sieht er stark und ziemlich mild aus. Sofort spricht er von Politik, von seiner verfluchten Krankheit. Nein, eben erst jetzt habe er sich ein wenig hingelegt, werde auch gleich wieder aufstehen. Und dann kommt er daher durch's Dorf, schmalhüftig, dünnbeinig, aber stark. Im Maurerkittel und Leinenhemd und Cordhosen. So wie man ihn kennt von Bildern. Mondän ist er nicht, aber auch ohne Achtung dafür. Seine Nase, die sieht man auch bei seinem Sohn, der schweizerdeutsch sprechen kann, und dann kocht er, der Dichter. Wie? Wie der Zulauf auf der Schulreise. Kreativ. Alles auf ein Kuchenblech. Was? Das was man hat. Gut war es. Tomaten, Kartoffeln. Und was sagte er zu Bichsel wegen des Dialekts? Man sollte mehr durchblicken lassen, vor allem in Dialogen. Das wird schwer sein, bei Bichsel, wende ich ein. Ja, der schreibt so stilisiert. Und was rät mir der Dichter? Lassen Sie sich die Fahnen, nicht den Umbruch schicken.

WERNER KRAFT: *BRIEF AN CURD OCHWADT*
Ich will Ihnen aber eine Geschichte erzählen, die sieben bis acht Jahre zurückliegen dürfte. Als Günter Grass hier im Lande [Israel] war, gab es einen Empfang bei Gershom Scholem, der nicht nur ein

großer Gelehrter war, sondern auch individuell *sehr* klug. Ich war unter manchen anderen anwesend. Das Gespräch kam auf die *Hundejahre* von Grass, ein Buch, das ich wie die meisten von ihm nicht kenne, außer einem Band (teilweise guter) Gedichte, dem *Tagebuch einer Schnecke* und dem abscheulichen Katz und Maus-Buch (wo ein General das Eiserne Kreuz an seinem Penis trägt, was keine Satire ist sondern eine Schweinerei), und da sagte Günter Grass, er habe in den *Hundejahren* die Sprache des deutschen Generalstabs satirisch nachgeahmt durch die Sprache Heideggers. Da sagte plötzlich Ernst Simon sehr freundlich, zu Scholem gewendet: Finden Sie nicht trotz allem auch, daß Heidegger einer der großen, geschichtlich notwendigen Philosophen ist? Scholem dachte einen Augenblick nach und sagte dann einfach: Ja, das glaube ich auch. Günter Grass schwieg. Das Gespräch wandte sich anderen Dingen zu. Auf mich hat diese Frage und diese Antwort beträchtlichen Eindruck gemacht. Beide wußten natürlich, *wie* sich Heidegger 1933 verhalten hat, und vor allem, daß er *nie bereut* hat ... Ich habe dennoch Zweifel, gebe aber zu, daß ich Heideggers Denkkraft nur punktweise gewachsen bin. Ich bin eben kein Philosoph, ohne auf den Anspruch zu verzichten, mir Gedanken zu machen.

MARCEL REICH-RANICKI: *BRIEF AN GÜNTER GRASS*

Sie werfen mir aggressiven Antikommunismus mit stalinistischen Zügen vor und behaupten, dass ich, als Sie mich 1958 in Polen kennenlernten, »gerade ein Stück stalinistischer Vergangenheit« hinter mir hatte. Worauf Sie Ihre Ansicht, dass ich den Antikommunismus mit stalinistischen Zügen repräsentiere, denn eigentlich basieren, weiss ich nicht. Vielleicht auf den Artikeln, die ich vierzehn Jahre lang in der *ZEIT* unter anderem über die DDR-Literatur geschrieben habe? Oder auf meinen Büchern, die sich zum grossen Teil ebenfalls mit diesem Thema beschäftigen? Gleichviel, dies ist offenbar neuerdings Ihre Ansicht – und Sie haben das Recht, dies oder jenes zu meinen. Ich glaube aber nicht, dass Sie das Recht haben, über meine Vergangenheit zu verbreiten, was, um es kurz zu sagen, so absurd ist, dass ich fast annehmen muss, Sie hätten mich mit jemandem verwechselt. Hier die Fakten: Ich bin 1946 der Kommunistischen Partei Polens beigetreten. Ich wurde 1950 aus der Partei ausgeschlossen

(Begründung: »ideologische Entfremdung«), inhaftiert und einige Wochen in einer Einzelzelle gefangengehalten. Anfang 1953 wurde gegen mich ein generelles Publikationsverbot erlassen, das erst während des »Tauwetters« (Ende 1954) wieder aufgehoben wurde. – Nennen Sie das »stalinistische Vergangenheit«?

MICHAEL BUSELMEIER: *KUNSTVERZICHT*
    Als ich die rigoristische Position des Kunstverzichts vor mir selbst nicht länger aufrechterhalten konnte, rettete ich mich in die ebenso strenge wie abstrakte Forderung einer *politischen* Kunst, wobei ich anfangs zwischen kritischer bürgerlicher Kunst (für Privilegierte) und Agitprop (für die Straße) nicht unterschied. Wie einfallslos ich reagierte, wurde mir angesichts der Aktionen gegen die Heidelberger Aufführung von Günter Grass' Stück *Davor* im Sommer 1969 bewußt. Ich hatte ein aggressives Flugblatt geschrieben, und wir lärmten vom Stehparkett aus gegen die Sozialdemokratie. Unsere Zwischenrufe störten zwar die Schauspieler ein wenig, machten aber keinem irgend etwas klar. Kurz nach der Pause, während die Personen im Stück noch immer diskutierten, ob es sinnvoll sei, aus Protest gegen die Verbrennung von Menschen in Vietnam einen Dackel vor dem Café Kempinski zu verbrennen, erstieg – beim Stichwort »Warum geschieht denn nichts?« – ein Mann plötzlich die Rampe, ging ruhig zur Mitte der Bühne, vorbei an den Schauspielern, die verstummten, goß Benzin aus einer Cola-Flasche über den Plüschhund, der auf einer Schulbank stand, entzündete langsam ein Streichholz und näherte dieses dem Hundefell. Die Feuerwehrleute dösten in den Gassen, ein junger Schauspieler grabschte im letzten Moment den Hund weg, der Intendant rief nach der Polizei.
    Der einsame Anarchist hatte mit seinem Feuerritual ein halbherziges Stück radikal beendet, indem er die »Warum geschieht denn nichts?«-Fragen der reformistischen Bühnenfiguren *wortlos handelnd* beantwortete und damit zugleich symbolisch demonstrierte, wie es um das Theater und die es finanzierende, ansonsten zu allerlei Barbarei fähige Gesellschaft bestellt ist: Man sollte sie eigentlich anzünden. Ein Bild der Revolte.

HILDEGARD KNEF: *So nicht* (ROMAN)
Ich denke an Günter Grass: seine Geschichte, die er mir – noch immer starr vor Entsetzen – erzählte:
In Peter Steins ›Schaubühne‹, während ›Peer Gynt‹-Aufführung war's [vgl. Hildebrandt, S. 195]. Sie hatten ›Grass raus!‹ gebrüllt. War ihnen wohl nicht links genug. Hatte ergo nicht die Freiheit, Theater zu besuchen. Er war auf seinen Sitz gestiegen und hatte gebrüllt: »Es ist wie bei den Nazis, und wenn ich keine so starke Stimme hätte, müßte ich diese Infamie wehrlos hinnehmen.«
Er hatte den Abend ›durchgesessen‹. Sein breites, starkes Gesicht war schmal geworden, frühzeitig gealtert, der Spott aus den Augen gewichen. Und bei Böll hatte man Haussuchungen gemacht. Verdacht auf Terroristen-Sympathisant.
Deutschland, deine Musen werden mit Schwindsucht geimpft.

BONO (U2): *EIN WUNDERBARER FILM*
Haben Sie den Film *Die Blechtrommel* gesehen? Er handelt von der Weigerung, erwachsen zu werden. Er ist wunderbar.

BENNO VON WIESE: *ICH ERZÄHLE MEIN LEBEN*
Im Jahre 1959 erschien der inzwischen weltberühmt gewordene Roman von Günter Grass *Die Blechtrommel*. Die Mitglieder der Bremer Jury hatten ein Vorausexemplar; das Buch konkurrierte damals mit dem Roman *Mutmassungen über Jakob* von Uwe Johnson. Vor allem der sehr kultivierte, sensible, aber auch empfindliche Rudolf Hirsch, einer der besten Hofmannsthal-Kenner, der sich inzwischen als einer der Hauptherausgeber der großen Hofmannsthal-Ausgabe einen bedeutenden Namen gemacht hat, trat gemeinsam mit mir für *Die Blechtrommel* ein. Beide hatten wir sofort den Rang dieses Buches erkannt. Es gelang uns, die ganze Jury zu überzeugen. Nur der Vertreter der Stadt Bremen, der aber kein eigenes Stimmrecht besaß, hatte Bedenken. Trotz unseres einstimmigen Votums versagte der Senat seine Zustimmung. Dieser sozialdemokratische Stadtstaat konnte ein solches Buch damals nicht ertragen: wahrscheinlich war das Zuviel an Obszönität und an religiöser Blasphemie der Grund dafür. Man kennt dergleichen aus der Geschichte der europäischen

Literatur, ich brauche nur an Molières *Tartuffe,* Flauberts *Madame Bovary* und an Arthur Schnitzlers *Reigen* zu erinnern. Der Senat wollte uns zwingen, unsere Entscheidung zurückzunehmen. Jedoch Hirsch und ich, die auswärtigen Mitglieder der Jury, beantworteten das mit unserem Austritt. Hirsch war sogar noch empörter als ich und gab das zunächst geheimgehaltene Geschehen an die Presse weiter. Der Skandal war damit unvermeidlich und hat auch erhebliche Wellen geschlagen. Doch durften wir uns eine solche Einmischung staatlicher Stellen in die freie Entscheidung einer Literaturpreis-Jury nicht gefallen lassen. Die Ironie des Geschehens wollte es, daß bereits wenige Jahre später in Bremen Abitur-Aufsätze über die *Blechtrommel* geschrieben wurden. Zwar halte auch ich die Obszönitäten in diesem Buch nicht für seine eigentliche Stärke. Als ich Grass später bei einem allgemeinen Empfang persönlich kennenlernte, zog ich ihn etwas damit auf. Sein Buch sei großartig, aber noch großartiger würde ich es finden, wenn er auch ohne solche sexuellen Extratouren schreiben könne. Er antwortete mit entwaffnendem Zynismus, offensichtlich ironisch, das sei nun einmal nötig, das Publikum brauche das, sonst verkauften sich die Bücher schlechter. Seine späteren Werke haben zwar durchweg Eindruck auf mich gemacht, aber nicht so starken wie *Die Blechtrommel.* Ausnehmen möchte ich die novellistische Erzählung *Das Treffen in Telgte.* Ich halte sie für ein kleines Meisterwerk. Voll genießen kann sie freilich nur, wer mit den Gestalten unserer Barockliteratur etwas vertrauter ist. Wie Grass hier seine vorzüglichen Kenntnisse dieser Epoche mit den Erinnerungen an die Gruppe 47 zu einem geschichtlich-übergeschichtlichen Ganzen verwoben hat – das macht ihm heute so leicht keiner nach. Es wird noch einige Zeit dauern, bis dieser vitale, sich allen Widersprüchen des Zeitalters stellende Autor, der zugleich über ein hohes Maß an Gescheitheit und an praktischem politischen Verstand verfügt, in seiner vollen Bedeutung erkannt wird: Ich halte ihn weder für einen bloßen Bürgerschreck noch für einen bloßen guten Staatsbürger, sondern für einen genialen, deftigen Erzähler, der die nicht allzu üppige Tradition der deutschen humoristischen Prosa in einer späten Geschichtsstunde fortgesetzt hat, einer Stunde, die in ihrem Erzählen bereits von Vertrocknung, Konstruktivismus und einem Allzuviel an intellektuellen Experimenten bedroht ist. Die Jury mußte damals neu berufen werden und entschied sich dann für Siegfried Lenz. Die Entscheidung für ihn war gewiß nicht falsch. Trotzdem rechtfertigte sie nicht die Ablehnung der *Blechtrommel.* Beide Autoren sind später noch wiederholt ausgezeichnet worden.

GUSTAV SICHELSCHMIDT: *BANKROTT DER LITERATUR*
Neuerdings hat unser eine Zeitlang in der Politik dilettierender Poet die Potenzschwierigkeiten seiner literarischen Wechseljahre nach so vielen mit seiner lahmen und lustlosen Muse gezeugten totgeborenen Kindern durch Rückkehr zu seinen pornographischen Anfängen aus der Welt zu schaffen versucht. Jahrelang kreißte dann der Berg, und heraus kam nach weithin vernehmlichen Wehen der »epochale« Roman *Der Butt,* ein Dauerlangweiler, an dem das Beste immerhin noch die eingestreuten Rezepte für Hammelbraten zu sein scheinen. Selbst die immer wieder mit lockerer und freigiebiger Hand verstreuten »Grassismen«, die das eigentliche Qualitätssiegel unseres Meisters tragen und den zähen Fluß des Geschehens bemerkenswert auflockern, können nicht über die höchst dürftigen epischen Gaben dieses wahrhaft würdigen Mentors unserer derzeitigen Literatur hinwegtäuschen. Selbst das onkelhafte Humanistenpathos, das sich der Alternde zugelegt hat, kann nicht die haarsträubende Leere dieses Buches aufwiegen, in dem vor allem Stroh gedroschen wird, obwohl es aus unerfindlichen Gründen bald schon in die schwindelnden Höhen unserer Bestsellerlisten emporkletterte, ohne vom Höhenrausch ergriffen zu werden. Eine aus Mangel an lohnenden Objekten arg auf dem Trockenen sitzende Kritik erfüllte wieder einmal ihre nihilistische Pflicht und Schuldigkeit. Sie geriet wie auf ein geheimes Kommando hin in Ekstase und überschlug sich in Lobsprüchen mit dem Grundtenor: »Dieser Roman rückt Maßstäbe zurecht.« Arme deutsche Literatur!

A. LESLIE WILLSON: *EIN AUTODIDAKTISCHES GENIE*
Günter Grass ist eine Welt in sich wie wenige andere Künstler unserer Zeit. Seine künstlerische Integrität und die Einmaligkeit seines Werkes spiegeln sich in scharfen Konturen und verschlungenen Geweben seines Schreibens wider. Ein Leser, der ein einziges Gedicht, ein einziges Drama oder einen einzigen Roman kennt, ist dadurch

noch keineswegs befähigt, seine Meinung über Grass und dessen Werk insgesamt zu äußern. Grass-Interpreten, die sich ihm mit der Kenntnis eines einzigen Werkes nähern, werden ihm nicht gerecht. Bedauernswert, wenn sie nichts von seinen Zeichnungen und Radierungen und Plastiken wissen. Sie können nicht ahnen, daß die grafische Kunst genausoviel über den ästhetischen Standpunkt von Günter Grass und dessen thematisches Repertoire mitteilt wie sein Schreiben. Sie werden nicht erkennen, wie seine Prosa, seine Lyrik, sein Drama und seine Grafik einander durchdringen.

Ohne Zweifel ein Genie, ist Günter Grass doch im strengen Sinne »ungebildet«; er ist ein Autodidakt.

UDO STEINKE: *MIT UND OHNE ABITUR*
Der Günter Grass hat schon recht, wenn er behauptet, er wäre nie Günter Grass geworden, hätte er Abitur gemacht. Er wäre dann nämlich heute Redakteur im literarischen Nachtprogramm des Südwestfunks.

CARL AMERY: *BRIEF AN GÜNTER GRASS*
Zunächst aber möchte ich Dir gratulieren zu Deinem hervorragenden Nicaragua-Aufsatz in der *ZEIT*. Wenige Tage vorher hörte ich im Freundeskreis das Referat eines äußerst informierten Jesuiten, der sozusagen für uns Katholiken noch einige feinere Punkte einfügte. Keiner davon widersprach Deiner grundsätzlichen Übersicht. Wenn irgendetwas daran bedauerlich ist, dann nur die Tatsache, daß unser verrotteter Journalismus von den Belletristen so ergänzt werden muß, daß die letzteren die eigentlichen Aufgaben des Journalismus übernehmen. (Siehe auch Wallraff, der ein großartiger Reporter ist, aber eben kein Schriftsteller!)

> Auf Einladung von Ernesto Cardenal, dem Kulturminister der neuen sandinistischen Regierung, reisten Günter Grass, Johano Strasser und Franz Alt im Frühsommer 1982 nach Nicaragua. Grass schilderte seine Erfahrungen in dem *ZEIT*-Artikel *Im Hinterhof* (XII, 41ff.). In seiner Autobiographie schreibt Strasser von der Einladung beim Staatspräsidenten Sergio Ramírez: »Dem Verfasser der *Blechtrommel* zu Ehren gab es diesmal Kutteln, eine von Günters kaschubischen Leibspeisen – Kalbsbries war eine andere –, die ich gar nicht mochte. Günter, der meine kulinarischen Empfindlichkeiten natürlich

kannte, feixte: Siehst du, überall auf der Welt schätzen die Menschen die gute kaschubische Küche. Nur du friesischer Sturkopp sträubst dich immer noch dagegen. Ich trug seinen Spott mit Fassung, und mit mehreren Gläsern Rum, der auch hier zum Essen gereicht wurde, brachte ich die Kutteln tatsächlich hinunter.« (*Als wir noch Götter waren*, S. 228f.)

JOHANNES RAU: *BRIEF AN GÜNTER GRASS*
Mit großem Interesse habe ich Deinen Bericht über Erfahrungen in Nicaragua in der *ZEIT* gelesen. Zu hoffen ist, daß viele unserer Bürger (und Politiker) solche Erkenntnisse nicht vergessen und daraus Lehren ziehen.

WOLFGANG HILDESHEIMER: *BRIEF AN GÜNTER GRASS*
Lieber Günter / das war eine *großartige* Rede, die Du in Rom gehalten hast! Ich dachte schon, ich sei der Einzige, der die kollektive Verdrängung nicht mitmacht und weiß, daß es nicht, wie man uns weismacht, fünf vor zwölf ist, sondern dreivierteldrei. Jetzt weiß ich auch, weshalb ich diese seltsame Schreibhemmung habe.

> Bei der Verleihung des Internationalen Antonio-Feltrinelli-Preises für erzählende Prosa hielt Günter Grass im November 1982 in Rom die Rede *Die Vernichtung der Menschheit hat begonnen* (XII, 57ff.).

BEAT STERCHI: *ARBEITSJOURNAL*
Seien Sie anmassend! sagte er zu mir, nachdem ich sagte, was ich gesagt habe, klinge anmassend. Seien Sie anmassend! Das klingt wie jener, der über Brecht gesprochen hat: Dass man es ohne Grössenwahn in diesem Beruf zu nichts bringt! Und als Schweizer hätte er mich erkannt, als ich auf das Lob meines Romans von Seiten Lutzens [= Heinz Ludwig Arnold] gesagt hätte: Alles ist relativ. Das sei so schweizerisch! Trotzdem raucht der Dichter dann mir zu Ehren, wie er spassig sagt, einen Villiger-Stumpen. Dabei schiebt er Lutz und mir lachend ein Streichholzbriefchen zu. Es ist schwarz, vorne steht der Name irgend einer Hotelkette und unter dem Schwefelstreifen in Gold: G. Grass. »Einen Tag war ich dort.« Und er lacht. »Das ist Ruhm.« »Das ist Ruhm?« frage ich, ebenfalls lachend. »Ja, das ist noch die angenehmste Seite davon, die komische, die idiotische.«

ECKHARD HENSCHEID: *WAHRSAGUNGEN FÜR 1983*
Den Nobelpreis für Literatur kriegt entweder aus Apartheit der 87jährige Bantuneger Aki H'einerle für sein Epos *Im Busch ist vielleicht was los* oder aber aus Schweizer Paritätsgründen Max Frisch – in diesem Fall wird es G. Grass vor Gram zerfetzen.

1983

WALTER KEMPOWSKI: *TAGEBUCH*
Die Naumann-Stiftung tagte in Bad Godesberg, im Restaurant St. Michael. Als ich in das Versammlungslokal trat, hatte ich in der Menschenversammlung mit Hemmungen zu kämpfen. Wie öfter in solchen Fällen, stellte ich mir vor, ich sei Günter Grass, und da gings.

NICOLAUS SOMBART: *TAGEBUCH*
Das Wichtigste für mich [bei der Geburtstagsfeier von Marianne Frisch] war ein langes Gespräch mit Günter Grass, das eine ganze Weile um Bebel kreiste, dem er auch in seinem *Butt* ein Denkmal gesetzt hat (die Beerdigung in Zürich 1913). Er wußte auch etwas von Fourier. Da mischte sich Ritter in das Gespräch, der Grass in unglaublicher Schärfe angriff, halb politisch, halb literarisch. Diese verbale Aggressivität von Leuten, die sich gleichzeitig auf die Schulter klopfen und ein Glas Wein miteinander trinken, ist offenbar eine deutsche Spezialität. Grass war ganz gelassen – es ging um Enzensberger, dem er seinen Snobismus vorwirft, und Hildesheimer, mit dem ihn offenbar eine tiefe Solidarität des Metiers verbindet.

JOYCE CAROL OATES: *BRIEF AN GÜNTER GRASS*
Lieber Günter Grass, / es war ein Vergnügen und eine Ehre, Sie vor einigen Wochen in der New School zu treffen. Ich bin ein alter Bewunderer Ihrer Arbeit, wie ich es sicherlich erwähnte.
So sehr Sie ein herzlicher und geistesverwandter Mann sind – so kam es mir jedenfalls in der kurzen Zeit vor, die wir gemeinsam verbrachten –, Ihre öffentlichen Äußerungen wirken unausgegoren und dogmatisch, was für uns alle, die wir Ihre Literatur so schätzen, enttäuschend ist. Ich beziehe mich vor allem auf Ihre Geringschätzung zeitgenössischer amerikanischer Literatur, die Sie, wie Sie sagen, »langweilt«, weil sie vornehmlich an Universitäten spielt.
Indem Sie dies sagen, beleidigen Sie viele von uns, die Romane, Kurzgeschichten, Lyrik und nicht zuletzt Theaterstücke schreiben,

die sich direkt oder indirekt mit aktuellen politischen und sozialen Realitäten in den Vereinigten Staaten auseinandersetzen. Dies zeigt einfach, dass Sie uns nicht gelesen haben. Ich könnte prominente Schriftsteller anführen wie Saul Bellow, Robert Stone, Joan Didion, Ward Just, Paul Theroux, Toni Morrison und viele andere, deren Werk Sie vernachlässigt oder ignoriert zu haben scheinen. Es ist mir halbwegs peinlich, meine eigenen Romane zu erwähnen, die seit ihrem Erscheinen so wenig Wirkung zeigten ... aber einige handeln vordringlich von politischen Themen (*The Assassins* und vor allem *Angel of Light* – der Letztere hat mit dem amerikanischen Eingreifen in Chile zu tun und mit dem hiesigen amerikanischen Terrorismus, das Ganze in Washington angesiedelt) und nahezu alle haben in der ein oder anderen Weise mit der zeitgenössischen Gesellschaft zu tun. (Es ist wahr, dass ich eine Sittenkomödie geschrieben habe, die an einer Universität spielt – und ich werde mich sicherlich nicht dafür entschuldigen –, aber das ist keineswegs repräsentativ für mein Schaffen.)

Obwohl Sie als Mensch und in Ihrem literarischen Schaffen einen hohen Grad an Einfühlungsvermögen und Feingefühl im Denken zeigen, erscheint es mir, dass Sie, sobald Sie unverblümt und dogmatisch von »politischen« Themen sprechen, etwas Komplexes – offensichtlich, aber fälschlicherweise – auf etwas Simples reduzieren. Gerade weil Ihr Werk hier so allgemein bewundert wird, vor allem von Ihren Schriftstellerkollegen, verletzten Ihre unbedachten Bemerkungen umso mehr; und es kann für uns nicht ermutigend sein, wenn wir vermuten müssen, dass Sie, indem Sie sagen, unsere Werke langweilen Sie, Sie eigentlich damit meinen, dass Sie sich nicht die Mühe gemacht haben, sie zu lesen. (Ich war besonders verwirrt von Ihrem Kommentar, dass Márquez und Fuentes für meine Freiheit »zahlen«. So weit ich es beurteilen kann, sind beide Männer Millionäre – Fuentes lebt hier in Princeton in offen königlichem Stil – und genießen ihre amerikanischen Honorare, wie Sie es wahrscheinlich ebenfalls tun. Wenn Sie der Ansicht sind, dass diese Schriftsteller für meine Freiheit auf gewisse Weise zahlen – auf welche Weise genau? Oder war es so, dass im Durcheinander der »Debatte« Dinge gesagt wurden, die bei näherer Betrachtung keinen großen Sinn ergeben? Unglücklicherweise wurden diese Dinge seitdem viel zitiert und gereichen niemandem von uns zur Ehre.)

Ich hoffe, dieser Brief ist nicht unangenehm streitsüchtig, denn meine Erinnerung an unser Gespräch – vor allem beim Abendessen – ist wirklich sehr positiv; und ich hoffe auch, dass ich Sie bald wiedertreffe, unter entspannteren Umständen.

CHRISTOPH HEIN: *BRIEF AN GÜNTER GRASS*
Lieber Günter Grass, / ich freute mich, Sie kennenzulernen. Es war ein »nachgetragenes Kennenlernen« nach Erlebnissen, die 20 Jahre zurückliegen. Ich will nicht von der *Blechtrommel* reden. Viel heftiger waren für den Schüler damals zwei andere Eindrücke, ein literarisches und ein völlig anderes. Da war jenes Gedicht *Mein Freund Walter Henn ist tot,* ein Gedicht, das sich mir tief einprägte, ohne daß ich mir damals (und heute) klarmachen könnte, wieso: Was war mir Grass, was Henn! Und das andere: der Mauerbau beendete meine Gymnasialzeit (neben allem anderen war da auch Erleichterung, den ganzen altsprachlichen Druck von der Seele genommen zu bekommen), und ich stand da mit schönen Verunsicherungen. Dann eine langwierige Zahnbehandlung in der Charité, der Zahnarzt ein Schöngeist (unter dem weißen Kittel immer eine auffällig geblümte Fliege und der Ansatz eines Anzugs). Und aus irgendeinem nie geklärten Grund führte er mit dem 18jährigen Gespräche über neue dt. Literatur (Johnson und Grass). Ich mußte ihm mein Westbändchen leihen und Grass' Lyrik erklären. Er schätze den Romancier, nicht aber den Lyriker Grass und befragte mich – den Bohrer in der Hand, gleißendes Licht auf dem aufgerissenen Mund – nach Erklärungen für die Kröte, die auf dem Gasometer sitzt. Ich verteidigte die Lyrik. Dann schaltete die Schwester – enerviert von dem sich füllenden Wartesaal und unseren Gesprächen – den Bohrer an. Und während sich mit hohem Ton das kleine Folterwerkzeug wenige Zentimeter vor meinem damals noch unbebrilltem Auge drehte, dachte ich an Petrus und schwor ab, gestand dem sich über mich beugenden Zahnarzt, daß die Prosa viel besser sei als die Lyrik. Und der Rest war Schmerz. Da wird Literatur so einprägsam wie in den Kinderzeiten, wo ein Zwölfjähriger sich daran macht, alle Stücke Schillers auswendig zu lernen. Vielleicht – des besseren Einprägens willen – sollte die Aufnahme von Literatur mit den Zahnärzten stärker verknüpft werden.

Dies Ungeordnete nur, um Ihnen zu sagen, daß ich mich freute, Sie kennenzulernen.

Walter Kempowski: *Tagebuch*
[Traum]: Günter Grass sagte zu mir: »Kommst du mit, ich muß operiert werden?« Er und noch ein anderer (Baring?) sollen einen neuen Kanal von den Backenzähnen zur Leber erhalten, die letzte Operation war nicht ganz geglückt. »Das tut scheußlich weh«, sagte er, und: »Es würde mir wohl tun, wenn du dabei wärst.« Die Operation findet auf einem Zahnarztstuhl statt, ihm wird ein Lätzchen umgebunden, und in dem Operationssaal sind Tische aufgestellt, an denen etwa sechzig bis siebzig prominente Leute speisen. Sie alle sollen Zeuge der Operation sein. Ich bin dazu ausersehen, die Hand des Patienten zu halten. Grass sieht mich dankbar an.

Klaus Hoffer: *Brief an Günter Grass*
Ich brauche Dir nicht zu sagen, daß und wie sehr ich Dir danke – für das, was Du stiftend für mich getan hast. Vielleicht sind die Formen des Erzählens, in denen ich mich versucht habe, nicht so sehr weit entfernt von dem, was Dir als das Erzählen vorschwebte, als Du Oskar auf die Trommel schlagen ließest. – Jetzt ist es jedenfalls heraus, und nichts kann mehr gutgemacht werden.
Ich freu mich auf ein Wiedersehen mit Dir, der Du für uns, die deutschsprachige Mehrheit des Balkanlandes, ein Licht aufgesteckt hast. / Dein / Klaus Hoffer

Beat Sterchi: *Arbeitsjournal*
Beim Durcharbeiten des Manuskripts Probleme mit Wörtern. Da ist so viel Unnötiges, Erzwungenes und ich zögere und bin unsicher. Grass: »Mit dem, was man jetzt wegstreicht, fällt man nachher nicht durch.« Freundlich ist er, der Meister. Und ins Geschäft mit Mutter und Vater ist er auch eingetreten. Kunst gegen Wurstpakete aus der Schweiz. »Ihr Vater muss einfach wissen, dass das auch seinen Wert hat.« Ich war zum Essen eingeladen, trank Wein mit Frau Ute, während Bruno und Freund etwas für den Fasching färbten und bastel-

ten, ein Kostüm wohl, und dann kommt er runter, der Meister: »Die Rede ist fertig, die Rede ist fertig!« 12 Seiten für den Wahlkampf!
In Zukunft Ratten! Der Dichter schmunzelt: »Haben Sie meinen neuen Plan schon gesehen?« Er hängt an der Zeichenwand. Ein grosses Blatt. Ein unterirdisches Rattennest mit etlichen Höhlen, in jeder Höhle ein Kapitel und Ratten überall. Eine verstopft einen Eingang mit dem eigenen Leib, damit das Giftgas nicht eindringt, benützt sie sich selbst als Stöpsel. Langsam hatte er angefangen, mit willigen Lehmplatten. Wie sie solle das Buch heissen: Die neue Ilsebill und ihre 12 Pfaffen. Von der baltischen Pfütze, von Quallen, kerbte der Dichter epische Ausgangspunkte in den Lehm und jetzt liegen überall Blätter aus Lehm: Papier und das Wort haben die Büsten, die Pilze verdrängt. Zusammengeknülltes, aufeinandergestapeltes Papier aus Lehm überall und in einem Käfig ein Weichnachtsgeschenk: Bella, die Wanderratte. – Und jetzt haben wir noch einen Wahlkampf mitgemacht, mit dem Meister. Quer durch das flache Land fuhren wir, die kahlen Äste der Bäume, der spärliche Schnee in Streifen, weisse Flecken auf Braun und Grün. Wir fahren durch Wald, ein Stück Autobahn nach Preetz. Im Gasthaus Schützenhof legen Leute vom Belgischen Fernsehen schon Kabel aus, man erwartet den Dichter, aber die Genossen, sie stellen sich neben ihn und lassen sich etwas schamlos mit ihm fotografieren, aber Essen gab's viel und gratis und alles hat sich eigentlich gelohnt, wenn man sie so sieht die Leute, wie sie herkommen, um ihn zu sehen, zu hören, wie sich ein junger Mann, fast noch ein Junge, aufregt, wegen Persönlichkeitskult, weil der Dichter seine Bücher signiert (schwungvoll). Und unterwegs im Wagen, den sein treuer Buchhändlerfreund steuert, beklagt der Dichter, dass er keinen Nachfolger, keinen jungen Autoren gefunden habe, der seine politische Arbeit weiterführen könnte. Und dann meint er, wie er sich auf eine Plastik freue, aber mit den Mädchen über die Schwierigkeiten, die seine Bücher dem Leser bieten, zu diskutieren, das hat ihm auch Spass gemacht.

RAINALD GOETZ: *SUBITO* (ERZÄHLUNG)
Wie geht es weiter? Wie muß es weitergehen, gerade jetzt, nach dem ersten Roman, was muß ich tun, daß ich nicht auch so ein blöder Literatenblödel werde, der locker und dumpf Kunst um Kunst

hinschreibt. Nein nein nein, immer alles zerschlagen, sagte ich, das Erreichte sofort immer wieder in Klump und kaputt und mausetot schlagen, sonst hast du die Scheiße. Ja, sagte Neger Negersen, dann hast du die Identität, die Stabilität, und am Ende sogar noch einen Sinn. Da rief ich aus: Gehe weg, du blöder Sausinn, ich will von dir Dummen Langweiligen nie nichts wissen. Den sollen die professionellen Politflaschen, die Staatsidioten, diese ganzen fetten dummdreisten Kohls vertreten; den sollen die Peinsackschriftsteller vertreten, die in der Peinsackparade, angeführt von den präsenilen Chefpeinsäcken Böll und Grass, von Friedenskongreß zu Friedenskongreß, durch die Zeitungsfeuilletons und über unsere Bildschirme in der unaufhörlichen Peinsackpolonaise ziehen und dabei den geistigen Schlamm und Schleim absondern, den das Weltverantwortungsdenken, das Wackertum, unaufhörlich produziert, dieses ganze Geschwerl, dieses Nullenpack soll ruhig noch jahrelang den BIG SINN vertreten. Wir müssen etwas Wichtigeres tun. Wir müssen ihn kurz und klein zusammenschlagen, den Sausinn, damit wir die notwendige Arbeit tun können. Die ist was viel was Schwereres, die notwendige Arbeit ist: die Wahrheit schreiben von allem, die keinen Big Sinn nicht hat, aber notwendig ist, notwendig ist das einfache wahre Abschreiben der Welt.

> Die Erzählung *Subito,* eine Abrechnung mit dem Literaturbetrieb, hatte Rainald Goetz im Juni 1983 beim Klagenfurter Ingeborg-Bachmann-Wettbewerb vorgetragen. Die Lesung geriet zum Skandal, als sich Goetz vor laufender Kamera mit einem Rasiermesser die Stirn aufritzte und blutüberströmt weiterlas. Marcel Reich-Ranicki, der den Jury-Vorsitz hatte, versicherte, daß sich die Jury von dieser Aktion weder positiv noch negativ beeinflussen lassen werde. Goetz erhielt zwar keinen Preis, wurde aber durch das Medienecho schlagartig bekannt.

UMBERTO ECO: *NACHSCHRIFT ZUM »NAMEN DER ROSE«*

Ich glaube indessen nicht, daß es dasselbe ist, ob man sagt: »Wenn ein Roman den Lesern gibt, was sie erwartet haben, findet er Anklang«, oder ob man sagt: »Wenn ein Roman Anklang findet, liegt das daran, daß er den Lesern gibt, was sie erwartet haben.«

Die zweite Behauptung ist nicht immer richtig. Man braucht nur an Defoe oder Balzac zu denken, um schließlich bei der *Blechtrommel* oder bei *Hundert Jahre Einsamkeit* anzukommen.

Beat Sterchi: *Blösch* (Roman)
Rötlisberger verzichtete nicht nur auf Gummistiefel zugunsten echter Holzschuhe aus Kuhleder und junger Eiche, er lehnte es auch ab, sich einen Gummischurz um den Bauch zu binden. Er bevorzugte Sacktuchschürzen, von denen er immer fünf Exemplare gleichzeitig umgeschnürt hatte. Die unterste Schürze war am trockensten, mit ihr frottierte er sich.

> Gegenüber dem Herausgeber verriet Beat Sterchi: »In meinem Roman *Blösch* gibt es eine kleine Hommage an Grass, aber die ist sehr versteckt. Ein Schlachthausarbeiter bindet sich unzählige Schürzen um, eine Anspielung auf die Röcke am Anfang der *Blechtrommel*.« In einer Rezension bemerkte Heinz Ludwig Arnold: »Sterchis *Blösch* fährt in unsere dünnblütige Literaturwelt hinein wie einst *Die Blechtrommel* in die wechselnden Realismen der Nachkriegsliteratur.«

Hubertus Giebe: *Brief an Günter Grass*
Für mich ist die *Blechtrommel* ein großes, schönes und herausragendes Buch deutscher Sprache. Bewunderung dafür war auch der Anlaß für mich grafisch dazu zu arbeiten. Thematisch ist die Auseinandersetzung, die Frage der geschichtlichen »Verschuldung«, auch Stoff für eine Reihe meiner Bilder geworden. Das wichtigste wohl heißt *Die Schuld* und versammelt eine Figuration, die die *Blechtrommel* angeregt hat.

Andrej Voznesenskij: *Der Dichter Günter Grass*
Günter Grass fährt kräftig über meine Nase. Ich fühle, wie die Nase anschwillt und sich rötet. Es kitzelt. Als er sich an meinem Nasenloch zu schaffen macht, möchte ich niesen. Dann kratzt er mit seinem sauberen, kurzgeschnittenen Nagel an der rechten Braue. Die von ihm gezogene Linie auf der Wange bleibt ewig.
Nun sind es bald zwei Stunden, daß Günter Grass mich porträtiert. Das Blatt, einen halben Meter hoch, ist auf einem Brett festgeheftet. Ich sitze, ohne mich zu rühren. Westeuropäisches Denken der Jahrhundertmitte bohrt sich in mein Gesicht. Wir kennen uns bereits einige Jahre. Seltsam, daß dieser gutmütige, emsige Zeichner derselbe Grass ist, der der Philistermoral den Kampf angesagt hat, der die Eingeweide der Gegenwart bis zum Ekel nach außen kehrt,

er, sicherlich die bedeutendste Figur der europäischen Prosa, ein Politiker, einer, der an Grundfesten rüttelt, ein Gegner des Rüstungswettlaufs, aber vor allem ein Künstler, hol's der Teufel!

Das Gesicht eines Schaffenden ist immer schön. Um mir die Zeit zu vertreiben, skizziere ich in Gedanken sein Porträt. Ein Grass-Porträt ist selbstverständlich nur als Graphik denkbar. Ich schütte Schwarz über sein Haar. Sein früher blauschwarzer, wie Roßhaar störrischer Schopf ist kurzgeschnitten und zeigt das erste Grau. Die starke, gebogene Nase stützt sich auf einen Hängeschnauz, schräg wie Krähenflügel. Gesicht und Hände müssen in dunkelhäutiger Sepia gehalten werden, die an Stirn- und Augenfalten den Pinselstrich behalten muß, nur das Weiß der Augen, das helle Blinken der Brillengläser in der dünnen silbernen Fassung und vielleicht der kühle Glanz des schweren silbernen Reifs am Ringfinger müssen ausgespart bleiben. Den Ehering trägt er am kleinen Finger.

Grass – eine Saatkrähe. Und so geht er auch gravitätisch, ein wenig watschelnd, den Kopf zur Seite geneigt, genau wie dieser würdige Vogel, wenn er eilig dem Traktor folgt und schielend aus der frisch gepflügten fetten Krume einen Regenwurm oder einen glänzenden Käfer aufpickt.

Er ist selbstsicher, gemessen, voll von gewichtigem männlichem Charme, besonnen. Selbst galanter Zeitvertreib ist neben Arbeit und Essen in seinen Tagesablauf eingeplant.

Um ihn liegt das Werkzeug eines Graphikers – Nadeln, Kupferplatten, Griffel, ein Skalpell, eine Lupe. Er ist ein professioneller Maler und Bildhauer. Vor acht Jahren hatte er mir seine Pilzserie geschenkt, Kupferstiche, auf denen Pilze Krieg führen und Hochzeit halten, bis ins letzte Detail getreue Darstellungen dieser magischen Blasen der Erde, Pilzmänner und Pilzweiber. Nun wendet er sich der Spezies Mensch zu.

Er unterhält mich, erzählt von seinen Söhnen, die er nun nicht mehr versteht, die biologische Landwirtschaft betreiben, sich mit eigenen Händen einen Hof gebaut und sich den Grünen angeschlossen haben, nachdem sie das Interesse an der korrupten Politik verloren hatten.

Grass selbst erkennt erbarmungslos die katastrophale Lage der Welt. »Möglicherweise gibt es keine Zukunft. Früher arbeitete der

Künstler im Namen der Zukunft.« Er ist leidenschaftlicher Kriegsgegner.

HERMANN SCHULZ: *NICARAGUA*
Grass liest [1982 in Managua] aus dem *Butt* das Kapitel über die Einführung der Kartoffel in Preußen; der Saal im Kulturzentrum »Casa Fernando Gordillo« ist überfüllt, Autoren, Dichter, Deutsche, Studenten. Die kaschubisch-ostpreußischen Dialektpassagen liest Lizandro [Chávez Alfarro] im weichen Singsang nicaraguanischer Bauern. Tage später berichtet *Barricada*: »Grass las ein Kapitel über die Einführung der Kartoffel in der Bundesrepublik nach 1945«.

MARIO VARGAS LLOSA: *FREIHEIT FÜR DIE FREIEN?*
Günter Grass ist einer der originärsten zeitgenössischen Autoren und derjenige, dessen Bücher ich mit auf die einsame Insel nähme, wenn ich mir nur einen europäischen Erzähler unserer Tage mitnehmen dürfte. Meine Bewunderung für ihn ist nicht nur literarischer, sondern auch politischer Natur. Die Art und Weise, wie er in seinem Land auftritt, seine Verteidigung des demokratischen Sozialismus von Willy Brandt und Helmut Schmidt, seine Straßenkampagnen für diese Politik im Rahmen der Wahlkämpfe und seine energische Absage an jede Form von Autoritarismus und Totalitarismus erschienen mir immer als Vorbild der Vernunft und als eine begrüßenswerte – reformistische, praktizierbare, konstruktive – Gegenposition zu den apokalyptischen Positionen so vieler moderner Intellektueller, die aus Blindheit, Opportunismus oder Naivität so weit gehen, Diktaturen zu bejahen und das Verbrechen als Mittel der Politik zu rechtfertigen.

JÖRG FAUSER: *DIE HOHE KUNST DES KOMPLOTTS*
In der Bundesrepublik hat es bisher nur einen einzigen erwähnenswerten Versuch gegeben, politische Mechanismen so zu zeigen, wie sie sind, und nicht, wie sie sein sollten, und das war das *Tagebuch einer Schnecke* von Günter Grass – Bericht einer Wahlkampfreise, bezeichnenderweise, und kein Roman.

ANNA JONAS: *BRIEF AN GÜNTER GRASS*
 Lieber Günter Grass, / endlich mal wieder eine gute Nachricht aus dem Literaturdschungel: Ihre Wahl zum Akademie-Präsidenten, und endlich auch mal ein Literat an diesem Platz.

Illustration: Michael Mathias Prechtl

WALTER SCHEEL: *BRIEF AN GÜNTER GRASS*
Lieber Herr Grass, / zu Ihrer Wahl zum Präsidenten der Berliner Akademie der Künste gratuliere ich Ihnen herzlich. Ich wünsche Ihnen viel Erfolg und eine stets glückliche Hand in Ihrem Amt.

KURT HAGER: *BRIEF AN ERICH MIELKE*
Werter Genosse Mielke! / Vom Präsidenten unserer Akademie der Künste, Genossen Wekwerth, wird die Frage aufgeworfen, was mit Günter Grass geschehen soll, wenn er eine Einreise beantragt. Grass ist, wie Du weißt, wegen seiner bekannten Aktivitäten an der Grenze zurückgewiesen worden.

Grass wurde jedoch vor kurzem zum Präsidenten der Westberliner Akademie der Künste gewählt. Es ist also anzunehmen, daß er in dieser Eigenschaft Kontakt mit unserer Akademie sucht und möglicherweise auch Besuche von Ausstellungen usw. vornehmen möchte.

Ich wäre dafür, Anträgen von Grass von Fall zu Fall zuzustimmen, vor allen Dingen, wenn er einen offiziellen Besuch beim Präsidenten unserer Akademie der Künste, Genossen Wekwerth, vornehmen will. / Ich bitte um Deine Meinungsäußerung.

Mit sozialistischem Gruß / Kurt Hager

CHRISTA WOLF: *BRIEF AN HANS-JOACHIM HOFFMANN*
Lieber Genosse Hoffmann, / gerne folge ich Deiner Aufforderung, einige Titel zu nennen, die, nach meiner Meinung, das Buchangebot der DDR-Verlage bereichern würden. [...]

Ich nenne ein paar Namen von Autoren der Bundesrepublik oder Österreichs, die nicht oder zu wenig bei uns präsent sind: / Günter Grass. Dieser Autor, der zu den wichtigsten lebenden Autoren der Bundesrepublik gehört, sollte endlich nach und nach mit einer für ihn repräsentativen Auswahl aus seinem Gesamtwerk bei uns erscheinen.

PETER GLOTZ: *BRIEF AN GÜNTER GRASS*
Willy Brandt hat mich gebeten, Dir für Dein Telegramm vom

17. November bestens zu danken. / Er hat veranlaßt, daß Deine Resolution zur Befreiung des Friedensnobelpreisträgers Andrej Sacharow vom Parteitag nachdrücklich unterstützt wird.

GÜNTHER JANSEN: *BRIEF AN GÜNTER GRASS*
Lieber Günter Grass, / Sie haben mir geschrieben, um mich aufzufordern, auf jeden Fall gegen die Aufstellung amerikanischer Raketen in der Bundesrepublik und in Europa zu stimmen.
Ich möchte mich für Ihr Engagement zur Sicherung unseres Lebens vor dem atomaren Untergang der Welt bedanken. Ich will Ihnen dabei gleichzeitig mitteilen, daß in den letzten Wochen etwa 100 ähnliche Aktivitäten von Einzelpersonen, Gruppen und Organisationen bei mir eingegangen sind.

WALTER KEMPOWSKI: *TAGEBUCH*
TV: Günter Grass als Wohltäter inmitten zu fördernder Jünger. Auf seinen Schultern liegt die Last der deutschen Literatur, wie er zu [Hellmuth Karasek] gesagt hat. So ein bißchen wie Hitler im Bunker der Reichskanzlei sieht er jetzt aus.

RAINALD GOETZ: *IRRE* (ROMAN)
Aber da fehlt doch einer! Wer fehlt denn da? Richtig, Peinsack Ge, wo bleibt eigentlich Herr Ge. Herr Ge ist neulich im Feuilleton der *ZEIT* mit der typischen Körperbewegung aufgetreten, also aufgestanden für den Frieden. Daraufhin kann Guido Baumann in Robert Lembkes heiterem Beruferaten sofort sagen: Gehe ich recht in der Annahme, daß Sie ein Künstler sind? Schon ist der Künstler enttarnt. Diesmal hat Herr Ge die *Zuwachsrate Unsterblichkeit* erfunden, die vom Weltuntergang gemeinerweise wegrationalisiert werden soll, und deswegen weiß man gar nicht mehr, ob man überhaupt noch Künstler sein will, oder lieber nur noch aufsteht für den Frieden, damit es sich später, wenn man noch seniler ist, wieder lohnt, unsterblichkeitsmäßig und sub specie, daß man doch wieder Künstler macht. Tja, da muß sich Chefpeinsack Be doch fragen lassen, ob er in letzter Zeit einen so peinlichen Ausdruck zustande gebracht hat

wie den von der *Zuwachsrate Unsterblichkeit,* und ob er nicht glaubt, daß Peinsack Ge ihm, Be, todesmäßig auf den Fersen ist. Das muß Be sich fragen lassen.

Enden tut so ein Aufstand für den Frieden bei Herrn Ge logisch mit einer Sauerei. Erst geht es im letzten Absatz noch ganz harmlos blöd, im notorischen Understatement los: Antworten seien überfällig, er, Ge, könne auch nicht antworten, sei ratlos, aber in seiner Ratlosigkeit wisse er doch, daß wir finden und tun müßten, sabber sabber undsoweiter, und dann kommts: – indem wir uns abrüsten bis zur Nacktheit. Herr Ge!, Herr Ge!, nein, das geht nicht, bitte laß die Hosen oben, sonst mache ich Sie zur Strafe weiter unten noch zu einem Helden in einer BildGeschichte und zeige Ihnen bestimmte Löcher von Frau Dörte.

Und so also zieht die PeinsackParade, Peinsack an Peinsack, jetzt winken sie alle, in der unermüdlichen Polonaise durch das deutsche Geistesleben. (Dieses war der erste Streich. Und wie es weitergeht, das verrate ich Ihnen im Kursus für Fortgeschrittene, wo ich mit dem Dichter Ee ringend auf der Matte stehe.)

Richard von Weizsäcker / Wolfgang Neuss: *Talk Show*
Weizsäcker: Jetzt kommen wir nämlich auf das, was Sie vielleicht mit den Intellektuellen meinen. Ein Intellektueller ist nach meiner Vorstellung einer, der zwar nachdenkt, 'ne Meinung hat, aber den letzten Schritt, der sehr wichtig ist nach meinem Gefühl, nicht tut, nämlich wirklich reinzuspringen in die politische Verantwortung. Außerdem...
Neuss: Günter Grass! Außer Günter Grass!
Weizsäcker: Nein, Günter Grass auch nicht, der...
Neuss: Aber immer!
Weizsäcker (haut mit der Faust auf den Tisch): Nu hör doch mal uff, Mensch, hier! *(Gelächter, Beifall, Gejohle)* Der Günter Grass, der in seinem Feld ganz zweifellos ein bedeutender Mann ist, übernimmt kein politisches Mandat. Und kein politisches Amt ...
Neuss: Das sollte er aber tun, genauso wie Ihr Bruder! Was fehlt? Neue Männer braucht das Land! *(Beifall)*

1984

LUISE RINSER: *TAGEBUCH*
Einmal gab es Krach zwischen Günter Grass und [Uwe Johnson]. Wir hatten eine Sitzung, bei der es um den Ausschluß eines Mitglieds ging. Eine Geheimsitzung. Uwe Johnson sagte nichts, er kritzelte. Da fuhr ihn Günter Grass an: »Du enervierst mich. Was schreibst und schreibst du? Die Sitzung ist geheim. Und du schreibst. Und nachher finden wir unsre Sätze wortwörtlich in deinem nächsten Buch.« Der Gescholtene stand brüsk auf und verließ den Raum. Einige Jahre kam er nicht mehr. Eines Tages war er dann wieder da, finster wie eh und je. Und nun ist er tot.

HELEN WOLFF: *BRIEF AN GÜNTER GRASS*
Lieber Günter, / während ich Uwes Leben – dem ich zum ersten Mal an Deiner Seite begegnete – zurückdenke, tröstet mich, daß Ihr Euch ausgesöhnt hattet – und daß man an ein Frühstück bei ihm mit Günter und Anna als etwas Heiles zurückdenken kann. »Wir in anderen – das ist, was wir sind« – und diese einzige Unsterblichkeit geben ihm seine Freunde und Leser. Solltest Du Anna sehen, sag ihr, daß ich in diesen Tagen besonders an sie denke; es gab eine gute Zeit mit ihr und Uwe in New York, da halfen wir uns gegenseitig.
Ich bin sehr traurig. In meinem Alter empfindet man den Verlust der jüngeren Freunde als eine Beleidigung seitens des Schicksals. Du hast das Geschehene schon lange befürchtet. Daß es geschehen ist, gerade als der vornehme Max ihm das Geschenk seiner New Yorker Wohnung machte, für ein volles Jahr, macht mir die Annahme besonders bitter. Immerhin: er starb vor einem offenen Fenster, mit Aussicht. »Two Views«.

HANS MAYER: *AUFTRITT IM HÖRSAAL 40*
Grass reiste damals gern mit einer altertümlichen kleinen Reisetasche. Einer Art Hebammenkoffer, wie er stolz erläuterte. Das war nicht Nostalgie, doch tiefes Mißtrauen gegen die Produkte einer Wegwerfgesellschaft. Er war, nicht nur als Künstler und Schriftstel-

ler, ein Freund der Solidität. Die Tasche wurde bemerkt und leise im Hörsaal kommentiert. Ich begann das Ritual der höflichen Vorstellung. Dann aber war, mit seinen ersten Worten, das Ritual auch bereits durchbrochen. Grass liebt die Überraschungen: er denkt sie sich vorher aus. Diesmal hatte er angeblich eine Botschaft mitgebracht.

»Ich möchte mich zuerst eines Auftrags entledigen, den mir mein Freund Uwe Johnson erteilt hat, der hier im Hörsaal studierte. Er bat mich, seine besten Grüße zu übermitteln!« Nun war an die Autorenlesung vorerst nicht zu denken. Der Sekretär der Parteileitung unseres germanistischen Instituts, beileibe kein Sekretierer, mußte replizieren. Das war ein Ritual, von dem Grass nichts ahnen mochte. Kühl erklärte der promovierte Germanist und Parteisekretär: Man wolle diese Grüße nicht, werde sie erst recht nicht erwidern. Johnson habe die Republik verlassen. Ein Republikflüchtling. Den brauche man nicht. Nun war ich an der Reihe. Ich trat vor, widersprach dem Parteiredner, freute mich über die Grüße, wies auf die Bedeutung des Schriftstellers Johnson hin. Den könne man nicht ignorieren.

Dann las Grass aus der *Blechtrommel*. Die berühmte Szene des Kampfes um die Polnische Post, mitsamt dem Skatspiel der Belagerten, das leider abgebrochen werden muß, weil der Spieler Kobyella tot ist. Die Wirkung im Hörsaal war außerordentlich. Eine solche Erzählweise hatten unsere Studenten bisher weder aus Büchern erfahren, trotz Böll oder Siegfried Lenz, noch durch irgendeine Autorenlesung. Der Mann am Pult war unheimlich, wenn er als Oskar in der dritten Person berichtete, immer wieder jedoch als Erzähler dazwischenredete, um Oskars Flausen aufzudecken. Starker Beifall, doch es blieb ein Unbehagen. Im Gästehaus am Abend ging es frostig zu. Das war nicht der Ärger über die Grüße von Republikflüchtling Johnson. Günter Grass, der Autor, war ihnen nicht geheuer. Werner Schubert, ein Fachmann auch im Kartenspiel, rechnete mit Grass wegen des Spielverlaufs: da stimme nicht alles mit den Stichen. Grass war erfreut und rechnete mit dem Oberassistenten die Stiche noch einmal durch.

Es war gut, daß er zu uns gekommen war. Geholfen hatte er uns nicht gegen unsere Widersacher, die nun in der Parteizelle ausgiebige Rückschau und Fehlerschau halten konnten. Man hatte es schon immer gewußt, und der Professor war eigentlich der Schuldige.

Grass war am 21. März 1961 im Hörsaal 40 erschienen, am Frühlingsanfang. Ein politischer Frühling stand nicht mehr zu erwarten.

STEPHAN HERMLIN: *BRIEF AN GÜNTER GRASS*
Es gibt auch gute Nachrichten: vor einigen Tagen ist *Katz und Maus* hier erschienen.

STEFAN BERG: *BRIEF AN GÜNTER DE BRUYN*
Eines meiner größten Erlebnisse war vor einigen Tagen im Anschluß an den Film *Blechtrommel* Günter Grass hören und sehen zu können. Es tut immer wieder gut, wenn man Leuten zuhören darf, die so eindeutig, so klar Stellung beziehen. G. Grass fiel mir da schon in Berlin auf, aber auch wenn es um andere Fragen (wie z. B. Nicaragua) geht, rüttelt er wach, provoziert. Und er ist zum Glück provokant gegen Ost *und* West!!

ALFRED DREGGER: *KUNST UND POLITIK*
Als Parlament, als politische Institution also, müssen wir uns aber davor hüten, eine Wertung von Kunst und Kunstwerken vorzunehmen.

Wohl aber muß es erlaubt sein, zu politischen Artikulationen von Künstlern politisch Stellung zu nehmen. Wenn Künstler die politische Arena betreten – das müssen sie wissen –, tun sie es nicht als Künstler. Sie setzen sich dann einem *politischen* Urteil aus. Es ist völlig unbegründet, das dann als Abqualifizierung ihrer künstlerischen Fähigkeiten oder Freiheiten mißzuverstehen.

Umgekehrt: Wie auch immer wir Politiker als Privatpersonen über die literarischen und zeichnerischen Arbeiten von Günter Grass denken, ob wir sie sehr hoch schätzen, wie sicherlich nicht wenige von uns, oder nicht – als Politiker hat jeder von uns Respekt vor ihrer autonomen Existenz zu haben.

EVA FIGES: *BRIEF AN GÜNTER GRASS*
Ja, ich habe schon in einer Englischen Zeitung gelesen, dass Du

Dich gegen Raketen engagierst, und es freut mich. Ich tue auch, was nur möglich ist, aber leider sind die Initiativen von Englischen Schriftstellern ziemlich dämlich. Am stärksten ist hier die Frauenbewegung, und da ich auch Frau bin, versuche ich da zu unterstützen. Wenn es nur nicht zu spät ist.

WOLFGANG HILDESHEIMER: *MIT DEM SCHREIBEN AUFHÖREN*
Es ist wohl kein Zufall, daß einige der besten Autoren mit dem Schreiben aufgehört haben. Vielleicht haben sie nicht einmal bewußt aufgehört. Aber es geht eben nicht mehr. Denken Sie nur an Wolfgang Koeppen oder Günter Grass, auch wenn der immer wieder anfängt, anzufangen versucht.

LUISE RINSER: *TAGEBUCH*
Nichts mehr schreiben? Vor zwei Jahren erklärte Günter Grass bei der österreichischen Literatur-Tagung (›Steirischer Herbst‹), in Graz, er schriebe nie mehr etwas, da es nicht mehr fünf Minuten vor zwölf sei, sondern halb eins, zu spät also, er wolle nur mehr bildhauern.
Günter, sagte ich, das ist doch unlogisch: schreiben nicht mehr, aber bildhauern; für wen aber? Wenns keine Leser mehr gibt ... oder meinst du, eine neue Höhlenmalerei zu hinterlassen, die dann, einige tausend Jahre später, von neuen Erdenwesen entdeckt wird? [...]
Wie gut, daß Günter Grass' Verneinung der Literatur nur eine kurze Phase war!

KARIN STRUCK: *BRIEF AN GÜNTER GRASS*
Nun kommt Ihr Brief; ich versteh zwar sehr gut, was Sie über die Arbeit an Ihrem neuen Werk schreiben, finde aber Ihren Brief so arrogant (als ob Sie einem Journalisten schrieben), daß ich jetzt doch nur sagen möchte: ich glaube, ich habe kein Interesse mehr, auch dann nicht, wenn Ihre Werkstatt für mich »wieder offen« sein sollte.

KLAUS REICHERT: *BRIEF AN GÜNTER GRASS*
Als ich Sie Ostern 1958 in Paris besuchte, fielen mir drei Bücher

auf: Grimms Märchen, Jean Pauls *Siebenkäs* und der *Ulysses,* in der sog. wohlfeilen einbändigen Ausgabe des Rhein-Verlags mit dem Nachwort von Carola Giedion-Welcker. Von Dublin nach Danzig. In irgendeiner Form müßten Sie sich doch mit dem Buch auseinandergesetzt haben, und sei es nur darin, daß seine ständige Anwesenheit auf Ihren vier (?) Bücherbrettern Sie störte. Und: warum ist Döblin, den man den Verfasser des deutschen *Ulysses* genannt hat, Ihr Lehrer gewesen oder geworden und nicht Joyce?

August Kühn: *Tagebuch*
Zwei junge Journalisten hören mir zu, sie sind von einem Buchhändler in den Laden bestellt worden. Auch der Buchhändler beteiligt sich an unserem Gespräch. Grass, sage ich, habe sich eines Kretins bedient, um die Vergangenheit bewältigen zu können, die der Deutschen zwischen 1933 und 1945, eines Deppen – und niemand hat es bemerkt, niemand hat sich daran gestoßen, daß da der BRD-Großdichter seine Leser quasi zu Deppen gemacht hat. Agiert doch da der Zwerg Oskar Matzerath vor der kurzweiligen und zeitweise amüsanten Kulisse eines irrealen Faschismus ohne die Scheußlichkeiten von Völkermord und Konzentrationslagern – doch, ein gefälliges Machwerk, für Leute, die eine unbequeme Vergangenheit unter den Teppich kehren wollen.

Jörg Fauser: *Mythen*
Ich meine, daß die Mythen meiner Generation über eine ganze Zeit lang ausgetrieben worden sind von Büchern wie der *Blechtrommel*. Da saß man als junger Mensch vor diesem Klops und fand es nicht nur ab Seite 250 zum Gähnen langweilig, sondern es hatte außerdem mit dem, was man selbst erlebt, nichts zu tun. Aber es wurde hier als der ganz große literarische Mythos verkauft.

Eckard Henscheid: *Die Blechtrommel*
Ich möchte halt zu gern den Tag noch erleben, an dem Grassens *Blechtrommel* auf das reduziert wird, was sie von je war und als was sie jeder mittelbegabte heutige Leser ohne weiteres durchschauen

müßte, unterzöge er sich der Mühe, diese Nachkriegsdeutschland wieder aufteufelkommraus an die Spitze manövrierende »Weltliteratur« (so der damalige ZEIT-Feuilletonchef) kühlen Kopfs und gesetzten Gemüts noch einmal zu lesen: als einen Riesenschmonzes, bei dem vor lauter Barock und Allegorie und Realismus und Vergangenheitsbewältigung und Großmannssucht nichts, aber auch gar nichts stimmt. Die *Blechtrommel* ist ein Synthetikprodukt des wäßrigsten Zeitgeistes, das sich zu allem Überfluß auch noch genialisch gibt.

SALMAN RUSHDIE: *GÜNTER GRASS*

Mit seinem Trommelschlag sagte mir der große Roman von Günter Grass: Setze alles auf eine Karte. Versuch immer, mehr zu tun, als du kannst. Verzichte auf die Sicherheitsnetze. Hol tief Luft, bevor du anfängst zu reden. Greif nach den Sternen. Immer nur lächeln. Sei grausam. Streite mit der Welt. Und vergiß nie, daß Schreiben uns die Möglichkeit gibt, Tausende von Dingen festzuhalten – Kindheit, Gewißheiten, Städte, Zweifel, Träume, Augenblicke, Sätze, Eltern, Lieben –, die uns wie Sand durch die Finger zu rinnen drohen. Ich habe versucht, die Lektionen des Zwergtrommlers zu lernen. Und außerdem eine, die ich aus seinem anderen großen Werk, *Hundejahre,* habe: Wenn du es einmal geschafft hast, fang noch mal von vorn an und mach es besser.

MICHAEL HORBACH: *KANINCHEN AM POTSDAMER PLATZ* (ROMAN)

Der ›Adler‹, die erste ›Mondfähre‹, war gelandet, die Vision des jungen Kennedy erfüllt, auch wenn er sie nicht mehr sehen konnte, die Männer der USA auf dem Mond, nicht mehr sehen mit den toten Augen von Arlington, und Günter Grass sagte: »Das läßt mich kalt.« Vielleicht war er inzwischen nicht nur älter, sondern auch etwas weiser geworden, der Mann mit der Manie der Fische im Kopf, Aale im Pferdeschädel, Butt auf dem Tisch.

IGOR TORKAR: *STERBEN AUF RATEN* (ROMAN)

Meine Hände bleiben in der Luft über den Tasten meiner Schreibmaschine hängen. Ich erblicke auf dem Schreibpapier plötzlich Iceks Gesicht. Als würde er leben. Er bewegt die Lippen. Er fängt an zu sprechen. Ich schwöre, ich kann ihn hören. Wenn Günter Grass in seinem Roman *Der Butt* die Sprache eines Fisches, eines Buttes, hören und sich mit dem Fisch unterhalten kann, kann auch ich mit dem Helden dieses Buches reden.

ALAN DUNDES: *SIE MICH AUCH!*
Ich bezweifle sehr, daß sich Kulturen finden lassen, die sich hinsichtlich der Analität mit der deutschen Kultur messen können. In den zahllosen deutschen Sprichwörtern, Rätseln, Latrinenversen, Witzen und in der Volksdichtung können wir ein durchgängiges Muster erkennen. Es ist ein Muster, das Luthers Eingebung auf dem Abort ebenso Rechnung trägt wie Mozarts Kanons über den [»Leck mich im Arsch«]-Text. Es ist ein Muster, das sich in so unterschiedlichen Details reflektiert wie der deutschen Toilette, der seltsamen Figur des »Dukatenscheißers« und dem hinterlistigen Bildwerk der Judensau. Es ist ein Muster, das man überall in der deutschen Literatur findet, angefangen bei Dedekinds *Grobianus* über Grimmelshausens *Simplicius Simplicissimus* bis Bölls *Gruppenbild mit Dame* und Grass' *Der Butt*.

HEINZ G. KONSALIK: *BÜCHER FÜR DEN WEIHNACHTSTISCH*
Ich selbst – das muß ich gestehen – habe es nicht geschafft, kontinuierlich den *Butt* von Günter Grass oder das Nobelpreiswerk *Dr. Schiwago* von Boris Pasternak zu lesen, und ich glaube, von vielen Besitzern dieser Romane kann man das gleiche hören. Das soll beileibe keine Wertung sein, es ist nur eine Beobachtung einer kleinen menschlichen Schwäche.

ECKHARD HENSCHEID: *TRAUM- UND WUNSCHKALENDER FÜR 1985*
Günter Grass, verzweifelt ob der abermaligen Verweigerung des Nobelpreises, schenkt sich selbst den von ihm gestifteten Döblin-Preis und wird deshalb vom Geiste Döblins mit sprachlichen Manierismen und Unbedarftheiten bestraft, die sogar schon Rolf Michaelis auffallen.

1985

SHŌHEI ŌOKA: *BRIEF AN GÜNTER GRASS*
Ihre Werke, z. B. *Die Blechtrommel,* haben in Japan bei vielen Lesern einen tiefen Eindruck hinterlassen und Ihren Namen weltbekannt gemacht.

ERWIN LICHTENSTEIN: *BERICHT AN MEINE FAMILIE*
Im Winter 1961/62 besuchte uns zum 60. Geburtstag meiner Frau Annie Berent in Baden-Baden, wo unsere Tochter Ruth mit Moshe Shani, ihrem Mann, wohnte. Annie hatte kürzlich *Die Blechtrommel* von Günter Grass gelesen und war von dem Werk sehr beeindruckt. Da ich ein paar Tage Zeit hatte, lieh ich mir das Buch aus der Stadtbücherei und las es in einem Zuge. Natürlich hatte Annie Berent das Buch wegen seiner Beziehung zu Danzig gelesen und empfohlen, aber das war nur der äußere Anlaß. Ich war gepackt von der außerordentlichen Gestaltungskraft der Sprache, von der Fähigkeit, Szenen darzustellen, daß man sie vor Augen sah, von der volksliedhaften Erzählkunst, und nicht zuletzt von der Idee, diese verrückte Welt durch die Augen eines Verrückten zu sehen. Am stärksten ergriff mich das Kapitel über die Eroberung der polnischen Post mit den drei Kartenspielern mittendrin – eine Szene, die Goya hätte zeichnen können. Wo hatte es in der deutschen Literatur etwas Ähnliches gegeben? Da waren Anklänge an die Edda-Sagen, an alte Volksmärchen, an Grimmelshausen und Costers Ulenspiegel, an Rabelais und E. T. A. Hoffmann, einen Strom der Literatur, der lange Zeit durch die klassische Ausrichtung auf das griechische Ideal verdrängt worden war. Nun wollte ich auch die anderen Bücher dieses Danziger Künstlers kennenlernen. Daß viele meiner ästhetisch eingestellten Freunde das Buch als »Pornographie« ablehnten, wunderte mich nicht, aber beeinflußte mich auch nicht.
Im Frühjahr 1967 kam Günter Grass zum ersten Mal nach Israel zu einem Vortragsabend. Der deutsche Botschafter veranstaltete ihm zu Ehren einen Empfang in seiner Villa in Herzlia. Auch einige frühere Danziger sollten eingeladen werden, und ein Mitglied des

Botschaftssekretariats empfahl hierfür den Vorsitzenden der »Organisation der Einwanderer aus Danzig«, Leo Goldhaber, und mich als seinen Stellvertreter. So fuhren wir drei – meine Frau, Goldhaber und ich – nach Herzlia und trafen Günter Grass inmitten einer großen Gesellschaft. Er und sein israelischer Kollege Dahn Ben-Amotz waren im Straßenanzug, die anderen Gäste im feinen Gesellschaftsanzug. Irgend jemand stellte uns Grass vor, und ich überreichte ihm als Gastgeschenk ein Exemplar eines Vortrages über die Danziger Juden, den ich während des Zweiten Weltkrieges in der Historischen Gesellschaft in Tel Aviv gehalten hatte. Wir kamen ins Gespräch, und er fragte, ob wir noch mehr »von dem Zeug« hätten. Meine Frau erzählte ihm, daß sie viele Dokumente über Danzig abgeschrieben habe, und versprach, sie ihm zu schicken.

So begann unsere Bekanntschaft. Im Sommer 1967 trafen wir ihn in Lenzburg in der Schweiz im Hause seiner Schwiegereltern. Er erwartete uns am Bahnhof und lud uns zu Mittag in ein Restaurant ein, da eins seiner Kinder erkrankt und seine Frau mit der Pflege beschäftigt war. Wir waren etwas verlegen, als Grass uns die Speisekarte vorlegte. Essen war für uns keine Wissenschaft, auf die wir uns verstanden, während Günter Grass ein großer Kenner und Künstler auf diesem Gebiet war, wie er namentlich in seinem späteren Roman *Der Butt* bewies. Der Kellner, der uns bediente, legte Wert darauf, das Autogramm seines berühmten Gastes zu erhalten, der in der kleinen Stadt Lenzburg allgemein bekannt war. Wir waren dann noch am Nachmittag mit Frau Grass und ihrer Mutter zusammen und lernten einige der Kinder kennen.

1968 hatte ich mein Manuskript über die Auswanderung der Juden aus Danzig fertiggestellt und legte es zwei Stellen zur Prüfung vor: dem Leo-Baeck-Institut in Jerusalem und dem Institut für Zeitgeschichte in München. Das Münchner Institut antwortete mir, daß es die Arbeit für wert halte, veröffentlicht zu werden, aber sie passe nicht recht in seinen Rahmen. Sie empfahlen mir eine jüdische Stelle. Gleichzeitig teilten sie mir mit, daß Günter Grass gebeten habe, ihm das Manuskript zur Einsicht zu überlassen. Ich stimmte zu, und bald danach erhielt ich von Günter Grass eine Anfrage, ob er das Manuskript abschreiben lassen dürfe, und ob ich einverstanden sei, wenn er Teile daraus in seinem in Arbeit befindlichen Buch – *Tagebuch einer Schnecke* – verwerte. Das war eine Überraschung für mich.

Ich zweifelte, ob das Leo-Baeck-Institut, das sich grundsätzlich bereit erklärt hatte, mein Buch zu veröffentlichen, einverstanden sein würde, daß Grass sozusagen im Vorabdruck Teile daraus in seinem Buch brachte. Ich fürchtete auch, man könnte meine Zustimmung dahin mißverstehen, daß ich auf diese Weise für mein Buch Reklame machen wollte. Aber das Baeck-Institut erhob keine Einwendungen. Und was die »Reklame« betraf, so erklärte mir Günter Grass freimütig, daß er auf diese Idee nie gekommen wäre, aber im übrigen nichts lieber täte als das.

1971 hatte ich in Berlin zu tun, und Grass lud uns in sein Haus in Friedenau ein, um uns aus seinem Manuskript vorzulesen und unsere Zustimmung zu seiner Formulierung zu erhalten. So saßen wir denn in seinem Atelier und hörten Teile aus dem *Tagebuch,* die sich auf die Danziger Juden bezogen. Ich ahnte damals nicht (und Günter Grass sicherlich auch nicht), daß dieses und andere seiner Bücher später einmal in hebräischer Übersetzung erscheinen würden. Am liebsten hätte uns Grass zum Mittagessen in der Küche dabehalten, aber wir wurden von anderen Freunden erwartet.

1972 kam das *Tagebuch einer Schnecke* heraus. Günter Grass schickte es mir mit folgender Widmung: »Berlin am 22.8.1972. Lieber Freund Erwin Lichtenstein, hier lege ich Ihnen mit Dank und Zuneigung mein Schneckenbuch vor. Ihnen und Ihrer lieben Frau freundliche Grüße Günter Grass.«

1973 begleitete er Willy Brandt nach Israel und brachte mir eine seiner Graphiken als Geschenk mit. Wir blieben in Korrespondenz, und jeder seiner Briefe war mir wichtig als Ausdruck eines unabhängigen und freien Geistes.

GÜNTHER ANDERS: *BRIEF AN GÜNTER GRASS*
Lieber Günter Grass, / soeben habe ich Ihre Rede [*Geschenkte Freiheit*; XII, 141ff.] in der *ZEIT* gelesen; wollte Sie sofort anrufen, um Ihnen zu sagen, dass ich seit Jahren durch keinen Text so tief beeindruckt worden bin wie durch diesen. (Konnte Ihre Nummer nicht ausfindig machen.) Wie verflucht wenige gibt es, die den erforderlichen Ton *so* zu treffen wissen wie Sie; und nicht nur den Ton.

Wolfgang Hildesheimer: *Brief an Günter Grass*
Deine Rede zum 8. Mai fand ich hervorragend, bis auf Deine Ausfälle gegen die abstrakte Kunst. Bedenke, daß sie ja nicht nur ein deutsches Phänomen war, und daß ihre Exponenten alle Hitler-Gegner gewesen waren. Ich bin froh, daß das bei der nächsten Tagung diskutiert wird, denn ich möchte von Dir erfahren, wie Du Dir eine politisch virulente Kunst vorgestellt hättest! So wie die Wunderlich-Beispiele in der *ZEIT*?!

Hans Mayer: *Brief an Günter Grass*
Lieber Günter, / erst jetzt bin ich dazu gekommen, Deine Rede über »Geschenkte Freiheit« zu lesen. Ich finde sie ausgezeichnet. Das ist einer der besten Texte, die Du für diese rhetorische Gattung geschrieben hast. Sie steht würdig neben der Nürnberger Rede über die »Melancholie«.

Natürlich freute ich mich auch über Deine dezidierte Absage an eine menschenlose und sogar »gegenstandslose« Bildende Kunst.

Hans Werner Henze: *Brief an Günter Grass*
Deine Rede aus Anlass des 8. Mai hatte ich schon gelesen und freute mich sehr darüber. Ich könnte nicht einverstandener sein.

Hartmut von Hentig: *Brief an Günter Grass*
Lieber Günter Grass, / Ihre Rede vor der Akademie habe ich in der *ZEIT* gelesen, gut zehn Tage nachdem ich meine eigene Rede zum 8. Mai vor der hiesigen Universität gehalten hatte. Ihre Rede hat mir deutlich gemacht, was die meine versäumt. Meine Urteile spiegeln die Gebrochenheit oder Naivität meiner Erfahrung, die Ihren sind angesichts der Wirklichkeit gefaßt; das, was nötig und möglich ist, wiegt schwerer als was einst war; so müssen politische Reden sein. Ich hoffe, daß Sie recht haben mit Ihrer Einschätzung: daß Deutsche heute solche klare Rede anzunehmen die Kraft haben. Vielleicht hat mich mein Beruf verdorben: hart kann ich nur noch mit mir selber sein.

Rolf Hochhuth: *En passant*
    Höchst albern, wie die Deutschen wieder einmal eine mörderische Weltanschauung aus ihrem Beharren auf einen zeitgenössischen Irrweg der Malerei machen: geradezu terroristisch verfolgt und unterdrückt wurden um 1950 jene, die noch wagten, Menschen zu malen! Günter Grass hat es zu spüren bekommen, als er 1985 in seiner Berliner Akademie-Rede – höchst schonend von ihm formuliert – daran erinnerte, daß sogar der von Hitler verboten gewesene Maler Karl Hofer von den Aposteln der Gegenstandslosen als »unkünstlerisch« verteufelt worden ist. Grass hat mit seiner Bemerkung in ein Wespennest gestochen. Denn die Deutschen benötigen in ihrem Kunst-Haushalt immer einen Verleumdungsfeldzug gegen irgendwen ...

Axel Eggebrecht: *Meine Weltliteratur*
    Günter Grass sei einer Novelle wegen erwähnt: *Katz und Maus* ist ein Ableger des Bestsellers *Die Blechtrommel*. Grass vermochte sich jahrelang von der Erinnerung an seine Vaterstadt Danzig nicht zu lösen; seit er es tat, scheint ein guter Teil seiner urwüchsigen Eigenart verblasst.

Erich Loest: *Zwiebelmuster* (Roman)
    Meine Stadt, beschloß er, trotz alledem. Hier mußte er den Kampf aufnehmen, nicht in Algerien oder München. Hier lagen seine Wurzeln, Erfahrungen. Hier mußte er seinen Namen in den Stein meißeln. Kloßners Geschichte, seine Geschichte. So würde Kloßner bleiben und er selber auch. Und Kläre, die Kinder, der Popellose, Leipzigs Dreck und der Geruch nach versotteten Schornsteinen. Böll für Köln, Trifonow für Moskau, Grass für Danzig, er für Leipzig.

Raissa Orlowa-Kopelew: *Heinrich Bölls Beerdigung*
    Die Kirche war übervoll. Darunter viele Schriftsteller: Günter Grass, der aus Portugal angereist kam, der Präsident des P.E.N.-Clubs Martin Gregor-Dellin, Carola Stern mit Mann, Günter

Wallraff, Dorothee Sölle, Carl Amery, Heinrich Vormweg, Tomáš Kosta, Christa und Gerhard Wolf (sie hatten zufällig gültige Visen, sonst hätten sie nicht kommen können). Auch Bundespräsident von Weizsäcker, der Oberbürgermeister und der Stadtdirektor von Köln waren da. [...] Der Sarg stand dort in einer Kapelle. Es trugen ihn beide Söhne, Grass, der Neffe Viktor, Wallraff und Lew.

<small>Heinrich Böll verstarb am 16. Juli 1985; vgl. Grass' Text *Als Heinrich Böll beerdigt wurde*, in: *DIE ZEIT* vom 8.9.2009.</small>

CHRISTA WOLF: *TAGEBUCH*
Beim Rausgehen sprachen mich ein paar der Besucher um ein Autogramm an, die Nebensäle schienen leer gewesen zu sein, am nächsten Tag stand groß in der *Kölnischen Rundschau:* Böll zog nur wenige an – dabei waren es mindestens 1500 Leute, die gekommen waren, und im Feuilleton lautete die Überschrift: Überlebensgroß: Heinrich Böll. Oh, wie verstand ich den Böll in seiner Wut auf die Journaille.

Hinüber zum Ratskeller, Grass erbost sich über Kopelew, der habe doch wissen müssen, daß Böll nie so einseitig nur gegen eine Seite geschossen habe, zum Beispiel gegen die »sowjetischen Machthaber« ... Fragt, ob ich nicht von der DDR zu einer KSZE-Kulturtagung nach Budapest delegiert sei, ich lache und sage: Du verkennst die Lage, und er antwortet: Das sagst du mir jedesmal. – Ich erinnere mich nicht, es »jedesmal« gesagt zu haben, nehme mir aber vor, es nun gewiß nicht noch einmal zu sagen.

RICHARD VON WEIZSÄCKER: *BRIEF AN GÜNTER GRASS*
Lieber Herr Grass, / für Ihren sorgenvollen Brief zu den Verhandlungen über ein deutsch-deutsches Kulturabkommen, den Sie mit dem Gewicht Ihrer Erfahrung versehen haben, danke ich Ihnen. Wie Sie wissen, steht es mir nicht zu, in die aktuelle Politik, die der Regierung aufgetragen ist, einzugreifen. Meine Anteilnahme am Thema mindert dies in keiner Weise. Daß gerade im Umgang der deutschen Staaten untereinander ein Höchstmaß an geschichtlicher und kultureller Sensibilität erforderlich ist, muß allen auf diesem Feld Tätigen voll und ganz bewußt bleiben. In diesem Sinn habe ich

den Chef des Kanzleramtes, Herrn Bundesminister Schäuble, über Ihre Befürchtungen unterrichtet. In seiner Hand liegen die Beziehungen zur DDR.

ADOLF MUSCHG: *BRIEF AN GÜNTER GRASS*
Der Hauptzweck dieses Briefleins ist aber ein anderer: ich möchte Dir einmal signalisieren, wie sehr mir Deine Art, der Akademie ein Gesicht zu geben, und dieses Gesicht auch an unbequemen Orten zu zeigen, imponiert, daß ich Deine Arbeit, für die Du nicht überall den Dank des Vaterlandes und lieber Kollegen erntest, notwendig, eine staatsbürgerliche Dienstleistung hohen Ranges finde; und folgerichtig: daß ich mich geniere, so wenig »dabei« zu sein.

DETLEV MEYER: *IM DAMPFBAD GREIFT NACH MIR EIN ENGEL* (ROMAN)
Eines Tages wird Dorn zurückschlagen, und die Worte dafür hat er sich auch schon zurechtgelegt. Im großen Saal der Akademie der Künste zu Berlin wird er folgenden Satz vom Podium ins Parkett schleudern: Wenn meine Literatur schwul ist, dann ist *Der Butt* von Günter Grass, Sie verzeihen, Herr Präsident, ein heterosexuelles Kochbuch. Das Publikum wird toben und ihn auf den Händen ins Kleist-Kasino tragen und Blumen streuen vor jeden seiner abwegigen Schritte.

PAUL WÜHR: *TAGEBUCH*
Ich schreibe jetzt ein Leben lang, und habe ich es denn gehofft, daß mir auf meinen Zeilen mehr als hundert Leute folgen? Mein armer Vater, du hast keinen Siegfried Lenz! Oder diesen Grass. Den von den Kreuzworträtseln.

IVAN IVANJI: *BRIEF AN GÜNTER GRASS*
Lieber Meister, / Mit grosser Freude habe ich das erste Kapitel der *Rättin* in der *ZEIT* gelesen. Glückwunsch.

1986

ULRICH HÄRTER: *BRIEF AN GÜNTER GRASS*
Ja die 2 in der *ZEIT* abgedruckten Kapitel aus der *Rättin* haben uns sehr interessiert und amüsiert und uns neugierig auf »den Rest« des Romans gemacht.
Wir nehmen nicht an, daß das Dein letzter großer Roman sein wird, Günter, bei Deiner Schaffenskraft und Aktivität.

BOLESŁAW FAC: *BRIEF AN GÜNTER GRASS*
Lieber Günter, / ich grüße Dich neujährlich mit großer Freude, da ich schon nach der Lektüre »der Rättin« bin. Lieber Oskar, hast wieder was Großes geschafft! Unter uns gesagt, als Du mir über diese Pläne schriebst, war ich skeptisch, ob sich der große Knall in Wörtern einträumen läßt. Und doch hast Du das geschafft. Wieder mal hat Deine Vorstellungskraft, Deine Phantasie gesiegt.

FRIEDRICH KRÖHNKE: *RATTEN-ROMAN* (ROMAN)
Für einige Minuten freilich verfinstert sich Kleymanns Sinn, weil ihm etwas eingefallen ist, was ihm die Meike gestern auf der Zugfahrt berichtet hat.
Der Schriftsteller Günter Grass, den Meike in einer Fernsehsendung gesehen hatte, habe dort über Erreichtes und Geplantes geplaudert und daß er an einem Roman wirke, der den Arbeitstitel *Die Rättin* trage. Viel von Ratten gehe in ihm die Rede, und er, Grass, übe sich auch schon eifrig darin, Ratten zu zeichnen, um die Illustrationen selbst beizusteuern. Kleymann hat sofort aggressiv reagiert, und als Meike noch hinzusetzte, »ich wollte es dir sagen, um dich zu warnen«, wütend das Abteil verlassen, um im Gang aus dem Fenster zu starren, während wahre seelische Schlachten in ihm tobten.
Sein Selbstbewußtsein, sein Selbstverständnis thronen auf einem schmalen Grat. Er nennt sich hin und wieder einen Schriftsteller, viel anderes hat er nicht aufzubieten. Stellen bei Staat und Wirtschaft hat er keine, gibt es keine, will er keine. Muß ihm der Blechtrommler, der Schneck, der alles hat: Erfolg, Ansehen, Geld, auch Ideen, »seine

Idee wegnehmen« oder »vorwegnehmen«? Ein Ratten-Roman! Wenn Kleymann den seinen demnächst einem Verleger anbietet, sei's einem großen, sei's einem popligen, kriegt er ihn wiedergeschickt mit dem Hinweis, er reite auf der Welle mit, deren Richtung der große Grass unlängst angegeben habe; oder sogar ganz ohne Hinweise und Begründungen. »Zu unserm Bedauern.« »Für unser Verlagsprogramm derzeit nicht geeignet.« Kleymann hat die vage Vermutung, es müsse Zeiten gegeben haben, wo Verleger und Lektoren eine Ablehnung von Manuskripten mit einigen Worten inhaltlich begründeten.

EDUARD REIFFERSCHEID: *BRIEF AN GÜNTER GRASS*
Mein Leseexemplar *Die Rättin* habe ich längst erhalten, längst gelesen, und bisher fast täglich darüber geknobelt, was ich Ihnen dazu sagen soll. Ich teile nicht die Euphorie, die zumindest in Darmstadt nach wie vor besteht, und kann dem Buch keineswegs die Prognose stellen, die ich mit viel Freude für die Danziger Bände in früheren Jahren, und jetzt Jahrzehnten, gemacht habe. Daß sich der Roman weit über alles, das in den beiden letzten Jahren erschienen ist, erhebt, mag damit zusammenhängen, daß ich schon immer von Ihnen mehr erwartet habe als von anderen, mit Erfolg Schreibenden, einschließlich des nun leider verstorbenen Böll und ausschließlich der sogenannten Bestseller, wie sie der *Spiegel* bringt. Als sicheres Ergebnis rechne ich mit einer Auflage von bis zu 150.000 fest gebundenen Exemplaren in diesem Jahr. Ein mögliches Mehr muß man den Sternen und Ihrem Glück zuschreiben, und dabei berücksichtige ich auch den Widerspruch und den Teil der deutschen Kritik, der Ihnen seit je mißgünstig gestimmt war und bleibt, vor allem aber, was das schwache halbe Dutzend der Tonangebenden zu der ganzen Kombination sagen wird. Ich fürchte, nicht immer nur Gutes, zumindest den Verkauf nicht Förderndes.

ALOIS BRANDSTETTER: *LEIHBÜCHEREI* (KURZGESCHICHTE)
Die *Blechtrommel* ist schon ganz abgegriffen. Gut gehende Bücher gehen leider schnell kaputt, schlechte halten sich ewig.

Wolfgang Welt: *Peggy Sue* (Roman)
Ohnehin fragte ich mich dauernd, wieso überhaupt so wenige Ruhrgebietsautoren Aufsehen erregen. Nur Baroth konnte sich mal für einen Monat mit seinem *Streuselkuchen* in der Bestenliste plazieren. Wieso schrieb hier keiner eine *Blechtrommel,* gar einen *Ulysses,* ein *Gruppenbild mit Dame,* eine *Stunde der wahren Empfindung, Jahrestage* oder wenigstens *Tadellöser und Wolff?*

Klaus-Peter Wolf: *Das Werden des jungen Leiters* (Roman)
Vier der anwesenden Männer trugen so ein Günter-Grass-Schnauzbärtchen, mit dem sich inzwischen ja schon die Polizeibeamten ein progressives Aussehen verleihen. Unter jungen, aufstrebenden Führungskräften war es fast ein Muß, so ein Bärtchen zu tragen, weil es Zeugnis dafür war, daß man eine ganze Generation weiter war im Denken, den alten Muff abgelegt hatte und zu einer neuen, fairen Sachlichkeit gefunden hatte.

Erich Fried: *Politisches Pflichtgefühl*
Günter Grass hat nach den Vietnam-Gedichten eine Haßkampagne gegen mich geführt. Wenn solche Anfeindungen einer ehrlichen politischen Überzeugung entspringen, macht es mir viel weniger aus. Auf Grass war ich niemals wütend, weil ich verstand, daß er nicht aus persönlicher Gehässigkeit, sondern aus politischem Pflichtgefühl handelte.

Fritz J. Raddatz: *Der Kongress zankt*
Der Eklat [beim PEN-Kongreß in New York] kam am zweiten Tag, als Saul Bellow einen kleinbürgerlichen »American dream« ausgepinselt und der augenblicklichen Entfremdung die weitgehend erreichten Ideale von sozialer Sicherheit in Amerika – Kleidung, Wohnung, Gesundheitsfürsorge – entgegengehalten hatte. Günter Grass sprang auf: »Während Saul Bellows Worten fragte ich mich, wo ich eigentlich bin? Vor drei Jahren habe ich die South Bronx besucht. Was wohl die Menschen dort – ohne Kleidung, Wohnung, Gesundheitsfürsorge – zu Saul Bellows Anmerkungen gesagt hätten?«

Das war für amerikanische Ohren (und Kommentatoren) offenbar schon zuviel. Wie durch eine Lackmuspapier-Probe teilte sich der Kongreß: Viele europäische Autoren oder solche, deren literarische Vorstellungen weitgehend in der europäischen Tradition wurzeln, hatten es satt, sich bei der geringsten kritischen Bemerkung »Anti-Amerikanismus« vorhalten zu lassen und vor jeder Nachdenklichkeit nach dem Prinzip des Kabuki-Theaters sich verbeugend zu beteuern »Mein Name ist X, ich bin ein Freund Amerikas ...«.

So unterstützten Allen Ginsberg und Nadine Gordimer ihren Kollegen Grass mit emphatischen Interventionen und Breyten Breytenbach, der immerhin sieben Jahre in südafrikanischen Gefängnissen die Imagination des Staates ausprobieren durfte, rief spontan: »Freiheit und Wohlstand Amerikas basieren wesentlich auf Armut und Ausbeutung großer Teile der Welt, Südafrika einbegriffen.« Zur allgemeinen Verblüffung verbat sich daraufhin der im amerikanischen Exil lebende russische Schriftsteller Wassili Axionow derlei, vor allem deutsche, Interventionen »gegen Amerika«.

> Bei dem New Yorker Kongress war auch Salman Rushdie anwesend. In seiner Autobiographie schreibt Rushdie: »Während einer der Sitzungen geriet er in einen Kampf der Schwergewichtsklasse zwischen Saul Bellow und Günter Grass. Er saß neben dem deutschen Romancier, den er sehr bewunderte, und nachdem Bellow – der ebenfalls zu seinen Lieblingsschriftstellern zählte – eine Rede im vertrauten Bellow'schen Refrain darüber gehalten hatte, wie der Erfolg des amerikanischen Materialismus das spirituelle Leben in Amerika schädigte, stand Grass auf und wies darauf hin, wie viele Menschen durch die Löcher im amerikanischen Traum fielen, um sich dann zu erbieten, Bellow echte amerikanische Armut zum Beispiel in der Südbronx zu zeigen. Verärgert holte Bellow zu einer scharfen Replik aus. Als Grass auf seinen Platz zurückging, bebte er vor Wut. / ›Sagen Sie was‹, befahl der Autor von *Die Blechtrommel* dem Repräsentanten von einem Sechstel der Menschheit. ›Wer? Ich?‹ ›Ja, sagen Sie was.‹ / Also trat er ans Mikrofon und fragte Bellow, warum so viele amerikanische Schriftsteller der Aufgabe aus dem Weg gingen – oder, provokanter formuliert, sie schlicht ›ignorierten‹ –, sich mit der ungeheuren Macht Amerikas in der Welt auseinanderzusetzen. Bellow war empört. ›Wir haben keine Aufgaben‹, verkündete er majestätisch. ›Wir haben Inspirationen.‹« (*Joseph Anton*, S. 95) Vgl. auch Saul Bellows Sichtweise, S. 443ff.

JUREK BECKER: *BRIEF AN GÜNTER GRASS*
Lieber Günter / nur dürftig haben die Zeitungen über den Pen-Kongress in New York berichtet, zumindest diejenigen, die ich lese.

Zwei der wenigen Nachrichten haben mir dennoch großen Eindruck gemacht. Zum einen handelt es sich um die beschämenden Äußerungen von Leuten, die immerhin einmal Autoren ganz guter Bücher waren. Zum anderen ist es die Rolle, die Du auf diesem Kongress gespielt hast. Ich habe das Bedürfnis, Dir zu schreiben, daß Dein Auftreten bewundernswert und mutig gewesen ist, und daß ich längst nicht der einzige bin, dem vor Hochachtung der Mund offensteht.

Wolfgang Hildesheimer: *Brief an Günter Grass*
Lieber Günter, / für Deinen New-Yorker »Auftritt« möchten Silvia und ich Dir unsere HÖCHSTE Bewunderung aussprechen. Du warst – soweit ich es aus den Zeitungen rekonstruieren kann – großartig. Ich wollte, es wäre mir nur einmal im Leben gegeben gewesen, meine Wut auch nur annähernd so souverän zu artikulieren. Stattdessen hat es mir immer – und nun endgültig – die Sprache verschlagen.

Gottfried Bermann Fischer: *Eine Unverschämtheit*
Aus dem deutschen Pen-Club bin ich ausgetreten wegen der unverschämten Antwort von Günter Grass auf die Rede Saul Bellows während des Pen-Kongresses im Januar 1986 in New York. Saul Bellow hatte in seiner Rede von den Traditionen der amerikanischen Freiheit gesprochen, und Grass entgegnete ihm sinngemäß: Wo bin ich denn hier, was höre ich von Ihnen? Ich war jetzt drei Wochen in der Bronx und habe hungernde und zerlumpte Säufer auf der Straße liegen gesehen, und da wagen Sie es, von amerikanischer Freiheit zu sprechen!
Die Antwort des Herrn Grass war jedenfalls ein Haßgesang ohnegleichen. Und da ich dem amerikanischen Exil als deutscher Jude in den 40er Jahren meine Freiheit verdankt habe, schrieb ich dem Pen-Club, ich könne nicht länger einem Literatenverein angehören, dessen Wortführer die Traditionen dieses Landes derart undifferenziert und selbstgerecht beleidigt. Bitte verstehen Sie mich richtig: Zustimmung zur amerikanischen Politik in Vietnam oder zu Reagan dürfen Sie aus meiner Empörung nicht herauslesen. Mit meinem Austritt wollte ich lediglich an die Gastfreundschaft der Amerikaner

gegenüber den Nazi-Flüchtlingen erinnern, die dieser Praeceptor Germaniae offenbar geringschätzt.

ANONYMUS: *GRASS-PARODIE: EIN BUBENSTÜCK?*
Da wollte einer die Matière Grass veräppeln, liefert aber nur Trokkenmasse. Das allerdings in Rekordzeit. Noch bevor Ende Februar der Luchterhand-Verlag mit seinem sicheren Grass-Bestseller *Die Rättin* auf den Markt kommt, erscheint in dieser Woche dessen Parodie: *Günter Ratte: Der Grass* (Eichborn Verlag; 96 Seiten; 10 Mark). Vielleicht hätte sich der flinke Frankfurter Trend-Verleger Vito von Eichborn diesmal doch etwas mehr Zeit lassen sollen: Zu gequält sind die schalen Scherze über Enzensbergers Havanna-Zigarre oder den »sozialdemokratischen Pornofilm-Produzenten Mike Matzerath, der unter dem Pseudonym Willy Brandt das Godesberger Programm geschrieben hat und anschließend verfilmen wollte, woran er gescheitert ist«. Gescheitert – ein Schlüsselwort. Der angeblich prominente Autor dieses »literarischen Bubenstücks« (Verlagswerbung) hat sich seine Anonymität vertraglich absichern lassen. Das war klug.

GÜNTER RATTE: *DER GRASS* (PARODIE)
»Du bist vielleicht am Ende«, sagte Tulla gerade, da ging ein Ruck durch Rumpelstilzchens dünne Gestalt. Richtete sich auf und sah den Grass nachdenklich, dann prüfend an. Rührten sich da alte Erinnerungen, längst verschüttet, beerdigt unter dicken Schichten verflossener Zeit? Auch der Grass sah Rumpelstilzchen geistesabwesend an. Kaute an seinem Schnurrbart. Endlich sprangen beide auf. Schmissen Weingläser um und umarmten sich wie Bären aus den kaschubischen Wäldern.
»Günterchen!« schrie Rumpelstilzchen.
»Oskarchen!« schrie der Grass.
Tränen flossen über ihre Gesichter. Rührung kam auf.
Wo kommst du denn her?
Wo hast du denn so lange gesteckt?
»Na, Gläser hab ich halt zersungen«, sagte Oskar. »Gekichert und gelacht. Mir das Godesberger Programm ausgedacht und dem

Brandt unters Hemd gejubelt. Die Luft aus dem Adenauer rausgelassen und aus dem Erhard, aus dem Kiesinger, dem Brandt und dann dem Schmidt. Aus dem Kohl kann man nichts rauslassen, denn da ist nichts drin. Und jetzt bist du dran. Ich glaub, du hast es sehr nötig!«

»Nötig?« sagte der Grass. »Berühmt bin ich geworden!«

»Ja!« sagte Rumpelstilzchen.« Mit meiner Hilfe. Oskar hast du mich genannt! Oskar Matzerath. Glas hast du mich zersingen lassen. Hast ein prima Buch über uns und unser altes Danzig geschrieben! Bloß daß du mich in deinem Buch für die Nazis Fronttheater machen läßt ... Quatsch! Da war ich längst desertiert und hatte einen anderen Namen angenommen. Hieß längst Øskar Madserød und hatte einer Schwedin drei Kinder gemacht.«

»Und ich bin berühmt geworden«, sagte der Grass, während ihm die Tränen über das Gesicht liefen. »Groß und berühmt, und jetzt weiß ich nicht mehr weiter.«

> Der Verleger Vito von Eichborn schreibt rückblickend aus dem Jahr 2002: »›Das literarische Bubenstück‹ hatten wir auf den Umschlag geschrieben. Mir ist keine andere Parodie in der Literaturgeschichte bekannt, die vor dem Original erschien. / Und wir verkauften ruckzuck 25 000 Exemplare – zum Ärger des wahren Autors. In seinem Verlag hatte er angeregt, unsere Parodie juristisch zu verbieten, doch das war ihm ausgeredet worden. Zweifelsohne war sie rechtlich eine eigene literarische Leistung, außerdem auch noch intelligent geschrieben. Und die Recherche bei Luchterhand und in der Druckerei, woher wir denn wohl so früh das Manuskript hatten, blieb erfolglos. / Bis heute ist die wahre Identität von Günter Ratte unbekannt, wie sich der pseudonyme Autor auf dem Umschlag nannte. / Und es gab noch ein ebenso reales wie parodistisches Geschehen am Rande. Ich war, von Max von der Grün zu einem Treffen mit jungen österreichischen Dichtern eingeladen, auf dem Flughafen in Graz, wo jetzt im November dichtester Nebel den Start verhinderte und alle Fluggäste in den Zug nach Wien gesetzt wurden, um von dort nach Frankfurt zu starten. Im Abteil fand ich zwei mir bekannte Gesichter, die, gemeinsam über Druckfahnen gebeugt, letzte Korrekturen besprachen. Ich sagte nur kurz ›Guten Tag‹ und ›Ich möchte nicht stören‹. Ich durfte nicht laut lachen. Es waren Günter Grass, der in Graz eine Dichterlesung hatte, mit seinem Lektor Klaus Binder – bei der letzten Revision des *Rättin*-Manuskripts. Unser ›Grass‹ war bereits imprimiert.«

JÖRG FAUSER: *LETZTLICH ... GÜNTER GRASS*

Immer, wenn Günter Grass wieder einen Roman geschrieben hat, legt der Kritikerpapst in Frankfurt das beste Oberhemd an, die beste

Krawatte. Dienstbekleidung. Mit ihnen ist er groß geworden, mit Heinrich Böll und Martin Walser, mit Siegfried Lenz und Günter Grass, und sie sind groß geworden mit ihm. Letzte Saison war ja fulminant, als sie alle mit ihren neuen Romanen rauskamen und der Böll auch noch gleich gestorben ist, ein richtig guter Herbst war das, nur der Grass sei nicht rechtzeitig fertig geworden, hieß es, der Kritikerpapst weiß es besser. Der Grass hat es vorgezogen, im Frühjahr rauszukommen, allein, da ist er dann der Platzhirsch. Dem Kritikerpapst gefällt diese Einstellung nicht. Vielleicht wäre es an der Zeit, dem Mann klarzumachen, daß 500 Seiten Geraune und Gestaune, Suppenrezepte und Märchenaufguß, kaschubische Second-hand-Folklore und politisches Round-table-Gedöns noch lange kein Roman sind. Vielleicht wäre diese *Rättin* der gegebene Anlaß, um nachzuweisen, wie der angeblich anarchische Geist der *Blechtrommel* in Wirklichkeit nur kleinbürgerliches Mackertum war, das, einmal ausgerotzt, schnurgerade zu Ämtern und Würden, in die Sozialdemokratie und in die Akademie führte, eine unglaublich deutsche Schriftstellerkarriere vom Blechtrommler zum Oberpauker der Literaturnation. »Ich und mein Lehrer Döblin«, »Ich und die Rettung des Weltfriedens«. Vielleicht, denkt der Kritikerpapst. Vielleicht aber auch nicht. Oder anders. Oder wie? Groß sind sie, gewaltig, die Unwägbarkeiten des Literaturbetriebes.

Sarah Kirsch: *Brief an Marcel Reich-Ranicki*
Ihre Rättin-Rezension aber fand ich sehr gut, wie kann er seynen Oskar Matzerath so primitiv ermorden und dieser Waldspaziergang zog mir den Schuh von der Ferse und nun will er (G.) Ihretwegen gleich nach Kalkutta.

Gerhard Köpf: *Brief an Günter Grass*
Lieber Günter, / was an Dir vollstreckt wird, hilft Dir höchstens beim Zählen von Freunden. Trösten kann außer Ute niemand, weder hilfreich noch wohlfeil.

WILLY BRANDT: *BRIEF AN GÜNTER GRASS*
Lieber Günter, / mich beunruhigt die Nachricht, dass es Dir nicht gut gehe. Hoffentlich nimmst Du nicht zu ernst, dass Leute über Dich herfallen, denen Du schon lange zu gross warst.

HANS BENDER: *BRIEF AN GÜNTER GRASS*
Schon lange hätte ich mich bedanken sollen für das signierte Exemplar der *Rättin*. Ich habe sie gelesen, unbeeinflußt von dem, was die Kritiker später schrieben. Ich glaube, ich habe das »böse Märchen« verstanden. Die Welt und was zur Zeit geschieht, gibt ihm recht. Eine stolze arabische Weisheit fällt mir ein: Die Hunde bellen, die Karawane zieht weiter.

IVAN IVANJI: *BRIEF AN GÜNTER GRASS*
O ja, ich glaube schon, dass es Dir auch diesmal gelungen ist, der Zeit, in der wir zu leben verurteilt sind, den ihr gebührenden Spiegel vorzuhalten. Und dass Dein alter Held wieder zu uns gekommen ist, wird Deine weltweite Gemeinde freuen.

HANS MAYER: *BRIEF AN GÜNTER GRASS*
Das Buch habe ich sehr langsam, über Wochen hin, gelesen und musste mich stets zwingen, über das vorherbestimmte Pensum hinaus, nicht weiterzulesen. Die Rättin kann sich getrost sehen lassen neben Gulliver und Candide.

ERICH LOEST: *BRIEF AN GÜNTER GRASS*
Lieber Günter Grass, / sei herzlich bedankt für die *Rättin,* durch meine Lesestunden gegeistert ist. Als ich den Rhythmus der Sprache begriff, als sie zu klingen begann, war es doppelt schön.

CHRISTOPH HEIN: *BRIEF AN GÜNTER GRASS*
Lieber Günter Grass, / vor drei Tagen bekam ich Ihre *Rättin*. Ich

bedanke mich sehr für das Exemplar und Ihre Freundlichkeit, an mich zu denken. Ich habe es mit großer Bewunderung gelesen. Es ist eine gewaltige Komposition, in der Motive und Handlungsstränge, Personen und Themen mit Kraft, Fantasie und Musikalität verwoben sind. Zum Inhalt muß ich nichts sagen: die professionelle Kritik wird ihn nicht übersehen können. Und Ihr Handwerk ist – wie immer – glänzend. Wenn ich auch nicht genügend es beherrsche, so schätze ich es doch so hoch, um Ihre Leistung bewundern zu können.

Ich merke, mein Stil wird etwas feierlich: es ist einfach ein gutes Buch, das man gern liest, über das man reden kann und das einen dem Autor gegenüber befangen macht.

Ich denke, daß wir alle seit Joyce darüber grübeln, wie das künftig auszusehen hat, was man bis vor wenigem noch »Roman« nannte. Sie haben dafür wiederholt ein Beispiel gegeben. Vielen Dank.

GÜNTER DE BRUYN: *BRIEF AN GÜNTER GRASS*

Liebe Frau Grass, / lieber Günter Grass, / keine Angst, ich will keinen Briefwechsel provozieren, ich will nur Dank sagen: Dank für die Kaffeestunde bei Ihnen, die mich noch immer beschäftigt, für das Blatt, das ich dauernd erneut bewundere, und für *Die Rättin*, die mich schon in Hotelbetten und auf der Bahn in Begeisterung versetzte, die ich aber nun zu Hause noch einmal von vorn begonnen habe, um mir keine der mich entzückenden Einzelheiten entgehen zu lassen – und auch damit die Freude nicht so schnell ein Ende hat. Meine Frau, die Sie in den Tagen meiner Reise im Radio hat lesen hören und nun mit Grass-Lobpreisungen kein Ende findet, ärgert sich zwar über meine Lese-Langsamkeit, bekommt aber Einzelnes schon immer mal von mir erzählt oder zitiert. Eine Art Grass-Woche wird also bei uns gefeiert. Ihnen müßten die Ohren klingen: soviel Bewunderndes wird bei de Bruyns über Sie geredet.

HUBERTUS GIEBE: *BRIEF AN GÜNTER GRASS*

Lieber Günter Grass, / auf Umwegen erreichte mich nun das »böse Märchen« der Rättin. Seien Sie herzlich bedankt. Das großartige, bittere Panorama habe ich natürlich sogleich gelesen. – Mit

Bildern mache ich ja manches, was gewiß gar nicht so weit weg ist davon ... denn was sollte man sonst malen, wen schockiert überhaupt noch irgendetwas, wer läßt sich ein?

WOLFGANG NEUSS: *BOYKOTTIERT DIE VOLKSZÄHLUNG!*
Macht aus der Geheimrättin von Grass Fragebogentexte bei der Volkszählung. Schreibt so viel auf die Bögen, daß die vom Staat uns wieder mögen: daß der kalte Kafka ooch 'ne Mark teurer geworden ist, wie ja der letzte Tierversuch von unserm Blechtrommelgünter beweist. Daß wir uns nächste Woche an der Ecke einen Tante-Emma-Laden wieder einrichten, daß ich nachts um zwei an den Eisschrank geh, regelmäßig, und warum wir seit zehn Jahren kein Leitungswasser trinken, schreibt, schreibt, schreibt...
Ick sehe schon in der Bonner Beethoven-Halle das Ergebnis der Volkszählung verkünden, ausverkauftes Haus: »Meine Damen und Herren, wir sind wieder ein Volk der Dichter und Denker, es sind 60 Millionen Krimis gezählt worden, wir sind im siebenten Simmel ...«

JULIUS POSENER: *BRIEF AN GÜNTER GRASS*
Sehr verehrter Herr Günter Grass, / als wir uns in der Akademie trafen, – Sie teilten mir mit, dass Sie nicht für den Vorsitz der Akademie kandidieren werden, – hatte ich von der *Rättin* erst die Ausschnitte im *Tagesspiegel* gelesen. Eben habe ich das zuende gelesen. Mein Eindruck ist, dass Sie etwas geschrieben haben, das man »Das Buch Verzweiflung« nennen könnte. Damit kann einer meiner Generation schwer zurechtkommen.
Wir haben ja zu Füßen von Thomas Mann gesessen. Im *Dr. Faustus* geht Mann ziemlich weit auf die Verzweiflung zu, als er seinen Musiker »die Neunte Symphonie zurücknehmen« lässt. Aber bei der Darstellung des Werkes Zurücknahme, der »Weheklag Doctor Fausti« wird dann der Schluss so beschrieben: / »Aber der nachschwingend im Schweigen hängende Ton, der nicht mehr ist, dem nur die Seele noch nachlauscht, und der Ausklang der Trauer war, ist es nicht mehr, wandelt den Sinn, steht als ein Licht in der Nacht.«

Das ist schön bürgerlich-musikalisch: wie Mann eben war; und wir, die wir zu seinen Füßen gesessen haben. Man legt das Buch weg – und ist zufrieden. Sie, verehrter Herr Grass, versagen sich dergleichen expressis verbis. Das muss ich gut finden. Denn so, mit dem Licht in der Nacht, kommen wir nicht mehr weiter. Wie aber kommen wir weiter?

Ich habe Sie in Heilbronn gesehen. Da hatten Sie das Buch abgeschlossen. Sie haben daraus gelesen. Sie standen aber dort als einer, der kämpft, wozu immer ein Funke Hoffnung gehört. Dass Sie denen ein Buch entgegenstellen, welche uns bedeuten, keine Angst zu haben, wobei sie Angst als Synonym mit Feigheit sehen wollen, wie Helmut Schmidt, den Sie mit Ihrer Freundschaft beehrt haben, das noch getan hat, als er nicht mehr Bundeskanzler war (zu Weihnachten, und mit dem Titel »Fürchtet Euch nicht«!)!!! — — —: dass Sie solchen Leuten ein Buch entgegenstellen, in dem mehr Angst gefordert wird, ist gewiss richtig.

Wenn Sie aber »Das Buch Verzweiflung« geschrieben haben, – und ich sage Ihnen, der Eindruck entsteht –, dann nützt auch die Angst nicht mehr.

Ich sehe, es sind bereits zwei Parodien im Handel. Das Buch schreit nach der Parodie. Eben darum hätte man besser getan, darauf zu verzichten.

Als Sie mit mir von der Akademie sprachen, wirkten Sie mutlos. Ich bezog die Mutlosigkeit allein auf die Akademie. Bezieht sie sich auf mehr, auf Alles? Werden die Leute nun beruhigt sagen: / Von *ihm* werden wir nichts mehr hören?

Verzeihen Sie mir, dass ich mich so geradezu an Sie wende! Ich berufe mich auf zwei Privilegien: dass ich Sie immerhin flüchtig kenne; und dass ich über achtzig bin. Da darf man manches sagen, was man vorher nicht sagen kann. Was übrigens mich angeht, so werde ich weiter auf Podien sitzen und kämpfen, das heisst hoffen. Vielleicht liegt das ebenfalls an meinem Alter. Da darf man schliesslich selbst das. — — —

TRUDE UNRUH: *BRIEF AN GÜNTER GRASS*
Lieber Herr Grass, / mit Freude und Genugtuung haben wir

Grauen Panther aus den Medien erfahren, daß auch Sie sich von der schlimmen Ab- und Ausgrenzungsstrategie der Rau-SPD gegenüber der Grünen-Bewegung nachhaltig distanziert haben.

Wir Grauen Panther arbeiten seit einigen Jahren vertrauensvoll und sehr erfolgreich – gleichwohl vertraglich abgesichert und zweckgebunden – mit den Grünen zusammen, und insofern hat uns die Titulierung der Grünen als »undemokratisches Sicherheitsrisiko«, die gerade auch aus der SPD laut wurde, sehr betroffen gemacht. Daher hat eine so ausdrückliche Distanzierung wie Sie sie äußerten, gegenüber einer solchen Diffamierungsstrategie auch uns den Rücken gestärkt.

Zweifelsfrei wird Ihre Erklärung in der internen SPD-Diskussion ein großes Gewicht haben, zumal Sie sich in den letzten Jahren mit Ihrer literarischen Kompetenz und menschlichen Reputation im In- und Ausland für die SPD engagiert haben.

Sehr irritiert sind wir dagegen von Ihrem Entschluß, Europa bald für einen längeren Zeitraum den Rücken zu kehren – ausgerechnet jetzt, wo die Weichen für Verderben oder Überleben gestellt werden. Noch unverständlicher ist uns Ihre resignative Erklärung in diesem Zusammenhang, Ihnen sei bewußt geworden, wie wenig Möglichkeiten der politischen Einflußnahme der Einzelne hat.

Wir Grauen Panther bemühen uns seit mehr als zehn Jahren, gerade solche politische Resignation und Apathie aus den Köpfen der älteren Menschen zu verscheuchen. »Immer dabei« mischen wir uns ein und glauben, schon einiges an positiver Veränderung erreicht zu haben.

Wenn nun ein weltweit bekannter und geschätzter Schriftsteller erklärt, er sehe für sich keine Einflußmöglichkeit, wie soll dann »Lieschen Müller« zu bewegen sein, um für die Verbesserung der eigenen Lebensbedingungen mutig den Kampf aufzunehmen.

Dies geben wir Grauen Panther Ihnen in aller Solidarität und Verbundenheit zu bedenken, auch in der Hoffnung, daß Sie Ihren Rückzug abblasen und weiter mit aller Tat- und Überzeugungskraft innerhalb der »Überlebensbewegung« wirken.

GOLO MANN: *ERINNERUNGEN UND GEDANKEN*
Das Unglück war, daß es neben dem einen großen viele kleine

Tucholskys gab, Nachahmer, die nie eine Fabrik betreten hatten, aber den »Proleten« besangen oder singen ließen und die Republik verspotteten, ohne zu wissen, was denn an ihre Stelle treten sollte. Ein Vierteljahrhundert später habe ich in meiner *Deutschen Geschichte* an den Intellektuellen der Weimarer Zeit wegen dieser Haltung, so wie ich sie in früher Jugend erlebte, Kritik geübt; zum Ärger der Überlebenden, aber nicht, so glaube ich, der nachfolgenden Generation, der Böll und Grass, die von den Fehlern ihrer Ahnen gelernt hatten, ganz abgesehen davon, daß sie stärkere Talente waren.

Franz Böni: *Lieber Böll und Grass*
Berühmte alte Autoren beurteilt man danach, wie sie sich für die Umwelt und die jungen Autoren engagieren. Böll hat an Demonstrationen gegen Raketenstationierungen teilgenommen. Grass hat die Döblin-Stiftung gegründet, die junge Autoren fördert. Diesen beiden gehört meine Sympathie.

Annemarie Böll: *Brief an Günter Grass*
Lieber Günter Grass, / als ich Sie in der vorvergangenen Woche im Fernsehen sprechen hörte, hatte ich gleich den Wunsch, mich bei Ihnen zu melden. Da ich eine ganz uneloquente Person bin, bringe ich nichts anderes zustande, als Ihnen Zustimmung und Respekt auszudrücken.
Ich möchte Ihnen auch im Namen meiner Söhne sagen, daß wir uns mit großer Dankbarkeit daran erinnern, wie freundschaftlich Sie uns nach Heins Tod beigestanden haben.

Hans Werner Richter: *Simon Dach als Geburtstagsgeschenk*
Manchmal, wenn ich mit mir allein bin und ich mich mit ihm in Gedanken unterhalte, nenne ich ihn Günterchen. Das klingt respektlos, ist es aber nicht. Es ist auch keine Verniedlichung seiner Person. Offiziell sage ich ja immer Günter, und wenn ich ihm gegenübersitze, kommt mir das ›Günterchen‹ gar nicht in den Sinn. Auch ist er selbst schuld daran, hat er mich doch des öfteren als seinen Vater bezeichnet. Das ist zwar vom Altersunterschied her denkbar, er

ist genau zwanzig Jahre jünger als ich, aber sonst ganz unvorstellbar. Trotzdem, und das gebe ich zu, habe ich hin und wieder väterliche Gefühle ihm gegenüber. Dann möchte ich ihm einen Rat geben, möchte ihm sagen, mach das und das doch etwas anders, oder halte dich in dieser oder jener Frage zurück, oder auch, und dies häufiger, verzettel dich nicht. Aber ich tue es nie. Immer ist da etwas, was mich zurückhält, und ich kann nicht ganz genau sagen, was es ist. Er ist mir auf der einen Seite sehr nah, ein enger Freund, und auf der anderen Seite fremd. Diesen seltsamen Zwiespalt zwischen Freundschaft und Fremdsein kann ich nicht erklären und muß es wohl auch nicht.

Als ich ihn zum ersten Mal sah, kam er mir wie ein Zigeuner vor, was bei mir nach erstem Erschrecken, er sah ziemlich verwildert aus, sofort Sympathie hervorrief, denn ich führe meine Abstammung väterlicherseits auf Zigeuner zurück und hielt gern Großvater, Urgroßvater und Ururgroßvater für solche, konnte es aber nie beweisen. Es gab Anzeichen dafür, gewiß, aber sie verschwanden schon nach meinem Großvater in einer mysteriösen, nicht mehr auffindbaren Ahnenreihe. Damals wußte ich noch nicht, was Kaschuben sind, und als ich später erfuhr, daß Günter vielleicht von den Kaschuben abstammt, sah ich im Lexikon nach, und sofort rückten alle Kaschuben für mich in die Nähe von Zigeunern. Das mag naiv sein, aber auch Günter ist bei allen Talenten, Begabungen und manchmal recht akrobatischen intellektuellen Luftsprüngen doch ein naiver Mensch. Insofern mag das mit den Vätern und den Söhnen doch seine Berechtigung haben, wenn auch nur aus sehr großer Entfernung.

Unsere erste Begegnung war gewiß seltsam. Ich hatte ihn nicht eingeladen, und eigentlich wollte ich ihn auch nicht dabeihaben. Günter Grass, das bedeutete mir nichts, und der Name besagte mir nichts. Niemand meiner Tagungsteilnehmer kannte ihn. Nur ein sehr junger Lektor quälte mich mit diesem Namen. So ließ ich mich schließlich doch noch im letzten Augenblick erweichen. Und der, der dann hereinkam, war eben Günter Grass, ein Unbekannter für alle und ein unbeschriebenes Blatt für mich.

Damals, es liegt nun dreißig Jahre zurück, habe ich ihn nicht mehr beachtet als alle anderen, aber er kam von diesem Tag an zu jedem Treffen der ›Gruppe 47‹, ließ nichts aus, las immer wieder, drei Jahre lang vergeblich, und reiste auch noch unter den widerlichsten Umständen an, trotz großer Armut, aus Berlin oder auch aus Paris. Er war immer dabei, las immer, und anscheinend machte es ihm nichts aus, wenn er nicht so ankam, wie er es vielleicht erwartet hatte. Er versuchte nicht, sich in den Mittelpunkt zu stellen, nein, er schien bescheiden, was er vielleicht gar nicht war. Da er in den ersten Jahren aus einem Schauspiel las, das *Onkel, Onkel* hieß, nannten ihn einige Spötter hinter seinem Rücken Onkelchen, eine Bezeichnung, die zu ihm in keiner Hinsicht paßte.

Einige Kritiker hielten ihn für eine Naturbegabung, was wohl eher abwertend als anerkennend gemeint war, und ich weiß heute noch nicht, was eigentlich eine ›Naturbegabung‹ ist. Entweder, man ist begabt, oder man ist es nicht. Und wenn man es ist, dann ist man es immer von der ›Natur‹ her. Akademische Bildung brütet keine Begabung aus. Was mir frühzeitig bei Günter auffiel, ist jedoch etwas anderes. Für mich war er damals eine Art Lerngenie. Ich konnte gleichsam zusehen, wie schnell er sich in dem Kreis zurechtfand, in den er doch so unvorbereitet gekommen war und von dem er so gar nichts wußte. Ich glaube, er holte die Literaturkenntnisse, die andere besaßen, in großer Geschwindigkeit nach, bald kannte er sich auch in der Literatur der zwanziger Jahre aus, und in wenigen Jahren war er auch zu einem eloquenten Kritiker gewachsen. Vielleicht war die ›Gruppe 47‹ so etwas wie eine Schule für ihn, eine Schule seltsamer Art vielleicht, aber eben doch eine. Wie sehr er in diesen ersten Jahren gearbeitet haben muß, kann ich nur annehmen, beweisen kann ich es nicht.

Als ich ihn einmal in seiner ersten Wohnung in Berlin besuchte, das war noch vor seinem großen Erfolg, lagen aufgeschlagene Bücher von Jean Paul herum, und mir wurde klar, daß er auch Jean Paul nachholte, ja, ihn brauchte. Bald hatte er auch die Kritiker eingeholt. In den letzten Jahren konnte ich auf sein kritisches Mitwirken nicht mehr verzichten. Diese Lernbegabung setzte mich immer wieder in Erstaunen, und wäre ich ein Lehrer gewesen, so müßte ich ihn als meinen besten Schüler heute noch rühmen. Aber ich war kein Lehrer, und von Günter Grass kann man sagen, er war nur sein eigener Schüler. In der ›Gruppe 47‹ aber war jeder Lehrer und Schüler zugleich, jeder profitierte von den anderen, was aber niemand heute noch zugeben wird. Dazu sind viele doch zu selbstgefällig. Günter Grass, so nehme ich an, wird wohl kein Hehl daraus machen. Er nutzte dieses seltsame Geflecht von Lehrern und Schülern mit seiner Lernbegabung restlos aus.

Er war nicht eitel wie andere. Eitelkeit und Geltungssucht verstellten ihm nicht den Blick. Natürlich kann ich auch dies nicht mit absoluter Sicherheit sagen. Es gibt, und wer weiß das nicht, versteckte Eitelkeit und versteckte Geltungssucht. Nur, wenn es auch bei ihm so war, habe ich davon wenig bemerkt. Als der Durchbruch für ihn in der ›Gruppe 47‹ kam, nachdem er drei Jahre vergeblich gelesen hatte, schien alles gleichsam selbstverständlich. Freude ja, sogar große Freude, aber keine Selbstgefälligkeit, keine Eitelkeit, keine befriedigte Geltungssucht. Er genoß seinen Erfolg mit sichtlicher Erleichterung. Vielleicht, weil er ahnte oder wußte, daß nun die Zeit der Armut für ihn vorbei war.

Auf der vorhergehenden Tagung 1957 in Niederpöcking am Starnberger See war er, aus Paris kommend, noch mit Grafiken angereist, die er an andere Autoren verkaufen wollte. Das Haus, in dem wir zusammenkamen, war eine Gewerkschaftsschule, eine ehemalige Starnberger Villa, die mit einem schmückenden Turm versehen war. Dort stellte er damals seine Grafiken aus. Wie viele der Tagungsteilnehmer davon Kenntnis genommen haben, weiß ich nicht, ich meine, seine Ausstellung wurde nicht viel beachtet. Nur Wolfgang Hildesheimer kaufte ihn. Wenn ich mich recht erinnere, eine Grafik für hundert Mark. Als er, Hildesheimer, vor mir die Wendeltreppe zu der Dachstube des Turms hinaufstieg, drehte er sich zu mir um und sagte: »Du, der ist begabter als alle anderen. Der wird noch zu großen Erfolgen kommen.« Vielleicht war sein Ausspruch damals nicht genau so, wie ich ihn hier wiedergebe, aber er war überzeugt von Günters Begabung.

Ein Jahr später in Großholzleute löste seine Lesung aus der *Blechtrommel* eine Art Wirbelsturm aus. Alle bestürmten mich, diesmal den Preis zu vergeben, den ich schon seit drei Jahren nicht mehr vergeben hatte. Jene Autoren, die neben ihrer eigenen Arbeit Lektoren bei irgendwelchen Verlagen waren, telefonierten mit ihren Verlegern. Jeder hätte die *Blechtrommel* gern in seinem Verlag gehabt. Viele von ihnen legten noch fünfhundert Mark zu dem Preis dazu, so daß eine für die damalige Zeit anständige Summe zusammenkam. Jeder ließ sich wohl in dem Gefühl mitreißen, selbst an dem Erfolg beteiligt zu sein. Für Günter war es ein Tag des Triumphes, der sich in dieser Intensität trotz aller späteren Erfolge wohl nicht wiederholt hat. Ich selbst habe eine solche Euphorie in der ›Gruppe 47‹ nicht wieder erlebt. In wenigen Stunden, sozusagen über Nacht, war Günter zu einem bekannten Autor geworden.

Kurz darauf lernte ich eine Eigenschaft an ihm kennen, die ich nicht vermutet hatte: Er war geschäftstüchtig. Kaum hatte er seinen Erfolg in der Tasche, trieb er seinen Verleger oder die Verleger auch schon in die Enge. Beim nächtlichen Skat mit Eduard Reifferscheid vom Luchterhand Verlag ließ er die Prozente immer steiler nach oben steigen. Waren die Autoren jahrelang herumgelaufen, um überhaupt einen Verleger zu finden, so wurden jetzt einige von ihnen die Fordernden, die ihren Preis verlangten. Günter Grass tat das seine dazu, ja, ich möchte sogar meinen, er hat diese Umkehr mit bewirkt. Als Sohn eines kleinen Kolonialwarenhändlers in Danzig kannte er sich mit dem Geld anscheinend besser aus als andere. Jeden Sonntagvormittag, so erzählte er mir einmal später, habe er sich im Auftrag seines Vaters auf den Weg machen müssen, gestundete Rechnungsbeträge einzuholen. Für jeden kassierten Betrag habe er von seinem Vater ein kleines Entgelt bekommen. Ich kann mir vorstellen, wie der kleine Günter Grass von einem Haus zum anderen gelaufen ist, immer dorthin, wo Schuldner wohnten, dort klingelte und meistens von mürrischen Leuten empfangen wurde, die nur ungern ihre Schulden bezahlten und ihm wohl auch oft die Tür vor der Nase zuschlugen. So sehe ich ihn noch als Kind jeden Sonntagvormittag treppauf, treppab laufen, und die Erfahrung dieser Sonntage hat, so denke ich, wohl auch sein Leben mit geprägt.

Sein Erfolg in der ›Gruppe 47‹ setzte sich schnell fort, der Wirbelsturm, der dort begonnen hatte, ergriff nun andere, dem nationalen Erfolg folgte der internationale, und das alles in sehr kurzer Zeit. Ambivalent blieb in diesen Jahren sein Verhältnis zu den Kritikern, vorwiegend zu denen der ›Gruppe 47‹. Sie beschäftigten sich viel mit ihm, schrieben lange Artikel, und einige von ihnen ließen dabei durchblicken, daß er eigentlich doch nur ein Autodidakt sei. Darüber ärgerte er sich, was ich nie ganz begriffen habe. Ich sah es genau umgekehrt. Je autodidaktischer jemand war, um so größer meine Bewunderung. Der ›Gruppe 47‹ blieb er dennoch eng verbunden. Er ließ keine Tagung, kein Treffen, keine Begegnung aus. Immer wieder stellte er sich der Kritik, las immer wieder vor und hörte sich geduldig an, was andere über ihn und seine Arbeiten zu sagen hatten, auch Ablehnung und schroffe Kritik störten ihn nicht.

In Sigtuna in Schweden las er aus seinem Theaterstück *Die Plebejer proben den Aufstand,* worauf eine langanhaltende Diskussion folgte, in der sein Stück heftig kritisiert wurde, ja, einige hielten es fast für die Schändung eines großen Namens, nämlich den des Bert Brecht. Unter der Decke schwelte während dieser Auseinandersetzung ein großer Krach, der jeden Augenblick ausbrechen konnte und den vielleicht nur ich bemerkte. Günter geriet in Erregung, die Sätze, die hin und her gingen, wurden massiver, und ich dachte: Jeden Augenblick wird er explodieren. Ich sah es ihm an, aber er explodierte nicht, er blieb nicht gerade gelassen, aber doch, soweit es ging, sachlich und ohne Emotionen. Vielleicht war es auch die Disziplin, die in der ›Gruppe 47‹ üblich war, und der er sich unterwarf, weil er sie für notwendig hielt. Aus Einsicht also, nicht aus Anpassung. Für mich wurde er in diesen Jahren einer der Zuverlässigsten. Mit ihm konnte ich immer rechnen.

Seltsamerweise habe ich ihn nie für einen politischen Menschen gehalten. Dafür, so muß ich jedenfalls in den ersten Jahren gemeint haben, war er zu begabt. Als ich mit Willy Brandt einmal übereinkam, ein Treffen zwischen Politikern und Schriftstellern in Bonn zu organisieren, lud ich ihn nicht dazu ein, was er mir später oft vorhielt. Auf diesem Treffen verabredeten wir, ein ro-ro-ro-Taschenbuch zusammenzustellen, eine massive Wahlunterstützung der SPD, da uns ein Wechsel in der Regierung notwendig erschien. Dieses Taschenbuch trug den Titel *Die Alternative.* Ich sammelte die Beiträge ein, schrieb alle Autoren der ›Gruppe 47‹ an, ließ aber Günter aus, weil ich ihn für völlig uninteressiert hielt. Ich wollte den Band herausgeben, unterließ es aber, als Erich Kuby mich darauf hinwies, daß ich dafür zu weit links stünde. Noch während der Unterredung telefonierte ich mit Martin Walser, der sich sofort bereit erklärte, als Herausgeber zu fungieren. Er erschien uns damals als politisch völlig unverdächtig, ja, fast als neutral. An Günter Grass dachte ich nicht. Es erschien dementsprechend auch kein Beitrag von ihm in diesem Taschenbuch.

Wenige Monate später, die *Alternative* war inzwischen erschienen, kam es zum Bau der Mauer in Berlin. Ich war in der DDR, in Bansin, auf Besuch bei meiner Familie und fuhr sofort zurück, eine Fahrt, die ohne Zwischenfälle verlief. Zu meiner Verwunderung rief noch am Abend meiner Rückkehr nach München Günter aus Berlin an. Wir müßten, sagte er, sofort etwas unternehmen, jetzt sei auch die ›Gruppe 47‹ aufgerufen. Wenn ich ihm freie Hand gäbe, würde er ein solches Treffen kurzfristig in Berlin organisieren, ich müßte aber sofort kommen. Tatsächlich trafen sich in seiner Wohnung einige Schriftsteller, aber sie waren genauso hilflos wie alle anderen in diesen Tagen auch. Der einzige Vorschlag, der später auch realisiert wurde, kam von Walter Höllerer. Er schlug vor, West-Berlin zu einem kulturellen Zentrum zu machen, das hieß aus unserer Sicht, zu einem literarischen Mittelpunkt. Ich hatte mich während dieser Tage mit Willy Brandt verabredet, der zu dieser Zeit noch Oberbürgermeister von Berlin war. Wir wollten uns über das Taschenbuch *Die Alternative* unterhalten, das weder ihm noch mir sonderlich gefiel. Als Günter davon erfuhr, bat er mich, ihn mitzunehmen, er wollte Willy Brandt kennenlernen und sich ein Bild von ihm aus unmittelbarer Nähe machen.

So fuhren wir ins Rathaus Schöneberg. Was dort im einzelnen besprochen wurde, ist hier belanglos. Brandt hatte sich viele Notizen gemacht, er hatte offensichtlich die ganze *Alternative* kritisch durchgekämmt. Wir sprachen fast eine Stunde darüber, aber dann geschah etwas für mich Überraschendes. Brandt stand vor einer Wahlreise, er sprach kurz davon, und plötzlich fragte Günter ihn, ob er, Günter Grass, nicht an dieser Wahlreise teilnehmen könne. Brandt nickte, etwas irritiert, aber nicht ganz ohne Zustimmung, und verwies ihn an Egon Bahr, seinen damaligen Pressesprecher. Ich war überrascht, diese Frage hatte ich noch weniger erwartet als Willy Brandt. Was wollte er auf dieser Wahlreise? Ich konnte mir nicht erklären, was ihn zu dieser Frage veranlaßt hatte. Echtes politisches Interesse konnte ich mir nicht recht vorstellen, es konnte, so dachte ich, nur Neugier sein, die Neugier eines Romanciers, für den auch eine Wahlreise ein interessantes und vielleicht einmal brauchbares Sujet ist. Ich irrte mich gründlich. Günter erwies sich auch hier als das Lerngenie, für das ich ihn hielt.

Wenige Jahre später trat er selbst als Wahlkämpfer auf. Ich aber weiß heute noch nicht, was ihn dazu veranlaßte. War es echte politische Überzeugung, gewiß, das war es auch, oder wollte er sich selbst beweisen, daß er auch dies konnte, eine Art Probe, wie weit seine Talente und seine Begabung reichten. Ich erlebte ihn zum ersten Mal im Zirkus Krone in München. Sein Auftritt war für München eine Sensation. Der riesige Rundbau war gesteckt voll. Nur mit Mühe bekam ich noch einen Platz in der sechsten Reihe, den jemand für mich freigehalten hatte. Dann trat Günter hinter einem Vorhang heraus und ging ans Podium. Beifall empfing ihn. Alles schien mir sehr geschickt arrangiert, und seine Rede stellte die manches Politikers in den Schatten, nichts war langweilig, nichts einstudiert, alles schien spontan, sich von Einfall zu Einfall fortredend. Ich dachte, sieh da, dieser nicht gezeugte Sohn, sieh an, sieh an, aber ich hätte gern gedacht, dein Schüler, der so weit über dich hinausgewachsen ist. Aber auch das wäre nur die halbe Wahrheit und für mich zu vermessen gewesen. Trotzdem, ich kam aus dem Staunen nicht heraus und auch nicht aus einem leichten Unbehagen.

Gewiß, ich hatte mich in den ersten Nachkriegsjahren für das politische Engagement der Schriftsteller eingesetzt, hatte ein solches Sich-Einsetzen für notwendig gehalten, um eine neuerliche Fehlentwicklung zu verhindern, hatte dabei aber nie an einen unmittelbaren Einsatz für eine Partei gedacht, schon gar nicht an Parteimitgliedschaft oder Parteiarbeit. Natürlich stand ich damals der Opposition nahe, wollte einen Wechsel in der Regierung, betrieb das Taschenbuch *Die Alternative,* war aber nicht bereit, darüber hinauszugehen. Schon der damals auftauchende Slogan vom »Gewissen der Nation«, Schriftsteller als das Gewissen der Nation, ging mir zu weit. Es störte mich der Anspruch, der darin zum Ausdruck kam, und der nach meiner Ansicht überhöht war. Auch glaubte ich, Schriftsteller müßten weitgehend unabhängig sein, schon um ihrem Protest gegen demokratische Fehlentwicklungen ein größeres Gewicht zu geben. Nur Günter ging einen anderen Weg. Er war damals nicht weit von mir entfernt, löste aber doch bei mir, wie schon gesagt, ein leichtes Unbehagen aus. Erst im Zirkus Krone wurde mir das sowohl optisch wie akustisch voll bewußt. Gesprochen haben wir nie darüber, ich wollte es nicht, und er hielt es wohl nicht für notwendig. Vielleicht war da auch eine Zurückhaltung auf beiden Seiten, die ich nicht erklären kann. Seine Mentalität ist eine andere als die eines Politikers, es fehlen ihm das gerissene Taktieren, die schnellen Schwenkungen von einer Position zur anderen und auch die erlebten Sachkenntnisse, wie sie etwa Helmut Schmidt besaß.

Er, Helmut Schmidt, war an einem Abend bei mir in der Erdenerstraße in Berlin zu Gast. Nach einem Hörfunk-Gespräch in der Bibliothek, wahrscheinlich wieder mit dem Grundthema ›Geist und Macht‹, das damals in Mode war, saßen wir alle im Wohnzimmer zum Essen um einen langen, ovalen Tisch herum. Anlaß war wieder, wie so oft in dieser Zeit, Schriftsteller und Politiker zusammenzuführen. Die Diskussion setzte sich fort, steigerte sich oft zu heftigen Auseinandersetzungen, und das bis tief in die Nacht hinein. Karl Schiller, der an dem Rundfunkgespräch teilgenommen hatte, ging frühzeitig, doch alle anderen blieben, unter ihnen Uwe Johnson, Hans Magnus Enzensberger, Reinhard Lettau, Klaus Roehler und natürlich Günter Grass.

In diesem Gespräch hatte Helmut Schmidt immer das letzte Wort. Er fühlte sich aus einem mir unbekannten Grund von uns provoziert und führte eine Art Rundumschlag gegen jedermann. Er entwickelte eine Arroganz, wie ich sie bis dahin in diesem Kreis noch nicht erlebt hatte. Nur Reinhard Lettau, der neben ihm saß, bewunderte ihn und hielt ihn für den ersten großen deutschen Demokraten, der ihm begegnet war, und sagte es auch. Er war der Staatsbürgerschaft nach Amerikaner, was er zu dieser Zeit bei jeder Gelegenheit betonte. Nach und nach gelang es Schmidt, jeden, der an dem Tisch saß, auf ein Maß zurückzuführen, das dem Betreffenden nicht angemessen schien. Er ließ niemanden aus und kränkte auch jene, die sich nur selten in das Gespräch einmischten. Er wies jedermann nach, daß seine Kenntnisse in Sachen Politik mehr als bescheiden waren. Im Lauf der Nacht stand einer nach dem anderen gekränkt auf und verließ, ohne sich zu verabschieden, das Zimmer, bis Helmut Schmidt allein am Tisch saß, neben sich nur noch den ihn bewundernden Reinhard Lettau.

Günter Grass ging fast als letzter. Auch er war der Schmidtschen selbstsicheren und arroganten Überlegenheit nicht gewachsen.

Er war Helmut Schmidt gegenüber gesessen, auf der anderen Seite des Tisches, und ich sehe ihn noch heute, wie er plötzlich aufstand, hinter seinen Stuhl trat und eine leichte Verbeugung zu Schmidt hinüber machte, eine Verbeugung, wie ich sie bis dahin noch nie bei ihm gesehen hatte. Auch er verließ schweigend das Zimmer. Helmut Schmidt, der anscheinend von Schriftstellern in Fragen der Politik gar nichts hielt, glich an diesem Abend einer Ampel, die auf ›Rot‹ gestellt ist, eine Warnung, die bei Günter wahrscheinlich das Gegenteil bewirkte, vielleicht eine Art Trotzreaktion: Nun erst recht.

Wenige Jahre später erfand er das »Es-Pe-De«, den fast gallischen Hahn für seinen Wahlkampf, der auf mich wie eine Art Wappen wirkte, das er sich selbst für seinen Feldzug zugelegt hatte. Ob die SPD ihm das je gedankt hat? Parteien sind nicht dankbar. Sie vergessen schnell. Als die Sozialdemokratische Partei endlich zur Macht kam, war kein Platz für Günter Grass frei, es kann aber auch sein, daß er solche Angebote abgelehnt hat. Ich weiß heute noch nicht, wollte er nun Politiker werden oder wollte er es nicht, betrachtete er das Ganze, seinen unermüdlichen Einsatz, nur als ein Spiel, in dem er sich selbst beweisen konnte, war es nur ein Lernprozeß für ihn, den so außergewöhnlich Lernfähigen?

Der unmittelbare Umgang mit dem Publikum ist den meisten Schriftstellern verwehrt, sie leben ja in großer Distanz zu ihren eigenen Lesern, kennen sie nicht und haben kaum eine Vorstellung von ihren Reaktionen. Günter hob diese Distanz für sich auf. Er fuhr auch in die finsterste Provinz, ließ sich beschimpfen und setzte sich auch noch mit den größten Dummköpfen auseinander. Furcht kannte er nicht. Als die Berliner Professoren unter dem Ansturm der rebellierenden Studenten 1968 in Bedrängnis gerieten, holten ihn einige dieser Professoren zu Hilfe. Dann schlug Günter sich mit den Studenten herum, nun schon so versiert im Rededuell, daß ihm nur wenige gewachsen schienen.

Eines Tages, das war schon in den siebziger Jahren, die Studentenrebellion war längst abgeklungen, saß ich mit ihm in einer Berliner Kneipe. Er sah mich über seine Brille etwas unsicher und fragend an und sagte: »Kennst du eigentlich die deutsche Literaturgeschichte?« Die Frage war naiv und sie verblüffte mich so, daß ich nicht gleich eine Antwort wußte. »Nun ja«, antwortete ich schließlich, »ich war einmal Buchhändler, und wenn ein Buchhändler irgend etwas lernt, dann ist es die Kenntnis der deutschen Literaturgeschichte.« Die Antwort genügte ihm nicht, etwas beschäftigte ihn darüber hinaus. Was aber wollte er mit meinen Literaturkenntnissen? Ich konnte es mir nicht vorstellen. Nach einer Weile des Nachdenkens, sein Gesicht sah dabei sehr grüblerisch aus, sagte er: »Kennst du auch die Barockliteratur?« Ich wunderte mich noch mehr. Auf eine solche

Frage nach der Barockliteratur war ich nicht gefaßt. Ich kannte mich da auch nicht sehr gut aus. Immerhin fielen mir ein paar Namen ein, Opitz, Gryphius und noch ein Barockdichter, den ich in meiner Jugend gelesen hatte. Er war mit meinen verhältnismäßig geringen Kenntnissen zufrieden, und ich hätte ihn gern nach seinen Kenntnissen der Barockliteratur gefragt, aber ich unterließ es. Es interessierte mich nicht sonderlich, und er ließ das Thema fallen, als sei es auch für ihn ganz unwichtig.

Erst sehr viel später erfuhr ich den Grund für diese Fragerei: Er hatte die Absicht, mir ein Geschenk zu meinem 70. Geburtstag zu machen, das in enger Verbindung zur Barockliteratur stand. Es sollte, wie er mir später erzählte, eine Geschichte von zwanzig bis dreißig Schreibmaschinenseiten sein, aber die Geschichte wuchs über sich hinaus, sie wurde von Tag zu Tag und von Monat zu Monat länger, ja, er arbeitete fast ein Jahr daran und las sich dabei durch die ganze deutsche Barockliteratur hindurch. Er war auf die Idee gekommen, die ›Gruppe 47‹ um dreihundert Jahre zurückzuverlegen, bis zum Ende des Dreißigjährigen Krieges, bis zum Westfälischen Frieden, der in Münster ausgehandelt wurde. Er fuhr nach Münster und fand dort einen Ort, der Telgte hieß. Dort, so beschloß er, sollten sich die Literaten der damaligen Zeit treffen, eingeladen von Simon Dach, der aus Königsberg kam und der ich sein sollte. Ich als Simon Dach. Das Portrait ist ihm fast gelungen, bei einigen Anstrengungen konnte ich mich selbst erkennen, den Rundkopf, ja, einige Eigenschaften, etwa immer nach einem Ausgleich zu suchen, wenn engstirnige Verbohrtheit ein solches Treffen zu sprengen drohte, und einiges andere auch.

Kirchenlieder hatte ich zwar nie geschrieben, aber das lag wohl ausschließlich an den dreihundert Jahren, die mich von Simon Dach trennten. 1947–1647, es war ein gewaltiger Sprung, über die Jahrhunderte hinweg, den Günter da vorgenommen hatte, aber es gab Ähnlichkeiten: ein verwüstetes Deutschland, besetzt von fremden Truppen, Millionen Tote und eine ausweglose Situation, in der nach Günters Ansicht, aber auch nach der meinen, die Schriftsteller gefordert waren. Gewiß, es war nicht so, es hätte jedoch so sein können. Als er 1978 an meinem siebzigsten Geburtstag in der Kleber-Post in Saulgau aus dem Manuskript *Das Treffen in Telgte* vorlas, empfand ich es als das schönste Geschenk meines Lebens, nicht nur dieses

Geburtstags, sondern überhaupt. Der Name Simon Dach aber blieb lange Zeit an mir haften.

Im Sommer des nächsten Jahres erschien das Buch. Ich befand mich auf einer Durchreise in Hamburg und wollte erst um Mitternacht weiter nach München fahren. Zur Mittagszeit aber hatte mich Günter zu einem Essen eingeladen, das der Verlag zum Erscheinen des Buches gab. Dabei überredete er mich, doch am Abend mit ihm in die Katholische Akademie in Hamburg zu kommen. Dort sollte er aus seinem *Treffen in Telgte* lesen, an vier aufeinanderfolgenden Abenden, praktisch das ganze Buch. Da ich erst um Mitternacht weiterfahren mußte, ging ich mit. Es wurde ein seltsamer Abend für mich. Der Saal war überfüllt, doch ich durfte in der ersten Reihe Platz nehmen. Der Präsident der Akademie eröffnete den Abend, begrüßte mich und sprach mich als Simon Dach an. Es gab tobenden Beifall, und mir blieb nichts anderes übrig, als mich zum Publikum hin zu verbeugen. Das wiederholte sich noch ein- oder zweimal, und jedesmal mußte ich mich als der vermeintliche Simon Dach verbeugen. Natürlich gefiel mir das, Beifall gefällt einem immer, und das Publikum hatte offensichtliches Vergnügen daran, sich einen Simon Dach, einen Schreiber von Kirchenliedern aus dem siebzehnten Jahrhundert, vorzustellen.

Ich hatte nicht viel Ahnung von ihm, sah jedoch in den darauffolgenden Wochen in allen Lexika nach und fand schließlich ein Bild von ihm. Er hatte weder einen Rundkopf noch sonst die geringste Ähnlichkeit mit mir. Günter aber bewies mir an diesem Abend, wie sehr er sich während der Arbeit an meinem Geburtstagsgeschenk in die Barockliteratur hineingearbeitet hatte. Er kannte buchstäblich alles. In der anschließenden Diskussion mit vier oder fünf Professoren war er allen an Kenntnissen überlegen. Seine Feststellung, die deutsche Literaturgeschichte begänne nicht erst mit dem Heraufkommen der Klassiker, sondern schon sehr viel früher mit dem Entstehen der Barockliteratur, blieb unwidersprochen, auch sein wiederholter Hinweis, jeder Literaturunterricht müsse mit der Literatur des Barock beginnen, sie sei in jeder Hinsicht sträflich vernachlässigt worden. Er hielt sie für ebenso bedeutend, wenn nicht für bedeutender, als alle später nachfolgenden Literaturepochen. Vielleicht ist er selbst ein barocker Mensch.

Vieles spricht dafür, und oft habe ich ihn so gesehen, seine Sinnesfreude, seine Neigung zum Grotesken, manchmal zum Burlesken, seine Liebe zum Leben. Nein, er ist keine Kunstfigur. Wer ihn einmal beim Kochen beobachtet hat, weiß, daß er ein hervorragender Koch geworden wäre, und er kocht auch barock. Er könnte sich, das ist mein Eindruck, dabei vergessen und bis in alle Ewigkeit kochen. Und seine Gerichte? Seine Fischsuppen, seine Fasanenbraten, seine Wildbrete, sie sind alle so, daß sie auch an den Tafeln des Westfälischen Friedenskongresses Anklang gefunden hätten. Und so, wie er kocht, so tanzt er auch, da weiß man als Zuschauer nicht mehr recht, wo gerade Beine, Arme und Kopf sind, wo die Hände und wo alles andere, ein wildes Gewirr von Verrenkungen, von schnellen Schräglagen, von Rückwärtsbeugungen der jeweiligen Damen fast bis zum Boden, und das alles mit einem feurigen Tempo. Natürlich, zur Zeit des Barock hat man nicht so getanzt, aber man hätte so tanzen können. Das wäre der Zeit angepaßt gewesen.

Seltsamerweise ist er nicht prunksüchtig. Das würde in mein Bild passen, aber er ist es nicht. Alles um ihn herum wirkt auf mich eher unbehaust, nicht gerade spartanisch, aber wohl archaisch. Da ist kein Stil zu finden, aber warum auch, er braucht ihn nicht. Er ist sein eigener Stil. Auch das, was ich so oft bei Autoren, vor allen Dingen bei Kritikern, gefunden habe, Eitelkeit, nicht zu übersehende, manchmal aufdringliche Eitelkeit, besitzt er nicht. Ich habe jedenfalls nichts davon bemerkt. Und Geltungssucht? Nun, die mag es geben, aber wenn, dann versteckt sie sich hinter seiner Begabung. Zur Wehr kann er sich setzen. Es fallen ihm immer genügend treffende Sätze ein, um einen anderen auf Distanz zu halten.

Ich komme noch einmal auf seine Kochkunst zurück, die er mit einer solchen Leidenschaft betreibt, als stände diese Kunst weit über der Kunst des Schreibens, des Bildhauerns, des Zeichnens. Er hatte, und das ist lange her, Neunaugen gekocht, und er lud mich zu einem Neunaugen-Essen ein. Es war fast schon Mitternacht, aber ich nahm die Einladung an und fuhr mit ihm in seine Wohnung. Doch als ich die Neunaugen sah, verflog mein Appetit. Sie waren in Gelee gekocht, und das Ganze bot sich mir als gallertartige Masse in einer Emailleschüssel dar. Neunaugen waren mir unbekannt, und ich hatte auch keine Lust mehr, sie näher kennenzulernen, aber er bot sie mir mit einer Eindringlichkeit an, daß ich doch davon zu essen begann, wenn auch mehr aus Höflichkeit als aus Appetit. Es war wieder eines seiner archaischen Gerichte, die wahrscheinlich auch schon seine weitentfernten Vorfahren in der Kaschubei gekocht hatten.

Als Walter Höllerer Hochzeit feierte, richtete er die ganze Hochzeit essensmäßig aus. Die Hochzeit fand in meiner Wohnung und in dem dazu gehörenden Garten in Berlin mit zahlreichen Gästen statt. Günter hatte in seiner Wohnung gekocht, und Schüssel auf Schüssel wurde von dort herangeschafft und in mein Eßzimmer getragen, das mit zwei offenstehenden Flügeltüren zum Garten hinausging. Alle Tische standen voll von Schüsseln, Platten, Terrinen, es war ein üppiges Gastmahl, nicht gerade das Allerfeinste der Kochkunst, aber das Kulinarischste. Barock? Ja, ich meine, es war barock. Ich kann mir das Gastmahl eines Serenissimus zur Zeit des Barock so vorstellen. Doch genug von seiner Kochleidenschaft.

Ich würde hier auch gern von der Methode seines Schreibens, seines Bildhauerns, seines Zeichnens sprechen, aber ich habe das nie kennengelernt. In diesen Berufen (ich würde es lieber Berufungen nennen) arbeitet ja jeder für sich allein, und ein anderer, auch wenn er dem Betreffenden noch so nahesteht, hat keine Ahnung davon. Doch nun zum Schluß müßte ich wohl noch sagen, was mich gestört hat, aber ich finde nur wenig, und das wenige scheint mir auch noch unwesentlich. Gewiß, seine politischen Stabhochsprünge haben mich manchmal erschreckt, und das um so mehr, wenn er das gesetzte Ziel verfehlte. Oft scheiterte er an seiner eigenen Naivität, die doch sein großer Vorteil ist, auch hätte ich ihm hin und wieder gern zugerufen: »Hüte dich vor jedem Fanatismus, vor jeder Art von Eiferertum!« Es hätte vielleicht zu väterlich geklungen.

Und da ist seine Neigung zur Repräsentation, die erst in den letzten Jahren auftrat. Ich bedaure noch heute, daß er meine Abneigung gegen Vereine, Verbände, kurz gegen Organisationen aller Art, nicht teilt, sie hätte ihn vor manchen Querelen bewahrt. Funktionären ist auch er nicht gewachsen. Ihre Mentalität ist nach meiner Ansicht der Tod der Literatur. Wo sie in Massen auftreten, ist jede Hoffnung verloren. Jede literarische Begabung sollte sich vor ihnen hüten, und das gilt auch für Günter Grass.

STANISŁAW LEM: *BRIEF AN DAGMAR BARNOUW*
Aber meine Achtung der B[undes]-Deutschen verringert sich mit

Beschleunigung. Jetzt steht uns ein deutscher PEN-Kongress bevor, auf dem G. Grass seinen Anti-Amerikanismus von pathologischer Dimension wird wiederum zum Ausdruck bringen können [...].

Geno Hartlaub: *Brief an Günter Grass*
Lieber Günter Grass, / zu Ihrem Eröffnungsvortrag beim internationalen PEN-Kongreß [*Als Schriftsteller immer auch Zeitgenosse;* XII, 178ff.] möchte ich Ihnen einiges schreiben – vielleicht kommen Sie dazu, es zu lesen. Ich fand diesen Vortrag sehr gut, endlich etwas Konkretes, to the point; Ihren eigenen Fall haben sie auf echte Grass'sche Versteck-Art durch meist ›klassische‹ Beispiele dargestellt. Ihr Rat an den berühmten jüngeren Autor, doch einmal die Korruption unserer Politik und Wirtschaft, z. B. die Flick-Affäre, nach der alten Roman-Definition – Roman als Spiegel der Gesellschaft zu schreiben – scheint mir aus folgenden Gründen auf Schwierigkeiten zu stossen, die für einen einzelnen Schriftsteller, so begabt er auch sein mag, unüberwindlich sind. Ihre *Blechtrommel,* ja, das war noch der Roman als Spiegel der Gesellschaft mit dem komischen, grotesken, scheiternden Helden, aber das spielte im Krieg als Elementar-Ereignis, in das die kleinen Leute ahnungslos verwickelt wurden, ähnlich wie Renzo in *Promessi sposi* die Pest oder Pierre in *Krieg und Frieden* das Grauen erlebt. Ich glaube jedoch, daß es mit dieser Perspektive heute nicht mehr geht, dazu sind die Machtstrukturen zu kompliziert geworden, wer sie entlarven will, muß jahrelang recherchieren, was dabei herauskommt, klingt nolens volens leitartikelhaft, ist nicht leicht künstlerisch zu verfremden. Eine Gesellschaft im klassischen Sinne gibt es ja gar nicht mehr; wer einen Schelmenroman schreiben will, muß sich ein winziges Stückchen Umwelt heraussuchen und sich damit begnügen. Das war in dem von Ihnen zitierten spanischen Bürgerkrieg noch anders. Da gab es klare, übersichtliche Fronten, die Autoren, die darüber geschrieben haben, waren dabei, haben die Sache am eigenen Leib gespürt – das kann man schon nicht mehr beim Vietnam-Krieg sagen, da begnügten die Intellektuellen sich mit Resolutionen und bestiegen keinen Düsenjet, um sich in Hanoi zur Verfügung zu stellen. Heute ist alles unübersichtlich, kommt auch nicht mehr hautnahe auf den Einzelnen zu, es sei denn es gäbe eine Menschheitskatastrophe, die uns alle verstummen lässt.

Illustration: Loredano

Ich will auch mit Beispielen kommen. Koeppen – ich wusste nicht, daß man dem *Treibhaus* in der Kritik leitartikelhafte Oberflächlichkeit vorgeworfen hat, das fand ich nun gar nicht, allerdings spürte ich in diesem von mir literarisch hochgeschätzten Buch auch nicht das Bonner Klima, höchstens meteorologisch, man merkte, der Mann hat dort nicht lange gelebt, an Sitzungen teilgenommen, war nicht als Mäuschen im Parlament versteckt oder bei den wirklichen Drahtziehern, der Industrie. (In Wirklichkeit sind wir ja längst eine Wirtschaftsdemokratie geworden, die Politiker haben nicht halb so viel zu sagen, wie sie glauben, sie werden immer mehr zu Marionetten der Deutschen Bank usw. werden). Ähnliches gilt für manchen Böll-Roman, er bleibt trotz guter Absicht, großer Begabung, besonders auch für die Konstruktion, im Vorfeld der undurchdringlichen Wirklichkeit, klingt unecht, sowie er nicht mehr die berühmte Böll-Gesellschaft der Erniedrigten und Entrechteten beschreibt. Johnson: Die Bemühung ist gigantisch und nötigt große Anerkennung ab. Aber in den New Yorker Romanen rieche ich nichts mehr, sie sind allzu theoretisch in ihrer Kritik und Spiegelung der Zeitgeschichte. Gesine, das ist eine Kunstfigur, keine echte Frau, vieles bleibt indirekt, auch von der Atmosphäre und Vitalität dieser ungeheuren und ungeheuer korrupten Stadt ist wenig zu spüren. Streckenweise habe ich mich – offen gesagt – bei der Lektüre gelangweilt. Das gilt nicht für die Romane von ihm, bei denen noch DDR-Mief spürbar ist. Die Emigrantenliteratur: auch hier waren die Fronten noch klar, die Nazis konnte man auf der Strasse sehen, man konnte Saalschlachten erleben, um im Gegensatz dazu das besondere Timbre der zwanziger Jahre. Daher entstand gute engagierte Literatur, die Politiker wurden gewarnt, durch literarische Beispiele, nicht leitartikelhaft. Das gilt erst recht für die Klassik. Die Kritik hat dem guten Fontane wohl allerlei vordergründig Politisches vorgeworfen, aber die Beschreibung der Zeitgeschichte konnte bei ihm noch verhältnismässig einlinig und aus eigener Anschauung kommen, die Sache mit den Flugblättern ist ja geradezu rührend, wenn man sie mit einem einzigen Polizeieinsatz heute vergleicht. Ich glaube, wenn man heute die sog. Gesellschaft kritisieren will, kommt man über G. Wallraff nicht hinaus. Ein Literat kann immer nur einen Splitter fassen, sich daran blutig schneiden und dann die Spiegelung eines winzigen Ausschnitts der Wirklichkeit im Glas darzustellen versuchen. Oder er muß, wie Sie das jetzt tun wollen, in ein »exotisches« oder fernöstliches Land gehen, wo die Strukturen noch übersichtlicher sind und sich in böse und gut teilen lassen. Ich will Ihr eigenes Werk nicht als Beispiel hinzufügen. Für mich sind Sie nur der ›echte‹ Grass, wenn Sie nicht belehren und philosophieren, sondern verfremden und mit den Augen zwinkern, Figuren erfinden, die aus der unbewachten Ecke zuschauen. Aber wie schwer ist das bei dem heutigen Dasein eines prominenten Autors, der eigentlich wenig Rohstoff zur Verarbeitung hat (Flick ist *kein* Rohstoff, zu weit weg vom eigenen Leib): der Autor wechselt zwischen Fernsehstudio und Besuch in fernen Ländern; immer befindet er sich in Begleitung von den Einladenden, auch wenn es Politiker sind, alle drängen sich um ihn und wollen vampirhaft sein Blut aussaugen. Von diesem Kulturbetrieb, den es noch zu Kafkas Zeiten nicht gab, kann sich keiner der prominenten Autoren retten, ebenso wenig von den Erwartungen seiner fans und des Massenpublikums – letzteres gilt für Siegfried Lenz. Kurz und gut – ich glaube *nicht* an den allumfassenden, gesellschaftskritischen Roman am Ende unseres Jahrhunderts. Was Sie in Indien produzieren – darauf bin ich sehr gespannt. Zum Schluß darf ich vielleicht noch einmal auf meinen schon halb vergessenen Bruder hinweisen. Er hatte den Blick aus der unbewachten Ecke, dazu ein eng abgestecktes, trotzdem undurchdringliches Feld des Sperrkreises, in dem er als kleiner Mann leben musste. Das ist eine literarische Situation. Noch etwas fällt mir ein. Als leidenschaftlicher Befürworter des Doppelberufs für Schriftsteller (wahrscheinlich bei dem heutigen Streß nicht mehr durchführbar) frage ich mich manchmal, was und wie Kafka geschrieben hätte, wäre er nicht Versicherungsmann gewesen. Der Beruf hat ihm Anschauungsmaterial gegeben, das seine surrealen Erfindungen im Detail so glaubhaft macht.

Genug, ich will Ihre Zeit und Ihre Augen nicht länger strapazieren. Ich wünsche Ihnen Glück für die indische Zukunft und danke Ihnen noch mal für Ihren Vortrag, den man zudem noch im guten alten Sonntagsblättchen nachlesen kann.

ERICH MENDE: *VON WENDE ZU WENDE*
    Wir saßen mit dem Ehepaar Brandt, Günter Grass und Grethe Weiser an einem Tisch. Als Günter Grass über die große Distanz

zwischen Künstlern und Literaten und Bonner Regierungsszene Klage führte, empfahl ich ihm, öfter nach Bonn zu kommen, in der Parlamentarischen Gesellschaft in Bonn hätten er und seine Kollegen immer Kontaktmöglichkeiten zu allen Politikern.

FRANZ JOSEF STRAUSS: *AUSWÄRTIGE KULTURPOLITIK*

Als spannungslos und damit langweilig wird wohl kaum jemand das Verhältnis meiner Partei zur Bonner Auswärtigen Kulturpolitik im allgemeinen und zu den Goethe-Instituten im besonderen bezeichnen. Die Frage, wofür das Kürzel »GI« eigentlich stehe, für Grass- oder für Goethe-Institut, darf in diesem Zusammenhang als überspitzt polemisch abgetan werden. Gleich zu Anfang möchte ich betonen: Mir geht es heute nicht um beckmesserisch pingelige Kritik aufgrund einiger Vorkommnisse, die sich schwer oder gar nicht verallgemeinern lassen. Jo Leinen ist Minister und Günter Grass ein vielleicht teilweise zu Recht weltweit geschätzter deutscher Autor. Bekanntlich habe ich auch weder Goethe noch sonst einer literarischen Größe jemals den Zutritt zum bayerischen Staatsdienst verwehrt.

KLAUS VON BISMARCK: *GRASS-INSTITUT?*

Für diejenigen, die unsere Programme leidlich kennen, wie ich seit einigen Jahren, ist es ein Witz, das Goethe-Institut mit einem Grass-Institut gleichzusetzen! Denn er ist sehr selten bei uns aufgetreten.

ANGELIKA MECHTEL: *ARTENSCHUTZ* (ERZÄHLUNG)

Boccia bringt uns Abwechslung. Ein illustrer Kreis großer und weniger großer Namen ist versammelt. Die meisten gehen mit dem Wort um. Schriftsteller, Theaterleute, ehemalige Fernsehmoderatoren und Kulturredakteure der öffentlichrechtlichen Anstalten. Außerdem Kabarettisten. Auslandskorrespondenten, die sich nicht mehr im Ausland aufhalten, Goethe-Institutsleiter ohne Institute. Selbstverständlich auch Literaturkritiker, einige Liedermacher und Bildende Künstler. Eigentlich alles, was sich in den letzten Jahren öffentlich mehr oder weniger kritisch Gehör verschafft hat.

Walter Jens, zum Beispiel, ist ein ganz hervorragender Spieler, aber auch Günter Grass kommt, wenn ihn sein Sekretär an der Schreibmaschine vertritt, und Siegfried Lenz spielt mit größtem Bedacht. Eigentlich kann sich keiner beklagen.

MARGARETE HANNSMANN: *PFAUENSCHREI*
Vor der Drehtür des Hotels Am Tulpenfeld in Bonn standen sich Grieshaber und Grass [1972] zum erstenmal gegenüber: Sie sind das, sagte Grass. Ich begriff sofort, daß es dem Blechtrommler nicht sympathisch war, den Kopf anheben zu müssen, um dem langen Malerkollegen ins Gesicht zu sehen. Auch alle späteren Begegnungen und gemeinsamen Aktionen litten unter dieser Diskrepanz, auch wenn Grieshaber Grass mochte und ihm auch als Maler den Respekt nicht versagte.

HANS WERNER RICHTER: *BRIEF AN GÜNTER GRASS*
Lieber Günter, / bevor Du nach Kalkutta entschwindest, soll Dich noch dieser Brief erreichen, der längst geschrieben sein wollte. Aber in den letzten Monaten war für mich so viel los, daß ich nie dazu gekommen bin. Das hing mit dem Erscheinen meines Buches *[Im Etablissement der Schmetterlinge]* zusammen, mit Lesungen, mit Reden und mit zwei Preisen, für die ich mich mit Reden bedanken mußte. So bin ich auch mit Deinem Buch nur sehr langsam vorangekommen und letztlich im letzten Viertel steckengeblieben. Zu dem Buch läßt sich sehr viel sagen, aber keine der Kritiken, die ich gelesen habe, trifft den Kern. Sie alle waren unvollkommen und mehr oder weniger idiotisch. Am scheußlichsten hat es wieder Marcel Reich-Ranicki geschafft. Diese Kritik war sogar unter seinem Niveau. Aber Du hast recht – ich meine, Du hättest das irgendwo gesagt – es ging gar nicht um das Buch, es ging immer um den Autor, um die Person. Sie mißfällt, erregt Widerspruch, fordert Hohn und Spott heraus, ja, es bringt eine Art von Genugtuung, auf diese Person einzuprügeln. Und der »Weltruhm«, Günter, den nehmen sie Dir alle übel. Das wird sich vorläufig nicht ändern. Was mich selbst betrifft, so habe ich ja auch Prügel einstecken müssen, aber das war doch anders. Es war weniger die Person, als vielmehr dies über Leute zu schreiben, die sich längst für tabu halten, ja, sich selbst als bedeutende Deutsche

sehen (Walter Jens). Das wurde von vielen für anmaßend gehalten. Böse, wirklich böse, waren die Germanisten, die Professoren, die Akademiker. Darüber könnte ich mich freuen, denn ich wollte sie treffen, aber obwohl ich mir vorgenommen hatte, mich nicht zu ärgern, bin ich doch wieder dem Ärger verfallen. Das ist wohl unumgänglich. Du hast Dich für dieses Portrait bedankt, und einige andere auch, aber es gibt auch sehr beleidigte »Freunde«. Trotzdem, ich stehe zu dem Buch und bin froh, daß ich es geschrieben habe.

Doch zu Deinem Buch. Ich stelle mir vor, ich hätte selbst eine Kritik schreiben müssen. Was hätte ich dann wohl geschrieben? Natürlich weiß ich das nicht genau, aber sicher hätte ich damit begonnen, daß ich an die sogenannte Zeitenwende nicht glaube. Sicher wird der Mensch eines Tages von diesem Planeten verschwinden, einfach aussterben, mit was für Ursachen auch immer, aber bis dahin werden wohl noch ein paar tausend Jahre vergehen. Er ist ja nicht nur das grausamste Wesen, das dieser Planet hervorgebracht hat, sondern auch das zäheste. Dann aber ist mir etwas anderes aufgefallen. Du bist ein Meister der Novelle. Und dies wird wie beim *Butt* auch in der *Rättin* sichtbar, Deine guten Romane sind miteinander gekoppelte Novellen. Man könnte sie aus dem Buch herauslösen und sie würden ohne allzu viel Arbeit eigene Novellen ergeben. Das ist mir, wie gesagt, schon beim *Butt* aufgefallen, aber erst jetzt ist es mir ganz klar geworden. Für mich sind Deine gelungensten und schönsten Bücher *Katz und Maus* und *Das Treffen in Telgte*. Manchmal denke ich, eine solche Novelle solltest Du wieder schreiben. Vertrödel nicht Deine Zeit mit sozialen und politischen Betrachtungen und Analysen. Dafür gibt es andere Leute, in dieser Zeit in rauhen Mengen. Gute, hervorragende Schriftsteller aber gibt es nur sehr wenige. Und da Du zu diesen Wenigen gehörst, würde ich mich auf Deine eigentliche Begabung besinnen. Auch Deine Arbeit für die Akademie sehe ich in diesem Licht. Es war gewiss sehr verdienstvoll einmal zu versuchen aus einer Akademie etwas anderes zu machen als sie ist, aber die Kraftanstrengung steht nach meiner Ansicht in keinem Verhältnis zu dem Resultat. Wahrscheinlich kann man diese verknöcherten Institutionen gar nicht verändern. Du hast einmal während dieser Sitzung in einem kleinen Kreis gesagt, daß Du polarisierend wirkst ohne zu wollen, und tatsächlich war eine enorme Abneigung gegen Dich entstanden. Dies war nicht nur so bei den Konservativen, sondern auch bei denen, die gar nichts sind, auch sie wollten Dich nicht mehr. Du warst zu aktiv, hattest eine spezifische Meinung, und solche Leute wählt man gern ab, um sie durch blasse Leute zu ersetzen. Kurz und gut, was sich dort in der Akademie tat, war ein Lehrstück, sogar, wenn man will, für das Versagen demokratischer Mittel. Weißt Du, wenn ich mir das alles so ansehe, glaube ich, die Gruppe 47 war ein Glücksfall. Wiederholen läßt sich das nicht.

STEPHAN HERMLIN: *BRIEF AN GÜNTER GRASS*
Ich wollte Ihnen nur sagen, dass Sie ein hervorragender Präsident waren und die Akademie so interessant gemacht haben, wie es überhaupt möglich war. Überhaupt wollte ich Ihnen sagen, dass ich Sie sehr hochschätze, und keineswegs nur als der Schriftsteller, der Sie sind (und den ein Rudel jämmerlicher Kritiker nicht zu mindern vermögen). Wir kennen uns schon lange, mindestens 25 Jahre, und es gab immer wieder, von Zeit zu Zeit, einen leisen Krach zwischen uns. Das hat aber niemals (niemals!) mein Gefühl für Sie, Ihre Fähigkeiten, Ihre Verdienste, Ihre Überzeugungen in Frage gestellt. Und so wird es bleiben.

FRITZ J. RADDATZ: *BRIEF AN GÜNTER GRASS*
Lieber Günter – / beim Besuch bei García Márquez warst Du »dabei«: er respektiert Dich sehr, Deine Arbeit, Dein Engagement; er wußte, wie Du Dich für ihn in New York eingesetzt hast. Du bist für ihn einer *der* Schriftsteller dieser Welt, einer der wenigen.
Ich dachte, es könnte Dich freuen, das zu hören. Es ist ja vielleicht doch richtigere und wichtigere Bestimmung Deiner Position als das »Urteil« eines nichtsnutzigen Stalinisten, dessen Name mir entfallen ist.

PETER DEMETZ: *FETTE JAHRE, MAGERE JAHRE*
Nur wenige deutsche Schriftsteller verfügen über Grass' ursprüngliche Begabung; und wenn er überhaupt Blutsbrüder hat, so unter Julio Cortázar, Gabriel García Márquez und in anderen Schriftstellern der vulkanischen Literatur Lateinamerikas.

Jos Zwaanenburg: *Brief an Günter Grass*
Separat von diesem Brief, schicke ich Ihnen, wie versprochen, ein Kassettenband mit Aufnahmen von meinem Stück »Paraphrasen über Grass«, in dem ich Gedichte aus *Der Butt* benutzt habe.

Titanic: *Die sieben peinlichsten Persönlichkeiten*
Rechtzeitig vor der Buchmesse hat sich G. Grass, die Nummer 1 der deutschen Geltungsdrang-Liste, in das Land abgesetzt, um das es dabei gehen soll: nach Indien. Dort, wo sich Mutter Teresa und Vater Bhagwan guten Appetit wünschen, will er nun für ein Jahr die beleidigte Currywurst spielen: »Nach einem ins dritte Jahrzehnt gehenden Engagement weiß ich nicht mehr weiter. Die Dinge wiederholen sich.« Der Abonnements-Engagierte wiederholt sich schon länger, doch neuerdings hört gar keiner mehr auf ihn: »Ich habe der SPD angeboten, vor der Bundestagsfraktion darüber zu sprechen – nicht einmal eine Antwort habe ich erhalten.« Erhalten hat er sich lediglich seinen hochmütigen Verfolgungswahn, der in jedem Kritiker gleich den Flagellanten wittert: »Sie schlagen um sich, wenn sie daran erinnert werden, daß sich andere Menschen noch engagieren.« So sind die Deutschen angeblich: »Wir regen uns nicht mehr über Tschernobyl auf, sondern befassen uns damit, wieviel die Bauern an Entschädigung bekommen, ob der Einzelhandel noch was abkriegt, ob die Sowjetunion alles bezahlen soll.«

Johano Strasser: *Brief an Günter Grass*
Lieber Günter, / Danke für Deinen Brief. Also bleibt es doch bei dem langen Gedicht, das – in Deinem Fall – wahrscheinlich ein sehr langes wird, oder? Daß Ihr nun doch schon eher nach Europa zurückkommt, wenn auch zunächst an die Peripherie, leuchtet mir ein. Warum sollt Ihr Euch den Strapazen dieses mörderischen Klimas länger aussetzen? Hoffentlich spricht sich das aber nicht so bald herum. Ich fürchte, daß es dann einige hämische Kommentare gibt. Aber das werdet Ihr ja wohl auch noch ertragen…

1987

GERHARD KÖPF: *KOMM, STIRB MIT MIR EIN STÜCK*
Wie ein Flächenbrand breitet sich der Analphabetismus aus, und während sich unsere Republik, diese ›nette zufriedene Grube‹, schnurstracks und mit Siebenmeilenstiefeln Richtung Groß-Legasthenie bewegt, scheint sich in der Literaturszene ein Generationswechsel anzudeuten. Einige Anzeichen weisen darauf hin: Böll ist tot, Walser will sich mit der Springer-Presse, nicht aber mit der deutschen Teilung abfinden, nach *Die Rättin* glaubt bei Grass vom Großkritiker bis zum Redakteur einer Schülerzeitung jeder, sein Bein heben zu dürfen: als wäre ein Autor zum Abschuß freigegeben.

JOSEPH VON WESTPHALEN: *BRIEF AN MONIKA MARON*
Womit wir bei der Essiggurke sind, beziehungsweise bei dem Problem: Wie verkaufe ich hier als Autor säuerliche oder gar bittere Inhalte, wo der Markt nach süßen Leckereien lechzt? Auch das ist ein Überflußproblem. Denn wir können es hier nicht mehr lesen und hören, wie dreckig der Rhein ist und wie kaputt der Wald. Es ist so unsäglich bekannt, wie korrupt und meineidig die Politiker sind, wie verlogen bis in den Tod hinein, wie faul der ganze Zauber. Man will es nicht mehr drucken, man will es nicht mehr hören. Der Überdruß ist unsere Zensur. Deswegen fand Günter Grass' letzter Roman *Die Rättin* so wenig Anklang.

HEIKE DOUTINÉ: *BRIEF AN GÜNTER GRASS*
Ihr Buch *[Die Rättin]* ist das einzig Rettende in dieser *nicht mehr* zu rettenden Ignoranz. Ich kenne kein vergleichbares Buch aus den letzten 40 Jahren in unserem Land.

WALTER GERLACH: *MIKRO-PORTRÄT*
Grass zieht seine Cordjacke aus. Grass zieht seine kugelsichere Weste aus. Mit nacktem Oberkörper steht er vorm Spiegel. Eine

Träne verfängt sich in seinem Bart. Am nächsten Tag wird er Innenminister. Alle BKA-Beamten müssen die *Rättin* auswendig lernen.

HANS-DIETRICH GENSCHER: *BRIEF AN GÜNTER GRASS*
Lieber Herr Grass, / für Ihren Brief vom 15.01.1987, mit dem Sie sich für den Schriftsteller Daud Haider aus Bangladesh einsetzen, [...] danke ich Ihnen.

KHUSHWANT SINGH: *ALLES GESAGT UND GETAN*
Entwurzelte Menschen bringen eine mitfühlende Saite in Grass' Herz zum Schwingen. Er wird immer auf der Seite der Benachteiligten sein. Er konnte ungeduldig und sogar unhöflich gegenüber Menschen sein, die sich für etwas Besseres hielten, aber den schlechter Gestellten gegenüber verhielt er sich stets zuvorkommend, selbst wenn sie sich als schreckliche Langweiler erwiesen. Die Leute in Kalkutta liebten ihn wegen seiner entwaffnenden Bescheidenheit. In den Gesprächsrunden nach seinen Lesungen sprachen ihn viele mit »Dr. Grass« an. Er korrigierte sie immer sofort: »Bitte geben Sie mir keinen Doktortitel; ich habe die Schule ohne Abschluß verlassen.«

ECKHARD HENSCHEID: *SUDELBLÄTTER*
Im Rahmen einer 20zeiligen dpa-Agenturmeldung (*Frankfurter Rundschau*, 27.9.86) teilt G. Grass aus Indien herauf mit, daß er a) einen »neuen Faschismus«, b) die trans-biblische Apokalypse und c) aufgrund seiner neuen Live-Erfahrungen mit der Überbevölkerung in Kalkutta einen neuen Roman aus seiner Feder heraufdämmern sehe.

Die tatsächlich ragende Idiotie gründet hier weniger in der allbekannten Megalomanie jenes fortschreitend inferior daherredenden und -agierenden Spitzenautors, der einst mit schwer erträglichem, auf Allegorien erpichtem Studienratshumor uns auf den Geist ging; weniger in seiner aber auch schon derart grotesken Selbstüberschätzung, daß man nicht länger bloße Reklamesucht, sondern nur noch schwerst Pathisches der charismatisch chiliastischsten Art ahnen mag; nein, der eigentliche und doppelte und hirnzerbröselnde Obszönitätspunkt ist in der Eiligkeit zu Hause, mit der einer, kaum hat er beleidigt und auf Zeit gottseidank das Land verlassen, das ihn jahrzehntelang, im schweren Wahn befangen, hochleben ließ, schon wieder in es hineinröhren, nein -grunzen muß; und dies per Agenturmeldung, zu welcher freilich »Kultur« ohnehin immer mehr verendet. Das Allerpeinvollste aber mag drittens dieses sein, daß irgendwer – Grass? Die Agentur? – sich einredet, die »Meldung« sei von irgendwelchem winzigsten Belang. Sie ist es nicht. Die in der Konsequenz gleichfalls denkbare Agenturmeldung, der reife F. W. Bernstein (der kürzlich in der *Titanic* über einen ähnlich obszönen Agenturvorgang berichtete) habe gestern fünfmal die Berliner Südendstraße überquert, ist nicht nur philosophisch, sondern sogar journalistisch erheblicher.

Denn wieso fünfmal? Geht das – überhaupt?

PETER HÄRTLING: *BRIEF AN GÜNTER GRASS*
Lieber Günter, / ob Dich mein Brief in Portugal erreicht? Ich hab eine Menge (dummes Zeug) über Deinen Aufenthalt in Kalkutta gelesen – wie es Dir und Ute geht, weiss ich nicht.

HANS MAYER: *BRIEF AN GÜNTER GRASS*
Um es kurz zu machen: ich bin froh, dass Ihr wieder hier in Deutschland seid. Immer von neuem merkte man bei Gesprächen im letzten Jahr, wie sehr Ihr in vielerlei Hinsicht »gefehlt« habt.

LIBUŠE MONÍKOVÁ: *EINE GUTE NACHRICHT*
Ich freue mich, daß Grass endlich wieder zurück ist. Ohne ihn war es schon sehr still und langweilig geworden bei uns.

PAVEL KOHOUT: *WO DER HUND BEGRABEN LIEGT* (ROMAN)
Während mich mit Günter Grass persönliche Freundschaft verband, war ich [Arthur] Miller und Böll bisher noch nie begegnet. Und nachdem Grass auch kein tschechoslowakisches Visum mehr

bekam, sahen wir von den europäischen Kollegen ihres Ranges niemanden mehr. Unsere Isolation wurde von der freien Welt vollendet. Die meisten Presseagenturen strichen den verlorenen, nur noch die Bilanz belastenden, weil wieder so langweiligen Posten an der Moldau eilig aus dem Budget.

HERMANN KANT: *DIE SUMME* (ROMAN)
Vizeminister Grölsch zog die Beschlußkopie an sich und las von ihr, was in Konfidententinte darauf geschrieben schien: Beim jüngsten Folgetreffen ist vorgeschlagen worden, zwecks Bewahrung und Verbreitung von Kultur eine gesamteuropäische Einrichtung zu schaffen. Getragen werden soll diese von sämtlichen Helsinki-Unterzeichnern, also USA und Kanada inklusive, und paritätisch geleitet werden soll sie von Vertretern der NATO- und Warschauer-Pakt-Staaten sowie neutraler Länder. Sitz: Budapest. Status: Autonome Institution.

> In *Die Summe* nimmt Hermann Kant eine Idee von Günter Grass auf, der 1985 auf einer KSZE Kulturkonferenz in Budapest die Einrichtung einer Alleuropäischen Kulturstiftung vorgeschlagen hatte (vgl. Brandt/Grass, *Briefwechsel*, S. 768f.). Kant spielt die Gründungspräliminarien durch und läßt das Projekt schließlich scheitern.

VOLKER HAGE: *KEIN RESPEKT*
Die Blechtrommel in der DDR – eine Sensation? Nein, das Fazit kann nicht lauten: Wie schön, was es dort nun alles geben wird, in jenem Leseland, das wir mit unserem vom Überfluß des Angebots erschöpften Kopf zur Oase der Bücherbegehrlichkeit verklären! Sondern: Die Einbürgerung eines klassischen Textes der deutschen Gegenwartsliteratur hat 28 Jahre auf sich warten lassen. Das ist so lächerlich, daß es schon fast wieder eine Sensation ist.

MARIO VARGAS LLOSA: *TROMMELWIRBEL*
Der große Roman ist im allgemeinen auch vom Umfang her groß. Zu dieser illustren Familie gehört *Die Blechtrommel* mit seiner komplexen, reichen, vor Vielfalt und Gegensätzen strotzenden Welt, die im Rhythmus von Trommelschlägen vor uns, den Lesern,

errichtet wird. Aber trotz seiner Buntheit und Breite wirkt der Roman niemals wie eine chaotische Welt, eine funkelnde Zersplitterung ohne Mittelpunkt (wie *Berlin Alexanderplatz* oder *USA,* die Trilogie von Dos Passos), weil die Sicht, aus der die fiktive Welt gesehen und dargestellt wird, ihrer barocken Unordnung Einheitlichkeit und Zusammenhalt verleiht. Es ist die Sicht des Protagonisten und Erzählers, Oskar Matzerath, eine der schöpferischsten Erfindungen der modernen Prosaliteratur. Er liefert uns einen originären Standpunkt, der allem, was er beschreibt, eine unverwechselbare, ironische Färbung verleiht – und auf diese Weise die fiktive Wirklichkeit von ihrem historischen Vorbild unabhängig macht –, während seine unmögliche Natur, seine Situation als anormales Geschöpf auf der Grenze zwischen Phantasie und Wirklichkeit ihn zugleich zu einer Metapher dessen macht, was jeder Roman ist: eine autonome Welt für sich, in der sich gleichwohl im wesentlichen die konkrete Welt spiegelt; eine Lüge, in deren Kern eine tiefe Wahrheit aufscheint.

THORSTEN BECKER: *DIE NASE* (ERZÄHLUNG)
Und weil ihm die Nase des Vaters nicht paßte, beschloß er an seinem vierten Geburtstage, die eigene Nase, die derjenigen des Vaters aufs Haar glich, durch stetige und lang angelegte Arbeit zu verändern.

HANNS-JOSEF ORTHEIL: *SCHWERENÖTER* (ROMAN)
Adenauer erwartete mich. Schon wenige Tage nach meiner Geburt hörte ich den altertümlich klingenden, mich sofort in den Bann schlagenden Namen. Einer der zahlreichen, auf mein Kommen hin angereisten Verwandten benutzte ihn, als er sich über das Bett beugte, in das man mich gelegt hatte. Deutlich bemerkte ich sein Erstaunen, den Tanz der Augenbrauen über den beinahe entsetzt sich weitenden Pupillen.

> Mit dem Romananfang spielt Ortheil auf die *Blechtrommel* an. Wie Oskar Matzerath gehört auch Ortheils Erzähler zu »den hellhörigen Säuglingen, deren geistige Entwicklung schon bei der Geburt abgeschlossen ist« (III, 52). Zeitgleich zum Erscheinen von *Schwerenöter* hat Ortheil unter dem Titel *ZEIGRODEURO* einen Artikel veröffentlicht, in dem er seinen Roman in die

entsprechende Tradition einordnet: »ZEIGRODEURO meint: ZEITGENÖSSISCHER GROSSER DEUTSCHER ROMAN. Seit dem heiligen literarischen Jahr 1959, in dem *Die Blechtrommel* erschien, denken die Insider an nichts anderes mehr.«

JOACHIM LOTTMANN: *MAI, JUNI, JULI* (ROMAN)
Auch hatte der Verleger mir einmal den guten Rat gegeben – gleich bei unserer ersten Begegnung Anfang der 80er Jahre –, ein Schriftsteller dürfe den Journalismus niemals vergessen, da er so viele Bücher gar nicht verkaufen könne, wie notwendig wären, um davon für immer leben zu können. Selbst Grass müsse wahrscheinlich heimlich, unter Pseudonym, kleine Artikel für *Petra* und *Hör zu* buchstabieren, über Haus und Garten oder Kochtips, irgend etwas Praktisches, mit eingebauten Markennamen (›Nehmen Sie folglich noch zwei Eßlöffel BISKIN ...‹), wofür es noch mal Extrakohle gab. Und gerne tat es der große Mann auch nicht.

JAN GUILLOU: *DER DEMOKRATISCHE TERRORIST* (ROMAN)
Die Musik, die ich schätze, ist deutsche Musik. Ich lese Günter Grass und Günter Wallraff, und im Augenblick bin ich mit den Deutschen verbündet, um einem Angriff gegen mein Land zuvorzukommen. Nein, ich bin wirklich nicht ganz bei mir.

SAUL BELLOW: *MEHR NOCH STERBEN AN ...* (ROMAN)
Was Tilda sagte, als sie Benn durch die Schlafzimmer und die Dienstbotenräume führte, machte ziemlich deutlich, daß sie oft Gäste haben würden. Und wen? Einflußreiche Leute dieser Stadt, deren Bekanntschaft erstrebenswert war. (Zu welchem Zweck? Benn fragte das nicht, aber er dachte es.) Besucher des Landes, die hier durchkamen, Menschen wie Dobrynin, Kissinger, Marilyn Horne, Ballettänzer, Günter Grass – die auf der Durchreise waren und nichts besseres für den Abend vorhatten – würden hier einen kultivierten Hafen der Gastlichkeit vorfinden.

Rainer Barzel: *Geschichten aus der Politik*

1969, zur Wahlzeit, machte Günter Grass sich auf, tummelte sich in der politischen Arena – nicht von der Partei her, die er ESPEDE nannte, wirkte er, sondern »vom Wähler her«, wie er das artikulierte. Was er da an Reisen, Reden und Kämpfen auf sich nahm, verdient Respekt. Auch vom Gegner.

So kam es am 13. Juni 1969, auf Einladung der Kölner Volkshochschule, in Köln beim Westdeutschen Rundfunk und Fernsehen zu einem langen Disput zwischen uns. Ich war gespannt, diesen sprachgewaltigen Schriftsteller zu erleben.

Behutsam, höflich und belauernd begegneten wir uns, tranken Kaffee vor dem öffentlichen Streitgespräch, das er hochrangig verlor, da die Kunst seiner Sprache nicht die mangelnden politischen Kenntnisse ersetzen konnte. Eigentlich war das schade.

Ich erinnere daran, weil Grass diese Niederlage in seinem Buch *Aus dem Tagebuch einer Schnecke* bewertet. Er sei nicht gut gewesen, habe versagt und es nicht geschafft, weil er sich vor mir »geekelt« habe. Was dann folgt, ist übel und gemein. Warum die faule Ausrede wegen des ungünstigen Ausganges einer politischen Debatte, in der ich doch alle professionellen Vorteile hatte? Warum die böse Herabsetzung des anderen? Warum sprach er dann mit mir? Ließ sich darauf ein? Was hatte er »nicht geschafft«? Mich vorzuführen? Mich fertigzumachen? Schöner Demokrat!

Mit solch angemaßter Hohepriesterschaft ist weder Dialog noch Konsens noch demokratisches Ringen möglich. Die Wahrheit, das bin ich – das geht nicht in der Demokratie. Auch nicht: Der Held, das bin ich; das Schwein ist der andere.

Hans Bender: *Brief an Günter Grass*

Vielleicht läßt es sich doch einrichten, daß Sie [bei der Vergabe des Döblin-Preises] dabei sind; vor allem bei den Lesungen. Ich weiß keinen, der sicherer und gerechter die Texte anderer nach einmaligem Hören beurteilen und den Autoren, die es nötig haben, Mut machen kann weiterzuschreiben.

Illustration: Tullio Pericoli

Peter Bichsel: *Mein Lehrer Grass*
   Ich habe Günter Grass als Lehrer kennengelernt. Dies ist er für mich geblieben. Zwar nicht ein Lehrer, von dem man immer lernt, aber ein Lehrer, der einen immer wieder in die Schule zwingt.
   1963/64 wurde ich eingeladen zum Literarischen Colloquium in Berlin. Zum ersten Mal war ich längere Zeit im Ausland und zum ersten Mal unter richtigen Schriftstellern: Peter Weiss, Peter Rühmkorf, Hans Werner Richter, Walter Höllerer, Günter Grass waren unsere Lehrer in diesem einmaligen Versuch einer Schreibschule. Unter den Schülern Hubert Fichte, Nicolas Born, Hans Christoph Buch und viele mehr. Eigentlich haben wir alle nicht geglaubt, dass wir je einmal dazu gehören werden, aber wir durften zitternden Herzens mit den richtigen Schriftstellern umgehen. Vor der Begegnung mit dem berühmten Grass fürchteten wir uns wohl alle.
   Die Furcht war unbegründet, weil er zu unserem intensivsten Lehrer wurde. Sein Glaube an das Lehren und Lernen überraschte uns, und er nahm uns ernst. Er versuchte uns beizubringen, dass Schreiben eine harte Arbeit ist, und dass wir Schriftsteller werden können, wenn wir bereit wären, die Arbeit zu leisten. Er stellte Aufgaben und wollte Resultate, und er hatte eine Vorstellung davon, wie diese Resultate auszusehen hätten, ein strenger Lehrer, den man mag, weil er daran glaubte, dass wir es können. Das ist für ihn bis heute so geblieben. Ich kenne keinen anderen Autor, der sich so intensiv mit einem jungen unbekannten Kollegen befassen kann, der sich so vehement für ihn einsetzen kann. Aber ich kenne auch keinen anderen, der dauernd seine ganze Umgebung in die Schule zwingt. Nicht weil er Macht ausüben will, sondern weil er ans Lernen glaubt.
   Ich höre den Ton meines Lehrers immer noch, wenn ich seine Bücher lese. Wir sind inzwischen Freunde geworden, eine Freundschaft, auf die ich stolz bin, aber sie hat so ein wenig die Art, wie wenn einem ein ehemaliger Lehrer das Du anbietet. Man weiss vom Lehrer, dass er etwas will von einem und dass man nicht ganz das geworden ist, was er wollte.

Alois Brandstetter: *Kleine Menschenkunde*
   Auch sonst verdeckt ein Bart manches und macht es so zugleich sichtbar. Das ist das dialektische Wesen des Bartes. Günter Grass hat

einmal in einem Interview seinen Bart damit motiviert, daß er ein Lippenbeißer sei und diesen Makel verdecke nun sein Schnauzer. Mit diesen Bärten, die auf unschöner Haut sprießen, verhält es sich wie mit den Stauden und Weiden, die die Bauern früher gern auf Böschungen und anderem schlecht zu bearbeitendem Grund gepflanzt haben, um sich das Mähen zu ersparen.

MARTIN R. DEAN: *GRASS ALS KOCH*

Als ganz Junger, als ich zum ersten Mal mit Grass in Berührung kam, heftete sich mein jähes Interesse unerwartet an seinen Schnurrbart. So und nicht anders, wollte es mir vorkommen, hat ein Schriftsteller auszusehen. Ein walrosshafter Schnauz, eine schrägsitzende Baskenmütze und dazwischen dieser fuchsverschlagene Blick. Das als erster Hinweis auf die in seinem Werk überall auftretende Welt der Tiere. Ich beschaffte mir die *Blechtrommel* und verkrümelte mich, zusammen mit Oskarchen, in die vierfachen Rockfalten der Anna Bronski. Jahre später hätte ich mich am *Butt* fast überfressen. Mein hermeneutisches Laster quälte mich Kapitel um Kapitel in die Küche, wo ich – auch nächtens – der geplagten Ilsebill einiges nachzukochen versuchte.»Rinderherz mit Backpflaumen gefüllt in Biersauce« beispielsweise. Heute hätte ich am *Butt* einiges zu kürzen, die Rezepte natürlich ausgenommen. Deren appetitschürende, metapherndampfende Sinnlichkeit muss als gezielter Hinweis auf seinen Stil verstanden sein. Nicht immer liegt die Würze in der Kürze. Grass – und darüber darf man froh sein – gehört zu den seltenen Manieristen mit schelmenhaftem Einschlag. Dass er mit seinen neobarocken Künsten der durchs plane Bilderverbot elend ausgezehrten deutschen Nachkriegsliteratur schreibkochend auf die Beine half, wird zweifellos als Glücksfall in die Geschichte eingehen.

JÜRG LAEDERACH: *UNSCHLAPP, UNSCHLAFF*

Als nach Jahren nun doch die Wahl einer neuen Präsidentin des VS erzählt werden konnte, fügten alle Zeitungen spontan, ohne Absprache hinzu: »Und das Erstaunlichste: Günter Grass engagiert sich wieder im VS.« Es war übereinstimmend klar, dass allzeit jedermann unter Grass Präsident werden kann. Das Vorurteil trifft die Realität nicht, lässt insbesondere Anna Jonas', der neuen Präsidentin, Persönlichkeit außer acht, dürfte aber allen, ungeachtet ihrer Person, ja, ungeachtet ihres Status' als Individuen, quasi kollektiv gekommen sein: Grass ist eine Figur der Realität, aber was unter »Grass« verstanden wird, mag sich inzwischen von der Person gelöst haben, Mythos geworden sein.

Der Mythos steht für Kraft, Durchsetzungsvermögen, Klirren, männlicher Mann, Vater, er steht weniger für Empfindsamkeit, unverwechselbare Scheu, gemeisterte Gebrochenheit, Fluchtpunkt Innenraum, Bergungsunternehmen Mutter. Die neueren von Grass' Büchern haben diesem Mythos nichts Modifizierendes hinzugefügt, allenfalls einige schwerblütige, titanisch-virile Mütter Courage. Noch immer erinnert man sich, will man sich erinnern, an die Aal-Szene im Pferdekopf, an das Lecken von Limonadepulver aus einem weiblichen Nabel, an das Rauf- und Runterfahren eines Adamsapfels an der stahlgrauen Nordischen See. Ich habe nie ein schlappes oder schlaffes Wort von Grass gelesen, was mich stets mächtig beeindruckte. Die andere Seite der Welt blieb radikal ausgeklammert, und das wiederum war, seiner Radikalität wegen, befremdend.

Der Mythos Grass ruft bei mir keine persönlichen, nur institutionalisierte Gefühle wach; ich gebe dem sachten Zwang, ihn anzuerkennen, gebe der über den Häuptern schwebenden Potenzdrohung stillschweigend nach, indem ich sie nicht ganz zu verstehen geruhe. Da ich ihm gegenüber keinerlei persönliche Gefühle empfinde, ausgenommen die Pflicht der Bewunderung, bleibt mir die Flucht in die Kollektivvermutung. Ich sage mir: »Allen, allen ergeht es mit Grass ebenso wie dir.« Nun habe ich bereits, auch dies kein Zufall, Grass die Figur und Grass die Saga durcheinandergebracht. Wer das immer reinlich scheiden könnte, sein Adamsapfel müsste lebenslang zucken.

Grass ist dazu verurteilt, Weltliteratur zu schreiben, und er trägt das Urteil mit Fassung. In dieser Fassung liegt dank dem komplexen psychischen System, das alle verbindet, ein Problem: Grass macht bei anderen keine Mitleidsgefühle frei. Wo er hintritt, auftritt und eintritt, wird er's auf jeden Fall schaffen, ob man für ihn ist oder gegen ihn, ob man sich für ihn interessiert oder nicht. Er verkörpert den Mythos des Sich-Durchsetzens, und davon kommt er kaum mehr los. Auch die Erklärung von Schwäche wäre zwangsläufig in der zu Schlaffheit unfähigen Sprache abgefasst, die für sich immer ein Zeichen von Stärke sein wird. Diese feiernden Zeilen wirken wie von professionellem Brustkorbneid diktiert, und doch tue ich nichts anderes, als bescheiden zu ihm aufzuschauen; und wenn mich etwas stolz macht, dann höchstens, dass auch das eine athletische Kondition erfordert, die durch weiteres Training zu verfestigen ich sanft entschlossen bin. Im übrigen, so der gewitzte Koch, stünde manch anderer Prosa eine Prise Grass gut an, als Antidot gegen zunehmende Versuppung. So darf er denn durchaus ein Stück weit präsidierender Vater bleiben. Ich glaube, alle werden das genau so sehen.

ROLF MICHAELIS: *WAS HABEN WIR AN GÜNTER GRASS?*
Ist Grass ein Wegwerf-Klassiker oder wird er mit einer »Werkausgabe in zehn Bänden« von fast sechseinhalbtausend Seiten zum sechzigsten Geburtstag mit Recht geehrt?
Der erste Eindruck beim Lesen, Wiederlesen oder Neulesen in diesen zehn Bänden ist der einer überwältigenden Fülle, eines überquellenden Reichtums. Wo ist der zeitgenössische Autor, der mit vergleichbarer Phantasie, Kunst, rhetorischer Begabung, kritischem Widerspruchsgeist sich zwischen Gedicht und politischem Kommentar, Drama und Essay, Roman und Rede, poetischer Prosa und zeitkritischer Glosse so sicher bewegt wie Grass? Und dabei haben wir den Zeichner, Lithographen und Skulpteur noch gar nicht erwähnt.

HELMUT KOHL: *BRIEF AN GÜNTER GRASS*
Auch in politischen Debatten haben Sie sich oft zu Wort gemeldet. Jenseits tiefgreifender Meinungsverschiedenheiten möchte ich Ihnen hier für ein Engagement danken, das alle Demokraten verbinden sollte, für den Einsatz zugunsten der Menschenrechte. Immer wieder haben Sie versucht, verfolgten Intellektuellen beizustehen, die unter einem diktatorischen Regime die Freiheit des Wortes entbehren müssen. Für die kommenden Jahre wünsche ich Ihnen Gesundheit, Wohlergehen und Schaffenskraft.

BARBARA KÖNIG: *TAGEBUCH*
»Wie sind wir eigentlich auf die Dankbarkeit gekommen?«, fragt [Hans Werner Richter] plötzlich. Durch deine Geburtstage, sage ich; du hast den Fünfundsiebzigsten mit dem Siebzigsten verglichen und gefunden, daß sie sich nicht vergleichen lassen, schon weil du zu deinem Siebzigsten das größte Geschenk deines Lebens bekommen hast – »*Das Treffen in Telgte*«, sagt Hans Werner. »Und ich habe gesagt, daß ich nie einen so dankbaren Menschen gekannt habe wie den Günter ...« Ja, komisch, sage ich, ausgerechnet er, der es von allen am wenigsten nötig hatte. Er wäre auch ohne dich geworden, was er ist. »Ganz sicher«, sagt Hans Werner, »aber es ist offenbar nicht eine Frage des Nötighabens, eher eine Eigenschaft – der eine hat sie, der andere hat sie nicht.« Er zuckt die Achseln, ein wenig resigniert, wie mir scheint, und ich weiß, daß er an Heinrich Böll denkt, der vielmehr Grund zur Dankbarkeit gehabt hätte und doch, als er den Nobelpreis erhielt, mit keinem Wort die Gruppe 47 erwähnte.

»Allerdings«, sagt Hans Werner, »ist es auch nicht so einfach für den, der den Dank entgegennimmt: als ich begriffen hatte, was Günter mir da schenkte, war es mir beinahe peinlich. Ich hatte ja nicht mehr für ihn getan als für die anderen, das heißt, ich hatte ihn zur Gruppe eingeladen und mich dann neben ihn gesetzt und zugehört, wie er las. Alles übrige kam von ihm selber. Das will ich ihm immerzu sagen, aber irgendwie kommt es nie dazu.«

1988

ERICH LOEST: *WELLEN UND STRAHLEN HABEN ES LEICHTER*
　Ich wurde einmal im Leseland DDR – so gern genannt von denen, die die Möglichkeiten zu lesen leiten oder verhindern – ins Zuchthaus gesteckt, weil ich für die Veröffentlichung der Werke von Kafka, Proust und Joyce eingetreten war. Das ist lange her, heute wären andere Namen zu nennen, meiner wäre darunter. Kaum sind 25 Jahre verstrichen, schon erscheint die *Blechtrommel* – das läßt hoffen. Viele Bücher haben es noch immer schwer; Leser in der DDR müssen findig sein und waghalsige Freunde haben, um das lesen zu können, wonach Herz und Hirn begehren. Wellen und Strahlen haben es leichter; vor ihnen mußten Wahrheits- und Kunstzuteiler der DDR längst kapitulieren.

MINISTERIUM FÜR STAATSSICHERHEIT: *BERICHT*
　Grass und seine Ehefrau waren im Beobachtungszeitraum sauber und ordentlich gekleidet. Grass ist starker Pfeifen- und Zigarrenraucher. Das Ehepaar Grass interessierte sich ausschließlich für kirchliche Einrichtungen sowie für Buchhandlungen und Antiquitätengeschäfte. Im Beobachtungszeitraum fuhr nur die Ehefrau den PKW. Bei ihren Fahrten in Erfurt und Weimar konnte eingeschätzt werden, daß beide über keine Ortskenntnisse verfügen. Sichtbare Kontrollhandlungen wurden nicht festgestellt.

　Günter Grass war im April 1988 in der DDR auf Lesetour, um aus der *Blechtrommel* und der *Rättin* vorzutragen. Auch außerhalb des Beobachtungszeitraums fuhr nur die Ehefrau den PKW: Günter Grass hatte keinen Führerschein.

VOLKER BRAUN: *WERKTAGE*
　　der mächtige ast bei windstille
　　niederkrachend zu unsern füßen
　　wen sollte es treffen? lieber
　　grass, in den eigenen
　　reihen wüten wir heftiger.

Im Juni 1988 nahm Günter Grass an einem Schriftstellertreffen in Petzow am Schwielowsee teil. Der ebenfalls anwesende Hermann Kant erinnert sich: »um ein Haar wären an diesem windarmen Juniabend, kaum hatte ich der Gesellschaft wortlos den Rücken gekehrt, Günter Grass und Volker Braun eines äußerst unfreiwilligen gemeinsamen Todes gestorben. Just als diese Edlen sich am preußischen Gestade ergingen, krachte ein Ast, der nach Maß und Gewicht für beide Delegationen zugelangt hätte, neben ihnen nieder, erschreckte sie gehörig und gab ihnen zu denken. Grass vermutete einen von Mielkes Normannen im Gezweig, Braun fiel Ödön von Horváth ein, der in Paris auf solche Art umgekommen war, und ich verkniff mir, als mir die Begebenheit unterbreitet wurde, gerade noch den Kommentar, daß Alfred Kantorowicz, Dichters Sehergabe herauszustellen, nicht müde wurde, vom Katheder zu berichten, Horváth habe die Umstände des eigenen Todes in seinem Werk präzise vorweggenommen.« (*Abspann*, S. 412) Vgl. auch *Grimms Wörter*, S. 345 f.

WALTER KEMPOWSKI: *HUNDSTAGE* (ROMAN)
Auch Prack gehörte zu der Brockes-Jury, der weltbekannte Groß-Autor, Verfasser von Romanen, die, obwohl sie nur mit höhnischen Verrissen bedacht wurden, um den ganzen Erdball gingen. Prack wurde nur der Form halber eingeladen, der kam nie. »Er hat es nicht mehr nötig«, wurde gesagt, »wo ist denn unser lieber Abwesender?« Im Augenblick hielt sich Prack, der gern das linke Entrüstungsmäntelchen trug, in Mittelamerika auf, um dort nach dem Rechten zu sehen, eine Tatsache, die regelmäßig von den Medien bekanntgegeben wurde.

JOSEPH BRODSKY: *GESPRÄCH MIT FRITZ J. RADDATZ*
Proklamation statt Kunst. Das hat mich auch an Günter Grass' Auftritt hier beim New Yorker PEN-Kongreß gestört – man braucht hier keine Deutschen, um sich über Amerika belehren zu lassen.

PETER HANDKE: *GESPRÄCH MIT ANDRÉ MÜLLER*
Ich empfinde es als sehr angenehm und befreiend, daß die Literatur aus der Diskussion um die Wirksamkeit endlich heraus ist, und daß die Schriftsteller nicht mehr so repräsentantenhaft herumhängen wie zur Zeit eines Thomas Mann mit seinen fuchtelnden Prosasätzen. Ich bin auch froh, daß die Zeit vorbei ist, als sich Grass

wichtig hat machen dürfen und geglaubt hat, er sei der Sprecher für diese oder jene politische Gruppe. Es ist doch eine unerträgliche Anmaßung von Schriftstellern, sich so aufbudeln zu wollen.

MANFRED BIELER: *DIE RÄTTIN* (PARODIE)
   Majestät! / Exzellenzen! / Hochverehrte Festversammlung!
   Ich danke der Schwedischen Akademie für die nun allgemach fällige Verleihung des diesjährigen Nobelpreises für Literatur an mich und die damit verbundene Goldmedaille. Besonders hat mich die Begründung gefreut, denn dort heißt es, ich zitiere: Dem weltberühmten deutschen Schriftsteller ist es durch ein bislang unbekanntes Verfahren in vorbildlicher Weise gelungen, seine gesammelten Werke in dem Roman *Die Rättin* zu vereinigen und damit, wie die Schwedische Akademie hofft, einen mäßigenden Einfluß auf die Autoren seiner Generation auszuüben. Ende des Zitats. (Beifall)

ROSEMARIE VON SCHACH: *TOCHTERLIEBE* (ROMAN)
   Die anderen sind inzwischen beim Thema Schule. Die Methoden des neuen Deutschlehrers, wie zu Opas Zeiten, einfach ätzend. Sonderschule hat er zu Helmut gesagt und Leute wie er hätten auf dem Gymnasium nichts zu suchen. Nur weil der bemerkt hat, Goethe, wer könne das denn heute noch lesen, das halte doch keine Sau aus, diese umständliche Sprache. Babs und Wolfgang, schon Kollegstufe, sind noch schlimmer dran. Grass, die *Blechtrommel,* sollen sie lesen und nur drei Monate Zeit! Der spinnt doch, wie soll man das schaffen!

KLAUS MODICK: *WEG WAR WEG* (ROMAN)
   Schließlich verfiel ich auf die Idee, [dem Kleinkind Jakob] das zu bieten, was sonst für ihn tabu ist: mein Arbeitszimmer. Und siehe, das Verbotene tat seine heilsame Wirkung. Nach einigen unwillig abebbenden Heulern verstummte Jakob und krabbelte begeistert an den Bücherregalen entlang, riß hier einen Döblin aus seiner Verankerung, biß dort auf Brecht, begrabbelte Goethe, verschmähte alles Theoretische, passierte die Lexika-Linie, ließ Etymologie und Psychologie herauspurzeln, bevor ich intervenieren konnte, amüsierte

sich köstlich mit Thomas Mann, kommentierte Arno Schmidt mit einigen aufmerksamen Gra-Gras, Günter Grass jedoch mit indifferenten Gu-Gus und die Masse des *Mann ohne Eigenschaften* mit ausdrücklich gelangweilten Bla-Blas.

RAINALD GOETZ: *KONTROLLIERT* (ROMAN)
    Er hatte die Kritik [von Joachim Kaiser über den *Butt*] jetzt fertig gelesen, sie wäre wieder mal so supernett, ich müßte das gleich lesen. Die Kritik redete praktisch mit dem Butt, so wie wir in echt, und zugleich wurde man von ihr als neu hinzukommender Dritter mit einer freundlich öffnenden Armgeste der Kritik zu diesem Gespräch hinzugebeten, als Zuhörer, der in beiläufigen Satzeinschüben und mit gewissermaßen aufmunternd erläuternden Blicken einbezogen und im Nu auf den neuesten Stand des Gesprächs gebracht wurde. Die Argumentation, zugleich leicht und doch mit herzlichem Ernst, wie um den Butt wirklich besorgt vorgetragen, suchte nicht nur den für sich einzunehmen und zu überzeugen, sondern natürlich vor allem einen selbst, den Leser, den die Kritik inzwischen vom Zeugen des Gesprächs zum Richter über die in ihm entwickelte Argumentation gemacht hatte. Alles war voller Respekt für alle, einleuchtend, ohne nötigende Tricks, lärmende Härte oder künstlich simple Klarheit, eine offene Untersuchung, die, reich an Nebenwegen, ihrer Sache folgte und sich schließlich bestimmt nachdrücklich erklärte. Beim Aufräumen redeten wir über den Butt, also den aus der Zeitung, da wir den anderen noch gar nicht kannten. Der echte Butt hatte ja angeblich wirklich sage und schreibe siebenhundert Seiten, so das Kleingedruckte in der Zeitung, wo der Butt genau eine ganze Seite hatte, auch nicht wenig, hingedruckt noch dazu nicht auf der Bücherseite, sondern im normalen Feuilleton der Beilage am Wochenende. Siebenhundert Seiten, cirka sieben Jahre Arbeit, Opus magnum, die Ziegelsteinidee vom Buch, von dem der Leser sich als erstes mal erschlagen lassen soll. Aber man fragt sich eher, warum. Dann sind die Kritiken schlecht, schon sitzen die Tauben mit ihren verstopften Ohrteilen als dicke Dichterl im Fernsehn in Aspekte und klagen sehr beleidigt, die Kritik sei schlecht, die Kritiker so schlecht gelaunt, hier lägen jetzt erst mal sieben tausend Seiten vor, damit müsse man sich erst mal auseinandersetzen.

Helmut Heissenbüttel: *Nachruf bei Lebzeiten*
Ich kenne [Marcel Reich-Ranicki] seit 1958, seit der Tagung der Gruppe 47 in Großholzleute, auf der Günter Grass den Preis der Gruppe 47 erhielt für das erste Kapitel aus der *Blechtrommel*. Und er war, neben Rolf Schroers, fast der Einzige, der die Lesung als unerheblich und gleichgültig einstufte. Es war sein Debüt als deutscher Kritiker, als Kritiker der deutschsprachigen Literatur, und das Debüt war auf Anhieb nicht gut. Ich erinnere mich nur an seine Rede, seine Verächtlichmachung der Szene mit der Großmutter und ihrem weiten Rock, unter dem der Flüchtling Zuflucht suchte. Mir ist so, als habe er später, als bereits feststand, daß Grass den Preis erhalten sollte und als die Telefongespräche zwischen Angestellten und Verlegern hin und her gingen, über die Höhe der Summen, die gestiftet werden sollten, als habe er halbherzige Versuche gemacht, sich herauszureden, aber ich erinnere es nicht wirklich.

André Müller: *Gespräche mit Hacks*
Hacks kommt dann auf den Verriß von Heinrich Mann durch Reich-Ranicki zu sprechen und meint: »Natürlich muß man den *Untertan* ausnehmen, der ja auch die Stärke der wilhelminischen Gesellschaft wiedergibt wie auch die Schwäche und die fehlerhafte Politik der Arbeiterklasse. Das Verdienst von Reich-Ranicki ist, Christa Wolf und Günter Grass geschlachtet zu haben und das ist nicht wenig.«

Christa Wolf: *Brief an Günter Grass*
Ich bin gespannt auf Dein Kalkutta-Buch. Komischerweise bin ich ja öfter zu Dir im Widerspruch – Du schreibst das ganz richtig –, besonders zu Deinen Handlungen, weniger zu Deinen Büchern, aber ich habe nie das Gefühl, daß daraus eine grundsätzliche und andauernde Feindschaft entstehen kann. Höchstens, wenn wir aufhören würden, miteinander zu reden, das wäre eine Dauer-Verletzung. Aber das müssen wir ja nicht tun.

FRITZ J. RADDATZ: *BRIEF AN GÜNTER GRASS*
　Lieber Günter – / gleich heute abend (gestern wart ihr hier) las ich Dein Buch: ich spüre die Hitze, rieche den Gestank, höre den Lärm. Eindringlich alle drei Elemente – der Bericht, mit dem es anhebt; die Zeichnungen des Mittelteils; das Poem, mit und in dem alles ausschwingt.
　Ich gratuliere – und halte den Daumen.

MARCEL REICH-RANICKI: *DAS LITERARISCHE QUARTETT*
　Wozu soll ich eigentlich ein Buch über Kalkutta lesen? Mich persönlich interessiert Kalkutta überhaupt nicht. Wenn ich aber ein Buch über Kalkutta lesen möchte, dann doch nicht von einem Poeten, der dahin gefahren ist für drei oder vier Monate, der sich etwas umgesehen hat, oder *[zu Sigrid Löffler]* wie Sie sagen, kaum umgesehen hat. Was hat er dort gesehen? Schmutz, Gestank, Elend, Armut. Das wissen wir doch. Inhaltlich sagt er uns gar nichts.

> Es wird Reich-Ranickis Unmut gesteigert haben, dass er sich in *Zunge zeigen* auch noch erwähnt findet: »[N]ach dem Wolkenbruch heute nacht dampft der Garten. Vorsicht! Keine überflüssige Bewegung! Allenfalls Lichtenberg lesen, dessen Prosa kühlt. Wie er die Kritiker zu seiner Zeit (mit Nachhall bis heute) trifft, wie er sich immer wieder – und nicht ohne Genuß – den ›Frankfurter Rezensenten‹ vornimmt. Gleich kommt mir, wie aufgerufen, ein gegenwärtiges Exemplar in die Quere, dessen eloquenter Pfusch sich ungeschmälerter Wirkung erfreut, weil weit und breit kein Lichtenberg dem Beckmesser sein einzig gültiges Werkzeug, die Meßlatte des Sozialistischen Realismus, nachweist. Dabei erinnere ich mich an seine umtriebige Präsenz während der letzten Treffen der Gruppe 47: ein amüsanter Literaturnarr, liebenswert noch in seinen Fehlurteilen. Erst als ihm die Chefetage der *FAZ* Macht zuschanzte – das große Geld weiß, was frommt –, wurden seine Verrisse übellaunig bis bösartig, mißriet er zu Lichtenbergs ›Frankfurter Rezensenten‹.« (S. 31)

CHRISTOPH HEIN: *BRIEF AN GÜNTER GRASS*
　Lieber Günter Grass, / großen Dank für *Zunge zeigen,* diesen kostbaren »Gruß über den Zaun«.
　Ich habe das große Buch in einem Atem gelesen. Es ist ein sehr kunstvoller und gut gebauter Bericht – und mit den Zeichnungen und dem Poem fast so etwas wie ein Gesamtkunstwerk.
　Ich bewundere Ihren tollkühnen Mut, dieses Unternehmen an-

gegangen zu sein, und Ihr Talent, es so meisterlich zu bewältigen.
Ich hörte von einer unfreundlichen Aufnahme durch das professionelle Feuilleton. Gewiß ist die »Demontage einer Vaterfigur« – wie Elisabeth Raabe und Regina Vitali schreiben – eine Erklärung. Aber ich denke, die Gründe liegen tiefer. Sie haben ein Thema aufgenommen, das – auch durch Ihren Namen – dadurch unübersehbar wurde. Und es ist ein Thema, an das man ungern erinnert wird, weil man sich üblicherweise nicht dazu verhalten kann. Sie zwingen mit Ihrem Tagebuch die Intelligenz etwas wahrzunehmen, was sie aus Scham übersehen will – und muß, wenn sie weiterhin mitteleuropäisch leben und dennoch mit sich hinkommen will. Und so zeigt man Ihnen (auf europäische Art) aus Scham die Zunge.
»Das war ich, sagt meine Erinnerung. Das kann ich nicht gewesen sein, sagt mein Stolz – und bleibt unerbittlich. Endlich – gibt die Erinnerung nach«. Soweit Nietzsche dazu.
Und man versteht, daß die Leute im 3. Reich nichts sahen, wirklich nichts gesehen haben. Denn Sehen und Leben, das geht nicht. So entscheiden wir uns für das Natürliche und Kreatürliche und haben tatsächlich nichts gesehen. Und werden den beißen, der etwas anderes beweist.

Ernst Jünger: *Tagebuch*
Ferner in »Geo«, einer Zeitschrift, die ihren Namen verdient, ein Bericht von Günter Grass über seinen Aufenthalt in Indien. Darin die Prognose: »Den Slums gehört die Zukunft; sie überleben die Bankpaläste und Hochhäuser.«
Mir scheint, daß auch ich diese Möglichkeit einmal erwogen habe, und zwar am Schluß von *Eumeswil*.

Françoise Giroud: *Typisch deutsch*
Grass und andere Deutsche sind überzeugt, daß der technische Fortschritt entsetzlich ist und nur zu Katastrophen führen kann. Noch nie habe ich mich so französisch gefühlt wie neben diesem deutschen Schriftsteller. Typisch französische Überlegungen kamen mir in den Sinn, zum Beispiel über die Lust zur Unkompliziertheit und über die Lebensfreude.

BARBARA KÖNIG: *TAGEBUCH*
Saulgau, 13. November 1988. Das erste Frühstück in Hans Werners neuntem Jahrzehnt ist von vorzüglicher Qualität, doch das ist immer so im Hotel Kleber-Post, Geburtstag oder keiner. Es ist der Morgen nach dem Fest, vielmehr der Vormittag, wir sitzen in der großen Nische neben der Tür: Richters, Grass' und Höllerers, dazu Baumgarts und wir. Hinter mir, auf dem Boden knieend, Friedrich Denk. Inzwischen geht Schwab-Felisch, um über dpa das Telegramm an Honecker aufzugeben, mit dem wir gemeinsam die Veröffentlichung von Uwe Johnsons Büchern in der DDR bewirken wollen. Er kommt zurück und erzählt, daß der Mann am dpa-Telefon, ein Bayer, keine Ahnung von Hans Werner Richter hat: ›Na, den kenn' i net.‹ Aber bei Gruppe 47: ›Jo, die scho.‹

Hans Werner schaut gekränkt in seine Kaffeetasse, und sofort fangen wir an, ihn zu trösten: Hansl meint, daß da am Sonntag wahrscheinlich so ein Notdienst-Lackl am Telefon sitzt, ich sage: Vielleicht der Hausmeister, der braucht ja wirklich nichts von Literatur zu verstehen, und dann erklärt Günter Grass, daß ihn die Sache an Kalkutta erinnert: dort nämlich kam auf der Straße ein Inder auf ihn zu, ein Bengale, der fragte: »You the German writer«. »I am«, sagte Grass. Der Inder, erfreut: »You write the *Tin Drum*«, Grass: »I did.« Der Inder, nun begeistert: »Oh, you Graham Greene!« – »Andererseits«, setzt er hinzu, als das Lachen kein Ende nehmen will, »gibt es natürlich auch die gegenteiligen Beispiele. »Wißt ihr noch«, fragt er Walter und Renate Höllerer, »wie wir im Tessin auf diesen heißen, kahlen Berg gestiegen sind? Das war so Mitte der sechziger Jahre. Die vielen Fliegen dort! Und auf einmal stand hinter einem Busch eine Frau im Unterkleid auf und rief, auf Sächsisch: ›Du, Vadi, guckemol, da läuft der Günter Grass!‹ Und hinter einem weiteren Busch stand ein Mann auf und rief: ›Wahrhaftsch, Muddi, da läuft er!‹ Und du«, sagt Grass zu Höllerer, »hast nachher noch behauptet, daß ich das alles bestellt hätte!«

HANS-DIETRICH GENSCHER: *BRIEF AN GÜNTER GRASS*
Lieber Herr Grass, / haben Sie vielen Dank für Ihr Schreiben vom 5. Dezember 1988, mit dem Sie sich für die Ausreise des in

Rumänien lebenden Schriftstellers Georg Scherg und seiner Familienangehörigen einsetzen.

1989

HANNS-JOSEF ORTHEIL: *DAS (AUSGEFALLENE) LITERARISCHE QUARTETT*
MRR: Karasek! Sie fragten mich nach Grass. Nun gut denn, ich will Ihnen sagen, was ich von dieser Prosa halte. Prosa!
Sigrid Löffler: Was is'n dos, was die Jelinek schreibt? Etwa keine Prosa?
Busche: Daß ich nicht lache ...
Karasek: Mit solchen Bemerkungen diffamieren Sie nur unser Gewerbe. Ich hatte erwartet ...
Busche: Ginter Gras interessiert mich nicht mehr. Wen interessiert der überhaupt noch?! Ich habe diese zirkulären Rhythmen satt ...
MRR: Nein, Busche, nein! So nicht! Auch ich habe mich schwergetan mit dieser Prosa, es ist eine Prosa, die es einem nicht leichtmacht, gewiß, aber es ist, noch immer, eine Prosa, die mich nicht langweilt. Und das ist das Wichtigste! Ein Buch darf alles, nur, es darf mich nicht langweilen.
Sigrid Löffler: Genau! Longweil'n tun mer uns eh' schon genug, wie hot mich der Bernhard gelongweilt ...

ANTONIO SKÁRMETA: *SOPHIES MATCHBALL* (ROMAN)
Mein Ruf in Berlin stieg, als ich ihnen strenge Diät verordnete, ein Rezept, das jeder Kurpfuscher verschreiben kann; ich jedoch fügte eine Kleinigkeit hinzu, das Geheimnis zu meinem Erfolg: Denjenigen, der ein Kilo in der Woche verlor, bestärkte ich mit einem Lob, das sogar einen Schüler hätte erröten lassen. Denn nichts spornt einen Deutschen so an, wie das Lob für eine Anstrengung. Ein Beispiel für meine Technik: Begegnete ich eines Tages Günter Grass, ich würde nicht zu ihm sagen: »Ihr Roman *Die Rättin* hat mir ganz außerordentlich gut gefallen!«, sondern: »Es muß Sie *Jahre* gekostet haben, *Die Rättin* zu schreiben!«

HEINER MÜLLER: *DICKE ROMANE*
Die werden doch nur gekauft, aber nicht gelesen. In jeder Arzt-

praxis in der Bundesrepublik oder jedenfalls in jeder Arztbibliothek, stehen jeweils alle dicken Neuerscheinungen, von Günter Grass zum Beispiel. Aber ich kenne keinen Arzt, der das gelesen hat. Das gehört nur zum Image. Man bezieht das über irgendeinen Vertrieb. Und man muß eben den *Butt* da stehen haben und was immer, das gehört einfach dazu. Das hat auch was mit dem Umfang zu tun, glaube ich. Die dicken Bücher gehen besser als die dünnen. Das sind ja auch meistens Geschenke. Ein dickes Geschenk ist immer imponierender als ein dünnes. Also einen Handke schenken ist nicht so imponierend wie einen Grass schenken. Handke ist dünner, im allgemeinen.

GERHARD KÖPF: *EULENSEHEN* (ROMAN)
    Um wenigstens einer der Regeln des *Großen Romanes* Genüge zu tun, nach dem die Gazetten lechzen, füge ich mich und erfinde kurzfristig, damit dieses Kapitel rasch abgehakt werden kann, schnell ein paar Großeltern, denn bei meiner Großmutter wuchs ich auf.
    In jedem anständigen Roman spielen die Großeltern eine bedeutende Rolle: sei es, daß von ihnen erzählt werden muß, ehe der Held überhaupt erst gezeugt wird, sei es, daß sie den Grundstock zu liefern haben für späteres Gedeih und Verderben.

> Gerhard Köpf spielt auf die *Blechtrommel* an, in der Oskar gleich zu Anfang erklärt: »Ich beginne weit vor mir; denn niemand sollte sein Leben beschreiben, der nicht die Geduld aufbringt, vor dem Datieren der eigenen Existenz wenigstens der Hälfte seiner Großeltern zu gedenken.« (III, 12) Auch Uwe Johnson hat sich die nämliche Regel zu eigen gemacht: »Die deutsche Geschichte ist für mich ein unumgänglicher Faktor. Für jede Person, für jede erfundene Person ist sie eine der wichtigsten Fragen. Günter Grass nennt das ›Großmutter‹: Man sollte kein Leben beschreiben, ohne mit der Großmutter anzufangen. Mir geht es genauso.« (*Uwe Johnson im Gespräch*, S. 242)

JOHN IRVING: *OWEN MEANY* (ROMAN)
    Meine neue Kollegin heißt Eleanor Pribst, und ich würde für mein Leben gern lesen, was Jane Austen über sie geschrieben hätte. Mir wäre wesentlich wohler, wenn ich nur von Ms. Pribst gelesen hätte, anstatt sie persönlich kennenzulernen. Aber ich werde sie ertragen; ich werde länger durchhalten als sie. Sie verhält sich abwechselnd

dumm und aggressiv, und in jedem Fall bewußt unausstehlich – sie ist eine teutonische Furie.

Wenn sie lacht, kommt mir der wunderbare Satz gegen Ende von Margaret Atwoods *Der lange Traum* in den Sinn: »Ich lache, und es kommt ein Laut heraus, wie wenn ein kleines Tier getötet wird: eine Maus, ein Vogel?« Im Falle des Lachens von Eleanor Pribst könnte ich schwören, das Todesröcheln einer Ratte oder eines Geiers zu hören. Als ich in der Fachlehrerkonferenz wieder einmal meinen Wunsch vortrug, in der Abschlußklasse Günter Grass' *Katz und Maus* zu behandeln, ging Ms. Pribst zum Angriff über.

»Warum wollen Sie dieses widerwärtige Buch denn in einer *Mädchenklasse* behandeln?« fragte sie. »Das ist ein Buch für *Jungen*«, meinte sie. »Schon allein die Szene mit dem Onanieren ist für Frauen eine Zumutung.«

> John Irving hat verschiedentlich betont, dass die Gleichheit der Initialen von Owen Meany und Oskar Matzerath als eine »Hommage« an Günter Grass zu verstehen sei.

JEAN-PIERRE LEFÈBVRE: *DIE NACHT DES FÄHRMANNS* (ROMAN)

Den Rest des Tages vertrödelte er. Er überflog die Zeitungen der vorigen Woche, die er noch nicht geöffnet hatte, las drei Kapitel der *Blechtrommel* und trank ein dunkles Bier in Betrachtung des Flusses. [...]

Er träumte von einer Nacht, in der er bei schwärzester Dunkelheit dem Gnom Oskar in einem chaotischen Wirbel rings um die Heiliggeist-Kirche folgte, als wäre er sein Betreuer. Oskar trug einen grünen Tiroler Filzhut und sah aus wie Walt Disneys Pinocchio: vor jedem Schaufenster bat er Jonas, ihn hochzuheben, damit er die Auslage sehen könne. Eines war besonders hoch, und Jonas setzte ihn auf das Fensterbord. Es war ein Antiquitätenladen: da gab es Gläser in jeder Größe, Bildchen, SS-Dolche, Kriegsauszeichnungen, Armbanduhren. Oskar mit seiner Babystimme bewunderte all diesen Kram:

»Sieh mal, wie toll, ich brauche nicht einmal zu schreien, das Glas ist schon weg. Nimm, was du willst ...«

Orhan Pamuk: *Magischer Realismus*
Salman Rushdies Roman *Die satanischen Verse* ist ebenso wie sein zweiter Roman *Die Mitternachtskinder* vom »magischem Realismus« geprägt, wie viele Bücher der letzten zwanzig Jahre in der ganzen Welt. In diesem oft kopierten Genre, dessen Ursprünge man bis zu Rabelais zurückverfolgen kann und deren beste Beispiele, *Die Blechtrommel* von Günter Grass und *Hundert Jahre Einsamkeit* von García Márquez, auch in der Türkei erschienen sind, hält sich der Autor, was seine Helden und ihre Welt betrifft, nicht an die Regeln unserer physikalischen Umwelt.

Giselher Klebe: *Brief an Günter Grass*
Ich bedaure Deine öffentliche Austrittserklärung aus der Akademie der Künste. Da sie mir als Präsident nicht offiziell vorliegt und daher auch nicht wirksam werden kann, bitte ich Dich, diesen für uns alle höchst gravierenden Schritt noch einmal zu überdenken. Du kennst meine eindeutige politische Haltung. Meine Entscheidung, in der Akademie der Künste keine öffentliche Veranstaltung für Salman Rushdie durchzuführen, war von mir als dem verantwortlichen Hausherren zum Schutz des Publikums und der Mitarbeiter gefaßt worden. Dieser Entscheidung hat der Senat der Akademie zugestimmt.

> Im September 1988 veröffentlichte Salman Rushdie den Roman *Die satanischen Verse*. Der Ayatollah Khomeini sah in dem Werk eine Verunglimpfung des Propheten Mohammed und verhängte im Februar 1989 die »Fatwa«, die weltweit an alle Glaubensbrüder gerichtete Aufforderung, Rushdie zu töten. Die Todesdrohung schloss auch alle mit ein, die sich an der Verbreitung des Romans beteiligten. So wurden auf mehrere Übersetzer Anschläge verübt, darunter der Japaner Hitoshi Igarashi, der 1991 ermordet wurde. Über sein jahrelanges Leben im Untergrund berichtet Rushdie in seiner Autobiographie *Joseph Anton* und er hebt dabei auch hervor, welche Unterstützung er von Günter Grass erfahren hatte (S. 397). Die »Fatwa« wurde bis zum heutigen Tag nicht aufgehoben, im Jahr 2016 wurde das auf Rushdie ausgesetzte Kopfgeld noch auf 4 Millionen Dollar erhöht. – Im Januar 1990 notiert Günter Grass in seinem Tagebuch: »Lese jetzt erst Salman Rushdies *Satanische Verse*. Ein wortwörtlich fabelhafter Roman. Klug, naiv, souverän geschrieben. So frech es auftrumpft, ein merkwürdig frommes Buch, vor dem Rushdies Feinde wie ›Gottlose‹ wirken. Dieses Autors wegen aus der Akademie ausgetreten zu sein, soll mir ein Vergnügen bleiben.« (S. 14 f.)

PETER HÄRTLING: *BRIEF AN GÜNTER GRASS*
Dein Brief, mit dem Du mir Deinen Austritt aus der Akademie der Künste mitteilst, macht mich traurig, denn ich halte Deine Erklärung für ungerechtfertigt und für ungerecht.
Seit mehr als 20 Jahren gehören wir gemeinsam der Akademie der Künste an. Wir haben manchmal miteinander gestritten; meistens jedoch für die Sache: für eine politisch argumentierende Akademie, die sich ihrer schändlichen Haltung im Jahr 1933 bewußt ist. Für eine Akademie, die rigoros Partei ergreift für Künstler, die verfolgt und unterdrückt werden. Das alles ist selbstverständlich. Und diese Politik wurde auch selbstverständlich von Deinem Nachfolger im Präsidentenamt, Giselher Klebe, fortgesetzt. Daß Du nun ihm, dem Senat der Akademie und mir vorwirfst, wir hätten uns der Loyalität für den bedrohten Salman Rushdie feige entzogen, ist nun wahrhaft ungerecht.
Ich weise diesen Vorwurf mit eben der Heftigkeit, mit der Du ihn ausgesprochen hast, zurück. Du weißt, daß ich zu den ersten zählte, die sich öffentlich gegen die ungeheuerliche Morddrohung wandten. Du weißt, daß ich im linksrheinischen Radio aus dem Roman Rushdies gelesen habe. Du weißt vielleicht nicht von den anonymen Drohanrufen, die ich danach bekam. Ich rief keine Polizei, bemühte niemanden um Hilfe.
Aber ich habe Giselher Klebe in seiner vorsorglichen Entscheidung unterstützt, die Räume der Akademie nicht für eine große, das Publikum gefährdende Veranstaltung zu öffnen. Das ist seine Verantwortung, die des Präsidenten der Akademie. Der Senat hat ihm zugestimmt. Wie kannst Du diese Abstimmung als eine gegen Rushdie und Dich auslegen? Das ist mir unbegreiflich.
Vielleicht – und ich wünschte es uns, der Akademie – überdenkst Du noch einmal Deinen im Zorn gefaßten Entschluß. Keiner in der Akademie stimmte gegen Rushdie, gegen Dich, gegen die unanfechtbare Freiheit der Meinung und der Künste. Es ging nur darum, Gäste der Akademie, das Publikum also, vor möglichem Schaden zu bewahren. Über diese Entscheidung läßt sich streiten. Es ist eine Meinung. Zugegeben nicht Deine. Sie wird aber immerhin von Menschen vertreten, die, wie Du, den Mordaufruf des Ayatollah Khomeini öffentlich verurteilten, die mit Dir zusammen als »Herausgeber« des Buches fungieren werden. / Ich verstehe Dich nicht.

Hans Magnus Enzensberger: *Brief an Günter Grass*
　Lieber Günter, / nur ein Wort, um Dir zu sagen, wie sehr ich mich über Deinen Schritt gefreut habe. Institutionen, die uns im entscheidenden Moment in den Rücken fallen, brauchen wir nicht.

Leonie Ossowski: *Brief an Günter Grass*
　Lieber Günter, / es ist nicht meine Art, auf das Verhalten meiner Kollegen persönlich mit Zustimmung oder Ablehnung zu reagieren. In Deinem Fall möchte ich aus der Spontanität heraus eine Ausnahme machen.
　Ich vermute, daß Du auf Grund Deines Austritts aus der Akademie vielen Angriffen ausgesetzt sein wirst. All die werden empört sein und Dich beschimpfen, deren Gewissen Du mit Deinem Schritt in Frage gestellt hast und das sind, wie es sich zeigen wird, nicht wenige.
　Du hast nach Deinem Austritt aus dem VS schon genug Unflätigkeiten einstecken müssen. Viel zu wenig Kollegen oder mit dem VS vertraute Personen haben Deinen (und unseren) Schritt im Dezember begriffen. Davor lagen die Angriffe bestimmter Literaturkritiker, die je nach Laune und Gehässigkeit glaubten, ihre Kritik an Deiner Arbeit auch mit Dir als Privatperson verknüpfen zu müssen.
　Das alles veranlaßt mich Dir zu schreiben, wie sehr mich als Mensch unserer gemeinsamen Generation und Kollegin Dein Handeln erleichtert hat. Ich bin Dir für Deine Worte, Deine Begründung und Deinen schweren Entschluß, der vorerst sicherlich eine gewisse Isolierung zur Folge haben wird, dankbar.
　Die Veranstaltung in der Hasenheide war eine von denen, die einen froh macht, in dieser Stadt zu wohnen. Das gilt nicht nur für das Podium, es gilt auch für das interessierte, aufmerksame und so vielschichtige Publikum. Die Tatsache, daß dieser Abend nicht in der Akademie stattfinden durfte, ist allein aus diesem Grund zutiefst beschämend und mit nichts, aber auch gar nichts entschuldbar.
　Ich wünsche Dir und Ute alles Gute und hoffe, daß es viele sind, die Dich unterstützen, Deine Meinung teilen und Dir das auch sagen.

TONI RICHTER: *BRIEF AN GÜNTER GRASS*
    Die Salman Rushdie-Affäre hat uns sehr beschäftigt. Ursprünglich war Hans erstaunt und gekränkt, daß er von den Initiatoren der Solidaritätserklärung nicht angerufen worden war. Hans würde auch als Mitherausgeber der *Satanischen Verse* zeichnen.
    Dann fuhren wir weg und Hans unternahm nichts von sich aus.
    Nun die beschämende Haltung von Giselher Klebe für die Akademie der Künste. Hans ist der Meinung, daß die Solidaritätsveranstaltung für Rushdie in der Akademie stattfinden mußte, und daß es keinen Grund gab sie abzusagen.

CHRISTOPH HEIN: *BRIEF AN GÜNTER GRASS*
    Mit Vergnügen – und gleichfalls großer Verspätung – las ich Ihr Interview in der *ZEIT* zu Rushdie. Es freute mich, daß Sie ins Zentrum des Gesprächs den zentralen Punkt in der Angelegenheit stellten: die Aufklärung. Bei allem, was zum Kollegen Rushdie geäußert wurde, es geht eben um die Verteidigung der Aufklärung, die nicht nur durch Vertreter des Iran oder des Islam bedroht ist.

HANS BENDER: *POSTKARTEN AUS ROM*
    Ich bewundere die Schriftsteller meiner oder einer jüngeren Generation, die viel mehr Fähigkeiten und Energien aufwenden als ich, um in die politischen Vorgänge unmittelbar einzugreifen; die sogar im Wahlkampf mitgekämpft haben. Ich habe Günter Grass im Zirkus Krone in München erlebt. In einem Kessel von dreitausend Zuhörern, von denen die Hälfte gekommen war, um ihre entgegengesetzten Meinungen dazwischenzurufen, um ihn mit Buhchören und Lärminstrumenten aus dem Konzept zu bringen. Sie hörten ihm dann viel aufmerksamer zu als dem SPD-Berufssprecher vorher, weil Grass die besseren Argumente hatte und weil er sie besser formulieren konnte. Seine Parteinahme, seine Unerschrockenheit verdienen doppelte Bewunderung, weil er zugleich ein bedeutender Autor ist. Ich bewundere in diesem Sinne Heinrich Böll, Hans Magnus Enzensberger, Hans Werner Richter und andere. Ich denke an Thomas Mann und Heinrich Mann in den Jahren vor 1933, als sie in

die Arena gingen, um zu warnen. Schließlich haben sie Kopf und Kragen riskiert, weil sie nicht dulden wollten, daß Ungeist und Barbarismus die Macht übernehmen. Alle Autoren, die angeführt sind, hätten an ihren Schreibtischen bleiben können, an ihren Werken, die ihnen mehr Ehre, mehr Honorare und weniger Ärger einbringen als die öffentliche Rede. Sie alle taten es der Sache wegen. Weil sie sich nicht damit abfinden können, wie regiert wird. Der Staat kann darauf nur so erwidern, wie es dieses Engagement verdient: mit einer ebenbürtigen Antwort, mit einer richtigen Auseinandersetzung. Der Staat muß dem Schriftsteller seine warnende Funktion zugestehen. Er hat sie aufzunehmen in seine demokratischen Praktiken.

WILLY BRANDT: *ERINNERUNGEN*
Und die Bilanz? Sie scheint mir so ausgewogen wie die Erinnerung an die Reformjahre. Besonders gern denke ich daran, wie sich das geistige Deutschland für das dreifache Bemühen um Friedenssicherung, lebendige Demokratie und gesellschaftliche Erneuerung engagierte. Eine besondere Rolle spielte – an der Spitze einer beträchtlichen Zahl von Schriftstellern und bildenden Künstlern – Günter Grass. Er hatte mich schon im Wahlkampf 1961 zu einer Reihe von Veranstaltungen begleitet. Später begründete er eigene Wählerinitiativen und brachte vermutlich auch Stimmen, jedenfalls aber Farbe ins politische Geschäft. Städtebauer, Theaterleute, Naturwissenschaftler, Pädagogen stellten ihren Rat zur Verfügung und meldeten sich öffentlich zu Wort. Grass selbst, Heinrich Böll, Walter Jens, Max Frisch sprachen auf Parteitagen. Mein früh verstorbener Freund Leo Bauer, jener Exkommunist, der so wertvolle ostpolitische Kontakte geknüpft hatte, war meisterhaft befähigt, diskrete Diskussionsrunden zu arrangieren. Sie boten Möglichkeiten der Korrektur und hilfreiche Anregungen.
Von Grass stammt das Bild, daß die Schnecke den Fortschritt symbolisiere. Das konnte niemand von den Stühlen reißen und war doch eine sehr willkommene reformistische Wegbegleitung. Im Laufe der Jahre habe ich mit der Schnecke zunehmend weniger anfangen können. In welcher Richtung kriecht sie? Und weiß ich, wer sie zertritt? Jedenfalls war immer noch einmal zu lernen, daß

es zwangsläufigen Fortschritt nicht gibt. Und daß zum geschichtlichen Prozeß Rückschläge wie Sprünge gehören. Springen kann die Schnecke nun mal nicht.

WALTER KEMPOWSKI: *TAGEBUCH*
Es wird immer viel herumgemäkelt an seinen Texten, und in der Tat: Es ist manches unerträglich, die *Schnecke* z. B., diese Kinderbelehrungen, und die *Rättin*: »die dritte Köchin« in ihm! – Doch, wer selbst im Glashaus sitzt, soll nicht mit Steinen schmeißen. Man sollte ihm als Personifizierung der deutschen Literatur den Nobelpreis geben. – »Kempi« hat er mal zu mir gesagt, und das nehm' ich ihm gut.

WILHELM BERGERHAUSEN: *BRIEF AN GÜNTER GRASS*
Sehr geehrter Herr Grass, / erlauben Sie, daß wir uns heute mit einem Anliegen an Sie wenden. / Doch zuvor möchten wir uns vorstellen: die AZWU – die Aktion zur Wiedereinbürgerung des Uhus – ist die älteste noch aktive und größte Aktion dieser Art in der Bundesrepublik, vermutlich sogar in der Welt. Über Aufgaben, Ziele und Tätigkeiten der AZWU informiert Sie das beigefügte Faltblatt. [...]
Ihre öffentliche Akzeptanz bringt uns auf die Idee, Sie zu bitten, eine Aufgabe im aktiven Naturschutz zu übernehmen. / Unserer Aktion fehlt für eine gezielte Patenschaftsaktion der Präsenter, unter dessen Patronat wir langfristig unsere Arbeit und Leistungen vorstellen können.

HANS-DIETRICH GENSCHER: *BRIEF AN GÜNTER GRASS*
Sehr geehrter Herr Grass, / ich danke für Ihr Schreiben vom 06. Juni 1989, in dem Sie vorschlagen, die »Villa Massimo« auch Künstlern aus der DDR zugänglich zu machen. Ferner verwenden Sie sich für die Restaurierung des Heine-Denkmals in New York.

RICHARD VON WEIZSÄCKER: *BRIEF AN GÜNTER GRASS*
Lieber Herr Grass, / es war schön, Ihre Frau und Sie bei dem

Abendessen für Generalsekretär Gorbatschow auf Schloß Brühl wiederzusehen, wenn es auch der Anlaß leider nicht erlaubt hat, mit Ihnen mehr als nur ein paar Worte zu wechseln.

ERICH LOEST: *FALLHÖHE* (ROMAN)
Das Nobelkarussel dreht sich über Länder hinweg. Die BRD war dran: Böll. Irgendwann einmal wird sie wieder gesegnet werden, der Anwärter heißt Grass. Noch nie wurde die hohe Würde der DDR zuteil. Sollte es der Fall sein, und unsere Leute kurbeln kräftig in Stockholm, käme die Christa in Frage. Wenn wir aber nun heilig zusichern, künftig sei nicht mehr sie ganz vorne, sondern der liebe Günter [Kunert]?

JOCHEN LANGER: *PATRIZIA SAGT* (ROMAN)
Es gibt wenige schöne bedeutende Schriftsteller, besonders unter den Deutschen. Ein Umstand, der an eine gerechte Verteilung der menschlichen Attribute durch die Natur glauben läßt. Man denke an unbehauenes Urgestein wie Böll, Frisch oder Dürrenmatt, auch Fried; Handke, sagt Patrizia, sei nicht schön, sondern ein Schönling, somit nicht zu rechnen, Grass, sagt sie weiter, zähle nicht, weil Kaschube.

HUBERTUS GIEBE: *BRIEF AN GÜNTER GRASS*
Neugierig bin ich auch auf Ihre Blätter zu und über Indien. *Zunge zeigen* ist ein kräftiges – und mit den Zeichnungen attraktives Buch und gefällt mir sehr.

WALTER KEMPOWSKI: *TAGEBUCH*
Von Günter Grass geträumt. Er ging in unserem Haus von einem Bild zum andern und hat mir gesagt, was ich hängen lassen soll und was abnehmen.

PETER RÜHMKORF: *TAGEBUCH*
Eine Weile im Ledereck bei den Grassens, die sich wohl kommod,

aber doch bißchen fremd in der gegen alle Strömungsgesetze zusammengerührten Milchstraße zu fühlen schienen. Auch stark pittoreskes Pärchen auf ihre alten Tage: die lange Dürerin in Türkis und der etwas gestuckte Kaschube mit seinem knittrigen Packpapiergesicht. Sah unter Einfluß zum erstenmal seine schönen nervichten Hände; auch bewegt er die mehrfach beringte Linke gänzlich ungeziert wie ein Kunsthandwerker. Nicht ganz unbesorgt zur Kenntnis genommen, wie Klaus Röhl sich ihm landsmannschaftlich zu nähern und G. G. sich ihm eher idiosynkratisch berührt zu entziehen suchte; kaute mit langen Zähnen auf seinen Schnurrbartspitzen wie auf Schusterzwirn, aber wußte von der Mitte des Sofas aus nicht so richtig wohin. Erst als dann bestimmte nostalgische Sesamwörter fielen – *Danzig-Langfuhr, Danzig-Oliva, die Schichauwerft, die polnische Post* – und Hans Fröse als dritter Danziger hinzugestoßen war, löste sich das Eis schollenweise und man gönnte sich das Vergnügen einer repräsentativen Minderheit.

Walter Kempowski: *Tagebuch*
Es ist so etwas wie Scham, die ich empfinde, wenn ich die Entwicklung nach dem 9.11. ansehe. Und jetzt erst kapiere ich, was deutsche Innerlichkeit bedeutet. Wie recht hat das Ausland, sich vor uns zu fürchten. Leider fehlt es mir an Wissen und an der nötigen Aggressivität. Sonst würde ich mich einmischen. Nicht nur die Intellektuellen sind deutsch-innerlich (Grass! Sogar er!), sondern das Nachplapper-Volk, das die Gebetsmühlen wieder zu drehen beginnt. Es ist widerlich. Scham und mehr noch Trauer. »Wiedervereinigung? Wieso denn das?« sagen sie.

Willy Brandt: *Rede vor dem Bundestag*
Noch so große Schuld einer Nation kann nicht durch eine zeitlos verordnete Spaltung getilgt werden.

Walter Kempowski: *Tagebuch*
Grass ist offenbar völlig durchgedreht. »Kein Bedarf für Wieder-

vereinigung«, sagt er, und er äußerte »Bewunderung für das Volk der DDR«.
Was meint er mit »Volk der DDR«? Was die Leute in Erfurt und Greifswald wohl dazu sagen.

Antje Vollmer: *Brief an Günter Grass*
Lieber Günter Grass, / die Frage, ob Sie sich nun mit ß oder mit ss schreiben, hört nicht auf, mich zu verwirren – aber trotzdem wünsche ich schöne Weihnachten. Gerade ist durch die Nachrichten gekommen, daß der Tyrann Ceauçescu mit seiner Frau hingerichtet wurde, und wenn das auch gerecht erscheinen mag, angesichts der Quälereien, die die zwei verursacht haben, ist es doch wie ein mittelalterlicher Schatten und beunruhigt mich wie alle osteuropäischen Nachrichten.
Sie aber fahren erst einmal nach Süd-Westen, und ich sende die letzten Nachrichten mit ins Reisegepäck und gute Wünsche für Ruhe, gelingende Arbeiten und den notwendigen Abstand zu den europäischen Turbulenzen. Da nun bald alles umgestürzt ist, was in Europa umzustürzen war, (außer Helmut Kohl – und der scheint krisenimprägniert) können Sie wohl in aller Gemütsruhe fahren.

Peter Rühmkorf: *Tagebuch*
Abends zu Grassens nach Behlendorf. Hatten »den größten Hecht meines Lebens« (GG) auf dem Tisch, den ich schon gern mit meiner neuen Polaroidkamera aufgenommen hätte – es erschien mir dann aber zu affig, anderer Leute superlativische Trophäen zu fotografieren. Leider wenig Hunger und nur geselligkeitshalber bißchen mitgemümmelt. Gespräche über Politik – Sozialismus – DDR – deutsch-deutsche Wendemanöver und sozialdemokratisches Flachwassergeschipper, allerdings auch unsererseits bißchen seicht drüberhin. GG, der die Weingläser mit den eingravierten Scherenschnittprofilen Engholms mit grinsend verzogenen Barthaaren ans Licht hob: »Naja, dee mit siene Piep« –

1990

STEFAN HEYM: *BRIEF AN GÜNTER GRASS*
Ich bin aber überzeugt, daß es später auch noch notwendig sein wird, daß wir beide zusammen, vielleicht mit Hilfe anderer Leute, etwas unternehmen, um dieses Land nicht völlig in einen neuen Chauvinismus sinken zu lassen.

> Am selben Tag, dem 2. Januar 1990, notiert Grass in seinem Tagebuch: »verdächtig viele meiner schreibenden Kollegen, die vormals den (oder ihren) nachgeholten Antifaschismus aufsagen konnten wie Schillers ›Glocke‹, sind zur Zeit national bis an die Grenze zum Stumpfsinn gestimmt« (S. 7).

BÄRBEL BOHLEY: *BRIEF AN GÜNTER GRASS*
Ich freue mich sehr, Sie im Februar zu sehen. Eigentlich habe ich große Lust, nicht über Politik zu sprechen, sondern über Kunst. Wahrscheinlich wäre mein Atelier ein besserer Ort für mich. Seit langer Zeit habe ich wieder das Gefühl, daß nur dort Klarheit zu finden ist.

EGON BAHR: *BRIEF AN GÜNTER GRASS*
Lieber Günter, / ich habe in der *FAZ* gelesen und von Willy gehört, wie schwierig die ganze Entwicklung für Dich ist.
Ich habe am 7. Januar 1990 meine erste Fernsehsendung in der DDR gemacht und dabei Herrhausen zitiert, der in seiner letzten Rede, die er nicht mehr halten konnte, formuliert hat: Es gehe jetzt um die Selbstbestimmung der DDR und nicht um die Einheit. Ich habe das unterstützt und bin auch heute noch dieser Auffassung. Daraus folgert, daß das Wichtigste im Augenblick ist, wie man Zeit kaufen kann. Damit nicht Hysterie herrscht und zusammentaumelt, was zusammenwachsen sollte. Als ich in Erkenntnis dieser Entwicklung im letzten Herbst eine Vier-Mächte-Konferenz unter Einschaltung der beiden Regierungen vorgeschlagen habe, habe ich dafür von allen Seiten Prügel empfangen. Jetzt muß ich sagen, daß die vier Mächte sich mit einer solchen Konferenz beeilen müssen, solange es noch zwei Regierungen gibt. Wenn im Herbst die Länderstrukturen wieder

hergestellt werden sollten, genügt eine einfache Willenserklärung, wie beim Saarland, um nach Artikel 23 Teil des Bundes zu werden.

Der amerikanische Botschafter hat mir vor zwei Wochen gesagt, daß nur ein Mann, Willy Brandt, die SPD vor einer Katastrophe bewahrt habe. Wer sich dagegen stemme, wenn die Flut komme, gehe unter. Dies sei jetzt die Zeit der Flut. Als ich ihm die Idee nahebringen wollte, sich mit seinem sowjetischen Kollegen in der zweiten Aprilhälfte in Torgau zu treffen, zum Jahrestag der Begegnung von Amerikanern und Sowjets 1945, antwortete er nach kurzem Nachdenken: Er werde das nicht tun, weil er nicht dazu beitragen wolle, die Deutschen an ihre Niederlage zu erinnern. Als ich ihm sagte, daß ich mich 1945 befreit und nicht besiegt gefühlt habe, meinte er, das stimme sicher für mich, aber nicht mehr für die junge Generation. Als ich das Ibrahim Böhme erzählte, fand er, soviel psychologisches Verständnis habe er dem Botschafter gar nicht zugetraut. Das Ganze ist eine aufregende Geschichte, aber jedenfalls habe ich dabei gelernt, daß für die Psychologie der DDR »die Sieger« nur gleichbedeutend sind mit »den Russen«.

Noch immer ist es so, daß Willy in seinem Hintern mehr Instinkt hat als die meisten unter Einschluß aller ihrer Extremitäten. Es wird Dich nicht wundernehmen, daß ich mich als einer, dem man vorwarf, zu wenig Verständnis für Volksbewegungen zu haben, mich durchaus in Übereinstimmung weiß mit dem Revolutionär Gorbatschow, der die deutsche Einheit nicht durch die Straße geregelt haben will. Eine Revolution ist eben nicht Allianz-Versichert.

Aber probieren werde ich jedenfalls das Äußerste, was mir möglich ist, damit die DDR ihre Chance erhält.

Nun haben wir endlich die Probleme, die wir uns gewünscht haben, an die wir nicht geglaubt haben, auf die wir gar nicht vorbereitet sind; aber die Entwicklung selbst erzwingt täglich Entscheidungen. Wir sind eben nicht nur Berater in Dingen, von denen wir nicht wissen, wie sie sich entwickeln werden, sondern wir sind Täter. Sogar wer sich jetzt vorm Tun drücken wollte, wird zum Täter durch Unterlassung.

RUDOLF AUGSTEIN: *FERNSEHDISKUSSION MIT GÜNTER GRASS*
Der Zug ist abgefahren, Sie sitzen nicht mit drin. Und Sie haben

nicht gemerkt, daß es Dinge gibt, die man philosophisch eben nicht lösen kann, die sozusagen das einfache Volk löst.

> In der Sendung *Panorama* vom 14. Februar 1990 diskutierten Günter Grass und Rudolf Augstein zu dem Thema »Deutschland, einig Vaterland?«. Die Diskussion verlief »heftig«, wie Grass im Tagebuch vermerkt (S. 14, 45 f.). Vgl. auch Grass: *Der Zug ist abgefahren – aber wohin?* (XII, 262 f.)

GÜNTER HERBURGER: *POSTKARTE AN GÜNTER GRASS*
Lieber Günter / deine Tutzinger Rede [*Kurze Rede eines vaterlandslosen Gesellen;* XII, 234 ff.] war schon sehr gut, aber deine Auseinandersetzung gestern Nacht im Fernsehen mit Augstein war noch besser. Wie du überlegt und trocken gegen den allgemeinen Nationalrausch und dessen Hypotheken und gegen das große Geld, das die DDR schlucken möchte, argumentiert hast, war bewegend und ein Labsal. – Dagegen Augstein, der welke Hamster: Ist er immer betrunken, wenn er auftritt oder wirkt er nur so? Sein Zynismus ist kaum erträglich, und seine weltmännischen, politischen Gesten münden in hilflosen Sätzen wie »der Zug ist abgefahren« (kam 3 oder 4 mal) oder die Geschichte kenne keine Moral, kein Erbarmen und dergleichen. Es war ein böser Spuk. Und nun lesen wir jeden Montag sein Nationalgeschwafel. / Vielen Dank, es hat mich sehr gefreut, herzliche Grüße, / Günter

UWE FRIESEL: *BRIEF AN GÜNTER GRASS*
Augsteins Einreden hatten mich seit geraumer Zeit beunruhigt: vor seinen Thesen Dir gegenüber muß man sich fürchten. Sie sind ja nicht zu vergleichen mit Willy Brandts euphorischer Äußerung »Die Sache ist gelaufen«. Für Brandt ist es die Bestätigung seiner Politik des Wandels durch Annäherung, der Öffnung nach Osten, der Sehnsucht nach endlicher Aussöhnung und einem Friedensvertrag, der diesen Namen verdient. So interpretiere ich seinen Warschauer Kniefall. Das Leiden an Deutschland soll endlich – auch durch Sühne! – ein Ende haben. Für Augstein indes scheint es nurmehr die auf DM rollende Landnahme in Manchestermanier zu sein (oder auch in FDP-Manier, würde man damit nicht Genscher unrecht tun). Auschwitz. Die Leute begreifen gar nicht, was Du sagst. Sie

wissen nicht oder geben vor, nicht zu wissen, welcher zwingende Zusammenhang beispielsweise zur Anerkennung der polnischen Westgrenze besteht. Wir sollen unseren Kopf, unser historisches Gedächtnis gefälligst an der Garderobe abgeben, nun, da doch »der Zug abgefahren« ist.

WALTER KEMPOWSKI: *TAGEBUCH*
Im *Spiegel* wird Martin Walser mangelnde Gedankentiefe vorgeworfen, ohne daß dies an einem Beispiel ausgeführt wird. An Grass trauen sie sich nicht ran. Der große Rauner faselt von Auschwitz, daß uns die Ermordung der Juden verpflichte, die Teilung aufrechtzuerhalten. Was er befürchtet: durch die Aufbruch-Aktivitäten und die täglichen Enthüllungen über den SED-Staat sinke die Nazi-Zeit weiter ab. Sie geselle sich zu dem Ersten Weltkrieg und 70/71. Das neue 90/91 schiebe sich davor. Was die Teilung Deutschlands mit Auschwitz zu tun hat, kann einem niemand erklären. Die schreien einen gleich an, wenn man danach fragt.

LOTHAR BAIER: *BRIEF AN GÜNTER GRASS*
Lieber Herr Grass, / es widerstrebt mir gewöhnlich, vielbeschäftigte Menschen mit meinen Botschaften zu behelligen. Heute aber drängt es mich sosehr, Ihnen etwas zu sagen, daß ich meinen Vorsatz außer Kraft setze. Zweierlei wollte ich Ihnen doch auf diesem Weg sagen.
Einmal etwas zu Ihrem Frankfurter Vortrag [*Schreiben nach Auschwitz;* XII, 239 ff.], den ich leider nicht selbst hören konnte. Er hat mich ganz besonders berührt, weil er mich an die Zeit erinnerte, als die *Blechtrommel* mir, dem damals Zwanzigjährigen, half, aus der postnazistischen Adenauerjugend herauszukriechen. Sie war ganz gewiß für eine Generation ein Befreiungsakt, der allzu schnell in Vergessenheit geraten ist.
Ich erinnerte mich auch wieder an meine Begeisterung über Ihre Gedichte – mein erster größerer Aufsatz in *Text und Kritik* hat sie auf eine zweifellos schrecklich germanistisch verkleisterte Weise festgehalten. Bewundernswert finde ich, wie Sie sich an Adorno heranarbeiten, den Sinn dieses häufig falsch zitierten und falsch ver-

standenen Satzes freilegen, wobei Sie, wie ich annehme, eine Reihe von inneren Widerständen überwinden mußten, denn die hegelsche Tradition, die Adorno weiterdachte, war Ihnen, wenn ich mich nicht irre, keine geliebte Heimstatt.

Ein zweites ist Ihre Stellungnahme zur Einheitsfrage. Am vergangenen Wochenende habe ich an dem Autorentreffen im Berliner Colloquium teilgenommen. Vielleicht haben Sie den einen oder anderen Bericht darüber gelesen. Die Diskussionen waren für mich vielfach anregend, es gab aber auch Redebeiträge, vor allem bundesdeutscher Autoren, die mich zutiefst verstörten und empörten. Ich hörte aus ihnen einen geistigen Provinzialismus heraus, der mich erschreckt. Die größte Enttäuschung in dieser Richtung hat mir der Auftritt des sonst von mir respektierten Dieter Wellershoff bereitet.

Er sprach wie das verkörperte falsche Selbstbewußtsein der Bundesrepublik, die nun in der Perspektive der deutschen Vereinigung und der daraus folgenden deutschen Hegemonie in Europa seine Erfüllung sieht. Wellershoff polemisierte in diesem Zusammenhang gegen Ihren Gedanken, daß Auschwitz etwas mit der verunglückten Reichsbildung zu tun hat, und zwar auf eine für mich skandalös dümmliche Weise: So als hätten Sie sagen wollen, Auschwitz sei in den »deutschen Genen« angelegt gewesen. Ich habe im Rahmen meiner Möglichkeiten versucht, die Dinge zurechtzurücken, ohne mir anzumaßen, Sie zu interpretieren oder, nicht mandatiert, Ihre Verteidigung zu übernehmen. Der Grundgedanke erscheint mir selbst seit langem plausibel, ich habe so etwas in meinem (im vergangenen Dezember geschriebenen) Plaidoyer gegen eine Wiedervereinigung angedeutet, dessen französische, in der Zeitschrift *Esprit* erschienene Fassung ich Ihnen beilege.

Böses Blut am Colloquiumstisch hat meine Entgegnung auf Monika Marons Husumer Rede gemacht, die ich nach wie vor widerwärtig finde. Ich denke, solche Feindseligkeiten muß man jetzt einfach in Kauf nehmen und aushalten. Auf ganz verlorenem Posten stehen auch Sie nicht, trotz *Spiegel*. Es erscheint mir jetzt vor allem wichtig, die Kontakte ins Ausland zu halten und zu intensivieren, um ein Gegengewicht gegen den aus der DDR herüberschwappenden Germanozentrismus zu bilden. Peter Schneider hat dazu in Berlin übrigens gute Bemerkungen gemacht.

Wenn es in Bonn so weitergeht mit Kohl und seiner skandalösen Polenpolitik, wäre es an der Zeit, diesen Dumpfmeister wegen Verletzung seines Amtseids – Schaden vom Volk abwenden –, wenn nicht wegen Hochverrats vor Gericht zu bringen.

CHRISTOPH HEIN: *NACHDENKEN ÜBER DEUTSCHLAND*
In diesem Staat ist er wohl der bekannteste Unbekannte des anderen deutschen Staates. Seine Bücher durften hier lange nicht erscheinen, weil sie die Sicherheit des Staats gefährdeten – so jedenfalls entschieden jene, die nicht nur die Sicherheit dieses Staats zugrunde richteten, sondern den Staat selbst. Mit diesem Verbot war dafür gesorgt, daß Grass-Lesen für DDR-Bürger zur unumgänglichen Pflicht wurde. Eine Pflicht, die – nach meinem Wissen und meinen Erfahrungen – erfüllt wurde. Ich habe in einem Bücherschrank einen seiner Romane gesehen, der mit einem Lassoband zusammengehalten wurde. Dieses war notwendig geworden, nicht weil die vielen Leser unsorgsam mit dem Buch umgegangen waren, sondern weil das stattliche, dicke Buch in der Mitte zerschnitten worden war, um es dann – in einem Autoreifen versteckt – über die Staatsgrenze zu seinen Lesern schmuggeln zu können.

HEINER MÜLLER: *EIN BULGARISCHER SPION*
Als junger Schriftsteller reiste er zu einer Recherche über *Die Blechtrommel* nach Polen. Polnische Freunde fragten ihn, ob er bereit sei, den Professor Reich-Ranicki zu empfangen, der unbedingt einen deutschen Schriftsteller kennenlernen wolle. Grass willigte ein und erzählte folgenden Dialog: *Reich-Ranicki:* Sie sind ein deutscher Schriftsteller? *Grass:* Ich denke, ja. *Reich-Ranicki:* Kennen Sie Thomas Mann? *Grass:* Das ist doch der mit dem Lungensanatorium. *Reich-Ranicki:* Sie scherzen, kennen Sie Hesse? *Grass:* Das ist doch der mit der Glasfabrik. *Reich-Ranicki:* Und Sie sind Schriftsteller. *Grass:* Ich hoffe doch. *Reich-Ranicki:* Und was schreiben Sie? *Grass:* Einen Roman. *Reich-Ranicki:* Oh, einen Roman, erzählen Sie. Grass bemüht sich, die *Blechtrommel* wiederzugeben. *Reich-Ranicki:* Und das ist ein Roman? *Grass:* Ich denke schon. *Reich-Ranicki:* Und Sie sind ein deutscher Schriftsteller? *Grass:* Ja. *Reich-Ranicki:* Ich danke

Illustration: David Smith

Ihnen für das Gespräch. Am nächsten Tag riefen Grassens Freunde an und fragten: Was haben Sie nur mit dem Mann gemacht? Der ist ganz aufgeregt und sagt in einem fort: Das ist kein deutscher Schriftsteller, das ist ein bulgarischer Spion.

MARCEL REICH-RANICKI: *WAR GRASS EIN BULGARISCHER SPION?*
Nein, ich habe ihn nie für einen serbischen Ballettmeister noch für einen albanischen Gynäkologen noch gar für einen bulgarischen Spion gehalten. Wahr hingegen ist: Nach dem langweiligen Spaziergang in Warschau telefonierte ich mit Andrzej Wirth, dem ich erzählte, daß ich Grass in der leeren Hotelhalle nicht finden konnte. Der einzige Mann, der da saß, habe nicht wie ein Schriftsteller aus dem Wirtschaftswunderland ausgesehen, sondern wie ein ehemaliger bulgarischer Partisan, der jetzt in Sofia als Sportfunktionär tätig ist und den man nach Warschau geschickt hat, um irgendeinen Länderkampf zu vereinbaren. Als ich Grass darauf aufmerksam machte, daß die von ihm verbreitete Story falsch und abwegig sei, meinte er, ich sollte die Sache so aufschreiben, wie ich sie in Erinnerung habe: »Dann werden wir die Geschichte in zwei verschiedenen Fassungen haben. Und was stört Sie daran, daß es zwei Fassungen geben wird?« In der Tat: Was sollte mich daran stören?

HEINER GEISSLER: *POLITIK IN STÜRMISCHER ZEIT*
Manche französischen Staatspräsidenten waren gleichzeitig große Literaten: de Gaulle, auch Pompidou, Mitterand. Siegfried Lenz, Martin Walser, Günter Grass, Reiner Kunze – Kultusminister in Deutschland? Die Aufgabe, Geist und Macht miteinander zu versöhnen, liegt in Deutschland noch vor uns.

RICHARD VON WEIZSÄCKER: *BRIEF AN GÜNTER GRASS*
Lieber Herr Grass, / vom 2.–5. Mai werde ich zu einem Staatsbesuch nach Polen reisen. Es wäre mir eine Freude, wenn ich Sie einladen dürfte, sich an der Reise zu beteiligen. Ich brauche Ihnen nicht zu erläutern, wie groß die Aufgabe ist, auch durch diesen Besuch zu einer dauerhaften Verbesserung des deutsch-polnischen Verhältnis-

ses beizutragen, und wie wertvoll Ihre persönliche Mitwirkung an dieser Aufgabe wäre.

> Günter Grass hat die Einladung angenommen. Zu den Erfahrungen in Polen vgl. Grass' Tagebuch, S. 88ff. In literarischer Gestalt wird der Staatsbesuch in *Unkenrufe* wiederkehren. Der Polin Alexandra werden dort die Worte in den Mund gelegt: »Hat schönes Auge, dein Herr Bundespräsident. Muß nicht dunkle Brille tragen wie unser. War gut, daß er gekommen ist auf richtige Zeit.« (VII, 739f.)

PETER RÜHMKORF: *TAGEBUCH*

DDR I: Dichterrunde, Grass – Hermlin – Stefan Heym – Rolf Schneider – Heiner Müller. Ernsthafte und insofern ernstzunehmende Befragung von u. a. Schneider und Müller nach ihren wohl oder übel angepaßt verlaufenen Curricula in den alten DDR-Gleichrichter-Zeiten. Nur – und da hätte es möglicherweise auch andererseits brenzlig werden können – nach den hierzuland marktkonformen Anpassungsweisen fragt schon überhaupt niemand mehr. Überzeugend und partienweise richtig groß zumal GG, obwohl ich von meinem unmaßgeblichen Hochsitz aus dann auch wieder paar Punkte abziehen möchte. Z. B. jenen wunden, wo der von oben her verfügte Staat wenigstens virtuell eine pädagogische Versuchung sein kann. Seine Wut auf den völkischen Schwefelsumpf scheint mir allerdings vorbildlich, und sie äußert sich auch nicht nur in allgemeinen Klagen, sondern gezielten Verklagungen.

> Am 26. März notiert Grass in seinem Tagebuch: »Am meisten überzeugte der alte Heym, während Heiner Müller nur lau und routiniert zynisch wirkte. Rolf Schneider wohlinformiert, nicht Fisch, nicht Fleisch. Den Angriff auf Kant hätte ich mir ersparen können, zumal er nicht anwesend war.« (S. 76)

LOTHAR BAIER: *BRIEF AN GÜNTER GRASS*

Wissen Sie, ich bin mir immer weniger sicher, ob die Position, die Sie artikulieren und mit anderen teilen, wirklich ins Abseits geraten ist. Seit der Wahlzeit im März hat sich doch sehr viel geändert. Die DDR-Bürger haben nicht nur zum ersten Mal frei gewählt, sondern auch erfahren, daß man auch bei solchen Wahlen betrogen wird. Kritische Stimmen finden – jedenfalls nach dem, was ich aus der DDR erfahre – wieder viel mehr Echo. Christoph Hein sagt, daß er sich nicht retten kann vor lauter Anfragen – nachdem er vor Monaten noch als einer der »linken Intellektuellen, die über Deutschland nur Unglück brachten« beschimpft worden war. Ich denke einfach, trotz aller düsteren Aussichten, was die zu befürchtende deutsche Hegemonie in Europa betrifft, gibt es keinen Grund, die Flinte ins Korn zu werfen. Aus meiner eigenen jüngsten Erfahrung heraus kann ich auch nur sagen: es ist noch nicht alles zu spät mit den Leuten, die jemandem wie mir überhaupt zuhören. Auf meinen *Freibeuter*-Artikel, der mit Bohrer, Walser, der *FAZ* etc. den Ofen putzt, habe ich durchweg ermutigende Reaktionen bekommen. Daß bestimmte Leute sich jetzt zur Kenntlichkeit verändern, trägt ja auch zur Klärung bei. Wer sagt, wie Monika Maron, er habe »vor Grass und Piwitt mehr Angst als vor Kant und Höpcke« – der richtet sich durch Dummheit selbst.

FRIEDRICH SCHORLEMMER: *BRIEF AN GÜNTER GRASS*

Ich möchte Ihnen noch einmal sehr herzlich für den Abend in Wittenberg danken. Viele von uns haben sich die Kassetten noch einmal angehört. Wir waren auch sehr berührt von Ihrer Großzügigkeit uns gegenüber und dem partnerschaftlichen und mitfühlenden Mitdenken für unser Land und die Zukunft unserer beiden Länder, die leider insgesamt immer »tümeln«.

Viele Bürger bereuen nun schon ihre Wahlentscheidung vom 18.3., aber es ist zu spät. Die sozialen Probleme werden bei der Schnellvereinigung sehr groß werden und daraus werden natürlich auch politische Probleme kommen, die möglicherweise zu Radikalisierungen führen.

Wir werden miteinander unverdrossen versuchen müssen, historische Erinnerung für politisches Handeln fruchtbar zu machen.

Ich lese gerade Ihr Buch *Deutscher Lastenausgleich* und soll dazu auch etwas schreiben und merke, wie schwer es mir fällt, einem Anspruch zu genügen, den Ihre Sprache und Klarheit Ihrer Gedanken erheben.

Ich bedanke mich im Namen der Wittenberger Freunde noch einmal sehr herzlich und will versuchen zu verhindern, daß unsere SPD eine rechtslastige sozialdemokratische Partei wird.

VOLKER SCHLÖNDORFF: *BRIEF AN GÜNTER GRASS*
Von Max Frisch, dem es nicht gutgeht und der die Monate zählt, soll ich Dich ausdrücklich grüßen. Er sprach von einem merkwürdigen Konkurrenzgefühl, das er Dir gegenüber immer empfunden habe, ohne daß er's rational begründen könne, und daß er Dich und Uwe Johnson so schätze, nur den Dürrenmatt könne er nicht ausstehen ...

JOHANO STRASSER: *BRIEF AN GÜNTER GRASS*
Aber ich habe soeben [...] Dein *Spiegel*-Interview zur Kampagne gegen Christa Wolf gelesen, und da wir in letzter Zeit in manchem uneins waren, möchte ich Dir gleich sagen, daß mich Deine Haltung und Deine Argumente vollständig überzeugt haben. Übrigens gewinnt man beim Lesen des Interviews den Eindruck, daß auch Deine Gesprächspartner (zumindest halb) überzeugt wurden. Aus unserem Bekanntenkreis hier haben wir jedenfalls nur positive Reaktionen auf Dein Interview gehört, auch von denen, die in anderen Dingen nicht mit Dir übereinstimmen.

> Nach der Veröffentlichung der Erzählung *Was bleibt,* in der Christa Wolf schildert, wie sie Ende der siebziger Jahre von der Stasi überwacht wurde, hatte es eine hitzige Debatte über Wolfs Rolle in der DDR gegeben. »Eine Heilige wurde zur Staatshure erklärt«, heißt es in *Ein weites Feld* (VIII, 595).

CHRISTA WOLF: *BRIEF AN GÜNTER GRASS*
Lieber Günter, / dies ist nur ein Gruß und ein Dank, wir waren gerührt über die Vehemenz (und Sachkenntnis), mit der Du Dich für mich in die Schanze schmeißt. Es liegt was Rettendes darin, für mich.

PETER RÜHMKORF: *TAGEBUCH*
21.30 zu Grassens nach Behlendorf, dort auch Bissingers (M & S), und ein infernalisches Sonnenuntergangsrot über dem Elbe-Trave-Kanal. Sagten gleich zur Begrüßung, daß sie gern über Gott und die Welt, also praktisch alllääääs!, nur nicht über Deutschland-Deutschland reden wollten, bis ihnen nur 5 Minuten später der Mund wieder

überging von dem, wovon sie die Schnauze vollhatten. Daß GG sich regelrecht ausjuriert und wie Sperrmüll an den Rand der Geschichte abgeschoben fühlt, scheint mir keineswegs nur durch Verfolgungswahn begründet. Erzählte, daß er neulich Artikel zur Schieflage der Nation an *El País* hätte geben müssen, weil *Spiegel* nicht drucken wollte und die *ZEIT* – »Ja, die *ZEIT:* ›diese Woche sind wir leider schon voll – die nächste auch – und drei Wochen werden Sie wohl nicht warten wollen‹.«

Sah alt geworden aus und trug sich widerborstig: Augen zu Sehschlitzen verkniffen, Siebentagebart um Kinn und Backen, der Mund mit der vorgeschobenen Unterlippe wie eine verklemmte Schublade. Zürnte und grummelte auf der Stelle, während E. immer lustig und mit Lachgas über CDU, FDP, SPD. Letzten Endes kann sie sich eine sinnvoll geordnete Welt aber doch nur als sozialdemokratisches Gerechtigkeitsreich vorstellen und findet, wo schon alles soweit verratzt, vergeigt und zugenagelt ist, immer noch eine schmale Öse, um sich hoffnungsvoll einzufädeln.

G, der für einige Wochen im DDR-Braunkohlegebiet Altdöbern/Hoyerswerda gezeichnet hat: Mondlandschaften in Blei und Kohle: energisch, gewalttätig, sperrig, depressiv. Ich las sie für mich sofort als ästhetisch-politischen Protest gegen das neudeutsche Glücks=Raubrittertum, aber auch in der künstlerischen Fortsetzung seines Gegen-Arboretums *Totes Holz*. Was mir außerdem auf-, bzw. einfiel: daß sich seine Interessengegenstände eigentlich lebenslang gegen den Zeitgeist herangebildet haben und seine scheinbaren Rückgriffe immer gleichzeitig Totentänze und Apotheosen, d. h. Bewahrungsversuche sind. Als seine Heimatstadt Danzig in den 50er Jahren nicht viel mehr als ein abgeschriebenes deutsches Provinznest war (und gerade noch Gierobjekt für revanchistische Heiminsreich-Politiker), hat er sie – als literarische Utopie – noch einmal für die Lesenation zurückgewonnen. Als sich die »Gruppe 47« Anfang der 70er Jahre zunehmend phantomisierte, hat er ihr mit seinem *Treffen in Telgte* noch einmal ein Denkmal in einem unzerstörbaren Bücherhimmel gesetzt. Als die SPD 1982 zur großen Rutschfahrt ins ultimative Kellerloch ansetzte, traten Ute und er – nun erst recht – mit Parteibuch in den von allen guten Geistern verlassenen Haufen ein. Epitaphe und persönliche Grußadressen insofern nun auch *Totes Holz* und die Landschaftsporträts einer verhauenen Elendsregion.

PS: GG eine allegorische Natur, die auch im privaten Rahmen gar nicht anders als allegorisch, sinnbildhaft, in effigie handeln kann. Hatte es zuerst nur für schlechte Angewohnheit oder psychopathischen Zug gehalten, als ich sah, daß er abgebrannte Streichhölzer wieder in die Schachtel zurückstöpselte. In Betrachtung seiner künstlerischen Gestaltungszwänge läßt sich die unscheinbare Marotte freilich auch als Charakterzeichen lesen: totes Holz auch hier und jedes verkokelte Spänchen noch des Bewahrens/Festhaltens wert.

Hu Qiding: *Brief an Günter Grass*
Sehr geehrter Herr Günter Grass, / endlich hat Ihr Roman *Die Blechtrommel* eine chinesische Ausgabe, eine Übersetzung von mir, herausgegeben von dem Shanghai Translation Publishing House. Und Oskar Matzerath hat eine chinesische Zunge.

Hans-Georg Gadamer: *Im Schatten des Nihilismus*
Gewiß hat etwa Heinrich Bölls Knappheit und Günter Grass' wogende Uferlosigkeit des Erzählens auch außerhalb Deutschlands Widerhall gefunden. Aber können diese [...] mit den großen Erzählern Englands, Rußlands, Frankreichs, mit Joyce, mit Proust, mit den *Dämonen* oder den *Karamasows* oder *Anna Karenina* konkurrieren, die uns alle, gestern und heute und morgen, ansprechen?

Michel Tournier: *Alle Jahre wieder*
Ich hege für Günter Grass die größte Bewunderung. Jedes Jahr bekomme ich einen Brief vom Stockholmer Nobel-Komitee mit der Bitte um einen Vorschlag für den nächsten Literatur-Nobelpreis, und jedes Mal, so auch diesmal, schlage ich als einzigen Günter Grass vor.

Peter Rühmkorf: *Tagebuch*
Gegen 16.00 Ute und Günter Grass, und auf das von mir ins Treffen geführte Stichwort »Prostata« schnurrte er ab wie der Fremdenführer eines pompejanischen Priapeums. Nach so vielen Gerüchten,

Gruselgeschichten und Ammenmärchen endlich einmal gesicherte Nachrichten aus dem endokrinologischen Unterbodenbereich, dabei alles mit einem derartigen Spaß an der novellistischen Zuspitzung vorgetragen, daß die leidige Sache sofort ein drolliges Ansehen kriegte. Auch über Zähne und ähnliche Betrüblichkeiten nur Lustiges, Vergnügliches. Erzählte, daß er während seiner Göttinger *Blechtrommel*-Lesung (Marathonveranstaltung über 13 Folgen) eine schlecht fixierte neue Goldkrone verschluckt habe. Auf der Toilette dann immer brav auf Papier geschissen und die Fäkalien durchgesiebt, bis er das kostbare Stück tatsächlich wiedergefunden habe. Griente wie ein fündig gewordener Goldwäscher und zeigte mit dem Finger in den Mund: »Da sitzt sie.« Bei nachfolgendem Deutschland nebst angeschlossenem Schleswig-Holstein, SPD-Dilemma, Verfassungsstreit, Ausländerfragenkatalog wurde sein Gesichtsausdruck aber augenblicklich wieder grämlicher und stellenweise richtig misanthrop. Will aus SPD austreten und sich stattdessen im Verein mit Peter Schneider für Berliner Wahlbündnis starkmachen. Radikal aus sich selbst verfaßter Charakter, der dazu neigt, bei jedem Meinungsumschwung Proselyten zu machen, mal rein in die Akademie, mal raus aus der Akademie, mal rein in die SPD, mal raus aus der SPD, und bei dem man in Freundschaft stark bleiben muß, um sich nicht für jeden Rösselsprung keilen zu lassen.

GERHARD KÖPF: *BRIEF AN GÜNTER GRASS*
Vor mir liegt *Totes Holz*. / Gerne habe ich dieses Buch, von dem Du seinerzeit schon in Portugal sprachst und zu dem ich Dir gratuliere, nicht gelesen: das liegt aber weder an Deinen Zeichnungen noch an dem Essay, sondern an dem, wovon es handelt. / Gallenbitter ist mir zumute. Und mit Groß-Kohl-ien geht's mir nicht anders.

HERMANN KINDER: *TRAUER, TROTZ UND TOD*
Grass hat recht. Nicht die deutsche Vereinigung und der Endsieg des Kapitalismus machen das säkulare Ereignis, sondern noch immer die Vernichtung der Natur, also von uns selbst.

FRIEDRICH SCHORLEMMER: *DEUTSCHER LASTENAUSGLEICH*
Günter Grass muß man nicht nur lesen, man muß ihn nicht nur über Medien sehen, man muß ihn persönlich erlebt haben, um zu sehen, welch liebenswürdiger und sensibler Mann sich hinter diesem scharfzüngigen Schnauzer verbirgt.

PETER RÜHMKORF: *TAGEBUCH*
31. Dez. Zum Jahresende bei Bissingers (Neuland / Kreis Stade) eingeladen [...].
17.00 Mit E. im Auto durchs Alte Land: ein verhangener Vollmond zur Rechten – rätselvolle Räucherstelen – Dampfsäulen hinter dem Crantzer Deich – dann bei York: flegreische Felder ... Bei B.s große Herzlichkeit (wie immer), auch Wohlhabenheit (sichtbarer als früher), richtig Luxus, großzügigst zur Artushalle ausgebaute Tenne, edelgefliester Boden, marmorierter Kamin, solide und gediegen beschaffene gläserne Fronttür, schöne Janssens an den Wänden, Vogeler-Exlibris, von denen sie so viele haben, daß sie sie gar nicht alle hängen können. Anwesend Felix *(Stern)* und junge Freundin, Flimm und junge Frau, Tochter Claudia, Ute und Günter Grass, später Wegners, die Haus in der Nähe besitzen, er nach eigenen Angaben »Freischaffender« mit Fixum bei *FAZ*. Gespräche bei Sekt (ich Birne) über SPD, Engholm, Oskar, Willy, Jochen Vogel, die mir nicht sehr behagten, weil ich eine privilegierte und jeder praktischen Verantwortung enthobene Oberschicht über eine sogenannte »politische Klasse« sich alterieren sah, die als Klasse zu bezeichnen die Auflösung aller praktischen Klassenbegriffe voraussetzt.

Essen: Hauchdünne Schwarzbrotscheibletten mit Schnittlauch, Grasssche Schweinskopfsülze mit Salat, schließlich Lammfleisch mit Gemüsen und Pastinaken, ungeschälte Pataten. Dazu Rotwein: Château Couca Montagne St. Emilion und später Grappa, das Viertelliterchen für 100,- Mark. GG, obwohl erst seit 10 Tagen mit einer Leistenbruchoperation aus dem Krankenhaus entlassen, schon wieder erstaunlich beweglich und bei später folgenden Tänzen wie eine losgelasse Hoffmann-Figur. Während des stundenlangen Getafels macht sich mein Rücken wieder leidig bemerkbar und ich mußte mich separat aufs Sofa legen. Von dort aus die wehe Ahnung, daß ich eigentlich gar kein Teil dieser üppigen Geselligkeitswelt bin, ich berühre sie nur. Grass sehr besorgt um mich, fast liebreich – vielleicht weil das Geplagte und Genillte bei Verschonten einen geheimen Samariternerv rührt. Angenehm, wenn Gespräche sich aus den Beliebigkeitshimmeln der Politik schließlich doch wieder dem vertrauteren Mutterboden der Poesie zuneigen. Über Literatur, Theater, Barockbühne, Gryphius (den Grass dem Flimm am liebsten die nächste Spielzeit aufgedrückt hätte), dann kleine Privatlesung *Telgte,* das musikologische Kapitel, wo Schütz die Texte auf ihre Vertonbarkeit abhorcht. Beachtlich, wie tief er sich den Epochenton eingehört hat und wie überlegen er – frei phantasierend – darüber verfügt (zu denken an Regers Bach-Variationen). Ist der beste Interpret seiner selbst (wie vermutlich die meisten Dichter), allerdings alles andere als ein Selbstbesalber und scheut Feierlichkeit wie der Teufel das Weihwasser. Rief im Anschluß sofort nach Musik, fuhrwerkte mächtig mit Ute durch den Saal (»Na, Peterchen, haben wir nicht schöne Frauen?«), begann die »kaschubische Nationalhymne« zu singen (»Hat sich Antek Floh am Bein / Kauft sich gleich 'n Waffenschein«), worauf sich der Rest des Abends zu gleichen Teilen zwischen G. und F. aufteilte: »Isch möscht fo Foot no Kölle jon« – »Isch han ä Pöstsche bei der Post« pp. pp. Paar Polaroidfotos gemacht: zwei Schulbengels beim Fratzenziehen.

1991

HELMUT KOHL: *EINHEIT LEBEN*
Aber ich will nicht nur von den Sozialdemokraten, sondern auch einmal von jenen reden, die aufgrund ihrer besonderen Sensibilität eigentlich dazu berufen sein sollten, geschichtliche Vorgänge zu begreifen: Unter den Schriftstellern beispielsweise wandte sich Martin Walser als einer von wenigen im August 1989 gegen die – wie er sagte – »Gesundsprechung des kranken Zustandes« der deutschen Teilung. Er sagte: »Wenn du dich darum kümmerst, ... dann bist du ein Nationalist ... Dann ist man kein Links-Intellektueller, für manche schon gar kein Intellektueller mehr.« Ich weiß nicht, wen er im einzelnen gemeint hat, aber er könnte an Günter Grass gedacht haben, der sogar noch im Februar 1990 sagte: »Das Einheitsgebot gehört auf den Müllhaufen unserer Geschichte.« Wie weit hat sich doch dieser gefeierte Schriftsteller von der Wirklichkeit der Menschen in unserem Land entfernt! Nach meinem Verständnis kennzeichnet es einen Schriftsteller, daß er ein ausgeprägtes Gespür für das hat, was die Menschen bewegt. Was eigentlich müssen angesichts solcher Äußerungen Millionen empfinden, deren Sehnsucht nach Freiheit und Einheit sich endlich – nach über vierzig Jahren Diktatur und Spaltung – erfüllte?

WOLFGANG THIERSE: *DEUTSCHE EINHEIT?*
Der jähe Wechsel, die jetzt geforderten Umstellungs- und Lernprozesse überfordern viele. Gerade dann, wenn viele das Neue als janusköpfig erfahren: vollmundige, aber durchaus vage Verheißung einer schönen Zukunft einerseits und eine schmerzliche soziale Verschlechterung, mindestens Verunsicherung jetzt in diesen Tagen und Monaten andererseits. Deshalb muß jetzt eine konkrete Perspektive für die wirtschaftliche, soziale, und, auf ihr fußend, für die kulturelle Entwicklung im Osten Deutschlands eröffnet werden. Das heißt unausweichlich Umverteilung von West nach Ost. Kleiner ist es nicht mehr zu haben. Günter Grass hat es deutschen Lastenausgleich genannt, schon vor geraumer Zeit.

HARRY ROWOHLT: *POOH'S CORNER*
Außerdem habe ich mich gefragt, was manche Menschen zu Mahnern macht und andere nicht. Günter Grass sagt mir, wir hätten uns zu hurtig wiedervereinigt, meine Mutter sagt mir, Prostitution fände sie nicht gut, und Uli Meyer sagt mir, daß mein Hosenschlitz offenklafft. Drei unverlangte Mahnungen und nur eine, die mir weiterhilft, weil ich was dran ändern kann.

HERMANN KANT: *ABSPANN*
Im Jahre 63 erschien er zu meiner außerordentlichen Überraschung bei einer Lesung aus dem *Aula*-Manuskript. Das war im damals noch vorhandenen Vereinslokal des damals noch vorhandenen SDS im damals noch halb verkommenen Halenseer Teil vom Kurfürstendamm. Der lorbeerbedeckte Westberliner sagte dem anfangenden Ostberliner ein paar Artigkeiten, um ihm dann einen ungeheuerlichen Vorschlag zu machen. Ich solle, hörte ich und wußte in äußerstem Alarm, ich war einer dieser klassischen Provokationen ausgesetzt, für eine Weile, ein Jährchen oder zwei vielleicht, meinen Aufenthalt im restriktiven und antipoetischen Arbeiter-und-Bauern-Staat gegen eine Dichterlehre in der schönen Stadt Paris eintauschen; das werde meinem möglicherweise nicht gänzlich unvorhandenen Talent förderlich sein – das oder gar nichts.
Wie ich es sah, und wie es G. doch auch kaum anders sehen konnte, handelte es sich um einen mittleren Teufelspakt: der Republik den Rücken, das Gesicht dem Ruhme zu; und wenn ich ihn seinerzeit nicht einen Augenblick bedachte, bedachte ich ihn seither in vielen Augenblicken. Wie sich jeder gelegentlich fragt, wohin es mit ihm hätte gehen können, wäre er an einem bestimmten Punkte ..., befaßte auch ich mich auf diese müßige Weise mit mir und wünschte zu ahnen, zu welchem Dichterrang es sich hätte bringen lassen, wären da nicht, und so weiter.

JOHANO STRASSER: *BRIEF AN GÜNTER GRASS*
Du bist also literarisch zu Deiner baltischen Pfütze zurückgekehrt. Ich bin sehr gespannt auf das Ergebnis. Der Titel *Unkenrufe* erscheint mir hervorragend.

LUDWIG FELS: *BRIEF AN GÜNTER GRASS*
Als Klaus Roehler noch in Berlin lebte, nächtigte ich einmal im Keller Ihres Büros, umgeben von Ihren Büchern. Damals hatte ich erst ein paar Gedichte geschrieben, ein paar Seiten Kurzprosa vorzuweisen. Und da waren alle Ihre Bücher beim Aufwachen, alle Ihre Bücher in so vielen Sprachen: die Klagemauer meiner Begierden.

MARLENE DIETRICH: *PRÄGENDE SCHRIFTSTELLER*
Poeten: Rainer Maria Rilke – allein und für immer; Schriftsteller: Ernest Hemingway, Erich Maria Remarque, Joseph Roth, Konstantin Paustowski, Günter Grass, Peter Handke, Albert Camus.

ULRICH HOLBEIN: *FRAU MUSICA*
Sogar ihren kompletten Klangkörper gibt sie immer wieder her, siehe das Royal Philharmonic Orchestra, das bei Deep Purple und Pink Floyd mitgeigte. Hierbei behält Frau Musica ihr kompliziertes Innenleben für sich. Gelangweilt hängt sie durch am fühllos weiterstoßenden Skelett. Zusatzeffekte und Vogelstimmeneinblendungen bringen ihr wenig. Immerhin gelang es dem anspruchsvollsten Art-Rock, Kulturrock, Bildungsrock, herrlich aufzusteigen in den Zuständigkeitsbereich eines Sätzchens von Günter Grass: »Manche wichsen selbst beim Vögeln.«

PETER RÜHMKORF: *BRIEF AN GÜNTER GRASS*
Lieber Günter, / Du bist ja auf privaten Zuspruch längst nicht mehr angewiesen – ABER: Dein neues Arbeitsbuch mit dem beziehungsvollen Titel *[Vier Jahrzehnte]* hat es auf eine Weise in sich, daß ich meine Begeisterung einfach nicht bei mir behalten kann. Auch Eva war auf ihre werkimmanente + SPD-transzendente Art ganz ergriffen.

WALTER KEMPOWSKI: *TAGEBUCH*
Vier Jahrzehnte von Grass. Er kommt auch noch dahinter.

Helmuth Kiesel: *Die Intellektuellen und die deutsche Einheit*
Thomas Mann benötigte vier Jahre, nämlich von 1918 bis 1922, um die rückständigen antidemokratischen Verbohrtheiten seiner *Politischen Betrachtungen* zu verabschieden und vom »Herzensmonarchisten« zum »Vernunftrepublikaner« zu werden. Ungefähr soviel Zeit sollte man Günter Grass für die Anerkennung der neuen politischen Situation auch lassen – und hoffen, daß er uns in dieser Zeit einen Roman von der Größe und politischen Einsicht des *Zauberbergs* (1924) schreibt.

Melvin J. Lasky: *Wortmeldung zu einer Revolution*
Ich frage mich, ob er sich jemals die Mühe gemacht hat, über seine Treffer und Fehlschüsse Buch zu führen. In seiner Frühzeit war er ein netter Kerl von einnehmender Bescheidenheit. Ich erinnere mich an eine Begegnung in Paris. Günter Grass war damals ein junger Mann, der ganz für seine Malerei und Bildhauerei lebte. In einem Café in St. Germain-des-Prés gesellte er sich nur zögernd zu uns an den Tisch, denn er fürchtete, als Künstler »einfach nicht genug zu wissen, um an einer Diskussion über Weltpolitik teilzunehmen«. Seine Selbstkritik verdiente Achtung und belegte die schlichte Aufrichtigkeit der neuen westdeutschen Nachkriegsgeneration. Er fürchte, gestand er einmal, hätte er nicht 1927, sondern zehn Jahre früher das Licht der Welt erblickt, so wäre er vielleicht bei der Heimwehr der Danziger SS gelandet ...

Brigitte Seebacher-Brandt: *Die Linke und die Einheit*
Im Westen hatte Günter Grass, einst für die SPD trommelnd, nur zugespitzt, was weithin gedacht und gefühlt wurde. Sein Wort, daß nach Auschwitz die deutsche Nation sich nicht mehr unter einem staatlichen Dach zusammenfinden dürfe, fand ein weites Echo, im Ausland, zumal in Frankreich, aber auch im Innern.

Bernard-Henri Lévy: *Die Dämonen kehren wieder*
Wo ist der französische Günter Grass? Wo der französische

Heinrich Böll? In Deutschland, unter den Intellektuellen jedenfalls, bestand eine durchaus anerkennenswerte Bereitschaft, sich mit dem Verbrechen auseinanderzusetzen und es zu sühnen. Ähnliches habe ich in Frankreich nicht beobachtet, auch wenn die Verbrechen nicht vergleichbar sind.

Amos Oz: *Der dritte Zustand* (Roman)
Eine halbe Stunde später ließ Fima Ehre Ehre sein und wählte erneut Zwis Nummer: »Nun? Wer hat hier wen vergessen? Hast du zwei Minuten für mich übrig?« Worauf er, ohne die Antwort abzuwarten, sagte, er brauche einen kleinen Rat hinsichtlich des Artikels, den er in der Nacht zu schreiben begonnen habe und bei dem er nun heute morgen nicht mehr sicher sei, ob er ihm noch zustimmen könne. »Die Sache ist folgendermaßen: Vorgestern haben sie im *Ha'arez* die Grundthesen eines Vortrags von Günter Grass vor Studenten in Berlin wiedergegeben. Eine mutige, aufrechte Ansprache. Er verurteilte die Nazizeit und im weiteren auch sämtliche jetzt in Mode befindlichen Gleichsetzungsversuche zwischen den Greueltaten von heute und Hitlers Verbrechen. Einschließlich dem populären Vergleich zwischen Israel und Südafrika. Bis hierhin ist alles schön und gut.«

»Fima«, warf Zwi ein, »ich hab' das gelesen. Wir haben doch vorgestern darüber gesprochen. Komm zur Sache. Erklär mir, wo dein Problem steckt.«

»Sofort«, sagte Fima, »gleich komm' ich auf den Hauptpunkt. Erklär mir bitte nur eins, Zwicka: Warum achtet dieser Grass, wenn er von den Nazis spricht, so peinlich darauf, das Wort ›sie‹ zu verwenden, während du und ich all die Jahre über, wann immer wir über die Besatzung, das moralische Abgleiten, die Unterdrückung in den Gebieten, ja sogar über den Libanonkrieg, ja selbst über die Ausschreitungen der Siedler schreiben, ausnahmslos das Wort ›wir‹ benutzen? Dabei hat dieser Grass doch selber Wehrmachtsuniform getragen! Sowohl er als auch der zweite da, Heinrich Böll. Hat das Hakenkreuz am Rock getragen und sicher auch den ganzen Tag den Arm hochgerissen und wie alle Heil Hitler gebrüllt. Und der nennt sie ›sie‹! Während ich, der ich keinen Fuß in den Libanon gesetzt und nie in den Gebieten gedient habe, so daß meine Hände gewiß weniger dreckig als die von Günter Grass sind, grundsätzlich ›wir‹

schreibe und sage. ›Wir haben uns vergangen.‹ Oder sogar, ›das unschuldige Blut, das wir vergossen haben‹. Was ist dieses ›wir‹? So ein Überbleibsel aus dem Unabhängigkeitskrieg? Stets zu Befehl sind wir? Wir, wir, die Palmach? Wieso denn ›wir‹? Wer sind hier ›wir‹? Ich und der Raw Levinger? Du und Kahane? Was soll das eigentlich? Hast du mal darüber nachgedacht, Professor? Vielleicht wird's Zeit, daß du und ich und wir alle es wie Grass und Böll handhaben. Damit anfangen, stets willentlich, wissentlich und betont das Wort ›sie‹ zu verwenden? Was meinst du?«

»Schau«, sagte Zwi Kropotkin müde, »trotzdem ist es bei denen schon vorüber, während es bei uns weiter und weiter geht, und deshalb –«

»Bist du verrückt geworden?!« fiel ihm Fima wutschnaubend ins Wort. »Weißt du überhaupt, was du da sagst? Was heißt, bei denen ist es vorüber, und bei uns geht es weiter? Was zum Teufel umfaßt denn bei dir dieses ›es‹? Was genau ist nach deiner Ansicht in Berlin vorüber und geht in Jerusalem angeblich weiter? Bist du noch normal, Professor? Auf diese Weise stellst du uns ja auf eine Ebene mit ihnen! Ja schlimmer noch: aus deinen Worten geht sogar hervor, daß die Deutschen uns derzeit moralisch überlegen sind, weil sie schon aufgehört haben, während wir Schurken weitermachen. Wer bist du denn, George Steiner? Radio Damaskus? Das ist doch genau der dreckige Vergleich, den sogar dieser Grass, Veteran der Wehrmacht, zurückweist und als Demagogie bezeichnet!«

Fimas Wut war verpufft. An ihre Stelle trat Kummer. Und er sagte in einem Ton, in dem man zu einem Kind spricht, das sich mit einem Schraubenzieher verletzt hat, weil es sämtliche Warnungen der Erwachsenen stur in den Wind geschlagen hat: »Da siehst du's selber, Zwicka, wie leicht man in die Grube fallen kann. Schau bloß, auf welch dünnem Seil wir balancieren müssen.«

WALTER KEMPOWSKI: *TAGEBUCH*
Grass hat mit Heym zusammen in Brüssel vom Leder gezogen. »Wir sind ein Volk« beschwöre »Ein Volk, ein Reich, ein Führer« (Heym), die Einheit sei mißglückt (Grass). Derselbe bezeichnete, wenn man der *FAZ* glauben darf, den CDU-Politiker Volker Rühe als Skinhead mit Scheitel und Schlips. Asylgesetze wurden mit den

Nürnberger Rassegesetzen verglichen. Die Einheit mißglückt? Die ist doch noch gar nicht losgegangen. Grass muß sich doch darüber freuen, dass sie »mißglückt« ist, er war doch dagegen. Er müßte in eine Art Osterlachen ausbrechen, dann und wann. Das würde ihn gut kleiden.
»Was ist denn mit Ihnen los?«
»Ich freu' mich so, dass die Einheit mißglückt ist.«

HELMUT KOHL: *BRIEF AN HANS HEIGERT*
Sehr geehrter Herr Präsident, / vor einiger Zeit sprachen wir über meine Beobachtungen im Bereich der Aktivitäten der Goethe-Institute. Sie haben sich in unserem Gespräch und später in einem Brief viel Mühe gegeben, mich von der Offenheit der Goethe-Institute zu überzeugen. Wie Sie sicher bemerkt haben, ist meine Skepsis geblieben. Ich möchte Ihnen heute mitteilen, daß diese Skepsis noch weiter gewachsen ist.
Beigefügt übersende ich Ihnen einen Artikel aus der heutigen *FAZ* über den Auftritt von Herrn Günter Grass und Stefan Heym. Ich bin sicher, es gibt auch für diesen skandalösen Auftritt intellektuelle Ausreden. Aber dem Bürger und Steuerzahler Helmut Kohl bleibt das Recht unbenommen, dererlei Auffassungen als eine Schande für unser Land zu bezeichnen. Für den Fall, daß dieser Brief Gegenstand einer Bundestags-Anfrage werden sollte, teile ich Ihnen schon jetzt mit, daß ich mich als Bundestagsabgeordneter auf diese Auseinandersetzung freue.
Hochachtungsvoll / Helmut Kohl

DIETER SCHLESAK: *BRIEF AN GÜNTER GRASS*
Sie sind einer der wenigen, vielleicht der einzige, der nicht plötzlich mit den »Siegern« heult, sondern immer noch seiner Meinung ist.

HELEN WOLFF: *BRIEF AN GÜNTER GRASS*
Du kannst Dir mein Vergnügen vorstellen, als ich, an diesem historischen Datum, das Beigefügte zu Gesicht bekam – um so mehr,

als die Methode auf einen anderen geschätzten Autor, Johann Peter Hebel *(Unverhofftes Wiedersehen)* zurückgeht. Man datiert mit Dir, und dies auch außerhalb des »Vaterlandes«.

> Mit dem historischen Datum ist der 50. Jahrestag des Angriffs auf Pearl Harbour gemeint. In der *New York Times* vom 7. Dezember 1991 schrieb James Salter unter dem Titel *Infamy and Memory:* »Yukio Mishima was a schoolboy in Tokyo then, sensitive and frail, dreaming of valor and battle death, *senshi.* Günter Grass was in Danzig and a member of a Hitler youth group.«

1992

HEINER MÜLLER: *KRIEG OHNE SCHLACHT*
Mein Interesse an den mich betreffenden Akten der Staatssicherheit ist gering. Wenn ich über die Person, die sie beschreiben, einen Roman schreiben will, werden sie ein gutes Material sein. Ich ist ein anderer. Immerhin bin ich mit andern DDR-Bürgern zum Beispiel Günter Grass gegenüber im Vorteil, der seine BND-Akte, falls sie ihn interessieren sollte, erst einsehen kann, wenn die Bundesrepublik Deutschland untergegangen ist oder aufgegangen in einer andern Struktur. Was wir beide wahrscheinlich nicht mehr erleben werden.

WALTER KEMPOWSKI: *MARK UND BEIN* (ROMAN)
Gdańsk! Sie fand es gut, daß diese Stadt jetzt polnisch ist, das sei irgendwie ausgleichende Gerechtigkeit. Sie könne sich vorstellen, daß in der Be-Är-De schon wieder Kräfte am Wirken sind, die das rückgängig machen würden, wenn sie könnten. – Merkwürdig, daß Günter Grass als kleiner Junge in dieser Stadt herumgestromert sei, kurze Hosen und Roller?

ROBERT HARRIS: *VATERLAND* (ROMAN)
März hatte im letzten Jahr Dutzende junger Männer wie Jost gesehen. Und jeden Tag gab es mehr davon. Sie lehnten sich gegen ihre Eltern auf. Sie stellten den Staat in Frage. Sie hörten amerikanische Radiosender. Sie brachten ihre grob gedruckten Kopien verbotener Bücher in Umlauf – Graham Greene und Günter Grass, George Orwell und J. D. Salinger. Vor allem aber protestierten sie gegen den Krieg – den anscheinend endlosen Kampf gegen die von den USA unterstützten sowjetischen Freischärler, der nun bereits seit zwanzig Jahren östlich des Urals vor sich hin mahlte.

> In seinem Roman spielt Robert Harris die Idee durch, dass Adolf Hitler siegreich aus dem Zweiten Weltkrieg hervorgegangen ist und nunmehr Europa beherrscht. Der deutsche Übersetzer, Hanswilhelm Haefs, hat sich die Freiheit genommen, den im englischen Original stehenden Namen von Günter Grass durch den von Arno Schmidt zu ersetzen. Dieser (nicht markierte)

Eingriff hat insofern seine Berechtigung, als Günter Grass zum Zeitpunkt der Romanhandlung noch gar nicht schriftstellerisch hervorgetreten war – im Gegensatz zu Arno Schmidt.

DAVID LODGE: *DIE KUNST DES ERZÄHLENS*
Magischer Realismus – wenn phantastische und unmögliche Ereignisse in einer Erzählung vorkommen, die sonst realistisch sein soll – ist ein Effekt, der vor allem mit der lateinamerikanischen Literatur der Gegenwart in Zusammenhang gebracht wird (zum Beispiel mit dem Werk des kolumbianischen Schriftstellers Gabriel García Márquez), aber man trifft ihn auch in Romanen aus anderen Kontinenten an, wie etwa denen von Günter Grass, Salman Rushdie und Milan Kundera. All diese Schriftsteller haben große historische Umwälzungen und einschneidende Veränderungen persönlicher Natur durchlebt, für deren Darstellung ihnen ein Diskurs des unberührten Realismus nicht ausreichend scheint.

ULRIKE LÄNGLE: *AM MARTERPFAHL DER IROKESEN* (ERZÄHLUNG)
Ich dachte an all die Toten, die [im KZ] gequält und ungetröstet und allein gestorben waren und die niemand mehr lebendig machen konnte, und eine abgrundtiefe Trauer erfüllte mich. Ich dachte an den Zwerg Oskar Matzerath aus der *Blechtrommel*, dessen Stimme die Kraft hatte, Glas zum Zerspringen zu bringen. Ich wollte so laut schreien, daß die Mauern einstürzten und nichts mehr übrigblieb von dem Denkmal der Mörder.

AKIF PIRINÇCI: *DER RUMPF* (ROMAN)
Die Gedanken wanderten weiter und trafen auf ihrer Reise auf Alex aus *A Clockwork Orange,* auf McMurphy aus *Einer flog über das Kuckucksnest,* auf Oskar Matzerath aus *Die Blechtrommel,* auf *Der Elefantenmensch* und auf weitere denkmalschwere Gehandicapte und Outlaws der literarischen Welt, die trotz ihrer wie auch immer gearteten Deformationen die Sympathien des Lesers einzuheimsen wußten.

MICHAEL WINTER: *AUF DEN TRÜMMERN DER MODERNE*
Er habe überlegt, versichert Grass im engen Kreis, ob er nicht, der langen und steilen Rolltreppen wegen, nach München oder London ziehe. Er sei von Kindesbeinen darauf angewiesen, obzwar ohne Aufhebens, den Mädchen unter die Röcke zu schauen.

DIRK VON PETERSDORFF: *DIE BLÄTTER* (GEDICHT)
[...] Ein Männlein steht
im Walde, ja es ist Günter Grass

ANDRZEJ SZCZYPIORSKI: *UNKENRUFE*
Für die polnische Öffentlichkeit kann Grass dank seiner neuesten Erzählung zum quakenden grünen Frosch werden, der sich durch die Kritikerküsse aus Warschau, Danzig und Krakau in eine deutsche Prinzessin voller Schönheit, Anmut und Weisheit verwandelt.
Vielleicht wird Grass in Deutschland das durchdringende Krächzen der Krähen zu hören bekommen. Es wäre nicht weiter merkwürdig, denn im eigenen Land pflegt der Schriftsteller einsam zu sein. Und das ist vermutlich gut so.

LEONIE OSSOWSKI: *BRIEF AN GÜNTER GRASS*
Kaum waren die *Unkenrufe* im Handel, kaufte ich sie mir. Da ich sehr langsam lese, war ich 3 Tage mit ihnen beschäftigt, ohne an etwas anderes denken zu können. Die Rezensionen sammelte ich, ohne hinzusehen. Ich wollte mich nicht stören lassen. Deine Erzählung hat mich von Anfang bis Ende gepackt und sowohl in die Vergangenheit wie in die Zukunft getragen. Ich habe selten ein politisches, wohl auch europäisches Thema in einer derart sensiblen, vor allem aber literarisch beeindruckenden Art in einem Roman gelesen.
Ich konnte mich nicht von Reschke und seiner Geliebten trennen, noch weniger von deren Idee zu versöhnen, wo längst die Versöhnung sinnlos geworden war.
Als dann der alte Mann nach den Gesängen der Besucher im Pantheon die Unkenrufe hören ließ, kamen mir tatsächlich die Tränen. (Das mag aber an meiner ostelbischen Seele liegen). Seither habe ich

sie in den Ohren und ich hoffe, sie werden mich stets rechtzeitig auf das aufmerksam machen, was die meisten Deiner Kritiker erst gar nicht begriffen zu haben schienen.

Gestern verstieg sich nun auch noch der Nachrichtenmoderator des ZDF in derart unreflektierte Dümmlichkeiten was Dich und Dein Buch betrifft, daß man meinen könnte, eine Nation wird aufgerufen, einem ihrer größten Poeten die Anerkennung abzusprechen. Über Ranicki mag ich nichts sagen. Seine Kritik ist von Häme gezeichnet und hat nichts mit dem Inhalt Deiner Erzählung zu tun.

Ich hoffe und wünsche Dir, daß Dir diese Art der Kritiken und Beschimpfungen nicht zu sehr unter die Haut gehen. Ich weiß, wovon ich rede. Ich kann mit den vielen Verletzungen, die man mir zugefügt hat, zwar leben, aber nicht mehr schreiben.

JOHANO STRASSER: *BRIEF AN GÜNTER GRASS*
Lieber Günter, / soeben haben wir den gehässigen Bericht von Karasek in *Titel – Thesen – Temperamente* gesehen. Was ist es nur, das diesen Menschen so ohne alles Maß gegen Dich wüten läßt? Und: Was für ein Land, in dem man so mit seinen wenigen großen Schriftstellern verfährt?

LEW KOPELEW: *BRIEF AN GÜNTER GRASS*
Lieber Günter, / nun habe ich die *Unkenrufe* gelesen und wieder gelesen. Danke! Das ist ein Werk, wie Du allein es schaffen konntest: eine wahrheitstreue, unbedingt realistische, sogar naturalistische Erzählung, in der »der allmächtige Gott des Details« (Pasternak) waltet, und zugleich eine Parabel voll tapferer Phantasie, ein Gleichnis; es versinnbildlicht gerade diejenigen Probleme der Gegenwart, die heute brennend schicksalsträchtig sind. Und Du packst sie an als beherzter Poet, als ein Künstler mit scharfem Blick, feinem Gehör und sensibler Einfühlung. Du bist – wie in allen Deinen verschiedenen Arbeiten – auch in diesem Buch ein verwegen-eigenständiger Autor, läßt Dich weder von Konventionen noch von ästhetischen oder politischen Moden einengen. Eben das provoziert die Berufsverreißer und die besserwisserische Journaille zu so boshaften und so dummdreisten Ausfällen. Die gezielt konzentrierten und »konzer-

tierten« Angriffe auf Dich erinnern mich wieder einmal an die Hatz auf Christa Wolf im vergangenen Jahr – es sind ja auch dieselben Treiber am Werk. Doch alle Verrisse sind Eintagsfliegen, und ich bin nur besorgt, daß Du es Dir allzu sehr zu Herzen nehmen könnest. Das darf nicht sein. Befolge Puschkins Gebot: »Künstler, Du selbst bist Dein höchstes Gericht!«

JOHANO STRASSER: *BRIEF AN GÜNTER GRASS*
   Inzwischen sind ja einige positive Rezensionen Deiner *Unkenrufe* erschienen; außerdem höre ich, daß sich das Buch gut verkauft. Also hast Du zumindest die zweite Runde im Boxkampf gegen das Team Karasek/Ranicki gewonnen. Die dritte Runde steht nun wohl im *Literarischen Quartett* an. Aber, was immer dort passiert, es wird dem Verkauf des Buches wohl eher nützen.

SIEGFRIED UNSELD: *BRIEF AN GÜNTER GRASS*
   Ich finde die Kritiker-Reaktionen auf Ihre *Unkenrufe* abscheulich. Sie werden es nicht verfolgt haben: Ulla Berkéwicz und ich werden, in ganz anderer Weise, wie Sie unter der Gürtellinie angegriffen. Doch so ist es, wir müssen bei Goethe Zuflucht suchen, der ja sein festes Urteil über Rezensenten hatte.

ECKHARD HENSCHEID: *UNKENRUFE*
   Für Günter Grass in Solidarität
   Quack, quack! Quack quack quaak!
   Unk quakquakquak quack-quack-quack
   Unck: Subaquaquaquaqua quak sub quak.
   Queckquack? Quaaaak! Quuaquaquaquakk.
   Quock – quack – quock – quackgrassquackquack!
   Quack.
   Quack.
   Quick? Nöö. Quack. Nicht stern, nicht quick.
   Nur bloß quackquackquackquackquack.
   Quaque.

JOHANO STRASSER: *BRIEF AN GÜNTER GRASS*
A propos SPIEGEL: Der böse Wille ist nur allzu deutlich. Ob allerdings die Wirkung so durchschlagend negativ ist, weiß ich nicht. Immerhin ist eine der beiden Besprechungen positiv, und es sieht doch auch für relativ unbedarfte SPIEGEL-Leser so aus, als hätte man Ranicki nachträglich zur Rezension gebeten, um den positiven Eindruck der Szczypiorski-Besprechung zu konterkarieren.

Illustration: David Levine

OSKAR NEGT: *BRIEF AN GÜNTER GRASS*
Um mein Urteil kurz zu machen: Ich bin begeistert von diesem Buch, in vieler Hinsicht. Angesichts der literarischen Schwafelei, die z. Zt. Konjunktur hat, fasziniert mich der nüchterne Stil. Kein Wort ist zu viel, kein Wort zu wenig, um den Sachverhalt, der ausgedrückt werden soll, zu treffen. Aber auch die Botschaft selber oder genauer gesagt: Die beiden Botschaften zerreißen den Schleier des törichten Optimismus, der das politische Klima gegenwärtig prägt.

MICHAEL HAMBURGER: *BRIEF AN GÜNTER GRASS*
Auch in der Frage der Wiedervereinigung Deutschlands bin ich ganz Deiner Meinung, hatte sogar aus unerklärlichen Gründen die Gelegenheit, dies am britischen Fernsehen (Channel 4) zu sagen, weil man mich ganz unerwartet aufforderte, einige Minuten lang an diesem zu sprechen – was sonst nie vorgekommen war. Jetzt müssten Dir auch einige Deiner Gegner Recht geben, falls diese fähig sind, von der Erfahrung zu lernen. Aber der Schaden wäre damit nicht aufgehoben und führt noch zu weiteren Verblendungen.

KLAUS SCHLESINGER: *BRIEF AN GÜNTER GRASS*
Ich muß auch noch sagen, daß mir mit dem, was Sie zu dieser gespenstischen deutschen Vereinigung gesagt haben, aus der Seele gesprochen war!

CHRISTA WOLF: *BRIEF AN GÜNTER GRASS*
Ich habe – später als die meisten – *Unkenrufe* gelesen und find es ein menschliches Buch – hoffentlich kannst Du dieses Attribut akzeptieren. In meiner Werteskala nutzt nämlich alle Kunstfertigkeit nichts ohne das (»menschliche«) – aber ich weiß ja, meine Werteskala ist altmodisch, und Deine ist's wohl in diesem Punkte auch. Wenn ich an das Buch denke, seh ich die beiden Figuren, fast unabhängig von dem, was sie tun – was ja nur heißen kann, daß sie »leben«, und ich seh sie in Städten, Landschaften, Räumen, das habe ich gerne. Im übrigen kann man sich ja heutzutage als deutscher Autor kaum was Absurdes ausdenken, was dann nicht alsbald von der absurderen

Wirklichkeit überboten wird. Oder hättest Du für möglich gehalten, daß irgend jemand den Jahrestag der Erfindung der V1 würde feiern wollen? Aus welchem Hexenkessel krauchen jetzt all die bösen Geister? – Aber nein – ein Hexenkessel ist es eben gerade nicht, der nämlich war ja ein Gefäß für heilsame Zaubertränke. Wer soll uns die nun brauen?

Ludwig Harig: *Ach, was für eine Zeit*

> Abscheulich bis ins Mark und bis ins Bein horribel,
> Die Knochen und die Haut und die Idee kaputt:
> Ach, was für eine Zeit! Ganz Deutschland lag im Schutt.
> Der Pfeifentabak wuchs am schwarzen Trümmergiebel.
>
> Das Auge tränte uns vor Angst und scharfer Zwiebel.
> Dann kam das Ungetier, die Schnecke und der Butt,
> Die kluge Rättin mit dem Auge aus Perlmutt.
> Der Mehrwert machte uns verwegen und flexibel.
>
> Du hast es uns erzählt. Die Fabeln füllen Bände.
> Das Böse schien besiegt. Ganz plötzlich kam die Wende,
> und mit ihr kam zurück der Menschen Schlechtigkeit.
>
> Doch du ergreifst mit Herz die ausgestreckten Hände.
> Die Treuhand schlägst du aus. Im Zwang der Widerstände
> entringt sich deiner Qual der Schrei: Gerechtigkeit!

Nadine Gordimer: *Phantasievoller Umgestalter seiner Zeit*
Seit Thomas Mann hat kein deutscher Schriftsteller eine so große Wirkung auf die Weltliteratur gehabt.

Elfriede Jelinek: *Ein Wegbereiter*
Für mich war Grass, vor allem der grandiose Anfang der *Blechtrommel,* der einem ja wie ein Blech-Trommelfeuer ins Gesicht prasselt, eins der stärksten literarischen Erlebnisse meiner Jugend. Auch die Lyrik, die ja heute kaum mehr einer kennt. Sicher hat er wesentlichen Anteil daran, daß ich selbst zu schreiben begonnen

habe, wenn ich auch nicht weiß, ob er sich darüber freuen würde. Und dann *Katz und Maus* ... Das hat eine solch wütende Kraft. Das tobt in kaum einem anderen Werk der neueren deutschen Literatur herum. Schleudert die blutigen Fetzen der deutschen Geschichte hoch in die Luft und läßt die Leser sprachlos drunterstehen.

Rut Brandt: *Freundesland*

Peter und Lars erhielten 1966 das Angebot, in dem Film *Katz und Maus* nach einer Novelle von Günter Grass mitzuspielen. Das Projekt wurde von der Stiftung »Kuratorium Junger Deutscher Film« unterstützt, und es war eine so harmlose Sache, daß man keine politischen Irritationen befürchten mußte. Berühmte Schauspieler wie Berta Drews und Michael Hinz sollten mitwirken. Peter sollte den älteren und Lars den jüngeren Mahlke spielen, den Gymnasiasten, der sich kriegsfreiwillig meldete – mit dem einen Ziel, ein Ritterkreuz zu erwerben, um damit seinen großen Adamsapfel zu verdecken.

Willy unterschrieb den Vertrag mit einigen Bedenken; er gab ihm einen Zusatz, daß die Aufnahmen nicht über die Schulferien hinausgehen dürften und daß die Gage nur eine Art Anerkennungsprämie sein dürfe. Der Film sollte in Danzig gedreht werden.

Als er in die Kinos kam, brach in den Zeitungen ein kleiner Sturm los. Leserbriefe wurden spaltenweise veröffentlicht, und nach Hause kamen anonyme Briefe. Was war geschehen? Ich hatte im voraus den Film gesehen und fand ihn gut. In der Szene, die die unglaubliche Verärgerung auslöste, sah ich nur Lars, der zu meiner Erleichterung vom Boden eines Schiffswracks auftauchte: Mahlke hatte endlich sein Ritterkreuz gefunden und hängte es sich um den Bauch. Aber nein, das Ritterkreuz sei entehrt worden; dieser Lümmel habe es an sein Geschlechtsteil gehängt, hieß es.

Es hatte begonnen, wieder modern zu werden, das Ritterkreuz an der richtigen Stelle zu tragen, und so gab es jetzt eine willkommene Gelegenheit, eine Kampagne zu starten. Nun hatten sowohl Willy als auch ich gewiß ein anderes Verhältnis zum Ritterkreuz als ein Teil des deutschen Volkes, aber wir schluckten das wie so vieles andere.

Illustration: Tullio Pericoli

KLAUS SCHÜTZ: *ERINNERUNGEN*
   Willy Brandt war in Berlin. Erst zwei bis drei Wochen nach dem Mauerbau flog er jeweils nachmittags mit einer kleinen Sondermaschine nach West-Deutschland. Er sprach dort auf Massenkundgebungen in den Großstädten. Spät nachts ging es wieder zurück nach Berlin.
   Auf einem dieser Flüge war Günter Grass mit von der Partie. In einem seiner Theaterspiele hat er seine Eindrücke festgehalten: *POUM oder Die Vergangenheit fliegt mit*. Es ist ein Einakter, der offenbar selten oder gar nicht gespielt worden ist. Schade, denn ich lese das Stück immer noch mit Vergnügen. Es gibt auf besondere Weise die Atmosphäre wieder, in der wir damals diesen eigentümlichen Wahlkampf durchführen mußten.
   In seinen Regieanweisungen gibt Grass Ratschläge, wie die Charaktere des Stückes dargestellt werden sollen. Den »Kandidaten« sieht er tatkräftig, mit trockenem Charme ausgestattet, wachsam, mürrisch beim Diktieren, mehr angestrengt, als es die Sache zu erfordern scheint, Vertrauen erweckend, sympathisch und kritisierbar. Bei der Darstellung des »Schriftstellers« dürfen alle Vorurteile, die dessen Beruf keimen läßt, dick aufgetragen werden. Und den »Wahlkampfleiter« sollte ein junger Mann spielen, der sich entschlossen hat, seine Gefühle hinter Fakten zu verbergen.
   Grass hatte in diesen Wahlkampf mit einer »Sozialdemokratischen Wählerinitiative« eingegriffen – eine willkommene Aktion. Ob sie wirklich geholfen hat, ist gar nicht so wichtig. Wählermassen hat sie jedenfalls nicht bewegt. Ich selbst war aber sehr beeindruckt von einer Grundsatzrede, mit der er sein Eintreten für Brandt und für die SPD begründet hat. Selten habe ich in so überzeugenden Worten erklärt gefunden, warum die »Gebildeten« in unserem Volk in der Vergangenheit politisch versagt haben und warum sie den Weg finden müßten, um sich mit den Sozialdemokraten zu verbinden.

1993

Hans-Jochen Vogel: *Brief an Günter Grass*
Sehr geehrter, lieber Herr Grass, / während eines kurzen Weihnachtsurlaubs habe ich von Ihrem Entschluß gelesen, die SPD zu verlassen. Dieser Schritt berührt mich deshalb auch persönlich, weil ich Sie nach meiner Erinnerung im Herbst 1981 in Berlin in eben diese Partei förmlich als Mitglied aufgenommen habe. Ihre Gründe habe ich zu respektieren – dennoch halte ich dafür, daß eben diese Gründe auch zum Gegenteil, nämlich zu einem verstärkten Engagement für die eigene Position innerhalb der Partei hätten führen können. Daß ich selbst in der Asylfrage darum ringe, haben Sie sicher verfolgt. Vielleicht wäre es sinnvoll, bei Gelegenheit darüber einmal persönlich zu sprechen. Aber das müssen Sie entscheiden.

Hilde Domin: *Brief an Günter Grass*
Im übrigen war sehr von Ihnen die Rede. Marcel Reich-Ranicki sprach von Ihrem neuen Gedichtband, der gerade in diesen Tagen erscheint. Ich habe ihn schon bestellt. Überhaupt habe ich all das Ihre. Und ich freute mich auch, dass Sie aus Unzufriedenheit aus der SPD ausgetreten sind. In welche Partei können wir noch eintreten? Man versteht die Politiker nicht, die uns so zum Chaos hinführen. ABM-Stop und Kürzungen der Bezüge der Ärmsten. Man muss eine DENNOCH-Hoffnung bewahren. Und man muss contra geben, wenn solche Fehler gemacht werden. Es gab fast keine Demokraten in der Weimarer Republik, das erinnere ich noch genau. Und das IST ein Unterschied.

Johannes Mario Simmel: *Auch wenn ich lache ...* (Roman)
»Ich kenne eine Menge Leute, die auch meinen, das mit der Wiedervereinigung ist keine gute Idee gewesen«, sagt Mischa. »Manche haben das gleich von Anfang an gesagt, und über die sind die Politiker in Bonn fürchterlich hergefallen. Über den Günter Grass zum Beispiel oder über den ehemaligen Chefredakteur Erich Böhme vom *Spiegel*. Der Grass hat gesagt, wenn es denn schon sein muß, dann

bitte nur als eine Art Konföderation, und der vom *Spiegel*, der hat geschrieben, er möchte nicht wiedervereinigt werden. Hören hätte man auf die beiden sollen! Ich meine, das war doch grob fahrlässig, was da angestellt worden ist, wenn man erst jetzt draufkommt, was für Unterschiede es gibt zwischen Ost und West, und daß die Ossi-Frauen wild auf Vanille sind und die Wessi-Frauen nicht. Logisch, wenn es da mit dem Aufbau Ost nicht klappt, denn wer weiß, wo es noch überall Unterschiede gibt und welche!«

ERICH LOEST: *LEIPZIGER BUCHMESSE*
Es kann schon sein, daß Hermann »Martin« Kant wehmütig der Leipziger Buchmesse in den Farben der DDR gedenkt. Ich bin gern bereit zuzugestehen, daß es für mich ein erhebendes und prickelndes Gefühl bedeutete, mir damals in der Koje von Luchterhand eine *Blechtrommel* unters Hemd stecken zu lassen und sie heimlich nach Hause zu tragen. Natürlich ist es mir heutzutage lieber, die alten Zensoren vom Schlage Höpcke sind wirkungslos, und Grass liest in Leipzig.

CHRISTA WOLF: *BRIEF AN GÜNTER GRASS*
Ich habe dieses Land geliebt. Daß es am Ende war, wußte ich, weil es die besten Leute nicht mehr integrieren konnte, weil es Menschenopfer forderte. Ich habe das in *Kassandra* beschrieben, die Zensur stocherte in den *Vorlesungen* herum; ich wartete gespannt, ob sie es wagen würden, die Botschaft der Erzählung zu verstehen, nämlich, daß Troja untergehen muß. Sie haben es nicht gewagt und die Erzählung ungekürzt gedruckt. Die Leser in der DDR verstanden sie.

Daß Du anders handeln mußt, weiß ich. Du trittst überall aus, wenn Du Deine politischen oder moralischen Maßstäbe verletzt siehst. Ich habe Respekt vor dieser Position, es muß sie geben, und Du bist der, der sie ausfüllen muß. Ich glaube zu wissen, daß Du die Verletzungen, die Du Dir zuziehst, auch nicht so einfach wegsteckst. Um so höher schätze ich Deinen Mut.

INGRID BACHÉR: *BRIEF AN GÜNTER GRASS*
Lieber Günter, / ja nun bin auch ich aus der SPD gegangen, nach der Zustimmung zum Asyl-»Kompromiß« – welch schändlicher Wahnsinn – doch denke ich, da wir auf die SPD nicht mehr zählen können (so wie der Mehrheitsverfall dort ist), sollten wir ungewöhnliche Initiativen ergreifen, um das Bewusstsein zu stärken gegen den »anschwellenden« Rassismus. Wir sollten gezielt gegen die weitverbreiteten Neonazi-Zeitungen vorgehen. Tat das damals nicht der »Grünwalder Kreis«?
Und vielleicht sollten wir eine Anregung von Elie Wiesel aufnehmen. Ich leg Dir einen Zeitungsbericht ein. Ich halte ein solches Kolloquium für dringend notwendig – wenn es nicht defensiv ist.

SAUL BELLOW: *SCHRIFTSTELLER, INTELLEKTUELLE, POLITIK*
Das letzte literarische Treffen, an dem ich meiner Erinnerung nach teilgenommen habe, war der internationale PEN-Kongreß in New York [vgl. Raddatz, S. 338f.]. Ich wurde dort einer Gruppe mit dem Thema »Der Staat und die Entfremdung des Schriftstellers« zugeteilt – ein überflüssiges und albernes Thema. In einem kurzen Referat (je kürzer desto besser für eine solche Gelegenheit) erklärte ich, daß sich die Regierung kaum um die Schriftsteller kümmere. Die Gründungsväter hätten einen aufgeklärten Plan für Gleichheit, Stabilität, Gerechtigkeit, Befreiung von der Armut und so weiter aufgestellt. Kunst, Philosophie und die höheren Themen der Menschheit seien nicht Angelegenheit des Staates. Der lege vielmehr Wert auf das allgemeine Wohlergehen und eine angewandte Form von Humanismus. Mit Hilfe der Wissenschaft seien wir in der Lage, uns die Erde untertan zu machen und sie dazu zu bringen, für unsere Bedürfnisse zu sorgen. Armut sollte beseitigt werden. Im großen und ganzen sei ich der Meinung, dieses Programm habe sich als erfolgreich erwiesen. In einer kommerziell orientierten Gesellschaft hindere einen nichts daran, Romane zu schreiben oder Aquarelle zu malen, doch erfahre Kultur nicht die gleiche Aufmerksamkeit wie landwirtschaftliche Erzeugnisse, Industrieprodukte oder der Geldverkehr. Ich schloß mit der Bemerkung, daß viele der materiellen Ziele der Gründungsväter mit Erfolg verwirklicht worden seien.
Noch ehe ich das Rednerpult verlassen konnte, hatte sich Gün-

ter Grass erhoben, um mich aus dem Auditorium anzugreifen. Er erklärte, er habe soeben die South Bronx besucht. Die armen Schwarzen, die in diesen schrecklichen Straßen lebten, seien nicht der Ansicht, daß sie frei und gleich seien. Die Schrecken, die sie durchmachen, entsprächen ganz und gar nicht jener amerikanischen Erfolgsbilanz, die ich eben aufgemacht hätte. Der Saal war voller Schriftsteller und Intellektueller. Grass hatte das Streichholz an die ideologische Lunte gehalten, es gab einen ungeheuren Knall, die Delegierten und Besucher explodierten im Zorn. In dem Aufruhr versuchte ich, so gut es ging, zu antworten, sagte, daß die amerikanischen Städte natürlich in den Orkus gingen; sie seien monströs geworden. Ich versuchte außerdem darauf hinzuweisen, daß Maßnahmen, die Abhilfe versprachen, wenn überhaupt nur in einer reichen Gesellschaft möglich seien, und das schiene mir Beweis genug, daß die materiellen Ziele der Gründerväter tatsächlich Gestalt angenommen hätten. Ich fügte hinzu, da es sich nun einmal um einen PEN-Kongreß handelte, daß Schriftsteller in der Politik nie sonderlich erfolgreich gewesen seien. In diesem Zusammenhang erwähnte ich als deutsche Beispiele Brecht und Feuchtwanger. Grass wandte ein, daß er in Amerika immer als Kommunist abgefertigt würde.

Man muß es den Sozialvisionären und Befreiern lassen: Sie wissen, wie man die höhere Ebene erreicht und sie verteidigt. Sie sind auch Meister in der Kunst des Gleichsetzens: Du hast dich positiv über das amerikanische System ausgelassen, weil du es verteidigst und sein Handlanger bist; du kümmerst dich nicht um die Armen und bist obendrein ein Rassist.

Er hatte den Agitprop-Knopf gedrückt, und schon gingen die altbekannten Warnlichter an. Auf diese Signale reagierte die erregte Menge mit einem konditionierten Reflex.

»Ich fürchte, daß bedeutende deutsche Schriftsteller nichts wissen müssen, um sich äußern zu können«, hat Melvin Lasky über Grass geschrieben.

Grass war offenbar der Meinung, ich rechtfertigte das Establishment – dieses mottenzerfressene Leichentuch. Nein, ich habe einfach nur beschrieben, was man sehen konnte.

Ein kurzes Zitat von einem ungewöhnlich klarsichtigen politischen Theoretiker, von Allan Bloom, kann besser als ich die Richtung zeigen, die ich mit meiner Rede vor den PEN-Vipern einzuschlagen gedachte: »Von bürgerlichen Gesellschaften, die auf die Selbsterhaltung ausgerichtet sind, kann niemand erwarten, daß sie einen fruchtbaren Boden für die Heroen oder die Inspirierten bieten. Sie brauchen die Edlen nicht, und sie ermutigen sie nicht ... Wer den Menschen ›ökonomisch‹ betrachtet, kann nicht gleichzeitig an die Würde des Menschen oder einen besonderen Status für Kunst und Wissenschaft glauben.«

KNUT KOCH: *GEGLÜCKTE SKANDALE*
Innerhalb kurzer Zeit wurde ich unversehens noch Dramaturg und engster Mitarbeiter des Intendanten. Dazu verhalfen mir vor allem einige geglückte Skandale.

Der erste gleich zu Beginn mit Günter Grass. Ich hatte sein Stück *Davor* bearbeitet und spielte den jungen Schüler Philipp Scherbaum, der aus Protest gegen den Vietnamkrieg seinen Dackel vor dem Berliner Café Kranzler verbrennen will (daher der plakative Titel). Arglos und selbstbewußt luden wir den Dichter zur Premiere ein. Gegen ein gutes Honorar las er aus seinem neuesten Roman *örtlich betäubt* als Matinee im Großen Haus. Mittags bat ihn der Intendant zum Essen, ich hatte die Ehre, sie zu begleiten. Ein Gourmet-Restaurant, sündhaft teuer. Ich erlebte Grass, den Kämpfer für Sozialdemokratie und Arbeiterklasse, als anspruchsvollen Feinschmecker, gierig und mäkelnd. Erste Irritation. Abends die Premiere, ein schöner Erfolg. Aber Grass versammelte uns in einem Nebenzimmer des Ratskellers, dort hatte das Theater einen Tisch reserviert. Wir saßen ehrfürchtig um ihn herum in dieser kühlen Katakombe. Was er heute abend gesehen habe, sei teilweise sogar besser als die Berliner Uraufführung, aber in drei Punkten sei er nicht einverstanden, »die müssen weg«. Wie ein Parteifunktionär in einem totalitären System, diese Assoziation drängte sich mir auf. Gnekow wandte ein: »Herr Grass, es gibt so etwas wie eine interpretatorische Freiheit ...« – »Ich bin der Autor, ich entscheide.« Wir waren geschockt.

Es ging vor allem um eine Szene, in der eine Schülerin einen imaginären Dialog mit ihrem Lehrer führt. Ich hatte dazuerfunden, daß sie phantasierte, wie sie sich vor ihm entkleidete – was wir die junge Schauspielerin zeigen ließen: sie zog sich aus. Grass hatte aber gerade in Bayern einen Prozeß verloren gegen irgendeinen Simpel, der weiterhin behaupten durfte: »Günter Grass ist ein pornographischer Schriftsteller.« Also sollte sich nun das Mädchen nicht ausziehen, auch nicht vor ihrer eigenen Phantasie. »Das will ich nicht.« Keine Diskussion.

Wir beugten uns nicht und spielten weiter die unveränderte Fassung. Da flatterte uns eine einstweilige Verfügung ins Haus, die den Strip verbot!

Wir spielten trotzdem, ließen aber in der besagten Szene ein Tuch vor dem Mädchen runter, auf dem das böse Wort »Zensur« stand. Nun war der Teufel los. Alle Zeitungen berichteten. Gnekow live im Berliner Fernseh-Studio. Wunderbar. Ich telefonierte mit dem Großkritiker Joachim Kaiser in München, er befragte mich detailliert zu unserer gräßlichen Grass-Affäre: »Ist sie denn nackt?« – »Um Gottes Willen, nur Mantel, Rock und Pullover zieht sie aus.« – »Ach, nicht mal den BH?«

Es war meine erste Arbeit in Münster, und sofort dieser Wirbel. Phantastisch!

JOACHIM KAISER: *KRITIKERS KUMMER – KRITIKERS FREUD*
Ich finde übrigens bei Grass und Frisch, zwei Schriftstellern, die ich außerordentlich schätze, ja fast geliebt habe, zu meinem Kummer eine gewisse Alterserfolgsverdrossenheit. Der alte Max Frisch, wenn man ihn in Zürich besuchte, war so bitter, verdrießlich, dem passte alles nicht. Und Ähnliches sehe ich mit einem gewissen Kummer an meinem Freunde Günter Grass auch, der ist so verbittert, manchmal fast verbiestert. Dabei würde ich sagen, es ist ihm von der Kritik Unrecht getan worden. Ich finde in seinen späten Romanen, sagen wir einmal in der *Rättin* eher noch als im *Butt*, Passagen, die sind der Öffentlichkeit schlicht entgangen, weil die Bücher als Ganze nicht gelungen sind. Aber wenn er da schreibt, wie eine Atomkatastrophe passiert, wie der Atomblitz losgeht, oder wenn er beschreibt, wie die Regierungen, die eigentlich den Krieg nicht wollen, ihn nur nicht verhindern können, wie die im letzten Moment sagen: Es tut uns Leid, aber wir können nicht anders, unsere Logistik will es so. Das ist fabelhaft geschrieben, und trotzdem wird über diese Bücher immer nur hinweggegangen wie über die Entgleisungen eines etwas zu alt

gewordenen Autors. Also da geschieht meines Erachtens dem Grass viel mehr Unrecht als dem Koeppen.

Rudolf Augstein: *Ein widerwärtiger Kerl*

Wir haben uns früher ganz gut verstanden. Als ich ihn kennenlernte, war er ein bescheidener Mann, mit dem man reden konnte. Wir sind einmal zusammen Auto gefahren, da war die *Blechtrommel* gerade erschienen, die ich zu pompös und langatmig fand. Ich sagte zu ihm, ein Drittel hätte es auch getan. Damals hat er auf solche Einwände noch ganz zivil reagiert. Heute wäre er tödlich beleidigt. Nach dem ungeheuren Erfolg dieses Buches, auch im Ausland, ist er übergeschnappt. *[Haben Sie noch Umgang mit ihm?]* Gar nicht. Das ist zu Ende. Er ist ein so widerwärtiger Kerl geworden, mittelpunktssüchtig, humorlos, charakterlich unerträglich.

Ulrich Wickert: *Und Gott schuf Paris*

Im Jardin sei der Einsame nicht mehr einsam, erklärte Günter Grass seiner Tochter Helene, als sie einsam in Paris lebte. Alle Einsamen, so der Vater, gehen in den Jardin du Luxembourg, treffen dort auf andere Einsame, und wenn auch keiner sich zum anderen gesellt, so strömt der Park doch eine Gemeinsamkeit aus, die alle Einsamen beseelt; geborgen werden sie eins mit den anderen, und erst, wenn sie den Platz wieder verlassen, kehren sie in ihre private Einsamkeit zurück.

Fritz Rudolf Fries: *Tagebuch*

Wieder in der Hauptstadt [Mexiko]. Beim Frühstück Günter Grass mit Frau und Sohn auf der Terrasse. Sie sind aus Cuba gekommen, wo er das Heine-Institut eröffnet hat. Was haben sie in Cuba gesehen? Das Meer, das mit großer Geste über den Malecón schlug. Jemand von den deutschen Gästen habe immerzu nach *Cuba libre* gerufen, was der für diesen Tag aus dem Gefängnis entlassene Übersetzer Pomar gerade noch habe korrigieren können mit der Umwandlung von *libre* in *libreta,* also Lebensmittelkarte. Wir sitzen in der stechenden Sonne, unten entfaltet sich das Schauspiel auf dem Platz, so daß ich kaum auf die Worte von Grass höre, der eine Solidarität von uns Ost-Autoren mit Christa Wolf vermißt.

Vergessen Sie nicht, sage ich zu ihm, wenn Sie hier sind, die Casa de Azulejos zu besuchen, ein Restaurant, wo einst Pancho Villa seinen Sieg über die Stadt feierte.

Gespräche unter Autoren bestehen immer aus provozierenden Mißverständnissen. Dabei bewundere ich Grass seit den Tagen, da meine Westverwandtschaft ihre ganze List aufbringen mußte, mir alles von ihm ins Land zu schmuggeln, vorbei an den Organen von Zoll und Grenze. Was sagt Grass? Und wenn er der Sozialdemokratie nach dem Munde redete, traf er den Nagel auf den Kopf, und man konnte den eigenen Hut daran festmachen. Besonnenheit scheint mir das abgenutzte Stichwort zu sein, das Grass charakterisiert; und während er – und wer könnte es schärfer – den neudeutschen Ordensrittern die Meinung geigt, entzieht ihm das Feuilleton die Legitimation, indem es an der Machart seiner letzten Bücher herummäkelt. Er strahlt auf dieser Terrasse eine nahezu indianische Würde aus. Den Humor hebt er sich auf fürs Kochen. Seine *Unkenrufe* sind gerade in dritter Auflage in Mexico erschienen. Er wird daraus vorlesen, wenn wir schon auf dem Rückflug sein werden, und Juan Villoro, beste Adresse aller deutschsprachigen Autoren in Mexiko, wird ihn einführen. Wo ist Villoro? Man hat ihm nichts von unserem Kommen gesagt, er ist in den Estados Unidos und hält dort Vorträge.

Ich denke, daß meine Sympathie für Grass in früher Schulzeit begonnen haben könnte –, als die Umsiedlerkinder meine besten Freunde waren, diese aus ihrer Kindheit Vertriebenen, meist waren sie älter als der Klassendurchschnitt, ihre Erfahrungen überstiegen allemal die unsrigen, die wir diese und jene Bombennacht erlebt hatten, vielleicht einen Blindgänger im Wohnzimmer oder im Schrebergarten.

VIOLA ROGGENKAMP: *LOKALPATRIOTISMUS*

[Ingrid van Bergens] Stimme ist unverwechselbar. Rauh und tief mit Brüchen in höchste Höhen. Sie ist in Danzig geboren, 1931. In Danzig-Langfuhr.»Wenn in der Welt etwas passiert, könnte es auch in Langfuhr passiert sein«, zitiert sie mit dem verliebten Stolz aller

Lokalpatrioten ihren Heimatdichter Günter Grass. Sie war unlängst dort. Dreharbeiten für eine Grass-Dokumentation.

ULRICH HOLBEIN: *OZEANISCHE SEKUNDE* (ROMAN)
Quiz für aufgeschlossene Insider: Bitte ordnen Sie folgenden Aussagen die richtigen Namen zu: Zur Stimulation seiner Gedächtniskraft benutzte Hermann Burger Madeleinegebäck in Kombination mit Lindenblütentee / benutzte Oskar Matzerath Havanna-Zigarren / benutzte Marcel Proust eine Blechtrommel. Zutreffendes bitte ankreuzen.

HANS HEINZ HAHNL: *HEXENEINMALEINS* (ROMAN)
Moser, Du hörst das Gras wachsen. Was ist das Thema der Saison? Vergangenheitsbewältigung.
Was bewältigen die eigentlich?
Opas Mitschuld am Krieg. Sie leisten Trauerarbeit.
Was tun sie? Wer hat das eigentlich erfunden? Dieses scheußliche Wort, das eine gute Sache in den Dreck der Moden und der Medien zieht. Das kann nur ein Politiker gewesen sein. Oder der Grass? Alle leisten Trauerarbeit an ihren Schreibmaschinen. Im Dichterwald klappert es von Vergangenheitsbewältigung. Ich bin von Vergangenheitsbewältigern umringt.

MANFRED RÖMBELL: *ROTSTRASSENTRÄUME* (ROMAN)
Es waren ja auch neue und ungewohnte Töne und Themen, über die sie in den Kneipen mit Ausdauer und oft lautstark redeten und stritten. Wer sonst noch redete über Lyrik und Benn, über Malerei und Musik, über *Die Blechtrommel,* den neuen Roman von Günter Grass, wer stritt sich über Bilder oder Bildaufbau, über abstrakte Malerei und über Expressionismus, wer zitierte mit glänzenden Augen ein Benn-Gedicht, wer eines von Hofmannsthal, »... und Kinder wachsen auf mit tiefen Augen ...«, wer sonst noch redete über Uwe Johnson, über Siegfried Lenz oder Camus, über die Existentialisten oder Schopenhauer, über Thomas Mann und Brecht.

HERBERT GRÖNEMEYER: *DEUTSCHUNTERRICHT*
   Mir sind Brecht, Böll, Grass und Lenz durch den Deutschunterricht in der Schule vergällt worden. Ich erinnere mich nur noch an die grauenvollen, kleinkarierten Analysen, an das ganze Geschwafel, wie jetzt wer was gemeint hat.

THOMAS LEHR: *ZWEIWASSER* (ROMAN)
   Hektor Vaerssen, der berühmte Schlächter (Böll: ein Laienprediger; Grass: außer der *Blechtrommel* nur Kochbücher; Handke: destilliertes Wasser; Frisch: Grußpostkartenexistentialismus), der unerbittliche Verteidiger vor allem im Sinne des Verstorbenseins unangreifbarer Literaten wurde sentimental!

MARCEL REICH-RANICKI: *DAS LITERARISCHE QUARTETT*
   Das wissen wir ja, dass den Nobelpreis immer zweitrangige Autoren bekommen. Hat ihn Strindberg bekommen? Nein, Selma Lagerlöf. Hat ihn Brecht bekommen? Nein, Hermann Hesse. In Stockholm lieben sie nicht so sehr die hervorragende Ware. Grass wird ihn deshalb schon noch kriegen.

INGRID BACHÉR: *BRIEF AN GÜNTER GRASS*
   Lieber Günter, / habe ich Dir gedankt für Deinen Brief im Sommer? Ich weiß es nicht. Auf jeden Fall hat mich *Novemberland* erreicht, ist doppelt da nun um mich und im Sonett. Vielen Dank, welch seltener Fall einer Gegenwehr durch lapidare poetische bis schnoddrige Benennung, in einer Zeit da die Flucht in den tiefgründigen national-romantischen Hintergrund Furore macht. Hat mir gut getan und ich hab jetzt bei einer Veranstaltung zum Gedenken an die Pogromnacht einige Sonette daraus gelesen. Sie lesen sich laut sehr gut, obwohl ich keine gute Vorleserin bin.

1994

RICHARD VON WEIZSÄCKER: *BRIEF AN GÜNTER GRASS*
Sehr geehrter Herr Grass, / mit Ihrem Brief, der mich zum Ende meiner Amtszeit erreichte, haben Sie mir eine große Freude gemacht. Ich danke Ihnen von Herzen dafür. Sie haben einen Graben übersprungen, der bei näherem Hinsehen gar keiner war. Er mag mehr in den Temperamenten begründet gewesen sein, als in einer Sache und gewiß auch nicht in Ihrem Plädoyer für »Guernica«.
Ihr Reden und Ihr Schweigen in den Jahren werdender deutscher Einheit habe ich aufmerksam verfolgt. In der längeren Perspektive traue ich der Entwicklung genügend zu. Aber was auf dem Wege dorthin aus meinem Berufsstand alles gemacht wurde und nach wie vor zu hören ist, überschreitet oft die Grenzen der Erträglichkeit.

> Zu *Guernica*: Günter Grass hatte daran Anstoß genommen, dass die Bundeswehr Picassos berühmtes Gemälde im Jahre 1990 in einer Anzeigenserie verwandte und missverständlicherweise mit dem Satz versah: »Feindbilder sind die Väter des Krieges«. Im Schloß Bellevue hielt Grass im März 1991 die Rede *Das geschändete Bild* (XII, 304 ff.).

KENZABURŌ ŌE: *EIN PRÄGENDER BLICK*
Daß Günter Grass vor, während und nach der Vereinigung eine konsequente Haltung gezeigt hat, schätze ich sehr. Ich fahnde nach seinen Essays in Amerika oder Frankreich: sein Blick auf Europa prägt mich heute so wie früher der Thomas Manns.

MICHAEL SCHNEIDER: *BRIEF AN GÜNTER GRASS*
Ich habe gerade Ihr schönes Interview in der *Wochenpost* gelesen – und hatte das Bedürfnis, Ihnen zu sagen: Ich teile nicht nur die meisten Ihrer in diesem (wie auch in früheren) Interviews geäußerten Positionen zum Fiasko der deutschen Blitzvereinigung und Ihre kritischen Einsprüche gegen den Nachwende-Zeitgeist, der zur Drehscheibe so vieler ehemals linker Schriftsteller und Intellektuellen geworden ist; Sie sind für mich auch einer der ganz wenigen literarischen Links-Intellektuellen, vor dem ich noch Respekt habe. Es ist genau so, wie Sie es formuliert haben: daß viele Intellektuelle

und Schriftsteller, die anno 68 und danach meinten, ganz links von Ihnen zu stehen, Sie jetzt weit rechts überholt haben: Von Enzensberger bis Biermann, von Walser bis zu meinem Bruder Peter. Und was ich an Ihnen besonders schätze: daß Sie sich in Ihren politischen Grundpositionen treu geblieben sind und sich an dem allgegenwärtigen Tui-Kongreß der Weißwäscher nicht beteiligen. [...]
Sie wären von Ihrem literarischen Format und Ihrer politischen Haltung und Integrität her eigentlich dafür prädestiniert, den großen Roman der Wendezeit zu schreiben. Wäre das nicht ein Thema für Sie? Doch werde ich mich auch freuen, demnächst wieder Sonette von Ihnen zu lesen. *Novemberland* hat mir sehr gut gefallen: die strenge klassische Form machte den Grasschen Biß noch bissiger und die Trauer um die verpaßte geschichtliche Chance bekam etwas Antikisches.

Antje Vollmer: *Brief an Günter Grass*
Nicht versäumen möchte ich eine kurze Nachbemerkung zu dem Film über Christa Wolf. Ich war so böse und empört bei dieser journalistischen Meisterleistung einer Frau, einen Kreis von Männern eine durchweg abwesende weibliche Person kommentieren zu lassen. Sie haben schon recht, das sind die modernen Guillotinen. In diesem Kreis habe ich Sie als den einzigen empfunden, der tapfer an der Seite von Christa Wolf verharrt und damit die Einstimmigkeit verhindert. Darüber habe ich mich gefreut und dafür möchte ich mich bei Ihnen auch herzlich bedanken.

Carl Amery: *Brief an Günter Grass*
Lieber Günter, / über die Medien bekomme ich Deine bayrische Ehrung mit – herzlichen Glückwunsch! Auch zu Deiner Rede: das R-R-Quartett et al. gehört schon längst verhauen.

Peter Glotz: *Tagebuch*
Empfang der *FAZ;* Joachim Fest scheidet als Herausgeber aus, Frank Schirrmacher folgt ihm. Anwesend das gesamte Establishment, Abteilung Geist: Siegfried Unseld, Marcel Reich-Ranicki,

Reimar Lüst, Hermann Lübbe, Johannes Gross, Peter Scholl-Latour usf. Wer fehlt, sind die »Artisten«: kein Grass, kein Walser, kein Kluge, auch kein Botho Strauß oder Peter Handke. Warum sind solche Trennungen in Paris ausgeschlossen, in Deutschland üblich? Wird sich das ändern, wenn die Metropole Berlin zur Hauptstadt geworden sein wird? Ich zweifle daran.

HORST EHMKE: *MITTENDRIN*
In Fragen der schönen Künste war Heinemann so schmucklos wie ein reformierter Kirchensaal. Als Günter Grass mich auf der Rosenburg zu einem Teller Suppe besuchte, schaute Heinemann zu uns herein. Grass begann, ihn vorsichtig auf Literatur anzusprechen, Heinemann winkte ab: Fehlanzeige. Grass versuchte es mit dem Theater. »Ins Theater geht meine Frau, und außerdem habe ich hier Theater genug.« Schließlich klärte Heinemann ihn auf: Er habe in seinem Leben vor allem ein Buch gelesen, und das immer wieder, die Bibel. Sie reiche aus, die Sekundärliteratur sei nicht so wichtig. Heinemann machte auf Grass dennoch einen großen Eindruck, er habe die seltene Gabe, mit wenigen Worten und durch bloße Gegenwart Mut zu machen.

UTA-MARIA HEIM: *DIE WUT DER WEIBCHEN* (ERZÄHLUNG)
Das Schließfach trug die Nummer 1956. In jenem Jahr waren mindestens drei bedeutende deutsche Dichter gestorben. Brecht. Benn. Und Hans Carossa. Alfred Döblin nicht. Der starb erst 1957. »Und wann starb eigentlich Günter Grass? Oder lebt der noch?«

WALTER JENS: *VERGANGENHEIT GEGENWÄRTIG*
Man stelle sich vor: Autoren, über die mittlerweile Dutzende von Dissertationen, Analysen, kritische Vergleiche verfaßt worden sind, lesen aus einem Buch, das *Die Blechtrommel* heißen soll, sprechen, mit stockender Stimme (»Etwas lauter bitte, Fräulein Bachmann!«): »Die große Fracht des Sommers ist verladen«, lesen *Die Todesfuge*, untermalen ein Szenario mit barockem Titel, bei dem es um einen *concours* zwischen dem Marquis de Sade und Jean-Paul Marat geht,

von Zeit zu Zeit mit rhythmischem Trommeln (Peter Weiss war ein *drummer* von Rang) ... und nichts davon, oder so gut wie nichts, ist dokumentiert: nichts von der Erregung, die sich unserer bemächtigte, wenn wir zu ahnen begannen: Jetzt, in diesem Augenblick, wird in der Geschichte der deutschen Literatur ein neues Blatt aufgeschlagen – und wir werden einmal sagen können: »Damals, als ein Autor namens Günter Grass (»Sag mal, schreibt der sich mit Doppel s oder mit sz?«) sich an der Seite Hans Werner Richters auf den elektrischen Stuhl setzte, ›die Hauptfigur meines Romans ist ein Zwerg mit Namen Oskar Matzerath‹ ... ja, damals war ich dabei.«

IAN BURUMA: *ERBSCHAFT DER SCHULD*
Wenn *Die Blechtrommel* die berühmteste fiktive Chronik des Zweiten Weltkriegs ist, dann ist Oskar Matzerath, der Junge, der im Alter von drei Jahren nicht mehr weiterwachsen wollte, der berühmteste literarische Zeuge der NS- und Kriegszeit. Oskar Matzerath mit seiner Blechtrommel und einer Stimme, die Gläser zerspringen läßt, ist ein idealer Chronist. Er hat die magische Neugierde eines frühreifen Kindes. Sein Blick nimmt alles auf, ganz gleich ob es den Erwachsenen peinlich ist oder nicht. Und der Schlag seiner Trommel bezeugt die Schrecken, die er gesehen hat. Gleichzeitig verkörpert Oskar die Ängste und Sehnsüchte der Erwachsenen, vor allem die Sehnsucht nach Zuflucht in der dunklen, warmen Schoßwelt unter den weiten Röcken seiner Großmutter, Anna Bronski, die am Rand eines Kartoffelackers in Kaschubien hockt. Dort, unter dem »weiten Rock«, befindet sich das Kind in einer Welt, in der es noch nichts zu erinnern gibt und wo der Erwachsene alles vergessen kann, was sich je ereignet hat.

PETER HANDKE: *MEIN JAHR IN DER NIEMANDSBUCHT* (ROMAN)
Der Schnee sank damals so monatelang vorbei an einer Gaststätte in der Schellingstraße, wo oft Hitler gegessen hatte und im Augenblick die Hand eines jungen Kellners aus Bari beim Trüffelraspeln durch die fast blinden Glasfenster schien, sank vorbei in der Amalienstraße an einer Frau, die ihr Kind anherrschte: »Hiergeblieben!«, sank vorbei auf dem Adalbertfriedhof an der Statue der Tänzerin Lucille

Grahn, in entsprechender Pose, die von einem vorbeikommenden jungen Mädchen jetzt nachgestellt wurde, sank vorbei weit draußen beim Dachauer Moos an jener Bank, auf der der Leser vorzeiten, als Halbwüchsiger, nach dem Durchirren des Konzentrationslagers, bis knapp vor dem letzten Zug in *Katz und Maus* vertieft gewesen war, sank vorbei an einem Lodenmantel, dem Mailänder Dom, der Wüste Kalahari, den Fleischerhaken, den drei Königen aus dem Morgenland, den unbetätigten Schneeschaufeln, den Zeitungsautomaten, wie überall in München, auf den Gehsteigen, mit den von morgens bis abends gleichen Schlagzeilen, welche den Leser, sonst ablenkbar von was auch immer Geschriebenem, in jenen Wintermonaten, in Anbetracht des Epos, herzlich wenig kümmerten.

JANOSCH: *DICHTUNG MUSS ETWAS AUSLÖSEN*
Dichtung muß nichts bedeuten, so wie Bilder nichts bedeuten müssen. Nur muß es etwas auslösen. Grass löst bei mir gar nichts aus, außer Ärger über zu viel Gerede.

ERICA JONG: *KEINE ANGST VOR FÜNFZIG*
Das Filmfestival [1983 in Venedig] war ein Irrenhaus. Jewgenji Jewtuschenko war aus Moskau gekommen, mit einer britischen Ehefrau, von der er sich bald trennen sollte, und den Manieren eines Moguls. Er war groß, theatralisch, gewöhnt, mit seinen Verehrern Stadien zu füllen, und er suchte Ärger. Der Pfeife rauchende, grüblerische Günter Grass kam aus Deutschland in ähnlicher Laune an, aber er war zu klug und überlegt, um es zu zeigen.

JAN FAKTOR: *LITERATURHERSTELLUNG*
Am schlimmsten hat es mich einmal in Berlin im Literarischen Colloquium erwischt. Schon bevor ich anfing, die (Selbst-)Besudelung vorzulesen, hatte ich die Vorahnung, daß sich die Stimmung im Raum gegen mich wenden würde; Günter Grass hatte zu dem Zeitpunkt sowieso schon schlechte Laune – vormittags war er dagegen geradezu übertrieben tolerant –, nach der Mittagspause hat er dann generell fast alles kritisiert, was kam; und ich war fast der letzte

an der Reihe und daher – als schon viele ungeduldig auch gegen die Müdigkeit ankämpfen mußten – das gefundene Fressen. Grass wurde bei meinem Text richtig wach und gleichzeitig wütend und war dann ohne Gnade. Hauptvorwurf: Der Text will provozieren, provoziert aber gar nicht, weil er nicht stimmt.

OSKAR LAFONTAINE: *BRIEF AN GÜNTER GRASS*
Lieber Günter, / herzlichen Glückwunsch zu Deinem Geburtstag. / Hoffentlich wählen die Deutschen so, daß Du einigermaßen zufrieden sein kannst. / Ich möchte Dir für die Unterstützung in den letzten Jahren danken. Ich habe mich gefreut, daß Du uns auch bei dieser Bundestagswahl unterstützt. Noch mehr freuen würde ich mich, wenn wir wieder einmal Gelegenheit hätten, zusammen zu reden.

WERNER FULD: *UNWAHRE ANEKDOTEN*
Als der *ZEIT*-Fragebogen nach den zehn wichtigsten Büchern der Nachkriegszeit verschickt wurde, soll Günter Grass geantwortet haben, er verstehe die Frage nicht, er habe doch erst fünf geschrieben.

ECKHARD HENSCHEID: *PLANSTELLEN DER DEUTSCHEN LITERATUR*
S. Lenz? Kirsch? Rinser? Ach was. Nein, das Gewissen der Nation wird seit 1985 und bis auf weiteres bestenfalls vom hauptamtlichen Weltgeist-Darsteller G. Grass kommissarisch mitverwaltet. Und bisweilen nicht einmal schlecht. Mit kreuzüberflüssigen Appellen und offenen Briefen an alle deutschen Bundestagsabgeordneten, ja die komplette Bundeswehr. Die darauf schwer gewartet hat.
Wobei Grass allerdings ohnehin aufpassen sollte, nicht bald gezwungen zu sein, die ihm zustehende »Weltgeist«-Rolle mit allen möglichen Obskuritäten teilen zu müssen, Finsterlingen, die sich aus den angrenzenden philosophischen Fakultäten eingeschlichen haben, auf Namen wie Peter Sloterdijk hören und nichts Geringeres als den heutigen »Weltwachgeist«, ja das »Weltwächtertum« vorzustellen vorgeben – also aufpassen, Grass, auch in Ihrer Nebenrolle als Nobelpreisdauerkandidat! Die Konkurrenz schläft nicht!

1995

ROBERT GERNHARDT: *WEGE ZUM RUHM*
Du willst also Schriftsteller werden? Eine gute Wahl, die allerdings sogleich eine weitere Entscheidung nach sich zieht: Welche Art Schriftsteller denn?
Wie jeder Betrieb offeriert auch der Literaturbetrieb die unterschiedlichsten Karrieren, und natürlich sollte jeder Anfänger darauf achten, eine gute Startposition mit soliden Aufstiegschancen zu erwischen. Keiner beginnt als Großschriftsteller und »Gewissen der Nation« (früher Böll, heute Grass), doch wer so enden will, der sollte rechtzeitig die Weichen stellen.
Er startet zweckmäßig als »Zorniger junger Mann« (früher Grass, heute Goetz) und entnimmt einschlägigen Werdegängen Anregungen für die Ausgestaltung dieser Rolle: Soll er sich an Enzensberger orientieren (früher laut, heute leise), an Handke (früher grob, heute weise), an Strauß (früher scharf, heute scheinheilig)? Oder empfiehlt es sich auch in diesem Fall, lieber gleich von den Klassikern zu lernen?

KENZABURŌ ŌE: *BRIEF AN GÜNTER GRASS*
Wenn ich auf mein Schriftstellerleben in den ersten Anfangsjahren zurückblicke, ist mir, als stünde wieder ein junger Mann vor mir, der Oskar gleicht – jenem Oskar aus der *Blechtrommel,* diesem Roman, der für mich einen der bedeutendsten in der zweiten Hälfte dieses Jahrhunderts darstellt. Ohne jemals seiner unschuldigen Jugendlichkeit entkommen zu können, trägt er an Leib und Seele im Übermaß Wunden davon – Wunden, die sich nicht mehr schließen – und lebt zudem in dem Bewußtsein, daß ihn mit den Menschen, die ihm diese Wunden zufügen, eine solidarische Verantwortung verbindet. Und Oskar schreit und schreit nur, ohne zu wissen, zu welchem Zweck und Sinn er schreit...
Noch am Anfang meines Schriftstellerlebens bekam ich – und dies überschnitt sich mit der Zeit, in der mir ganz konkret die Augen für das Elend der Atombombenopfer in Hiroshima und ihre mensch-

liche Würde geöffnet wurden – ein Kind, das mit einem mentalen Defekt zur Welt kam. Indem ich mit diesem Sohn lebte, dem in seinen frühen Jahren lediglich Vogelstimmen etwas sagten und von dem sich auch jetzt nach dreißig Jahren nicht behaupten ließe, er könnte – außer mit den Mitteln seiner Musik – in ausreichendem Maße mit anderen Menschen kommunizieren, war es mir möglich, das Überleben von Oskar, den ich in mir trage, zu sichern. Seine Schreie waren die Texte, die ich in jener Zeit schrieb.

Erich Loest: *Nikolaikirche* (Roman)
Westberlin, dazu gehörte Willys fassungsloser Blick auf Kampfgruppenketten im August '61, Rosinenbomber und »Ich bin ein Berliner«, Springers Hochhaus und Rudi Dutschke, die Glocke auf dem Schöneberger Rathaus und der RIAS, Bubi Scholz und die »Insulaner«, Günter Grass hinter seiner angekokelten Haustür, und »Ich hab so Heimweh nach dem Kurfürstendamm«.

Jürgen Kuczynski: *Memoiren*
Ich sprach gegen die Vereinigung in einem Staat in der nächsten Zeit, für eine Konföderation. Der einzige, der mich unterstützte, war Günter Grass, teilweise auch Antje Vollmer, die aber nach der Konferenz sich den Vereinigern offiziell für die Grünen anschloß.

Werner Fuld: *Neue unwahre Anekdoten*
Um Günter Grass ist es still geworden. Seine letzten Bücher waren kein Erfolg, seine politischen Reden gegen die deutsche Vereinigung gingen an der Realität vorbei. Seitdem verbringt der Hobbykoch die meiste Zeit am Herd. Als er jüngst auf einem Ost-Berliner Markt einkaufte, fragte ihn der Fischhändler mißtrauisch: »Waren Sie nicht mal Günter Grass?«

Ingrid Bachér: *Brief an Günter Grass*
Lieber Günter, ich hörte von Deiner Lesung, Deinem neuen Buch

und bin begeistert, daß Du Dich auf dies weite Feld begeben hast. Das war so nötig!

PETER RÜHMKORF: *TAGEBUCH*
    Gestern abend zu Grassens, ab 18.30 Mantheys, Frielinghaus, Steidl, dessen Fahrer u. eine Verlagsdame. Manthey, Röhl zitierend, als eine Sekretärin um eine Gehaltserhöhung eingekommen war: »Wir sind hier kein sozialer Betrieb, sondern ein sozialistischer.« G.s auf Erden nicht mehr zu tilgende Wut auf K., der seine *Rättin* seinerzeit in einer Miesenliste zwischen Hitlers *Mein Kampf* und noch etwas Niederträchtigem aufgeführt habe. Das allerdings sind auch für mich Grenzüberschreitungen, die ich für verwerflich halte und die bekämpft gehören. Dito Kartellabsprachen zwischen *Spiegel*, *FAZ* und »Quartett« über besprechungswürdige und lebensunwerte Bücher.

> Von der Münchner Illustrierten *Bunte* wurde Hellmuth Karasek im Herbst 1986 gebeten, eine Liste mit den zehn schlechtesten Büchern des Jahrhunderts zusammenzustellen. Die *Rättin* fand sich dort neben Hitlers *Mein Kampf* und Stalins *Theorie zur Sprache*. Karasek erklärte später, dass die Liste scherzhaften Charakter gehabt habe und der Vergleich zwischen Grass und Hitler »aus Versehen« zustande gekommen sei (Karasek, *Karambolagen*, S. 193ff.).

HANS MAYER: *BRIEF AN GÜNTER GRASS*
    Ich wollte Dir nur herzlich danken für das vom Verlag in Deinem Auftrag übersandte Leseexemplar des *Weiten Felds*. Welch ein Jammer: ich kann das Buch nicht mehr lesen. Meine Augen verbieten mir seit Jahren jede wichtige Lektüre. Im rechten Auge sind Zellen im Alter ausgefallen. Im übrigen ist die Weitsicht nach wie vor weitgehend intakt geblieben. Ich kann noch alleine reisen etc. Doch lesen kann ich leider nicht mehr. Du weißt, daß es kein höfliches Kompliment ist, wenn ich darüber, angesichts des umfangreichen Romans, aus welchem man mir bereits die Kapitelüberschriften vorgelesen hat, wirklich traurig bin. Mit den Kapitelüberschriften wird man bekanntlich bei Grass, ebenso wie bei Jean Paul, Hoffmann oder Döblin, ohnehin hereingelegt.
    Ich würde mich wirklich freuen, wenn wir uns wiedersehen und

sprechen könnten. Ich habe den Eindruck, daß wir gegenwärtig sehr ähnliche Gedanken hegen.

WALTER HINCK: *BRIEF AN GÜNTER GRASS*
   Wie Sie die Perspektiven Fontanes und Fontys, die politische Atmosphäre der Reichsgründungszeit und der »Wende«-Zeit um 1990, Schädlichs Tallhover und den Tagundnachtschatten Hoftaller ineinander verschränkt und die Geschichte Fontys in unendlich vielen literarischen Anspielungen und zeitgeschichtlichen Bezügen vernetzt haben, wie Sie in einem gelöst heiteren, aber nichts unter den Tisch kehrenden Stil eine heimliche Wahlverwandtschaft mit dem Erzähler Fontane spürbar machen, wie Sie Ihre Urteile der erzählerischen Ironie anheimgeben und damit dem selbsttätigen Leser seine Freiheit lassen – alles dies ist meisterhaft und, wenn das etwas belastete Wort noch erlaubt ist, begeisternd. Die Kritik oder zumindest die Germanistik wird sich vermutlich an der »Intertextualität« und den »postmodernen« Zügen des Buches festbeißen. Aber selbstverständlich ist die Komplexität Ihres Romans in überhaupt keinem Schema zu fassen. *Ein weites Feld* ist für mich der Roman des Jahrzehnts.

MARCEL REICH-RANICKI: *BRIEF AN GÜNTER GRASS*
   Ihr »weites Feld« ist inzwischen bei mir angelangt. Noch habe ich keine Zeile gelesen, denn ich muß mich jetzt mit nicht weniger als fünf Büchern für das »Quartett« am 6. Juli beschäftigen. Und überdies darf man ja die Kritik nicht früher als Ende August publizieren. Sie können ganz sicher sein, daß ich Ihren Roman so aufmerksam wie wohlwollend lesen werde.

INGRID BACHÉR: *BRIEF AN GÜNTER GRASS*
   Sehr gefreut hat mich Dein Brief und das Buch, soweit ich es schon las, erinnert mich an die wundervollsten, mich in die Geschichte hineinziehenden Passagen der Bücher, die ich am meisten von Dir liebe. Natürlich *Blechtrommel* und das so musikalisch aufgebaute *Treffen in Telgte*.

CHRISTA WOLF: *BRIEF AN GÜNTER GRASS*
Lieber Günter, / jetzt schreib ich Dir schnell, ehe das ganz große Gezerre um Dein Buch losgeht und Du für eine Weile vielleicht wenig Ruhe und Zeit hast.

Ich habe *Ein weites Feld* vom ersten bis zum letzten Buchstaben gelesen, in Woserin, umgeben von einer Landschaft, die zwar nicht die Fontanesche ist, aber doch noch eine ursprüngliche, so wie die Fontanesche Mark es war. Ich war und bin voll Bewunderung für den Einfall, der dem Buch zugrunde liegt, für diesen Zugriff, der es Dir ermöglicht, zwei deutsche Vereinigungen mit einem souveränen historischen Blick zu überschauen und sie als zu leicht zu befinden ... Das macht Dir in der heutigen deutschen Literatur keiner nach, da die meisten Autoren sich vom Kampfplatz vornehm und, wie ich glaube, auch ängstlich zurückgezogen haben. Und, das wird Dir klar sein, gegen diese Grundhaltung des Buches wird sich ein Teil der Kritik richten, auch wenn sie sich ästhetisch geben wird.

Ich finde wunderbare Kabinettstücke satirischer oder beschreibender Prosa in dem Buch, genaue, anschauliche Charakterisierungen von Personen, Landschaften, Verhältnissen, die ich mit Genuß gelesen habe. Fragen, vielleicht auch im Namen weniger literaturinformierter Leser, als ich es bin, blieben mir in einigen Punkten: Wenn ich sage, die Länge ist mir problematisch, so meine ich einen bestimmten Bestandteil dieser »Länge«, nämlich die für meine Begriffe allzu akribisch Dein enormes Fontane-Wissen ausbreitenden Partien, bis hin zu den Nachweisen von Zitaten usw. Mir scheint, da ist des Guten zuviel getan, und die Brisanz des Grundgedankens erscheint mir dadurch etwas verhüllt zu werden. Manchmal kommt es mir so vor, als müßtest Du den heutigen Personen etwas Zwang antun, um sie mit denen von damals, deren Spiegelung sie sein sollen, möglichst deckungsgleich zu machen. (Andererseits: Große Hochachtung vor der differenzierten Fontanebiografie, die da mitläuft und die die »weichen« Stellen in Fontanes Biografie und Charakter nicht umgeht, wie andere es getan haben.) Dann wieder bringt eben diese Spiegelung schöne überraschende Wirkungen hervor ...

Ach, ich will ja keine Literaturkritik schreiben. Ich will Dir nur einen Gruß schicken und Dir sagen, daß wir beide die Daumen drücken, daß die Kritiker sich auf das Buch einlassen und nicht nur kritikasternd auf seiner Oberfläche herumstochern.

Peter Rühmkorf: *Tagebuch*
Interessanter Abend. Gegen 19.30 Anruf Steidl mit Leichenbitterdiskant, daß morgen Ranicki-Rezi im *Spiegel* zu lesen sein werde, ein Totalverriß. Erzählte, daß er GG noch nie so niedergeschlagen, so down, so erbarmungswürdig daneben gesehen hätte u. fragte, ob Fax im Hause sei. Ich: Fax, Gotteswillen, ich wäre seit kurzem in Rente u. nur noch auf der Welt, um meinen privaten Grillen nachzugehen. Las mir dann paar Zeilen vor, daß Grass Stasi u. SED-Regime verharmlost habe, u. was wohl seine DDR-geschädigten Kollegen Kempowski u. Loest dazu sagen würden. Fand ich unglaublich, obwohl genau in der Spur meiner alten Sottise: »Wenn sich Sinnleere mit Antikommunismus anfüllt, ist Hexenjagd angesagt.« Zu Steidl: daß ich der nächste auf Ranickis Buchpremierenbühne wäre, aber daß ich die Ausladung eigentlich jeden Tag erwartete. In Einschätzung/Betrachtung der Wendezeit läge TABU mit Günters *Weitem Feld* auf einer Linie, was allerdings nicht ausschließe, daß Ranicki mich als Setzstein in seinem Machtschach betrachten würde. Ließ mir Günters Nummer in Dänemark geben, wobei ich mir allerdings vorbehielt, den *Spiegel* vom Montag abzuwarten. Woran vom Verlag aus gedacht sei? Er: Klaus Staeck werde ein Plakat entwerfen u. der VS vor dem Spiegelhaus demonstrieren. Ich: Wie viele Leute? St., sonst in Hunderttausenderbatzen kalkulierend, nun eher vorsichtig: Na, etwa 20. Nicht ja, nicht nein gesagt, aber wie immer bei resolutionistischen Bedrängungen spontane Idiosynkrasien verspürt.

Helmut Krausser: *Tagebuch*
Im *Spiegel* ein wirklich widerlicher Verriß RRs des neuen Grass. Nicht, daß ich glaube, das Buch würde viel taugen, aber die heuchlerisch freundschaftliche Art – könnte einer Kishon-Satire entstammen –, mit der RR jedem Verdacht von Häme und Wollust vorbeugen will – um dann doch mit beiden Händen in Eingeweiden zu wühlen.
Fast überliest man (weil man hier mit RR d'accord geht), daß er Grass falsche politische Ansichten vorwirft. Wann hat man das zuletzt in einer Literaturrezension erlebt?
Das Maß des Clowns ist endgültig voll. Das Riesenreich Ranicki bröckelt – ein quasi stalinistischer Unterdrückungsapparat aus strategisch plazierten Speichelleckern. Niemand wird einmal glauben,

daß so etwas möglich war. Man wird die Geschichte der deutschen Literatur der letzten 20 Jahre umschreiben müssen, ihr den Rang zuweisen, den sie in der Welt tatsächlich einnimmt.

RR hätte abdanken müssen, sobald er langweilig wurde. Das Perfide an der Angelegenheit – Grass wird von diesem Verriß nur profitiern, RR wird sich genau darauf herausreden – und die vielen weniger renommierten Schriftsteller, die er vernichtet hat – über die redet keiner.

Hans Mayer: *Brief an Günter Grass*
Den bösartigen Hysteriker und literarischen Falschspieler erkennst Du doch auch daran, daß er nicht allein Deine Bücher verreißt, sondern damals auch, bei Höllerers Hochzeit, Deine Kochkunst in Frage stellte.

Sten Nadolny: *Brief an Günter Grass*
Lieber Günter Grass, / habe mir gestern Ihr *Weites Feld* gekauft und lese nachdenklich und mit Gewinn, bin jetzt noch nicht weit genug gekommen, um irgend mehr zu sagen. Und nicht deshalb schreibe ich, sondern um Ihnen schlicht mitzuteilen, wie ekelhaft und bösartig ich die Behandlung Ihres Romans und Ihrer Person durch den *Spiegel* und die durch ihn ermutigten Blätter finde. Diese Gemeinheit ist grund- und bodenlos, die ehrverletzende Schmähung erreicht bisher nicht gekannte Qualität, und all das begann und beginnt mit dem *Spiegel*-Titelblatt, auf dem ein Buch zerstört und ein Autor, dessen Werke drei Generationen begleitet, triumphierend als »gescheitert« verhöhnt wird.

Ich bin, wenn ich meine Gefühle zu beschreiben versuche, nicht nur einfach empört darüber, sondern – mir fällt kein besseres Wort ein – tief beängstigt. Ich denke neu darüber nach, ob es unbedingt dieser Beruf sein muß, mit dem ich meinen Lebensunterhalt verdiene. Und wundere mich, warum sich ausgerechnet auf Romanautoren so viel Neid und Haß richtet – Drehbuchautoren, Sachbuchautoren, Lyriker werden von der Meute ja eher in Ruhe gelassen.

Den »Brief« von R.-R. finde ich beklagenswert, nicht nur wegen der hinter Schmeicheleien schlecht getarnten persönlichen Feindseligkeit, sondern auch wegen deutlicher Ermüdungserscheinungen in Formulierung und Gedankenführung. Wo nachvollziehbare Argumente nicht so recht gelingen wollen, schweift man bekanntlich besonders leicht ins Persönliche ab, mäkelt am Autor statt am Buch, so auch er. R.-R. hat sich mit dieser schwachen Darbietung keinen Gefallen getan, und wenn er bei Verstand ist, wird er sich über die Art, wie der *Spiegel* ihn benutzt und sein Debakel noch verstärkt, kaum freuen können.

Ihnen, lieber Günter Grass, wünsche ich von Herzen, daß Sie diese öffentliche Quälerei unbeschädigt überstehen können – Ihr Werk wird es in jedem Fall tun.

WILHELM VON STERNBURG: *BRIEF AN GÜNTER GRASS*
Sehr geehrter, lieber Günter Grass, / nach langen Monaten in meiner irischen Einsamkeit wieder nach Deutschland zurückgekehrt, erlebe ich mit großem Erstaunen eine aufgeplusterte Literaturkritik, die mit deutlichen Zeichen aggressiven Unverstandes über Ihren neuen Roman herfällt. Der Rezensent als leitartikelnder Kampfblattjournalist – so ganz neu ist das ja nicht. Vieles erinnert mich an die deutsche Reaktion, die ein anderer großer Autor immer wieder erfahren hat, weil er nicht schweigen konnte, wenn seine Landsleute wieder einmal im Sumpf politischer Dummheit versanken. Was haben die deutschen Studienräte und Feuilletonisten auch nach 1945 nicht alles über Thomas Mann geschrieben, auf wie wenig Verständnis stieß sein »deutscher« Roman über den Tonsetzer Adrian Leverkühn bei der ideologisch-politisch sichtbar verkrümmten Berufskritik.

Sie haben, lieber Günter Grass, einen wunderbaren Roman geschrieben. Sprachlich brillant, die Romankonstruktion ist gelungen, die Montagetechnik besitzt in ihrer Vielschichtigkeit eine fesselnde Verknüpfung der Zeit- und Erzählebenen. Vor allem aber: Sie deuten und »beschreiben« eine Epoche auf künstlerische Weise, wie es dem Historiker mit dieser Eindringlichkeit auch im Abstand von Zeit und Emotion wohl nicht wird gelingen können. Ich bin ganz sicher, daß Ihr Buch zu den bedeutenden Werken unserer Zeit zählen wird.

Illustration: Chris Riddell

Joachim Scholl: *Grass-TV* (Satire)
 Das Spiegel-Erlebnis noch mal live, geile Sache das! Mit Bier und Chips also vor der Glotze. Anfangs war's lahm, der Alte schien nicht in Form. Hing grämlich im Sessel, ließ matt die Flosse über die Lehne gleiten. War ihm womöglich seit Montag ein bißchen journalistischer Anstand gedämmert, die inszenierte Schlammschlacht gar peinlich, sein widerliches Getue mit »Mein lieber Günter« etc.? Nachdem sich die Knappen Hellmuth Karasek und Karl Corino schon mal aufgepumpt hatten, vom Boß mit grimmigem Nicken akklamiert, war es schließlich Sigrid Löffler, die den Opa wieder flottmachte. Die Wienerin wollte nicht so einfach mittun im Konzert der Verhöhnung, grantelte etwas gegen die Großmannssucht der Kritiker. War das so abgesprochen? Denn jetzt kam »es«. Das spuckte, geiferte, zappelte und schrie bis knapp vor dem Infarkt. Hochrot das Köpfchen, Stimme am Überschnappen, alle Pegel auf rot. Scheißbuch! »Von der ersten bis zur letzten Zeile!« Nahezu orgasmisch dann der Ausfall gegen die IG Medien, die ihr Mitglied Günter Grass zu verteidigen gewagt hatten, so ein perfider Angriff gegen die »Krrrritik«. Ein bißchen postkoitale Depression dann noch, als Schleimbeutel Hellmuth das ominöse Titelblatt aus der Tasche zaubert, »wir haben Sie ja noch gefragt, nicht wahr?« Oh, oh, wie war das aber mit der Auskunft gegenüber der dpa, er hätte damit »nichts zu tun«? Macht nix, »soll mir recht sein, wenn viele Leute das wegen dem Titelbild kaufen«. Prima Konter, toll, Marcel.

Peter Rühmkorf: *Brief an Günter Grass*
 Lieber Günter, / »mein« wagt man ja nicht mehr zu schreiben, weil es befürchten läßt, gleich folgt der Tritt in die Eier: hatte mich erst 70 Seiten tief in Deinen Roman versenkt, als der Unsegen losging (der neudeutsche ›Einheits‹-Journalismus) und kann insofern nur auf der Oberfläche mitreden. Eva hatte schon alles in zügiger Muße durchmessen und immer mehr Gefallen daran gefunden (auch viele Passagen vorgelesen), und wir waren mit Dir guts Muts und hofften auf gemeinsame Messen. Daß mich 2000 Seiten Lutz-Arnold-Gepäck in den Urlaub begleitet hatten, hatte ich Dir schon gesagt, da schob sich immer wieder die Pflicht vor die Kür, aber einige Beobachtungen möchte ich Dir doch noch mitteilen. Zum er-

sten wehte mich augenblicklich der gute alte Telgte-Geist an, Historie und Gegenwart gehen nahtlos und ohne jeden Hiat ineinander über, ein Vor- und Rückfluten der (Ge-)Zeiten, also schwimmende borderlines und vom Erzählstrom spielend versetzte Spülsäume, eine große Meisterschaft in der Epochen-Transgression, und ich dachte: darauf wird man sich stürzen und das wird der Tenor sein. Hatte beim wenigen Lesen auch immer wieder Kreuze gemacht und zu E. gesagt: hör mal zu, dies floating, dieser Satzbau, eigentlich gar nicht Bau, sondern ganz organische Fließstrukturen – dann begann es auf einmal Scheiße zu hageln, und wir starrten immer entsetzter in die rezensorischen Rinnsteine.

Daß ich MRR nach drei Tagen konvulsivischer Mühen nicht abgesagt habe, hat Dich betrübt, das ist klar: Dein Mörder, und dann steigt Dein Kumpan und Kampfgenosse da auf diese verfaulten Bretter. Aber ich bin jetzt eher froh, mich nach eigener Fasson entschieden zu haben, das Echo wäre nicht belebend, es wäre nur um ein übriges niederträchtiger ausgefallen: »Na, da theben Thie thich mal lieber den Fuld an« pp. pp., und statt nochmals dialektisch verwundener Nachfolgeresolutionen möchte ich erstmal mein Buch für mich sprechen lassen. Es haut in die gleichen Kerben wie das Deine und bietet ähnlich offene Flanken.

Gestern »Quartett« gesehen und gemeinsam (nebst vielen Freunden und Genossen) aufs tiefste angewidert gewesen. Kaum noch vorstellbar, MRR begegnen zu sollen, aber es muß durchgestanden werden, kalt und offensiv, vorzeitiges Abtauchen hilft keinem empor. Erwarte ohnehin jeden Tag vorzeitige Absage von Frankfurt/Mainstream, weil ich Ranicki vielfach gegerbt habe; aber dann ist er der »Kipper« und Vertragsbrüchige, und ich kann das System noch einmal von einer anderen Seite her angehen.

Quartetto, wie anzunehmen gewesen, Duett für zwei sich überschreiende Blechkasper, Fonty und Tallhover im Vergleich von olympischer Statur. Corinos Beitrag beschränkte sich im wesentlichen auf eine sprechende Fehlleistung: »Nach dem Zusammenbruch des sozialen, Verzeihung, des sozialistischen Systems drüben« … (o. ä.), und die Dame mit vor Wut flimmernden Augen (Hitzeflimmern über Asphalt) eigentlich die ganze Zeit außen vor. Konnte leider ihren Empörungsausbruch nicht mehr mitkriegen, weil Naura anrief (E. klatschte nebenan): »Na, was sagste nu dazu? Haste auch grad gekotzt?« – Großartig in *Woche* nicht nur nebenbei: uns Bissi. Ein toller Kerl und schneidiger Streiter. Aber die eigentliche Diskussion über Dein Buch wird/muß noch einmal in anderen Sphären geführt werden, die werden mit Stil zu tun haben und dem beeindruckenden perspektivischen Fluten, das Dir keiner nachmacht – und im Augenblick noch niemand kapiert.

In Diskussion der destruktiven Korrespondenzen sagte E. gestern Abend: »Es ist ein Rhizom«, und so ist es. Wenn man sieht, wie der Zeitgeist fast unterschiedslos koaguliert, wenn es Handkes geronnene Magermilch zu bestaunen gibt oder Kempos braunstichige Tabus (Himmler u. Stauffenberg in einem gemeinsamen posthistorischen Boot, na, wenn das nichts zum Identifizieren ist!) und dann das freiheitlich chorische Aufwallen gegen Deine epochenübergreifende Geschichtsauslegung, weiß man, was die Uhr geschlagen hat und wie sich (s.o.) die neue Einheits-Mentalität zusammensetzt. Mentalität? Nein, es ist die nackte Ideologie, autoritär, totalitär, und sie duldet auch im Ästhetischen nicht den geringsten kritischen Kratzer an ihrem gemütvollen Überbau.

Lieber Günter, ich bin die letzten Tage nur mit Dir beschäftigt gewesen (nein, *wir* sind es), ich muß ran an meine noch offenen 2000 Seiten Literatur 45–60 (Arnold); ich verstehe Deinen Schmerz; ich begreife ihn in einer Tiefe, die selbst Dir nicht zugänglich ist, weil Du sie bedeckt halten mußt, es sei denn, daß Du das Buch Hiob neu schreiben wolltest. Ich hoffe nur eines: daß man mein Buch nicht gegen das Deine auffahren wird, und wo man es versucht, werde ich das Deine (im Augenblick muß ich noch sagen, fast unbesehen) in den Himmel heben. / Herzlichst grüßen Dich, grüßen Euch

Dein Peter + Eva / und Grüße an Ute!

ADOLF MUSCHG: *BRIEF AN GÜNTER GRASS*

Lieber Günter, / in Zeiten des Anschisses braucht ein Schriftsteller mehr als Trost: zu dem wären bei Dir Hinz und Kunz ohnehin nicht berechtigt, noch weniger als zum Verriß. – Aber was läuft da? Nicht einfach eine Verschwörung, glaube ich, sondern eine schmerzhafte Konzentration verschiedener Formen von Unverständnis.

Die jüngere Kritik, Isenschmid, Radisch etc., ist auf ein Buch wie Dein neues nicht (mehr) eingerichtet. Die Arbeit, die es ihr abverlangt, ist ihr lästig, die Lust, die sich daraus ziehen läßt, fremd. Es stehen zu viele Erfahrungen darin, die, weil diese Kritiker sie nicht gemacht haben, auch nicht viel wert sein können. Das ist die vergleichsweise unschuldige Kritik, sie hat ein (natürlich geleugnetes) »Generationenproblem«.

Und dann gibt es natürlich die andere: die Deine Erfahrungen auch als Lektüre nicht machen will, die ihr ein ganzes Weltbild verdürben bzw. ihr Profil in der Öffentlichkeit, müßte sie diese Erfahrungen ernst nehmen. Sie schreibt Dir also ganz andere vor bzw. schreibt ein Buch ab, in dem sie dokumentiert sind – durchaus: ästhetisch (nicht ideologisch) dokumentiert. Die Mittel, welche diese Kritik »wählt« (gewählt ist daran nichts, aber strategisch wohl überlegt) zeigen immerhin an, wie sehr sie sich durch Dein Buch bedroht fühlt. Von seiner Botschaft darf nichts durchkommen, auch nicht als leiser Zweifel zu Deinen, ihren Gunsten.

Für den Autor ist der Einblick in diesen Zusammenhang natürlich kein Trost. Die jüngeren Stimmen (wohlwollend, gewitzt, verständnislos) und die alten (sehr wohl verstehend, darum massiv feindselig) vereinigen sich in einem Vorwurf, der unwidersprechlich klingt: den unterstellten Mangel an Sinnlichkeit, Erzählplastik, »Deftigkeit«. Ein Vorwurf, der jeden Autor an sich irremachen kann, man hat besonders bei Dir erbärmlich leichtes Spiel damit, braucht ja nur die Blechtrommel gegen alle späteren Bücher zu rühren. Da tut man vielleicht gut daran, sich an ähnliche Prozesse gegen den alten Goethe zu erinnern, an denen auch geniale Dummköpfe wie Kleist beteiligt waren (»er zerlegt jetzt den Strahl / den seine Jugend sonst warf«). Seit vielen Generationen hängen die Stricke leer, die man dem Alten für sein Alterswerk drehen wollte, selbst die Strickdreher, die man darin aufgehängt hat, sind von der Zeit verweht. Natürlich bist Du nicht G., aber die analoge Prätention, welche Dir Deine Unfreunde untergeschoben haben, ziehen sie jetzt mit Geräusch zurück. Der Unterschied ist auch, daß sich der Zynismus in einer Szene, die nur noch Spektakel versteht, als Dienstleistung aufführen kann. Auf dem Markt soll Dir der Lärm ja nicht schaden, im Gegenteil, er zieht neue Kundschaft an. Vernichtbar sind Autor und Buch ja, in der Tat, nicht mehr.

Doch verstanden werden sie von der Infotainment-Generation vielleicht wirklich nicht; wer vom Leiden an der alten BRD so weit entfernt ist, kann auch die scheinbare Leichtigkeit nicht würdigen, mit der Leiden hier aufgehoben wird. Ein Autor, für den der Nachkrieg noch nicht zu Ende ist, andererseits die »Wende« kein einmaliges Ereignis, geht nicht im Trippelschritt des Feuilletons, das keinerlei Kondition für lange Wege mehr hat. Ich denke, Du wirst im Osten besser gelesen werden, als Spätheimkehrer in ein »Leseland«, das es nicht mehr gibt; aber Leser muß es noch geben, denen es nun erst recht ein Bedürfnis ist, die eigene Geschichte als Palimpsest besser zu lesen. Für doppelte Lektüren wie Fontane/Fonty fehlt auf der Siegerseite das Organ, Zeit, Lust und Selbsteinsicht. Ich fürchte, es muß auf dieser Seite mehr vergangen sein als nur Zeit, bis die Literaturgeschichte Dein Buch lesbar macht (die es »unlesbar« nennen, arbeiten auch an der Abschaffung der Literaturgeschichte, möchten sie durch ein Protokoll konditionierter Reflexe ersetzen: das Buch als Reizmittel für eine Saison). Du seist kein Fabulierer mehr, das heißt, Du erzählst nicht die einzigen Geschichten, die sie noch hören mögen: solche, aus denen die Geschichte, die allen gemeinsam ist (»gemeinsam«?), verdampft ist; die sich mit keiner Erinnerung daran aufhält. Solche Aufenthalte dauern der Postmoderne zu lang.

Mich beschäftigen die jugendlichen Verleugner der deutschen Geschichte und ihre Gründe nachhaltiger als die alten Kaschierer dieser Geschichte; was diese zu verheimlichen haben, wenn sie Dir ihre Schwarzen Peter anhängen, scheint mir durchsichtig genug. Dein Buch war die Gelegenheit, sich öffentlich zu salvieren. Aber welcher Teufel treibt kluge junge Leute, an diesem Maskentreiben dankbar teilzunehmen und ihr kritisches Mütchen an denen zu kühlen, die den deutschen Schaden sichtbar machen, statt ihn fortzusetzen?

Bilde, Künstler, rede nicht! An dem Satz ist etwas Wahres, wenn auch nicht so, wie ihn Deine beflissenen Denkmalstürzer meinen. Wäre Dein Buch gezeichnet statt geschrieben, sein Stilwandel wäre gelassener registriert worden; er hätte keine so neurotische Signalwirkung gehabt. Vielleicht habe ich es als Nichtdeutscher leichter, das Neue an Deinem sprachlichen Strich zu bemerken und Seite für Seite zu genießen. Das ist es, was ich Dir vor allem schreiben wollte: so viel Macht hat das Medienereignis weder so noch so über mich, daß ich mir das Ereignis der Lektüre davon zudecken lasse. Was ich an Deiner Geschichte vermisse, hat mit Deiner Art, sie zu erzählen, nichts zu tun; diese macht mir vielmehr deutlich, wie sehr es – leider – außerhalb der Macht der Kunst liegt, Defizite der realen Geschichte wettzumachen. Laß Dir Deine gelassener gewordene Art, sie im Zeichen Fontanes und des Paternosters zu produzieren, nicht zu lange verbittern. Und noch weniger die Kraft rauben, an der Kritik dort, wo sie etwas – in Deinen eigenen Augen – Richtiges trifft, dieses Richtige auch dann zu bemerken, wenn es die falschen Leute aus den falschen Gründen sagen. Die *Hundejahre* haben damals *Katz und Maus* geboren, der *Butt* das *Treffen in Telgte*. Da hat das ausgeführte »Detail« jenes Glück gemacht und gebracht, das ein großes Panorama, der epische Entwurf von Haus aus nicht machen kann. Aber in dem Haus, von dem ich hier rede, herrscht gegenwärtig zu viel Betrieb, als daß man seinen Umfang und seine Proportionen recht sehen könnte. Die Leser werden dafür sorgen, daß sie immer besser sichtbar werden (dieses Buch ist kein Saison-Artikel); und dann wird man auch sehen, daß Deine Verreißer darin nur bescheidene Lakaienchancen gehabt haben. Die List der Geschichte ist auf der Seite Deines neuen Buches; nicht, weil es selbst so listig, sondern weil es verteufelt human ist und für die Zukunft noch etwas zu hoffen übrigläßt.

Will Quadflieg: *Brief an Günter Grass*
Lieber und verehrter Herr Grass, / in die Turbulenzen, die zur Zeit um Ihren Namen anläßlich des Erscheinens Ihres Buches *Ein weites Feld* kreisen, ist unglücklicherweise auch ein Interview von mir in die letzte Sonntagsausgabe der *FAZ* hineingeraten, dessen unqualifizierte Überschrift mich zutiefst empört.

Mein Protest und eine Korrektur wird in der kommenden Sonntagsausgabe erscheinen. Ich habe erneut erfahren müssen, daß man sich der Dummheit und Sensationslust gewisser Journalisten durch keinen, nicht genau durchdachten und leider etwas leichtfertigen Satz, ausliefern darf.

Deshalb erlaube ich mir, mich direkt an Sie zu wenden, um auf dieses Interview aufmerksam zu machen. Ich ergreife die Gelegenheit, um Ihnen meine Hochachtung und meine Bewunderung mitzuteilen. Sie sind nach Heinrich Böll das letzte Gewissen in diesem Land, unter den wenigen Männern wie Eugen Drewermann und

Ralph Giordano, die sich auch um menschliche und kluge Züge in unserer verwirrten und immer mehr verkommenden Kulturlandschaft bemühen.

Ich verstehe, ebenso wie meine Frau und meine Freunde, daß Sie manchmal im Ausland Atem schöpfen müssen von der Stickluft unserer Demokratie.

Wir alle bewundern Ihre Haltung und Ihr Denken und senden Ihnen alle guten, helfenden Gedanken und Impulse.

PETER RÜHMKORF: *BRIEF AN GÜNTER GRASS*
Lieber Günter, / kaum war mein letzter Brief an Dich raus, stellte ich mich mir plötzlich mit Ranicki auf einer Bühne vor, und die schiere Kotze kam mich an. Mein anfängliches Bedürfnis, mich kämpferisch mit ihm auseinanderzusetzen, wich der absoluten Abhorreszenz, der sich heute die beigefügte Absage entrang. Ich grüße Dich herzlich und hoffe auf baldigen Talk.

PETER RÜHMKORF: *BRIEF AN MARCEL REICH-RANICKI*
Lieber Herr Ranicki, / das »mein« erspare ich mir, um gar nicht erst erheuchelte Einvernehmlichkeit aufscheinen zu lassen. Was ich Ihnen mitzuteilen habe, hat auch mit früher fast blind vorausgesetzten Gemeinsamkeiten nicht mehr viel zu tun. Mit Ihrem Auftritt im letzten »Quartett« haben Sie einen Graben zwischen der Schönen Literatur und ihrer zur ideologischen Lehrmeisterin verklärten Kritik aufgerissen, der unserer geplanten Gemeinschaftsveranstaltung am 20. September leider den Boden entzieht. Nein, das war kein sogenannter »Verriß« mehr (wie noch am vorausgegangenen Montag im *Spiegel*), das war das autoritäre Niederschreien eines schwierigen Buches und der in ihm vertretenen Meinungen, die sicher nicht jedermanns Billigung, aber doch wohl ein gewisses Maß an abwägender Duldsamkeit verdient gehabt hätten. Ich hatte ja immer gehofft, daß Sie Ihrer überzogenen Devalvation ein Minimum an verbliebenem Selbstzweifel oder des revidierenden Common sense folgen lassen würden. Das Gegenteil war der Fall. Statt dem Autor auch nur so etwas wie rechtsanwaltlichen Beistand zu gönnen, rückten Sie den Namen eines auf vielen Podien bewährten Nazigegners

und Radikaldemokraten in die Nähe von Joseph Goebbels, für mich das absolute Nonplusgehtnichtmehr, so etwas müssen Sie für sich mit Ihrem Dämon ausmachen, das Feixen der Mozartkugelclaque und den Samstagskommentar der völkischen *Welt* immer inklusive.

Da ich nicht der Richtkanonier vom Hohenzollernring bin und narzißtische Exaltationen hasse, schicke ich Ihnen diesen Brief auch nicht über das Reflexblatt, sondern privatnachhaus in die Gustav-Freytag-Straße. Ich werde Grass, der keine Kenntnis von ihm hat, weil er in Dänemark weilt, einen Durchschlag schicken; dito Michael Naumann vom Rowohlt Verlag, der im Augenblick noch unschuldsvoll in der Karibik surft. Ob Sie meine Absage als ein Äußerstes an Affront registrieren, kann ich natürlich nicht ahnen. Ich selbst empfinde mein »Ich-möchte-lieber-nicht-sagte Bartleby« eher als ein Äußerstes an Loyalität und möchte auch keine weiteren Kommentare damit verbinden. Daß dieser Schritt der Fortüne meines eigenen Buches nicht gerade förderlich ist, nehme ich in Kauf, ich kann seine über 600 Seiten hin vertretene Kunstmoral, die sich gegen Gesinnungswertungen wendet, aber nicht durch ein opportunistisches Tête-à-tête mit der neudeutschen »Einheits«-Ästhetik in Frage stellen. Da ich selbst einmal als Ersatzmann für einen kurzfristig ausgefallenen Martin Walser eingesprungen bin, habe ich freilich keine Sorge, daß sich auch diesmal Abhilfe schaffen lassen wird. Ich denke z. B. an Karl Corino, der doch auch ganz hübsche Gedichte schreibt. Weiß der Himmel, ob ich Ihnen mit meinem Verzicht nicht sogar einen voreilig herangezitierten Alp von der Seele nehme.

Ich grüße Sie einseitig-herzlich (linke Klappe) und wiederhole die dreieinhalb Worte-inhaltsschwer, die ich bei meiner Geburtstagsrede an den Schluß setzte: er hat Anlaß gegeben.

REINHARD JIRGL: *BRIEF AN GÜNTER GRASS*
Lieber Günter Grass, / mit wachsendem Ärger, und das ist eine Untertreibung, sehe ich die Angriffe von gewissen Leuten gegen Sie und gegen Ihr neues Buch. Die Wut und Häme dieser Lemuren, die von Literaturkritik inzwischen so weit entfernt sind wie ihre Kritiken von der Literatur, sagt demzufolge nichts über Ihr Buch, dafür alles über die Eiferer. Und es ist immer dasselbe, das ist das Enttäuschende und letztlich das Öde an derartigen Vorführungen, die fatalerweise

hierzulande als Entertainment gelten: kannibalische Wut und Häme als Ausdruck permanenten Selbsthasses aus dem uneingestandenen Wissen eigenen verpfuschten Lebens.

Ärgerlich für mich, daß ich Ihr Buch nun nicht unvoreingenommen werde lesen können, denn wenns schon um die simple Bekenntniswahl: Die oder der Dichter gehen sollte – dann werden Sie mich immer auf Seiten des Dichters finden.

Zum Schluß seines Vorworts zum *Kapital* schrieb Marx: »Jedes Urteil wissenschaftlicher Kritik ist mir willkommen. Gegenüber den Vorurteilen der sogenannten öffentlichen Meinung, der ich nie Konzessionen gemacht habe, gilt mir nach wie vor der Wahlspruch des großen Florentiners: / ›Segui il tuo corso, e lascia dir le genti!‹«

Wolfgang Thierse: *Brief an Günter Grass*
Eigentlich wollte ich mich erst nach Beendigung der Lektüre Deines Buches bei Dir melden, noch aber stecke ich mittendrin. Trotzdem drängt es mich, Dir zu schreiben, nachdem ich *Das literarische Quartett* gesehen habe.

Es war entsetzlich, mit welcher geradezu hysterischen Begeisterung Reich-Ranicki, Karasek, Corino ein Schlachtfest mit Deinem Roman veranstalteten, wie sie sich schreiend darin überboten, geradezu triumphierend vernichtende Urteile über Dein Buch und Bannflüche gegen Dich zu schleudern! So wurde überdeutlich, daß es nicht mehr um kritische Auseinandersetzung mit einem literarischen Werk ging, sondern um die Erledigung, ja Vernichtung eines Autors, dessen Ansichten den versammelten Herren (und vielen anderen mehr) nicht passen. Was im *Spiegel*-Titel – Freimut Duve hat in der *taz* dazu das Notwendige geschrieben, ich kann's nicht besser sagen – verbildlicht war, wurde im Fernsehen in böses Entertainment verwandelt: Die verbale Exekution eines Autors als Fernsehunterhaltung. Das tat mir weh – um Deinetwillen, aber auch um der politischen und literarischen Kultur in Deutschland willen.

Aras Ören: *Brief an Günter Grass*
Lieber Günter, / über Dir wogen jetzt die Wellen. Nichts Neues im Westen. M.R.R. darf in seinem Stammtischidiom ungehemmt die

Gartenzwergmentalität von Nichtlesern bedienen, ohne die kleinste literaturkritische Fußnote. / Ich frage mich, warum die deutsche Mittelmäßigkeit immer noch Lust an der Künstlerzerfledderung hat.

GERT HEIDENREICH: *BRIEF AN GÜNTER GRASS*
Lieber Günter, / aus der Distanz – Schottland und die Normandie ließen mich den deutsch-einigen Nabel vergessen – habe ich einen Teil der Hetze gegen Dich wahrgenommen, angewidert, wütend, leider auch bestätigt in den Sätzen, die ich vor fast vier Jahren schrieb über unsere Echo-Gesellschaft, in der das Echo mehr zählt als der Ruf, das Sekundäre sich übers Original erhebt, den einen das Licht, den andern der Scheffel zugeteilt wird. Ich muß dazu sagen, daß ich den Einstieg in Deinen jüngsten Roman schwierig fand und eben darum spannend, weil sogleich klar ist, daß die Verflechtung der Ebenen, die Du auf den ersten Seiten beginnst, sich zu einem großen Webteppich aus Wut *und* Ironie *und* geschichtlicher Reflexion weiten wird, den die Sekundären und Sekundärinnen Dir nun zum Vorwurf machen. Die deutsche Kritik ist (Ausnahmen konzediert) seit Jahren nicht fähig, gute Gewebe zu erkennen, Schuß und Kette nachzulesen; dafür gibt sie gern billig Geknüpftes als Gobelin aus ... »Man hat das jetzt so«, sagte Tucholsky seinerzeit.

Aber hier ist mehr und Schlimmeres geschehen. So weit ich nachlesen konnte (ich bekam hier den *Spiegel*, die *Woche*, die *ZEIT* und die *Süddeutsche Zeitung*, hätte auch die *FAZ* bekommen, die ich seit Jahren aber aus Magengründen zu lesen möglichst vermeide), wird auf der Schwelle des Werkes mit der Freiheit der politischen Ansichten in der Kunst abgerechnet. Man betritt Dein Sprachhaus gar nicht mehr, man stellt sich breit in Deine Tür und posaunt in die Welt, dies sei ein unbewohnbares Gebäude. Die Frechheit solcher Hausbesetzung mag noch angehn, wenn ihr außerparlamentarischer Witz eigen wäre. Aber offenbar wird hier im furor teutonicus etwas unternommen, das mich fatal an jene vorauseilenden Artikel erinnert, die in den letzten Jahren der Weimarer Republik erschienen, worin die mit der Nase und dem Mantel im Wind sich schon dem kommenden Zeitgeist in die Arme geschrieben haben – natürlich unter Gebärden oppositionellen Mutes. 1990 hab' ich mal (in der *SZ*) von »Speichelleckern am Maul des Zeitgeists« geschrieben, damals nur Schirrmacher, Bohrer und Greiner namentlich genannt. Die Gruppe wächst. Im Grunde ist es ja eine lächerliche Attitüde von Kritikern, auf die Müdigkeit ihrer Arme zu verweisen, nachdem sie eigener Ansicht nach einen Autor zu lange hochgehoben haben. Auch Ranicki weiß, daß er keine Zeile geschrieben hat, deren Anlaß sich nicht einem Werk verdankte, zu dem er nicht fähig oder zu dem er selbst zu feige war. Kein Wunder, daß dann die Larmoyanz des Apothekers laut wird, man habe doch dem im Grunde gesunden Kunden längst das richtige Medikament zu Selbsterkenntnis seiner Gesundheit angeboten ...

Ich habe Literaturkritik immer als eine eigene literarische Gattung angesehen, die ähnlich wie die Geschichtsschreibung oder alle Naturwissenschaft sich einem größeren Entwurf verpflichtet wissen muß und erst auf dessen Schultern ihr eigenes Gewebe entwirft. Aber – und nicht erst seit bigotte Blähhälse gegen Dich wüten – scheint mir, daß sie für die Kunst bedeutungslos ist. Fast alles, was ich über die Reaktion auf Dein *Weites Feld* hier erfahren konnte, handelt überhaupt nicht von Deinem Buch, nicht von Literatur. Es handelt von der Konkurrenz der selbstdarstellerischen Fähigkeiten, von der politischen Ignoranz in unserer Gegenwart und von der Angst, sich selbst nicht rechtzeitig und gründlich genug mit dem Schlamm eingeschmiert zu haben, der die Uniform der Zeitgenossenschaft ist. Ich erinnere mich gut an die reaktionären Artikel gegen Deine früheren Werke, in denen Deine Sprachkunst als Pornographie verunglimpft wurde. In der Struktur bleibt sich nun diese Vertauscherei gleich; wiederum wird Dein Roman nicht als Kunstwerk, als Gehäuse vieler Kammern und Töne, als Gewebe vieler Schichten und Farben »abgehandelt«, sondern als Mißton in der deutschen Harmonie denunziert. Die einen tun das direkt *(Bildzeitung),* die andern unter dem Vorwand der Kunstkritik. Mir ist das Lügenblatt da lieber als die Lügner im Gewand der Connaisseurs. Ich hätte nicht vorauszusagen gewagt, daß mir einmal in einem solchen Zusammenhang *Bild* weniger Ekel erregen würde als der *Spiegel.* Offenbar muß man nur lange genug leben, um auch das zu erfahren: der Markt verdirbt die, die ihn durchschauen, gründlicher noch als jene, die ihn installieren.

Ich bin sicher, daß Dein Roman für die Frage der Literatur im Augenblick des deutschen Lähmungsglückes einmal bedeutsamer sein wird als alle jetzt um ihn gelagerten Scheintexte, die ihn niederreden wollen.

Das hilft freilich für den Augenblick nicht, und ich stelle mir vor, daß Du verletzt bist. Aber ein Opfer bist Du nicht. Hier, wo ich meinen zweiten Wohnsitz habe, spricht man noch immer über Victor Hugo ... Die Namen der Pfauen, die ihre Räder schlugen, um ihn zu verdecken, sind perdu.

Vor ein paar Monaten spazierten wir gemeinsam durch Prag, sprachen kurz über die widerlichen Vorgänge im und um den P.E.N., dann über die Wahrnehmung der Literatur in Deutschland. Du warst damals, wenn ich mich recht erinnere, mit dem *Weiten Feld* schon in der Endkorrektur. Über Schritte und Wege kamen wir auf die Frage des Romans über die Veränderungen in der deutschen Geschichte in ihren letzten Jahren. Nicht wörtlich, doch dem Sinn nach, sagtest Du: ein ehrlicher Roman über diese Jahre muß seine Vernichtung herausfordern. Wir gerieten in eine Gasse, an deren engem Ende Dein Hotel lag.

(Ich habe Dir leichthin zugestimmt, weil ich mich längst mit dem eigenen neuen Buch in der Behauptung gefangen hatte, daß unsere Zukunft ohnehin nicht mehr vom Blick auf die wirklichen Verhältnisse bestimmt sei, sondern von künstlich erzeugten Harmonien, virtuellen Welten.) Den Stand der deutschen Literaturkritik in Bezug auf den Literaturmarkt zu bestimmen, ist nicht schwierig: Identität. Es ist, überwiegend, unmöglich, die gegenwärtigen Mechanismen der Literaturkritik noch mit der Literatur selbst in Einklang zu bringen: beide haben nur noch als Reflex miteinander zu tun. Die Literatur kämpft mehr denn je darum, die Welt schreibend einzufangen. Die Kritik hat sich mehr denn je auf Einschaltquoten verlagert. Man muß ihr dies nicht verübeln, denn sie weiß, daß sie mit dem Augenblick strahlt und vergeht. Um so dringlicher darf die Literatur eben jene Komplexität und Komplikation nicht vermeiden, die zu vermeiden ihr die Kritik anrät. Beide laufen also auseinander, konsequent. Literatur bedingt Kritik, und Kritik bedingt Markt. Zunehmend bedingt der Markt auch die Literatur. Wer sich als Autor dagegen vergeht, wird bestraft – von der Kritik.

Bedeutet das etwas für die Grundfragen des Schreibens? Nein. Denn nur das Kaufverhalten der Leser ist bestechlich, ihre Phantasie nicht. Für die Frage, ob Dein neuer Roman bleibt oder verlischt, ob er bedeutend ist oder marginal, ein Kunstwerk oder mißraten, sind der ganze sehr teutonische Rummel und die durchschaubare Fanfare der durchtriebenen Vernichtung unbedeutend, Tagwerk und Blendwerk. Zumal ja in Deutschland literarische Brechung und Ironie üblicherweise ein Jahrhundert brauchen, um erkannt zu werden.

Im besten Falle wird, was nun an Deinem Roman geschehen ist, eine Selbstbesinnung der Literaturkritik im Nachhinein bewirken. Zweifel sind angebracht. Aber vielleicht gelingt ja einmal im Frieden, was hierzulande erst jeweils für wenige Jahre nach zwei Weltkriegen gelang: die Selbstbefreiung der Kunstkritik aus der je bevorzugten Ideologie. Dann freilich hätte Dein Roman – jenseits seiner Eigenheit als Kunstwerk – ein »weites Feld« gepflügt.

Ich sende Dir sehr herzliche Grüße, mit all meiner Sympathie und Bewunderung, / Dein Gert

JUREK BECKER: *LESERBRIEF AN DEN SPIEGEL*

Daß Herr Reich-Ranicki seiner Geltungssucht rettungslos ausgeliefert ist und deshalb jedem Mikrofon, jeder Kamera, jeder Zeitung hinterherläuft, ist seit langem bekannt. Daß der *Spiegel* sich aber als Medium dafür zur Verfügung stellt, ist eine etwas beschämende Neuigkeit.

JOHN IRVING: *BRIEF AN GÜNTER GRASS*

In den USA haben wir keine Kultur. Schriftsteller sind hier unwichtig. Das einzig Gute daran ist, dass Kritiker noch *weniger* wichtig sind als wir! Aber in Eurer Kultur sind Schriftsteller wichtig. Ist es nicht Zeichen des Verfalls (in einer Kultur), wenn Kritiker mehr Wichtigkeit erreichen als die Gegenstände ihrer Kritik? Vielleicht gibt es im deutschen literarischen Klima ein Bedürfnis, Autoritäten zu verehren? Vielleicht mögen es Deutsche, wenn ihnen gesagt wird, was sie lesen sollen und wie sie es lesen sollen – und was sie *nicht* lesen sollen. In den USA liest natürlich niemand. Schriftsteller sind hier keine Bedrohung. Sporthelden, Filmstars, Rocksänger – zum Ausdruck unfähige Anti-Intellektuelle und Nicht-Intellektuelle – das sind *unsere* Reich-Ranickis!

CHRISTA WOLF: *BRIEF AN GÜNTER GRASS*
Du sollst wissen, daß wir in den letzten vierzehn Tagen intensiv mit Dir und dem bundesdeutschen Literaturbetrieb beschäftigt waren. Ich habe wohl alles einigermaßen Wichtige gelesen – sogar zuletzt ein Interview mit MRR in der *Bunten* – ich wollte es diesmal genau wissen. Sogar die Aufzeichnung Deiner Lesung in der Kulturbrauerei habe ich größtenteils sehen können. Mein Eindruck ist: Diesmal haben sie es übertrieben – die Medien, meine ich –, und das muß eigentlich nach physikalischen Gesetzen umschlagen, so wie eine Welle sich überschlägt, wenn sie zu hoch aufgegischtet ist. Zum Beispiel kann ich mir nicht vorstellen, daß jenen MRR noch jemand ernst nimmt. Ich habe ihm übrigens die Lesung in Frankfurt abgesagt, mit der Begründung, daß mir nach seinem Auftritt im *Literarischen Quartett* jede Lust vergangen ist, mich mit ihm über Literatur zu unterhalten.

Wie auch immer – daß Dich das nicht unberührt lassen konnte und kann, ist doch selbstverständlich. Ich hab Dir meinen ersten Brief geschrieben, unter anderem, weil ich hörte, die Rezensenten »wetzen schon die Messer«, und weil ich Unrat witterte. Es kam noch böser, als ich gedacht hatte. Es kam auch eine Welle von political correctness mit rüber, die ich so platt auch nicht erwartet hätte. – Du hast wohl recht, im Osten geht man so nicht mit einem Buch und einem Autor um. Gestern rief mich Adam Krzemiński an, der stellte genau diese Frage, weil auch polnische Zeitungen anfingen, sich an MRR zu orientieren. Er selbst hat einen Artikel geschrieben, den er mir gefaxt hat, damit ich ihn an Dich schicke, er liegt also bei.

Ich habe einer Journalistin der französischen Zeitung *L'événement* ein Telefoninterview zu »dem Fall Grass« gegeben, ich habe jetzt den Text nur in einem Gemisch von Deutsch und Französisch, wenn der Text gedruckt ist, kann ich ihn Dir schicken.

Was mich am meisten gefreut hat, ist die Erfahrung, daß »die Leute« jedenfalls in diesem Fall den Medien die Gefolgschaft verweigern. Wir waren ja jetzt unterwegs, zuerst in Katlenburg bei dem Pfarrer Martin Weskott, der inzwischen etwa 4 Millionen Bücher aus DDR-Verlagen vom Müll oder vor der anderweitigen Vernichtung gerettet hat (ein riesiges Stallgebäude liegt voll davon, jeden Sonntag kommen Leute und suchen sich Bücher raus, gegen eine Spende für »Brot für die Welt«, Weskott läßt Dir ausrichten, daß er Dich sehr gerne mal bei sich zu einer Lesung hätte, viele ostdeutsche Autoren waren schon da, bei mir mußte er die sehr schöne Kirche nehmen). Dort war auch der niedersächsische Kultusminister angereist, wir sprachen in kleiner Runde auch über dieses Medienspektakel mit Deinem Buch, die Meinung war einhellig, und alle berichteten, daß am Tag nach dem *Literarischen Quartett* viele Leser in die Buchhandlungen gegangen sind und gesagt haben: Nun gerade her mit dem Buch, ich lasse mir doch nicht vorschreiben, ob ich ein Buch lesen und es gut oder schlecht finden soll. – Dasselbe dann in Lüneburg, wohin Du ja auch noch in diesem Monat gehst, es wird Dir gefallen, und freundliche Leute erwarten Dich; von diesen Gesprächen speist sich mein Eindruck: Sie haben es diesmal übertrieben und das Gegenteil erreicht.

VOLKER BRAUN: *WERKTAGE*

es gibt wieder zwei deutsche literaturen – und wieder ist es eine erfindung der kritiker, die einen ideologischen strich ziehn. grass, EIN WEITES FELD, »in der bitterfelder sackgasse« (die zeit): welche ironie der literaturgeschichte, daß der starautor des westens nun der ddr-literatur zugeschlagen wird. die leserschaft, drüben grollend, hier amüsiert, bestätigt den irrtum. grassens respektables verbrechen: er hat die deutsche vereinigung aus der sicht der unterlegenen beschrieben. daß er der offiziellen geschichtsdarstellung eine bleibende literarische entgegenstellt, reizt die ideologen aufs blut. – der saublöde einfall, dem kopfmenschen einen staatsarsch beizugesellen, wird, nach dem ende der stasi-debatten, als realistischer griff erscheinen.

CHRISTA WOLF: *BRIEF AN BERND F. LUNKEWITZ*

Lieber Bernd F. Lunkewitz, / aus alter Anhänglichkeit an den Aufbau Verlag und aus freundschaftlicher Verbundenheit mit einigen seiner Mitarbeiter hatte ich zugesagt, zu der Jubiläumsfeier des Verlags am nächsten Sonntag zu kommen, obwohl ich erstaunt war, daß als Festredner ein Mann ausgewählt war, der keine Beziehung zu diesem Verlag hat oder je hatte. Ich wollte auch darüber hinwegsehen, daß ich selbst über Jahrzehnte hin nur Schmähungen von

Herrn Reich-Ranicki erfahren habe. Nun aber, nach den jüngsten Ausfällen von Herrn Reich-Ranicki gegen Günter Grass, die außer ihm kaum jemand noch für Literaturkritik halten kann, ist es ein Gebot der Selbstachtung, einer Veranstaltung fernzubleiben, in der er sich als Förderer und Interpret der deutschen Literatur gerieren kann. Ich sehe mich daher gezwungen, meine und auch meines Mannes Teilnahme an der Feier abzusagen. / Sie können mir glauben, daß ich die Notwendigkeit dieser Entscheidung bedaure.

JOHN IRVING: *DIE DEUTSCHEN MEDIEN*
Was gibt es an Günter Grass, das man nicht verehren könnte? Ich halte ihn für den wichtigsten lebenden Schriftsteller der Welt. Ich bewundere seine Freimütigkeit. Es ist eine Schande, daß die Medien sich weniger mit seinen aktuellen Büchern als mit seinen politischen Aktivitäten oder Statements beschäftigen. Was ist los mit den deutschen Medien? Sind sie so naiv, zu glauben, seine Romane nur würdigen zu können, wenn sie allem zustimmen, was Grass jemals gesagt oder politisch vertreten hat? In seinen Büchern hat er immer wieder die Geschichte und die Politik genutzt. Ob *Kopfgeburten, Das Treffen in Telgte* oder *Unkenrufe*. Ganz zu schweigen von *Katz und Maus* oder *Die Blechtrommel*.

CHRISTA WOLF: *TAGEBUCH*
Gerd liest in herumliegenden Zeitungen. Ich erzähle ihm, was ich gestern noch im Fernsehen gesehen habe, als er schon ins Bett gegangen war: Biolek hatte Reich-Ranicki eingeladen. Wie der sich gerierte. Wie der ungeniert auf all seinen früheren Unverschämtheiten beharrte; sich noch rühmte, daß er ja durch seinen Verriß die Auflage des »schlechten Buches« von Grass erhöht habe; wie Biolek ihm nach dem Munde redete; das geladene Publikum ihn mit rauschendem Beifall bedachte. Gerd sagt, nun ja, die Fernsehleute meinen, einem der Ihren beispringen zu müssen.

EGON MONK: *BRIEF AN GÜNTER GRASS*
Lieber Günter, / einen Artikel für die *ZEIT* habe ich zwar entwor-

fen, aber nicht geschrieben. Zu Karasek fiel mir nichts ein. Nichts Gründliches jedenfalls, ausreichend für einen Artikel. Dafür fiel mir Fritz Kortner ein, der mir während des Streits um seinen Lysistrata-Film mal erzählt hat, wie er öfter habe bemerken müssen, daß er beim Diskutieren mit dummen Menschen selber immer dümmer würde. Für einen Leserbrief, von dem ich Dir eine Kopie mitschicke, hats immerhin gereicht. Für Dein Buch, das ich um so höher schätze, je länger ich darin lese, werde ich hoffentlich noch öfter und bei günstigeren Gelegenheiten eintreten können. Die Geschichte ist ja noch lange nicht zu Ende. Sie fängt jetzt erst richtig an.

ERDMANN LINDE: *BRIEF AN GÜNTER GRASS*
Lieber Günter, / nach den ersten Seiten der Eingewöhnung hat mir »das weite Feld« gut gefallen.

Mit seiner Konstruktion der wiederholbaren Geschichte, mit dem Heranführen an Fontane, mit Beschreibung und Witz, mit dem Sprung von jetzt zu vor-jetzt, mit einer Gegenwart, die im Vergangenen wurzelt, stellt es an die Leser Ansprüche, Ansprüche, die sich nach dem ersten Fünftel als einlösbar zeigen.

Wer auf die Reise durch »das weite Feld« geht, kehrt mit neuen Eindrücken, neuen Erkenntnissen und auch mit dem Erlebnis einer Welt, die existiert, auch wenn sie nur aus Worten gebaut ist, heim.

Hab dafür Dank, insbesonders für die vielen Mühen der Ebene, die Du mit Deiner jahrelangen Arbeit am Buch durchschritten hast.

Und die maßlose Kritik von M. R.-R. und Karasek und Co. wirst Du heute nicht wegstecken und vergessen können, aber ich bin sicher, daß diesmal der Angriff auf Dich und das Buch vielen in seiner ganzen Unverhältnismäßigkeit deutlich wird.

Wer von Dir nur »direkt und deftig, süffig und saftig« Geschriebenes lesen will, hat von der Entwicklung der Literatur nicht viel verstanden.

ERNST JÜNGER: *EINE SCHÖNE LEKTÜRE*
Ich lese gerade *Ein weites Feld,* den Roman von Günter Grass; er ist in einer sehr schönen Sprache geschrieben und ich finde ihn sehr interessant.

Egon Bahr: *Brief an Günter Grass*
 Lieber Günter, / ich komme aus einer Kur, bei der ich mit Vergnügen Dein Buch gelesen und außergewöhnlichem Mißvergnügen verfolgt habe, was darüber insgesamt abgesondert worden ist. Letzteres verwundert nicht; denn Du hast gegen mehrere modische Regeln unserer Unterhaltungsgesellschaft verstoßen: Drei Bücher in einem – das überfordert; kaum Mord und Totschlag, viel zu wenig action! Aber vor allem ist schwer verzeihlich, daß Du die geltende Mehrheitsmeinung darüber, was zwischen Ost und West für gut und schlecht zu gelten hat, so gnadenlos entblätterst, und das noch plaudernd! Man könnte fast anfangen zu überlegen, warum die Kraft fehlt, Fehler zu korrigieren, die wir seit 1990 gemacht haben und die nicht der DDR angelastet werden können.
 Aber was ist von einem Land zu halten, das einen so elementaren Vorgang seiner Geschichte nicht einmal exakt benennen will: Von Wiedervereinigung kann doch gar nicht gesprochen werden, nachdem nie vereinigt war, was da 1990 zusammenkam. Weder mit einer D-Mark noch mit den Grenzen oder in der demokratischen Ordnung waren wir je vereint, um dann auseinandergerissen und wiedervereint zu werden. Übrigens: Noch nie war Deutschland so klein.
 Damit bin ich bei einem Punkt unterschiedlicher Meinung: Die Sieger haben jedenfalls erreicht, was sie sich in Potsdam vorgenommen hatten: Von Deutschland soll keine Kriegsgefahr mehr ausgehen können. Wir sind in einem Maße nicht nur wirtschaftlich integriert, sondern militärisch gebunden, an die Kette von Kommandostrukturen der NATO gelegt, daß Deutschland weder kriegsführungs- noch kriegserklärungsfähig ist. Wir sind sicher einer Meinung, daß dies nicht zu bedauern ist. Aber daraus folgert, daß von Deutschland keine Gefahr im klassischen Sinne mehr ausgehen kann.
 Die Gefahr sehe ich viel mehr in der Fortsetzung des Vasallen-Denkens, an das wir uns – in beiden deutschen Staaten – mehr als vierzig Jahre lang gewöhnt haben. Die völkerrechtliche Souveränität, die wir mit der Ratifizierung der 2+4 Verträge im März 1991 gewonnen haben, hat uns nicht die Souveränität des Denkens geschenkt. Wenn wir als Staat erwachsen wären, würden wir jede Ausweitung der NATO nach Osten ablehnen, die nur zu neuer Konfrontation führen kann. Aber das ist auch ein weites Feld.

Dem Fast-Altersgenossen ist zu gratulieren für die ganz unverlorene Kraft der Sprache.

NADINE GORDIMER: *BRIEF AN GÜNTER GRASS*
Ich war erfreut zu hören, dass Du das Ego von diesem Tölpel runtergemacht hast, dem es vom *Spiegel* erlaubt wurde, seine Neo-Bücherverbrennung aufzuführen. Ich selbst hatte, obschon so weit weg, das Glück, dem lokalen Korrespondenten dieses Magazins mitteilen zu können, was ich von dieser schändlichen Affäre halte; ich nahm kein Blatt vor den Mund, als ich ihm auf einer Party begegnete. Ich hoffe für Dich, dass diese Affäre bald in der Vergangenheit verschwindet, obwohl es für einen Schriftsteller schwierig ist, eine so derbe Attacke zu vergessen. Die *wahre* Schlussfolgerung besteht darin, dass dereinst, wenn der Name des sogenannten Kritikers vergessen sein wird, Deine Schriften als eine große und lebendige Leistung bleiben werden.

TONI RICHTER: *BRIEF AN GÜNTER GRASS*
Magst Du mir Dein »teilweise gescholtenes« Buch zuschicken lassen? Mich interessiert es sehr. Ich denke, ich habe fast alle Polemiken gelesen. Das halbe »Kaffeekränzchen« gegen Dein Bollwerk! Ich denke, M.R.R. will sich da ein bißchen Nachruhm sichern, wenn über Dich die Rede ist. Und Karasek ist ein Trittbrettfahrer, M.R.R. natürlich ein Flegel.

ULRICH DIETZEL: *TAGEBUCH*
Beginne mit der Lektüre von Grass' *Ein weites Feld*. Ich begreife die Polemik gegen das Buch. Die westlichen Rechthaber zerreißen sich das Maul, weil der Autor den Beitritt der DDR zur Bundesrepublik schildert als das, was er ist, eine Kolonisierung. Reich-Ranicki macht sich zu ihrem Wortführer. Er ist der Einpeitscher vom Dienst, der dem Leser verkündet, was er von Grass' Buch zu halten hat. Und unter den Lesern sind ihm viele dankbar, denn sie haben sich in unserem »feuilletonistischen Zeitalter« (Hesse) angewöhnt, auf das zu hören, was ihnen die Medienzaren vor-sagen. Ich lese das

Buch mit wachsendem Vergnügen. Es ist ein großes Buch, es wird überliefern, was die Sieger gern vergessen machen möchten: Ihre Arroganz, ihr Plattwalzen jeder potentiellen Konkurrenz, sei sie politisch, ökonomisch oder in der individuellen beruflichen Existenz. Was Grass beschreibt, haben wir erlebt: Siegen macht dumm. [...]
 Das Vergnügen am Buch von Grass läßt nicht nach. Es wäre noch größer, wenn man vor der Lektüre seine Fontane-Kenntnisse aufgefrischt hätte. Aber man muß bei einer Lektüre nicht immer gleich alles verstehen, jeden Bezug, jedes direkte und indirekte Zitat, jede Anspielung. Wenn es anregt, sich kundig zu machen, wenn man Spaß hat an dem, was man versteht und entdeckt, ist eigentlich das Wichtigste geleistet – abgesehen vom Ästhetisch-Sprachlichen.

KLAUS HÖPCKE: *LESERBRIEF AN DIE ZEIT*
 Wie mir eine Geraer Bibliothekarin vor einigen Jahren berichtete, kamen verhältnismäßig kurze Zeit nach den 89er Umbrüchen einige Leserinnen und Leser und sagten ihr: »So, das viele Bunte haben wir jetzt auch kennengelernt.« Und sie setzten die Frage hinzu: »Habt Ihr nun mal wieder etwas Richtiges zum Lesen?« Mit dem Roman *Ein weites Feld* von Günter Grass wird sie heutzutage solche Frage bejahen können.

JÜRGEN HABERMAS: *AUFGEKLÄRTE RATLOSIGKEIT*
 Der »Rückruf in die Geschichte« übt eine zähflüssige soziale Kontrolle aus und scheint selbst die zu erfassen, die mit nationalen Gemütslagen nichts im Sinn haben.
 Ein Beispiel sind die kollektiven Beißreflexe der Zunft auf den jüngsten Roman von Günter Grass. Der Skandal besteht nicht etwa in der Ablehnung des Romans, sondern im Verzicht auf ästhetische Begründung zugunsten einer blanken politischen Verurteilung. Bis auf wenige Ausnahmen war die Phalanx der Kritiker entschlossen, ihr analytisches Werkzeug gar nicht erst in die Hand zu nehmen. Der erste Schritt zur Analyse, etwa der Erzählperspektive, hätte sie nämlich darüber belehrt, daß die Äußerungen der Hauptfiguren gar nicht als Meinungen des Autors verstanden werden können. Und eine Analyse der komplexen Anlage dieses epochenverschränkenden

Romans hätte sie auch darüber aufgeklärt, daß die nationalen Kontinuitäten ja keineswegs die Entstehung und den Charakter von drei offensichtlich sehr verschiedenen Regimen betreffen, sondern allein die Mentalitäten, die erklären können, warum sich diese Regime mit Zustimmung ihrer Bevölkerungen so lange haben am Leben erhalten können.

Im Januar 1996 schreibt Jürgen Habermas an Günter Grass: »Ich lege Ihnen einige Bemerkungen bei, aus denen Sie die Spurenelemente eines anderen guten Vorsatzes entnehmen können: Als ich im Herbst gleichzeitig mit Ihrem Roman die anschwellenden Kritiken las, hatte ich die Absicht, die schwachen Ressourcen vergangener germanistischer Seminare zu mobilisieren und eine wütende Metakritik zu schreiben. Davon ist also nur ein Abglanz geblieben.«

MICHAEL BOUTEILLER: *GÜNTER GRASS ZIEHT NACH LÜBECK*
Wir sind froh und stolz, den größten deutschen lebenden Schriftsteller jetzt bei uns zu haben und in Lübeck arbeiten zu sehen.

ANONYMUS: *NUN LÜBECK*
Die wichtigste Nachricht des Tages wiederholen wir in dieser Glosse: Günter Grass zieht um. Der Größtschriftsteller deutscher Zunge verläßt Berlin, um in Lübeck »die Nähe zu Thomas Mann und Willy Brandt« zu finden. Nun ist Mann nicht mehr unter uns, und auch das Lübeck der *Buddenbrooks* hat sich gründlich gewandelt. Warum trotzdem Lübeck?

Weil Günter Grass immer noch den großen Roman der Deutschen schreiben will. Und er dafür auch mythosbeladene Stationen braucht. Wie den Großraum Berlin in seinem letzten Roman, *Ein weites Feld,* wo er in der Maske Theodor Fontanes die letzten hundert Jahre der deutschen Hauptstadt beschreibt. Und jetzt Lübeck. Will Grass seinen nächsten Roman im Stil von Thomas Mann über die Krise der Sozialdemokratie verfassen?

Grass hat einen ausgeprägten Sinn für Symbole und einen verzweifelten Mut zur Selbstüberschätzung. Wo andere vielleicht bescheiden die Nähe zum Meer, die hanseatische Strenge oder nur eine komfortable Wohnstatt suchen, ist Grass hinter seinem eigenen Denkmal her.

1996

ANONYMUS: *Die Dichter der Nation*
Günter Grass ist der beliebteste deutschsprachige Autor der neunziger Jahre – vor Johannes Mario Simmel und Elke Heidenreich. Das ergab eine repräsentative Emnid-Umfrage im Auftrag von *Spiegel special,* bei der sich die Interviewten zu 20 Bestsellerautoren äußern sollten.

STEPHAN WACKWITZ: *Walkers Gleichung* (ROMAN)
Den deutschen Romanschriftsteller – siehe Grass – nimmt man ernst, auch wenn er völlig unsachdienlichen Kappes redet.

ANDREAS THALMAYR: *Kleine Kulturgeschichte in Schüttelreimen*
Der Beifall, nach dem Walser fischt,
der hat ihn jedenfalls erwischt.
Sich ohne Unterlaß zu grämen,
das droht selbst Günter Grass zu lähmen.
Schon wieder stehn verwundert Hasser
vor einem Bau von Hundertwasser.

HERBERT ACHTERNBUSCH: *Wiedergeburt*
Der Vilsmaier wird ein Hundearschloch, das ähnelt seinen Filmen. Handke wird eine Schnecke mit Schleimspur, weil er so langsam, umständlich und adjektivisch ist. Enzensberger wird eine Schraube, die in der gesunkenen *Titanic* verrostet. Böll wird etwas Gehäkeltes auf der Schulter einer Klosterfrau. Beuys wird eine Biene, die sich am Nektar zu Tode schleppt. Günter Grass wird etwas Ungerechtes: ein Schiefer, den sich ein Kind in der Dritten Welt einzieht, weil er immer so einen Gerechtigkeitssinn vorgibt. Werner Herzog wird ein Mensch-ärgere-dich-Männchen, das nicht verlieren kann. Schlöndorff ein Bleistiftanspitzer, weil er so bürokratisch ist. Wenders wird ein Keuchhusten.

Moritz Rinke: *Müllers Rache*
   Berlin. Dorotheenstädtischer Friedhof. Zehntausend Personen in Schwarz. Hinter dem Heiner-Müller-Sarg die Witwe in Begleitung von ARD, ZDF, ARTE, SFB, RTL, RTL 2 und PRO 7. Glockenläuten. [...] Erich Mielke hält die dreiundzwanzigste Rede und zitiert Georg Büchner. Biermann zitiert auch Georg Büchner und spricht über seine Freundschaft mit Georg Büchner. Die Trauergemeinde inhaliert ein letztes Mal und wirft hustend zehntausend Zigarren ins Grab. Günter Grass nutzt das erhebliche Rauchaufkommen und stößt Marcel Reich-Ranicki ins Grab.

Wiglaf Droste: *Der Barbier von Bebra* (Roman)
   »Und tschüß!« Schon hasteten die Fernsehfritzen weiter, denn jetzt hatte Günter Grass das Hauptpodium erklommen. Er ordnete seinen Schnauz, nahm noch einen guten Schluck Amselfelder zu sich und stellte irritiert fest, daß er sein Manuskript vergessen hatte.
   »Ach du heiliger Strohsack«, murmelte das Gewissen der Nation und klopfte seine Jackentaschen ab, aber da waren nur Pfeifenreiniger drin.
   Was nun?
   Hunderttausende auf dem Alex begannen zu murmeln. »Anfangen! Anfangen!«
   Grass keuchte. Das Manuskript war weg. Er musste improvisieren. Aber worüber? Ihm wurde kariert vor Augen. »Ihr vom Archiv nennt mich Fonty«, sagte er lahm.
   Schon wurde gejubelt. Das machte ihm Mut. »Auf Weihnachten wünschte ich eine Ratte mir«, fuhr er fort und verlor prompt den Faden. »Dem sei mein Nein vor die Schwelle gelegt ...«
   Es war zuviel. Günter Grass fiel in Ohnmacht.

VdRD: *Brief an Günter Grass*
   Wir unterstellen einfach mal, daß die »Rättin« nur ganz wenig nachhelfen mußte bei Ihrer Entscheidung, die Ehrenmitgliedschaft im VdRD e. V. anzunehmen.
   Sie haben mit diesem Roman, den die Kritik wortgewaltig mit den eindrucksvollsten Vokabeln kommentiert hat, eben auch ein

Buch über Tiere geschrieben. Und zwar über Ratten – unsere Lieblinge! Eingewoben in die Handlung und die vielschichtigen, ethischen, geschichtlichen, moralischen und politischen Aussagen sind von Ihnen ausnahmslos alle Eigenschaften und Vorzüge unserer Tiere erwähnt, geschildert und auf höchstem Niveau dargestellt worden.
Genau dies, verehrter Herr Grass, wollen wir Rattenfreunde endlich würdigen.

> Der VdRD, der Verein der Rattenliebhaber und -halter in Deutschland, wurde 1993 in Frankfurt am Main gegründet. Nach eigenen Angaben zählt der Verein zu den »weltweit größten Organisationen für Rattenfreunde«. Günter Grass wurde 1996 Ehrenmitglied.

ERICH LOEST: *ALS WIR IN DEN WESTEN KAMEN*
Sie war und ist ein vollständiges Ganzes, unsere Vergangenheit und Gegenwart und Zukunft, und wenn wir manche Wurzel vergessen haben oder noch nicht kennen, so nährt oder vergiftet sie doch weiter. Das gilt nicht: Alles halb so schlimm, Medea hat ihre Kinder nicht ermordet. Das stimmt nicht: die DDR war eine kommode Diktatur, in der man sich einrichten konnte. Die an der Mauer Verbluteten vermochten es jedenfalls nicht.

WOLF BIERMANN: *WENIG WAHRHEITEN UND VIEL WITZ*
Nicht nur der Newcomer [Thomas Brussig], sondern auch der lebenserfahrene Günter Grass verniedlicht in seinem neuesten Werk den Terrorapparat der SED, Grass lügt die DDR um zu einer »kommoden Diktatur«. Er injiziert mit einer Distanzlosigkeit, die nur zu blutigen Anfängern oder zu abgemafften Aufhörern paßt, seinen eigenen humorlosen Geifer über die deutsche Wiedervereinigung in die Sprechblasen seiner literarischen Pappkameraden.

DIETRICH SIMON: *MEIN GRÖSSTER LESESPASS 1996*
Günter Grass: *Ein weites Feld.* Ein derartiges Buch unter dem Rubrum »Lesespaß« einzuordnen, stellt eine Menge Anforderungen an den Autor, die Grass aber durchweg erfüllt. In den erbitterten

Auseinandersetzungen um das »Weite Feld« ist gerade der Spaß, den
der Autor mit seinen Figuren aus hundert Jahren treibt, übersehen
worden. Hier sind welche, die das ewige Leben zu haben scheinen,
weil sie einerseits wie Marionetten an den Fäden der wechselnden
Staatsmacht zappeln und sich andererseits doch weigern, nur Marionetten zu sein.

MANFRED KRUG: *ABGEHAUEN*
Der Schriftsteller Klaus Poche ist da, wir fahren [am 6. Mai 1977]
zu dritt in eine Privatwohnung im Süden Berlins. Die Gastgeberin
hat ihre Wohnstube mit zum Teil aus der Nachbarschaft geliehenen
Stühlen vollgestellt, die alle besetzt sind. Von den DDR-Schriftstel-
lern erkenne ich Sarah Kirsch, Klaus Schlesinger, Hans Joachim
Schädlich und Elke Erb. Günter Grass sitzt leibhaftig da, ich werfe
einen verstohlenen Blick unter sein Kinn, wo ich den Riesenknorpel
vermisse, den kolossalen Adamsapfel, das berühmteste Schluck-
organ der Literatur. Die Namen noch zweier Westdichter lasse ich
mir zuflüstern, Hans Christoph Buch und Christoph Meckel, der
gerade die seltsame Geschichte *Stiefbein* liest. In einem Hut liegen
kleine Zettel, beschrieben mit den Namen der Anwesenden. Nacheinander werden sie blind gezogen, und der Träger des aufgerufenen
Namens darf aus seinen Manuskripten lesen. Ich sperre Mund und
Nase auf. Was sie dort vortragen, ist phantastisch, jeder zaubert eine
neue Welt in die verrauchte Stube, sie treiben sich in vergessenen
Jahrhunderten und sonstwo herum. So was müßte man auf großen
Bühnen machen. Schädlich liest eine Wahnsinnsgeschichte, in der
nichts passiert, aber auf atemberaubende Weise. Seine Sprache ist
so raffiniert, daß die Zeitlupe seines Vortrags noch hastig scheint. Er
wirkt angenehm und bescheiden, genießt sich durchaus selbst, einige
schließen die Augen, um sich besser konzentrieren zu können. Hans
Christoph Buch mißglückt diese Methode, er nickt vorübergehend
ein. Nach jeder Lesung folgt eine Gedenkminute, dann die Kritik.
Man geht schonend miteinander um, Kritisches wird fachmännisch
und höflich vorgebracht. Was mich überrascht: alle diese Leute, die
wie Schriftsteller schreiben, sprechen wie ganz normale Menschen,
oft ungewählt und wenig genau. Jeder kennt seine eigene Verletz-
lichkeit, die bei ihnen stärker ausgeprägt sein muß als etwa bei

Schauspielern. Dessen sind sie sich offenbar bewußt, wenn über die Arbeit des anderen gesprochen wird. Schlesinger liest Erheiterndes, Jurek ein unbekanntes Kapitel aus seinem Roman, Hans Christoph Buch eine Indianergeschichte. Alle werden ein bißchen gelobt und ein bißchen getadelt. Ich denke nicht daran, etwas zu sagen, ich wage es nicht. Mir, dem bewundernden Amateur, gefällt ohnehin alles besser als denen. Dann kommt das »Unverhoffte«, auf das ich doch gehofft habe und zu dem Jurek mich ermuntert hatte: Ich bin dran. Da fangen die Privilegien schon wieder an, seit dem 19. April schreibe ich etwas auf, und schon am 6. Mai darf ich es in dieser erlauchten Runde loswerden. Was man schnell geschrieben hat, denke ich, sollte man auch schnell vorlesen, und fliege nur so über die Seiten. Es kann sein, daß ich errötet bin, jedenfalls fasse ich es als eine Ehrung auf, als Grass zwischendurch um weniger Tempo bittet.

Mit schaumiger Spucke halte ich auf Seite 25 an. Alle nicken mir freundlich zu, keiner hat sich gelangweilt, keiner läßt eine Gemeinheit los, das ist auch nicht nötig, ich weiß schon Bescheid. Bei mir sind sie nicht an der Kunst interessiert, sondern an der Reportage. Vielleicht kommt auch ein anderer Effekt hinzu, vielleicht ist es wie auf einer Ausstellung von sagen wir Brieftauben, wo ein Exemplar zwar besondere Aufmerksamkeit erregt, aber nur durch seine großen Füße.

Zwischendurch gehe ich in die Küche, da steht Elke Erb in der Ecke. Ich erschrecke, weil sie weint, sie hält sich mit beiden Händen an einem Schrank fest und stampft mit dem Fuß auf, immer wieder, offenbar hat sie Schmerzen. Ich drücke sie ein bißchen, ihre Zartheit weckt den Ritter in mir, ich will mich um sie kümmern. Schon gut, sagt sie, das sei gleich vorüber.

Grass liest mit Selbstgenuß ein Kapitel aus seinem 700-Seiten-Roman *Der Butt*, und als er fertig ist, wird nicht gemäkelt. Er ist schon der Meister in diesem Zimmer, und er weiß es. Mir fällt auf, daß alle ihn mit »Sie« anreden. Die zarte Frau Erb hat sich erholt, sie trägt ihre Gedichte vor, die wohlwollend aufgenommen werden. Etwas später ist, begleitet von einer phlegmatisch wirkenden Dame, ein West-Lyriker dazugekommen, Johannes Schenk, der einige Amerikagedichte liest, melancholische Stimmungsstücke. Grass gefallen sie nicht so recht, diesmal geht er schärfer ran, alle hören aus seinem Munde das Wort »Touristenlyrik«. Schenk und die Dame schimpfen.

Grass läßt sich den Vorwurf gefallen, dem Schenk schon immer abhold gewesen zu sein.

Um halb zwölf wird aufgebrochen, einige fahren in den Westen, alle anderen bleiben da.

Ich fahre die zarte Frau Erb nach Hause. Unterwegs huckt sie mir das Kompliment auf, meine 25 Seiten hätten ihr den Magenkrampf in der Küche eingebracht.

GÜNTER DE BRUYN: *VIERZIG JAHRE*
Hilfreich waren auch Verwandte und Freunde von jenseits der Mauer, die die strapaziösen und zeitraubenden Kontrollen nicht scheuten und den Mut hatten, Zeitschriften und Bücher zu schmuggeln, und dann später die Korrespondenten, deren Bekanntschaft auch immer Informationsgewinn war. Der Erste von ihnen, der Ost-Berlin schon eifrig besuchte, als noch keine Akkreditierungen möglich waren, war der Tübinger Christoph Müller, der damals als Lokalreporter für den *Tagesspiegel* arbeitete und nebenbei mich und andere mit Neuerscheinungen von Enzensberger, Arno Schmidt, Uwe Johnson und Grass versorgte und einmal auch Martin Walser in mein Hinterhaus brachte, der freilich, wofür ich Verständnis hatte, an den anwesenden Damen mehr interessiert war als an mir.

JOHN IRVING: *DEUTSCHLANDREISE*
Anfang Oktober 1990 war ich anläßlich der Frankfurter Buchmesse zusammen mit Günter Grass in irgendeiner albernen Fernsehsendung zu Gast. Am 3. Oktober, als das geteilte Deutschland wieder eins wurde, lag ich in meinem Frankfurter Hotelzimmer im Bett und sah fern. Wenn ich gewußt hätte, daß genau ein Jahr später, am ersten Jahrestag dieses historischen Ereignisses, mein Sohn Everett zur Welt kommen würde! In Bonn und Berlin sangen die Deutschen die offizielle Strophe der Nationalhymne der Bundesrepublik: »Einigkeit und Recht und Freiheit für das deutsche Vaterland.« Ich bat meine Frau, den Fernseher abzuschalten, weil ich befürchtete, ich könnte im Schlaf zu singen anfangen – immerhin war es bereits nach Mitternacht. Knapp eine Stunde später wachte ich im Dunkeln auf, weil ich jene andere Strophe mit dem verpönten, aber vertrauten Text hörte.

»Ich dachte, du hättest den Fernseher ausgemacht«, sagte ich zu Janet.
»Hab ich auch«, sagte Janet. Der Fernseher hatte sich nicht etwa von selbst wieder eingeschaltet, sondern direkt unter unserem Hotelfenster sangen ein paar konservative Flegel und sonstige Arschlöcher »Deutschland, Deutschland über alles«.
Am Morgen fuhr ich in eine Buchhandlung, um dort meine Bücher zu signieren. Der Buchhändler war ziemlich verlegen wegen des Hakenkreuzes, das jemand auf sein Schaufenster gesprüht hatte. »Das hat nichts zu bedeuten«, erklärte er mir. »Das sind nur Vandalen.«
Aber wie konnte ein Hakenkreuz in Deutschland ohne jede Bedeutung sein?
In der Fernsehsendung zur Buchmesse waren drei Autoren zu Gast: Günter Grass, ich selbst und der russische Dichter Jewtuschenko. In seinem orangefarbenen Lederanzug und den gleichfarbigen amerikanischen Cowboystiefeln sah er von uns dreien am merkwürdigsten aus. Ich weiß noch, daß ich auch das, was er sagte, merkwürdig fand. Jewtuschenko sagte nämlich, seiner Meinung nach sei die Wiedervereinigung Deutschlands eine feine Sache, weil sie ganz offensichtlich so viele Menschen glücklich mache. Doch Günter Grass war darüber keineswegs glücklich; noch merkwürdiger als Jewtuschenkos Bemerkung war die Tatsache, daß offenbar niemand aus dem Publikum hören wollte, weshalb Grass unglücklich war. Das wußten die Leute bereits.
Grass hatte wiederholt davor gewarnt, daß es zu Ausschreitungen gegen Ausländer und zu einer Wiederbelebung des Rechtsextremismus kommen würde, wenn die Wiedervereinigung zu rasch und ohne bestimmte, sorgfältig erwogene Zwischenschritte (als Vorbereitung auf die tiefgreifenden Veränderungen) erfolgte. Und er stellte die kluge Frage, auf welche Weise denn die zu erwartende Bitterkeit der schwer benachteiligten neuen Bürger aus dem Osten – rund siebzehn Millionen – ein bißchen gelindert werden könne. Im wesentlichen sagte er: Macht langsamer!
Ehrlich gesagt, hatte ich von Grass genau diese Einschätzung erwartet und war ganz seiner Meinung. Grass, der die Vergangenheit nie heruntergespielt hat – ganz im Gegenteil –, vertrat von jeher die Ansicht, daß man den Völkermord im Dritten Reich nicht drastisch genug darstellen und gar nicht genug Aufhebens darum machen

könne. Mit seinen Prognosen für das wiedervereinigte Deutschland hat er weitgehend recht behalten, daß er in bezug auf die schrecklichen Vorfälle, die sich derzeit im neuen Deutschland ereignen, recht behalten hat, macht Grass keineswegs glücklicher. Umgekehrt sind auch seine deutschen Kritiker keineswegs glücklich mit ihm. Vor kurzem erschien auf der *Spiegel*-Titelseite (vom 21. August 1995) ein Foto von Marcel Reich-Ranicki – einem selbstgerechten, autoritären, aber umjubelten Kritiker –, wie er Grass' jüngsten Roman brutal zerfetzt; tatsächlich sieht es aus, als hätte Reich-Ranicki das Buch mit seinem kahlen Schädel entzweigehauen. Dabei sollte man meinen, die Deutschen müßten ein feines Gespür für eine derart symbolträchtige Darstellung der öffentlichen und ganz konkreten Vernichtung eines Buches haben. (Oder ist das Zerfetzen eines Romans ein politisch korrekter Ersatz für eine Bücherverbrennung?) Grass zumindest reagierte hochempfindlich auf dieses Titelbild: Er untersagte den Abdruck des Interviews, das er dem *Spiegel* kurz zuvor gegeben hatte.

Für mich ist die Vorstellung, daß ein Kritiker berühmt ist, ein Widerspruch in sich. Der deutsche Literaturbetrieb unterscheidet sich grundlegend vom amerikanischen. Unsere Literaturszene ist klein und überschaubar; amerikanische Schriftsteller haben keinerlei politischen Einfluß. Eine erfreuliche Folge der relativen Bedeutungslosigkeit von Autoren in den Vereinigten Staaten ist, daß Literaturkritiker für uns noch unwichtiger sind. (Versuchen Sie mal, sich einen Kritiker auf der Titelseite des *Time Magazine* oder der *Newsweek* vorzustellen!) In Deutschland hingegen spielen Autoren nicht nur eine wichtige gesellschaftliche Rolle, sondern üben auch politischen Einfluß aus; pervers wird die Sache dadurch, daß in Deutschland ein donnernder, selbstgerechter Kritiker vom Kaliber Reich-Ranickis einen – zumindest temporären – Bekanntheitsgrad erreichen kann, der fast an den von Günter Grass heranreicht.

Würde Woody Allen auf der Titelseite der Zeitschrift *People* oder in der Sendung *60 Minutes* erscheinen, wenn er uns erläutern wollte, warum er die hastige Wiedervereinigung Deutschlands für verfehlt hält? Immerhin ist Woody Allen der kreativste Filmemacher der Vereinigten Staaten, und es würde mich brennend interessieren, was er zur deutschen Wiedervereinigung – und zu einer Unmenge anderer Themen, die mit seiner Arbeit zusammenhängen – zu sagen hat; aber das einzige Thema, mit dem er bei uns den Sprung auf zahlreiche Titelseiten geschafft hat, sind seine melodramatischen gerichtlichen Auseinandersetzungen mit Mia Farrow.

Wir dürfen nicht vergessen, daß Aussagen von Schriftstellern – damit meine ich nicht nur die in ihren Büchern – in Europa auf ungleich größeres Interesse stoßen als hierzulande. Was Günter Grass in Deutschland sagt, ist für die Deutschen von allerhöchstem Interesse. Außerdem hat sich Grass nicht nur über Deutschland kritisch geäußert. 1982 sagte er im Anschluß an eine Reise nach Nicaragua, er schäme sich, daß die Vereinigten Staaten Verbündete seines Landes seien. Und er stellte die provokante Frage: »Wie arm, wie zunehmend hilflos und von schier unlösbaren Problemen gezeichnet muß ein Land sein, um aus der Sicht der derzeitigen US-Regierung ... als gefährlich angesehen zu werden?«

Veröffentlicht wurde diese Äußerung zuerst in der ZEIT, später erschien sie in der Textsammlung *Die Deutschen und ihre Dichter,* die auch den Essay *Wie sagen wir es den Kindern?* enthält. Darin konstatiert Grass die Mitschuld der evangelischen und katholischen Kirche an dem, was mit den Juden geschehen ist.

»Auch in Danzig«, schreibt er, »sahen die Bischöfe beider Kirchen wie unbetroffen zur Seite, als im November 1938 die Synagogen in Langfuhr und Zoppot in Brand gesteckt und die geschrumpfte Synagogengemeinde dem Terror des SA-Sturms 96 ausgeliefert wurde. Damals war ich elf Jahre alt und als Hitlerjunge dennoch ein gläubiger Katholik. In der Langfuhrer Herz-Jesu-Kirche, die zehn Minuten Fußweg entfernt von der Synagoge stand, habe ich bis in den Krieg hinein kein Gebet zugunsten der verfolgten Juden gehört, wohl aber viele Gebete mitgeplappert, die sich für den Sieg der deutschen Armeen und für das Wohlergehen des Führers Adolf Hitler aussprachen. So mutig der Widerstand einzelner Christen und christlicher Gruppen gegen den Nazismus gewesen ist, so feige haben sich die katholische und die protestantische Kirche in Deutschland zu untätigen Mittätern gemacht.«

Davon berichtet keine Fernsehserie. Der vielschichtige moralische Bankrott des christlichen Abendlandes ließe sich auch nicht in eine packende, erschütternde, das Entsetzen ausspielende Handlung bringen. Wie sagen wir es den Kindern? »Seht die Heuchler! Mißtraut ihrem milden Lächeln! Fürchtet ihren Segen!«

Genau das hat Günter Grass sowohl in seinen Romanen als auch im Rahmen seiner mutigen, oft unpopulären politischen Tätigkeit getan: Er hat sich durchgehend gegen den »vielschichtigen moralischen Bankrott des christlichen Abendlandes« ausgesprochen. Er hat sich in seinen Stellungnahmen weder auf die Verdrängungen des Westens und ebenso des Ostens noch auf die Panikmache der Rechten beschränkt; die Unverantwortlichkeit der Neuen Linken hat er ganz genauso gegeißelt. So braucht es einen nicht zu wundern, daß er sich unter den Literaten, die lediglich den Zeitgeist bedienen, unter den Polemikern, den Zynikern und allen, denen es nie schnell genug gehen kann, viele Feinde geschaffen hat. Wie vorauszusehen, beschweren sich Grass' Kritiker darüber, daß seine Romane im Lauf der Zeit bewußt abschreckend und apokalyptisch geworden seien. Ganz im Ernst – das ist kein Wunder. Grass war nie ein Schriftsteller, der es darauf anlegte, gemocht zu werden. Als Romanschriftsteller stellt er eine weithin geachtete moralische Instanz dar; er hat es nicht nötig, vornehm zu sein; tatsächlich ist er häufig dann am besten, wenn er ein bißchen unfein auftritt.

Das jedenfalls fand meine ehemalige Hauswirtin in Wien. Damals, im Jahr 1962, studierte ich an der Universität Wien. Ich trug die *Blechtrommel* mit mir herum und tat so, als reichten meine Deutschkenntnisse aus, um Grass im Original zu lesen. Ich wußte, daß das Buch grandios war, nur leider konnte ich es nicht ohne Wörterbuch – beziehungsweise ohne die Hilfe von zwei österreichischen Mitstudenten – lesen. Trotzdem schleppte ich den Roman mit mir herum, denn er erwies sich als ausgezeichnete Möglichkeit, Mädchen kennenzulernen. Und eines Tages sah mich meine Hauswirtin mit dem Buch und wollte wissen, warum ich so lange dafür brauchte. Oder las ich es etwa zum zweiten Mal?

Ich war erstaunt, daß eine Frau aus dieser Generation auch Günter Grass las – damals betrachtete ich Grass ausschließlich als Eigentum der Studenten –, und fragte sie, was sie denn von ihm halte. Als gestandene Wienerin, die sie war, sagte sie nur: »Er ist ein bißchen unfein.«

In seinem einundzwanzigsten Buch, dem Roman *Unkenrufe,* äußert sich Günter Grass selbst über ein so ehrwürdiges Thema wie den Tod – vornehmlich über die Frage, wo wir begraben sein wollen – unfein. Früher einmal hat Grass das schrittweise Vorankommen eines Schriftstellers als »Tagebuch einer Schnecke« beschrieben, diesmal hat der Autor eine Kröte verschluckt; und dieses Geschöpf (die Kröte in ihm) zwingt ihn zu reden. Günter Grass' Kröten haben die Angewohnheit, auch dann noch mit uns zu sprechen, nachdem sie auf der Straße plattgewalzt wurden.

Unkenrufe ist ein hervorragender Roman, ein politischer Roman und zugleich eine Liebesgeschichte. Er steckt so voller Sarkasmus und Ironie wie *Katz und Maus;* die Liebesgeschichte, die hier erzählt wird, ist so bewegend und anrührend wie García Márquez' *Liebe in den Zeiten der Cholera,* nur weniger phantastisch – und so großartig Márquez' Roman ist, *Unkenrufe* halte ich für noch besser. In der Tat fühlt man sich hier, ähnlich wie bei Grass' meisterhaftem Erstlingsroman, an Dickens erinnert, wenn schwärzeste Satire mit ganz und gar irdischer Liebe, der prosaischsten Form der Zuneigung, verwoben wird.

In seiner exzellenten Rezension der *Unkenrufe* (auf der Titelseite des *New York Times Book Review*) merkte John Bayley an, daß Grass' »Landsleute womöglich zu der Einschätzung neigen, er entwickle sich allzu offensichtlich zu einem bloß humorvollen und oberflächlichen Romanautor, aber da irren sie sich.« Ich stimme ihm zu: Viele seiner Landsleute und viele Kritiker haben sich bereits in ihm geirrt.

Günter Grass bringt es nicht nur fertig, die Geschichte mit seiner Phantasie zu überflügeln, er wird auch seine Kritiker überdauern – und ebenso werden Schnecken weiterhin kriechen und Kröten weiterhin Straßen überqueren.

1962 arbeitete ich mich langsamer als im Schneckentempo durch die *Blechtrommel.* Das war insofern peinlich, als ich sonst mit meinen Universitätsprofessoren in Wien gut zurechtkam und mich auf deutsch gut genug durchmogeln konnte, um meine Seminarscheine zu schaffen, aber um die komplexe Sprache von Günter Grass zu verstehen, reichten meine Deutschkenntnisse nicht aus. Schließlich rettete mich ein Freund aus den Staaten: Er schickte mir die englische Übersetzung der *Blechtrommel,* und von dem Moment an wußte ich, daß ich nur noch den Wunsch hatte, so zu sein wie Oskar Matzerath: Ich wollte komisch und zornig sein; und ich wollte komisch und zornig bleiben.

Dann eines Abends – das war vor mehr als zehn Jahren – trafen Günter und ich uns in New York zum Abendessen. Als wir uns verabschiedeten, kam er mir etwas besorgt vor. Grass sieht oft besorgt aus, aber was er damals sagte, überraschte mich, weil mir klar wurde, daß er sich um mich Sorgen machte. Er sagte: »Es kommt mir vor, als seiest du weniger zornig als noch vor Jahren.« Das war eine fruchtbare Warnung; ich habe sie nie vergessen.

Nachdem ich mich am Tag nach der Wiedervereinigung in Frankfurt von Günter verabschiedet hatte, besuchte ich im Rahmen einer Lesereise mehrere andere deutsche Städte. Ich las vorwiegend vor Studenten – in Bonn, Kiel, München und Stuttgart. Rund hundertmal wurde ich gefragt, ob die Tatsache, daß Owen Meany dieselben Initialen habe wie Oskar Matzerath, als Hommage an Günter Grass aufzufassen sei, und ich sagte ja. Ja, ja (natürlich, natürlich), rund hundertmal. Aber es war auch durch die Presse gegangen, daß ich die Probleme, die eine überstürzte Wiedervereinigung Deutschlands aufwerfen würde, genauso einschätzte wie Grass. Obwohl mir das Publikum bei den Lesungen grundsätzlich wohlgesonnen war, kam jedesmal mindestens eine Frage mit gehässigem Unterton, die unweigerlich darauf abzielte, daß ich mit Grass einer Meinung war.

Im Grunde waren die Leute wütend auf Grass. Mich hielten sie nur für einen unwissenden Ausländer, der Grass nachplapperte. Dabei zitierte ich ihn lediglich, und ich wiederholte, daß ich ihn stets als sehr vernünftig empfunden hatte. Aber diese Antwort befriedigte die Zuhörer nicht; sie waren bereits in die Zukunft vorgeprescht und wollten nicht an die Vergangenheit erinnert werden.

Sie fanden Trost in der großen Masse, die eine einzelne Stimme leicht zu übertönen vermag. Wir Schriftsteller können nun mal keinen Trost aus der Masse ziehen, denn die hat es immer zu eilig. Wir hingegen bewegen uns langsam voran und reden ausführlich, wie Schnecken und Kröten.

Das war das Ende meiner Lesereise durch Deutschland, eine Woche nach der Wiedervereinigung.

An jenem Abend im New Yorker Poetry Center, an dem ich Günter Grass einem aufgeschlossenen Publikum vorstellte, beendete ich meine Einführung mit meiner ganz persönlichen Einschätzung. Auf deutsch hörte sie sich, trotz meines Akzents, wie ein Paukenschlag an. »Hier ist meiner Meinung nach einer der wirklich Großen der Weltliteratur des 20. Jahrhunderts – Günter Grass.«

Während ich das schreibe, kommt ein Brief von Günter aus Berlin. Gleichzeitig mit seinem neuen Roman, *Ein weites Feld*, einem Roman von epischen Ausmaßen, soll zur Buchmesse 1995 die deutsche Übersetzung von *A Son of the Circus (Zirkuskind)* erscheinen; wir werden uns also in Frankfurt wiedersehen.

Grass lädt Janet, Everett und mich ein, ihn und seine Frau Ute im September vor dem Buchmesse-Trubel in Behlendorf zu besuchen. Mein Verleger hat für mich Lesungen in mehreren deutschen Theatern organisiert – neben Frankfurt noch in Kiel, Hamburg, München und Berlin. An meinem ersten Wochenende in Deutschland könnte ich von Hamburg aus problemlos nach Behlendorf gelangen – entweder mit dem Zug nach Lübeck und von da aus weiter mit dem Taxi oder mit dem Auto von Hamburg aus in einer knappen Stunde.

Günter schreibt weiter, er hoffe, daß meine Schulteroperation erfolgreich verlaufen sei; ihm selbst steht offenbar eine Operation an der Nase bevor – kaum hatte er das Manuskript zu seinem neuen Roman fertiggestellt, holte er sich eine Virusinfektion. (Ähnlich ergeht es vielen Schriftstellern, die ich kenne; am Ende eines dicken Buches macht der Körper häufig schlapp.)

Sein Brief enthält eine Wegbeschreibung zu seinem Haus in Behlendorf; er beschreibt es als »weiß getüncht«, was wohl »whitewashed« bedeutet. (Obwohl Grass' Englisch viel besser ist als mein Deutsch, schreibt er mir immer auf deutsch, und ich antworte auf englisch.)

Ich freue mich auf unser Wiedersehen – diesmal ganz besonders, weil ich ihm eine Geschichte zu erzählen habe. Eine wahre Geschichte: Ich habe im Flugzeug Thomas Manns Tochter kennengelernt.

CHRISTIAN FERBER: *EIN BUCH KÖNNTE ICH SCHREIBEN*

Natürlicher Anstand ist unter Autoren weiter verbreitet als in den meisten anderen Berufsgruppen. Das verkrustet nicht die beiden Geschlechtern eingeborenen Bosheitspartikel, und ich denke verlegen der Festnacht, in der meine liebe Frau dem Autor Grass mitteilte, im Lift erwarte ihn jemand. Grass betrat den Lift, Frau F. drückte auf den Außenknopf und die Türen schlossen sich. – Sie Hexe! sprach der berühmte Mann, als er erschöpft nach einiger Zeit wieder erschien. Im Lift hatte er Frau Robert Jungk vorgefunden, deren

Konversation von jedermann und insbesondere von bedeutenden Männern gefürchtet wird.

LARS GUSTAFSSON: *EINE ECKE VON BERLIN*
Etwas weiter weg in derselben Richtung, typischerweise in der Stierstraße, wohnte Günter Grass, und ich glaube, er ist als einziger aus dieser glänzenden Gruppe von Schriftstellern noch immer im Besitz seines Berliner Hauses. Bei Grass wurden vorzügliche Suppen osteuropäischer Machart serviert, immer in der Küche.

UWE TIMM: *JOHANNISNACHT* (ROMAN)
Ich sagte, daß ich meine Magisterarbeit über das Motiv der Kartoffel in der Literatur nach 1945 schriebe, da fiel ihm gleich total viel ein. [...] Kartoffelfeuer und Kartoffelsackwolken bei Grass, Kartoffelsalat bei Johnson, die Vorarbeit hat mir Spaß gemacht. Das Schreiben war dann fürchterlich.
Könnte es sein, sagte ich, daß die Kartoffel in keiner anderen Literatur so häufig vorkommt wie in der deutschen?

EGON BAHR: *ZU MEINER ZEIT*
Der Bundespräsident hatte zum Abendessen ins Schloß Bellevue eingeladen. Der biedere und grundanständige Heinrich Lübke meinte zu Wilhelmine, seiner Frau, er habe noch etwas mit den Herren zu bereden, worauf sie sich entfernte. Danach schmunzelnd: »Ich habe gar nichts Besonderes, aber schließlich bin ich Herr im Hause.« Die Unterhaltung war etwas mühsam, bis er Brandt fast verlegen fragte, ob er denn »dieses Buch von dem Grass gelesen hat; wie heißt es doch gleich?« – »*Die Blechtrommel.*« – »Ja; da sollen Sachen drinstehen, über die man nicht einmal mit seiner Frau spricht.«

MANFRED RÖMBELL: *ROTSTRASSENENDE* (ROMAN)
Es schien, als zeigten sich erste Risse im so sicher erscheinenden Staat, der sich mit seinem Wirtschaftswunder so unerschütterlich glaubte. Kanzler Erhard, der immer wieder »keine Experimente«

sagte, der aber auch Schriftsteller Pinscher und Schmeißfliegen nannte, wurde seines Wunders nicht mehr froh, wurde der Schwierigkeiten nicht mehr Herr, und als dann auch noch der Koalitionspartner FDP mit seinem Chef Mende, der das Ritterkreuz, vom Pinscher Günter Grass salopp als Dinglamdei bezeichnet, so selbstbewußt trug, ganz unmilitärisch fahnenflüchtig wurde und die Koalition kündigte, da mußte der Meister des Wirtschaftswunders zurücktreten. Ihm war die Puste ausgegangen, die Zigarre aber noch nicht.

Helmut Schmidt: *Weggefährten*
    Der Umstand, daß die sehr erfolgreichen, von einem breiten Publikum geschätzten Schriftsteller Heinrich Böll, Günter Grass, Siegfried Lenz sowie andere Autoren und Künstler Willy Brandt und die SPD öffentlich hörbar und sichtbar unterstützten, hat zu unseren zunehmenden Erfolgen bei den Bundestagswahlen 1965, 1969 und 1972 beigetragen. Von den zuweilen sich ergebenden euphorischen Stimmungen bin auch ich einmal erfaßt worden, wenngleich ich im allgemeinen und besonders 1972 gegenüber der Euphorie ziemlich skeptisch blieb; ich sah schon während der Jahre der »Großen Koalition« (1966 bis 1969) und viel deutlicher noch in den viereinhalb Jahren, in denen Willy Brandt der sozialliberalen Koalition vorstand (1969 bis 1974), daß es ihm – vor allem in der Innen- und der ökonomischen Politik – äußerst schwierig, ja unmöglich war, in der alltäglichen Wirklichkeit des Regierens die idealistischen und zum Teil utopischen Erwartungen zu erfüllen, die er geweckt hatte. Im Frühjahr 1974 hatte ich deshalb ein sehr unangenehmes Erbe zu übernehmen. Ein Teil der Brandt zugetanen Autoren und Publizisten kreidete dem Nachfolger die notwendige Ernüchterung an, einige sogar mit Bitterkeit, darunter wohl auch Grass und Böll.
    Gleichwohl habe ich die in jenen Jahren entstehende persönliche Bekanntschaft mit Grass und Böll deutlich als Bereicherung empfunden. Mit Siegfried Lenz, der gleich mir in Hamburg wohnte, war früher schon ein freundschaftliches Verhältnis entstanden. Seine Romane und Novellen – nicht alle habe ich gelesen – sagten mir zu, weniger dagegen die Romane Heinrich Bölls und relativ am wenigsten die Romane von Günter Grass, dessen Zeichnungen mir jedoch sehr gefallen, vermutlich auch deshalb, weil sie für mein Ge-

fühl eine gewisse Nähe zum Werk von Horst Janssen haben. Grass war unter den dreien der am stärksten politisch Orientierte, wobei es wohl seinem Naturell entsprach, sich vorwiegend *gegen* etwas zu engagieren – sein positives politisches Engagement für Willy Brandt ist jedenfalls die Ausnahme geblieben. Das soll aber kein Vorwurf sein; denn es ist eine sehr verständliche und darüber hinaus begrüßenswerte Tatsache, daß politisch engagierte Schriftsteller innerhalb demokratisch verfaßter Staaten sich weit überwiegend den Defiziten und den Mißständen in ihrer eigenen Gesellschaft zuwenden.

Deshalb habe ich Grass – ungeachtet seiner manchmal übertriebenen Kritik – viele Male im Gespräch mit konservativen oder christlich-demokratischen Partnern verteidigt. Dabei erschien mir Grass als ein ziemlich robuster Mann; er konnte eine gehörige Portion Anti-Kritik vertragen, ohne von ihr ernsthaft verletzt zu werden. Viele Jahre später, als 1995 der sich für allwissend haltende und als deutscher Literaturpapst gerierende Marcel Reich-Ranicki mit Dreschflegeln Grass' Roman *Ein weites Feld* in Grund und Boden stampfen wollte, habe ich mich darüber gefreut, daß die Attacken im Ergebnis, wie mir schien, im Gegenteil zu einem breiten Interesse und einer hohen Auflage des verrissenen Werkes (das ich selbst nicht gelesen habe) beigetragen haben; Grass hat sich durch Reich-Ranicki nicht zum Gegenangriff provozieren lassen.

JOHANNES GROSS: *AHNUNGSLOS*
Ich glaube, daß Günter Grass ein guter Schriftsteller ist, daß er von Politik überhaupt nichts versteht, nie ganz begriffen hat, worum es sich bei der deutschen Nachkriegsgesellschaft handelt, und tief der Vergangenheit verhaftet ist – in seinem Kopf regiert immer noch Adenauer.

1997

LANDOLF SCHERZER: *NACH DER HIMMELFAHRT AUF HIDDENSEE*
Ute Grass entstammt einer Hiddenseer Arztfamilie, die in den sechziger Jahren in den Westen gegangen war. Als sie – noch zu DDR-Zeiten – zum ersten Mal mit ihrem Mann wieder auf die Insel kam, bestaunten die Einheimischen ihre Ute. »Gut siehste aus« – »Groß biste geworden.« – »Schön, dass du uns besuchst.« Später zeigte einer auf Grass und fragte höflichkeitshalber: »Und das ist wohl dein Mann, Ute?«

ROLF SCHNEIDER: *LITERATUR NACH DEM MAUERFALL*
Die Zeit kommt gelegentlich in Geschichten von DDR-Autoren vor, deren eher bescheidene Prominenz mit der Wende zunächst erlosch. Die neunziger Jahre haben überhaupt noch keinen Chronisten gefunden, sieht man ab von einer Hiddensee-Episode in Günter Grass' Roman *Ein weites Feld* und einigen Erzählungen des begabten Uwe Saeger aus Usedom.

HANS PLESCHINSKI: *DER TEUFELSRITT* (ERZÄHLUNG)
»Deine letzte Chance, Autor! Du wirst schuften! Bis der Computer platzt. Du schreibst jetzt über die deutsche Wiedervereinigung.« »... das ist mir ein bißchen zu ›in‹. Wenn etwas als allgemeines Thema deklariert wird, ist es meistens schon zu spät. Denn dann ist es ja kein neues Feld mehr. Und, ich lebe in Süddeutschland! Hier ist Italien näher als die wahren oder aufgebauschten Querelen von Ost-Berlin. Sollte ich also nicht lieber den Hauch von Italien in die deutsche Literatur einbringen? Damit wäre vielen, auch der Mutter des beflissenen Mißmuts, Christa Wolf, gedient ...« »Wer ist das?« »Christa Wolf ... Nun, jeder hat seinen Platz ... Aber ich sage jetzt nichts Pauschales mehr«, sprudelte es hysterisch im Krabbelkriechen aus mir hervor, »gegen Martin Walser, gegen Günter Grass, gegen Botho Strauß. Wer sein Leben lang viele Tage für sich selbst oder für andere Erinnerung, Durchdringung, Botschaft zum Bedenken, zur

Ablehnung, zum Befürworten in Zeilen faßt, seltene Wörter rettet, verdient meinen Respekt ...«

BERNARD LORTHOLARY: *EIN WEITES FELD*
Ein herrliches Buch, das wirklich zu Unrecht verrissen worden ist! Ich habe beim Lesen den Eindruck, daß der Autor sich amüsiert hat. Und das ist nicht immer der Fall, wenn man deutsche Schriftsteller übersetzt.

JENS WALTHER: *ABSTIEG VOM ZAUBERBERG* (ROMAN)
Nichts nutzt einem Buch mehr als ein Verriß. Das hat schon der alte Rowohlt gewußt. Oder hat es Günter Grass etwa geschadet, was Marcel Reich-Ranicki im *Spiegel* und danach im *Literarischen Quartett* mit seinem Roman *Ein weites Feld* veranstaltet hat?

RAFAEL SELIGMANN: *DER MUSTERJUDE* (ROMAN)
»Wir haben letzte Woche über die Schreibgewohnheiten von Günter Grass berichtet.«
»Wen interessiert dieser Dino noch? Wenn Reich-Ranicki ihn nicht in seinem Verriß-Topf halten würde, wäre der schon bis zu seinem Nachruf vergessen.«

SIBYLLE BERG: *EIN PAAR LEUTE SUCHEN DAS GLÜCK ...* (ROMAN)
Später in der Nacht kommt ein junger Redakteur zu ihnen. Der arme Mensch ist noch nicht 30 und trägt schon die ganze Bürde eines Greises. Wie alle hat er karierte Hosen, silberne Schuhe, ein zu enges T-Shirt mit einer zu engen Lederjacke darüber bemüht, um sich unauffällig einzugliedern. Der uninteressante Mensch redet nur in Muß-man- und Kann-man-nicht-Sätzen. Tarantino muß man gesehen haben. Grass kann man nicht lesen.

FRIEDRICH CHRISTIAN DELIUS: *AMERIKAHAUS* (ERZÄHLUNG)
Die Mischung aus Ruhmsucht und Selbstmitleid war in der

[Berliner Kneipe] *Locanda* nicht zu finden, hier konnte jeder so tun, als wollte er gar nicht berühmt werden, und wenn sich einer mal verstieg, ein besseres Buch als die *Hundejahre* schreiben zu wollen, wurde er schnell vom Sockel geholt.

Rolf Becker: *Durchgefeiert*
Günter Grass feierte die Fertigstellung seiner *Hundejahre*. Da die Fete – eingeladen waren unter anderen Ingeborg Bachmann und Karl Schiller, damals Wirtschaftssenator in Berlin – gewiß bis zum nächsten Morgen dauern würde, gab ich mein Hotelzimmer auf; ich würde von Grass' Wohnung aus gleich zum Flughafen fahren. Doch ehe der Morgen graute, so gegen vier, komplimentierte der Romancier, eine lustige Schöne im Arm, uns überständige Gäste aus dem Haus. Bis zum Abflug um acht drückte ich eine Bank in Tempelhof.

Anna Porter: *Mord auf der Buchmesse* (Roman)
Es war das Jahr, in dem sowohl Günter Grass als auch Margaret Atwood zur Party kamen. Er brütete unruhig in einer Ecke vor sich hin, versuchte, den örtlichen Fernsehteams aus dem Weg zu gehen und nippte hingebungsvoll an seinem dritten Gin.

Joachim Lottmann: *Ein Wochenende in Kiel*
So klein Kiel auch ist, es gibt gerade deshalb jede Menge Discos und so. Die heißen dann allen Ernstes »Sartre«, »Böll«, »Kafka«, »Tucholsky« und demnächst womöglich »Grass«, auf Vorschlag Zaimoglus.

Günter Kunert: *Erwachsenenspiele*
Seit einiger Zeit finden, von Grass initiiert, Zusammenkünfte ost- und westdeutscher Autoren statt, bei denen man neue Arbeiten vorliest und aneinander milde Kritik übt. Eine Art ambulanter Gruppe 47, Sektion Ost. Grassens Aktivitäten sind erstaunlich. Der Mann besitzt Energien, die ausreichen würden, ein Kraftwerk zu betreiben.

Nun ist das Treffen bei uns verabredet, doch eine zusätzliche Ankündigung von Grass hat Unruhe und Besorgnis unter den eingeladenen Schriftstellern hervorgerufen: Er wolle eine Kuttelsuppe kochen! Kunert solle die Zutaten beschaffen. Von entsprechender Vorstellung gepeinigt, baten einige Gäste im vorhinein Marianne, sie möge doch ja eine alternative Suppe zubereiten.

Zwei Querstraßen von uns entfernt die »Fleischwarenhandlung« der HO, der Handelsorganisation, zu der ich mich gehorsam begebe, um eines doppelt traumatischen Erlebnisses willen.

Nie vordem sind mir in diesem Laden, den ich als Hausbesorger wöchentlich mehrmals aufsuche, eßbare Eingeweide begegnet. Ich bin sicher, keiner der Kunden, außer den ganz alten, weiß noch, worum es sich bei Kutteln handelt. Und nun auf einmal hängen hinter dem Rücken der Verkäuferin an der Kachelwand scheußlich aussehende, bleiche Lappen, überzogen mit einem geäderten Muster. Schon beim Anblick vergeht mir der Appetit. Ich erstehe die kunststoffartigen Tücher, um bis zum Ende meiner Berliner Tage niemals wieder welche beim Fleischer zu Gesicht zu bekommen. Ausgerechnet in dem Moment, da Grass seine Kochwut an wehrlosen Kollegen auslassen will, taucht aus dem Irgendwo das lederähnliche Zeug auf! Die Hypothese ist angebracht, daß hinter dem ungewöhnlichen Angebot Absicht stecke – und eine aufwendige Organisation. Ich male mir aus, wie die Staatssicherheit auf Grassens telefonisch übermittelten Wunsch reagiert hat. Pönig ist alarmiert worden: Der Staat muß beweisen, daß wir dem Klassenfeind kuttelmäßig ebenbürtig sind! Außerdem würde die Suppe dazu dienen, einen Keil zwischen die Dichter aus Ost und West zu treiben.

Jedenfalls kocht Marianne zusätzlich eine Gulaschsuppe und eine Hammelsuppe – vorbeugend.

Die Herrschaften vom schreibenden Gewerbe erscheinen nacheinander. Zuletzt Max Frisch in seinem Jaguar, über den er sogleich ein Klagelied anstimmt, der dauernden technischen Defekte halber. Es gäbe keine ordentliche »Garage«, auf deutsch »Werkstatt«, in Westberlin.

Grass, ohnehin ungehalten, daß die Zusammenkunft eher einer Party gleiche anstatt einer Arbeitstagung, begibt sich schnurstracks in die Küche.

»Ein Messer! Das Messer ist stumpf! Habt ihr kein besseres Messer?!«

Die beiden Mariannen, meine und die von Max Frisch, zerschnippeln die Eingeweide. Es hebt in der Küche ein Kochen und Würzen an, und es läßt sich nicht verheimlichen, daß außer den Kutteln ein weiteres Suppenangebot vorhanden ist. Damit sinkt Grassens Laune sichtlich auf den Tiefpunkt. Dann wäre er ja überflüssig, dann hätte er sich die ganze Mühe ersparen können, und es dauert eine Weile, bis meine Frau, von gleicher Vorliebe für gekochte Schuhsohlen beseelt, den Meistergourmet beruhigt hat.

Unser Leihkind Josephine betätigt sich als Hebe. Marianne hat ihr beigebracht, wie man Gin und Tonic Water mischt, Wein einschenkt, und die gelehrige Schülerin, in einem amerikanischen, dem 19. Jahrhundert nachempfundenen Kleidchen, versorgt die Gäste, denen sie kaum bis zur Hüfte reicht, mit Getränken.

Und ich pendele zwischen den Grüppchen, mische mich vorübergehend in die Unterhaltungen, wobei ich auf ein einziges Thema stoße: Kutteln! Nach dem dritten Glas Wein meint Max Frisch, eigentlich hätte er heute einen alkoholfreien Tag einlegen wollen, und läßt sich sein Glas nachfüllen. Später liest er aus einem taufrischen Manuskript über Begegnungen im Jenseits, und wir lauschen still der zur Gemütlichkeit neigenden schweizerischen Intonation. Falls man tatsächlich im Jenseits zu Dialogen befähigt ist, sollte man sich durch einen Lehrgang in Schwyzerdütsch darauf vorbereiten.

Währenddessen kocht Grass in der Küche, und wahrscheinlich im doppelten Sinne.

Endlich wird die Kuttelsuppe herumgereicht. Mutige wagen eine Kostprobe. Aber so kühn sind die wenigsten. Ich rangiere unter den letzten Feiglingen, und habe an einem Löffel des Gebräus mit den darin schwimmenden zähen und weißlichen Flicken genug. Und ich bin sicher, daß die Erinnerungen der Anwesenden kaum von den Gesprächen, sondern vielmehr von der Kuttelsuppe geprägt sind.

Aufbruch der Westler am späten Abend. Die Grenzkontrolle ruft, und alle, alle kommen. Die Ostler sickern so nacheinander weg, bis wir, Marianne und ich, uns selber überlassen sind.

Danach melden sich die gewohnten Ängste. Die stundenweise selbsttäuschende Abwesenheit von jeglichem Unbill klingt nach der überwältigenden Ablenkung aus. Die Erde hat uns wieder. Der kurzfristige Urlaub von der Wirklichkeit ist beendet.

KLAUS SCHLESINGER: *DEUTSCH-DEUTSCHE DICHTERTREFFEN*
Himmel, wo ist die Zeit geblieben! Ich muß um die vierzig gewesen sein, als ich ihn das erste Mal sah, ich glaube 1977, im Frühling oder im Sommer, bei einem dieser deutsch-deutschen Dichtertreffen. Jedenfalls war es nach unserem Protest gegen die Ausbürgerung Biermanns, als alle, die Stephan Hermlins Erklärung unterzeichnet hatten, ein wenig näher zusammenrückten.

Wir stießen über Sarah Kirsch zu dem Kreis, der sich an Wochenenden in Ostberlin traf, mal bei Erich Arendt in der Raumerstraße, mal bei Friedrich Dieckmann in Treptow, mal bei der Lektorin Edda Bauer in Wilhelmshagen. Nach dem Frühstück reisten unsere westlichen Kolleginnen und Kollegen über den Bahnhof Friedrichstraße in die Hauptstadt ein; mittags saßen wir meist schon beieinander, lasen uns unsere Texte vor und diskutierten darüber. Es war ein Kreis von fünfzehn, zwanzig Leuten in wechselnder Zusammensetzung. Manche, wie Hans Christoph Buch oder Reinhard Lettau, traf ich zum ersten Mal; Christoph Meckel oder Johannes Schenk hatte ich schon früher kennengelernt. Einmal las Hans Joachim Schädlich aus seinem radikalen, damals noch unveröffentlichten Band *Versuchte Nähe*, ein anderes Mal war auch Manfred Krug dabei und stellte ein paar witzig-bittere Beobachtungen aus seinem 1976er Tagebuch vor.

Obgleich wir uns damals alle ein wenig antiautoritär orientierten, war Günter Grass unbestritten die zentrale Figur dieser Runde, nicht nur, weil er älter und berühmter war als wir, auch weil er als Initiator der ganzen Sache galt und man ihm ansah, wie ernst er sie nahm. Wir hatten das Vergnügen, aus seinem Mund die Erzählung *Das Treffen in Telgte* und beinahe den halben Roman *Der Butt* zu hören. Zu jedem Treffen hatte er ein neues Kapitel geschrieben, und jedesmal wieder bewunderte ich seine meisterhafte Fähigkeit zur Beschreibung und diesen konzentrierten Fleiß. Besonders erinnere ich mich an eine Passage, in der ein mit Salbei umlegter Aal knusprig gebraten wird. Ich weiß noch, mir lief damals förmlich das Wasser im Mund zusammen. War es nun vor Hunger oder wegen Grassens opulenter, unverwechselbar sinnlicher Sprache? Jedenfalls freute ich mich damals auf das nächste Kapitel ebenso wie auf das große Essen, das zum Ritual einer jeden Zusammenkunft gehörte.

Zwei- oder dreimal kamen die Kolleginnen und Kollegen auch zu uns in die Leipziger Straße. Ich war den ganzen Vormittag mit der Zubereitung einer riesigen Portion Rindsgulasch beschäftigt und hatte, als es auf den Tisch kam, richtiges Lampenfieber. Dazu muß ich sagen, daß Grass bei uns im Ruf stand, Literatur und Mahlzeiten gleichermaßen kritisch zu beurteilen. Ich war ganz erleichtert, als weder er noch die anderen gemosert oder irgendwie lustlos das Gesicht verzogen haben. Später fiel mir ein, daß der halbfertige Text, den ich damals vorlas, vielleicht deshalb so nachsichtig aufgenommen wurde, weil man fürchtete, ich könnte das Essen aus Rache versalzen.

Von dieser Zusammenkunft ist auch ein Beobachtungsbericht unserer Sicherheitsorgane überliefert. Da tauchen unsere Gäste unter den merkwürdigsten Decknamen wie »Blüte«, »Staat«, »Roter« und »Mantel« auf, und es werden vor unserer Wohnung so fundamentale Feststellungen getroffen wie diese: »11.47 Uhr verließen ›Kern‹ und ›Haken‹ die Anlaufstelle. 12.12 Uhr betraten beide wieder die Anlaufstelle. Sie trugen u. a. einen Kasten Bier und einen halben Kasten Brause.« Aus einem nicht mehr durchschaubaren Grund gab man Günter Grass statt eines Decknamens eine Decknummer. »›22 41 35‹ trug einen leicht gefüllten Stoffbeutel bei sich. Am Buchladen unter der Bahnhofsbrücke begrüßte er eine dort wartende weibliche Person mit Kuß und Umarmung.« Wer angesichts solcher Sätze noch immer nicht versteht, von wem die DDR ruiniert wurde, dem kann nicht geholfen werden. Allerdings verschafft uns der Bericht über diese gesamtdeutsche Runde »feindlich negativer Schriftsteller« auch eine Genugtuung. Es gab unter uns niemand, der mit der Staatssicherheit kooperierte, so daß ihr Bemühen, »Informationen über den Inhalt« unserer Gespräche zu gewinnen, scheiterte.

Natürlich war nicht alles an diesem Treffen die reine Harmonie. Ich erinnere mich einiger Mißverständnisse, die aus unterschiedlichen ästhetischen Ansätzen ebenso herrühren mochten wie aus dem anderen Hintergrund von Begriffen. Grass hatte damals das Wort von der Kulturnation geprägt, das wenn ich es richtig verstanden habe, eine Brücke über dem Antagonismus der Zweistaatlichkeit schlagen sollte. Das leuchtete mir ein, wenn es um unsere gemeinsamen kulturellen Wurzeln ging. Es berücksichtigte nicht, daß wir von den so unterschiedlichen Welten stärker geprägt waren, als wir es uns eingestehen wollten. Heute wissen wir, daß in den 40 Jahren der Teilung zwei Mentalitäten gewachsen sind, wie sie unterschiedlicher nicht sein können. Schade, daß wir damals die Chance verpaßten, mehr über diese Differenz zu reden. Wir alle, in Ost wie in West, wären vielleicht besser auf den 3. Oktober 1990 vorbereitet gewesen.

Daß einer nach dem anderen unsere Runde in Richtung Westen verließ, mag mit zu ihrem Ende geführt haben. Zum Schluß war nur noch ein kleines Häuflein versammelt; das letzte Mal wohl bei Karl-Heinz Jakobs. Als ich im März 1980 nach Westberlin zog, gab es ein fröhliches Wiedersehen. Es dauerte nur einen kurzen Sommer, dann ging jeder seiner Wege.

Auch wenn ich ihn im Westen nur selten getroffen habe, bin ich Günter Grass all die Jahre über begegnet, sei es in Gestalt seiner Bücher, die voller Wunder und an Lehren reich sind, sei es in der seines Wewelsflether Hauses, das er uns Schreibenden vermacht, oder des Döblin-Preises, den er für neue Romane gestiftet hat – vor allem aber durch seine unbestechliche, dem Zeitgeist widerstehende Präsenz im Disput um unser zwiespältiges Land.

MARKUS WOLF: *SPIONAGECHEF IM GEHEIMEN KRIEG*
Was wird aus Kuba werden? Welche Chancen haben Befreiungsbewegungen in Lateinamerika überhaupt noch? Falls Kuba nicht zu einer lebensnotwendigen inneren Erneuerung findet, dann wird Lateinamerika bald um eine Hoffnung ärmer sein. Günter Grass hat dazu etwas gesagt, dem ich nur beipflichten kann: »Ich bin immer ein Gegner des doktrinären Systems in Kuba gewesen. Aber wenn ich heute erlebe, daß es dort zu Ende geht, ohne eine Alternative anzubieten, jedenfalls keine andere als Batista, dann bin ich für Kuba.«

RICHARD FORD: *EIN POLITISCHER AUTOR*
Ich selber habe nie über politische Dinge geschrieben, außer in meinem letzten Buch, und auch das ist nicht sehr politisch. Neulich traf ich Günter Grass. Der ist ein wirklicher politischer Autor. So etwas haben wir nicht.

THOMAS ROSENLÖCHER: *OSTGEZETER*
»Im Westen darfst du alles sagen, doch keiner hört dir zu«, hatte man mir vor meinem Eintritt in den Westen gesagt. Aber wie selten sagt noch wer was, daß sich das Zuhören lohnt. – »Freiheit«, hatte ich gelernt, »ist immer auch die Freiheit der Andersdenkenden.« Was aber ist mit der Freiheit, wenn kaum wer noch anders denkt?

Nur Günter Grass gab es noch, und es sah schon gespenstisch aus, ihn so mutterseelenallein im Deutschen Wald herumfuchteln zu sehn.

MICHAEL SCHNEIDER: *DER NATIONALE KONSENS*
In Günter Grass (der zu den wenigen literarischen Intellektuellen zählt, vor denen ich noch Respekt habe) hat man ja ein abschreckendes Beispiel vor Augen, wie sehr man von den Medien geprügelt und als »vaterlandsloser Geselle« diffamiert wird, wenn man es heute wagt, gegen den nationalen Konsens zu verstoßen und den Vereinigungsgewinnlern, Kahlschlagspolitikern und Generalabwicklern den kritischen Spiegel vorzuhalten! Noch nie war die intellektuelle Kultur dieses Landes so liebedienerisch, opportunistisch, zynisch und korrupt wie in dieser Nachwende-Zeit! Es ist, als ob Brechts Stück über den »Kongreß der Weißwäscher« derzeit en suite auf der deutsch-deutschen Medienbühne gespielt wird.

JOACHIM GAUCK: *VERGANGENHEIT ALS LAST*
Es ist Zeit für uns, mit dem »Ende der Illusionen«, das François Furet in seinem Buch beschreibt, wenigstens anzufangen, und nicht, wie Günter Grass, die Unbelehrten im Osten Deutschlands zu bestärken. Grass geht nach Dresden und erzählt den Ostdeutschen das Märchen, Schuld an ihrer Misere seien die bösen Westdeutschen. Wenn die Ostdeutschen das hören, sind viele glücklich, weil sie sich endlich verstanden fühlen, und sie klatschen dem Intellektuellen aus dem Westen Beifall. Aber Grass erweist ihnen keinen Dienst, sondern er hält sie in einem Denkschema, in einer voraufgeklärten Haltung fest. Und er stärkt damit eine Form der Unselbständigkeit. Wir brauchen das Gegenteil: die Bereitschaft, unabhängig von der obwaltenden Ideologie die Fremdbestimmung des Menschen zu

delegitimieren. Demokraten haben die Pflicht zu sagen: Demokratie ist besser als Diktatur. Und das, was nicht Demokratie ist, nenne ich Diktatur oder wenigstens autoritäres System.

Hans Christoph Buch: *Brief an Günter Grass*
Lieber Günter, / vielen Dank für Deinen Brief. Ja. Du hast recht, man soll nicht auf einem am Boden Liegenden herumtrampeln, aber die Gewinner der Wende sind für mich nicht die früheren Dissidenten, die nach wie vor auf der Verliererseite sind, sondern die ehemaligen Funktionäre der SED und der Blockparteien, die schon wieder in Amt und Würden sind. Und es ist ein Armutszeugnis der Linken in diesem Land, einschließlich PEN und VS, daß wir es nicht geschafft haben, die Dissidenten zu integrieren, und sie statt dessen der CDU in die Arme treiben.

Aber ich bin schon wieder dabei, zu polemisieren, wo es doch so viel Wichtigeres zu tun gibt. Ich komme gerade aus Kambodscha zurück, und gemessen am Regime von Pol Pot und den derzeitigen Zuständen dort erscheinen mir unsere Sorgen zweitrangig, und im Vergleich dazu war die DDR in der Tat »kommod« – ein Ausdruck, den ich sonst nicht mag.

Gerhard Köpf: *Auf Schloss Dobřiš*
Jetzt aber fährt Vaclàv Havel vor, vermutlich mit gemischten Gefühlen, denn das Schloß war lange in den falschen Händen. Alles applaudiert, viele fotografieren. Jochen [Schädlich] will unbedingt mit Holger Börner reden. Walter Janka wird von jemandem geehrt. Da knirscht der Kies: aha, Raddatz kommt. Er ist sofort ganz bei der Sache, sagt, meint, gibt zu bedenken, merkt an, möchte aber doch, sieht im Gegensatz zu, weiß aber zufällig, daß, ach ja, hm! Die Sonne scheint auf alle. Günter kutschiert Hans Werner im Rollstuhl durch die Anlage: ein unvergeßliches Bild, das mich rührt.

Im Mai 1990 fand auf Schloss Dobřiš bei Prag ein Treffen der Gruppe 47 statt, mit dem ein lange zurückliegendes Versprechen eingelöst wurde. Schon 1968 wollte man auf dem Schloss tagen, hatte aber wegen des Einmarsches der Roten Armee abgesagt. »Wir kommen wieder, wenn ihr frei seid«, kündigte Hans Werner Richter damals an.

PETER WEIDHAAS: *RUMÄNIEN, 1969*
    Dann kam Bukarest. *Deutsche Gegenwartsliteratur,* eine kleine Buchausstellung 400 lediglich literarischer Titel, die der Germanist Eberhard Lämmert zusammengestellt hatte und die kurz zuvor ohne Beanstandung in Belgrad gezeigt worden war.
    Wir reisten zu dritt: Professor Lämmert, Günter Grass und ich. Es war alles gut vorbereitet. Die Ausstellung sollte in der *Casa Scriitorilor,* dem Haus der Schriftsteller, gezeigt werden. Günter Grass wurde von seinen deutschsprachigen rumänischen Schriftstellerkollegen freudig empfangen. Aber dann traten Verzögerungen ein. Man konnte sich nicht recht auf den Eröffnungstermin einigen. Schließlich kam es: Die Bücher von Alfred Kantorowicz, Uwe Johnson und Wolf Biermann sollten aus der Ausstellung entfernt werden, dazu noch der Briefwechsel Grass/Kohout *Briefe über die Grenze.* Eine Begründung gab es nicht.
    Zum ersten Mal war ich mit einem solchen Zensurproblem konfrontiert. Die Entscheidung, die Ausstellung nicht zu eröffnen, wurde mir allerdings in diesem Fall aus der Hand genommen. Günter Grass, als Eröffnungsredner vorgesehen, weigerte sich von Anbeginn. Mich beeindruckte diese Haltung. War es nicht das erste Mal, daß ich einen Menschen handeln sah, klar und deutlich, nach Maßstäben, die nicht von außerhalb kamen?
    Die rumänische Führung, wer das eigentlich war, wurde nie deutlich. Irgend jemand, der hinter unseren Gesprächspartnern, dem Vorstand des Schriftstellerverbandes, stand, mußte die Fäden ziehen. Die rumänischen Schriftstellerkollegen wanden sich, zeigten sich beschämt, mußten aber immer wieder versuchen, uns zu Kompromissen zu bewegen.
    Es wurde beschlossen, die Gespräche auf einer Reise in die rumänische Provinz fortzusetzen. In vier dunklen Wolga-Limousinen verließen wir Bukarest. Unterbrochen wurde die Fahrt immer wieder in Gasthäusern bei magenschweren rumänischen Landspeisen (Grass ließ ein Hammelauge unter seinem buschigen Schnauzbart hervorblicken) und unendlich viel vom rumänischen Zwetschgenschnaps Zwika.
    Am Abend sollten wir in Hermannstadt übernachten. Als wir uns vor dem Hermannstädter Hotel aus den Autos winden, kommt im allgemeinen Ankunftsdurcheinander ein kleiner Junge auf Günter Grass zu:

»*Sind Sie der deutsche Dichter Günter Grass?*«
Als Grass bejaht, nimmt der Kleine seine Hand und zieht ihn um die Straßenecke. Grass, mit dem ich die letzte Teilstrecke im gleichen Wagen gefahren war, ruft mich:
»*Weidhaas, kommen Sie doch mal mit. Ich weiß nicht, was der Kleine will!*«
Ich schließe mich den beiden an. Der Kleine zieht den Dichter um eine weitere Straßenecke, in ein Haus, das wir durchqueren und auf der Hinterseite wieder verlassen, um eine weitere Straßenecke, wieder in ein Haus, eine Kellertreppe hinunter, einen Gang entlang, bis wir vor einer weiß gestrichenen Tür stehen. Der Kleine öffnet die Tür. Wir betreten einen Gewölbesaal, in dem etwa hundert Menschen sitzen und uns erwartungsvoll anblicken. Ein älterer weißhaariger Mann erhebt sich und kommt mit langsamen Schritten auf uns drei zu. Er verbeugt sich, weist mit einem Arm in den Saal:
»*Die evangelische Gemeinde von Hermannstadt ist hier versammelt und wartet schon viele Stunden auf Sie. Ich begrüße den deutschen Dichter Günter Grass! Bitte setzen Sie sich!*«
Wir nehmen der Gemeinde gegenüber Platz. Alle blicken auf uns. Es ist mucksmäuschenstill. Da sagt Grass in die Stille:
»*Ein Engel geht durch den Raum.*«
Ein Raunen und Kichern erhebt sich. Der Alte sagt:
»*Herr Grass, bitte tragen Sie uns etwas aus Ihren Werken vor!*«
»*Aber Kinder, wie stellt Ihr Euch das denn vor. Ich habe doch gar nichts bei mir.*«
Doch in diesem Augenblick schiebt der kleine Junge einen Stapel Bücher auf den Tisch, alles Werke von Grass.
Dieses kleine Erlebnis ist mir in jeder Nuance im Gedächtnis geblieben: Die Ehrfurcht vor dem Geschriebenen und seinem Schöpfer, die aus der Haltung jener Menschen sprach, der Mut und die Geduld, die diese durchweg einfachen Menschen aufgebracht hatten, um ihren »deutschen Dichter« zu hören, haben mich tief beeindruckt. Nie wieder habe ich Gelegenheit gehabt, Begegnung mit Literatur so intensiv zu erleben.
Nach einer zwanzigminütigen Lesung brachte uns der Kleine ohne Zwischenfälle zurück zum Hotel, wo wegen unseres unerklärlichen Verschwindens bereits helle Aufregung herrschte. Der berüchtigte Geheimdienst Securitate hatte geschlafen.

Avi Primor: *Deutschland und Israel*

Das damalige Klima in Israel ließ nicht einmal deutsche Kulturveranstaltungen zu, ohne daß es zu Demonstrationen und Protesten, mitunter auch zu Gewalttätigkeiten kam. Massive Störungen begleiteten [1971] die erste »Woche der deutschen Kultur«, eine von der deutschen Botschaft in Israel initiierte Veranstaltungsreihe. Deutsche Künstler wurden bei den Auftritten beschimpft. Günter Grass, damals der einzige jüngere deutsche Schriftsteller, dessen Bücher ich teilweise kannte und bewunderte, mußte seine Lesung aus dem *Tagebuch einer Schnecke* in der Hebräischen Universität in Jerusalem abbrechen, weil es im Publikum zu lautstarken Ausschreitungen kam. Voller Zorn verließ er den Saal. Seine spätere Weigerung, an der Jerusalemer Uraufführung des *Blechtrommel*-Films teilzunehmen, ging auf diese Vorfälle zurück.

André Glucksmann: *Das Gute und das Böse*

Ihr Herren Experten, lest *Die Blechtrommel* von Günter Grass neu. Dort findet ihr den »Geist« unserer »konzertierten Wirtschaft«. Grass möge mir verzeihen, sein Buch besingt unseren fünfzigjährigen Konsens. Unbeabsichtigt kanonisiert es dessen Lebensprinzip mit derselben Unschuld, mit der der calvinistische Reformator (Max Weber zufolge) das Eiswasser des kapitalistischen Kalküls freisetzte. Ob Metallarbeiter bei VW, höherer Angestellter oder mondäner Innenausstatter, jeder birgt in sich einen Oskar, jenen kleinen Menschen, der sich weigert zu wachsen, der mit einem Trommelschlag seine Kindheit wiedererweckt und die Erwachsenenwelt mit seinem reinen, zerberstenden Schrei vernichtet.

Mit Oskar, dem Trommler, erhebt sich der neue Deutsche zu demjenigen, der Alarm bläst, die geschehenen Katastrophen zur Exorzierung der künftigen in Erinnerung ruft. Er setzt zahlreiche Grenzen unter Strom: Übertritt man sie, zerspringt die Welt. Die bekannte Stimme des Gewissens, die zu allen sprechen soll, versäumt nicht, ihre Entscheidungsgründe und Zusätze nach Ort und Zeit entsprechend abzuändern. Zwischen Rhein und Oder flüstert sie: »Achtet darauf achtzugeben.« Hier sind die Streite nicht weniger, jedoch in anderer Weise erregt. Jeder baut seinen Vorteil aus und prescht nach vorn, wie überall, nur daß niemand von uns ignorieren kann, daß die Möglichkeit besteht, daß wir, einer über den anderen, einer gegen den anderen, einer mit dem anderen, in die Tiefe stürzen können.

Daniel Pennac: *Grosse Kinder, kleine Eltern* (Roman)
Er arbeitete ausschließlich in der Bibliothek, er bereitete seinen Unterricht ausschließlich in der Bibliothek vor, und so war es ›nur natürlich‹, daß er in die Bibliothek ging, um seinen Aufsatz in Angriff zu nehmen. Da nämlich erfinden nicht lügen heißt, wie er nicht müde wurde zu wiederholen, hatte er beschlossen, alle Werke, die ›meiner Erinnerung nach‹ von erwachsenem Kindsein und kindlicher Erwachsenheit handelten, zu ›konsultieren‹, vom Gavroche in den *Elenden,* ›Gavroche, dem Mannkind von Victor Hugo‹, über Dora, das *childwife* von Dickens, ›aber ja doch, Dora, die Kindfrau, erinnern Sie sich, aus *David Copperfield!,* die stirbt, weil sie sich von ihrem Kindsein nicht befreien kann!‹, bis zu Lolita, ›der insgeheim dominanten Göre‹ dieses ›luziferischen Nabokov‹, und zu dem kleinen Alfonsito, der ihr eng verwandt war, ›aber selbstredend haben Sie *Lob der Stiefmutter* nicht gelesen, ja kennen nicht einmal den Namen von Vargas Llosa und Nabokov, habe ich recht?, sowenig wie Sie von Günter Grass gehört haben, dem phantasiestrotzenden Vater von Oskar ... Oskar ... Oskar Matzerath, der sich an seinem dritten Geburtstag weigert, weiter zu wachsen ...‹, er war also entschlossen gewesen, ihnen zu zeigen, daß die größten Schriftsteller sich ›der Problemstellung des Aufsatzes angenommen‹ hatten [...].

Yaşar Kemal: *Druckenswert*
Als meine Frau und ich mal in Cambridge waren, hat Tilda die englische Übersetzung der *Blechtrommel* entdeckt und mir vorgelesen – auf türkisch. Es dauerte fast einen Monat. Dann habe ich meinem Verleger gesagt: Dieses Buch mußt du drucken! Das hat er gemacht.

Klaus Rainer Röhl: *Deutscher Narrenspiegel*
»Aus, ich schreibe nichts mehr«, sagte der Dichter. Der *Butt* hatte

schon vorsorglich gewarnt, aber nun kam das Ende, ein schaurig schöner Weltuntergang – Horrorfilm und Apokalypse in einem, doch sein schlechtestes Buch, die *Rättin,* gehört immer noch zu den besten Romanen der damaligen Generation deutscher Schriftsteller. Mehr hat diese leider nicht hervorgebracht, und damit müssen wir leben.

HELMUT KRAUSSER: *TAGEBUCH*
Zapping. Wickert in den Tagesthemen: Er (Günter Grass) ist unumstritten der größte lebende deutsche Erzähler. / Verblüffend.

ROLF MICHAELIS: *NOBELPREIS FÜR DARIO FO*
Wir lebten nicht im Groß-Deutschland des Klein-Neides, wenn nicht auch aus unseren Breiten ein Rülpser käme. Der geschätzte Schriftsteller Herbert Achternbusch hält es für nötig, uns mitzuteilen: »Immer noch besser Dario Fo als Günter Grass.«

HANS BENDER: *BRIEF AN GÜNTER GRASS*
Andere Bücher habe ich beiseite geschoben, um mich allein an Deinem Buch zu erfreuen; an den Aquarellen, an Deiner Handschrift ebenso wie an den Gedichten. Auch sonst bewundere und beneide ich Maler-Poeten, doch auch ihnen gelingt nur selten eine so vollkommene Verschränkung, wie sie Dir in den *Fundsachen für Nichtleser* geglückt ist. Mit diesem Buch, meine ich, hast Du Dir selber das schönste Geburtstagsgeschenk bereitet.

GERHARD KÖPF: *BRIEF AN GÜNTER GRASS*
Mein Lieblingsgedicht aus Deinen herrlichen Fundsachen ist *Vorsorglich.* Es hängt bereits an der Tür meines Uni-Büros. Ganz besonders gefallen mir Deine bösen lakonischen Seitenblicke und die unglaublich präzise Kürze. Die Aquarelle möchte ich am liebsten einzeln haben, mich davorhocken und Dir zuhören, wenn Du durchs Jahr und durch die Jahre gehst. Ich frage mich, woher Du bloß die Kraft nimmst zu immer neuen Anläufen, und wie es Dir

gelingt, immer wieder zu überraschen und den Blick auf Dinge und Zustände zu werfen, die man erst dadurch wahrnimmt. Herrgott, Dein Enkelkind im Rapsfeld ... Eine ganz ganz großartige Leistung, zu der ich Dir sehr sehr herzlich gratuliere.

ADOLF MUSCHG: *BRIEF AN GÜNTER GRASS*
Lieber Günter, / Du hast mich zweimal reich beschenkt. Zweitens – first things first – mit dem wunderbaren Buch voll märchenhaft beschrifteter und bunt aquarellierter »Altersweisheit« – wobei »Alter« jene demonstrationsfreie, darum noch keineswegs gelassene Jugendqualität bezeichnet, die ohne viele gelebte Jahre nicht zu haben ist und die ich mich hüte als Paradox zu bezeichnen: die ganze deutsche Literatur, die ich heute kenne, sieht älter aus als Du. Was ist der Genuß unverfrorenen Grases neben dem, auf das der vorwinterliche Reif gefallen ist – das wissen die Schafe, die nur dieses unwählerisch und gewissenhaft abfressen und gar nichts davon stehen lassen können, bis es zum ersten Mal im Jahr einem hochgepflegten englischen Rasen gleichsieht. (Das weiß ich jetzt auch, von einem nebenbei bauernden Klarinettisten, den wir gestern im Toggenburg besuchten, um eins seiner Kätzchen abzuholen, aber es ließ sich keins blicken, und wir zogen trotzdem verrichteter Dinge wieder ab. Zur Schönheit der Katzen gehört, daß man keine haben muß.) Auch ich hatte keine Wahl, und also keine Vorlieben mehr angesichts Deiner gepinselten und geschriebenen Fundsachen, aber sie wachsen schon beim Abweiden nach, und man wird noch lange daran zu fressen haben. Es schmeckt ja doch kein Kraut gleich, aber es gefällt mir, daß das Kleine und das Große auf Deiner Wiesen jetzt gleich hoch steht. [...]
Dennoch bin ich – wo es Freunde betrifft – sofort zum Rückfall in Sorge und Ärger bereit, und es tut mir nicht zuerst für die Deutschen, sondern für Dich und Euch leid, wenn das merkwürdige Lübecker Hauszeichen Eure Wände versaut, aber hoffentlich nicht Euer Leben. Du hast aus dem Mangel an Wohlbefinden, den diese Idioten verbreiten, ja aber doch immer eine Fülle von Stoff, auch nahrhaft für andere, zu ziehen gewußt, so daß mir erst richtig bange wäre, wenn Du bitter würdest: aber in Deinem Buch lese ich, daß

keine Deiner Quellen versiegt, und viele neue offen sind. Das bleibt, und Du bist noch eine Weile da; das ist ein doppelter Trost.

GUNTRAM VESPER: *BRIEF AN GÜNTER GRASS*
  Mit den Fundsachen für Nichtleser hast Du mir (und uns, denn Heidrun hat den Band ebenfalls bewundernd durchstöbert: »*Das gefällt mir sehr*«) eine sehr große Freude gemacht! Hab herzlichen Dank!

SIEGFRIED LENZ: *BRIEF AN GÜNTER GRASS*
  Lieber Günter, / mit den »Fundsachen« hast Du mir eine große Freude gemacht; ich dank Dir nochmals. Was für ein schönes Buch! Man findet ja nicht nur; von manchem Blatt, so kommt's mir vor, wird man auch gefunden. Da ist viel verschlüsselte Lehre, Lebenslehre.

MARTIN WALSER: *BRIEF AN GÜNTER GRASS*
  Lieber Günter, / was für ein wundervolles Buch! Auch für Leser Funde und Funde! Prachtvoll. Vielen Dank!

PETER RÜHMKORF: *BRIEF AN GÜNTER GRASS*
  Lieber Günter, / einerseits millegrazie, andrerseits Gratulation! Wunderbares Buch geworden. Schubkarre zum Auslecken schön. Auch das rote Stuhlduo einmalig. Auch der herbstliche Obstgarten. Auch die verkrumpelten Sonnenblumen – und *das* bei der bereits vorhandenen Konkurrenz. Dazu die Verse mit ihrem ganz eigentümlichen Herbstgeschmack. Charaktervoll geädert und alle son bißchen auf der Grenze vorm Verschwimmen. Frage unter Pfarrerskindern: war der Titel ursprünglich nicht mal bißchen länger angelegt? Darum sei der Zöllner auch bedankt. Frage Nr. Zwo: Aber den zweiteiligen Klappentext im Prospekt hast Du doch selbst geschrieben? Wenn nicht, hast Du einen ghostwriter, der sich sehen lassen kann.

Kurt Vonnegut: *Zeitbeben* (Roman)
Als der hervorragende deutsche Romancier und Zeichner Günter Grass hörte, dass ich 1922 geboren bin, sagte er zu mir: »In Europa gibt es keine Männer in Ihrem Alter, mit denen Sie reden könnten.« Während Kilgore Trouts und meines Krieges war er ein kleiner Junge gewesen, genau wie Elie Wiesel und Jerzy Kosinski und Miloš Forman und so weiter und so weiter. Ich hatte das Glück hier geboren zu sein und nicht dort, und als Weißer und als Angehöriger der Mittelschicht und in ein Haus voller Bücher und Bilder hinein und in eine große, weit verzweigte Familie, die nicht mehr existiert.

Christoph Hein: *Brief an Günter Grass*
Ich hoffe, Dich bald zu sehen, damit ich Dir persönlich gratulieren kann. Eine ganze Nation hat Dich zu ehren, wird Dich ehren – auch wenn die Ehrungen des politischen Gegners etwas patzig klingen werden.

Kein Leser, kein Politiker und kein Kollege kommt an diesem Tag, kommt an Dir vorbei. Tapferkeit vor dem Feind wie vor dem Freund, dafür wirst Du, dafür bist Du schon heute das klassische Schulbeispiel. Ich hoffe, man wird nicht allein über den Schriftsteller, den Maler und Grafiker, den politischen Menschen Grass sprechen, sondern auch über den verläßlichen Freund, der sich nicht dadurch treu bleibt, indem er sich täglich ändert.

Kurt Biedenkopf: *Brief an Günter Grass*
Sie können in diesen Tagen auf ein ausgefülltes Leben zurückblicken. Ihr umfangreiches literarisches Werk hat ebenso wie Ihr künstlerisches Schaffen Wertschätzung und Geltung über Deutschland hinaus gefunden. Dies zeigen nicht zuletzt die zahlreichen in- und ausländischen Auszeichnungen und die Ehrenbürgerwürde Ihrer Geburtsstadt Danzig, die Ihnen verliehen worden sind.

Den Menschen Günter Grass zeichnen darüber hinaus die immer wieder mutigen Stellungnahmen zum politischen Geschehen, die aus seiner politischen Überzeugung geboren sind, aus.

Franz Vranitzky: *Brief an Günter Grass*
Vor allem wünsche ich Ihnen Gesundheit, persönliches Wohlergehen und eine ungebrochene Lust am Schreiben, damit wir Leser noch viele glückliche Stunden mit Ihren Büchern haben können. Ich habe neben Ihrer literarischen Tätigkeit Ihr gesellschaftliches Engagement immer überaus hoch geschätzt, gerade deshalb, weil es nie dem Zeitgeist unterworfen war, sondern immer authentisch und damit überzeugend gewesen ist.

Hans-Ulrich Klose: *Brief an Günter Grass*
Sie haben viel bewirkt, als Künstler und als politischer Mensch. Letzteres sage ich, wohlwissend, daß wir in wichtigen Fragen unterschiedlicher Auffassung sind. Dem Respekt – meinen Ihnen gegenüber – tut das keinen Abbruch.

Johannes Rau: *Brief an Günter Grass*
Lieber Günter, / Du weißt um die Zwänge meines Gewerbes und hast gewiß Verständnis dafür, daß ich, obgleich seit meiner Jugend bibliophil, bei weitem nicht all das lesen kann, was ich gerne läse. Bücher haben ihre Schicksale, Politiker auch. Indes kenne ich Deine Arbeit gut genug, um zu bemerken, daß viele Deiner Bücher aus der Froschperspektive geschrieben sind; da sehen Kleinwüchsige, Ratten und Unken die Welt mit ihren Augen, dadurch zwar verfremdet, aber nicht verzeichnet. Vielmehr treten so die Züge des scheinbar Erhabenen und »Normalen« deutlicher hervor und das, was unter den Tisch fällt (oder gekehrt wird), rückt näher.
Mir scheint, daß wir diesen eigensinnig-rebellischen Blick auf die Welt gerade in einer Zeit brauchen, die nun bereits virtuelle Realitäten herstellt und entfesselt über Datenautobahnen jagt, mancherorts ohne einen Blick auf das, was, aus Rennfahrerperspektive unscheinbar, am Wegesrand liegt oder bereits zurückgelassen ist. »1984« ist glücklicherweise nicht wahrgeworden; sollen wir uns aber freuen, wenn der Aufbau der schönen neuen Welt einhergeht mit sozialer Indifferenz und dem Wegbrechen ethischer Orientierungen?
Ich weiß, daß diese Überlegungen nicht recht zu einem Geburtstagsgruß passen wollen. Aber vielleicht siehst Du mir das nach,

zumal am 16. Oktober Dein Werk in all seinen Facetten von Berufeneren gewürdigt werden wird. Zudem weiß ich meine Gedanken beim Citoyen Günter Grass gut aufgehoben, der gottlob an seinem aufklärerischen Engagement festhält, auch wenn die Zeiten nicht danach zu sein scheinen und auch wenn manche Schriftstellerkollegen ein wenig müde geworden sind...

Du hast den Mythos von Sisyphos einmal für Dich selber gedeutet; erst wenn die Menschen den Stein am Fuße des Berges liegen ließen, wären sie verloren, hieß es da. Auch wenn die unterschiedlichen und oft gegensätzlichen Rollen von Künstler und Politiker nicht zu leugnen sind, so fühle ich mich diesem Satz doch sehr nahe. Ich gratuliere Dir von Herzen zu Deinem besonderen Geburtstag und wünsche Dir für das neue Lebensjahrzehnt die Kraft, den Stein mit den Mitteln Deiner Kunst weiterhin bergauf zu wälzen.

RITA SÜSSMUTH: *BRIEF AN GÜNTER GRASS*

Sehr geehrter Herr Grass, / zu Ihrem 70. Geburtstag möchte ich Ihnen persönlich und als Präsidentin des Deutschen Bundestages meine herzlichsten Glückwünsche übermitteln, verbunden mit dem Wunsch, daß Sie in den kommenden Jahren weiterhin mit Ihren herausragenden künstlerischen Fähigkeiten das künstlerische und damit das geistig-politische Leben in unserem Land bereichern, wie Sie dies in den zurückliegenden Jahrzehnten Ihres Schaffens bereits immer wieder getan haben.

Ich freue mich, daß so zahlreiche Freunde aus dem In- und Ausland Ihren Geburtstag zum Anlaß nehmen, um Ihnen nicht nur zu gratulieren, sondern Ihnen für Ihr beständiges und engagiertes Einmischen zu danken. Wer in seinen nunmehr siebzig Jahren ein so von Brüchen und Verwerfungen gekennzeichnetes Leben durchmessen hat, sich stets für das Humane und das Politische zugleich eingesetzt hat, wie Sie, sehr geehrter Herr Grass, hat erfahren, daß Engagement, Zivilcourage und Nachvorneschauen für eine demokratische, freiheitliche Gesellschaft unverzichtbar sind.

Sie haben häufig in schwierigen Zeiten das öffentliche Wort gewählt und sich engagiert in Debatten um unsere Zukunft eingebracht. Mir ist Ihr Beitrag in Israel, kurz nach Aufnahme der diplomatischen Beziehungen zwischen der Bundesrepublik Deutschland und dem Staat Israel, noch in besonderer Erinnerung. Sie haben damals – wie heute – den Kräften Unterstützung verliehen, die besonders die Zukunftsgestaltung auf der Grundlage wahrhaftiger historischer Erinnerung vorantreiben wollten. Angesichts der vor uns liegenden Aufgaben und Probleme dürfen wir in unserem gemeinsamen Engagement für eine Zukunft in Freiheit und Gerechtigkeit – weltweit – nicht nachlassen.

JÜRGEN HEYDRICH: *BRIEF AN GÜNTER GRASS*
Sehr geehrter Herr Grass, / erlauben Sie, daß Sie zu Ihrem 70. Geburtstag unter der Fülle der Glückwünsche auch eine Gratulation von einer Seite her entgegennehmen, die Sie wohl kaum erwarten. Beiliegende Rezension des *Weiten Feldes* habe ich nach eingehender und munterer Diskussion Ihres Buches im Kölner Kreisverband meiner Partei für das Mitgliederblatt des Landesverbandes Nordrhein-Westfalen der REPUBLIKANER geschrieben; sie ist anschliessend in wenig gekürzter Form in der Parteizeitung des Bundesverbandes erschienen. [...]

Sie werden verstehen, daß ich die Erlebnisse des Fonty-Wuttke mit anderen Augen gelesen habe, als das z. B. ein weiland EsPeDe-Trommler sich beim Recherchieren und dann Aufschreiben gedacht hat. Ist es nicht mit den Büchern so, wie mit den eigenen Kindern? Wenn sie erst ins Leben getreten sind, gehen sie ihren eigenen Weg.

Ihnen auch von mir und meinen Freunden (die Sie nicht mit Skins und Gestrigen verwechseln wollen) einen herzlichen Dank für alle Ihre Bücher, die immer wieder auf das Sensibelste das wiedergeben, was gerade in Deutschland los ist.

LIESEL HARTENSTEIN: *BRIEF AN GÜNTER GRASS*
Natürlich haben wir alle – gemeint ist unsere Generation – die *Blechtrommel* verschlungen und heiß darüber diskutiert: über die eruptive Sprache, den Bilderreichtum und die phantasievollen Szenarien. Von da an gehörte Grass zum festen Bestand – auch in meiner Denk- und Lesewelt.

Hans-Jochen Vogel: *Brief an Günter Grass*
    Mit Schmunzeln denke ich […] auch daran, daß ich Sie – Pedant, der ich nun einmal bin – im Herbst 1981 in Berlin in aller Form in die SPD aufgenommen habe. Wahrscheinlich war es mein Fehler zu glauben, man könnte einen Günter Grass in einen förmlichen Status einbinden.

Gerhard Schröder: *Telegramm an Günter Grass*
    Lieber Günter, / zum 70. Geburtstag herzlichen Glückwunsch und Dank für das großartige künstlerische Werk. Dank auch an den Störenfried und Querdenker, dessen gesellschaftliche Schubkraft womöglich größer ist, als er es selbst annehmen mag. Bitte bleibe auch künftig am Ball. Ich rechne mit Dir, Deinem Wort und Deinem Rat.

Helmut Schmidt: *Telegramm an Günter Grass*
    Ihr großes Interview in der *ZEIT,* vier Wochen zurückliegend, habe ich mit großer Zustimmung gelesen und hoffe, daß Sie auch zukünftig am Ball bleiben.

Norbert Blüm: *Brief an Günter Grass*
    Siebzig Jahre und kein bißchen leise – mit Günter Grass feiert ein streitbarer Literat seinen 70. Geburtstag, der die wechselvolle deutsche Geschichte in diesem Jahrhundert hautnah erfahren und in seinen Werken reflektiert hat.
    Ihr höchst umfangreiches, in Formen und Themen vielfältiges Opus umfaßt Romane, Gedichte, Erzählungen, Graphikfolgen, Theaterstücke und vieles mehr. Einiges ist politisch motiviert, anderes autobiographisch geprägt, wie die Danziger Romantrilogie, deren Geschichten an Schauplätzen einer Stadt spielen, in der Sie Ihre Kindheit verbracht haben und aus der Sie später flüchten mußten. Rundum können Sie auf ein pralles Leben voller guter wie auch nicht so guter Erinnerungen zurückblicken. Hiervon können Sie vieles an die nächste Generation, insbesondere an Ihre eigenen Enkel weitergeben.

GUNDA RÖSTEL / JÜRGEN TRITTIN: *TELEGRAMM AN GÜNTER GRASS*
Wir wünschen uns sehr, dass Ihr kritisches Engagement die Politik weiterhin begleitet. Unsere Gesellschaft braucht »Störenfriede« wie Sie mehr denn je.

GREGOR GYSI / LOTHAR BISKY: *TELEGRAMM AN GÜNTER GRASS*
In diesen Tagen wird von vielen – so auch von uns – Ihr literarisches Werk gewürdigt. Das können andere viel besser und überzeugender als wir. Wir möchten deshalb die Gelegenheit nutzen, uns auch für Ihr ständiges politisches Engagement zu bedanken, für Ihren Kampf für eine demokratische und soziale Kulturhoheit in der Gesellschaft. In einer Zeit, in der neoliberales Denken die Politik und die Medien derart dominiert, sind Ihre Beiträge zur Durchbrechung dieser kulturellen Dominanz von besonderer Bedeutung. In der Vergangenheit haben Sie und andere bewiesen, dass man auch ohne politische und ökonomische Macht in der Lage ist, das gesellschaftliche Denken zu beeinflussen.
Wir wünschen Ihnen deshalb nicht nur alles erdenklich Gute zu Ihrem Geburtstag, Gesundheit, Kraft und Schöpfertum. Wir wünschen uns auch etwas, nämlich dass sie nicht ruhen werden, bis Toleranz, Demokratie und soziale Gerechtigkeit wieder feste Bestandteile gesellschaftlich-politischen Denkens in der Bundesrepublik Deutschland geworden sind.

ANDRZEJ BYRT: *BRIEF AN GÜNTER GRASS*
Das Schicksal scheint Sie mit der Stadt Danzig, der Sie auch Ihre Danziger Trilogie gewidmet haben, verquickt zu haben: Ihr Jubiläum und das Danziger Jubiläum fallen auf das gleiche Jahr. In meiner Heimatstadt Poznań wurde Ihnen der Titel doctor honoris causa von der Adam Mickiewicz-Universität verliehen. Diese zwei Städte erwähne ich lediglich als zwei Steine eines riesigen Mosaiks Ihrer Verbindungen mit Polen, wo Sie hochgeschätzt und wie kaum ein anderer gegenwärtiger deutscher Schriftsteller mit Interesse gelesen werden. *Die Blechtrommel* war jahrelang sowohl als Buch wie auch als Film offiziell verboten und erregte großes Aufsehen – erst im Untergrund, dann in aller Öffentlichkeit. Nicht nur Generationen

polnischer Germanisten profitieren von Ihrem literarischen Schaffen, sondern auch die gesamte polnische Kultur. Durch Ihre Anregung und Finanzierung entstand die Stiftung zur Förderung der deutsch-polnischen Kulturbeziehungen. Nicht nur die Geschichte unserer Nachbarschaft bewegt Sie, sondern auch die Gegenwart. Allen Unkenrufen zum Trotz setzen Sie auf die deutsch-polnische Verständigung, und zwar nicht nur auf die auf der höchsten politischen Ebene. Außer unserer Anerkennung gebührt Ihnen unser herzlichster Dank!

GYÖRGY KONRÁD: *TELEGRAMM AN GÜNTER GRASS*
Ich bin glücklich, dass Du mit 70 so bist wie Du bist. Ich habe Hochachtung dafür, dass Du Dir selbst treu bleibst. Ich bewundere Deine Bücher und bewahre in Erinnerung, wie Du mir bei unseren Treffen ein Gefühl warmer Zuneigung vermittelt hast. Ich hoffe, dass wir uns noch oft treffen werden. Berlin ist gut, aber es hat einen Fehler: Einige fehlen. Es fehlt mir, dass Du nicht mehr in der Niedstr. erreichbar bist. Ich weiss, dass viele in der Akademie mit freundschaftlichen Gefühlen an Dich denken. Es wäre schön, Dich wieder bei uns zu haben.

PETER SCHNEIDER: *BRIEF AN GÜNTER GRASS*
Lieber Günter, / auch wenn ich Dir zuweilen noch so ein Graus bin – was mich angeht, ich halte es erstaunlich gut aus, daß jeder von uns den Stein in eine andere Richtung wirft – am Ende sind wir Freunde, und so viele, so überschaubar unbequeme und durch Dissens bewährte hast Du nicht. Nimm also meine herzlichen Geburtstagsgrüße hin. Ich denke an die vielen guten Stunden, die ich mit Dir über Skatkarten und Rätseleien über unsere Frauen verbracht habe, und ich will gar nicht einsehen, daß wir uns wegen Lappalien – das neue Angebot: Schröder oder Lafontaine? – meiden. Mit oder ohne mich – Du hast mich ja nicht eingeladen! – Dein Siebzigster ist eine Riesenfeier wert! Und glaub' es doch: auch wenn wir noch so kräftig dissentieren, am Ende sind wir alle stolz auf Dich!

CHRISTA WOLF: *ZUM 70. GEBURTSTAG*
Lieber Günter, / als ich leichtfertig zusagte, »eine Seite« für Dich zu schreiben, hatte ich wieder mal die Erfahrung verdrängt, daß es schwieriger sein kann, eine Seite zu schreiben als zwanzig, aber wem sage ich das. Hätte ich zwanzig, erzählte ich detailgenau, wann und wo Du nach meiner Erinnerung ganz bei Dir warst. Ich rede von Begegnungen. Die »Berliner Begegnung« zum Beispiel. Wie Du, nach einer teilweise kontroversen Diskussion, in der Pause Deinem Kontrahenten dicht gegenüberstehst und inständig auf ihn einredest. Wie Du, in der Akademie der Künste, zornig und unnachgiebig eine Veranstaltung für den gerade durch islamische Fundamentalisten mit dem Tode bedrohten Salman Rushdie forderst, in diesem Haus. Du bist solidarisch, und Du hast keine Angst, Du sagst Deine Meinung, egal, wie viele Leute sie teilen mögen, egal, wie viele Gegner Du Dir dadurch machst – eine altmodische Angewohnheit, die Du Dir als einer von wenigen unbeirrbar bewahrst.

Aber »bei Dir« bist Du für mich vor allem, wenn Du, in Deinem Schreibhaus, am Arbeitspult stehst, ein Handwerker nach getaner Arbeit, und mit verhaltenem Stolz Dein letztes Manuskript aufblätterst, das in Wirklichkeit ein reich mit Federzeichnungen versehenes handschriftliches Konvolut ist, eine Kostbarkeit für jeden Sammler. Wie Du mit Deinen und Utes Gästen im Garten unter den Bäumen sitzt, Wein trinkend, rauchend, in gelöster Stimmung Lebensgeschichten erzählend. Wie Du in »Offenbachs Weinstuben« in Ostberlin, einem der Schauplätze Deines letzten Buches, das gute Essen und die Achtung des Wirtes genießt, in Quedlinburg »am Rande« der PEN-Tagung den Nordhäuser Doppelkorn. Wie Du auf der Bühne des »Berliner Ensemble« zum Tode von Stephan Hermlin sprichst.

Doch nie sah ich Dich so ganz »bei Dir« wie in Danzig-Gdańsk, im Gespräch mit den heutigen Bewohnern Deines Kindheitsortes, die Dich als Sohn und Ehrenbürger ihrer Stadt mit offenen Armen empfingen: aufgeschlossen, beharrlich, scharfsinnig, liebevoll hast Du Dir diese Auszeichnung verdient. Schließlich hast Du Deiner Stadt einen Platz in der Weltliteratur gesichert.

Die eine Seite ist voll. Du wirst siebzig. Ohne Dich will ich mir die zerklüftete deutsche Kulturlandschaft nicht vorstellen. Darum: Bleib gesund. Nimm doch die Pfeife aus dem Mund!

In seiner Christa-Wolf-Biographie schreibt Jörg Magenau: »Die Freundschaft mit Günter Grass, die sich in den neunziger Jahren entwickelte, ist als Solidarität zweier Exemplare einer aussterbenden Spezies zu begreifen.« (S. 445)

PETER HÄRTLING: *BRIEF AN GÜNTER GRASS*
Lieber Günter, / wie lange haben wir uns nicht gesehen, gesprochen! Und jetzt lese ich allerorts, was über Dich gedacht, gemutmaßt, wie Dir gratuliert wird. Ich wundre, ich ärgere mich. Das ist ein Grass, der in Geschenkpapier eingewickelt wird. Ich aber kenne einen, der ein mitreißender, mitunter mürrischer Freund ist, dessen Launen einheizen, wärmen; einen, der politisch über Stumpfköpfe wegsah und wegdachte; einen, »meinen« Präsidenten, der sich nie ums Akademische scherte; einen, dem beim Trinken, Essen, Streiten die Lust aus den Augen springt und der mit Melancholie nicht spart, einen, dessen Gedichte Wirklichkeiten traktieren und die Versfüße Schuhe anhaben; einen, der unverdrossen, wach und wütend, sich und uns erzählt.

Das ist mein Grass. Dem danke ich, vielfach beschenkt. Der ist mir nah.

MARGARETHE VON TROTTA: *BRIEF AN GÜNTER GRASS*
Heute denke ich aber nur an Dich und an die Zukunft, und mein Wunsch: daß es Dir gutgeht und Du weiterhin der »Störenfried« bleibst, wie Raddatz Dich nennt, und daß ich Dich/Euch bald wiedersehen darf.

PETER HINTZE: *PRESSEMITTEILUNG DER CDU*
Die Rede von Günter Grass markiert den intellektuellen Tiefststand eines Schriftstellers, der sich mit seinen unsachlichen Ausfällen gegen die Bundesrepublik Deutschland endgültig aus dem Kreise ernstzunehmender Literaten verabschiedet hat.

> Bei der Verleihung des Friedenspreises des deutschen Buchhandels an Yaşar Kemal hielt Günter Grass in der Frankfurter Paulskirche die Laudatio (XII, 503ff.). Seine Kritik an der deutschen Abschiebepraxis sowie den Waffenlie-

ferungen an die Türkei löste eine hitzige Debatte aus; vgl. *Grimms Wörter,*
S. 160 ff.

NADINE GORDIMER: *BRIEF AN GÜNTER GRASS*
Während ich im Oktober in New York war, gab es Neuigkeiten von G. G., der wieder seiner Mahnung nachkam, den Mund aufzumachen, diesmal über heimliche Faschisten. Ich war erzürnt, fühlte richtig die Wut auf meiner Haut, als dieser Flegel Hintze seine ungeheuerlichen Erklärungen abgab. Wer ist er, dass er über den »Kreis ernstzunehmender Literaten« befindet, welchen Anspruch hat er auf literarische Kriterien?! Sicherlich könnte er selbst nicht tiefer sinken als sein eigener »intellektueller Tiefststand«. Dir alle Kraft für Körper und Geist, wenn Du Deinem Land und uns allen, die wir mit moralischer Doppelzüngigkeit konfrontiert sind, einen Dienst erweist, indem Du gerade nicht die Augen verschließt und die Klappe hältst.

1998

Hans Mayer: *Brief an Günter Grass*
   Die Feier in Hamburg [im Thalia-Theater zum 70. Geburtstag von Günter Grass] war wirklich sehr schön. Alles fügte sich gut ineinander und war vorzüglich von Flimm inszeniert worden. Er schickte mir auch am Jahresende einen großen Packen mit meisterhaften Photographien. Der Kellner Mager aus *Lotte in Weimar* hätte gesagt: »Es war buchenswert.«
   Wir beide sind doch gut miteinander im Wortsinne »durch die Jahre gekommen.« Von der Begegnung auf der Elmau im Jahre 1959, über Deinen Besuch in Leipzig, wo Du den Parteibonzen erklärtest, die sogenannte Friedenstaube sei »ein besonders zänkischer Vogel«, bis heute.
   Deine Rede in der Frankfurter Paulskirche hat der Süddeutsche Rundfunk erfreulicherweise als Sondersendung ins Programm genommen. Ich habe alles hören können und darf Dir sagen, daß ich den rhetorischen Aufbau, die Sachkunde und die ruhige Klarheit der Aussage sehr bewunderte. Diese Rede ist für mich ein schönes Gegenstück zu der damaligen vorzüglichen Rede über Alfred Döblin.
   Es war auch schön, daß diese Ansprache, die immer wieder durch lebhaften Beifall unterbrochen wurde, einigen verkalkten Heinis in Bonn von neuem Gelegenheit bot, sich zu artikulieren und folglich zu blamieren.

Avi Primor: *Die Verantwortung des Individuums*
   Günter Grass ist für mich ein Schriftsteller, der auf überzeugende Weise mit seinem Werk und seinem politischen Engagement die Verantwortlichkeit des Individuums für die historische Entwicklung und die Gestaltung der deutschen Geschichte der letzten Jahre zeigt.

Hellmuth Karasek: *Das Magazin* (Roman)
   »Ihr kennt F. F.? F. F.«, fuhr Doppler fort, nahm einen Schluck Bier und spürte, wie es in seinem Bauch zu wabbeln begann. »Ihr

habt vielleicht sogar einen seiner großen Romane gelesen. Oder versucht, einen zu Ende zu lesen. Ihr kennt Friedrich Freund. Er hätte vor zehn Jahren fast den Nobelpreis für Literatur bekommen. Er ist also ein Fast-Nobelpreisträger. Und«, Doppler lachte, »er hat ihn fast verdient. Wobei man sagen muß, daß Schriftsteller, die ihn überhaupt nicht verdient haben, den Nobelpreis eher bekommen als Schriftsteller, die ihn fast verdienen. Man bekommt ihn entweder, weil man ihn richtig verdient. Oder, weil man ihn überhaupt nicht verdient. Wenn man ihn fast verdient, bekommt man ihn fast nie.«

F. F., Friedrich Freund, dozierte Doppler weiter in den Bierdunst und Tabakqualm hinein, war ein politisch engagierter Schriftsteller gewesen, damals, als das zur Grundausstattung eines Schriftstellers, der Erfolg haben wollte, gehörte. Engagement, »Angaschemang« gesprochen, war damals ein schmückend gewichtiges Wort für einen Schriftsteller, der in Festreden auch »Moralist« oder »leibhaftiges Gewissen« genannt wurde, der »Widerspruch« anmeldete, indem er »Partei ergriff«.

EDZARD REUTER: *SCHEIN UND WIRKLICHKEIT*
Mit seiner auf mich eher ein wenig dröge wirkenden Anständigkeit hat [Heinrich Böll] sich womöglich das eine oder andere Mal Verdienste um den inneren Zusammenhalt der Gesellschaft, trotz des Nobelpreises aber vielleicht doch weniger um die deutsche Literatur erworben. Da hat die Fabulier- und Sprachkunst von Günter Grass, sosehr mir dessen manches Mal an Ignoranz grenzende politische Überheblichkeit auf die Nerven gefallen ist, doch mit Sicherheit tiefere Furchen gepflügt, auch wenn für mein Verständnis weder *Hundejahre* noch *Der Butt,* sondern allenfalls erst wieder die kleine, aber brillante Erzählung *Das Treffen in Telgte* den Höhepunkt der *Blechtrommel* erreicht hat.

ROLF VOLLMANN: *DER ROMAN-NAVIGATOR*
Wenn es Unsterblichkeit gibt für deutsche Romanciers: die *Blechtrommel* reicht dafür.

GÜNTER OHNEMUS: *DER TIGER AUF DEINER SCHULTER* (ROMAN)
»Mein Sohn gehört nicht zu diesen Klischeeköchen. Wir nehmen dieses Buch nicht. Wir nehmen *Katz und Maus* von Günter Grass.« Und weil sie wußte, daß der Buchhändler noch ein bißchen länger mit ihr reden wollte, sagte sie: »Die Leute, die Günter Grass nicht mögen, sagen immer, *Katz und Maus* sei sein bestes Buch. Sie wollen damit ausdrücken, daß er für größere Sachen eigentlich nicht genug Luft hat. Aber sein bestes Buch ist natürlich die *Blechtrommel*.«
Der Buchhändler war jetzt vollkommen hingerissen. Er unterhielt sich jetzt schon eine halbe Stunde mit der schönsten Frau, die je die *Blechtrommel* in Schutz genommen hatte. Es gibt nicht viele Buchhändler, die das von sich behaupten können, und meine Mutter sagte zum Abschluß dieser schönen halben Stunde: »*Katz und Maus* für das beste Buch von Günter Grass zu erklären, das ist genauso, als würde man verkünden, *Hälfte des Lebens* sei das beste Gedicht von Hölderlin, obwohl das natürlich ein sehr gutes Gedicht ist. Aber es könnte auch ein Glückstreffer sein. Ein Glückstreffer mitten ins Unglück, oder mitten aus dem Unglück. Aber ein Glückstreffer. Und *Heidelberg* zum Beispiel ist kein Glückstreffer. Das ist einfach ein erstklassiges Gedicht. Und die *Blechtrommel* ist ein erstklassiger Roman.« Wir sind dann schnell aus dem Laden gegangen, noch bevor der Buchhändler meiner Mutter einen Heiratsantrag machen konnte. Sie wollte ihn nicht enttäuschen.
Also wird Benjy nächste Woche *Katz und Maus* zum Geburtstag bekommen.

STEFAN HEYM: *BRIEF AN GÜNTER GRASS*
Kürzlich habe ich *[Fundsachen für Nichtleser]* mir noch einmal, und diesmal sehr gründlich durchgesehen, und bin wieder von den Bildern und ganz besonders von den Texten beeindruckt – welch Ideenreichtum, welcher Witz! Man ist versucht, die eine oder andere Seite aus dem Buch herauszunehmen, einzurahmen, und an die Wand zu hängen, um den Spruch auf dem Blatt sich immer wieder aufs Gemüt wirken zu lassen.

Manfred Rommel: *Trotz allem heiter*

Meine Mutter betonte stets, sie sei eine Danzigerin. Ich musste jedoch später hören, dass es da feine Unterschiede gibt. Bei einem Treffen ehemaliger Danziger während meiner Amtszeit als Oberbürgermeister wollte ich mich mit dem Hinweis beliebt machen, dass meine Mutter auch eine Danzigerin gewesen wäre. Ein Herr fragte mich mißtrauisch: »War Ihre Frau Mutter evangelisch?« Ich antwortete: »Nein, katholisch!« Darauf der Herr: »Dann war Ihre Frau Mutter eine Kaschubin!« Ich war zuerst verblüfft, fasste dann aber im Blick auf Günter Grass und Horst Ehmke diese Bemerkung als Kompliment auf.

Gregor von Rezzori: *Greisengemurmel*

Auch in der deutschen Literatur vollzog sich das Wiederaufbauwunder. Die illustrierte Zeitschrift QUICK an der ich emsig geldverdienend mitarbeitete (es gehörte zu den Nebendingen die ich leider treiben mußte. All denen gesagt die eine solche Mitarbeit eines ernstzunehmenden Schriftstellers an der Boulevardpresse nicht würdig finden: Es ist nicht einfach mit dem Kugelschreiber als einzigem Werkzeug des Lebensunterhalts drei Söhne aufzuziehen) – QUICK also betraute mich mit der Aufgabe meine damals zu wahrem literarischem Ruhm und vaterländischen Ehren gelangten Schriftstellerkollegen zu interviewen: Das Dreigestirn Heinrich Böll Uwe Johnson und Günter Grass. Weltweit gehörte Stimmen. Kulturhistorisch und somit politisch gewichtig. Böll am Telefon befragt ob er zu Aussagen über sich selbst bereit sei winkte freundlich ab. Grass und Johnson traf ich in Berlin. In einer kleinen Konditorei in Charlottenburg verzehrten sie auf QUICK-Kosten Kaffee und Kuchen und erklärten mir frostig sie dächten nicht daran in Massenmedien neben Reklame für Zahnpasta und Büstenhalter zu erscheinen. Einstimmig wie Rosenkranz und Güldenstern verkündeten sie nichts zur Konsumgesellschaft (die nebenbei auch Bücher konsumiert) beitragen zu wollen. Sie konsumierten noch einige Sahnetortenstücke und verließen mich stolz. Ich hätte mir an ihnen ein Beispiel nehmen sollen. Die Konsumgesellschaft hat die Reinheit solcher Imagepflege belohnt. Uwe Johnson ist ja in seiner schrulligen Art verstorben: Ein beinah Frühvollendeter. Lebt also als wertbewußter deutscher Schriftsteller weiter – auf Papier. Günter Grass habe ich nach Jahren wiedergesehen. In Frankfurt anläßlich der Buchmesse im Hotel »Hessischer Hof«. Er trug was man in Vorkriegsjahren einen Stresemann nannte (schwarzes Jackett mit vielknopfiger grauer Weste zu grauschwarz gestreiften Hosen und Silberselbstbinder) und trippelte so emsig die Hallentreppe hinunter daß ich meinte es handle sich um den Empfangschef der herbeieilte um Lord Weidenfeld zu begrüßen. Nur am Schnauzbart erkannte ich ihn. Als ich ihn ansprechen wollte hatte er keinen Augenblick für mich: er strebte zu einem Empfang des damaligen Bundeskanzlers Helmut Schmidt. Weltgeschichtlich eingerastet. Mit beiden stämmig emsigen Beinchen in der vollen Lebenswirklichkeit. Er – ja! – er würde Otto von Habsburg die Stirn geboten haben. Wie sicherlich auch mein Exfreund Schnabel. Trotz kürzerer Beinchen in gleicher Augenhöhe Mann zu Mann. Das kulturträgerische Image dieser beiden erlaubte ihnen das nicht nur; es gebot's ihnen geradezu. Aussichtslos dem nachzueifern. Auch ich trug damals noch einen Schnurrbart; aber das war das einzige was ich mit Grass und Otto von Habsburg gemeinsam hatte. *The missing link.* Nichts sonst verbindet uns. Vom einen trennt mich die naive Lauterkeit vom anderen der künstlerische Wille zur Macht. Von beiden trennt mich die zweifelhafte Gabe der Ironie. Das haßgeborene Lachen.

> In einer Anmerkung zu dem Text erläutert Rezzori, dass er »in einem Anfall von Gereiztheit« sämtliche Kommata aus dem schon fertiggestellten Manuskript entfernt habe. Als Gewinn für den Leser verspricht er sich eine »größere Intimität mit dem Text« (S. 4).

GÜNTER J. MATTHIA: *ES GIBT KEIN UNMÖGLICH!* (ROMAN)
»Ich hasse leichte Lektüre.« / Das stimmte, Johnny las Heinrich Böll, Günter Grass, Wolfgang Borchert und Klassiker von Goethe bis Dostojewski. Sein Deutschlehrer hatte ihn vor Jahren auf den Geschmack gebracht.

HORST BOSETZKY: *CHAMPAGNER UND KARTOFFELCHIPS* (ROMAN)
Anstatt an den Wochenenden zu pauken, las er lieber Heinrich Böll, Günter Grass und Uwe Johnson, und an *Billard um halb zehn* wie der *Blechtrommel* und den *Mutmassungen über Jakob* hatte er

lange zu kauen, wie auch am Godesberger Programm der SPD. Eine Parteikarriere wäre nicht schlecht ... Wenn er sah, daß ein derartiger Simpel wie Heinrich Lübke es bis zum Bundespräsidenten gebracht hatte ... [...]

Am darauffolgenden Sonnabend ging es zum ersten Mal auf die Straße. Vom Olivaer Platz liefen sie den Kurfürstendamm in Richtung Gedächtniskirche hinunter, wo sich auch Hans Magnus Enzensberger und Wolfgang Neuss zur Kundgebung eingefunden hatten. Günter Grass trug ein Plakat mit der Aufschrift *Tausche Grundgesetz gegen Bibel*, was weder Manfred noch Horst Hastenteufel so richtig verstanden.

EMINE S. ÖZDAMAR: *DIE BRÜCKE VOM GOLDENEN HORN* (ROMAN)
Manchmal gab es zwischen den Hühnern auf den Berliner Straßen ein berühmtes Huhn, z. B. Günter Grass, der mit den anderen Hühnern lief und vor der Brust ein Schild trug: »Tausche Grundgesetz gegen Bibel«. Wenn Universitätsprofessoren auf der Seite der Hühner waren, setzte der Hühnerstallbesitzersenat sie ab, und der Hühnerstallbesitzersenat erließ ein Notprogramm gegen die freilaufenden Hühner [...].

ANNEMARIE SCHOENLE: *FRAUEN LÜGEN BESSER* (ROMAN)
Sie hatte als Abiturientin, also vor Äonen von Jahren, genau gezählt fünfzehn, beschlossen, Anglistik zu studieren, eine Verlagslehre zu machen, Lektorin zu werden und reihenweise Bestsellerautoren zu entdecken. Ihr erfolgreiches Wirken sollte ihr die Ehe mit einem Verleger bescheren, sie würde zwei Kinder kriegen, sich mit interessanten Menschen umgeben und einen schöngeistigen Salon führen. Grass würde zum Tee kommen, Handke seine Schreibexistenz anhand der »Geschichte eines Bleistifts« erläutern und Reich-Ranicki ... aber den kannte sie damals noch nicht. Den lernte sie erst kennen, als das Fernsehen die Selbstdarsteller entdeckte.

WALTER HINCK: *IM WECHSEL DER ZEITEN*
April 1997. Tagung des P.E.N.-Zentrums West in Quedlinburg.

[...] Zufälliges Zusammentreffen mit Günter Grass; gemeinsamer Entschluß, in ein Café zu gehen. Wieder beeindruckt mich seine ganz vorbedingungslose Gesprächsbereitschaft und der völlige Verzicht auf Starallüren. Er erzählt von seiner letzten Begegnung mit Salman Rushdie. Zsuzsanna [Gahse] teilt nicht Rushdies vehemente Verteidigung des Romans gegen seine europäischen Kritiker (in einem Essay, aus dem am Vorabend Conrady einen Abschnitt vorgelesen hat, um an die Lage der verfolgten Schriftsteller zu gemahnen). Sie befürchtet die Wiederaufwertung einer allzu traditionellen Romanform. Wir vermuten ein Mißverständnis, widersprechen. Sigrid schwärmt von Grass' Roman *Der Butt*; aus ihm haben wir das Fenchel-Gemüse kennengelernt und in unsere Küche übernommen. Grass ist über solche Lektürewirkung keineswegs mißvergnügt, er erzählt von ähnlichen Fällen, ist auf die Eignung des *Butt* als Kochbuch sogar ein bißchen stolz. Sein Denken ist immer vom Leib mitgesteuert. Und überhaupt nicht geniert es ihn, vom Haftmittel für seine künstlichen Zähne zu sprechen, das er bei der Reise zu einem Vortrag vergessen hat. Die Erzählung, wie er das Malheur am Zielort entdeckt und wie Rettung naht, wird zur selbstironischen Anekdote. Zwangsläufig taucht das Thema, das sich so leicht nicht zu den literarhistorischen Akten legen läßt, auch in unserem Gespräch auf: wie vor anderthalb Jahren gegen den Roman *Ein weites Feld* eine ganze Phalanx von Verrissen aufmarschierte.

Ich dachte zurück. Vom Verlag hatte ich ein Voraus- oder »Leseexemplar« bekommen, gerade noch rechtzeitig, um es mit in die Sommerferien zu nehmen. Die Umstände, unter denen, und die Umgebung, in der man ein Buch liest, sind ja bei den Lektüreeindrücken oft mitbestimmend. Ich hatte Muße. Ich konnte die Lektüre auf gut zehn Tage verteilen, fühlte mich nicht gehetzt wie bei Büchern, auf deren Rezension gewartet wird. Ich wußte auch, daß ich den Band nicht zur Besprechung bekommen würde, las ihn also nicht unter Anspannung und nicht mit der Scharfeinstellung des Kritikerauges, sondern machte es mir bequem zu fast genüßlicher Lektüre. Eine Bank im Hotelgarten, unmittelbar am Ufer des Millstätter Sees, war mein alltäglicher Platz. Immer wieder unterbrach ich die Lektüre und blickte auf die bunten Segel der Surfer, auf die rasenden Wasserski-Matadore oder die ebenfalls vom Motorboot gezogenen gleitenden Drachenflieger. Sportarten und Geräte, die es zu meiner Schulzeit noch nicht gab. Und doch gingen beim Lesen der Geschichten über Fontane, das Fontane-Archiv und Fonty meine Gedanken immer wieder zurück zu jener Stunde am Neuruppiner See, als der Unbekannte meinem Schulfreund und mir seinen Fontane und ein Preußentum mit so humanen Zügen nahebrachte. Und es war die wohlige Entspanntheit, die mich auch über Abschweifungen und Ausschweifungen der Erzählkunst des Autors Grass hinweghob, ja mir die Ablenkungen sogar lieb machte. Ich befand mich etwa im Zustand eines Lesers aus dem 18. Jahrhundert, der gar nicht genug kriegen kann von den Fabulier- und Garnierkünsten des Erzählers. Wir müssen ja auch heute noch genügend Geduld mitbringen, wenn wir den endlosen »Digressionen« des Erzählers in Laurence Sternes *Tristram Shandy* folgen wollen. Kurzum, ich war in diesen Sommertagen vielleicht einer der gelassensten und dankbarsten Leser, die der Roman *Ein weites Feld* gefunden hat, und schrieb an Günter Grass einen entsprechenden Brief – er muß unter den persönlichen Äußerungen, wie ich einer Dokumentation entnehme, einer der ersten gewesen sein [vgl. Hinck, S. 460].

Meine Lektüre war auch dadurch nicht beeinträchtigt worden, daß ich Grass' unfrohe, ja sauertöpfische Reaktion auf die deutsche Wiedervereinigung, die man dem Roman anmerkt, überhaupt nicht teile. Muß ich denn ein glühender Anhänger des Schillerschen »Idealismus« sein, um von einem Drama Schillers gepackt zu werden? Muß ich an die Vorsehung als die große Ordnerin der Geschichte glauben, um mich von Leo Tolstojs *Krieg und Frieden* fesseln zu lassen? Lektüre als ein Vorgang des Einschlürfens, ganz ohne Widerstand, war nie mein Fall.

Nach dem größenteils sehr abweisenden Echo auf die vorhergehenden Romane von Grass war ich auf einiges gefaßt. Aber die Wucht, ja die Wut, mit der nun, von wenigen Ausnahmen abgesehen, die Literaturkritik über den Roman *Ein weites Feld* herfiel, machte mich doch fassungslos. Und sie weckte bald in mir den Verdacht, daß man hier auf den Erzähler einschlug und den Kritiker der Wiedervereinigungsprozedur meinte. So verhalf mir die Einladung, Ende September bei der Jahrestagung der »Europäischen Autorenvereinigung Die Kogge« in Minden den abschließenden Vortrag zu halten, zur willkommenen Gelegenheit, wenigstens einen Kommentar zum Schlachtfest der Literaturkritik abzugeben.

Keinen Zweifel ließ ich daran, daß ich Grass' Vorstellung von einer bloßen Konföderation der beiden Staaten Bundesrepublik und DDR angesichts der gesamteuropäischen Entwicklung, zumal der im früheren Ostblock, immer für illusorisch gehalten hatte. Auf dem Hintergrund solcher Einschränkung entwickelte ich meine Fragen und Antworten an die Kritik. Zugestanden, es gibt im Roman einige Längen und eine Fülle von literarischen Anspielungen, die man verstehen muß, um ein volles Lesevergnügen zu haben. Aber der Jahrhundertroman *Ulysses,* den James Joyce selbst eine »spaßhaftgeschwätzige allumfassende Chronik mit vielfältigstem Material« nannte, liest sich auch nicht wie ein Kriminalroman. Gewiß, *Ein weites Feld* hat nicht den jugendkühnen grotesken Zugriff zur historischen Welt wie *Die Blechtrommel,* der Roman, an dem mit Penetranz alle folgenden Romane immer wieder gemessen werden. Aber wer würde noch bei Goethe auf den Gedanken kommen, vom Autor des Spätwerks *Wilhelm Meisters Wanderjahre,* eines Erzählkonglomerats, einen *Werther*-Roman zu verlangen?

Die polemischen Kritiker hatten offenbar nur ein schwaches Gehör für Grass' feine, von Fontane inspirierte Ironie und kein Organ für die phantasievollen, unendlich variationsreichen Übergänge und Verschmelzungen zwischen der historischen Figur des Schriftstellers Fontane und der fiktiven Figur des hundert Jahre nach Fontane geborenen Fonty (Theo Wuttke). Sie übersahen, daß Günter Grass' erzählerische Verknüpfung historischer Epochen, bei allen Unterschieden der Mittel, jener Ineinanderspiegelung der Zeitabschnitte verwandt ist, die wir aus Uwe Johnsons *Jahrestagen* kennen – nicht zufällig Grass' Hommage an Uwe Johnson in diesem Roman.

Der Mißmut Fontys, der Hauptfigur, über die nationalen Nebengeräusche der Wiedervereinigung ist unverkennbar. Warum aber fällt es bei der Kritik so wenig ins Gewicht, daß Grass diesem Mißmut einen Gegenpol gibt mit Fontys überraschend auftauchender, aus Frankreich angereister Enkelin Madeleine und ihrer Bewertung des nationalen Ereignisses? Verharmlost Grass die Stasi, wenn er Fontys »Tagundnachtschatten« Hoftaller genau mit jener Biederkeit ausstattet, unter der die Geheimdienstler sich tarnten – man denke nur an die Fernseh-Statements der Generale Mielkes in den ersten Jahren nach der »Wende« – und immer noch tarnen? Gewiß, das Wort von der »kommoden Diktatur« nimmt sich aus wie eine Verhöhnung der politischen Gefangenen, die im Zuchthaus Bautzen saßen. Aber es trifft die Mentalität einer großen Masse der Bevölkerung, die sich dem System anbequemt und im Datschen-Dasein Genüge gesucht hatte. Die Kritiker sehen die westlichen Wirtschaftsprinzipien durch Grass' Darstellung der »Treuhand« und der westdeutschen Wirtschafts-»Glücksritter« denunziert (und sicherlich macht es sich Grass zu leicht mit der Erklärung der Motive für die Ermordung des Treuhand-Chefs). Aber Hand aufs Herz, haben nicht auch wir uns oft genug über die schamlosen Wiedervereinigungsgewinnler geärgert und hat nicht auch Helmut Kohl, der »Schmied« der neuen deutschen Einheit, gegen sie gewettert?

Noch einmal, man braucht bei der Lektüre des Romans einige Geduld und Muße. Wem vom vielen Hin- und Herzappen am Fernsehgerät die Fähigkeit zur Konzentration abhanden kam, der ist auf dem »weiten Feld« des Romans verloren. Grass' Erzählen ist auch ein Affront gegen unsere im doppelten Sinne zerstreuende Medienkultur. Wer sich wirklich sammelt für die Lektüre, dem kann das anspielungsreiche, mal sarkastische, mal heiter-gelöste ironische Erzählen großes Lesevergnügen bereiten. Und so schloß ich meinen Kritiker-Kommentar, meinen Vortrag überhaupt mit einer demonstrativen Respekterklärung für Günter Grass.

Grass selbst sieht die Romanbeschimpfung inzwischen gelassener. Aber wir bleiben im Quedlinburger Café noch eine Zeitlang beim Thema. Die nacheinander erschienenen Verrisse in den großen Zeitungen hatten im Tenor viel Gemeinsames, aber das Vokabular verschärfte sich von Mal zu Mal, so daß die Überbietung zum eigentlichen Prinzip der Literaturkritik wurde. Den Begriff der Postmoderne benutze ich ungern, aber mir ist aufgefallen, daß Liebhaber des Begriffs gerade in Grass' Roman die »postmodernen« Züge übersahen: die Technik des Zitierens und der literarischen Anspielung, die Echoantwort auf die Fontanesche Ironie, das ständige Pendeln zwischen Vergangenheit und Gegenwart, ihre Verschränkung und die Verkörperung all dieser Züge in der Gestalt des Fonty. Grass hört aufmerksam zu. Er selbst vermutet auch in den unpolitischen Argumenten der Kritik versteckte politische Antriebe: Wer sich die Wiedervereinigung leichter vorstellte, als sie dann werden sollte, und enttäuscht war, hielt sich an einem Roman schadlos, der die Illusionen von der schnellen Lösung einer historischen Frage nicht teilt.

BRIGITTE SAUZAY: *BEI GÜNTER GRASS IN BEHLENDORF*
Der Patriarch der deutschen Literatur, Autor gewaltiger Mythologien zur deutschen Geschichte dieses Jahrhunderts, auf denen das moderne Deutschland beruht, scheint weitaus mehr mit der Welt im Reinen zu sein, als man gemeinhin vermutet. Das Alter, der Erfolg, der Charme seiner Frau? Er hat gerade eine Reihe von Aquarellen fertiggestellt, die auf dem Boden des Ateliers trocknen, in dem er malt, Holzschnitte macht und zeichnet. Farbig, fröhlich, direkt von Portugal inspiriert, heben sie sich von seinen früheren, meist düsteren Grafiken ab.

Seine Rede zur Verleihung des Friedenspreises des deutschen Buchhandels? Nein, er hatte niemals die Absicht zu schockieren – und es hat ihn betrübt, daß danach mehr über seine Rede als über das Werk von Yaşar Kemal gesprochen wurde; er hat nur wiederholt, was er überall und immer sagt: Die Deutschen seien im allgemeinen ganz und gar nicht fremdenfeindlich, er habe vielmehr – wegen der Kurden – die Waffenlieferungen an die Türkei angeprangert, ebenso wie die Haftbedingungen von Leuten, die abgeschoben werden sollen, das sei antidemokratisch, skandalös; sehen Sie sich um, dann wissen Sie Bescheid ...

Er ist vor allem über die ethnische Auffassung von der Nationalität in Deutschland empört. Wie soll Integration vonstatten gehen? Ohne doppelte Staatsbürgerschaft? Wie kann man zu behaupten wagen, daß Deutschland kein Einwanderungsland sei, wenn es in manchen Schulklassen dreißig Prozent und mehr Ausländer gibt?

Ja, sein so verunglimpftes Buch, *Ein weites Feld,* ist in Frankreich – außer vom *Figaro* – freundlicher aufgenommen worden als in Deutschland. Aber die Ostdeutschen mögen das Buch sehr: Sie erkennen sich darin wieder. Und er, Günter Grass, ist wohl der einzige, der einige weniger angenehme Aspekte der Wiedervereinigung beim Namen nennt: die Machenschaften der Treuhand, das Geld von Brüssel, das für den Osten bestimmt war und wie im Falle der Bremer Vulkanwerft im Westen versickert ist ... Und was die enormen 150-Milliarden-Transfers pro Jahr angeht, derer sich die Regierung rühmt, wieviele Aufträge haben sie den Großunternehmen im Westen eingebracht? Nein, nein, er schockiert nur deshalb, weil die anderen nichts sagen.

Ob er heute dasselbe schreiben würde? Stehend, seine Pfeife

stopfend, zuckt er mit den Schultern: Im Moment gibt es zwischen Ost und West nur Gemeinsames, wo es entschieden angestrebt wird. Nichts tut sich spontan zusammen. »Es wächst nicht zusammen«, jedenfalls noch nicht. Ja, Willy Brandt hatte recht mit seinem Ausspruch: »Jetzt wächst zusammen, was zusammengehört«, aber das gilt für die Politik im Osten selbstverständlich genauso.

Der Osten – Polen – ist ganz offensichtlich das Thema, das ihm am meisten am Herzen liegt, und wenn das Essen im Haus nicht bereit stünde, wären wir noch lange im Atelier geblieben.

Bei kochendheißer Suppe reden wir von Paris. Paris, wo er vier Jahre verbracht hat, aber meint, daß er nie von Franzosen eingeladen worden ist. Er war mit Ausländern zusammen.

Vor kurzem ist er zu seiner Wohnung in der Avenue d'Italie gepilgert und war gerührt, als die Concierge ihm erzählte, daß in diesem Haus ein sehr berühmter Schriftsteller gewohnt habe. Er schrieb damals *Die Blechtrommel*. Vielleicht brauchte er eine solche Distanz zu Deutschland, damit er diesen Sturzbach deutscher Geschichte aufs Papier bringen konnte.

Und dann – wie um gleichzeitig zum nächsten Werk, dem berühmten *Butt,* überzugehen – kam das Hauptgericht, ein traditionelles Essen in der Weihnachtszeit: ein köstlicher, riesiger Karpfen, ganz frisch aus dem Teich nebenan gefischt.

Ich genoß das Bild, das sich mir bot: der gediegene, bei dieser Kälte besonders einladende und gemütliche Raum, unsere fünfköpfige Tischgesellschaft, an der Wand mir gegenüber das berühmte Blatt mit dem Butt, der eine Frau küßt, und neben mir Günter Grass, der, stehend und redend, den riesigen, dampfenden Fisch zerteilt.

Frankreich, ja, die romantische französische Literatur liegt ihm besonders, *Der große Meaulnes* von Alain-Fournier; die Figur des Mahlke in *Katz und Maus* geht weitgehend darauf zurück, er hat sich direkt davon inspirieren lassen. Dieser Junge, den alle Welt bewundert ..., das ist bisher noch keinem Kritiker aufgefallen.

Und sonst, die Franzosen? Auf politischem Gebiet hat er große Sympathien für Mendès-France, aber ihre höfischen Sitten ..., und ihre Vorstellung von der Nation ... Sie haben es gut, ihnen ist das mit der »Nation« geglückt. Deutschland hat damit immer nur Katastrophen zustande gebracht – aber soll das die Zukunft sein? Die Schwächung Brüssels und die Entwicklung der Regionen ist alles, was man sich erhoffen kann, mit einem europäischen Parlament, das wirkliche Kompetenzen hat.

Eine physische, affektive Beziehung zur Nation? Ein »Ich liebe Frankreich« in bezug auf Deutschland? Ein literarischer Kanon, der etwas Verbindendes bewirkt? Unmöglich; unmöglich vor allem, damit eine historische Kontinuität herzustellen.

Aber seine Liebe zu Fontane, von dem ein Porträt auf dem Kaminsims lehnt? Ach ja, Fontane, und sein Gesicht hellt sich auf, darüber müßte man ausführlicher reden ... Ja, natürlich, soziale Fragen haben Fontane nie wirklich interessiert. Dabei kannte er Zola, er fand das jedoch alles fürchterlich: die Lebensbedingungen des Arbeiters, die Armut ... Es gibt bei ihm indessen durchaus ein politisches Denken und soziologische Beschreibungen. Und was für eine Verbindungslinie zwischen Frankreich und Deutschland, vor allem heute, wo alles, was sein Leben ausmachte – die Ländereien, die Schlösser und Städte Brandenburgs – wieder zugänglich ist! Da ist tatsächlich eine Kontinuität neu zu erschaffen ... Tun wir etwas ... Unter solchen Versprechungen sind wir auseinandergegangen. Draußen, in der nebligen Nacht, schienen die kahlen Bäume und das Haus wie aus einem Bild von Balthus aufzusteigen.

1999

JOACHIM LOTTMANN: *DEUTSCHE EINHEIT* (ROMAN)
Meine Gedanken waren schwarz. Ich stellte mir jemanden vor, der sich eine neue, große Bücherverbrennung vorstellte. Gab es auch nur *ein* Buch der letzten Jahrzehnte, das einem gefallen konnte? Nein, der ganze Schund kam auf einen Scheiterhaufen. Am besten brannten *Der Butt* und *Die Rättin*.

JOHANNES MARIO SIMMEL: *NOBELPREISWÜRDIG*
Seine Bücher *Der Butt* und *Die Rättin* waren äußerst mühsam zu lesen, aber mit *Die Blechtrommel* hat er einen der größten Romane dieses Jahrhunderts geschrieben. Dafür hätte er den Nobelpreis verdient. Vor allem, wenn ich mir anschaue, wer den zuletzt so alles gekriegt hat.

HERBERT ACHTERNBUSCH: *GRASS ANSPRECHEN?*
Als ich einmal im Zug nach Starnberg, wo wir wohnten, Günter Grass sitzen sah, ich weiß nicht zu dem wievielten Tsetsefliegenkongreß er gerade unterwegs war, wäre ich eher aus dem Zug gesprungen als ihn anzusprechen, obwohl er nach Dario Fo, der den Nobelpreis viel zu früh bekommen hat, »in zu vielen zivilen und kulturellen Schlachten sich geschlagen hat, konsequent für Gerechtigkeit, Freiheit und Demokratie Prügel ausgeteilt und eingesteckt hat«, der Witzbold. Aber vielleicht gerade war mir das zuwider, weil ich was Unfaßbares suchte, das ich schon noch zu fassen kriegen würde, da konnte ich nicht mit der Tsetsefliege anfangen und etwa mit dem Zebra aufhören, wie ich damals dachte, aber warum eigentlich nicht. Ich hätte sogar mit Tsetsefliegenmännchen über Sansibar angefangen, wenn mir das nur eingefallen wäre. So stank mir der Grass zu sehr vom Kopf her, wie man bei einem toten Fisch sagt.
Oder mochte ich von Anfang an nicht Menschen, die Herden erzeugen? Ich mag Menschen nicht, die Herden erzeugen.

Pramoedya Ananta Toer: *Seelenverwandtschaft*
   Richtig kennengelernt habe ich ihn erst jetzt, als er mich während meiner Lesereise in Deutschland in sein Haus einlud. Der Kontakt zu ihm besteht seit 20 Jahren, aber wir waren uns bisher nie persönlich begegnet. Dennoch war er mir bei unserem Treffen gleich so vertraut wie ein Bruder, mehr noch, wir sind Seelenverwandte. Es gibt viele Dinge, die mich und Grass verbinden. Er hat meine Familie unterstützt, er hat als einer der ersten meine Bücher in Deutschland bekanntgemacht, und er hat sich immer wieder für meine Freilassung eingesetzt. Als er 1978 Indonesien besuchte – zu einer Zeit, als ich noch im Gefängnis auf Buru einsaß – wurde er aus dem Land geworfen, weil er sich für einen Gegner des Regimes eingesetzt hatte. Er hat mir seitdem immer wieder geschrieben und mir auch Zeichnungen geschickt. Eine davon zeigt zwei Kampfhähne – die hängt in meinem Haus in Jakarta. Leider kann ich seine Bücher nicht gut lesen, es gibt keine indonesischen Übersetzungen von Grass. Und mein Deutsch ist zu rudimentär, um die Originalausgaben komplett zu verstehen. Immerhin: Als er mich jetzt einlud, habe ich ihm eines seiner Gedichte auf deutsch vorgelesen. Es hieß *Meine alte Olivetti,* eine Ode an seine alte Schreibmaschine. Das ist noch so eine Leidenschaft, die ich mit ihm teile, ich hänge an diesem altmodischen Schreib-Gerät.

Werner Fuld: *Neue Anekdoten*
   Günter Grass las im engsten Freundeskreis aus dem noch unveröffentlichten Roman *Ein weites Feld* vor. Man schwieg beeindruckt. »Woran habt ihr dabei gedacht?« wollte der Autor wissen. »An Fontane natürlich«, sagte Christa Wolf, »an den *Stechlin*«. Grass war hocherfreut. Der Roman erschien, und Gerhard Wolf fragte eines Abends seine Frau, ob sie ihm das Buch mal geben könnte. »Das geht jetzt nicht«, sagte sie, »ich lese gerade parallel zum *Stechlin*.« Am nächsten Tag gab sie ihm den Roman. »Hast du ihn schon durch?« fragte ihr Mann verwundert. »Nein« war die Antwort, »aber jetzt lese ich nur noch den *Stechlin*.«

JÖRG UWE SAUER: *UNIKLINIK* (ROMAN)
    Ebenso der Fall Grass. Dieser habe allenfalls in jedem seiner Bücher nur *einen* guten Gedanken zu Papier gebracht, in der *Blechtrommel* die Idee, die ganze Geschichte von einem Insassen einer Heilanstalt erzählen zu lassen, und in *Ein weites Feld* die Übereinstimmung der Daten zweier zernichtender Ereignisse am dritten Oktober, der Heirat Effi Briests und der deutschen Wiedervereinigung, was ja strenggenommen nicht einmal Grass'sche Einfälle gewesen seien, so der Herr Professor, während Mathilde Rauchringe in die Luft blies, der Assistent seinen Joghurt löffelte, der Stimmenimitator auf die Uhr schaute, der Kulterer schmollte und ich auf meinem Stuhl nachdachte. Prinzipiell reiche *ein* guter Einfall pro Buch nicht aus, so der Herr Professor weiter, und das habe er diesem Grass auch wörtlich gesagt, als sie einmal vor einem Fernsehauftritt zusammen den Fahrstuhl hätten benutzen müssen, so der Herr Professor, dieser Grass habe ihn aber scheinbar gar nicht wiedererkannt. Dabei habe er selbst noch der Grass'schen Vertragsunterzeichnung für ein Semester als Poet-in-Residence hier direkt an dieser Universität beigewohnt. Damals habe er jedoch diesen Grass noch nicht für so dreist gehalten, die Niederträchtigkeit zu besitzen, den halben Fontane erst gänzlich abzuschreiben, um diesen als neuen Roman praktisch mit links auf den Buchmarkt zu werfen; überhaupt werde die Problematik der Intertextualität in der Literatur zu einer immer größeren, bald wisse selbst er nicht mehr, von wem ein Werk verfaßt worden sei, so der Herr Professor.

SALMAN RUSHDIE: *DER BODEN UNTER IHREN FÜSSEN* (ROMAN)
    Er greift zu einem der Taschenbücher, die in seiner Kabine herumliegen – Mull Standish muß sie an Bord gebracht haben, weil er hoffte, seinen Söhnen ein bißchen Kultur einzutrichtern, die aber haben sie sofort in die unbewohnte Kabine geworfen, welche sie niemals betreten, jene, die jetzt Ormus' kleines Privatversteck ist. Bücher von berühmten amerikanischen Autoren, Sal Paradises Oden an die Wanderlust, Nathan Zuckermans *Carnovsky*, Sciencefiction von Kilgore Trout, ein Theaterskript – *Von der Trenck* – von Charlie Citrine, der später den Erfolgsfilm *Caldofreddo* schreiben wird. Lyrik von John Shade. Außerdem Europäer: Dedalus, Matze-

rath. Der einzigartige *Don Quichote* des unsterblichen Pierre Menard.
F. Alexanders *Uhrwerk Orange*.

Bei den genannten Schriftstellern handelt es sich um fiktive Figuren, die stellvertretend für ihre Schöpfer stehen: Sal Paradise (Jack Kerouac), Nathan Zuckerman (Philip Roth), Kilgore Trout (Kurt Vonnegut), Charlie Citrine (Saul Bellow), John Shade (Vladimir Nabokov), Stephen Dedalus (James Joyce), Pierre Menard (Jorge Luis Borges), F. Alexander (Anthony Burgess).

Dietrich Schwanitz: *Bildung*

Die romantische Literatur entdeckt die Erlebniswelt der Kindheit als eigenes Reich der Poesie. Mit ihr werden die Märchen entdeckt. Man verfällt einem Kult des Ursprünglichen. Aus dem Rückblick des Erwachsenen erscheint die Kindheit wie ein verzaubertes Land, das man verloren hat. Die Nostalgie wird erfunden. Kinder tauchen nun in der Lyrik und der Literatur auf. Eine eigene Kinderliteratur entsteht, und von Peter Pan bis Oskar Matzerath in *Die Blechtrommel* erscheinen literarische Wunschträume, nie mehr erwachsen werden zu müssen.

Walter Moers: *Selbstgespräch mit Lügenbär*

Moers: Käpt'n Blaubär, die *ZEIT* schreibt über Ihr Romandebüt: »Das ist Tolkien ohne die Gut/Böse-Dichotomie und Michael Ende ohne esoterische Heilsbotschaften.« Sehen Sie das so?

Blaubär: Na ja, es ist aber auch Peter Handke ohne Torwart bzw. Günter Grass ohne Blechtrommel.

Georg Veit: *Münsterland-Mafia* (Roman)

In meinem Wagen notierte ich in meinen ›Grass‹: 17. 6. / 16 Uhr 55 Rainer Schürmann erbrochen, Jupp: »Kalle Grotthoff endete ebenso.« Mein ›Grass‹ ist eine Erstausgabe von *örtlich betäubt*. Zum Glück sind die Seiten fünfunddreißig bis dreihundertzwanzig unbedruckt. Der Fehldruck, der bei mir seit 1969 zwischen Gramscis Büchern und Grimms Märchen stand, war seit vorgestern mein Notizbuch.

Ich schloß die Kostbarkeit in die Mittelkonsole ein – und ging dann doch zum Vereinshaus zurück.

Wolfram Siebeck: *Aal grün*

In den fünfziger Jahren waren wir noch nicht wählerisch. Seezungenröllchen im Reisrand hielten wir für kulinarische Verfeinerung, was sie im gastronomischen Umfeld jener Jahre ja auch waren. In einem Gasthaus im Hessischen hatte ich ein Gericht kennengelernt, das fortan zu meinen Leibspeisen gehörte, Aal grün. Der Aal stammte aus einem Flüsschen namens Diemel, das Gasthaus war in einer Burg installiert, und grün bedeutete, dass der Fettfisch mit vielen Kräutern gedünstet worden war. Damals gab es noch Aale in den Flüssen, und wo ich sie auf einer Speisekarte entdeckte, bestellte ich Aal grün.

Damit war schlagartig Schluss, als *Die Blechtrommel* erschien. Grass, den mit Goethe zu vergleichen manchen Leuten schwerfällt, hatte wie der Geheimrat mit seinem Frühwerk eine Mode ausgelöst. So wie nach dem *Werther* eine Selbstmordwelle durch die Jugendkultur ging, so verekelte Grass den Deutschen die Aale. Die innige Beschreibung der kaschubischen Fangmethode, bei der ein Pferdekopf in den Fluss gelegt wird, in den sich die Aale hineinwühlen wie die Maden in den sprichwörtlichen Speck und schließlich samt Kopf an Land gehievt werden, verdarb den Currywurstanhängern für alle Zeiten den Appetit auf Aale. Dabei beweist das ja nur, dass Aale Feinschmecker sind im Gegensatz zu Schweinen, Rindern, Hühnern und anderen Dioxinfressern.

Doch der erste Bestseller der deutschen Nachkriegsliteratur bereitete dem Tellergericht Aal grün (andere Versionen waren in der deutschen Küche kaum bekannt) ein vorzeitiges Ende. Die Verschmutzung der Flüsse tat ein Übriges, und als *Die Blechtrommel* zwanzig Jahre später verfilmt wurde, war es endgültig vorbei mit dem Aal auf unseren Speisekarten.

Was die Tierfreunde bei Greenpeace nicht erreichen, auch wenn sie sich tapfer an Wale ketten, um sie vor der Ausrottung durch die Norweger zu schützen, ist dem Danziger Einzelgänger mit der Beschreibung eines Pferdekopfes mühelos gelungen. Günter Grass hat sich um den Schutz der Aale verdient gemacht.

Möglicherweise konnte somit auch manches Pferd den Kopf aus der kaschubischen Schlinge ziehen. Seit Don Quichottes Rosinante und Rih, dem Wundergaul Kara Ben Nemsis, sind Pferde in der Literatur, was man Topoi nennt.

Zu diesem Ruhm hat Grass noch anderen Tieren verholfen, nämlich Ratten und Plattfischen. Damit hat er Kafka überrundet, der es bekanntlich nur zu einem Käfer brachte, welcher zudem nicht einmal essbar war. Ein Steinbutt aber ist es in hohem Maße. Ja, man kann ohne Übertreibung sagen, dass *Der Butt* ein verkapptes Kochbuch ist, weil es darin, im Gegensatz zur *Rättin,* von Rezepten nur so wimmelt.

Da gibt es eine Dorschsuppe, auf der die weiß gekochten Fischaugen schwimmen wie die Fliegen auf der Buttermilch. Ein anderes Rezept schreibt mitgekochte Bernsteinstücke vor: neun oder sieben gelochte Stücke auf fünf Dorschköpfe.

Da ist sie wieder, die Vorliebe des Autors für Köpfe. In einem Gedicht preist er die Schweinskopfsülze, eine Standardvorspeise in Kneipen, die von armen Lyrikern besucht werden, welche sich ein Hauptgericht nur selten leisten können. Mitgefühl für arme Kollegen tritt hier an die Stelle von Mitgefühl für Aale – beides zeugt von einer Sensibilität (compassion), die der Wahlkämpfer Grass damals mit Willy Brandt teilte.

Doch die Bernsteinstücke sind origineller. Der Autor sagte ihnen im *Butt* aphrodisische Eigenschaften nach, was damals, als der *Playboy* hohe Auflagen hatte und Viagra noch nicht existierte, sicherlich nicht ungeschickt war.

Leider fehlen in seinem Buch präzise Angaben zum Bernsteinkochen. Ob sie wieder mit viel Kümmel gegart werden, für den Grass eine deutliche Vorliebe hat, ob mit oder ohne eingeschlossene Fliege, ob die goldgelben Steine 30 Minuten oder 5 Stunden brauchen, bis sie für die Jackettkronen der Esser ungefährlich sind – es wird nicht gesagt. Das ist eine durchgehende Schwäche des ansonsten fantasievollen Kochbuchs: die Rezepte sind nicht ausführlich genug.

Vollends verwirrend, weil eindeutig gestrig, empfindet der Leser von heute die immer wieder empfohlenen Runkeln und Steckrüben im Werk des Günter Grass.

Hirse, dick eingekochte weiße Bohnen, Schwadengrütze, Graupensuppe und ähnliche Rülpskost werden in die Nähe von Delikatessen gerückt und überschatten gelegentliche Versuche, Kutteln, Hammelfüße und Kalbsköpfe aufzuwerten. Irgendwann muss der Autor selber an der Vorzüglichkeit seiner veröffentlichten Rezepte gezweifelt haben. Denn einen der im *Butt* auftretenden Gourmets lässt er unzweideutig sagen: Dem Deiwel mecht son Kleister schmäkken!

MARCEL REICH-RANICKI: *MEIN LEBEN*
   Im Mai 1958 rief mich mein Freund Andrzej Wirth an: Er habe Kummer, er bitte mich um Hilfe. Er erwarte nämlich einen jungen Mann aus der Bundesrepublik Deutschland, der unglücklicherweise hier in Warschau niemanden kenne. Man müsse diesen armen Menschen ein wenig betreuen, was er, Wirth, allein nicht schaffen werde. Ob ich ihm den Gefallen tun könne, mit dem jungen Mann einen Nachmittag zu verbringen. Ich fragte mißtrauisch, ob es sich etwa um einen Schriftsteller handle. Das werde – antwortete Wirth – die Zukunft zeigen. Immerhin habe er schon zwei Theaterstücke verfertigt, von denen eins bereits durchgefallen sei und das andere vermutlich demnächst durchfallen werde. Mein Freund glaubte nicht, daß der junge Mann je ein brauchbares Stück zustande bringen werde. Dennoch scheine er begabt zu sein, wenngleich man noch nicht sagen könne, wozu er nun eigentlich begabt und imstande sei.
   Am nächsten Tag ging ich ins Hotel »Bristol«, wo der Gast gegen fünfzehn Uhr auf mich warten sollte. Um diese Zeit war die Hotelhalle leer, nirgends ließ sich ein westdeutscher Schriftsteller blicken. Nur ein einziger Sessel war besetzt, in dem saß aber ein Mensch, der nicht hierher paßte. Das »Bristol« war damals das einzige Warschauer Luxushotel, bewohnt fast ausschließlich von Ausländern, die sich schon durch ihre Kleidung von den Einheimischen unterschieden. Der Mann im Sessel war hingegen, um es gelinde auszudrücken, nachlässig gekleidet und auch nicht rasiert. Er schien zu tun, was in einer vornehmen Hotelhalle nicht üblich ist: Er schlummerte.
   Plötzlich riß er sich zusammen und schritt auf mich zu. Ich erschrak. Aber nicht sein mächtiger Schnurrbart war es, der mir Angst einjagte, sondern sein Blick, ein sturer und starrer, ein gläserner, ein beinahe wilder Blick. Den, dachte ich mir, möchte ich nicht in einer dunklen Straße treffen, der hat wohl in seiner Hosentasche wenn auch nicht einen Revolver, so doch ein Messer. Während ich noch mit diesem inneren Monolog beschäftigt war, stellte sich der junge

Mann durchaus manierlich vor. Um die Sache mit dem sturen, dem gläsernen Blick gleich aufzuklären: Er hatte, was er mir freilich erst zwei Stunden später sagte, zum einsamen Mittagessen eine ganze Flasche Wodka getrunken.

Ich schlug ihm einen gemeinsamen Spaziergang vor. Er war einverstanden, wir gingen los, trotz des gewaltigen Alkoholkonsums schwankte er keinen Augenblick, er marschierte neben mir stramm und wacker. Aber auf die vielen Kirchen und Paläste, auf die ich seine Aufmerksamkeit lenken wollte, reagierte er schwach. Er war offensichtlich vor allem mit sich selber beschäftigt und dem Gespräch eher abgeneigt. Da schien es mir angebracht, das Thema zu wechseln. Ich wollte seine Ansichten über die in der Bundesrepublik entstehende Literatur hören. Da er weiterhin einsilbig und mürrisch blieb, nannte ich versuchsweise einige Namen. Wolfgang Koeppen? Hartnäckiges Schweigen, ich glaube, er kannte keine Zeile von Koeppen. Heinrich Böll? Ein spöttisches, doch unzweifelhaft mildes Lächeln. Max Frisch? Was sich in dessen Romanen abspiele, sei für ihn, meinen Gast, viel zu vornehm. Alfred Andersch? Der Name belebte meinen Gesprächspartner. Denn von Andersch war damals der Roman *Sansibar* sehr erfolgreich. Derartiges mögen Schriftstellerkollegen nicht. Die fliehende Jüdin, von der in *Sansibar* erzählt werde, sei doch so schön und schick. Wie, wenn sie häßlich gewesen wäre und Pickel gehabt hätte? Wäre sie dann – fragte der junge Mann – weniger bemitleidenswert? Ich äußerte mich über den Roman anerkennend, mein Gast hörte es offenbar nicht so gern.

Jetzt versuchte ich es mit Autoren der vorangegangenen Generation – von Thomas Mann über Hermann Hesse bis zu Robert Musil. Ich hatte den Eindruck, daß der junge Mann keine Ahnung von Ackerbau und Viehzucht habe. Daß ihn der übermäßige Alkoholkonsum schläfrig gemacht hatte, wußte ich allerdings noch nicht. Wohl aber wußte ich, wie man einen Schriftsteller oder einen, der ein Schriftsteller werden wollte, zum Reden bringt. Es gibt da eine Frage, die sofort die Zunge auch des störrischsten Kandidaten löst. Sie lautet:»Woran arbeiten Sie, mein junger Freund?« Jetzt ging es los: Er schreibe einen Roman. Das wunderte mich überhaupt nicht, denn ich habe in meinem ganzen Leben nur sehr wenige deutsche Schriftsteller kennengelernt, die nicht gerade an einem Roman arbeiteten. Ob er mir etwas über die Handlung sagen wolle? Er wollte.

Er schreibe die Geschichte eines Menschen; die Sache beginne in den zwanziger Jahren und reiche beinahe bis heute. Wer das denn sei? Ein Zwerg. Hm. Zuletzt hatte ich etwas über einen Zwerg in meiner Kindheit gelesen, es war ein Märchen von Wilhelm Hauff. Was weiter? – fragte ich nicht eben neugierig. Dieser Zwerg – erklärte er mir – habe auch einen Buckel. Wie? Zwerg und bucklig auf einmal, ob das nicht etwas zuviel des Guten sei? Der bucklige Zwerg – fuhr der junge Mann fort – sei Insasse einer Irrenanstalt.

Jetzt reichte es mir, mehr wollte ich über den geplanten Roman nicht wissen. Hingegen machte ich mir nun besorgte Gedanken um den Gast, den ich zu betreuen hatte, zumal sein Blick immer noch starr und wild war. Eines schien mir sicher: Aus dem Roman wird nichts werden. Allmählich hatte ich die Lust an dem Gespräch mit diesem nicht sehr höflichen Westdeutschen verloren. Ich brachte ihn ins Hotel. Wir verabschiedeten uns kühl und dachten wahrscheinlich dasselbe – daß es ein langweiliger und überflüssiger Nachmittag gewesen war.

Nein, er war nicht überflüssig, jedenfalls nicht für mich. Ende Oktober 1958 sah ich den jungen Mann wieder: Auf einer Tagung der »Gruppe 47« in Großholzleute im Allgäu las er, Günter Grass, zwei Kapitel aus der immer noch im Entstehen begriffenen *Blechtrommel*. Ich hätte mir bei den Lesungen von Anfang an fleißig Notizen gemacht – erinnerte sich Hans Werner Richter –, doch darauf gleich nach den ersten Sätzen der Prosa von Grass verzichtet. Das stimmt, mir haben die beiden Kapitel gefallen, sie haben mich nahezu begeistert. Ich schrieb das auch in einem Tagungsbericht, der wenig später in der Münchner Wochenzeitung *Die Kultur* gedruckt wurde – sie haben mir übrigens in viel höherem Maße gefallen als der im folgenden Jahr erschienene ganze Roman, über den ich skeptisch, gewiß zu skeptisch geurteilt habe. Gelernt habe ich in Großholzleute, daß es sich nicht lohnt zuzuhören, wenn Schriftsteller von der Handlung eines Romans berichten, an dem sie gerade arbeiten. Solchen Geschichten kann man in der Regel nichts, aber auch gar nichts entnehmen. Denn aus den kühnsten und originellsten Einfällen ergeben sich meist miserable Bücher – und absurd scheinende Motive können zu großartigen Romanen führen.

Am Abend saßen wir in Großholzleute beim Wein. Jemand bat mich, ein wenig über meine Erlebnisse in Warschau während der deutschen Besatzung zu erzählen. Um nicht die Laune der Anwesenden zu verderben – schließlich waren alle, die da am Tisch saßen, während des Krieges Soldaten gewesen, einige vermutlich auch in Polen –, wählte ich besonders harmlose Episoden: Ich berichtete, wie ich mich in düsteren Stunden als ein Geschichtenerzähler betätigte, der seine Stoffe der Weltliteratur entnahm. Hinterher fragte mich Grass, ob ich dies zu schreiben gedenke. Da ich verneinte, bat er mich um die Erlaubnis, einige dieser Motive zu verwenden. Erst viele Jahre später, 1972, publizierte er sein *Tagebuch einer Schnecke,* in dem ich meine Erlebnisse wiederfand – er hatte sie einem Lehrer mit dem Spitznamen »Zweifel« zugeschanzt.

Als wir uns wieder einmal trafen, sagte ich beiläufig, daß ich doch wohl an den Honoraren für das *Tagebuch einer Schnecke* beteiligt sein sollte. Grass erblaßte und zündete sich mit zitternder Hand eine Zigarette an. Um ihn zu beruhigen, machte ich ihm rasch einen Vorschlag: Ich sei bereit, auf alle Rechte ein für allemal zu verzichten, wenn er mir dafür eine seiner Graphiken schenke. Ihm fiel hörbar ein Stein vom Herzen: Er sei einverstanden, ich solle mir die Graphik selber aussuchen, er lade zu diesem Zweck Tosia und mich in sein Haus in Wewelsfleth ein, er werde uns eigenhändig ein Essen zubereiten. Ich stimmte zu, wenngleich mich die Erinnerung an eine von Grass gekochte Suppe irritierte, die ich im Sommer 1965 (der Anlaß war die Hochzeit des Berliner Germanisten Walter Höllerer) leichtsinnig zu mir genommen hatte. Sie war abscheulich. Mir schwante abermals Schlimmes. Doch zum Beruf des Kritikers gehört Mut.

Am 27. Mai 1973 machten wir uns auf die Reise von Hamburg nach Wewelsfleth in Schleswig-Holstein. Das war gar nicht so einfach, denn man mußte, um diese Ortschaft zu erreichen, einen Fluß überqueren, über den es keine Brücke gab. Wir hatten uns einem Fährmann anzuvertrauen. Schließlich kamen wir an, bald konnte ich mir eine Graphik aussuchen. Ich bat Grass artig um eine Widmung. Er überlegte nur einen Augenblick und schrieb: »Für meinen Freund (Zweifel) Marcel Reich-Ranicki.« Immerhin: beinahe ein Wortspiel.

Dann servierte er uns einen Fisch. Um es kurz zu machen: Ich hasse und fürchte Gräten. Bis dahin wußte ich auch nicht, daß es Fische mit so vielen Gräten gibt – wobei ich nicht ausschließen kann, daß deren Zahl in meiner Erinnerung mit den Jahren noch gewachsen ist. Gleichviel, es war qualvoll, aber auch genußreich: Grass, schwach als Suppenkoch, kann mit Fischen wunderbar umgehen, das Essen war gefährlich und schmackhaft zugleich – und es hatte weder für Tosia noch für mich auch nur die geringsten negativen Folgen. Indes: Folgen gab es schon, aber anderer Art. Was von dem Fisch übriggeblieben war, zumal die vielen Gräten, hat Grass am nächsten Tag gezeichnet, sehr bald stand dieser Fisch im Mittelpunkt eines Grass-Romans. Denn es war ein Butt.

Ob wir in Wewelsfleth Erinnerungen an unser Treffen in Warschau ausgetauscht haben, weiß ich nicht mehr. Es waren inzwischen fünfzehn Jahre vergangen, unser Leben, unsere Rollen und Situationen hatten sich gänzlich gewandelt. Aus dem unbekannten und ärmlichen Anfänger Grass war ein weltberühmter und, wie es sich gehört, auch ein vermögender Schriftsteller geworden. Ich wiederum war längst ein Bürger der Bundesrepublik Deutschland und schon beinahe vierzehn Jahre lang der einzige ständige Literaturkritiker der angesehensten deutschen Wochenzeitung, der *ZEIT*. Mehr noch: Ich hatte, was ich Grass nicht sagen durfte, einen Vertrag für einen neuen Posten abgeschlossen, für den interessantesten im literarischen Leben der Bundesrepublik – für den Posten des Literaturchefs der *Frankfurter Allgemeinen*.

TITANIC: *REICH-RANICKI: »MEIN LEBEN«* (PARODIE)
Neben vielem anderen war auch die Gruppe 47 ohne mich völlig undenkbar. Höllerer, Enzensberger, Grass, Jens, die Bachmann und all die anderen, sie wären dann nur zu sechsundvierzigst gewesen und im übrigen ahnungslos, in welche Richtung sich die deutsche Literatur (Mann!) weiterhin entwickeln sollte.

GUNTER SACHS: *WAS, BITTE, IST GUTER STIL?*
Vor den Olympischen Spielen 1972 saß ich in einem Kunstausschuss, zuständig für bildende Kunst unseres Jahrhunderts. Auch ehrwürdige Herren saßen in dieser unserer ersten Sitzung, die andere Kunstrichtungen vertraten. Darunter August Everding, Günter Grass und auch meine guten Bekannten Erich Kästner und Claus Bastian. Zu gegebener Zeit erklärte ich mein Konzept, das zunächst

artige Zustimmung fand. Doch wie in den meisten Komitees gab dann jeder ein Quäntchen seines Senfs dazu: »... wechseln Sie doch ab mit Alten Meistern ...« – »... die alten Bilder gehören in moderne Rahmen ...«. Unweigerlich mußte ich an Winston Churchill denken (»A camel is a horse designed by a committee«). Da brach Günter Grass eine stilvolle Lanze: »Soll Herr Sachs denn monochrome Gartenzwerge ausstellen?«

KLAUS WAGENBACH: *BERLIN IN DEN SECHZIGER JAHREN*
Wir haben uns in Berlin alle regelmäßig gesehen. Das war damals eine sehr spannende Zeit. Günter Grass, Klaus Roehler und ich haben immer Skat gespielt. Ich habe brav verloren, weil ich nicht pokern konnte. Die anderen hatten immer diese Pokerfaces. Und als Ingeborg Bachmann noch da war, hatten wir ein Sonntagsfrühstück. Das fand einmal bei Johnson statt, einmal bei Grass, einmal bei Ingeborg, einmal bei mir. Immer sonntags, immer um elf. Das hörte dann auf, weil diese Sonntage danach im Eimer waren. Die Frühstücke dauerten nämlich bis nachmittags, dann waren alle besoffen, und du konntest keinen Schritt mehr tun. Das heißt, der Sonntag war weg.

KARL MARKUS MICHEL: *DER HERAUSGEBER*
In der Geschichte des Suhrkamp Verlages, die 1990 zum Vierzigsten erschien – sie hat keinen Autor, aber jeder kennt ihn –, steht unter dem Datum 1965 zu lesen: »Lange hat der Suhrkamp Verlag eine Zeitschrift gewünscht und geplant. Nach langer Vorbereitung war Hans Magnus Enzensberger bereit ...« Lange Vorbereitung? Es gab ein paar gescheiterte Projekte, dann wurde Enzensberger gefragt; er trieb den Preis in die Höhe: Herausgeberautonomie – und das erste Heft der Zeitschrift, der er den Namen *Kursbuch* gab, konnte erscheinen. Aber beinahe wäre es nicht dazu gekommen.
Siegfried Unseld, der sich eine Art Suhrkampkulturbeutel erhoffte, traute dem Herausgeber im fernen Tjöme nicht. Ich sollte den Mittler spielen. Oder den Aufpasser. Immer wieder fragte er mich nach dem Inhalt des ersten Hefts. Kurz vor Redaktionsschluß zählte ich ihm die Autoren auf. Bei Günter Grass zuckte er zusammen. Nun ja, dachte ich, die beiden mögen sich nicht. Was denn von Grass,

wollte er wissen. Den ersten Akt (oder war's der zweite?) des neuen Stücks, *Die Plebejer proben den Aufstand*. Unseld wurde grün im Gesicht. Das hätten Sie verhindern müssen! Warum? Grass hatte diesen Akt im Herbst zuvor auf der Tagung der Gruppe 47 in Schweden vorgetragen, Unseld war dort gewesen, ich nicht. Ich wußte nur, daß es um den Ostberliner Aufstand von 1953 ging. Von wegen, es ging um Brecht, sein feiges Verhalten bei diesem Aufstand. Und somit um die Existenz des Verlages, denn die Erneuerung des Vertrags mit den Brecht-Erben stand ins Haus.

Enzensberger, von Unseld telefonisch bedrängt, pochte auf seine Autonomie. Wie stünde er denn da, wenn er es sich gefallen liesse, daß der Verleger schon beim ersten Heft das übe, was alle ihm zutrauten, nämlich Zensur? Und der Hohn von Günter Grass ... So ähnlich stelle ich mir Enzensbergers Erwiderung vor; vielleicht reagierte er aber sehr einsilbig, wie nur eloquente Leute es können. »Verstockt« nannte Unseld ihn.

Der hatte, so schien es, nur die Wahl, entweder sein Gesicht oder seinen Brecht zu verlieren. Was tun? Am Abend Krisensitzung im Hause Unseld. Der Herausgeber, nochmals beschworen, blieb wunderbar ungerührt. Also mußte man versuchen, auf Grass einzuwirken. Aber wie? Martin Walser in Friedrichshafen wußte Rat. Er konnte es gut mit dem schwierigen Uwe Johnson, und der stand damals in der Gunst von Grass. Diese Umstände wollte Walser nutzen. Bald meldete er nach Frankfurt, Uwe gehe jetzt gleich auf ein Bier zu Günter (sie wohnten ja fast Haus an Haus in Berlin-Friedenau), er habe versprochen, sein Bestes zu tun und Martin dann anzurufen. Zwei Stunden bangen Wartens in Frankfurt. Unseld starrt den Apparat an. Endlich klingelt es. Martin! Nach drei Sekunden reicht Unseld den Hörer weiter und stürzt würgend hinaus. Was war geschehen in Friedenau? Wundersames. Johnson hatte einen mißmutigen Grass angetroffen: Vom Schiller-Theater war am Vormittag die Nachricht gekommen, man wolle sein Stück spielen, verlange aber Änderungen im zweiten Akt (oder im dritten?, egal, im besagten). Das sehe er auch ein, so Grass, aber er habe doch Enzensberger den Text fürs *Kursbuch* versprochen, wie stehe er denn da, wenn er ihn jetzt zurückziehe! Der redliche Johnson (aber das kann man nur vermuten) verhehlte seinen heiklen Auftrag, redete dem Freund ins literarische Gewissen: jetzt zähle nur sein Stück, nicht jene Zeitschrift, und drängte ihn, an Enzensberger zu schreiben. Was Grass auch tat.

HILMAR HOFFMANN: *ERINNERUNGEN*
Gelegentlich meines Antrittsbesuchs bei Bundeskanzler Kohl hatte dieser die Programmatik des Goethe-Instituts kurz ins Visier genommen, die ihm bis dahin als partiell linkslastig erschienen war. Kohl ließ den tradierten Verdacht pars pro toto in eine konkrete Frage münden: »Müssen uns im Ausland denn immer wieder Autoren wie der Grass vertreten?« Da bat ich den Kanzler, das Goethe-Programm heute bitte nicht mehr nach einem apriorischen Prinzip zu beurteilen, zumal der notorische Provokationsgestus von Günter Grass die Politik seines Landes draußen um so glaubwürdiger mache. Ich verwies auf die gelegentliche Schelte von Grass auch an Kohls Vorgänger Willy Brandt und Helmut Schmidt, die an dem Dichter aus Danzig aber gerade das verteidigt haben, was dessen »subversive« Eigenart so attraktiv machte. Jenseits der Weichsel werde Grass als lebendes Beispiel für die Toleranz unserer demokratischen Verfassung gewürdigt und sei ein um so wirkungsvollerer Botschafter unseres Landes als mancher professionelle Diplomat. Dies zeigten die Akzeptanz beim Publikum und die positive Presseresonanz. Leider reiste Günter Grass schon lange nicht mehr für ein Honorar von fünfhundert Mark. Da ließ es der Kanzler bei meinem Einspruch bewenden.

CHRISTIAN VON DITFURTH: *DIE MAUER STEHT AM RHEIN* (ROMAN)
Jeder SPD-Kreisverband, der sich zu einer Zusammenarbeit mit SED und DKP entschloß, wurde öffentlich gepriesen. In den TV-Nachrichten kamen immer wieder sozialdemokratische Aktionseinheitsbefürworter zu Wort, die Zeitungen druckten ihre Erklärungen ab. Bekannte Schriftsteller (»Kulturschaffende« hieß es neuerdings öfter) wie Hans Magnus Enzensberger, Günter Grass und Walter Jens hatten schon im Sommer 1991 in einem Appell die »ethisch gebotene Zusammenarbeit der deutschen Linken« gefordert und von der Sozialdemokratie verlangt, den »ihr zugewiesenen Platz in der Geschichte nicht mit der Berufung auf Gestriges zu verweigern«.

Dem Roman liegt das Gedankenspiel zugrunde, dass die Bundesrepublik nach 1989 von der DDR vereinnahmt wird. Regierungschef der neuen »Demokratischen Republik Deutschland« ist Egon Krenz. In einer Rezension schreibt Ralph Giordano: »Christian von Ditfurth sagt: Es hätte so kommen können, die Realität sei immer nur eine Möglichkeit der Geschichte. Ich habe, jedenfalls in diesem Falle, meine Zweifel an der These. Aber was der Autor da gegen den Indikativ der Geschichte ausgebrütet hat, das sollte, Treuhand hin, Treuhand her, selbst einen Einheitsskeptiker wie Günter Grass über den tatsächlichen historischen Ablauf in schieres Aufatmen versetzen – meinetwegen klammheimlich.«

OSKAR LAFONTAINE: *DAS HERZ SCHLÄGT LINKS*
Wolfgang Schäuble hatte die sogenannte Drittstaaten-Regelung vorgeschlagen, die Grundlage des gefundenen Kompromisses war. Ich halte mein Eintreten für diesen Kompromiß auch im nachhinein für gerechtfertigt. Eine zu starke Zuwanderung macht eine Integration der ausländischen Mitbürgerinnen und Mitbürger fast unmöglich. Es war für mich schmerzhaft, daß viele meiner Freunde anders dachten. Ich nenne beispielsweise Günter Grass. Auch die Linke in der SPD konnte diesem Kompromiß wenig abgewinnen. Mein Einwand war neben dem Integrationsargument, daß die Hauptbetroffenen der Zuwanderung die sozial Schwächeren sind. Reiche haben unter der Zuwanderung nicht zu leiden. Sie sind eher Nutznießer, denn sie können billigere Arbeitskräfte einstellen.

PETER RÜHMKORF: *BRIEF AN GÜNTER GRASS*
Habe eben erst Dein Interview in *Woche* lesen können und bin entzückt. Alles, was Du sagst, hat Moral und System, ein organisches Gliederwerk der Gedanken, wobei Altes und Neues fast bruchlos ineinander faßt und zueinander paßt. Werde es heute abend gleich Evan aufs Auge drücken, ehe sie wieder in Theodor und Emiliens Briefwechseln versinkt, in denen allerdings auch Letztere eine völlig unerwartet leuchtende Figur abgibt. Dies nur als Paralipomenon in den noch mal schnell geöffneten Umschlag nebst der Frage, warum sich nicht die gesamte Nation an solchen Erbaulichkeiten ergötzt statt in Ewigkeit ungare Walseriana rusticana zu wälzen. *Der* Gedanke bedürfte allerdings noch mal der öffentlichen Erörterung: ein imponierendes und augenanziehendes Gebäude anstatt eines mit

Kriegerdenkmälern wetteifernden Mahnmals in die Welt, d. h. auf den vorgesehenen Platz zu setzen.

JOOCHEN LAABS: *BRIEF AN GÜNTER GRASS*
 [Mein Jahrhundert] ist ein großer Wurf. Ein beeindruckendes, köstliches Mosaik, das sich als ein kunstvolles Kompendium erweist. Man liest und betrachtet es mit großem Genuß und lädt sich dabei unversehens die Bürde des ganzen Jahrhunderts auf.

ANONYMUS: *GRASS ODER NICHT GRASS?*
 Sein oder nicht sein Jahrhundert: Das ist hier die Frage. Günter Grass' Ego-Wälzer *Mein Jahrhundert* hat in langbeinigen sowie kurzsichtigen Kreisen Verwirrung gestiftet. In seinem Buch nämlich berichtet der Dichter, in Ich-Form, er habe sich schon Anfang der fünfziger Jahre in die Kessler-Zwillinge »verguckt« und die »sächsischen Zuchtgewächse« ans Pariser Lido vermittelt. Die *Neue Revue* ging der Sache nach und erfuhr von den Kesslers: »Unsinn, wir kennen Herrn Grass nur flüchtig«, und ins Lido kamen sie von allein. Bange Frage der *Neuen Revue:* »Der große G. G., trübt ihn die Erinnerung?« Und in einem zweiten Anlauf noch banger: »Ist Grass gar nicht Grass?« Jedenfalls: »Er verwirrt seine Leser.« Die *Neue Revue* hat er verwirrt, was nicht schlimm ist, aber jeder andere Leser merkt, dass Grass in verschiedene Rollen schlüpft, somit beim Boxeraufstand (1900) dabei sein konnte und als Kessler-Förderer der Spross eines Düsseldorfer Waschmittelkonzerns sein will. Neue Recherche für *Neue Revue:* Kennt der Konzern einen Spross namens Grass?

ROBERTO BOLAÑO: *DAS JAHRHUNDERT VON GRASS*
 Von einem Schriftsteller wie Günter Grass erwartet man ein Meisterwerk sogar noch von seinem Sterbebett aus, somit wird *Mein Jahrhundert* allem Anschein nach nur das vorletzte seiner großen Bücher sein.

WOLFGANG THIERSE: *MITTEILUNG VOR DEM BUNDESTAG* (30. 9.)
Die Aktuelle Stunde ist beendet. Bevor ich den nächsten Tagesordnungspunkt aufrufe, möchte ich Ihnen eine erfreuliche Mitteilung weitergeben. Es ist gerade gemeldet worden, daß Günter Grass den diesjährigen Nobelpreis für Literatur bekommen hat. *(Beifall bei der SPD, dem BÜNDNIS 90 / DIE GRÜNEN und der PDS sowie bei Abgeordneten der CDU/CSU und der FDP.)* Ich denke, ich spreche im Namen des ganzen Hauses, wenn ich Günter Grass zu dieser außerordentlichen Auszeichnung ganz herzlich gratuliere. *(Anhaltender Beifall bei der SPD, dem BÜNDNIS 90 / DIE GRÜNEN und der PDS – Beifall bei Abgeordneten der CDU/CSU und der FDP.)*

JOSCHKA FISCHER: *BRIEF AN GÜNTER GRASS* (30. 9.)
Lieber Günter Grass, / ich habe laut »Juchhu« geschrien, als ich die Nachricht hörte, dass Ihnen der Literaturnobelpreis zuerkannt wird. / Ich freue mich für Sie und mit Ihnen.

GERHARD SCHRÖDER: *TELEGRAMM AN GÜNTER GRASS* (30. 9.)
Lieber Günter, / soeben erreicht mich in Prag die wunderbare Nachricht, dass Du den diesjährigen Literaturnobelpreis erhalten wirst. Ministerpräsident Zeman und ich haben spontan einen Toast auf Dich ausgebracht. Ich denke, ein Mann mit Deinen Verdiensten um die Aussöhnung mit den Völkern Ost- und Mitteleuropas wird diese Geste meines Gastgebers erfreuen.

Mit der Verleihung des Nobelpreises findet die internationale Anerkennung, die Du als zweifellos bedeutendster der zeitgenössischen deutschen Schriftsteller schon lange genießt, einen großartigen Ausdruck. Sie dürfte auch Genugtuung sein für manche Schmähungen, die Du gerade auf dem »weiten Feld« der Politik in der Heimat hast erfahren müssen.

Durch Deinen beispielhaften Einsatz für Bürgerrechte und soziale Gerechtigkeit in unserer Gesellschaft, aber auch durch Deinen herausragenden Beitrag zur Vertiefung und Vergewisserung unseres kulturellen Erbes – und damit unserer kulturellen Identität – warst Du stets einer der wichtigsten Gesprächspartner gerade für Sozialdemokraten. Deine Anregungen möchte ich so wenig missen wie

Deine Kritik. Wesentlich ist es auch Dir zu verdanken, dass der Dialog zwischen Politik und Kultur in unserem Land wieder möglich wurde. / Dafür und für Dein großartiges Werk danke ich Dir. Ich gratuliere von Herzen und freue mich mit Dir. / Meinen herzlichen Glückwunsch / Dein Gerd

MILOŠ ZEMAN: *BRIEF AN GÜNTER GRASS* (30. 9.)
Wir sind stolz darauf, dass ein langjähriger Freund der Tschechen, der auch in schweren Zeiten die Freundschaft bewiesen hat, die höchste Literatur-Auszeichnung bekommen hat. Das neue Buch *Mein Jahrhundert* ist gerade gestern auf Tschechisch erschienen.

GREGOR GYSI: *TELEGRAMM AN GÜNTER GRASS* (30. 9.)
Mit großer Freude habe ich von Ihrer Auszeichnung mit dem Literatur-Nobelpreis erfahren. Ich bin froh darüber, dass Ihnen diese Ehrung endlich zuteil wurde, und damit Ihre schriftstellerische Gesamtleistung gewürdigt wird. Sie waren, sind und bleiben nicht nur ein großer Schriftsteller, sondern auch ein streitbarer Geist, von denen wir in Deutschland nicht genug haben können.

WOLFGANG THIERSE: *BRIEF AN GÜNTER GRASS* (30. 9.)
Sehr geehrter Herr Grass, / zu Ihrer Auszeichnung mit dem diesjährigen Nobelpreis für Literatur möchte ich Ihnen meine herzlichsten Glückwünsche übermitteln.

Ihr literarisches Werk, Ihre Romane, Erzählungen, Gedichte, Dramen und nicht zuletzt Ihre ausdrucksstarken Zeichnungen sind mir seit langem sehr vertraut. Von der epochemachenden *Blechtrommel* über den *Butt* bis *Ein weites Feld* haben mich Ihre Texte immer wieder tief beeindruckt – wegen ihrer geschichtlichen Tiefe, ihrer eindringlichen Hinweise auf soziale Mißstände, ihres sensiblen, gesellschaftskritischen Engagements und natürlich wegen Ihrer unverwechselbaren poetischen Sprachkraft. Deshalb hat die Nachricht aus Stockholm den bekennenden Grass-Leser und Grass-Verehrer Wolfgang Thierse ganz besonders gefreut. Und zugleich bedeutet diese Preisverleihung eine hohe Auszeichnung für die deutsche Kultur und Literatur, zu deren herausragenden Repräsentanten Sie – auch wegen Ihres unbestechlich kritischen politischen Engagements für soziale Gerechtigkeit, Frieden und Einhaltung der Menschenrechte im In- und Ausland – seit langem gehören. Auch in diesem Sinne gratuliere ich Ihnen sehr herzlich.

OSKAR NEGT: *BRIEF AN GÜNTER GRASS* (30. 9.)
Lieber Günter, / gerade höre ich im Radio, daß Du den Nobelpreis für Literatur bekommen hast. Ganz herzlichen Glückwunsch! Es ist überfällig gewesen, wie ich glaube. Aber die Zeit könnte nicht günstiger sein, durch diesen renommierten Preis auch Deine literarische Arbeit zu unterstützen, die aufs engste verknüpft ist mit dem politischen Problem einer demokratischen Gesellschaftsordnung.

Ich will keine Laudatio auf Dich halten, das hast Du nicht nötig. Aber gerade heute nach dem Walser-Debakel und der Arroganz, mit der sich Schriftsteller und Philosophen in rechtsradikalen und biologistischen Phraseologien bewegen, gerade da hat Dein Werk und Deine Stimme besonderes Gewicht. Es läuft ja manches auch schief mit den Freunden, die jetzt die Regierung stellen, so daß auch hier dieser symbolische Akt vielleicht doch auch eine Ermutigung für manche Intellektuelle ist, die selbstverschuldete Entmündigung zu überwinden und stärker als bisher ins öffentliche Leben einzugreifen.

KLAUS WAGENBACH: *BRIEF AN GÜNTER GRASS* (30. 9.)
Lieber Günter, / herzlichen Glückwunsch! Jetzt hat es endlich mal den Richtigen getroffen!

HARALD HARTUNG: *DER TAG VOR DEM ABEND* (30. 9.)
Günter Grass erhält den Literatur-Nobelpreis. Endlich muß niemand mehr darüber nachdenken, ob er ihn bekommen sollte oder nicht.

DANIELA DAHN / JOOCHEN LAABS: *BRIEF AN GÜNTER GRASS* (30. 9.)
Glückwunsch, Glückwunsch, Glückwunsch! Das Jahrhundert-

buch – der I-Punkt, den ein Jahrhundertliterat setzte. Es gibt erfreulicherweise doch das eine und andere, wie diesen Nobelpreis, das sich dahin fügt, wo es hingehört. In aller Herzlichkeit – und Ute umarmen wir mit, / Daniela Dahn und Joochen Laabs

Toni Richter: *Brief an Günter Grass* (30. 9.)
Liebe Ute, lieber Günter, / ich umarme Euch überglücklich und wünsche Euch die Freude und Genugtuung, die Ihr verdient. / Laßt alle Widersacher im Gewande der Kritiker hinter Euch, was scheren sie Euch. / Fahrt weg und genießt das Leben. / Eure Toni

Carola Stern: *Brief an Günter Grass* (30. 9.)
Lieber Günter, / Heinz Zöger kommt nachhause und sieht seine Frau heulend auf nem Stuhl. »Was heulst Du denn, mein liebes Carlchen?«, fragt er ganz besorgt, und ich: »Na wegen Günter! Ich freue mich nämlich so!« »Da heult man nicht«, befand mein Mann, »da macht man eine Flasche guten Rotweins auf und stößt an auf Günter Grass!« Und so geschah's.
Gestern, als ich in der Zeitung las, daß heute der nächste Literaturnobelpreisträger bekanntgegeben wird, da dachte ich, wann Du wohl endlich mal an die Reihe kommst ... Laß Dich umarmen und Ute auch! Nur schade, daß Böll es nicht mehr miterlebt.

Gabriel García Márquez: *Telegramm an Günter Grass* (1. 10.)
Ich umarme Dich mit Freude und zugleich mit Mitleid, denn Du weißt nicht, was auf Dich zukommt.

José Saramago: *Brief an Günter Grass* (1. 10.)
Ich war in Rom in einem Auto, als man Ihren Nobelpreis im Radio verkündete. Ich habe einen Freudenschrei ausgestoßen, einen wirklichen Schrei, ebenso wie die beiden Freunde, mit denen ich zusammen war. Erlauben Sie mir und meiner Frau, an Ihrem Glück teilzuhaben, weil es auch das unserige ist. Im letzten Jahr im November hat mich ein Journalist nach der Debatte im Goethe-Institut

gefragt: »Wem würden Sie den nächsten Nobelpreis geben?«, und ich habe ohne zu zögern geantwortet: »Günter Grass«. Und das ist nun geschehen. Glauben Sie mir also, wie glücklich ich bin.

PETER SCHNEIDER: *BRIEF AN GÜNTER GRASS* (1.10.)
Lieber Günter, / freue mich riesig für Dich. Ich wurde so oft angesprochen, als hätte ich selber den Preis bekommen. Ich freue mich auch über die Genugtuung, die Dir zuteil wird. Die Pitbulls des Feuilletons, sie werden jetzt eine Weile Pfötchen geben.

INGRID KRÜGER: *BRIEF AN GÜNTER GRASS* (1.10.)
Lieber Günter, wir haben gestern abend in Berlin-Mitte den Sieg Deines Werkes über das deutsche Feuilleton würdig begossen, mit Michael Scharang, Péter Nádas und Christoph Hein. Ich freue mich für Dich und gratuliere von ganzem Herzen!

ADOLF MUSCHG: *BRIEF AN GÜNTER GRASS* (1.10.)
Endlich der NOBEL für Einen, der sich noch *nie* hat lumpen lassen – einfach weil er es nicht zum Lumpen gebracht hat, und das mit keinem seiner vielen Gesichter. Danke!

ADOLF ENDLER: *POSTKARTE AN GÜNTER GRASS* (1.10.)
Sehr geehrter Günter Grass, mit großer Freude habe ich gehört, daß Ihnen der Nobelpreis verliehen worden ist. Vielleicht wird doch noch alles gut?

JOSEF REDING: *BRIEF AN GÜNTER GRASS* (1.10.)
Bei den Interviews, die Du nach der Mitteilung der Schwedischen Akademie gegeben hast, bewegte mich besonders Deine Erinnerung an Hein Böll.

Albrecht Knaus: *Brief an Günter Grass* (1. 10.)

Die Stockholmer wählen unter den Deutschen gern einsilbige Autoren, nachdem sie sich 1912 für einen zweisilbigen entschieden hatten, immerhin auch mit -mann. Sie haben das bisherige Trio zum Quartett gesteigert, allerlei in einem Jahrhundert.

Hilmar Hoffmann: *Brief an Günter Grass* (1. 10.)

Darüber hinaus darf ich Dir als Präsident des Goethe-Instituts bei dieser Gelegenheit sehr herzlich für Deinen nimmermüden Einsatz bei zahllosen Veranstaltungen in unseren Instituten danken. Du warst ein stets leidenschaftlich engagierter und wirkungsvoller Botschafter unseres Landes und hast Dir große Verdienste bei der Wiedereingliederung des diskreditierten Deutschlands in die internationale Staatengemeinde erworben. So trägt Dein jüngst erschienenes Werk seinen Namen sicherlich zu Recht – auch in einer zweiten Lesart, denn Du hast das Bewusstsein dieses Jahrhunderts entscheidend mitgeprägt. / Hiervon kündet von nun an Dein Name als der letzte Nobelpreisträger des ausgehenden Jahrhunderts.

Friedrich Dieckmann: *Brief an Günter Grass* (1. 10.)

Lieber Herr Grass, / das ist ja fabelhaft, sagte ich gestern zu meiner Frau, als sie mir die gute Nachricht überbrachte; am Abend, als das Fernsehen anzustellen war, freute sich dann schon die ganze Nation. Wir sagen herzliche Glückwünsche zu einer Ehrung, die die Schwedische Akademie natürlich auch sich selber bereitet hat; ihre Ratschlüsse waren ja nicht immer ergründlich. Dieser ist es fürwahr, und Ihr Kommentar: Wieder mal ein Nobelpreis nach Lübeck, ist wirklich entzückend. Auf andere Weise berührt hat mich gestern abend, als Wickert große Mühe hatte, Ihrer Gelassenheit standzuhalten (ich war versucht zwischenzurufen: Einen Nobelpreisträger unterbricht man nicht!), Ihr Insistieren auf den handwerklichen politischen Fehlern der deutschen Vereinigung; das kann man nicht oft genug sagen und auch die Schröder-Regierung sollte es zuweilen tun. Aber auch Ihr Hinweis, daß es die Geschichte und Vorgeschichte der deutschen Teilung aufzuarbeiten gelte, hat mich – an dieser Stelle und bei dieser Gelegenheit gesagt – berührt.

ALEKSANDER KWAŚNIEWSKI: *BRIEF AN GÜNTER GRASS* (1.10.)

In meinem eigenen Namen und im Namen der zahlreichen polnischen Bewunderer Ihres Schaffens möchte ich unsere Freude zum Ausdruck bringen, dass Ihnen der Nobelpreis auf dem Gebiet der Literatur verliehen worden ist. Es ist ein großer Tag nicht nur für die deutsche, sondern auch für die europäische und die Weltliteratur. Ich freue mich als Leser von *Die Blechtrommel* und als Mensch, der mit Gdańsk verbunden ist.

Sie sind die Stimme aller Danziger dieser Welt! Der Menschen von den Grenzen der Kulturen, die jahrhundertelang mit persönlichen, oft sehr tiefen privaten Banden verbunden waren. In der *Danziger Trilogie* haben Sie für Ihre Leser unsere »kleine Heimat« mit ihren guten und schlechten Geheimnissen geschaffen. Wir greifen nach diesem literarischen Beweis und dem Beweis der Wahrheit über uns selbst auch deswegen, um uns anders, auch von der dunklen, schlechten Seite zu sehen. Viele Ihrer Worte brennen vor der Bitterkeit der Wahrheit, berühren kaum vernarbte Wunden und bringen doch die seelische Katharsis und gestatten uns sich in dieser unseren verrückten Welt zum Schluss zurückzufinden.

Ich freue mich, dass diese Welt Ihr Schaffen, Ihre Sprache, Ihre Bilder und Grafiken, Ihre wunderbare, reiche, ungezähmte Einbildungskraft, die unseren polnischen, deutschen, kaschubischen Gdańsk verewigt, ehrt. Diese an der Mündung Weichsel gelegene Stadt mit allen ihren schönen und schrecklichen Bildern der Vergangenheit und der Gegenwart, die ohne das Genie Ihrer Feder nie entstanden wären.

WILHELM VON STERNBURG: *BRIEF AN GÜNTER GRASS* (1.10.)

Lieber Günter Grass, / zur großen Ehrung gratuliere ich Ihnen herzlich. Selten hat mich eine Nachricht aus dem lauten Kulturbetrieb so gefreut. Ich sah gestern abend im Fernsehen einige Damen und Herren der Literaturkritik, die es nun ja schon immer gewußt haben ... Sie wissen, wie sehr ich Ihr Werk schätze, insbesondere auch *Ein weites Feld*. Harro Zimmermann schickte mir vor längerer Zeit die *Werkstattgespräche,* die mir ungemein gut gefallen haben und mich wieder zu manchem Ihrer Bücher trieben. Also, ich bin glücklich für Sie und die deutsche Literatur.

ULRICH ROEINGH: *BRIEF AN GÜNTER GRASS* (1.10.)
In der Stadt Telgte ist Ihr Name seit gestern wieder einmal in aller Munde. Dies ist mehr als verständlich, denn schließlich ist diese Stadt durch Ihre auch von Grass-Kritikern hochgelobte Erzählung *Das Treffen in Telgte* zu einem Stück Literatur geworden. Daraus erklärt sich auch die sensible Aufmerksamkeit der Telgter BürgerInnen auf diese Nachricht aus Stockholm, in der spürbar sogar ein wenig Stolz mitschwingt. Sie werden uns, sehr geehrter Herr Grass, diese – zugegeben unverdiente – Regung nachsehen.

JEAN DANIEL: *BRIEF AN GÜNTER GRASS* (1.10.)
Besonders glücklich über die so verdiente und berechtigte Auszeichnung, mit der Sie endlich in diesem Herbst gewürdigt wurden, erlaube ich mir Ihnen die herzlichsten Glückwünsche auszurichten, im Auftrage der Schriftsteller, Künstler und intellektuellen Freunde des *Nouvel Observateurs*. / Mögen Sie, der bedeutendste deutsche zeitgenössische Schriftsteller, noch viele Werke schreiben, zur Freude und Begeisterung Ihrer umfangreichen französischen Leserschaft, die jetzt mit großer Spannung dem Erscheinen im November von *Mein Jahrhundert* entgegensieht.

THOMAS BRUSSIG: *BRIEF AN GÜNTER GRASS* (1.10.)
Na, Sie werden in diesen Tagen sicher so von Glückwünschen überschüttet, die sich bald kaum noch voneinander unterscheiden. Deshalb will ich Sie auch etwas wissen lassen, was Ihnen bestimmt noch keiner geschrieben hat: Ich werde Ihren Nobelpreis zum Anlaß nehmen, Ihrem Vorbild zu folgen und mir auch ein Stehpult zulegen.

HEINZ CZECHOWSKI: *BRIEF AN GÜNTER GRASS* (1.10.)
Inmitten der allgemeinen Häme, mit der die deutsche Presse, so weit ich sie zur Kenntnis nehmen konnte, Deine hohe Auszeichnung kommentiert, sende ich Dir meine herzlichsten Glückwünsche.
Es ist ein Trauerspiel: die deutsche Kritik kann sich angesichts einer so hohen Ehrung, die einem deutschen Dichter verliehen wird,

nicht freuen, sondern ergeht sich in Schmähungen. Ich hoffe sehr, ja ich bin überzeugt, daß das Deine Galle nicht zum Überlaufen bringen wird, weil Deine Bücher Deinen Lesern, zu denen auch ich gehöre, mehr bedeuten als das deutsche Feuilleton von der *F.A.Z.* bis zur *WELT.* Daß ich im PEN vor Jahren einmal anderer Meinung war als Du, was den ehemaligen Ost-PEN betrifft, gehört zu einer Vergangenheit, die in Hinsicht auf Deine Bücher und Dein Lebenswerk bedeutungslos ist.

Ich freue mich, daß der Nobelpreis wieder einem Deutschen zuerkannt worden ist, der unbequem war und sich nicht gescheut hat, dem Ausdruck zu geben – und das durch Bücher, die auch in der jüngsten Vergangenheit ihres literarischen Ranges wegen grenzenlose Verbreitung fanden.

ANGELIKA MECHTEL: *BRIEF AN GÜNTER GRASS* (2.10.)

Sehr gut erinnere ich mich noch an die Zeit, als Sie und Heinrich Böll als Nobelpreiskandidaten in deutschen Feuilletons gehandelt wurden. Es war eine fatale Situation, denn wann hat eine Sprachnation schon zwei literarische Größen gleichzeitig vorzuweisen? (Noch dazu mit so unterschiedlichen Intentionen.) Jetzt, nach siebenundzwanzig Jahren, sieht es (für mich) so aus, als gäbe es doch so etwas wie ausgleichende Gerechtigkeit (was natürlich ein Irrwitz-Gedanke ist), denn Sie beide haben natürlich gleichermaßen diese große Auszeichnung verdient.

JOACHIM SARTORIUS: *BRIEF AN GÜNTER GRASS* (2.10.)

Das Goethe-Institut freut sich sehr über die Wahl der Schwedischen Akademie. Der große Autor Günter Grass wird ausgezeichnet und – mit ihm – die deutsche Sprache, und eine moralische Instanz, die engagiert Grunderfahrungen dieses schrecklichen Jahrhunderts artikuliert hat. Sie wissen, daß F.J. Strauß in seiner berüchtigten Rede Ende der 8oer Jahre das Goethe-Institut als »Grass-Institut« bezeichnet hat. Er meinte es abfällig. Für uns war es fast so etwas wie ein Ritterschlag.

Peter Härtling: *Brief an Günter Grass* (2.10.)
Lieber Günter, / nun haben Dir alle schon gratuliert, die wahren und die falschen Freunde. Ich war unterwegs, und in Bad Boll rief mir ein Mann zu: Der Grass hat den Nobelpreis bekommen! Überrascht, brauchte ich einen Moment, um zu antworten: Endlich, sagte ich, und: Ich freu' mich. Ich freu' mich von Herzen, lieber Günter. In Gedanken rief ich mir all die Deinen zusammen, von Oskar und Tulla über die polnische Maria bis Fonty und rühmte Deine Poesie und Deine politische Hartnäckigkeit. Und für die danke ich.

Rolf Haufs: *Begegnungen in Berlin* (2.10.)
Ich kam 1960 nach Berlin. Günter Grass war schon da und wohnte in der Karlsbader Straße am Roseneck. 1960 benötigte man, um in Berlin wohnen und arbeiten zu dürfen, eine Zuzugsgenehmigung. Dichter wurden damals nicht benötigt, es sei denn, sie hatten senatsgenehme Ehefrauen. Ich war mit einer Krankenschwester verheiratet. Günter Grass war mit Anna verheiratet. Anna tanzte mit Günter Bruno Fuchs; ein dicker Mann mit Grazie. In der Ecke standen kleine Dichterchen und sahen zu.

Günter Grass war damals schon ein weltbekannter Mann. Es lief das Chruschtschow-Ultimatum, was dem Westteil der Stadt nichts Gutes verhieß. Der Kalte Krieg wurde immer kälter. Dass es eine Mauer werden würde, daran dachte niemand von uns. Günter Grass und Wolfdietrich Schnurre protestierten bei Anna Seghers. Mit Robert Wolfgang Schnell stritt er sich, worüber damals gestritten wurde. Schnell lief hinter dem Taxi her, in dem Günter Grass saß, und schrie: Kapitalistenknecht! Günter Grass kurbelte das Fenster des Taxis herunter und schrie: Du wirst schon sehen, was aus deinem Kommunismus wird!

Ich wohnte damals in der Exklave Steinstücken. Günter Grass war neugierig. Ich besorgte eine Zweitwohnsitz-Anmeldung (die brauchte man, um die Grenzposten passieren zu können) und führte ihn durch eine unwirkliche Welt. Witterte er einen Romanstoff? Das wohl nicht. Wir hörten auf der anderen Straßenseite die Grenzwächter telefonieren. Als er mich fragte, was ich außer Rezensieren noch tue, zeigte ich ihm ein paar Gedichte. Ein Jahr später war auch ich Autor bei Luchterhand. Später hieß es, Günter Grass spiele Skat im

Bundeseck, mit Eduard Reifferscheid, dem Verleger, mit Hanspeter Krüger, dem Radiomann vom SFB, und mit dem Ehepaar Born. Die haben immer gewonnen. Auf dem Schriftstellerkongress im Mai 1961 im Ostteil Berlins war auch Günter Grass eingeladen zu sprechen. Das, was er sagte, konnte den Parteimenschen nicht schmecken (Stichwort Uwe Johnson). Am nächsten Morgen schmetterte Alexander Abusch seine Gegenrede. Zu Beginn nannte er Grass einen Feigling, weil er nicht anwesend war. Da ging die Tür auf, es erschien Günter Grass: pointiert.

KLAUS STILLER: *BRIEF AN GÜNTER GRASS* (3. 10.)
Lieber Grass, / die Verleihung des Nobelpreises an Dich hat mich, gemeinsam mit Vittoria, sehr gefreut. Herzliche Gratulation!
Meiner Generation ist sehr wohl bewußt, daß Du vor genau vierzig Jahren mit einem wuchtigen Werk für die tabuisierte deutsche Sprache und Literatur das Tor zur Welt wieder aufgestoßen hast. Auch Dein generöses Engagement für nachfolgende Schriftstellertalente (LCB, Wewelsfleth, Döblin-Preis etc.) ist in unserem oft so mißgünstigen Land keine Selbstverständlichkeit und verdient mehr als Hochachtung.
Persönlich werde ich niemals vergessen, wie Du Dich für den damals mittellosen jungen Kollegen K. St. eingesetzt hast, als dessen Frau drei Monate nach Geburt des ersten Kindes nach Heckeshorn eingeliefert worden war.
In dieser von Banalität und Ignoranz bestimmten Zeit ist es immer wieder erfrischend, die furchtlose Stimme des Danziger Nonkonformisten zu hören.

GÜNTER »BABY« SOMMER: *DER SPRECHTROMMLER* (3. 10.)
Die *Blechtrommel* habe ich schon früh gelesen. Als ich dann 1986 einen Freund von Günter Grass kennenlernte, dem ich sagte, dies sei ein Buch, das ich als Selbsttrommler und Geschichtenerzähler wunderbar musikalisieren könnte, stellte er den Kontakt her. Trommeln hat ja auch immer eine semantische Ebene. Grass las mir das erste Kapitel »Der weite Rock« auf Kassette, und ich merkte, dass nicht nur die Geschichte wie aufs Trommelfell geschrieben dasteht,

er spricht sie auch wie ein Musiker. Schließlich habe ich das ganze Buch durchgearbeitet und gekürzt, wobei ich natürlich darauf achtete, es in seiner Struktur nicht zu beschädigen. Später, bei den *Hundejahren,* der *Rättin* und dem *Butt,* hat Grass immer darauf bestanden, dass ich eine Kurzfassung herstellte.

Eines Tages, es war im Jahr 1987, haben wir uns dann im Studio getroffen. Ich kam mit meinem Riesenschlagzeug, Grass kam mit 700 Seiten, und beim Arbeitsfrühstück haben wir uns erst mal tief in die Augen geblickt und über Politik diskutiert: er als Dichter West, ich als Trommler Ost. Zu DDR-Zeiten hatte ich in der Zusammenarbeit mit ihm immer Probleme. Das Kulturministerium sagte: Der Grass ist für uns eine nicht kalkulierbare Persönlichkeit. Als ich das Grass erzählte, meinte der nur: So soll es auch bleiben.

1988 sind wir zusammen auf Tour gegangen. Und im Jahr darauf haben wir noch eine Aktion in Vorbereitung auf die ersten freien Volkskammerwahlen gemacht. Das war die intensivste Zeit unserer Zusammenarbeit – und das Programm mit dem *Butt,* wo ich auf zwei alten Kanonenöfen herumgetrommelt habe, mein liebstes. Grass liest regelrecht in die Instrumente hinein, er steigert sich, kommt an einen Kulminationspunkt, bricht ab, und ich hole ihn dann wieder zurück.

Zuletzt haben wir uns bei einer Feier zu seinem 70. Geburtstag im Hamburger Thalia-Theater getroffen und darüber gesprochen, ein Lyrikprogramm in Angriff zu nehmen. Aber mit seiner Lyrik kann ich als Trommler nicht so viel anfangen. Wenn ich ihn jetzt am 16. Oktober auf der Buchmesse treffe, wo wir einen kleinen Auftritt haben, werde ich ihm vorschlagen, es vielleicht lieber mit den Geschichten aus *Mein Jahrhundert* zu versuchen.

PER WÄSTBERG: *BRIEF AN GÜNTER GRASS* (4.10.)
Mit José Saramago und Dir sind meine Favoriten durchgekommen, und in Deinem Fall kam es zu dem sehr seltenen Ereignis: alle Stimmen für Dich (bei Böll war das nicht der Fall).

LUDWIG FELS: *BRIEF AN GÜNTER GRASS* (4.10.)
Lieber Herr Grass, / ich freue mich, daß Sie und kein anderer den

Literaturnobelpreis erhalten haben! Das läßt den entschwundenen Glauben an den Stolz der Literatur zurückkehren, und paßt hervorragend in den Bogen Ihres neuen Buches!

FONTANE-ARCHIV: *BRIEF AN GÜNTER GRASS* (4.10.)
Sehr geehrter Herr Grass, / »wir vom Archiv« wollen es uns nicht nehmen lassen, Ihnen zur Verleihung des Nobelpreises zu gratulieren.

SIGRID LÖFFLER: *BRIEF AN GÜNTER GRASS* (4.10.)
Lieber Herr Grass, / Ich freue mich, daß der Stockholmer Preis – spät, aber doch – auf Sie zugekommen ist und möchte Sie dazu von Herzen beglückwünschen.

SHUVAPRASANNA: *BRIEF AN GÜNTER GRASS* (5.10.)
Mein lieber Günter, / wir sind alle überglücklich und stolz. Viele Leute [hier in Calcutta] hatten den Eindruck, dass dies Dein zweiter Nobelpreis sei. Jeder glaubte, dass Günter Grass, der Autor der *Blechtrommel,* den Nobelpreis schon vor drei Jahrzehnten erhalten habe.

NORMAN BIRNBAUM: *BRIEF AN GÜNTER GRASS* (5.10.)
Endlich! Immer wenn ich in den vergangenen zwanzig Jahren als Mitglied des amerikanischen PEN gebeten wurde, jemanden für den Nobelpreis zu nominieren, habe ich Deinen Namen genannt. Es war wunderbar, die gute Nachricht zu erhalten, und ich freue mich auf Deine Preisrede.

KURT BIEDENKOPF: *BRIEF AN GÜNTER GRASS* (6.10.)
Die Nachricht von Ihrer Auszeichnung habe ich mit großer Freude aufgenommen. Gilt die diesjährige Verleihung doch jemandem, der sich bleibende, hervorragende Verdienste um die deutsche Nachkriegs- und Gegenwartsliteratur erworben hat. Für unsere

Kultur und Sprache haben Sie als einer der ersten nach der NS-Zeit Kredit und Sympathie bei vielen Menschen im Ausland zurückgewonnen. Ich bin mir sicher, dass Ihnen dies auch diejenigen nicht vergessen haben, die Ihre politischen Positionen nicht immer teilen konnten.

Wir dürfen zu Recht stolz auf Sie und Ihr literarisches Werk sein.

DIETER WELLERSHOFF: *BRIEF AN GÜNTER GRASS* (6.10.)

Ich habe immer bewundert, mit welcher Konsequenz und Selbstgewißheit Sie, auch in Zeiten, in denen Ihnen der Wind in's Gesicht blies, Ihr Werk weiter entwickelt haben. Das ist eine persönliche Spur, die sich tief in unser Jahrhundert eingeschrieben hat. Der Nobelpreis hat das nun noch einmal betont. Ich freue mich für Sie und auch für die deutsche Literatur, deren am weitesten sichtbarer Repräsentant Sie sind.

Illustration: Fabio Sironi

ARAS ÖREN: *BRIEF AN GÜNTER GRASS* (7.10.)
Lieber Günter, / die erste Nachricht nach meiner Ankunft aus Frankreich in Deutschland war: Günter Grass ist der diesjährige Nobelpreisträger.

Das hat mir dieses Deutschland dann doch wieder sympathisch gemacht. Wie viele Deutsche habe auch ich mich geehrt gefühlt, dann las ich Deinen Kommentar: »Jetzt bin ich alt geworden«.

Lieber Günter, das bezweifle ich. Wessen Durchbruchswerk sich 40 Jahre gegen den Alterungsprozess wehren konnte, bei dessen Schöpfer vermutet man ähnliche Resistenz. Was Dein nachfolgendes Werk beweist.

ROGER DE WECK: *DER KULTURKAMPF* (7.10.)
Wie Deutschland auf die große Ehrung von Günter Grass reagiert hat, ist merkwürdig. Zweierlei verrieten die Mäkeleien in der Presse, in den Salons: die Unfähigkeit, sich einfach zu freuen; das Bestreben, Grass als einen Gestrigen hinzustellen – nun hat er den Nobelpreis, nun darf er verstummen.

CHRISTOPH HEIN: *VON DEUTSCHER ART* (8.10.)
Seit drei Jahrzehnten warteten seine Leser in Deutschland und in aller Welt auf diese Entscheidung. In dieser Zeit wuchs sein Werk, sein Ansehen, seine Bedeutung. Er hat die deutsche Literatur entscheidend beeinflusst, er wird weltweit verlegt und gelesen und weltweit war er folgenreich. Wer heute in dieser Welt noch Bücher liest, hat auch Grass gelesen, denn seit langem ist er einer der wichtigsten Schriftsteller dieser Welt. Mit großer Freude und auch mit Erleichterung wurde die diesjährige Stockholmer Entscheidung begrüßt.

Die Ehrung mit einem Nobelpreis gilt allein dem Ausgezeichneten, aber viele Nationen feiern einen Landsmann, der diesen hohen Preis zugesprochen bekommt, als sei das ganze Land damit geehrt worden. In vielen Staaten gilt diese Ehrung eines verdienstvollen Mitbürgers als ein nationales Ereignis. Es gibt Staaten, die vorsorglich Gesetze geschaffen haben, um den mit dem höchsten Preis Geehrten anschließend national zu ehren und zu rühmen. Der

Ausgezeichnete wird nicht weniger emphatisch gefeiert als ein Weltmeister im Fußball oder im Boxen.
Das ist bei den Deutschen nicht anders.
Auch wir freuen uns und feiern den Gelobten, freilich feiern wir ihn auf deutsche Art und nach deutschem Brauchtum. Wenn wir einer nationalen Katastrophe gedenken, so trauern wir nicht, sondern leisten eine Arbeit, Trauerarbeit. Unsere Scham über die deutsche Schande äußert sich als nationaler und nationalistischer Dünkel. Unsere Heimat, ihre Landschaften, ihre Seen und Berge, ihre Wälder, die Flüsse und jahrhundertealten Städte, wir lieben sie nicht, sondern sind stattdessen stolz auf sie. Wir sind zerrissen, einig im Selbsthass und verachten unseren Nächsten wie uns selbst.
Eine solche Nation freut sich des Gefeierten auf eine grundverschieden andere Art als andere Völker und Nationen. Entsprechend dem deutschen Gebot »Wir haben keinen, wir henken ihn denn«, feiern wir den international Geehrten durch Schmähungen. Und wenn der Nobel-Geehrte ein rechter Deutscher ist, wird er verstehen, dass wir anders nicht gelernt haben, ihn zu würdigen. Den wir lieben, versuchen wir zu erziehen, wir strafen ihn, um ihn zu bessern und ihm zu helfen. Gefühlsregungen anderer Art sind uns fremd und gelten als welsch.

INGO SCHULZE: *BRIEF AN GÜNTER GRASS* (8.10.)
Lieber, sehr verehrter Günter Grass, / ich war samt Freundin und Freunden in einem Wiener Taxi unterwegs, als die Nachrichten DIE Nachricht brachten. Da kam Stimmung auf, würdig eines hupenden jubelnden Autocorsos.
Sie sollen einfach wissen: Wir haben uns sehr gefreut und abends auf Sie angestoßen. Und ich möchte Ihnen danken: als Leser, als Kollege und auch als Mitbürger.
Bei allem, was ich an Schönem über Sie in den Zeitungen lesen konnte (während des Hotelfrühstücks waren wir von »front-page-Grassen« umgeben), schien mir etwas zu fehlen: Daß Sie zuhören können. Und daß Sie gelten lassen. Man ist einfach gerne mit Ihnen zusammen.
Vielleicht läßt sich der Jubeltrubel ja auch ein wenig genießen! Wenn es dereinst mal wieder ein bißchen ruhiger werden sollte,

wünschte ich mir sehr, wir könnten die gesponnenen Fäden von Arhus wieder aufnehmen.

STEN NADOLNY: *BRIEF AN GÜNTER GRASS* (8.10.)
Lieber Günter Grass, / auf einer Reise erfuhr ich von Ihrem Nobelpreis und freue mich sehr, sehr darüber! Neben Ihnen kam sowieso kein Deutscher in Frage, und nach Ihnen wird lange Zeit keiner in Frage kommen, was nicht nur den (absehbaren) Tatsachen entspricht, sondern auch sein Gutes hat. Es ist Klarheit geschaffen auch gegenüber der lieben Kritik oder besser, gegenüber den Parolen-Ausgabestellen – das war eine fällige, ersehnte Ohrfeige.

ERWIN WICKERT: *BRIEF AN GÜNTER GRASS* (9.10.)
Lieber Herr Grass, / auch von hier aus [Peking] herzliche Glückwünsche! Auch Ihrer Frau. Warum hat sie nicht auch einen Preis verdient? Nobelpreisträgergattinnen stehen im Dunkel und man sieht sie nicht. Ich freue mich, daß Sie ihn bekommen haben. Es wurde ja auch Zeit.
Ich werde heute eine Flasche von dem so gesunden Ginseng-Wein kaufen und sie Ihnen schicken, wenn ich wieder zu Hause bin. Es waren damals schöne Tage mit Ihnen, und die geräucherte grobe Leberwurst werde ich Ihnen nie vergessen.

HEIDEMARIE WIECZOREK-ZEUL: *BRIEF AN GÜNTER GRASS* (11.10.)
Ich möchte Ihnen von ganzem Herzen für den Literatur-Nobel-Preis gratulieren. Diese Gratulation möchte ich besonders aus dem Munde einer begeisterten Leserin verstanden wissen. In diesem Sinne wünsche ich mir auch, dass Sie versehen mit der höchsten Anerkennung und Ehre, die einen Schriftsteller ereilen kann, weiterhin häufig Gelegenheit finden werden, Ihr Publikum mit neuen Werken herauszufordern. Besonders danke ich Ihnen dafür, dass Sie auf Ihre besondere Art und Weise immer auch politische Probleme angesprochen und gesellschaftliche Prozesse angestoßen haben. Ich freue mich von Herzen über Ihre Ehrung und auf Ihr weiteres Wirken.

PETER STRUCK: *BRIEF AN GÜNTER GRASS* (14. 10.)
Lieber Günter Grass, / meine Glückwünsche namens der SPD-Bundestagsfraktion sind eine angenehme Pflicht als Vorsitzender.
Als treuer Leser (nachprüfbar) Ihrer Bücher wünsche ich mir eine Fortsetzung und weiterhin die kritisch kämpferische Begleitung unseres Staates wie unserer Partei.
Das hat nichts mit dem Nobelpreis zu tun, über den ich mich freue, weil er eine verdiente, internationale Anerkennung ist – für Sie wie für das Land.

ANDRZEJ WIRTH: *BRIEF AN GÜNTER GRASS* (14. 10.)
Auf meiner Wand in Charlottenburg hängt neben der Tuschzeichnung »Die tanzende Nonne« (1963) eine Doppelradierung (Das Kuheuter, der Aal, der Butt und die drei Köche) mit einer Widmung: »Für Andrzej Wirth als Ersatz für einen Paß« (1973). Dieser Paß hat mir besser gedient als alle anderen, die ich in meinem Leben hatte, oder haben möchte.

RICHARD VON WEIZSÄCKER: *BRIEF AN GÜNTER GRASS* (OKT.)
Am Abend der Nachricht aus Stockholm sind meine Frau und ich zu zweit aufgebrochen, um in großer Freude das Ereignis zu feiern.

GEORGE TABORI: *BRIEF AN GÜNTER GRASS* (OKT.)
Endlich jubelt die ganze Welt, auch wenn einige, gelb vor Eifersucht, eher sich selbst als Nobel-Träger sehen würden. Und die Kritiker, na ja, sie müssen unbedingt kritisch sein. Aber ich bin einfach stolz, dass ich Dich kennenlernen durfte vor 30 Jahren. Du warst ein guter Deutscher und Europäer. Und Du hast ermöglicht, dass ich hier lebe. Dafür bin ich dankbar. Mach so weiter!

JORGE A. POMAR: *BRIEF AN GÜNTER GRASS* (OKT.)
Lieber Freund, / mit tiefster Genugtuung bekam ich die Nachricht von Ihrem wohlverdienten Nobel-Preis. In Ihrem Fall keine Überraschung. Aber es ist bekannt, dass Nobelpreise bei weitem nicht für

alle ausreichen. Ihr Nobel ist sowohl literarisch als – was nicht unbedingt die Regel ist – menschlich treffend. Obwohl Sie seit langem in schwer zu erreichenden literarischen Höhen souverän schweben, jetzt haben Sie auch den international offiziellen Ritterschlag zum exclusivsten und begehrtesten Klub der Auserwählten erhalten.

So wie ich Sie kenne, ist es jedoch nicht zu befürchten, dass Grass, der Mensch, seinem Ruhm zum Opfer wird. Im Gegenteil: ich bin davon überzeugt, dass der jetzt riesig gewordene Oskar mit seiner ungeheuren Autorität und Verantwortung mehr und noch größere Glasscheiben einschlagen wird als nie zuvor, und zwar beiderseits der Bühne, wie es sich gehört.

Als Übersetzer und Verleger habe ich bei jeder Buchvorstellung den Lesern empfohlen, wollten sie sich die Bücher im Nachhinein nicht verderben, sollten sie unbedingt vermeiden, ihre beliebtesten Schriftsteller persönlich kennenzulernen. Ich gebe aber zu, es gibt Ausnahmen. Sie sind eine, Meister. / Vielen Dank für alles.

IRINA HERMLIN: *BRIEF AN GÜNTER GRASS* (OKT.)
Ich habe mich sehr gefreut und gratuliere Ihnen von Herzen. Es ist nicht wichtig, doch eine gewisse Genugtuung ist dabei, wenn man erlebt, wie mancher mit verkniffener Miene Ihnen Achtung und Tribut zollen *muß*.

Es erinnert mich daran, wie Stephan sagte: »Ich bleibe doch in der DDR allein aus dem Grund, weil mein Bleiben so viele ärgert«. (Er meinte bestimmte Personen in der DDR.) Daß Sie bei sich bleiben, wo nicht wenige ihr Mäntelchen nach dem Winde hängen, ärgert Ihre Gegner und freut Ihre Freunde. Stephan hat sich immer als Ihr Freund gesehen, wie gern hat er zu Ihrem ersten in der DDR erschienenen Buch (1984, Reclam, *Das Treffen in Telgte*) eine Vorbemerkung geschrieben, wo es am Ende steht: »Ein Wort noch. Der Verfasser dieser Zeilen bezeichnete vor fünfundzwanzig Jahren Günter Grass zum ersten-, nicht zum letztenmal öffentlich als einen jener Autoren, die unbedingt in unserem Lande erscheinen müßten. Daß dies nun geschieht, daß ein genialer Erzähler sein Publikum in der DDR endlich erreicht, ist ein Anlaß zur Freude.« Er hatte – wie so oft – recht, *Ihr* Publikum ist Ihnen bis heute treu geblieben.

Erich Loest: *Brief an Günter Grass* (Okt.)
Lieber Günter, / das ging fix, als Du mir einen Umschlag für meine Biografie *Durch die Erde ein Riß* zeichnetest. Ich lernte Dich Anfang der achtziger Jahre kennen, da spaltete die »polnische Teilung«, wie Dieter Lattmann das nannte, den westlichen Verband, wer war für, wer gegen Solidarność, da schlugen sich Schriftsteller Wunden, die bis heute schlecht vernarbt sind. Du warst zusammen mit Heinrich Böll hochwichtig für alle, die gebeutelt aus der Sowjetunion, aus Polen und der DDR kamen und denen suspekt waren, die lieber mit Kant als mit Kunze sprachen. Ich lernte von Dir, keinem halbwegs als nützlich vermuteten Streit aus dem Weg zu gehen.

Wir spielten Skat und wanderten über die Wiesen vor Deinem Haus, wir berieten mit Gerhard Steidl im Verlag in Göttingen. Du nahmst in den schwierigen Zeiten nach 1989 Kurt Biedenkopf ins Gebet, die ums Überleben kämpfende Leipziger Buchmesse zu unterstützen, und als Dich Pfarrer Führer fragte, ob Du vielleicht über das Jahr 1989 und die Nikolaikirche schreiben wolltest, sagtest du: Das soll mal lieber der Erich machen.

Ich will auch meinen Ärger aufwärmen, als Du die DDR eine kommode Diktatur nanntest, in der man sich hätte einrichten können. Damals erwiderte ich: Die Tausend, die an der Mauer starben, konnten es jedenfalls nicht. Kein Schwamm drüber.

Nie hast Du es an alle Glocken gehängt, wie Du Deine Tantiemen nützlich werden ließest für allerlei, was heranwachsenden und sich entwickelnden Kollegen hilfreich ist, und so habe ich nicht die geringste Bange, was aus dem heißen nördlichen Segen wird.

Du freust Dich über den grünen Klee, ich freue mich für Dich und Ute und Deinen Verleger, dem der Stolz mit Recht aus allen Poren strahlt. Vom Ruhme wird sich etwas auf die deutsche Literatur legen: Wer Grass liest in aller Welt, wird vermuten, da sei auch ein Umfeld, nach dem man fragen sollte.

Großer Glückwunsch also, und ich hätte es schon gerne, wir würden wieder mal gemeinsam ein politisch Ding drehen. Und während alle Welt die *Blechtrommel* preist, werde ich zum dutzendsten Mal zu *Katz und Maus* greifen.

So herzlich wie möglich
Dein Erich

HANS CHRISTOPH BUCH: *BRIEF AN GÜNTER GRASS* (26.10.)

Lieber Günter, / über den Nobelpreis für Dich habe ich mich sehr gefreut – es ist eine Ehrung – wie damals der Preis für Böll – der gesamten deutschsprachigen Literatur, und Du hast die Auszeichnung wirklich verdient!

MICHAEL SCHNEIDER: *BRIEF AN GÜNTER GRASS* (31.10.)

Nach den vielen Disteln und Dornen, mit denen dich die hiesige Literaturkritiker-Mafia und das postmoderne »Quartett« der selbsternannten Literaturprälaten und -Päpste bedacht hat, nun endlich der verdiente Lorbeer! Reich-Ranicki muß eine schlimme Nacht gehabt haben, du dafür gewiß einen umso glücklicheren Tag.

Was mich – außer der literarischen Ehre für dich und die deutsche Literatur – natürlich besonders freut, daß nicht nur der große Romancier Grass, sondern auch der standhafte und unverwüstliche Zeitkritiker, sozialistische Linksintellektuelle und notorische Sicheinmischer in die öffentlichen Angelegenheiten durch den Nobelpreis eine enorme öffentliche Aufwertung erfahren hat, nachdem man dich und unseresgleichen schon in die Ecke der »vaterlandslosen Gesellen«, der miesepetrigen »Kassandras«, der enttäuschten und atavistischen »Steinzeit-Linken« abgeschoben hatte. Von jetzt an wird dein öffentliches Wort noch mehr Gewicht haben als bisher, und die Medien müssen, ob sie wollen oder nicht, deine kritischen Kommentare und engagierten Einmischungen sich gefallen lassen und darauf reagieren.

Übrigens ähnelst du darin durchaus dem alten Thomas Mann der Nachkriegszeit, der sich ja – wie in der heutigen Mann-Rezeption schamhaft unterschlagen wird –, zu einem veritablen humanistischen und demokratischen Linkssozialisten entwickelt hat und den Kapitalismus für eine historisch überholte und zu überwindende Gesellschaftsform hielt (Welch ein Fortschritt in seinem Denken von den *Betrachtungen eines Unpolitischen* bis zu den Essays seiner Spätzeit!)

Nun, unter Schröder und »Genossen« geht der Marsch wieder zurück – ins neoliberale Schlammgewässer, denn was ist Schröder? Kohl light! Vielleicht kannst du ihn mal an die neue Nobelbrust nehmen und ihm den Willy Brandt / Wehnerschen Marsch blasen!

Peter Nagel: *Brief an Günter Grass* (27. 11.)
Ich habe mich wirklich sehr gefreut, daß Du diese hohe Auszeichnung endlich erhältst, weil ich in allem, was Du schreibst, bildhauerst, malst oder zeichnest, besonders schätze, daß sich Deine Kunst aus tiefem Erleben, genauer Beobachtung und innerer Betroffenheit speist. Diese eigentliche Selbstverständlichkeit erwähne ich deshalb, weil mir in der Bildenden Kunst, vor allem in der aktuellen »Kunstbetriebskunst« diese Qualität immer mehr abhanden zu kommen scheint. Spekulatives Hinterherrennen nach Innovation, Kunst über Kunst – mich ruft das nicht!

Scandinavian Airlines: *Brief an Günter Grass* (1. 12.)
Sehr geehrter Herr Grass, / anbei senden wir Ihnen die Flugscheine, die Ihnen Scandinavian Airlines anläßlich der Verleihung des Friedensnobelpreises [sic] für Literatur zur Verfügung stellt.

Pierre Bourdieu: *Gespräch mit Günter Grass* (2. 12.)
Ich habe mich wirklich gefreut, dass Ihnen der Nobelpreis verliehen wurde, weil er einen hervorragenden europäischen Schriftsteller ehrt, der »seinen Mund aufmacht« und eine Art der Kunst verteidigt, die für gewisse Leute überholt scheint. Die Kampagne gegen Ihren Roman *Ein weites Feld* wurde unter dem Vorwand geführt, dass er in literarischer Hinsicht veraltet sei. Ebenso werden gegenwärtig mit immer derselben Verdrehung die formalistischen Errungenschaften der Avantgarde mehr und mehr als überholt angesehen. In Frankreich gibt es eine regelrechte Debatte über die zeitgenössische Kunst, wo es im Grunde um die Autonomie der Kunst gegenüber der Ökonomie geht.

Helmut Krausser: *Tagebuch* (7. 12.)
Ein Wort zu Grass: Ein mittelmäßiger Autor bewahrte die Tradition der Nobelpreisvergabe an Unwürdige. Selbst die *Blechtrommel* kann ich nicht mehr ohne Ekel lesen. Als Zeichner hingegen ist er nicht schlecht.
Sehr lustig zu sehen, wie das obige Diktum (Nobelpreisvergabe

an Unwürdige) common sense gewesen ist, quer durch alle Fraktionen, aber kaum bekommt ein Deutscher den Preis, scheint das völlig vergessen. Es zählt schon lange nicht mehr die Wahrheit, nur noch die Medientauglichkeit. Ja. Die Medientauglichkeit ist die Wahrheit. Soweit sind wir.

Einar Schleef: *Tagebuch* (10.12.)
Die Majestäten in Stockholm, Silvia in Krone und Großem Kleid, Grass im Frack, Engdahl hält die Laudatio schwedisch-deutsch, Grass erhält gerade aus der Hand seiner Majestät den Nobelpreis, er dankt dienernd, während die Anwesenden klatschen, im Anschluß *Figaros Hochzeit* im Mund einer schwedischen Blondbrünhilde.

Evelyn Roll: *Der Steinewälzer in Stockholm* (11.12.)
Stockholm, 10. Dezember – Man muss ihn sich als einen glücklichen Menschen vorstellen. Zum Beispiel Mittwochabend in der großen Aula der Universität. Eine junge Frau, offenbar aus einem lateinamerikanischen Land, hat sich gemeldet und teilt mit lauter Stimme und ungeschicktem Englisch mit, wie sie mit acht Jahren zum ersten Mal im Kino gewesen ist. Den ersten Film von Günter Grass hat sie damals gesehen. Und nichts in ihrem Leben vorher oder jemals nachher hat sie so beeindruckt wie diese *Blechtrommel*.
Sie sagt wirklich »Ihren ersten Film, Herr Grass«. Aber sie sagt auch, dass ihre Mutter das Buch zum Film damals schon siebenmal gelesen und ihr erklärt hatte, Günter Grass sei der größte lebende Autor der Welt. Nun hat die Mutter das Buch hergeschickt nach Stockholm. Und deswegen muss die junge Frau jetzt schnell mal auf die Bühne kommen und sich dieses Buch signieren lassen.
Das ist der einzige öffentliche Moment in dieser erstaunlichen Stockholmer Nobelpreiswoche, in der Günter Grass ein wenig irritiert wirkt. Gerührt ist er offenbar auch, weswegen er schnell nach dem Feuerzeug greift und sich intensiv mit seiner Pfeife beschäftigt. Und die 1700 Menschen in der Aula, die mit Grass diskutieren und sich erst nachher anstellen wollen zum Signieren, sind zwar verblüfft, aber eben auch vor allem gerührt. Die junge Frau, es ist eher ein junges Mädchen, klettert also tatsächlich, sehr verlegen jetzt, nach

vorne auf die Bühne. Der Nobelpreisträger signiert das Buch und bekommt einen scheuen Backfischkuss auf die Wange. Und jetzt ist er verlegen. Eine Zauberszene.

ANDREZEJ WIRTH: *EIN GROSSES THEATER* (12. 12.)
Die Nobelpreisverleihung beginnt traditionell um 16 Uhr 30 im Auditorium der Stockholmer Philharmonie. Natürlich ist das auch eine Inszenierung – und es gab eine Generalprobe der Zeremonie bereits am Vormittag des großen Tages. Sie war nur für die akkreditierten Journalisten zugänglich, mit absolutem Verbot zu fotografieren.

Geprobt wurden zwei parallele Prozessionen: Einzug der sieben Preisträger und sieben »Speaker« (das sind Professoren, die ihrerseits die Laureaten vorstellen) plus Mitgliedern der Schwedischen Akademie der Wissenschaften, dazu das Hinsetzen und Aufstehen beim Auftritt des Königs und der königlichen Familie; anschließend: kurze Lobreden, das Händeschütteln mit Karl Gustav XVI. bei der Überreichung der Medaille und des Diploms (mit einliegendem Nobelscheck) sowie dankendem Abgang. Geübt wurde vor allem die dreifache Dankverbeugung, eine vor dem König, vor den Mitgliedern der Akademie, vor dem Publikum. Diese Probe, samt der nur markierten Reden – »Your Majesties, your Royal Highness, bla bla bla ... I ask you to receive the price from the hands of His Majesty, the king« – war das beste Theater, das ich in diesem letzten Jahr des Jahrhunderts erlebt habe.

Dabei ist auch etwas Profundes herausgekommen. Wer die Probe mit der Premiere nachmittags verglich, konnte feststellen, dass der dankbare Händedruck von einigen Preisträgern unter dem Medaillekästchen und der Scheckmappe vollzogen wurde, bei anderen dagegen darüber. Freud lässt grüßen. Und ich bin stolz, berichten zu können, dass der Händedruck meines Freundes Günter Grass *oberhalb* von Scheck und Schatulle zustande kam. Ich habe auch nichts anderes von dem Autor des Stücks *Die Plebejer proben den Aufstand* erwartet.

Abends auf dem Bankett im blauen Saal des Stockholmer Rathauses fand ich mich neben *Blechtrommel*-Regisseur Volker Schlöndorff und dem Vorsitzenden des Zentralrates der Sinti und Roma in Deutschland, Romani Rose, der überglücklich war, dass Grass von den 1,8 Millionen Mark Nobelgeld einen Preis für die Erforschung der Sinti- und Romakultur gestiftet hat.

Auch das Bankett ist ein glänzendes Spektakel. Es gleicht einer bespielten Installation für 1270 Gäste, die nicht merken, dass sie durch eine subtile Regie als Esser, als Gesprächspartner, als Zuschauer (der kabarettistischen Divertissements) und Zuhörer der musikalischen Einlagen (die auch ein Teil des Preisverleihungsfestes waren) besetzt worden sind. Mit der Lichtregie (laut Programmheft von Ellen Ruge) verwandelte sich die am Vormittag noch halb nordisch karge, halb notorisch kitschige Rathaushalle in ein Theaterwunderland. Und angesichts der Prozessionen von königlicher Familie und Ehrengästen auf mächtigen Treppen und stuckbeladener Galerie, geleitet von einem Master of Ceremonies, rief Volker Schlöndorff begeistert aus: »Anders als hier würde ich *Hamlet* nie inszenieren!«

So wurde der Abend zum schwedischuniversellen Gesamtkunstwerk, bei dem sich das Kulinarische – *Crème de topinambour aux homard et caviar du pays, Champagne Pommery 1992, Châteauneuf du Pape – Château de Beaucastell 1996* etc. – mit der Choreografie (Asa Melldahl), Schauspielregie (Malena Ernmann) und der Musik (von Schönberg zu Tom Waits, dirigiert von Olov Olofsson), aufs Schönste vereinte.

Günter Grass nutzte seinen Dankes-Toast für eine warmherzige Hommage an Hans Werner Richter, den Gründer der Gruppe 47, und an Gustav Korlén, den Nestor der schwedischen Germanistik, der 1964 die Tagung der Gruppe 47 in Sigtuna organisiert hatte. Dort wurde, erinnert sich der letzte Nobel-Poet des Jahrhunderts, sehr heftig über sein *Plebejer*-Stück gestritten. Sagte es und führte, beklatscht auch von Kulturstaatsminister Naumann, seine Frau Ute zum Tanz: »Im ersten Frack meines Lebens.«

FRIEDRICH CHRISTIAN DELIUS: *BRIEF AN GÜNTER GRASS* (19.12.)
Über Eure Tage in Stockholm habe ich viel und nur Gutes gelesen (besonders A. Wirth im *Tagesspiegel*), die Rede mit Vergnügen und Sofa-Beifall bewundert und bei Euerm Tanz-Foto gedacht: der Neid der Kritiker auf diese Lebenslust, der wird bleiben.

2000

JOSEPH VON WESTPHALEN: *DIE DEUTSCHE LITERATURKRITIK*
Die deutsche Literaturkritik zu loben, wäre natürlich geil, aber ich bin dazu leider nicht groß genug. Es sind Dackel, und ich habe keine Lust, das hämisch zu einer Qualität emporzuschreiben. Sie schnüffeln in dunklen Ecken und wedeln aufgeregt mit dem Schwanz, wenn ihr geliebter Peter Handke oder Botho Strauß Käse schreiben oder Martin Walser unpassende Sachen sagt. Wenn Günter Grass den Nobelpreis kriegt, geraten sie aus dem Häuschen vor Empörung und kläffen hell. Grass spricht die Worte »Scham« und »Schande« zu wichtig aus. Er gehört zu den Mahnern und Warnern – und die mag das Feuilleton nicht. Die deutsche Spaßgesellschaft gefällt ihnen auch nicht. Sie wissen selbst nicht, was sie mögen. Sie mögen weder den deutschen Witz, noch den deutschen Ernst. Über den Stil von Grass rümpft das Feuilleton die Nase, obwohl andere Nobelpreisträger auch nicht toller schreiben. Hat Doris Lessing nicht mal den Nobelpreis bekommen oder so ein fader Typ mit einem Roman, der *Der Herr der Fliegen* hieß? Das war doch alles völlig ungenießbar. Dagegen ist Grass doch einsame Spitze. Aber nein, man mäkelt. Vielleicht ist es ja so, daß das deutsche Feuilleton meint, es sei zu nationalistisch, wenn man die Vergabe des großen Preises von Stockholm an einen Deutschen billigt. Obwohl ich viel Sympathien für antinationale Wallungen habe, fände ich diese doch etwas verfehlt.

GÜNTER KUNERT: *NEUERUNGSSUCHT*
Die von der Industrie übernommene Neuerungssucht macht die Künstler und Literaten atemknapp. Der Nobelpreisträger Thomas Mann konnte, bis auf wenige Ausnahmen, in seinen Büchern auf Aktualität verzichten, während der Nobelpreisträger Günter Grass mit hängender Zunge dem Zeitgeschehen hinterherkeucht. (Die Schwäche der deutschen Gegenwartsliteratur resultiert möglicherweise aus diesem Faktum. Wir können uns der allgemeinen Eile nicht mehr entziehen, doch Eile ist ein schlechter Berater, in jeder Hinsicht.)

THOMAS HETTCHE: *GENERATIONSWECHSEL*
Zunächst einmal trägt die Möblierung des literarischen Raums für mich erkenntlich endlich nicht mehr die Signatur einer anderen Generation. Es findet erstmals die unterschiedliche Medienpraxis meines eigenen Alltags ihren Ort, die Diskurspluralität meines Wissens und meine aus den populären Fernsehmythen der Kindheit gespeisten Sehnsüchte. Was ganz konkret bedeutet, daß ich endlich Corino, Karasek und Hamm und Hage nicht mehr lesen muß. Endlich wird Philip Roth nur noch irgendwo en passant abgehandelt und auch Günter Grass lenkt mich nur für einen Sondersendungsabend lang von Wichtigerem ab. Der Generationswechsel ist vollzogen.

THOMAS LEHR: *BRIEF AN GÜNTER GRASS*
Lieber Günter Grass, / nachdem man in der letzten Zeit so oft einen Ihrer Enkel aus mir gemacht hat und ich das auch habe geschehen lassen, fühle ich mich doch ein wenig seltsam Ihnen gegenüber. Ich wollte Ihnen mit dem Bedürfnis, einige erklärende Sätze zu sagen, nicht zur Last fallen und habe deshalb bislang geschwiegen. Aber nun drängt es mich doch zu sehr.
Vor allem anderen: Ich habe mich sehr über Ihren Nobelpreis gefreut und ich halte ihn für verdient. Zu der *Spiegel*-Sache: Die äußerst angenehmen Erinnerungen an die *Blechtrommel*-Lektüre, die mich und zwei gleichaltrige Freunde etwa im 15. Lebensjahr direkt vom heimischen Woodstock ins exotische Danzig entführte (wir lasen das Buch parallel und besprachen es im 50-Seiten-Rhythmus in der Form eines – allerdings stets enthusiasmierten – literarischen Terzetts), ließen mich die *Blechtrommel,* die uns die *Spiegel*-Fotoredaktion überraschend in die Hand drückte, nach einer kurzen Bedenksekunde annehmen. Denn es war ja (abgesehen von dem mir nicht ganz unpeinlichen parasitären Effekt) auf jeden Fall auch eine Hommage für den Erfinder von Oskar Matzerath.
Meine etwas distanzierte Haltung zur Trommel und die gewisse Lateralität bezüglich der Gruppe Sechs hatten verschiedene Motive. Im Verhältnis zu Ihnen ist nur wichtig, daß ich eigentlich nicht sagen konnte, als Künstler einer Ihrer »Enkel« zu sein, und biologisch müßte ich als 42jähriger wohl auch eher einen Sohn vorstellen. Ich bin seit Beginn meiner aktiven Schreibzeit (etwa als 25jähriger) der

deutschen Literatur nach 1945 oder besser: nach 1960 fast völlig aus dem Weg gegangen – aus Gründen, über die ich mir erst jetzt allmählich klarer werde.

Als der Aufbau-Verlag die Phrase »Ein Enkel von Grass & Co« für den Vertrieb meines Romans einzusetzen begann, schüttelte ich zunächst den Kopf, denn klar: man wollte damit wohl nur sagen, kauft bitte diesen Roman so massenhaft wie ihr Günter Grass kauft. Von Journalisten darauf angesprochen sagte ich einmal, man solle das Motto doch bitte wörtlich nehmen, und ich verstünde mich mehr als »Enkel von Co«, womit ich Thomas Mann und Robert Musil meinte.

Aber dann fand ich plötzlich in einer kleinen österreichischen Zeitung den Hinweis, der »Sprachberserker« Thomas Lehr hätte doch wirklich viel mit Grass gemein – und nun denke ich über gewisse Versäumnisse nach und habe beschlossen, in der nächsten Zeit noch einmal ganz anders Günter Grass zu lesen.

Als kleines Dankeschön für Ihre Geduld schicke ich Ihnen ein Exemplar von *Nabokovs Katze* – lesen müssen Sie es nicht, aber Sie dürfen es gerne Ihren (erwachsenen) Enkeln schenken.

Herzliche Grüße und die besten Wünsche für Ihre nach-nobelianischen Werke!

<small>Das Titelblatt des *Spiegel* vom 11. Oktober 1999 trägt die Überschrift »Die Enkel von Grass & Co«. Abgebildet sind Thomas Brussig, Karen Duve, Jenny Erpenbeck, Benjamin Lebert, Thomas Lehr und Elke Naters, die jeweils eine Blechtrommel tragen. Die Titelgeschichte ist von Volker Hage und lautet *Die Enkel kommen*.</small>

KERSTIN HENSEL: *EIN TEUFLISCHER HEILAND*

1982 las ich zufällig die *Blechtrommel* von Günter Grass. Ich lag mit einem Packen abgegriffener loser Buchseiten im Bett meiner Studentenwohnung (im Zimmer herrschten Minustemperaturen), und es war mir, als erschiene ein teuflischer Heiland, der mir einheizte. Die *Blechtrommel* übertraf alles, was ich bisher in der Prosa für möglich gehalten hatte. Diese Sprache, unverschämt und sinnlich, ausladend und aufdeckend, hatte ich nirgendwo bisher gefunden, und dieser Blick auf Geschichte von einem Deutschen schien mir neu und wichtig. Ich las fortan alles, was es von Grass im Bibliotheksgiftschrank gab, und war unendlich fasziniert. Aber ich hütete diese Lektüre, indem ich niemandem davon erzählte, sie eifersüchtig versteckte, um ganz allein davon zu profitieren. Vor allem versuchte ich zu vermeiden, daß etwa Lehrer oder Studenten ihr spießiges Unverständnis in meiner Gegenwart äußern konnten. 1984 durfte erstmals in der DDR ein Büchlein von Günter Grass erscheinen. Da begriff ich, daß man uns bis dahin Weltliteratur vorenthalten hatte. Germanisten wollen herausgefunden haben, daß mein erster Erzählband Spuren der Grassschen Offenbarung aufweist.

JOACHIM GAUCK: *ENTSCHEIDUNGEN*
Wir entschieden uns im Rostocker »Neuen Forum« tatsächlich dafür, dass wir Teil des Volkes sein und die Einheit positiv mitgestalten wollten. Mit diesem Auftrag bin ich im Januar 1990 in die erste DDR-weite Versammlung des »Neuen Forums« gegangen. Wir haben mit einer sehr großen Mehrheit in die Grundsatzpapiere geschrieben, dass wir die Einheit Deutschlands zu unserem politischen Ziel erklären. Der Gedanke von Günter Grass, wegen Auschwitz müsse Deutschland geteilt bleiben, wurde gestrichen. Es erschien uns eine aberwitzige – eine »westliche« – Idee, Auschwitz de facto als Strafe für die Ostdeutschen zu verstehen.

ROLF PFEIFFER: *BRIEF AN HEINZ KNOBLOCH*
Im Autoradio hörte ich plötzlich Günter Grass blechtrommeln, jeder erwachsene Deutsche möge 20 Mark in den Entschädigungsfond für die Fremdarbeiter beisteuern. Solche Botschaften können Verkehrsunfälle auslösen. Ist Dein Herr Schriftstellerkollege noch bei Sinnen? Ich bin zwar erwachsen, war es damals nicht, als ich einen Fremdarbeiter hätte ausbeuten oder von seiner Arbeit profitieren können. Damit konstruiert der Herr Grass eine Kollektivschuld, die nicht einmal vor Kindern Halt macht. Und das alles, weil die kotzreichen mitschuldigen Konzerne wenig oder nichts locker machen? Dafür will er an meine Kleinrente? Der Blechtrommler kann nicht mehr ganz bei Trost sein. Soll er sich doch an Herrn Kohl wenden, der weiß, wie man den Herren an die Portokasse kommt. Vielleicht rücken ja die Kirch und Lauterbach noch einmal etwas heraus. – Da kann ich verstehen, daß Du von PEN-Versammlungen und -Mitgliedschaft nicht mehr allzu viel hältst. Du kannst Dir nicht

vorstellen, wie wütend ich auf den Grass bin. Schriftstellerehre schützt vor Torheit nicht.

Franz Xaver Kroetz: *Geliebt oder gehasst*
Der schwimmt in diesem Swimmingpool des kapitalistischen Blocks als Haifisch. Der wird geliebt oder gehasst, aber er schwimmt mit. Ich fand es interessant, dass er diesen einzigen, mir nahe stehenden Menschen in der SPD, das war der Lafontaine, dass er dem sagte: Halt's Maul. Das hat mich erinnert, dass dieser Grass ein geborener Denunziant ist, seit ich ihn kenne.

Barbara König: *Ein Naturmensch*
Grass war hinreißend. Er hatte gerade *Die Blechtrommel* fertig geschrieben, aber noch nicht verkauft. Er ging wie auf Wolken einerseits, aber im Verkauf war er alles andere als klug. Walter Höllerer sagte einmal, dass Grass wie ein Zuchthäusler ausging – das ist natürlich übertrieben, aber er war proletarisch und schnauzbärtig, hatte immer schwarze Fingernägel. *[Er arbeitete damals als Heizer.]* Ja, aber auch gleichzeitig als Bildhauer. Er war ein Künstler, und seine Hände sind auch ganz fein. Man kann in diesem starken Gesicht gar nicht seine zarte Natur entdecken. Damals kam er mit einem bedeutenden Verleger zusammen, wurde in ein Hotel an den Champs-Elysées gebeten, und er ging genauso, wie er war, dorthin. Der Verleger meinte anschließend zu seiner Frau: »So einen Mann würde ich nicht mal als Packer einstellen.« *[War Grass ein erotischer Mann?]* Ja, sehr. Er war auch ein fabelhafter Tänzer, und seine Art sich zu bewegen war die eines Naturmenschen aus dem Dschungel. Er war sehr attraktiv, das lässt sich nicht leugnen.

Anonymus: *Geschäftemacherei*
Václav Havel, 64, Schriftsteller und Präsident der Tschechischen Republik, ist offensichtlich um ein kostbares Buch des deutschen Schriftstellers Günter Grass gebracht worden. Zur »Internationalen Verkaufsausstellung wertvoller Autografen, Bücher und Gra-

fik« vom 3. bis 5. November in Berlin bietet das Buchantiquariat »Am Rhein« aus Basel eine Ausgabe der *Hundejahre* zum Preis von 2800 Mark als »Rarität« an. Zu Recht, denn das Exemplar hatte Grass dem damaligen Dissidenten am 10. Dezember 1969 mit einer persönlichen Widmung übereignet. Der Basler Antiquar Georg Jiří Beran, gebürtiger Tscheche, hat das Buch vor gut einem Jahr in Prag in einem Antiquariat erworben. Darüber, wie es in den Besitz des dortigen Buchhändlers kam, weiß er nichts. Auch Havel selbst kann nur spekulieren. Er sei häufig umgezogen, seine Wohnungen wurden des Öfteren durchsucht. Er selbst hätte das Buch niemals verkauft, und »die Geschäftemacherei mit so einem Stück« ließ er durch einen Sprecher verurteilen.

HANNS-JOSEF ORTHEIL: *IN »WOLFFS BÜCHEREI«*
Vor kurzem hatte ich eine Lesung in »Wolffs Bücherei«, jener wunderbaren Buchhandlung in Berlin-Friedenau, in der Günter Grass früher oft aufgetaucht ist, vor vielen Jahren, als er gerade erst begonnen hatte, an den Nobelpreis zu denken. In einigen Winkeln der Buchhandlung hängen noch Fotos des sehr jungen Grass, man erkennt den dominanten Jetzt-bin-ich-da-Zug im Gesellengesicht des späteren Meisters, und plötzlich ist er einem wieder ganz nah, als neugieriger, unruhiger Leser, der sich in seiner Lieblingsbuchhandlung mit neuen Büchern versorgt.

FLORIAN ILLIES: *GENERATION GOLF*
Im Französischlehrbuch gab es wenigstens keine Schwarzweißfotos, dafür aber Strichzeichnungen und immer ein Mädchen, das Monique hieß und das in der Küche Salade niçoise machte, damit wir ein Wort lernten mit einem Häkchen unterm c. Viel anfangen konnte man damit nicht, wie man an der nervtötenden Sprachlosigkeit sah, die zwischen unseren Nachbarklassen und ihren französischen Austauschschülern herrschte. Die Idee, Schüler zwischen Deutschland und Frankreich auszutauschen, ist eine unselige Verbindung aus Günter-Grass-Sozialdemokratie und United-Colors-of-Benetton-Völkerfreundschaft.

ERNST RÖHL: *DER OSTLER, DAS UNBEKANNTE WESEN*
Der eine will unbedingt Geigerzähler werden beim Gewandhausorchester, wird aber bloß Anrufbeantworter bei der Telekom. Der nächste wäre gern Tortenheber bei Kaiser's Kaffee, wird aber bloß Wagenheber bei Mercedes-Benz oder Handtuchhalter im Hilton-Hotel. Der Dritte möchte für sein Leben gern Korkenzieher sein bei Harald Juhnke, wo aber landet er? Als Federhalter bei Günter Grass!

HELMUT ARNTZEN: *STREIT DER FAKULTÄTEN*
Von Goethe zu Günter Grass, von Lessing zu Reich-Ranicki: Das ist, als ziele die Evolution der Sonnenblume aufs Gänseblümchen.

MATTHIAS POLITYCKI: *EIN MANN VON VIERZIG JAHREN* (ROMAN)
Als es gen Mitternacht ging, behauptete ein gewisser Buchwald, »Percy« sei eine Oper von den *Kinks;* ein gewisser Bezold dagegen versicherte bei jedem Rotweinglas, das er sich von Frau Gschnitzer oder der Servierzofe bringen ließ, es sei erst sein zweites, erwies sich dabei zusehends als Meister des Kleinhumors (»Meine Bibliothek ist Grass-, Böll- und Christa Wolf-frei«), wußte Ossi-Witze und warf das Problem auf, wie man die Seele zeichnen könne: als kleinen Fisch? quer wie das Wort »Seele«? als Uwe Seeler?

WIGLAF DROSTE: *DER MULLAH VON BULLERBÜ* (ROMAN)
Das Freiburger Dreisam-Stadion war ausverkauft. Günter Grass sollte seinen neuen Roman *Mein Jahrtausend* präsentieren. Das Vorprogramm wurde von Eve Ensler bestritten, die aus ihrem Buch *Die Vagina-Monologe* las. Ihr kleiner Fanblock geriet schon bei der Widmung aus dem Häuschen: »For Ariel, who rocks my vagina and explodes my heart«.
»Ariel rockt nicht nur sauber, sondern rein!« rief eine begeisterte Ensler-Anhängerin in violetter Seventies-Kutte. Und dann ging es richtig los. »Meine Vagina singt die Lieder der Mädchen«, rockte die Autorin, »die Lieder mit dem hellen Klang der Ziegenschellen, die

stürmischen Lieder der herbstlichen Felder, Vagina-Lieder, vertraute Lieder meiner Vagina ...«

Günter Grass sah auf die Uhr. Schon anderthalb Minuten rum, dachte er verbittert. Dieses Vorprogramm dauerte ihm zu lange. Er wollte immerhin noch dreitausend Seiten vortragen, und seine Fans waren jetzt schon fast vollgelesen. Sie droschen auf ihre Blechtrommeln und sangen schmutzige Lieder.

Durchdrungen von ihrer Mission las die New Yorker Kultautorin weiter: »Hier ist der Ort, um das Wort laut auszusprechen, denn wir wissen, es ist das Wort, das uns weiterbringt und frei macht: Vagina.«

Vagina macht frei? fragte sich Günter Grass. Das paßte eigentlich nicht in sein politisches Koordinatensystem, aber es war ein interessanter Gedanke. Dem alten Bock wurde warm. Hilmar Hoffmann, einer seiner falschen Freunde, sprach aus, was alle Grass-Tifosi im Dreisam-Stadion dachten: »Hey little girl, das Wort, das uns freimacht, heißt immer noch Penis!« Er drückte kräftig auf die Hupe. »Sinn und Sinnlichkeit!«

»Penis! Penis!« schrien die Fans.

Eve Ensler war irritiert, doch ihre Übersetzerin behauptete einfach, die häßlichen Schreie seien Anfeuerungsrufe. »They all love you, Eve. Keep on rocking strong!«

MICHAEL »FLEA« BALZARY: *LESELUST*

Ich lese wahnsinnig viel – übrigens habe ich auf der Tour ein Buch von Günter Grass dabei. Ich liebe es zu lesen.

2001

SHUVAPRASANNA: *DAS NEUE MITGLIED DER FAMILIE*

Ein Jahr nach Grass' Aufenthalt in Kalkutta sah ich im deutschen Fernsehen eine Podiumsdiskussion, in der der führende deutsche Literaturkritiker Marcel Reich-Ranicki unziemliche Bemerkungen über *Zunge zeigen* machte. Darüberhinaus beschuldigte er Grass, er habe in Kalkutta in einem Fünf-Sterne-Hotel gelebt und wolle nun das Elend Kalkuttas durch sein Buch vermarkten. Ich weiß jedoch aus eigener Anschauung, daß Grass sich in Kalkutta einfach kleidete und oft zu Fuß ging oder mit den überfüllten öffentlichen Verkehrsmitteln reiste, was selbst für die Menschen in Kalkutta beschwerlich und unerfreulich ist. Er kaufte sein Essen auch, wie jeder andere, bei Straßenverkäufern, und manchmal wurde ihm schlecht davon. Seine Frau Ute allerdings war da ganz anders – sie vermied jede Art von gastronomischen Abenteuern.

Eine Erinnerung ist mir besonders lieb: als Günter Grass bei der Familie meiner Schwiegereltern an unserer traditionellen Kali-Puja teilnahm. Das ist ein Fest zu Ehren der Göttin Kali. Grass half bei den umständlichen Vorbereitungen und war völlig in Bann geschlagen. Die *puja* selbst begann spät am Abend, die *homa* (das Feueropfer) erfüllte den ganzen Raum mit Weihrauch. Günter und ich standen nebeneinander zwischen den übrigen Teilnehmern und blickten auf die schwarze Figur der Kali, die von einem Scheinwerfer erhellt wurde und ihre rote Zunge herausstreckte. Als er mich danach fragte, erklärte ich Grass den mythologischen Hintergrund. Bei ihrem Zerstörungstanz tötet Kali alle Dämonen, auf die sie trifft, dabei tritt sie aus Versehen auf die Brust ihres Mannes Shiva, der auf dem Boden liegt und ruht. Als sie ihr Versehen bemerkt, streckt sie erschrocken und voller Scham ihre Zunge heraus. Die erleuchtete schwarze Figur schien aus dem dichten Qualm hervorzutreten, allem voran die drei lebhaften Augen und die flammend-rote Zunge. Dieser visuelle Eindruck führte Grass vielleicht dazu, in der Göttin Kali ein geeignetes Symbol für Kalkutta zu sehen. Entsetzt über die in dieser Welt weitverbreitete Ungleichheit, Ungerechtigkeit, Ausbeutung und Heuchelei streckt sie beschämt ihre Zunge heraus. Ich bin mir sicher, daß Grass an diesem Fest der Kali-Puja den Titel für sein Buch *Zunge zeigen* fand.

DAUD HAIDER: *STREIFZÜGE DURCH DEN DUNKLEN BAUCH KALKUTTAS*
Günter Grass verschloß die Augen vor dieser dunklen Seite Kalkuttas nicht. Dennoch liebte er die Stadt aufrichtig. Aber einige Kommentare in seinem Buch porträtieren nicht das Kalkutta, das ich kenne. Natürlich konnte er unmöglich nach einem Aufenthalt von nur sechs Monaten das ganze Kalkutta kennen. Es stimmt aber nicht, was einige Kritiker behaupten, daß Grass sein Hauptaugenmerk auf die Armut und das Elend Kalkuttas lenkte. Die Armut in Kalkutta kann jeder sehen, man braucht nicht besonders auf sie hinzuweisen. Das Leben der Mittel- und der Oberschicht ist in Kalkutta so ziemlich überall gleich. Diese Schichten sprechen über Besitz, Politik und Geld. Im Vergleich dazu ist das Leben der Armen bunter und vielfältiger. Ich zeigte Günter Grass den wahren Kummer, den wahren Schmerz, die wahren Probleme Kalkuttas. Er war berührt und aufgewühlt. Er reagierte auf die Probleme Kalkuttas, indem er eine Schule unterstützte, die vom Calcutta Social Project unterhalten wird. Er bezuschußte auch eine Schule in Dhaka.

TASLIMA NASREEN: *FRENCH LOVER* (ROMAN)
Danielle biß sich auf die Zunge vor Mißbilligung: »Die Bengalen sind stolz auf einen Mann, der mit Adolf Hitler Hände geschüttelt hat?«
Nila lachte und sagte: »Günter Grass zeigte eine ähnliche Reaktion, als er sah, wie die Bevölkerung Kalkuttas die Statue von Subhash Bose verehrte.«

PAWEŁ HUELLE: *MERCEDES-BENZ* (ROMAN)
[...] auch darüber also plauderten wir im »Katholiken«, und darüber, warum der vierzehnjährige Günter Grass, der durch die gleichen Straßen von Langfuhr lief wie wir, nie einen ersten großen historischen Roman über die heldenhaften Kaschuben geschrieben hat, denn da die Mehrzahl von ihnen vor langer Zeit bei Wien

gefallen war – worüber oder über wen hätte der Debütant aus dem Labesweg 13, heute Ulica Lelewela genannt, auch schreiben sollen, auf welche Art und Weise hätte er aus dem so tragisch heruntergekommenen Volk den Funken eines samuraischen Kampfgeistes schlagen sollen, aber diese Plaudereien hatten im »Katholiken« bald ein Ende [...].

> Günter Grass war in seiner Erinnerung 13 Jahre alt, als er den Plan fasste, ein »Epos« mit dem Titel *Die Kaschuben* zu schreiben; vgl. *Nach zwanzig Seiten waren alle Helden tot* (XII, 432f.).

FRITZ K. H. STÄTER: *DIE UNTERSCHRIFT VON GÜNTER GRASS*

Sein Namenszug »Günter Grass« ist keine Hieroglyphe, sondern ein rational auf ein Minimum verkürzter Schriftzug (Vereinfachung). Für seine Kreativität ist sein Unbewusstes ein unausschöpfliches Potenzial (große, kraftvolle Unterlängen), was er nicht leichtfertig ausbeutet (Vereinfachung). Vielmehr formt er seinen Fundus behutsam mit akribischer Genauigkeit aus (verknappte Mittelzone), verweilend, Zufälliges zulassend, komprimierend, als Meister im Erfinden von Hindernissen und im Ersinnen von Abschweifungen mit überraschenden Wendungen (Faden, Weite, Verkürzungen). Er zeigt sich gefühlsbetont mit tiefer Erlebnisfähigkeit (Druck, Rechtsschräge, große Längenunterschiedlichkeit), aber auch beharrlich bei der Sache bleibend (Verbundenheit, Druck) mit einer Abneigung gegen Spekulationen (verknappte Oberlängen).

DIRK VON PETERSDORFF: *POSTMODERNE HÄPPCHEN*
   Ironie ist nicht zerstörerisch. Sie bringt die Dinge in eine Schwebe, in der man sprechen kann, ohne dass es peinlich wird. Man kann das leicht verstehen, wenn man die Frage stellt: Was ist eigentlich das Allerpeinlichste an Günter Grass? Die polternde Selbstgewissheit. Das ironische Ich aber summt: »Das Leben kömmt mir vor als eine Renne-Bahn.«

ULRICH HOLBEIN: *NIE WIEDER BUCHMESSE!*
   Ratlose Versenkung in Standardwerke über Knoblauch, Löffel und Postkutschen. »Wie werde ich Bill Gates?« »Der Ruf der Flöte«. Da – Günter Grass! Der sich Senf auf die Totschlagwurst tat, im Blitzlichtgewitter seitens der Wurstverkäuferin.

JÖRG UWE SAUER: *DAS TRAUMPAAR* (ROMAN)
   Man sah hier keine richtungsweisenden Innovationen, sondern nur Leute, von denen man niemals geglaubt hätte, sie jemals wiederzusehen, da man dachte, diese Figuren seien längst von der Bühne des Lebens abgetreten, wie etwa Udo Lindenberg, HP Kerbach, Peter Bursch oder Günter Grass.

ELKE HEIDENREICH: *EIN SENDER HAT GEBURTSTAG* (ERZÄHLUNG)
   Da mußte er nun Tag für Tag die Nachrufe moribunder Prominenter auf Vordermann bringen. Wenn plötzlich Madonna oder Steffi Graf sterben würden, käme er in ernstliche Schwierigkeiten, aber die Nachrufe auf den Papst oder auf Fidel Castro, sogar auf Helmut Kohl, Inge Meysel und Günter Grass – die lagen fix und fertig da und er mußte im Ernstfall nur noch das entsprechende Datum einsetzen.

PETER O. CHOTJEWITZ: *ALS WÜRDET IHR LEBEN* (ROMAN)
   Das Tagebuch gehört zu den originären Quellen jeder Recherche, so, als ob es stets die pure Wahrheit enthielte. Der Künstler, der Politiker – hofft man – hat seinem Tagebuch jene Ereignisse,

Gedanken und Gefühle anvertraut, die die bereits bekannten Fakten erläutern und ergänzen, da man immer damit rechnet, bislang falsch oder unvollständig unterrichtet worden zu sein.

Warum hat ein relativ bekannter Autor wie Günter Grass, lange bevor er den Nobelpreis erhielt, ein Buch über einen Zwerg geschrieben? fragt sich der Leser zum Beispiel. Wir haben uns darüber im Deutschleistungskurs unterhalten. Mit geringem Gewinn natürlich, denn die Erklärungen der Erklärer provozieren immer die Resterkenntnis, daß alles auch ganz anders gewesen sein könnte.

Nehmen wir nun aber an, es gäbe das Tagebuch eines unbekannten Verlagsangestellten, der den Roman vor vierzig Jahren korrigieren und in eine lesbare Fassung bringen mußte, so wäre die Frage geklärt. Dank dieses Tagebuches wüßten wir: Oskar Matzerath war ursprünglich ein mittelgroßer Ostpreuße, der nicht richtig deutsch konnte. Kein Zwerg also. Der Angestellte, der das Manuskript damals fertigstellen mußte, begann sich ab Seite fünfzig zu langweilen. Es ging ihm wie mir. Was folgte, müssen wir uns so vorstellen:

Das Buch ist langweilig, sagt der Angestellte in der Programmkonferenz.

Dann wird es ein Bestseller, sagt sein Chef, ein alter Hase.

Man müßte die Hauptperson verändern, sagt der Werbefritze. *Sie ist total nichtssagend. Viel zu normal. Ein Krüppel wäre nicht schlecht.*

Der Autor fummelt an seinem Schnauzer. Krüppel ist ihm irgendwie zu banal.

Ja, was Besonderes, meint der Verlagsangestellte.

Wie wäre es mit einem Zwerg? fragt seine Sekretärin.

Was ist an einem Zwerg Besonderes? knurrt der Autor unwirsch.

Ich hatte mal was mit einem Zwerg, haucht die Sekretärin verschämt, aber glücklich.

Also jetzt machen Sie aus Ihrem stinknormalen Ostpreußen einen ostpreußischen Zwerg, dann machen wir Sie berühmt, sagt der Verleger zum Autor.

URS FAES: *UND RUTH* (ROMAN)
Damit war für ihn der Übergang gemacht zur weiteren Iphigenie-Interpretation. Um Bewegung in diese seit Wochen dauernde Lektüre zu bringen, ließ Steffen die Brausepulverszene aus der *Blechtrommel*

unter der Bank kreisen. Wir verlebten eine vergnügliche Iphigeniestunde, und Mangold sah sich bestätigt in der zeitlosen Gültigkeit des Stoffes, der auch heute durchaus für Heiterkeit zu sorgen vermöge. Wir nickten und kauften am nächsten Tag Brausepulver und lutschten uns in Gedanken über Hautlandschaften.

RAINER BARZEL: *ERINNERUNGEN*
Mir ist unverständlich, wenn diese ersten Jahre unserer Republik – wie zum Beispiel durch Günter Grass immer wieder – als »steril« oder gar als »restaurativ« bezeichnet werden.

MICHAEL KRÜGER: *BÜCHER FÜR DIE QUEEN*
Als ich 1961 in London bei Harrod's Buchhändler und die internationale Abteilung aufgebaut habe, kam auch der Bibliothekar des Königshofes, dem ich folgende Bücher verkaufte: *Cat and Mouse* von Günter Grass, *The Strudlhof-Steps* von Heimito von Doderer, *The Palace* von Claude Simon, und eben *The Third Book about Achim* by Uwe Johnson, verlegt bei Secker & Warburg. Ich wurde außerordentlich gelobt, weil bis dahin die Königin noch nie ein fremdsprachiges Buch bestellt hatte. Aber zu meiner Schande muß ich gestehen, daß ich drei Tage später den Bibliothekar beobachten durfte, wie er sämtliche eingekauften Bücher im einen Stock höher gelegenen Modernen Antiquariat wieder zurückgab. Das war mein Versuch, den Engländern kontinentale Literatur schmackhaft zu machen, aber auch ich bin gescheitert.

CAROLA STERN: *DOPPELLEBEN*
Ebenfalls in den sechziger Jahren bin ich Grass, damals Mitbegründer einer sozialdemokratischen Wählerinitiative, zum ersten Mal begegnet. Mein Freund Ulf Baring hatte uns zusammen eingeladen. Worüber wir an diesem Abend in Berlin gesprochen haben, wer noch dabei gewesen ist – ich erinnere mich nicht. Sicherlich ging es darum, wie Schriftsteller, Intellektuelle, Künstler dazu beitragen könnten, die ES-PE-DE – dieses Kürzel unter einem rotkammigen krähenden Hahn hatte Grass erfunden – endlich aus der Opposition

heraus und an die Macht zu bringen. Ein Bild gleich zu Beginn blieb mir vor Augen: Günter Grass über den Baringschen Küchentisch gebeugt, eine aus dem Herd hervorgezogene, knusprig gebratene, herrlich duftende Gans tranchierend; so vertieft in dieses Werk, so behutsam, kunstvoll, ja entrückt, daß ich es nie vergessen werde: Günter Grass, der Autor, Tranchierer und Sänger für die ES-PE-DE.

Böll besuchte mich später ab und an im WDR. Damals war er Präsident des internationalen und des bundesdeutschen P.E.N., und wir tauschten unsere Erfahrungen aus, wie man politischen Gefangenen, in diesem Fall Autoren, am wirkungsvollsten helfen könne.

Mitte der siebziger Jahre boten Böll und Grass mir an, mit ihnen gemeinsam eine Zeitschrift herauszugeben, ein Forum für in ihrer Meinungsfreiheit bedrohte, verfolgte und vertriebene Autoren aus Osteuropa und der DDR. Unsere durch den »Prager Frühling« neu geweckten Hoffnungen auf eine grundlegende Erneuerung des Kommunismus durch Reformen und die Vereinigung von Sozialismus und Demokratie waren 1968 durch den Einmarsch der Warschauer-Pakt-Truppen in die Tschechoslowakei zerstört worden. Angesehene tschechische Autoren waren aus Prag geflüchtet, andere schutzlos der Staatsmacht ausgesetzt.

Seitdem beschäftigte vor allem Grass immer wieder die Überlegung, wie wir das, was die Reformer in der ČSSR gewollt hatten, auf unsere Weise und mit unseren Mitteln fortführen könnten. Auch wir glaubten an die Möglichkeit eines Sozialismus, der mehr Freiheit und soziale Gerechtigkeit zu bieten haben werde als alle bestehenden Gesellschaftsformen! War es darum nicht notwendig, den internationalen Dialog über sozialen und politischen Fortschritt bis hin zu einem menschenwürdigen Leben neu zu beleben und zu erweitern! Und war nicht allzulange die Diskussion darüber vernachlässigt worden, was denn Schriftsteller und Künstler im kulturellen Leben, im Blick auf die konkreten Lebensverhältnisse der Menschen dazu beitragen könnten!

Als wir uns das erste Mal im Kölner Hotel »Mondial« zusammensetzten, um über das Projekt zu reden, war unser künftiger Verleger schon dabei: Tomáš Kosta, Auschwitz entkommen, dann aus Prag geflüchtet, verlagserfahren und nun Geschäftsführer der gewerkschaftseigenen Europäischen Verlagsanstalt in Köln. Ich meine, auch über den Titel hatten sich Böll und Grass mit Kosta schon geeinigt:

L 76 – Demokratie und Sozialismus – das L gedacht als Zeichen der Verbundenheit mit *Literani Listy,* der letzten unabhängigen, nun verbotenen Zeitschrift des tschechoslowakischen Schriftstellerverbandes; 76 der Hinweis auf das erste Erscheinungsjahr unserer Publikation.

Als Chefredakteur schlug unser Verleger einen Landsmann vor, den früheren Leiter des tschechoslowakischen Fernsehens, Jiří Pelikán, nun in Rom ansässig. Der aber wollte die Zeitschrift von Italien aus leiten. Das erschien uns nicht zweckmäßig. Ich protestierte heftig gegen einen Bewerber, der als APO-Demonstrant für »revolutionären Bücherklau« geworben hatte. Schließlich rief Grass den Kölner Literaturkritiker Heinrich Vormweg an, holte ihn aus seinem Bett und erklärte kategorisch: »Du mußt das machen!« Und er machte es; das kam dem Unternehmen sehr zugute.

Über die Straßenbreite gespannte Transparente zeigten während der Frankfurter Buchmesse 1976 unsere neue Zeitschrift an. Auf einer Pressekonferenz verwiesen wir stolz auf die bekannten Autoren in der ersten Nummer und ihre wichtigen Themen. Es schrieben u. a. der amerikanische Schriftsteller Arthur Miller, der aus der KPdSU ausgeschlossene sowjetische Dissident Roy Medwedew und der Eurokommunist Lucio Lombardo-Radice, Mitglied des ZK der italienischen KP, der DDR-Liedermacher Wolf Biermann und der bundesdeutsche Politologe Iring Fetscher.

Ahnten wir, wie schnell unser publizistisches Hoffnungsschiff in rauhe Winde treiben würde? Im November 1976 wurde Wolf Biermann ausgebürgert. In der DDR kam es zu ungewöhnlich heftigen Protesten, beantwortet durch verschärfte Repressionen. In der Bundesrepublik hatte sich zwar die sozial-liberale Koalition unter Helmut Schmidt in der Bundestagswahl noch einmal durchgesetzt. Aber auf dem Hamburger SPD-Parteitag 1977 sprach selbst Willy Brandt nicht mehr vom demokratischen Sozialismus, sondern von sozialer Demokratie als dem erstrebenswerten Ziel, nicht mehr von linker Mitte, sondern von der Mitte als Standort der Partei. Der Soziologe Oskar Negt befürchtete, es könne gelingen, »Grundgesetz und Kapitalismus praktisch identisch zu setzen« und den Sozialismus in jeder möglichen Gestalt als grundgesetzwidrig zu verwerfen. »Es ist leichtfertig, sich noch allzu große Hoffnungen zu machen«, schrieb Heinrich Vormweg im Editorial des zweiten Heftes. »Aber es ist unerläßlich, all dem, was hoffen läßt, Stimme zu geben.«

Links von mir am Tisch ein schon gekürter, rechts ein künftiger Literaturnobelpreisträger – noch nicht einmal siebzig Menschen auf der Erde trugen diesen Titel, als ihn Böll erhalten hatte, als sechster Deutscher. Auf den ersten Blick schienen mir meine beiden Herausgeberkollegen viel Gemeinsames zu haben. Beide waren ihrer Herkunft und Heimat eng verbunden und beschrieben in ihren Werken, was sie genau kannten: die Welt der kleinen Leute. Böll hatte Köln und das Rheinland, Grass seine Heimatstadt Danzig zu einem Ort der Weltliteratur gemacht. Und für beide gehörten Poesie und Politik zusammen. In einer Demokratie, der es oft an streitbaren Demokraten mangelte, waren sie bereit, sich einzumischen, hereinzureden in die politischen Debatten, zu polemisieren und zu protestieren – bewundert und geliebt von den einen, angefeindet, Wut und Haß auslösend bei den anderen: Störenfriede, »Nestbeschmutzer«. Wir alle, die mit Böll und Grass in dieser Zeit zusammenarbeiteten, Kosta, Vormweg, ich und andere, haben erfahren, was für verläßliche Weggefährten und treue Freunde sie waren.

Grass war der Diskussionsfreudigere, Engagiertere; vital, unternehmungslustig, phantasievoll, leidenschaftlich verbunden mit dem Zeitschriftenprojekt. Im Vergleich zu diesem munteren Freund wirkte Böll geradezu still, zuweilen niedergeschlagen, dann wieder, schnurrige Adenauer-Anekdoten erzählend, für Augenblicke übermütig. Ich sehe Hein, den Zuhörer, vor mir: den Körper vorgebeugt, die Lippen leicht geöffnet, aufmerksam und höflich. Wie ein Geburtshelfer der Sprache stand er dem Gesprächspartner bei, ungeordnete Überlegungen, komplizierte Gedanken ans Licht zu bringen: ermunternd nickend, »ja, ja, ich verstehe, was du sagen willst, es ist wichtig, es ist richtig! Laß dir Zeit, überstürze nichts, wir können warten!« Und wieder dies ermutigende Nicken ... So sprach er, schweigend, auch mit Kindern oder einer Bäuerin in seinem Dorf. Sein ganz auf das Humane ausgerichteter Charakter war frei von Argwohn bis hin zur Naivität.

In seiner Reaktion auf Not und Verfolgung unterschied er sich zuweilen von Grass und uns. Keiner blieb gleichgültig, jeder tat das Seine. Aber während wir noch überlegten, ob dieser oder jener Weg der vielversprechendere sei, wen man um Beistand bitten könne, auch allerlei politische Implikationen bedachten, war er schon dabei zu handeln. Die schnelle Reaktion auf das Hilfsgesuch des inhaftierten polnischen Pilzesammlers – das war typisch Heinrich Böll. Ähnlich verhielt er sich in den Augusttagen 1968 unter ungleich gefährlicheren Bedingungen. Während die Truppen des Warschauer Paktes das Land besetzten, hielt er sich in Prag auf. Als ihn zur Flucht entschlossene Freunde darum baten, sie, versteckt in seinem Auto, über die Grenze zu befördern, war er ohne Umschweife dazu bereit. Gott sei Dank gelang das Unternehmen. In seiner Fürsorge für Flüchtlinge, in seinem Mitgefühl für Leidende, ganz gleich wo, übertraf ihn niemand. Wer bei ihm anklopfte und um Hilfe bat, der fand sie auch: Der zunächst in die Bundesrepublik abgeschobene spätere Literaturnobelpreisträger Alexander Solschenizyn, der aus einem DDR-Zuchthaus entlassene Rudolf Bahro, die aus der UdSSR ausgebürgerten Kopelews – sie alle kamen zunächst unter bei den Bölls. Wie einen Heiligen verehrte ihn mein Mann, denn er, der langjährige politische Gefangene, wußte besser als ich, was Bölls Beistand für viele Menschen bedeutet hat.

Zugegeben, ich hatte anfangs meine Schwierigkeiten mit den beiden Dichtern. Ihr Ruhm machte mir zu schaffen; schließlich waren sie zusammen mit Siegfried Lenz die bekanntesten und weltweit berühmtesten Autoren der Bundesrepublik. Auch ihre literarische Bildung und ihr intellektuelles Gewicht schüchterten mich ein. Von Gleichwertigkeit in der öffentlichen Wahrnehmung konnte keine Rede sein. Ich fürchtete, nicht genügend anerkannt zu werden, im Schlepptau ihres Ruhms zu segeln.

Zudem wollte es mir anfangs nicht gelingen, Verehrung und Ungezwungenheit ins rechte Lot zu bringen. Gab es Schöneres als den Anfang der *Blechtrommel,* die bewegende Geschichte von der Zeugung der Mutter Oskar Matzeraths am Kartoffelkrautfeuer im Herzen der Kaschubei? Hatte ich nicht meinem Mann *Ende einer Dienstfahrt* vorgelesen und mit ihm entschieden, dies sei in seiner heiteren Gelassenheit unser Böllsches Lieblingsbuch! Wie sollte ich dagegenhalten können, womöglich gegen den Widerspruch der beiden mich behaupten?

Gleich das erste Treffen hatte dazu beigetragen, daß Grass und ich uns zunächst gegenseitig fürchteten. Ein Gründungstext mußte aufs Papier. »Setz dich mal an die Schreibmaschine, Carola«, sagte Grass, »und ich diktiere.« (Erstaunlich, wir duzten uns von Anfang an.) Zunächst setzte ich mich auch. Dann durchfuhr mich der Ge-

danke: Warum eigentlich ich? Warum denn nicht er? Kann er denn nicht selber tippen? Mir fielen gleich mehrere Zacken aus der Krone, und ich erhob mich wieder: »Kannst du selber machen!« Danach sahen Grass und ich uns eine Zeitlang immer wieder prüfend an: Blafft die gleich wieder? Will der mich benutzen? Irgendwann umarmten wir uns herzlich und mißtrauten uns nie mehr. Doch fällt es mir bis heute schwer, dem Freund entschieden genug zu widersprechen, wenn ich politisch anderer Meinung bin als er. [...]
Zu Grass nach Hause fuhr man hauptsächlich, um zu arbeiten und gut zu essen. Zu Bölls, um die Arbeit zu vergessen, spazierenzugehen, zu plaudern, nicht zusammen mit der Redaktion, sondern unter Freunden.

Grass wohnte damals in einem älteren Backsteinhaus in Berlin-Friedenau, Niedstraße 13. Wenn wir dort eine Redaktionskonferenz abhielten, konnte es vorkommen, daß wir noch an der Tür Jurek Becker oder einen anderen Ost-Berliner Autor trafen, der vorübergehend im Westen sein oder in die DDR nicht zurückkehren durfte. Auch die Niedstraße war eine Anlauf-, eine Zufluchtsstätte. Solange man es ihm noch erlaubte, fuhr Grass regelmäßig in den anderen Teil der Stadt, um in wechselnden Privatwohnungen teilzunehmen an verschwiegenen Autorentreffen.

Nun also die *L-76*-Leute: »Gut angekommen? Na, kommt erst mal rein! – Guck mal!«, so der Hausherr, »Carola hat einen neuen Hut!« Männer, die so etwas bemerken, haben einen Stein bei mir im Brett, und ich versuche, mich so schnell wie möglich zu revanchieren. In diesem Fall war das leicht: »Mensch, Günter, bist du schlank geworden!« Stolz schob sich seine Hand zwischen Bauch und Hose. »Fünfzehn Pfund sind weg!« »Fabelhaft! Wie machst du das?«

Während der Gastgeber für uns kochte, besichtigten wir unter dem Dachstuhl sein ausgebautes Atelier, in dem sich unser Freund eine Art Hochsitz hatte aufstellen lassen. Wie im Wald der Jäger, kletterte er die Leiter hoch, schoß nicht, sondern schrieb.

Dann aßen wir zusammen, zum Beispiel Hammelkeule mit Linsen, Kalbsnieren auf Sellerie oder auch ein mit Backpflaumen gefülltes Rinderherz. Nur in einem abgeschlagenen Restaurant oberhalb von Florenz habe ich derart gut gegessen wie bei unserem Freund.

Ich weiß nicht mehr, ob Bruno, Grass' jüngster Sohn, damals etwa zehn, zwölf Jahre alt, mit uns zusammen aß und uns direkt am

Küchentisch seine Überzeugungen mitteilte oder ab und an die Tür aufriß und uns zurief: »Franz Josef Strauß is jut! Det is mein Mann!« Heftig widersprach ich Bruno, heftig belehrte mich sein Vater, daß das Kind seine Meinung sagen dürfe.

Wenn wir uns heute treffen, frage ich natürlich gleich nach Bruno und nach seinen Geschwistern, und dann reden wir von alten Zeiten. Mir gefiel, daß Grass, vor der Wende jedem faulen Kompromiß mit den KP-Mächtigen abhold, danach nicht zu jenen unerbittlichen selbsternannten Staatsanwälten im Umgang mit den Kollegen aus der DDR gehörte, deren Nachholbedarf an Widerstand sich darin ausdrückte, daß sie die einstigen Kollegen am liebsten vor sich auf den Knien gesehen hätten. Mir gefiel, wie Grass auf die Mitglieder des ostdeutschen P.E.N. zuging und um gegenseitiges Verständnis warb. Und ich weiß zu schätzen, was für verläßliche Freunde Grass und seine Ute sind. Man kann ihnen anvertrauen, was man nur wenigen anvertrauen möchte, und ihrer Diskretion und Hilfe sicher sein.

WOLF BIERMANN: *DIE AUSBÜRGERUNG*
Mein Freund, der West-Berliner Filmemacher Carsten Krüger, holte mich Bahnhof Zoo ab. Er hatte die Kamera vorbereitet, in irgendeiner Privatwohnung, für mein Interview mit Mettke. Mit dem hatte ich mich in Ost-Berlin prima verstanden, ihm konnte ich trauen. Dass er dieses Dokument nur mit meiner Zustimmung und natürlich erst veröffentlichen würde, wenn ich wieder sicher in der DDR gelandet sein werde, das war klar abgemacht. Und natürlich hat er sich daran korrekt gehalten.

Ich würde diesen Streifen, falls es ihn überhaupt noch gibt, gerne sehn, denn dort habe ich ungeniert ausgesprochen, wie ich diese heikle Sechs-Konzerte-Tournee durch den Westen durchziehn werde: keine extravaganten Polit-Quasseleien in den Medien. Nur die klingende Ware »Konzert« liefern und dann sofort zurück. Warum ich das gerne sehen würde? Weil ich überprüfen möchte, ob ich mir inzwischen was in die Tasche lüge oder nicht.

Woran ich mich aber schärfer erinnere, ist mein Besuch bei Günter Grass noch am selben Abend. Mit seinen Werken war ich nicht so vertraut, wie es sich für einen Freund gehört hätte, aber ihn selbst mochte ich ganz und gar. Heute argwöhne ich manchmal:

Ihm ging es, wer weiß, mit mir und meinen Liedern umgekehrt. Wie auch immer: Jetzt, seit der Wiedervereinigung, die Grass ja mit einem grässlichen Groll nicht mit »ie«, sondern mit »i« schreibt, haben wir uns zerfreundet, und das kann mir nicht egal sein. Diese stumme kalte Zwietracht tut mir Leid, denn ich danke ihm einiges. Der Hauptgrund soll hier ausgebreitet werden.

Günter Grass hatte mich nämlich für den Abend eingeladen in sein Berliner Haus. Wie ein starker älterer Bruder hat er mich damit vor dem womöglich dämlichsten Desaster meines Lebens bewahrt. Außerdem improvisierten wir an diesem Abend eine zauberhafte Clowns-Szene.

Es sollte eine Generalprobe fürs Kölner Konzert sein. Ich wollte mein Programm einfach mal schlank runtersingen. Ein bestens geeigneter Raum war auch da, oben, des Hauses bewohnbar gemachter Dachboden.

Ich war froh, denn ich brauchte ja Übung. So eine Singerei hat neben aller Ästhetik auch eine sportliche Seite. Elf Jahre immer nur klein-klein privat sind nicht grade ein gutes Spezialtraining für die straffe Ökonomie eines professionellen Konzerts.

Ich will das Verdienst meines einstmaligen Freundes nicht durch groteske Vergrößerung kleinreden, aber es ist wahr: An diesem Abend hat er mich aus einer Gefahr gerettet, die mir nicht einmal bewusst gewesen war. Und das kam so:

Grass hatte einige seiner Vertrauten eingeladen, ein erlesenes Publikum. Die Frauen sahen mir alle so klug und schön aus, die Männer so schön und klug – will sagen: Ich kannte die Leute nicht.

Als ich mein Programm gesungen hatte und mich sonnte in der Gewissheit, dass es nun auch in Köln klappen könnte, entschwand Grass in seine Küche und kam mit einem Hühnerei zurück.

Er stellte sich in die Mitte meines Konzertsälchens, balancierte mit clownesker Pose das Ei hinterm Rücken vor und zeigte es mit Daumen und Zeigefinger in die Runde. Gaukler Grass sah aus wie auf einem Bild von Bosch, wo auf dem Jahrmarkt vorne ein Zauberer die glotzende Menge in seinen Bann zieht, während hinten sein Kumpel einem staunenden Bürger den Geldbeutel aus der Tasche fingert.

Dies sei, sagte nun unser Literar-Kaschube, eine alte kaschubische Sitte. Es komme dabei auf das Kunststück an, solch ein rohes Ei im Ganzen zu verschlucken. Schon hatte er sich das Ei unter Fontanes Bismarckschnauzer durch die Zähne geschoben und zermalmte nun krachend die Schale. Und dann stand er, nach der gelungenen Nummer, da und freute sich diebisch über seinen Erfolg. Die Damen stöhnten oh! ah! und iii! Die Männer grunzten begeistert.

Nachdem er mir dermaßen die Schau geklaut hatte, fragte er mit einem frotzelnden Blick, den ich wiederum für kaschubisch hielt, ob ich das auch wagen würde.

Mit Todesverachtung bat ich um ein Ei. Er brachte es mir sogleich. Aber entsetzlich! Das Ding war zu groß. Er hatte für mich ein Ei gebracht, das ein bisschen sehr groß war, für mich jedenfalls viel zu groß. Der Schuft hatte für mich womöglich ein kleineres Gänse-Ei präpariert oder was!

Ich riss den Rachen auf, ich verrenkte mir den Kiefer, noch mal und noch mal, aber es half nichts.

Die eleganten West-Ladys kicherten, die schicken West-Kerle wieherten vor Vergnügen. Und nun stand ich hilflos da, ein Bild wie auf dem Gemälde von Watteau der plumpe Bauer Gilles im eleganten Pierrot-Kostüm, über den sich die adligen Damen und Herren totlachen.

Da schlug ich mir das Ei einfach mit der flachen Hand durch das östliche Gebiss. Der Glibber schwappte mir über die Lippen, das Eigelb hing mir am Kinn, dann kaute ich die ekelhafte Schale und würgte den Klumpatsch runter.

So hatte ich also mit knapper Not das komisch-kaschubische Kunststück des Rivalen egalisiert. Nicht auszudenken, wie die deutsche und Welt-Geschichte verlaufen wäre, wenn ich mir den Kiefer dabei ganz und gar ausgerenkt hätte: Überhaupt kein Konzert! Nicht mal Hänschen klein! Wobei anzumerken wäre: Dieses populärste Kinderlied der Deutschen war aus DDR-Sicht hoch politisch: ging allein ... also getrennt vom Kollektiv ... in die weite Welt ... was will der in der weiten Welt! ... Stock und Hut, warum nicht Stahlhelm und Kalaschnikow ... Mutter weinet ... eine deutsche Heldenmutter weint doch nicht ... und so witzlos weiter.

Womöglich hätte es wieder keine Ausbürgerung gegeben! Die verkauften Intellektuellen und die gekauften Tellektuell-Ins hätten nicht den Aufstand geprobt!! Kein Exodus der Querulanten!!!

Kein Zusammenbruch der DDR!!!! Kein Prozess des Gregor Gysi gegen Bärbel Bohley vor dem Oberlandesgericht in Hamburg!!!!! Kein SPD-Bonze und kein grau gewordener Grüner im Bett mit der PDS!!!!!! Das Ei des Günter Grass hätte als Ei des Columbus die Erde andersrum drehen gemacht.

Als Grassens Gäste gegangen waren, nahm der Freund mich beiseite und redete Tacheles: »Bist du wahnsinnig? Mit diesem Liederprogramm kannst du unmöglich auftreten in Köln!« – »Wieso?« – Grass war im Recht mit seiner Kritik: Ich Naivling hatte fast ausschließlich neue Lieder gesungen, die noch keiner im Westen kennen konnte. Ich hatte das Publikum in Köln nicht mit ollen Kamellen langweilen wollen. »Unsinn!«, schimpfte Grass, »du musst wenigstens die Hälfte des Abends solche Lieder singen, die jeder von den Platten kennt. Mensch! Deswegen kommen doch die Leute. Und sie haben ein Recht darauf. Wie können sie überhaupt deine neuen in sich aufnehmen, wenn sie sich der vertrauten Lieder nicht vergewissert haben!«

Am nächsten Tag, dem 12. November [1976], flog ich von Tegel nach Köln. Im Flieger über beiden Deutschländern krakelte ich mir ein neues Programm zusammen.

<small>Nach einem früheren Besuch von Wolf Biermann im Jahre 1973 schrieb Grass das Gedicht *Auf der Durchreise Biermann*. In dem Gedicht wird die Besorgnis geäußert, »er könne ausgewiesen zurückkommen / und unnütz sein hier« (I, 605).</small>

WERNER MITTENZWEI: *DIE INTELLEKTUELLEN*

Trotz aller Unterschiede in der Beurteilung der in den neunziger Jahren entstandenen Werke konnten selbst Kritiker der DDR-Literatur eine gewisse Dominanz und ein öffentliches Interesse nicht in Frage stellen. Doch ein so gewichtiges und zentrales Werk wie *Ein weites Feld* von Günter Grass kam nicht zustande. Die DDR-Literatur ist ein abgeschlossenes Gebiet innerhalb der deutschen Dichtung.

NADINE GORDIMER: *BRIEF AN GÜNTER GRASS*
Ich bin kürzlich aus diesem wunderbaren Labyrinth von *Ein weites Feld* herausgekommen und habe darauf gewartet, Dir ausführlich darüber zu schreiben. Kurz und gut, ich war anderweitig vollständig abgelenkt, und so muß ich Dir jetzt sagen, wenn auch in aller Eile und unzureichend, was für eine tiefe und große Erfahrung dieser Roman für mich war. Und bleibt. Dies, wie Du wissen wirst, trotz der Tatsache, dass Du davon ausgehst (und warum auch nicht? das Unwissen ist auf unserer Seite), der nicht-deutsche Leser habe ein Wissen von deutscher Geschichte, das bis hinter Bismarck zurückreicht, und dass er noch nicht einmal unsicher in Bezug auf ihn ist ... Besonders am Romananfang gibt es vieldeutige und sicherlich bedeutende Bezüge zu Ereignissen und deren historischen Protagonisten, mit denen wir (ich, NG, vornehmlich) nicht vertraut sind und somit deren Bedeutung nicht erkennen. Ich meinerseits hatte nicht nur das Glück, durch die Straßen zu gehen und Stunden in dem Gebäude zu verbringen, das den Schauplatz und das Thema darstellt, so gab es ein wunderbares Wiedererkennen, auch von der Normannenstrase (ich sollte die Rechtschreibung wohl besser mit Reinhold überprüfen, oder?); die klaren und geistreichen Bezüge zu mehr zeitgenössischen Figuren konnte ich sofort verstehen. Aber Du hattest recht, die »Stimme« eines Romans wird jämmerlich und gehörig unterbrochen durch jedes Zugeständnis an auktoriale Erklärung – das ist Journalismus. Meine Philosophie der Rechtschaffenheit besteht darin, dass man den Leser durch die Bewegung der Prosa selbst zu einem neuen Verständnis führt; oder eben nicht. Sternchen werden nicht helfen. Mit Fonty hast Du Lukács' »welthistorischen« Charakter geschaffen, nicht weniger. In seinem ultimativen Deutschtum, Europäertum, lebt er und stolpert und erhebt sich wieder durch das Äußerste in der Wirrnis unserer Zeit, zwischen dem Scheitern der Einheitswelt des Kommunismus, die viele von uns für den Triumph menschlicher Gerechtigkeit hielten, und dem Scheitern des Kapitalismus, diese Aufgabe zu bewältigen, lediglich profitierend – nicht von der Erfahrung des Kommunismus – sondern wörtlich profitierend von der Beute, den Raubrittern des neuen Jahrtausends, der Einheitswelt der Globalisierung. Fonty sind wir alle unter seinem alten Mantel und seinem Hut. In ihm, seiner Odyssee durch eine Metropole, die aufgebaut,

zerstört, zweigeteilt, wiederaufgebaut und mit den Maschen der multinationalen Hochhäuser wieder zusammengeschustert wird, gibt es die Feigheit, unfähig gegenüber den Anforderungen unserer Zeit zu sein, und den Mut hartnäckig weiterzumachen, stur, sogar wenn der Paternoster hoch und runter, hoch und runter und niemals vorwärts zu gehen scheint. (Ich muss einer der wenigen Ausländer sein, zumindest aus Afrika, der mit diesem gefahren und so wie einer der Charaktere fast herausgefallen ist.)

H. C. ARTMANN: *ABSCHIED VON BERLIN*

Bis später, Berlin. Obwohl, die Tage, als ich dem Günter Grass beim Tanzen die Mädchen ausspannte, die sind wohl für immer vorbei.

2002

SIGRID LÖFFLER: *DER KRITIKER MARCEL REICH-RANICKI*
Freilich war *Das Literarische Quartett* in seinen besten Zeiten, als es darin noch um Bücher ging und nicht um den Radau als medialen Selbstzweck, einflussreicher als alle gedruckten Buchbeilagen zusammen. Ein einhelliges Lob in der Sendung konnte auch völlig unbekannte Autoren wie Ruth Klüger, Javier Marías, Aleksandar Tisma oder Imre Kertész in die Bestsellerlisten katapultieren. Ihre dunkelsten Stunden erlebte die Sendung immer dann, wenn seine egomanische und irrationale Vernichtungsgier mit Reich-Ranicki durchging. Etwa bei der Exekution des Günter-Grass-Romans *Ein weites Feld* – ein kritischer Exzess, der MRR die Achtung vieler kostete und nicht nur Günter Grass, sondern auch Peter Rühmkorf zu seinen Feinden machte.

YORAM KANIUK: *DER LETZTE BERLINER*
Deutsche Intellektuelle mit Identitätsproblemen brauchen den unentbehrlichen jüdisch-polnischen Kritiker, um zu glauben, dass sie eine wichtige Literatur produzieren. Seine Liebe zu ihnen ist ihre Sühne für die Vergangenheit. Wenn ich jünger wäre, würde ich einen Roman über seine Persönlichkeit, seine Stärke und Schwäche, sein Selbstvertrauen und seine Minderwertigkeitsgefühle schreiben.

Reich-Ranicki hat vermutlich selbst darunter gelitten, Grass zu kritisieren, weil er sich dessen bewusst sein musste, dass Grass alles ist, was er nie sein wird.

Günter Grass ist der Inbegriff des Mythos und der Authentizität der deutschen Kultur, er ist ihre Behausung und ihr Bewohner. Er ist der Aufschrei und das Lächeln eines Deutschland, das einmal – wie traurig und lächerlich – Alfred Döblins Heimat war. Grass ist ein hervorragender, faszinierender Schriftsteller, der sein Land auf vollendete Weise repräsentiert. Das Gefühl der Entfremdung von der Heimat, das der österreichische Autor Thomas Bernhard empfand, existiert für Grass nicht. Er fühlt sich zu Hause in dem Land, das seine Heimat ist, und wenn er sich nicht zu Hause fühlt, wird er selbst das Haus.

Bei seinem zweiten Besuch in Israel suchte Grass das Gespräch mit jüdischen Überlebenden aus seiner Geburtsstadt Danzig. Als Kind hatte er vom Fenster seiner Schule aus gesehen, wie Juden abgeholt und in den Tod geschickt wurden. Er hörte diesen Menschen mit tiefer Bewegung zu. Als sich einmal jemand in irgendeinem Kibbuz oder in der Gegend von Haifa weigerte, mit ihm zu sprechen, war er beleidigt. Ich hoffte, dass sich die Begegnung mit diesen Menschen in seinem literarischen Werk niederschlagen würde, doch ich sollte mich täuschen. Der vehement antinazistische Schriftsteller lässt in seiner *Blechtrommel* neben dem jüdischen Spielwarenhändler Sigismund Marcus nur eine Jüdin auftreten, die abgesehen davon, dass sie gebrochen Deutsch spricht, eine anämische Gestalt bleibt. Dafür geistern Döblin und Hölderlin, die Grimmschen Märchen und der Baron Münchhausen durch sein Werk. Als Schriftsteller ist er so deutsch, dass das seltene Auftreten von Juden in seinem Werk etwas Tieferes als bloßes Unbehagen ausdrückt. Es zeugt vielleicht von der Erkenntnis, dass man nicht mit dem Feuer spielen sollte. Oder auch von der Scheu, das Andenken der Juden zu verunglimpfen. Grass schrieb groteske Romane über den existenziell-nationalen Untergang, doch in dem epischen Bild, das er von seiner Heimat entwirft, und in der thematischen Ausgrenzung der Shoah blieb er der Vergangenheit verhaftet. Eigentlich ist er nicht der große Schriftsteller der Nachkriegszeit, sondern der Vorkriegszeit. Vielleicht ist Grass das Heidelberg der deutschen Literatur – in dem Sinne, dass Heidelberg sich nicht an die Vertreibung der Juden in der Stadt erinnern will. Grass betritt die Judengasse nicht, weil er die große deutsche Kathedrale ist, die Bösewichte und Gerechte, Zwerge, Krüppel, eine herrliche Landschaft und eine grausige Tragödie beherbergt. Mir scheint, dass ein Jude wie Reich-Ranicki, der sich angeblich nicht genau an die Kultur seiner Eltern erinnert, nicht der geeignete Mann ist, um den großen deutschen Schriftsteller Grass zu kritisieren, der sich sehr wohl an die Kultur seiner Eltern, doch nicht an die Juden erinnert, die daran teilhatten.

FRANK SCHIRRMACHER: *EINE VERRÜCKTE LIEBE*
Was Naddel für Bohlen ist, das ist Reich-Ranicki für Grass – eine verrückte Liebe.

BENJAMIN VON STUCKRAD-BARRE: *DIE BLECHSTIMME*
Als nächstes geht es [in der Sendung *Reich-Ranicki solo*] um Grass. Das »aaaahhh!« der Friedrichshafener signalisiert nun eine gewisse, im Verhältnis sehr große Aufmerksamkeit, wenn nicht Spannung. Nun ruft niemand mehr »Sat 1!«. Grass und Reich-Ranicki, da war doch was, da könnte also auch was kommen jetzt. Endlich. Größere Menschengruppen wollen ja immer Lärm haben und machen; und dass Günter Grass gerade ein neues Buch veröffentlicht hat, stand morgens selbst im *Südkurier* (»Ein großes Stück Literatur auf nicht mehr als 216 Seiten«), also ist der Saal gut auf diese Monologpassage vorbereitet. Alle hoffen nun auf die im Sendungsuntertitel annoncierten polemischen Anmerkungen, also los, was jetzt? Top oder Flop? Das Beste seit langem! Oh, och.

HARRY MULISCH: *BRIEF AN GÜNTER GRASS*
Lieber Günter, / danke für Dein Buch *[Im Krebsgang]*, das ich jetzt gelesen habe. Es widerlegt auf großartige Weise den Satz, dass nach dem Nobelpreis nichts mehr kommt. Ich betrachte es als eine Deiner allerbesten Sachen.

WALTER KEMPOWSKI: *DER ÄRGER MUSS RAUS*
Die paar Ausschnitte, die ich vom *Krebsgang* gelesen habe, finde ich bieder und altmodisch – so, als ob die Zeit an ihm vorübergegangen ist und es Arno Schmidt nie gegeben hätte.

PETER HACKS: *BRIEF AN ANDRÉ THIELE*
Wenn Sie zwischen 2 Strafen wählen und entscheiden dürften, ob Sie G. Grass' oder C. Wolfs neue Novelle lesen möchten – zu welcher würden Sie greifen?

SARAH KIRSCH: *TAGEBUCH*
   Habe uffgehört *Im Krebsgang* zu lesen. Steidl hatte mir seinen neuesten Grass zugeschickt und ich wollte mir anfangs ein Urteil bilden. Unmöglich! Dieses bürokratische Gerede – nie kann man fliegen, es ist ganz entsetzlich! Ich kann mir nicht vorstellen warum die Leute das koofen. Lesen tun es sicher ganz wenige. Grass und Handke sind unsere Genies. Grass kann seine Einkaufszettel und Hemden abdrucken lassen, alle werden das kaufen. Und was dazu passt: auf der kommenden Leipziger Buchmesse im März wird zum ersten Mal ein neuer, undotierter Preis, der Bücherpreis!!! verliehen, klingt so schön nach Büchnerpreis, und Grass hat ein Dingsbums aus Bronze dazu geschöpft, das kriegt die erste Preisträgerin und Grass hält die Laudatio, und die erste Preisträgerin ist zufällig Tante Christa für ihren neuen Weißwäscherromahn, wo es um eine Genesung geht. Symbollik!!! Ich kann mich nur wundern und lachen.

HOLGER KULICK: *GERHARD SCHRÖDERS LESEWELT*
   Auch Grass' neues Werk habe er schon als Besprechungsexemplar gelesen, nicht nur dessen Sprache finde er »toll«, er fände es auch »an der Zeit, sich von dieser Seite mit dem Thema zu beschäftigen«.

ARNO SURMINSKI: *NUN KOMMT DIE FLUT*
   Die Wahrnehmung des Themas in der Öffentlichkeit war in der Tat sehr zurückhaltend. Es galt wohl als potentiell revanchistisch, wenn nicht gar als nazistisch. Aber nun kommt ein Großer, wie Günter Grass – der dazu noch über jeden Verdacht erhaben ist – und natürlich stellt sich plötzlich in den Augen der Öffentlichkeit alles anders dar. [...] Ich denke, Grass hat alle Schranken durchbrochen. Und nun kommt die Flut.

TANJA DÜCKERS: *VERDRÄNGTE SCHULD*
   Familienmitglieder von mir haben die »Gustloff« um ein Haar verpasst. Meine Romanfiguren quälen sich mit Schuldgefühlen

gegenüber denen, die nicht überlebt haben. Grass ist im Übrigen nicht der Entdecker dieses Themas; in Kempowskis *Echolot* kam es schon vor. Ich finde es interessant und nicht unbedenklich, dass dieses Sujet gerade jetzt auf so fruchtbaren Boden fällt.

HANS-OLAF HENKEL: *DIE ETHIK DES ERFOLGS*
Für mich war es ein exemplarisches Ereignis aus dem Frühjahr 2002, dass Günter Grass – sonst kein sonderlicher Freund der Deutschen – ein Buch über den Untergang der »Wilhelm Gustloff« schrieb und der deutschen Opfer gedachte, die dabei einen so jämmerlichen Tod in der Ostsee fanden. Und wenn Marcel Reich-Ranicki dieses Buch öffentlich lobte und gestand, bei der Lektüre geweint zu haben, so war dies ein wichtiger Schritt zur historischen Wahrhaftigkeit.

MAX GOLDT: *DIE VERACHTUNG*
Meine allerschönste Fernseherinnerung aber betrifft ein Zusammensitzen von Günter Grass und Hans-Olaf Henkel in der Talkshow »Christiansen«. Günter Grass äußerte eine ausgesprochen gräßliche Besorgter-Bürger-Platitüde, deren Wortlaut ich nicht mehr weiß, die aber die Qualität der Aussage, wir hätten die Erde nur von unseren Kindern geliehen, nicht wesentlich übertraf. Während Grass sprach, ruhte die Kamera auf Henkels Gesicht, und dieses offenbarte eine Haltung, der man in solchen Gesprächsrunden sonst nie begegnet: ungeschminkte, kaum gezügelte, unverblümte Verachtung. Es wurde mir ganz kalt im Sessel. So etwas hatte ich nie zuvor gesehen. Hans-Olaf Henkel sagte dann irgendwas kühl Höfliches, und ich dachte, das ist nicht gut, wenn die Industriellen intelligenter sind als die Intellektuellen. Etwas später aber dachte ich, richtig schlimm wär's eigentlich, wenn es umgekehrt wäre, und dann dachte ich wiederum, nein, die Intellektuellen sollten doch klüger sein als die Industriellen, und zum vierten schließlich dachte ich, nun reicht's aber mit der Erst-dieses-dann-jenes-Denkerei!
Man mag einwenden, daß Hans-Olaf Henkel möglicherweise jeden verachtungsvoll anschaut, der nicht Millionär ist. Wer weiß, kann schon sein, glaub ich aber nicht. Im übrigen ist Günter Grass

mit Sicherheit Millionär! Darüber hinaus jedoch hatte sich hier eine neue Dimension von Verachtung gezeigt, die alle bisher bekannten Maßstäbe sprengte. Ich selber verachte Günter Grass übrigens nicht; mich hat bloß die Intensität gefreut, mit der Henkel es zu tun schien. Ich finde, Günter Grass soll in seinem Häuschen sitzen und seinem vielbewunderten Gewerke nachgehen. Möge er immer gesund sein, und gleiches wünsche ich den Kartoffeln in seinem Garten. Es gibt, was oft sträflich vergessen wird, ja auch Kartoffelkrankheiten.

KLAUS MODICK: *SEPTEMBER SONG* (ROMAN)
»Du spinnst wohl, Feuerstein!« Ich wurde so laut, daß Yvonne fast erschrocken zu uns herübersah. »Meine Geschichte wird nicht verkauft. Nicht mal an Günter Grass, nicht ...«
»Der würd' sie aber nehmen, weil dem selber so was Geiles nicht einfällt«, sagte Feuerstein. »Und Kohle hat er genug vom Nobelpreis.«

PETER HANDKE: *ES LEBEN DIE ILLUSIONEN*
Wenn der große Bücher-sich-Vornehmer, wie [Marcel Reich-Ranicki] sich selber nennt, da in Deutschland, über Günter Grass sagt, keiner beherrsche die deutsche Sprache so wie Günter Grass, dann weiß ich schon: Also, wenn einer die deutsche Sprache »beherrscht«, da kann nicht viel in dem Buch leben, in Büchern leben. Die Sprache soll leben! Leben und leben lassen. Und rhythmisieren. Und Luft durchgehen lassen.

MARTIN WALSER: *TOD EINES KRITIKERS* (ROMAN)
Ehrl-König hat Lach sicher nicht mehr niedergemacht, als er Böllfrischgrasshandke niedergemacht hat. Böll und Frisch haben ihn, jeder für sich und ohne vom anderen zu wissen, Scheißkerl genannt. Ehrl-König rühmt sich dessen laut und gern. Böll habe ihm nach der Scheißkerl-Taufe herzlichst die Hand gedrückt. Frisch sei sicher zurückhaltender geblieben. Grass hat ihm Zeichnungen geschenkt. Es haben ihm ja alle etwas geschenkt. Unter anderem sich. Und sei's in der Hoffnung auf das Gegengeschenk. Schließlich war er der Mächtigste, der je in der Literaturszene Blitze schleuderte.

Illustration: ARTus

Bodo Kirchhoff: *Schundroman* (Roman)
   Man sprach jetzt von bestelltem Mord und suchte den Auftraggeber in Autorenkreisen mit Kontakt nach Polen etc., also eher unter älteren Schriftstellern, von Freytag gedemütigt wie auch in den Himmel und höchste Steuerklassen gehoben, Kreisen, in denen angeblich ein Manuskript zirkulierte, *Tod eines Kritikers,* vermutlich Krimi mit Ambition, ARD-verdächtig. Es gebe schon erste Verhöre, hieß es, Namen wie Kristlein und Mahlke fielen [...].

Navid Kermani: *Das Buch der von Neil Young Getöteten* (Roman)
   Neil Young sang wie von einer Tarantel gestochen und schlug in die Saiten seiner akustischen Gitarre wie Oskar Matzerath auf die Blechtrommel.

Reinhard Baumgart: *Auf der letzten Frühjahrstagung* (Erzählung)
   Alle, fast alle waren als Zeugen gekommen, die ganze Mannschaft. Grass, den ich als ersten erkannte, trotz geschorenem Schädel und einem vom Schnauzbart entblößten und nackten Gesicht, so daß er aussah wie ein fröhlicher Zuchthäusler. Grass, Lenz, Jens, Rühmkorf, Grünbein, Triboll, Böll. Sie trugen leicht lesbare Namensschilder an goldenen Kettchen um den Hals. Nein, Böll war noch nicht dabei, hatte sich aber verbindlich angesagt, das war ungewöhnlich, so ungewöhnlich wie diese überraschende Frühjahrstagung, statt der längst üblichen Herbsttagung.

Carlos Fuentes: *Woran ich glaube*
   Wenn Roger Caillois zufolge die erste Hälfte des neunzehnten Jahrhunderts der europäischen Literatur, die zweite der russischen, die erste Hälfte des zwanzigsten Jahrhunderts der nordamerikanischen, die zweite der lateinamerikanischen gehörte, so kann man am Beginn des einundzwanzigsten Jahrhunderts von einem Weltroman sprechen, der von Günter Grass, Juan Goytisolo und José Saramago über Susan Sontag, William Styron und Philip

Roth in Nordamerika, über Gabriel García Márquez, Nélida Piñón und Mario Vargas Llosa in Lateinamerika, über Kenzaburō Ōe in Japan, Anita Desai in Indien, Nagib Mahfuz und Tahar Ben Jelloun in Nordafrika bis hin zu Nadine Gordimer, J. M. Coetzee und Athol Fugard in Südafrika reicht.

André Brink: *Meine Top Ten*
1. *Auf der Suche nach der verlorenen Zeit* von Marcel Proust. 2. *Der Prozeß* von Franz Kafka. 3. *Kristin Lavranstochter* von Sigrid Undset. 4. *Der Mann ohne Eigenschaften* von Robert Musil. 5. *Der Freisasse* von Halldór Laxness. 6. *Die Pest* von Albert Camus 7. *Die Schöne des Herrn* von Albert Cohen. 8. *Die Blechtrommel* von Günter Grass. 9. *Hundert Jahre Einsamkeit* von Gabriel García Márquez. 10. *Wenn ein Reisender in einer Winternacht* von Italo Calvino.

Bernd Cailloux: *Mein Kanon?*
Beim Begriff Kanon fällt mir nur mein (österreichischer) Musiklehrer ein. Er wollte uns in der sechsten oder siebten Klasse mit aller Gewalt dafür begeistern. Wenn der Wohlklang eines Kanons zusammenbrach, rief Professor Kryzsewski die unrein Singenden an sein Klavier und knallte ihnen eine. Er schlug vorzugsweise mit seinem harten, taubeneigroßen Knubbel am Mittelfinger zu, was Druckstellen auf der Wange hinterließ. Im Gegenzug las ich auf einer Waldwiese seiner Tochter Franziska »Stellen« aus *Katz und Maus* vor und fand danach nie wieder zum Kanon zurück.

Yann Martel: *Einfache Bücher*
Vielleicht spiegelt es eine gewisse Begrenzung meinerseits wider, aber Günter Grass – den kann ich nicht lesen, der ist mir zu kompliziert und zu dicht. Ich schreibe einfache Bücher und betrachte meine Leser als gleichwertig.

JOCHEN SCHMIDT: *MÜLLER HAUT UNS RAUS* (ROMAN)
»Aber hier steht: ›Der neue Text von Günter Grass ist ein seichter Aufguß‹.«
»Naja, ein Text kann auch seicht sein, eben flach.«
»Und ›Aufguß‹?«
»Das ist, wenn man Tee macht.«
»Aber hier steht: ›Der neue *Text* von Günter Grass‹ und nicht ›Der neue *Tee*‹.«
Der *Spiegel* war letztlich eine zu anspruchsvolle Lektüre, voller sprachlicher Feinheiten, Metaphern und Anspielungen.

WOLFGANG HERRNDORF: *IN PLÜSCHGEWITTERN* (ROMAN)
Im Grunde hab ich gar keine Meinung dazu. Das ist wie mit Günter Grass, da hat ja auch keiner mehr eine Meinung dazu. Das ist dann die Postmoderne. Das heißt, daß keiner mehr weiß, wo die Fronten verlaufen.

JULI ZEH: *GENIE ROYAL* (ERZÄHLUNG)
Der Marsianer schaute verdutzt. Er hatte die terrestrische Jungliteratur-Debatte eingehend studiert und recherchierte für ein Feature über Fetische primitiver Kulturen. Schnell fasste er seine Resultate für mich zusammen: Entstanden ist die junge Autorenschaft, weil Schriftsteller nicht wie Popstars zehn Jahre lang Gitarrenunterricht nehmen und sich die Augenbrauen piercen müssen, um berühmt zu werden und morgens lange im Bett bleiben zu dürfen. Ihre Kampftaktik besteht darin, arglosen Lesern zu suggerieren, sie wollten ihre Bücher lesen und nicht die von Goethe, Mann oder Grass. So vergiften sie die abendländische Kultur, töten den Regenwald und reißen nach und nach die ganze Welt in den Abgrund. Ob das zutreffe?

MORITZ RINKE: *BEI EINER LESUNG IM KANZLERAMT*
Was ganz Traumhaftes. Ich habe die neunjährige Enkelin von Günter Grass kennengelernt. Sie hatte die ganze Zeit den Sonetten ihres Großvaters zugehört und auch beim Wolf-Text durchgehal-

ten. Als ich sie frage, was man denn noch hätte lesen können, sagte sie: Opa und danach *Ronja Räubertochter!*

STEFFEN KOPETZKY: *ICH MUSS MICH FINDEN* (SATIRE)
   Neulich hörte ich im engsten Journalistenkreis, Kanzler Schröder (246 000 Treffer bei Google) habe bemerkt, der Stoiber (47 000) solle erst mal sechsstellig werden, und dann könnte man weitersehen. Oder denken wir nur an den Eklat zwischen Gabriel García Márquez (46 000) und Günter Grass (38 000) am Rande des PEN-Treffens in Bukarest. Der kleinwüchsige Kolumbianer soll Grass dort mit den Worten »Ich freue mich, den einzigen Schriftsteller zu treffen, der fast so groß bei Google ist wie ich« begrüßt haben. Der jähzornige Balte wollte sich diese Unverschämtheit nicht gefallen lassen und drohte, Márquez zu »kaluppen, bis dir das Pomockel pfeift!«. Und es kam nur deswegen nicht zu physischer Gewalt, weil der schlecht vorbereitete Simultandolmetscher nicht wusste, wie er diesen traditionellen Ausruf wütender Kaschuben ins Spanische übersetzen sollte.

HARRY ROWOHLT: *IN SCHLUCKEN-ZWEI-SPECHTE*
   Einmal studierte ich am Kölner Hauptbahnhof das gelbe Plakat »Zugabfahrt«. Eine Hand legte sich mir auf die Schulter, es war die Hand von Martin Rickelt. Er sagte: »Ich habe gerade gehört, daß Gerhard Schröder, wenn er die Wahl gewinnen sollte, das Amt des Kulturministers einführen will. Dafür gibt es bisher drei Kandidaten: Jürgen Flimm, Günter Grass und Hans Geißendörfer.« Ich sagte: »Na ja, wenn man die Wahl hat zwischen einem Regisseur, der zugibt, Shakespeare nicht inszenieren zu können, was ihn sympathisch macht, aber nichts daran ändert, daß er es tatsächlich nicht kann, einem ständig beleidigten Mahner und einem begnadeten Organisator von Betriebsausflügen, der wunderbar delegieren kann, nämlich hauptsächlich die Organisation von Betriebsausflügen, dann fällt die Wahl ja wohl leicht.«

OLIVER MARIA SCHMITT: *DIE MANNS UND IHRE FOLGEN* (SATIRE)
Nach dem großen, sogar internationalen Erfolg des Heinrich-Breloer-Mehrteilers *Die Manns* (ARD) haben nun auch andere deutsche Fernsehsender erkannt, daß ein Schriftsteller manchmal auch nur ein Mensch und Literatur mitnichten ein Quotenkiller ist – wenn sie vernünftig verfilmt wird und in Serie geht. Denn das ist ja das Schöne an Literatur: Sie kann Folgen haben. [...]
Grass and the city / Schnauzpreis- und Nobelbartträger Günter Grass (»Der Butt«) hat Probleme: Er findet in seiner Wahlheimatstadt Lübeck (»Buddenbrooks«) einfach nicht die Anerkennung, die er seiner Ansicht nach verdient. Um noch berühmter zu werden, bleibt ihm nur ein Ausweg: er muß einen Mord begehen. Aber an wem? Allmählich zieht sich die Schlinge um die Bewohner der Thomas-Mann-Stadt (»Lübeck«) immer enger. Niemand traut sich mehr aus dem Haus, denn in den Straßen lauert der Grass. Mit geladener Pfeife und ausgebeulter Breitcordhose. In ihrer Verzweiflung rufen die Lübecker die Amis um Hilfe: sie sollen Elitetruppen schicken, Grass im unterirdischen Höhlensystem der Stadt aufspüren und unschädlich machen ... / *Spannender Doku-Thriller.*

ANONYMUS: *LÜBECK HEISST JETZT GRASS*
Wenn schon die Züge wie Städte heißen, benennen wir doch einfach die Städte nach bekannten Personen um. München heißt dann Beckenbauer, Tübingen Jens und Köln Biolek. Damit wir demnächst im Inter-City-Express hören können: »Wir begrüßen Sie an Bord des ICE Berlin von Grass nach Pfitzmann.«

GÜNTER SEUREN: *ALTMEISTERLICH*
Johnson ist tot, Grass geht es gut. Er hat endlich in Lübeck sein Museum, wo er sein altmeisterliches Lebenswerk ausstellt. Nun ist es zu spät, am domestizierten Schriftsteller erschreckt mich seine Geborgenheit.

HENRYK M. BRODER: *KEIN KRIEG, NIRGENDS*
Kaum jemand lag mit seinen Analysen so oft und so gründlich

daneben, und kaum jemand wird für sein ständiges Danebengreifen so verehrt wie Grass. Denn er verkörpert eine wichtige deutsche Tugend: Standhaftigkeit um ihrer selbst willen.

André Glucksmann: *Am Rande des Abgrunds*
Kommen wir zurück zu Bushs Rede über die »Achse des Bösen«: Was hat viele an dieser Rede dermaßen empört? Dass er für sich das Gute in Anspruch nimmt? Na, wenn schon! Als Bush von einem »Kreuzzug« sprach, erntete er dafür zu Recht Zögern und Zurückweisung. Aber er hat sich noch am selben Tag korrigiert, indem er eine Moschee besuchte und dort passende Worte fand. Im Allgemeinen verstehen es die Amerikaner durchaus, ihre Fehler zu erkennen. Sie halten sich nicht auf Dauer für Unschuldsengel. Was empört, ist die Tatsache, dass sie es wagen, etwas für böse zu erklären. Was mich im Gegenzug empört, ist die Unfähigkeit so vieler Experten, Politiker und einfacher Menschen rund um den Globus zu sagen: »Das, was am 11. September in Manhattan geschehen ist, war böse.« Ein typisches Beispiel für dieses Leugnen liefert Günter Grass, der sagte, die Amerikaner machten viel Wirbel »um 3000 getötete Weiße«. Es wäre ein Leichtes, zu belegen, dass nicht nur Weiße getötet wurden und dass die Monstrosität des Verbrechens nicht allein in der Zahl der Toten zum Ausdruck kommt. Die Terroristen haben sich im Angesicht der Welt das nihilistische Recht angemaßt, zu töten, wen immer sie wollen. Und dieses Prinzip des »wen immer sie wollen« kündet vom globalisierten Aufstieg eines Nihilismus, der mindestens seit jenen Tagen existiert, da Dostojewski seinen strengen Geruch im Alten Russland wahrnahm.

Uta-Maria Heim: *Ruth sucht Ruth* (Roman)
Natürlich hatten sie Andreas Baader und Gudrun Ensslin gekannt und bei sich schlafen lassen. Natürlich hatten Max Frisch, Günter Grass, Peter Handke und Uwe Johnson bei ihnen gewohnt. Natürlich hatte David Bowie auf der Straße ein Konzert für die Nachbarn gegeben.

UWE WESEL: *1968 UND DIE FOLGEN*
Günter Grass hat die Revolte nicht ganz zu Unrecht als die »angelesene Revolution« bezeichnet. Sie haben alle fürchterlich viel gelesen. Am meisten Dutschke in Berlin und Krahl in Frankfurt.

PAVEL KOHOUT: *DER REALE SOZIALISMUS*
Die deutsche Linke ist zunächst noch die Erklärung schuldig, weshalb sie den realen Sozialismus für einen Sozialismus gehalten hat. Keiner hat mir bisher die Frage beantwortet, warum man uns Dissidenten zwanzig Jahre lang als Schädlinge ansah, die den Traum vom Sozialismus zerstören, ohne sich vor Ort zu überzeugen, dass das gar kein Sozialismus war. Manche von denen, die sich damals so sehr geirrt haben, sind auf dem besten Weg, sich heute wieder zu irren. Günter Grass ist ein spezifischer Fall. Er war zwar auch für gewisse Zeit dieser optischen Täuschung erlegen, hat uns aber immer unterstützt, wenn es etwa darum ging, unsere Kollegen aus dem Gefängnis zu holen. Grass hat mit seinen Romanen für die Verständigung der Völker hundertmal mehr gemacht, als er mit politischen Auftritten machen kann, was ich auch für mich in Anspruch nehme.

VÁCLAV HAVEL: *BRIEF AN GÜNTER GRASS*
Lieber Günter, / mit Überraschung erfuhr ich, dass Du einen runden Geburtstag feierst. Ich bin deshalb überrascht, da mir scheint, Dein ehrwürdiges Alter entspricht nicht Deiner bewundernswerten Lebenskraft und einer bestimmten Art von ewiger Jugend, wenn ich es so ausdrücken darf. Ich wünsche Dir – als Freund aus vergangenen Zeiten – und ich wünsche uns allen, dass Dir Deine Lebenskraft noch lange erhalten bleibt!

HARRY MULISCH: *BRIEF AN GÜNTER GRASS*
Drei Monate nach meinem 75. Geburtstag gehörst auch du jetzt zu den Ältesten des Volkes. Uns braucht man nichts mehr weiszumachen. Deine wunderbaren literarischen Tiere – Katzen, Mäuse, Hunde, Schnecken, Butte, Rättinnen, Krebse – haben mich fast

mein ganzes Leben begleitet. Ich gratuliere mir zu dem Umstand, dass du mein Zeitgenosse bist. Was uns wahrscheinlich vor allem bindet, ist, dass wir Kinder waren, als der 2. Weltkrieg begann, und Erwachsene, als er zu Ende war. Das erklärt, weshalb wir auch lachen können, wenn es sich um Ernstes handelt. Zumal in der deutschen Literatur war das eine große Erfrischung.

BERNHARD SCHLINK: *GRATULATION*
Mit seinem literarischen Rang, seinem politischen Engagement und seiner persönlichen Integrität steht er beeindruckend und verpflichtend dafür, daß der Politik ein Gewissen schlagen muß und daß die Intellektuellen und Künstler sich dieser Aufgabe zu stellen haben. Ich bewundere, wie er diese Rolle für die Intellektuellen und Künstler und von ihnen eingefordert hat, und ich freue mich, wenn ich ihn selbst sie spielen sehe – weise, grimmig, einnehmend, anstößig, befremdlich, überzeugend. Was für ein Glück, daß wir ihn haben!

ILSE AICHINGER: *DANZIG*
Günter Grass hat das Glück, schon früh eine überwältigende Landschaft um sich gehabt zu haben, Danzig und nicht Steinach-Irdning oder Floridsdorf. Und er kann gut tanzen. Ein Vergnügen, schon vor Jahrzehnten, ihn dabei zu beobachten, mit wem immer, auch mit allen. Wer stand ihm in seiner Kindheit bei, und hatte er einen nötig, der ihm beistand? Das fragte ich mich, als wir uns Ende der 50er-Jahre in der Gruppe 47 kennenlernten. Doch eigenartig, gerade im Kontrast zum Bild, das sich später die Öffentlichkeit von ihm machte: Der Eindruck, daß er verlassen werden könnte und verletzbar sei, überwog.

Allerdings auch, daß er Exzesse gut verstand, aber auch verstand, ihnen zu entgehen, gerade wenn sie ihn betrafen. Möglich, daß er stärker schien, als er sich fühlte, aber auch das war angemessen. Während der Tagungen der Gruppe konnte er bei ärgerlichen Texten rasch auffahren, aber autark, nicht im Rudel wie die Berufskritiker, die sich immer lauter in die Treffen hineinmischten.

ANNE FREYER-MAUTHNER: *BRIEF AN GÜNTER GRASS*
Hätte ich einen Wunsch frei, würde ich jedem Verleger wünschen, nur einmal im Leben einen Mann wie Dich kennenzulernen.

SARAH KIRSCH: *TAGEBUCH*
Es gab Geburtstagsfilme, Grass ist 75. Ein gewisser Primitivismus spricht aus ihm, ich hör das immer wann er redet, beim Lesen treff ich sowieso druff.

WALTER KEMPOWSKI: *WÜRZIGE WÖRTER*
Wir wundern uns über seine literarische Kraft. Er hat wie kein anderer durch seine großartigen Romane unserer Epoche ein Gesicht gegeben. Zum 30. Jahrestag der Gründung der DDR und BRD war ich eingeladen, in Berlin in einem Kreis bedeutender Persönlichkeiten mich zu äußern, ob wir Deutschen noch eine Nation bilden. Auch Grass war dabei. Er sagte: »Komm!«, hielt draußen einen Ministerwagen an, und wir fuhren in die Niedstraße in seine Wohnung. Hier erklärte er mir, dem Druckereifachmann, wie man Radierungen herstellt. Wir tranken einiges, der Rest des Abends ist mir nicht mehr in Erinnerung. Unsere letzte Begegnung vor einigen Monaten in Hamburg verlief frostig, sie hätte wohl gar nicht stattgefunden, wenn seine Frau nicht gesagt hätte: »Du musst ihm guten Tag sagen.« Man kann nicht behaupten, dass GG ein angenehmer Mensch sei – aber ich empfinde doch eine Sympathie, die sich nicht näher beschreiben lässt.

HANS W. GEISSENDÖRFER: *BRIEF AN GÜNTER GRASS*
Lieber Günter Grass, erinnern Sie sich an die Deutsche Schule London? Sie haben dort vor etlichen Jahren aus Ihren Werken gelesen, besser gesagt: vorgetragen, und dabei schon vor der Pause Ihr Hemd pudelnass geschwitzt. Ich habe Ihnen damals ein frisches Hemd besorgen dürfen und Sie grenzenlos bewundert: War die Lektüre Ihrer Werke (ich habe freilich noch nicht alles ganz gelesen) schon immer aufregender Genuss und ernsthafte Arbeit, so war die Art, wie Sie Ihre eigenen Texte flüsternd, plaudernd, ru-

fend, mahnend, predigend, schnaufend, polternd, luftanhaltend, mit Pausen, Schweigen und Blicken dazwischen interpretierten, schlichtweg genial. Ich habe an diesem Abend angefangen, Sie vorbehaltlos zu lieben. Zu Ihrem 75. Geburtstag wünsche ich Ihnen, dass Sie noch sehr lange gesund bleiben, scharf denkend und analytisch grübelnd ins bundesdeutsche Geschehen durch Kommentare und Kritik eingreifen, Ihren Humor behalten, nie resignieren und gute Freunde haben. Vor allem aber wünsche ich Ihnen viel Liebe.

VOLKER BRAUN: *BRIEF AN GÜNTER GRASS*
Lieber Günter, / nun hast Du ein Dreiviertel von Deinem Jahrhundert durchschritten, und viele bedeutende Wegzeichen hast Du gesetzt. Und viel habe ich Dir zu danken (dieser gewöhnliche Satz mag aus dem Mund des Kollegen noch immer der schönste sein), und es war mir eine Freude, anläßlich Deiner Dresdner Rede [*Rede über den Standort;* XII, 471ff.] meiner Bewunderung für Dein sinnliches und kämpferisches Werk und Deine ermutigende Haltung öffentlich Ausdruck zu geben.

ROMANI ROSE: *BRIEF AN GÜNTER GRASS*
Als Schriftsteller von Weltrang, der gesellschaftliche Verantwortung immer als Teil seiner künstlerischen Existenz begriffen hat, sind Sie heute eine der wichtigen moralischen Instanzen in unserem Land. Ich möchte Ihnen als politischer Vertreter der deutschen Sinti und Roma vor allem meinen Dank und meine Anerkennung dafür aussprechen, dass Sie sich seit vielen Jahren für die Belange unserer Minderheit einsetzen.

EGON BAHR: *BRIEF AN GÜNTER GRASS*
Lieber Günter, / seit wir uns vor etwas mehr als 40 Jahren in Berlin begegnet sind, ist meine Bewunderung für den Schriftsteller und Künstler gewachsen. Alle politischen Beurteilungsunterschiede schrumpfen gegenüber Deinem nachhaltigen Engagement für das Land und die Gesellschaft. Wir sind verbunden geblieben

durch Willy, von dem wir gefunden haben, dass er über seinen Tod, der sich zum 10. Male jährt, noch immer Orientierung geben kann.

Du hast noch viel Kraft. Gestatte mir den Wunsch: Nutze sie zur Mehrung Deines Werkes, das alle Aufgeregtheiten des Tages überdauern wird.

JOHANNES RAU: *BRIEF AN GÜNTER GRASS*

Im ganzen Land und auch im Ausland wird man Dich ehren und würdigen. Da wird gewiss hier und da das Wort vom »bedeutendsten lebenden Dichter« fallen. Es zeichnet Dich aus, dass Du solche Huldigungen kritisch siehst. Ich bin Dir jedoch dankbar dafür, dass Du die besondere Rolle, die man Dir zuweist, gleichwohl als große Verantwortung begreifst – nicht nur für die Literatur, sondern auch für das Geschick unseres Landes.

ANGELA MERKEL: *BRIEF AN GÜNTER GRASS*

Sehr geehrter Herr Grass, / zu Ihrem 75. Geburtstag gratuliere ich Ihnen persönlich und im Namen der CDU Deutschlands.

Mit Stolz können Sie auf Ihr künstlerisches Schaffen zurückblicken, das 1999 mit dem bedeutendsten Literaturpreis der Welt gekrönt wurde. Die Verleihung des Nobelpreises hat deutlich gemacht, dass Sie zu den wichtigsten und auch international anerkannten Autoren der deutschen Literatur zählen. Ihr Meisterwerk, die *Blechtrommel,* gehört zu den bleibenden literarischen Zeugnissen des zwanzigsten Jahrhunderts.

Für die Zukunft wünsche ich Ihnen Gesundheit und Zufriedenheit, vor allem aber Gottes Segen.

2003

BORIS BECKER: *AUGENBLICK, VERWEILE DOCH ...*
Im Jahr 1993 traf ich zufällig an einem der Holztische im »Schumann's« den Schriftsteller Günter Grass. Nach einigen belanglosen Sätzen erzählte er mir die Geschichte von der griechischen Sagengestalt Sisyphos, dem ewig Unverzagten, der einen Felsbrocken immer wieder den Berg hinaufrollt. Bevor er den Gipfel erreicht, rollt der Stein zurück ins Tal, und die Arbeit beginnt von vorne. Grass, inzwischen Nobelpreisträger, glaubte, »gewisse Ähnlichkeiten« mit meinem Leben zu erkennen: »In jedem Turnier geht's wieder von vorn los. Wie halten Sie das durch?« Grass hat sich immer auch politisch engagiert, vor allem zu Zeiten Willy Brandts. Aber er hat sich die Freiheit erhalten, das zu sagen oder zu schreiben, was er fühlt und denkt. Wie er und wie jeder andere Bürger möchte auch ich mir herausnehmen können, zu kontroversen Themen meinen Mund aufzumachen, zum Rassismus beispielsweise, der mich in besonderer Weise betrifft.

PETRA-EVELYNE MERKEL: *REDE VOR DEM BUNDESTAG*
Bindungen und Verbindungen brauchen wir in unserem Land und für unser Land. Hätten wir die Bundeskulturstiftung, die erstmalig 1973 von Willy Brandt – der eine Anregung von Günter Grass aufnahm – vorgeschlagen wurde, nicht Anfang 2002 gegründet, müssten wir sie jetzt erfinden.

ERIKA STEINBACH: *REDE VOR DEM BUNDESTAG*
Vergangenheit, Gegenwart und Zukunft sind für unsere Völker sehr eng miteinander verwoben. Europa endet – das wissen wir alle – nicht an Oder, Neiße oder im Bayerischen Wald. Günter Grass und der polnische Journalist Adam Michnik haben in großer Einheit festgestellt, dass historische Versöhnung nicht stattfinden kann, wenn düstere Kapitel der Vergangenheit tabuisiert werden.

MAREK EDELMANN: *KEIN MITLEID MIT DEN DEUTSCHEN*
Ich kann verstehen, dass Günter Grass Tränen vergießt über das Schicksal eines in der Ostsee mit Tausenden Flüchtlingen versenkten Passagierschiffs. Die »Wilhelm Gustloff« war eine Tragödie. Es ist traurig, dass Frauen und Kinder sterben mussten. Trotzdem muss ich darauf hinweisen, dass die Deutschen während des Zweiten Weltkrieges so manches Schiff mit Zivilisten an Bord versenkt haben. Ihre U-Boot-Flotte attackierte sogar amerikanische Lebensmitteltransporte nach Europa. Da gab es keine Spur von humanitären Prinzipien. Die Tragödie der »Gustloff« kann nicht mit den Verbrechen von Auschwitz, Treblinka und Majdanek verglichen werden.

ULLA HAHN: *UNSCHARFE BILDER* (ROMAN)
Die Unruhe wollte nicht vergehen. Warum hatte Rattke nicht verstehen wollen, daß Günter Grass mit seinem *Krebsgang* nicht die Nazimorde gegen deutsches Unglück aufrechnen wollte? War es denn niemals möglich, auch das ganze Bild zu sehen? Das Unheil des Ersten Weltkriegs, das Terrorregime der Nazis zunächst gegen die deutschen Demokraten, gegen die Juden und schließlich gegen ein Europa, das sich nach Frieden sehnte? Und dann auch noch das, was er am eigenen Körper erfahren hatte, ohne jemals selbst etwas entscheiden zu können; er, ein Teil der deutschen Kriegsmaschine und ihr Opfer zugleich. Mußte man aus dem Mosaik immer nur die Steine einer Farbe auswählen? Gab nicht erst das ganze Bild einen Sinn?

WIGLAF DROSTE: *DIE EROTIK DES RENTENSYSTEMS*
Der Gipfel aller spezifisch senilen Belästigung aber ist Günter Grass. Grass ist der Grässlichste, er schlägt sie alle. Der aufdringliche Kaschubiak krabbelte seiner deutschen Nation mit der Novelle *Im Krebsgang* an die Hämorrhoiden und erneuerte die erste Forderung aller Sozialdemokratie: Wir dürfen die Nazis nicht den Rechten überlassen!

J. M. Coetzee: *Günter Grass und die »Wilhelm Gustloff«*
Gegenwärtig bleiben Geschichten über die Leiden von Deutschen während des Krieges untrennbar verbunden mit dem, der sie erzählt und aus welchem Motiv heraus. Die beste Person, um davon zu erzählen, wie neuntausend Unschuldige oder ›unschuldige‹ Deutsche starben, ist nicht Pokriefke und auch nicht ›Grass‹, sondern Günter Grass, der Altmeister der deutschen Literatur, Gewinner des Nobelpreises, stetigster Vertreter und beharrlichstes Musterbeispiel für demokratische Werte in der deutschen Öffentlichkeit. Für Grass bedeutet es etwas, die Geschichte zu Beginn des neuen Jahrhunderts zu erzählen. Es kann sogar signalisieren, dass es akzeptabel, angemessen und richtig ist, dass Geschichten darüber, was in diesen furchtbaren Jahren geschehen ist, an die Öffentlichkeit gelangen.

Klaus Modick: *Am Middlebury College in Vermont*
Im 3-Wochen-Kurs Günter Grass: *Mein Jahrhundert.* Dessen unglaublich luschiger Stil. Eigentlich gar kein Stil, sondern dumpfester, einfallsloser Realismus, aufgetakelt durch unsinnige, quälend gesuchte Manierismen, die mit den Themen kaum etwas zu tun haben. Aber natürlich alles sehr, sehr gut gemeint (und meistens auch »richtig« gedacht, ein Meister des Korrekten). Blanke Gesinnungsprosa, Altersflachsinn eines »Aufrechten«. An den Studenten geht derlei vorüber; sie lesen Texte fast nur auf der semantischen Ebene und sind froh, wenn sie hinter Grass' Verschrobenheiten begreifen, was er eigentlich sagen will. Müßte man aus Gründen der Sprachhygiene aus der geplanten Anthologie eigentlich streichen, aber gegenüber den Schulbuchverlagen ist ein Nobelpreisträger natürlich ein Verkaufsargument erster Güte.

Walter Kempowski: *Letzte Grüsse* (Roman)
Alexander legte sich auf das Bett und las in dem Buch von 70/71. Die Bombardierung von Paris. Der Hunger, die Kommune. Er empörte sich über die Empörung der Welt.
Dann ließ er das Buch sinken und dachte an den Autor Prack, der die deutsche Literatur anführte, obwohl seine Erzeugnisse von

der Presse stets mit wütenden Verrissen bedacht wurden. Ein grober Geselle. Aber wie sollte auch einer sein, der sich so durchsetzte? In der liberalen Bundesrepublik hatte er gegen Zensur gewettert. Im Osten war jedoch alles erschienen. Hatte er dort Kürzungen in Kauf genommen?
Alexander wünschte ihm alles Schlechte, irgendeinen handfesten Skandal. Aber ein Skandal würde nur dazu führen, daß sich seine Bücher desto schwungvoller verkauften. Ich bleibe in meiner Ecke, dachte Alexander.

JOHN LE CARRÉ: *ABSOLUTE FREUNDE* (ROMAN)
Ein hämischer Kolumnist der mächtigen rechtskonservativen Presse frohlockte, dass Günter Grass ungeahnten Weitblick bewiesen habe, als er erklärt hatte, wir alle seien nun Amerikaner.

Das Günter Grass in den Mund gelegte Zitat bezieht sich auf das Attentat vom 11. September 2001 und stammt ursprünglich von Peter Struck, der einen Tag nach dem Attentat vor dem Bundestag erklärte: »Heute sind wir alle Amerikaner.« – Im Jahr 1980 brachte der Übersetzer Ralph Manheim gegenüber Helen Wolff die Idee vor, dass John Le Carré eine Einleitung für die amerikanische Ausgabe von *Das Treffen in Telgte* schreiben könnte. Darauf angesprochen, antwortete Grass seiner Verlegerin:»Vor etwa zwei Jahren lernte ich ihn im Haus von Tom Rosenthal kennen; er erwies sich als ein kenntnisreicher *Butt*-Leser. Ich bin sicher, daß er einen ähnlichen Zugang zu *Telgte* haben wird.« (Grass/Wolff, *Briefe*, S. 276) Zu einer Zusammenarbeit mit Le Carré ist es nicht gekommen.

VICTORIA CLAYTON: *WOLKEN AN MEINEM HIMMEL* (ROMAN)
Bei dem Polizeiwagen handelte es sich um ein Zivilfahrzeug, eine schwarze Limousine. Sergeant Tweeter saß am Steuer, Inspektor Foy neben ihm, Maria-Alba und ich hatten auf dem Rücksitz Platz genommen. Der Inspektor plauderte unaufhörlich über das auffallend milde Wetter, die Behinderung des Verkehrs durch Baustellen, die Lely-Ausstellung, das neue Stück von Harold Pinter, den jüngsten Roman von Günter Grass.

MIRCEA CĂRTĂRESCU: *EUROPA HAT DIE FORM MEINES GEHIRNS*
Die Bücher, die ich schreibe, sind nicht von irgendwelchen

Lämmchen der rumänischen Folklore oder von orthodoxen Rosenkränzen geprägt, sondern von Dantes Sternen, John Donnes Kompaß, der Lanze des Cervantes, von Kafkas Käfer, Prousts Madeleine, dem Butt des Günter Grass.

MARTIN Z. SCHRÖDER: *IM VERTEIDIGUNGSMINISTERIUM DER DDR*
   Im Archiv, in dem neben Militärzeitschriften und dem »Munzinger Archiv« Zeitschriften wie die *Neue Revue* herumlagen, stand auch ein Panzerschrank. In diesem befanden sich Bücher, die an der Grenze beschlagnahmt und unserer Abteilung zur Verfügung gestellt worden waren. Aus diesem Schrank klaute ich den *Butt* von Günter Grass und den *Geschenkten Gaul* von Hildegard Knef und habe bis heute kein schlechtes Gewissen.

STEFAN MAELCK: *OST HIGHWAY* (ROMAN)
   Klepzig hatte uns noch einen Schnellkurs im Observieren und Öffnen von Wohnungen erteilt, dazu mit dem nötigen Werkzeug ausgerüstet – und nun standen wir hier, in Friedenau, wo jederzeit Günter Grass um die Ecke kommen konnte, um uns zu fragen, ob wir mal mit anfassen könnten, er hätte da so eine Skulptur zu transportieren. Wir würden freundlich ablehnen müssen und ihn bitten, seinen Butt selbst zu bewegen, aber dalli.

PETER HÄRTLING: *LEBEN LERNEN*
   Neben Lichterfelde und Dahlem wurde Friedenau als dritter Kiez wichtig. Wolfgang und Gisela [Werth] zogen aus Dahlem an die Bundesallee. Eine Kneipe, das »Bundeseck«, wurde zum Treffpunkt der Poeten, die ihre Bleibe zwischen Bundesplatz und Friedrich-Wilhelm-Platz gefunden hatten. Manchen wurde dabei geholfen von Uwe Johnson, der offenkundig nicht nur mit kundigem Blick die Gegend durchstreifte, sondern Lust am Makeln und Unterbringen hatte. Wenn ich mich nicht täusche, hat er auch Günter Grass auf die sich malerisch in eine Häuserreihe zwängende Villa hingewiesen, die einmal einem Marinemaler gehört hatte. Herburger wohnte hier, Günter Grass, Nicolas Born, Hans Chris-

toph Buch, Klaus Roehler. Ins »Bundeseck« ging ich nur, wenn einer der Stammgäste mich aufforderte. Ich merkte bei manchen Misstrauen, fühlte mich etwas fremd, ich kam aus einem anderen Kreis. Selbst wenn die Jüngeren wie Peter Schneider, Born und Buch mitunter für den *Monat* schrieben – die Zeitschrift gehörte schon einer anderen Epoche an. Mein Umgang mit Lasky, Löwenthal, Laqueur, Torberg, Bondy, Harpprecht färbte mich falsch ein.

Schließlich wurde ich aufgefordert, mich einzumischen. Der Ort der Wandlung hatte eine Adresse: Niedstraße 13, das Haus von Günter Grass. Seit dem Welterfolg der *Blechtrommel* genoss er es, Einfluss zu üben, und es war gleich, ob auf Politiker oder Kollegen. Er bohrte mit Metaphern, und seine kaschubische Schläue, seine herzliche Heftigkeit sorgten dafür, dass nur jene beleidigt gingen, die partout nicht seiner Meinung sein konnten. Ich bin nicht mehr sicher, wann er mich zum ersten Mal nach Hause mitnahm. Es kann sein, nach dem ersten Berliner Treffen der Gruppe 47. Die Tür öffnete uns, an der Klinke hängend seine kleine Tochter Laura, die wortlos ihrer Mutter Anna den Platz räumte. Auch wenn eine große Gesellschaft die beiden Räume im Erdgeschoss füllte, besetzten die Kinder nach Laune und Lust ihre Lieblingsecken, hörten ein paar Augenblicke zu, suchten nach Bekannten, um sie zu begrüßen, schleppten Stühle herum oder spielten irgendwo. Die Eltern griffen erst dann ein, wenn es zu spät war, oder eine Diskussionsrunde nicht gestört werden wollte oder wenn Bruno, der Jüngste, die Treppe herunterpurzelte und steinerweichend klagte. Ohne den belebenden Wirbel der Kinder kann ich mir die Besuche in der Niedstraße nicht vorstellen. Es wurde nicht nur über die Politik Adenauers, mögliche Veränderungen, über die Aussichten Willy Brandts, über den neuen Roman von Grass oder über die zu erwartenden Mahlzeiten geredet und nachgedacht, sondern auch über die Eigenheiten und Streiche der Kinder. Die Zwillinge Raoul und Franz marschierten, keineswegs zum Vergnügen ihrer Schweizer Mutter Anna, mit einer großen Schweizer Fahne durchs Viertel und beschossen Häuserfassaden und offene Fenster als wahre Tellschüler mit Pfeilen. Wer die Romane von Grass kennt, ahnt, mit welcher Hingabe er kocht. Der *Butt* kann einen auf den Geschmack bringen. Ich habe immer vorzüglich bei ihm gegessen, wobei er an den Abenden, da er 1965 politische Verschwörer zusammenrief, nur geringfügig variierte: Eine Stunde vor Mitternacht wurde seine legendäre Linsensuppe aufgetragen, in der allein die Beilagen wechselten, Zunge, Fasan, Bauchspeck, so gut wie nie Würstchen. Da ich selber gerne koche, ebenfalls Suppen oder Suppiges, verfielen wir, wenn auch selten, in Küchengrübeleien, was ich in jeder Hinsicht genoss. Einmal bat er mich zum Mittagessen. Er kannte meine Vorliebe für Kutteln und teilte sie, machte mir in Beschreibungen und Ankündigungen den Mund wässrig. Was er dann auftischte, eine Danziger oder kaschubische klare Kuttelsuppe, übertraf meine Erwartungen. Nix Dickes, nix Mehliges, wie er, zufrieden löffelnd, betonte. Mit einer der delikatesten Mahlzeiten, die er aufbot, gelang es mir, mich zu vergiften. An zwei der Gäste erinnere ich mich, François Bondy und Ingeborg Bachmann. Auch daran, dass Anna Grass auf flacher Hand eine exotische Frucht vorzeigte, die sie aus Paris mitgebracht hatte, die ich nicht kannte, und die sie hernach als Salat servierte – eine Avocado. Davor gab es Karpfen. Nicht polnisch, mit süßer Sahne, mit Zwiebeln. Nein, in Bierteig gewickelt, selbst die Milch und der Rogen. Auf diese Innereien bin ich seit je besonders scharf. Und da sie von fast allen verschmäht wurden, lud sie mir Grass fürsorglich auf den Teller. Sie schmeckten köstlich. Ich sprach dem Wein zu, genoss den Avocado-Salat und nahm mir vor, Anna Grass nach dem Rezept zu fragen. Dann zerstreuten wir uns in kleine Gruppen. Mich ergriff vom Scheitel bis zur Sohle ein unerkläliches Ungemach. Was man mir offenbar ansah, denn Anna Grass bot mir »zur Erholung« einen Espresso an. In diesem Zustand konnte ich nicht bleiben. Ich verabschiedete mich bei den Gastgebern, rannte zur Tür hinaus, dem Schauspieler Rolf Henniger in die Arme, erwiderte winkend seinen Gruß, lief zum Friedrich-Wilhelm-Platz, bestieg ein Taxi und erreichte die Goethe-Straße, ohne mich zu übergeben. Mechthild nahm mich erschrocken in Empfang. Ob ich zu viel getrunken hätte? Ich wollte nur ins Bett, obwohl ich mich davor fürchtete. Würde ich liegen, könnte ich sterben. Ich drückte das Kopfkissen in meinen Rücken und blieb sitzen. Mir wurde nicht besser. Mechthild rief einen Arzt, der tatsächlich erschien, mich in Augenschein nahm, ebenfalls fragte, ob ich zu viel getrunken hätte, schließlich wissen wollte, was es zum Abendessen gab. Ich schilderte es ihm. Er nickte, maß meinen Blutdruck, gab mir eine Spritze. Es handle sich um einen veritablen Eiweißschock. Ich hätte mir doch denken können, dass sich das ganze Eiweiß unterm Teig versammle, in solcher Konzentration Gift. Meinem kochenden Freund konnte ich keinen Vorwurf machen, allein meinem Heißhunger.

Fritz J. Raddatz: *Unruhestifter*
Die Freundschaft hielt, hielt stand allerlei Fährnissen, und sie hält an bis zum Tage. Freundschaft zwischen Literaten? Wenn es das schon – selten genug – gibt, dann kann es ohne Brüche, Entzweiungen, Kräche gar nicht abgehen; viele erbitterte Briefe, die wir wechselten, könnten von ernstem Zerwürfnis Zeugnis geben. Dass und wie solch Streit sich auflöste – die Freunde einander also unerbittlich blieben –, mag eine Anekdote schildern, die den Vorteil hat, wahr zu sein:

Denn es begab sich, dass alles Volk den Künstler Grass auszählte; sein Roman *Ein weites Feld* verfiel der Ungnade. Ich wusste nicht, wie mich verhalten. Das Buch schien mir nicht rundum gelungen. Der Ton fast aller Rezensionen, schwankend zwischen Häme, Hohn und Hass, war mir widerlich. Pseudomitleidiges Arm-Ausbreiten, »komm an mein Bruderherz, Verfolgter«, hielt ich für unangemessen. So lud ich zu einem Abendessen, fertigte eine Menükarte; zu jedem einzelnen Gang fügte ich hinzu: »Vorspeise – leichtes Geplänkel«; »Hauptgericht – der große Krach«; »Salat – abebbende Spannung«; »Dessert – wir einigen uns«. Diesen »Carton« schickte ich *vor* der Verabredung nach Behlendorf. Er funktionierte wie eine Regieanweisung, zum Rehrücken gab es statt der Preiselbeeren und der Klöße lautstarken Streit, der Bordeaux löschte wenig unsere Hitzigkeit, stachelte uns eher rechthaberisch an. Und als alles vorüber war, wir wie zerfledderte und ermüdete Kampfhähne am Tisch vor den ertrunkenen Salatblättern saßen, sagte Grass: »Siehst du, Fritz – warum konnte man mit mir nicht öffentlich so umgehen, so, dass ich mir harsche Kritik anhören muss, aber mich wehren kann, richtigstellen, zurechtrücken, die Zitate im korrekten Wortlaut benutzen kann.« Vorhang. Er hatte gewonnen.

Wir blieben einander »unerbittlich«. Er publizierte mitunter über den »umstrittenen Raddatz – bei ihm fehlte es nie an Pfeffer und Salz«; ich habe von der *Blechtrommel* über den *Butt* und *Das*

Treffen in Telgte bis zum *Krebsgang* sein Werk begleitet; er zeichnete mich zu meinem siebzigsten Geburtstag, an dem er seine Laudatio im überfüllten Hamburger Literaturhaus mit den Sätzen begann, die er später »beinahe ein Gedicht« nannte:

> Oh, Ihr versammelten Feuilletonisten!
> So viel beflissene Zeitgeisterei!
> So viel internes Zwiegespräch, das den Zeitungsleser missachtet.
> So viel Regietheater vor leeren Rängen!
> So viel gepflegte Langeweile!
> Kein Fritzjott ist unter Euch!
> Nehmt Euch an ihm ein Beispiel!

Dass ich ihm öffentlich zum landauf, landab gefeierten fünfundsiebzigsten Geburtstag gratulierte, versteht sich. Wir legten Pausen ein, aber wir verloren uns nicht aus den Augen. Von einer besonderen Pause – nämlich einer vierwöchigen tiefen Depression nach Verleihung des Nobelpreises – hat er anderen wohl kaum berichtet. Wir haben uns wenig erspart an kritischer Einrede; aber wir haben uns nicht aufgespart. Als er in einem Augenblick seines Lebens – als Gepäck nichts als einen Leinenbeutel mit dem unfertigen *Butt*-Manuskript – nicht wusste, wohin, wusste er sehr wohl, dass er bei mir Zuflucht finden würde. Stets mischten wir uns ein; nicht zu zählen seine Ermahnungen »Das musst du ihm verbieten«, mit denen er dem von ihm fast liebevoll geschätzten Gerd Bruns anbefahl, Obacht auf mich zu geben, auf den, der »am liebsten mit heißen Eisen handelt«. Auf der Hut sein mag, vermag Günter Grass nie. Behüten kann er.

MARCEL REICH-RANICKI: *MEINE BILDER*

Liebe ich Grass? Kritiker dürfen und müssen oft übertreiben, um überhaupt verstanden zu werden. Doch muß alles seine Grenzen haben: ob ich Grass liebe, dessen bin ich mir gar nicht so sicher. Aber ich schätze und bewundere ihn. Ein Schuft, wer das für Ironie hält.

Heute will ich mich statt des Computers meiner Harfe bedienen. Ich schätze außerordentlich den Zeichner, den Graphiker, den Bildhauer Grass. Zugegeben, ich verstehe nicht viel von diesem Metier. Ich kann nur sagen: Was er da seit einem halben Jahrhundert produziert, gefällt mir sehr und beinahe immer. Im Grunde äußere ich mich über literarische Werke ähnlich, nur kann ich es auch noch begründen. Hier würde mir die Begründung nicht recht gelingen. Jedenfalls bin ich sicher, daß der Graphiker Grass ungerecht behandelt wird.

SARAH KIRSCH: *TAGEBUCH*
In der Post eine unverlangte Gabe von Steidl: das neueste Buch vom Nobelpreisträger! Gedichte. *Letzte Tänze.* Ein Grusel-Horror-Trip mit Lithographien. Muss ich mir trauen das uffzuschlagen. Hab wat gelesen, diese sog. Gedichte sind grauenvoll. Und Reich-Ranicki schwärmt davon.

MARCEL REICH-RANICKI: *LETZTE TÄNZE*
Wir sind mit ihm alt geworden, wir sind mit ihm jung geblieben. Er, Günter Grass, ist der Dichter unserer Generation, der in den zwanziger und dreißiger Jahren Geborenen. Und wenn nicht er, wer sonst? Ich weiß keinen einzigen Namen, der hier ernsthaft in Betracht kommen könnte.

JASPER FFORDE: *IM BRUNNEN DER MANUSKRIPTE* (ROMAN)
Hauptrollen gingen grundsätzlich nur an die A-Klasse. Diese Rohlinge waren handverlesen und hinsichtlich ihrer Vielschichtigkeit und ihrer Tragfähigkeit für besondere Charaktereigenschaften geprüft. Huckleberry Finn, Tess d'Urberville, Anna Karenina und Oskar Matzerath gehörten alle zur Klasse A, aber natürlich auch Franz Moor, Mr Hyde und Hannibal Lecter. Ich betrachtete die Rohlinge erneut. Waren sie Helden oder Mörder?

ROLF DOBELLI: *FÜNFUNDDREISSIG* (ROMAN)
Wenn er jetzt kein Kind will: Ist er deshalb ein Unmensch?
»Wer sich mit fünfunddreißig und beginnendem Haarausfall noch ein Kind andrehen läßt, ist nicht zu retten«, heißt es bei Günter Grass.

Ralf Sotscheck: *Dublin Blues*
　Wie viel Bier Bartträger verplempern, hängt von der Länge, Dichte und Form des Schnurrbartes ab. In einem kurzen Damenschnauzer geht weniger verloren als in einem Walrossbart. Der schluckt 27,48 Pfund im Jahr, wie die Wissenschaftler ermittelt haben. Was muss da erst der Bart von Günter Grass wert sein? Aber trinkt er überhaupt Bier?

F. W. Bernstein: *Klassisches*
　Treff ich den Schriftsteller Grass, und zwar auf der Herrentoilette;
　Stehn wir nebeneinand', sehn wer den kürzeren zieht.

Julian Schütt: *Spätsünder*
　Wenn erotische Literatur die Welt verändern kann, so nur im Kleinen, das vorübergehend etwas größer wird. In einem *Spiegel*-Interview erinnerte sich Grass kürzlich eines Mittfünfzigers, der ihm nach einer Lesung gestand, seit der Lektüre seines Frühwerks *Katz und Maus* onaniere er »einfach viel fröhlicher«. Literatur, schloss Grass daraus, habe eben doch eine Wirkung.

Stefan Schwarz: *War das jetzt schon Sex?*
　Ja, es ist wahr: Ich habe einen Kleingarten! Das ist kein leichter Satz. Bekenntnismäßig steht dieses Bekenntnis noch vor dem Bekenntnis zur Abtreibung, zur Homosexualität oder zur Eigenharntherapie. Wenn man in der literarischen Welt etwas gelten will, sollte man jeden Anschein vermeiden, daß man sich mit dem Zwiebelsetzen und der Ranunkelzucht auskennt. Drogenexzesse sind okay. Mehrfachehen und Vorstrafen auch. Man kann etliche Ticks und Schrullen pflegen, aber keine Stockrosen. Es gibt keine Bilder von Günter Grass beim Rasenmähen.

Florian Illies: *Generation Golf zwei*
　Leider kommt es im Sommer 2006 dann noch zu einer anderen

weltweiten Blamage: Die seit Jahren geplante Fußball-Weltmeisterschaft kann am Ende doch nicht in Deutschland ausgetragen werden. Nachdem nämlich die Gewerkschaften im Herbst 2005 erfolgreich eine 12,5-Stundenwoche im Baugewerbe mit vollem Lohnausgleich aushandeln, werden die Stadien in Frankfurt, München und Leipzig leider nicht rechtzeitig fertig. Zudem gilt die deutsche Nationalmannschaft von vornherein als chancenlos, weil es RTL-Gerichtsshow-Moderator Guido Westerwelle geglückt ist, sich vor dem Bundesverfassungsgericht in die Stammelf einzuklagen. Der CDU gelingt es jedoch souverän, die Schuld an dem Debakel komplett Gerhard Schröder-Köpf zuzuschieben. Allein Günter Grass begrüßt die Absage der FIFA. Grass, der sich aus Protest gegen die deutsche Haltung zum EU-weiten Pfeifenverbot inzwischen nach Kuba zurückgezogen hat und beim Buena Vista Social Club mitmacht, erklärt bei der Verleihung des Ordens »Wider den tierischen Ernst«, dass er sehr, sehr erleichtert sei, denn eine Weltmeisterschaft auf deutschem Boden wäre verheerend gewesen für unser Ansehen in der Welt. Er zieht einmal an seiner Pfeife, blickt in die Kamera und sagt: »Was bitte sollten denn die Polen denken und die Franzosen, wenn Bundestrainerin Martina Effenberg erklärt hätte, die Deutschen würden auf ihren starken Angriff setzen und schon in der Vorrunde auf Sieg spielen? Dann hätte UN-Generalsekretär Roberto Blanco dem Weltsicherheitsrat erst mühselig erklären müssen, dass dies nicht militärisch gemeint gewesen sei.« Erst dem bayerischen Ministerpräsidenten Franz Beckenbauer gelingt es, die Gemüter wieder zu beruhigen. In seiner Regierungserklärung im Oktober 2006 sagt er: »Es wird schon wieder wer'n, sagt die Frau Kern. Bei der Frau Korn is es a wieder wor'n.«

2004

INGO SCHULZE: *JEMENITISCHES TAGEBUCH*
[10.1.] Gegen 22.00 Uhr Fahrt in die Stadt. Vorneweg ein Polizeiauto mit Blaulicht und Sirene, dahinter Günter Grass im Jeep, dann wir im Bus. Die Straße ist breit, ohne Schlaglöcher und beleuchtet. Der Verkehr wird nur langsam dichter. Ich habe nichts dagegen, Sana'a vorerst nur durch eine Glasscheibe zu betrachten. Ein paar Läden sind noch offen. Was ich sehe, ist für mich vergleichslos, irgendetwas zwischen Russland und Calcutta.
[11.1.] Günter Grass hat einen Vorschlag. Es soll ein Lehrstuhl für Lehmbau eingerichtet werden. Es soll Lehmbauarchitekten geben. Reden. Viele haben den Lehmbau bewundert, heißt es, aber Günter Grass sei der einzige, der etwas dafür tut. Dann sickert durch, dass der US-Botschafter anwesend ist. Am Abend sagt Günter Grass, der Botschafter hätte rund 18 000 Dollar für die Schule gespendet. Er wohnt bei uns im Hotel. Danach Tanz. Die Dorfleute stehen auf der rechten Seite. Es scheint unklar, wer tanzen soll. Die zweite Runde wird offenbar von den ältesten Männern bestritten. Einer kommt sogar am Stock auf den großen Teppich gehumpelt. Sie tanzen schön, spielen irgendwelche Rollen und machen sich zugleich übereinander lustig. Abendlicht. / Die Gebäude schimmern gelb, die Berge rot. Dann Stegreiflieder, in denen Günter Grass vorkommt. Das klingt komisch, ja peinlich, aber schließlich kann man nicht empört aufstehen und »Schluss! Aus!« rufen. Ich sage Günter Grass, er soll froh sein, dass in Deutschland keine Schule nach ihm benannt ist. So habe er seine Äußerung auch gemeint, sagt er. Er sei froh darüber.
[15.1.] Günter Grass muss wieder etwas sagen, das Schlusswort am Ende einer jeden Sitzung bleibt an ihm hängen. Am Vormittag verlas eine Autorin den Dankesbrief eines jemenitischen Autors (»ich verdanke Ihnen mein Leben ...«), der aufgrund von Günter Grass' Fürsprache wieder in den Jemen zurückkehren konnte. Günter Grass wehrt ab. Das habe von seiner Seite aus nichts mit Mut zu tun. Solche Briefe (seine Bitt- bzw. Protestbriefe), sagt er in der Pause, seien für ihn zur Routine geworden. [...] Abends Empfang in der deutschen Botschaft. Zum Schluss kippt der Steh-

empfang. Jahida singt ohne Mikro, Günter Grass muss wieder tanzen. Diesmal keine Kameras.

> Im Januar 2004 hatte Günter Grass eine Reise in den Jemen unternommen und dabei in der Hauptstadt Sana'a an einem deutsch-arabischen Autorentreffen teilgenommen. In seiner Begleitung waren neben Ingo Schulze u. a. noch Judith Hermann und Kathrin Röggla.

ROBERTO BOLAÑO: *2666* (ROMAN)

Der Literaturkongress in Bremen verlief turbulent. Zum Entsetzen der deutschen Archimboldianer ging Pelletier mit Morinis und Espinozas Schützenhilfe wie Napoleon bei Jena überraschend zum Angriff über, und binnen kürzester Zeit retirierten die besiegten Fähnlein von Pohl, Schwarz und Borchmeyer in wilder Flucht in die Bremer Cafés und Kneipen. Die jüngeren unter den anwesenden deutschen Professoren reagierten zunächst verdutzt, ergriffen dann aber – bei allem Vorbehalt, versteht sich – Partei für Pelletier und seine Freunde. Die Kongressbesucher, mehrheitlich Angehörige der Universität Göttingen, die mit Bus und Bahn angereist waren, votierten ebenfalls und ohne jeden Vorbehalt für Pelletiers genauso fulminante wie lapidare Interpretationen, hingerissen von der dionysischen, festlichen Vision, von Exegese von letztem (oder vorletztem) Karneval, für die Pelletier und Espinoza eintraten. Zwei Tage später gingen Schwarz und seine Adlaten zum Gegenangriff über. Sie hielten Archimboldi einen Heinrich Böll entgegen und sprachen von Verantwortung. Sie hielten Archimboldi einen Uwe Johnson entgegen und sprachen von Leiden. Sie hielten Archimboldi einen Günter Grass entgegen und sprachen von gesellschaftlichem Engagement. Borchmeyer hielt Archimboldi sogar einen Friedrich Dürrenmatt entgegen und sprach von Humor, was Morini wie der Gipfel der Frechheit vorkam.

> In den Augen von Daniel Kehlmann ist Bolaños Roman »so ziemlich allem überlegen, was in den letzten Jahren veröffentlicht wurde. *2666*, das kann man getrost voraussagen, wird für die Literatur Südamerikas so prägend sein wie in der vorangegangenen Generation die Hauptwerke von Márquez, Vargas Llosa und Cortázar.« (*Lob*, S. 55)

TITUS HEYDENREICH: *KULTBÜCHER*

Als im Herbst des Jahres 2003, wenige Tage vor der Simultanveröffentlichung in Buenos Aires, Mexiko und Barcelona, ein Verlag in Bogotá für Band I der Memoiren von García Márquez, *Leben, um davon zu erzählen,* das *ius primae editionis* erhielt, boten fliegende Händler an belebten Straßenkreuzungen selbigen Band in preiswerten Raubdrucken an. Studenten erzählen, daß schon der Bolívar-Roman *Der General in seinem Labyrinth* (1989) vor roten Ampeln Absatz fand. Man stelle sich eine analoge Situation vor: Ku-Damm Ecke Joachimsthaler im Berufsverkehr, Ampeln rot, nichts geht mehr, und von Auto zu Auto huschen flinke Menschen mit Günter Grass' *Mein Jahrhundert* zum halben Preis.

REINHARD BAUMGART: *DAMALS*

So konnte eine noch frische Karriere nach einer halben Stunde Lesung auf der Gruppe 47 verwelken oder, mit dem gleichen Risiko, die lange Reise zum Nobelpreis beginnen. Als Günter Grass in Großholzleute unter den Reh- und Hirschgeweihen des dunklen Wirtshaussaals seinen *Blechtrommel*-Anfang intonierte: »Zugegeben, ich bin Insasse einer Heil- und Pflegeanstalt« und dann im vorher nie gehörten, getrommelten Rhythmus seiner Vorlesestimme noch die Zeugungsgeschichte der Mutter unter Großmutters Rock vortrug, da dämmerte fast allen, daß es diesem jungen Mann mit Schnauzer, bisher nur als skurriler Geheimtip gehandelt, offenbar gelungen war, das erste große Epos der deutschen Nachkriegsliteratur zu schreiben. Obwohl Marcel Reich-Ranicki, eben erst als polnischer Emigrant zur Gruppe gestoßen, aber entschlossen und fehlbar schon damals, uns genau vorrechnete, daß und warum dieser durchaus begabte und vitale Autor mit diesem nur scheinbar interessanten Roman eben doch scheitern müßte. Und obwohl in der Abstimmung über den Preis ein längst verschollener Autor namens Huber gar nicht so weit hinter Grass lag. Doch die versammelten Verleger hatten die schärfere Nase, keiner kümmerte sich um Huber, alle pokerten um Grass. Und der thronte glücklich unter und über ihnen, sah aus wie König Ubu und erzählte von der Armut seines Pariser Exils, wo zwischen Kindertopfen und Kuttelnkochen der Roman entstanden war, dessen Welterfolg sich schon abzeichnete und damit das Ende aller

Armut. Grass war der erste junge deutsche Autor von Rang in der Nachkriegszeit, der von seinem Schreiben plötzlich leben konnte, und er war großzügig genug, einen Teil seines Preisgeldes von dreitausend Mark gleich in den kommenden Tagen mit Freunden in München zu verfeiern.
Sternstunden wie diese blieben rar in der Gruppe.

MARKUS ORTHS: *MEINE HERZENSBÜCHER*
Doch wenn ich schon von politischer Literatur spreche, so will ich *Die Blechtrommel* nennen. Das Buch ist ein großer Wurf und mir ans Herz gewachsen aus vielerlei Gründen: Grass nähert sich der Nachkriegszeit zum ersten Mal aus einem völlig neuen Blickwinkel; er hat eine klare Idee für einen Charakter, der das Buch von vorn bis (fast) zum Ende trägt; er verfügt über eine überbordende Phantasie für skurrile und absurde, für spannende und berührende Szenen; und er besitzt die sprachlichen Mittel, diese Szenen auszumalen. Gern bezeichnet man Grass ja etwas abschätzig als Wortakrobaten oder als Wortjongleur, aber seine Sprachmacht in diesem Buch ist bewundernswert und ganz und gar nicht willkürlich eingesetzt, sondern passt zum spielerisch-zerstörenden, sezierenden Blick seines Protagonisten.

JAMES PATTERSON: *UND ERLÖSE UNS VON DEM BÖSEN* (ROMAN)
Sie erzählte mir, welche amerikanischen Krimis sie mochte, ebenso den letzten Gewinner des Bücherpreises, *Vernon God Little,* den sie für »sehr lustig« hielt. Außerdem würde das Buch »die Verrücktheit Ihres Landes ebenso einfangen, wie es Günter Grass mit der *Blechtrommel* für Deutschland gelungen ist. Sie sollten es unbedingt lesen, Alex.«
»Ich lebe es«, erklärte ich Klára augenzwinkernd.

Der mit dem Booker Prize ausgezeichnete Roman *Vernon God Little* (2003, dt. *Jesus von Texas*), der aus der Perspektive eines Jugendlichen die Folgen eines Amoklaufes an einer Highschool schildert, stammt von dem australischen Schriftsteller DBC Pierre alias Peter Finlay. In einem Interview erklärte Finlay: »›Zugegeben: ich bin Insasse ein Heil- und Pflegeanstalt.‹ Dieser großartige erste Satz von Günter Grass' *Die Blechtrommel* führt meinen Lieblingscharakter ein, Oskar Matzerath – ein Kind, anscheinend bewusst von

Geburt an, das beschließt, dass es nichts mit der Welt der Erwachsenen zu tun haben will. Ist das nicht eine absolut vernünftige Antwort auf das städtische Familienleben?«

Vauro Senesi: *Die Satire*
Die Satire zwingt dich zu einer Synthese. Sie muss inopportun sein und gegen den Strich gehen, ist nicht »politisch korrekt«, sie braucht eine Art bösartigen Infantilismus wie der kleine Oskar Matzerath in der *Blechtrommel* von Günter Grass. Es ist eine Bösartigkeit der Wahrheit.

Fritz Rudolf Fries: *Hesekiels Maschine* (Roman)
Abesser erkannte keinen der Anwesenden und war auch hier auf die Erklärung seines Begleiters angewiesen.

Der polnische Gnom Matzerath, sagte Kesztler, hat sich zu ihnen gesetzt, schließlich gehört sein Urheber mehr in den Osten als in den Westen. Aber schauen Sie sich die anderen an, den Mann ohne Eigenschaften sollten Sie kennen und die Schlafwandler von Broch, die hier als Zwillinge auftreten und sich den Gewinn teilen. Man spielt um Chips, die einen Verfallswert von einem halben Jahrhundert haben.

Erasmus Schöfer: *Zwielicht* (Roman)
Günter Grass saß schnauzbärtig finster neben Engelmann am mikrofonbepflasterten Tisch, paffte telegene Wolken aus seiner kurzen Pfeife ins grelle Scheinwerferlicht (der umwölkte Dichter!). An der Wand hinter den Autoren klebten mit Klebestreifen befestigt die drei neuesten Kreationen des Grafikers Klaus Staeck: Der spitzwegsche Dachstubenpoet mit dem als Verlegerweisheit apostrofierten Spruch *Nur die Armut gebiert Großes,* ein Scheiterhaufen mit Büchern von Böll, Grass, Willy Brandt und Siegfried Lenz unter der Balkenüberschrift *Der Sympathisantensumpf muß trockengelegt werden* und ein Drittes als eine Art Steckbrief mit dem zugeschraubten Böll-Band *Die verlorene Ehre der Katharina Blum* unter dem in fetter Fraktur gesetzten Aufruf MITBÜRGER –

LESEN MACHT DUMM UND GEWALTTÄTIG – Der Beauftragte für den Gemeinschaftsfrieden.

MARIO ADORF: *HIMMEL UND ERDE*
Nach dem großen Erfolg des Films *Die verlorene Ehre der Katharina Blum* plante Volker Schlöndorff die Verfilmung des lange als unverfilmbar geltenden Romans *Die Blechtrommel* von Günter Grass. Ich glaube, ich stand als erster Schauspieler für eine Rolle im Film fest, nämlich die des Alfred Matzerath. Aber Schlöndorff suchte vor allem eine Besetzung für den kleinen Oskar Matzerath, und die zu finden war nicht einfach. Immerhin musste ein Schauspieler gefunden werden, der diese unheimliche Figur vom Embryo bis zum erwachsenen Mann glaubhaft darstellen konnte. Und es sollte lange dauern, bis er seinen Hauptdarsteller fand.

Vorher waren immerhin Namen wie Roman Polanski und Dustin Hoffman gefallen. Schlöndorff suchte auf der ganzen Welt seinen Hauptdarsteller. Er reiste monatelang herum, besuchte sogar Kongresse »kleiner Menschen«, bis ihm der Zufall in seiner unmittelbaren Nähe zu Hilfe kam. Eine Münchener Ärztin, eine Psychotherapeutin, machte ihn auf David Bennent aufmerksam, den Sohn des Schauspielers Heinz Bennent, den Schlöndorff sehr gut kannte, schon in der *Katharina Blum* eingesetzt hatte und der auch in der *Blechtrommel* wieder dabei sein sollte. Doch bis dahin wusste Schlöndorff nichts von Davids Existenz. Der Junge litt unter einer Wachstumsstörung und stellte sich in allem als die Idealbesetzung für den Oskar heraus. Hoch begabt, sensibel, wandlungsfähig, mit unglaublich großen blauen Augen, die allerdings sehr beunruhigend schauen konnten.

Eines Sonntags lud mich Schlöndorff in seine Münchener Wohnung zum Kaffee ein, um mir »unauffällig seinen Oskar vorzustellen«. Seine größte Angst, wie er mir erzählte, war, dass der kleine David, damals gerade elf, vor dem Drehbeginn, der in einem Jahr sein sollte – wachsen könnte! Er hatte sich einen kleinen Trick ausgedacht, wie er ein eventuelles Wachsen feststellen konnte: »Ich stelle mich wie zufällig neben ihn, stecke meinen Daumen in meinen Hosenbund und lege dann die Handfläche auf Davids Kopf. So sehe ich, ob er, was ich nicht hoffe, seit dem letzten Test vielleicht doch gewachsen ist. Das klingt zynisch, aber wenn der Film fertig ist und vielleicht ein Erfolg wird, dann könnte dieser Erfolg ein psychologischer Anstoß für einen Wachstumsschub bei ihm sein, den er ohne diese Filmrolle vielleicht nie haben würde ...«

Es waren außer Schlöndorffs damaliger Lebensgefährtin Margarethe von Trotta einige Freunde da, irgendwann kam Volker Schlöndorff käsebleich in die Küche, wo ich gerade mit Margarethe sprach, und er flüsterte entsetzt: »Er wächst!«

Ein Jahr später; 1978 – David war doch nicht entscheidend gewachsen – drehten wir den Film in Berlin, Danzig und München. Vor dem ersten Drehtag hatte Volker Schlöndorff uns Schauspieler versammelt und eine Rede gehalten, deren Inhalt etwa so in meiner Erinnerung geblieben ist: »Ich weiß, dass ihr großartige Profis seid, unsere Geschichte des Films und eure jeweiligen Rollen sehr gut kennt. Genau deshalb habe ich euch diesmal engagiert. Ich sage euch ganz ehrlich, dass mich die bürgerlichen Figuren des Grass-Romans weniger interessieren, mein Interesse gilt der Hauptfigur des Oskar Matzerath. Für diesen habe ich nun einen jungen Hauptdarsteller, dessen Rolle so groß und kompliziert ist, dass ich mich hauptsächlich um ihn kümmern muss und für euch so gut wie keine Zeit habe. Das heißt nun für euch, dass ihr euch anstrengt und, was ihr sicher könnt, ohne meine Hilfe eure Rollen spielt und darüber hinaus noch außergewöhnlich gut sein müsst. Denn sonst seid ihr nicht im Film.«

Diese Drohung hat er übrigens bei einigen Schauspielern wahr gemacht. Der kleine David Bennent nützte indessen seine privilegierte Stellung mit kindlicher Unbekümmertheit aus, und als sein Vater ihn einmal zurechtwies, sagte der Kleine selbstbewusst: »Wenn der Film rauskommt, werde ich viel berühmter sein als du!«

Günter Grass, der Autor, kam anfangs einige Male zum Drehort. Er gab uns, wie mir schien, außerordentlich brauchbare Hinweise. Als wir die Szene drehten, in der Alfred Matzerath seine zweite Frau Maria, dargestellt von der wunderbaren Katharina Thalbach, während der Mittagspause auf dem Sofa besteigt, bestand Grass sehr intensiv darauf, dass dies keine so genannte Liebeszene sei, sondern eine gewalttätige, lieblose Rammelei, eine Fast-Vergewaltigung. Grass sprach von den durch die Bank negativen Figuren seines Buches, die jedoch, jede für sich, an einem bestimmten

Zeitpunkt einen positiven, ja heldischen Augenblick hätten, der sie menschlich, verständlich und interessant mache. Er erklärte Daniel Olbrychski, dem polnischen Darsteller des Jan Bronski, des geliebten Cousins der Agnes, dass für seine Figur jener Moment der wäre, in dem er kurz vor seiner Erschießung seiner geliebten Freundin die in seiner Hand verborgene Spielkarte, die Herzdame, zeigt, und in der Tat war dieser Augenblick einer der ergreifendsten und stärksten im ganzen Film. Zu mir sagte Grass, dass Alfred Matzeraths einziger großer Moment der sei, als zwei Beamte des Gesundheitsministeriums in seinen Kolonialwarenladen kommen, wo er den kleinen Oskar im Keller versteckt hält, und diesen in eine Anstalt für Krüppel und Geisteskranke einsperren wollen. Mit unerwartet todesverachtendem Mut tritt Alfred Matzerath, der Hahnrei und Nazi-Mitläufer, den beiden entgegen und schreit ihnen ins Gesicht, er sei »der Vater von dem Kind« und er lasse nicht zu, dass sein Sohn in ein solches Heim komme, wobei er selbst weiß, dass er gar nicht der Vater Oskars ist. Ich erinnere mich noch gut daran, wie ergreifend diese Szene bei der Mustervorführung, so nennt man die allabendliche Projektion des am Vortag gedrehten Filmmaterials, damals von allen empfunden wurde.

Man kann sich meine Enttäuschung vorstellen, als ich bei der ersten Vorführung des fertigen Films feststellen musste, dass diese einzige »heldische« Szene Alfred Matzeraths der Schere zum Opfer gefallen war. Als ich mich bei Schlöndorff nach dem Grund für den »Schnitt« erkundigte, nannte er die geschichtliche Tatsache, dass es zum Zeitpunkt dieser Begebenheit im Film, nämlich im Herbst 1944, keine solchen Anstalten, in die man Oskar sperren wollte, mehr gab. Ich weiß noch, dass ich verzweifelt einwandte, dass dies doch gar kein Mensch mehr wisse, dass es auch ganz unwichtig sei, aber man könne doch nicht einem solchen Einwand eine so wichtige und gelungene Szene einfach opfern. – Nun, die Szene blieb geschnitten und liegt heute auf meinem kleinen Friedhof des großen Bedauerns.

MIRIAM TOEWS: *EIN KOMPLIZIERTER AKT DER LIEBE* (ROMAN)
Wusstest du eigentlich, dass Günter Grass unser Volk grob nennt, hat er mich gefragt. So ein Arsch antwortete ich. Es sollte

witzig sein, aber Travis meinte, nein, das sei ein toller Schriftsteller, und ich hatte nicht die Energie für nähere Erläuterungen, also sagte ich nur, ja, klar, weiß ich.
Travis zeigte mir auf einer Landkarte in seinem Zimmer die Weichsel. Und Danzig, das auch Gdańsk heißt.

Ingo Blankenburg: *Zehn Tage* (Roman)
Ach, viel zu schnell gingen die guten Tage dahin, abends las ich, wenn die anderen fernsahen, Bücher, die ich in der Jugend versäumt oder nur angefangen hatte, der Geschmack ändert sich ja mit der Zeit. Sacher-Masochs *Venus im Pelz* hatte ich neben Manns *Lotte in Weimar* und Lenz' *Die Klangprobe* mitgenommen, wie üblich viel zu wenig, so daß ich noch Grass' *Unkenrufe* dazukaufte, eine bezaubernde Liebesgeschichte, die zwei ältere Menschen, einen deutschen Professor und eine polnische Restauratorin, zusammenführt. Nach mancherlei Ereignissen beendet ein Autounfall ihr spätes Glück. Auf einem Dorffriedhof liegen sie, ein weiter Blick über das Land, vielleicht sogar aufs Meer ist möglich: »Sie liegen gut da.« Schreibt Grass: »Laßt sie da liegen.«

Horst Bosetzky: *Küsse am Kartoffelfeuer* (Roman)
Obwohl sie sich nun schon im 90. Lebensjahr befand, registrierte sie alles mit wachem Sinn. Daß Johannes Rau neuer Bundespräsident geworden war (»Ich wähle ja auch immer SPD«), daß Günter Grass den Literaturnobelpreis bekommen hatte (»*Die Blechtrommel* ist ja stellenweise sehr frei gewesen«), daß Helmut Kohl in eine große Spendenaffäre verwickelt war (»Inge Kohl ist ja eine gute Freundin von mir, aber die war nicht verwandt mit ihm«) und daß Dagmar Berghoff zum letzten Mal die ›Tagesschau‹ präsentiert hatte (»Da muß ich direkt weinen, die hat ja so richtig zur Familie gehört«).

Günter Netzer: *Aus der Tiefe des Raumes*
In seiner Freizeit las [Bastrup] Grass und Böll, nicht etwa in seiner dänischen Muttersprache, sondern auf Deutsch. Das allein war manchem schon verdächtig. Unserem Mannschaftsarzt zum

Beispiel. Der kam nach der Untersuchung vor Bastrups Verpflichtung 1981 [beim HSV] ganz aufgeregt zu mir. »Du, ich glaube, der ist Kommunist.«

ANDRÉ HELLER: *DAS KÜHNSTE WAGEN*
Jetzt verfügt die WM neben dem offiziellen Bier- und Frittenlieferanten auch erstmals über einen offiziellen Kultursender, der auch außerhalb Deutschlands künstlerische Qualität im Namen der WM ausstrahlen wird. Dafür wünsche ich mir fußballsüchtige Moderatoren wie Daniel Cohn-Bendit und Günter Grass. Vielleicht bekommen wir eine Art literarisches Quartett zusammen, das allabendlich unter Harald Schmidts anarchischer Leitung über WM-Spiele diskutiert.

DANIEL HAAS: *KUNST-KICK AUF WEITEM FELD*
Am Ende kriegt er einen Fan-Schal umgehängt und man weiß nicht mehr so genau, wer hier wem die Reverenz erweist: der Club dem Nobelpreisträger oder umgekehrt. Günter Grass hatte im Hamburger Millerntorstadion gelesen, zweimal 45 Minuten lang, inklusive Verlängerung (drei Gedichte) – für den Dichter ein Heimspiel und für den FC St. Pauli sowieso.
Kein anderer Club hat derart treue Fans, man übt sich in der Kunst des Aufstiegs, wo man doch eigentlich Absturzvirtuose ist: Binnen nur drei Spielzeiten kickte sich der Kiez-Verein von der Bundesliga an den Oberliga-Abgrund. Deshalb musste der Dichter ran.
St.-Pauli-Präsident Corny Littmann, Chef der berühmten Reeperbahn-Bühne *Schmidt's Tivoli,* und seine Mannschaft dribbeln nicht das erste Mal geschickt zwischen Kunst und Kommerz, um den Club vor der Katastrophe zu bewahren. Legendär die Retter-Aktion, als der Verkauf bedruckter T-Shirts das finanzielle Aus verhindern konnte. Und jetzt Grass, der Libero der deutschen Autoren, ein Stürmer, ein Mahner im politischen Strafraum, auf kleiner, aber eindrucksvoll ins Grün platzierter Bühne, lesend aus dem Erzählband *Mein Jahrhundert.*

Den Fan-Schal gab es also nicht umsonst, zwei Halbzeiten lang musste der Dichterfürst aufspielen. Er tat es gern, las enthusiastisch-souverän, Dialekte imitierend, Lieder anstimmend, mal raunend, mal deklamierend. Ganz klar, er ist literarisch der erste Mann am Platz, auch wenn die *Mein Jahrhundert*-Texte ein wenig das Fluidum der Geschichtsstunde verströmten. Das Publikum – rund 1000 waren gekommen – war jung, die Generation Grass unterrepräsentiert. Die Anmerkung von Stadionsprecher Rainer Wulff bei der Begrüßung, er habe als Pennäler die *Blechtrommel* lesen *dürfen,* erntete einen verhaltenen Lacher – der Grass'sche Großroman, wer weiß es nicht aus Schulzeiten, ist kein postmodernes Lektürehäppchen, sondern, fußballfern gesprochen, großes Tennis.

Historisches also, für die Generation Golf allemal, aber mit wunderbarer Verve intoniert. Während der ersten Halbzeit durchmaß der 76-Jährige das weite Feld der Jahre 1903 bis 1930; sportlich nicht nur der Duktus des Lesenden, sondern auch die Themen: Von der Altonaer Fußball-WM zu Beginn des Jahrhunderts übers Berliner Sechs-Tage Rennen anno 1909 bis zu den legendären Fights von Max Schmeling führte der Leseparcours.

Sichtlich von der eigenen Rolle amüsiert, pfiff der Meister nach rund 45 Minuten ab, kurze Pause, dann weiter im Spiel. Littmann bat schuldirektorenhaft die Literatur-Eleven zur Fortsetzung der Lesestunde (»Kommt ihr bitte, wir machen weiter«), und dann folgte ein warmgelaufener Grass mit allem, was erzählerischer Realismus zu bieten hat: Spannende Szenen (WM-Finale '54), tolle Porträts (die Dassler-Brüder im Clinch), wechselnde Perspektiven (Kanzlerspion Guillaume in schizoider Zerrissenheit), subtile Kritik (ein Deutsche-Bank-Vorstand verkommt zum Punk) und viel Humor.

Zum Schluss des Lese-Matches drei Gedichte; das Finale bildete der *Tango Nocturno* aus der späten Gedichtsammlung *Letzte Tänze*. Standing Ovations waren Pflicht und Ehrensache, vom Zirkuszelt am Nebenplatz wehte sinnigerweise »We Are The Champions« heran – ein Omen vielleicht, denn, so weiß der Pauli-Fan, die Hoffnung stirbt zuletzt.

JEAN MICHEL JARRE: *MEINE MUSIK IST FÜR MICH SEX*
Aber ich möchte ja auch erstmal die Sprache und die Geschichte lieben, und nicht die Botschaft. Mein Gott, wir sind das Land von Camus und Sartre, von Philippe Sollers! Das ist eine reine, fesselnde Sprache. Solche Schriftsteller haben wir kaum mehr. Habt ihr noch einen Günter Grass?

MARIUS MÜLLER-WESTERNHAGEN: *VERSUCH DICH ZU ERINNERN*
Es gibt beeinflussende Bücher: Jerome D. Salinger, *Der Fänger im Roggen* zum Beispiel. *Die Blechtrommel* von Günter Grass war für mich sehr wichtig.

DIETER FORTE: *AUF DER ANDEREN SEITE DER WELT* (ROMAN)
Gegenüber lag die Kneipe, die alle Zwiebelkeller nannten, hier spielte einmal Flötchen-Geldmacher traumhafte Harmonien auf seiner Blockflöte, und Waschbrett-Günter, eigentlich Steinmetz, der im Mantel des Wirts Rausschmeißer war, aber ein berühmter Schriftsteller werden wollte, schlug mit harter Hand und zehn Fingerhüten virtuos das Waschbrett, machte Tempo, Jazz für gut zahlende Gäste, denn das Lokal war bekannt für die schärfste Gulaschsuppe der Welt, die man nach einer langen Alkoholnacht unbedingt zu sich nehmen mußte. Der Inhaber des Lokals, nebenbei Kunstliebhaber, hatte die Königsidee, alle Maler der Stadt auf einem großen Bild zu verewigen, was kurios war, denn eigentlich hätten die Maler die Menschen malen sollen in ihrer neuen Stadt. Nun ließen sie sich geduldig von einem der ihren malen, nahmen Freunde und Freundinnen mit auf und hingen so alle zusammen auf einem riesigen Bild in einer dunklen Kneipe.
Flötchen-Geldmachers Töne schwebten einsam durch die Straßen, Waschbrett-Günter wurde tatsächlich Schriftsteller, und die Maler hingen als Gesamtkunstwerk an der Wand und hatten versäumt, die Stadt und ihre Menschen zu malen. Ein großes trauriges Bild von der Vergeblichkeit der Kunst, über Jahre eindunkelnd, fast schwarz an der schwarzen Wand, vergessen, unbekannt.

In der Düsseldorfer Gaststätte »Csikos«, dem Urbild des »Zwiebelkellers« aus der *Blechtrommel,* ist Günter Grass in den fünfziger Jahren mehrfach mit einer

Jazz-Band aufgetreten, zu deren Mitgliedern seine Freunde Horst ›Flötchen‹ Geldmacher und Günther Scholl gehörten. In *Beim Häuten der Zwiebel* berichtet Grass, wie eines Abends Louis Armstrong ins »Csikos« gerät, aus dem Hotel seine Trompete holen lässt und mit dem Trio gemeinsam spielt: »Gewagt, doch mit traumhafter Sicherheit fügte sich das Quartett. Zwar spielten wir nur kurz, fünf oder sieben Minuten lang, zu viert – wann dauert Glück länger? –, aber mir ist dieser Auftritt, von dem kein Blitzlichtfoto Zeugnis gibt, noch immer im Ohr und vor Augen.« (X, 541)

JANA SCHEERER: *MEIN VATER, SEIN SCHWEIN UND ICH* (ROMAN)
Zu meinem dreizehnten Geburtstag bekam ich Günter Grass. In durchsichtige Folie gehüllt saß er in einem Sessel neben dem Geburtstagstisch. »Alle Vöglein sind schon da«, sangen meine Mutter und mein Vater. Günter Grass sang nicht mit. Das ging auch schlecht, wegen der Pfeife in seinem Mund, die sich wie eine Beule unter der Folie abzeichnete.

FRANK GOOSEN: *ICH UND DER BUTT* (ERZÄHLUNG)
Sein Name war Hecker, aber wir nannten ihn nur den Butt, denn von der Seite sah er aus wie der Fisch auf dem Buch von Günter Grass.

ERNST AUGUSTIN: *SCHWARZE BUCHMESSE* (ERZÄHLUNG)
Natürlich hatten auch einige weiße Länder ihre Stände aufgebaut, Spanier, Engländer, Schweizer, die anhand wunderbarer Kunstdrucke zeigten, wie man es wirklich macht. Wenn auch nur als ein Beispiel, das sowieso nicht zu erreichen ist, insofern sich also doch nichts ändern würde. Am schönsten und ganz in der Ecke der Münchner Stand mit ausgewählten Werken heimischer Dichter (an der Spitze selbstverständlich immer man selbst).
Denn wie man weiß, ist München glückliche Schwesterstadt von Harare und zeigte sich im Gepränge unerhörter Föhnansichten auf Glanzdruckpapier.
Und es war sogar ein Simbabwer Günter Grass vorhanden, der es immerhin zu einer (subventionierten) westlichen Druckauflage gebracht hatte. Der aber zum Preis von dreihundert Simbabwe-Dollar

wohl keinen einheimischen Käufer finden dürfte, so daß immer noch nichts bewegt wurde. Eines aber ist mir aufgefallen, es muß gar nichts bewegt werden, sie tun es selber!

CATHERINE COULTER: *BLOW OUT* (ROMAN)
    Ben sagte: »Sie äußerten, dass wir noch nicht viel herausbekommen haben. Nun ja, das ist nicht wahr. Das FBI glaubt zu wissen, wer der Mörder ist. Er nennt sich selbst Günter Grass, oder einfach Günter.«
    Margaret sagte verständnislos: »Der Schriftsteller? Der Mann, der Stewart umbrachte, ist Deutscher?«
    »Wir wissen nicht, welche Nationalität er hat. Günter Grass ist der Name, den er verwendet.«

MEGAN CRANE: *ENGLISH AS A SECOND LANGUAGE* (ROMAN)
    Wir beschlossen, eine Party zu machen.
    »Und warum nicht?«, fragte Christina. »Alle Partys, auf die wir gehen, sind langweilig.«
    »Du denkst also, wir sollten wieder dieselben Leute einladen, und es wird weniger langweilig sein?« Ich war nicht vollständig skeptisch, nur unglaublich ermüdet von Günter Grass' endlosem Roman, den ich zu beenden versuchte.

WOLF JOBST SIEDLER: *ERINNERUNGEN*
    In diesen sechziger Jahren war ich wieder einmal in der Niedstraße bei Günter Grass zum Abendessen. Er hatte kurz zuvor alles daran gesetzt, Peter Wapnewski und mich für die »Wählerinitiative« für Willy Brandt zu gewinnen, und wir hatten uns seinem Drängen unter allen möglichen Vorwänden entzogen. Bei mir hatte das wahrscheinlich weniger damit zu tun, dass ich meine Unabhängigkeit bewahren wollte, als dass mir das Engagement von Schriftstellern in der Politik immer peinlich war. Ich stand mit Willy Brandt vermutlich viel länger und auf vertrauterem Fuße als der Autor der *Blechtrommel*. Ich weiß noch, dass ich das Insistieren von Grass abzuwehren suchte, indem ich ironisch sagte: »Ich bin

ja so prononciert ein Mann der alten Welt, dass ich Wähler von Brandt nur abschrecken würde.« Wie Wapnewski sich aus der Affäre gezogen hatte, weiss ich nicht mehr, denn er stand eigentlich der Linken näher als ich.

Es waren sehr amüsante Stunden, und ich wunderte mich nicht, als mich wenig später Grass anrief, ob ich nicht Lust hätte, zu ihm zu kommen. Dieser Abend ist mir in deutlicher Erinnerung, es gab alles mögliche Federvieh in einem Sauerkrautkessel von Fasanen bis zu Rebhühnern. Grass holte mich an der verschlossenen Haustür ab, und während wir zusammen die Treppe zu seiner Wohnung hinaufgingen, fragte er, ob ich sein letztes Buch schon gelesen habe, eine Lektüre, die ich wie viele Bücher von Grass nach fünfzig Seiten abgebrochen hatte. Ich schenkte ihm nicht reinen Wein ein und hob auf sein Fragen nur die Arme: »Aber, Herr Grass, so etwas dürfen Sie mich doch nicht fragen.« Grass beharrte: »Ich will ja nur wissen, ob Sie das Buch kennen, Sie brauchen gar nicht zu sagen, wie es Ihnen gefallen hat.« Ich wehrte wieder ab. Während des ausnehmend temperamentvollen Zusammenseins, an dem zwei oder drei Freunde von Grass teilnahmen, erzählte er eine amüsante Geschichte nach der anderen. Bald nach Mitternacht brach ich auf, und Grass musste mich wieder an die verschlossene Haustür bringen. »Die Geschichten, die Sie so mochten«, sagte Grass, »stammen übrigens alle aus jenem Buch, das Sie angeblich gelesen haben.« Die Partie war an ihn gegangen.

Mein Verhältnis zu Grass ist noch heute zwiespältig. Er war mir der kraftvollste Erzähler der neuen Literatur, darin vielleicht Céline vergleichbar, dem Malraux ein unsauberes Genie nachsagte. Neben den großen Passagen aus der *Blechtrommel* oder aus dem *Treffen in Telgte* wirkten die Romane von Böll, Walser oder Lenz fast schwächlich. Auch war mir das politische Engagement von Grass eigentlich sympathisch, seine Leidenschaft, sich für eine Sache oder einen Mann rückhaltlos einzusetzen, beeindruckte mich. Aber der Fluss seines uferlosen Erzählens schien mir sehr häufig unkontrolliert und unrein zu sein, man wusste nie recht, warum er an einer bestimmen Stelle den Schlusspunkt gesetzt hatte, ebenso gut hätte er noch fünfzig oder hundert Seiten weiterschreiben können. Seinem Erzählen fehlte es nicht an Genie, sondern an Selbstdisziplin, und dieser Zug zum Uferlosen verstärkt sich in seinen letzten Büchern, ob es nun *Mein Jahrhundert* oder *Im Krebsgang* ist. Sie folgen einander in immer schnellerem Abstand. Man pflegt solche Schriftstellerei kraftvoll zu nennen, und Kraft hat Grass wirklich im Übermaß. Aber es fehlt ihm der Kunstverstand, den selbst die schwachen Bücher Thomas Manns besitzen.

Indem ich diese Sätze schreibe, merke ich, dass meine Maßstäbe eben doch aus dem Anfang des vergangenen Jahrhunderts kommen, und vermutlich steht das hinter meinem generellen Missverhältnis zur Romanliteratur der Gegenwart.

JOACHIM FEST: *BEGEGNUNGEN*

Sooft sich einer seiner Freunde über seine »Küchenweisheiten« lustig machte, erwiderte [Johannes Gross] mit der ironischen Gravität, die er gern hervorkehrte, er gehe in allen Lebensdingen: bei Tisch, in der Literatur, im Theater oder sonstnochwo seit längerem nie mehr unter ein gewisses Niveau.

Infolgedessen überraschte es kaum, als er eines Tages verkündete, er habe sich zum Abschied von der zeitgenössischen Literatur, zumal der deutschen, entschlossen. Die ewige Introspektion kleiner Leute in kleine Bewandtnisse habe ihn noch nie interessiert, doch habe er jetzt erst die Trennung vollzogen: Böll und Grass würden nach ein, zwei Generationen genauso vergessen sein wie heute Paul Heyse oder Carl Spitteler. Mitgewirkt habe bei seinem Entschluß die Erkenntnis, daß in neuer Zeit überdies in fast jedem Literaten ein politischer Dummkopf stecke, dessen öffentliches Engagement genauso hoch zu schätzen sei wie das literarische Engagement der Politiker: »Die politische Prosa von Günter Grass«, schrieb er, sei »den Erzählungen von Rainer Barzel ebenbürtig.«

KLAUS MODICK: *VATERTAGEBUCH*

Im Geschichtsunterricht liest Marlene einige Kapitel aus Günter Grass' *Mein Jahrhundert*. Das sei »voll der Schrott«, für den Geschichtsunterricht zwar halbwegs akzeptabel, weil's ja immerhin um bestimmte, historische Ereignisse gehe, geschrieben aber sei es »mega-unterirdisch«, und auch bei geschichtlichen Texten dürfe man doch wohl ein gewisses sprachliches Niveau erwarten. Es sei gewiß nicht leicht gewesen, sich hundert Geschichten zu hundert Jahren und hundert historischen Ereignissen aus den Fingern zu saugen, aber immer, wenn Grass nichts mehr eingefallen sei, und das sei häufig der Fall gewesen, habe er »irgendwelche ungebildeten Hausfrauen labern lassen« oder, noch unerträglicher, sich selbst in den Geschichten gefeiert. Wenn man nun noch bedenke, daß Grass das ganze Zeug gar nicht selber recherchiere, sondern dafür irgendwelche Studenten und Assistenzkreaturen als Zuträger beschäftige (das habe nämlich die Kustodin des Grass-Hauses in Lübeck erzählt und zwar so, als sei dies Zuträgertum eine besonders tolle Leistung), wenn man also bedenke, daß dieser Autor eigentlich nur in seine krumme Sprache presse, was nicht mal auf seinem eigenen Mist gewachsen sei, dann sei das, mit einem Wort, megaschlapp. Einer wie ich recherchiere doch schließlich auch selber; oder hätte ich in Sachen Kreta etwa Studenten bezahlt, die mir Futter fürs Buch geliefert hätten? Nicht? Na bitte. / Ach, ich hätte sie küssen können, meine kluge und in der Empörung noch schönere Tochter!

STEVE CRAWSHAW: *LÄSSIG ZUR NORMALITÄT*
Vor allem wenn es um die Erinnerung an die Geschichte geht, ist Deutschland heute anders. In zurückliegenden Jahren ignorierten jene Deutschen, die das Leiden ihres eigenen Landes nach 1945 betonten, oft die Verbrechen der Deutschen während des Dritten Reichs. Andererseits scheuten jene Deutschen, die sich mit den historischen Verbrechen beschäftigten, das Eingeständnis, dass auch Deutsche gelitten hatten. Die Bücher *Im Krebsgang* von Günter Grass und *Der Brand* von Jörg Friedrich haben diese unnatürliche Symmetrie beendet.

GÜNTER GAUS: *WIDERSPRÜCHE*
Auch Günter Grass schickte [nach meinem Reitunfall] einen Brief ans Schmerzenslager: »Lieber Günter Gaus, es fällt mir sehr schwer, Dich liegend und nicht umhergehend zu begreifen ... Vielleicht neigst Du jetzt dazu, Deinen unbeweglichen Zustand in Verbindung mit Deinem vierzigsten Geburtstag zu sehen. Trotzdem möchte ich ... raten, nicht zur Bibel-Lektüre zu greifen (sosehr sich

Herbert Wehner über das rasche Ergebnis seines Geburtstagsbriefs freuen würde). Deinem Witz, Deiner Ironie und Deiner Klarsicht wäre eher, so meine ich, Heine-Lektüre angemessen. (Es muß ja nicht gleich *Die Matratzengruft* sein.) Willy Brandt erzählte mir von Deinem Mißgeschick. Es mag Dich amüsieren, daß Dein Arbeitsausfall sozialdemokratischen Politikern wie eine ernsthafte Gefährdung der Regierungskoalition schmeckt. Während der letzten Jahre haben wir uns befreunden dürfen. Ich muß das so geschwollen dankbar formulieren, weil es um die vierzig herum schwierig, ja oft unmöglich erscheint, befreundet zu sein. Vielleicht gelingt es uns, wenn wir behutsam genug sind, diese Freundschaft in das neue Jahrzehnt einzubringen. Ich wünsche es Dir und mir, Dein Günter Grass.«

Unsere Freundschaft hat das nächste Jahrzehnt überdauert. In den achtziger Jahren ist sie dann abhanden gekommen. Sie wurde wortlos beiseite geräumt. Es hat mich gekränkt.

HELLMUTH KARASEK: *AUF DER FLUCHT*

Im August 1995 erschien der *Spiegel* mit einem Titel, auf dem Marcel Reich-Ranicki ein Buch sozusagen in der Luft zerreißt. Es war der neue, groß angekündigte Roman von Günter Grass, *Ein weites Feld*. Ich war eigentlich schuld am Titelbild, weil ich bei einer Geburtstagsfeier für Reich-Ranicki auf einem Ü-Wagen des ZDF in Frankfurt eine riesengroße Fotocollage gesehen hatte, auf der Reich-Ranicki überlebensgroß ein Buch wie eine Ziehharmonika auseinander zieht, also in der Luft zerreißt: ein witzig polemisches Bild, ohne ein konkretes Buch als »Opfer«. Das wählte nun der *Spiegel* zum Titelbild, nachdem ich ihnen die Vorlage besorgt hatte.

Als die ersten Exemplare druckfrisch am Samstag Nachmittag beim Pförtner im Spiegelhaus an der Brandstwiete angekommen waren – Redakteure können sie sich vorzeitig abholen –, hatten wohl auch Grass-Freunde Wind von der Sache bekommen. Drei ältere freundliche Herren, offenbar linke Sozialdemokraten oder Gewerkschafter, standen vor dem zugigen Eingang des dreizehnstöckigen Hochhauses. Und: Fernsehkameras des NDR und ZDF, die die Auslieferung der ersten Exemplare festhalten sollten – das *Literarische Quartett* war damals auf dem Höhepunkt seiner öffentlichen Wirkung, und seine Sendungen waren vor allem im Zusammenhang mit Grass für Empörung gut. Am Donnerstag dieser Woche sollte das Quartett den neuen Grass besprechen: einen Roman zur deutschen Wiedervereinigung, zu Fontane und zur Treuhand, inklusive Aufarbeitung des Rohwedder-Mordes – das übrigens in einer recht infamen Weise. Die drei freundlichen älteren Herren hielten ein Protestplakat hoch – etwas gegen das Bücherzerreißen, das in Deutschland hässliche Assoziationen an Bücherverbrennungen wachrief (wieder lauerte das Schlag- und Totschlagwort »faschistoid« hinter der zugigen Ecke an der Ostweststraße). Ich unterhielt mich freundlich mit den freundlichen Demonstranten, fragte freundlich, ob das nicht etwas (etwas!) übertrieben sei. Die Kameras filmten, weil sie schon mal da waren. Das Ganze war eine klitzekleine, leise Angelegenheit, die vielleicht fünf Minuten dauerte; dann trollten sich alle, den neuen *Spiegel* unterm Arm.

Am Abend liefen die Bilder der Demonstranten, die mutig, wenn auch windschief vor der Glasfront des *Spiegel* standen, als eine wichtige Meldung über die TV-Nachrichtensendungen im Ersten, im Zweiten, in den Dritten, bei den Privaten. Aus einer Protest-Mücke wurde ein Medien-Elefant. Und in den Köpfen der Leute prägte sich ein: Der *Spiegel* hat den größten deutschen Schriftsteller (der damals noch kein Nobelpreisträger war) unfair attackiert, verfolgt, sein Buch zu vernichten versucht, noch ehe es richtig erschienen ist. Fest steht, dass das Buch durch den *Spiegel*-Titel, die sich daraus ergebende *Spiegel*-Schelte (allmächtiges Presse-Organ gegen Einzelkämpfer Grass), die *Quartett*-Sendung in der gleichen Woche, die erneute Empörung über den *Quartett*-Verriss des Buchs einen riesigen Verkaufserfolg erzielte. Ob der »Nobelpreis« diesem TV-Spektakel zu verdanken ist? Ganz gewiss nicht! Die Begründung hebt ausdrücklich die *Blechtrommel* von 1959 hervor. Aber ob die Komitee-Mitglieder nicht auch das Bild im Hinterkopf hatten, der große Roman (oder besser gesagt: dicke Roman) über die Wiedervereinigung habe eine Presse- und TV-Kampagne gegen sich erlebt? Das könnte ein Spurenelement in der Masse der Gründe für den Preis sein, höchstens. Aber immerhin. Wo viel Rauch ist, vermutet der Volksmund, ist auch viel Feuer. Das Fernsehen ist ein Medium für viel Rauch und zündet dadurch viele Feuer an.

2005

MARCEL REICH-RANICKI: *ICH BIN BISWEILEN BOSHAFT*
Ich habe oft gesagt, dass ich immer, wirklich immer zur Versöhnung bereit bin, und zwar mit allen, mit denen ich zerstritten war oder bin. Ich habe noch nie eine zu mir ausgestreckte Hand zurückgewiesen. Noch nie. Ja, mit Grass ist es zu einer Art Versöhnung gekommen. Wir sind uns in Lübeck begegnet, übrigens war die Begegnung nicht zufällig, sondern organisiert. Er hat zu dem Buch, das jetzt aus Anlass meines Geburtstags erscheint, ein rührendes Prosastück beigesteuert.

In dem Beitrag, den Günter Grass für den Band *Begegnungen mit Marcel Reich-Ranicki* geschrieben hat, heißt es: »Als er mich vor Jahresfrist nach längerem und dröhnendem Schweigen in Lübeck besuchte, waren wir beide ein wenig gerührt. Der wechselseitigen Abhängigkeit bewußt, gingen wir schonend miteinander um. Sein Sohn war dabei und machte Fotos von uns, aus denen leider, wie später zu hören war, nichts wurde. Die ihm nachgesagte Unerbittlichkeit ist, so schien mir, von den Rändern her ein wenig faserig, durchsichtig geworden; das macht ihn umgänglicher. Er stellte sogar Fragen, vermutlich aus aufkeimendem Selbstzweifel. Ich hätte ihn umarmen sollen. Das sei hiermit nachgeholt. / Noch haben wir Zeit für weitere Mißverständnisse und Liebesbeteuerungen.« (S. 42f.) Der Herausgeber des Bandes, Hubert Spiegel, hatte Reich-Ranicki den Text von Grass noch vor Erscheinen des Buches gezeigt, woraufhin der Jubilar mit den Worten reagierte: »Grass hat recht. Wir hätten einander wirklich umarmen sollen.« (ebd., S. 12)

THOMAS GOTTSCHALK: *ZUM 85. GEBURTSTAG VON MRR*
Mit der guten Absicht des Volksschullehrers, der den Heimatdichter in die Deutschstunde einlädt, habe ich als Grundschulpädagoge der Nation auch Günter Grass ein Sofaplätzchen vor fünfzehn Millionen Deutschen angeboten. Er hätte was draus machen können. Ich hätte notfalls sogar auf dumme Fragen verzichtet, und wir hätten ja vielleicht einen Kandidaten aufbieten können, der den Butt an seinen Gräten erkennt, aber nein, unsere Bitte blieb unerhört.

Auf Wunsch von Reich-Ranicki war Thomas Gottschalk einer der Redner bei den Geburtstagsfeierlichkeiten in der Frankfurter Paulskirche. In seiner Autobiographie schreibt Gottschalk, dass ihn die Anwesenheit der »gesamte[n] deutsche[n] Dichterelite samt Kritikerfürsten« zunächst nervös machte: »Es lief aber dann überraschend gut: Ich bekam, was mich bei diesem Publikum wunderte, alle Lacher dort, wo ich sie erhofft hatte, vor allem an der Stelle, wo ich mich über Günter Grass lustig machte.« (*Herbstblond*, S. 221)

JÖRG MAGENAU: *EINE VERBALE OHRFEIGE*
Im Suhrkamp Verlag machte damals eine Geschichte die Runde, die sich bei Unseld in der Klettenbergstraße zugetragen haben soll. Vor versammelten Autoren wurde ein Film über Frisch gezeigt. Auch Reich-Ranicki war eingeladen, kam aber zu spät und entschuldigte sich damit, er habe Grass' neues Buch lesen müssen, das läppisch sei und unerträglich. Frisch erwiderte: »Herr Reich-Ranicki, Sie sind ein Arschloch.« Reich-Ranicki sei ganz still geworden, habe nichts gesagt, sei auch nicht gegangen. Er habe die verbale Ohrfeige akzeptiert. Erleichtert wurde diese Anekdote im Verlag kolportiert. Es war also möglich, dem mächtigen Kritiker Paroli zu bieten. Frisch zumindest konnte es sich erlauben.

STEFAN AUST: *UNSER TITELHELD – EIN REISSER*
Gewiß war der Titel mit dem spektakulären Verriß jenes Grass-Romans, der mit dem berühmten Fontane-Wort *Ein weites Feld* im Titelwappen ein episches Resümee der deutschen Wiedervereinigung versucht, der spannendste der drei großen Reich-Ranicki-Auftritte in unserem Magazin. Es war auch der einzige, der noch vier Jahre später öffentlich diskutiert wurde – 1999, als Grass den Literaturnobelpreis erhielt. Und der, für eine Titelgeschichte aus der Kulturredaktion eher ungewöhnlich, die Chefredaktion tagelang in Atem hielt.

Ursprünglich war geplant, die Kritik von Reich-Ranicki durch einen Teil-Vorabdruck aus dem Roman und ein Gespräch mit Grass zu ergänzen. Aber als die Romankapitel gleich auf drei Ebenen des Hauses mit Glanz und Gloria durchgefallen waren – Herausgeber, Chef- und Kulturredaktion fanden die Prosa öde und banal – und Rudolf Augstein daraufhin fand, selbst ein kritisches Gespräch mit dem Autor sei zuviel der Ehre für solch ein Machwerk, blieb nur der Text von Reich-Ranicki übrig. Dadurch wurde aus dem Grass-Titel endgültig ein weiterer Reich-Ranicki-Titel, von dem vor allem die Titelbild-Collage provozierte. Die Redaktion fand sie als metaphorische Illustration zu Reich-Ranickis berühmtem Buch *Lauter Verrisse* (1970) durchaus angemessen. Etliche Leser hielten das Bild, das ein ZDF-Werbeplakat für das *Literarische Quartett* zitierte (»Wer gerne liest, sollte öfter mal fernsehen«), tatsächlich für ein authentisches Foto und zeigten sich empört, daß Reich-Ranicki es gewagt hatte, sich bei einer offensichtlichen Buchschändung fotografieren zu lassen, die doch an die Bücherverbrennung der Nazis erinnere. Reich-Ranicki selbst gab 1999 zu Protokoll, ihn habe seinerzeit vor allem die massive »Wirkung« des Titelbildes »gestört« – »weniger das Bild selber«, und im übrigen sei er bei der Festlegung der Titelgestaltung im Urlaub gewesen und verfüge auch gar nicht über die »Kraft, die man braucht, um ein dickes, ordentlich gebundenes Buch in zwei Hälften zu reißen« – eine Bemerkung, die angesichts einer offensichtlichen Karikatur ohne Anspruch auf realistische Spiegelbildfunktion ja nur ironisch gemeint sein konnte. So ironisch wie die trauliche Anrede »Mein lieber Günter Grass ...« als Aufgalopp jener gnadenlosen Kritik war, mit der Reich-Ranicki damals immerhin 35 Jahre Grass-Kritik krönte – 1960 war in der *ZEIT* seine erste Grass-Kritik, an der *Blechtrommel,* erschienen. Auch das machte diesen *SPIEGEL*-Titel so denkwürdig: Er enthielt nicht das Verdikt irgendeines Rezensenten, sondern das Urteil des prominentesten deutschen Grass-Kritikers überhaupt. Der Kern dieses Urteils – die Helden des Romans seien nicht lebendig gezeichnet, sondern dienten dem Autor oft nur als Sprechpuppen, die seine Ansichten zum deutschen Einigungsprozeß formulierten – hat Bestand bis heute.

Einheits-Skeptiker Grass hat 1990 gesagt, wer Antworten auf die deutsche Frage suche, müsse »Auschwitz mitdenken«. Und dann kritisiert ausgerechnet Marcel Reich-Ranicki, der seine Eltern in Treblinka verlor und selbst im Warschauer Ghetto litt, jenen Roman in Grund und Boden, der – Auschwitz »mitdenkend« – an der deutschen Einheit kaum ein gutes Haar läßt. Das hatte sich Grass gewiß anders vorgestellt. Und das vor allem war es wohl, was den Autor selbst damals tief verletzte – seiner öffentlichen Empörung über das an sich harmlose Titelbild (warum eigentlich soll man ein einzelnes schlechtes Buch nicht in zwei Hälften reißen dürfen?) trauen wir nicht über den Weg. Bis heute nicht.

Ein kleines, bis jetzt gehütetes Redaktionsgeheimnis sei hier noch gelüftet: Reich-Ranicki befand sich zwar im Urlaub, als die

Wahl des Titelbild-Motivs auf jenes ZDF-Plakat fiel – aber er ist, als wir ihn deswegen anriefen, durchaus ans Telefon gegangen.

MARCEL REICH-RANICKI: *DAS BERÜHMTE TITELBILD*
Heute weiß ich es: Ich hätte mich um das Bild kümmern und die Fotomontage verhindern sollen. Daß ich es nicht getan habe, bedauere ich.

PETER O. CHOTJEWITZ: *LIEBER RUNTERKIPPEN*
Einen einigermaßen akzeptablen Text muss man zu sich nehmen wie einen trinkbaren Wein. Also erst mal schnüffeln, dann auf der Zunge zergehen lassen etcetera. Dass die Romane von Martin Walser oder Günter Grass, um nur zwei Beispiele zu geben, für diese sozusagen literarische Weinprobe ungeeignet sind, sagt alles über ihre Qualität aus. Der Unterschied zwischen guter und schlechter Literatur ist ganz einfach festzustellen: Die eine wird besser, wenn man sie langsamer liest, und die andere muss man schnell runterkippen, sonst wird einem sofort schlecht und nicht erst hinterher.

MAXIM BILLER: *GRASS* (KURZGESCHICHTE)
Weniger als eine Sekunde nach seinem Tod fand sich der Dichter Katzenstein in der Hölle wieder. Katzenstein hatte zwar das Getto von Lodz, Treblinka und seine ewig aus dem Mund riechende Frau Scheindel überlebt, aber er hatte es trotzdem nicht anders verdient. Seine Gedichte, in denen sich auf Geld immer Held reimte und auf Hitler Kitzler, waren für das jüdische Volk eine noch größere Schande gewesen als die Ermordung von Jitzchak Rabin oder die Figur von Monica Lewinsky.

Die Hölle sah aus wie das Besprechungszimmer eines modernen Unternehmens. Katzenstein mußte allein an einem langen Tisch Platz nehmen und mehrere Jahre warten. Die Qualen, die er dabei ertrug, waren unvorstellbar. Sie gaben ihm nichts zu lesen, und schreiben durfte er auch nicht, schon gar nicht Gedichte. Schließlich kam jemand, der genau wie Katzensteins Ehefrau Scheindel aussah, und sagte: »So, und jetzt wirst du mit Günter Grass über die deutsche Schuld diskutieren!«

»Was gibt es da zu diskutieren?« erwiderte Katzenstein verzweifelt, doch da wurde Günter Grass bereits hereingeführt – von zwei weiteren finsteren Gestalten, die Scheindel aufs Haar glichen.

Noch bevor Katzenstein etwas sagen konnte, begann Günter Grass zu schreien: »Ich bereue, seit ich fünfzehn bin! Ist das nicht genug? Ist die Hölle etwa auch in jüdischen Händen?«

Daraufhin wurde er sofort wieder weggebracht, und Katzenstein blieb wieder ein paar Jahre allein. Als er vor Langeweile nicht mehr ein noch aus wußte, ging die Tür auf, und Günter Grass stolperte herein.

»Ach«, sagte Katzenstein ehrlich erstaunt, »ich dachte, man hätte Sie laufen lassen.«

»Nein, leider«, sagte Günter Grass traurig. »Irgendeiner hier unten hat meine Bücher jetzt noch einmal richtig gelesen.«

WIGLAF DROSTE: *LYLÜ, LYRIK IN LÜBECK*

Günter Grass, das ist Literatur als Strafe, als Rache an der Schönheit der Welt, an der er nicht teilhat – Altpapier schon vor dem Druck. Wie kann man über etwas so Schönes so eklig schreiben?

UWE TIMM: *DER FREUND UND DER FREMDE* (ERZÄHLUNG)

Eine These von Helmut Heißenbüttel, angestrichen steht sie in dem Februarheft *Akzente,* 1961. Wir hatten die Beiträge eines in diesem Heft veröffentlichten Berliner Symposiums gelesen und diskutiert, Thesen zur Lyrik unter anderem von Grass, Heißenbüttel, Rühmkorf, Höllerer und Franz Mon.

[Benno Ohnesorg] neigte Franz Mon und Helmut Heißenbüttel zu, die das Experiment, die Arbeit am Sprachstück, betonten. Ich neigte eher den Thesen von Grass zu, der das Gelegenheitsgedicht, also das von spontanen Erfahrungen gesättigte Gedicht, lobte.

MICHAEL KLONOVSKY: *LAND DER WUNDER* (ROMAN)
»Wie, du weißt nicht, was APO ist?«
»Ach Gott, ich wusste bis vor kurzem auch nicht, wer Günter Grass ist.«
»Wie, du wusstest nicht, wer Grass ist?«

MARTIN SCORSESE: *MEIN ERSTES BUCH*
Ich komme ja aus einer Familie, wo es nicht viele Bücher gab – das erste Buch, das ich las, war die *Blechtrommel* von Günter Grass.

JONATHAN S. FOER: *EXTREM LAUT UND UNGLAUBLICH NAH* (ROMAN)
Wie wäre es mit einem Teekessel? Wie wäre es, wenn die Tülle beim Austreten des Wasserdampfs wie ein Mund auf- und zuklappte und hübsche Melodien pfiffe, Shakespeare aufsagte oder einfach mit mir ablachte? Ich könnte auch einen Teekessel erfinden, der mir zum Einschlafen mit Dads Stimme etwas vorliest, vielleicht auch einen ganzen Haufen Kessel, die im Chor den Refrain von »Yellow Submarine« singen, einen Song der Beatles, die ich wahnsinnig gern mag, denn die Entomologie ist eine meiner *raisons d'être,* und das ist eine französische Redewendung, die ich gelernt habe. Eine super Idee wäre auch, meinem Hintern beizubringen, beim Furzen zu sprechen. Ganz besonders komisch wäre es, ihm beizubringen, dass er jedes Mal »Das war ich nicht!« sagt, wenn ich einen unglaublich fiesen Furz loslasse. Und wenn ich je einen unglaublich fiesen Furz im Spiegelsaal loslassen sollte, der in Versailles ist, das bei Paris ist, das in Frankreich ist, versteht sich von selbst, würde mein Hintern sagen: »*Ce n'était pas moi!*«

> Der Erzähler in Foers Roman, der neunjährige Oskar Schell, ist ein Nachfahre von Oskar Matzerath. In einem Interview äußerte Foer über die *Blechtrommel:* »Es war eines meiner absoluten Lieblingsbücher. Und es hatte viel damit zu tun, weshalb ich überhaupt Schriftsteller wurde. Und dieser Oskar und jener Oskar haben etwas gemeinsam.«

MICHAŁ WITKOWSKI: *LUBIEWO* (ROMAN)
Ein alter Kunde, Dieter, *Die Rättin* von Günter Grass in Zeitung eingeschlagen unterm Arm, schlurft durch die Kneipe wie ein Pro-

fessor. In einem schäbigen Jackett. Mit Pfeifchen. Aber der weiß selbst nicht, was er will.

Der im Homosexuellenmilieu spielende Roman – ein »Tuntenroman«, wie es im deutschen Klappentext heißt – löste bei seinem Erscheinen in Polen einen Skandal aus. Mittlerweile ist der Roman in zahlreiche Sprachen übersetzt.

Falko Hennig: *Entjungferung bei Johnny Cash* (Erzählung)
Ich hatte noch nie Sex gehabt. Tatsächlich war auch Literatur daran Schuld, dass ich so lange ungefickt blieb, es gab ja keine Pornos, aber in der Literatur gab es so »Stellen«, bei *Katz und Maus* von Günter Grass onanierte einer mit riesigem Glied im Kreise seiner Freunde auf einem Schiffswrack bei Danzig. Bei Charles Bukowski war alles noch eindeutiger. Und ich las sowieso gern und praktizierte die Technik, die als »einhändiges Lesen« in der Fachliteratur erwähnt wird.

Peter Glotz: *Von Heimat zu Heimat*
Als Günter Grass mir in meinem ersten Bundeswahlkampf, 1969, in einer fulminanten Versammlung in einem großen Zelt in Germering half, begegnete ich einem, der wirklich schon vielen Deutschen bekannt war. Er war lässig, wie es damals hieß, »cool« würde man heute sagen. Nicht er war mühsam, ich war es.

Imre Kertész: *Tagebuch*
Gestern Freie Universität Berlin; noch eine Ehrendoktorwürde, könnte ich hochmütig sagen. Der andere Ehrendoktor war Günter Grass, dieser seltsame Mensch.

Oskar Lafontaine: *Peinlich*
Grass, tja. Er hat diese unglaubwürdige Entwicklung der SPD mitgemacht. Er hat mal Kriege befürwortet, sie mal abgelehnt. Er hat im vergangenen Jahr diese Plastik mit dem verbogenen Revolver im Kanzleramt mit übergeben – in jenem Jahr, in dem die rot-grüne Koalition die Waffenexporte nochmals gesteigert hatte.

Ich kann bei Grass keine Linie mehr erkennen, nicht in der Friedenspolitik, nicht in der Sozialpolitik. Er hat diesen Aufruf, mit dem einige Millionäre die Hartz-IV-Reformen verteidigten, mit unterschrieben. Er hat den Armen zugerufen: Ihr müsst verzichten! Das ist für unser Land überlebensnotwendig! Peinlich.

HELMUT KOHL: *ERINNERUNGEN*
Diese Solidaritätsäußerungen für unsere Landsleute wurden zum Aufhänger einer infamen Angst- und Neidkampagne, mit der die Bundesbürger gegen ihre Landsleute aus der DDR aufgehetzt werden sollten. Oskar Lafontaine, Ministerpräsident des Saarlandes, sprach von einem Zugriff auf die sozialen Sicherungssysteme der Bundesrepublik und schlug vor, nur noch solche Übersiedler aufzunehmen, die sich bereits von der DDR aus Wohnung und Arbeit im Bundesgebiet gesichert hätten. Ins selbe Horn stießen zahlreiche Linksintellektuelle wie Günter Grass, die in Offenen Briefen und Unterschriftenaktionen vor den »ökonomischen Folgen eines hastigen Anschlusses der DDR an die BRD« ebenso warnten wie vor der Wiederkehr eines »großdeutschen Nationalismus«.

WOLFGANG THIERSE: *FREUNDSCHAFT MIT POLEN*
Erst jetzt, wo wir das Verhältnis zu Polen als geklärt empfinden dürfen, kann die schweigende Mehrheit der damals vertriebenen Deutschen ihre Erinnerungen pflegen, ohne dass sie fürchten müssten, Wasser auf die Mühlen von Demagogen zu leiten. Dass wir heute wieder mehr über die unmittelbare Nachkriegszeit sprechen, ist ein gutes Zeichen und kein schlechtes. Zu den bedeutenden Persönlichkeiten, die in Deutschland zu einer neuerlichen Beschäftigung mit dem Schicksal der Vertriebenen angeregt haben, gehört Günter Grass. Kann wirklich jemand glauben, einem Günter Grass sei an einer Relativierung der Nazi-Verbrechen in Polen gelegen?

WIGLAF DROSTE: *NEUES VOM WAHLFANG*
Günter Grass, der Butt mit Stinkepfeife, hausmeistert wieder durchs Land; wie Uranus in Schlappen und Bademantel schlurft

er durchs ewige Ollenhauer-Haus und knöttert vor sich hin: SPD, SPD! Weil Grass die Futterluke nicht geschlossen halten kann, tischt er zum hundertsten Mal die Einschüchterungsfrase auf, niemand dürfe jetzt schweigen, und für die Folklore hat er den Betriebsmitmischer Feridun Zaimoglu angemietet. Sozialdemokratische Langeweiler heulen über »Politikverdrossenheit«, und ihre Journalisten finden das »unglaublich spannend«. Wie doof darf man eigentlich sein in Deutschland?

JOHANNES RAU: *BRIEF AN GÜNTER GRASS*
Lieber Günter, / zum Geburtstag viele gute Wünsche! Hoffentlich hast Du Dich von allen Anstrengungen, die mit Deinen Einsätzen im Wahlkampf verbunden waren, inzwischen wieder richtig gut erholt! Aber auch trotz Deines Engagements haben sich zu viele Menschen nicht einmal die Mühe mit dem Kreuz auf dem Stimmzettel gemacht ... – die allgemeine Politikverdrossenheit ist leider groß und ich fürchte, daß sie nach dem 18. September noch zugenommen hat.

GERHARD KÖPF: *BRIEF AN GÜNTER GRASS*
Lieber Günter, / mit Freude las ich von der Arbeit an Deiner Autobiographie der frühen Jahre. Ich freue mich auf dieses Buch.

2006

ANONYMUS: *Günter Grass ist Deutschlands Nummer 1*
Günter Grass ist Deutschlands Intellektueller Nummer 1. Dies ist das Resultat eines Rankings des politischen Monatsmagazins *Cicero*. Der Literatur-Nobelpreisträger rangiert damit noch vor TV-Entertainer Harald Schmidt, der sich zwar in den vergangenen Jahren zum Liebling der Feuilletons gemausert hat, aber eben nur Grimme-Preise zu bieten hat. Literaturpapst Marcel Reich-Ranicki schaffte es auch ohne eigene Fernsehsendung auf Rang 3.

PASCALE HUGUES: *Deutsche und Franzosen*
Florian Langenscheidt gibt ein umfassendes Kompendium *Das Beste an Deutschland* heraus und nennt den Deutschen 250 Gründe, auf das eigene Land stolz zu sein. Sie reichen von der kleinen blauen Niveadose und der Brezel über die Anzüge von Hugo Boss und die Birkenstocksandalen bis zu Günter Grass und Boris Becker. Man stelle sich einmal vor, die französische Identität würde sich von den Michelinreifen, dem Senf Amora, Bernard-Henri Lévy und Gérard Depardieu ableiten! Franzose und damit zufrieden sein ist dasselbe.

HANNES STEIN: *Enzyklopädie der Alltagsqualen*
Als 1970 im gesamten Ostblock der hundertste Geburtstag des Begründers der Sowjetunion gefeiert wurde, kursierte hinter vorgehaltenen Händen in der DDR folgender Witz: »Ich lese die Zeitung, und wen seh' ich? Lenin. Ich drehe das Radio auf, und wen höre ich? Lenin. Ich schalte den Fernseher an, und wer grinst mir entgegen? Lenin. Langsam kriegt man ja Angst, ein Bügeleisen anzumachen!« Ähnliches ließe sich über Günter Grass sagen.

KARL-HEINZ RUMMENIGGE: *Nachtreten*
Mich überrascht in Deutschland gar nichts mehr. Das, was Günter Grass da über meinen Kollegen Uli Hoeneß gesagt hat, ist

populistisches Nachtreten. Ich halte das für äußerst fragwürdig.
Für einen Mann mit seiner intellektuellen Qualität halte ich das sogar für unwürdig. Vielleicht wollte er damit Pluspunkte sammeln
bei dem Teil der Bevölkerung, der uns nicht wohlgesonnen ist.
Aber ich bin weit davon entfernt, mich darüber aufzuregen. Bei
uns gibt es für solche Fälle intern eine Formulierung und die heißt:
nicht mal ignorieren.

> In einem Interview mit den *Lübecker Nachrichten* hatte sich Günter Grass zur Transfer-Politik von Bayern München geäußert und dabei Uli Hoeneß »Großkotzigkeit« vorgeworfen: »Ich finde es unverschämt, anmaßend und hochmütig, wenn sich Bayern-Manager Uli Hoeneß hinstellt und sagt: Der kommt zu uns. Podolski hat einen gültigen Vertrag in Köln bis 2007, und Hoeneß tut so, als wäre alles schon entschieden.«

VOLKER WEIDERMANN: *LICHTJAHRE*

Spätestens nach der Verleihung des Nobelpreises im Jahr 1999
ist er der unverrückbare Fels in der deutschen Literatur und auch
in der deutschen Politik. Immer noch. Bei aller Nervensägenhaftigkeit und Vorhersehbarkeit und Selbstgerechtigkeit seiner
Dreinreden. Ohne ihn wird das Land ein anderes sein. Und kein
besseres.

LECH KACZYŃSKI: *AUS POLNISCHER SICHT*

Günter Grass ist heute an der Ostseeküste, wo auch ich viele
Jahre meines Lebens verbracht habe, unglaublich populär. Niemand kann die machtvollen Leistungen der deutschen Kultur in
Frage stellen.

RAINER SCHMITZ: *FRAGILARIA GUENTER-GRASSII*

Polnische Meeresbiologen entdeckten 1992 in der Danziger
Bucht eine bislang unbekannte Algenart. Sie benannten sie nach
dem deutschen Schriftsteller und späteren Nobelpreisträger Günter Grass »Fragilaria guenter-grassii«, der mit der *Danziger Trilogie
(Die Blechtrommel, Katz und Maus, Hundejahre)* Stadt und Region
unsterblich gemacht hat.

BEAT STERCHI: *MUNDART IN DER LITERATUR*
Wenn ich in Hamburg Mundart lese, finden die Leute das lustig, auch wenn sie mich überhaupt nicht verstehen. Es gibt ja Autoren wie Horváth, die so geschrieben haben, wie sie es wollten – die anderen sollen sich Mühe geben, sie zu verstehen. [...] Oder Günter Grass. Auch da sagen die Leute: Aha, »Glumse«, so nennt man in Danzig diese Brotsuppe oder was immer das ist. Das ist eine Bereicherung, da läge auch für uns ganz viel drin.

HELGA HIRSCH: *REISEFÜHRER POLEN*
Der berühmteste Kaschube der Gegenwart, der, wie er selbst sagt, leider seine Sprache »vergessen« hat, ist der Literaturnobelpreisträger Günter Grass.

CLEMENS MEYER: *DAS LITERARISCHE COLLOQUIUM BERLIN*
Ich musste neulich ein LCB-Stipendium ablehnen, weil die meinen Hund nicht haben wollten. Ist sowieso ein komischer Verein, das LCB. Günter Grass kriegt Millionen, wenn er da liest, ich bekomme nicht mal ein Taxi bezahlt! Grass kriegt bei seinen Lesungen dort sogar immer eine Flasche eines speziellen Korns serviert. Der trinkt zwei Gläser und lässt die Flasche dann stehen. Immerhin habe ich nach meiner Lesung im LCB den Korn von Günter Grass getrunken.

NORBERT KRON: *WO GRASS EINST IN DER BADEWANNE LAG*
Hier hat Günter Grass vier seiner Klassiker geschrieben: den *Butt, Das Treffen in Telgte,* die *Kopfgeburten* und Teile der *Rättin.* Die barocke Kirchspielvogtei im Herzen des schleswig-holsteinischen Dörfchens Wewelsfleth ist eines der ungewöhnlichsten deutschen Schriftstellerhäuser. Anfang der siebziger Jahre hatte Grass das Gebäude mit seiner Familie entdeckt und bis Mitte der Achtziger bewohnt, bevor er es dem Berliner Senat schenkte – unter der Bedingung, dass man darin ein Stipendiatenheim für Berliner Autoren einrichte. Die Akademie der Künste, die das Haus verwal-

tet, sendet nun schon zwei Jahrzehnte lang Schriftsteller aus der Hauptstadt zum Arbeiten aufs Land. Zum festlichen Jubiläum der Institution am letzten Freitag besuchte jetzt auch wieder der Stifter das gelb-rot-blau angestrichene Fachwerkhaus und unternahm mit seiner Frau Ute einen Rundgang. »Hier in der Treppennische«, erzählt er beim Hinaufsteigen, »hat immer die Katze geschlafen.« Angekommen im ersten Stock: »Das ist das schönste Zimmer, der Kamin geht nicht, aber hat noch immer die alte Jahreszahl darauf.« Und im Flur des ausgebauten Dachgeschosses: »Hier haben die Kinder eine Tischtennisplatte aufgestellt.« Nein, Tischtennis habe er nicht mitgespielt, aber als sein fußballbegeisterter Sohn Bruno ihm sagte, dass für das Spiel der Wewelsflether gegen die Werftmannschaft noch ein Spieler benötigt werde, sei er, Grass, mit aufgelaufen – »als Linksaußen«, versteht sich, und völlig untrainiert. »Danach bin ich vier Tage in der Badewanne gelegen.«

Eine der schönsten Geschichten, die das Alfred-Döblin-Haus geschrieben hat, ist die des Schriftstellers Peter Wawerzinek. Der, lange so etwas wie die Originalschnauze der Prenzlauer-Berg-Literatur, kam in das Deichdörfchen Wewelsfleth, verbrachte ein paar Monate in dessen Villa Kunterbunt und verliebte sich erst in den Charme des Ortes – und dann in eine Frau, so dass er sich dort in der Nachbarschaft ganz niederließ. So schreibt er nun seine Texte im Marschland an der Elbe und kehrt, wann immer es geht, zum Besuch ins Döblin-Haus ein.

Bei Kaffee und Kuchen stehen alle unter dem Walnussbaum zusammen, den der Autor einst zur Geburt seiner Tochter Helene pflanzte. Bindeglied von Wewelsflethern und Berlinern ist neben Grass die kleine, energische Hausgouvernante Hanne Keyn, die die Herzen aller mit selbstgemachtem Butterkuchen gewinnt und einen Stipendiaten nach dem anderen in die Arme schließt. Hausmeister Heinz Priebe ist von einer Erkrankung genesen. Und dann ist da die First Lady von Wewelsfleth, Mechthild Dietrich, die zu Grass' engsten Freunden zählt und Teil jener Gesellschaften war, die sich in den 70ern regelmäßig in der Küche und vor dem Kamin im ersten Stock eingefunden haben, zu Lesungen, Abendessen und Diskussionen.

Das Anekdotische hat Vorrang an diesem Nachmittag und

rahmt auch die Podiumsdiskussion ein: »Hat das Politische in der Literatur ausgedient?« Mag zunächst alles ein wenig an eine Wahlkampfveranstaltung der SPD-Ortsgruppe erinnern: der vollbesetzte Wirtssaal der Mehrzweckhalle, der Ausblick auf den Fußballplatz und die beiden Astra-Bierkisten, mit denen Grass sich für das Eröffnungswort ein Lesepult gebaut hat – diskutiert wird konzentriert und präzis.

Stellvertretend für die fast hundert Stipendiaten, die nach Wewelsfleth kamen, zeigen Bodo Morshäuser, Julia Franck, Johannes Groschupf, Ralph Hammerthaler und Martin Jankowski Flagge. Und Deutschlands großer Levitenleser zeigt beim abendlichen Matjes-Essen in der Küche, wie nahbar und gutmütig er hier, im Kreis von Ex-Stipendiaten wie Peter Wawerzinek, sein kann.

Vgl. hierzu Dieter Stolz (Hg.): *Damals, hinterm Deich. Geschichten aus dem Alfred-Döblin-Haus*, Göttingen (Steidl) 2002.

DIETER LATTMANN: *EINIGKEIT DER EINZELGÄNGER*

Günter Grass leistete mir Hilfe für unseren Straßenwahlkampf in Kempten, und Hildegard Knef, die sich gerade dort aufhielt, posierte mit uns für ein Foto. Die Brille übers Haar hochgerückt, lächelte sie in die Kamera, die aufgeklebten Wimpern hüteten ihre Augen. Die beiden Berühmten waren voneinander gefesselt. Als Grass in der Fußgängerzone, auf einer Kiste stehend, über große Politik redete, musste einer ihn stupfen: »Auch etwas über unseren Kandidaten!«.

Grass sprach immer über die Sozialpflicht des Eigentums. Der Grundgesetzartikel 14,2 hatte es ihm angetan. Ich habe von seiner Auffassung und Argumentation in meinem ersten Wahlkampf viel gelernt.

LARS BRANDT: *ANDENKEN*

Gerade war ich fünfzehn geworden. Die Dreharbeiten zu dem Spielfilm *Katz und Maus* waren kein Scherz und deswegen ein Spaß. Es war wirkliche Arbeit, zum ersten Mal in meinem Leben. Die Anspannung, wenn die Kamera lief, und der Leerlauf in den Pausen ergaben eine kräftezehrende Mixtur, die mir schmeckte. Ich war auf mich gestellt. Vom Bauernmarkt holte ich mir ein Küken, das ich Hartmut taufte und auf meinem Zimmer im spartanischen Seemannsheim zu Gdingen unterbrachte. Inmitten einer leicht hysterischen Gemeinschaft von Leuten, von denen jeder wußte, was er zu tun hatte. Alles ergab sich aus nur einem Ziel: Den Film zu drehen und ins Kino zu bringen.

Eine Szene, in der ich mit einer Badehose bekleidet einen grotesken Tanz hinlegte und dabei mit einem Ritterkreuz wedelte, löste später einen Skandal aus. *Zwanzig Jahre sind genug,* eine damals viel zu hörende Parole, hatte für die noch reichlich vorhandenen und überhaupt nicht kleinlauten Nazis mehr als symbolischen Charakter. Daß ich mich erfrechte, ein ihnen heiliges Symbol zu schmähen, sorgte nach der Premiere des Films für Aufregung. Es hagelte Beschimpfungen in der Presse, und Briefe ohne Absender versprachen mir Saures.

V. [= Vater] wurde ebenfalls attackiert, weil er mein Treiben zugelassen hatte. Er wußte schon, was er tat. Der ganze Film wie die Novelle, auf die er zurückging, war natürlich bestens geeignet, Altnazis aufzuregen. Es war schwer vorstellbar, daß V. sich unbedacht in eine Lage manövriert hatte, die durch meine Tanzparodie mit dem Kriegsorden höchstens etwas zugespitzt wurde. Ich nahm an, der ganze Rummel war von ihm und seinen Beratern einkalkuliert. Sie waren nicht von gestern. Außerdem bot sich so ein neues Mal gute Gelegenheit zu beweisen, wie liberal und weitherzig er sich im eigenen Haus verhielt.

Fritz Stern: *Fünf Deutschland und ein Leben*
Ich hatte Grass, der in meinem Alter war, bei früheren Gelegenheiten kennengelernt (einmal bei einem Essen in seinem Hause, wo er Wildschwein zubereitet hatte); ich bewunderte ihn sehr, sowohl wegen seiner beiden Meisterwerke *Die Blechtrommel* und *Hundejahre* – Romane, die die Schönheit und Kraft der deutschen Prosa wiederherstellten, nachdem die Nazis die Sprache korrumpiert hatten – als auch wegen seines politischen Engagements, zu dem sein Einsatz als Brandts Wahlhelfer im Jahre 1969 gehörte. (Wir haben uns auch später noch getroffen, doch in den achtziger Jahren ließ der Kontakt

zwischen uns in dem Maße nach, wie sein schriller und einfallsloser Antiamerikanismus zunahm.)

LARS GUSTAFSSON: *ALTERNDE SCHRIFTSTELLER*
Manchmal sehe ich, wie ein alternder Schriftsteller sich plötzlich auf lebensgefährliches blankes Eis begibt. Beispielsweise Günter Grass in *Ein weites Feld*. Dass er eine mehr als gewagte politische These zu Deutschlands Wiedervereinigung vertritt, nämlich, dass mit ihr etwas Wertvolles verlorenging, ist nicht entscheidend. Das Entscheidende ist, dass es schrecklich langweilig wird. Die seherischen Ambitionen zwingen ihn hinaus auf ein Feld, dessen er nicht mächtig ist. Wie ein Schwimmer, der versucht, eine Insel zu erreichen, die in seiner Jugend leicht zu erreichen war.

VADIM GLOWNA: *DER GESCHICHTENERZÄHLER*
Ich stand gerade mit Jürgen Flimm zusammen, als ich sah, dass Günter Grass sich von der Feier zu verabschieden schien. Uns lag die Kipphardt-Affäre [vgl. Vogel, S. 194f.] immer noch schwer im Magen, und wir beschlossen, Grass zur Rede zu stellen. »Herr Grass, einen Moment! Sie sind Schuld, dass Heinar Kipphardt die Kammerspiele verlassen musste! Was haben Sie sich dabei gedacht, als Sie ...?« Grass schaute uns einen Augenblick verwirrt an, dann entschloss er sich, rasch abzuhauen. Sein Pech war, dass er gegen eine Glastür rannte, sein Glück, dass er sich nicht die Nase eingeschlagen hat. Jedenfalls lief er davon und ließ sich nicht auf eine Diskussion über Heinar Kipphardt ein.

> Nach der Darstellung von Michael Jürgs ist es bei dem Zusammentreffen deutlich rüder zugegangen: »Vadim Glowna, einer der Schauspieler, die aus Solidarität mit Kipphardt ihren Vertrag gekündigt hatten, trifft beim Fest zum fünfzigsten Geburtstag von Rudolf Augstein an der Elbe den ebenfalls eingeladenen Günter Grass. Er dankt dem Zufall und haut Grass erst mal eins in die Fresse. Der wehrt sich, die Schlägerei beginnt. Unentschieden sei es ausgegangen, sagen die Beobachter.« (*Bürger Grass*, S. 263) Vom Herausgeber auf den Vorfall angesprochen, konnte sich Grass weder an die eine noch an die andere Version erinnern.

HEINZ CZECHOWSKI: *DIE POLE DER ERINNERUNG*
Auch wenn es nie so etwas wie ein »Treffen in Telgte« der Sächsischen Dichterschule gegeben hat, ganz zu schweigen von irgendwelchen »Manifesten«, waren wir doch auf andere Weise »unter uns« präsent. Ob in den Berliner Wohnungen von Bernd Jentzsch, Sarah Kirsch, Erich Arendt oder Günter Kunert – immer waren wir dabei, wenn Uwe Johnson, Christoph Meckel, Günter Grass, Max Frisch, Friedrich Christian Delius u. a. zu halbillegalen Treffen erschienen, auf denen wir uns unsere Texte vorlasen.

Übrigens habe ich eine Episode, die Kunert in seinem Buch *Erwachsenenspiele* erwähnt [vgl. Kunert, S. 506f.], in ganz anderer Erinnerung. Die Kutteln, eine kulinarische Spezialität, um die es darin geht, kamen nicht von dem Schlächter in Buch, wie K. schreibt, sondern Grass hatte sie aus Westberlin in einer der »westlichen« Tragetaschen, die es bei uns nicht gab, mitgebracht. Ich sehe ihn noch heute damit in Kunerts Küche schreiten. Aber Grass wußte nicht, wie man sie zubereiten muß. Er warf sie einfach ins Wasser und dachte, daß sie in kurzer Zeit gar sein müßten. Aber dieses Gericht, das im Mittelalter in Frankreich Königen vorbehalten war, braucht eine etwas sorgfältigere Vorbereitung:

Erst werden sie kurz aufgekocht, dann abgegossen und mit Gemüse (Möhren, Lauch etc.) weichgekocht. Der Rest ist dem Koch vorbehalten. Man kann sie nach Art eines Ragouts mit Weißwein und etwas geröstetem Mehl zubereiten oder als Eintopf, süß-sauer mit Kartoffelstückchen, und das Gericht schließlich mit einem Schuß saurer Sahne vollenden. Hat man einen Schnellkochtopf, ist die Prozedur erheblich abkürzbar. Nun, das Gericht mißlang jedenfalls, und niemand hatte daran Freude ... Da der Gang vom Wohnzimmer zur Küche sehr schmal war, mußte ich mich bei einer Begegnung mit Max Frisch an dessen Bauch vorbeidrücken. Mehr als ein »Oh, Herr Frisch –« ist mir in diesem Moment nicht eingefallen ... Frisch las dann aus *Der Mensch erscheint im Holozän,* aber alle, ihre Schüsseln mit den mißlungenen Kutteln in den Händen, hatten auch am Text des Meisters keine rechte Freude ...

PETER WAPNEWSKI: *MIT DEM ANDEREN AUGE*
Ungezählte Male haben wir uns getroffen in dem Haus und

in dem großen Garten und ohne »Gruppe 47« Gruppentagung gespielt. Und Kempowski und Johnson gerieten in Hader, weil sie sich – was Wunder – über den Literaturbegriff nicht einigen konnten, und Grass bereitete Kutteln und Rebhühner auf Linsen und der Alkohol floss, und einmal brachte Grass einen jungen polnischen Freund mit, er hieß wirklich Antek, und er kam auf mich zu und klagte bitterlich. Als ich ihn fragte nach dem Grund seiner Traurigkeit, gestand er: »Ihr Deutschen, ihr könnt nicht Feste feiern.« Das wunderte mich, und also stieß ich nach und wollte wissen, was fehle und was denn ein wirkliches Fest ausmache. Darauf schenkte er mir die unvergessene Belehrung: »Bei uns: Männer saufen, Weiber heulen ...!«

JÜRGEN HABERMAS: *WAS DEN INTELLEKTUELLEN AUSZEICHNET*
Vermissen wir nicht die großen Auftritte und Manifeste der Gruppe 47, die Interventionen von Alexander Mitscherlich oder Hellmut Gollwitzer, die politischen Stellungnahmen von Michel Foucault, Jacques Derrida und Pierre Bourdieu, die eingreifenden Texte von Erich Fried und Günter Grass? Liegt es wirklich an Grass, wenn dessen Stimme heute kaum noch Gehör findet? Oder vollzieht sich in unserer Mediengesellschaft erneut ein Strukturwandel der Öffentlichkeit, der der klassischen Gestalt des Intellektuellen schlecht bekommt?

JOACHIM LOTTMANN: *ZOMBIE NATION* (ROMAN)
Als nichts geschah, ging ich am Freitagabend zum Gendarmenmarkt, um Schröder ein letztes Mal zu sehen. Vor 250 000 Fans rockte er die Hauptstadt. Die Stimmung war galaktisch, der Kanzler in der Form seines Lebens und seine Stimme so heiser, laut, dröhnend, furchterregend wie bei den ganz großen Reden Hitlers. Günter Grass war auch da. Er trat im obligatorischen braunen 70er-Jahre-Grobcord-Anzug auf, wie damals bei Willy. Er war nicht eine Minute älter geworden seitdem. Die Alten wurden ja sowieso nicht mehr alt inzwischen. Er federte auf den Zehenspitzen, als er ausrief: »Auch ich habe mein Stehpult verlassen dieser Tage! Auch ich habe mein Manuskript im Stich gelassen in dieser wichtigen Stunde! Um

IHM zu dienen, um IHN zu unterstützen, als den, der er immer war: UNSER SCHRÖDER!«

Mir schwante plötzlich, daß sich nichts ändern würde. Die Regierung würde bleiben, oder sie würde wechseln, aber die ökonomischen Daten würden genauso unveränderlich bleiben wie der olle Brauncordanzug vom ewigen Grass. Das Geld floß wirkungslos in den Osten, wo es sinnlos verbrannt wurde, und je mehr es wurde, um so schlechter ging es ihm. Dem Osten. Also dem, was davon noch übriggeblieben war: märkische Steppe, verlassene Industrieparks, Investitionsruinen. Und die Alten tanzten weiter ihren Shuffle. *Letzte Tänze* hieß eines der vielen Abschiedsbücher des Nobelpreisträgers – aber er und seine Generation dachten natürlich überhaupt nicht daran, jemals abzutreten. Und wenn es einen gab, der allen zeigte, daß man niemals so jung, so vital, so bärenstark war wie jenseits der 60, dann war es der Kanzler selbst. Er riß alle mit.

GERHARD SCHRÖDER: *ENTSCHEIDUNGEN*

Günter Grass, dieser große deutsche Dichter und wortgewandte Polemiker, hat mich immer wieder herausgefordert. Ich habe seine Bücher gelesen und seine Sprache bewundert. Unter den Nachwuchssozialdemokraten, den »Enkeln« Willy Brandts also, war ich damals für ihn wohl nicht die erste Wahl. Aber er war es für mich, vor allem als Schriftsteller, aber auch als politischer Kopf, dessen Mut und Unbeugsamkeit ich bewundert habe. Ein Satz von Willi Bleicher, jenem bedeutenden Gewerkschafter, der zu Recht als einer der letzten Arbeiterführer bezeichnet worden ist, würde ich ihm als Motto seines politischen Lebens gern zuschreiben: »Du sollst dich nie vor einem anderen Menschen bücken.« Nicht nur seine Literatur, auch seine Irrtümer, vor allem aber die in diesem Satz zum Ausdruck kommende Haltung haben mich immer wieder beeindruckt.

HAPE KERKELING: *MEINE REISE AUF DEM JAKOBSWEG*

Dann wird er auf einmal gesprächig, er hat ja auch gerade Quasselwasser getrunken: »Die besten Bücher der Welt kommen meiner Ansicht nach übrigens aus Deutschland. Die *Blechtrommel* von Günter Grass, *Momo* von Michael Ende.«

Dieser schräge Indio-Schamane wird mir immer sympathischer, bis er die Aufzählung seiner Favoriten der Weltliteratur überraschend geschmacklos beschließt:»Und *Mein Kampf* von Adolf Hitler.« [...]
Wie kann man nur Michael Ende und Günter Grass neben Hitler stellen? Dieser idiotische Vergleich hat das Ganze noch mal zugespitzt. *Momo* und *Die Blechtrommel* sind aus einer inneren Haltung heraus geschrieben worden, mit der ich mich ganz identifizieren kann – und die zudem zu dem drittgenannten unsagbaren Machwerk in krassem Widerspruch steht. Selbst wenn man noch so irre wäre, könnten einem diese drei Bücher nicht gleichzeitig gefallen.

KLAUS REICHERT: *LESENLERNEN*
Beim Abschied sagte Celan noch:»Sie interessieren sich doch für Lyrik. Hier in Paris lebt ein jüngerer Lyriker, mit dem ich befreundet bin. Sie werden ihn nicht kennen, es gibt erst einen Gedichtband von ihm, er heißt Günter Grass.«»Doch«, sagte ich, »*Die Vorzüge der Windhühner.*«»Ja, gehen Sie zu ihm und grüßen Sie ihn von mir.« Also ging ich auch zu Grass, der mich skeptisch musterte und auf mich etwas unheimlich wirkte. (»Er hat die Unheimlichkeit des Genies«, sagte später Wolfgang Hildesheimer.) Ich zeigte ihm ein paar Gedichte, die ihm nicht sonderlich gefielen. Er sagte, von Gedichten, Graphik und Bildhauerei könne man nicht leben – im Nebenzimmer quäkten seine gerade geborenen Zwillinge –, deshalb habe er jetzt einen Roman geschrieben, und bei einer Flasche Rotwein am hellichten Nachmittag des zweiten Ostertags erzählte er mir die *Blechtrommel*.

ANONYMUS: *UNTERM STRICH* (SATIRE)
Es gibt Debattenbedarf in der Literaturkritik, aber höchstwahrscheinlich ist der nichts gegen das, was demnächst auf den Literaturbetrieb zukommt. Die Gesellschaft der Arno-Schmidt-Leser e.V. (GASL) hat die wahre Autorenschaft des Romans *Die Blechtrommel* entschlüsselt: Der Roman ist nicht von Günter Grass geschrieben worden, sondern von Arno Schmidt. Die Bargfelder Arno Schmidt

Stiftung mochte dazu auf Anfrage der *taz* noch keine Stellung nehmen, auch Günter Grass schweigt. Die GASL hatte Schmidt als Autor des 1959 erschienenen Romans anhand von Zitaten aus Schmidts Opus magnum *Zettels Traum* ausgemacht. »Ein Knabe hatte begonn'n, Uns, auf Rollschuhen, zu begleitn; wozu er eine kleine=umgehängte Trommel nachdrücklich zu schlagn wußte, daß P sehr bald steh'n blieb, und zischte): »Den könnt' Ich kill'n! –«. (*Zettels Traum,* Seite 981)

Es habe zu Schmidts Arbeitsweise gehört, Personal aus seinen früheren Arbeiten als Randfiguren in neueren auftreten zu lassen. Einen weiteren Beleg für Schmidts Autorenschaft der *Blechtrommel* sieht die GASL in der ebenfalls auf Seite 981 vermerkten und vom Autor unkorrigiert gebliebenen Aufforderung »–: stier Mich nich so graß an!«

Schon aus materieller Not habe der notorisch unpopuläre Arno Schmidt, insbesondere in den Fünfzigerjahren, sich mit seinen Arbeiten unter sein Niveau begeben müssen, habe aber andererseits seinen guten Namen schützen wollen. Von ausgewiesenen Arno-Schmidt-Kennern wurde die Entdeckung der GASL am Rande der vorgestern im Schiller-Nationalmuseum in Marbach eröffneten Ausstellung »Arno Schmidt? Allerdings!« als »alter Hut« abgetan. Am Montag mehr dazu auf unseren Kulturseiten.

Horst Bosetzky: *Die schönsten Jahre* (Roman)
Auch an die *Mutmassungen über Jakob* von Uwe Johnson und *Zazie in der Metro* von Raymond Queneau wollte sie sich nicht heranwagen, höchstens noch an Günter Grass und *Die Blechtrommel,* aber auch nur, weil die Kollegen sagten, daß da so »Stellen« drin wären.

Christoph Buggert: *Deutschlandbesuch* (Roman)
Ein durch und durch wissenschaftsfeindlicher Hass stieg in mir hoch. Hass gegen mich und meinen Deutschlandtick. Gegen Amerika und alle seine Literaturkennerinnen. Besonders wenn sie sich erdreisten, abschätzige Thesen über den deutschen Roman der Gegenwart in die Welt zu setzen.

»Und Thomas Bernhard?«, keuchte ich. »Das soll uns erst mal jemand nachmachen! Diese Wortstürze! Diese Schwindel erzeugenden Satztreppen!«
»Ist ja gut«, hörte ich Brunhildes Stimme. »Sie können mit mir machen, was Sie wollen.«
»Günter Grass«, sagte ich. »Ostpreußische Salat- und Rhabarberbeete, aus denen sattgrüne Geschichten nach oben schießen!«
Ich merkte, dass sie sich entkleidete.

PAUL VERHOEVEN: *SEX WIRD TOTAL ÜBERSCHÄTZT*
Ich hänge mit deutscher Literatur ein bisschen hinterher. Vor kurzem habe ich erst mit dem *Zauberberg* von Thomas Mann angefangen. Die *Blechtrommel* habe ich allerdings vor vielen Jahren gelesen.

CHARLOTTE ROCHE: *PRÄGENDE FILME?*
In meiner schlimmen Jugend? *Die Blechtrommel* wurde uns in einem sehr frühen Alter vorgeführt. Mama hat gesagt: »Ihr seid jetzt alt genug« – was wir nicht waren.

TANJA LANGER: *KLEINE GESCHICHTE VON DER FRAU ... (ROMAN)*
Der Film *Die Blechtrommel* fiel ihr ein. Da rannte die Mama, die Angela Winkler spielte, immer zu ihrem Polen in ein Zimmer in der Stadt und sie liebten sich wie verrückt, während der kleine Oskar die Fenster zerspringen ließ. Wieso war sie eigentlich nicht mit Bronski verheiratet? Es war zur gleichen Zeit in ihr Leben getreten wie Matzerath, den Mario Adorf spielte. Der war vielleicht lebenstüchtiger als er, wer weiß, aber sie, sie ist gestorben, an einer Fischvergiftung, zu Tode gefressen hat sie sich, und warum? Weil die Deutschen Krieg mit den Polen anfingen, und weil der Hitler kam und Ordnung brauchte, das hat sie alles in sich nicht ausgehalten, da hat der Schuft von einem Autor die Mama aus dem Verkehr gezogen.

Alice Munro: *Das Glück?*
Da fällt mir eine Geschichte ein: Einmal war ich auf einem Schriftstellerkongress in New York, und Günter Grass war auch da. Er war mit einer ganzen Entourage von Frauen erschienen und verhielt sich, wie ich fand, sehr eigenartig. Er setzte sich auf eine Couch, und die Frauen setzten sich um ihn herum. Wenn er nun mit jemandem sprechen wollte im Saal, ging er nicht einfach zu ihm hin, sondern schickte eine seiner Frauen, diesen jemand zu holen. Grass ist ein hervorragender Autor, aber ich dachte, wie kann sich jemand bloß wohlfühlen in solch einer Situation? Wie kann jemand glauben, es müsse so sein? Dass ein Mann sich so verhalten kann, liegt daran, dass er von Anfang an andere Erwartungen hat an sein Leben als eine Frau.

Annemarie Pieper: *Die Klugscheisser GmbH* (Roman)
Plötzlich lächelte er, und es ging wie ein Seufzen durch die Reihen.
»Eigentlich wollte ich ganz anders beginnen. Aber das Stichwort Sisyphos erlaubt mir dank der Inspiration meiner Vorrednerin einen Seiteneinstieg. Der Sisyphosmythos hat eine Reihe unterschiedlicher Deutungen erfahren. Günter Grass zum Beispiel meinte: Sollten die Götter eines Tages ein Einsehen haben und es zulassen, dass der Stein auf dem Gipfel liegenbleibt, würde Sisyphos kurz stutzen und ihm dann einen Stoss versetzen, damit er wieder hinabrollt.«
Im Publikum regte sich Gemurmel, durchbrochen von Kicherlauten. Omelies barsche Stimme drang bis zu mir durch: »So blöd können nur Männer sein.«

Rolf Dobelli: *Himmelreich* (Roman)
Hinzu kam, daß sie für jede Situation eine passende Stelle aus einem Roman zur Hand hatte. Zum Beispiel, als die Börse keinen guten Tag hatte und ich über die russischen Hedgefund-Traders schimpfte, die wieder einmal dabei waren, das britische Pfund zu attackieren, kam sie mit Grass: »Immer wenn ein Deich bricht, sagt man, es waren Mäuse im Deich.«

Eva-Maria Schmid: *Ein krasser Sommer* (Roman)
Plötzlich hörte ich es rascheln. Elfriede hatte sich leise herangepirscht und sich an mich gekuschelt, um mir über die Schulter zu schauen. Dann ließ sie zusehends gelangweilt verlauten. *Gibt es keinen Roman, in dem Ratten vorkommen?*
Ich überlegte eine Weile und schüttelte dann den Kopf. »Vielleicht wissenschaftliche Abhandlungen, aber einen Roman? Welcher halbwegs normale Mensch würde denn einen Roman über Ratten schreiben?«
Jeder denkende Mensch, der weiß, wie klug wir sind, und der sich nicht, wie du, von Äußerlichkeiten beeinflussen lässt!
»Moment mal, natürlich, klar!«, sagte ich und schlug mir mit der Hand an die Stirn. »Es *gibt* einen Rattenroman. Mama hat mir davon erzählt und verfilmt worden ist er auch. Ein ziemlich schwieriger Roman. Ich hol ihn dir.«
Leise und vorsichtig stieg ich die Stufen hinunter und nahm aus Mamas Bücherregal *Die Rättin* von Günter Grass.
Elfriede war hingerissen.
Unglaublich, was für ein Künstler! Den möchte ich kennen lernen!, sagte sie immer wieder.
Und deswegen musste ich ihr das Deckblatt, auf dem eine riesige Rättin abgebildet war, mit Tesafilm an die Wand meines/ihres Barbie-Schlosses hängen.
Dann fing sie an, in diesem Riesenschmöker zu lesen, und kommentierte die Handlung mit ihren Lebensweisheiten: *Echt krass, eij.*

Susanne Kronenberg: *Kultopfer* (Roman)
Der Dackel [Oskar] wäre die Hinterlassenschaft eines ehemaligen Studienrats vom Schiller-Gymnasium, berichtete Julian. Der Mann war, als großer Verehrer von Günter Grass, im Besitz aller Veröffentlichungen in den verschiedensten Ausführungen. Die Erben hätten weder die Bücher noch Oskar übernehmen wollen.

Craig Russell: *Wolfsfährte* (Roman)
»Meine Güte! Was zum Teufel ist mit seinem Gesicht passiert?«, fragte Fabel.

»Aale«, meinte der Kommissar der Wasserschutzpolizei. »Sie fallen immer als Erstes über die Wunden her. Deshalb vermute ich, dass seine Augen ausgestochen worden sind, bevor man ihn ins Wasser warf. Die Aale erledigten den Rest. Sie nahmen den einfachsten Weg in den Kopf hinein, zu einer erstklassigen Proteinquelle. Das Gleiche gilt für die Halswunde.«

Fabel dachte an Günter Grass' *Blechtrommel*. Ein Angler fischt mit einem Pferdekopf nach Aalen, und als er ihn aus dem Wasser zieht, wimmelt es in den Augenhöhlen von den Fischen. Er stellte sich vor, wie der Tote aus dem Wasser gezogen wurde und wie sich die Aale an ihre kostbare Nahrungsquelle klammerten. Sein Ekel verstärkte sich. Er schloss die Augen einen Moment lang und konzentrierte sich darauf, die Übelkeit in seiner Brust zu verdrängen, bevor er sagte: »Die Verformung um den Rumpf. Haben Sie eine Ahnung, wie die zustande gekommen ist?«

HORST BOSETZKY: *DIE LIEBESPRÜFUNG* (ROMAN)
Da geschah es. Hinter einem Pfeiler schoß Carsten Crölpa hervor, Hannas spezieller Freund aus dem Sozialamt. Er war der Ansicht, die Stadträtin würde ihn systematisch verfolgen, um ihn fertigzumachen. Erst hatte sie ihm die Ausbildung zum Schriftsteller verwehrt und dann die Polizei auf ihn gehetzt. In Handschellen war er abgeführt worden. Alles tat sie, um zu verhindern, daß er Günter Grass Konkurrenz machte. Der steckte hinter allem und hatte die Finkbeiner bestochen. Crölpa war sich absolut sicher, daß es so war. Und er hatte ein Messer in der Hand. »Damit stech' ick dich jetzt ab, du alte Fotze.« Er stürzte auf Hanna zu.

MARC KASSAN: *DER AUFTRAG* (ROMAN)
Martin war ein ruhiger Schüler, der außer einem mittelmäßigen Abitur noch nichts auf den Weg gebracht hatte. An Sport war er nicht interessiert. Das Einzige, was ihn wirklich zu begeistern schien, waren Comics und Gedichte, aber auch nur eine ganz bestimmte Literatur. An Hermann Hesses *Siddharta* und an den Gedichten und Balladen von Günter Grass hatte er einen Affen gefressen.

Daniel Kehlmann: *Poetikvorlesungen*
 Die größte literarische Revolution der zweiten Hälfte des zwanzigsten Jahrhunderts, das waren die Erzähler Südamerikas, die an Kafka anknüpften und die Grenzen zwischen Tages- und Nachtwirklichkeit, zwischen Wachen und Traum durchlässig machten. Romane als große Träume, in denen alles möglich ist. So entstanden die funkelnden Meisterwerke dieses Kontinents: *Hundert Jahre Einsamkeit, Das Reich von dieser Welt, Pedro Páramo*. Hierorts wollte man davon nicht viel wissen, knüpfte an den Dadaismus der Vorkriegszeit an, zog den Humor ab und nannte es ein Experiment. Lautpoesie und soziales Engagement – die zwei bedrückenden Eckpfeiler des radikalen Realismus. Selbst der eine große Magier unserer Literatur, der Autor der *Blechtrommel,* wurde als engagierter Didakt gelesen.

Ernst-Wilhelm Händler: *Die Frau des Schriftstellers* (Roman)
 Alfred Andersch läßt in seinem Roman *Winterspelt* den Krieg mit stilistischen Tricks verschwinden, sein Protagonist Major Dincklage kämpft vor allem gegen seine Cox-Arthrose. Günter Grass hat mit der *Blechtrommel* gleich einen Fantasy-Roman geschrieben.
 Beatrice fragte mich, ob ich auch sonst Andersch, Böll und Grass als Gewährsleute anführen würde. Ich sagte nein.

Klaus Modick: *Bestseller* (Roman)
 »Ich bin Verlagsleiter«, konterte er. »Und du bist mein Autor. Walsers Idiosynkrasie gegenüber dieser Inflation mag man teilen oder unverantwortlich finden – fest steht allemal, daß die Aufarbeitung der deutschen Schande zu einem kulturindustriellen Faktor ersten Ranges geworden ist, zu einer multimedialen Bonanza.«
 »Und du willst mich also dazu bringen, in dieser Bonanza zu schürfen, bis man auf braune Scheißeadern stößt?« Irgendwie fand ich das empörend.
 »Ohne diese Scheiße hätten es Böll und Grass nie zum Nobelpreis gebracht«, sagte er gelassen. »Das war deren Fundus.«

Ute Scheub: *Das falsche Leben*

»Der Tod trat auf dem Weg zum Robert-Bosch-Krankenhaus ein«, notierte Günter Grass in seinem Buch *Aus dem Tagebuch einer Schnecke* über einen 56-jährigen Apotheker, der sich am 19. Juli 1969 mit Blausäure vergiftet hatte. Öffentlich. Auf dem Stuttgarter Kirchentag. Direkt vor dem Dichter und seinem etwa zweitausend Menschen zählenden Publikum.

Grass hatte soeben aus seinem noch unveröffentlichten Roman *örtlich betäubt* vorgetragen. Er hatte vorgelesen, wie der Schüler Scherbaum aus Protest gegen den Vietnamkrieg seinen Dackel verbrennen will. Öffentlich. Auf dem Berliner Kurfürstendamm. Er hatte vor ritualisiertem Protest gewarnt, er hatte gemahnt, auch Jan Palach, der sich angesichts der sowjetischen Invasion im Jahre 1968 selbst verbrannt hatte, öffentlich, auf dem Prager Wenzelsplatz, sei kein Vorbild. Und dann trat dieser Mann vor das Saalmikrofon, redete wirr, stammelte herum, verhedderte sich in seinen Satzfetzen. Menschen wie er, die vor 1945 an Deutschlands Größe geglaubt hätten, würden nun als »Verbrecher« gebrandmarkt. »Die« Gesellschaft habe versagt, »die« Kirche auch. Deshalb wolle er nun ein Zeichen des Protestes setzen. Sein letzter Satz: »Ich provoziere jetzt und grüße meine Kameraden von der SS.« Das Publikum, vorwiegend junge Leute aus der Studentenbewegung, buhte. Der Mann setzte ein Glasfläschchen an die Lippen und trank es aus. »Das war Zyankali, mein Fräulein«, sagte er zu einer jungen Frau neben ihm, bevor er zusammenbrach. Die meisten im Saal glaubten an einen Schwächeanfall, jemand alarmierte die Sanitäter, die den Mann auf einer Bahre hinaustrugen.

Grass listet in seinem Buch die Zeitungsüberschriften des nächsten Tages auf: »›Das letzte Argument: Selbstmord‹ – ›Ein Einsamer griff nach Zyankali‹ – ›Keiner nahm den Tod wahr‹ – ›Ein Selbstmord überschattete den Kirchentag‹ – in der Wochenzeitung *Christ und Welt* schrieb die Journalistin Maria Stein unter der Überschrift: ›Ritualisierter Protest‹.«

Der Mann schleicht als Nebenfigur durch Grass' Tagebuch-Roman, taucht immer wieder auf, benimmt sich daneben, macht unpassende Bemerkungen, stört und irritiert den Autor. Sein Name: Manfred Augst. Augst wie Angst. Er war mein Vater.

GERHARD KÖPF: *BRIEF AN GÜNTER GRASS*
Lieber Günter, / über Deine Post mit dem persönlichen Widmungsexemplar von *Beim Häuten der Zwiebel* habe ich mich ganz außerordentlich gefreut. Ich möchte Dir sehr herzlich dafür danken.

Dein ruhig reflektorischer Erzählfluß mit seiner abwägenden Syntax und einer beherrschten, freilich nicht gegängelten Erzählökonomie enthält immer wieder feine Porträts, die mir zu Herzen gingen. Sehr gelungen fand ich die diskreten Seitenverweise auf Dein Werk, die jedes germanistische Schlüssellochspechten verweigern. Abwägend, aber nicht aufwiegend hast Du geleistet, was Du in Deiner Mutter Laden gelehrt bekommen hast: daß die Gewichte stimmen. Überdies beherrschst Du die Kunst, keinen, der Deine Erinnerung bewohnt, verkommen zu lassen.

Deine Arbeit hat mich deshalb sehr beeindruckt; es wird mir ein Buch mit einem langen Nachhall, vielleicht gerade, weil es keine Summe sein will und sein Resümee dem Leser anheim stellt. Nach solcher Leistung hoffe ich Dich bei bester Gesundheit.

VOLKER BRAUN: *WERKTAGE*
grass offenbart: ich war in der waffen-ss. ein geständnis nach sechzig jahren. der siebzehnjährige in der panzerdivision frundsberg wurde nicht mehr tätowiert, aber das mal behielt er unterm hemd. daß er, wie er sagt, »begeistert dabei« war, ist keine frage von schuld; »später hat mich dieses schuldgefühl als schande belastet«. seltsam ist, daß dieser eintreiber von erinnerung und bewältigung von seinem makel schwieg. seine reden zu deutschland brachten ihn alle nicht an den punkt, er nahm sich in die masse zurück, der er um so lebhafter die leviten las. die gründe, warum er diese mitgliedschaft unterschlug, wie müller später eine andre, erzählen mehr über die verhältnisse als über den mann. – er war kein selbstgerechter, und wenn er sich in diesem punkt geschont hat, so hat er schreibend seine konsequenzen gezogen. *er hat wissend gelebt*. – nun wissen wir freilich mehr von deutschland.

Uwe Herms: *Brief an Günter Grass*
Lieber Günter, / ich will Dir und Ute unbedingt sagen – und mit mir meine Frau Ingeborg –, daß die Mitteilung »Waffen-SS« für uns keinerlei Relativierung Deiner grandiosen Lebensleistung als international wirksamer Schriftsteller, Künstler und Mitbürger nach sich zieht.

Im Gegenteil: Wer aus der frühen Fanatisierung als Kindersoldat solche Erkenntnisse und Schlüsse gezogen hat wie Du und fortan sein Leben der Um- und Gegensteuerung zum Zwecke der Gutmachung gewidmet hat, der hat Größeres vollbracht als andere. Nicht immer bin ich, wie Du Dich erinnern wirst, ganz Deiner Meinung gewesen. Aber das hat meiner prinzipiellen Hochachtung nie Abbruch getan.

Laßt Euch nicht in Eurem Mut kleinmachen. Die erhaltenen Ehrungen gebühren Dir, wer sie infrage stellt, hat schon lange auf das antike Ereignis der Fallhöhe gewartet und sieht die Gelegenheit gekommen. Haben jene Leute auch die Absicht, Deine Hilfsaktionen für die Ärmsten der Armen in Bihar rückgängig zu machen? Wahrscheinlich wissen sie nicht einmal davon. / Haltet es aus!

Heide Simonis: *Brief an Günter Grass*
Lieber Günter, / sie werden versuchen, Dich zu teeren und zu federn: sie waren schon immer auf dem Trip. Ich wünsche Dir Geduld, Ausdauer und die Kraft auszuhalten.

Egon Bahr: *Brief an Wolfgang Herles*
Sehr geehrter Herr Herles, / über die ASPEKTE-Sondersendung zu Günter Grass gestern Abend bin ich empört. Sie war erkennbar anti-lastig gegen den Autor. Was die von mir erbetene Beteiligung angeht, ist daraus eine Farce gemacht worden. Wichtige, zum Teil in der Debatte neue Gesichtspunkte wurden weggeschnitten zugunsten einer dazu noch aus dem Zusammenhang gerissenen Bemerkung, die auf diese Weise einen kritischen Eindruck machen konnte. Das war gegenüber den Zuschauern irreführend, irreführend auch für den Menschen Günter Grass, der sich in seiner augenblicklichen Situation zusätzlich verletzt fühlen kann, wenn das die Stellungnahme eines langjährigen Freundes sein soll. Das war unfair und

mindestens unsensibel. Da wäre es besser gewesen, meinen Beitrag überhaupt zu streichen. Ich empfinde mich missbraucht. Zum ersten Mal in meinen langjährigen Beziehungen zum ZDF. Auch zum letzten Mal. / Mit unfreundlichen Grüßen / Ihr Egon Bahr

RENÉ BÖLL: *BRIEF AN GÜNTER GRASS*
Ihr *Spiegel*-Streitgespräch mit Mathias Döpfner habe ich mit großem Interesse gelesen, besonders gefreut hat es mich, daß Sie sich dafür eingesetzt haben, daß sich der *Spiegel* bei uns, der Familie Heinrich Bölls entschuldigt. Ich möchte mich bei Ihnen dafür auch im Namen meiner Familie sehr herzlich bedanken.

Niemand kann ermessen, wie sehr unsere Familie unter den unsäglichen Angriffen der Springer Presse, die ja nicht nur meinen Vater, sondern uns alle betraf, zu leiden gehabt hat und wie sehr das bis heute nachwirkt.

Der *Spiegel*-Artikel »Will Ulrike Gnade oder Freies Geleit?« ist leider von der Redaktion des *Spiegel* ohne Rücksprache mit meinem Vater so genannt worden, der richtige Titel lautet: »Soviel Liebe auf einmal. Will Ulrike Meinhof Gnade oder Freies Geleit?«

Besonders durch die Verwendung des Vornamens ist eine persönliche Vertrautheit meines Vaters mit Ulrike Meinhof suggeriert worden, die natürlich nie bestanden hat. Ich lege Ihnen eine Kopie aus der »Kölner Ausgabe« der Werke meines Vaters bei, die diesen Sachverhalt näher erläutert.

Ich wünsche Ihnen viel Kraft und Alles Gute für die Auseinandersetzung, die Sie zur Zeit mit Ihren Kritikern durchzustehen haben.

ULRICH HÄRTER: *BRIEF AN GÜNTER GRASS*
Ich denke, daß Deine Kritiker entweder Heuchler sind oder nicht alt genug sind, daß sie noch die Atmosphäre der Endzeit des Krieges erlebt haben. Ich verstand aber auch Dein Zögern, etwas bekannt zu machen, an dem Du eigentlich keinen Anteil hattest. Bei Kriegsende wurde mancher zu dieser Truppe, die in Teilen ja nur noch Kampfverbände waren und an Greuelein keinen Anteil hatten, eingezogen. Das Geschrei sollte Dich also nicht kümmern. Gott sei Dank gibt es aber auch einige vernünftige Stimmen, die ich in der *ZEIT* las!

MATHIAS GREFFRATH: *BRIEF AN GÜNTER GRASS*
Zum Medienwirbel vielleicht nur dieses: als ich das Wickert-Gespräch sah, mußte ich an ein Gespräch denken, das wir mal im BE-Foyer hatten, nach Ihrer Kemal-Rede und dem Medienkrawall danach. Wir sprachen über »politische Gefühle« und tiefe Identifikationen mit Land, Nation und Geschichte, die einen der Welt ähnlich verbunden macht wie sonst nur den Nächsten, den Verwandten, der Familie. Es ging um das Wort »Scham«. Das ist eine Mentalität, eine Bewußtseinsgestimmtheit, ohne die man ärmer dran ist, ohne die ein Gemeinwesen schlecht zusammenhält – aber die auch, oder meist, Kummer mit sich bringt.

Ich kann nur ahnen, wie diese Geschichte in Ihnen gearbeitet hat – und wie oft Sie mit ihr. Vielleicht ist ja auch das ein Kern (ich denke, es gibt viele) der Aufregung: daß da einer ist, der Deutschland immer noch persönlich nimmt, wo die anderen sich schon längst in die luftige Postmoderne oder ins stickige Ich abgeseilt haben, in der fernliegenden Selbstsuggestion, daß es auf nichts mehr ankommt, und schon gar nicht auf einen selbst.

Ich weiß nicht, ob Sie noch Zuspruch brauchen, aber als wir neulich beim Essen mit Freunden saßen, waren viele Meinungen, aber in einem war es unisono: Es ändert nichts an dem, was Sie getan, geschrieben, gesagt haben, in und für diese Republik. – Die Leser werden es so sehen, der Rest ist Begleiterscheinung.

SŁAWOMIR BŁAUT: *BRIEF AN GÜNTER GRASS*
Über die gegen Sie entfesselte Hetze bin ich zutiefst entrüstet. Hoffentlich trägt die beschleunigte Buchpremiere von *Beim Häuten der Zwiebel* dazu bei, die Atmosphäre zu reinigen.

In der heutigen Ausgabe von *Gazeta Wyborcza* haben wir – Ihre polnische Verlegerin, Frau Joanna Konopacka, und ich – einen Text unter dem Titel *Günter Grass na wojnie (Günter Grass im Krieg)* veröffentlicht – erneuter Versuch, die grobsten Angriffe abzuwehren. Wir sind der Meinung, man muss zuerst Fakten kennenlernen und verstehen, erst danach urteilen. Leider etwas ganz Umgekehrtes ist oft der Fall.

Angela Merkel: *Stellungnahme*
   Mich wundert es nicht, daß durch diese späte Offenlegung dieser biografischen Begebenheit eine Vielzahl von Kritik laut wird. Ich hätte mir gewünscht, wir wären über seine Biografie von Anfang an in vollem Umfang informiert gewesen.

Johano Strasser: *Von Grass überrascht?*
   An unserer Freundschaft ändert sich nichts. Grass hat mit seiner Nazi-Vergangenheit nie hinterm Berg gehalten. Er hat immer gesagt, er weiß, was Verblendung heißt. Deshalb hat er auch die 68er ermahnt, nicht zu rigide zu sein.

Peter Rühmkorf: *Brief an Günter Grass*
   Mein lieber Günter, / Du kamst mir ja vor wie ne traurige Trutz-Nachtigall gestern abend, es schnitt ein und geht mir weiter nach, zumal ich mir richtig keinen Rat weiß, die Bösewichter haben sich bloßgestellt und die Guten ihre Apologien gesungen, und so als Nachkleckerer nochmal käme ich mir fast ein bißchen komisch vor, das Hin und Her der Argumente hat sich erschöpft, es sei denn, daß man das Kartell der hochfahrenden Besserwisser als Ganzes angriffe, aber das Thema ist zu groß, es wäre so'n Generaldings, zu dem mir schlichtweg die Kraft fehlt. Seltsamerweise hatte ich mich bei allem kameradschaftlichen Zorn mit der Meinung getröstet, Du wärest jetzt so langsam beim Wegstecken, wüßtest Dich in der Riesenrunde Deiner Freunde aufgehoben und begnügtest Dich damit, Dein Buch für sich und für Dich sprechen zu lassen. Es geht doch letzten Endes nur um das Vorankommen unserer Astralleiber, die sind unsere eigentlichen Personalausweise, und ich erinnere mich noch sehr gut daran, wie das Rezensentenkorps an Deinem *Weiten Feld* kein gutes Korn lassen wollte, und dann zogest Du ein höchstselbst in die Arenen, das Buch in der Hand und der Mund nicht totzukriegen, ein Auferstehungsfeldzug von ungeahnter Vehemenz. Siehe damals Hamburg nochmal, wie die Außenstehenden Einlaß begehrten »WIR WOLLEN REIN!«, und das Publikum flog Dir zu, als ob das Rezensionswesen überhaupt keine Rolle spielte.

Nun geht dies hier natürlich noch ein bißchen tiefer an die Substanz. Du erlebst es etwa wie eine Aberkennung der bürgerlichen Ehrenrechte, Teufel nochmal, laß diese Gülle abrauschen, die Beschuldigungen sind doch immer die gleichen, SS spielt in Wahrheit gar keine Rolle mehr, allenfalls als dererseits in Stellung gebrachte Wolfsangel, um endlich den »Moralapostel« außer Betrieb zu setzen. Der eigentliche Ethikrat rekrutiert sich aus den Reihen der vierten Gewalt, und da hackt keine Krähe der andern ein Auge aus. Und noch eines: überhaupt nicht zur Kenntnis genommen zu werden und ein Buch einfach so wegsacken zu sehen, ist schlimmer. Wart nur ab, noch ein paar Steinpilze sammeln, und dann wachsen die Glückspilze von selber nach. An einem gewissen Zug der Zeit, heißt, der politischen Moral überhaupt keinen Platz mehr gönnen zu wollen und die wenigen Außenseiter als »Gutmenschen« zu verschimpfieren, wird auf absehbare Zeit nichts zu ändern sein.

Nun gibt es ein berühmtes Wort von Flaubert (»Der Ruhm hat keine weißen Flügel«), das Benn gern zitierte und das man vor kurzem in einer kleinen Diskussionsrunde hierorts auch auf Brecht und auf Dich bezogen sehen wollte; aber das rührte bei mir denn doch an einen Unmutsnerv der besonderen Sorte und ich sagte: Mag ja sein, wenn man dort besondere Verfehlungen zu verantworten hat, aber hier sind einem die Adlerflügel von Mißgünstlingen und nie wirklich selbst Geforderten besudelt worden, immer hübsch Klacks nach Klacks und Flecken um Flecken, jeder mit seiner privaten Investigatingsonde unterwegs, ob da noch ein weißes Federchen einzuschmutzen wäre, ein Ekelverein, und am widrigsten wohl der Fest-Joachim, dessen Hitler-Bio ich in den Siebzigern mal unter der Headline »Eine Fest-Schrift für Hitler« rezensiert hatte. War so eine psychologische Studie von hochherrschaftlicher Warte aus, wo man sich in der Höfer-Runde dann schüttelte, wie der Führer sich Zucker in den Wein geschüttet hätte, Brrrr – und der Schluß dann ein gemeinheitliches Hoch den Edelzwicker.

Komme ins Abschweifen. Bin nicht sonderlich gut beisammen. Bin neidisch, daß Du so Klassebücher zusammenkriegst – alles hochartifiziell zwischen Lebens- und Werkgeschichte changierend – während der junge Fest mir mein TABU II kaputtreduziert hat, sodaß ich die als integral anvisierte Novelle gar nicht mehr unterbringen konnte und sie mir kläglich zerbröckelte und nun gänzlich neu in Angriff genommen werden muß. Muß auch noch nach Italien, um Vorortstudien zu betreiben, aber dann schwanke ich jeden Tag zwischen Jadoch und Neegehtnich, weil mir die nötige Puste fehlt, um ehemals im Fluge genommene Tuffhöhen zu erklimmen, und dann glaubt man schon gänzlich nicht mehr an eigene Fähigkeiten, nochmal richtig was Neues zustande zu kriegen. Habe neulich auf dem Land paar tausend Lyriden auf dem Kehrblech zusammengefegt – Gedichtfragmente der letzten drei Jahre – aber kriege keinen rechten Anschluß mehr, weil mir der nötige Magnetismus fehlt, die Schnipselchen hübsch auf die Reihe zu kriegen. Will Dich nicht mit den meinen Nervositäten behelligen, aber führe ein ziemlich nach innen gekehrtes Leben, was auch so ein Grund ist, daß mir der nötige Hau für polemische Ausfälle fehlt. Kann Dich/Euch nur unserer haftenden Freundschaft versichern, auch unseres sympathetischen Zorns, unserer Wut auf diesen ganzen Hackentreterverein, aber alles Ideologen, und, glaube mir, mehr als die Hacken kriegen sie nicht zu fassen. Es ist im übrigen keineswegs Deine Person immer der Gemeinte. Es ist ein bestimmter Typus, der nicht mehr sein soll. Es ist der unleidliche Einzelgänger, der in ihren Reihen nicht aufgeht. Dabei steady all the time und mit einem – von hier aus betrachtet – fast unglaublichen Durchhaltevermögen gesegnet. Du. Wirklich. Laß diese Abwässer erstmal versickern. Freu Dich Deiner Freunde. Auch die »Zwiebel« wird Dir neue bescheren, und zwar massenhafte und nicht unerlesenene. S. Susanne v. Paczensky neulich: »So, nun muß ich aber wieder ran an mein Buch!«

Händedruck. Umarmung. Bruderkuß von Deinem Peter + Eva!

VOLKER BRAUN: *BRIEF AN GÜNTER GRASS*

Lieber Günter, / Du kannst gelassen das Abklingen der Kampagne erleben; und Goethes Wort nachschmecken: er habe mehrfach im Leben seine Existenz vernichtet, er sagte das vermutlich mit einer festen Heiterkeit.

Ich frage Dich (und Staeck wird mit Dir in Verbindung sein), ob Du in der Akademie ein abschließendes Gespräch wünschst, bald und in welcher Form? Oder ein internes Aussprechen bei der nächsten Sitzung der Sektion? Du hast die mehreren solidarischen Äußerungen der Mitglieder gehört (nur Hochhuth, wie zu erwarten, pöbelte), und Du selbst hast das Nötige gesagt; es ist kein Palaver in unserem Kreis vonnöten, aber ein kurzes Vergewissern wäre Dir in der Sitzung vielleicht willkommen. Ich möchte, daß Du weißt, daß Du jede Unterstützung von der Sektion erwarten darfst.

MICHAEL MÜLLER: *BRIEF AN GÜNTER GRASS*
Sie haben in den letzten Wochen sicher viel unerfreuliche, aber auch ermutigende Post erhalten. Ich will mich zur Sache gar nicht äußern außer mit der Bemerkung, dass ich mich immer zuerst frage, wie hättest du dich in der konkreten Situation verhalten. Dann verfalle ich nicht in die Klugscheißerei, die derzeit so unappetitlich hochkommt. Oh Karasek, Sie wandelnder Zeigefinger, wann begreifen Sie endlich, dass zur Klugheit manchmal auch Schweigen gehört?
Mir ist es wichtig, Ihnen meine Beobachtung mitzuteilen. Diejenigen, die sich immer wieder über Ihren moralischen Spiegel geärgert haben, halten jetzt ihren ideologischen hoch. Als ob sie sich jetzt endlich rechtfertigen könnten, die wahren Intellektuellen zu sein. Und dabei entlarven nicht wenige einen sehr engen geistigen Horizont. Wie anders kann man die Unterstellung werten, dass Ihr Geständnis allein eine Verkaufsstrategie sei? Mich wundert es nicht, dass unser Land in die zweite Liga abzurutschen droht.

PAVEL KOHOUT: *ERLEBNISSE – ERKENNTNISSE*
Ausgerechnet an dem Tag, als ich diesen Text zum letzten Mal für die tschechische Ausgabe durchging, erschütterte die intellektuelle Welt das Bekenntnis von Günter Grass, er habe sich als Siebzehnjähriger zur Waffen-SS gemeldet. Viele wunderten sich, warum es so spät kam; ich bewunderte es, dass es überhaupt kam, wenn er anscheinend der Einzige war, der es wusste. Die Überlegungen, es sei eine Werbestrategie kurz vor dem Erscheinen seiner Autobiografie, oder er habe nur der Enthüllung durch die Archive der ostdeutschen Stasi zuvorkommen wollen, kann man leicht widerlegen: Der Nobelpreisträger hatte es nicht nötig, für sich wie für ein neues Waschpulver zu werben, und die Organe der totalitären DDR hätten ihn liebend gern als Allerersten vernichtet.

Der unterschiedliche Lebensbeginn in meiner von den Nazis besetzten Heimat hatte mich zum blauen Hemd der sozialistischen Jugendorganisation geführt, Grass in Hitlers Reich zur SS-Uniform. Mich prägte die tschechische Nachkriegseuphorie, ihn das erschütternde Gefühl der deutschen Schuld. Mein Verfehlen versuchte ich mit einem Bekenntnis wiedergutzumachen. Er entschied sich, seine Erkenntnis zuerst durchzusetzen. Er fühlte vielleicht, dass er als unbekannter Autor Grass, noch dazu mit zwei großen SS auch im Namen, keine Chance gehabt hätte. [...]
So wie ich ihn kennenlernte, hatte er seinen Lebenslauf freiwillig von Grund auf bereinigt. Die Rolle des Gewissenswächters im neuen Deutschland bekräftigte er mit seiner späten Beichte und ging der tschechischen Gesellschaft, die noch einen langen Weg vor sich hat, sich aus der Lebenslüge zu befreien, mit gutem Beispiel voran.

VOLKER BRAUN: *WERKTAGE*

zu grass: »wir sind höchstens eine tragikomisch-romantische figur gewesen, die sich aber bestialisch mit blut befleckt hat – so daß eine ungeheuerliche wirre erinnerung als bitterer nachgeschmack bleibt.« (georg maurer: 1948)

grass bekundete, in den medien, eine ganz kindliche angst, durch den rummel, den er losgetreten hat, zur *unperson* zu werden. – »ohne eure unterstützung«, sagt er nach seiner lesung in berlin, »hätte ich das nicht überstanden.«

DENIS SCHECK: *AOK ODER WAFFEN-SS?*

An dieser Stelle ein kleines, aber notwendiges ästhetisches Credo: Ob ein Autor Mitglied in der Waffen-SS war oder in der AOK, ist für die Bewertung seiner künstlerischen Leistung vollkommen irrelevant. Günter Grass hat ein vielschichtiges, anrührendes und mitunter urkomisches Buch mit Erinnerungen geschrieben, ein Buch darüber, wie Erinnerungen entstehen und wie sie uns täuschen können. Man erfährt daraus nicht, warum Grass so lange über seine Zeit bei der Waffen-SS geschwiegen hat. Aber man erfährt, wie aus der historischen Erfahrung von Günter

Grass ein Werk entstanden ist, das zum Brillantesten zählt, was in dieser Bundesrepublik geschrieben wurde.

MARIO VARGAS LLOSA: *GÜNTER GRASS AM PRANGER*
Berührt das, was geschehen ist, das literarische Werk von Günter Grass? Überhaupt nicht. In der auf Spektakuläres bedachten Zivilisation, in der zu leben uns bestimmt ist, wird dieser Skandal, der jetzt so außergewöhnlich erscheint, bald durch einen anderen abgelöst werden und somit in Kürze vergessen sein. In wenigen Jahren oder sogar Monaten wird sich schon niemand mehr an die kurze Phase des Schriftstellers in der Waffen-SS erinnern, während man seine Danziger Trilogie, insbesondere *Die Blechtrommel*, auch weiterhin lesen und als eines der Meisterwerke der Gegenwartsliteratur einschätzen wird.

2007

JOHANO STRASSER: *ALS WIR NOCH GÖTTER WAREN IM MAI*
Das gute Leben, vielleicht ist es vor allem die Summe des erinnerten Glücks. Die Feste zum Beispiel, die wir in Günters Haus in der Niedstraße feierten. Das große Hinterhoffest mit Tangokapelle und mehr als hundert Gästen, das Günter seiner langjährigen Sekretärin Eva Hönisch zu Ehren gab. Alle Nachbarn waren eingeladen, aber irgend jemand fühlte sich offenbar trotzdem gestört, oder es brachte ihn in Wut, daß die da unten soviel fröhlicher waren als er selbst. Jedenfalls wurden auf einmal aus einem Fenster im vierten Stock des Nachbarhauses Kartoffeln geworfen, und wir mußten unter zwei großen Schirmen Schutz suchen, um nicht getroffen zu werden. Oder die Abende mit Freunden, die, wenn irgend jemand die richtige Musik auflegte und Günter aus dem Keller die besseren Flaschen heraufholte, sich zu spontanen Tanzfesten auswuchsen. Einmal, wir saßen mit Freunden beim Essen, kam Uwe Johnson, trank zu viel und geriet in Streit mit Helga Novak, die auch zu viel getrunken hatte. Als es ernst zu werden drohte, rollte Günter den Teppich auf, legte einen Tango auf und forderte Helga zum Tanz. Und als wir anderen seinem Beispiel folgten, stand schließlich auch Uwe Johnson mitten unter den Tanzenden, tapsig wie ein Bär, aber für einen ganzen langen Augenblick versöhnt mit Helga, mit sich selbst und mit der Welt.

MARGARETHE AMELUNG: *FÜNF GRASS'SCHE JAHRESZEITEN*
Wochen zuvor war er gebeten worden, seine Kopfgröße anzugeben, damit der Doktorhut passend angefertigt werden konnte. Den Schriftsteller erwartete in den Staaten die Ehrenpromotion des Kenyon College. Zusammen mit Uwe Johnson ging es auf die Reise nach Amerika.
Uwe Johnson hatte im Haus nebenan sein Atelier. Oft kam der große blonde Pommer mit seiner Pfeife und begleitet von seinem gelockten Töchterchen und saß mit Günter Grass am Frühstückstisch, wo sie sich gemütlich unterhielten.

Es sah rührend aus, wenn dieser riesig wirkende Mann, das kleine Mädchen an der Hand, die Straße entlang kam. Die Grass-Kinder kümmerten sich wenig um die kleine Freundin. Allenfalls Laura versuchte es. Aber Katharina sprach noch so gut wie kein Wort und war dementsprechend viel zu langweilig für die vor Leben sprühenden, temperamentvollen Geschwister.

Frau Grass erzählte, dass Katharinas Mutter niemandem ihren Fluchtweg aus der DDR verriet, um ihn nicht preiszugeben und damit für andere zu versperren. Frau Johnson kam oft, um Anna zu besuchen.

FLORIAN HAVEMANN: *THOMAS BRASCH*
Aber auch jemand wie Günter Grass war ihm wichtig, und natürlich, die Hierarchien mussten unbedingt beachtet werden, war er es, der zu Günter Grass ging, niemals umgekehrt. Vollkommen lächerlich.

PETER O. CHOTJEWITZ: *MEIN FREUND KLAUS* (ROMAN)
Ulrike [Meinhof] kannte ich flüchtig, weil ich seit 1966 für *konkret* schrieb. Gudrun [Ensslin] kam eines Tages in meine Wohnung in Westberlin und wollte, dass ich bei der sozialdemokratischen Wählerinitiative mitmachte, die der Grass erfunden hatte. Da machten ein paar Dichter mit, die sich vom großen Grass einen kleinen Schub erhofften. Ich war nie ein Grass-Freund.

PETER HANDKE: *EIN IDIOT IM GRIECHISCHEN SINNE*
Ja, aber es gab eine Zeit, da hatte ich eine große Sympathie für ihn. Grass war als Dreißigjähriger ein Genie, was ich nie war. Das ist ganz selten, daß jemand so im Flug die Welt erwischt. Die Welt flog ihn an, so kann man das sagen. Doch danach hat er diesen Anflug nur dauernd nachgeahmt, und das ist schlimmer, als wenn er aufgehört hätte zu schreiben. Er hat sich nie verwandelt. Ein Künstler ist nur dann ein exemplarischer Mensch, wenn man an seinen Werken erkennen kann, wie das Leben verläuft. Er muß durch drei, vier, zeitweise qualvolle Verwandlungen gehen. An Goethe kann man das

gut studieren. An Grass kann man überhaupt nichts studieren. Er ist durch seinen raschen Erfolg in Deutschland eine offizielle Figur geworden und hat sich dann nur noch selbst imitiert.

Timothy Garton Ash: *Günter Grass*
Kein Schriftsteller kann besser den Geruchssinn ansprechen, diese literarische Zauberfee unter den Sinnen. Und wenige Romanciers haben mit mehr Hingabe über das Essen geschrieben, von deftigen deutschen Würsten bis zum Seefisch.

António Lobo Antunes: *Gute Autoren?*
Es gibt sowieso nur zwei, drei gute lebende Autoren. *[Welche?]* Vielleicht Mario Vargas Llosa, William Gaddis und ... *[Tom Wolfe?]* Warum den? Lieber Günter Grass.

Joseph von Westphalen: *Stoff, aus dem ihre Anzüge sind*
Manchmal ist Tom Wolfe auf der Messe, und man fragt sich, wie der seine weißen Anzüge sauber hält. Martin Walser braucht nicht seinen verwegenen Hut, Verve und Würde sind auffallend genug. Ähnliches gilt für Günter Grass, den anderen Patriarchen, der mit seinen unbegreiflich dunklen Haaren in einem grauen Anzug unvorstellbar ist: Seine Herrenhausklamotten sind meist in herbstlichen Cognac-Tönen gehalten, denen man die Kritik am uniformen Kapitalismus ansieht.

Erik Lindner: *Die Reemtsmas*
Reemtsma erinnert aber nicht nur an Zigaretten, sondern auch an eine Sammelleidenschaft. Günter Grass schilderte in seiner Jugend-Autobiografie *Beim Häuten der Zwiebel* einen geschätzten Zeitvertreib seiner Kindheit: Während seine Mutter »andächtig Orient-Zigaretten mit Goldmundstück« aus dem Hause Reemtsma rauchte, erhielt er selbst die den Päckchen beigefügten Gutscheine, auch von anderen befreundeten Rauchern, die er beim Cigaretten-Bilderdienst Hamburg-Bahrenfeld in farbige Bildserien

von Kunstwerken der Gotik, Frührenaissance und des Barock eintauschte. Die Bilder, in anspruchsvoll betextete Alben eingeklebt, eröffneten dem zehnjährigen Knaben Günter Grass den Zugang zu Meisterwerken der europäischen Malerei. Und im Anschluss verschafften sie ihm im Kunstunterricht eine Eins: Den Grundstein in seiner kunsthistorischen Bildung hatte Günter Grass »mit Hilfe der Zigarettenfirma Reemtsma« gelegt, in den letzten Jahren vor dem Krieg.

THOMAS BRUSSIG: *DOPING UND LITERATURBETRIEB*
Ich will niemanden verdächtigen oder beschuldigen. Aber es gibt Momente, in denen ich glaube, dass die ganze Literaturszene gedopt ist. Da lädt sich ein Daniel Kehlmann Gauß und Humboldt auf, und keiner fragt da mal nach. Auch darüber, dass ein fast achtzigjähriger Grass, ein fast achtzigjähriger Walser noch immer aktiv sind, scheint sich niemand zu wundern. Die schreiben zum Teil noch richtig dicke Wälzer, stehen damit ganz oben auf den Bestsellerlisten, kriegen die großartigsten Verrisse, und niemand findet etwas dabei.

ELKE HEIDENREICH: *NIE WIEDER EKELHAFTE ALTMÄNNERLITERATUR!*
Das ist eine ganz ekelhafte Altmännerliteratur, die wir da jetzt haben: Grass, Walser – diese eitlen, alten Männer, die den Mund nicht halten können! Ich weiß nicht, woran das liegt: Mich interessiert die politische Debatte in der Literatur relativ wenig. Es muss in erster Linie gute Literatur sein. Und ich finde, dass Grass und Walser seit Jahren nichts Gutes geschrieben haben.

KLAUS BITTERMANN: *LUTSCHEN AM BRÜHWÜRFEL*
Grass ist der lebende Beweis dafür, dass öde Literatur in Deutschland und weltweit eine Chance hat. Das liegt jedoch nicht nur am schlechten Literaturgeschmack hunderttausender Leser, sondern auch an den Vermarktungsmechanismen von Literatur, an dem inszenierten und mit dem Literaturbetrieb abgesprochenen Skandal. Nur mit Hilfe feuilletonistischen Flächenbombardements

und der Hinterlassung verbrannter Erde ist das Zeug der Oberlangweiler der großdeutschen Literatur, Walser und Grass, unters Volk zu bringen.

Wolfgang Herrndorf: *Blume von Tsingtao* (Erzählung)
Literaturliste der letzten 14 Tage: ein Buch von Thomas Bernhard, zwei von Judith Hermann. Ein Meisterwerk von Günter Grass (mit Fickzeichnungen!), zwei Bücher, deren Inhalt ich nicht begriffen habe und die, glaube ich, auch keinen hatten, von Florian Hensel und Jana Illies, zuletzt etwas entsetzlich Gottloses von Heinz Bude.

Peter Weidhaas: *Eine Verwechslung*
1989 in Paris beim Salon du Livre rief der französische Außenminister Juppé, den ich durch die Ausstellung der Grass-Grafiken führte, begeistert aus: Günter Grass, das sei doch der mit der Brigitte Bardot! Ich beruhigte ihn, das sei nicht Günter Grass, sondern Gunter Sachs, und der habe weder etwas mit Grafiken noch mit Literatur zu tun.

Anne Freyer-Mauthner: *Günter Grass in Frankreich*
Seine Bücher, allen voran *Die Blechtrommel,* haben sich alle recht gut verkauft oder sind von der Kritik sehr gelobt worden. Er wird in Frankreich sehr geschätzt als Geschichtenerzähler, als »story-teller«, eine Begabung, die langsam ausstirbt. Und er hat dieses Urwüchsig-Ungezwungene, das wir mit Rabelais assoziieren und das die Franzosen ganz besonders lieben. Ich frage mich manchmal, ob er wirklich als Deutscher wahrgenommen wird, ob nicht auch Polen, Mitteleuropa, die Kaschubei mit in das Bild von Günter Grass einfließen...

Marica Bodrožić: *Erste Lektüre*
Meine erste Lektürebegegnung mit Günter Grass verdanke ich seiner *Blechtrommel*. Ich habe dieses Buch sehr geliebt, es passa-

genweise sogar auswendig gekonnt. Es rührte nicht nur viele Erinnerungen an meine eigene Herkunft in mir an, es gab so eine Art Rückstoß zu meiner eigenen »inneren Erzählung«, obwohl ich damals weit entfernt von meinem eigenen Schreiben war; ich machte einfach nur das Abitur auf einem Frankfurter Abendgymnasium nach. Oskar, dieses Kind, das Grass so einzigartig in die Welt der Literatur eingeführt hat, seine Fähigkeiten, sein Auge auf die Welt, all das habe ich auf eine Art in mich eingesogen, als handle es sich um Muttermilch. So etwas können einem nur Schriftsteller schenken. Das ist für mich bis heute sein wahrhaftigstes Buch!

GERHARD ROTH: *DAS ALPHABET DER ZEIT*
Schon in den ersten Tagen nach meiner Einlieferung fing ich an, Günter Grass' *Die Blechtrommel* zu lesen. Das Buch entrückte mich den Bedrängnissen des Krankenhausaufenthalts und ließ mich die Untersuchungen leichter überstehen. Ich schwor mir, nie mehr ohne Buch irgendwohin zu fahren, und dann, nie mehr ohne Buch auch nur auf die Straße zu treten. Ich war mit dem Kopf in Oskar Matzeraths Welt, der Welt eines Zwergs unter den menschlichen Ungeheuern, einer Welt, die ich kannte, in der ich mich Tag für Tag wiederfand. Als ich den Roman zu Ende gelesen hatte, fing ich noch einmal von vorne an, und der Wunsch, Schriftsteller zu sein, wurde in mir so stark, dass ich insgeheim mit dem Medizinstudium abschloss.

HARALD SCHMIDT: *IM KREISSSAAL*
Wichtigste Bezugsperson, da sind sich die Experten einig, bleibt die Hebamme. Ruhe, handwerkliches Geschick oder einfach mal zusammen eine rauchen, wenn der Wehenschreiber behaglich rattert.
Ansonsten hat sich seit Jahrzehnten das Modell Blechtrommel bewährt: Kartoffelacker, Röcke drüber, und gut is!

Richard Blandford: *Hound Dog* (Roman)
Ich lag auf der Couch und fing gerade an, das Buch zu dem Film zu lesen, den wir neulich gesehen hatten, *Die Blechtrommel* von Günter Grass. Da kam Coreen herein, mit nichts an als Unterwäsche, und brachte mir einen Teller mit etwas, das wirklich lecker aussah.

Peter Gay: *Die Moderne*
Die Blechtrommel dürfte der sensationellste Debütroman seit Flauberts *Madame Bovary* gewesen sein.

Jörg Sundermeier: *Ilsebill schlägt Gregor Samsa*
»Ilsebill salzte nach.« Das ist, laut einer Jury, der neben anderen Heiner Brand, Jutta Limbach, Elke Heidenreich, Paul Maar und Thomas Brussig angehörten, der »schönste erste Satz der deutschsprachigen Literatur«, wie die Initiative Deutsche Sprache und die Stiftung Lesen am Dienstag freudig bekannt gaben. Der Satz stammt von Günter Grass, er eröffnet den Roman *Der Butt*.

Ilma Rakusa: *Grosse Literatur*
Große Romane etwa lese ich nur, wenn ich weiß, was der Autor kann. Lieber einen Sommer lang noch einmal Dostojewski in einer Neuübersetzung von Swetlana Geier genießen als Zeit mit, pardon, Günter Grass vertun.

Volker Braun: *Werktage*
grass erzählt uns während der messe in leipzig, daß er wie nie zuvor auf schuld und sühne examiniert werde, von jungen christlichen lesern, die ihm auf den weg helfen wollen. er zeigt sich ja mit seinen dummen-august-versen verstockt und hätte es bei den knorrigen bäumen belassen sollen. der glaube ist überall am quartier- und reinemachen, und (aber) suhrkamp gründet den verlag der weltreligionen.

Ralph Giordano: *Brief an Günter Grass*
Dummer August und Widmung – mit Dank empfangen. / Und darauf erwidert: das muß zwei-, das muß mehrere Male gelesen und gedacht werden. Äußerlich – kraftvolles Material, ansprechende Gestaltung (Neidgefühle meinerseits, wegen der knorzigen Zeichnungen, Begabungen, die mir fehlen). Innen aber wird Versehrung sichtbar. Ein deutsches Schicksal, sozusagen, und nichts Ungewohntes: die wahren Täter, die »Großen«, kommen davon – je höher die Verantwortung, desto sicherer die Exkulpierung.

Wir leben in einem Land, wo dem größten geschichtsbekannten Verbrechen mit Millionen und Abermillionen Opfern, die wohlbemerkt hinter den Fronten umgebracht worden sind wie Insekten, das größte Wiedereingliederungswerk für Täter gefolgt ist, das es je gegeben hat. Von wenigen Ausnahmen abgesehen, sind sie nicht nur straffrei davongekommen, sondern konnten ihre Karrieren auch unbeschadet fortsetzen.

Was Wunder also, daß die Funktionselite der Bundesrepublik Deutschland bis in die 70er Jahre des 20. Jahrhunderts hinein weithin identisch war mit der unter Hitler. Ich habe das die »zweite Schuld« genannt, die Verdrängung und Verleugnung der *ersten* 1933–1945 dann nach Gründung der Bundesrepublik – Geburtsfehler der zweiten deutschen Demokratie, von dem ihre politische Kultur mit Ausläufern bis in die Gegenwart geprägt ist.

Man muß sich der Disproportionen vergewissern. Ihnen werden Vorwürfe gemacht, aber einer der größten Menschenschlächter der Geschichte, Bruno Streckenbach (als Personalchef des Reichssicherheitshauptamtes, Dach des Vernichtungsapparats, verantwortlich für die mobilen Mordkommandos der sogenannten »Einsatzgruppen« A, B, C und D, die nach ihren eigenen »Ereignismeldungen« an die Zentrale RSHA akribisch berichteten, wo, wie und wann sie hinter der Ostfront vom Sommer 1941 bis Sommer 1942 etwa eine Million Juden umgebracht haben) – dieser Bruno Streckenbach stirbt in meiner Vaterstadt Hamburg unbescholten und ohne je vor die Schranken des Rechtsstaates zitiert worden zu sein ... Nur *ein* Beispiel, dem andere in endloser Kette folgen könnten.

Wenn und wann ich mit Ihrem »Fall« in Berührung kam, habe ich stets diesen Zusammenhang hergestellt, wobei ich immer wieder auf

Unkenntnis der »zweiten Schuld« stieß, was nur eine der Erklärungen sein kann für das, was Ihnen widerfuhr und widerfährt.

Dummer August – man merkt, hinter allem herzhaft diesseits »Kulinarischen« – jenseits davon sind Sie getroffen. Ich möchte, spüre aber: Hier sind weder Rat und noch Trost angebracht.

Lassen Sie sich nur sagen, daß die Überlebenden des Holocaust unter einer Last leben müssen, unter der man eigentlich nicht leben kann: der Erkenntnis, daß die Ermordeten durch die nahezu kollektive Entstrafung der Täter zum zweitenmal umgebracht worden sind.

Das ist der Grund, weshalb ich, sehr bald nach meiner Äonen zurückliegenden Befreiung vom 4. Mai 1945 durch die 8. Britische Armee, Tag um Tag gegen den Erstickungstod ankämpfen muß.

JOHN IRVING: *MEIN HELD, MEIN VORBILD*

Als Student entschied ich mich, mein Auslandsstudienjahr in einem deutschsprachigen Land zu verbringen – weil ich 1961 und 1962 zweimal *Die Blechtrommel* gelesen hatte. Im Alter von vierzehn und fünfzehn Jahren hatte ich *Great Expectations* von Charles Dickens zweimal gelesen. Dickens weckte in mir den Wunsch, Schriftsteller zu werden. Aber es war die Lektüre der *Blechtrommel*, als ich neunzehn und zwanzig war, die mir zeigte, wie ich es werden konnte. Günter Grass war es, der mir bewies, dass es möglich war, ein Schriftsteller zu sein und doch die ganze Skala eines Charles Dickens an Gefühlen und nie nachlassendem Sprachfluss zu entfalten. Grass schrieb mit wildem Temperament, da war Liebe, Spott, Slapstick, Pathos – alles mit unnachgiebigem Gewissen.

Im Herbst 1963 ging ich nach Wien und wurde Student am Institut für Europäische Studien, wo ich Deutsch lernte und deutsche Literatur las. Ich wollte *Die Blechtrommel* so lesen, wie Grass sie geschrieben hatte, auf Deutsch. Ich war einundzwanzig. (Nie lernte ich die Sprache wirklich so gut, dass ich Grass auf Deutsch hätte lesen können; auch heute noch, wenn er mir auf Deutsch schreibt, schreibe ich ihm auf Englisch zurück; aber damals, als Student in Wien, fing ich an, mich als Verfasser von Romanen zu sehen.) Ich hatte mir bestimmte Passagen in der *Blechtrommel* markiert, ich lernte diese Passagen in der englischen Übersetzung auswendig. Eine gute Masche, wie sich herausstellte, um bei Mädchen anzukommen.

»Polen ... verloren, noch nicht verloren, schon wieder verloren, an wen verloren, bald verloren, bereits verloren, Polen verloren, alles verloren, noch ist Polen nicht verloren.« Der Held des Romans, Oskar Matzerath, weigert sich zu wachsen; weil er wie ein Kind wirkt, klein und allem Anschein nach unschuldig, bleibt er von den politischen Ereignissen der Nazi-Jahre verschont, während andere sterben. Wie Bebra, der Zwerg, der Oskar ermahnt: »Stelle dich niemals vor eine Tribüne. Unsereins gehört auf die Tribüne.«

Zwar überlebt Oskar den Krieg als Kleinwüchsiger, aber der Schuld entgeht er nicht. Er treibt seine Mutter ins Grab; er ist für den Tod seines Onkels (seines biologischen Vaters) verantwortlich, und er ist die Ursache dafür, dass sein mutmaßlicher Vater an seinem Parteiabzeichen erstickt, während der Gehörnte von russischen Soldaten mit Maschinenpistolen niedergeschossen wird. Nach dem Krieg nimmt Oskar – in einem Güterwagen – das Wachstum wieder auf. Als übernatürlich begabter Trommler tritt er in einem Nachtclub, dem Zwiebelkeller, auf, wo die Gäste Zwiebeln schälen, damit sie wieder weinen können. Aber Oskar Matzerath braucht keine Zwiebeln, um weinen zu können; er schlägt einfach seine Trommel und ruft sich die Toten, die er sterben sah, in die Erinnerung zurück. »Nur weniger, ganz bestimmter Takte bedurfte es, und Oskar fand Tränen ...«

Die Blechtrommel war der mit dem höchsten Lob bedachte deutsche Roman der Nachkriegszeit; Oskar Matzeraths Weigerung zu wachsen wurde als symbolisch für die Schuld des Landes hingestellt. Im anderthalb Seiten langen vorletzten Absatz des Romans wird wie nebenher »der Saft der Zwiebeln, der die Tränen zieht« erwähnt – eines aus einer langen Reihe einprägsamer Bilder: »die Mauer, die frisch gekälkt werden mußte« und »ins Sterben verstiegene Polen« gehörten zu denen, die mir am besten gefielen.

Grass selbst, so scheint es, hat in diesem außergewöhnlichen ersten Roman, der 1959 in Deutschland veröffentlicht wurde, für vieles büßen müssen. Die Stimme der *Blechtrommel* spricht fortwährend von Buße, während sie immer wieder, manchmal in ein und demselben Satz, von der ersten zur dritten Person wechselt.

Aber Grass wurde 1927 in Danzig (dem heutigen Gdańsk) geboren, er war zehn, als er dem Jungvolk beitrat, der Vorstufe der Hitler-Jugend; er war Soldat und erst siebzehn Jahre alt, als er 1944 von den Amerikanern gefangen genommen wurde. (Noch heute ist Günters merklich amerikanisches Englisch besser als mein Deutsch, und wenn wir uns treffen, sprechen wir hauptsächlich Englisch mit einzelnen aufgeregten, von mir eingeworfenen Brocken Deutsch.)

Grass war noch ein Kind, als die Deutschen in Polen einmarschierten. Wofür sollte er sich schuldig fühlen?, fragte ich mich. War die Bürde der Schuld in der *Blechtrommel* die sogenannte deutsche Kollektivschuld? Von dieser Schuld las ich in den Zeitungen, während ich in Wien studierte. Mein Wissen über das, was den Polen zugestoßen war – Jan Bronskis Tod beim Angriff der Deutschen auf die polnische Post –, hatte ich aus der *Blechtrommel*. Später ernannten die Bürger von Gdańsk Grass zu ihrem Ehrenbürger – und warum auch nicht? Oskar Matzeraths Geschichte – für mich sogar seine Weigerung zu wachsen – war heldenhaft. Und an einem kalten Wintertag in Wien, als niemand, der im Vollbesitz seiner geistigen Kräfte war, auf die Idee gekommen wäre, sich auszuziehen, machte ich mich auf den Weg zu einer Kunstakademie in der Ringstraße und bot meine Dienste als Modell für Kurse in Aktzeichnen an. »Ich habe das in Amerika schon gemacht«, sagte ich. Aber ich wollte Modell stehen, weil Oskar Matzerath Modell gestanden hat. Auch das erwies sich als gute Masche, um an Mädchen heranzukommen.

Irgendwann während meines Studienjahrs 1963–64, bevor ich Wien verließ, schickte mir ein Freund aus den Vereinigten Staaten die englische Übersetzung von Grass' zweitem Roman, *Katz und Maus*. Diesmal gab es einen durchgehenden Ich-Erzähler, aber dieser Erzähler bleibt über hundert Seiten anonym. Die Hauptgestalt, Mahlke, wird im ersten Satz eingeführt, aber durchgehend wird auf ihn mal in der dritten Person, mal in der zweiten Bezug genommen. Der nicht greifbare Erzähler erklärt gleich zu Beginn seine Schuldgefühle angesichts dessen, was Mahlke passiert, als eine Katze von seinem Adamsapfel angelockt wird (die Katze »sprang ... Mahlke an die Gurgel; oder einer von uns griff die Katze und setzte sie Mahlke an den Hals; oder ich ... packte die Katze, zeigte ihr Mahlkes Maus«). Später, als ein Lehrer verhaftet wird (»wahrscheinlich ... aus politischen Gründen«), schreibt der immer noch namenlose Erzähler: »Schüler wurden verhört. Ich hoffe, nicht gegen ihn ausgesagt zu haben.« Und es gibt noch mehr Zwiebeln, die im Zusammenhang mit der Kollektivschuld stehen: »Deshalb sollte ich meine Schreibmaschine oberflächlich mit Zwiebelsaft einreiben und ihr wie mir eine Ahnung jenes Zwiebelgeruchs vermitteln, der in jenen Jahren ganz Deutschland ... verpestete und vorherrschenden Leichengeruch verbot.«

Was hat es mit den Zwiebeln auf sich?, fragte ich mich. Und was meinte Grass mit der Stille? »Seit jenem Freitag weiß ich, was Stille ist, Stille tritt ein, wenn die Möwen abdrehen. Nichts vermag mehr Stille zu bewirken, als ein arbeitender Bagger, dem der Wind die eisernen Geräusche wegstemmt.« *Katz und Maus* liest sich wie eine Beichte, aber das Verbrechen (wenn es denn eines darin gibt) besteht in einer Unterlassung – wir sehen nicht alles, was Mahlke zustößt. Wir wissen lediglich, dass auch er ein Opfer des Krieges ist, wir zählen Mahlke zu den Vermissten. »Aber Du wolltest nicht auftauchen«, damit endet der Roman.

Am Ende des Sommers 1964 verließ ich Wien mit meiner jungen Frau, die schwanger war. Meine Vermieterin kam in mein Zimmer gestürmt und präsentierte mir den künftigen Käufer meines Motorrads, das ich verkaufen wollte, um meine Miete bezahlen zu können. Auf meinem Nachttisch lag eine Taschenbuchausgabe der *Blechtrommel* auf Deutsch, mit Eselsohren und vielen Markierungen, jedoch noch ungelesen. Meine Vermieterin war erstaunt, dass ich so lange brauchte, den Roman zu lesen. Da ich meine Mängel im Umgang mit der deutschen Sprache nicht gern zugeben wollte, fragte ich sie, was sie von Günter Grass halte. Wir beide, der Käufer meines Motorrads und ich, waren Studenten; wir nahmen hochnäsig an, dass Grass ausschließlich Studenten vorbehalten war. Außerdem hielt ich meine Vermieterin nicht für eine große Leserin, doch Jahre später sollte mich jemand, der ihrer Generation angehörte, überraschen, indem er genau das Gleiche sagte, was meine Vermieterin über Grass gesagt hatte: »Er ist ein bisschen unhöflich.«

Das machte mir zum ersten Mal deutlich, dass für österreichische und deutsche Leser – insbesonders solche, die alt genug waren, dass sie sich an den Krieg erinnern konnten – Grass nicht nur als international berühmter und allgemein anerkannter Schriftsteller galt. Von vielen Österreichern und Deutschen wird Grass als erbarmungsloser Richter und unnachgiebige moralische Instanz wahrgenommen. Nicht nur waren seine Bücher Akte der Buße; er selbst war zugleich ein harscher Kritiker Nachkriegsdeutschlands – er zog alle zur Rechenschaft, nicht nur Politiker. (Und nicht nur Deutsche, wie ich noch erfahren sollte.) 1979 schrieb Grass: »Allgemein mangelt es nicht an großen Führerfiguren: Ein bigotter Prediger in Washington und ein Biedermann in Moskau ...«. 1982, im Anschluss an eine Reise nach Nicaragua, schrieb Grass, er habe sich geschämt, dass die Vereinigten Staaten Verbündete seines Landes seien. (»Wie arm, zunehmend hilflos und von schier unlösbaren Problemen gezeichnet muss ein Land sein, um aus der Sicht der derzeitigen US-Regierung ... als gefährlich angesehen zu werden?« In einem Essay aus der Sammlung *On Writing and Politics* schreibt er: »So mutig der Widerstand einzelner Christen und christlicher Gruppen gegen den Nazismus gewesen ist, so feige haben sich die katholische und die protestantische Kirche in Deutschland zu untätigen Mittätern gemacht.« In dem Buch *Kopfgeburten*, über das ich 1982 in der *Saturday Review* schrieb, ging Grass noch immer mit sich ins Gericht: »Dass *Katz und Maus* meine Schulnöte abgefeiert hätte, war wohl ein Irrtum.« Schuld, noch mal Schuld – und noch mehr Buße. Mann, der drischt ganz schön auf sich ein, dachte ich.

Auch ich entging seiner Missbilligung nicht. In New York, wo ich Anfang der 80er Jahre lebte, arrangierte ich bei einer Dinner Party eine Zusammenkunft von Schriftstellern aus Westdeutschland und Ostdeutschland – darunter Günter. (In ihrem damals geteilten Land hatten sie wenig Gelegenheit, miteinander zu sprechen.) Es gab viel Wein, es wurde sehr spät. Doch als Grass aufbrach, wirkte er besorgt. Er nahm mich beiseite und sagte, er mache sich Sorgen um mich. Ich sei, sagte er, nicht mehr so zornig, wie ich früher gewesen sei, und dann sagte er Gute Nacht. Bis dahin waren von mir nur *Garp und wie er die Welt sah* und *Hotel New Hampshire* ins Deutsche übersetzt worden; er hatte mir auf diese Weise klarmachen wollen, dass der neuere Roman ihn enttäuscht hatte. Die ostdeutschen Schriftsteller blieben und blieben, doch ich verbrachte den Rest der Nacht damit, dass ich mir vornahm, zorniger zu werden und zornig zu bleiben. Wenn mein Held – mein Vorbild, der Schriftsteller, der 1969 Wahlreden für Willy Brandt geschrieben hatte – fand, dass es mir an Feuer mangelte, dann musste ich die Flamme anfachen.

Es gibt ein Foto von uns beiden aus dieser Zeit in New York. Wir sind in einer Kunstgalerie, wo eine Ausstellung von Grass' Zeichnungen stattfand. Er war Bildhauer und Zeichner, bevor er Romancier wurde, und auch heute zeichnet er noch die ganze Zeit. In meinem Haus in Vermont habe ich vier von seinen Zeichnungen, und in seinem Atelier in Behlendorf (in der Nähe von Hamburg) sieht man mehr Zeichnungen als Hinweise darauf, dass er Schriftsteller ist – lediglich eine Schreibmaschine und ein Stehpult. Auf dem Foto, das in New York gemacht wurde, lache ich über etwas, aber Grass, der zwar amüsiert ist, aber nicht lacht und mich über den Kopf seiner Pfeife prüfend ansieht, wirkt auch da leicht missbilligend. (Anscheinend habe ich zu laut oder zu viel gelacht.) Es ist gar nicht so leicht, einen Mentor zufriedenzustellen.

Auf einem anderen Foto, das im Poetry Center der 92nd Street Y aufgenommen wurde, wo ich Grass bei einer Lesung aus dem Buch *Unkenrufe* einführte – er las auf Deutsch, ich anschließend die englische Übersetzung – sind wir ähnlich gekleidet und erscheinen ziemlich genau gleich groß. Und dann gibt es noch ein Foto, das Grass' Frau Ute gemacht hat. Meine Frau Janet und mein jüngster Sohn Everett sind dabei, und Günter mit seiner ewigen Pfeife und seinem Hund; im Hintergrund grast eine Kuh. Das war im Oktober 1995, nicht lange nach dem berühmten *Spiegel*-Titelbild, auf dem der betagte Tyrann, aber gefeierte Kritiker Marcel Reich-Ranicki Grass' Roman *Ein weites Feld* entzweireißt. (Einige Journalisten in Deutschland nahmen Anstoß daran, dass *Ein weites Feld* als politischer Roman über die deutsche »Wiedervereinigung«, wie es damals noch hieß, verkauft wurde.)

Auf der Frankfurter Buchmesse 1990, während der ich mit Grass und dem russischen Dichter Jewgeni Jewtuschenko im Fernsehen auftrat, hatte Grass die noch frische (offizielle) Vereinigung der beiden deutschen Staaten kritisiert und im Wesentlichen gesagt, dass eine überstürzte Vereinigung zu einer wirtschaftlichen Ausbeutung des Ostens durch die westlichen Kapitalisten führen werde. Bei vielen jungen Leuten, die begierig auf die Veränderung warteten, war Grass' Kritik besonders unbeliebt. Fünf Jahre später bildete *Der Spiegel* das Zerreißen des Romans von Grass auf dem Cover ab. Das Magazin hätte ebenso gut eine Bücherverbrennung veranstalten können.

Man muss wissen, dass Grass sich Feinde gemacht hat. Fünfundzwanzig Bücher und der Literatur-Nobelpreis (1999) gehen dem autobiografischen Buch *Beim Häuten der Zwiebel* voraus, das im letzten Sommer auf Deutsch erschien und eine stürmische Debatte auslöste. Während Grass' Kritiker hinnahmen, dass er sich mit fünfzehn freiwillig zum Dienst als U-Bootfahrer gemeldet hatte, war die Enthüllung, dass er 1944, als er siebzehn war, zur Waffen-SS, der Kampftruppe der SS, eingezogen wurde, ein Schock. Grass verbrachte die letzten Kriegsmonate bei dieser Truppe – die später bei den Nürnberger Prozessen pauschal wegen Kriegsverbrechen verurteilt wurde. Warum hat er so lange gewartet, das zu sagen?, fragten seine Kritiker. (Als hätte es eine Zeit gegeben, zu der er nicht dafür kritisiert worden wäre!). Ein Historiker schrieb in der *Frankfurter Allgemeinen Zeitung:* »Warum muss das alles jetzt erst und so quälend herauskommen?« (Als gäbe es nicht ausreichend Beweise dafür, was in allen Büchern von Grass bis zu diesem »quälend« war!). In der *Neuen Zürcher Zeitung* hieß es über Grass »In der Pose des selbstgewissen und von Eitelkeit nicht freien Moralisten ...« und so weiter. Sowohl die *Süddeutsche Zeitung* als auch die *Frankfurter Rundschau* beklagten, dass das Bekenntnis so spät komme. Aber ein guter Schriftsteller schreibt über die wichtigen Dinge, bevor er sie ausplaudert. Ein guter Schriftsteller erzählt keine Geschichten, bevor er sie geschrieben hat!

Ich schrieb einen Artikel für die *Frankfurter Rundschau,* und natürlich verteidigte ich Grass. Ich schrieb auch an Günter. Ich klagte über die »vorhersehbar scheinheilige Demontage« seines Lebens und Werks in den deutschen Medien – »von dem ach-sofeigen Standpunkt der nachträglichen Einsicht« aus. Ich schrieb: »Für mich bleibst Du ein Held – als Schriftsteller und als moralischer Kompass. Dein Mut, als Schriftsteller und als Bürger Deines Landes, ist beispielhaft – ein Mut, der durch Deine jüngste Enthüllung erhöht und nicht herabgesetzt wird.«

Ich kenne einige Deutsche, die *Beim Häuten der Zwiebel* niemals lesen würden, aber das sind keine Grass-Leser, oder sie mochten ihn schon vor der Enthüllung seiner Zugehörigkeit zur Waffen-SS nicht, und sie stehen politisch meistens rechts –, oder es sind diejenigen, die Grass nach seinen düsteren Voraussagen mitten im Rausch der Wiedervereinigung von 1990 als Linken, der sich nicht mit der veränderten politischen Situation abfand, gebrandmarkt hatten. Ich war damals gerade auf Lesereise in Deutschland und sprach hauptsächlich vor Studenten – in Bonn, Kiel, München und Stuttgart –, und wo immer ich auftrat, waren die Studenten irritiert über meine Freundschaft mit Grass. (Warum ich Owen Meany die gleichen Initialen gegeben hätte wie Oskar Matzerath?, fragten sie immer wieder. »Eine Hommage«, war meine ständige Antwort, aber das wollten sie damals nicht hören.)

Von den Menschen, die ich kenne und die *Beim Häuten der Zwiebel* wirklich gelesen haben, will keiner, dass Grass den Nobelpreis zurückgibt. Das Buch ist ebenso gut wie seine besten Romane, und es hat einen ersten Satz, der erklärt, was Leser in seinen früheren Büchern irrtümlicherweise für einen stilistischen Kunstgriff gehalten haben mögen – bei mir wenigstens war das so. »Ob heute oder vor Jahren, lockend bleibt die Versuchung, sich in dritter Person zu verkappen: Als er annähernd zwölf zählte, doch immer noch liebend gern auf Mutters Schoß saß, begann und endete etwas.« Für Grass, so erklärt er gleich zu Beginn, »gleicht die Erinnerung einer Zwiebel«. Weiter stellt er fest: »Mir gilt leserlich die knappe Inschrift: Ich schwieg.« Weil das so war, fügt er hinzu, »bleibt die Versuchung groß, vom eigenen Versagen abzusehen«. Als Kind und Jugendlicher, bekennt Grass, neigte er zu Heldenverehrung: »... es ist die Wochenschau gewesen, die mich mit schwarzweiß geschönten Wahrheiten bediente, an die ich zweifelsfrei glaubte.«

Diese Autobiografie ist ein schmerzliches Bekenntnis. »Immer wieder erinnern mich Autor und Buch an meinen jugendlichen Unverstand und zugleich an die ernüchternd begrenzte Wirkung der Literatur.« Danzig wurde zum Ende des Krieges in Schutt und Asche gelegt; die frühen Kapitel des Erinnerungsbuches haben »jenen Jungen« zum Thema, »der die Stadt zu einer Zeit verließ, in der sie noch heil mit allen Türmen und Giebeln stand«.

Man erinnert sich an die Vergewaltigung der Witwe Greff durch russische Soldaten in der *Blechtrommel,* wenn Grass erzählt, dass seine eigene Mutter ihm nie sagte, wo und wie oft sie von den

Russen vergewaltigt worden war. »Und dass sie sich, um die Tochter zu schützen, ersatzweise angeboten hat, war erst nach ihrem Tod andeutungsweise von der Schwester zu hören. Es fehlten die Worte.« Grass' Schwester wurde Nonne, dann Hebamme. »Ihren Kinderglauben, der ihr bei Kriegsende angesichts soldatischer Gewalt verlorengegangen war, hatte sie wiedergefunden.«

Der Glaube des Schriftstellers wird nicht wiederhergestellt. Er gibt zu: »Eher werde ich die Waffen-SS als Elite-Einheit gesehen haben ...« Wieder verkappt Grass sich in der dritten Person und schreibt: »Dem Jungen, der sich als Mann sah, wird vor allem die Waffengattung wichtig gewesen sein: wenn nicht zu den U-Booten, von denen Sondermeldungen kaum noch Bericht gaben, dann als Panzerschütze einer Division ...« Grass erkennt: »Was ich mit dem dummen Stolz meiner jungen Jahre hingenommen hatte, wollte ich mir nach dem Krieg aus nachwachsender Scham verschweigen. Doch die Last blieb, und niemand konnte sie erleichtern.« Über das Tagebuch, das Grass im Krieg verlor, sagt er nur: »Doch indem ich diesen Verlust abbuche, ist mir, als wäre auch ich mir wiederholt verlorengegangen.«

Lange nach dem Krieg bemerkt der aktive Künstler: »Wer einzelne Tote und Tote zuhauf gesehen hat, dem gilt jeder weitere Tag als Gewinn.« Als Kriegsgefangener sieht Grass Bilder aus Bergen-Belsen: »... unglaublich«. Und er schreibt: »Anfangs Unglaube, als mich die Bilder schwarzweiß erschreckten, dann Verstummen.«

Als er mit achtzehn von den Amerikanern entlassen wird, empfindet Grass, so bekennt er hier, keine Schuld. Indem er abermals in die dritte Person schlüpft, spricht er von sich als dem »ziellosen Schwarzmarkthändler meines Namens«. Er spricht von seinen drei Hungern – dem »ordinären« (im Kriegsgefangenenlager war er dem Verhungern nahe), »dem Verlangen nach fleischlicher Liebe« und seinem »Hunger nach Kunst« (»dieses Verlangen nach bildlicher Besitznahme«).

Erst später entsteht das dringende Bedürfnis, sich klar und deutlich auszusprechen – Grass gab einem Buch den Titel *Speak Out!* Und 1967 in Tel Aviv erinnert er sich: »Damals war ich neununddreißig Jahre alt und galt wegen meiner Neigung, alles zu lang Beschwiegene beim Namen zu nennen, als Störenfried.«

Der Wechsel zwischen Verhüllung und Enthüllung macht *Beim Häuten der Zwiebel* zu einer faszinierenden, unter die Haut gehenden Lektüre. »Gleich welches politische Angebot gemacht wurde«, sagt Grass von sich, »ich – der jugendliche Kriegsteilnehmer, das gebrannte Kind – war dagegen.« Und: »Alles, was nach Nation roch, stank mir.«

Gegen Ende des Buches sagt Grass unumwunden: »... mit aller mir geläufigen Artistik wich ich aus, ... war um Ausflüchte nie verlegen.« Das Atemberaubende an diesem autobiografischen Buch ist die Ehrlichkeit, mit der Grass über sein Ausweichen spricht. Das reicht von der Aussage: »Ganz und gar auf die eigene Existenz und entsprechend existentielle Fragen fixiert, kümmerte mich die Tagespolitik wenig«, bis hin zu der Feststellung »Deshalb muss ich, sobald es um Zeit geht, einräumen, dass vieles, was pünktlich begann oder endete, bei mir erst verspätet geklingelt hat.«

Es ist die moralische Bestimmtheit, mit der er sich selbst verantwortlich macht, die diesem Buch der Erinnerung einen so mächtigen Nachhall verleiht. Erste Lieben, die erste Frau und alles andere, was am Ende zum Schreiben des ersten Romans führt – all dies wird hier erzählt; aber wie immer ist Grass am besten, wenn er sich selbst zur Rechenschaft zieht. »Zwar wird man als Autor nach und nach seinem Personal hörig, muss aber dennoch dessen Taten und Untaten verantworten.«

Im August letzten Jahres las ich im *Spiegel Online* von den Überlegungen eines ehemaligen Waffen-SS-Mannes namens Edmund Zalewski, der auf eigene Faust »ein bisschen recherchiert« hatte, als er von Grass' Enthüllung hörte. (Niemand, mit dem Zalewski Verbindung aufnahm, konnte sich an einen Günter Grass erinnern.) Nach dem Krieg hatte Zalewski nie den Kontakt zu seinen ehemaligen SS-Kameraden abreißen lassen. Nach wie vor ist er Schriftführer der »Kameradschaft Frundsberg«, einer Gruppe von Kriegsveteranen, die sich jährlich an wechselnden Kriegsschauplätzen trifft. »Inzwischen sind wir nur noch sechzig Kameraden«, berichtet Zalewski. »Das war natürlich mal anders, aber wir sind jetzt ja alle um die 80 Jahre alt und mehr.«

Man stelle sich das vor: Grass hat noch immer Schuldgefühle, weil er mit 17 zur Waffen-SS eingezogen wurde, während manche seiner älteren Kameraden von der Panzerdivision Frundsberg jährliche Treffen abhalten! Und doch nennt einer von Grass' wildesten Kritikern, Christopher Hitchens, den Autor »einen Aufschneider und einen Betrüger und außerdem einen Heuchler«. Es sind die feigen Kritiker – darunter der lächerliche Hitchens –, die Scham empfinden sollten.

In diesem Herbst wird Günter Grass 80. Es wird Geburtstagsfeierlichkeiten überall in Deutschland geben. Ich weiß von einer in Göttingen und einer in Lübeck. Ich habe vor, zu der Party in Göttingen zu gehen, und zu der in Lübeck vielleicht auch.

Die Widmung in *Beim Häuten der Zwiebel* lautet: »Allen gewidmet, von denen ich lernte.« Es ist meine Meinung, dass jeder Schriftsteller, der Günter Grass wirklich gelesen hat, in seiner Schuld steht. Von mir jedenfalls weiß ich das mit Sicherheit.

KLAUS WAGENBACH: *ZUM 80. GEBURTSTAG VON GÜNTER GRASS*
Günter Grass hat die Bundesrepublik ziviler, freier und demokratischer gemacht, kurz: bewohnbarer.

MARTIN WALSER: *DREI SÄTZE ZU GÜNTER GRASS*
(1) Es ist nicht nötig, verstanden zu werden, solange man die, die einen nicht verstehen, versteht.
(2) Es genügt, sich treu zu bleiben, wem denn sonst!
(3) Gott ist Pfeifenraucher.

PETER RÜHMKORF: *G. G. GEBURTSTAGSMEDAILLON*
Ein lebenslang Verschwiegenes,
auf keinem Markt Gehandeltes
will auch ans Licht.
Indes, als ein gediegenes
zur Kunstgestalt Verwandeltes:
Ihr faßt es nicht!

DIETER HILDEBRANDT: *NIE WIEDER ACHTZIG!*
Es wächst nicht alles nach. Günter Grass hat gemeint, ihm

wäre die Scham nachgewachsen. Da muss er sich vertan haben. Nachwachsen kann man beispielsweise Skier, aber sonst gilt, dass kaum etwas nachwächst. Bei Armen, Beinen, Nasen oder Ohren wissen wir: Es ist endgültig. Entmannungen zum Beispiel sind in der Regel nie wieder gutzumachen. / Und damit bin ich wieder bei meinem Alter. Es ist wie mit der Scham: Jugend wächst nicht nach. Das Wort Nachwuchs ist darum mit Vorsicht zu verwenden.

ALOIS BRANDSTETTER: *EIN VANDALE IST KEIN HUNNE* (ROMAN)
   Hurra, ich bin ein Prophet! Das wurde mir heute, am 12. August 2006, bewußt, als ich mir vor einer Fahrt nach Oberösterreich am Klagenfurter Bahnhof die *Frankfurter Allgemeine Zeitung* kaufte und zu meiner totalen Verblüffung den ersten Aufmacher las: Günter Grass war Mitglied der Waffen-SS! Vor ungefähr 14 Tagen hatte ich mir ja im Zusammenhang mit dem Denkmalschutz- und Denkmalsturzthema als Antwort auf eine Stelle in den *Hundejahren* (»Kein Schwein ist rein. Jesus Christus nicht rein, Marx, Engels nicht rein« …) zu ergänzen erlaubt: Günter Grass nicht rein. Rein gar niemand rein! In der Zeitung las ich, daß nun sehr viele, denen der Schriftsteller Grass als das untrügliche deutsche Gewissen und die absolut integre intellektuelle Autorität gegolten hat, tief und bitter enttäuscht seien und sich betrogen fühlten. Selber schuld, würde ich sagen. Wie kann man auch so naiv und autoritätsgläubig und illusionsbereit sein! Gutgläubige, aber nicht rechtgläubige Gutmenschen! Ja, wie stehen sie nun da! Und wie steht er da, der 80jährige Greis Grass! Schlimmer als Kurt Waldheim. Er hat sich nur viel geschickter als jener getarnt und versteckt. Und es wäre ihm sicher auch niemand auf die Schliche gekommen, wenn er sich nicht selbst »geoutet« hätte. Oder stimmt, was in einigen Zeitungen steht, daß er mit seiner Offenbarung anderen, die um die Wahrheit wußten und sich anschickten, sie »herauszulassen«, zuvorkommen wollte? Damit seine Sicht der Dinge von der »nachwachsenden Scham« die kanonische und gültige wird. Dem Verkauf seiner Memoiren wird es sicher nicht schaden. Handelt es sich vielleicht überhaupt um Marktstrategie und eine PR-Maßnahme? Wer immer das Schlimmste und Irrwitzigste annimmt, geht meist nicht weit irr. Es ist kein Fehler, mit Fehlern zu rechnen! Wo Menschen sind, menschelt es.

Wo aber Übermenschen und selbstgerechte Gutmenschen am Werk sind, da »mirtelt« es auch immer ein wenig. *Mirteln* bedeutet in meiner Mundart »streng riechen«.
Kein unheimlich starker Abgang für den guten Günter Grass! Denn die »nachgewachsene Scham« muß inzwischen ja schon stark ausgewachsen sein. Auswuchs der moralischen Urwüchsigkeit ... Verwüstung des Unverwüstlichen! Nichts ist so fein gesponnen, es kommt doch an die Sonnen. Gottes Mühlen mahlen langsam ... Spät, aber doch. Ein wenig ist es ja mittlerweile, als würde in der Adria ein U-Boot aus dem Ersten Weltkrieg auftauchen, dessen Besatzung sich wundert, daß der Krieg aus ist. / Günter Grass entlarvt!

ARTUR BECKER: *DER HEIMAT-VERDICHTER*
Für mich als Polen, obwohl ich ein deutschsprachiger Schriftsteller bin und mein Vater bei meiner Erzeugung ostpreußische Gene beigesteuert hat, stellt sich folgende Frage: Wie kann jemand, der im Glashaus sitzt, mit Steinen werfen? All die deutschen Kritiker und Richter, die Grass nach seinem Waffen-SS-Geständnis angegriffen haben, denken nicht daran – aus mir völlig schleierhaften Gründen –, dass ihren eigenen Verwandten, Freunden und Bekannten – Großeltern und Urgroßeltern – Ähnliches widerfahren war, was ihnen an Grass so missfällt: Auch ihre eigenen Erzeuger waren Mitläufer des Dritten Reiches gewesen, zumindest in den meisten Fällen, und wie viele von ihnen haben eine Beichte abgelegt, wie es Günter Grass im Grunde genommen in seinem ganzen literarischen Werk getan hatte, vor allem auch im Namen der Erzeuger seiner Kritiker und Richter? Wie viele?
Ich lebe seit 1985 in Deutschland als ein polnisch-ostpreußischer Emigrant und Bernstein, als ein merkwürdiges Insekt der europäischen Geschichte des 20. Jahrhunderts, doch offenbar werde ich nie verstehen, warum manche Deutsche immer noch einander an den Kragen gehen, warum sie einander nicht vergeben können. Diese Selbstzerstörung ist mir ein großes Rätsel. Ich hoffe, dass ich daraus etwas lernen kann – sonst Gnade mir Gott!
Denn, und man mag meine sozialistisch-katholische Kindheit verschiedentlich beurteilen, eines muss ich unmissverständlich sagen: Ich weiß, was ideologische Flirts mit einem Regime bedeu-

ten – sie verführen sogar die klügsten Köpfe. Wer jedoch nie auf Irrwege geraten ist und nie eine Beichte abgelegt hat, vor wem auch immer, soll bitte jetzt aufstehen, auf die Straße gehen und seine Heiligsprechung beantragen – bei wem auch immer.

PHILIPPE SOLLERS: *MEMOIREN*
Zeig mir deine Kindheit und deine Jugend, und ich sag dir, wer du bist.
Ich muss übrigens lachen über die Enthüllungen von diesem mittelmäßigen Schriftsteller Günter Grass, dem Literaturnobelpreisträger, der zugegeben hat, mit 17 Jahren in der Waffen-SS gewesen zu sein, um seiner erdrückenden Familie zu entkommen. Grass, wie man sich vielleicht erinnert, ist das große sozialdemokratische Gewissen der Nachkriegszeit gewesen. Heuchler entrüsten sich über sein langes Schweigen vor dem Eingeständnis dieses »Schandflecks«, aber niemand stellt die wahre Frage: Warum hatte Grass *Lust* gehabt auf diese Vereinnahmung? Wirklich nur um seiner Familie zu entkommen? Oder eher um nichts von seinen damaligen Wünschen zu wissen? Welche übrigens? Drücken Sie sich klar aus (oder lesen Sie Jonathan Littells außergewöhnlichen Roman *Die Wohlgesinnten,* die Beichte eines SS-Offiziers, der über den Mord an seiner Mutter, eine inzestuöse Bindung an seine Schwester via passive Sodomie einen unmöglichen Ausweg aus den alptraumhaften Massakern sucht). Mein Gott, welch Elend: christlich, konservativ, sozialistisch, faschistisch, kommunistisch, sozialdemokratisch, reaktionär, fortschrittlich etc. Kann man diesem Gesamthintergrund nicht entfliehen? Grass, sagen Sie mir: Mit 17 Jahren, wen hatten Sie Lust zu ficken? Und Sie, Bourdieu, und Sie, Abbé Pierre? Und Sie, Stalin, Mussolini, Franco, Pétain, Hitler? Und Sie, Bush, Bin Laden? Mit 17 Jahren? Aber da ist alles schon gelaufen, danke Freud.
Der Waffen-SS mit 17 Jahren beizutreten, ist, als hätte ich in demselben Alter Lust gehabt, Fallschirmspringer zu werden oder französischer Folterer. Der historische Kontext zählt eigentlich wenig: die Neigung, der *Geschmack,* da rührt alles her. Sie haben in dem Alter *dafür* einen hoch bekommen? Jedem sein Geschmack, aber sagen Sie uns ehrlich, für wen und für was.

ALBERTO MANGUEL: *DIE HOHE SCHULE DES SCHUMMELNS*
Das politische Lesen. Bestimmte Bücher, etwa Salman Rushdies *Satanische Verse* oder *Beim Häuten der Zwiebel* von Günter Grass, gestatten eine Stellungnahme *avant la lettre,* einzig auf Grundlage einer bestimmten Episode, die wegen ihres angeblich entlarvenden Inhalts Entrüstung provoziert hat. Mit anderen Worten: solche Bücher gestatten ein Urteil auf Basis eines Fremdurteils über ein Buch, das offenbar keiner gelesen hat. Unter allen Arten des Nicht-Lesens erweist sich diese, die man auch »Lesen nach dem Hörensagen« nennen könnte, als die prekärste: Wenn man sich hinsetzt und das Buch tatsächlich liest, wird man in den meisten Fällen feststellen, dass es vollkommen zu Unrecht skandalisiert wurde.

2008

VOLKER BRAUN: *WERKTAGE*
 ich kann sagen was ich will, *schlagzeilen* mache ich nicht. die macht grass, mit seiner gabe aufzuwiegeln. in der *nacht der literatur 1968* doziert er: wir brauchen ein neues 68. das ist aus seinem munde eine neuigkeit. wenn ich von einer neuen *wende* spräche, verstünde das niemand.

CHRISTIANE HÖRBIGER: *LEBENSERINNERUNGEN*
 Sätze können faszinieren, inspirieren! Zum Thema der 68er-Jahre und der damals beginnenden politischen Veränderung schrieb Claus [Jacobi]: »Ein Linksruck ging durch die Republik. Die Straße erhob ihr Haupt. Die Umwertung der Werte begann ... Über Goethe wuchs Grass.«

RAINER LANGHANS: *ICH BIN'S*
 Uwe Johnson hatte in der *New York Times* von dem Puddingattentat gelesen und so von der Besetzung seiner Wohnung erfahren. Sofort hat er mit einiger Aufregung Günter Grass und dessen Frau Anna mit der Räumung der Wohnung beauftragt [vgl. A. Grass, S. 133]. Wir mussten unter seiner Aufsicht unser ganzes Zeug wieder herausholen und sind erstmal beim SDS untergekrochen. Als Kommunarden, die jetzt keine Kommune mehr hatten, fingen wir sofort damit an, eine neue Wohnung zu suchen.

GEORG MEIER: *ALLE WAREN IN WOODSTOCK ...* (ROMAN)
 Die Gäste sahen aus, als wären sie den Alpträumen meiner Eltern entsprungen: lange Haare, wohin man blickte, die wenigen Kurzhaarigen männlichen Geschlechts trugen Günter-Grass-Schnauzer oder Vollbärte.

Peter Schneider: *Mein 68*

Das greifbarste Ergebnis meines Ausflugs in die große Politik waren die Kontakte, die sich aus der Mitarbeit im Wahlkontor ergaben. Die Künstler- und Literatenszene jener Jahre war verblüffend durchlässig. Wie von selber lernten wir Jüngeren, die als Schriftsteller bestenfalls eine »Hoffnung« waren, die Berliner Größen des Geschäfts kennen: den Verleger Klaus Wagenbach, den Schriftsteller und Lektor Klaus Roehler, den Redakteur Hanspeter Krüger, der die Kultursendungen des SFB betreute, die Autoren Günter Grass, Reinhard Lettau und Uwe Johnson, den Luchterhand-Inhaber Eduard Reifferscheid.

Verläßlicher als die Sympathien, die uns mit der SPD verbanden, war die gemeinsame Leidenschaft für ein deutsches Kartenspiel namens Skat. Die treibende Kraft hinter den Skatrunden, die von Klaus Roehler oder Klaus Wagenbach zusammengerufen wurden, ist nach meiner Erinnerung Günter Grass gewesen. Die langen Skatnächte fanden entweder in einer kahlen, von Bierdunst, Pfeifen- und Zigarettenrauch vernebelten Kneipe namens Bundeseck am Friedrich-Wilhelm-Platz statt oder in der Wohnung eines Mitspielers. Es ist wohl kein Zufall gewesen, daß sich unter die Teilnehmer eines Spiels, in dem die Buben die höchsten Trümpfe sind, niemals eine Frau verirrt hat. Von diesem Mangel abgesehen ging es bei diesen Skatabenden basisdemokratisch zu. Am Skattisch galt kein anderes Verdienst als die Fähigkeit, aus den zehn Karten in der eigenen Hand und dem bedeutsamen Zögern, dem Augenrollen oder Fußtritten des Mitspielers beim Trumpfen oder Abwerfen die Zahl der erreichbaren Punkte zu erraten. Grass, dessen Schnauzbart schon damals auf den Titelseiten der Weltpresse zu sehen war, galt am Skattisch nicht mehr als ein schriftstellernder Nobody oder ein Redakteur vom SFB.

Die meisten von uns wußten nichts von Grass' SS-Vergangenheit. Aber ich zweifle daran, daß wir, hätten wir davon gewußt, besonders verstört gewesen wären – wie es die retroaktive Geschichtsschreibung heutiger Journalisten als selbstverständlich voraussetzt. Grass hatte nie ein Geheimnis daraus gemacht, daß er ein begeisterter Hitlerjunge gewesen war, sich in den letzten Kriegsmonaten freiwillig zur Marine gemeldet hatte und dann – die deutsche Marine gab es dank der britischen Erfolge praktisch nicht mehr – bei einer Panzerbrigade gelandet war. Klaus Wagenbach hat vierzig Jahre später in der *ZEIT* berichtet, daß er als Lektor bei S. Fischer eine Monographie über Günter Grass schreiben wollte. Grass habe ihm bei den Interviews im Sommer 1963 von seiner SS-Mitgliedschaft erzählt. Aus dem Buch wurde dann nichts, weil Wagenbach von seinem damaligen Arbeitgeber, dem S. Fischer Verlag, entlassen wurde und seinen eigenen Verlag gründete. Meine Nachfrage, ob er von dieser Mitteilung damals entsetzt gewesen sei, verneinte Klaus Wagenbach mit Entschiedenheit. Das Kürzel SS sei erst durch den Auschwitzprozeß im Bewußtsein der Zeitgenossen zu einem Synonym für die gleichnamige Mordtruppe in den KZs geworden. Unter dem Schock der Enthüllungen hätten sowohl Grass wie er das Geständnis über Grass' SS-Mitgliedschaft »vergessen« oder auch verdrängt – was ihm, Wagenbach, um so leichter gefallen sei, als das Kürzel in seiner Aufzeichnung nur in einer Klammer verzeichnet war. »Gruppe Steiner (SS)« hatte Wagenbach notiert.

Günter Grass war ein geselliger und angenehmer Skatbruder. Starallüren waren ihm fremd, er entwaffnete seine Mitspieler durch seinen kameradschaftlichen, ja kumpelhaften Ton. Es wurde um Zehntelpfennige gespielt. Reich werden konnte bei unseren Spielen niemand, es ging allein um Sieg und Niederlage, und in der Leidenschaft des Siegens ließ Grass sich von niemandem übertreffen. Wenn er nach Punkten hinten lag, spielte er dann doch gelegentlich seine Macht aus.

Nach einem Skatabend notierte ich:

> Grass' fähigkeit, auf kosten derer, die sich nicht wehren können, seine witzchen zu machen, natürlich ... mit einer humoristischen vorgabe, mit einem augenzwinkern des sinnes, es sei nicht so gemeint. Wenn er etwa zu Wagenbach, der früh aufstehen muß, sagt: »mensch Kläuschen, acht mann sitzen zu lassen, das gibt es nicht, du bist doch verleger ...«, dann ist das zunächst nur gespielte, ganz sympathische skat-solidarität. Aber dann auch wieder etwas ganz anderes, denn »Kläuschen« muß ja tatsächlich um sechs uhr aufstehen, und Kläuschen bleibt eben daraufhin. Andererseits, wenn Grass selbst müde wird, erinnert er daran, daß man bald schluß machen, daß Kläuschen um sechs aufstehen muß, und jedermann sieht das ein. (...) Bezeichnend auch, daß er andere die gewinne und verluste abrechnen läßt, aber

penibel über die rechnung wacht. Und dann verlor er, zu meiner rückhaltlosen schadenfreude, ein spiel mit 960 minuspunkten. Sosehr er sich darüber lustig zu machen versuchte, das bohrte in ihm, und derjenige, der ihm die niederlage beibrachte, war in diesem augenblick sein feind. Immer wieder kam er auf die »mauerei« seines gegners zurück, es ging um rache, ganz klar, und diese ernsthaftigkeit, diese verletzbarkeit war etwas, was mir fast schon wieder gefiel. (8.9.66)

Tatsächlich nutzten wir Mitspieler jede Gelegenheit, uns gegen Grass zu verbünden. Manchmal ließen wir ihn beim Reizen hängen, auch wenn einer von uns gerade vier Buben auf der Hand hatte – Grass eine Niederlage beizubringen, erschien uns süßer als ein eigener Sieg, zumal er sich so wunderbar ärgern konnte. Wenn dann Hanspeter Krüger oder Klaus Roehler die Rechnung unter Grass' Aufsicht abgeschlossen hatte und die Karten weggelegt waren, nahmen wir ihn politisch in die Zange und kritisierten seine Neigung, sich in die Innereien der Machtpolitik einzumischen, etwa in die Frage, welcher SPD-Mann sich als Staatssekretär und welcher sich als Minister eignete.

Dann sprachen wir kurz über die schriftsteller und die politik. Ich nenne Grass einen pragmatiker und sagte ungefähr: leute, die sich, was sie rühmen, die hände schmutzig machen, gibt es genug. Auf dem fachgebiet der politiker mit den politikern zu kämpfen, heißt, mit notwendigkeit gegen sie verlieren. Nicht deswegen sind die politiker ja gefährlich, weil sie schlechte fachleute sind, sondern weil sie allzuoft nur fachleute sind. Nicht das politische detail ist sache des schriftstellers, sondern die politische perspektive, die über dem detailkram verlorengeht. Man muß mit den politikern auf einem felde kämpfen, auf dem man ihnen nicht unterlegen, sondern überlegen ist. Der schriftsteller muß auch, wenn er sich in die politik mischt, schriftsteller bleiben. (...) Große, auf die zukunft berechnete und auf eine idee gegründete wirkungen anzustreben, das – und nicht die rote backe nach der ohrfeige – heißt die wirkungsmöglichkeit des schriftstellers realistisch einzuschätzen. Sie wollen als schriftsteller die wahl der spd gewinnen? Sie, herr Grass, sind der utopist! (8.9.66)

Einmal, ich weiß nicht mehr, aus welchem Anlaß, tat ich mich mit einem besonders heftigen Anwurf hervor. Grass schien meine Äußerung zunächst zu überhören. Aber beim Abschied, in der offenen Tür meiner Wohnung, in der die Skatrunde diesmal stattgefunden hatte, sagte er in aller Ruhe: »Ich habe schon verstanden: Du willst mich übertrumpfen! Aber mit Intelligenz und Mut allein wirst du das nie schaffen!«

Das saß. Vermutlich erinnert sich Grass an diese Szene nicht. Mir fuhr der Satz direkt in die Magengrube, und er ist mir lange nachgegangen. Denn in Wahrheit hatte ich jenseits meiner hochtrabenden Bekenntnisse über die Aufgaben eines Schriftstellers nicht viel anzubieten – in aller Regel Anfänge, die nach wenigen Seiten steckenblieben.

Übrigens habe ich nie erlebt, daß Grass am Ende eines Kneipenabends die Getränkerechnung übernommen hätte. Zunächst sah ich in seiner Weigerung eine Art Rücksicht auf uns: Der Weltberühmte, der sich in einem Piranhabecken von konkurrierenden Nobodys bewegte, wollte uns nicht in Verlegenheit bringen, indem er sich als Zahlmeister aufführte! Später neigte ich der Meinung zu, daß Grass' Knauserigkeit frei von pädagogischen Absichten war. Max Frisch erzählte mir, daß er, wenn er sich mit Grass zu einem Abendessen in Berlin oder Zürich traf und die Rechnung bestellte, stets vergeblich darauf wartete, daß Grass sein Portemonnaie zog. Eines Abends habe er, Frisch, es darauf ankommen lassen und den spontanen Griff zur Hosentasche verweigert. Wie im Western hätten sich die beiden Männer mit der Rechnung auf dem Tisch schweigend gegenübergesessen und sich belauert, wer als erster die erlösende Bewegung in Richtung Hüfte vollführen würde. Grass habe länger durchgehalten, und am Ende sei es wieder er, Frisch, gewesen, der die Zeche bezahlte.

Aber diese Geschichte wird Grass' Umgang mit seinem Ruhm und Reichtum nicht gerecht. Ich habe viele, vor allem ausländische Schriftsteller getroffen, die mir davon berichteten, wie großzügig Grass sie bei ihrer Ankunft in Berlin mit Geld und dem Angebot, in seinem Haus zu wohnen, unterstützt hat.

[...]

Am nächsten Tag sammelten wir uns auf der Wiese vor der Wirtschafts- und Sozialwissenschaftlichen Fakultät der FU. Unter

Bannern wie »Benno Ohnesorg erschossen« und »Heute Ohnesorg, morgen wir« wurde die »Entfaschisierung« der Berliner Polizei gefordert. Die fatale, zunächst nur emotional gedeckte Assoziation, auf die sich wenig später die Irrlehre vom »neuen Faschismus« gründen sollte, war in aller Munde. Gleichzeitig und entschieden geistesgegenwärtiger wurde der Rücktritt des Regierenden Bürgermeisters, des Innensenators und des Polizeipräsidenten gefordert und, als fernes Nahziel, die Enteignung Springers »aufgrund der Bestimmungen der Verfassung von Westberlin und des Grundgesetzes der Bundesrepublik Deutschland«.

Auf dieser Versammlung ergriff auch Günter Grass das Wort. »Ich komme gerade aus Israel zurück«, begann er seine Rede und schlug – zwei Tage vor dem Beginn des Sechstagekriegs zwischen Israel und mehreren arabischen Staaten – eine Resolution für »das tödlich bedrohte Israel« vor. Da er jedoch kein Wort für den tags zuvor erschossenen Benno Ohnesorg fand, sprach er ins Leere. Sein Antrag wurde ohne jede Diskussion verworfen. Sein Angebot, zwischen den Studenten und der Polizei zu vermitteln, wurde schweigend zur Kenntnis genommen. Auch mir war der Skatbruder von einst plötzlich fremd geworden. Zu deutlich war, daß der Autodidakt Grass mit den verachteten Akademikern eigentlich nichts zu schaffen haben wollte.

RUTH KLÜGER: *UNTERWEGS VERLOREN*
Widerstand gegen den Krieg in Vietnam und sexuelle Befreiung verschränkten und vermischten sich. Günter Grass kam nach Berkeley und belehrte die Studenten, daß diese Themen nicht zueinander paßten und daher »nicht sein kann, was nicht sein darf«. Das Publikum hörte respektvoll zu und betrachtete die Darbietung des autoritären Deutschen als Zeitverschwendung.

ZHANG YUSHU: *DER DEUTSCHE ZWANG, ÜBER SEX ZU SCHREIBEN*
Herr Dr. Erwin Wickert, der zweite Botschafter der Bundesrepublik Deutschland in China, trat im Jahre 1976 sein Amt an. Das war ein schicksalhaftes Jahr für das chinesische Volk. Anfang Oktober erfuhren wir, dass man kurzen Prozess mit den Hauptre-

präsentanten der Viererbande gemacht hatte, damit endete der zehnjährige Albtraum der sogenannten Kulturrevolution, sodass wir alle uns aufatmend befreit fühlten und mit Freude sahen, dass manches, was vorher unmöglich war, jetzt möglich wurde. Dazu gehörte, dass ich, ein Parteiloser, ungeachtet meiner bürgerlichen Klassenherkunft, nun einstimmig zum Leiter der deutschen Abteilung der Peking-Universität gewählt werden konnte.

Im Herbst 1979, kurz vor meiner ersten Deutschlandreise, bekam ich eine Einladung von Herrn Wickert zu einem Abendessen mit Günter Grass. Ich musste gestehen, dass ich Grass nicht kannte. Seinen Namen bekam ich zum ersten Mal zu hören. Zu dem Abendessen hatte Herr Wickert auch bekannte chinesische Schriftsteller eingeladen, die ich nur dem Namen nach kannte. Es waren der Romancier Liu Baiyu, damals der Vize-Kulturminister, der Schriftsteller Bai Hua und die Lyrikerin Ke Yan. Fast zur gleichen Zeit erschienen auch Günter Grass und seine Frau, die einen sympathischen Eindruck auf mich machte. Auf den ersten Blick erinnerte mich Herr Grass an Hemingway, auch mit einem Bart und einem Paar bohrender Augen, kräftig und selbstsicher. Wir saßen nach der chinesischen Sitte an einem runden Tisch, und es wurden deutscher Wein und chinesische Speisen serviert, die uns allen gut schmeckten und ihm besonders gut. Es entwickelte sich nach der kurzen Tischrede von Herrn Wickert langsam in lockerer Atmosphäre ein Gespräch.

Da die Anwesenden, einschließlich Herrn Wickert, meist Schriftsteller waren, drehte sich das Gespräch um das literarische Schreiben. Plötzlich behauptete Grass in seiner offenen und direkten Art: »Man muss in einem literarischen Werk über Sex schreiben.« Da der chinesische Dolmetscher nicht darauf gefasst war, konnte er nicht sofort reagieren. So entstand eine Spannung. Nun wiederholte Grass noch einmal: »Ja, Sex, über Sex muss man schreiben.« Sex galt in China als etwas, was man diskret erwähnt – aber nicht in der Öffentlichkeit. Die chinesischen Dichter lächelten höflich, ohne etwas zu sagen. Ich hatte Mitleid mit ihnen und freute mich zugleich diebisch, dass ich als Jüngster sicher der Letzte war, der mit einer Antwort das Gespräch nicht ins Stocken geraten lassen sollte.

Nach einer ziemlich langen Pause war die Stimme von Herrn Kong, dem Vize-Generalsekretär des Schriftstellerverbandes, vernehmbar: »Ja, wie der alte chinesische Spruch lautet: Man denkt an Sex, wenn man sich satt gegessen und sich warm angezogen hat.« Offensichtlich wollte Herr Kong einlenken und mit diesem Spruch die Situation retten. Aber kaum hatte der Dolmetscher übersetzt, platzte Grass prompt mit seinem Einwand heraus: »Selbst wenn ich hungere und mich friert, denke ich an Sex.« Ich war aufgeregt und wartete gespannt auf die Reaktion der anderen. Meine Sorge erwies sich als überflüssig, denn die Gäste wie der Gastgeber waren es gewohnt, mit viel heikleren Problemen konfrontiert zu werden, ohne ihr Gleichgewicht zu verlieren. Daher brachen alle in ein schallendes Gelächter aus. Wie ältere Leute sich Kindern gegenüber zu amüsieren pflegen, die unerwarteterweise etwas Unangebrachtes zum Besten gegeben haben, was aber nicht uninteressant, sondern sogar geistreich wirkt. Die Heiterkeit erreichte dadurch den Höhepunkt, und es wurde in Hochstimmung weiter getrunken und gegessen.

Fasziniert und hingerissen durch die für mich völlig unbekannte Art der Offenheit und Ungeniertheit von Grass, habe ich ihn nach dem Essen eingeladen, eine Lesung an der Peking-Universität zu machen. (Grass las dort aus seinem Roman *Der Butt*.)

THOMAS PLETZINGER: *EINE LESUNG VON GÜNTER GRASS*
Ein Hinweiszettel im Fenster eines Buchladens: Günter Grass liest seinen Roman *Der Butt,* 19:00 Uhr, Günter Grass-Haus Lübeck. Ich gehe hin. Zwischen seinen Gemüse- und Fischzeichnungen, zwischen Fischskulpturen und Fischskulpturskizzen liest Günter Grass zwei Wochen lang jeden Abend mehrere Stunden aus seinem Roman und Radio Bremen nimmt auf. Die unterschwellige Reserviertheit, die ich gegenüber Grass als wandelnder Legende und politischer Figur in den letzten Jahren entwickelt habe, verschwindet in der Sekunde, in der er zu lesen beginnt. Natürlich sitzt das Publikum hier als stummer Claqueur und akustisches Dämmmaterial in Grass' eigenem Museum (wir sind Eierkartons). Natürlich hören wir nur Seite 85 bis 130 vom *Butt,* natürlich unterbricht sich Grass und wiederholt einzelne Sätze, um sie richtig auf Band zu bekommen. Trotzdem wird mir plötzlich deutlich, was diese Geschichte ausmacht und dass es auch mir um Ähnliches geht. Grass erzählt von Fischen und Rüben und Suppen und

Brüsten und Gewürzen und Pilzen, aber er lädt diese Dinge auf. Mit Menschen- und Göttergeschichte, mit Mythen, Zeitgeist und Zeitgeschichte, er schreibt den Dingen historische, mythische und sicher auch persönliche Bedeutung ein. Zugrunde liegt jedem Satz – das spürt man deutlich, während Grass liest – ein Hintergrundarsenal an ungeschriebenen Sätzen, an Bewusstsein für die Rohheit und Vergänglichkeit des Lebens und vor allem: eine sündenfallartige Gegenwart des Krieges und seiner Folgen.

Wolfgang A. Gogolin: *Eintritt frei für Männer* (Roman)
Tim wollte eine Lesung besuchen. Über solche Veranstaltungen wurde im Zwei-Wochen-Takt am schwarzen Brett informiert und er hatte sich gegen Günter Grass entschieden.

Erich Loest: *Tagebuch*
Günter Baby Sommer, Jazztrommler aus Dresden, wurde im August 65, im Mediencampus soll nachgefeiert werden. Ich erinnere mich an einen phantastischen Abend 1988 im Bahnhof Rolandseck bei Bonn, Grass las meisterlich, Baby in seiner Schießbude horchte, klingelte, klöppelte. Zehn Minuten lang wusste man nicht recht, wohin man schauen, worauf man hören sollte, bis sich Bilder, Worte und Töne spannungsreich mischten. Der Höhepunkt: Der kleine Blechtrommler hockt unter der Nazitribüne und zwingt das Braunvolk über ihm aus dem Marsch- in den Walzertakt.

Diesmal sind Jazzgefährten von weit angereist und bieten mit Baby eine unbezahlbare, vielstimmige, mitreißende Jamsession. Aus den Kulissen taucht schließlich der Nobelpreisträger auf und liest Gedichte. Jubel. Sternstunde. Dabeigewesen.

Thomas Rosenlöcher: *Ein alter Herr* (Kurzgeschichte)
In buschüberhangener Ecke am Rathaus ein alter Herr im Jackett und mit Schlips. Auf einem Stuhl sitzt er; auf dem Klapptisch vor ihm steht eine Schreibmaschine. Das Blatt Papier ist eingespannt, es ist blütenweiß. »Are you a poet?« frage ich ihn. Erschrocken fährt er empor. War wohl eingenickt in seiner Schattenecke. Vom vielen

vielen Warten darauf, daß ihm der Weltgeist endlich einmal etwas diktiert. Oder daß ein Kunde kommt, der – leider der Orthographie nicht ganz mächtig – ihn bittet, einen Bittbrief zu schreiben. Obwohl doch die Obrigkeit seit byzantinischen Zeiten kaum je eine Antwort gibt. Darauf ist allerdings Verlaß, daß ein Briefsteller wie er das Günter in Günter Grass niemals mit th schreiben würde. Kurz, schuldbewußt entferne ich mich, um diesen Bruder im Geist nicht weiter bei seiner Arbeit zu stören.

CHRISTIAN DABELER: *FRAGMENTE* ... (ERZÄHLUNG)
Auf der Toilette steht Günther Grass neben mir. Bloß keine falsche Scheu jetzt, denke ich und versuche es mit meinem alten Trick. »Na Günther, wie isses so?« Er zeigt mir einen Vogel und verfehlt wegen der damit einhergehenden Koordinationsstörungen das Pissbecken. Was für ein Idiot, denke ich, extrem unprofessionell.

PAUL BEATTY: *SLUMBERLAND* (ROMAN)
Ich war nie besonders abhängig gewesen, eine Packung die Woche, anderthalb, wenn ich auf das Resultat eines Aids-Tests wartete, aber als ich mehr Deutsch konnte, fing ich an, die *Blechtrommel* zu lesen, die *Rättin* und die Warnungen auf meinen Marlboro-Schachteln.

RICHARD PIETRASS: *BRIEF AN CHRISTA WOLF*
Auch mit der Prosa von Günter Grass, ich sage es zerknirscht, bin ich im Grunde über das Kolossalerlebnis der *Blechtrommel* nicht hinausgekommen.

MICHAEL JÜRGS: *GRASS IN DER DDR*
Laabs erinnert sich, es war wohl Ende der siebziger Jahre, an eine Debatte im Schriftstellerverband, als ein junger Autor fragte, warum denn von Grass in der DDR nichts erscheinen dürfe. Und die Antwort von Höpcke? Solange der sich politisch so verhalte, wie er sich verhält, erscheint nichts von dem bei uns.

Heli Ihlefeld: *Auf Augenhöhe*
 Günter Grass zog sich aus der von ihm gegründeten Wählerinitiative nach dem überwältigenden Wahlsieg Brandts – nach getaner Arbeit – zurück, und an seine Stelle rückte ein Gremium, zu dem neben dem bekannten Fernsehjournalisten Dagobert Lindlau, dem Maler Herbert Hajek und anderen auch ich gehörte. Günter Grass spürte damals auch die Unruhe in der SPD und verabschiedete sich in einer Veranstaltung, zu der auch der Bundeskanzler und zahlreiche SPD-Bundestagsabgeordnete erschienen waren, von 150 Vertretern der örtlichen Wählerinitiative mit den sehr kritischen Worten: »Fett und allzu selbstsicher flezt sich die SPD im Schatten einer Mehrheit, die sie ohne den Beitrag vieler ihrer Wähler nicht errungen hätte. Diese so merkwürdige wie weltfremde Nabelschau einer Partei, die schließlich unter dem Vorzeichen ›mehr Demokratie wagen‹ angetreten war, findet derzeit ihren Ausdruck in wild wuchernden Intrigen und ideologischem Schattenboxen, rechte Borniertheit wird durch linke Überheblichkeit wettgemacht.«
 Für die Wählerinitiative werde in Zukunft eine wichtige Rolle spielen, so Grass, wie weit man mit der Forderung »mehr Frauen in den Bundestag« ernst mache: »Doch uns kann nichts komischer stimmen als eine Versammlung bierernster sozialdemokratischer Männer, die wieder einmal mit Mehrheit beschließen, mehr, entschieden mehr für die Frauen zu tun.«

Horst Bosetzky: *Nichts ist verjährt* (Roman)
 Sie hätte gern ein Kind gehabt, das in Deutsch so sprachgewaltig war wie Günter Grass, in Mathematik so beschlagen wie Leonhard Euler, in Physik so genial wie Albert Einstein, in Kunst so einzigartig wie Pablo Picasso und in Sport so talentiert wie Dirk Nowitzki.

Rüdiger Görner: *Des Widerspenstigen Gegenrede*
 Der Sommer des Jahres 2006 gehörte Günter Grass wie noch nie ein Sommer einem Schriftsteller gehört hat. »Einen Sommer gönnt, ihr Gewaltigen, mir.« Einen Sommer lang Zwiebeln häuten, bis einem die Augen beim Lesen tränen.

Unter den Röcken auf den Kartoffelfeldern die Wahrheit über das Leben lernen: eine Botschaft der *Blechtrommel*.
Grass bricht Tabus wie andere ein Versprechen.

Cornelia Schleime: *Weit fort* (Roman)
Jetzt erinnert sie sich, dass sie ihm schrieb: »Ich würde Günter Grass daraus keinen Strick drehen, weil er mit sechzehn Jahren bei der Waffen-SS war, denn schließlich nimmt ein Sechzehnjähriger lieber eine Flinte als eine Milchkanne in die Hand.« Er hatte nachgefragt, und ihre Antwort beruhigte ihn. Aber sie kritisierte auch ein Gespräch zwischen einem Nachrichtensprecher und Grass: »Hierbei wurde doch aber eine persönliche Freundschaft im rechtlich-öffentlichen Fernsehen ausgetragen, das kann doch nicht angehen, bei so einem prekären Thema … / Der Nachrichtensprecher und Grass waren wie zwei Schlafpillen. Es wurde nur aus seinem neuen Buch zitiert. Wir sind doch nicht bei einer Verkaufssendung. Warum gab es vonseiten des Nachrichtensprechers kein Zitat von Grass, das deutlich macht, wie er Kollegen auffordert und ermahnt, endlich einmal zur Vergangenheit zu stehen.« Ludwig schrieb, »dass seine Aufforderung an die anderen eine Art Kissen war, in das er dann mit seinem eigenen Geständnis sinken konnte«.
Sie fragte sich, wie lange es wohl her war, dass Grass den anderen das Kissen reichte, bis er dann endlich zu seinem eigenen Geständnis kam. Sie wusste es nicht.

Oswald Kolle: *Mein Leben*
In diesem grauenvollen Herbst 1944 am Westwall hätten wir an solchen Episoden nichts Komisches finden können. Ich wünschte nichts sehnlicher, als endlich aus diesen Schlammlöchern und aus der ewig nassen Kleidung herauszukommen. Es gab nichts Anständiges zu essen, wir schufteten und gruben wie die Irren, mussten diese gewaltigen Mulden ausheben, in denen sich die Panzer verstecken konnten, anschließend drum herum und darüber Bäume zur Tarnung pflanzen.

Manchmal träume ich noch davon: dieser widerliche gelbe Schlamm, den wir da in der Eifel Stunde um Stunde schaufelten.

In dieser Situation kam ein SS-Offizier zu uns in die Stellung, ließ antreten und hielt eine markige Ansprache, die folgendermaßen endete: »Wir brauchen neue Soldaten; wer von euch meldet sich hier nicht freiwillig? Der soll links raustreten.«

Natürlich trat nicht ein einziger Hitlerjunge links heraus. Alle fünfundzwanzig Jungs aus unserer Gruppe meldeten sich, und das keineswegs aus Angst vor etwaigen Folgen, wenn sie es nicht täten.

Wir wollten zur SS. Wir wollten hier weg, lieber heute als morgen, wollten endlich warme Uniformen haben, schützende Knobelbecher an den Füßen. Wir sehnten uns nach Schnaps und Zigaretten, wovon, wie wir uns vorstellten, es bei der SS reichlich geben würde.

Daraus abzuleiten, dass wir deshalb alle linientreue, überzeugte Nazis waren, wäre idiotisch. Die Debatte, die sich vor zwei Jahren über die SS-Mitgliedschaft von Günter Grass entzündet hat, konnte ich deshalb auch nur mit Unverständnis zur Kenntnis nehmen. Die Ideologie des Systems kam in den Panzerlöchern oder abends in der Unterkunft kaum je zur Sprache. Vielleicht waren da zwei oder drei, die gelegentlich von Hitler als dem Retter des deutschen Volkes oder der arischen Rasse faselten, aber das war auch alles. Richtig ist: Wir waren nationalpolitisch erzogen, national gesinnt und mit unseren fünfzehn oder sechzehn Jahren bestimmt keine Widerstandskämpfer. Und wir glaubten tatsächlich, zur Rettung des Vaterlandes beitragen zu können.

AMOS OZ: *DER HASS AUF ALLES DEUTSCHE*

Als ich anfing, Günter Grass und Heinrich Böll und Siegfried Lenz zu lesen und all diese anderen – natürlich in Übersetzung –, war es für mich unmöglich, alles Deutsche weiterhin zu hassen. Es war für mich einfach nicht mehr möglich, zu verallgemeinern. Ich musste mich in diese Menschen hineinfühlen, indem ich ihre Romane las. Deswegen ist es im Allgemeinen so, nicht nur für Deutschland und Israel, dass die beste Brücke zwischen den Nationen und den Kulturen immer die Literatur ist.

CORNELIA FUNKE: *PHANTASTISCHES ERZÄHLEN*
　Die Nationalsozialisten haben unsere phantastische erzählerische Tradition beschmutzt. Sie haben die Nibelungen missbraucht, unsere Sagen und Mythen. Seither ist da ein schwarzes Loch. Günter Grass schafft es, das phantastische Erzählen wie selbstverständlich in sein Werk einzubinden; ebenso Michael Ende in seinen Kinderbüchern. Aber sonst? Viele lehnen die phantastische Irrationalität ab, weil das Dritte Reich mit der Ausbeutung von Gefühl und Irrationalität arbeitete.

PER PETTERSON: *ICH VERFLUCHE DEN FLUSS DER ZEIT* (ROMAN)
　In der anderen Hand hielt sie einen Roman von Günter Grass, einen ziemlich dicken, kann ich mich erinnern, den ihr jemand aus Deutschland geschickt hatte, es muss *Die Blechtrommel* gewesen sein, sie war in dem Jahr erschienen und eine Sensation.

MARKUS ORTHS: *EIN WUNSCH*
　Einmal ein Buch zu schreiben, das wie die *Blechtrommel* noch fünfzig Jahre später in der Buchhandlung steht.

STEFAN CHWIN: *TAGEBUCH*
　Sagen wir es gleich, um die richtigen Proportionen zu wahren: Wir alle, Polen und Deutsche, die seit einiger Zeit Grass wütend angreifen oder leidenschaftlich verteidigen, können ihm nicht das Wasser reichen. Man möge mir diese Worte verzeihen – ich schreibe sie ohne böse Absichten –, aber so ist es leider nun mal. Denn er, Grass, hat auf seinem Konto eine »Kleinigkeit«, an die wir uns nicht immer erinnern wollen: Er hat ein Meisterwerk geschrieben. Und dafür gebührt ihm Respekt und Bewunderung der Deutschen, Polen, Juden, Russen und anderen Erdbewohner – ungeachtet dessen, wer er war oder wer er heute ist.
　Die Tatsache, dass er 1945 ein sechzehnjähriger SS-Bengel war und dies jahrelang nicht publik machte, ändert meine Bewunderung für *Die Blechtrommel* nicht im Geringsten. Und das ist der Kern der Sache. Denn von den meisten von uns, die wir heute so

verbissen Grass angreifen oder verteidigen, wird nicht eine Spur
auf der Erde bleiben, während *Die Blechtrommel* überdauern und
in der Dunkelheit der menschlichen Welt noch lange leuchten wird
– wie ein Leuchtturm auf der polnischen Halbinsel Hel.

VOLKER SCHLÖNDORFF: *MEIN LEBEN UND MEINE FILME*
   Cannes lud den Film in den offiziellen Wettbewerb ein. Der
Rest ist Geschichte. Diesmal gab es keinen Skandal, sondern eine
geteilte Palme. Anatole Dauman, mein französischer Freund und
Partner, der ein großer Anhänger Jacques Lacans war, hatte mir
angesichts des Erfolges großes Leiden vorausgesagt, aber Recht
hatte er nur insofern, als ich nie wieder einen Gipfel dieser Höhe
erklommen habe und einige Abstürze danach hinnehmen musste.
Insgesamt bin ich mit dem Etikett *Blechtrommel,* das nunmehr an
mir kleben sollte, ganz gut zurechtgekommen.
   Einer, den der Rummel nicht beeindruckte, war mein Vater. Ich
hatte ihm am Tag des Kinostarts in Wiesbaden Karten hinterlegen
lassen, und als ich bis Sonntag nichts von ihm hörte, rief ich an.
Kurz angebunden wie immer, verwies er auf einen Brief, den er mir
geschrieben habe. Am Montag las ich dann: »Danke für die Frei-
karten. Wir sind, meine Frau und ich, von dem Leiter des Kinos,
einem Herrn Ewers, sehr nett begrüßt worden. Es war fast ausverkauft. Zum Film selbst möchte ich nur ein Wort sagen: scheußlich!
Aber dafür bist ja nicht Du, sondern Günter Grass verantwortlich.
Ein zweites Mal würde ich mir so etwas nicht anschauen, doch es
genügt ja, wenn jeder einmal reingeht, damit Ihr wieder zu Eurem
Geld kommt ...«

HENRIETTE KAISER: *GRASS-FIEBER*
   Mitte der Achtziger, 1986, um genau zu sein. Für ein paar
Tage besuche ich meine Eltern in München. Knisternde Unruhe
im Haus. Das literarische Großereignis des Jahres steht an, die
Veröffentlichung des neuen Romans von Günter Grass. Wann nur
kommt endlich das Rezensionsexemplar? Unter den Postbergen
von heute ist es immer noch nicht. Die Ungeduld meines Vaters
wächst, Vorfreude auf das Werk, an dem der verehrte und in kol-

legialer Freundschaft verbundene Autor jahrelang gearbeitet hat. Angst, dass ihm diese Arbeit nicht gefallen könnte, was er dann, ohne zu verletzen, in seiner Kritik ausformulieren müsste, und auch das Wissen um die Anstrengung, die diese Kritik ihm selber abverlangen wird. Echtes Grass-Fieber also, das sich in einem Schwall von Anekdoten entlädt. Wie sie sich über dreißig Jahre zuvor bei einer Tagung der Gruppe 47 kennenlernten, wie Grass dann 1958 einige Kapitel aus der noch unvollendeten *Blechtrommel* vorlas und mit einem Paukenschlag klar war, dass hier ein fulminanter Kriegs- und Nachkriegsroman entstehen würde. Zumindest sah mein Vater das so. Andere Kritiker sahen das anders.

Nun nimmt er Anlauf, um von einem Literaturskandal zum nächsten zu springen, von intellektuellen Debatten zu politischen. Buchtitel und Autorennamen prasseln hernieder. Je vertrackter die Zusammenhänge, desto mehr blüht mein Vater auf und schwingt sich vergnügt von Zitat zu Zitat in die flirrende Sphäre der abstrakten Beweisführung hoch, besten Glaubens, ich turne dort oben mit ihm herum. Er kann sich gar nicht vorstellen, dass jemand bei solcher Akrobatik vielleicht abstürzt und einigermaßen verwirrt am Boden der Normal-Bildung seine Federn zusammenklaubt oder sich, wie ich es auch schon häufiger tat, mit einem Sprung ins Comic-Fach rettet: Die spinnen, die Intellektuellen! Der eigene Vater vorne dran.

Jetzt aber, im Fall Grass, werde ich von seiner Leidenschaft angesteckt. Auch ich erwarte neugierig das Buch, damit er endlich mit dieser Kritik loslegen kann, die dann in der *Süddeutschen Zeitung* bundesweit erscheinen und selber einen kleinen Teil dieser literarischen Diskussionswelt darstellen wird.

Ein, zwei Tage später ist es so weit. Mein Vater sitzt im Bademantel auf seinem Schaukelstuhl und beugt sein bebrilltes Haupt über den gewichtigen Roman. Er knickt Seiten um, krakelt mit abgenagten Bleistiften Notizen, trinkt aus riesigen Bechern Nescafé. Um seine Konzentration nicht zu stören, schleicht der Rest der Familie auf Zehenspitzen herum, unterhält sich nur im Flüsterton, der Hund verkneift sich das Bellen, die Katze verzichtet sogar aufs Schnurren. Dann geht die Tür auf: unsere rumänische Zugehfrau. Auch sie sieht meinen Vater im Schaukelstuhl und sagt: »Heute nix Arbeit? Zu Hause bleiben? Faul sein und lesen?«

Mein Vater sinkt in sich zusammen. Und die geballte Geistesarbeit zweier so fleißiger Köpfe wie Grass und Kaiser wird mit dem Staubtuch weggewischt.

NORBERT NIEMANN: *BRIEF AN UWE NEUMANN*
Sie haben mich um einige Zeilen über die Autorentreffen im Günter-Grass-Haus gebeten. Meine Erfahrungen sind eingeschränkt, da ich erst einmal dabei gewesen bin, nämlich in diesem Jahr. Sicher aber werde ich auch künftigen Einladungen nach Lübeck gerne folgen.

Sogenannte Werkstattgespräche gibt es heute überall im Land. An einigen wenigen habe ich über die Jahre teilgenommen, um festzustellen, daß sie mein Nachdenken über mir wesentlich erscheinende Aspekte literarischen Arbeitens kaum beflügeln konnten. In Lübeck (und auch schon beim deutsch-russischen Autorentreffen in St. Petersburg, wo ich Günter Grass kennenlernte) war das anders. Dabei sind es wahrscheinlich nur Feinheiten, worin diese Treffen sich von den üblichen unterscheiden.

Auch im Günter-Grass-Haus drehte sich fast alles darum, aus entstehenden Werken vorzulesen und sich darüber auszutauschen. Die Vielfalt der poetologischen Ansätze steht dort nicht zur Disposition. Sie wird im Gegenteil begrüßt und die Teilnehmer versuchen, den jeweiligen Voraussetzungen in der Diskussion gerecht zu werden. In der Hauptsache geht es um Handwerkliches. Am Ende der Tage gab es eine gemeinsame öffentliche Lesung.

Zwei Unterschiede scheinen mir allerdings wichtig und bemerkenswert. Zum einen ging der eigentlichen »Werkstatt« ein Gespräch über den politischen und kulturpolitischen Stand der Dinge voraus. Zum anderen umfaßte die von Günter Grass getroffene Auswahl der eingeladenen Autorinnen und Autoren vier Schriftstellergenerationen. Es sind für mich diese beiden Punkte, die den besonderen Wert dieser Treffen ausmachen.

Die enge Relation zwischen Literatur als Kunstform und Zeitgeschichte, zwischen der Ästhetik und dem gesellschaftspolitischen Stand der Dinge gerät im Zuge der wachsenden Kommerzialisierung des Buchmarkts immer mehr aus dem Sichtfeld der Öffentlichkeit. Die Entwicklung ist besorgniserregend. Der Kampf um die knappe

Ressource Aufmerksamkeit im Saisongeschäft, Folgeerscheinungen wie Eventisierung, Konkurrenzdruck, Verdrängungswettbewerb, Schnellebigkeit drängen sich in den Vordergrund und verdecken, daß Produktion und Wahrnehmung von Kunst anderen als ökonomischen Kriterien gehorchen. Die vom Wirtschaftswissenschaftler Joseph Schumpeter so genannte »produktive Zerstörung« des Kapitalismus bewirkt in der Sphäre von Kunst und Kultur Vergessen, die Nivellierung von Qualitätsunterschieden und eine Desensibilisierung des Publikums. Verkaufbarkeit, Ranking-Listen ersetzen zusehends die Frage der Bedeutsamkeit eines Kunstwerks für seine Zeit, die Frage nach dem Wie und Warum seines Inhalts, seiner Form. Und der Resonanzraum, der durch die Literaturkritik als Korrektiv und durch das Gedächtnis gut sortierter Buchhandlungen gewährleistet wurde, schrumpft gefährlich.

Schriftsteller, deren Literaturbegriff mehr sein will als Dienstleistung auf dem Entertainment-Sektor, die einer Idee von Kunst anhängen, die sich nicht zuletzt auch als künstlerische Durchdringung und Kommunikation gesellschaftlicher Prozesse begreift, machen gegenwärtig die Erfahrung, in einen zwar noch nicht vollkommen luftleeren, aber doch bereits ziemlich sauerstoffarmen Raum hinein zu agieren. Wohl vor allem deshalb atmete ich beim Autorentreffen bei Günter Grass auf und durch. Es stellte im kleinen Maßstab jene Atmosphäre her, die im Literaturbetrieb zunehmend verlorengeht, aber für eine Literatur als Kunstform überlebensnotwendig ist. In Lübeck war das eigene Arbeiten wenigstens für zwei Tage wieder in weltpolitische und literaturhistorische Zusammenhänge eingebettet.

Das Lübecker Autorentreffen zeigte mir auch, daß es dafür ein dringendes, Generationsschranken überwindendes Bedürfnis gibt. Meine Sozialisation zum Schriftsteller ist bestimmt gewesen durch poetologische Abgrenzungen gegenüber den älteren etablierten Kollegen. Die dazu gehörigen Gesten fielen manchmal schroff aus. Dergleichen war jahrhundertelang normal, Teil der »Spielregeln«, Motor in einem vitalen literaturhistorischen Prozeß. Er wird es auch bleiben, so lange dieser Prozeß existiert. Doch seine Grundlagen scheinen bedroht. Ich glaube, dem Versuch, die zur Produktivität erforderlichen Voraussetzungen selber zu schaffen, weil sie im Treibhausklima der Geschäftemacher allmählich ersticken, liegt ein beinahe instinktiver Reflex zugrunde. In der Verflüchtigung altgewohnter Berührungsängste zwischen den Generationen äußert sich nicht zuletzt die Sorge ums Vordringliche.

Nun wollen Sie wahrscheinlich noch wissen, welche Rolle Günter Grass bei den Treffen spielt. Das läßt sich in wenigen Worten sagen. Er ist der Gastgeber und Mentor und natürlich auch die große Figur der deutschen Nachkriegsliteratur, der Nobelpreisträger. Im Kreis der versammelten Autoren aber ist er Kollege unter anderen, ein genauer Zuhörer mit aufgeschlossenem und wachem Urteil, der keine Sonderrolle einnimmt. Auch er stellt einen Text zur Diskussion. Gewiß, der hohe Respekt läßt einen die Worte dann vermutlich noch etwas sorgfältiger wählen als sonst. Doch herrscht insgesamt so sehr eine die freie Rede befördernde Atmosphäre, daß ich weiß, ich kann auch Günter Grass gegenüber ohne Hemmungen Kritik äußern, wann immer sie mir triftig erscheint.

2009

EGON KRENZ: *GEFÄNGNIS-NOTIZEN*
Noch aus einem anderen Grunde meide ich den Begriff »Siegerjustiz«. Das Scheitern der DDR war keineswegs ein Sieg des Kapitalismus über den Sozialismus. Es handelte sich weder um das Ende der Geschichte noch um das letzte Wort über den Sozialismus, selbst wenn viele noch glauben, das »bessere System« habe sich durchgesetzt, was sichtlich ihr Selbstbewusstsein stärkte und manchem »Sieger« den Kamm schwellen ließ. Der Literaturnobelpreisträger Günter Grass argwöhnte daher zu Recht, als er seine kritische Sicht auf die deutsche Einheit artikulierte, sie passe gewiss nicht »in die gute Stube der siegreichen Ideologie«. Und auf die Reaktionen eingehend, notierte er: »Offenbar hatte ich die Sieger beim Siegerfrühstück gestört.«

KLAUS HUHN: *RAUBZUG OST*
Festzustellen gilt: Obwohl das Thema Treuhand viele deutsche Gemüter bewegte, fand es in der Literatur – Sachbücher und Reportagen in Zeitungen, Magazinen und TV-Produktionen ausgenommen – kaum adäquates Echo. Dabei hätte die Treuhand nicht nur zum Thema für Krimi-Autoren werden können, sondern vor allem für Literaten, die sich vom gesellschaftlichen Geschehen motivieren lassen. Einzig Nobelpreisträger Günter Grass widmete sich dem Skandal mit der ihm eigenen Meisterschaft. So schrieb er in Anlehnung an Fontane den Roman *Ein weites Feld* und erntete dafür viel Zustimmung, aber auch die Wut derer, die die Treuhand für ein Tabu-Thema hielten.

MARIANNE BIRTHLER: *DIE DIKTATUR WAR NICHT KOMMOD*
[Günter Grass nannte die DDR eine »kommode Diktatur«]
Woran ich merke, dass immer noch viel zu wenige wissen, was in 40 Jahren SED-Diktatur passiert ist. Es gab über 200 000 politische Gefangene, hinter der Mauer waren 17 Millionen Menschen eingesperrt. Wer fliehen wollte, riskierte sein Leben. Auch wer

sich nicht anpasste, lebte gefährlich. Nein, an dieser Diktatur war nichts kommod.

ERICH LOEST: *TAGEBUCH*
»Lieber Erich«, schreibt Ute Grass aus Behlendorf, »eben habe ich das Radiogespräch zwischen Dir und Alexander Solloch mit anteilnehmendem Interesse gehört. Am Ende kommt die ›kommode Diktatur‹ zur Sprache, und Du bestätigst, dass Günters Einschätzung der DDR nicht zuträfe und er, Günter, diesen Satz nicht hätte sagen bzw. schreiben sollen. Diese Meinung äußert aber nicht der Autor, sondern Theo Wuttke alias Fonty, der Held des Buches, und zitiert zudem damit Fontane, der sich in einem Brief an seine Familie unter Verwendung dieses Begriffs über den preußischen Staat auslässt. Und was den fiktiven Fonty anbelangt, hat dieser als Kulturbundredner das DDR-Regime in der Tat einigermaßen unbeschadet überstanden. Nimm mir meine kritische Berichtigung bitte nicht krumm. Ich hab sowas noch nie gemacht, jedenfalls nicht schriftlich und trau es mir jetzt nur Dir als Günters befreundetem Kollegen gegenüber. Ich hoffe, dass wir uns auf der Leipziger Buchmesse sehen.«

Utes Schrift ist groß, klar, gerundet.

»Liebe Ute«, antworte ich, »danke für Deinen Hinweis. Ich erinnere mich an einen Radiodisput seinerzeit, in dem es so klang, als urteile Günter, die DDR sei eine kommode Diktatur gewesen, in der man sich habe einrichten können. Das versetzte mir einen Stich. Da hat es wohl in der Debatte damals an Klarheit gefehlt; schon ein falscher Konjunktiv richtet bisweilen Schaden an. Deshalb bin ich Dir dankbar für Deine Klarstellung und werde mich künftig in diesem Sinne äußern. Auf der Buchmesse ...«

CHRISTA WOLF: *BRIEF AN GÜNTER GRASS*
[I]ch habe fasziniert und oft auch angerührt Dein Tagebuch gelesen – eben fällt mir auf, »mein Deutschland« hättest Du es auch nennen können. Ich weiß nicht, habe nichts zu Gesicht bekommen, wie die Kritik das aufnimmt, ob sie es fertigkriegt, über ihr Vorurteil hinwegzugehen, auch über den stillschweigenden Ärger, daß hier

einer Voraussagen macht, die leider zu einem guten – oder schlechten – Teil eingetroffen sind. Und daß der Betreffende, nämlich Du, sich nicht weidet an der voraussehbaren Rechthaberei, sondern eigentlich gerne darauf verzichten möchte, Recht zu behalten. Weißt Du, wieder ist mir klar geworden, daß und wie weit Du Dich gefühlsmäßig auf dieses untergehende Land eingelassen hast – was kaum einer derer, die es harsch beurteilten, getan hat. Ich war ganz perplex, wie unglaublich fleißig Du warst, wo Du in diesem einen Jahr überall gewesen bist, daß Du wie ein Kugelblitz herumgereist bist, gelesen, diskutiert, Leute kennengelernt, gezeichnet hast – allein physisch eine erstaunliche Leistung. Dazwischen immer nur wenige häusliche Tage, in denen Du dann auch noch Artikel, Reden schriebst. Und im Kopf an Deinem nächsten Buch arbeitetest, seine Entstehungsphasen notiertest (was übrigens eine schöne Arbeit ist, nicht?). Mir hat, das kannst Du Dir vorstellen, gut gefallen, wie Du Dir Sorgen um Deine Frauen und Kinder machst, wie Du das Zusammensein mit ihnen, den Kindern, genießt – ein Pater familias, nicht, wie ich am Anfang manchmal provokativ geäußert habe, ein »Macho«.

ULRICH WICKERT: *EINBLICKE IN EINE VERLETZLICHE SEELE*
Noch nie hat Grass einen derartig tiefen Blick in seine Seele zugelassen wie in diesem Tagebuch.

THEODOR WAIGEL: *ABSURDES DENKEN*
Ich habe neulich im Tagebuch von Günter Grass gelesen, das er von 1990 bis 1991 geschrieben hat. Ich finde mich da in einem ganz merkwürdigen Zusammenhang wieder. Grass war ja gegenüber der Währungsunion und der deutschen Einheit sehr skeptisch und meinte, wegen des Holocaust und wegen Auschwitz dürfe die Wiedervereinigung nicht stattfinden: Das war ein ehrenwertes, aber absurdes Denken, ein absolut absurdes Denken. Er schreibt dann auch an einer Stelle von dem »unsäglichen Dreigestirn« Augstein, Waigel, Schönhuber. Ich habe lange überlegt, was ich mit Augstein und Schönhuber gemeinsam habe. Möglicherweise hat Grass mit dem einen oder anderen von den beiden mehr gemeinsam als ich.

Aber gut, ich bin damit literarisch verewigt – und der Name ist auch richtig geschrieben. Mehr habe ich dazu nicht zu sagen.

Erich Loest: *Tagebuch*

Günter Grass schickt mir sein Tagebuch von 1990: *Unterwegs von Deutschland nach Deutschland,* erschienen bei Steidl, natürlich leinengebunden, mit Widmung: »Lieber Erich, für Dich den Rückblick eines ›Schwarzsehers‹, Dein Günter.«

Ich lese sofort, gern und erinnere mich. Ab 1981 wohnte ich in Osnabrück, trat in den Verband deutscher Schriftsteller ein und lernte unter den zahlreichen neuen Kollegen auch Grass kennen. Sofort geriet ich in Debatten um ein Telegramm, das der Verband an den polnischen Putschgeneral Jaruzelski geschickt hatte, in der die Wiederzulassung des verbotenen Verbandes gefordert wurde. Unser Vorsitzender, Bernt Engelmann, kam bei »Friedensgesprächen« seinem Ostkollegen Hermann Kant näher als von manchem gewünscht, der aus der Kälte gekommen war. Reiner Kunze trat aus, Engelmann weinte ihm erklärtermaßen keine Träne nach – die Kontroversen loderten auf den Kongress von 1984 zu, der mit der Niederlage von Ingeborg Drewitz als »Schlammschlacht von Saarbrücken« in die Verbandsgeschichte einging.

Grass war an der Vorbereitung des Kongresses intensiv beteiligt, er hätte mich gern als Stellvertreter von Ingeborg Drewitz, als Wachtposten gegen zu viel schmuddelige Nähe mit den Genossen drüben gesehen. Die anderen kungelten besser und hatten schließlich die Nase vorn. Immerhin wurde ich in den Vorstand gewählt und saß zwei Jahre zwischen Interessenblöcken, die ich nicht immer begriff. Günter beriet. Ich bewunderte ihn, als er eine Wahlperiode lang unter der Leitung der glücklosen Anna Jonas die Kärrnerarbeit eines Beisitzers auf sich nahm.

Ich lese: »Loest will zum SPD-Parteitag nach Leipzig kommen und dort seinen Parteieintritt verkünden.« Dem war Günters robuste Werbung vorangegangen. Es war mein 64. Geburtstag. Aus dem Eintritt, den Günter festlich verkünden wollte, wurde nichts, Bombendrohung und Abstimmungsgezerre kosteten Zeit, der entsprechende Programmpunkt fiel aus. Am späten Abend schrieb ich auf einen Zettel, Formulare waren nicht vorhanden, ich bäte um Aufnahme in die SPD. Mein Gesuch ging verloren, ich blieb parteilos.

»Leipzig, am 14.3.90. Buchmessetrubel am Vormittag. Mit Erich Loest in der Kabine hinterm Linden-Verlagsstand: zwei zähe Droschkengäule.«

»Behlendorf, am 9.4.90. In der kalten Petrikirche von Lübeck bei schlechter Lautsprecheranlage. Loest meinte, mich den ›Schwarzseher der Nation‹ nennen zu müssen, um dann die Entwicklung in der DDR düster auszumalen. Günter de Bruyn legte Wert darauf, trotz Übereinstimmung anderer Meinung mit mir zu sein. Ist es die Profilsucht der Autoren? Zwei gelassene und mir liebe Kollegen beginnen sich, sobald das Gespräch öffentlich wird, in Distanz zu bringen, was mich wiederum provoziert, die herbeigeredete Distanz zu unterstreichen. Ein verstimmtes, verstimmendes Trio. Deprimierend noch morgens beim Erwachen.«

Ich bedanke mich für Buch und Widmung. »Als wir Mitte sechzig waren, nanntest Du uns alte Karrengäule – was sind wir jetzt?«

CHRISTIAN FÜHRER: *UND WIR SIND DABEI GEWESEN*
Günter Grass kam [1990] auf mich zu.

»Ich bin demnächst in Leipzig. Fahre zum SPD-Parteitag«, sagte er und schmunzelte, »aber ich mag es nicht, im Hotel zu wohnen.«

»Das geht mir auf Reisen genauso«, wusste ich nur zu entgegnen.

»Ich frage Sie mal geradeheraus. Könnte ich vielleicht bei Ihnen wohnen? Gäbe es da einen Platz für mich?«

»Platz gibt es schon«, sagte ich. Wir hatten sehr oft und gern Gäste bei uns. Doch hier handelte es sich um eine Berühmtheit. Also gab ich zu bedenken: »Unser Klo hat zwar Wasserspülung, aber ansonsten ist alles, wie es im Osten eben ist.«

»Kein Problem.«

Kurz darauf kam er tatsächlich für eine Woche zu uns und übernachtete im Zimmer unseres ältesten Sohnes. Wir frühstückten gemeinsam. Ich hielt das Tischgebet und las die Losung, bis auf ein Mal. Was ihm natürlich nicht entging.

»Heute früh war ja noch gar nicht von Jesus die Rede«, war seine liebevolle Glosse auf meinen Eifer in dieser Sache. Dann ging er zu meinem Bücherschrank und lief an den Reihen von Büchern entlang. Vorsichtig nahm er ein Buch heraus. Es war *Die Blechtrommel*. Erste Auflage von 1959. Mit dem Einband in Blau, Rot, Schwarz und Weiß. Er war gerührt und stellte das Buch vorsichtig ins Regal zurück. Ich zeigte ihm unsere Goethe-Ausgabe von 1828. Original Cotta'sche Verlagsbuchhandlung. Als ich ihn anschaute, wusste ich, dass solche Momente für einen Schriftsteller etwas sehr Schönes sind.

Gäste zahlen bei uns keine Miete, aber Günter Grass wollte uns etwas geben und schenkte uns eine Auswahl seiner Werke, von denen er jedes einzelne Buch signierte. Es war das schönste Geschenk, das er uns machen konnte.

Am letzten Tag brachte ich ihn zum Bahnhof. Sein Zug hatte Verspätung. So gingen wir zwei Stunden lang auf dem Bahnhof auf und ab. Ich nutzte die Gelegenheit, um ihn nach einem anderen Schriftsteller zu fragen: Heinrich Böll. Ich verehrte ihn seit Langem. Böll ist noch heute einer meiner Lieblingsschriftsteller. Schon als Student hatte ich überlegt, ihm einen Brief zu schreiben.

»Schreib nur ›Heinrich Böll Köln‹ auf den Umschlag. Das kommt dann schon an«, ermutigte mich damals ein Kommilitone. Und als ich Jahre später so weit war, ihm tatsächlich zu schreiben, starb Heinrich Böll.

Das war 1985. Und nun lief ich mit Günter Grass über den Leipziger Hauptbahnhof und fragte ihn aus über Heinrich Böll. Grass erzählte ausführlich von Böll, den er sehr gut gekannt hatte. Er sprach von Bölls Engagement gegen Krieg und Aufrüstung, vom politischen Nachtgebet in Köln und ein paar Einzelheiten aus Bölls Leben. Rückblickend auf die Tage, die Günter Grass bei uns verbrachte, blicke ich auf ein lebendiges Erleben von Literatur.

ROLAND BURSCH: *RUMMS DURCH ROBBE* (SATIRE)

6 400 Manuskripte, Frontbriefe, Reifezeugnisse und Klassenbucheinträge – den kompletten Restnachlass ihres großen Dichterfürsten hatte die Stadt Köln gerade erst im Februar eingekauft und in ihrem Historischen Archiv endgelagert. »Angesichts der Bedeutung des Werkes und des Schriftstellers Heinrich Böll«, zitierte der *Kölner Stadt-Anzeiger* am 13. 2. 2009 Böll-Berufssohn René,

»gehören die Unterlagen an die Öffentlichkeit«. Ebenda liegen sie nun, fein zerstreut über die Severinstraße, freilich noch nicht für jedermann zugänglich, bis die Kräne das Grobe beiseitegehievt haben.

Wenn es nach dem Flakhelfer a. D. und Steinmetz i. R. Günter Grass geht, kann der ganze Ramsch bis dahin getrost im rheinischen Grundwasser absaufen. Der 81-jährige Nobel-Autor aus der Nähe von Lübeck hat in einem Schreiben an den Kölner Oberbürgermeister Fritz Schramma bekannt, nicht der U-Bahn-Bau, sondern ein »von Mittelsmännern im Archivkeller deponiertes Gemengsel aus TNT und anderen Hochexplosiva« habe »den großen Rumms« verursacht. Für den Fall, dass ein Zweifel an seiner Autorschaft bestehe, lege er vorsorglich den verwendeten Sprengschalter als Beweis bei.

Seine Motive für das Verbrechen legt Grass in gewohnt schonungsloser Offenheit dar: »Ich habe das Sensibelchen nie leiden können. Schon in der Gruppe 47 ging der mir mit seiner Humorlosigkeit auf den Zeiger. Als dann *Ansichten eines Clowns* und später *Die verlorene Ehre der Katharina Blum* erschienen, hätte ich ihn glatt erschießen können. So führt man doch keine Pfaffen- und *Bild*-Kultur ad absurdum. Da muss man schon etwas kräftiger ausholen, mal einen Goethe, Schiller oder Fontane unters Podest stellen, der dem ganzen Heuchlerpack von vorne bis hinten den Schabernackel macht. Und überhaupt dieses ewige Rein-und-raus-Spiel mit der katholischen Kirche, da kopiert er doch nur mich und meine Espede, es ist geradezu vulgär! Böll, dieser Epigone!«

Mit Böllschem Bitterstoff und Bierernst, so der gelernte Robbenschnauzbart weiter, habe nach all diesen Jahren wirklich einmal Schluss sein müssen. Als er jüngst von der Einkellerung der Böllreste ins kölsche Stadtarchiv gelesen habe, sei ihm nur noch der eine Gedanke durchs Oberstübchen geisternd: »Das Gepinsel muss weg!« Gesagt, getan – also habe er seine Agenten Ingo Schulze und Feridun Zaimoglu angewiesen, sich in die Domstadt zu schleichen und »dem ganzen Moder den Garaus zu machen«.

Wenn er da mal nicht auf die falschen Gäule gesetzt hat. In einer ersten Stellungnahme bestritt Schulze zwar nicht, von dem »ollen Panzerknacker« zu der Tat angestiftet worden zu sein, wies aber im selben Atemzug jede geistige Verwandtschaft mit dem »Nobelpreisopa aus Danzig« von sich: »Böll und Grass repräsentieren – Kaschubei hin, Kaschubei her – die verstaubte Epik der Bonner Republik. Die meinten doch schon, sie hätten die Langeweile für sich gepachtet. Jetzt sind mal Andere an der Reihe. Die nächsten 60 Jahre gehören der Ossi- und Immigrantenprosa.«

Noch deutlicher fasste Zaimoglu die Zukunft zusammen: »Der Grass soll sich ja nicht einbilden, wir hätten die Böller ihm zu Liebe an den Böll geheftet. Krasses Wortspiel, oder? Ich hab sogar noch eins: Sobald der Alte ins Grass gebissen hat, zermähen wir die nächste Sammlung. Den Nachkriegs- und Antigroßdeutschlandschrott aus Köln will doch heute keine Kanakensau mehr lesen. Vor allem nicht bei uns in Neukölln. Dieses bräsige Intellektuellengeschwurbel gehört ein für alle Mal entsorgt. Platz da für die Literatur von morgen: Deutschsein ist schön, Kopftuch ist fein, Allah ist mächtig. Amen.«

> Am 3. März 2009 war das Kölner Stadtarchiv eingestürzt. Als mögliche Ursache wurden unterirdische Arbeiten für eine U-Bahn-Linie vermutet.

WLADIMIR KAMINER: *ES GAB KEINEN SEX IM SOZIALISMUS*
Nach Deutschland kam ich dann mit einem Schnurrbart à la Frank Zappa, bei dem man die Spitzen wahlweise nach oben oder nach unten zwirbeln konnte. Hier wurde ich mit einer neuen Realität konfrontiert, in der ein Schnurrbart nicht für Männlichkeit, sondern die Rückständigkeit steht. Ich war nur von Glattgesichtern umgeben. Die meisten Schnurrbartträger in Deutschland sind entweder türkische Imbissbudenbesitzer oder freakige Schaffner oder Günter Grass.

DOUGLAS KENNEDY: *AUS DER WELT* (ROMAN)
Marty Melcher. Über fünfzig, dicklich, chaotisch, aber mit vollem, grauschwarz gelockten Haar und einem Walross-Schnauzbart, der ihn aussehen ließ wie einen amerikanischen Günter Grass. Ein Spezialist für amerikanische Prosa des 20. Jahrhunderts (»aber nicht für diese zweitklassigen Möchtegern-Zolas, die Ihnen gefallen, sondern für echte Größen wie Hemingway, Fitzgerald, Faulkner«). Ein Mann mit einem Gesicht, in dem das Leben seine

sprichwörtlichen Spuren hinterlassen hatte, man konnte es auch als »verlebt« bezeichnen.

HEINZ STRUNK: *FLECKENTEUFEL* (ROMAN)
   Am liebsten würde ich mich mit dem nächsten Bukowski ins Zelt verkriechen: *Faktotum,* laut Tiedemann nicht ganz so stark wie die anderen Bücher. Egal, Bukowski *kann* gar nicht schlecht schreiben. / Thomas Mann. Heinrich Böll. Günter Grass. Alles Scheiße.

BRIGITTE KRONAUER: *ZWEI SCHWARZE JÄGER* (ROMAN)
   Einmal, als Helene und Graubube der Stoff ausging, fingen sie an, einander abwechselnd zu fragen, welche der berühmten Personen, die sie nannten, noch lebte oder schon tot sei.
   »Karl Lagerfeld?« fragte Helene.
   »Tot«, sagte Graubube.
   Da lachte die Frau, denn sie stellte sich vor, wie es den Modeschöpfer und alten Zyniker kränken würde, dabei sprach die Antwort ja nur gegen Graubube selbst.
   »Gerhard Schröder? Schopenhauer?« fragte Graubube.
   Da lachten sie beide gleichzeitig.
   »Der Mount-Everest-Bezwinger Sherpa Tensing? Der ›Mann von der Straße‹?« fragte der Mann, »Günter Klee? Paul Grass?« (Es war ihnen nichts zu blöde, extra nicht.)

GISA PAULY: *TOD IM DÜNENGRAS* (ROMAN)
   Er wollte eine ganz normale Tochter, die sich so verhielt wie ihre Klassenkameradinnen. Während der paar Monate, in denen Carolin unbedingt Schriftstellerin werden wollte, hatte ihn schon ihre Schwärmerei für Günter Grass befremdet. Kein Wunder, dass Carolin so wenig Kontakt zu Gleichaltrigen hatte.

VIKTOR ARNAR INGÓLFSSON: *SPÄTE SÜHNE* (ROMAN)
   »Wir waren Zeugen, wie sie ihn auf der Buchmesse in Frankfurt wegen Randalierens rausgeworfen haben«, sagte Birkir. »Außer-

dem war er heute auch mit uns im Flugzeug, aber da hat er sich
manierlich aufgeführt. Er saß bloß die ganze Zeit da und las ein
Buch von Günter Grass, *Die Blechtrommel*. Hat auch kein einziges
Bier getrunken.«

Bodo Kirchhoff: *Erinnerungen an meinen Porsche* (Roman)
Er hat ja bis zum letzten Tag, bis zu dem Sprung aus dem
Rundfunkfenster, abends seinen Pecorino geknabbert, in der
Blechtrommel gelesen und ab und zu meine Hand genommen, während Simon and Garfunkel lief, und nun fehlt mir das.

Mathias Nolte: *Louise im blauweiss gestreiften Leibchen*
(Roman)
Sie hatte scheinbar Eindruck auf den Lektor gemacht, nicht nur
weil ihr Französisch perfekt war, sondern auch, weil ihr zwei deutsche Bücher eingefallen waren, die erst im Herbst erscheinen sollten,
von denen sie aber durch einen Freund ihres Vaters, eines Münchner
Professors für Literatur, gehört hatte – von der *Blechtrommel* eines
gewissen Günter Grass und von den *Mutmassungen über Jakob* eines
gewissen Uwe Johnson, der gerade Ostberlin den Rücken gekehrt
und sich im Westen der Stadt niedergelassen hatte.

Volker Weidermann: *Das wunderbare Jahr*
Es ist auf den ersten Blick natürlich vor allem das Jahr der
Blechtrommel, das Jahr, in dem der Romanautor Günter Grass die
Weltbühne betrat. Was für ein Buch! Man vergisst das ja leicht
nach all den Jahren, nach fünfzig Jahren mit Günter Grass, nach
all den Romanen, die der *Blechtrommel* folgten und die von Buch
zu Buch an Kraft verlieren wie ein immer wieder neu aufgebrühter
Kaffee, während wir alle seine neuen Bücher verfolgen wie andere
eine neue Folge der *Lindenstraße,* einfach weil er dem deutschen
Buchbetrieb als Präsident vorsteht. Da muss man eben wissen, was
es so Neues gibt, aus seiner Welt.
Aber damals: Lesen Sie mal wieder die *Blechtrommel!* Ja, es
schreckt auch heute noch die ganze Miefigkeit des Milieus, das

Grass beschreibt, ein wenig ab. Das kann man ihm natürlich nicht vorwerfen, weil es ja der Mief ist, den er beschreiben will, der Mief, aus dem die Nazis kamen. Aber die erzählerische Kraft dieses Buchs, das Selbstbewusstsein des Erzählers, der gleich zu Beginn alle modernen Einwände gegen die Form des Romans entschlossen verwirft und seine Geschichte des Protesttrommlers Oskar gegen alle denkbaren Einwände erzählt, liest sich heute noch: modern.

CHRISTIAN KRACHT: *EIN FURCHTBARER ROMAN*
Ich habe neulich *Die Blechtrommel* noch einmal gelesen – furchtbar. Aber den Nobelpreis haben ja auch Carl Spitteler und Pearl S. Buck bekommen und nicht, warten Sie, Nabokov, Lowry, Pynchon, Bowles oder Graham Greene.

MICHAEL GRAETER: *EXTRABLATT*
Über das Frackfest, jeweils im Dezember in Stockholm, wurde früher nur spärlich berichtet. Man beschränkte sich meist auf die Bekanntgabe der Preisträger. Als Günter Grass die Ehre zuteil wird und er im Frack herumtanzt, werden auch andere deutsche Medien neugierig.

GEORG MASCOLO: *EMPFANG BEIM SCHWEDISCHEN KÖNIG*
Mir gefällt besonders ein Interview mit Günter Grass über den Nobelpreis, in dem er erzählt, wie es ist, wenn man vom schwedischen König empfangen wird. Grass' Enkeltochter stürmte nach vorne und setzte sich auf den Stuhl der Monarchin. Er selbst prostete dem Hausherrn mit nicht ganz protokollgerechter Anrede »zum Wohl, Herr König« zu.

THOMAS BRUSSIG: *DIE VERSCHWÖRER VON STOCKHOLM*
Einige Entscheidungen der Schwedischen Akademie sind unumstritten nur in dem Sinne, dass sie auf einmütige Ablehnung gestoßen sind. Sie rücken die Akademie in den Fokus. Man fragt

sich unwillkürlich: Was sind das für Deppen, die solche Entscheidungen fällen? Bei Gao Xingjian (der zweifellos der dickste Bock war, den die Schwedische Akademie in den vergangenen zehn Jahren geschossen hat) hieß es hinterher, dass dessen schwedischer Übersetzer Akademiemitglied sei.

Der Fall wurde aber nicht an die große Glocke gehängt – zum Glück, denn ich wittere einen Roman. So wie Dan Brown den Vatikan als Fassade und als Instrument mächtiger Interessen beschreibt, mach' ich es mit der Schwedischen Akademie. Die wird nämlich in Wirklichkeit ferngesteuert von einer RTL-Disney-Connection, die das Ziel hat, alle Menschen in Fernsehglotzer zu verwandeln. Die Verschwörer verfolgen den Plan, uns langweilige Bücher als »das Beste, das zwischen zwei Buchdeckeln steht« vorzusetzen; in der Hoffnung, uns die Literatur zu entfremden, auf dass wir aufhören zu lesen – und nur noch glotzen. Um das Offensichtliche halbwegs zu verschleiern, lässt man hin und wieder würdige Kandidaten wie Günter Grass, J. M. Coetzee oder Orhan Pamuk küren.

Mehr sollte ich an dieser Stelle nicht verraten, denn ich will diesen Stoff gleich mal selbst in die Tasten hacken. Und parallel die Verfilmung anschieben. Armin Müller-Stahl spielt Horace Engdahl, den langjährigen Sekretär der Akademie, Corinna Harfouch kommt als Elfriede Jelinek, und Marcel Reich-Ranicki wird mit 'nem Komiker besetzt, am besten Didi Hallervorden.

STEFAN AUST: *STOLZ*

»Ich bin stolz darauf, für den *Spiegel* arbeiten zu dürfen«, sagte Rudolf Augstein, als das Magazin Reich-Ranickis Verriss des Wiedervereinigungsromans *Ein weites Feld* von Günter Grass druckte.

BETTINA RÖHL: *MARCEL REICH-RANICKI*

Sein damaliger Verriss der *Blechtrommel* von Günter Grass von 1959 ist die bis heute sicher beste und klügste Beschreibung dieses enorm berühmten, einträchtigen, sprachgewaltigen und Zeitgeschichte beschreibenden Buches, mit einer albernen und sinnlosen 3 Promille-Schnapsidee als Aufhänger in Gestalt des blechtrommelnden Oskar Matzerath. Das brachte Reich-Ranicki sehr schön auf den Punkt – ganz entgegen dem allgemeinen Trend, aus dem der Kultstatus von Günter Grass entstand.

PHILIP ROTH: *DIE BLECHTROMMEL*
Kurios, dass Sie mich auf Grass ansprechen, ich habe erst heute die neue englische Übersetzung der *Blechtrommel* geschickt bekommen. Das Buch ist zum 50. Jahrestag der Erstveröffentlichung neu erschienen. Die alte Übersetzung liegt noch in meinem Haus in Connecticut. Ich werde erst mit dem Lesen anfangen, wenn beide Ausgaben vor mir liegen, ich möchte sie parallel lesen und vergleichen können. Ich bin sehr gespannt darauf. [...] Ich weiß noch, wie ich das Buch zum ersten Mal gelesen habe. Es war so anders als alles, was ich bis dahin kannte. Es hat mich umgehauen. Ich kann mich nicht erinnern, jemals zuvor etwas Derartiges gelesen zu haben. Ich wusste erst nicht, was ich damit anfangen sollte. Aber diese extreme Andersartigkeit habe ich mit Vergnügen in mich aufgesogen.

BEAT STERCHI: *PARIS*
In Paris hat noch immer jeder besser geschrieben. George Orwell hat in Paris auch besser geschrieben. Auch Günter Grass hat in Paris besser geschrieben. Seit man unter einem Bett in einer Hinterhofwohnung ein Manuskript der *Blechtrommel* gefunden hat, weiss jeder, dass Günter Grass in Paris sehr gut hat schreiben können.

> Anfang der siebziger Jahre recherchierte der englische Germanist John Reddick an der ehemaligen Wohnstätte von Günter Grass in der Pariser Avenue d'Italie 111. Die Concierge übergab ihm einen zurückgelassenen Koffer, der verschiedene Arbeitsmaterialien enthielt, unter anderem ein frühes Typoskript der *Blechtrommel,* die sog. »Urtrommel«. Aufbewahrt wird der Koffer samt Inhalt im Literaturarchiv Sulzbach-Rosenberg.

ANONYMUS: *ABSCHIED VON GLÜHBIRNE*
In der Literatur machte Günter Grass die Glühlampe in seinem Jahrhundertwerk *Die Blechtrommel* unsterblich. Die Hauptfigur Oskar Matzerath schildert darin seine Geburt im Jahr 1924 wie

folgt: »Ich erblickte das Licht dieser Welt in Gestalt zweier Sechzig-Watt-Glühbirnen.« Fraglich ist, ob spätere Generationen diesen Satz überhaupt noch verstehen werden. Fest steht: Ihnen wird dieses Erlebnis künftig nicht vergönnt sein.

OSKAR ROEHLER: *IM HERBST DES SCHLURFENDEN PATRIARCHEN*
Mein Vater Klaus Roehler wurde offiziell der Lektor von Günter Grass, nachdem ihm ein maßgeblicher Kritiker anlässlich einer Lesung vor der Gruppe 47 attestiert hatte, dass er völlig unbegabt sei und das Schreiben lassen solle. Mein Vater hatte insgeheim schon selbst gewusst, dass sein Traum von einer Karriere als Schriftsteller gescheitert war, und nachdem er wochenlang komatös vor lauter Depressionen auf der Couch gelegen hatte, nahm er das Angebot des Kritikers zur Vermittlung des Lektorats von Grass an.

Über Grass gibt es aus meiner Sicht nicht viel zu sagen, aber mein trostreicher und schöner Name Oskar kam zustande, weil mir als Baby eine ähnliche Energie wie die des Oskar Matzerath nachgesagt wurde, nur dass meine Stimme die Nerven meiner Eltern zum Zerspringen bringen drohte. Die Gläser blieben verschont. Ich erinnere mich an die Besuche bei Grass und an seinen Haushalt in der Niedstraße: an diesen zwischen unzähligen Kindern herumschlurfenden Patriarchen, der sich zwischen seinen Fisch-Skizzen und den Töpfen auf dem Herd bewegt, in denen Wirsingeintopf kochte. Die Holzmöbel, Flickenteppiche, der ganze Bauernchic, das typische Kartoffelfeuer, das draußen im Hof brannte: Dieser Mensch frönte seinem ostpreußischen Lebensstil in einem fast pathologischen Ausmaß, und ich habe mich immer gefragt, warum Grass sich aus seiner Heimat überhaupt wegbewegt hat. Er hat sie jedenfalls akribisch nachgebaut, und es sah nicht nach Filmkulisse aus: Das war Wirklichkeit, das roch und köchelte und müffelte so vor sich hin.

Mein Vater war genauso spießig wie Grass, und die beiden stritten sich immer über Politik. Das war alles sehr ernst. Der große Schriftsteller Günter Grass saß dann in seinem gefleckten Hemd und seiner Cordhose vor einem und erklärte aus tiefstem inneren Wissen, weshalb die SPD so verdammt wichtig sei. Er sprach in seiner barocken Sprache und in Sätzen, die kein Ende nehmen wollten, und ich war jähzornig, weil ich als Schlüsselkind zwischen all diesen Intellektuellen, die sich so unglaublich wichtig nahmen, auf Berliner Spielplätzen aufwuchs.

Schon damals mit sechs fing ich zu rauchen an und begann Schlimmeres zu tun. Manchmal mischte ich unseren Haushalt und die langweiligen Gespräche damit auf, dass ich die zwei Jahre älteren Grass-Söhne, die Zwillinge Raoul und Franz, verprügelte. Ich servierte ihnen einen und schickte sie flennend nach Hause. Dann gab es meistens Krach, und die Langeweile war vorbei. Woran ich mich am meisten erinnere, ist dieser dröge Ernst, die Besserwisserei, die Diskussionen und das Gefühl, dass alles nur im Kopf stattfand und sich wie Blei über einen legte. Sex hatte man wahrscheinlich nur, wenn der Kopf voller Alkohol oder Drogen war. Grass nahm allerdings nichts und trank auch sehr zivilisiert. Immerhin hat er eine ganze Kinderschar gezeugt.

Ich erinnere mich an den Weg zu Grass, an diese traurigen grauen Straßen mit den vielen Bäumen in Friedenau, die alles verdunkelten, an den Regenschleier, den Dunst, an den beißenden Geruch der Büsche bei den Spielplätzen und an meinen zerschlissenen weinroten Pullover und die kurze Lederhose, die bereits zu eng geworden war. Ich erinnere mich, dass ich in der Schule nichts begriff, weil ich mit meinen Gedanken in irgendeinem dunklen Loch steckte und daran, dass ich fast dankbar war, wenn Grass dann die Tür öffnete und mit seiner Nickelbrille vor mir stand, mit seiner gebeugten, in sich gekehrten Haltung und einer Miene, die einem unmissverständlich sagte, wie ernst das Leben war. Als wüsste man das nicht längst und müsste nicht sowieso schon die ganze Zeit daran denken. In solchen Momenten war ich Grass dankbar, weil ich mir von ihm ein paar Stunden heiles Familienleben ausleihen konnte, wo es wenigstens ein »warmes Süppchen« und eine »gemütliche Stube« gab.

Manchmal schlief ich zu Hause bei Grass am Tisch ein oder verkroch mich auf eines der vielen Sofas aus Bast und schlief wie ein kleiner Hund, den man vergessen hatte, neben dem Ofen ein. Dann konnte ich die Welt um mich plötzlich verstehen und begriff, dass man Gemütlichkeit nachbaut, um seinen Erinnerungen nachzuhängen, auch wenn es nur die Erinnerungen an die Kohlsuppe der Großtante sind, deren Ingredienzen man akribisch genau und seitenlang beschreibt. Diese Welt mit allen Kräften zu verteidigen schafften mein Vater und ich allerdings nicht. Mein Vater unternahm lange Ausflüge in dunkle, apokalyptische Welten, spannte seine weiten schwarzen Schwingen, um heimlich in die Nacht zu entschwinden, während ich in Habtachtstellung im Bett lag und draußen das Licht der Bogenlampe gegenüber am Spielplatz durch das dichte, hässliche Blätterwerk der Kastanie kam, die ich hasste.

Um die Bücher von Günter Grass habe ich immer einen großen Bogen gemacht. Aber meine Großmutter, bei der ich später aufwuchs, bekam den neuesten Grass regelmäßig geschenkt, weil ihr mein Vater die dicken Wälzer, die er, wie böse Zungen behaupteten, bereits um die Hälfte zusammengestrichen hatte, zur missionarischen Bildung der Familie von Berlin nach Forchheim in Unterfranken schickte. Als Lektor von Grass kosteten ihn die Bücher nichts. Manchmal habe ich schließlich doch Passagen daraus gelesen, und die zähen Sätze erinnerten mich dann wieder an die undurchsichtigen, ebenfalls zähen Suppen, die Grass gekocht hatte.

Meine Großmutter stellte Grass' Bücher neben die Walser- und Böll-Bände ins Regal. *Der Butt,* über den mein Vater selber lästerte, stand schließlich dreißig Jahre an derselben Stelle im Bücherschrank, in der Wahrnehmung so tief verankert, dass man wusste, wann die Sonne das Buch zu den verschiedenen Jahreszeiten berührte. *Der Butt* war fester Bestandteil in der biedermeierlichen Einrichtung meiner Großmutter und überdauerte die Bilder der Achtundsechziger-Revolte im Schwarzweißfernseher und alle anderen Großereignisse. Das Buch wurde erst entfernt, als der Hausrat aufgelöst wurde und mit dem Tod meiner Großmutter die letzte Bastion Heimat fiel, die meine zersplitterte und in alle Winde verstreute Familie hatte.

GERHARD HENSCHEL: *JUGENDROMAN* (ROMAN)

Den neuen Roman von Günter Grass hatte Mama ausgelesen oder jedenfalls so getan als ob. Ich nahm den *Butt* dann in die Badewanne mit. Ein Kapitel hieß »Der Arsch der dicken Gret«. Der sei so groß gewesen »wie zwei volkseigene Kollektive«. Der dicken Gret beleckte der Erzähler, *damit alles weich und tränennaß wurde, das Arschloch und was sonst anrainte, wie eine Ziege (hungrig nach Salz) ...*

Arschlecken mochte ja Geschmackssache sein, aber wieso hätte das Arschloch dabei tränen sollen? Hätten da nicht andere Drüsen sitzen müssen?

Als die dicke Gret einen Furz fahren ließ, weil ich sie zu spitzfindig geleckt hatte, nahmen wir beide das bißchen Gegenwind hin.

Kaum zu glauben, daß das Mamas jüngste Bettlektüre gewesen war. Papa wußte davon wahrscheinlich gar nichts.

Mit den Hinterteilen hatte es Günter Grass irgendwie. Das ging auch aus einem Gedicht in dem Roman hervor:

Wir wollen jetzt (laut Beschluß) jeder vereinzelt essen
und in Gesellschaft scheißen;
steinzeitlich wird Erkenntnis möglicher sein.

Was das alles sollte und worum es überhaupt ging, außer ums Scheißen, ums Vögeln und ums Fressen, verstand ich nicht.

FRANK SCHÄTZING: DER ERSTE SATZ IST HEILIG

Manchmal reichen nur drei Wörter, um einen Roman groß zu eröffnen. »Nennt mich Ismael« aus Herman Melvilles *Moby Dick* beispielsweise. Oder: »Ilsebill salzte nach« aus dem *Butt* von Günter Grass, der bei einem Literatur-Wettbewerb der Stiftung Lesen seinerzeit als bester erster Satz ausgezeichnet worden ist. So kurz beide Sätze sind, wecken sie umso mehr unsere Neugierde.

In »Nennt mich Ismael« schwingt schon viel mit. Im Grunde nimmt Melville einen Schritt des Kennenlernens voraus, indem er Ismael den Leser direkt ansprechen lässt. Er sagt uns damit auch: »Du hast mich schon gesehen, hast dir womöglich schon ein Bild von mir gemacht. Aber ich bin vielleicht jemand ganz anderes – nennt mich Ismael.« Ähnlich und doch wieder anders verhält es sich mit »Ilsebill salzte nach«. Auch diese drei Wörter beziehen sich auf Vorausgegangenes.

Nachsalzen heißt, dass zuvor schon gewürzt wurde. Grass beginnt die Geschichte also nicht wirklich, sondern steigt mitten ins Geschehen ein, das wir aber noch nicht kennen. Wir wollen mehr erfahren, wir lesen weiter.

Susanne Schädlich: *In Wewelsfleth*
   Jetzt war der Gastgeber Günter Grass, und wir waren die Gäste. Hier kochte er, zum Beispiel Aal. Ich kannte Aal, frisch aus dem Rauch, von Hiddensee. Wenn es ihn gab, liefen wir kilometerweit über die Insel und aßen ihn noch warm aus dem Papier.
   Die Aale in Wewelsfleth schwammen im Spülbecken in der Küche. Immer wieder warf ich einen Blick in das Wasser und auf die Tiere, die sich wanden und deren Aufpasserin ich nicht sein wollte. Ich sehe noch, wie der Hauseigentümer, die Schürze blutbefleckt, am späten Nachmittag emsig das Gericht bereitete und der Vater dabei half. Zwei Schriftsteller in norddeutscher Manier.

André Brink: *Die Geschichten von Günter Grass*
   Ich erinnere mich daran, wie Günter Grass uns im Verlauf einer ausschweifenden Nacht auf der dänischen Insel Møn, ein Jahr bevor er *Beim Häuten der Zwiebel* veröffentlichte, mit Geschichten aus seinem Leben erfreute und ich ihn anflehte, seine Autobiographie zu schreiben. »Niemals!« rief er durch eine Wolke von Pfeifenrauch hindurch. »Das ist etwas, was ich niemals tun werde. Ich lüge zu viel.« Glücklicherweise für uns gab er nach und teilte später mit uns allen seine großartigen Geschichten.

Jonathan Franzen: *Ungerecht behandelt*
   Beim Häuten der Zwiebel habe ich zwar auf Englisch gelesen, aber ich fand es aus einem starken inneren Bedürfnis heraus geschrieben, was man von vielen seiner vorherigen Bücher nicht unbedingt behaupten kann. Ich glaube, dass es hierzulande sehr ungerecht behandelt wurde.

Tilman Jens: *Demenz. Abschied von meinem Vater*
   Er weiß, es ist vorbei mit dem Schreiben. Er bemitleidet und er hasst sich. Er spürt keine Selbstachtung mehr. *Ich bin ein Nichts.* Nur noch einmal wird er ein öffentliches Statement abgeben, als sich Günter Grass im August 2006 nach einem über 50 Jahre währenden Silentium geräuschvoll als jugendlicher Waffen-SS-Mann

outet und die Medien Parallelen zum Fall des NSDAP-Mitglieds Walter Jens entdecken. *Jetzt kommt die ganze Scheiße wieder hoch, seufzt er daheim beim Durchblättern des Spiegel.* In einem Zeitungs-Interview aus aktuellem Anlass versteigt er sich zu einer blumigen Apologie und preist den sich häutenden Autor als bundesweites Vorbild aller Spätbekennenden, Tüncher und Schweiger. *Ein Meister der Feder hält Einkehr und überlegt sich: Was hast du im langen Leben zu berichten vergessen? Das hat er getan. Es ist für mich bezeichnend, dass Grass gerade den richtigen Zeitpunkt gewählt hat. Vorher wäre manches besserwisserisch erschienen.* O nein, ein Besserwisser ist der Dichter aus Danzig niemals gewesen. Ob mein Vater noch weiß, was er da redet? *Walter, das macht keinen Sinn.* Grass aber fühlt sich gebauchpinselt von der Ehrenerklärung aus Tübingen und schickt meinem kranken Vater postwendend ein handsigniertes Exemplar des Zwiebel-Sellers ins Haus – *mit Dank für den freundschaftlichen Zuspruch.*

JOSEPHINE HART: THE TRUTH ABOUT LOVE (ROMAN)

Übrigens ist die Opferrolle ein heißumkämpftes Gebiet geworden und Deutschland hat keine Chance, auch nur einen Zentimeter davon wegzukommen. Jetzt wird mir klar, dass Thomas Middlehoff seiner Zeit voraus war. Voraus seinem Landsmann Günter Grass, dem Nobelpreisträger, der viel später versuchte, im *Krebsgang* um mehr als nur einen Zentimeter die Opferrolle für seine Nation einzufordern, der dann aber alles zerstörte mit seinem späten Eingeständnis (sehr spät, eigentlich am Rande zur Ewigkeit), dass er als Jugendlicher in der SS war. Und der zugab, es über Jahrzehnte verschwiegen zu haben. Und der mehr tat, als es nur zu verschweigen. Er machte ein Thema aus seiner Verachtung für die, die mitmachten. Schlagzeilen. Er hat es »verdrängt«, wie wir sagen. Ein alter Mann hat nicht mehr die Jahre, Sünden wieder gutzumachen. Das *Häuten der Zwiebel* ist ein tränenreiches Unterfangen, ob mit achtzig oder mit acht. Deshalb sagt man, Zwiebeln reinigen das Blut und klären den Kopf.

Heinrich Peuckmann: *Der Reiseschüler* (Erzählung)
Girgensohn warnte eindringlich vor einer Diktatur, brachte sich selbst als Beispiel ein und warnte, dass man als junger Mensch leicht verführbar sei. Er war, das gab er freimütig zu, Mitglied in der Waffen-SS gewesen, sagte das nicht, wie Günter Grass, als alter Mann am Ende seiner Karriere, sondern betonte es immer wieder, um uns zu zeigen, wie schrecklich man verführt werden könne, wenn es keine demokratische Kontrolle gebe.

Oliver Maria Schmitt: *Der beste Roman aller Zeiten* (Roman)
»Was wollen Sie denn in der Dritten Welt?«
»Romanstoffe finden«, antwortete er ohne jedes Zögern. »Ich weiß, daß sie dort zu finden sind, das hab ich exklusiv, das hat mir der größte Schriftsteller der Welt verraten.«
Ich wußte nicht, von wem er sprach, deswegen sagte ich auf gut Glück: »Günter Grass?«
»Hör mir auf mit dem!« schrie Hollenbach und spuckte vor Wut rote Kapselreste gegen den Fahrzeughimmel. Der Grass, der schreibe doch so einfältig, wie er zeichne, der könne nichts, »absolut null«, kein Wunder, daß die SS den Krieg verloren habe. Nein, er, Hollenbach, spreche hier von dem mit weitem Abstand »allergrößten Autor der ganzen, großen Welt«: von dem amerikanischen Ausnahmeschriftsteller Thomas Pynchon.

Peter Sloterdijk: *Zeilen und Tage*
Fürs Pantheon der Dumpfheit: ein Satz von Gerhart Hauptmann, dem deutschen Repräsentationstölpel vom Dienst, bevor Günter Grass das Amt übernahm: »Sprachschliff ist kalte Ausländerei.« Der gute Deutsche läßt es stehen, wie es kommt.

Thomas Kapielski: *Mischwald*
Einigen Uraltliteraten (Ullis) mag man ihr Parteisoldatentum nachsehen, da sie es gewohnt sind, in den Denkschulen des letzten Jahrtausends zu klugscheißern und zu predigen.
(Waschmaschinenanschluß. Bis hoch zum Würdeknallkopp

Graß (neue Rechtschreibung: Grass), der noch wieder mal in seinen halblinken Schubladen rumkramt und Amerika wie Zion zeiht. Wie billig! Angesichts der Russen, Arabier, Afrikaner, Chineser und aller sonstigen friedliebenden Völker. Hauptsache: Stullenbrett, Loch rein, Trompete durch: Medienröt!)

HANS ZIPPERT: *WER VERKÖRPERT HEUTE DIE BUNDESREPUBLIK?*
Günter Grass / Der größte lebende deutsche Schriftsteller. Irgendwann mal auch der größte tote deutsche Schriftsteller, falls er mal sterben sollte, was keineswegs sicher ist. Grass schrieb dicke und dünne Bücher und für *Die Blechtrommel* (dickes Buch) bekam er den Nobelpreis. *Die Blechtrommel* war extra vorher von Volker Schlöndorff verfilmt worden, damit sich die Mitglieder der schwedischen Akademie schneller über den Inhalt informieren konnten. Grass schrieb auch den *Butt,* was aber keine Abkürzung von Buttenbrooks ist und auch nichts mit Hans-Jörg Butt, dem Torhüter des FC Bayern Mü…

ANDRÉ MÜLLER: *GESPRÄCH MIT GÜNTER GRASS*
Besonders liebt er es, mit Kollegen verwechselt zu werden. Nach einer Lesung im Berliner Theater am Schiffbauerdamm drei Tage vor dem Interview bat ihn eine junge Dame um ein Autogramm. Sie sei zwar gerade auf dem Weg, sich in die Kondolenzliste für den verstorbenen Michael Jackson einzutragen. »Aber Sie leben ja noch, Herr Wallraff.« Großes Gelächter.

TITANIC: *IN MEMORIAM »JACKO« JACKSON*
Liebe Lyrik-Freunde! Den ersten Teil der Reihe »Dichter bedichten Jackson« finden Sie in der neuen *ZEIT,* u. a.: »Er aber hatte nun das Handtuch geworfen / Der Herzens-Ariel, Peter Pan in Röhrenhosen / Die Astro-Diva aus dem Menschenmischland« (Durs Grünbein). Teil 2 ist sogar noch besser – von Günter Grass!

Über die Jahre Stoffwechsel
Als Ute damals den Grünkohl unters Messer nahm

Für das große Sattwerden am Sonnabend
Neunzehnhundertundsiebenundsiebenzig
Mit Gemüseeintopf und Minzeiern:
Verkniff sich der Radiowecker plötzlich die Musik
Für eine Todesmeldung von Elvis Presley.

Als Evchen Neunzehnsiebenneunzig
Händeklatschend zum Fleischsalat rief
Mit Miesmuscheln, Spargelnierchen und Blauburgunder
Klingelte der Fernsehapparat
Und zeigte uns Lady Di.
In Paris, sagte der Sprecher, in Paris!

Der King und die Königin der Herzen.

Und dann aber am letzten Freitag
Bei Spinatpilzen, gefüllten Wachteln, Saumagen, Doppelherz
Und der dicken Mareike in der Kochschürze:
Michael Jackson plötzlich tot im Internet.
Warum nicht Prince?

HEINZ RUDOLF KUNZE: *AKTIVE SCHREIBÜBUNGEN*
   Zum einen halte ich regelrechte Vorlesungen über Rockgeschichte. Da versuche ich den jungen Leuten zu erzählen, was es alles so gibt. Zum anderen machen wir aktive Schreibübungen. Wir nehmen zum Beispiel ein Gedicht von Günter Grass, das in reimloser, ungestrophter Fast-Prosa auf dem Blatt steht und bauen daraus ein singbares Lied.

KLAUS-PETER WOLF: *OSTFRIESENGRAB* (ROMAN)
   Hatten nicht andere große Künstler sogar Strandgut verwendet, um ihre Objets-trouvés-Werke zu schaffen? Es musste nicht immer Leinwand und Farbe sein und schon gar nicht Marmor oder Gussstahl. Joseph Beuys nahm Fett und Filz, Luftpumpen und Honig. Günther Uecker rostige Nägel. Daniel Spoerri fixierte die Reste abgebrochener Mahlzeiten mit Leim und Konservierungsstoffen

auf den Tischen, so dass dreidimensionale Stillleben entstanden. Dieter Roth stellte aus zerkleinerten Buchseiten, die er mit Gelatine, Fett und Gewürzen vermengte und damit Wurstdärme füllte, seine Literaturwürste her. So verwurstete er die *Blechtrommel* von Günter Grass.

Jörg Maurer: *Föhnlage* (Roman)
Günter Grass hatte 1969 auf dem Platz vor dem Konzertsaal eine Wahlkampfrede gehalten, Hölleisens Vater hatte an diesem Tag Dienst geschoben. Nach der Veranstaltung saß man in der *Roten Katz* zusammen, und Grass verspürte zu späterer Stunde noch Hunger. Er wollte etwas typisch Bayrisches. Hölleisen senior schlug vor, in der elterlichen Metzgerei noch Weißwürste zu essen. Hölleisens Großmutter war nicht begeistert, aber sie kutterte und brühte um Mitternacht noch frische Weißwürste. Grass ließ sich die Zusammensetzung des bayrischen Nationalheiligtums beschreiben: Kalbshirnhäute, gegartes Kalbskopffleisch, Schweinedärme, geschlegelte Flachsen, Knochen, Fettgewebe, manche geben noch getrocknetes Euter dazu. Grass, ein ausgewiesener Liebhaber von solchen kulinarischen Unappetitlichkeiten, war fasziniert und fing an, mitzuschreiben. Toll, nach genau so etwas habe er gesucht, sagte er. Seitdem hatte sich die Familie Hölleisen alle Neuerscheinungen von Grass gekauft, die erwartete Weißwurst-Geschichte war aber bisher noch nicht dabei gewesen.

Joachim Lottmann: *Der Geldkomplex* (Roman)
War das große Verlagsgeld gekommen, der legendäre Vorschuß, den van der Huelsen mir seit einem halben Jahr versprochen hatte? Warum eigentlich nicht? War ich etwa nicht ein großer deutscher Nachkriegsautor, in der Tradition von Böll, Grass, Walser und Stuckrad-Barre?

Benjamin von Stuckrad-Barre: *Günter Grass?*
Ich finde es zum Beispiel völlig uninteressant, was Günter Grass denkt. Manchmal kommt es mir vor, als ob die SPD zusam-

menzuckt, wenn er sich öffentlich zu Wort meldet, als dächten sie: Mist, jetzt will er uns wieder unterstützen, Stimmen bringt uns das bestimmt nicht.

HANS ZIPPERT: *GEISTERFAHRER GÜNTER GRASS*
Wir unterbrechen diese Kolumne für eine wichtige Verkehrsdurchsage: »Auf allen ostdeutschen Autobahnen kommt Ihnen zur Zeit Günter Grass in einem silbermetallicfarbenen VW-Bus entgegen. Bitte fahren Sie ganz rechts und haben Sie Verständnis. Wenn Sie sich hinter dem Günter-Grass-Mobil befinden, dann nehmen Sie zur Kenntnis, es handelt sich um einen Schwertransporter, der nicht überholt werden kann. Weder rechts und schon gar nicht links. Er ist nämlich mit einem schweren Bedenkenträger beladen.

Günter Grass kann übrigens auch nicht weiträumig umfahren werden, es stehen keinerlei Umleitungen zur Verfügung. Es kann in der Nähe von Günter Grass zu größerer Qualmentwicklung durch Pfeifenrauch kommen. Nehmen Sie eine Taschenlampe mit und halten Sie ein feuchtes Tuch bereit. Überprüfen Sie, ob Ihr Fahrzeug mit einem Wahndreieck und einer Wahnweste ausgerüstet ist. Achtung: Günter Grass befindet sich auf einer Verkaufstour, er wird versuchen, Ihnen einen Artikel namens SPD anzudrehen. Überlegen Sie sich gut, ob Sie ihm das abkaufen, die SPD ist so etwas wie die Rheumadecke unter den deutschen Parteien.«

CHRISTOPH SCHLINGENSIEF: *GÜNTER GRASS*
Ich finde den klasse. Wie diese alten Männer – da gehört ja auch Walser dazu und früher Ernst Jünger – stur bis zum Schluss ihre Haltungen verteidigen, das hat doch was.

2010

KARL LAGERFELD: *NICHTS ALS SCHLAMPEN*
Früher, da sahen die Intellektuellen noch nach etwas aus. Aber heute sind das doch alles Schlampen – und nicht nur die Deutschen. Tut mir leid, ich hasse schmuddelige Intellektuelle. Günter Grass sollte sich mal Schlips und Kragen zulegen, er würde jünger wirken.

THOMMIE BAYER: *DIE TEMPORÄRE SCHWELLENANGST*
Als Schriftsteller ist man nicht gesichtsberühmt wie ein Fernseh-, Film- oder Popstar, man kann seiner Wege gehen und sich mitten in der Wirklichkeit umsehen, ohne Furcht vor Autogrammjägern, Paparazzi oder Fans, die einen zum Grillfest einladen wollen, um dort ihre Lebensgeschichte zu erzählen. Günter Grass und Martin Walser mögen hier eine Ausnahme bilden, das liegt meines Erachtens an der exzentrischen Gesichtsbehaarung – obwohl, der Schnauzer von Grass könnte ihm auch gelegentlich die Frage einbringen, ob er Wolf Biermann sei, und die Augenbrauen von Walser lassen den weniger literarisch gebildeten Bundesbürger vielleicht an Theo Waigel denken.

PETER BICHSEL: *SCHWEIZERDEUTSCH*
Ich war mal bei Günter Grass im Tessin. Seine Schweizerdeutsch sprechenden Kinder kamen nach Hause vom Schwimmen, und der eine sagte: »Ich cha dr Rüggeschwumm«. Grass konnte sich vor Begeisterung nicht mehr erholen. Auf Hochdeutsch würde das heissen: »Ich kann in Rückenlage schwimmen«.

GERD FUCHS: *DIE GRUPPE 47 FEIERT*
Der Einladung von Siegfried Lenz [...], doch mit an die Bar zu kommen und ein Glas zu trinken, hatte ich keine Lust zu folgen, und so blieb ich finster brütend sitzen. Doch nicht lange, denn irgendwo hatte irgendjemand eine Schallplatte aufgelegt und die

Lautstärke hochgedreht, und die ersten Paare begannen, sich auf dem Parkett der Halle zu drehen. Ich sah ihnen eine Weile zu, doch dann stand ich in einem Anfall von Trotz auf, oder vielleicht auch, um zu provozieren, ging auf eine hübsche junge Frau zu und bat sie um den nächsten Tanz. Wir tanzten, und ich brachte sie an ihren Platz zurück. Der nächste Tanz kam, und ich ging und holte sie erneut. Sie lachte. Es schien ihr zu gefallen, mit mir zu tanzen. Ich holte sie zum dritten Mal. Wir wirbelten kreuz und quer durch den Saal. Und als wir nach dem vierten Tanz innehielten, tippte mir ein leibarmer kleiner Mensch auf die Schulter, der, wie sich später herausstellte, Reinhard Lettau hieß. Ob ich nicht auch einmal mit einer anderen Dame tanzen könnte als mit Frau Grass.

WERNER VON WESTHAFEN: *DIE ORANIENSTRASSE NR. 27*
Es ist ein Haus wie viele in der Oranienstraße: Zur Straße hin ein kleiner Laden mit Nüssen und Hülsenfrüchten, dahinter ein unscheinbarer Hof. Nichts erinnert daran, dass dieser Hof einmal voller Menschen war. Dass Günter Grass hier rittlings in einem Fenster des verkommenen Hinterhauses saß und aus seinem neuesten Werk las – »sichtlich bemüht«, sich den Zuhörern im Hof ebenso wie den Gästen in den zwei Räumen der Galerie *zinke* verständlich zu machen. In einem anderen Fenster spielte jemand Querflöte, ein dritter wiederum stellte ein Grammophon an und übertönte die Subkultur mit dem »Babysitterblues«. Anschließend wanderte die ganze Meute nach gegenüber in die *Jägerklause,* »schon nach den ersten Feten konnte sich der Wirt einen neuen Kühlschrank anschaffen«, erinnert sich Lothar Klünner in einer Gedenkschrift an Günter Bruno Fuchs und die *zinke.*
Wenige Tage nach der Dichterlesung erhielten die Galeriebesitzer ein Schreiben, adressiert an »Herrn Grass per Galerie zinke«. Günter Bruno Fuchs begab sich aufs Revier, wo ein Zeitungsartikel vorlag, dem zu entnehmen war, dass der Dichter »Obszönes« gelesen hatte. Der Wachtmeister fragte: »Waren bei dieser Lesung auch Kinder anwesend?« Fuchs sagte: »Naja, es waren natürlich die Kinder anwesend. Die schliefen ja in ihren Betten.« – »Wie laut hat denn der Herr Grass gelesen?« Fuchs antwortete: »Wissen Sie,

die Leute verstehen sich mit uns so großartig dahinten im Hof, die haben immer die Fenster zugemacht, wenn so ne Stelle kam.«

SIMON WINDER: GERMANY, OH GERMANY
In einer besonders ekeligen Szene onanieren die Jungen abwechselnd auf dem Schiffsdeck, und Grass gelingt eine grandiose, geradezu phantasmagorische Passage, in der sich die kreischenden Möwen auf das frische, mit Rost vermischte Sperma stürzen. Die deutsche Ostseeküste mag das magische Land des Bernsteins sein, des Caspar David Friedrich und der Hanse – Vladimir und Vera Nabokov sind dort am Strand spazieren gegangen, Thomas Manns Schuljungen mit ihren Seehundsränzeln über die Lübecker Wälle gelaufen –, doch immer, wenn ich an die Ostsee fahren wollte, musste ich an *Katz und Maus* denken und überlegte es mir anders.

HERMANN KINDER: LESEKULTUR – WOHIN?
Literaturlesen war das Zentralorgan der Wirklichkeits- und Selbstwahrnehmung. Und das ist es eben nicht mehr. Über Sex erfuhren wir Vages aus G. Grass (Brausepulver) und Mary McCarthy (Onanie) oder aus Lidia Raveras *Schweine mit Flügeln;* jaja: auch aus Martin Walser. Das ist nur ein Fliegenschiss gegenüber dem, was an sexueller Aufklärung und Belustigung im Netz und auf Handys geboten wird.

JÜRGEN VON DER LIPPE: VERKEHRTE WELT (ERZÄHLUNG)
Als ich die entsprechende Excel-Datei öffnete, musste ich an meine Exfreundin Ellen denken, die nur kam, wenn ich mit ihr Szenen der Weltliteratur nachstellte, am liebsten mochte sie die Nummer mit der Brause im Bauchnabel aus der *Blechtrommel.* Das war ja auch ganz lustig, aber ich kriegte immer ein schreckliches Sodbrennen von dem Zeug.

HARALD BRAUN: DER MIESESTE LIEBHABER DER WELT (ROMAN)
»Svenja, ich bitte dich. Kannst du das nicht für mich tun? Sag

mir, wie du mich als Liebhaber empfunden hast. Ein paar Sätze nur.«
»Markus, manchmal denke ich, du bist eine Art mentaler Oskar Matzerath. Mit drei hast du in der Birne aufgehört zu wachsen, aber äußerlich scheint alles ganz normal zu sein!«

NATHALIE BERGDOLL: *HOCHGEFICKT* (ROMAN)
Bis dahin hatte ich nämlich nur die vom Sender gedruckten Autogrammkarten und ein paar Shampoo-Plakate signiert (für wohltätige Zwecke natürlich), aber nun sprachen mich Typen an, die den aktuellen *Playboy* signiert haben wollten, und zwar leider sehr häufig ausgerechnet die Sorte Typ, die den *Playboy* ganz sicher nicht wegen der tollen Interviews kaufte. Eher die Sorte, die während des Signierens Aussagen machte wie:»Mein kleiner Freund wird immer ganz verrückt, wenn er Sie sieht! Da könnte man meinen, es gibt Krieg, so wie der Säbel juckt, hehehe!«, und das dann auch noch für ein charmantes Kompliment hielt, obwohl mir durch solche Auskünfte Bilder vors innere Auge schossen, die sich über Monate in den Hirnwindungen festsätzten und in Sachen »empfundene Ekelqualität« beachtlich nah an die Nummer mit dem Aal in Günter Grass' *Blechtrommel* kamen.

STEPHAN M. ROTHER: *DAS BABYLON-VIRUS* (ROMAN)
Da bewegte sich etwas! Amadeos Hand zuckte zurück. Was für Viecher vegetierten in dieser Brühe? Im selben Moment spürte er, wie sich etwas unter seine Regenjacke schob, etwas Glitschiges wie ein ... Ein Aal? Aale waren Aasfresser, wenn man Günter Grass und seiner *Blechtrommel* glauben konnte. Auf einen Schlag war Amadeo dermaßen übel, dass er Mühe hatte, nicht den Griff um seinen einzigen Halt zu verlieren.

INGRID NOLL: *EHRENWORT* (ROMAN)
Seine Großmutter hatte irgendwann ein ehemaliges Kinderzimmer besetzt, in dem sie später auch schlief. Dort standen ihre ganz persönlichen Bücher – fast ausschließlich Märchen und Sagen aus

aller Welt. Gleich dreimal vertreten war *Der Butt* von Günter Grass, wohl weil eine namensgleiche Ilsebill darin vorkam.

AUMA OBAMA: *INTENSIVE LEKTÜREN*
Manche Bücher las ich zuerst auf Englisch, anschließend auf Deutsch. Ich verschlang Heinrich Böll, Günter Grass, Wolfgang Borchert, bewunderte Christa Wolf. Die Protagonisten dieser Autoren fühlten intensiv, und ich fühlte mit ihnen.

STEFFEN POPP: *AB AUF DEN DACHBODEN*
Weiteres Aufräumen: Alfred Döblins *Berlin Alexanderplatz* – überschätzt. Die *Jahrestage* von Uwe Johnson – auf jeden Fall zu dick, und er schrieb Besseres. *Kindheitsmuster* von Christa Wolf (keine Erinnerung an irgendeinen Inhalt). Unerträglich: *Die Rättin* von Günter Grass. Ab damit auf den Dachboden.

BENJAMIN VON STUCKRAD-BARRE: *ALLES GELESEN?*
Ist ja die Frage, ob diese Bücher wirklich alle bis zu Ende gelesen werden. Wenn man von Seite 267 aus *Im Krebsgang* von Günter Grass, diesem unlesbaren Quatsch, fünf Zeilen weggenommen hätte – das hätte niemand gemerkt.

GEORG BASELITZ: *GROUND ZERO*
Es war eine totale Leere, die wir vorfanden. Das muss man wissen, um zu verstehen, warum Günter Grass und Martin Walser überhaupt berühmte Schriftsteller werden konnten. Da muss schon Ground Zero sein, dass so Karrieren möglich werden.

HERMANN KANT: *KENNUNG* (ROMAN)
Auf der Bühne zeigten sie ein Stück, das er bereits gesehen hatte, weil ihn der suadenmächtige Autor und seine detailträchtigen Geschichten interessierten; in der vielfenstrigen Auslage am Ende der Knesebeckstraße leuchteten immer noch *Billard um halb*

zehn, Die Blechtrommel und *Mutmassungen über Jakob,* und neben dem Verkaufstisch leuchtete eine Buchhändlerin, die es ihm angetan hatte, so dass er ihre aschblonde Schönheit des Öfteren bestaunen ging. Wenn schon nicht wortlos, so doch ebenso hingegeben und perspektivlos, wie er manchmal die Käfer im VW-Salon an der Kurfürstendammecke bestaunen ging. Auch die Bücher hatte er, neu, wie sie waren, sowohl gelesen als auch kritisch besprochen. Heftig im *Belletristischen Journal* den Roman von Böll und deftig, wie es sich gehörte, den von Grass, der sich zu dieser Zeit noch Graß buchstabierte. Zugehört hatte er, als der Autor in der TU aus seinem neuen Werk vorlas, und war nicht weiter Feuer und Flamme gewesen.

ALEXANDER OSANG: *KÖNIGSTORKINDER* (ROMAN)
Ich war 19 und wartete auf meinen Einberufungsbefehl zur Armee, den ich verweigert hätte. Ich ging zu Lesungen in Wohnungen, einmal sah ich sogar Grass bei so einem Arzt in der Rollerstraße. Günter Grass, er las aus dem *Butt*.

LUTZ RATHENOW: *ALS GRASS DER DDR DEN KRIEG ERKLÄRTE*
Günter Grass war für die Ost-Machthaber ein doppelter Störfall. Als weltberühmter Autor mit unbequemen Werken und als politischer Einmischer, der von und bei seinen Besuchen in der DDR politische und literarische Freiheiten einforderte. Er bekam von seinen Feinden ein Denkmal gesetzt: in Form von Staatssicherheitsakten. Jetzt veröffentlichte Kai Schlüter sie in der Dokumentation *Günter Grass im Visier. Die Stasi-Akte.*

Jahre berichteten Spitzel über den erst spät in der DDR verlegten Autor. Ihre Namen sorgen für Schlagzeilen: vom Schriftsteller Hermann Kant bis zum Reclam-Verleger Hans Marquardt. Ihre Motive mögen verschieden gewesen sein, auch die Intensität ihrer Zuarbeit, peinlich bleibt sie allemal.

Grass liefert eine Materialvorlage als Entblößungsanlass für die DDR und störte die arrogant gezogenen realsozialistischen Machtabsicherungskreise in unterschiedlicher Intensität. Am allermeisten im Herbst 1980, als er am Prenzlauer Berg las. In der

Lottumstraße in der Wohnung von Frank-Wolf Matthies, einem Lyriker und Schriftsteller, der wie ich gerade ein erstes Buch im Westen verlegte.

Grass und sein Begleiter – der heutige Pen-Sekretär Johano Strasser – brillierten. Der Regimekritiker Robert Havemann, häufiger auch Gast bei Matthies, kam an diesem Abend nicht, weil schon ein junger Schriftsteller verhaftet worden war (Thomas Erwin). Um keine Missverständnisse aufkommen zu lassen: Wir Ossis wollten diese Lesung und den Besuch, der uns gleichermaßen schützen und gefährden würde. Es sollte der Brückenschlag einer entstehenden und sich formierenden Opposition am Prenzlauer Berg mit den Autoren der Bundesrepublik sein. Vor allem mit Günter Grass und Heinrich Böll. Die DDR verstand sie als Kriegserklärung.

Bei der Lesung stellte Günter Grass in der Diskussion (Mitternacht mussten alle über die Grenze zurück) die Frage aller Fragen im Herbst 1980: Wie könnt ihr in der DDR polnische Verhältnisse herstellen, und wie können wir euch aus dem Westen dabei unterstützen? Er hatte es brillant auf den Punkt gebracht. Wir aus dem Osten waren elektrisiert und euphorisiert – Grass hatte mich an diesem Abend gewissermaßen politisch wachgeküsst.

In den Akten liest sich das eher unterkühlt – als schauderte es die Offiziere, diese brisante Frage noch zu multiplizieren. Und die DDR verhaftete Matthies und mich, sperrte Grass und Strasser bis zum Ende der DDR aus. Aber die Zeiten waren nicht mehr so – auch durch die Proteste von Grass und seinen Schriftstellerkollegen wurde die einzige Verhaftungswelle wegen im Westen erschienener Bücher von DDR-Autoren nach zehn Tagen beendet (bei Thomas Erwin nach zwei Monaten). Es war die Kombination unserer ungenehmigten Westveröffentlichungen, die Bereitschaft zur Oppositions-Netzwerk-Bildung in der DDR und die versuchte grenzüberschreitende Gruppenbildung mit Günter Grass, die die Stasi kurz ausflippen ließ.

Grass diskutierte dann mit Frank-Wolf Matthies noch einen Brief lang über die deutsche Kulturnation. Mich sprach er auch an, mir fiel nichts Wichtiges ein oder ich traute mich nicht. Die Passagen zur Mauer in dem Buch *Ost-Berlin* (1987) vermochte ich erst 5, 6 Jahre später zu schreiben. Wir waren noch nicht reif für den gesamtdeutschen Brückenschlag – nach dem Abgang von Matthies und Erwin (und Jürgen Fuchs 1978) begann der Dichter-Spitzel Feind-Freund Sascha Anderson, die Fäden zu ziehen.

Insofern legt das Buch Spuren, die über Günter Grass hinausgehen, und beweist letztlich nur, wie sehr die DDR immer auch westdeutsch beeinflusst war – und sei es nur, um ihn abzuwehren. Eine Verbeugung vor Günter Grass.

ERICH LOEST: *TAGEBUCH*
»Langweilige Stasi-Papiere über Grass« titelt die *Leipziger Volkszeitung*. Der Kulturjournalist Kai Schlüter hat sich Akten vorgenommen, die seit fast zwanzig Jahren zugänglich sind. Schlüter druckt Spitzelberichte ab, fasst zusammen, Grass, Günter Kunert und andere kommentieren sparsam. Ich lese voller Interesse, denn ich kannte oder kenne fast alle Personen und Vorgänge. Nebenfreude: Endlich kriegt Hans Marquardt, der Reclam-Verleger, IM »Hans«, der manchen heute noch als Gentleman-Vermittler zwischen Zensur und Literatur gilt, eins auf die Spitzelmütze. Wieder einmal wird erhärtet: G. G. war der emsigste, hartnäckigste, verbissenste und am stärksten nachhaltig wirkende deutsche Schriftsteller der Nachkriegszeit. Günter, Hut ab.

REINHARD WILKE: *MEINE JAHRE MIT WILLY BRANDT*
Eine große Rolle spielte im Wahlkampf die »Sozialdemokratische Wählerinitiative« (SWI), die von Günter Grass gegründet worden war und deren Geschäftsführerin, Veronika Schröter, seine spätere zweite Frau wurde. In ihr arbeiteten so bekannte Journalisten wie Dagobert Lindlau vom Bayerischen Rundfunk und Wibke Bruhns vom *Stern* mit, außerdem die Schriftsteller Paul Schallück – mein Freund aus Kölner Tagen –, Heinrich Böll sowie Sammy Drechsel und andere Mitglieder der »Lach- und Schießgesellschaft«. Es war eine Ansammlung von Individualisten, die sich keineswegs von der alten Tante SPD vereinnahmen lassen wollten, obwohl Holger Börner in seiner kumpelhaften Art verkündete: »Die Arme der SPD sind weit geöffnet. Sie sollen alle nur eintreten.« Da Willy Brandt mir und nicht Reuschenbach die Betreuung der SWI anvertraut

hatte, trat ich dem mit dem Argument entgegen, eine Regierung der demokratischen Reformen brauche nicht nur in Wahlkampfzeiten Unterstützung, sondern auch in ihrer politischen Alltagsarbeit der kritischen Begleitung unabhängiger Intellektueller. Einige Male konnte ich Willy Brandt dazu bewegen, zu den Treffen der SWI zu gehen und mit den Mitgliedern zu diskutieren.

Der »Chef« der SWI, Günter Grass, spielte eine Sonderrolle, in der er sich – ohne einen Posten in der Regierung anzustreben – als einen wichtigen, wenn nicht den wichtigsten Berater Willy Brandts sah. Er fühlte sich berufen, dem Bundeskanzler mindestens einmal im Monat zu sagen, wie man »im Volk« dachte. Willy Brandt ging er damit immer mehr auf die Nerven, und schließlich sagte er mir, ich solle ihm den »Besserwisser« vom Halse halten. Ich war also gezwungen, Ausreden zu erfinden, um die Terminwünsche von Grass abzuwehren, habe aber doch immer wieder versucht, von Zeit zu Zeit zu vermitteln und ein Gespräch zwischen den beiden zustande zu bringen. Manchmal amüsierten wir uns auch gemeinsam über das Gehabe von Grass, und ich erinnere mich noch, wie ich Willy Brandt einmal sagte, Grass käme mir vor wie ein Pianist, der mitten im wunderschönen Spiel den Zeigefinger hebe und ins Publikum rufe: »Daß ihr mir aber auch alle gut zuhört!« und dann ebenso schön weiterspiele. Willy Brandt lachte darüber Tränen.

Grass war ziemlich sauer, als sein Zugang zum Bundeskanzler beschränkt wurde. Ich weiß nicht, ob das mit der Grund war, daß er im schwierigen Herbst 1973 in den Chor der Kritiker Brandts einstimmte. Sicher ist, daß er mir die Schuld daran in die Schuhe geschoben hat, nur noch so selten zu Brandt vorgelassen zu werden. Das hat er mir über Jahrzehnte nachgetragen, was mich aber nie sehr gestört hat; denn er war mir ebenso fremd wie seine Bücher es waren; auch seine ständigen Auftritte als Praeceptor Germaniae waren mir zuwider.

MARGARETE MITSCHERLICH: *DIE RADIKALITÄT DES ALTERS*

Warum hat Günter Grass erst im Alter zugegeben, dass er Soldat bei der Waffen-SS gewesen ist, obwohl er nie geleugnet hat, dass er in seiner Jugend ein Verführter der Nazi-Ideologie war, wie so viele andere? War er nicht immer schon radikal – so oder so –, und die eine Radikalität bekämpfte die andere? Macht Radikalität denkunfähig? Oder wollte er sich mit seinem späten Bekenntnis heldenmütig dem Pharisäermob zum Fraß vorwerfen, um diesen als solchen zu entlarven? Also doch radikal rechthaberisch um jeden Preis? Vielleicht ein Zug seiner Persönlichkeit?

JOHN GREEN: *LITERATUR FÜR JUGENDLICHE*
Bei Literatur für Jugendliche geht es aber darum zu lernen, wer und wie man ist. Wie man mit anderen klarkommt, Beziehungen lebt. Oder auch, wie man es sechs Stunden mit einem Menschen wie Günter Grass aushält, außer lesend!

DAI SIJIE: *MEINE FAVORITEN*
Aber mein Favorit ist weder Balzac noch Flaubert oder sonst ein Franzose. Ich sage Ihnen was: Wissen Sie, wen die Chinesen wirklich verehren? Einen Deutschen, Günter Grass.

AZAT ORDUKHANYAN: *BRIEF AN GÜNTER GRASS*
Sehr geehrter Herr Grass, / wir danken Ihnen für Ihre Worte, die Sie in Istanbul zum türkischen Völkermord an den Armeniern gefunden haben. Wenn Sie dort an den Kniefall des Bundeskanzlers Willy Brandt im Warschauer Ghetto erinnern und eine ähnliche Geste von der Türkei gegenüber den Genozid-Opfern von 1915 einfordern, dürfen wir endlich hoffen, dass auch in Deutschland der Diskurs über dieses Verbrechen gegen die Menschheit eine neue Richtung nimmt. Wir sind sehr beunruhigt über den Kurs der Bundesregierung in dieser Frage – aber wir sind sicher, dass Sie nun auch hier in der Heimat gehört werden. Es tut gut, gerade in diesen Tagen, kurz vor dem 24. April, eine solche Stimme zu vernehmen.

LEVON ANANYAN: *BRIEF AN GÜNTER GRASS*
Sehr geehrter Herr Günter Grass, / der Schriftstellerverband von Armenien und die Intellektuellen unseres Landes sind Ihnen

zutiefst dankbar für Ihre humanistische Haltung zu der großen Tragödie unseres Volkes. Die Worte, die Sie in Istanbul gesprochen haben, standen in allen armenischen Zeitungen und haben die Herzen aller Armenier bewegt.
Unser Volk zollt Ihnen seine Anerkennung und Dankbarkeit.
Danken möchten wir Ihnen auch dafür, dass Sie sich für den Literaturwissenschaftler und Übersetzer Karlen Matinyan eingesetzt haben.

Zafer Şenocak: *Die zwei Gesichter Deutschlands*
Kurz vor seinem Buch [*Deutschland schafft sich ab* von Thilo Sarrazin], das insofern einen Tabubruch darstellt, als in einem renommierten Verlag wie die DVA ein rassentheoretisches Werk vorgelegt wird, ist das neue Buch von Günter Grass erschienen, *Grimms Wörter*. Hier die Pflege der Sprache, die Erinnerung an Märchen, Philosophie und Dichtung, eine starke Seite der deutschen Geschichte. Gleichzeitig gibt es diese Angstseite, eine Sprache der Gewalt, die nicht zur Kommunikation taugt. Grass und Sarrazin, das sind die zwei Gesichter Deutschlands.

Johano Strasser: *Brief an Günter Grass*
Dank für den Grimm. Ein altes Projekt, das Du endlich realisiert hast. Ich habe das schöne Buch schon zur Hälfte gelesen. Es liegt auf meinem Nachttisch. Gratuliere!

Gustav Korlén: *Brief an Günter Grass*
Lieber Günter Grass, / Ein herrliches Buch! / Mit herzlichem Dank und Gruss, / Ihr Gustav Korlén

Jens Sparschuh: *Brief an Günter Grass*
Lieber Meister / was für ein schönes, außergewöhnliches, rundum gelungenes Buch. / Von ganzem Herzen bedanke ich mich für dieses Meisterstück, das so gekonnt ganz Verschiedenes glücklich zusammenbringt.

WALTER HINCK: *BRIEF AN GÜNTER GRASS*
　Lieber Günter Grass, / an Ihrer Liebeserklärung für die Brüder Grimm und ihr Wörterbuch habe ich mich gar nicht satt lesen können. Eines Ihrer schönsten Bücher, mit einer wahren Springflut von Assoziationen. Wo ließe sich wohl Autobiographisches eines Schriftstellers passender einfügen als in die Geschichte von Wörtern, also seiner Sprache und Literatur (erinnert worden bin ich mehrfach an Ihr *Treffen in Telgte*). Immer bleibt neben Jacob, dem philologischen Wächter, mit Wilhelm die Sache des Märchens, der Phantasie und Poesie im Blick. Wie viele Germanisten beschämen Sie mit Ihrer profunden Kenntnis der deutschen Literatur. Ihre – bei allen ironischen Vorbehalten – heimliche Sympathie für Bettine Brentano-von Arnim teile ich. Gewiss, eine Verrückte. Eine Samariterin, deren Barmherzigkeit, wie Sie sagen, niemand entging, also doch wohl auch eine mit dem Herzen auf dem rechten Fleck. Eine, die die »Wörter nicht halten« konnte, eine »Nervensäge«, gewiss! Aber manchmal hilft eben gegen faule Äste nur das Sägen. Lustwandel sind für den Leser Ihre Spaziergänge – ob mit den Grimms oder ohne sie – durch die Zeiten. Ein wahrer Salto Ihr Sprung von den Szenen, in denen Jacob Grimm im Paulskirchen-Parlament von 1848 neben Ludwig Uhland auf dem Ehrenplatz sitzt, zu Ihrer Rede in der Paulskirche während der Buchmesse 1997, vor einem zunehmend versteinernden Publikum. Wo anfangen, wo aufhören, wenn ich Ihnen die Reihe der notierten schlagfertigen und espritvollen Antworten (nach dem Muster »Was sucht der Atheist in der Stadt des heiligen Kilian?« – »Ich suche Tilman Riemenschneider«) nennen sollte. […]
　Lieber Günter Grass, wir müssen uns beide unseres Alters nicht schämen, und ich muss um Ihre Gunst nicht buhlen. So darf ich frei und mit ehrlicher Emphase sagen: Dies ist ein grandioses Alterswerk!

ERICH LOEST: *TAGEBUCH*
　Traumabend: Günter Grass liest aus seinem Brüder-Grimm-Buch. Der Kleine Gewandhaussaal ist natürlich ausverkauft. Günter ist immer noch unser bester Interpret des eigenen Werkes. Der

Buchstabe G mit Greis und Grab, wie Grass ihn gestaltet, greift ans Gemüt. Gerührte Gäste geizen nicht mit Ovationen.

Adolf Muschg: *Brief an Günter Grass*
Hab Dank, / Lieber Günter, / für Dein wundersames Wörter-Buch, das aus dem Mutterstoff unserer fabel-haften Kunst so viel Alchemie zu entlocken versteht, persönliche, auf das Gemeinwesen bezügliche und vor allem: zauberhafte. Du weißt auf dem Instrument der Geschichte zu spielen, machst verklungene Töne lebendig, und bei alldem bleibt Deine Geschichte die unsere; aber ach, wie viel mehr weiß Dein Spiegel von ihr als die meisten Gesichter, die hineinblicken und sich selbst nicht erkennen! Keine Trauer ohne Grimm: und kein Grimm ohne Beziehung aufs große Ganze: das bist Du, sonst keiner, und in Deiner Sprache wir alle. Mein Roter Ritter (»Aller Anfang artete aus in Adam« etc) ist ein wenig stolz darauf, Dein Alphabetisierungsverwandter gewesen zu sein. Damals reichte das noch zu ein wenig Heilsgeschichte. Jetzt bleibt uns nur noch eine irdische Trinität: die Grimms und Grass. Ich lebe davon, und nicht zu knapp: nochmals Danke, an Dich, Ute, Haushalt und Werkstatt. Bleib noch lange dabei, Du Unverminderter.

Jörg Magenau: *Grimms Wörter*
Grimms Wörter gehört zu den wichtigsten Büchern Grass' und ist – die Eitelkeitseinschübe beiseite gelassen – vielleicht sein schönstes. Ganz egal, ob es sein letztes ist oder nicht.

Denis Scheck: *Grimms Wörter*
Das ist sicherlich nicht unbedingt Strandlektüre, aber ich finde es den gelungensten, den leichtesten, auch den wortwitzigsten, weil durchaus dem Kalauer offenen Grass, den es seit Langem gab. Ich habe dieses Buch sehr, sehr gern gelesen.

Fritz J. Raddatz: *Bücher für den Weihnachtsmann*
Grimms Wörter / Eine bezaubernde Liebesgeschichte. Die Geschichte der Liebe des Günter Grass zu den Wörtern. Seine wahre Geliebte ist die Sprache. Mit ihr spielt er, mit ihr flirtet er, sie begehrt er, umgarnt sie, erobert sie. Ein Buchstaben-Casanova. Es heißt, einst sei in alles Tauwerk der Royal Navy ein unzerreißbarer roter Faden eingezwirnt gewesen. Das Schiff, was immer geschah, war kenntlich als eines des Empire. So flicht der Autor, er wäre sonst nicht Günter Grass, Geschichte ein in all seine Geschichten. Deren Unheil kenntlich zu machen, ist sein roter Faden. In diesem grandiosen Palimpsest-Roman, gezeugt in federnder Schreiblust, Arbeit und Geschick der Brüder Grimm überschreibend, weist er hin auf Verheerungen und Versehrungen, die Politik getan hat – angetan hat uns allen.

Sebastian Hammelehle: *Literatur-Jahresrückblick*
Neue Bücher von Günter Grass und Christa Wolf erinnerten im Sommer daran, dass es früher mal so etwas wie Großschriftsteller gab. Auf welchen Autor unter sechzig aber könnte sich ein Großteil des Landes einigen?

2011

JOACHIM FUCHSBERGER: *VERWEIGERUNG*
   Als Pimpf dekoriert, sollte ich von der Waffen-SS übernommen werden, ich sagte »Nein«. Ich hatte mich schon freiwillig zu den Fallschirmjägern gemeldet. Das war die einzige Möglichkeit, dem zu entkommen. Wir kommen ein bisschen in die Nähe von Günter Grass, der diese Entscheidung nicht vollziehen wollte oder konnte. Ich weiß nur, wie leicht damals man in etwas hineingeriet, ohne in irgendeiner Weise einen eigenen Willen oder Wunsch zu äußern.

GEORG RATZINGER: *MEIN BRUDER, DER PAPST*
   Auch wir wurden von Italien zunächst in das große Entlassungslager bei Bad Aibling gebracht, in dem mein Bruder nur wenige Wochen zuvor gewesen war. Später erzählte Günter Grass [in *Beim Häuten der Zwiebel*; X, 583ff.], er sei ihm dort begegnet, aber da hat er sich wohl etwas zusammenfantasiert. Vielleicht war er wirklich in diesem Lager, aber dann an einem anderen Platz oder zu einem anderen Zeitpunkt. Mein Bruder hat ein so ausgezeichnetes Gedächtnis, dass er sich mit Sicherheit auch heute noch daran erinnern könnte, wenn er mit einem Mitgefangenen, der Künstler werden wollte, ein Loch gebuddelt, gewürfelt und über seine Zukunft gesprochen hätte. Das ist vielleicht eine schöne Geschichte, aber wahr ist sie nicht.

MICHAEL KLEEBERG: *ERWÜNSCHTE LEGENDE*
   Was wäre gewesen, wenn Klaus Mann noch die Bonner Republik und die Wiedervereinigung erlebt hätte? [...] Am 18. November 1989 feiert er seinen 83. Geburtstag. Und findet sich, gegen Ende seines Lebens, gänzlich unerwartet, plötzlich neben Günter Grass wieder. Denn der 9. November, Rostropowitschs Cello an der zerbrechenden Mauer, das war ein heiliger Moment. Aber jetzt? Ein wiedervereinigtes Deutschland? »Geht dann die ganze Scheiße nicht wieder von vorn los?« fragt er und bildet mit Grass das warnende Duo vor erneuerter deutscher Großmannssucht. Da

bricht ein letztes Mal der Emigrant durch, der aus seiner Heimat Vertriebene, den seine Landsleute an den Henker geliefert hätten, wären sie seiner 1933 habhaft geworden, und der 1945 nach dem Besuch in den Ruinen den Vater warnte: »Diese beklagenswerte, schreckliche Nation wird Generationen lang moralisch verkrüppelt, verstümmelt bleiben.«

RAINALD GOETZ: *DIE »CHRONIK« VON SIEGFRIED UNSELD*
»Nachmittags die Einladung des Bundeskanzlers«. Während der Buchmesse, am 16. Oktober 1977, in der dramatischen Endphase der Schleyer-Entführung, hatte Bundeskanzler Schmidt einige Autoren zu sich in den Kanzlerbungalow nach Bonn eingeladen, Frisch, Lenz, Böll, Grass und eben Unseld. »Grass hatte wegen der Feier seines 50. Geburtstages an diesem Tag abgesagt«, schreibt Unseld in seinem Bericht. Kann man die versammelte Existenznullität des lebenslänglichen Politpräzeptoraufschneiders Günter Grass schöner, simpler, klarer und unaufgeregt beiläufiger ausdrücken?

ALEXANDER KOHNEN: *JANOSCH*
Über Günter Grass lästert Janosch. Im April war er im Grass-Haus in Lübeck, seine Bilder wurden ausgestellt. Grass, der Literaturnobelpreisträger, war nicht da, ließ Janosch aber ein Exemplar seiner Autobiografie *Beim Häuten der Zwiebel* überreichen. Im Auto nach Hamburg hat Janosch dann das Buch aufgeklappt. Der erste Satz war ihm schon zu schwafelig, zu nichtssagend. Was sein Urteil über Grass nur bestätigte. Und diese Widmung, dieses geschwungene »G«, das über die ganze Seite fließt. »Der Grass ist so ein Gernegroß«, sagte Janosch und ließ das Buch auf den Boden des Autos gleiten.

WIGLAF DROSTE: *DIE RENAISSANCE DES PORNOBALKENS*
Schnäuzer ist lustig, sagt man in Köln – und grinst dann rüber Richtung Leverkusen, zu Bayer, wo in geheimen Versuchslabors Semihumanoide wie De Höhner, Reiner Calmund und Rudi Völ-

ler zusammengeklempnert werden. Und obwohl der Schnäuzer in Deutschland historisch desavouiert ist durch Verbrecher gegen die Menschlichkeit wie Wilhelm Zwo, Wolf Biermann, Günter Grass, Thilo Sarrazin und Huschke von Hanstein, kehrt der Schnäuzer zurück. Die Deutschen trauen sich wieder und lassen sich Pornobalken wachsen.

Navid Kermani: *Dein Name* (Roman)
Es schmerzt, wenn die Propheten nur noch besessen tun. Das ist bei mir nie ein Vorwurf; die Dankbarkeit herrscht immer vor, selbst bei einem Selbstgefälligen wie Günter Grass, in dem ich nicht mehr den rotzigen Autor der *Hundejahre* zu sehen vermag, in der Rockmusik beinah bei allen, wenn sie sich nur nicht für Konzernfeiern oder die Benennung von Automodellen hergeben.

Heinz Rudolf Kunze: *Vor Gebrauch schütteln*
Nein, nein und nochmals nein. *Berlin Alexanderplatz* ist und bleibt ein widerwärtiges, abstoßendes Buch. Ich hasse es, wenn der Erzähler dümmer tut, als er ist, um sich prollige Nestwärme zu erschleichen. Brecht hat so etwas nicht gemacht. Unverständlich, daß ein im Grunde so sensibler Mensch wie Fassbinder darauf reingefallen ist. Dieses Buch ist früher Grass für Arme.

Bernd Hüppauf: *Vom Frosch. Eine Kulturgeschichte*
Gäbe es das Genre Prosafrosch – Günter Grass' Roman *Die Blechtrommel* wäre sein Muster. *Die Blechtrommel* spricht nicht vom Frosch, aber ist der Roman als Frosch. Er weckt starke Gefühle und erzeugt Brechreiz. Der Roman ist die Literarisierung aller Ideen, Ängste und Albträume, die sich im magischen Bild vom Frosch versammelten, voll zauberischer Kräfte und apokalyptisch. Die Affinität der modernen Literatur zum Bösen und Hässlichen würde den Frosch als Symboltier nahelegen. Aber dieser Symbolwert ist in der Gegenwart weitgehend vergessen. Das gilt auch für Grass, dessen Roman zu einem Frosch wird, ohne dass er es bemerkte. Zunächst Oskar: Er erfüllt alle Voraussetzungen für

die Verkörperung des magischen Froschs. Er ist, konsequenter als Grenouille [aus Patrick Süskinds *Parfum*], das literarische Porträt eines Menschen als Frosch. Oskar kommt aus dem Gewimmel, seine Geburt ist dubios, er ist klein und verwachsen, kalt, erschröcklich, hässlich und schädlich, und seine Sexualität erfüllt die Kriterien, die die Kirche und bürgerliche Moralphilosophie für das Perverse erdachten, das sich am Frosch zeigte. Für das abstoßende Lärmen der Frösche sorgt seine Trommel; sein Ort ist unten, die Erde, auf der er gezeugt wird, und er will, als seine Mutter begraben wird, mit in die Tiefe, wo neben den Leichen die Kröten leben. Er handelt ohne Reflexion, aus der Natur, und die Frage nach Schuld und Verantwortung kann ihm, wie dem Frosch im Mittelalter, nur vom Betrachter angehängt werden. Konnte das Tier in der theologischen Geschichte die Grenze zum absolut Bösen überschreiten, so ist Oskar dessen Wiederkehr. Ohne Bindung und Hemmung und eigene Interessen arbeitet er am Untergang um seiner selbst willen.

WOLF PETER SCHNETZ: *EIN UNBESTECHLICHER ZEITZEUGE*
Als 1959 *Die Blechtrommel* von Günter Grass erschien und in kürzester Zeit zum Skandalbuch des Jahres eskalierte, war ich 20 Jahre jung und schockierte meine Großmutter mit brisanten Textstellen, die sie in womöglich gespielter Empörung über sich ergehen ließ. Eine persönliche Begegnung begab sich erst in den 80er Jahren. Ich war zum Delegierten des VS (Verband deutscher Schriftsteller, Landesverband Bayern) gewählt worden und hatte bei den Schriftstellerkongressen die Position meines Landesverbandes vertreten, die damals häufig im Gegensatz zu den Auffassungen des Landesverbandes Berlin standen, zu dem auch Günter Grass gehörte. Besonders heftig prallten die unterschiedlichen Positionen beim Kongress im März 1986 in Berlin im Schöneberger Rathaus aufeinander. Wieder einmal ging es um die Frage nach der Zukunft des VS. Abzustimmen war über den Antrag, die Zugehörigkeit zur IG Druck und Papier zu verlassen und einer neu gegründeten IG Medien beizutreten. Günter Grass war dagegen. Er argumentierte vor allem damit, dass der Verband damit seine Eigenständigkeit

verlöre. Er konnte seine und damit die Berliner Meinung nicht durchsetzen. In den Tagen nach dem weitreichenden Beschluss (der übrigens für den VS ohne negative Folgen blieb) trat er aus dem Verband aus. An Einfluss hatte er damit nicht verloren. Er war ja von 1983–1986 Präsident der Akademie der Künste Berlin. Sein Wort hatte Gewicht. 1986 war nicht der einzige Schriftstellerkongress, an dem Grass teilgenommen hat. Er gehörte häufig zu den Debattenrednern und überzeugte durch seine unbestechliche Sicht. Ich erinnere mich an ihn als einen ungewöhnlich scharfen Beobachter, der sein Gegenüber genau ins Auge fasste. Sein direkter Blick, dunkel und durchdringend, konnte geradezu als schmerzhaft empfunden werden, wenn man anderer Meinung war. Es war nahezu unmöglich, sich im direkten Gespräch mit ihm zu behaupten. Er hatte die härteren Argumente, nicht unbedingt die besseren, sondern die härteren, vorgetragen mit solcher Entschiedenheit, dass man davor nur kapitulieren konnte.

Das ist das Wesentliche, woran ich mich aus den persönlichen Begegnungen erinnere: Der scharfe Blick, die Rede, die eine Widerrede kaum zuließ, die nachdrückliche Körperhaltung, mit der er das Gesagte unterstrich, die Lust zum Widerspruch, die eigenwillige Sichtweise. Vor allem: Er mischte sich ein. Nie wurde er zum Mitläufer einer gängigen Meinung. Dafür nahm er es in Kauf, manchmal zum Einzelgänger zu werden. Es störte ihn nicht.

Ich will nicht verhehlen, dass ich mich in kulturpolitischen Fragen zuweilen über ihn ärgerte, aber es geschah jedes Mal mit großem Respekt und in äußerster Hochachtung vor seinem künstlerischen Werk, das ja auch die Bildende Kunst mit einbezieht. In der Gesamtschau von Literatur, Kunst und Politik ist er für mich der bedeutendste deutschsprachige Künstler der Gegenwart; seit dem Nobelpreis 1999 vielleicht einem Pablo Neruda vergleichbar, sofern Vergleiche überhaupt möglich und zulässig sind. Dass er körperlich eher klein mit einer leichten Andeutung von einem gekrümmten Rücken (wie Oskar, der Trommler) wirkte, trat durch die Kraft und Klarheit seiner Rede völlig in den Hintergrund. Ich begegne ihm und seinem zeitlosen Werk mit Bewunderung und großer Anerkennung, wie sie ihm mittlerweile wohl von (fast) allen Seiten zuteil wird. Es sind Erinnerungen, die mir viel bedeuten.

WOLFGANG SCHÖMEL: *DIE GROSSE VERSCHWENDUNG* (ROMAN)
Fast der gesamte Senat war anwesend, Wissenschafts-Bohnhoff, mit dem Glabrecht persönlich recht gut auskam, war sein Nachbar zur Rechten. Fred Bohnhoff stand bereit, enthusiasmierte und launige Beiträge zum angeblichen Erfolg des *Science-Center* und zum geplanten *Kosmos* zu halten, falls das verlangt würde. Die Kultur-Fröhlich musste selbstverständlich, zusammen mit Glabrechts Staatsrätin Dr. Elisabeth Siebelschmidt-Moormann, die ihm von der SPD aufgepresst worden war, neben Günter Grass sitzen. Grass markierte das andere Ende der Tafel, und ihm war offenbar nicht klar, dass sein Pfeifenrauchen nervte, zumal sein Kopf mit der hineingesteckten Pfeife, wie er ohne sichtbaren Hals direkt auf den Schultern saß, nur unwesentlich über die Tischkante ragte. Wenn es so etwas wie einen vergreisten Seehund gäbe, der lange nicht mehr im reinigenden Wasser war und zufällig gerade Pfeife rauchte, hätte sich ein Vergleich zwischen ihm und Grass aufgedrängt, den man mit einer pompösen, vom *ZDF* aufgezeichneten Lesung aus seiner Autobiographie, die am folgenden Tag im Festsaal des Rathauses stattfinden würde, nach Bremen gelockt hatte.

Was er nicht wusste: Sein Hauptauftritt war dieses Essen. Er lieferte die Aura der Weltkultur ab, die der Senat, neben den Titten, für den alten Vollmer brauchte. Glabrecht hatte während des Händeschüttelns unter den Gästen sehr genau darauf geachtet, ob der Großdichter und das ehemalige Parteigroupie Frau Dreyer mimisch oder sonstwie zugaben, sich von Geschlechtsteil zu Geschlechtsteil zu kennen. Fehlanzeige! Sollte da am Ende in Wahrheit gar nichts gelaufen sein?

FRANK FISCHER: *MEIN LEBEN ALS TAXIFAHRER*
Ich lasse den Gast nicht spüren, dass ich ihn erkenne, und dieser weiß auch, dass ich weiß, wer er ist, lässt aber seine Berühmtheit nicht raushängen.

Eine Ausnahme gab es jedoch: Eines schönen Nachmittags stand ich vor dem KaDeWe in Berlin auf dem Taxistand etwa in der Mitte der Warteschlange. Ein älterer Herr nähert sich dem ersten Taxi mit brennender Pfeife im Mund. Er fragt den Fahrer etwas und geht dann weiter zum nächsten Wagen. Auch hier bleibt er erfolglos, beim nächsten ebenso, bis er schließlich bei mir landet. Ich weiß natürlich schon längst, was das Begehr des mir wohlbekannten Herrn ist.

»Darf ich bei Ihnen mein Pfeifchen rauchen?«

»Aber sicher dürfen Sie das, Herr Grass!«

So fuhr ich einen glücklich schmauchenden Günter Grass zu seinem Häuschen nach Friedenau. Er erzählte, dass ihn die allermeisten Kollegen nicht ins Auto ließen mit seiner Pfeife. Das war mir unverständlich: Von einem Günter Grass lasse ich mir doch gerne mal das Taxi vollstinken!

KLAUS POHL: *DIE KINDER DER PREUSSISCHEN WÜSTE* (ROMAN)

Salat ging mit Nora in das große Zimmer. Unter einer ungeheuren Rauchwolke saßen dort die trinkenden, Skat spielenden, streitenden, brüllenden und lachenden Berliner Dichter zusammen. Dazwischen, mit einer Bierflasche an den Lippen, Sophie, die beim Reizen alle Dichter überschrie. In einer Ecke auf dem Teppichboden saß mit der kleinen Pola der Lyriker Wolf Borowski und spielte mit Fingerpuppen *Rotkäppchen und der Wolf.* Es gab gerade eine erste Annäherung des Wolfes an Rotkäppchen. Wolf war der Wolf. Der Dichter, der sein größtes Werk geschrieben hatte unter dem famosen Titel: *Ein Beamter zeugt mit einer Beamtin eine Tochter, die unbedingt Bürgermeisterin werden will,* hatte es auf Sophie abgesehen. Im Skat konnte er nicht mithalten. Deshalb verzichtete er auf den Wettkampf. Der Autor Günter Wiese dampfte ungeheure Wolken aus seinem Rotzkocher in Richtung Zimmerdecke, verschlang vor lauter Spielwut seinen Schnauzer. Auch er hatte es auf Sophie abgesehen. Wenn auch in ganz anderer Absicht als Wolf Borowski. Wiese wollte, dass die von allen Regisseuren umworbene Sophie Kessler in der anstehenden Verfilmung seines Romans *Die Wundergeige* mitspielte.

OSKAR ROEHLER: *HERKUNFT* (ROMAN)

So verging mehr oder weniger das Jahr 1966. Wohin ging mein Vater? Heute weiß ich es. Zum »Wahlkontor« der SPD, wo sich die wichtigen Schriftsteller trafen, deren Namen er so gern mit vollmundiger Stimme aussprach, wenn er schon leicht betrunken war: »Der J.«, »Der G.«, »Der E.«, als sprächen diese mit Hohn in der Stimme genannten Namen für sich selbst. Er war dort Kassenwart, genau wie später bei der RAF. Dabei fühlte er sich gleichbedeutend mit den großen Namen, die er lektorierte, oft sogar überlegen, denn es spielte überhaupt keine Rolle für ihn, ob jemand schrieb.

»Der G. ist ein Vielschreiber«, pflegte er herablassend zu sagen. Wenn man ihn fragte, warum er selbst nicht mehr schrieb, redete er sich damit heraus, dass er »so bedeutende Autoren wie G.« lektorieren müsse, mit dem gleichen Hohn in der Stimme.

Er machte sich lustig über die anderen. Sie hatten lediglich Glück gehabt. Er jedoch wusste tief im Innern genau, dass er der Bessere war. Er hatte einfach nur Pech gehabt. Pech in der Ehe. Und Pech bei der Gruppe 47. Das Schlüsseldatum seines Niedergangs war jene berüchtigte Lesung damals. Und viele andere Gründe, die erwägenswert waren und ihm durch den Kopf geisterten, während er abwesend zum Fenster hinausblickte.

Wenn er betrunken war, sagte er zu jedem irgendwann: »Ich bin viel genauer als du.«

G. blinzelte dann ein wenig durch seine Lesebrille und wandte sich seinen Suppen und Kochtöpfen zu.

SIMON URBAN: *PLAN D* (ROMAN)

Karolina salzte nach. Die doppelte Currywurst dampfte in der Pappschale, schwarzen Pfeffer hatte sie schon drübergepulvert, Pikanta-Currywürzmischung auch, jetzt schüttelte sie den Salzstreuer mit einer Handbewegung, die Wegener wehmütig werden ließ.

GREGOR GROCHOL: *BLENDER* (ROMAN)

Ich verstehe gut, dass Werner sich für sie schämt. Sabine ist nicht nur plump und hässlich, sie ist ihm sicher auch an Belesenheit und Weltgewandtheit bei Weitem unterlegen. Sie hat nicht mit Bierernst das gesammelte Werk von Günter Grass gelesen und bei anrüchigen Passagen einen Steifen bekommen, natürlich nicht.

Michael Hertel: *Der Fürst vom Hubertussee* (Roman)
Mit verträumter Miene stöberte Lesczak in Rellingens riesigem Bücherregal. »Bei dir scheint ja der Schwerpunkt mehr auf der Literatur zu liegen«, stellte er fest. »Die deutsche Sprache ist meine Leidenschaft und meine Berufung. Demnächst wohl auch mein Beruf. Kaum zu glauben, dass ich als Jugendlicher fast nur Micky Maus gelesen habe. Aber dann machte ich im Bücherregal meines Vaters eine Entdeckung. Das einzige Buch, dessen Titelseite etwas Comichaftes hatte, ein echter Wälzer und schrecklich kompliziert. Ich glaube, ich brauchte ein halbes Dutzend Anläufe, bis ich es endlich durchgeackert hatte. Und das gab mir das bislang unbekannte Gefühl, etwas geleistet zu haben. Ein großartiges Buch, das mein Lieblingsbuch geblieben ist. Für mein Leben war und ist es ein Schlüsselbuch«, sagte Rellingen lächelnd und zog mit sicherem Blick ein dickes Taschenbuch aus dem Regal. *Die Blechtrommel.*
»Ah, Grass. Ich muss zugeben, dass ich die *Blechtrommel* nicht kenne. Immerhin haben wir in der Schule *Katz und Maus* gelesen. Das fanden wir alle recht amüsant. Aber ich würde mir deshalb noch kein Urteil über Grass anmaßen. Manche vergleichen ihn ja bereits mit Thomas Mann.«
»So wie Mick [Jagger] mit Mikrophonen jongliert, so jongliert Grass mit Worten. Eigentlich jongliert er nicht, er zaubert mit ihnen. Er lässt sie verschwinden und wieder auftauchen. Er reißt sie auseinander und setzt sie wieder zusammen. Es ist wie Magie. Thomas Mann ist ein erstklassiger Erzähler, aber kein Jongleur, kein Zauberer, wenn du verstehst, was ich meine«, beendete Rellingen das Thema.

Martin R. Dean: *Ein Koffer voller Wünsche* (Roman)
Einen Aufsatz sollte man so schreiben, dass man auf kleinstem Platz in maximaler Verdichtung komplexeste Aussagen hinkriegt. Papier sparen, lächelte er säuerlich, mitunter war ihm auch schon ein ganzer Satz zu lang. Er schimpfte Autoren wie Grimmelshausen, Thomas Mann, Günter Grass oder Friedrich Dürrenmatt eitle Schwätzer, die das Eigentliche nicht zu fassen vermöchten.

ZAFER ŞENOCAK: *DEUTSCHSEIN*
Kein Zufall für mich, dass Günter Grass bei seiner Liebeserklärung an die deutsche Sprache bei Grimms Wörtern angekommen ist, bei den »Wortschnüfflern«, die um jeden Buchstaben besorgt sind. Und bei den Märchen, die die Grimm-Brüder sammelten. »Einerseits geben Wörter Sinn, andererseits sind sie tauglich, Unsinn zu stiften. Wörter können heilsam oder verletzend sein.« Vielleicht liegt in diesen knappen Sätzen von Günter Grass der Schlüssel zu jeder Integrationsfrage.

NURUDDIN FARAH: *GEKAPERT* (ROMAN)
»Es steht viel auf dem Spiel« sagt Jeebleh, »und alle sind nervös wegen der Kriegstrommelei und des Säbelrasselns, die immer ohrenbetäubender werden.«
Dann rezitiert Jeebleh im Stillen eine kurze Passage aus Günter Grass' *örtlich betäubt,* in der ein Zahnarzt den Zahnstein zum »Feind Numero eins« der Zähne erklärt. Man muß sich das einmal vorstellen – ein Zahnstein, der Fallen legt und die Zunge fängt, eine Zunge, die geschäftig nach Verkrustungen sucht, rauhen, den Zahnstein begünstigenden Oberflächen, um diese zu glätten. Kein Wunder, daß krankes Zahnfleisch reichlich Taschen hat, in denen sich Bakterien einnisten; kein Wunder, daß Nationen alle möglichen Geschöpfe hervorbringen, von denen manche den Tod ihrer Artgenossen verursachen, Verräter, Denunzianten, Selbstmorde.

ORHAN PAMUK: *KANN LITERATUR DIE WELT VERÄNDERN?*
Natürlich kann sie das; und sie hat es immer getan – von Rousseau bis Günter Grass, von Zola bis Jean-Paul Sartre. Literatur hat jede Menge Kraft.

ZÜLFÜ LIVANELI: *ROMAN MEINES LEBENS*
Ich war gerade erst von einem Konzert auf Zypern zurückgekehrt und gab daher an Yaşar Kemal eine Frage weiter, die man mir dort gestellt hatte. Die Leute wunderten sich, warum er nie nach

Zypern käme. Etwa, weil dort ein mit ihm befreundeter Gewerkschafter ermordet worden war?

»Stimmt, vor Jahren ist auf Zypern ein Freund von mir umgebracht worden, und deshalb will ich da nicht mehr hin«, sagte Yaşar Kemal.

»Nun ja«, erwiderte ich, »aber in Istanbul sind doch auch Freunde von uns ermordet worden, dann dürften wir auch hier nicht leben.«

Bevor Yaşar Kemal eine Antwort geben konnte, hob Günter Grass sein Raki-Glas und rief aus: »Wenn man schon umgebracht wird, dann sollte es wenigstens in Istanbul sein!«

2012

EDNA O'BRIEN: *BESUCH IN NEW YORK*
Bei einem früheren Besuch, für die Veröffentlichung von *August Is A Wicked Month*, wohnte ich im Algonquin und traf dort auch zufällig jede Menge Leute. Es gab eine lange Sitzung in der Blue Bar mit Thornton Wilder, der am nächsten Tag mit einem Greyhound Bus durch Amerika fahren wollte; er ermahnte mich wegen meiner sehnsüchtigen Heldinnen und hielt mich dazu an, dem Mut und dem unerschrockenen Humor von Rosalind in *As You Like It* zu folgen. Ich sollte einen handgeschriebenen Brief erhalten, der sich wie folgt las: *Dear Edna O'Brien, Will you meet me in Blue Bar at seven o'clock this evening and if we like each other after five minutes, we will go and eat big fish or other animal. Yours, Günter Grass. PS: This is my first letter in English.* Als ich die Treppe einige Minuten nach sieben hinunterkam, war er schon am Haustelephon, wahrscheinlich um mein Zimmer anzurufen.

IAN MCEWAN: *HONIG* (ROMAN)
Lachend zog er mich in den Eingang eines Juweliergeschäfts und küsste mich. Er zählte zu den Männern, für die es zuweilen einen pikanten Reiz hat, sich ihre Geliebte mit einem anderen Mann vorzustellen. In gewissen Stimmungen erregte ihn die Phantasie, ein Hahnrei zu sein, auch wenn er in der Realität angewidert, verletzt oder wütend gewesen wäre. Eindeutig der Ursprung von Carders Obsession mit seiner Schaufensterpuppe. Ich verstand das überhaupt nicht, hatte aber gelernt mitzuspielen. Manchmal, wenn wir uns liebten, bat er mich flüsternd darum, und folgsam erzählte ich ihm von dem Mann, mit dem ich mich traf, und was ich mit ihm anstellte. Schriftsteller waren Tom dabei am liebsten, und je unwahrscheinlicher, je namhafter, desto größer seine köstliche Qual. Saul Bellow, Norman Mailer, der pfeiferauchende Günter Grass, ich ließ mich nur mit den Besten ein. Oder vielmehr seinen Besten.

Edmund White: *Jack Holmes und sein Freund* (Roman)
»Natürlich war ich von allen der verklemmteste. Ich war so breit, dass ich durch den Flur ins Schlafzimmer glotzte, als wären die anderen kleine mechanische Weihnachtselfen in einem Schaufenster von Lord & Taylor. Und ich versuchte immer noch ein Gespräch mit Amy zu führen, die gerade ihr Abschlussjahr am Sarah Lawrence College macht. Wir haben uns allen Ernstes über Günter Grass unterhalten ...«
»Großer Schriftsteller«, warf Rupert ein.

Salman Rushdie: *Joseph Anton*
Günter Grass wurde siebzig, und das Thalia Theater in Hamburg plante, sein Leben und seine Arbeit mit einem großen Festakt zu würdigen. Mit seiner neuen Busenfreundin Lufthansa flog er nach Hamburg und nahm zusammen mit Nadine Gordimer und fast allen bedeutenden deutschen Schriftstellern an der Veranstaltung teil. Nach dem offiziellen Teil des Abends gab es Musik und Tanz, und er stellte fest, dass Grass ein großartiger Tänzer war. Alle jungen Frauen wollten auf der Afterparty von Günter herumgewirbelt werden, und unermüdlich walzerte, gavottete, polkate und foxtrottete er durch die Nacht. Jetzt gab es zwei Gründe, den großen Mann zu beneiden. Schon immer hatte er Grass' künstlerisches Talent bewundert. Wie befreiend musste es sein, nach einem Tag am Schreibtisch in sein Atelier zu gehen und sich auf völlig andere Art mit den gleichen Themen auseinanderzusetzen! Wie herrlich, wenn man seine eigenen Umschläge gestalten konnte! Grass' Bronzen und Radierungen von Ratten, Kröten, Flundern, Aalen und Jungen mit Blechtrommeln waren wunderschön. Jetzt musste man ihn auch noch als Tänzer bewundern. Das war entschieden zu viel.

Ulrich Wickert: *Neugier und Übermut*
Ute Grass war meine Retterin. Wir standen in Peking vor der Mauer der Demokratie. Und ich hatte ein Problem, das mich verzweifeln ließ.
Oktober 1979. / China befand sich im Umbruch. Drei Jahre nach dem Tod von Mao begann Deng Xiaoping langsam, Chinas

Grenzen zu öffnen. Die Welt schaute mit Erstaunen auf das Riesenreich des Ostens. An der Mauer der Demokratie veröffentlichten, mitten in der chinesischen Hauptstadt, Künstler, Autoren und Dissidenten ihre Werke und kritisierten die Zustände.

Günter Grass hatte mir eben ein zehn Minuten langes Interview gegeben. Er war zu Vorträgen an der Universität von Peking, zu Gesprächen mit chinesischen Autoren und Lesungen in Peking und Shanghai nach China eingeladen worden. Und da ich mit Kameramann Michael Giefer gerade einige Wochen lang in Peking alles drehte, von dem ich meinte, es könnte die Fernsehzuschauer in Deutschland interessieren, begleiteten wir auch Günter und Ute Grass während ihrer Tage in Peking.

An der Mauer der Demokratie hatte sich Grass spontan mit einigen chinesischen Künstlern unterhalten und mit einem Maler ein Bild getauscht. Der Chinese übergab Grass eine Tuschezeichnung, der hatte eine Radierung seines Butts dabei. Der Chinese kannte die Technik nicht und fand sie hochinteressant. Grass würde von Deutschland aus versuchen, ihm einige Kupferplatten zu schicken, nicht wissend, ob der Chinese in Peking überhaupt jemanden fände, der ihm beim Drucken helfen könnte.

Eine Menge wissbegieriger Chinesen, alle noch im Mao-Look, umgaben uns, als wir das Interview führten. Michael Giefer drehte. Ich war Reporter, Kameraassistent und Toningenieur in einem. Leider beherrschte ich die Stellafox, ein leichtes Tonbandgerät für professionelle Zwecke, nicht gut genug. Wenn man beim Bedienen dieses Geräts den Schalter einmal zu weit drehte, dann konnte das Tonband aus der Spule laufen. Und genau das war geschehen. Zehn Minuten Interview. Und aus der Stellafox quoll ein wirrer Tonbandsalat! Ich war verzweifelt, stellte aber fest, dass unser Gespräch auf dem Bandknäuel aufgezeichnet worden war.

Da sagte Ute Grass: »Ich stricke. Deswegen weiß ich auch, wie man so ein Knäuel aufdröselt.« Und tatsächlich, innerhalb weniger Minuten hatte sie mein Problem gelöst, während die Chinesen ihr mit großer Neugier zusahen.

Günter und Ute Grass waren von meinem Vater – zu jener Zeit auf Posten an der deutschen Botschaft in Peking – nach China eingeladen worden. Der Dichter und seine Frau wohnten in einem der beiden Gästezimmer, im anderen hauste ich. Und da schlug ich vor, das Ehepaar Grass zu den jeweiligen Veranstaltungen zu fahren, zumal wir sie ja sowieso mit der Kamera begleiteten. So waren wir einige Tage gemeinsam unterwegs.

Eines Abends lud mein Vater das Ehepaar Grass zu einer Vorstellung in der Peking Oper ein. Eine Peking Oper ist für Unwissende das langweiligste, was man sich vorstellen kann. Die Musik klingt äußerst monoton, ping ping peng tsching, den Text verstehen selbst Chinesen schlecht. Wie das halt bei Opern so ist.

Grass hielt am Nachmittag einen Vortrag an der Pekinger Universität und ich hatte vorgeschlagen, danach zuerst ein chinesisches Lokal zu besuchen und anschließend meine Eltern in der Oper zu treffen. So wurde es beschlossen.

Mir hatte jemand eine Tür in einer großen Straße gezeigt und zugeflüstert, dahinter verberge sich eines der besten chinesischen Restaurants von Peking. Ich fand die Tür wieder. Wir betraten das Lokal. Es bestand aus mehreren Räumen. Vorn stand man an hohen Holztischen. Im Raum dahinter saßen die Gäste an runden Tafeln. Doch vornehme Chinesen und erst recht Ausländer, so sie kamen, wurden in Séparées geführt. Das wollten wir aber nicht. Wir wollten im großen Speiseraum unter normalen Chinesen sitzen und mit denen essen. Darum machten wir dem freundlich drängenden Personal mit Händen und Füßen verständlich, dass wir nicht in einem abgetrennten Raum sitzen wollten. Und das gelang uns nur, indem wir einfach an einem leeren Tisch Platz nahmen.

Dann kam eine Kellnerin und gab uns Speisekarten. Die waren nur in chinesischer Schrift. Also redete die Kellnerin auf mich ein. Ich antwortete ihr, es ergab sich ein längeres Gespräch. Danach fragte Günter Grass, was ich denn bestellt hätte. Ich sagte: »Ich habe keine Ahnung. Denn ich spreche überhaupt nicht Chinesisch.«

»Aber Sie haben doch mit der Kellnerin geredet«, sagte Grass.

»Ja. Aber ich habe immer nur shi shi gesagt. Shi heißt Ja, und man sagt immer gleich zweimal shi, wie um die Bedeutung des Ja zu bestätigen. Ich gehe davon aus, dass sie uns für dumme Langnasen hält und einfach ein normales Menu servieren wird. Ich habe nur zu trinken bestellt.«

»Und was?«

»Ich kann auf Chinesisch gerade mal bis zehn zählen. Also habe ich vier Bier – Tsingtao Pijiu – und vier Schnäpse – Mao tai – bestellt.«

Wir aßen gut und vergnügt, denn ich bestellte immer wieder vier Pijiu und vier Mao tai.

In Peking fuhren 1979 kaum Autos durch die Straßen. Das Fahrrad war immer noch das Hauptverkehrsmittel. Doch abends war kaum noch jemand unterwegs. Ich schaffte es irgendwie, den Privatwagen meines Vaters, den wir benutzen durften, ohne Schaden durch die leeren Straßen bis zur Oper zu lenken. Dort schliefen Günter Grass und ich sofort nach Beginn der Aufführung ein. Grass begann zu schnarchen. Mein Vater, den Grass in seinem Buch *Kopfgeburten* als einen straffen Herrn beschreibt,»der es verstünde, selbst seine Leidenschaften in Reih und Glied antreten zu lassen«, womit er nicht ganz unrecht hat, war nicht amüsiert. In der ersten Pause sagte er vergrätzt:»Wir gehen jetzt.«

Zu Hause war Günter Grass wieder so munter, dass mein Vater wie jeden Abend noch den Korken aus einer Flasche guten Bordeaux zog. Und er war schließlich wieder guter Laune, als er eine Schachtel mit Ampullen hervorholte und das begann, was er unsere abendliche»Ginseng-Orgie« nannte. Jeder erhielt eine oder zwei Ampullen, in denen Ginsengsaft war. Man brach die Spitze ab und trank den Saft aus dem Fläschchen. Angeblich verleiht Ginseng dem Menschen besondere Kräfte. Als Beweis für die Richtigkeit mag Helmut Schmidt dienen, der mit seinen 93 Jahren noch um die Welt fliegt und ein Buch nach dem anderen veröffentlicht. Vor vierzig Jahren hatte ein koreanischer Freund Schmidt auf die Vorzüge von Ginseng hingewiesen. Seitdem ließ sich Schmidt den Ginseng stets aus Korea schicken, bis seine Frau Loki entdeckte, dass koreanischer Ginseng auch in Deutschland angepflanzt wurde.

Grass spricht in *Kopfgeburten oder die Deutschen sterben aus* – sein Buch über die Reise nach Asien – nicht von diesen»Orgien«, aber er beschreibt, dass er und Ute auf Wunsch meines Vaters grobe Leberwurst bei ihrem Dorfmetzger in Wewelsfleth,»dem Jungmeister Köller, zwei angeräucherte, darmpralle Würste in Folie einschweißen« ließen und die holsteinischen Produkte im Handgepäck verstauten. Und als das Paar Grass aus Asien zurückkehrte, hing beim Metzgermeister Köller schon ein Dankesschreiben aus Peking mit ordentlichem Briefkopf.

Als Ute und Günter Grass das Gästezimmer in Peking verlassen und nach Shanghai weitergereist waren, saß die Familie abends ruhig bei der Ginseng-Orgie, und mein Vater kritisierte den Dichter aus Deutschland. An einem der letzten Nachmittage waren chinesische Dichter zu einem Treffen mit Grass in die Botschaft gekommen. Sie haben ihm ihre Lage geschildert und wohl auch betont, dass es nun mehr Freiheit gebe. Die chinesischen Autoren meinten wohl politische Freiheiten. Und das war es auch, was meinen Vater interessierte. Aber Günter Grass habe immer nur gefragt, ob sie denn auch über Sex schreiben dürften. Das fand mein Vater völlig unangemessen.

FRIEDRICH CHRISTIAN DELIUS: *LACHSUCHT*
Leitkultur im Berlin der vorachtundsechziger Zeit war das Lachen. Viele der literatursüchtigen Leute waren auch Lachsüchtige. Enzensberger etwa, der jeden seiner intelligenten Einwürfe mit Lachen würzte, seine Thesen stets ironisch abfederte und seine Gedichte einer Poetik des Vergnügens verdanken wollte. Man denke an Uwe Johnsons Trockenwitz, an Grassens »Wer lacht hier, hat gelacht«, an die Lachkanone Günter Bruno Fuchs und die Kreuzberger Boheme, an Wolfgang Neuss und Wolf Biermann.

WERNER SPIES: *ERINNERUNGEN*
[Der Kunsthistoriker Christian Beutler] hatte die Wohnung in der Avenue d'Italie übernommen, in der Günter Grass die *Blechtrommel* geschrieben hatte. Als Monument dieser ehemaligen Präsenz stand immer noch, lange nach dem Auszug der Familie Grass, unten im Flur ein dunkler blauer Zwillingswagen.

STEFAN NINK: *DONNERSTAGS IM FETTEN HECHT* (ROMAN)
Der Papagei flog wild kreischend in der Luft und kreiste panisch um den Lüster an der Decke. Ab der vierten Umrundung pfiff er den »Rebell Yell«, den Schlachtruf der Südstaaten. In einer Frequenz, auf die Oskar Matzerath stolz gewesen wäre.

DANIEL HÖRA: *BRAUNE ERDE* (ROMAN)
»Das Lügenbuch der Anne Frank«, hörte ich Konrad wie einen irren Prediger rufen. »Ich übergebe es dem Feuer.« Mit flatternden Seiten flog das Buch in die Flammen und verschwand zwischen den rotglühenden Holzstämmen. Die Skins grölten begeistert.
»Jeder, der etwas Artfremdes bei sich hat, kann es jetzt dem Feuer übergeben«, rief Konrad und holte ein weiteres Buch aus der Kiste. Jetzt machten seine Kumpels ebenfalls mit und warfen mit vollen Händen Bücher ins Feuer.
»Ich übergebe die Schriften des Schmierfinks und Verräters Günter Grass den reinigenden Flammen«, rief Thure und hob den Arm zum Hitler-Gruß.

JUDITH MERCHANT: *LORELEY SINGT NICHT MEHR* (ROMAN)
»Fische gehen nicht an verwesende Körper«, sagte Frenze.
»Außer Aalen«, sagte Jan.
»Aale?« Frenze lachte. »Natürlich nicht! Dieses Ammenmärchen hält sich beharrlich. Richtig ist, dass Aale jedes geeignete Versteck aufsuchen, und Tierkadaver gehören dazu. Das bedeutet nicht, dass sie von den Kadavern fressen, sie benutzen sie lediglich als Unterschlupf. Früher benutzte man dieses Wissen, um sie zu fangen, indem man Tierschädel ins Wasser ließ, damit sie sich darin sammeln.«
»Ich bin mir ziemlich sicher, dass ich einen Aal an der Leiche gesehen habe«, beharrte Jan.
Frenze sah ihn an. »Kann es sein, dass Sie die *Blechtrommel* gesehen haben? Dieser verdammte Film verwirrt alle.«

FRITZ J. RADDATZ: *BESTIARIUM DER DEUTSCHEN LITERATUR*
Grass, der / Aal-Art, deren Herkommen aus der Danziger Bucht als gesichert gilt. Obwohl als einziger Fisch von Leichenfleisch lebend – die *Deutsche Nationalzeitung* sprach von ganzen Kompanien ritterkreuzgeschmückter, gleichwohl onanierender Pimpfe, die von ihm verzehrt wurden –, ist der Grass heute eine weitverbreitete Delikatesse. Vor allem an der amerikanischen Ostküste, wo er »Flounder« heißt, aber auch in Paris unter dem Namen »Turbot«

gern genossen, gefällt das Tier sich zur Laichzeit in barock gewundenen Bewegungen, klumpt aber danach zu schimmelpilzförmigen Knollen zusammen. Getrocknet wird der Grass auch in asiatische Länder exportiert, kann aber in dieser Form nur mit einer scharfen Sauce genossen werden, weil er sonst einen pestilenzartigen Gestank in einer rötlichen Wolke verbreitet. Wissenschaftler haben versucht, die Substanz zu destillieren und unter dem Etikett »Espehdeh« auf den Markt zu bringen. Das Hilferding wurde aber vom Finanzkapital nicht aufgenommen. Unförmig.

GERHARD HENSCHEL: *ABENTEUERROMAN* (ROMAN)
Von Onkel Dietrich kam ein verspätetes Geburtstagsgeschenk in Form eines Taschenbuchs mit politischen Reden und Aufsätzen von Günter Grass. [...]
Auf der Bahnfahrt nach Meppen las ich den Grass. 1969 hatte er sich gegen die Fortsetzung der Großen Koalition ausgesprochen:
Das heißt: ich setze mich für die begrenzte Möglichkeit einer SPD/ FDP-Regierung ein, obgleich ich weiß, daß es schwerfallen wird, mit den Freidemokraten in Sachen Sozialpolitik zusammenzuarbeiten.
Das hörte sich so an, als hätte er selbst gern am Kabinettstisch gesessen. Günter Grass, die Ein-Mann-Nebenregierung. Bei einer anderen Gelegenheit war er mit dem DGB ins Gericht gegangen:
Das Klagelied über den »Bild«-Zeitung lesenden Arbeiter klingt mir gratis und überheblich, solange es die bundesdeutschen Gewerkschaften nicht verstehen, mit Hilfe fachkundiger Journalisten oder, noch deutlicher gesagt, mit Hilfe von Leuten, die gleichzeitig informierend und unterhaltsam schreiben können, jene Zeitung in Großauflage auf den Markt zu bringen, die endlich die »Bild«-Zeitung und ähnliche Produkte außer Kurs setzt.
Also eine linke *Bild*-Zeitung. Aber wenn die von den Massen gekauft werden sollte, mußte doch die gleiche Scheiße drinstehen wie im Original – Fachkundiges über Meuchelmorde, Seitensprünge, Ufos, Kannibalismus und Harald Juhnkes Saufgeschichten.

WIBKE BRUHNS: *NACHRICHTENZEIT*
Die nächste Attacke ritt Günter Grass, der Erfinder der Wäh-

lerinitiative und omnipräsente Unterstützer der SPD. In einer Fernsehsendung im November '73 warf er der Koalition »Schlafmützentrott« und »fehlende Tatkraft« vor. Er beklagte »Lustlosigkeit« und »lähmende Selbstgefälligkeit« des Kanzlers. Erst war ich tief erschrocken, dann stinkwütend. Wie kam der Mann dazu?! Wer zum Teufel war er, sich öffentlich so zum Richter über Willy Brandt aufzuschwingen?! So was sagt man jemand doch höchstens unter vier Augen.

Genau hier lag der Punkt. Grass hatte nur noch selten Gelegenheit, mit dem Kanzler unter vier Augen zu sprechen. Der »Besserwisser« ging Willy Brandt auf die Nerven. Aus Grass' Standpauke sprach verschmähte Liebe. Nach dem fulminanten Wahlsieg 1972 hatte er die Ernte einfahren wollen, an deren Üppigkeit er so reichlich Anteil gehabt hatte. Er sah sich als Mentor und graue Eminenz, der dem Regierungschef erzählt, wo's langgeht. Brandt sah das anders. Er gestattete niemandem Nähe und schon gar nicht einen Anspruch an sich. Er beauftragte Büroleiter Wilke, ihm den Dichter vom Hals zu halten.

CHRISTOPH SCHLINGENSIEF: *ICH WEISS, ICH WAR'S*
Aber ich hab doch auch schon unter dem Pseudonym Günter Grass geschrieben. Das ist doch heutzutage sowieso gar keine Frage mehr. Wer schreibt denn wirklich noch unter seinem wahren Namen?

ANONYMUS: *LEUTE*
Günter Grass, Literaturnobelpreisträger, hat ein Gedicht für Karl Lagerfelds neues Parfüm geschrieben. Das Gedicht trägt den Titel *Duftmarken*. Lagerfeld sagte, in einer Welt ohne Papier könne er nicht leben. Es ist das weltweit erste Parfüm mit Bücherduft. Komponiert wurde »Paper Passion« von dem Berliner Parfümeur Geza Schön.

SALMAN RUSHDIE: *NADELSTICHE*
Er wurde und wird ja genügend kritisiert. Aber ich mache es

mir für meine Person ganz einfach: Ich genieße es, dass da einer auf seine alten Tage nicht mit der Pfeife hinterm Ofen sitzt, sondern rausgeht und die Leute ärgert. Wir brauchen solche Typen wie Grass. Ich will keinen friedlichen, ruhigen, langweiligen Kulturbetrieb. Ich will Leute, die Nadelstiche setzen. Grass kann das gut.

NORBERT NIEMANN: *BRIEF AN GÜNTER GRASS*
Lieber Günter, / gestern beim Frühstück las ich zustimmend und mit großer Sympathie Dein in der *SZ* abgedrucktes Gedicht *Was gesagt werden muß,* am Abend verfolgte ich dann das Medienecho darauf. Obwohl gewaltige Resonanz zu erwarten war, erstaunte mich doch ihre Ressentimentgeladenheit. Alles mit allem vermengend, traten vom selbsternannten Psychoanalytiker bis zum Lyrik-Aufseher sämtliche nur denkbaren Figuren des öffentlichen Empörungsapparats auf die Medienbühne und überschlugen sich in überzogenen, an den Haaren herbeigezogenen »Argumenten«. Was wurde da alles hineingelesen! Schlimm waren natürlich die Antisemitismus-Vorwürfe, unzulässig die Verknüpfung mit Walsers Moralkeulen-Rede. Den Vogel aber schoss für mich wieder einmal mein Kritiker-Liebling Thomas Steinfeld ab, der Dir (mit dieser für ihn typischen Überlegenheitsgeste) unterstellte, Du hättest die lyrische Form nur benutzt, um Dich dahinter unangreifbar zu machen. Als ob es diesen flächendeckenden Angriff nicht gegeben hätte!

Selbstverständlich ist die Politik Netanjahus eine Katastrophe für die Region. Sie darf und muss kritisiert werden. Nicht auszudenken, die Konsequenzen einer weiteren Zuspitzung in der Konfrontation mit dem bedrohlichen Holocaust-Leugner Ahmadinedschad. Dass Du die Form des politischen Gedichts für Deine Kritik israelischer Politik gewählt hast, ist ja gerade Ausdruck subjektiven Bedenkens und Abwägens, um weder apodiktisch zu sprechen noch den Anschein moralischer Überlegenheit zu erwecken. Natürlich ist hierin die Tradition Heine-Brecht anwesend. Doch das Begreifen ästhetischer Formen ist nun einmal leider völlig auf den Hund gekommen.

Wie angespannt und gefährlich die Lage im Nahen und Mittleren Osten ist, zeigt sich auch in Syrien, nicht zuletzt an der Weigerung Russlands und Chinas, die Politik des Weltsicherheitsrats mitzutragen. Dazu kommt das politische Klima nach dem arabischen Frühling, der auf halbem Wege umzuschlagen droht in unberechenbares Chaos. Im Dezember letzten Jahres, kurz nach den zweiten Massendemonstrationen auf dem Tahrir-Platz, eröffnete ich zusammen mit dem ägyptischen Schriftsteller Bahaa Taher im Kairoer Goethe-Institut ein »Forum Kultur und Politik« mit einer Rede über die kulturpolitische Situation in Deutschland. Ich lege sie Dir bei. Ich hatte Gelegenheit, mit Kulturschaffenden und Aktivisten aus fast dem gesamten Mittelmeerraum zu sprechen und ihre Vorträge und Diskussionen zu hören. Vertreter aus Marokko, Tunesien, Libyen, Syrien, dem Libanon, der Türkei waren ebenso nach Ägypten gereist wie die Delegationen aus Griechenland und Spanien. Den Demonstrationen auf dem Tahrir-Platz kommt besondere symbolische Bedeutung zu. Sie haben die Platzbesetzung in Madrid im Mai letzten Jahres inspiriert, die wiederum die Occupy-Bewegung angestoßen hat. In Kairo war für mich die Euphorie vor allem bei den jungen arabischen Aktivisten mit Händen zu greifen, deren Demokratiebestrebungen die einzig zukunftsweisende Antwort sein kann auf eine politische Situation, in der zwischen Militärdiktatur und islamischem Fundamentalismus freie Lebensbedingungen keine Chance haben. Aber natürlich gab es schon im Dezember Anzeichen der Resignation und der Angst angesichts der gewalttätigen Willkür des Militärrats unter Tantawi.

Es ist gut, dass Du das Gedicht geschrieben und veröffentlicht hast. Nur Du kannst das derzeit leisten. Und leistest es auf Deine alten Tage! Es wird unendlich schwer werden, das, was Deine Generation einmal kulturpolitisch erreicht hat, auch nur ansatzweise in die Zukunft zu retten. Man wird es neu erfinden müssen. Und irgendwann ist das auch wieder so weit, aber meine Generation wird daran kaum noch beteiligt sein. Sie hat vor allem Anteil am neoliberalistischen Niedergang der literarischen und politischen Öffentlichkeit.

Meine Kairoer Rede wurde in Ägypten und Libyen gedruckt, nicht bei uns. *NZZ* und *ZEIT,* denen ich sie angeboten habe, war sie zu heikel – bei ansonsten wohlwollender Reaktion. Wahrscheinlich hätte ich auch nicht das »Standing«, wie Du ein mediales Sperrfeuer zu überleben. Es würde viel weniger ausreichen, um einen wie mich endgültig kleinzukriegen. So gibt es meine kulturpolitischen Einlassungen eben im Ausland und im Jugendfunk (von diesen »Haiku-Essays«, die ich regelmäßig fürs Radio einlese, lege ich Dir ebenfalls welche bei).

Lieber Günter, Dagmar Leupold, die ich kürzlich traf und die beim Autorentreffen in Lübeck gewesen ist, hat mir erzählt, dass Ihr beide, Ute und Du, krank gewesen seid. Ich hoffe sehr, es geht Euch wieder gut! Das nächste Mal, wenn ich hoffentlich meinen Roman, diesen – um mal mit Goethe zu reden – »sisyphischen Stein« endlich fertig habe, bin ich gerne wieder in Lübeck dabei.

In herzlicher Solidarität und mit lieben Grüßen an Ute,
Dein Norbert

CHRISTOPH HEIN: *BRIEF AN GÜNTER GRASS*
Lieber Günter, / Gratulation!
Die Aufregung und selbst die Beleidigungen werden Dir in Wahrheit nichts anhaben.

Du hast einen dicken Stein in den Weg gerollt. Und der bleibt, und an dem stößt man sich schmerzhaft. Und bekommt ihn doch nicht vom Weg weg. Der Zug mag wieder mal abgefahren sein, aber über diesen Stein geht es nur arg rumpelnd.

Wunderbar, dass Du es in der Form eines Gedichtes präsentiertest. Das machte Deinen Einspruch noch kräftiger.

Wie schön sie doch schäumen!

Und dass selbst die Politiker diese Wortmeldung nicht wie üblich schweigend zu übergehen vermögen, lässt erahnen, wie groß und hinderlich Dein Stein ist.

GERHARD SCHRÖDER: *BRIEF AN GÜNTER GRASS*
Lieber Günter / ich möchte, dass Du weißt, dass ich nach wie vor fest zu Dir stehe und Du meine höchste Wertschätzung genießt – als Künstler und als Freund.

Über einige Verse in Deinem Gedicht kann man durchaus diskutieren. Es ist doch gut und richtig, wenn Kunst Anlässe dazu schafft. Aber die öffentliche Erregung ist völlig unangemessen und sagt mehr über den Zustand unseres Landes aus als über Deine Kunst.

EGON BAHR: *GEDICHT FÜR GÜNTER GRASS*
Freund Israels bleibe ich, auch wenn seine Regierung Fehler macht.
Freund von Grass bleibe ich trotz der Fehler in seinem Gedicht.
Ein Dichter ist keine Regierung und ein Gedicht keine Atomwaffe.

In der Sorge vor einem Erstschlag ist Grass mit der amerikanischen
Außenministerin einig, wenn sie vor einem Präventivschlag warnt.
Er würde erleichtert, wenn Israel die Reichweite seiner Luftwaffe
Durch Stützpunkte in Aserbaidschan verlängern könnte. Diesen
Informationsmangel kann Grass leugnen. Aber das Interesse
Amerikas, das zu verhindern, teilt der Deutsche bestimmt mit der
Amerikanerin.

Seine Forderung, dass Israel und der Iran ihre nuklearen
Potentiale unter unbehinderte Kontrolle stellen sollten, ist richtig,
auch wenn das nicht einmal Amerika schafft.

In Teheran ist die Forderung erhoben worden, Israel auszulöschen;
Das Recht auf Selbstverteidigung wurde Israel nie bestritten.
Ein vorsorglicher Angriff wäre jedoch Aggression.

Bleibt der Antisemitismus. Den persönlichen Vorwurf braucht
Grass
Ebenso wenig zu fürchten wie ich. Aber die Legitimierung eines
latenten Antisemitismus in unserem Land von Rechts kann nicht
ausgeschlossen werden. Die Abwägung dieses Schadens führt
zu dem Ergebnis: Ein Gedicht kann den Weltfrieden nicht
gefährden.

DURS GRÜNBEIN: *ER IST EIN PREDIGER MIT DEM HOLZHAMMER*
 Es ist ein Missverständnis, dass Grass als Dichter gilt, nur weil er von früh an Verse schrieb und manchmal stoßweise Sonette. Ein Dichter ist niemand, der von hoher Warte aus Ansprüche an die Gesellschaft stellt. Er will von den andern nichts, was er nicht auch von sich selbst verlangen würde – zum Beispiel Aufrichtigkeit, strengste Selbstprüfung. In Kafkas Briefen findet sich eine Stelle, die den großen Erforscher der menschlichen Ängste im Affekt

gegen einen literarischen Konkurrenten zeigt – ein seltenes Beispiel von Ausfälligkeit in seinem Werk. Man ahnt, wie viel zusammenkommen musste, wenn man den Stoßseufzer liest, zu dem er sich hinreißen ließ. Mancher hat von der unausstehlichen Art der Dichterdiva Else Lasker-Schüler berichtet. Aber nur Kafka macht seinem Unmut mit den Worten Luft: »Weg du, Else Lasker-Schüler!« Das würde man den vom Thema hypnotisierten Zeitungsleser und Fernsehzuschauer in diesem Fall gern einmal zurufen: »Weg du, Günter Grass!«

SIBYLLE LEWITSCHAROFF: *EIN GEDICHT?*
Wenn der Grass-Text ein Gedicht sein soll, dann habe ich gerade nach Verzehr einer Forelle mit Hilfe von zwei, drei melodischen Fürzen eine neue Matthäus-Passion komponiert.

WOLFGANG HERRNDORF: *TAGEBUCH*
»Während ich in den vergangenen Wochen die zehn meistverkauften Romane der Deutschen las«, erklärt Denis Scheck mit immer wieder fröhlich auf und ab segelnden Augenbrauen, deren Bewegungen die Kamera mit waagerechtem Geschwenke anhaltend zu kontrastieren oder zu negieren versucht – und kommt dann übergangslos auf Grass' neuestes Israelgenörgel zu sprechen, das von aller Welt falsch gelesen worden sei. Die Welt hat schlecht, die Welt hat miserabel gelesen, er habe den Eindruck, Zeuge der schwärzesten Stunde der deutschen Literaturkritik während seiner bisherigen Lebenszeit geworden zu sein. Wörtlich so.

OSKAR NEGT: *BRIEF AN GÜNTER GRASS*
Von verschiedenen Vortragsreisen zurückgekehrt, habe ich etwas Zeit, mich mit den aberwitzigen Reaktionen auf Dein Israel-Gedicht zu beschäftigen. Ich habe das Gefühl, in einer kranken Gesellschaft zu leben. Ich bin verblüfft, wie ähnlich die Reaktionsmuster jener Zeit sind, als das »weite Feld« erschien. Auch die literarischen Neider stehen wieder auf der Matte. Diese weltweiten Reaktionen zeigen jedoch, besser als jedes Forschungsprojekt,

wie heruntergekommen die liberale Öffentlichkeit ist. Das ist ein bedrohliches Zeichen für den Zustand unserer Demokratie. Es ist ekelhaft, wenn Reich-Ranicki süffisant erklärt, Du seist wohl kein Antisemit, und gleichzeitig Dein ganzes Lebenswerk (mit Ausnahme der *Blechtrommel*) entwertet. In diesen Öffentlichkeitsreaktionen sind elementare Anstandsregeln verletzt.

KLAUS WAGENBACH: *BRIEF AN GÜNTER GRASS*
Lieber Günter, / als man über Dich hergefallen ist, waren wir (Du wirst es nicht glauben) in Polen, genauer: in Danzig. Die Tochter war mit und wir haben ihr, von Westerplatte über die Polnische Post bis zum Stockturm, alles erklärt und haben oft an Dich gedacht.

Dein Gedicht ist in der Sache ganz richtig (und wirksam), aber *Kleckerburg* bleibt die Krone der Schönheit; politisch durchaus verwandt, aber das haben die Verleumder natürlich nicht gekannt.

HANS MEINKE: *BRIEF AN GÜNTER GRASS*
Wie Du Dir vorstellen kannst, hat Dein *Was gesagt werden muß* auch in Spanien für beträchtlichen Aufruhr gesorgt. In meinem Freundes- und Bekanntenkreis habe ich viel Zustimmung zu Deinem Text vernommen bei gleichzeitigem Befremden über die teilweise hysterischen Reaktionen, vor allem aus Deutschland.

Juan Goytisolo rief mich gestern aus Marrakesch an und bat mich, Dir mitzuteilen, dass er bei der kürzlichen Entgegennahme des Preises für freie Meinungsäußerung in Prag in seiner Antwortrede Dir den Preis gewidmet hat. Auch José María Ridao, der angesehene Schriftsteller und politische Kolumnist von *El País*, äußerte sich in unserer telefonischen Unterhaltung der vorigen Woche ähnlich positiv wie Goytisolo zu Deinem Text. Beide, Goytisolo und Ridao, ermunterten mich, Dich zu einem Besuch in Spanien zu animieren, in dessen Verlauf wir ein Podiumsgespräch über die Notwendigkeit der freien Meinungsäußerung veranstalten könnten.

WOLFGANG HERRNDORF: *TAGEBUCH*
Grass' Gedicht »Auch vor Juden eben / darf man Zeigefinger heben« hat auf Wikipedia mittlerweile einen Eintrag so lang wie der über Goethe und mehr als sechzig Mal so lang wie über Hölderlins *Hälfte des Lebens*.

HANS CHRISTOPH BUCH: *ZU GAST BEI GRASS*
Günter Grass ist älter geworden, aber nicht milder – im Gegenteil: Er wirkt noch genauso bärbeißig wie in Johannes Bobrowskis satirischem Epigramm: »Welch ein großmächtiger Kiefer! Und dieses Gehege von Zähnen! / Zwischen die Backen herein nimmt er, was alles zur Hand, / leere Schalen, den Wurm – flieht, hört ihr knirschen den Grass!« Als Bobrowski diese Verse schrieb, war Grass 36 und stand auf dem Höhepunkt seines Ruhms. Nach Erscheinen der Danziger Trilogie war die Kritik ihm wohlgesonnen, obwohl oder weil der Nobelpreis noch in weiter Ferne lag. Seit Mauerfall und Wiedervereinigung aber, genauer: seit seinem Wenderoman *Ein weites Feld* reagieren die Medien sich an ihm ab. Grass kann schreiben, was er will – die Kritik übergießt ihn mit Gift und Galle, Hohn und Spott – als wolle sie sich rächen dafür, dass und wie sie ihn einst aufs Podest gehoben hat.

Damals machte ich seine Bekanntschaft bei der Gruppe 47 und prophezeite ihm stotternd, dass ich ihn demnächst in den Schatten stellen würde – die *Blechtrommel* sähe blass aus neben meinem noch zu schreibenden Roman.

Diese Anekdote erzählt Günter Grass auch jetzt wieder, obwohl sie wegen des Stotterns besser zu F. C. Delius passt als zu mir. Wir sitzen auf Biedermeierstühlen an einem Biedermeiertisch in Behlendorf, trinken Wein und essen Räucherfisch. Wir – das sind Ute Grass, der Berliner Autor Peter Schneider und ich. Bei einem zufälligen Treffen nach dem Begräbnis von Christa Wolf lud Grass uns ein, ihn zu besuchen, weil ihm selbst das Reisen beschwerlich fällt. Ich kannte sein Stadtbüro in Lübeck, aber in Behlendorf war ich noch nie: Eine Gründerzeitvilla am Ende eines Hohlwegs, Fallobstwiese mit Bronzefiguren, das Personal seiner Romane tummelt sich unter blühenden Bäumen, Atelier mit Blick in dichtes Gehölz, vertrocknete Maulwürfe, überfahrene Kröten und Frösche, Fischgräten und Vogelbälge auf dem Regal, dazwischen ein aufgeschlagenes Buch, Büttenpapier, auf das Grass in kalligraphischer Schrift Notizen und Verse schreibt – Journal und Werkstattbericht zugleich.

Hier entstand sein Gedicht *Was gesagt werden muß,* an dem Peter Schneider und ich nicht ganz unschuldig sind, denn wir äußerten Sorge über die Kriegsgefahr zwischen Israel und Iran und vermittelten Grass das Gefühl, er renne offene Türen ein. Zu dem Gedicht ist (fast) alles gesagt: Die These, Israel plane den atomaren Erstschlag gegen Iran, war ähnlich abwegig wie die Unterstellung, Grass sei Antisemit – was man ihm vorwerfen kann, ist lediglich, dass er seine Einziehung zur Waffen-SS lange verschwiegen hat. Aber ich erinnere mich genau, wie Günter Grass ausgebuht wurde, als er nach dem Sechstagekrieg im Juni 1967 vor Studenten der Freien Universität Berlin für Israel warb – er kam direkt von dort, und die Mehrheit im SDS sympathisierte mit der PLO.

Trotzdem einigen wir uns darauf, dass früher alles besser war: Literaturkritiker waren fair und hatten nicht nur das jeweils letzte Buch, sondern das Gesamtwerk eines Autors im Blick, und Schriftsteller wie Max Frisch oder Heinrich Böll wurden zur moralischen Instanz. Dass Grass sich zu deren Lebzeiten nicht immer gut mit ihnen verstand, steht auf einem anderen Blatt. Am meisten verblüfft aber hat mich die lebensgroße Skulptur einer Weihnachtsgans, knusprig gebacken wie frisch vom Rost – ein in Bronze gegossener Beweis für die kulinarische Kunst und Literatur von Günter Grass.

VOLKER SCHLÖNDORFF: *ER IST GANZ ANDERS!*
Er interessiert sich durchaus für das Private, das in seinen Romanen so wenig vorkommt. Aber wenn es keine epische Komponente hat, habe es in der Kunst keinen Platz. Im Leben nimmt er regen Anteil an privaten Konflikten, leidet und freut sich mit Freunden, wie ich es oft erlebt habe. Zahllose andere Freunde und seine ganze Familie kennen diesen anderen Günter Grass, ohne dass ihnen das viel hilft, wenn sie den »öffentlichen Grass« nach außen verteidigen wollen. »Er ist ganz anders!« bleibt oft ein hilfloser Ausruf.

Günter Herburger: *Brief an Günter Grass*
Lieber Günter, / ich lese im *Tagesspiegel*, daß Du 85 Jahre alt geworden bist trotz der russischen Panzergranatsplitter im Leib. Wenn Du dann neunzig bist, wandern sie vielleicht bei den Knien heraus zur Freude einer Ethnologin.

Klaus Staeck: *Brief an Günter Grass*
Lieber Günter, / im Namen der Akademie der Künste und in meinem eigenen gratuliere ich Dir zu Deinem 85. Geburtstag. Das schließt noch einmal den Dank für Deine Arbeit ein, die Du für unsere Akademie geleistet hast. Dank auch für Dein leidenschaftliches Engagement für die Festigung der Demokratie in Deutschland. Ich wünsche Dir noch viel Kraft für Deine so wichtige Arbeit, ganz herzlich / Dein Klaus Staeck

Oskar Negt: *Brief an Günter Grass*
Lieber Günter, / herzlichen Glückwunsch zu Deinem Fünfundachtzigsten. Weiter so! Ein Land, das Dich beherbergt, kann und muß stolz darauf sein, dass in seiner Sprache ein solcher Schriftsteller öffentlich denkt und eingreift. Ich bewundere Dich aber nicht nur als schreibender und künstlerisch tätiger Mensch. Du bist für mich das Urbild eines politischen Intellektuellen, einer jener Sorte von Aufklärer, der, wie Kant sagt, öffentlichen Gebrauch von seiner Vernunft macht. Du bist ein großartiger Mensch!

Rupert Neudeck: *Brief an Günter Grass*
Lieber Herr Grass, / ich habe heftig an Sie denken müssen, als ich wieder in Israel und Palästina war. Es ist der perfekteste und camouflierte Unrechtstatbestand auf der Welt, der leider durch die Palästinenser Eliten mitgetragen wird. Die Kinovorstellung einer Regierung und eines Präsidenten in Ramallah läuft leider zugunsten Israels und der Feigheit unserer Regierungen, die bis heute nicht eine wirklich klare Aktion geschweige denn Sanktion gegenüber Israel durchgeführt oder vorgeschlagen haben. Die Mauer wächst, die Siedlungen wachsen ins Unendliche. Der Bereich C

der Westbank ist eher Israel als Palästina. Man kann sich nur ganz schwer als Palästinenser bewegen.

Dieser Präsident Abbas und seine Regierung tut alles, um sich bei seinem Volk ins Unrecht zu setzen. Er nimmt die Privilegien alle an, die ihm Israel bietet.

So ist das, wenn man in den besetzten Gebieten war – man vergisst seine Vorsätze. Ich wollte Ihnen zum Geburtstag gratulieren und das tue ich hiermit mit ganz großer Freude. Es hat mich so geschmerzt, wie Medien und die Politik Ihnen jetzt aus dem Wege gehen, weil Sie – wie die Zeitungen schrieben – nur noch provozieren.

Ich habe das Gedicht über Vanunu noch nicht gelesen. Aber ich hatte mal das Glück, Vanunu zu begegnen, in einem Café in der Altstadt von Jerusalem. Er freute sich, als wir ihn ansprachen – und Sie haben ganz recht, das ist der erste Held des aufkommenden Atomzeitalters.

Ich hoffe so sehr, dass Sie mit der neuen Phase Ihres Schaffens die Anerkennung bekommen, die Sie verdienen. Das unerträgliche Protestgeschrei, Sie würden da irgendetwas machen, was auch nur entfernt an Rassismus heranreicht, ist heuchlerisch und abstoßend.

Ich wünsche Ihnen als meinem Landsmann noch eine gute Zeit und gemäß der polnischen Sitte wünsche ich Ihnen sto lat, dass Sie noch hundert Jahre leben.

GERHARD SCHRÖDER: *BRIEF AN GÜNTER GRASS*
Lieber Günter / herzlichen Glückwunsch zum Geburtstag. Nur eines möchte ich Dir sagen: Immer noch und immer wieder voll grosser Bewunderung für Dein Lebenswerk, aber ebenso für den Menschen voll grosser intellektueller Klarheit.
Herzlichst / Dein / Gerhard Schröder

SIGMAR GABRIEL: *BRIEF AN GÜNTER GRASS*
Lieber Günter Grass, / zu Ihrem 85. Geburtstag wünsche ich Ihnen im Namen der ganzen deutschen Sozialdemokratie, aber auch ganz persönlich von Herzen alles Gute!
Seit den frühen sechziger Jahren haben Sie für unsere Partei

immer wieder die Trommel gerührt, Menschen bewegt und das bisweilen scharfe Wort geführt. Ihr literarisches Schaffen hat Weltrang. Damit haben Sie unser Land verändert, im besten Sinne aufgeklärt. Mit Ihrer Streitbarkeit haben Sie in der Politik genauso unübersehbare Akzente gesetzt, wie unter den Intellektuellen in unserem Land, deren Rolle in unserer Gesellschaft Sie mit geprägt haben. Ihre Einwürfe und Interventionen in diversen Initiativen haben die politische Kultur in Deutschland bunter und reicher gemacht und das Verhältnis von Politik und Kultur gewandelt.

Mit der Stiftung eines August-Bebel-Preises haben Sie zudem ein klares Zeichen gesetzt, dass Sie in seiner Tradition die klassischen Werte und Ideale der Sozialdemokratie hervorheben und ihr Weitertragen und Weiterdenken fordern und fördern. Auch Ihr Engagement für das Gedenken an Willy Brandt in Lübeck und darüber hinaus weist in diese Richtung. Ihr Mahnen und Ihre Denkanstöße waren und bleiben der SPD wegweisend und wichtig.

Abseits der großen Bühne und der breiten Öffentlichkeit, wo ohne Zweifel Ihre Präsenz uns eher schmückt als umgekehrt – ist mir persönlich auch Ihr Rat und das Gespräch im kleinen Kreis wichtig, weil es uns Gelegenheit gibt, tiefer und weiter zu blicken, als es die gängigen Formate des öffentliches Diskurses gestatten. Dafür vor allem herzlichen Dank, lieber Günter Grass.

Was mich an Ihnen und in Ihrem Lebenswerk beeindruckt, ist Ihr ungebrochener demokratischer Bürgergeist, der auf Überzeugung setzt, Stellung bezieht und sich einmischt, weil er den Menschen, sein Leben, die Gesellschaft verbessern möchte. Der zu Idealen hält, auch wenn die Realität mächtiger erscheint.

NORBERT LAMMERT: *BRIEF AN GÜNTER GRASS*
»Runde und halbrunde Geburtstage habe ich immer im großen Kreis gefeiert«, haben Sie einmal gesagt. Dieser schönen Tradition folgen Sie – so hoffe ich – dann auch bei Ihrem 85. Geburtstag, zu dem ich Ihnen herzlich gratuliere.

Sie sind Deutschlands bekanntester Schriftsteller der Gegenwart mit einem grandiosen Werk, das durch sprachliche Virtuosität glänzt und zu Recht mit höchsten Preisen ausgezeichnet wurde. Vieles aus Ihrer Feder hat mich persönlich nachhaltig beeindruckt.

Neben Ihrem schriftstellerischen Wirken haben Sie aber auch stets öffentlich politisch Stellung bezogen; Günter Grass – das ist die nicht gerade häufige Kombination eines Jahrhundert-Erzählers und eines politischen Kopfes, der zuweilen stört und manchmal auch verstört. Aber gelegentliche Unbequemheit ziert eben den streitbaren Demokraten, solange er das eigene Urteil nicht für das einzig mögliche hält.

JOACHIM GAUCK: *BRIEF AN GÜNTER GRASS*
Sehr geehrter Herr Grass, / zu Ihrem besonderen Geburtstag gratuliere ich Ihnen sehr herzlich.

Ich wünsche Ihnen Gesundheit, Wohlergehen, Glück und ungebrochene Kraft für die schöpferische Arbeit – an einem Tag wie diesem auch die lebendige Freude, die aus der Begegnung mit den Nächsten in Familie und Freundeskreis entsteht.

Ihr literarisches Werk ist spätestens seit dem Nobelpreis weltweit bekannt und geschätzt. Auf großen Widerhall stieß aber auch Ihr politisches Engagement. Sie waren und blieben ein streitbarer und eigenwilliger politischer Geist, der Auseinandersetzung und Kritik nicht fürchtete, immer wieder und teilweise kontrovers in politische Debatten eingriff und sie über Jahrzehnte wesentlich beeinflusste.

Mögen Ihnen, dem Schriftsteller und Bürger Grass, noch lange die Kraft und die Freude an künstlerischer Gestaltung wie an der Auseinandersetzung mit der immer verbesserungswürdigen Welt erhalten bleiben.

BENEDIKT XVI.: *BRIEF AN GÜNTER GRASS*
Seine Heiligkeit Papst Benedikt XVI. erteilt in freudiger Anteilnahme mit Dank gegen Gott, den Geber alles Guten, Herrn Günter Grass zur Feier des 85. Lebensjahres am 16. Oktober 2012 von Herzen den Apostolischen Segen und erbittet ihm die Fülle der göttlichen Gnaden.

2013

MEG WOLITZER: *DIE INTERESSANTEN* (ROMAN)
   Während der ersten Stunde sprachen sie über Bücher, vor allem von unzugänglichen europäischen Schriftstellern. »Günter Grass ist letztlich *Gott*«, sagte Goodman Wolf, und die beiden anderen Jungen stimmten ihm zu. Julie hatte noch nie von Günter Grass gehört, aber das würde sie niemals zugeben. Sollte sie jemand fragen, würde sie darauf bestehen, dass auch sie Günter Grass liebe, aber, und das wollte sie zu ihrem Schutz mit hinzufügen: »Ich habe nicht so viel von ihm gelesen, wie ich gern hätte.«

JAMES PATTERSON: *MEINE LIEBLINGSSCHRIFTSTELLER*
   Gabriel García Márquez, James Joyce und Günter Grass sind wichtig für mich, weil deren Schreiben es glasklar machte, dass ich zu dem Literaturkram nicht fähig war. Diese drei Traumtöter gehören immer noch zu meinen Favoriten.

   In einem Ranking, das das Magazin *Forbes* zu den weltweit bestverdienenden Prominenten erstellt hat, befindet sich James Patterson für das Jahr 2013 an sechster Stelle (auf den ersten beiden Plätzen stehen Madonna und Steven Spielberg). Das geschätzte Jahreseinkommen von Patterson beläuft sich auf 91 Millionen Dollar. Nach *Forbes* ist der Thriller-Autor damit »the best-selling author of all time«.

WILHELM IMKAMP: *SEI KEIN SPIESSER, SEI KATHOLISCH!*
   Gesunde Skepsis ist auch bei jedem gesellschaftlichen Rating angebracht. Welche Wirklichkeit bildet etwa eine Liste der 500 wichtigsten Intellektuellen in Deutschland überhaupt ab? Diese Zweifel dürften von immer mehr Menschen geteilt werden. Die Frage lautet daher: Was soll ein Katholik eigentlich auf einer Bestenliste, die von Günter Grass angeführt wird?

KLAUS MODICK: *KLACK* (ROMAN)
   Oma hielt das Buch mit spitzen Fingern, als könne sie sich daran die Hände schmutzig machen, ließ es zwischen Streuselkuchen

und Kaffeekanne auf den Tisch fallen und schob es angewidert von sich weg.

»Das«, murmelte sie fassungslos, »ist ja die reinste Pornographie. Wie kommt das in meine Wohnung?«

Hanna wurde rot. »Oh, ach das«, stotterte sie, »ja, das muss ich wohl liegen gelassen haben.«

»Liegen gelassen? Auf meinem Klavier? Und ausgerechnet neben Eugens Foto? Der arme Eugen. Das ist – mir fehlen die Worte. Frevelhaft, jawohl. Und obszön.«

»Was ist es denn überhaupt?« Mein Vater griff nach dem Buch, rückte die Brille zurecht und sah sich stirnrunzelnd den Umschlag an. »*Die Blechtrommel.* Günter Grass. Nie gehört. Wer soll das sein?« Er zuckte mit den Schultern. »Und wieso Pornographie? Hast du es gelesen?«

»Ich lese keine Pornographie«, sagte Oma entrüstet. »Ich habe darin geblättert, und das hat mir gereicht. Man fasst es nicht.«

MARKUS SEIDEL: *ENDLICH* (ROMAN)

Gestern Abend also hatte er beschlossen, zu ihr zu fahren. Suzanne hatte bis zum späten Abend an ihrer Magisterarbeit über Günter Grass gesessen. Sie studierte Germanistik und Geschichte. Axel mochte Grass nicht besonders. Er fand ihn anstrengend. Überhaupt las er wenig. Mit den Büchern, die Suzanne las, konnte er schon gar nichts anfangen.

UWE TIMM: *VOGELWEIDE* (ROMAN)

Auch Eschenbach kochte, beherrschte aber, mit sicherem Gelingen, nur sieben Gerichte. Eins hatte er von seinem englischen Freund gelernt. Der wiederum hatte das Rezept in dem Roman *Der Butt* gelesen, den er in dem Jahr seiner Feldforschung mit nach Togo genommen hatte. Das Buch hätte er nie und nimmer, sagte er, verstärkte das durch ein *Never-never,* zu Ende gelesen, hätte es in einem Umkreis von 100 Kilometern einen Buchladen gegeben. So aber hatte er sich durchgearbeitet und war belohnt worden, als er auf ein darin beschriebenes Rezept stieß, Rinderherz mit Pflaumen. Ein ganzes Rinderherz wird, eine chirurgische Arbeit, aufgeschnitten, gesäubert, mit Backpflaumen gefüllt, sodann mit Zwirn zugenäht und drei Stunden lang gegart. Als Beilage Erbsen und Salzkartoffeln, so die Variante, die Eschenbach entwickelt hatte.

DIETER BÜHRIG: *BRÜLLBETON* (ROMAN)
   In diesem Moment drehte sich der Tourist am Nachbartisch zu Kroll hin und fragte ihn in gebrochenem Englisch, auf den Stadtplan zeigend: »Sorry. Where is the Günter-Grass-Haus? *Blechtrommel,* you know? Very interesting.«
   Den Hauptkommissar ärgerte es zwar, jetzt unterbrochen zu werden. Aber mit höflichen Worten erklärte er dem Mann, wie er in die Glockengießerstraße kommen konnte, wo sich das Museum und das Sekretariat des Nobelpreisträgers befanden.

VINCENT KLIESCH: *BIS IN DEN TOD HINEIN* (ROMAN)
   Er und Olivia fachsimpelten angesichts der ausgestellten Figuren über alle erdenklichen Themen. Über Politik, Sport, Gesellschaft und Königshäuser und sogar über Literatur, als sie an den Wachsfiguren der bedeutenden Schriftsteller Günter Grass, Bertolt Brecht und der eines aufstrebenden deutschen Thrillerautors vorbeischlenderten, dessen Name Boesherz partout nicht einfallen wollte, obwohl er erst vor Kurzem eine spannungsgeladene Trilogie von ihm verschlungen hatte.

UWE VOEHL: *TOD UND SCHINKEN* (ROMAN)
   Ich besaß drei Cordsakkos. Cordsakkos haben den Vorteil, dass sie nie aus der Mode kommen, weil sie nie wirklich in Mode waren. Sie werden seit ewigen Zeiten von Landjunkern und Lehrern gleichermaßen gern getragen. Und sie sind so robust, dass sie nie verschleißen. Das braune Cordsakko, das Günter Grass bei jedem Fernsehauftritt trägt, hat bestimmt schon zehn Jahre auf dem Buckel.

MANFRED BOMM: *GRAUZONE* (ROMAN)
Grantner wollte sich jetzt auf keine Grundsatzdiskussion einlassen. Es gab in der Tat Themen, die auch in der Meinungsfreiheit einer Demokratie nicht angesprochen werden durften, ohne dass die geballte Medienmacht in seltener Eintracht massiv dagegen vorging. Grantner musste an den Literaturnobelpreisträger Günter Grass denken, der erst vor wenigen Wochen mit seinem Gedicht *Was gesagt werden muß* etwas öffentlich angesprochen hatte, was eben ganz offensichtlich nicht öffentlich gesagt werden durfte. Grantner hatte mit großem Interesse verfolgt, wie sich die Kommentatoren auf teilweise geradezu peinliche Weise drehten und wendeten, um plötzlich den jahrelang prominenten Vorzeige-Linken zu kritisieren. Als dann jedoch auch noch eine zweifelhafte islamische Gruppierung hunderttausendfach kostenlose Koran-Ausgaben verteilte, hatten sich die Medien mit kritischen Kommentaren auffällig zurückgehalten.

GEORG M. OSWALD: *IN SCHWIERIGSTEM GELÄNDE* (ERZÄHLUNG)
Sie stießen an, zogen an ihren Cohibas und kamen auf allgemeine Fragen der Regierungsführung zu sprechen. Christian spürte, dass es nicht mehr lange dauern konnte, bis sie beim Hochamt jeder politischen Diskussion in Deutschland angekommen waren, der Frage nämlich, ob man, bitte schön, trotz oder vielleicht sogar wegen des Holocausts, sich für alle Ewigkeit verbieten lassen müsse, die israelische Außenpolitik zu kritisieren, überhaupt, Israel zu kritisieren, auch wenn die Kanzlerin nunmehr den Schutz Israels zur deutschen Staatsräson erklärt habe.»Was gesagt werden muss«, stellte Christian fest.
»Genau!«, sagte Armin, etwas verblüfft, dass kein Widerstand kam.
Er erkannte den Sarkasmus nicht, denn er hatte sich Günter Grass' Gedichttitel nicht gemerkt. Christian sprach es ausdrücklich an.
»Du erinnerst dich an das Gedicht von Günter Grass in der *Süddeutschen Zeitung?*«
Armin verengte die Augen zu Schlitzen, sog wieder an seiner

Cohiba und behielt den Rauch einige Zeit im Mund, bevor er ihn zur Decke blies. »Günter Grass«, sagte er, als begegne er plötzlich wieder einem längst besiegt geglaubten Erzfeind. Die Nennung dieses Namens war in den Siebziger- und Achtzigerjahren im Hause Hofstätter nicht erwünscht gewesen. Im Bücherschrank seiner Mutter befanden sich, wie sich Christian erinnerte, zwar *Die Vorzüge der Windhühner* und *Die Blechtrommel,* aber Günter Grass war ein Unterstützer Willy Brandts und damit ein Agent Moskaus gewesen, der uns für nichts an die Russen verraten hätte.

»Ich hätte nicht gedacht, dass er und ich einmal der gleichen Meinung sein könnten. Dennoch, er ist und bleibt ein Spinner.«

BRUNO LE MAIRE: *ZEITEN DER MACHT*
Wegen eines Unwetters kann unser Flugzeug nicht [nach Moskau] starten. Durchs Fenster beobachte ich, wie der Schneesturm gegen den Rumpf peitscht, der Himmel plötzlich aufreißt, graue Wolken über die Verglasungen der Sechzigerjahre-Bauten hinwegfegen, vom Wind getrieben, mit neuem Schnee im Gepäck. Frédéric Mitterand liest wieder Keith Richards. Er sieht, dass ich erneut Günter Grass aus der Tasche ziehe: »Immer noch Günter Grass. Bist du diesen Grass nicht allmählich leid?« Nein, weil seine ungewöhnliche Haltung interessante Sichtweisen auf Themen eröffnet, die mich seit Jahren beschäftigen, den Aufbau Europas, die Stellung der Deutschen, Mitterand und Kohl, Frankreich. Die Frage der Hierarchie zum Beispiel, die von den Regierungen zu beiden Seiten des Rheins gewöhnlich mit drei Worten – deutsch-französische Freundschaft – abgetan wird, obwohl sie im Zentrum der diplomatischen Strategien der EU steht: Wer nimmt den ersten Platz ein, Frankreich oder Deutschland? Eine Enteisungsmaschine unterbricht meine Lektüre. Ein Grollen schüttelt den gesamten Rumpf; Enteisungsflüssigkeit rinnt über die Fensterscheibe. Die Antwort von Günter Grass: »Hätte nicht gedacht, dass sich so viele Franzosen den Deutschen gegenüber als zweitrangig begreifen und das auch stolz akzeptieren: kein Grund zur Furcht vor den Deutschen, die als Lehrmeister gelten im Schulfach Ökonomie.«

Er tut so, als fiele die ökonomische Macht im Vergleich zur politischen nicht ins Gewicht, obwohl alle Veränderungen weltweit das Gegenteil beweisen. Und das auch wieder in jüngster Zeit, da die Bevölkerungen der EU-Staaten erleben, wie ihre Zukunft abhängig gemacht wird von Finanzentscheidungen der Kanzlerin oder der Europäischen Zentralbank, deren Richtlinien wiederum dem Einfluss des Präsidenten der Deutschen Bundesbank unterliegen. Grass hat recht, wenn er fragt, wie lange sich die Bevölkerungen eine solche Behandlung, die nach und nach wieder deutschenfeindliche Reflexe in Europa aufkommen lässt, noch gefallen lassen werden. Er hat unrecht, wenn er glaubt, das politische Ansehen sei immer noch ein Indikator für die Macht, die sich heute eher an den Ergebnissen der Außenhandelsbilanz bemisst.

ARNULF BARING: *DER UNBEQUEME*
Auf dem Hamburger SPD-Parteitag 1977 stellte Brandt rückblickend die rhetorische Frage, wo die Gesellschaft inzwischen stünde, wenn die SPD seinerzeit »nicht mutig genug gewesen wäre, die Generation der Unrast von 1968 in ihre Reihen, in ihre Debatte aufzunehmen«. Viele der Besten unter den jüngeren Menschen wären vermutlich in eine geistige Wüste geraten, hätte die Sozialdemokratie sie nicht als kritische, unbequeme Mahner und Anreger willkommen geheißen. Dies sei ein wichtiger Beitrag zur Stabilisierung der deutschen Demokratie gewesen.
Bevor es so weit kam, gründete Günter Grass 1968 eine Wählerinitiative aus Schriftstellern, Professoren und Publizisten, der ich mich als SPD-Mitglied und überzeugter Anhänger Brandts anschloss. Außerdem gehörten Günter Gaus, Eberhard Jäckel, Kurt Sontheimer und Heinz-Josef Varain der »Gruppe Grass« an. Grass hatte die Parole »Wir helfen Willy!« ausgegeben, und wir waren fest entschlossen, der SPD und besonders Willy Brandt zur Vormacht im Land zu verhelfen. Die Treffen fanden in Grass' Haus in der Niedstraße in Berlin-Friedenau statt, in einer kargen Bohèmeatmosphäre. Die Wohnräume ähnelten mehr einer Studentenbude als dem Domizil eines weltberühmten Schriftstellers. Wir hatten viel Spaß daran, Versatzstücke für Brandt-Reden zu entwerfen, eher Sprüche als Thesen, eingängig und bildhaft. Gut gelaunt disku-

tierten wir, erfanden Slogans, verwarfen aber auch viele wieder, weil wir berücksichtigen mussten, was zu Brandts Diktion, seinem Naturell, seiner Persönlichkeit passte. Wenn jemand eine gute Idee hatte, geschah das mit dem Impetus: Das wird Brandt freuen, das ist genau das, was er eigentlich immer sagen wollte!

An diese Treffen denke ich gern zurück, denn es ging sehr heiter und gesellig zu. Grass, der bekanntlich sehr gut kochte, servierte uns deftige Eintöpfe und stellte nach dem Essen gern einen Schnaps auf den Tisch. Wir waren eine lustige, lebhafte Runde, mit vielen begabten Köpfen und einem ausgeprägten literarischen Stilbewusstsein.

Ich war erstaunt, als ich später in *Tagebuch einer Schnecke* las, er empfinde mich als Sprudelkopf, weil ich so undiszipliniert zwischen verschiedenen Themen hin und her spränge. Ich empfand das damals als falsch, obwohl mir meine jüngste Tochter Anna heute das Gleiche vorwirft.

Grass hatte die Neigung, politische Stellungnahmen ohne Absprache mit unserer Gruppe allein zu veröffentlichen und im Nachhinein von uns zu erwarten, dass wir sie uns zu eigen machten. Oft sagten wir: »Günter, es kann nicht sein, dass du irgendetwas erklärst, dem wir dann nachträglich zustimmen müssen. Wir sind doch nicht deine Trabanten!«

In besagtem Tagebuch hat Grass eine reichlich sarkastisch klingende Bilanz dieser Runden protokolliert. Darin heißt es: »Sobald Sontheimer, Baring, Gaus, Jäckel d. Ä. und ich auf Ehmke und Eppler (die beide Minister sind) stoßen, beginnen sich schon oder bald Vierzigjährige mit Worten einzureißen, wobei jeder im anderen seinen eigenen, klapprig gewordenen Pragmatismus erkennt und verschrotten will ... Kein Glaubensartikel, den Gaus nicht in Whisky ersaufen ließe. Keine These, der Sontheimer nicht einen Vorbehalt abgewönne ... Es saßen noch andere am langen Tisch: versuchsweise nützlich. Keine Helden; nur die Versammlung der Vierziger. Sie vermessen sich mit dem Interesse und Pathos berufsmäßiger Leichenbeschauer, bald gelangweilt von so viel Vernunft.« Über Gaus hieß es unter uns: »jeder hat einmal recht, Gaus zweimal.«

Für einen Schriftsteller war Grass politisch urteilsstark, aber für einen politischen Intellektuellen eher nicht. Ihm fehlte das nachdenklich Abwägende. Er zweifelte nicht am Sieg Brandts. Er glaubte nach dem Wahlerfolg, Kulturattaché in Warschau werden zu können – Willy Brandt werde das schon bewerkstelligen. Das schätzte Grass falsch ein.

Von Beginn an stand das Verhältnis zwischen dem 1913 geborenen Willy Brandt und dem 14 Jahre jüngeren Günter Grass im Zeichen der nationalsozialistischen Vergangenheit. Es begann am 5. September 1961, keinen Monat nach dem Bau der Mauer. Der 34-Jährige, durch den literarischen Welterfolg der *Blechtrommel* bereits berühmte Autor, traf Berlins damaligen Regierenden Bürgermeister Brandt zusammen mit einigen Schriftstellerkollegen – unter ihnen Hans Werner Richter, Martin Walser und Uwe Johnson – in der Senatskanzlei. Brandt suchte den Kontakt zu Schriftstellern, weil er ihre Deutungsmacht im öffentlichen Diskurs erkannt hatte und nutzen wollte. Besonders gern tauschte er sich mit jenen aus, die sich kritisch mit dem Dritten Reich auseinandersetzten.

Unsere Gruppe Grass war ausgesprochen produktiv. Im Februar 1968 arbeiteten wir für den SPD-Vorsitzenden Brandt einige Formulierungsvorschläge aus als Anregung für seine Parteitagsrede zum Thema Jugend. In dem Papier hieß es: »Jugend ist kein Verdienst. Alter ist kein Verdienst ... Die Selbstherrlichkeit der jungen Leute ist ebenso töricht wie die Besserwisserei der Alten.« Die Kritik der Jugend bezeichneten wir als das »Salz in der Suppe« und betonten, wir wollten keine »salzlose Suppe löffeln«, uns andererseits auch nicht »die Suppe versalzen lassen«. Tatsächlich fand sich die Mehrzahl solcher Sätze nahezu wörtlich in Brandts Nürnberger Rechenschaftsbericht im März 1968 wieder.

Unsere Gruppe verlor kein Wort über die FDP, verschwendete keinen Gedanken an diese Partei; die Bündnisfrage, die Bedeutung der Liberalen erschienen nicht auf unserer Rechnung. Die gesamte Aufmerksamkeit richtete sich auf die rebellische Jugend, die außerparlamentarische Opposition und den benachbarten linken Rand der SPD. In Berlin hatten wir kurz zuvor gerade die eindrucksvoll makabre Vietnamdemonstration erlebt und mit Beklommenheit den wandelnden Wald roter Fahnen an uns vorbeiziehen sehen. Am Tag danach beschwor Günter Grass Willy Brandt in einem Brief, er solle Klaus Schütz, den Regierenden Bürgermeister Berlins, davon abbringen, die von diesem beabsichtigte Gegendemonstration der Berliner Bevölkerung gegen die Studenten zu unterstützen. »Unverbindliche (wenn auch noch so gut und ehrlich gemeinte) Verniedlichungen des Drucks, den diese Demonstration bewegt hat, sind nicht länger zulässig.« Grass unterlag – die Großkundgebung »Berlin steht für Freiheit und Frieden« vor dem Schöneberger Rathaus am 21. Februar 1968 fand statt, nicht als »Aufklärungsstunde in Demokratie«, sondern genauso, wie Grass befürchtet hatte: als teilweise handgreifliche Auseinandersetzung. Brandt, der sich der kritischen Situation im eigenen Lager bewusst war, bedankte sich im Mai 1968 in einem Brief an den Politikwissenschaftler Kurt Sontheimer, damals der Sekretär unseres Kreises, und fügte hinzu: »Ich hoffe sehr, dass wir die Kraft haben werden, die Krise unserer Partei ins Positive zu wenden und dadurch auch wieder das Ohr vieler zu finden, die sich uns heute verschließen.«

NILS MINKMAR: *DER ZIRKUS*
Während der Diskussion greift sich Steinbrück den Band der Grass-Werkausgabe, blättert kenntnisreich zum Anfang des Buches und findet, was er sucht, auf Seite 32. Er nennt es »eines der schönsten deutschen Gedichte«. Es ist das Ermutigungsgedicht des Autors an den Sohn Franz: »Später mal, Franz, wenn du enttäuscht bist ...« Im *Tagebuch einer Schnecke* dokumentiert Grass einen Wahlkampfeinsatz für Willy Brandt im Jahre 1972. Er hält Reden, Pressekonferenzen, versammelt Künstler, kocht und fährt im VW-Bus durch das Land. Doch es findet sich auch ein persönlicher Strang, das Ende der Ehe. Und es gibt eine Episode, die den damaligen Lesern unverständlich geblieben sein muss, weil sie mit der SS-Mitgliedschaft des Autors zu tun hat. In dem Gedicht jedenfalls kreuzen sich die Kraftlinien von Grass' wundervollem Buch: Das sozialdemokratische Standardmotiv des in und an der Welt leidenden Sisyphos, die Arbeit an der Optimierung der Welt und das Scheitern darin und die komplizierte private Situation des wahlkämpfenden, also reisenden Vaters. Steinbrück kann es auswendig. Doch er weist nicht bloß darauf hin, begnügt sich nicht damit, eine, die letzte Zeile aufzusagen, er nimmt sich das Buch und rezitiert das Gedicht vollständig. Das ist ein Erlebnis.

SIGMAR GABRIEL: *BRIEF AN GÜNTER GRASS*
Lieber Günter Grass, / hiermit möchte ich mich auch auf diesem Wege noch einmal herzlich dafür bedanken, dass Sie die SPD und unseren Kanzlerkandidaten Peer Steinbrück im Bundestagswahlkampf in den letzten Monaten so tatkräftig unterstützt haben. Dass Sie sich engagierten, wiegt umso mehr, als es dieses Jahr alles andere als einfach war, öffentlich Stellung für eine Partei zu beziehen. Viele Medien hatten sich schon früh gegen die SPD festgelegt. Unsere besseren Argumente konnten sich trotz der vielen überzeugenden Auftritte von Peer Steinbrück nicht so durchsetzen, wie wir uns das gewünscht haben.

Natürlich haben wir uns als SPD einen deutlicheren Zugewinn und – damit verbunden – einen klaren Politikwechsel mit SPD und Grünen gewünscht.

Aber sicher ist: An Ihrem sehr sichtbaren Engagement, am Engagement von zahlreichen Persönlichkeiten aus Film, Fernsehen, Literatur, Musik und Wissenschaft, lag es nicht. Vom gemeinsamen Politikwechselabend von SPD und Grünen über unser SPD-Bürgerfest anlässlich unseres 150. Geburtstages am Brandenburger Tor oder Ihrer zahlreichen Begleitung zum TV-Duell bis hin zu zahlreichen Begegnungen, Auftritten, Aufrufen und Anzeigen (u. a. der dankenswerten Initiative von Klaus Staeck): Sehr viele von Ihnen waren an vielen Stellen beteiligt und haben selbstbewusst demonstriert, welche Meinung und Haltung Sie haben.

Noch ist völlig offen, wie aus diesem schwierigen Wahlergebnis eine Regierungsbildung erfolgt. Doch klar ist für mich: Die grundsätzlichen Fragen, ob Deutschland sozial gerechter wird, wie Bildung gefördert und Kommunen besser ausgestattet werden, wie das Internetzeitalter politisch zu gestalten ist, wie wir die Finanzmarkt- und europäische Krise besser angehen, bleiben auf der politischen Tagesordnung ganz oben – und damit in der politischen Diskussion. Ebenso wie kulturpolitische Aufgaben und Herausforderungen, z. B. die Künstlersozialversicherung zu stärken oder die kulturelle Vielfalt im Rahmen der Verhandlungen über ein Freihandelsabkommen zwischen der EU und den USA zu bewahren.

Mir liegt mit diesem Schreiben daran, Ihnen neben meinem persönlichen Dank für Ihr Engagement auch die Bitte zu übermitteln, auch in Zukunft im Kontakt und im Gespräch zu bleiben. Zwar ist derzeit noch nicht absehbar, wann wir wieder auf Sie zukommen werden. Aber ich darf Ihnen schon jetzt versichern, dass Sie weiter mit uns rechnen sollten, weil der Gewinn unserer zahlreichen Treffen und Zusammenkünfte in den vergangenen Jahren für mich persönlich, aber auch für die gesamte Sozialdemokratie von unschätzbarem Wert war und bleibt.

Noch einmal ein herzlicher Dank an Sie alle im Namen der gesamten Sozialdemokratie und für Sie persönlich alles Gute und weiterhin viel schöpferische Kraft, ohne die unser Land und unser Zusammenleben ärmer wären!

2014

ADONIS: *EINE SCHANDE*
Wenn der Westen ein ehrliches Interesse daran hätte, arabische Länder zu befreien, dann sollte der Westen in Palästina anfangen, wo die Menschen seit Jahrzehnten unterdrückt werden. Wenn in Deutschland aber ein Nobelpreisträger wie Günter Grass sein Wort erhebt und darauf hinweist, wird er sofort als Antisemit angeklagt. Was für eine Schande!

HANS CHRISTOPH BUCH: *FAHRLÄSSIGKEIT*
Tulla Pokriefke – nomen est omen – ist keine historisch verbürgte Person, sondern eine Figur aus dem Erzähluniversum von Grass, und ihre Wandlung von der Anarchistin zur Stalinistin wirft über im Text gestellte Fragen hinausweisende Probleme auf. Hier zeigt sich einmal mehr der fatale Hang des Autors, Extreme miteinander kurzzuschließen wie erst kürzlich in seiner als Gedicht getarnten Warnung vor Israels Atomrüstung, der gegenüber die iranische dann als kleineres Übel erschien. Mit Antisemitismus hat das nichts zu tun, wohl aber mit intellektueller Fahrlässigkeit.

FRANK SCHÄTZING: *ALTERSVERWIRRUNG?*
Wenn einer was mit »letzter Tinte« schreibt, sollte er sie nicht für solchen Murks verspritzen. Das fing schon mit der Gedichtform an. Warum diese bescheuerte Form? Aus dem ganzen Text trieft seine Eitelkeit, der konstruierte Drang: Ich muss das jetzt mal sagen! Dann graust er sich davor, Israel stünde mit seinen Atomwaffen in den Startlöchern, um den armen Iran zur Gänze plattzumachen. Hirnverbrannter Blödsinn. Vielleicht Altersverwirrung? Wirklich, es geht mir nicht darum, Grass als Person zu demontieren oder sein teils großartiges Werk infrage zu stellen. Ich verstehe bloß nicht, warum er das gemacht hat. Es war unnötig und platt. Auch wenn er das Gegenteil wollte, damit hat er den Stammtisch bedient.

ALEIDA ASSMANN: *AUFKLÄRUNGSABSICHTEN*
Was Günter Grass betrifft – letztlich moralisiert niemand stärker als die Medien! Sie durchkreuzen ständig ihre eigene Aufklärungsabsicht, weil sie ja von Skandalen leben. Dabei kann man aus Grass' Buch *Beim Häuten der Zwiebel* viel mehr über den Zweiten Weltkrieg lernen als aus dem so stark diskutierten Fernsehdreiteiler *Unsere Mütter, unsere Väter*. Seine Flakhelfergeneration ist für uns interessant, weil diese Menschen nach dem Krieg unter 20 waren und ihr Leben noch einmal neu anfangen konnten. Viele von ihnen haben die Konsequenzen aus ihrer Erfahrung gezogen, die Künste und Wissenschaften erneuert, aktiv die Demokratie aufgebaut. Von ihrer Vergangenheit allerdings haben sie nie geredet, erst jetzt sind viele von ihnen bereit, ihr Schweigen zu brechen.

PER LEO: *FLUT UND BODEN* (ROMAN)
Doch jetzt? Jetzt hört niemand mehr auf ihn. Wie lange denn schon? Seit 1945 vielleicht? Nein, mit dem Dritten Reich mochte eine Welt eingestürzt sein; doch knapp zwei Jahrzehnte später geschieht etwas viel Schlimmeres. Nun beginnen auch die Fundamente zu wanken. Plötzlich erlauben sich die jungen Leute das Gleiche, was er sich als junger Mann erlaubt hat. Aber ohne moralischen Kompass! Sie denken an nichts als ihr Vergnügen, machen sich größer, als sie sind, vergessen ihre Herkunft – und lesen Günter Grass. Günter Grass!

ULLA HAHN: *SPIEL DER ZEIT* (ROMAN)
Mann, das glaubst du doch selbst nicht, dass ein Buch besser wird, je mehr Leute es lesen. Denk an Goethes Schwager, der hat mit seiner Räuberpistole *Rinaldo Rinaldini* mehr verkauft als Goethe in seinem ganzen Leben. Und heute ... Böll, Grass, Simmel, Lenz. Wissen wir ja seit ein paar Jahren, wenn wir die Bestsellerliste im *Spiegel* sehen.

GERHARD HENSCHEL: *BILDUNGSROMAN* (ROMAN)
Weshalb hatte man von diesem Autor in der Schule nichts gehört? Man war mit Böll und Grass und Frisch und Dürrenmatt und Enzensberger abgefüttert worden, den größten Langweilern des Erdenrunds, aber um auf Arno Schmidt zu kommen, mußte man in eine Universitätsstadt ziehen, sich in »LiLi« einschreiben und einem Geheimtip folgen!

HEINZ RUDOLF KUNZE: *MANTEUFFELS MURMELN* (ROMAN)
Lange fettige Haare. Stinkfüße in Birkenstocksandalen. Fusselige Vollbärte mit Müslikrümeln drin. Und Atomkraftneindankestikker auf den körnerbebröselten Parkas. In der Hand eine dermaßen verstimmte Gitarre, daß selbst dem frühen Bob Dylan innerhalb weniger Minuten die Mundharmonika verrostet wäre.

Nein, die Rede ist nicht von Günter Gauck, äh, Grass, sondern von vielen Plänkelsängern aus der Gründerzeit in den 70er Jahren, als Grass noch gern gesehener und nicht nur zähneknirschend ertragener SPD-Wahlkämpfer war, die Welt in Lager aufgeteilt und Gut und Böse angeblich noch einfacher erkennbar.

Doch, die Rede ist von Günter Grass. Heute ist alles schwieriger geworden. Auch für ihn. Dem Blechtrommelwirbler war offensichtlich der Wirbel um seine letzten zirka zwanzig Bücher nicht groß genug, und er wollte mal wieder auf die ganz große Pauke hauen. Das ist ihm gelungen.

Die sogenannten gemäßigten Parteien sind pflichtschuldigst entsetzt, und Beifall gibt es nur von den Linken, was in Ordnung ist, und vermutlich von den Nazis, was nicht in Ordnung wäre. Aber er nimmt es in Kauf. Was tut man nicht alles als Ex-Zampano mit Sterbensangst vor dem Liebesentzug.

Natürlich ist Günter Grass kein Antisemit. Das zu behaupten ist hysterisch und böse. So ein Schlag unter die Gürtellinie des hierzulande unverdächtig Sagbaren trifft immer und tut immer weh. Grass hat weder die Juden noch Israel diffamiert, sondern auf eine Gefahr hingewiesen, ohne die Gefahr, die vom Iran ausgeht, zu unterschlagen oder zu verharmlosen.

Das Schlimme ist: Grass ahnt, daß er bis auf wenige Werke immer überschätzt wurde. Er ist ein mittelmäßiger Autor, ein Verharmloser der Wortkunst. Und er will noch mal ins Rampenlicht. Er will gewissermaßen aufrecht in den Stiefeln sterben. Und nein, es sind keine SS-Stiefel. Der Nobelpreis für Günter Grass war wie ein Grammy für Semino Rossi. Das ist das Problem. Seins.

HELMUT KRAUSSER: *NOBELPREISTRÄGER*
Böll, Grass, Jelinek, Herta Müller – was haben uns die bekifften Stockholmer Opas damit angetan? Und das hat tatsächlich normative Kraft!

SIEGFRIED LENZ: *MEIN LIEBLINGSBUCH?*
Ich muss zurückgreifen auf frühe Erfahrungen. William Faulkner, mehrere Bücher von William Faulkner. Und Günter Grass – *Die Blechtrommel*.

HEIKE DOUTINÉ: *DIE RÄTTIN*
Noch heute halte ich *Die Rättin* für *das* herausragende Buch (im Vergleich zu allem, was Lenz, Böll, Walser etc. je geschrieben haben). Die Verrisse damals waren *unerträglich* – und wenn man an die Klimakonferenz der Experten im März 2014 in Osaka denkt – »Die Apokalypse *hat* begonnen« –, bestätigt dieses »Ergebnis« (keine Warnung mehr!!) umso mehr die aufrechtgehende weiße Schweden-Ratte/Rättin als »Zukunftsüberlebende«. Wir gespenstern uns näher und näher...

FRIEDRICH SCHORLEMMER: *DIE GIER UND DAS GLÜCK*
Glück stellt sich ein, wo gerade das Wenige, das Kleine, das Unscheinbare als beglückend, tief, befriedigend erfahren und wahrgenommen wird. Mit Günter Grass *Grimms Wörter* abschmecken und der Enkeltochter Miriam das Märchen *Frau Holle* vorlesen, Wort für Wort genau.

HERMANN PETER PIWITT: *LEBENSZEICHEN*
Und G. Grass? Ich weiß nicht. Es war freundlich von ihm, mir anzubieten, den Schutzumschlag meines ersten Buches zu gestalten. Zu anderen war er rechthaberisch und ungerecht. Mehr als die ersten zweihundert Seiten der *Blechtrommel* hab ich nie von ihm lesen können. Er war eine sehr produktive Mischung aus Krämer und Erdgeist; vergleichbar jenen ›Venezianern‹, die, in alten Sagen, seinerzeit im Harz mit Erfolg Gold gesucht und gefunden hatten.

KLAUS HARPPRECHT: *SCHRÄGES LICHT*
Der Dichter Grass freilich war (zu dessen Kummer) so gut wie nie im Palais Schaumburg zu sehen. Über seine Vorschläge, vor allem die verrückten, hatte ich mit ihm telefonisch, manchmal auch von Angesicht zu Angesicht zu verhandeln – nicht immer das schiere Vergnügen, denn der Mann mit dem dicken Schnauzbart und den Kalmücken-Augen war sozusagen aus Grundsatz beleidigt, zumal als ich ihn [1973] bat, bei einem geplanten Moskau-Besuch auf die Verabredung mit einigen Dissidenten zu verzichten, einem dringenden Wunsch des Botschafters folgend, der andeutete, daran könnten seine Gespräche über eine mögliche Ausreise der Protest-Autoren scheitern. Grass wollte davon nichts hören. Er werde sich von uns nicht vorschreiben lassen, wen er sehe und wen nicht. Er wollte nicht verstehen, was auf dem Spiel stand. Sein Ego ließ es nicht zu.

ELMAR FABER: *VERLOREN IM PARADIES*
Ach ja, Günter Grass. Es war eine lange Geschichte. Er sollte Aufbau-Autor werden, dreißig Jahre lang. Erst 1990 war es gelungen. Da erschien sein deutsches Trauerspiel *Die Plebejer proben den Aufstand* im Berliner Haus in der Französischen Straße. 1961 hatte ich ihn das erste Mal gesehen, als ihn Hans Mayer in den Hörsaal 40 der Leipziger Universität holte und ihn aus der *Blechtrommel* und aus seinen Gedichten lesen ließ. Mayer, der gefeierte Professor, erkannte in Grass von Anfang an einen der begabtesten und interessantesten deutschen Erzähler. Als literarischer Mentor des Verlages Rütten & Loening hatte er das Buch zur Veröffentlichung

in der DDR empfohlen, war aber auf frostige Zurückhaltung gestoßen, weil jemand der Kulturbürokratie eingeflüstert hatte, es würde sich um ein obszönes Buch handeln. Zudem würde die Hauptfigur des Romans neben den faschistischen Aufmärschen auch die kommunistischen Ansammlungen »zertrommeln«. Der Roman war 1959 erschienen und neben Uwe Johnsons *Mutmassungen über Jakob* das literarische Ereignis des Jahres. Den heimlichen Vorwurf des Antikommunismus, der sein Erscheinen auf DDR-Seite begleitete, untermauerte nach Ansicht der DDR-Politik der Text *Die Plebejer proben den Aufstand*, der 1966 erschien und mit dem 17. Juni 1953 ein Menetekel heraufbeschwor, das man nur zu gern vergessen wollte. Die Bemühungen von Rütten & Loening und seit 1964 der Aufbau-Gruppe, Grass ins Verlagsboot zu holen, standen unter einem dunklen Stern, konnten aber den Verlag nicht davon abbringen, sich um Grass zu kümmern, auch wenn der vielleicht das wenigste davon wahrnahm. Der Verlag verfolgte das Wachsen seines Werkes mit ungebrochenem Interesse und mahnte in regelmäßigen Abständen bei der Hauptverwaltung Verlage und Buchhandel die Inverlagnahme von Grass an, denn schließlich war eine Druckgenehmigung dazu notwendig. Die sogenannten Optionskarten, die das Interesse flankierten, waren im Ministerium längst eingesteckt.

Es war ein bleibender Streit zwischen Verlegern und Lektoren auf der einen Seite und der Politik auf der anderen, daß Literatur und Kunst sich nicht allein nach Stoff und Heldenwahl beurteilen ließen und ob oder wie sie Gesellschaftspolitik illustrierten, sondern daß mehr dazu notwendig war, sie zu beurteilen. Form und Farbe, Sprache und Ästhetik mußten mit ins Spiel. Argumente und Beunruhigungen wechselten die Fronten. Wenn literarische Argumente zur Hinhaltung des Verlagsbegehrens nicht ausreichten, wurde die politische Karte gezogen. Deutschland war ein gespaltenes Land. Die Bundesrepublik war kapitalistisches Ausland, Grass war »ausländische« Literatur. Man konnte sich totlachen, übersah aber im Verlag die Konsequenz dieser Auslegung. Grass sollte an den Rand gedrückt werden. Wenn er in der DDR erscheinen sollte, gehörte er nach Ansicht der Politik nicht ins literarische Flaggschiff der DDR für deutsche Literatur, als das der Aufbau-Verlag galt, sondern irgendwo anders hin, am besten in die Provinz.

Ich habe mich immer als souveräner Verleger gefühlt, der seine Interessen durchsetzen konnte, und als einer der mächtigsten in der DDR galt ich auch, was vielleicht mit dem gesprochenen Wort und mit den Funktionen zu tun hatte, die ich nebenher begleitete, als Chef des Verleger-Ausschusses und stellvertretender Vorsteher des Leipziger Börsenvereins. Umso entnervender war es, als ich durch den »Buschfunk« erfuhr, daß offenbar hinter meinem Rücken Entscheidungen getroffen worden waren, die allen Vorabsprachen zuwiderliefen. Ich rief am 1. Februar 1984 den zuständigen stellvertretenden Kulturminister Klaus Höpcke an, um mich nach dem Wahrheitsgehalt der Gerüchte zu erkundigen. Er bestätigte die heimlichen Entschlüsse. Ich war betroffen. Ich schrieb ihm am 2. Februar 1984 einen Brief, in dem ich »ein paar editionspolitische Prinzipien und Gesichtspunkte unserer Literaturpolitik« zur Geltung brachte. Ich ließ ihn wissen, daß der Entscheid an keiner Stelle als Verdienst hochstilisiert werden konnte, Grass endlich in die Literaturlandschaft der DDR einzubringen. Dem langjährigen und zielstrebigen Bemühen des Aufbau-Verlages gegenüber, den Autor und sein Werk zu betreuen, war es eine Blasphemie. Man erkannte auch sogleich die Absicht der Zersplitterung. Die Intention des Aufbau-Verlages, die Erzählungen *Katz und Maus* sowie *Das Treffen in Telgte* in einem Band herauszubringen, um Geschichtsbild und Entwicklung des Autors über zwanzig Jahre hinweg deutlich zu machen, wurde zerstört. 1984 erschien *Katz und Maus* in der *Spektrum*-Reihe von Volk und Welt, erst 1987 *Das Treffen in Telgte* bei Reclam Leipzig. *Die Blechtrommel* 1987 wiederum bei Volk und Welt. Nach der Wende schmückten sich die »Betroffenen«, auf die Grass durch Staatsverteilung wie ein Heiligenschein niedergeschwebt war, mit einer Legende, voran der kurzfristige Nachwende-Leiter des Verlags Volk und Welt in Berlin. Und Hans Marquardt, der Freund, der fünfundzwanzig Jahre lang den Leipziger Reclam-Verlag leitete, von dem, einem halbprivaten Unternehmen, ich als Aufbau-Verleger treuhänderisch 51 Prozent der Gesellschaftsanteile verwaltete, strotzte vor Selbstachtung, als er mir in der Rechenschaftslegung für das Jahr 1987 das *Treffen in Telgte* als besonderen Sieg der Reclam'schen Verlagspolitik vorstellte.

MARLENE STREERUWITZ: *NACHKOMMEN* (ROMAN)
Im Foyer wurde Platz gemacht. Zurückgetreten. Günter Grass kam daher. Sie erkannte ihn nicht gleich. Hatte ihn sich größer vorgestellt. Es war zuerst nur klar, dass dieser Mann da die wichtige Person war. Alle wandten sich an ihn. Er bildete den Mittelpunkt der Bewegung. Er wurde im Gehen fotografiert. Blitzlichter. Zwei Kamerateams nahmen auf. Er war von Personen umgeben. Sie konnte ihn gleich nicht mehr sehen. Die Reihen vor der Bühne schlossen sich. Alle drängten an den Rand zur Bühne vor. Der Moderator sagte Günter Grass an. Der stieg die Stufen hinauf. Es gab Applaus. Es gab Buhrufe.

JAMES MAGNUSON: *FAMOUS WRITERS I HAVE KNOWN* (ROMAN)
Erst als ich alle Vorsicht über Bord warf und Günter Grass' Sekretärin erzählte, dass ich Steven Spielberg sei und *Katz und Maus* verfilmen wolle, kam es schließlich dazu, dass ich zu einem lebenden Autor vorstieß.
Günter hätte nicht netter sein können. Die erste Äußerung aus seinem Mund war, wie sehr *E. T.* immer einer seiner Lieblingsfilme gewesen sei.
»Aber *Katz und Maus* wird schwer zu verfilmen sein.« Der Akzent des Mannes ließ ihn wie einen Türsteher in einer knallharten Bar klingen. »An wen haben Sie für die Rollenbesetzung gedacht?«
»Die Schauspieler, mit denen ich gesprochen habe, sind Leonardo DiCaprio und Tobey Maguire.«
»Ja?«
»Leo liebt das Buch. Und nach *Titanic* wird es ein großartiger Richtungswechsel sein. Wie wäre es, wenn ich Leo dazu brächte, Sie anrufen?«
»Ich würde mich geehrt fühlen.«

LUDWIG FELS: *DAS ERSTE TREFFEN MIT GÜNTER GRASS*
Günter Grass sah ich zum letzten Mal vor ein paar Jahren in Greifswald, aber nur aus der Ferne. Zum ersten Mal sah ich ihn vor ca. 100 Jahren im Garten seines Hauses in Berlin. Es gab da eine Sendung des ORF, in der ein namhafter Autor, also in diesem

Fall G. G., einen jungen, unbekannten Autor vorstellen durfte. Ich sprach damals nur fränkischen Dialekt und hatte ein paar Gedichte geschrieben und war vollkommen fertig von der Kamera und der Präsenz seiner Person und ich weiß eigentlich nur noch, daß er ein paarmal sagte, ich müsse einen Roman schreiben. Und als ich ihm sagte, ich sei schon froh, Gedichte schreiben zu können, sagte er, wer Gedichte schreiben könne, könne auch einen Roman schreiben. Gott sei Dank habe ich ihm damals geglaubt – und mich getraut! Daß ich seine Gedichte mochte, versteht sich von selbst.

HANS BENDER: *GÜNTER GRASS*
Er zeichnet, malt, radiert.
Hat als Steinmetz sich
ausgewiesen. Er selbst
könnte sein Denkmal meißeln.

MANFRED JURGENSEN: *HOMMAGE FÜR G. G.*
Über deine Wörter streiten sich Fernseh-Köche.
Wenn ich dich lese, brennt mir die Zunge,
und ich bekomme Hunger auf mehr.

Als ich zum Fürchten in die Pilze ging,
folgten mir deine Rezepte
und der würzige Biss des Gesagten.

Es stimmt: deine Küche war scharf. Es zischte
in den Pfannen und dampfte in den Töpfen.
Endlich konnte wieder gegessen werden.

Dafür wollte ich mich bei dir bedanken.

Heute sind wir beide nicht mehr jung, doch
den Appetit hab ich nicht verloren.
(Nur dünne Suppen kann ich nicht verkraften.)

Ungläubig wurdest du schon bevor man versuchte,
dich mit dem Wein eines gewissen Jahrgangs zu verspeisen.
Ich bin beim Abschmecken hungrig geblieben.

Drum, wenn ich darf, möchte ich weiter essen,
ohne mich mit dem Mittagstisch zu zanken.
Allein konnte ich Deutschland nicht vergessen.

Auch dafür wollte ich mich bei dir bedanken.

GÜNTER HERBURGER: *FREUNDSCHAFT UND HILFE*
Als wir Anfang der sechziger Jahre in Berlin mit Kleinkind ankamen, wohnten wir zuerst im Haus von Hans Magnus Enzensberger, der bei seiner Dagrun in Norwegen war. Dann wohnten wir lange Zeit im Haus von Günter Grass, bis Uwe Johnson eine Wohnung für uns gefunden hatte.

2008 kamen wir mit einer behinderten Tochter, für die wir in der Großstadt mehr Chancen sahen, in Berlin an und hatten kein Geld. Grass schenkte uns sofort ein paar tausend Euro und ließ uns monatlich das ganze Jahr über ein paar hundert Euro überweisen.

Freundschaft und Hilfe von Günter sind einzigartig, ein Heil.

2015

Daniel Kehlmann: *Kommt, Geister*
In jedem Film mit Peter Alexander gibt es eine Musikeinlage für die jungen Leute. Von irgendwem wird etwas Flottes gefordert, etwas Modernes, und sogleich tanzt man mit wackelnden Knien und schwingenden Hüften, und dazu spielt eine Band – nein, natürlich nicht Rock 'n' Roll oder Jazz, sondern deutsche Schlagermusik, aber der Sänger, manchmal Peter Alexander selbst, manchmal Gus Backus oder Bill Ramsey, trägt immerhin den deutschen Text mit amerikanischem Akzent vor und ruft zwischen den Strophen »Hey«, »Oh« und »Yes«. So sieht für die Zwecke der deutschen Komödie Wildheit und Jugend aus, so die große Welt, die man für vier Minuten hereinlässt. Und ist die gespenstische Einlage vorbei, geht der Film weiter, als wäre nichts geschehen.

Vor einiger Zeit, Günter Grass hatte gerade sein Gedicht über die israelische Außenpolitik veröffentlicht, geriet ich mit Amerikanern, die Deutsch können und das Land gut kennen, in eine Diskussion: Was für ein albernes Gedicht, wurde da gerufen, welch ein Wichtigtuer, und überhaupt, immer dieses Politikergehabe, das Moralisieren! Mir schien das alles nicht falsch, aber plötzlich aufsteigende Erinnerungen an die Samstagnachmittage meiner Kindheit in Wien, als es nur zwei Fernsehprogramme gab, von denen eines bloß ein buntes Ding namens *Testbild* zeigte, sodass man dankbar ansah, was immer auf dem anderen geboten wurde, ließen mich das iPad hervorholen.

»Ihr glaubt, ihr versteht Deutschland. Aber ihr wißt nichts, wenn ihr das nicht kennt.« Und ich tippte *Peter Alexander* und wählte den ersten Film, den YouTube mir anbot: *Peter schießt den Vogel ab*.

Nach fünf Minuten wurde ich leise gebeten abzuschalten, nach sieben Minuten wurde ich laut gebeten abzuschalten, nach neun Minuten wurde mir Gewalt angedroht, und ich schaltete ab. Müde sahen wir einander an.

»Und das haben Leute gesehen?«

»Das war der beliebteste Entertainer Deutschlands. In den fünfziger Jahren, in den sechziger Jahren, in den siebziger Jahren und auch noch in den Achtzigern.«

Und auf einmal hatte keiner von uns mehr Lust, über die Gruppe 47 zu spotten: Wir hatten ihrem Anderen ins Gesicht gesehen, der Film gewordenen Verdrängung. Auf einmal mochten wir Günter Grass wieder. Auf einmal waren wir ihm dankbar.

JOACHIM LOTTMANN: *HAPPY END* (ROMAN)
Also, ich hatte den Namen erwähnt. Ich sei in einem Zustand wie der junge Günter Grass. In Wirklichkeit hatte ich nur daran gedacht, daß Grass nach seinem einzigen guten Roman ein halbes Jahrhundert lang partout ohne jede Inspiration weitergemacht hatte. Eine ungeheuerliche Frechheit. Aber alle haben mitgespielt bei dieser Kaiser-ohne-Kleider-Show. Seine Frau, seine Kinder, die Kritiker, Lektoren, Medien, Verleger, Käufer. Nur die Leser nicht, denn die in altertümelndem Deutsch verfaßten Fleißarbeiten waren unlesbar. Die Rache war dann genauso furchtbar. Als man endlich den Aktenvermerk fand, der seine Zeit als pubertierender Möchtegern-SS-Mann dokumentierte, wurde er medial gelyncht, wenn ich das einmal so sagen darf. Die ganze Wut der vielen gescheiterten Leseversuche, der für nichts oder wieder nichts vertanen Zeit, entlud sich nun. Egal. Reden wir nicht über einen, der es nicht wert ist.

GERHARD HENSCHEL: *KÜNSTLERROMAN* (ROMAN)
Seinen neuen Roman *Die Rättin* eröffnete Günter Grass mit dem Satz: / *Auf Weihnachten wünschte ich eine Ratte mir.* Schon faul.

THOMAS BRUSSIG: *DAS GIBTS IN KEINEM RUSSENFILM* (ROMAN)
Der nächste, den ich bei etwas erwischte, war Günter Grass, der Stifter des Döblin-Preises. Auf dem vermeintlich menschenleeren Flur zwischen Toilette und Saal goß er heimlich seinen Weißwein in einen Blumenkübel. Die Erderwärmung sei »eine apokalyptische Katastrophe«, aber wenn sie komme, dann habe es »wenigstens ein Gutes: In der DDR würden endlich vernünftige Weine wachsen können.« – Grass schien ständig einem mitschreibbereiten Publikum zu diktieren, er inszenierte sich unausgesetzt. Noch nie hatte ich

jemanden erlebt, der die Wiedergabe dessen, was er sagt und tut, pausenlos mitbedenkt.

Offensichtlich war Grass in den Plan eingeweiht, daß ich zum Olympiabotschafter gemacht werden sollte, aber nicht, daß dieser Plan während eines kurzen Meetings in der Herrentoilette fallengelassen wurde. Als ihn nämlich ein Journalist zur Berliner Olympiabewerbung befragte, antwortete Grass, indem er sich dem Westberliner Olympiabotschafter widmete, und dazu eine Stellenbeschreibung ablieferte, die wie maßgeschneidert für mich war. Nach diesem druckreifen Kurzinterview wandte sich Grass wieder mir zu.

Scheinbar zwanglos, dabei aber doch von einer Hölzernheit, wie es sich nie ein Prenzlauer-Berg-Dichter erlaubt hätte, brachte Grass das Thema erneut auf die Olympiabotschafter. Die Welt dürfe nach über siebzig Jahren wieder die Spiele dort ausrichten, wo sie einst nur ein propagandistisches Spektakel für die Vorbereitung des größten Menschheitsverbrechens waren, müsse ein Olympiabotschafter sagen. Weiterhin müsse ein Olympiabotschafter sagen, daß gemeinsame Spiele in der geteilten Stadt ein Signal des Friedens, aber auch ein Signal der Sühne seien, da Deutschland durch seine Verbrechen im Zweiten Weltkrieg auf ewig das Recht zur Einheit verloren habe. (Daß er so redete, mußte daran liegen, daß er Steinmetz gelernt hatte; bei ihm splitterten immer die Brocken. Ob er schrieb, redete oder stritt – egal.)

Sechs Wochen später wurden die Olympiabotschafter offiziell vorgestellt. Wie erwartet waren es Katarina Witt und Rosemarie Ackermann für Berlin-Hauptstadt; für Westberlin botschafteten Max Schmeling und – Günter Grass.

BEATE KLARSFELD: *ERINNERUNGEN*
Erst beim vierten Versuch bekam ich Günter Grass ans Telefon. Er musste noch am selben Tag zu einem Schriftstellerkongress nach Prag.»Ich wollte Sie bitten, an einer großen Versammlung teilzunehmen, die wir bald an der TU Berlin organisieren werden. Ich bin gerade in der Gegend und könnte eben bei Ihnen vorbeikommen.« Meine Mutter wohnte nämlich im selben Viertel, nahe beim Südwestkorso. Grass war einverstanden.

Zusammen mit Michel Lang, einem Gründungsmitglied des

Jüdischen Arbeitskreises für Politik, planten wir [1968] einen großen Kongress. Lang hatte dem SDS angehört, und der Arbeitskreis war spontan abseits der Jüdischen Gemeinde Berlin entstanden. Jüdische Stimmen fanden damals aufgrund der Schuldgefühle der Deutschen in der Bundesrepublik viel Gehör, und die Kritik junger Juden an Kiesinger hatte wahrscheinlich mehr Gewicht als jede Aktion der APO.

Die Niedstraße 13 in Berlin-Friedenau war eine Gründerzeitvilla mit einem zur Straße hin gelegenen Gärtchen. Das Gittertor stand weit offen. Die Fassade des Hauses war efeubewachsen. Günter Grass empfing mich und führte mich durch das sehr moderne Esszimmer auf einen Balkon, der durch eine hohe Hecke von der Straße abgeschirmt war. Es wurde schon dunkel, ich konnte sein Gesicht kaum erkennen. Er ließ mich kurz von unserem Vorhaben erzählen und sagte dann, vor Studenten rede er nicht gern, ihr Verhalten ihm gegenüber lasse seit einiger Zeit zu wünschen übrig. Als ich ihm erklärte, dass es sich um jüdische Studenten handelte, schien seine ablehnende Haltung zu bröckeln. Dann wandte er sich meiner Person zu und sprach von der Übersetzung eines meiner Artikel, die ich ihm geschickt hatte. Er riet mir, viel Deutsch zu lesen, denn ich käme aus der Übung, meine Sprache sei schon jetzt sehr französisiert. Man merke, dass ich im Ausland lebe und kein Deutsch mehr spreche. Alles in seinem Gebaren und seinem Tonfall verriet einen Mann, der sich seiner unleugbaren intellektuellen Überlegenheit bewusst war. Grass gehörte zu denen, die am meisten für ein verändertes Deutschland getan hatten. Sein literarisches Werk hatte wichtige Anstöße gegeben; es hatte die Jugend von vielen Tabus und kulturellen Zwängen befreit. Er war neben dem großen katholischen Schriftsteller Böll der bekannteste und meistdiskutierte lebende deutsche Autor, ein Bestandteil des deutschen Gewissens.

Als ich ging, hatte ich sein grundsätzliches Versprechen, an dem Kongress teilzunehmen.

Am 9. Mai kam ich ein paar Stunden vor Beginn des Kongresses, der sehr schwer zu organisieren gewesen war, in Berlin an. Mehrere Redner hatten vorsichtshalber abgesagt. Ich hatte meinen Redebeitrag mithilfe von Serge, der mich begleitete, gründlich vorbereitet. Die Mitglieder des Jüdischen Arbeitskreises hatten den Kongress auf Plakaten und Handzetteln überall in der Stadt angekündigt und verkauften unsere Kiesinger-Broschüre für 30 Pfennig das Stück. Lange vor Veranstaltungsbeginn drängten sich an die 3000 junge Leute im Audimax der TU, die meisten langhaarig und bärtig – ein romantisches Bild, das mich entzückte. Als Redner angekündigt waren Günter Grass, Johannes Agnoli, Ekkehart Krippendorff, Professor Jacob Taubes und Michel Lang. Die Rede von Günter Grass, der Kiesinger die schwerste moralische Hypothek Deutschlands nannte, begeisterte das Auditorium.

HANS-DIETRICH GENSCHER: *MEHR ALS EIN GROSSER POET*
Günter Grass, dem Jahrgangspartner, bin ich zuerst in seinen Büchern begegnet. Wer wird von dem, was er schreibt, nicht angerührt und nicht aufgerufen. Dass wir parteipolitisch miteinander nicht übereinstimmten, ist bekannt, und dass es so sein kann, ist für eine Demokratie selbstverständlich. Unvergessen meine Begegnung mit ihm im Jahr 1969 in Berlin am Tage der Wahl von Gustav Heinemann zum Bundespräsidenten. Wir begegneten uns in der Halle. Natürlich sprachen wir über die bevorstehende Wahl und ihren vermutlichen Ausgang. Ich sagte ihm, der neue Präsident werde Gustav Heinemann sein. Er bestritt dies entschieden und meinte, so viel Rückgrat und Mut traue er der FDP nicht zu. Ich versicherte ihm, er sollte uns nicht unterschätzen. Darauf Grass: Dass diese FDP eine solche Entscheidung nicht treffen werde, bleibe für ihn unumstößlich. Ich fragte ihn: Sind Sie einverstanden, im Falle der Wahl von Gustav Heinemann 10 Liegestützen vor mir zu machen? Darauf Grass: Das kann ich risikolos zusagen. Als wir uns nach vollzogener Heinemann-Wahl wieder begegneten, erklärte ich ihm: Sie sind hiermit begnadigt. Das ist die eine Seite. Die andere Seite sind die Briefe, die er mir schrieb. Da ging es um Menschen, die jenseits des Eisernen Vorhangs leben mussten und für deren Ausreise oder Haftentlassung er sich einsetzte. So ist er, der Nobelpreisträger, der diesen Preis aber nicht wie eine Monstranz vor sich herträgt, sondern Reputation und Würde des Preises nutzt, um Menschen in Not zu helfen.

VOLKER SCHLÖNDORFF: *DAS HERZ EINES ZÜRNENDEN GOTTES*
Da soll man nun was sagen oder schreiben, wenn der letzte und beste »väterliche Freund« einen ohne Vorankündigung verlässt. Und man es vor zehn Minuten erfahren hat. Reden kann ich eh nicht, weil ich mich erst mal im Wintergarten eingeschlossen und wie ein Schlosshund geheult habe. Nie hätte ich gedacht, dass es mich so treffen würde.
Warum tut diese Nachricht so weh? Millionen werden diesen Verlust ebenso empfinden: die »schweigende Mehrheit der Leser«, die ihm über ein halbes Jahrhundert treu gewesen sind. Sein großes Herz, aus seinen Texten sprach es; seine vielen Kinder, Enkel, seine Frauen, seine Freunde kannten es, in Liebe wie im Zorn. Es gab ihm etwas Allmächtiges, sogar in seinen eigenen Augen – was wir ihm liebevoll verziehen, ohne ihn für unfehlbar zu halten.
Anders war das mit der Öffentlichkeit. Da hatte er einen anderen Stellenwert. Päpstliche Unfehlbarkeit wurde ihm nicht zugestanden. Allenfalls, dass er »anders« war. Anders als man sich einen Schriftsteller, einen Deutschen, vorstellte. Und deshalb wiederum stellte er alle anderen in den Schatten. Er war die Stimme, auf die man hörte, im Inland wie im Ausland. Nicht Deutschlands Stimme, sondern die Stimme aus Deutschland, die die Welt aufhorchen ließ bald nach dem Krieg, an dem er, rühmlich oder unrühmlich, jedenfalls teilgenommen hatte. Er wusste, wovon er sprach, wenn er schrieb. Und er ahnte auch das Echo – meistens ...
Die Schreibmaschine war seine Blechtrommel. Er wusste sie zu nutzen. Zum Nutzen der Leser und unseres Landes. Denn natürlich war er ein Patriot.
Daran ändert die Tatsache nichts, dass er vielen als Nestbeschmutzer galt. Zuerst mitten im Hochgefühl des Wirtschaftswunders und des »Wir sind wieder wer«, als er ihnen (uns und sich) in der *Blechtrommel* Schuld zuwies und sie antworteten, sein Buch sei Pornographie.
Dann, als er, als Schlusspunkt seiner großen Romane, enthüllte, dass er sich als Siebzehnjähriger engagieren wollte für den »Endsieg«, an den er glaubte, und bei der Waffen-SS landete. Alle seine Leser und Freunde waren unter Schock. Nicht wegen der Tatsache selbst, sondern weil er sie so lange verheimlicht hatte. Ich ging so weit, zu glauben, der kleine Oskar in ihm, der Anarchist, der er

immer war, wolle das eigene Denkmal abreißen, um nie wieder von einem Sockel, von höherer moralischer Warte zu sprechen.

Zuletzt, als er vor zwei Jahren mit dem Gedicht über die israelische Atombombe überraschte. Wieder wurde er quasi ausgeschlossen aus der »guten Gesellschaft« und war sehr gekränkt. Das hatte er nicht erwartet: Antisemit geschimpft zu werden, er, der die deutsche Schuld so drastisch geschildert hatte. Er stellte mit Jacob Grimm fest: »Mein Warnen wird nur noch als Geunke wahrgenommen.«

Heute, vor dem Hintergrund der Kontroverse um den Atomvertrag zwischen Netanjahu und Obama, liest sich der Text ganz anders. Damals gab es eine im Grunde unkritische Einheitsreaktion. Um sie nicht anzuheizen, überließen wir, seine Freunde, das Parkett Henryk Broder und anderen, die wie immer nie ganz dumm, aber gehässig, eitel, wichtigtuerisch (wie Grass selbst manchmal) reagierten. Nur dass Grass ihnen etwas voraushat: Er hat sich sein Podest selbst erbaut.

Wie sehr er die deutsche Gesellschaft polarisierte, erlebte ich ein paar Tage später bei einem Abendessen. Der Unternehmer Rafael »Rafi« Roth hatte, aus völlig anderem Anlass, zu einem »Herrenabend« eingeladen, Charlottenburg, 22. Etage Penthouse, 3-Sterne-Koch, Pianistin, Weine von 1918 (!!!), Rothschild von 1981, Château Yquem, dazu folgende Riege: Schirrmacher, Joffe, Döpfner, Ringier, Karasek, Raue, meine Wenigkeit und der Gastgeber. Von vier Stunden wurden eine oder zwei über Grass gesprochen, noch eine über Israels Verteidigungsoptionen, der Rest der Zeit über E-Books und E-Zeitungen. Erstaunlich war, zu erfahren, von Döpfner glaube ich, dass die meisten Deutschen Grass zustimmten, nicht aber die veröffentlichte Meinung. Seit Gründung der Bundesrepublik, seit 63 Jahren, gab es ein Tabu: öffentliche Kritik an Israel und seiner Politik. Das war gebrochen mit dem Satz: »Was noch gesagt werden muss.«

Döpfner nannte GG »einen Machtmenschen, schon immer, auch in der SPD früher. Seine Strategie: erst Nobelpreis, dann Waffen-SS zugeben, jetzt Angriff gegen Israel/Juden. Alles vorgeplant.«

Schirrmacher hielt dagegen: »Nein, nicht ganz so! Waffen-SS hat er uns im Interview damals zugegeben, zwar vielleicht, um Enthüllungen zuvorzukommen, die imminent waren, aber immerhin.«

Grass fühle sich aber so gedemütigt durch die Vorwürfe damals (Lügner, SS-Mann), dass er jetzt mit diesem Israel-Atombomben-Gedicht Gelegenheit gesehen habe, den Spieß umzudrehen. Seinerseits die anzugreifen, die ihn angegriffen hatten. Sein Vokabular verrate ihn: »Fußnote der Geschichte« habe Knobloch beim Merkel-Besuch gesagt, worauf diese »die Staatsräson« einbrachte. Das habe Grass gestunken, deshalb die Retourkutsche.

Bei all dem hab' ich geschwiegen, nur gegengehalten, dass er kein Antisemit sei. In den über 37 Jahren, die ich ihn kannte, habe er sich nie auch nur missverständlich zu Juden geäußert, auch nicht zwischen den Zeilen; er sei nie ein Holocaust-Leugner gewesen, im Gegenteil sei fast sein ganzes Werk eine Auseinandersetzung mit der deutschen Schuld; als Schriftsteller habe er in der *Blechtrommel* und *Hundejahre* wunderbare jüdische Charaktere geschaffen ... Eisiges Schweigen. Ich brach ab und erinnerte an Reisen mit ihm, in Asien, in Arabien und in den Vereinigten Staaten, natürlich, und ich habe mich erinnert, was er oft für ein furchtbarer Ideologe war, zu ungeduldig, um erst mal hinzuschauen oder zuzuhören, oft angereist mit fertiger Meinung im Kopf. Ich dachte an die peinliche Auseinandersetzung beim PEN mit Saul Bellow, der Amerika nun wirklich aus Erfahrung kannte.

Sooft er über das Ziel hinausgeschossen ist, ein pathologischer Charakter, ein vergreister, altersstarrer Rechthaber war er nicht. Eher ist er milder und zurückhaltender geworden, mit Freund und Feind, auf Aussöhnung bedacht, seit er selbst so viele Verletzungen erfahren hatte. In der letzten Zeit bewunderte ich ihn noch mehr als damals bei seinen großen Kämpfen, nur stand er für mich auf keinem Sockel mehr, er war kein Denkmal mehr, sondern durch und durch Mensch. Nur als solchen will ich ihn erinnern.

Je länger ich ihn kannte, je enger unsere Freundschaft wurde, umso ferner rückte der »öffentliche« Grass. Es gab zwar nur zwölf Jahre Altersunterschied, die immer kürzer schienen, je älter wir wurden. Doch was uns trennte, immer mehr, war der Zweite Weltkrieg. Zwar sind wir beide vor dem 1. September geboren, doch war ich bei Kriegsende ein sechsjähriger Junge, der die Amerikaner als Befreier durch den Taunuswald kommen sah, Günter Grass dagegen war Soldat (der Waffen-SS, was er auch mir nie gesagt hat) und in den »Rheinwiesen« Kriegsgefangener der Amerikaner, die an uns Schokolade verteilten, während sie ihn hungern ließen. Unsere Weltbilder sind vollkommen verschieden.

Günter Grass beendete gerade seinen ersten Roman in Paris, als ich ein paar Straßen weiter Abitur machte. Er war weltberühmt, als ich mich ihm Jahre später näherte. Ausgerechnet in Weilheim, dem Wahlbezirk von Franz Josef Strauß, trat Grass als Wahlhelfer der SPD auf. Ich saß im Saal, wo die Volksseele kochte. Der Redner auf der Tribüne genoss seinen Auftritt als Volkstribun. Er mischte sich später unters Volk und trank Pfeife rauchend sein Bier mit den ihm feindseligen Wählern. Andererseits herrschte Respekt: Ein »Hundling« war er schon, durchaus ebenbürtig an Statur dem bayerischen Nationalhelden.

Diese Volksnähe genoss er, die Themen und die Empörung gingen ihm nicht aus, ob in einem Bierzelt unter Tausenden oder zu Hause am Kaffeetisch. Einsatz, wie er ihn bewies, erwartete er selbstverständlich von anderen, allen voran den Freunden. Dabei machte er keine Trennung von öffentlich und privat. Die Ehen, Liebschaften, die Irrungen und Wirrungen in seinem Leben und dem seiner Freunde beobachtete er so aufmerksam wie das Zeitgeschehen. Bei Spaziergängen, beim Einkaufen am Hafen der Insel Møn erzählte er von sehr schmerzhaften Episoden, von einem oder mehreren Kindern, von Scheidungen, nie ganz überwunden ... Warum er nie über dieses sein »privates Leben« geschrieben habe, wollte ich wissen, als wir an einem Fischkutter Heringe kauften. – »Für mich kein Thema«, war die knappe Antwort. Und ablenkend: »Die Köpfe müssen silbrig, nicht rot sein.«

Als er uns bei den Dreharbeiten zur *Blechtrommel* in Danzig besuchte, ausgerechnet auf dem Kartoffelacker seiner und Oskars Großmutter, war ich durch seinen wohlwollenden Blick in meinem Rücken so gelähmt, dass ich das ganze Tagespensum nach seiner Abreise wiederholen musste. Heute schüchtert mich seine Kritik nicht mehr wie die eines zürnenden Gottes ein, umso mehr nehme ich mir die Sorge des Freundes zu Herzen.

Dabei hätte er allen Anlass zum Zorn gehabt. Gleich nach dem Film schlug er vor, gemeinsam ein Drehbuch, direkt für den Film, also ohne Umweg über die Literatur, zu schreiben. Bilder über Bilder entwarf er, meist buchstäblich mit Kohlestift auf einem großen Blatt. Zwei Filmstoffe haben wir so entwickelt, aber ich habe mich ihnen entzogen, hielt sie für *Kopfgeburten*, wie er dann auch das Buch dazu nannte.

Untröstlich aber bin ich, dass es nie zu dem Film *Blechtrommel zwei* gekommen ist. Ganze achtzehn Drehbuchfassungen haben wir im Laufe der Jahre in Berlin, an der Nordsee, an der Ostsee, in Wewelsfleth und in seinem Forsthaus bei Lübeck entworfen. Von Oskars Ankunft als Flüchtling im »Westen wo besser ist«, seiner Lehrzeit als Steinmetz und Kunststudent, seiner Zeit als Anstaltsinsasse und seinem nachmaligen Aufstieg als Medienunternehmer à la Leo Kirch haben wir sein Leben weitergesponnen über das Wirtschaftswunder, die Achtundsechziger bis hin zum Fall der Mauer.

Dieser »zweite Teil« war sogar Bedingung und Versprechen dafür, dass der erste 1945 aufhörte, also bei der verlogenen Fiktion einer Stunde null, gegen die Grass ein Leben lang angeschrieben hat. Was für ein Jammer, dass dieses Projekt gescheitert ist, an Widerständen, die wir beide nie verstanden haben. Unterm Strich in einem Wort: »nicht kommerziell genug«.

Ein anderes Projekt, das wir hatten, war der Wald. An Grimms Wörter dachte er damals schon, und der Wald lag ihm tatsächlich am Herzen. Das wusste ich vom gemeinsamen »in die Pilze gehen«. Seinem geübten Auge entging kein noch so kleiner Pfifferling, kein gut getarnter Maronenpilz. Sie alle endeten mit reichlich Knoblauch und frischer Petersilie auf unserem Teller, nicht ohne zuvor mit der Kaltnadel radiert oder in Ton modelliert worden zu sein. Sein Arbeitszimmer ist voll dieser Morcheln, Muscheln und Alraunen. Ein friedfertiger Sammler, kein Jäger. Auch wenn er seine Büchse auf viel Großwild angelegt hat, seine Sympathie galt dem Kleinen, das kreucht und fleucht. Den Ameisen, die eine Zuckerstraße anlegen, als die Rote Armee Danzig erobert, den Schnecken, die den Fortschritt bringen, den Ratten, die uns überleben werden – und die alle in Bronze gegossen auf seiner Fensterbank dem Hämmern der Schreibmaschine lauschen, wie seinerzeit der ungeborene Oskar auf die Herzschläge seiner Mama.

Zu einsam für mich sei diese Schreibarbeit, sagte ich ihm einmal. Ich hätte immer das Gefühl, draußen gehe das Leben vorbei, während ich hier sitze ... Seine Gegenfrage: Und was meinst du, wie es mir geht?

John Irving: *Ein unbeantworteter Brief*
Auf meinem Schreibtisch in Toronto liegt ein unbeantworteter Brief von Günter Grass, aufgegeben am 23. März 2015 in Lübeck. Ich bedaure, dass ich ihn vor seinem Tod nicht mehr beantwortet habe. Er schrieb, sein Alter setze ihm schwer zu, doch er beklage sich nicht; er fuhr fort, sein Herz und seine Lunge »zahlten ihm heim«, was er ihnen angetan habe – durch »emsiges Rauchen«. Er war dankbar dafür, dass sein Hirn noch ordentlich funktionierte – dass er »immer noch klar im Kopf« war, wie er es formulierte, und er ergänzte: »besser als umgekehrt«.

Im letzten Absatz findet sich ein düsterer Satz: »Die Welt ist wieder einmal aus den Fugen und mir, dem kriegsgebrannten Kind, kommen böse Erinnerungen.«

Als ich *Die Blechtrommel* las, war ich neunzehn oder zwanzig. Davor hatte ich nicht gewusst, dass man zeitgenössischer Romanschriftsteller und zugleich ein Erzähler des 19. Jahrhunderts sein konnte. Oskar Matzerath weigert sich zu wachsen; weil er klein und kindhaft bleibt, wird er in der Nazizeit verschont – er überlebt den Krieg, doch der Schuld entkommt er nicht.

Als ich in Wien studierte, bewarb ich mich als Modell für Aktzeichenkurse an der Kunstakademie in der Nähe der Ringstraße. Ich behauptete, ich hätte »Erfahrung«, doch ich wollte Modell werden, weil Oskar Matzerath eins war.

Im Juli 2007 besprach ich für die *New York Times Book Review* Grass' umstrittene Autobiographie *Beim Häuten der Zwiebel*. Grass' Bekenntnis – nämlich dass er als Siebzehnjähriger in die Waffen-SS eingezogen wurde – empörte seine Kritiker. Einer nannte die Enthüllung »aufgesetzt«, andere beklagten, das Eingeständnis sei zu spät erfolgt. In der *New York Times Book Review* nannte ich diese Kritiken eine »scheinheilige Demontage«. Die Preisgabe seiner Waffen-SS-Mitgliedschaft war Grass' Geschichte; er schrieb darüber mit einem »immer wiederkehrenden Schamgefühl«. Sollte er etwa gegenüber Journalisten seine Schuld ausplaudern? Dann hätten diese Journalisten, ihrem Herdentrieb folgend, seine Geschichte niedergeschrieben. Niemand hätte über Grass' Scham besser schreiben können als er selbst. Seine Autobiographie ist »allen gewidmet, von denen ich lernte«.

Von meinen Lieblingsautoren des 19. Jahrhunderts lernte ich, dass ich eine bestimmte Art von Romanschriftsteller sein wollte – so wie Dickens und Hardy, wie Hawthorne und Melville. Von Grass lernte ich, wie man das macht.

Eines Abends in seinem Haus in Behlendorf – und zwar im Oktober 1995, mein Sohn Everett war erst vier – hatte Günters Frau Ute einen Lammbraten gemacht, und Günter sang Everett, dessen Deutsch sich auf ein paar Farben und die Zahlen von eins bis fünf beschränkte, ein englisches Lied vor. »One man and his dog went to mow a meadow«, so hieß es in diesem Lied. Und so geht es immer weiter, bis hin zu zehn Männern und Hunden. Es war ein ganz simples Lied, doch Everett hörte sehr genau zu; es gefiel ihm. Später wurde meiner Frau und mir klar, dass Everett nicht verstanden hatte, was eine »Wiese« war ... oder was »mähen« hieß. (Everett hatte versucht herauszufinden, was diese Männer und ihre Hunde machten, und mit wem.)

Das war ein wunderbarer Abend, doch wenn ich jetzt an Günter denke – zwanzig Jahre nach dem Lied vom Wiesenmähen –, dann muss ich an den Jungen denken, über den er schrieb, als er *Beim Häuten der Zwiebel* verfasste. Er nannte sich »ein schlimm gebranntes Kriegskind, das deshalb unerbittlich auf Widersprüche gepolt war«. (Vielleicht noch treffender ist, wie Günter auch über sich sagte: »Ich fand alles abstoßend, was auch nur einen Anflug von Nationalem hatte.«)

Als Schriftsteller gehört Grass zu den Großen. Als Mensch zog er sich und seine Nation – das heißt *jede* Nation und jeden Einzelnen – zur Rechenschaft. Das würde ich ihm schreiben, wenn ich seinen Brief noch beantworten könnte.

SALMAN RUSHDIE: *DER GROSSE TÄNZER DER LITERATUR*
Als ich 1982 anlässlich des Erscheinens der deutschen Fassung von *Mitternachtskinder* in Hamburg war, fragte mich mein Verlag, ob ich Günter Grass treffen wolle. Selbstverständlich wollte ich, und so brachte man mich nach Wewelsfleth, in jenes Dorf in der Nähe von Hamburg, wo Grass damals lebte. Er hatte zwei Häuser im Ort. In einem schrieb und wohnte er, das andere nutzte er als Atelier.

Nach einigem anfänglichen Klingenkreuzen – als der jüngere Schriftsteller wurde von mir ein Kniefall erwartet, ein Gebot, dem ich in diesem Fall gern nachkam –, befand Grass unvermittelt, dass ich genehm sei. Er führte mich zu einer Vitrine, in der er seine Sammlung alter Gläser aufbewahrte, und forderte mich auf, mir eines auszusuchen. Dann holte er eine Flasche Schnaps, und als wir an deren Boden ankamen, waren wir Freunde. Später torkelten wir zum Atelier hinüber, und ich war bezaubert von den Objekten, die ich dort sah und die ich alle aus seinen Romanen wiedererkannte: Aale aus Bronze, Butte aus Terrakotta, Kaltnadelradierungen eines Jungen, der eine Blechtrommel schlägt. Ich beneidete ihn um seine künstlerische Begabung fast mehr, als ich sein literarisches Genie bewunderte. Welch wunderbare Vorstellung, am Ende eines Schreibtages die Straße hinunterzugehen und eine andere Art Künstler zu werden! Er entwarf auch seine eigenen Buchcover: Hunde, Ratten, Kröten zogen aus seinem Stift auf seine Schutzumschläge.

Nach dieser Begegnung wollte jeder Journalist, den ich traf, von mir wissen, was ich über Grass denke, und wenn ich dann antwortete, dass ich ihn für einen der zwei oder drei größten lebenden Schriftsteller der Welt hielt, sahen einige von ihnen enttäuscht drein und sagten: »Nun ja, *Die Blechtrommel,* aber ist das nicht schon lange her?« Darauf versuchte ich zu antworten, dass, wenn Grass diesen Roman nicht geschrieben hätte, all seine anderen Bücher völlig ausreichen würden für die Anerkennung, die ich ihm zollte, und dass die Tatsache, dass er daneben AUCH NOCH *Die Blechtrommel* geschrieben habe, ihm endgültig einen Platz unter den Unsterblichen sichere. Die skeptischen Journalisten sahen abermals enttäuscht aus. Sie hätten eine bissigere Bemerkung vorgezogen, aber ich hatte nichts Boshaftes zu sagen.

Natürlich liebte ich ihn für sein Schreiben – für seine Liebe zu den Grimmschen Märchen, die er in modernem Gewand neu schuf, für die schwarze Komödie, die er in seine Beschäftigung mit der Geschichte hineinbrachte, für die Verspieltheit seiner Ernsthaftigkeit, für den unvergesslichen Mut, mit dem er den großen Übeln seiner Zeit ins Gesicht blickte und mit dem er das Unaussprechliche in große Kunst verwandelte. (Später, als er vielfach als Nazi und Antisemit verunglimpft wurde, dachte ich: Lasst die Bücher für ihn sprechen, die größten antinazistischen Meisterwerke, die je geschrieben wurden, mit Passagen über die selbst gewählte Blindheit der Deutschen gegenüber dem Holocaust, die kein Antisemit je hätte schreiben können.)

Zu seinem siebzigsten Geburtstag versammelten sich zu seinen Ehren zahlreiche Schriftsteller – Nadine Gordimer, John Irving und die gesamte deutsche Literaturszene – im Hamburger Thalia-Theater. Ich erinnere mich vor allem daran, wie nach dem Lobgesang die Bühne zur Tanzfläche umfunktioniert wurde und Grass sich als Meister dessen erwies, was ich Anfass-Tanz nenne. Er beherrschte Walzer, Polka, Foxtrott, Tango und Gavotte, und es schien, als stünden die schönsten Mädchen Deutschlands Schlange, um mit ihm zu tanzen. Wie er sich da so entzückt schwang und drehte und beugte, verstand ich mit einem Mal, was er war: der große Tänzer der deutschen Literatur, von den Greueln der Geschichte wirbelnd zur Schönheit der Literatur, Böses kraft des Charmes seiner Persönlichkeit überlebend – und wegen seines komödiantischen Gespürs für das Lächerliche.

Zu den Journalisten, die ihn 1982 niedermachen wollten, sagte ich: »Vielleicht muss er sterben, bevor ihr erkennt, was für einen großen Mann ihr verloren habt.« Diese Zeit ist nun gekommen. Ich hoffe, sie erkennen es jetzt.

HENRYK M. BRODER: *DAS IST JA IRRE!*

Unser Allzweckminister Steinmeier hat wieder einmal bewiesen, dass er nicht nur von Politik keine Ahnung hat.

Er versteht auch nichts von Literatur. Nach dem Ableben von Günter Grass hat er sich mit folgenden Worten im Kondolenzbuch der Stadt Lübeck verewigt: »Mit dem Tod von Günter Grass hat Deutschland einen seiner ganz Großen verloren. Eine Vaterfigur für die erwachsen werdende Bundesrepublik, an der sich viele gerieben haben – besonders die, die das Vergangene möglichst schnell vergessen machen wollten. Er wird uns fehlen als Schriftsteller, als Bildhauer, als Mahner, Warner und Visionär. Lieber Günter, halte Dein kritisches Auge auf uns.«

In wessen Namen auch immer Steinmeier seinen Duzfreund Grass bittet, ein »kritisches Auge« auf uns zu halten, ich habe ihm dazu keine Vollmacht erteilt. Weder habe ich mich an Grass »gerieben«, noch möchte ich von ihm kritisch beäugt werden. Im Gegensatz zu Steinmeier halte ich Grass weder »für einen ganz Großen« noch für eine »Vaterfigur«. Grass war ein schwadronierender Langweiler, ein präpotenter Schwätzer, der in zehn Jahren vergessen sein wird. Er hat so geschrieben, wie ältere Damen ihren Nachmittagskaffee trinken – mit abgespreiztem kleinen Finger. Er hatte nichts von dem, was einen großen Schriftsteller auszeichnet, kein Herz, keinen Leidensdruck, keine Fantasie und keine Distanz zu sich selbst. Ihn einen »ganz Großen« zu nennen, ist eine Beleidigung für Erich Maria Remarque, Heinrich Mann, Oskar Maria Graf, Hans Fallada und viele andere. Dass er mit dem Nobelpreis für Literatur ausgezeichnet wurde, bedeutet gar nichts. Wenn Arafat und Obama mit dem Friedensnobelpreis ausgezeichnet werden konnten, dann hat auch Grass den Literaturnobelpreis verdient. Außerdem war er ein Antisemit, aber das ist bei Weitem nicht so schlimm wie das, was er mit der deutschen Sprache angestellt hat. Möge sich der Allmächtige seiner erbarmen.

VOLKER WEIDERMANN: *DER ZWERG, DER RIESE DEUTSCHLAND*
Zu der SS-Enthüllung wollte sich der Kritiker [Marcel Reich-Ranicki] nie äußern. Das sollten andere tun. Damals, als jenes Israel-Gedicht erschienen war, in welchem Grass den Judenstaat als Gefahr für den Weltfrieden bezeichnet hatte, habe ich ihn besucht. Um mit ihm, Reich-Ranicki, darüber zu reden. Da sagte er am Schluss, dass er auf diese eine Nachricht noch warte: die Nachricht vom Tod von Günter Grass. Und das meinte er, der damals selbst schon vom nahen Tode gezeichnet war, keineswegs so, dass er ihm, dem geliebten Gegner, den Tod wünschte. Ich glaube, er wollte einfach übrig bleiben, als Letzter. Und einen Nachruf schreiben, auf ihn. Als Überlebender. / Jetzt sind sie beide tot.

GÜNTER NETZER: *ABSCHIED VON EINEM FUSSBALL-FAN*
Ich bin traurig und betroffen. Günter Grass ist für mich eine Literatur-Legende. Wir haben uns vor neun Jahren überraschend

kennengelernt – im Münchener Stadion bei der WM 2006. Er kam auf mich zu mit diesem Walross-Bart, einer Cordjacke, diesen klugen Augen hinter der Brille und dieser Leidenschaft. Ich war sehr überrascht, dass er mich überhaupt gekannt hat. Noch mehr überrascht war ich, wie gut er sich auskannte und wie sehr er sich interessierte. Er war ein tiefsinniger Fußball-Fan. Der große Schriftsteller wurde fast wieder zum Kind, wenn er über Fußball sprach. Das schönste Kompliment war auch eine Überraschung: »Ich schätze sehr Ihre Fernseharbeit und Ihre Fußball-Analyse mit Herrn Delling – ich finde vor allem Ihre Diktion, Ihre analytische Sprache sehr gut!« So ein Kompliment von einem Literatur-Nobelpreisträger hat mich sehr berührt. Er hat mir dann ein Buch mit persönlicher Widmung als Dank für unser Gespräch geschenkt.

Ich hatte auch immer Kontakt mit dem Günter-Grass-Haus in Lübeck – ich finde das eine tolle Einrichtung. Vor Kurzem rief mich der Museumsdirektor an und sagte: »Günter Grass würde Sie gerne treffen für eine öffentliche Podiumsdiskussion über die Zukunft im Sport – so eineinhalb Stunden. Hätten Sie Lust und Zeit?« Ich hatte fast Angst, mich mit Günter Grass alleine auf die Bühne zu setzen. Es sind dann doch zwei unterschiedliche Günters. Leider sollte es nicht mehr sein.

INGO SCHULZE: *DAS LETZTE TREFFEN*
Ich traf ihn zuletzt vor sechs Wochen in Lübeck, er hatte zum zehnten Mal zu einem Schriftstellertreffen eingeladen. Zwölf Schriftstellerinnen und Schriftsteller saßen in seinem Haus unterm Dach beisammen und lasen einander ihre Texte vor und sprachen darüber – ohne Öffentlichkeit. Da ist man sehr frei in Lob und Kritik. Er freute sich, die Kollegen bei sich zu haben. Und auch wenn er unter uns keine privilegierte Position inne hatte, so war doch spürbar, dass es diese Atmosphäre ohne ihn vielleicht nicht geben würde.

Seine Offenheit, sein Wohlwollen, seine kritischen Fragen gaben – mir wird das erst im Nachhinein bewusst – den Ton und das Niveau vor, das gelten sollte.

Am dritten Tag des Treffens wurde ein Preis vergeben, den die Autoren gestiftet hatten. Die Preisträgerin war Irina Liebmann.

Nach der Laudatio auf sie und ihrer Dankesrede lasen wir alle jeweils eine kurze Passage aus ihren Büchern vor. Günter Grass hatte zwei Seiten aus *Berliner Mietshaus* ausgewählt. Ich wusste, dass er oft Texte von Kollegen vorgelesen hatte, zum Beispiel von Bobrowski oder Schädlich. Jetzt, da ich es zum ersten Mal miterlebte, war ich fasziniert, auf welch eigene Art und Weise er den Text verlebendigte, wie er ihm seine Stimme lieh. Günter Grass war die Freude und die Lust an dem »fremden« Text deutlich anzumerken. Er beschenkte damit nicht nur die Preisträgerin, sondern auch sich selbst und alle, die ihm zuhörten. Auch das gehört zu seinem Vermächtnis.

MARTIN WALSER: *ICH WAR IHM AUSGELIEFERT*
Es war im Jahr 1980. Von irgendwoher kommend, musste ich in Friedrichshafen umsteigen in den Zug nach Überlingen. Da saßen Ute und Günter. Sie wollten, glaube ich, auf die Höri und dort Utes Mutter besuchen. Wir waren, alle drei, mehr als überrascht. Und ich erst. Die zwei in meiner Gegend! Und dass wir uns trafen, schien alle drei gleichermaßen zu freuen. So etwas muss man nicht Zufall nennen. Ich empfand es, und habe es auch nachträglich so empfunden, als Fügung. Wie problemlos war diese persönliche Begegnung, verglichen mit den öffentlichen Reibereien! Wie zutraulich waren beide, wie voraussetzungslos liebenswürdig. Und das blieb. Ich hatte erlebt, dass er nichts mehr gegen mich empfand. Also musste ich mir nicht mehr bei jeder Gefühlsregung zu ihm hin irgendeinen trennenden öffentlichen Jargon aufsagen, um mich sozusagen vor der Wirkung seiner Person zu schützen. Allerdings hatten wir auch persönliche Erfahrungen, bevor der öffentliche Rummel einsetzte.

Im Jahr 1954 war Günter Grass mit Adriaan Morriën, dem holländischen Dichter und Freund, bei uns. Und dass beide in unserem Kinderzimmer übernachtet haben, hält sich bei uns bis heute. Das hat einen Grund. An einem Nachmittag kam meine Tante, die Ordensfrau Schwester Thaddäa, zu Besuch. Ich wollte nicht, dass sie den beiden Kollegen begegnete. Günter sah aus wie ein Räuberhauptmann in einer Oper, und Adriaan, der praktizierende Heide, konnte seine Sinnlichkeit keine Sekunde lang verbergen.

Es war zu befürchten, dass er die schöne Ordensfrau schwach reden würde. Das Manöver gelang. Die beiden blieben unhörbar im Kinderzimmer, und Tante Thaddäa hatte keine Ahnung, wie nah sie der Gegenwelt gewesen war. Und ich war glücklich. Vielleicht wurde da fundiert, was sich später bewährte. Entsetzlich bleibt, wie die Ideologien es uns schwer machten, uns als die zu erleben, die wir doch waren. Aber vielleicht ist das nur mir so gegangen, und die anderen waren ganz unablenkbar von ihrem Ich.

Richtig ergreifend war es für mich, wenn ich auf Akademie-Tagungen Zeuge wurde, wie sensationslos und nichts als vernünftig Grass seine Meinungen vertrat. Da dämmerte es mir. Er hat es nicht nötig, originell zu sein. Oder geistreich. Oder was es sonst noch gibt an intellektuellen Kostümierungen.

Dass so jemand dann stirbt, geht über alles hinaus, was die Vernunft dazu sagen kann.

HANS MAGNUS ENZENSBERGER: *ALBUMBLATT FÜR GÜNTER GRASS*
Wann und wo wir uns zum ersten Mal über den Weg gelaufen sind, daran kann ich mich nicht mehr erinnern. Eine Souterrainwohnung in Paris oder in Berlin? Ein Landgasthof in der tiefsten deutschen Provinz? Das ist mehr als ein halbes Jahrhundert her. Seitdem haben wir uns nicht wieder aus den Augen verloren, auch wenn es oft nur Seitenblicke waren.

Im Regal steht heute noch Günters erstes Buch, *Die Vorzüge der Windhühner,* ein Gedichtband, 64 Seiten, Berlin und Neuwied 1956, erschienen lange vor der *Blechtrommel.* Aus der las er in Großholzleute, einer abgelegenen Ortschaft im Allgäu, eine erste Probe vor. Das geschah in einem getäfelten Zimmer, das mit allerhand Geweihen über den Türen auftrumpfte. Die Stube war verraucht, weil sich an diesem Ort eine Gruppe von Skribenten eingefunden hatte. Hans Werner Richter führte als Wirt und Gastgeber Regie und hielt, kurz angebunden und unparteiisch, diesen bunten Haufen zusammen.

Als der Roman 1959 gedruckt wurde, schrieb ich von Zeit zu Zeit noch Rezensionen, ein Genre, von dem ich mich später schmerzlos verabschiedet habe. Glücklicherweise sind diese Schmäh- und Lobsprüche vergilbt und nur noch in Archiven zu finden. Aber manchmal hatte ich damals vollkommen recht, zumindest in diesem Fall. Ich behauptete nämlich, die *Blechtrommel* werde »Schreie der Freude und der Empörung hervorrufen«.

Es vergingen ein paar Jahre, bis wir Nachbarn wurden in dem, was die Berliner einen Kiez nennen. Der Schauplatz war eine solide kleinbürgerliche Gegend namens Friedenau. Dort hatte Günter ein großzügiges, aber architektonisch bescheidenes Haus aus der Zeit vor dem Ersten Weltkrieg erworben, groß genug, um seiner wachsenden Familie und seiner Schreib-, Graphik- und Bildhauerwerkstatt eine Bleibe zu verschaffen.

Niemand von uns wollte damals in ein West-Berliner Renommier- und Neubauviertel wie den Grunewald oder nach Dahlem ziehen. Prominenz galt damals noch als Nebensache. Auch deshalb hat sich nach und nach eine ganze Kolonie von Groß-, Zwischen- und Kleinschriftstellern in diesem Stadtteil angesiedelt. Neben Grass, Frisch und Johnson fanden sich auch Menschen wie der herrliche Reinhard Lettau ein. Als ich 1964 beschloß, von Norwegen aus einen neuen Start im eigenen Land zu riskieren, hat mir Uwe Johnson ein Klinkerhaus ganz in der Nähe verschafft.

Die Literatur ist schön, auch wenn sie, wie Karl Valentin von der Kunst bemerkte, viel Arbeit macht. Das gilt genauso für die Politik, für die Familie, für das Theater, die Schule, die Ehe und andere Kräche. Im Rückblick muß ich mir eingestehen, daß es selbst im beschaulichen Friedenau gewisse Differenzen gab. Schon mit der Berliner Eckkneipe, einer zentralen Institution der Schriftsteller, hatte ich meine Schwierigkeiten. In ihr Lokal, das den Namen *Bundeseck* führte, wagte ich mich selten. Günter war dort häufiger anzutreffen, obwohl das Essen schlecht und der Lärm beträchtlich war. Es gab nur Korn und Berliner Bier und Korn. Wein war in den sechziger Jahren nichts für richtige Männer.

Schwerer als die Kneipen war die Politik in der Vier-Sektoren-Stadt zu ertragen. Manche reden heute noch von den Achtundsechzigern, als wäre das eine Art Beruf. Wenn es schon ohne solche Jahreszahlen nicht geht, neige ich dazu, eher 1965, 1966 und 1967 zu erwähnen. Später trat eine Abkürzung namens APO auf den Plan, mit der Günter nichts am Hut hatte. Damals schon ist er mir mit seiner rührenden Anhänglichkeit an die SPD auf die Nerven gegangen. Im Gegensatz zu ihm interessierte ich mich nicht für Wahlkämpfe,

Wahlslogans und Wahlkontore. Mir fehlte die nötige Geduld, mit ihm über Fang- und Milchquoten zu diskutieren.

Lieber nahm ich die Reisen in Kauf, die uns beide zu entlegenen Orten in der Bundesrepublik führten – einem Jagdschloß in der Nähe von Lüneburg oder einem Gewerkschaftshaus am Ammersee. Einmal haben sich Richter und seine Gäste sogar nach Schweden und nach New Jersey gewagt.

Grass fehlte selten bei diesen kuriosen Veranstaltungen, und er hat ihnen ein bezauberndes Denkmal gesetzt: das *Treffen in Telgte*, ein Buch, das vom Dreißigjährigen Krieg handelt und weit hintersinniger ist als das meiste, was bei der vazierenden Gruppe 47 dreihundert Jahre später, nach einem anderen Krieg, vorgebracht worden ist.

Unsere politischen Streitereien haben Günter und mich bald gelangweilt. Für solche Pflichtübungen hatten wir auf die Dauer zu wenig übrig. Wenn Grass etwas äußerte, das ich für Unsinn hielt, ließ ich mich nicht provozieren. Ich fand es besser, mich schwerhörig zu stellen, und die regelmäßig folgenden Medienaufregungen habe ich ignoriert. Ich glaube, er hat mich für einen Intellektuellen gehalten, während er mir als genialer Märchenerzähler und bedenkenloser, leicht verwilderter Dichter imponierte.

Ich staunte auch über die immer weiter anschwellende Zahl seiner Frauen und Kinder. Irgendwann muß ich den Überblick verloren haben, als mich mein schwaches genealogisches Talent im Stich ließ. Gewiß war Günter ein patriarchalischer *Family Man;* aber auch ein Dramaturg, der genau beobachtete, wie es seinen und meinen Verflossenen ging und welche Abenteuer, Berufe, Niederlagen und Triumphe unsere Töchter, Söhne und Enkel zu bestehen hatten.

Geld spielte für ihn nur so lange, wie es fehlte, eine Rolle. Kapital interessierte ihn nicht. Nie hat er seine kleinbürgerlichen Gewohnheiten und Kochrezepte verleugnet. Schnelle Autos und Maßanzüge brauchte er nicht, und erst spät im Leben kamen die guten Weine auf seine Tafel. Sobald eine Geldlawine drohte, traf er Vorkehrungen, um sich zu schützen. Wer weiß, wen er alles gefüttert hat! An bekannte und unbekannte Kollegen gab er oft und gern ein paar Tausender weg, stiftete Preise und Häuser, und zwar ohne daß seine Gaben je in der Zeitung standen.

Doch in einer anderen Währung sammelte sich immer mehr auf

seinem Konto an. Das war der Ruhm. Der war nicht unwillkommen, aber auch ziemlich lästig. Wo er auch hinkam, nach Danzig, Sanaa, Ost-Berlin, Bombay oder Stockholm, wartete dieser Dauergast bereits am Flughafen, so wie der Igel auf den Hasen. Nicht einmal der Nobelpreis ist ihm erspart geblieben. Darüber hat er sich nicht beschwert, sondern einen flotten Tango aufs Parkett gelegt. Ohne zu klagen nahm er eine anstrengende Rolle auf sich: die Planstelle des internationalen Repräsentanten, die seit Goethe und Thomas Mann verwaist, und der in Deutschland niemand mehr so recht gewachsen war. Dafür sollten ihm seine Leser, seine Kollegen und seine Feinde dankbar sein.

Oft hat er sich ärgern müssen. Immer stand er unter Beobachtung. Die Medien zitierten seine Reden, seine Gedichte, seine Nebensätze, und wie bei allen, die sich in der Öffentlichkeit bewegen, wurde eifrig an seiner Legende gestrickt. Dafür bürgt schon der Nachahmungstrieb des Journalismus.

Was aber uns angeht, Günter und mich, so waren wir uns meistens nicht einig. Trotzdem kann ich mich nicht erinnern, daß wir uns jemals angeschrieen hätten. Dazu kannten wir einander zu gut. Einmal, im April 2005, hat Günter meine Frau und mich nach Lübeck eingeladen. Dort war ihm und seinem Werk ein stattliches Haus in der Altstadt gewidmet, das nicht nur sein Archiv, sondern auch sein Sekretariat und ein Museum beherbergte. In einem wohlbestückten Laden konnte man alle seine Bücher, manche seiner Graphiken und, wenn ich mich nicht irre, sogar Postkarten und Lesezeichen kaufen.

Er hatte sich eine Art Sängerwettstreit ausgedacht. Peter Rühmkorf, Grass und ich sollten vor einem großen Publikum wie die drei Tenöre auf die Bühne treten, und siehe da – nicht nur wir unterhielten uns mit Lust, Verve und Eigensinn; auch die Zuhörer sind nicht eingenickt.

Nach diesem Auftritt besuchten wir Günter und seine Frau Ute an einem Ort, den man auf der Landkarte mit der Lupe suchen mußte. Zu diesem Versteck hatte die Meute keinen Zutritt. Er hatte sich am Kanal ein weißes Haus und ein Atelier gebaut, wo es nach Heu und Tabak roch und wo er in aller Ruhe arbeiten, schreiben, zeichnen und radieren durfte. Der Hausherr kochte selbst, nach geheimnisvollem kaschubischem Rezept – wahrscheinlich waren es Nierchen oder Hasenpfeffer. Ute, die viel von medizinischen Dingen versteht, hat sich von Anfang an um seine Gesundheit gekümmert und ihn, wie ich glaube, von mancherlei Dummheiten abgehalten. Wir saßen zu viert am Tisch und unterhielten uns über unsere Kinder, über Portugal, über das Älterwerden oder über Menschen, die sich im Lauf der Jahre verabschiedet hatten.

Die Politik machte sich bei diesem Besuch nur als Hintergrundsgeräusch bemerkbar, wie ein ferner Hubschrauber, den wir überhörten. Obwohl damals wie heute viele an der Möglichkeit zweifelten, ein privates Leben zu führen. In seiner Eremitage Behlendorf, wo man ihn in Ruhe ließ, ist das gelungen.

Manchmal bot uns irgendeine Veranstaltung die Gelegenheit, diesen stillschweigenden Konsens zu erproben. Der Hohenloher Schraubenkönig und Kunstsammler Reinhold Würth hatte in seiner Kunsthalle hoch über dem Kocher eine Doppelausstellung in Schwäbisch Hall arrangiert, mit Günter als Zugpferd und mit ein paar Spielsachen von mir. Ich glaube, wir endeten im Sudhaus nebenan, wo es auch zu später Stunde noch genügend zu trinken gab.

Im selben Jahr durften sich die deutschen Kritiker wieder einmal über Günters Biographie aufregen. *Beim Häuten der Zwiebel* kamen den Spätgeborenen die Krokodilstränen, als er ihnen seinen kurzen Aufenthalt bei der Waffen-SS schilderte. Das gab schon deshalb viele Schlagzeilen im In- und Ausland her, weil niemand sich die Mühe machte, das Massenaufgebot Himmlers, der die Wehrmacht abschaffen wollte, von der selbsternannten Eliteeinheit mit der schwarzen Uniform, der zackigen Rune und dem Totenkopf zu unterscheiden.

Immer gibt es irgendeinen Geburtstag, und immer gibt es ein letztes Mal. Rein zufällig sind wir uns 2009 in München über den Weg gelaufen. Kommt doch endlich einmal bei uns vorbei, sagte meine Frau, die mindestens so gut wie Günter kochen kann. Die Stimmung an diesem Abend war ungetrübt, ja geradezu ausgelassen. Nur auf Ute mußten wir verzichten. Aus irgendeinem Grund hatte sie eine Klinik aufgesucht. Wir bestanden auf einem Krankenbesuch. Sie war glänzend gelaunt. Von Leidensmiene keine Spur. »Morgen«, sagte sie, »werde ich entlassen.«

Das traf sich gut; denn wir waren entschlossen, am nächsten Abend einen Geburtstag zu feiern, der sich nicht vermeiden ließ, und zwar in Schumann's Bar am Hofgarten, wo sich, wie schon der falsche Apostroph zeigt, alle Münchner Bekannten gerne einen hinter die Binde gießen. Wir schleppten Günter mit, der sich nicht lange bitten ließ, und so wurde aus unserer letzten Begegnung eine heitere und sehr lange Nacht.

Editorische Notiz

Die Rechtschreibung folgt den Originaltexten, alte und neue Rechtschreibung existieren somit parallel. Orthographische Eigenheiten der Autoren, z. B. in der Zeichensetzung oder bei durchgehender Kleinschreibung, wurden beibehalten. Offensichtliche sprachliche und grammatische Fehler wurden stillschweigend korrigiert. Ebenso verfahren wurde bei offenkundigen Versehen, die falsche Jahreszahlen oder fehlerhafte Schreibweisen von Namen und Werktiteln betreffen.

Werke von Günter Grass werden im Textteil nach der zwölfbändigen »Göttinger Ausgabe« in eckigen Klammern mit römischer Band- und arabischer Seitenzahl zitiert. Die in dieser Ausgabe nicht enthaltenen Werke werden gesondert nachgewiesen.

Quellen

Im Quellenverzeichnis verwandte Abkürzungen: AdK (Akademie der Künste, Berlin), DLA (Deutsches Literaturarchiv, Marbach am Neckar), FAS (Frankfurter Allgemeine Sonntagszeitung), FAZ (Frankfurter Allgemeine Zeitung), FR (Frankfurter Rundschau), GG (Günter Grass), SZ (Süddeutsche Zeitung).
Mit * gekennzeichnete Titel stammen vom Herausgeber. Zum besseren Verständnis wurden im Textteil statt der Titel gelegentlich die Untertitel eingesetzt. In einigen Fällen wurden dort längere Titel gekürzt, was durch Auslassungspunkte gekennzeichnet ist. Bei fiktionalen Werken, zu denen keine deutschen Übersetzungen vorliegen, wurden die fremdsprachigen Originaltitel beibehalten.

Achternbusch, Herbert: Wiedergeburt*, Interviewäußerung, in: *SZ Magazin* Nr. 12 vom 22.3.1996.

Grass ansprechen?*, aus: *Motivsuche* [1999], in: Ders.: *Ist es nicht schön zu sehen wie den Feind die Kraft verläßt,* hg. von Richard Pils, Weitra (Bibliothek der Provinz) 2002, S. 38–43, hier: S. 39.

Adonis: Eine Schande*, aus: *»Religion ist antidemokratisch und antirevolutionär«,* Interview mit Claas Relotius, in: *Die Welt* vom 18. 2. 2014.

Adorf, Mario: *Himmel und Erde. Unordentliche Erinnerungen* [2004], München (Goldmann) 2005, S. 264–269.

Ahlers, Conrad: Brief an GG vom 7.3.1973, unveröffentl., Archiv GG, AdK.

Aichinger, Ilse: *Danzig, zum Geburtstag von Günter Grass* [2002], in: Dies.: *Unglaubwürdige Reisen,* hg. von Simone Fässler und Franz Hammerbacher, Frankfurt/M. (Fischer) 2005, S. 65–67, hier: S. 65.

Akademie der Künste: *»... und die Vergangenheit sitzt immer mit am Tisch«. Dokumente zur Geschichte der Akademie der Künste (West) 1945/1954–1993,* hg. von der Stiftung der Akademie der Künste, ausgewählt und kommentiert von Christine Fischer-Defoy, mit einem Vorwort von Walter Jens, Berlin (Henschel) 1997.

Aktionskomitee für saubere Literatur: Flugblatt, zit. nach: *SZ* vom 14.7.1965.

Amelung, Margarethe: *Fünf Grass'sche Jahreszeiten. Von dem Mädchen, das immer so leicht errötete,* hg. von Manfred E. Berger, München (LangenMüller) 2007, S. 70f.

Amery, Carl: Brief an GG vom 14.6.1971, unveröffentl., Archiv GG, AdK.

Brief an GG vom 5.10.1982, unveröffentl., Archiv GG, AdK.

Brief an GG vom 6.5.1994, unveröffentl., Archiv GG, AdK.

Améry, Jean: *Grass-liches aus der deutschen Literatur,* in: *St. Galler Tagblatt* vom 26.5.1963.

Brief an GG vom 24.7.1972, unveröffentl., Archiv GG, AdK.

Deutschlands größte Schriftsteller*, aus: Gespräch mit Ingo Hermann [1978], in: Ders.: *Werke,* Bd. 9, *Materialien,* hg. von Irene Heidelberger-Leonard, Stuttgart (Klett-Cotta) 2008, S. 43–152, hier: S. 85f.

Jagd auf Intellektuelle*, aus: *Erwägungen über die deutsch-französischen Beziehungen,* in: Walter Scheel (Hg.): *Nach dreißig Jahren. Die Bundesrepublik Deutschland – Vergangenheit, Gegenwart, Zukunft,* Stuttgart (Klett-Cotta) 1979, S. 189–195, hier: S. 190.

Ananyan, Levon: Brief an GG vom 29.4.2010, unveröffentl., Archiv GG, Lübeck.

Anders, Günther: Brief an GG vom 15.5.1985, unveröffentl., Archiv GG, AdK.

Andersch, Alfred: Brief an Hans Magnus Enzensberger vom 1.11.1961, unveröffentl., Archiv Hans Magnus Enzensberger, DLA.

Brief an Hans Magnus Enzensberger vom 2.7.1964, unveröffentl., Archiv Hans Magnus Enzensberger, DLA.

Brief an Max Frisch vom 14.2.1964, in: Ders. / Max Frisch: *Briefwechsel,* hg. von Jan Bürger, Zürich (Diogenes) 2014, S. 49.

Erklärung, in: *FAZ* vom 15.10.1965.

Schriftsteller und Politiker*, aus: *Arbeit an den Fragen der Zeit,* Interview mit Günther Grack, in: *Der Literat* Nr. 5, 1967.

Anonymus: *Günter Grass: »Die Vorzüge der Windhühner«,* in: *Literarischer Ratgeber* (Vereinigung des kath. Buchhandels) von 1956/57.

Familiäres, in: *Der Spiegel* vom 10.5.1961.

Brief an GG vom 21.8.1961, in: Der Bundesbeauftragte für die Unterlagen des Staatssicherheitsdienstes der ehemaligen DDR, BStU, MfS, AIM 11000/64, Bl. 112f.

Oskar als Verlagstrommler, in: *DIE ZEIT* vom 24.5.1963.

Spötter besuchten Walhalla, in: *FR* vom 1.10.1963.

Günter Grass, in: *Der Spiegel* vom 10.7.1963.

Polizeiaktion gegen die »Blechtrommel«, in: *Abendzeitung* vom 25.5.1963.

Brief an Karlheinz Deschner vom 4.11.1964, in: *»Sie Oberteufel!« Briefe an Karlheinz Deschner,* hg. von Bärbel und Katja Deschner, Hamburg (Rasch und Röhring) 1992, S. 290.

Spandauer Volksblatt*, ohne Titel, in: *Der Spiegel* vom 6.5.1964.

Erich Mende, in: *Der Spiegel* vom 22.4.1964.

Postkarte an den Luchterhand Verlag vom 4.5.1964, unveröffentl., Archiv GG, DLA.

Günter Grass, in: *Der Spiegel* vom 7.11.1966.

Attentate gegen Brandt und Grass geplant, in: *Nacht-Depesche* (Berlin) vom 8.11.1966.

Brandstiftung*, Meldung ohne Titel, in: *Die Welt* vom 5.7.1967.

Schwarze Fahnen vor der FU. Studenten klagen Senat und Polizei an, in: *Berliner Morgenpost* vom 4.6.1967.

Nobelpreis an Grass?, in: *Nacht-Depesche* (Berlin) vom 16.10.1968.

»Grass – SPD-Hofpornograph«, in: *Fuldaer Volkszeitung* vom 3.2.1968.

Zuflucht für Rudi Dutschke, in: *Westfälische Rundschau* vom 23.2.1968.

Drohbrief an Grass, in: *Neue Ruhr Zeitung* vom 2.4.1969.

Demoskopisch ermittelt: Die Idole der deutschen Jugend, in: *Telegraf* vom 18.5.1969.

Hundhammer wettert in Tuntenhausen, in: *SZ* vom 16.5.1969.

Günter Grass-Schulbücher, in: *Deutsche Wochenzeitung* vom 5.12.1969.

Grass-Hymne?, in: *Fränkisches Volksblatt* vom 16.12.1969.

Spricht der Weltgeist noch Deutsch? SPIEGEL-Report über die deutsche Kulturpolitik im Ausland, in: *Der Spiegel* vom 2.3.1970.

Uschi Glas*, ohne Titel, in: *Hamburger Morgenpost* vom 18.8.1970.

Wir fragten Prominente: Lieben Sie Sex?, in: *Aachener Nachrichten* vom 20.2.1971.

Autogramme*, ohne Titel, in: *Westfalen-Blatt* vom 25.6.1971.

Lachsalven*, ohne Titel, in: *Welt am Sonntag* vom 28.3.1971.

Ganz privat, in: *Abendzeitung* vom 24.12.1971.

Nobelpreis für Böll, in: *Der Spiegel* vom 23.10.1972.

Traumberufe*, ohne Titel, in: *Die Welt* vom 12.12.1972.

Personalien, in: *Der Spiegel* vom 3.12.1973.

Der Tod von Holger Meins*, aus: *»Vermittlung ist nicht meine Aufgabe«. Baader-Meinhof-Angehörige schreiben an Heinemann*, in: *Münchner Merkur* vom 4.1.1975.

Grass in der »DDR«?, in: *Die Welt* vom 21.6.1975.

Bekanntschaft mit Böll gesucht, in: *Der Spiegel* vom 13.2.1978.

Ein Oscar für Oskar, in: *DIE ZEIT* vom 18.4.1980.

Oskar, beschnitten, in: *Der Spiegel* vom 9.6.1980.

Grass-Parodie: ein Bubenstück?, in: *Der Spiegel* vom 10.2.1986.

Nun Lübeck, in: *Frankfurter Neue Presse* vom 8.12.1995.

Die Dichter der Nation, in: *Spiegel Spezial* vom 1.10.1996.

Grass oder nicht Grass?, in: *Der Spiegel* vom 2.8.1999.

Geschäftemacherei*, aus: *Václav Havel*, in: *Der Spiegel* vom 23.10.2000.

Die Bahn macht's vor: Lübeck heißt jetzt Grass, in: *Die Tageszeitung* vom 1.11.2002.

Günter Grass ist Deutschlands Nummer 1, in: *Stern.de* vom 29.3.2006.

Unterm Strich, in: *taz.de* vom 1.4.2006.

Abschied von Glühbirne: Baustein für Klimaschutz, in: *Märkische Allgemeine* vom 28.8.2009.

Leute, in: *Der Tagesspiegel* vom 21.4.2012.

Arendt, Hannah: Brief an Mary McCarthy vom 30.10.1962, in: Dies. / Mary McCarthy: *Im Vertrauen. Briefwechsel 1949-1975,* hg. und mit einer Einführung von Carol Brightman, aus dem Amerikanischen von Ursula Ludz und Hans Moll, München (Piper) 1997, S.223.

Brief an Gertrud und Karl Jaspers vom 28.5.1965, in: Dies. / Karl Jaspers: *Briefwechsel 1926-1969,* hg. von Lotte Köhler und Hans Saner, München/Zürich (Piper) 1985, S.632.

Brief an Gertrud und Karl Jaspers vom 21.3.1967, in: ebd., S.703.

Arnold, Heinz Ludwig: Was Studenten wissen*, aus: *Wer kennt Walser? Was Studenten aktueller Literatur über diese wissen,* in: *DIE ZEIT* vom 29.5.1970.

Passion einer Kuh, Passion eines Knechts [zu Beat Sterchis *Blösch*], in: *Der Spiegel* vom 12.12.1983.

Arntzen, Helmut: *Streit der Fakultäten. Neue Aphorismen und Fabeln,* Münster (LIT Verlag) 2000, S.92.

Artmann, H. C.: Abschied von Berlin*, aus: *Ich bin Abenteurer und nicht Dichter. Aus Gesprächen mit Kurt Hofmann,* Wien/München (Amalthea) 2001, S.153.

Ash, Timothy Garton: Günter Grass*, aus: *Braune Gras(s)narben der Erinnerung* [2007], in: Ders.: *Jahrhundertwende. Weltpolitische Betrachtungen 2000-2010,* aus dem Englischen von Susanne Hornfeck, München (Hanser) 2010, S.363-375, hier: S.363.

Assmann, Aleida: Aufklärungsabsichten*, aus: *Es gab auch Nazi-Täter, die Scham zeigten,* Interview mit Anne-Catherine Simon, in: *Die Presse* vom 13.2.2014.

Augstein, Rudolf: Brief an GG vom 2.4.1965, unveröffentl., Archiv GG, AdK.

Fernsehdiskussion mit Günter Grass*, aus: Ders. / Günter Grass: *Deutschland, einig Vaterland? Ein Streitgespräch,* Leipzig (Edition Steidl im Linden-Verlag) 1990, S.62.

Ein widerwärtiger Kerl*, aus: Interview mit André Müller, in: *DIE ZEIT* vom 15.10.1993.

Augustin, Ernst: *Schwarze Buchmesse,* in: Ders.: *Der Künzler am Werk. Eine Menagerie,* München (Beck) 2004, S.85-91, hier: S.90.

Aust, Stefan: *Unser Titelheld - ein Reißer* [2005], in: Hubert Spiegel (Hg.): *Begegnungen mit Marcel Reich-Ranicki,* Frankfurt/M. (Insel) 2005, S.15-18, hier: S.16ff.

Stolz*, aus: *Bildungsreise durch die Hölle,* in: *FAZ* vom 16.4.2009.

Bachér, Ingrid: Brief an GG vom 6.6.1993, unveröffentl., Archiv GG, AdK.

Brief an GG vom 16.11.1993, unveröffentl., Archiv GG, AdK.

Brief an GG vom 6.5.1995, unveröffentl., Archiv GG, AdK.

Brief an GG vom 14.7.1995, unveröffentl., Archiv GG, AdK.

Bächler, Wolfgang: Traumprotokoll* [1972], aus: *Im Schlaf. Traumprosa*, Frankfurt/M. (Fischer) 1988, S.10f.

Bachmann, Ingeborg: Brief an Paul Celan vom 29.12.1959, in: Dies. / Paul Celan: *Herzzeit. Der Briefwechsel*, hg. und kommentiert von Bertrand Badiou, Hans Höller, Andrea Stoll und Barbara Wiedemann, Frankfurt/M. (Suhrkamp) 2008, S.132f.

Brief an GG vom 13.10.1967, unveröffentl., Archiv GG, Adk.

Bahr, Egon: Brief an GG vom 18.10.1967, unveröffentl., Archiv GG, AdK.

Brief an GG vom 7.2.1990, unveröffentl., Archiv GG, AdK.

Brief an GG vom 13.10.1995, unveröffentl., Archiv GG, AdK.

Zu meiner Zeit, München (Blessing) 1996, S.190.

Brief an GG vom 2.10.2002, in: *Spiegel online* vom 2.10.2002.

Brief an Wolfgang Herles vom 17.8.2006, unveröffentl., Archiv GG, Lübeck.

Gedicht für Günter Grass*, ohne Titel, in: *FR* vom 10.4.2012.

Baier, Lothar: Brief an GG vom 1.3.1990, unveröffentl., Archiv GG, AdK.

Brief an GG vom 19.4.1990, unveröffentl., Archiv GG, AdK.

Balzary, Michael: Leselust*, aus: *Mit Pfeffer in die Charts*, Interview von Jörg Rohleder mit *Red Hot Chili Peppers*, in: *Focus* vom 22.4.2000.

Baring, Arnulf: *Der Unbequeme. Autobiografische Notizen*, Berlin (Europa Verlag) 2013, S.213–216.

Barlog, Boleslaw: *Theater lebenslänglich*, München (Universitas) 1981, S.143f.

Barzel, Rainer: *Geschichten aus der Politik. Persönliches aus meinem Archiv*, Frankfurt/M./Berlin (Ullstein) 1987, S.113.

Ein gewagtes Leben. Erinnerungen, Stuttgart/Leipzig (Hohenheim) 2001, S.133.

Baselitz, Georg: Ground Zero*, aus: *»Die Merkel muss weg. Der Westerwelle erst recht«*, Interview mit Cornelius Tittel, in: *Welt online* vom 27.9.2010.

Bauer, Walter: Brief an Grete Gaupp vom 16.9.1962, in: Ders.: *Liebe zu Deutschland heißt Leiden an Deutschland. Briefe aus Kanada 1962–1976*, ausgewählt, hg. und mit einem Vorwort versehen von Otto Röders, Gifkendorf (Merlin) 1983, S.15.

Brief an Grete Gaupp vom 3.5.1964, in: ebd., S.36f.

Bauer, Wolfgang: *Magic Afternoon* [1968], in: Ders.: *Werke*, Bd. 2: *Schauspiele 1967–1973*, hg. von Gerhard Melzer, Graz/Wien (Droschl) 1986, S.26f.

Baumgart, Reinhard: *Eine wüste Idylle. Über Hubert Fichte: »Die Palette«*, in: *Der Spiegel* vom 26.2.1968.

Auf der letzten Frühjahrstagung, in: Ders.: *Glück und Scherben. Drei lange Geschichten, vier kurze*, München/Wien (Hanser) 2002, S.162–176, hier: S.163.

Damals. Ein Leben in Deutschland 1929–2003, München/Wien (Hanser) 2004, S.231f.

Bayer, Thommie: *Die temporäre Schwellenangst,* in: Dirk Kruse (Hg.): *Meine wunderbare Buchhandlung,* Cadolzburg (Ars Vivendi) 2010, S. 33–37, hier: S. 33.

Beatles: *Yeah Yeah Yeah* [im Original: *A Hard Day's Night,* 1964], Spielfilm (Regie: Richard Lester), deutsch synchronisierte Fassung.

Beatty, Paul: *Slumberland* [im Original: *Slumberland,* 2008], aus dem Amerikanischen von Robin Detje, München (Blumenbar) 2009, S. 287.

Beck, Christoph: Ein neuer Dichterfürst?*, aus: *Der Roman dieses Jahres? Großes Interesse für den neuen Grass,* in: *Berliner Morgenpost* vom 8. 9. 1963.

Becker, Artur: *Der Heimat-Verdichter. 80 Jahre Günter Grass,* in: *Rheinischer Merkur* vom 11. 10. 2007.

Becker, Boris: *Augenblick, verweile doch ... Autobiographie* [2003], in Zusammenarbeit mit Robert Lübenoff und Hartmut Sorge, München (Goldmann) 2004, S. 216.

Becker, Jurek: Brief an GG vom 18. 12. 1981, in: Ders.: *»Ihr Unvergleichlichen«. Briefe,* ausgewählt und hg. von Christine Becker und Joanna Obruśnik, Frankfurt/M. (Suhrkamp) 2004, S. 120.

Brief an GG vom 24. 1. 1986, in: ebd., S. 164.

Leserbrief an den *SPIEGEL,* in: *Der Spiegel* vom 4. 9. 1995.

Becker, Jürgen: *Berliner Programm-Gedicht; 1971,* in: Ders.: *Die Gedichte,* Frankfurt/M. (Suhrkamp) 1995, S. 41–55.

Becker, Rolf: Durchgefeiert*, aus: *Als Böll zur Gewalt rief. Schriftsteller in der Zeit des Wiederaufbaus: Gruppe 47 und andere,* in: *Der Spiegel* vom 15. 1. 1997.

Becker, Thorsten: *Die Nase. Eine Erzählung,* Köln (Kiepenheuer & Witsch) 1987, S. 7.

Beer, Otto F.: *Literarische Feinschmeckerei. Neue Kochrezepte,* in: *Neue Presse* vom 20. 6. 1965.

Bellow, Saul: *Mehr noch sterben an gebrochenem Herzen* [im Original: *More Die of Heartbreak,* 1987], aus dem Amerikanischen von Helga Pfetsch, Köln (Kiepenheuer & Witsch) 1989, S. 215f.

Schriftsteller, Intellektuelle, Politik: Vor allem Erinnerungen [1993], in: Ders.: *Wie es war, wie es ist. Von der dunklen Vergangenheit in die ungewisse Zukunft,* aus dem Amerikanischen von Helga Pfetsch, Leonore Schwartz und Willi Winkler, Köln (Kiepenheuer & Witsch) 1995, S. 103–130, hier: S. 124ff.

Bender, Hans: Brief an Rainer Brambach vom 9. 6. 1959, in: Ders. / Rainer Brambach: *Briefe 1955–1983,* hg. von Hans Georg Schwark, Mainz (Hase & Koehler) 1997, S. 87.

Brief an GG vom 21. 11. 1961, unveröffentl., Archiv GG, AdK.

Brief an Rainer Brambach vom 15. 8. 1965, in: Ders./Brambach, *Briefe,* S. 146.

Brief an GG vom 2. 6. 1986, unveröffentl., Archiv GG, AdK.

Brief an GG vom 26. 1. 1987, unveröffentl., Archiv GG, AdK.

Postkarten aus Rom. Autobiographische Texte, mit einem Nachwort von Michael Krüger, ausgewählt von Hans Georg Schwark, München/Wien (Hanser) 1989, S. 91ff.

Brief an GG vom 9.10.1997, unveröffentl., Archiv GG, AdK.

Günter Grass, in: Axel Kutsch (Hg.): *Versnetze sieben. Deutschsprachige Lyrik der Gegenwart,* Weilerswist (Ralf Liebe) 2014, S. 198.

Berg, Sibylle: *Ein paar Leute suchen das Glück und lachen sich tot* [1997], Stuttgart (Reclam) 2008, S. 140.

Berg, Stefan: Brief an Günter de Bruyn vom 14.5.1984, in: Ders. / Günter de Bruyn: *Landgang. Ein Briefwechsel,* Frankfurt/M. (Fischer) 2014, S. 128.

Bergdoll, Nathalie: *Hochgefickt,* Köln (Tag & Nacht) 2010, S. 163.

Bergerhausen, Wilhelm: Brief an GG vom 21.2.1989, unveröffentl., Archiv GG, AdK.

Bermann Fischer, Gottfried: Eine Unverschämtheit*, aus: *Nach Hause sind wir nie zurückgekehrt,* Interview mit Harald Wieser und Peter Sichrovsky, in: *Der Spiegel* vom 29.12.1986.

Bernstein, F. W.: *Klassisches* [2003], in: Ders.: *Die Gedichte,* München (Kunstmann) 2003, S. 120–123, hier: S. 121.

Bichsel, Peter: Brief an Hans Bender vom 6.4.1968, in: *Briefe an Hans Bender,* hg. von Volker Neuhaus, München (Hanser) 1984, S. 97.

Wie deutsch sind die Deutschen? [1980], in: Ders.: *Schulmeistereien,* Darmstadt (Luchterhand) 1987, S. 151–165, hier: S. 159.

Mein Lehrer Grass, in: *Basler Zeitung* vom 16.10.1987.

Schweizerdeutsch*, aus: »*Die gleichen Kleinbürger wie wir Schweizer*«, Interview mit Etienne Strebel, in: *Swissinfo.ch* vom 9.5.2010.

Biedenkopf, Kurt: Brief an GG vom 10.10.1997, unveröffentl., Archiv GG, Lübeck.

Brief an GG vom 6.10.1999, unveröffentl., Archiv GG, Lübeck.

Bieler, Manfred: *Die Rättin. Nach Günter Grass,* in: Ders.: *Walhalla. Literarische Parodien,* Hamburg (Hoffmann und Campe) 1988, S. 78–81, hier: S. 78.

Bienek, Horst: Tagebuch [1981], aus: *Beschreibung einer Provinz. Aufzeichnungen,* München (DTV) 1986, S. 188.

Biermann, Wolf: *Deutschland. Ein Wintermärchen,* Berlin (Wagenbach) 1972, S. 41.

Wenig Wahrheiten und viel Witz. Über Thomas Brussigs Roman »*Helden wie wir*«, in: *Der Spiegel* vom 29.1.1996.

Die Ausbürgerung, in: *Der Spiegel* vom 12.11.2001.

Biller, Maxim: *Grass,* in: Ders.: *Moralische Geschichten,* Köln (Kiepenheuer & Witsch) 2005, S. 161f.

Binder-Gasper, Christiane: *Kreuzberger Romanze* [1978], in: Gudula Lorez (Hg.): *Wo die Nacht den Tag umarmt. Erotische Phantasien und Geschichten von Frauen,* Berlin (Gudula Lorez) 1979, S. 69f., hier: S. 70.

Brief an GG vom 27.10.1983, unveröffentl., Archiv GG, Adk.

Birnbaum, Norman: Brief an GG vom 5.10.1999, unveröffentl., Archiv GG, Lübeck, aus dem Amerikanischen von Uwe Neumann.

Birthler, Marianne: »*Die Diktatur war nicht kommod*«. *Was ist deutsch? Marianne Birthler über Aktenberge, die DDR als Laufstall und das richtige Leben im falschen*, in: *FR* vom 28.7.2009.

Bismarck, Klaus von: Grass-Institut?*, aus: Schlußwort nach dem Grundsatzreferat von Franz Josef Strauß anläßlich der Regionalbeauftragtenkonferenz des Goethe-Instituts am 12. Juni 1986, in: Joachim Sartorius (Hg.): *In dieser Armut – welche Fülle! Reflexionen über 25 Jahre auswärtige Kulturarbeit des Goethe-Instituts,* Göttingen (Steidl) 1996, S.191.

Bittermann, Klaus: *Lutschen am Brühwürfel* [2007], in: Ders. (Hg.): *Literatur als Qual und Gequalle. Über den Literaturbetriebsintriganten Günter Grass,* Berlin (Tiamat) 2007, S.7–27, hier: S.13f.

Bjørneboe, Jens: Brief an Karlheinz Deschner vom 5.5.1969, in: »*Sie Oberteufel!*« *Briefe an Karlheinz Deschner,* hg. von Bärbel und Katja Deschner, Hamburg (Rasch und Röhring) 1992, S.537.

Blandford, Richard: *Hound Dog* [2007], London (Vintage Digital) 2011, Kap. 29, aus dem Englischen von Uwe Neumann.

Blankenburg, Ingo: *Zehn Tage,* Berlin (Andreas Grade) 2004, S.33.

Błaut, Sławomir: Brief an GG vom 18.8.2006, unveröffentl., Archiv GG, Lübeck.

Bloch, Ernst: Die Aufgabe der Intelligenz*, aus: Olaf Ihlau: *Mit Ernst Bloch im Gespräch,* in: *Neue Ruhr Zeitung* vom 15.10.1967.

Bloch, Karola: Brief an GG vom 17.10.1965, unveröffentl., Archiv GG, AdK.

Aus meinem Leben, Pfullingen (Neske) 1981, S.232.

Blüm, Norbert: Brief an GG vom 16.10.1997, unveröffentl., Archiv GG, Lübeck.

Bobrowski, Johannes: *Die Windhühner* [1957], in: Loschütz, *Von Buch zu Buch,* a.a.O., S.165.

Brief an Hans Paeschke vom 28.8.1963, in: *Johannes Bobrowski oder Landschaft mit Leuten. Eine Ausstellung des Deutschen Literaturarchivs im Schiller-Nationalmuseum Marbach am Neckar,* Marbach (Deutsche Schillergesellschaft) 1993, S.225.

Brief an GG vom 15.10.1963, in: ebd., S.698.

Das Käuzchen [1963], in: Ders.: *Gesammelte Werke,* Bd. IV: *Die Erzählungen, Vermischte Prosa und Selbstzeugnisse,* hg. von Eberhard Haufe, Stuttgart (DVA) 1987, S.77f., hier: S.77.

Literarisches Klima. Ganz neue Xenien, doppelte Ausführung [1964], in: Ders.: *Gesammelte Werke,* Bd. I: *Die Gedichte,* S.231–253, hier: S.246 u. 249.

Bodrožić, Marica: *Erste Lektüre*,* ohne Titel, in: *arte.tv* vom 28.9.2007.

Bohley, Bärbel: Brief an GG vom 6.1.1990, unveröffentl., Archiv GG, AdK.

Böhme, Herbert: Die heutige Jugend*, aus: *Industriegesellschaft oder Lebensgemeinschaft* [1967], in: Ders.: *Reden und Aufsätze,* München (Türmer) 1967, S.227–276, hier: S.264.

Festrede zur erstmaligen Verleihung des Schillerpreises des deutschen Volkes [1969], in: Ders.: *Vermächtnis und Auftrag. Letzte Reden. Aufsätze, Sprüche, Gedichte,* München (Türmer) 1973, S. 119–131, hier: S. 124f.

Die Sturmflut steigt [1970], in: ebd., S. 159–190, hier: S. 174.

Bolaño, Roberto: *Das Jahrhundert von Grass* [im Original: *El siglo de Grass,* 1999], in: Ders.: *Entre paréntesis,* Barcelona (Anagrama) 2004, S. 157f., hier: S. 157, aus dem Spanischen von Tatiana Matthiesen.

2666 [im Original: *2666,* 2004], aus dem Spanischen von Christian Hansen, München (Hanser) 2009, S. 24.

Böll, Annemarie: Brief an GG vom 1. 4. 1986, unveröffentl., Archiv GG, AdK.

Böll, Heinrich: Brief an GG vom 11. 10. 1965, unveröffentl., Archiv GG, AdK.

Blumen für Beate Klarsfeld [10. 1. 1969], in: Ders.: *Werke. Kölner Ausgabe,* Bd. 16: *1969–1971,* hg. von J. H. Reid, Köln (Kiepenheuer & Witsch) 2008, S. 16f., hier: S. 16.

Engagement für die SPD?*, aus: Interview mit Reinhard Hoffmeister in der ZDF-Sendung *Aspekte* vom 2. 9. 1969, zit. nach Viktor Böll: *Heinrich Böll,* München (DTV) 2002, S. 120.

Brief an Lew Kopelew vom 31. 5. 1972, in: Ders. / Lew Kopelew: *Briefwechsel,* hg. von Elsbeth Zylla, Göttingen (Steidl) 2011, S. 193.

Das Gewissen der Nation?*, aus: *Drei Tage im März* [1975], Gespräch mit Christian Linder, Köln (Kiepenheuer & Witsch) 1975, S. 105.

Deutsche Utopien I [Feb. 1978, Erstsendung: 26. 2. 1979], in: Ders.: *Werke. Kölner Ausgabe,* Bd. 20: 1977–1979, hg. von Ralf Schnell u. a., Köln (Kiepenheuer & Witsch) 2009, S. 232–234, hier: S. 232.

Brief an GG vom 18. 7. 1978, unveröffentl., Archiv GG, AdK.

Böll, René: Brief an GG vom 31. 8. 2006, unveröffentl., Archiv GG, Lübeck.

Bomm, Manfred: *Grauzone. Der dreizehnte Fall für August Häberle,* Meßkirch (Gmeiner) 2013, S. 407f.

Bonde-Henriksen, Henrik: *Muß man Germanen mögen?* [1969], in: Fritz Brühl (Hg.): *Ansichten über Deutschland. Eine kritische Bilanz von 36 Journalisten aus 30 Ländern,* Düsseldorf/Wien (Econ) 1972, S. 22–27, hier: S. 25.

Böni, Franz: *Lieber Böll und Grass,* in: *Bücherpick,* 1986, H. 1, S. 29.

Bono: Ein wunderbarer Film*, aus: Interview mit Bert van de Kamp [1982], in: Bert van de Kamp: *And they called him Bono. Close encounters 1982–2010,* Amsterdam (Invy Books) 2012, S. 38, aus dem Englischen von Uwe Neumann.

Borchers, Elisabeth: Brief an GG vom 21. 7. 1977, unveröffentl., Archiv GG, AdK.

Born, Nicolas: Brief an GG vom 20. 4. 1964, in: Ders.: *Briefe 1959–1979,* hg. von Katharina Born, Göttingen (Wallstein) 2007, S. 28.

Brief an GG vom 23. 9. 1977, in: ebd., S. 223f.

Bosch, Manfred: *Der Literaturgarten,* in: *Das Pult,* 1971, H. 1, S. 11f., hier: S. 12.

Bosetzky, Horst: *Champagner und Kartoffelchips. Roman einer Familie in den 50er und 60er Jahren* [1998], Frankfurt/M. (Fischer) 2001, S. 141 u. 469.

Küsse am Kartoffelfeuer [2004], München (DTV) 2007, S. 464.

Die schönsten Jahre [2006], München (DTV) 2010, S. 218.

Die Liebesprüfung, München (DTV) 2006, S. 262.

Nichts ist verjährt, Berlin (Jaron) 2008, S. 17.

Bourdieu, Pierre: Gespräch mit Günter Grass*, aus: *Alles seitenverkehrt. Zivilisiert endlich den Kapitalismus! Der Literaturnobelpreisträger Günter Grass und der Soziologe Pierre Bourdieu im Gespräch,* aus dem Französischen von Stephan Egger, in: *DIE ZEIT* vom 2.12.1999.

Bouteiller, Michael: Günter Grass zieht nach Lübeck*, ohne Titel, zit. nach W. Langenstrassen: *Entscheidung für Lübeck. Ehrung des Schriftstellers im Audienzsaal des Rathauses,* in: *Lübecker Nachrichten* vom 7.12.1995.

Bowie, David: Zentrum Berlin*, aus: Interview mit Jonathan Mantle, in: *Vogue* vom 1.9.1978, aus dem Englischen von Uwe Neumann.

Brambach, Rainer: Brief an Hans Bender vom 7.6.1959, in: Hans Bender / Rainer Brambach: *Briefe 1955–1983,* hg. von Hans Georg Schwark, Mainz (Hase & Koehler) 1997, S. 86.

Brief an Hans Bender vom 12.6.1959, in: ebd., S. 88f.

Brandstetter, Alois: *Die Kunst des Möglichen und die unmögliche Kunst,* in: Harald Seuter (Hg.): *Die Feder, ein Schwert? Literatur und Politik in Österreich,* Graz (Leykam) 1981, S. 8–13, hier: S. 8.

Leihbücherei [1986], in: Franz Hohler (Hg.): *112 einseitige Geschichten,* München (Luchterhand) 2007, S. 50.

Kleine Menschenkunde, Salzburg/Wien (Residenz) 1987, S. 75.

Ein Vandale ist kein Hunne, Salzburg/Wien (Residenz) 2007, S.161ff.

Brandt, Ingeborg: *»Stendhal war meine Bibel«. Gespräch mit Elias Canetti, dem Autor der »Blendung«,* in: *Die Welt* vom 8.11.1963.

Brandt, Lars: *Jetzt bin ich der Buhmann,* aus: Christiane Höllger: *Jetzt bin ich der Buhmann,* in: *Bild am Sonntag* vom 22.1.1967.

Andenken [2006], Reinbek bei Hamburg (Rowohlt) 2007, S. 82f.

Brandt, Rut: *Freundesland. Erinnerungen,* Hamburg (Hoffmann und Campe) 1992, S.197f.

Brandt, Willy: Brief an GG vom 19.1.1966, in: Ders. / Günter Grass: *Der Briefwechsel,* hg. von Martin Kölbel, Göttingen (Steidl) 2013, S.111f.

Brief an GG vom 5.5.1967, in: ebd., S. 153.

Brief an den *Stern,* in: *Stern* vom 20.3.1967.

Brief an Rainer Barzel vom 27.6.1969, in: Ders.: *Berliner Ausgabe,* Bd.VII: *Mehr Demokratie wagen. Innen- und Gesellschaftspolitik 1966–1974,* bearbeitet von Wolther von Kieseritzky, Bonn (Dietz) 2001, S. 187.

Regierungserklärung vom 28.10.1969, in: ebd., S. 218–224, hier: S. 219.

Brief an GG vom 28.11.1970, in: Brandt/Grass, *Briefwechsel,* S. 415.

Brief an GG vom 8.12.1970, in: ebd., S. 418.

Tagebuch [22.8.1972], in: Ders.: *Berliner Ausgabe,* Bd. IV: *Auf dem Weg nach vorn. Willy Brandt und die SPD 1947–1972,* Bonn (Dietz) 2000, S. 516f.

Notizen zum Fall Guillaume [1974], in: Ders., *Berliner Ausgabe,* Bd. VII, S. 508–537, hier: S. 530.

Über den Tag hinaus. Eine Zwischenbilanz, Hamburg (Hoffmann und Campe) 1974, S. 437.

Brief an GG vom 15.7.1976, in: Brandt/Grass, *Briefwechsel,* S. 638.

Brief an GG vom 5.6.1986, in: ebd., S. 770.

Erinnerungen, Frankfurt/M. (Propyläen) 1989, S. 281.

Rede vor dem Bundestag am 18.12.1989, in: Ders.: *Berliner Ausgabe,* Bd. X: *Gemeinsame Sicherheit. Internationale Beziehungen und deutsche Frage 1982–1992,* bearbeitet von Uwe Mai, Bonn (Dietz) 2009, S. 417–424, hier: S. 422.

Braun, Günter u. Johanna: *Endlich mal wieder Parodien. Günter de Bruyn: »Maskeraden«,* in: *Neue Deutsche Literatur,* 1966, H. 12, S. 174–176, hier: S. 175.

Braun, Harald: *Der mieseste Liebhaber der Welt,* München (DTV) 2010, S. 170f.

Braun, Volker: *Werktage* [1988], aus: *Werktage 1. Arbeitsbuch 1977–1989,* Frankfurt/M. (Suhrkamp) 2009, S. 890.

Werktage [7.9.1995], aus: *Werktage 2. Arbeitsbuch 1990–2008,* Berlin (Suhrkamp) 2014, S. 333.

Brief an GG vom Okt. 2002, unveröffentl., Archiv GG, Lübeck.

Werktage [12.8.2006], aus: *Werktage 2,* S. 864.

Brief an GG vom 25.8.2006, unveröffentl., Archiv GG, Lübeck.

Werktage [9.6.2006], aus: *Werktage 2,* S. 868.

Werktage [24.3.2007], aus: ebd., S. 902.

Werktage [8.6.2008], aus: ebd., S. 957.

Brink, André: *Meine Top Ten*,* aus: *André Brink's top 10 novels,* in: *The Guardian* vom 11.9.2002.

Die Geschichten von Günter Grass*, aus: *A Fork in the Road. A Memoir,* London (Harvill Secker) 2009, S. 432, aus dem Englischen von Uwe Neumann.

Broder, Henryk M.: *Kein Krieg, nirgends. Die Deutschen und der Terror,* Berlin (Berlin Verlag) 2002, S. 101.

Das ist ja irre! Mein deutsches Tagebuch, München (Knaus) 2015, S. 216f.

Brodsky, Joseph: Gespräch mit Fritz J. Raddatz [1988], in: Fritz J. Raddatz: *ZEIT-Dialoge,* Reinbek bei Hamburg (Rowohlt) 1996, S. 48–57, hier: S. 54.

Brückner, Christine: *Das glückliche Buch der a. p.* [1970], Frankfurt/M. (Ullstein) 1973, S. 188f.

Brief an Johannes Rüber vom 5.1.1972, in: Dies.: *Briefe von c. b. an Verleger, Freunde und Leser,* hg. von Anselm Maler, Berlin (Ullstein) 1999, S. 115.

Bruhns, Wibke: *Nachrichtenzeit. Meine unfertigen Erinnerungen,* München (Droemer) 2012, S. 130f.

Brussig, Thomas: Brief an GG vom 1.10.1999, unveröffentl., Archiv GG, Lübeck.

Auch ich! Doping und Literaturbetrieb – das Geständnis eines Schriftstellers im Selbstverhör, in: Der Tagesspiegel vom 25.5.2007.

Die Verschwörer von Stockholm. Zum Literatur-Nobelpreis, in: SZ vom 7.10.2009.

Das gibts in keinem Russenfilm, Frankfurt/M. (Fischer) 2015, S.196f.

Bruyn, Günter de: Das Ding an sich, in: Ders.: Maskeraden. Parodien, Halle (Mitteldt. Verlag) 1966, S.63–66.

Brief an GG von 1986 [undatiert], unveröffentl., Archiv GG, AdK.

Vierzig Jahre. Ein Lebensbericht [1996], Frankfurt/M. (Fischer) 1999, S.111.

Buch, Hans Christoph: Aus meinem literarischen Bestiarium [1977], Glückwunsch zum 50. Geburtstag von GG, unveröffentl., Archiv GG, Lübeck.

Brief an GG vom 5.11.1997, unveröffentl., Archiv GG, AdK.

Brief an GG vom 26.10.1999, unveröffentl., Archiv GG, Lübeck.

Zu Gast bei Grass und Walser, in: FR vom 7.8.2012.

Fahrlässigkeit*, aus: Boat People. Literatur als Geisterschiff. Berner Poetikvorlesung, Frankfurt/M. (Frankfurter Verlagsanstalt) 2014, S.97.

Budke, Gudula: Grass verkauft Lakritze [1979], in: Dies.: Grass verkauft Lakritze und andere Erzählungen, Bielefeld (Pendragon) 1997, S.22–27, hier: S.22f.

Buggert, Christoph: Deutschlandbesuch, Leipzig (Reclam) 2006, S.63f.

Bührig, Dieter: Brüllbeton, Meßkirch (Gmeiner) 2013, S.43.

Burckhardt, Carl Jacob: Brief an Carl Zuckmayer vom 2.11.1964, in: Carl Zuckmayer / Carl Jacob Burckhardt: Briefwechsel, ediert und kommentiert von Claudia Mertz-Rychner und Gunther Nickel, mit einer Einleitung von Claudia Mertz-Rychner, in: Zuckmayer-Jahrbuch 2, 2000, S.11–243, hier: S.85.

Burger, Hermann: Lokalbericht [1970–1972 entstanden], aus dem Nachlass hg. vom Schweizerischen Literaturarchiv und vom Cologne Center for eHumanities, Zürich / Berlin / New York: (Voldemeer / de Gruyter) 2016, S.63f.; vgl. auch die digitale Edition unter: www.lokalbericht.ch.

Burger, Peter: Günter Grass?, in: Die horen 103,1976, S.10.

Burgess, Anthony: Ein Fisch unter Feministinnen [1978], aus dem Englischen von Volker Neuhaus, in: Hermes, Grass im Ausland, a.a.O., S.75–79, S.75.

Der Fürst der Phantome [im Original: Earthly Powers, 1980], aus dem Englischen von Wolfgang Krege, Stuttgart (Klett-Cotta) 1996, S.370f.

Bursch, Roland: Rumms durch Robbe. Günter Grass bekennt sich zu Anschlag auf Kölner Stadtarchiv: »Böll musste weg!«, in: Der Tagesspiegel vom 11.3.2009.

Buruma, Ian: Erbschaft der Schuld. Vergangenheitsbewältigung in Deutschland und Japan [im Original: The Wages of Guilt, 1994], aus dem Amerikanischen von Klaus Binder und Jeremy Gaines, Reinbek bei Hamburg (Rowohlt) 1996, S.362.

Buselmeier, Michael: Kunstverzicht*, aus: Die Macht und der unermüdliche Hase [1982], in: Peter Faecke (Hg.): Über die allmähliche Entfernung aus dem Lande. Die Jahre 1968–1982, Düsseldorf (Claassen) 1983, S.116–138, hier: S.121f.

Byrt, Andrzej: Brief an GG vom 16.10.1997, unveröffentl., Archiv GG, Lübeck.

Cailloux, Bernd: Mein Kanon?*, aus: *Drei Antworten,* in: Heinz Ludwig Arnold (Hg.): *Literarische Kanonbildung.* Sonderband TEXT + KRITIK, München 2002, S. 342.

Calvino, Italo: *Amerikanisches Tagebuch* [3.11.1959], aus: *Eremit in Paris. Autobiographische Blätter,* aus dem Italienischen von Burkhart Kroeber, München (DTV) 2000, S. 26.

Philosophie und Literatur [1967], in: Ders.: *Kybernetik und Gespenster. Überlegungen zu Literatur und Gesellschaft,* aus dem Italienischen von Susanne Schoop, München/Wien (Hanser) 1984, S. 27–35, hier: S. 33.

Cărtărescu, Mircea: *Europa hat die Form meines Gehirns. Randständige Bemerkungen zu einem intellektuellen Tagtraum,* in: *Neue Zürcher Zeitung* vom 15./16. 2. 2003.

Celan, Paul: Brief an GG vom 9.9.1959, in: Ders. / Günter Grass: *Eine »herzgraue« Freundschaft. Der Briefwechsel zwischen Paul Celan und Günter Grass,* hg. von Arno Barnert, in: *Text* 2004, H. 9, S. 65–127, hier: S. 98.

Chotjewitz, Peter O.: *Gruppe 47 in USA: Risse trotz vieler Dollars,* in: *Arbeiter-Zeitung* vom 7.5.1966.

Die Insel. Erzählungen aus dem Bärenauge, Reinbek bei Hamburg (Rowohlt) 1968, S. 257.

Supermenschen in Paranoia, in: Vagelis Tsakiridis (Hg.): *Supergarde. Prosa der Beat- und Pop-Generation,* Düsseldorf (Droste) 1969, S. 43–62, hier: S. 50.

Als würdet ihr leben, Hamburg (Rotbuch) 2001, S. 96ff.

Lieber runterkippen. Eine kurze Polemik gegen das Krimigenre, in: Literaturkritik.de Nr. 9, 2005.

Mein Freund Klaus, Berlin (Verbrecher Verlag) 2007, S. 198.

Chwin, Stefan: Tagebuch [2008], aus: *Ein deutsches Tagebuch,* hg. von Krystyna Turkowska-Chwin und Marta Kijowska, aus dem Polnischen von Marta Kijowska, Berlin (edition.fotoTAPETA) 2015, S. 60.

Clayton, Victoria: *Wolken an meinem Himmel* [im Original: *Clouds among the Stars,* 2003], aus dem Englischen von Gabriele Weber-Jarić, Berlin (Ullstein) 2007, S. 38.

Coetzee, John M.: *Günter Grass und die »Wilhelm Gustloff«* [im Original: *Günter Grass and the »Wilhelm Gustloff«,* 2003], in: Ders.: *Inner Workings: Essays 2000–2005,* London (Secker) 2007, S. 132–144, hier: S. 143, aus dem Englischen von Uwe Neumann.

Coulter, Catherine: *Blow Out. An FBI Thriller* [2004], New York (Jove) 2005, S. 220, aus dem Amerikanischen von Uwe Neumann.

Crane, Megan: *English as a Second Language,* New York (Warner Books) 2004, S. 64, aus dem Amerikanischen von Uwe Neumann.

Crawshaw, Steve: *Lässig zur Normalität,* in: *Der Spiegel* vom 13.12. 2004.

Czechowski, Heinz: Brief an GG vom 1.10.1999, unveröffentl., Archiv GG, Lübeck.

Die Pole der Erinnerung. Autobiographie, mit einem Nachwort von Sascha Kirchner, Düsseldorf (Grupello) 2006, S.131f.

Dabeler, Christian: *Fragmente einer Umschulung,* in: Ders. / Almut Klotz: *Tamara und Konsorten. Erzählungen,* Mainz (Ventil Verlag) 2008, S. 7–15, hier: S. 11.

Dahn, Daniela / Laabs, Joochen: Brief an GG vom 30.9.1999, unveröffentl., Archiv GG, Lübeck.

Daniel, Jean: Brief an GG vom 1.10.1999, unveröffentl., Archiv GG, Lübeck.

DBC Pierre: *The 100 favourite fictional characters ... as chosen by 100 literary luminaries,* Interviews by Julia Stuart, in: *The Independent* vom 3.3.2005, aus dem Englischen von Uwe Neumann.

DDR-Schriftstellerverband: Offener Brief vom 21.8.1961, zit. nach Heinz Ludwig Arnold / Franz Josef Görtz (Hg.): *Günter Grass – Dokumente zur politischen Wirkung,* München (Edition Text + Kritik) 1971, S.17.

Dean, Martin R.: *Grass als Koch,* in: *Basler Zeitung* vom 16.10.1987.

Ein Koffer voller Wünsche, Salzburg/Wien (Jung und Jung) 2011, S.107.

Delius, Friedrich Christian: *Amerikahaus und der Tanz um die Frauen* [1997], Reinbek bei Hamburg (Rowohlt) 1999, S. 36.

Brief an GG vom 19.12.1999, unveröffentl., Archiv GG, Lübeck.

Lachsucht*, aus: *Als die Bücher noch geholfen haben. Biographische Skizzen,* Berlin (Rowohlt) 2012, S. 22.

Demetz, Peter: *Fette Jahre, magere Jahre. Deutschsprachige Literatur von 1965 bis 1985* [1986], aus dem Amerikanischen von Christiane Spelsberg, München (Piper) 1988, S. 414.

Deschner, Karlheinz: *Talente, Dichter, Dilettanten. Überschätzte und unterschätzte Werke in der deutschen Literatur der Gegenwart,* Wiesbaden (Limes) 1964, S. 358.

Runter mit der Glorie von Günter Grass. Kleine Lehrstunde über die großen Schludrigkeiten eines bekannten Autors, in: *Pardon* Nr. 11, 1972.

Dibelius, Otto: Brief an Raimund Le Viseur [1965], in: *Der Spiegel* vom 10.11.1965.

Di Benedetto, Antonio: *Lieblingsschriftsteller*,* aus: Gespräch mit Günter W. Lorenz [1968], in: Günter W. Lorenz: *Dialog mit Lateinamerika. Panorama einer Literatur der Zukunft,* Tübingen/Basel (Erdmann) 1970, S. 161–209, hier: S. 191.

Dieckmann, Friedrich: Brief an GG vom 1.10.1999, unveröffentl., Archiv GG, Lübeck.

Dietrich, Marlene: *Nehmt nur mein Leben ... Reflexionen,* München (Bertelsmann) 1979, S. 293.

Prägende Schriftsteller*, aus: *Logik macht das Leben leichter. Marlene Dietrich über Berlin, Hollywood, Paris und ihr Leben,* Interview mit Hellmuth Karasek und Helmut Sorge, in: *Der Spiegel* vom 17.6.1991.

Dietzel, Ulrich: Tagebuch [15.12.1981], aus: *Männer und Masken. Kunst und Politik in Ostdeutschland. Ein Tagebuch 1955–1999,* Leipzig (Faber & Faber) 2003, S.128.

Tagebuch [7./8.11.1995], aus: ebd., S. 335f.

Ditfurth, Christian von: *Die Mauer steht am Rhein. Deutschland nach dem Sieg des Sozialismus* [1999], Köln (Kiepenheuer & Witsch) 2009, S. 199f.

Dobelli, Rolf: *Fünfunddreißig. Eine Midlife Story*, Zürich (Diogenes) 2003, S. 83.

Himmelreich, Zürich (Diogenes) 2006, S. 52f.

Döblin, Klaus: Brief an GG vom 7.2.1978, unveröffentl., Archiv GG, AdK.

Dobraczyński, Jan: *Obsessiver Infantilismus* [im Original: *Obsesyjny infantylizm*], in: *Kierunki* Nr. 36, 1963, S. 2, aus dem Polnischen von Hubert Orłowski.

Domin, Hilde: Brief an GG vom 17.7.1965, unveröffentl., Archiv GG, AdK.

Brief an GG vom 18.3.1968, unveröffentl., Archiv GG, AdK.

Brief an GG vom 10.3.1993, unveröffentl., Archiv GG, AdK.

Doornkaat-Geschäftsleitung: Brief an GG vom 25.2.1964, unveröffentl., Archiv GG, AdK.

Doutiné, Heike: Brief an GG vom 29.8.1972, unveröffentl., Archiv GG, AdK.

Brief an GG vom 2.4.1987, unveröffentl., Archiv GG, AdK.

Die Rättin*, aus: Brief an Uwe Neumann vom 15.11.2014.

Draht, Charlie op den: *Volkslied*, in: *DIE ZEIT* vom 22.2.1974.

Drautzburg, Friedhelm: Brief an Eberhard Jäckel vom 11.3.1970, unveröffentl., Privatarchiv E. Jäckel.

Günter Grass auf Tournee [1970], in: Kurt Beck (Hg.): »*Schlagt der Äbtissin ein Schnippchen, wählt SPD!« Günter Grass und die Sozialdemokratie*, Berlin (vorwärts buch verlag) 2007, S. 71–108, hier: S. 72f.

Dregger, Alfred: Kunst und Politik*, aus: *Eine freie Kunst braucht einen freien Staat. Auszug aus der Rede in der kulturpolitischen Debatte des Deutschen Bundestages am 9.11.1984*, in: Ders.: *Der Vernunft eine Gasse. Politik für Deutschland*, zusammengestellt von Klaus Hoff, München (Universitas) 1987, S. 195–201, hier: S. 197.

Droste, Wiglaf: *Die Erotik des Rentensystems. Das Letzte von Günter Grass*, in: *taz.de* vom 29.8.2003.

LyLü, Lyrik in Lübeck. Grass lädt ein, zwei Dichter kommen, in: *dradio.de* vom 15.4.2005.

Neues vom Wahlfang, in: *Die Tageszeitung* vom 19.8.2005.

Die Renaissance des Pornobalkens, in: *Junge Welt* vom 17.1.2011.

Droste, Wiglaf / Henschel, Gerhard: *Der Barbier von Bebra*, Hamburg (Edition Nautilus) 1996, S. 88f.

Der Mullah von Bullerbü [2000], München (Goldmann) 2001, S. 78f.

Dückers, Tanja: »*Verdrängte Schuld*«, Interview, in: *Der Spiegel* vom 11.3.2002.

Dundes, Alan: *Sie mich auch! Das Hinter-Gründige in der deutschen Psyche* [im Original: *Life is Like a Chicken Coop Ladder. A Portrait of German Culture Through Folklore*, 1984], aus dem Amerikanischen von Aurel Ende, München (DTV) 1987, S. 123.

Dürrenmatt, Friedrich: Gespräch mit André Müller [1981], in: Ders.: *Der Klassiker auf der Bühne. Gespräche,* hg. von Heinz Ludwig Arnold in Zusammenarbeit mit Anna von Planta und Jan Strümpel, Zürich (Diogenes) 1996, Bd. III, S. 80–103, hier: S. 99.

Dutschke, Rudi: Tagebuch [3. 6. 1967], aus: *Jeder hat sein Leben ganz zu leben. Die Tagebücher 1963–1979,* München (Bertelsmann) 2005, S. 39.

Es kracht an allen Ecken und Enden. Brief für die Herren der anderen Seite, in: *Der Spiegel* vom 9. 12. 1968.

Eco, Umberto: *Nachschrift zum »Namen der Rose«* [im Original: *Postille a »Il nome della rosa«,* 1983], aus dem Italienischen von Burkhart Kroeber, München (Hanser) 1984, S. 70.

Edelmann, Marek: *Kein Mitleid mit den Deutschen,* Interview mit Krzysztof Burnetko und Jarosław Makowski, in: *Tygodnik Powszechny* vom 17. 8. 2003.

Edschmid, Kasimir: Brief an Erna Pinner vom 11. 12. 1965, in: Ulrike Edschmid: *»Wir wollen nicht mehr darüber reden«. Erna Pinner und Kasimir Edschmid. Eine Geschichte in Briefen,* München (Luchterhand) 1999, S. 227.

Eggebrecht, Axel: *Meine Weltliteratur,* Berlin/Bonn (Dietz) 1985, S. 208.

Ehmke, Horst: Brief an GG vom 26. 3. 1971, unveröffentl., Archiv GG, AdK.

Mittendrin. Von der Großen Koalition zur Deutschen Einheit [1994], Reinbek bei Hamburg (Rowohlt) 1996, S. 49.

Eichborn, Vito von: *Diese Parodie wollte Grass verhindern* [2002], in: Ratte, *Der Grass,* a. a. O., S. 131f.

Eichholz, Armin: *Was Grass aus China mitgebracht hat, ist den Wurf mit der Leberwurst wert. »Kopfgeburten oder die Deutschen sterben aus« – oder wie einer mit Ort und Zeit und Strauß umspringt,* in: *Münchner Merkur* vom 14. 6. 1980.

Emma: *Pascha des Monats,* in: *Emma* Nr. 7, 1977, S. 5.

Endler, Adolf: Postkarte an GG vom 1. 10. 1999, unveröffentl., Archiv GG, AdK.

Engelmann, Bernt: *Das Porträt: Günter Grass,* in: *Neue Politik* vom 20. 1. 1968.

Enzensberger, Hans Magnus: Brief an GG vom 31. 3. 1958, unveröffentl., Archiv GG, AdK.

Brief an GG vom 21. 8. 1959, unveröffentl., Archiv GG, AdK.

Brief an Eduard Reifferscheid vom 26. 9. 1959, unveröffentl., Archiv GG, AdK.

Brief an GG vom 9. 5. 1961, unveröffentl., Archiv GG, AdK.

Berliner Gemeinplätze, in: *Kursbuch* 11, Jan. 1968, S. 151–169, hier: S. 153.

Brief an GG vom 11. 3. 1989, unveröffentl., Archiv GG, AdK.

Albumblatt für Günter Grass, im Sommer 2015, Originalbeitrag 2015.

Enzensberger, Ulrich: *Ein Blechtrommler aus Bombay,* in: *Der Spiegel* vom 12. 9. 1983.

Eppler, Erhard: *Mißverständnisse da und dort,* in: *Stuttgarter Zeitung* vom 31. 12. 1969.

Erhard, Ludwig: Rede beim CDU-Landesparteitag in Ravensburg am 29. 5. 1965, in: *Die Worte des Kanzlers. Eine aktuelle Zitatensammlung zum Thema: Der Staat und die Intellektuellen,* in: *DIE ZEIT* vom 30. 7. 1965.

Erler, Fritz: Brief an GG vom 1.9.1965, unveröffentl., Archiv GG, AdK.

Ernst, Jochen: *Grass durchgefallen. Seine »Kühe« in USA unverkäuflich*, in: Deutsche Wochenzeitung vom 7.4.1967.

Faber, Elmar: *Verloren im Paradies. Ein Verlegerleben*, Berlin (Aufbau) 2014, S. 281ff.

Fac, Bolesław: Brief an GG vom 30.10.1979, in: Ders. / Günter Grass: *Lieber Antek – Lieber Günter. Ein Briefwechsel*, in: *Bolesław Fac (1929–2000). Dichter und Vermittler deutsch-polnischer Literatur*, Bremen (Edition Temmen) 2002, S. 17–28, hier: S. 21.

Brief an GG vom 8.1.1986, in: ebd., S. 27.

Faes, Urs: *Und Ruth*, Frankfurt/M. (Suhrkamp) 2001, S. 134.

Faktor, Jan: Literaturherstellung*, aus: *Literaturherstellung als Zeitfüller zwischen Körperpflege und Liegen in der Sonne* [1994], in: Ders.: *Die Leute trinken zuviel, kommen gleich mit Flaschen an oder melden sich gar nicht oder Georgs Abschiede und Atempausen nach dem verhinderten Werdegang zum Arrogator eines Literaturstoßtrupps. Körpertexte, Sprechtexte, Essays*, Berlin (Janus Press) 1995, S. 67–103, hier: S. 73.

Farah, Nuruddin: *Tochter Frau* [im Original: *Sardines*, 1981], aus dem Englischen von Klaus Pemsel, Berlin (Suhrkamp) 2010, S. 307.

Gekapert [im Original: *Crossbones*, 2011], aus dem Englischen von Susann Urban, Berlin (Suhrkamp) 2013, S. 141.

Fauser, Jörg: *Die hohe Kunst des Komplotts* [1983], in: Ders.: *Der Strand der Städte. Gesammelte journalistische Arbeiten 1959–1987*, Berlin (Alexander) 2009, S. 879–891, hier: S. 885.

Mythen*, aus: »*Schreiben ist keine Sozialarbeit*«, Gespräch mit Hellmuth Karasek und Jürgen Tomm [1984], in: Ders.: *Rohstoff*, Berlin (Alexander) 2004, S. 296–319, hier: S. 305.

Letztlich ... Günter Grass [1986], in: Ders., *Der Strand der Städte*, S. 1360–1362, hier: S. 1361.

Faust, Siegmar: *In welchem Lande lebt Mephisto? Schreiben in Deutschland*, München/Wien (Olzog) 1980, S. 174ff.

Fels, Ludwig: *Ausflug nach Berlin oder Kulissenschieber*, in: Ders.: *Mein Land. Geschichten*, Darmstadt/Neuwied (Luchterhand) 1978, S. 120–122, hier: S. 121.

Brief an GG vom 9.6.1991, unveröffentl., Archiv GG, AdK.

Brief an GG vom 4.10.1999, unveröffentl., Archiv GG, Lübeck.

Das erste Treffen mit Günter Grass*, aus: Brief an Uwe Neumann vom Dez. 2014.

Ferber, Christian: *Ein Buch könnte ich schreiben. Die autobiographischen Skizzen Georg Seidels (1919–1992)*, mit einem Nachwort von Erwin Wickert, Göttingen (Wallstein) 1996, S. 190f.

Fest, Joachim: *Begegnungen. Über nahe und ferne Freunde*, Reinbek bei Hamburg (Rowohlt) 2004, S. 77.

Fforde, Jasper: *Im Brunnen der Manuskripte* [im Original: *The Well of Lost Plots*, 2003], aus dem Englischen von Joachim Stern, München (DTV) 2008, S. 16.

Fichte, Hubert: *Die Palette* [1965], in: Uwe Herms (Hg.): *Drucksachen. Junge deutsche Autoren*, Hamburg (Christian Wegner) 1965, S. 69–78, hier: S. 74.

Grass und Goethe* [1966], aus: *Alte Welt. Glossen*, in: Ders.: *Die Geschichte der Empfindlichkeit*, Bd. V, hg. von Gisela Lindemann, Torsten Teichert, Ronald Kay und Wolfgang von Wangenheim in Zusammenarbeit mit Leonore Mau, Frankfurt/M. (Fischer) 1992, S. 85.

Tagebuch [9. 6. 1967], aus: ebd., S. 157.

Figes, Eva: Brief an GG vom 11. 12. 1977, unveröffentl., Archiv GG, Lübeck.

Brief an GG vom 16. 1. 1984, unveröffentl., Archiv GG, Lübeck.

Fischer, Frank: *Der Japaner im Kofferraum. Mein Leben als Taxifahrer*, München (Knaur) 2011, S. 52f.

Fischer, Joschka: Brief an GG vom 30. 9. 1999, unveröffentl., Archiv GG, Lübeck.

Foer, Jonathan Safran: *Extrem laut und unglaublich nah* [im Original: *Extremly loud and incredibly close*, 2005], aus dem Amerikanischen von Henning Ahrens, Köln (Kiepenheuer & Witsch) 2005, S. 11.

Interviewäußerung zur *Blechtrommel*, zit. nach Maximilian Preisler: *Oskar ohne Blechtrommel. Roman über ein Kind in New York nach dem 11. September*, in: *Deutschlandradio* vom 18. 8. 2005, aus dem Amerikanischen von Uwe Neumann.

Fontane-Archiv: Brief an GG vom 4. 10. 1999, unveröffentl., Archiv GG, Lübeck.

Ford, Richard: Ein politischer Autor*, aus: Gespräch mit Ulrich Greiner [1997], in: Ulrich Greiner: *Gelobtes Land. Amerikanische Schriftsteller über Amerika*, Reinbek bei Hamburg (Rowohlt) 1997, S. 214.

Forte, Dieter: *Auf der anderen Seite der Welt*, Frankfurt/M. (Fischer) 2004, S. 244.

Franzen, Jonathan: Ungerecht behandelt*, aus: *Die verdammte Frage der Geschlechter*, Interview mit Gregor Dotzauer, in: *Der Tagesspiegel* vom 25. 4. 2009.

Freyer-Mauthner, Anne: Brief an GG zum 16. Okt. 2002, in: Helmut Frielinghaus (Hg.): *Der Butt spricht viele Sprachen. Grass-Übersetzer erzählen*, Göttingen (Steidl) 2002, S. 83.

Rendez-vous mit Grass. Günter Grass in Frankreich, Interview mit Nicola Hellmann, in: *Arte.TV* vom 4. 10. 2007.

Fried, Erich: *Grass-Grässlichkeiten oder Man kann den Grass wachsen hören*, in: *Kürbiskern* 1966, H. 4, S. 98.

Politisches Pflichtgefühl*, aus: »Ich respektiere diesen Herrn nicht«, Gespräch mit Sigrid Löffler [1986], in: Ders.: *Nicht verdrängen, nicht gewöhnen. Texte zum Thema Österreich*, hg. von Michael Lewin, Wien (Europaverlag) 1987, S. 250–255, hier: S. 251f.

Fries, Fritz Rudolf: Tagebuch [März 1993], aus: *Im Jahr des Hahns. Tagebücher*, Leipzig (Kiepenheuer) 1996, S. 57ff.

Hesekiels Maschine oder Gesang der Engel am Magnetberg, Berlin (Das Neue Berlin) 2004, S. 99.

Friesel, Uwe: Brief an GG vom 21. 2. 1990, unveröffentl., Archiv GG, AdK.

Fringeli, Dieter: Kann der Schriftsteller die Welt verändern?*, Antwort auf eine Umfrage [1970], in: Peter André Bloch / Edwin Hubacher (Hg.): *Der Schriftsteller in unserer Zeit. Schweizer Autoren bestimmen ihre Rolle in der Gesellschaft. Eine Dokumentation zu Sprache und Literatur der Gegenwart,* Bern (Francke) 1972, S. 165.

Frisch, Max: *Grass als Redner* [1965], in: Ders.: *Forderungen des Tages. Porträts, Skizzen, Reden 1943–1982,* hg. von Walter Schmitz, Frankfurt/M. (Suhrkamp) 1983, S. 64f.

Album [1970], aus: *Tagebuch 1966–1971,* in: Ders., *Gesammelte Werke in zeitlicher Folge,* hg. von Hans Mayer unter Mitwirkung von Walter Schmitz, Frankfurt/M. (Suhrkamp) 1998, Bd. 6, S. 302–311.

Berliner Journal [6. 2. u. 10. 2. 1973], aus: *Aus dem Berliner Journal,* hg. von Thomas Strässle unter Mitarbeit von Margit Unser, Berlin (Suhrkamp) 2014, S. 9 u. 15.

Berliner Journal [27. 3. 1973], ebd., S. 68.

Berliner Journal [27. 4. 1973], ebd., S. 101.

Berliner Journal [14. 2. 1974], ebd., S. 158–160.

Fuchs, Gerd: Die Gruppe 47 feiert*, aus: *Heimwege,* Hamburg (Edition Nautilus) 2010, S. 193.

Fuchsberger, Joachim: Verweigerung*, aus: *Für Fuchsberger ist der Tod ein »Schwein«,* Interview mit Holger Kreitling und Britta Stuff, in: *Die Welt* vom 4. 7. 2011.

Fuentes, Carlos: *Woran ich glaube. Alphabet des Lebens* [im Original: *En esto creo,* 2002], aus dem mexikanischen Spanisch von Sabine Giersberg, München (DVA) 2004, S. 209.

Fühmann, Franz: Tagebuch einer Ungarnreise* [1973], aus: *Zweiundzwanzig Tage oder Die Hälfte des Lebens,* Rostock (Hinstorff) 1974, S. 64.

Führer, Christian: *Und wir sind dabei gewesen. Die Revolution, die aus der Kirche kam,* Berlin (Ullstein) 2009, S. 260f.

Fuld, Werner: *Als Kafka noch die Frauen liebte. Unwahre Anekdoten über das Leben, die Liebe und die Kunst,* Hamburg (Luchterhand) 1994, S. 21.

Als Rilke noch die Polka tanzte. Neue unwahre Anekdoten über das Leben, die Liebe und die Kunst, München (Luchterhand) 1995, S. 39.

Neue Anekdoten, in: *Von Büchern & Menschen,* Frankfurt/M. (Schöffling) 1999, S. 58f., hier: S. 58.

Funke, Cornelia: Phantastisches Erzählen*, aus: *»Mein gefühltes Alter ist zehn«,* Interview mit Katja Thimm und Susanne Weingarten, in: *Der Spiegel* vom 8. 12. 2008.

Gabriel, Sigmar: Brief an GG vom 16.10.2012, unveröffentl., Archiv GG, Lübeck.

Brief an GG vom 10.10.2013, unveröffentl., Archiv GG, Lübeck.

Gadamer, Hans-Georg: *Im Schatten des Nihilismus* [1990], in: Ders.: *Gesammelte Werke*, Bd. 9, *Ästhetik und Poetik II, Hermeneutik im Vollzug*, Tübingen (Mohr) 1993, S.367–382, hier: S.367.

García Márquez, Gabriel: Telegramm an GG vom 1.10.1999, unveröffentl., Archiv GG, Lübeck, aus dem Spanischen von Tatiana Matthiesen.

Gary, Romain: *Der Tanz des Dschingis Cohn* [im Original: *La danse de Gengis Cohn*, 1967], aus dem Französischen von Herbert Schlüter, München (Piper) 1969, S.195.

Gauck, Joachim: *Vergangenheit als Last. Deutsche Erfahrungen mit der Aufarbeitung der kommunistischen Diktatur* [1997], in: Kurt R. Spillmann (Hg.): *Zeitgeschichtliche Hintergründe aktueller Konflikte VI*, Zürich (CSS Zürcher Beiträge) 1997, S.35–53, hier: S.52.

Entscheidungen*, aus: *Die Entscheidung fiel für ein erprobtes Politikmodell* [2000], in: Ders.: *Nicht den Ängsten folgen, den Mut wählen. Denkstationen eines Bürgers*, München (Siedler) 2013, S.31–41, hier: S.37.

Brief an GG vom Okt. 2012, unveröffentl., Archiv GG, Lübeck.

Gaus, Günter: *Widersprüche. Erinnerungen eines linken Konservativen*, München (Propyläen) 2004, S.306.

Gay, Peter: *Die Moderne. Eine Geschichte des Aufbruchs* [2007], aus dem Englischen von Michael Bischoff, Frankfurt/M. (Fischer) 2008, S.483f.

Geißendörfer, Hans W.: Brief an GG, in: *Welt online* vom 2.10.2002.

Geißler, Heiner: *Zugluft. Politik in stürmischer Zeit*, München (Bertelsmann) 1990, S.49.

Genscher, Hans-Dietrich: Brief an GG vom 20.8.1978, unveröffentl., Archiv GG, Lübeck.

Brief an GG vom 23.8.1979, unveröffentl., Archiv GG, Lübeck.

Brief an GG vom 23.6.1987, unveröffentl., Archiv GG, Lübeck.

Brief an GG vom 19.12.1988, unveröffentl., Archiv GG, Lübeck.

Brief an GG vom 20.7.1989, unveröffentl., Archiv GG, Lübeck.

Mehr als ein großer Poet, Originalbeitrag, März 2015.

Gerlach, Walter: *Mikro-Porträt*, in: Ders.: *Al Capone starrte minutenlang auf den Lottoschein. Achtundsechzig Mikro-Porträts*, Frankfurt/M. (Eichborn) 1987, S.43.

Gernhardt, Robert: *Wege zum Ruhm. 13 Hilfestellungen für junge Künstler und 1 Warnung* [1995], Frankfurt/M. (Fischer) 1999, S.19.

Giebe, Hubertus: Brief an GG vom 8.4.1983, unveröffentl., Archiv GG, AdK.

Brief an GG vom 10.10.1986, unveröffentl., Archiv GG, AdK.

Brief an GG vom 29.1.1989, unveröffentl., Archiv GG, AdK.

Giordano, Ralph: *Die rote Wende!* [zu Christian von Ditfurth: *Die Mauer steht am Rhein*], in: *DIE ZEIT* vom 19.8.1999.

Brief an GG vom 1.4.2007, unveröffentl., Archiv GG, Lübeck.

Giroud, Françoise: Typisch deutsch*, Interviewäußerung, zit. nach Sabine Strauss: *Des Dichters Hassliebe. Günter Grass, die Deutschen und die Franzosen,* in: *Die Welt* vom 1.10.1988.

Glotz, Peter: Brief an GG vom 25.11.1983, unveröffentl., Archiv GG, AdK.

Tagebuch [24.1.1994], aus: *Die Jahre der Verdrossenheit. Politisches Tagebuch 1993/94,* Stuttgart (DVA) 1996, S.185.

Von Heimat zu Heimat. Erinnerungen eines Grenzgängers, Berlin (Econ) 2005, S.93.

Glowna, Vadim: *Der Geschichtenerzähler. Erinnerungen,* Berlin (Ullstein) 2006, S.228.

Glucksmann, André: *Das Gute und das Böse. Ein französisch-deutscher Briefwechsel* [im Original: *Le Bien et le Mal. Lettres immorales d'Allemagne et de France,* 1997], aus dem Französischen von Eva Groepler, Hildesheim (Claassen) 1998, S.105f.

Am Rande des Abgrunds, aus dem Französischen von Daniel Eckert, in: *Die Welt* vom 14.9.2002.

Goebbels, Joseph: *Tagebücher 1945. Die letzten Aufzeichnungen,* Hamburg (Hoffmann und Campe) 1977.

Goertz, Heinrich: *Das Grass-Fieber grassiert,* in: *SZ* vom 10.10.1963.

Goes, Albrecht: Brief an GG vom 26.7.1965, unveröffentl., Archiv GG, AdK.

Goetz, Rainald: *Subito* [1983], in: Ders.: *Hirn,* Frankfurt/M. (Suhrkamp) 1986, S.9–21, hier: S.19.

Irre [1983], Frankfurt/M. (Suhrkamp) 1986, S.286f.

Kontrolliert, Frankfurt/M. (Suhrkamp) 1988, S.72f.

Die »Chronik« von Siegfried Unseld*, aus: *Morgens lange im Bett,* in: *Der Spiegel* vom 14.2.2011.

Gogolin, Wolfgang A.: *Eintritt frei für Männer,* Hamburg (Pauerstoff) 2008, S.15.

Goldt, Max: *Die Verachtung* [2002], in: Ders.: *Vom Zauber des seitlich dran Vorbeigehens. Prosa und Szenen 2002–2004,* Reinbek bei Hamburg (Rowohlt) 2008, S.104–115, hier: S.108f.

Gombrowicz, Witold: Tagebuch [1965], aus: *Tagebuch 1953–1969,* aus dem Polnischen von Olaf Kühl, in: Ders.: *Gesammelte Werke,* Bd. 6–8, hg. von Rolf Fieguth u. Fritz Arnold, Frankfurt/M. (Fischer) 1998, S.883.

Goosen, Frank: *Ich und der Butt: Jetzt geht's los,* aus: *Mein Ich und sein Leben. Komische Geschichten,* Frankfurt/M. (Eichborn) 2004, S.73–94, hier: S.74.

Gordimer, Nadine: *Phantasievoller Umgestalter seiner Zeit,* in: *Günter Grass zum 65. Geburtstag. Eine Zeitung,* hg. vom Steidl Verlag, Göttingen 1992, S.7f., hier: S.7.

Brief an GG vom 30.10.1995, unveröffentl., Archiv GG, Lübeck, aus dem Englischen von Uwe Neumann.

Brief an GG vom 26.12.1997, unveröffentl., Archiv GG, Lübeck, aus dem Englischen von Uwe Neumann.

Brief an GG vom 31.3.2001, unveröffentl., Archiv GG, Lübeck, aus dem Englischen von Uwe Neumann.

Görner, Rüdiger: *Des Widerspenstigen Gegenrede. Aufzeichnungen zu Günter Grass*, in: Norbert Honsza / Irene Światłowska (Hg.): *Günter Grass. Bürger und Schriftsteller*, Wrocław/Dresden (Neisse) 2008, S. 481–491, hier: S. 482.

Gottschalk, Thomas: *Ob Sie es wollen oder nicht, ich spüre Sie an meiner Seite. Zum 85. Geburtstag von Marcel Reich-Ranicki* [2005], in: Thomas Anz (Hg.): *Die Literatur, eine Heimat. Reden über und von Marcel-Reich-Ranicki*, München (DVA) 2008, S. 105–108, hier: S. 108.

Herbstblond. Die Autobiographie, München (Heyne) 2015.

Graeter, Michael: *Extrablatt. Die Autobiografie*, München (LangenMüller) 2009, S. 290.

Graf, Oskar Maria: Brief an GG vom 4.10.1963, in: *Oskar Maria Graf in seinen Briefen*, hg. von Gerhard Bauer und Helmut F. Pfanner, München (Süddeutscher Verlag) 1984, S. 316.

Brief an GG vom 16.1.1966, unveröffentl., Archiv GG, AdK.

Grass, Anna: Brief an Uwe Johnson vom 9.4.1967, in: Uwe Johnson / Anna Grass / Günter Grass: *Der Briefwechsel*, hg. von Arno Barnert, Frankfurt/M. (Suhrkamp) 2007, S. 90.

Brief an Uwe Johnson vom 23.5.1968, in: ebd., S. 127.

Grass, Günter: Brief an Wolfgang Koeppen vom 22.5.1970, unveröffentl., Archiv GG, Adk.

Zunge zeigen, Darmstadt (Luchterhand) 1988.

Es gibt Ehen, die werden auf keinem Standesamt besiegelt, in: Hubert Spiegel (Hg.): *Begegnungen mit Marcel Reich-Ranicki*, Frankfurt/M. (Insel) 2005, S. 42f.

Werke. Göttinger Ausgabe, Göttingen (Steidl) 2007.

Die Box. Dunkelkammergeschichten, Göttingen (Steidl) 2008.

Unterwegs von Deutschland nach Deutschland. Tagebuch 1990, Göttingen (Steidl) 2009.

Grimms Wörter. Eine Liebeserklärung, Göttingen (Steidl) 2010.

Günter Grass im Interview über Tod, Kunst, Politik und Jugendverfehlungen, Interview mit Malte Herwig und Sven Michaelsen, in: *Profil online* vom 5.12.2013.

Green, John: Literatur für Jugendliche*, aus: »*Sollten wir wieder zu Affen werden?*«, Interview mit Sarah Wildeisen, in: *Bulletin Jugend & Literatur* 2, 2010, S. 6f., hier: S. 7.

Greene, Graham: Lektüre*, Gespräch mit Rudolf Walter Leonhardt, in: Rudolf Walter Leonhardt: *Graham Greenes Fluchtwege*, in: *DIE ZEIT* vom 4.7.1980.

Greffrath, Mathias: Brief an GG vom 23.8.2006, unveröffentl., Archiv GG, Lübeck.

Grochol, Gregor: *Blender. Schelmenroman,* Hamburg (Männerschwarm) 2011, S. 31f.

Grönemeyer, Herbert: Deutschunterricht*, Interviewäußerung, in: *Stern* vom 13.5.1993, hier zit. nach Ulrich Hoffmann: *Grönemeyer. Biografie,* Hamburg (Hoffmann und Campe) 2003, S. 22.

Gross, Johannes: Ahnungslos*, aus: *Sagen Sie mal, Johannes Gross,* Interview mit Michael Klonovsky, in: *Focus* vom 15.4.1996.

Grözinger, Wolfgang: Geschmacklosigkeiten*, aus: *Zeichen an der Wand* [1959] in: Ders.: *Panorama des internationalen Gegenwartsromans. Gesammelte »Hochland«-Kritiken 1952–1965,* hg. u. eingeleitet von Erwin Rotermund u. Heidrun Ehrke-Rotermund, Paderborn (Schöningh) 2004, S. 267–278, hier: S. 271.

Grün, Max von der: Brief an GG vom 1.12.1966, unveröffentl., Archiv GG, AdK.

Mehr als nur Geschwätz*, aus: Gespräch mit Heinz Ludwig Arnold [1974], in: Heinz Ludwig Arnold: *Schriftsteller im Gespräch II,* Zürich (Haffmans) 1990, S. 7–77, hier: S. 31f.

Grünbein, Durs: *Er ist ein Prediger mit dem Holzhammer,* in: *FAZ* vom 12.4.2012.

Grünewald, Armin: Brief an GG vom 21.12.1973, unveröffentl., Archiv GG, AdK.

Guillou, Jan: *Der demokratische Terrorist. Ein Coq-Rouge-Thriller* [im Original: *Den demokratiske terroristen,* 1987], aus dem Schwedischen von Hans-Joachim Maass, München (Piper) 2001, S. 112.

Günther, Joachim: Brief an GG vom 3.1.1961, unveröffentl., Archiv GG, AdK.

Günzel, Manfred: Leserbrief an den *SPIEGEL,* in: *Der Spiegel* vom 25.9.1963.

Gustafsson, Lars: *Eine Ecke von Berlin* [1996], in: Ders.: *Palast der Erinnerung,* aus dem Schwedischen von Verena Reichel, München/Wien (Hanser) 1996, S. 71–80, hier: S. 74.

Alternde Schriftsteller*, aus: Ders. / Agneta Blomqvist: *Alles, was man braucht. Ein Handbuch für das Leben* [im Original: *Herr Gustafssons familjebok,* 2006], aus dem Schwedischen von Verena Reichel, München (Hanser) 2010, S. 257.

Gysi, Gregor: Telegramm an GG vom 30.9.1999, unveröffentl., Archiv GG, Lübeck.

Gysi, Gregor / Bisky, Lothar: Telegramm an GG vom 16.10.1997, unveröffentl., Archiv GG, Lübeck.

Haas, Daniel: *Kunst-Kick auf weitem Feld,* in: *Spiegel online* vom 7.6.2004.

Haase, Horst u. a.: *Geschichte der Literatur der Deutschen Demokratischen Republik,* Berlin (Volk und Wissen) 1985.

Habe, Hans: Brief an *Die Tat,* in: *Die Tat* vom 16.7.1965.

Der Anschlag auf Berlin, in: *Zürcher Woche* vom 22.3.1968.

Habermas, Jürgen: *Ein avantgardistischer Spürsinn für Relevanzen. Was den Intellektuellen auszeichnet.* Dankesrede bei der Entgegennahme des Bruno-Kreisky-Preises am 9. März 2006, in: Ders.: *Ach, Europa. Kleine politische Schriften XI,* Frankfurt/M. (Suhrkamp) 2008, S. 77–87, hier: S. 81.

Aufgeklärte Ratlosigkeit. Warum die Politik ohne Perspektiven ist. Thesen zu einer Diskussion, in: FR vom 30.12.1995.

Brief an GG vom 15.1.1996, unveröffentl., Archiv GG, AdK.

Hacks, Peter: Brief an Hellmuth Karasek vom 12.12.1965, in: Ders.: *Verehrter Kollege. Briefe an Schriftsteller,* ausgewählt, hg. und mit einem Nachwort versehen von Rainer Kirsch, Berlin (Eulenspiegel) 2006, S. 111.

Brief an Elly Hacks vom 31.8.1963, in: Ders.: *Peter Hacks schreibt an »Mamama«. Der Familienbriefwechsel 1945–1999,* hg., kommentiert und mit einem Nachwort von Gunther Nickel, Berlin (Eulenspiegel) 2013, S. 214.

Brief an Elly Hacks vom 15.9.1969, in: ebd., S. 460.

Gespräch mit Manfred Durzak*, aus: Manfred Durzak: *Zwischen Aristophanes und Brecht. Gespräch mit dem Dramatiker Peter Hacks in Ost-Berlin,* in: FAZ vom 16.2.1974.

Brief an André Thiele vom 2.3.2002, in: Ders. / André Thiele: *Der Briefwechsel 1997–2003,* hg. von Felix Bartels, Berlin (Eulenspiegel) 2012, S. 316.

Haffner, Sebastian: *Monatslektüre,* in: Konkret, Feb. 1965.

Hage, Volker: *Kein Respekt. Die »Blechtrommel« in der DDR – nicht länger dekadent, pubertär und provinziell?,* in: DIE ZEIT vom 18.9.1987.

(Hg.): *Max Frisch. Sein Leben in Bildern und Texten,* Berlin (Suhrkamp) 2011.

Hagen, Eva-Maria: Brief an Wolf Biermann vom 5.2.1977, in: Dies.: *Eva und der Wolf,* München (Econ & List) 1999, S. 493.

Hager, Kurt: *Erklärung vor der SED-Kulturkommission* [1977], zit. nach Pezold, *Günter Grass,* a. a. O., S. 47.

Brief an Erich Mielke vom 29.7.1983, als Photokopie abgedruckt in: Uwe Müller / Sven Felix Kellerhoff: *Wie die Stasi eine Grass-Lesung organisierte,* in: Die Welt vom 24.8.2006.

Hahn, Ulla: *Unscharfe Bilder,* München (DVA) 2003, S. 27.

Spiel der Zeit, München (DVA) 2014, S. 473.

Hahnl, Hans Heinz: *Hexeneinmaleins,* Wien (Edition S) 1993, S. 101.

Haider, Daud: *Streifzüge durch den dunklen Bauch Kalkuttas* [2001], in: Martin Kämpchen (Hg.): *»Ich will in das Herz Kalkuttas eindringen«. Günter Grass in Indien und Bangladesch,* Eggingen (Edition Isele) 2005, S. 91–99, hier: S. 98.

Hamburger, Michael: Brief an GG vom 4.2.1966, unveröffentl., Archiv GG, AdK.

Brief an GG vom 2.5.1967, unveröffentl., Archiv GG, AdK.

Brief an GG vom 15.9.1992, unveröffentl., Archiv GG, AdK.

Hamm, Peter: *Neue Lyrik,* in: Deutsche Rundschau, 82. Jg., Nov. 1956, S. 1238–1241, hier: S. 1241.

Hamm-Brücher, Hildegard: *Über den Mut zur kleinen Utopie. Auszüge aus der Festrede zur Eröffnung des Hessentages in Gießen am 27.6.1969,* in: Dies.: *Und dennoch ... Nachdenken über Zeitgeschichte – Erinnern für die Zukunft,* Berlin (Siedler) 2011, S. 157–163, hier: S. 157.

Brief an GG vom 6.3.1979, unveröffentl., Archiv GG, Lübeck.

Hammelehle, Sebastian: *Literatur-Jahresrückblick. Wann wird's mal wieder richtig Deutschland?*, in: *Spiegel online* vom 29.12.2010.

Handke, Peter: Brief an Siegfried Unseld vom 20.6.1966, in: Ders. / Siegfried Unseld: *Der Briefwechsel,* hg. von Raimund Fellinger und Katharina Pektor, Berlin (Suhrkamp) 2012, S.35.

Offener Brief an GG, in: *Abendzeitung* vom 22.10.1966.

Brief an Alfred Kolleritsch vom 17.9.1977, in: Ders. / Alfred Kolleritsch: *Schönheit ist die erste Bürgerpflicht. Briefwechsel,* Salzburg/Wien (Jung und Jung) 2008, S.107.

Gespräch mit André Müller*, aus: *Wer einmal versagt im Schreiben, hat für immer versagt. André Müller spricht mit Peter Handke* [1988], in: *DIE ZEIT* vom 3.3.1989.

Mein Jahr in der Niemandsbucht. Ein Märchen aus den neuen Zeiten [1994], Frankfurt/M. (Suhrkamp) 2000, S.287f.

»Ein Idiot im griechischen Sinne«, Interview mit André Müller, in: *Die Weltwoche* vom 29.8.2007.

Ders. / Hamm, Peter: *Es leben die Illusionen. Gespräche in Chaville und anderswo* [2002], Göttingen (Wallstein) 2006, S.164f.

Händler, Ernst-Wilhelm: *Die Frau des Schriftstellers,* Frankfurt/M. (Frankfurter Verlagsanstalt) 2006, S.31f.

Hannsmann, Margarete: *Pfauenschrei. Die Jahre mit HAP Grieshaber* [1986], München (Goldmann) 1992, S.290.

Harig, Ludwig: *Ach, was für eine Zeit,* in: *Günter Grass zum 65. Geburtstag. Eine Zeitung,* hg. vom Steidl Verlag, Göttingen (Steidl) 1992, S.7.

Harpprecht, Klaus: Aktennotiz für Willy Brandt [21.3.1973], aus: *Im Kanzleramt. Tagebuch der Jahre mit Willy Brandt,* Reinbek bei Hamburg (Rowohlt) 2000, S.60f.

Schräges Licht. Erinnerungen ans Überleben und Leben, Frankfurt/M. (Fischer) 2014, S.499.

Harris, Robert: *Vaterland. Thriller* [im Original: *Fatherland,* 1992], aus dem Englischen von Hanswilhelm Haefs, Zürich (Haffmans) 1992, S.25.

Hart, Josephine: *The Truth About Love* [2009], New York (Vintage) 2010, S.181f., aus dem Englischen von Uwe Neumann.

Hartenstein, Liesel: Brief an GG vom 15.10.1997, unveröffentl., Archiv GG, Lübeck.

Härter, Ulrich: Im Haus von Günter Grass*, ohne Titel, unveröffentl. Typoskript vom 7.11.1981, Archiv GG, AdK, 6 Seiten, hier: S.3.

Brief an GG vom 4.1.1986, unveröffentl., Archiv GG, AdK.

Brief an GG vom 22.8.2006, unveröffentl., Archiv GG, Lübeck.

Hartlaub, Geno: Brief an GG vom 23.6.1986, unveröffentl., Archiv GG, AdK.

Härtle, Heinrich: *Beleidigung Fontanes,* in: *Deutsche Wochenzeitung* vom 29.3.1968.

Die miesen Figuren des Günter Grass. SPD-Blechtrommler als Wahlhelfer der Sexualdemokratie, in: *Deutsche Wochenzeitung* vom 26.9.1969.

Genosse Porno regiert ...! Der SPD-Pornograph Günter Grass, in: *Deutsche Volkszeitung* vom 26.3.1971.

Härtling, Peter: Brief an GG vom 16.8.1976, unveröffentl., Archiv GG, AdK.

Brief an GG vom 15.2.1987, unveröffentl., Archiv GG, AdK.

Brief an GG vom 10.3.1989, in: Akademie der Künste, *Dokumente,* a.a.O., S. 408 ff.

Brief an GG vom 11.10.1997, unveröffentl., Archiv GG, Lübeck.

Brief an GG vom 2.10.1999, unveröffentl., Archiv GG, Lübeck.

Leben lernen. Erinnerungen, Köln (Kiepenheuer & Witsch) 2003, S. 294–297.

Hartung, Harald: *Der Tag vor dem Abend. Aufzeichnungen,* Göttingen (Wallstein) 2012, S. 32.

Hartung, Rudolf: Brief an GG vom 17.3.1959, zit. nach Claudia Mayer-Iswandy: *Günter Grass,* München (DTV) 2002, S. 76f.

Haufs, Rolf: *Anna tanzt mit Günter – Begegnungen in Berlin,* in: *Der Tagesspiegel* vom 2.10.1999.

Hausmann, Manfred: *Eine richtige Entscheidung*,* zit. nach Anonymus: *Der Schlag auf die »Blechtrommel«,* in: *Weser-Kurier* vom 30.12.1959.

Havel, Václav: Brief an GG vom 4.9.2002, in: *Spiegel* online vom 2.10.2002.

Havemann, Florian: *Thomas Brasch*,* aus: *Havemann,* Frankfurt/M. (Suhrkamp) 2007, S. 930.

Heckmann, Herbert: *Der große Knock-out in sieben Runden* [1972], Frankfurt/M. (Fischer) 1974, S. 97f.

Heidegger, Martin: Brief an Adolf Arndt vom 8.2.1965, in: Akademie der Künste, *Dokumente,* a.a.O., S. 241f.

Heidenreich, Elke: *Ein Sender hat Geburtstag,* in: Dies.: *Der Welt den Rücken. Erzählungen,* München (Hanser) 2001, S. 95–126, hier: S. 98.

Nie wieder ekelhafte Altmännerliteratur!, Interview mit Christine Eichel, in: *Cicero* vom 25.4.2007.

Heidenreich, Gert: Brief an GG vom 29.8.1995, unveröffentl., Archiv GG, AdK.

Heim, Uta-Maria: *Die Wut der Weibchen,* in: Dies.: *Die Wut der Weibchen. Stories,* mit einem Vorwort von Fritz Rudolf Fries, Reinbek bei Hamburg (Rowohlt) 1994, S. 159–182, hier: S. 180.

Ruth sucht Ruth, Berlin (Berlin Verlag) 2002, S. 30.

Hein, Christoph: Brief an GG vom 19.10.1983, unveröffentl., Archiv GG, AdK.

Brief an GG vom 5.2.1986, unveröffentl., Archiv GG, AdK.

Brief an GG vom 8.11.1988, unveröffentl., Archiv GG, AdK.

Brief an GG vom 2.5.1989, unveröffentl., Archiv GG, AdK.

Nachdenken über Deutschland, in: *Die Weltbühne* 1990, H. 10, S. 295–298, hier: S. 296f.

Brief an GG vom 13.10.1997, unveröffentl., Archiv GG, Lübeck.

Von deutscher Art. Günter Grass wurde der Nobelpreis für Literatur zugesprochen, in: *Freitag* vom 8.10.1999.

Keine Umarmung, kein Gezeter. Rede auf Hans Mayer in der Deutschen Bücherei in Leipzig, in: *Sinn und Form,* 53. Jg., 2001, H. 4, S. 565–571.

Brief an GG vom 6.4.2012, unveröffentl., Archiv GG, Lübeck.

Heinemann-Rufer, Ulrich: *Grass im Zuchthaus Tegel. Eine Dichterlesung an ungewöhnlichem Ort,* in: *DIE ZEIT* vom 6.10.1967.

Heiseler, Bernt von: Schweinereien*, ohne Titel, in: *Der Kranich. Ein Jahrbuch für die dramatische, lyrische und epische Kunst,* 6,1964, S. 151f.

Heißenbüttel, Helmut: *Projekt Nr. 1. D'Alemberts Ende* [1970], Stuttgart (Klett-Cotta) 1981, S. 155 f.

Nachruf auf die Gruppe 47, in: Heinz Ludwig Arnold (Hg.): *Literaturbetrieb in Deutschland,* München (Edition Text + Kritik) 1971, S. 33–39, hier: S. 37.

Eppendorfer Nacht 2, in: Ders.: *Das Ende der Alternative. Einfache Geschichten. Projekt 3/3,* Stuttgart (Klett-Cotta) 1980, S. 92–102, hier: S. 94.

Nachruf bei Lebzeiten, in: Heinz Ludwig Arnold (Hg.): *Über Literaturkritik. Text + Kritik,* Heft 100, München 1988, S. 26–28, hier: S. 27.

Heizler, Rudolf: Unterschiede*, aus: *Drei Glossen,* in: *Kölnische Rundschau* vom 13.5.1972.

Heller, André: *Das Kühnste wagen,* Interview mit Jürgen Kremb, Barbara Schmid und Michael Wulzinger, in: *Der Spiegel* vom 30.8.2004.

Henkel, Hans-Olaf: *Die Ethik des Erfolgs. Spielregeln für die globalisierte Gesellschaft,* München (Econ) 2002, S. 25f.

Hennig, Falko: *Entjungferung bei Johnny Cash* [2005], in: Volker Surmann (Hg.): *Sex – Von Spass war nie die Rede. Geschichten,* Berlin (Satyr) 2008, S. 34–37, hier: S. 35.

Henscheid, Eckhard: Wahrsagungen für 1983*, aus: *Kommen tut es in der Reih' und wie es kommen muss. Akkurate Prophezeiisse und etliche Wahrsagungen für das Jahr 1983 n. Chr.* [1982], in: Ders.: *Frau Killermann greift ein. Erzählungen und Bagatellen,* München (Heyne) 1998, S. 133–141, hier: S. 137.

Literarischer Traum- und Wunschkalender für das Jahr 1985 [1984], in: Ders.: *Literaturkritik. Gesammelte Werke in Einzelausgaben,* Frankfurt/M. (Zweitausendeins) 2007, S. 711–716, hier: S. 714 f.

Die Blechtrommel [1984], in: Jörg Drews (Hg.): *Dichter beschimpfen Dichter. Ein Alphabet harter Urteile,* Zürich (Haffmans) 1990, S. 51f.

Sudelblätter [1987], in: Ders.: *Polemiken, Gesammelte Werke in Einzelausgaben,* Frankfurt/M. (Zweitausendeins) 2003, S. 393f.

Unkenrufe [1992], in: Ders.: *Über Manches. Ein Lesebuch,* hg. von Gerd Haffmans, Zürich (Haffmans) 1996, S. 92f.

Planstellen der deutschen Literatur [1994], in: Ders., *Literaturkritik,* S. 11–24, hier: S. 11f.

Henschel, Gerhard: *Jugendroman,* Hamburg (Hoffmann und Campe) 2009, S. 460f.

Abenteuerroman, Hamburg (Hoffmann und Campe) 2012, S. 438f.

Bildungsroman, Hamburg (Hoffmann und Campe) 2014, S. 43.

Künstlerroman, Hamburg (Hoffmann und Campe) 2015, S. 205.

Hensel, Kerstin: Ein teuflischer Heiland*, aus: *Alles begann mit der Fahrenden Bibliothek* [2000], in: Jürgen Becker / Jürgen Jakob / Ulrich Janetzki (Hg.): *Helden wie ihr. Junge Schriftsteller über ihre literarischen Vorbilder,* Berlin (Quadriga) 2000, S. 89–95, hier: S. 93f.

Hentig, Hartmut von: Brief an GG vom 14.3.1966, unveröffentl., Archiv GG, AdK.

Brief an GG vom 22.5.1985, unveröffentl., Archiv GG, AdK.

Henze, Hans Werner: Brief an GG vom 28.6.1985, unveröffentl., Archiv GG, AdK.

Herberger, Sepp: Brief an GG vom 18.3.1969, unveröffentl., DFB-Archiv, Frankfurt/M., Nachlass Sepp Herberger, SA 288.

Herburger, Günter: *Überlebensgroß Herr Grass. Porträt eines Kollegen,* in: *DIE ZEIT* vom 4.6.1971.

Zur Verbesserung des Feuilletons [1975], in: Hermann L. Gremliza (Hg.): *Vorwärts! Nieder! Hoch! Nie wieder! 40 Jahre Konkret. Eine linke deutsche Geschichte 1957–1997,* Hamburg (Konkret Literatur Verlag) 1997, S. 194.

Postkarte an GG vom 15.2.1990, unveröffentl., Archiv GG, AdK.

Brief an GG vom 16.10.2012, unveröffentl., Archiv GG, Lübeck.

Freundschaft und Hilfe*, aus: Brief an Uwe Neumann vom 1.12.2014.

Herking, Ursula: Brief an GG vom 14.10.1965, unveröffentl., Archiv GG, AdK.

Brief an GG vom 17.7.1971, unveröffentl., Archiv GG, AdK.

Hermes, Daniela / Neuhaus, Volker (Hg.): *Günter Grass im Ausland. Texte, Daten, Bilder,* Frankfurt/M. (Luchterhand) 1990.

Hermlin, Irina: Brief an GG vom Okt. 1999, unveröffentl., Archiv GG, Lübeck.

Hermlin, Stephan: Brief an GG vom 27.8.1961, unveröffentl., Archiv GG, AdK.

Brief an GG vom 21.5.1984, unveröffentl., Archiv GG, AdK.

Brief an GG vom 10.7.1979, unveröffentl., Archiv GG, AdK.

Brief an GG vom 3.5.1986, unveröffentl., Archiv GG, AdK.

Herms, Uwe: Brief an GG vom 15.8.2006, unveröffentl., Archiv GG, Lübeck.

Herrndorf, Wolfgang: *In Plüschgewittern,* Frankfurt/M. (Haffmans bei Zweitausendeins) 2002, S. 133.

Blume von Tsingtao [2007], in: Ders.: *Diesseits des Van-Allen-Gürtels,* Reinbek bei Hamburg (Rowohlt) 2013, S. 41–66, hier: S. 42.

Tagebuch [6.5.2012], aus: *Arbeit und Struktur*, Berlin (Rowohlt) 2013, S.326f.

Tagebuch [5.6.2012], aus: ebd., S.333.

Hertel, Michael: *Der Fürst vom Hubertussee*, Norderstedt (Books on Demand) 2011, S.115f.

Hettche, Thomas: Generationswechsel*, aus: *Nowa Huta*, in: Ute-Christine Krupp / Ulrike Janssen (Hg.): *Zuerst bin ich immer Leser. Prosa schreiben heute*, Frankfurt/M. (Suhrkamp) 2000, S.40–55, hier: S.41f.

Heydenreich, Titus: Kultbücher*, aus: *Gabriel García Márquez, »Cien años de soledad«*, in: Rudolf Freiburg u.a. (Hg.): *Kultbücher*, Würzburg (Königshausen & Neumann) 2004, S.65–76, hier: S.65.

Heydrich, Jürgen: Brief an GG vom Okt. 1997, unveröffentl., Archiv GG, Lübeck.

Heym, Stefan: Der 17. Juni 1953*, Stellungnahme, zit. nach Anonymus: *Stefan Heym. Tag X*, in: *Der Spiegel* vom 3.2.1965.

Brief an GG vom 10.1.1966, unveröffentl., Archiv GG, AdK.

Brief an GG vom 2.1.1990, unveröffentl., Archiv GG, AdK.

Brief an GG vom 29.5.1998, unveröffentl., Archiv GG, AdK.

Highsmith, Patricia: *Ediths Tagebuch* [im Original: *Edith's Diary*, 1977], aus dem Amerikanischen von Irene Rumler, Zürich (Diogenes) 2004, S.130.

Hildebrandt, Dieter: *Abendliches Gespräch mit einem von der Schaubühne verachteten Menschen*, in: *Publik* vom 2.7.1971.

Hildebrandt, Dieter: *Nie wieder achtzig!* [2007], München (Heyne) 2008, S.12.

Hildesheimer, Wolfgang: Brief an Hans Josef Mundt vom 8.11.1958, in: Akademie der Künste: *Dichter und Richter. Die Gruppe 47 und die deutsche Nachkriegsliteratur*, Akademie-Katalog 151, Berlin 1988, S.230.

Brief an GG vom 2.1.1977, in: Ders.: *Briefe*, hg. von Silvia Hildesheimer u. Dietmar Pleyer, Frankfurt/M. (Suhrkamp) 1999, S.215.

Brief an GG von 1977 [undatiert], in: ebd., S.217.

Brief an Fritz J. Raddatz vom 14.8.1977, in: ebd., S.220.

Brief an GG vom 4.12.1982, in: ebd, S.276.

Mit dem Schreiben aufhören*, aus: *Der Mensch wird die Erde verlassen*, Interview mit Tilman Jens, in: *Stern* vom 12.4.1984.

Brief an GG vom 20.6.1985, in: Ders., *Briefe*, S.322.

Brief an GG vom 10.3.1986, unveröffentl., Archiv GG, AdK.

Hinck, Walter: Brief an GG vom 28.7.1995, in: Negt, *Der Fall Fonty*, a.a.O., S.468.

Im Wechsel der Zeiten. Leben und Literatur, Bonn (Bouvier) 1998, S.263–268.

Brief an GG vom 21.9.2010, unveröffentl., Archiv GG, Lübeck.

Hintze, Peter: Pressemitteilung der CDU [19.10.1997], in: Manfred Bissinger / Daniela Hermes (Hg.): *Zeit, sich einzumischen. Die Kontroverse um Günter Grass und die Laudatio auf Yaşar Kemal in der Paulskirche*, Göttingen (Steidl) 1998, S.34.

Hirsch, Helga: *Reiseführer Polen*, Ostfildern (Mairdumont) 2006, S. 33.

Hirsch, Rudolf: Brief an Paul Celan vom 29.12.1959, in: *Paul Celan / Rudolf Hirsch: Briefwechsel*, hg. von Joachim Seng, Frankfurt/M. (Suhrkamp) 2004, S. 96.

Hochhuth, Rolf: *En passant: Kalendernotizen*, in: Ders.: *Atlantik-Novelle. Erzählungen*, Reinbek bei Hamburg (Rowohlt) 1985, S. 57–85, hier: S. 82.

Hoffer, Klaus: Brief an GG vom 21.3.1983, unveröffentl., Archiv GG, AdK.

Hoffmann, Hilmar: Brief an GG vom 17.9.1965, unveröffentl., Archiv GG, AdK.

Ihr naht Euch wieder, schwankende Gestalten. Erinnerungen, Hamburg (Hoffmann und Campe) 1999, S. 426.

Brief an GG vom 1.10.1999, unveröffentl., Archiv GG, Lübeck.

Holbein, Ulrich: *Frau Musica**, aus: *Der belauschte Lärm*, Frankfurt/M. (Suhrkamp) 1991, S. 97.

Ozeanische Sekunde, Frankfurt/M. (Suhrkamp) 1993, S. 62.

Alle Jahre wieder: Nie wieder Buchmesse!, in: *Von Büchern & Menschen*, Frankfurt/M. (Schöffling) 2001, S. 101–117, hier: S. 109.

Höllerer, Walter: *Das Knochengerüst der Dinge. Günter-Grass-Ausstellung in Stuttgart*, in: *FAZ* vom 21.11.1955.

Brief an GG vom 6.1.1967, Archiv GG, Adk.

Die Elephantenuhr, Frankfurt/M. (Suhrkamp) 1973, S. 441.

Postkarte an GG vom 26.5.1977, unveröffentl., Archiv GG, AdK.

Brief an GG vom 24.6.1980, unveröffentl., Archiv GG, AdK.

Holthusen, Hans Egon: Brief an GG vom 14.6.1971, unveröffentl., Archiv GG, Lübeck.

Hone, Joseph: *The Private Sector* [1971], London (Faber and Faber) 2009, S. 240, aus dem Englischen von Uwe Neumann.

Höpcke, Klaus: *Leserbrief an die ZEIT* [Dez. 1995], unveröffentl., in: Ders.: *Geordnete Verhältnisse? Streitbares aus dem Thüringer Landtag. Im Rückblick: Wie es 1988 zum Ende der Buchzensur in der DDR kam*, Schkeuditz (GNN) 1996, S. 250.

Höra, Daniel: *Braune Erde*, Berlin (Bloomsbury) 2012, S. 256.

Horbach, Michael: *Kaninchen am Potsdamer Platz* [1984], München (Goldmann) 1987, S. 293.

Hörbiger, Christiane: *Ich bin der Weiße Clown. Lebenserinnerungen*, München (LangenMüller) 2008, S. 57f.

Hornung, Peter: *Oskar Matzerath – Trommler und Gotteslästerer*, in: *Deutsche Tagespost* vom 23./24.11.1959.

Mehlwürmer für den Staatsanwalt. Zum Roman »Hundejahre« von Günter Grass, in: *Deutsche Tagespost* vom 6.9.1963.

Huelle, Paweł: *Mercedes-Benz. Aus den Briefen an Hrabal* [im Original: *Mercedes Benz. Listów do Hrabala*, 2001], aus dem Polnischen von Renate Schmidgall, München (DTV) 2005, S. 60.

Hugues, Pascale: Deutsche und Franzosen*, aus: *Zu viel Kopf macht nicht normal. Franzosen amüsieren sich über verbissene Entspannung,* aus dem Französischen von Elisabeth Thielicke, in: *Das Parlament* Nr. 42 vom 16.10.2006.

Huhn, Klaus: *Raubzug Ost. Wie die Treuhand die DDR plünderte,* Berlin (Das Neue Berlin) 2009, S.181.

Hüppauf, Bernd: *Vom Frosch. Eine Kulturgeschichte zwischen Tierphilosophie und Ökologie,* Bielefeld (Transcript) 2011, S.191f.

Ignée, Wolfgang: *Kartoffelsupp, Kartoffelsupp,* in: *Stuttgarter Zeitung* vom 27.8.1977.

Ihlefeld, Heli: *Auf Augenhöhe oder Wie Frauen begannen, die Welt zu verändern. Erinnerungen,* München (Herbig) 2008, S.175f.

Ihlenfeld, Kurt: Tagebuch [22.4.1964], aus: *Stadtmitte. Kritische Gänge in Berlin,* Witten/Berlin (Eckart) 1964, S.394.

Loses Blatt Berlin. Dichterische Erkundung der geteilten Stadt, Witten/Berlin (Eckart) 1968, S.103.

Illies, Florian: *Generation Golf. Eine Inspektion* [2000], Frankfurt/M. (Fischer) 2003, S.34.

Generation Golf zwei, München (Blessing) 2003, S.242f.

Imkamp, Wilhelm: *Sei kein Spießer, sei katholisch!,* München (Kösel) 2013, S.142.

Ingólfsson, Viktor Arnar: *Späte Sühne. Island Krimi* [im Original: *Sólstjakar,* 2009], aus dem Isländischen von Coletta Bürling, Köln (Bastei Lübbe) 2010, S.127.

Irving, John: *Das Hotel New Hampshire* [im Original: *The Hotel New Hampshire,* 1981], aus dem Amerikanischen von Hans Hermann, Zürich (Diogenes) 1984, S.417.

König der Spielzeughändler [1982], aus dem Amerikanischen von Volker Neuhaus, in: Hermes, *Grass im Ausland,* a.a.O., S.136–147, hier: S.147.

Owen Meany [im Original: *A Prayer for Owen Meany,* 1989], aus dem Amerikanischen von Edith Nerke und Jürgen Bauer, Zürich (Diogenes) 1990, S.728.

Brief an GG vom 6.9.1995, unveröffentl., Archiv GG, Lübeck, aus dem Amerikanischen von Uwe Neumann.

Die deutschen Medien,* aus: *John Irving gegen Reich-Ranicki,* Interview mit Sven Bürgel, in: *Prinz* vom Okt. 1995.

Deutschlandreise [im Original: *Author's Notes,* 1996], aus dem Amerikanischen von Irene Rumler, Zürich (Diogenes) 2002, S.5–32.

Mein Held, mein Vorbild. Eine Hommage, aus dem Amerikanischen von Susanne Höbel, in: *FR* vom 16.10.2007.

Ein unbeantworteter Brief, aus dem Amerikanischen von Hans M. Herzog, in: *RP online* vom 15.4.2015.

Italiaander, Rolf: *Zum Schaden der Literatur. Es fehlen urheberrechtliche Vereinbarungen der Sowjetunion mit dem Westen,* in: *Die Welt* vom 12.8.1966.

Ivanji, Ivan: Brief an GG vom 10.11.1965, unveröffentl., Archiv GG, AdK.

Lob der deutschen Literatur, Interview mit Peter Seideneck, in: *Rhein-Zeitung* vom 17.12.1966.

Brief an GG vom 2. 2.1966, unveröffentl., Archiv GG, AdK.
Brief an GG vom 9. 7.1973, unveröffentl., Archiv GG, AdK.
Brief an GG vom 9.12.1985, unveröffentl., Archiv GG, AdK.
Brief an GG vom 10. 2.1986, unveröffentl., Archiv GG, AdK.
Jaesrich, Hellmut: *Deutscher neuen Typs,* in: *Die Welt* vom 17. 4.1980.
Janker, Josef W.: Brief an Peter Hamm vom 18.1.1960, in: Ders.: *Jankerbriefe. Literarische Korrespondenz 1951–1987. Briefe von und an Josef W. Janker,* hg. von Manfred Bosch, Friedrichshafen (Gessler) 1988, S. 61f.
Brief an Martin Walser vom März 1967, in: ebd., S.135.
Janosch: Dichtung muß etwas auslösen*, aus: *Von dem Glück, als Herr Janosch überlebt zu haben,* Gifkendorf (Merlin) 1994, S. 54.
Jansen, Günther: Brief an GG vom 21.11.1983, unveröffentl., Archiv GG, AdK.
Janssen, Verena: Brief an GG vom 1. 2.1965, unveröffentl., Archiv GG, AdK.
Jarowoy, Robert: *Die Prinzessin und der Schnelläufer,* Hamburg (Textem) 1981, S. 365.
Jarre, Jean Michel: *Meine Musik ist für mich Sex,* Interview mit Alexander Gorkow, in: *SZ* vom 18./19. 9. 2004.
Jaspers, Karl: *Antwort. Zur Kritik meiner Schrift »Wohin treibt die Bundesrepublik?«,* München (Piper) 1967, S. 230f.
Jelinek, Elfriede: Ein Wegbereiter*, ohne Titel, in: *Günter Grass zum 65. Geburtstag. Eine Zeitung,* hg. vom Steidl Verlag, Göttingen (Steidl) 1992, S.12.
Jens, Tilman: *Demenz. Abschied von meinem Vater,* Gütersloh (Gütersloher Verlagsanstalt) 2009, S.127f.
Jens, Walter: *Herr Meister. Dialog über einen Roman,* Frankfurt/M. (Ullstein) 1963, S. 41.
Vergangenheit gegenwärtig. Biographische Skizzen, Stuttgart (Radius) 1994, S. 66.
Jentzsch, Bernd: *Lieber Nicolas* [1979], in: Ders.: *Schreiben als strafbare Handlung. Fälle,* Assenheim (BrennGlas) 1985, S. 40f., hier: S. 40.
Jirgl, Reinhard: Brief an GG vom 28. 8.1995, unveröffentl., Archiv GG, AdK.
Johnson, Uwe: Brief an Manfred Bierwisch vom 27. 8.1963, in: Eberhard Fahlke: *Die Katze Erinnerung. Uwe Johnson – Eine Chronik in Briefen und Bildern,* Frankfurt/M. (Suhrkamp) 1994, S.137f.
Brief an Siegfried Unseld vom 22.1.1964, in: Ders. / Siegfried Unseld: *Der Briefwechsel,* hg. von Eberhard Fahlke und Raimund Fellinger, Frankfurt/M. (Suhrkamp) 1999, S.326f.
Arno Schmidt*, ohne Titel, unveröffentlichtes Typoskript [1964], zit. nach Uwe Neumann: *Gipfeltreffen!? Uwe Johnson begegnet Arno Schmidt,* in: *Johnson-Jahrbuch* 9, 2002, S. 25–46, hier: S. 31.
Brief an Hans Magnus Enzensberger vom 2. 8.1965, in: Ders. / Hans Magnus Enzensberger: *»fuer Zwecke der brutalen Verstaendigung«. Der Briefwechsel,* Frankfurt/M. (Suhrkamp) 2009, S.113f.

Brief an Martin Walser vom 17.1.1966, zit. nach Jörg Magenau: *Martin Walser. Eine Biographie,* Reinbek bei Hamburg (Rowohlt) 2005, S.226.

Brief an GG vom 24.10.1967, in: Ders. / Anna Grass / Günter Grass: *Der Briefwechsel,* hg. von Arno Barnert, Frankfurt/M. (Suhrkamp) 2007, S.109.

Brief an Fritz Rudolf Fries vom 17.12.1968, zit. nach Katja Leuchtenberger: *Spiel. Zwang. Flucht. Uwe Johnson und Fritz Rudolf Fries. Ein Rollenspiel in Briefen,* in: Ulrich Fries u.a. (Hg.): *So noch nicht gezeigt. Uwe Johnson zum Gedenken.* London 2004, Göttingen (Vandenhoek & Ruprecht) 2006, S.45–68, hier: S.55.

Jahrestage. Aus dem Leben von Gesine Cresspahl, Frankfurt/M. (Suhrkamp) 1970, S.466.

Brief an Hannah Arendt vom 9.5.1974, in: Hannah Arendt / Uwe Johnson: *Der Briefwechsel 1967 bis 1975,* hg. von Eberhard Fahlke und Thomas Wild, Frankfurt/M. (Suhrkamp) 2004, S.127.

Brief an Fritz J. Raddatz vom 18.2.1977, in: Ders. / Fritz J. Raddatz: *»Liebes Fritzchen« – »Lieber Groß-Uwe«. Der Briefwechsel,* hg. von Erdmut Wizisla, Frankfurt/M. (Suhrkamp) 2006, S.229.

Brief an Siegfried Unseld vom 2.1.1978, in: Ders./Unseld, *Der Briefwechsel,* S.909.

»Ich überlege mir die Geschichte«. Uwe Johnson im Gespräch, hg. von Eberhard Fahlke, Frankfurt/M. (Suhrkamp) 1988.

Jokostra, Peter: Brief an Karlheinz Deschner vom 22.10.1964, in: *»Sie Oberteufel!« Briefe an Karlheinz Deschner,* hg. von Bärbel und Katja Deschner, Hamburg (Rasch und Röhring) 1992, S.522f.

Paul Celan und Günter Grass*, aus: *»Ich singe vor Fremden«. Gedanken zum Leben und zum Tode Paul Celans,* in: *Rheinische Post* vom 26.9.1970.

Jonas, Anna: Brief an GG vom 6.6.1983, unveröffentl., Archiv GG, AdK.

Jong, Erica: *Keine Angst vor Fünfzig* [im Original: *Fear of Fifty,* 1994], aus dem Amerikanischen von Elke von Scheid, München (DTV) 1997, S.346.

Jünger, Ernst: Tagebuch [23.7.1988], aus: *Siebzig verweht IV,* Stuttgart (Klett-Cotta) 1995, S.305.

Eine schöne Lektüre*, Interviewäußerung, zit. nach Joseph Hanimann: *Jünger lobt Grass, aber nur in Frankreichs Figaro,* in: *FAZ* vom 15.9.1995.

Jurgensen, Manfred: *Hommage für G. G.* [2014], in: Ders.: *Three Suns I Saw. A Life in Letters,* hg. von Ulrike Fischer, Salisbury (Boolarong Press) 2015, S.541.

Jürgs, Michael: *Bürger Grass. Biografie eines deutschen Dichters,* München (Bertelsmann) 2002.

Grass in der DDR*, aus: *Wie geht's, Deutschland? Populisten. Profiteure. Patrioten. Eine Bilanz der Einheit,* München (Bertelsmann) 2008, S.300.

Kaczyński, Lech: Aus polnischer Sicht*, aus: *»Ein künstliches Gebilde«,* Interview mit Gerhard Gnauck, in: *Die Welt* vom 9.3.2006.

Kaiser, Henriette: Grass-Fieber*, aus: Dies. / Joachim Kaiser: »*Ich bin der letzte Mohikaner*«, Berlin (Ullstein) 2008, S. 11f.

Kaiser, Joachim: *Günter Grass' Flüchtlingsroman*, in: *SZ* vom 31.12.1965.

Die liberale Kultur und ihre Kinder. Überlegungen zur Diskussion über die Rolle der Kunst im spätindustriellen Zeitalter (I), in: *SZ* vom 18.1.1969.

Statt Tod doch lieber Tagung. Wie Richters Geburtstag zum 47er-Treffen wurde, in: *SZ* vom 15.11.1978.

Erlebte Literatur. Vom »Doktor Faustus« zum »Fettfleck«. Deutsche Schriftsteller in unserer Zeit, München/Zürich (Piper) 1988.

Kritikers Kummer – Kritikers Freud, Gespräch mit Marcel Reich-Ranicki [1993], in: Peter Laemmle (Hg.): *Marcel Reich-Ranicki. Kritik als Beruf. Drei Gespräche, ein kritisches Intermezzo und ein Porträt*, Frankfurt/M. (Fischer) 2002, S. 41–96, hier: S. 68f.

Kaminer, Wladimir: *Es gab keinen Sex im Sozialismus. Legenden und Missverständnisse des vorigen Jahrhunderts*, München (Goldmann) 2009, S. 162f.

Kaniuk, Yoram: *Der letzte Berliner*, aus dem Hebräischen von Felix Roth, München (List) 2002, S. 199f.

Kant, Hermann: *Die Aula* [1965], Berlin (Rütten & Loening) 1986, S. 136.

Die Summe. Eine Begebenheit [1987], Berlin (Rütten & Loening) 1990, S. 5f.

Abspann. Erinnerung an meine Gegenwart [1991], Berlin (Aufbau) 1994, S. 179f.

Kennung, Berlin (Aufbau) 2010, S. 101f.

Kapielski, Thomas: *Mischwald*, Frankfurt/M. (Suhrkamp) 2009, S. 193.

Karasek, Hellmuth: *Das Magazin*, Reinbek bei Hamburg (Rowohlt) 1998, S. 107.

Karambolagen. Begegnungen mit Zeitgenossen, München (Ullstein) 2002.

Auf der Flucht. Erinnerungen, Berlin (Ullstein) 2004, S. 411f.

Kassan, Marc: *Der Auftrag*, Neubiberg (Chiara) 2006, S. 6.

Kästner, Erhart: Brief an Joachim Günther vom 29.11.1959, unveröffentl., Nachlaß Joachim Günther, DLA.

Kästner, Erich: Brief an Rudolf Walter Leonhardt vom 19.7.1965, in: Ders.: *Dieses Na ja!, wenn man das nicht hätte! Ausgewählte Briefe von 1909 bis 1972*, hg. von Sven Hanuschek, Zürich (Atrium) 2003, S. 458.

Brief an GG vom 17.8.1965, unveröffentl., Archiv GG, AdK.

Kehlmann, Daniel: *Diese sehr ernsten Scherze. Poetikvorlesungen* [2006], in: Ders.: *Lob. Über Literatur*, Reinbek bei Hamburg (Rowohlt) 2010, S. 125–168, hier: S. 136f.

Kommt, Geister. Frankfurter Vorlesungen, Reinbek bei Hamburg (Rowohlt) 2015, S. 9f.

Kemal, Yaşar: Druckenswert*, aus: *Jeder Krieg verdirbt das Volk*, Interview mit Volker Hage und Dieter Bednarz, in: *Der Spiegel* vom 25.8.1997.

Kempowski, Walter: *Mein Kabinett* [Sept. 1965], aus: *Wenn das man gut geht! Aufzeichnungen 1956–1970*, hg. von Dirk Hempel, München (Knaus) 2012, S. 498.

Tagebuch [23.12.1978], aus: *Culpa. Notizen zum »Echolot«,* München (Knaus) 2005, S. 8.

Brief an Uwe Johnson vom 31.8.1980, in: Ders. / Uwe Johnson: *»Kaum beweisbare Ähnlichkeiten«. Der Briefwechsel,* hg. von Eberhard Fahlke u. Gesine Treptow, Berlin (Transit) 2006, S. 86.

Tagebuch [18.4.1983], aus: *Sirius. Eine Art Tagebuch,* München (Goldmann) 1990, S.154f.

Tagebuch [16.5.1983], aus: ebd., S. 204.

Hundstage [1988], München (Goldmann) 1990, S. 239.

Tagebuch [21.9.1989], aus: *Alkor. Tagebuch 1989,* München (Knaus) 2001, 432.

Tagebuch [13.6.1989], aus: ebd., S. 276.

Tagebuch [2.12.1989], aus: ebd., S.548.

Tagebuch [23.12.1989], aus: ebd., S.582.

Tagebuch [31.10.1983], aus: ebd., S.515.

Tagebuch [4.3.1990], aus: *Hamit. Tagebuch 1990,* München (Knaus) 2006, S.131f.

Tagebuch [3.10.1991], aus: *Somnia. Tagebuch 1991,* München (Knaus) 2008, S.393.

Tagebuch [18.12.1991], aus: ebd., S.529.

Mark und Bein, München (Knaus) 1992, S.137.

»Der Ärger muss raus«, Interview mit Sven Michaelsen, in: *Stern* vom 4.4.2002.

Würzige Wörter, in: *Stern* vom 10.10.2002.

Letzte Grüße, München (Knaus) 2003, S.334f.

Kennedy, Douglas: *Aus der Welt* [im Original: *Leaving the World,* 2009], aus dem Amerikanischen von Christiane Burkhardt, München (Diana) 2010, S. 208.

Kerkeling, Hape: *Ich bin dann mal weg. Meine Reise auf dem Jakobsweg* [2006], München (Piper) 2011, S. 229f. u. 232.

Kermani, Navid: *Das Buch der von Neil Young Getöteten,* Zürich (Ammann) 2002, S. 20.

Dein Name, München (Hanser) 2011, S.969.

Kertész, Imre: Tagebuch [4.5.2005], aus: *Letzte Einkehr. Tagebücher 2001–2009,* aus dem Ungarischen von Kristin Schwamm, Reinbek bei Hamburg (Rowohlt) 2013, S.339.

Kiesel, Helmuth: *Die Intellektuellen und die deutsche Einheit,* in: *Die politische Meinung,* Jg. 36,1991, H. 264, S. 49–62, hier: S. 51f.

Kiesinger, Kurt Georg: Der Brief von Günter Grass*, aus: *Eine Politik der Verständigung,* Interview mit Alfred Wolfmann, in: *Aufbau* vom 30.12.1966.

Ernst Bloch* [16.1.1969], in: *Kiesinger: »Wir leben in einer veränderten Welt«. Die Protokolle des CDU-Bundesvorstands 1965–1969,* bearbeitet von Günter Buchstab, Düsseldorf (Droste) 2005, S.1296f.

Kinder, Hermann: *Der Schleiftrog,* Zürich (Diogenes) 1977, S.141ff.

Trauer, Trotz und Tod, in: *Südkurier* vom 22.9.1990.

Lesekultur – wohin?, in: *Südkurier* vom 16.7.2010.

Kipphardt, Heinar: *Als Gast bei der Bundeswehr* [1966], in: Ders.: *Angelsbrucker Notizen. Gedichte*, München (AutorenEdition) 1977, S. 48.

Brief an Peter Hacks vom 11.11.1966, in: Ders. / Peter Hacks: *Du tust mir wirklich fehlen. Der Briefwechsel*, Berlin (Eulenspiegel) 2004, S. 95.

Kirchhoff, Bodo: *Schundroman*, Frankfurt / M. (Frankfurter Verlagsanstalt) 2002, S. 218.

Erinnerungen an meinen Porsche, Hamburg (Hoffmann und Campe) 2009, S. 129.

Kirsch, Rainer: Brief an GG vom 20.5.1980, unveröffentl., Archiv GG, AdK.

Kirsch, Sarah: *Jagdzeit* [1973], in: Dies.: *Werke in fünf Bänden*, hg. von Franz-Heinrich Hackel, Bd. 4: *Prosa 1*, München (DTV) 2000, S. 79–82, hier: S. 80.

Brief an Marcel Reich-Ranicki vom 9.6.1986, in: *»Lieber Marcel«. Briefe an Reich-Ranicki*, hg. von Jochen Hieber, 2., erw. Aufl., Stuttgart / München (DVA) 2000, S. 222.

Tagebuch [22.2.2002], aus: *Märzveilchen*, München (DVA) 2012, S. 73.

Tagebuch [16.10.2002], aus: *Juninovember*, München (DVA) 2014, S. 30.

Tagebuch [21.10.2003], aus: *Regenkatze*, München (DVA) 2007, S. 52.

Klarsfeld, Beate: Brief an GG vom 12.11.1967, unveröffentl., Archiv GG, AdK.

Klarsfeld, Beate und Serge: *Erinnerungen* [im Original: *Mémoires*, 2015], aus dem Französischen von Anna Schade, Andrea Stephani und Helmut Reuter, München (Piper) 2015, S. 124f.

Klebe, Giselher: Brief an GG vom 10.3.1989, in: Akademie der Künste, *Dokumente zur Geschichte der Akademie der Künste (West)*, a.a.O., S. 410.

Kleeberg, Michael: *Erwünschte Legende*, in: *Welt online* vom 24.9.2011.

Klemperer, Otto: Brief an GG vom 14.4.1967, unveröffentl., Archiv GG, AdK.

Kliesch, Vincent: *Bis in den Tod hinein*, München (Blanvalet) 2013, S. 182.

Klonovsky, Michael: *Land der Wunder*, Zürich (Kein & Aber) 2005, S. 294.

Klose, Hans-Ulrich: Brief an GG vom 10.10.1997, unveröffentl., Archiv GG, Lübeck.

Kluger, Richard: Ein Autorenorchester*, aus: *Eine stürmische Anklage gegen den Menschen* [1965], aus dem Amerikanischen von Volker Neuhaus, in: Hermes, *Grass im Ausland*, a.a.O., S. 37–40, hier: S. 37.

Klüger, Ruth: *Unterwegs verloren. Erinnerungen*, Wien (Zsolnay) 2008, S. 105.

Knappe, Joachim: *Frauen ohne Männer*, Halle / Leipzig (Mitteldt. Verlag) 1975, S. 290.

Knaus, Albrecht: Brief an GG vom 1.10.1999, unveröffentl., Archiv GG, Lübeck.

Knef, Hildegard: Gespräch mit Günter Grass*, aus: *Dialog in Berlin. Hildegard Knef und Günter Grass*, in: *Stern* vom 8.10.1967.

Moderne Lyrik*, Interview, in: *Stern* vom 18.9.1980.

So nicht [1982], Hamburg (Edel Edition) 2008, S. 220.

Knobloch, Heinz: *Mit beiden Augen. Mein Leben zwischen den Zeilen,* Berlin (Transit) 1997.

Koch, Knut: Geglückte Skandale*, aus: *Barfuß als Prinz. Zwei Leben,* St. Gallen u. a. (Edition diá) 1993, S. 81ff.

Koeppen, Wolfgang: Brief an GG vom Okt. 1965, unveröffentl., Archiv GG, AdK.

Brief an GG vom 22. 5. 1970, unveröffentl., Archiv GG, AdK.

Brief an GG vom 12. 1. 1978, unveröffentl., Archiv GG, AdK.

Kohl, Helmut: Brief an GG vom 16. 10. 1987, in: *Der Tagesspiegel* vom 16. 10. 1987.

Einheit leben. Rede auf dem 2. Parteitag der CDU in Dresden am 15. 12. 1991, in: Ders.: *Der Kurs der CDU. Reden und Beiträge des Bundesvorsitzenden 1973–1993,* hg. von Peter Hintze und Gerd Langguth, Stuttgart (DVA) 1993, S. 380–403, hier: S. 383.

Brief an Hans Heigert vom 18. 12. 1991, unveröffentl., Archiv GG, AdK.

Erinnerungen 1982–1990, München (Droemer) 2005, S. 1058.

Kohnen, Alexander: Janosch*, aus: *Ein Kind im Körper eines alten Mannes,* in: *Welt online* vom 11. 3. 2011.

Kohout, Pavel: *Wo der Hund begraben liegt* [1987], aus dem Tschechischen von Joachim Bruss, München (btb) 1997, S. 158.

Der reale Sozialismus*, aus: »*Ich will das alles nicht so ernst sehen*«, Interview mit Hans-Jörg Schmidt, in: *Welt online* vom 15. 3. 2002.

Mein tolles Leben mit Hitler, Stalin und Havel. Erlebnisse – Erkenntnisse [2006], mit einem Geleitwort von Jiří Gruša, aus dem Tschechischen von Marcela Euler, Friederike Gürbig, Silke Klein und Aleš Půda, Berlin (Osburg) 2010, S. 441f.

Kolle, Oswalt: *Ich bin so frei. Mein Leben,* Berlin (Rowohlt) 2008, S. 45f.

König, Barbara: *Schöner Tag, dieser 13. Ein Liebesroman* [1973], München (DTV) 1999, S. 220f.

Tagebuch [12. 11. 1978], aus: *Hans Werner Richter. Notizen einer Freundschaft,* München/Wien (Hanser) 1997, S. 39f.

Tagebuch [Juni 1987], aus: ebd., S. 103f.

Tagebuch [13. 11. 1988], aus: ebd., S. 118f.

Ein Naturmensch*, aus: Gespräch mit Peter Laemmle, in: *Bayerischer Rundfunk,* Sendung vom 27. 11. 2000.

Konrád, György: Telegramm an GG vom 16. 10. 1997, unveröffentl., Archiv GG, Lübeck.

Konsalik, Heinz G.: *Bücher für den Weihnachtstisch,* in: *Bayerischer Rundfunk,* Sendung vom 23. 12. 1984.

Kopelew, Lew: Brief an Heinrich Böll vom 2. 12. 1963, in: Heinrich Böll / Lew Kopelew: *Briefwechsel,* hg. von Elsbeth Zylla, Göttingen (Steidl) 2011, S. 55f.

Brief an Christa Wolf vom 29. 8. 1973, in: Christa Wolf: *Moskauer Tagebücher.*

Wer wir sind und wer wir waren, Berlin (Suhrkamp) 2014, S.151.

Brief an GG vom 15.5.1992, unveröffentl., Archiv GG, AdK.

Kopetzky, Steffen: *Ich muss mich finden,* in: *DIE ZEIT* vom 27.5.2002.

Köpf, Gerhard: Brief an GG vom 15.6.1986, unveröffentl., Archiv GG, AdK.

Komm, stirb mit mir ein Stück. Antwort auf eine literarische Umfrage [1987], in: Ders.: *Vom Schmutz und vom Nest. Aufsätze aus zehn Jahren,* Frankfurt/M. (Luchterhand) 1991, S.164–173, hier: S.164.

Eulensehen, München/Wien (Hanser) 1989, S.83.

Brief an GG vom 17.9.1990, unveröffentl., Archiv GG, AdK.

Auf Schloß Dobříš, in: Toni Richter (Hg.): *Die Gruppe 47 in Bildern und Texten,* Köln (Kiepenheuer & Witsch) 1997, S.181.

Brief an GG vom 5.8.1997, unveröffentl., Archiv GG, AdK.

Brief an GG vom 30.8.2005, unveröffentl., Archiv GG, Lübeck.

Brief an GG vom 29.7.2006, unveröffentl., Archiv GG, Lübeck.

Korlén, Gustav: Übersetzungsprobleme*, aus: *Schweden und die deutsche Nachkriegsliteratur,* in: *FAZ* vom 6.3.1968.

Brief an GG vom 3.9.2010, unveröffentl., Archiv GG, Lübeck.

Kortner, Fritz: Brief an GG vom 19.7.1966, unveröffentl., Archiv GG, AdK.

Kotschenreuter, Hellmut: *Nobelpreisträger John Steinbeck in Berlin,* in: *Berliner Morgenpost* vom 14.12.1963.

Kowa, Victor de: Brief an GG vom 6.3.1970, unveröffentl., Archiv GG, AdK.

Kozarynowa, Zofia: *Günter Grass,* in: *Wiadomski* (London) vom 21.7.1963, zit. nach Loschütz, *Von Buch zu Buch,* a.a.O., S.219.

Kracht, Christian: Ein furchtbarer Roman*, aus: *»Es gibt keine Vorbilder mehr«,* Interview mit Ulf Poschardt, in: *Welt online* vom 18.7.2009.

Kraft, Werner: Brief an Curd Ochwadt vom 26.2.1966, in: Ders.: *Zwischen Jerusalem und Hannover. Die Briefe an Curd Ochwadt,* hg. von Ulrich Breden und Curd Ochwadt, Göttingen (Wallstein) 2004, S.83.

Brief an Curd Ochwadt vom 13.3.1967, in: ebd., S.94.

Brief an Curd Ochwadt vom 17.7.1982, in: ebd., S.169f.

Krämer-Badoni, Rudolf: *Gülly Brassel im Wahlkampf,* in: *Die Welt* vom 11.4.1972.

Kraus, Peter: Brief an GG vom 6.11.1967, unveröffentl., Archiv GG, AdK.

Krausser, Helmut: *Tagebuch* [22.8.1995], aus: *Juli. August. September. Tagebücher,* Reinbek bei Hamburg (Rowohlt) 1998, S.192f.

Tagebuch [13.10.1997], aus: *Oktober, November, Dezember,* Reinbek bei Hamburg (Rowohlt) 2000, S.65.

Tagebuch [7.12.1999], aus: ebd., S.376.

Nobelpreisträger*, aus: *Deutschlandreisen,* Köln (Dumont) 2014, S.285.

Kreisky, Bruno: Brief an Willy Brandt vom 6.12.1972, unveröffentl., Archiv GG, AdK.

Brief an GG vom 13.3.1973, unveröffentl., Archiv GG, AdK.

Krenz, Egon: *Gefängnis-Notizen,* Berlin (edition ost) 2009, S.97.

Kroetz, Franz Xaver: Geliebt oder gehasst*, Interviewäußerung, zit. nach Peter Gauweiler: *Ein Bayer zwischen Himmel und Hölle,* in: *Münchner Merkur* vom 20.5.2000.

Kröhnke, Friedrich: *Ratten-Roman,* Berlin (Rosa Winkel) 1986, S.98f.

Kron, Norbert: *Wo Grass einst in der Badewanne lag. 20 Jahre Döblin-Haus in Wewelsfleth,* in: *Der Tagesspiegel* vom 19.6.2006.

Kronauer, Brigitte: *Zwei schwarze Jäger,* Stuttgart (Klett-Cotta) 2009, S.268f.

Kronenberg, Susanne: *Kultopfer. Der dritte Hella-Reincke-Krimi,* Meßkirch (Gmeiner) 2006, S.145.

Krug, Manfred: *Abgehauen. Ein Mitschnitt und Ein Tagebuch* [1996], Berlin (Ullstein) 2004, S.210–213.

Krüger, Horst: *Das Wappentier der Republik. Augenblicke mit Günter Grass,* in: *DIE ZEIT* vom 25.4.1969.

Krüger, Ingrid: Brief an GG vom 1.10.1999, unveröffentl., Archiv GG, Lübeck.

Krüger, Michael: Bücher für die Queen* [2001], ohne Titel, in: Uwe Neumann (Hg.): *Johnson-Jahre. Zeugnisse aus sechs Jahrzehnten,* Frankfurt/M. (Suhrkamp) 2007, S.1018.

Kruntorad, Paul: *Wieso ist Grass berühmt?,* in: *Neues Forum* Nr. 194, Feb. 1970.

Krüss, James: Brief an Peter Hacks vom 20.4.1969, zit. nach Stefan Huth (Hg.): *Vorsicht, Hacks! Der Dichter in der »jungen Welt« 1999–2009,* Berlin (Aurora) 2009, S.251.

Kuczynski, Jürgen: *Ein hoffnungsloser Fall von Optimismus? Memoiren 1989–1994,* Berlin (Aufbau) 1995, S.78.

Kühn, August: Tagebuch [23./24.7.1984], aus: *Deutschland – ein lauer Sommer. Ein Reisetagebuch,* München (Schneekluth) 1984, S.25.

Kulick, Holger: *Gerhard Schröders Lesewelt,* aus: *Von Westernheften und verschlafenen Revolutionen,* in: *Spiegel online* vom 28.2.2002.

Kunert, Günter: *Erwachsenenspiele. Erinnerungen* [1997], München (DTV) 1999, S.380ff.

Neuerungssucht* [2000], aus: *Die Botschaft des Hotelzimmers an den Gast. Aufzeichnungen,* hg. von Hubert Witt, München/Wien (Hanser) 2004, S.336.

Kunze, Heinz Rudolf: Aktive Schreibübungen*, aus: *Ich habe mir gedacht: »Protest«, das ist so ein Wort, das kann man mal wieder positiv einsetzen,* Interview mit Ralf Krämer, in: *Planet Interview* vom 1.5.2009.

Vor Gebrauch schütteln. Kein Roman, Berlin (Aufbau) 2011, S.46.

Manteuffels Murmeln, Berlin (Aufbau) 2014, S.210f.

Kunzelmann, Dieter: *Leisten Sie keinen Widerstand! Bilder aus meinem Leben,* Berlin (Transit) 1998.

Kwaśniewski, Aleksander: Brief an GG vom 1.10.1999, unveröffentl., Archiv GG, Lübeck.

Laabs, Joochen: Brief an GG vom 27.7.1999, unveröffentl., Archiv GG, Lübeck.

Laederach, Jürg: *Unschlapp, unschlaff,* in: *Basler Zeitung* vom 16.10.1987.

Lafontaine, Oskar: Brief an GG vom 11.10.1994, unveröffentl., Archiv GG, AdK. *Das Herz schlägt links,* München (Econ) 1999, S.174.

Peinlich*, aus: »*Ricke, racke geht die Mühle mit Geknacke*«, Interview mit Arno Luik, in: *Stern* vom 19.1.2005.

Lagerfeld, Karl: Nichts als Schlampen*, aus: »*Die sehen doch alle ganz fabelhaft aus*«, Interview mit Tillmann Prüfer, in: *ZEITmagazin* vom 11.11.2010.

Lammert, Norbert: Brief an GG vom 16.10.2012, unveröffentl., Archiv GG, Lübeck.

Langer, Jochen: *Patrizia sagt,* Zürich (Ammann) 1989, S.28.

Langer, Tanja: *Kleine Geschichte von der Frau, die nicht treu sein konnte* [2006], München (DTV) 2008, S.419.

Langhans, Rainer: *Ich bin's. Meine ersten 68 Jahre,* München (Blumenbar) 2008, S.54.

Längle, Ulrike: *Am Marterpfahl der Irokesen,* in: Dies.: *Am Marterpfahl der Irokesen. Liebesgeschichten,* Frankfurt/M. (Fischer) 1992, S.79–85, hier: S.84f.

Lasky, Melvin J.: *Wortmeldung zu einer Revolution. Der Zusammenbruch der kommunistischen Herrschaft in Ostdeutschland,* Frankfurt/M./Berlin (Ullstein) 1991, S.119f.

Lattmann, Dieter: *Einigkeit der Einzelgänger. Mein Leben mit Literatur und Politik,* München (A1 Verlag) 2006, S.23f.

Le Carré, John: *Absolute Freunde* [im Original: *Absolute Friends,* 2003], aus dem Englischen von Sabine Roth, München (List) 2004, S.424.

Lefèbvre, Jean-Pierre: *Die Nacht des Fährmanns* [im Original: *La nuit du passeur,* 1989], aus dem Französischen von Annette Lallemand, Frankfurt/M. (Fischer) 1992, S.23 u. S.66.

Le Fort, Gertrud von: Ein Aushängeschild?*, aus: *Gegen dunkle Mächte der Zerstörung,* Gespräch mit Peter-Wolfgang Engelmeier, in: *Münchner Merkur* vom 8.10.1966.

Lehr, Thomas: *Zweiwasser oder Die Bibliothek der Gnade* [1993], München (DTV) 2014, S.307.

Brief an GG vom 13.1.2000, unveröffentl., Archiv GG, Lübeck.

Leiser, Erwin: Brief an GG vom 28.8.1972, unveröffentl., Archiv GG, AdK.

Lem, Stanisław: Brief an Dagmar Barnouw vom 29.5.1986, in: Ders.: *Der Widerstand der Materie. Ausgewählte Briefe,* hg. von Robert Barkowski, aus dem Polnischen von Barbara Kulinska-Krautmann, aus dem Englischen von Dino Heicker, Berlin (Parthas) 2008, S.370.

Le Maire, Bruno: *Zeiten der Macht. Hinter den Kulissen internationaler Politik* [im Original: *Jours de pouvoir,* 2013], aus dem Französischen von Grete Osterwald, Reinbek bei Hamburg (Rowohlt) 2014, S.58f.

Lenz, Hermann: Brief an Paul Celan vom 9.5.1957, in: Paul Celan / Hermann Lenz: *Briefwechsel.* Mit drei Briefen von Gisèle Celan-Lestrange, hg. von Barbara Wiedemann in Verbindung mit Hanne Lenz, Frankfurt/M. (Suhrkamp) 2001, S.85.

Lenz, Siegfried: *Das Vorbild,* Hamburg (Hoffmann und Campe) 1973, S.493f.

Brief an GG vom 10.11.1997, unveröffentl., Archiv GG, AdK.

Mein Lieblingsbuch?*, aus: *Zu Gast bei Siegfried Lenz,* Gespräch mit Uwe Berndt [2014], in: Siegfried Lenz: *Gespräche unter Freunden,* ausgewählt und mit einem Nachwort von Daniel Kampa, Hamburg (Hoffmann und Campe) 2015, S.474–492, hier: S.487.

Leo, Annette: *Erwin Strittmatter. Die Biographie,* Berlin (Aufbau) 2012.

Leo, Per: *Flut und Boden. Roman einer Familie,* Stuttgart (Klett-Cotta) 2014, S.215.

Leppler, Willi: *Offener Brief an GG,* in: *Colloquium,* 10.Jg., 1956, H.4.

Lernet-Holenia, Alexander: Brief an Alice Zuckmayer vom 18.6.1965, in: Carl Zuckmayer / Alexander Lernet-Holenia: *Briefwechsel,* ediert, eingeleitet und kommentiert von Gunther Nickel, in: *Zuckmayer-Jahrbuch* 8, 2005/06, S.9–185, hier: S.75.

Lettau, Reinhard: *Erlebnis und Dichtung,* in: *Akzente,* 14.Jg., 1967, H.4, S.327.

Der Liebhaber von Originalsprachen, in: Ders.: *Gedichte,* Berlin (Literarisches Colloquium) 1968, S.18.

Lévy, Bernard-Henri: *Die Dämonen kehren wieder. Der Philosoph Bernard-Henri Lévy über die französischen Intellektuellen und die Politik,* Interview mit Dieter Wild und Helmut Sorge, in: *Der Spiegel* vom 1.4.1991.

Lewitscharoff, Sibylle: Ein Gedicht?*, Interviewäußerung, zit. nach Sandra Kegel: *Intellektuelle Senkgrube,* in: *FAZ* vom 6.4.2012.

Lichtenstein, Erwin: Brief an GG vom 25.3.1967, in: Ders. / Günter Grass: *Briefwechsel.* Mit einer Vorbemerkung von Elisabeth Unger, in: *Sinn und Form,* 59.Jg., 2007, H.5, S.581–601, hier: S.583.

Brief an GG vom 1.10.1972, in: ebd., S.596f.

Bericht an meine Familie. Ein Leben zwischen Danzig und Israel, mit einem Nachwort von Günter Grass, Darmstadt (Luchterhand) 1985, S.200–203.

Lietzmann, Sabina: *Grass in Manhattan. Der Amerika-Besuch des Schriftstellers,* in: *FAZ* vom 12.6.1964.

Grass im Weißen Haus, in: *FAZ* vom 22.2.1966.

Grass, Weiss und Anti-Vietnam. Die »Gruppe 47« in Amerika, in: *FAZ* vom 2.5.1966.

Linde, Erdmann: Brief an GG von 1995 [undatiert], unveröffentl., Archiv GG, AdK.

Lindner, Erik: *Die Reemtsmas. Geschichte einer deutschen Unternehmerfamilie,* Hamburg (Hoffmann und Campe) 2007, S.7f.

Lippe, Jürgen von der / Cleves, Monika: *Verkehrte Welt,* Frankfurt/M. (Eichborn) 2010, S.180.

Livaneli, Zülfü: *Roman meines Lebens. Ein Europäer vom Bosporus* [im Original: *Sevdalim Hayat,* 2011], aus dem Türkischen von Gerhard Meier, Stuttgart (Klett-Cotta) 2011, S. 6.

Lobo Antunes, António: Gute Autoren?*, aus: *Es gibt nur zwei oder drei gute lebende Autoren,* Interview mit Armgard Seegers, in: *Hamburger Abendblatt* vom 18.9.2007.

Lodemann, Jürgen: Das große Fressen*, aus: *Siebenhundert Seiten lang das große Fressen,* in: *Badische Zeitung* vom 10.8.1977.

Lodge, David: *Die Kunst des Erzählens* [1992], aus dem Englischen von Daniel Ammann, Zürich (Haffmans) 1993, S. 141.

Loest, Erich: *Die Mäuse des Dr. Ley. Satirischer Roman* [1966], München (DTV) 1987, S. 121.

Durch die Erde ein Riß. Ein Lebenslauf [1981], München (DTV) 1996, S. 18.

Zwiebelmuster [1985], München (DTV) 1991, S. 244.

Brief an GG vom 15.2.1986, unveröffentl., Archiv GG, Lübeck.

Wellen und Strahlen haben es leichter. Wege zum Seher und Hörer in der DDR [1988], in: Ders.: *Als wir in den Westen kamen. Gedanken eines Grenzgängers,* Stuttgart/Leipzig (DVA/Linden) 1997, S. 84f., hier: S. 84.

Fallhöhe, Leipzig (Linden) 1989, S. 202.

Leipziger Buchmesse*, ohne Titel, in: *DIE ZEIT* vom 4.6.1993.

Nikolaikirche [1995], München (DTV) 1997, S. 91.

Als wir in den Westen kamen. Im Osten lästig – und jetzt wieder [1996], in: Ders., *Als wir in den Westen kamen,* S. 225–237, hier: S. 234.

Brief an GG vom Okt. 1999, in: Ders.: *Träumereien eines Grenzgängers. Respektlose Bemerkungen über Kultur und Politik,* Stuttgart/Leipzig (Hohenheim/Linden) 2001, S. 152f.

Tagebuch [Nov. 2008], aus: *Man ist ja keine Achtzig mehr. Tagebuch,* Göttingen (Steidl) 2011, S. 49f.

Tagebuch [Jan. 2009], aus: ebd., S. 61f.

Tagebuch [März 2009], aus: ebd., S. 77ff.

Tagebuch [Sept. 2010], aus: ebd., S. 231.

Loetscher, Hugo: Besuch bei Günter Grass*, aus: *Günter Grass* [1960], in: Loschütz, *Von Buch zu Buch,* a. a. O., S. 190–196, hier: S. 190f.

Löffler, Sigrid: *Der Kritiker Marcel Reich-Ranicki,* in: *Literaturen* 1/2, 2002, S. 27.

Brief an GG vom 4.10.1999, unveröffentl., Archiv GG, Lübeck.

Lortholary, Bernard: Ein weites Feld*, Interviewäußerung, zit. nach Christiane Schott: *Ein herrliches Buch,* in: *Börsenblatt* Nr. 82 vom 14.10.1997.

Loschütz, Gert (Hg.): *Von Buch zu Buch. Günter Grass in der Kritik. Eine Dokumentation,* Neuwied/Berlin (Luchterhand) 1968.

Lottmann, Joachim: *Mai, Juni, Juli. Ein Roman* [1987], Köln (Kiepenheuer & Witsch) 2003, S. 106.

Kanak Attack! Ein Wochenende in Kiel mit Feridun Zaimoglu, dem Malcolm X der deutschen Türken, in: *DIE ZEIT* vom 14.11.1997.

Deutsche Einheit. Ein historischer Roman aus dem Jahr 1995, Zürich (Haffmans) 1999, S.134f.

Zombie Nation, Köln (Kiepenheuer & Witsch) 2006, S.370f.

Der Geldkomplex, Köln (Kiepenheuer & Witsch) 2009, S.246.

Happy End, Berlin (Haffmans & Tolkemitt) 2015, S.27.

Luchterhand Verlag: *Werbezettel zu »Die Vorzüge der Windhühner«* [1956], zit. nach Volker Neuhaus: *Günter Grass. Schriftsteller – Künstler – Zeitgenosse. Eine Biographie,* Göttingen (Steidl) 2012, S.147.

Lukács, Georg: *Grass gefällt mir nicht!,* Interview-Äußerungen gegenüber der jugoslawischen Zeitung *Hid,* in: *Mittag* vom 24.6.1966.

Maelck, Stefan: *Ost Highway. Ein Hank-Meyer-Roman* [2003], Reinbek bei Hamburg (Rowohlt) 2004, S.102.

Magenau, Jörg: *Christa Wolf. Eine Biographie,* Berlin (Kindler) 2002.

Eine verbale Ohrfeige*, aus: *Martin Walser. Eine Biographie,* Reinbek bei Hamburg (Rowohlt) 2005, S.407.

Grimms Wörter*, aus: *Günter Grass' Liebeserklärung an die deutsche Sprache,* in: *Der Tagesspiegel* vom 17.8.2010.

Magnuson, James: *Famous writers I have known,* New York (W.W. Norton & Company) 2014, S.235, aus dem Amerikanischen von Uwe Neumann.

Maletzke, Erich: *Kieler Impressionen,* in: *Schleswig-Holsteinische Landeszeitung* vom 1.12.1979.

Mampell, Klaus: *Literaturmesse in Großholzleute,* in: *Stuttgarter Zeitung* vom 6.11.1958.

Manguel, Alberto: *Die Hohe Schule des Schummelns. Lesen oder nicht lesen II: Wie man über Bücher spricht, die man nicht gelesen hat,* in: *Literaturen* 11, 2007, S.31–33, hier: S.32.

Mann, Golo: *Hiergeblieben: Der Staat sind wir,* in: *FAZ* vom 18.5.1968.

Brief an Jens-Peter Otto vom 28.2.1969, unveröffentl., zit. nach Tilmann Lahme: *Golo Mann. Biographie,* Frankfurt/M. (Fischer) 2009, S.339.

Erinnerungen und Gedanken. Eine Jugend in Deutschland, Frankfurt/M. (Fischer) 1986, S.240.

Mann, Thomas: Brief an Klaus Mampell vom 17.5.1954, in: Ders.: *Briefe 1948–1955,* hg. von Erika Mann, Frankfurt/M. (Fischer) 1996, S.340–342, hier: S.341.

Marcuse, Ludwig: Brief an Hermann und Toni Kesten vom 15.12.1968, in: Ders.: *Briefe von und an Ludwig Marcuse,* hg. und eingeleitet von Harold von Hofe, Zürich (Diogenes) 1975, S.247f.

Martel, Yann: Einfache Bücher*, zit. nach Anonymus: *Booker-Preis für Yann Martel,* in: *Spiegel online* vom 23.10.2002.

Mascolo, Georg: Empfang beim schwedischen König*, aus: *»Kinder wollen ernst genommen werden«,* Interview mit Dagmar von Taube, in: *Welt online* vom 29.11.2009.

Matthia, Günter J.: *Es gibt kein Unmöglich!* [1998], Norderstedt (BoD) 2008, S.33.

Matthöfer, Hans: Brief an GG vom 14.10.1977, unveröffentl., Archiv GG, AdK.

Maurer, Jörg: *Föhnlage. Alpen-Krimi,* Frankfurt/M. (Fischer) 2009, S.252f.

Mayer, Hans: Brief an GG vom 20.12.1960, unveröffentl., Archiv GG, AdK.

Brief an Hans Werner Richter vom 10.7.1967, in: Richter, *Briefe,* a.a.O., S.651.

Auftritt im Hörsaal 40*, aus: *Ein Deutscher auf Widerruf. Erinnerungen,* Bd. II, Frankfurt/M. (Suhrkamp) 1984, S.238f.

Brief an GG vom 4.7.1985, unveröffentl., Archiv GG, AdK.

Brief an GG vom 16.2.1986, unveröffentl., Archiv GG, AdK.

Brief an GG vom 2.7.1987, unveröffentl., Archiv GG, AdK.

Brief an GG vom 14.6.1995, unveröffentl., Archiv GG, AdK.

Brief an GG vom 12.9.1995, unveröffentl., Archiv GG, AdK.

Brief an GG vom 10.1.1998, unveröffentl., Archiv GG, AdK.

McCarthy, Mary: Brief an Hannah Arendt vom 28.9.1962, in: Dies. / Hannah Arendt: *Im Vertrauen. Briefwechsel 1949–1975,* hg. und mit einer Einführung von Carol Brightman, aus dem Amerikanischen von Ursula Ludz und Hans Moll, München (Piper) 1997, S.222.

McEwan, Ian: *Honig* [im Original: *Sweet Tooth,* 2012], aus dem Englischen von Werner Schmitz, Zürich (Diogenes) 2013, S.288f.

Mechtel, Angelika: *Artenschutz,* in: Dies.: *Das Mädchen und der Pinguin. Geschichten und Nichtgeschichten,* München (List) 1986, S.140–147, hier: S.144.

Brief an GG vom 2.10.1999, unveröffentl., Archiv GG, Lübeck.

Meier, Georg: *Alle waren in Woodstock – außer mir und den Beatles,* Berlin (Dittrich) 2008, S.84.

Meinhof, Ulrike: Brief an Renate Riemeck vom 25.1.1960, zit. nach Bettina Röhl: *So macht Kommunismus Spaß! Ulrike Meinhof, Klaus Rainer Röhl und die Akte KONKRET,* Hamburg (Europäische Verlagsanstalt) 2006, S.318f.

Hochhuth [1965], in: Dies.: *Die Würde des Menschen ist antastbar. Aufsätze und Polemiken,* Berlin (Wagenbach) 1986, S.68–70, hier: S.68.

Napalm und Pudding [1967], in: ebd., S.92–95, hier: S.94.

Meinke, Hans: Brief an GG vom 24.4.2012, unveröffentl., Archiv GG, Lübeck.

Mende, Erich: *Von Wende zu Wende. Zeuge der Zeit 1962–1982,* München (Herbig) 1986, S.128.

Merchant, Judith: *Loreley singt nicht mehr,* München (Knaur) 2012, S.97.

Mercouri, Melina: Brief an GG vom 11.5.1968, unveröffentl., Archiv GG, AdK, aus dem Englischen von Uwe Neumann.

Merian, Svende: *Der Tod des Märchenprinzen. Frauenroman* [1980], Reinbek bei Hamburg (Rowohlt) 1984, S.163ff.

Merkel, Angela: Brief an GG vom 16.10.2002, unveröffentl., Archiv GG, Lübeck.

Stellungnahme, ohne Titel, zit. nach dpa (Berlin), Meldung vom 21.8.2006.

Merkel, Petra-Evelyne: Rede vor dem Bundestag am 19.3.2003, in: Deutscher Bundestag: Plenarprotokoll 15/34 vom 19.3.2003.

Meroz, Yohanan: Brief an GG vom 17.10.1977, unveröffentl., Archiv GG, AdK.

Meyer, Clemens: Das Literarische Colloquium Berlin*, aus: »Ich sehe mich als Individualisten«, Gespräch mit Gerrit Bartels, in: taz.de vom 21.6.2006.

Meyer, Detlev: Im Dampfbad greift nach mir ein Engel. Biographie der Bestürzung 1 [1985], Frankfurt/M. (Fischer) 1988, S.34f.

Meyer, Fritz: Grass war dabei, in: Deutsche Wochenzeitung vom 25.12.1970.

Meyer-Clason, Curt: Übersetzungskurs in Porto Alegre*, aus: Erstens die Freiheit ... Tagebuch einer Reise durch Argentinien und Brasilien, Wuppertal (Peter Hammer) 1978, S.15.

Michaelis, Rolf: Großes JA mit kleinem nein. Der gefeierte und der geschmähte Autor: Was haben wir an Günter Grass?, in: DIE ZEIT vom 4.12.1987.

Literatur-Nobelpreis für Dario Fo – und seine Partnerin Franca Rame, in: DIE ZEIT vom 17.10.1997.

Michalzik, Peter: Unseld. Eine Biographie, München (Blessing) 2002.

Michel, Karl Markus: Der Herausgeber, in: Du. Die Zeitschrift der Kultur 1999, H.699, S.41f.

Miller, Arthur: Die Kunst und das Leben*, aus: Interview mit Olga Carlisle und Rose Styron [1966], in: Ders.: The Collected Essays of Arthur Miller, London (Bloomsbury) 2016, S.216-234, hier: S.231, aus dem Amerikanischen von Uwe Neumann.

Minkmar, Nils: Der Zirkus. Ein Jahr im Innersten der Politik, Frankfurt/M. (Fischer) 2013, S.12.

Ministerium für Staatssicherheit: Bericht [Mai 1961], zit. nach Hans Mayer: Briefe 1948-1963, hg. und kommentiert von Mark Lehmstedt, Leipzig (Lehmstedt) 2006, S.468.

Bericht [19.7.1961], in: Kai Schlüter: Günter Grass im Visier. Die Stasi-Akte. Eine Dokumentation mit Kommentaren von Günter Grass und Zeitzeugen, Berlin (Ch. Links) 2010, S.37.

Bericht [19.8.1961], in: Behörde des Bundesbeauftragten für die Unterlagen des Staatssicherheitsdienstes der ehemaligen DDR, MfS, AIM 11000/64, Bl.42 u.43.

Bericht [13.11.1964], in: Schlüter, Günter Grass im Visier, S.61.

Bericht [3.1.1966], in: ebd., S.70.

Information 709/77 [2.9.1977], in: ebd., S.124f.

Information [7.12.1981], in: ebd., S.190.

Bericht [22.4.1988], in: ebd., S.286.

Mitscherlich-Nielsen, Margarete: Die Radikalität des Alters. Einsichten einer Psychoanalytikerin, Frankfurt/M. (Fischer) 2010, S.228.

Mittenzwei, Werner: Die Intellektuellen. Literatur und Politik in Ostdeutschland 1945-2000 [2001], Berlin (Aufbau) 2003, S.488. Copyright © 2001 by Faber & Faber, Leipzig.

Modick, Klaus: *Weg war weg. Romanverschnitt,* Reinbek bei Hamburg (Rowohlt) 1988, S. 187.

September Song, Frankfurt/M. (Eichborn) 2002, S. 85.

Am Middlebury College in Vermont* [2003], aus: *Zuckmayers Schatten. Vermonter Journal,* Göttingen (Satzwerk Verlag) 2004, S. 40f.

Vatertagebuch [24.3.2004], Frankfurt/M. (Eichborn) 2005, S. 92.

Bestseller, Frankfurt/M. (Eichborn) 2006, S. 75.

Klack, Köln (Kiepenheuer & Witsch) 2013, S. 191.

Moers, Walter: *Selbstgespräch mit Lügenbär. Walter Moers plaudert mit seiner Kunstfigur über deutsche Literatur und nackte Bärenmädchen,* in: *Focus* vom 22.3.1999.

Moníková, Libuše: Eine gute Nachricht*, aus: Grußwort bei der Verleihung des Alfred-Döblin-Preises [22.4.1987], zit. nach Franz Josef Görtz / Volker Hage: *Deutsche Literatur 1987. Jahresüberblick,* Stuttgart (Reclam) 1988, S. 79.

Monk, Egon: Brief an GG vom 23.9.1995, unveröffentl., Archiv GG, AdK.

Morriën, Adriaan: Ein Debütant*, aus: *Ein die Unordnung meisternder Debütant* [1957], aus dem Niederländischen von Ludger Jorißen, in: Hermes, *Grass im Ausland,* a.a.O., S. 19–21, hier: S. 21.

Brief an GG vom 10.12.1959, unveröffentl., Archiv GG, AdK.

Muehlen, Norbert: Amerikas Jugend*, aus: *Das falsche Bild von Amerikas Jugend verblaßt,* in: *Die Welt* vom 13.1.1971.

Mulisch, Harry: Brief an GG vom 18.4.2002, unveröffentl., Archiv GG, Lübeck.

Brief an GG, in: *Spiegel online* vom 2.10.2002.

Müller, André: *Gespräche mit Hacks* [1988], aus: *Gespräche mit Hacks 1963–2003,* Berlin (Eulenspiegel) 2008, S. 329.

Müller, André: Gespräch mit Günter Grass*, aus: *»Im Vakuum heiter bleiben«.* Interview mit Günter Grass, in: *FR* vom 31.7.2009.

Müller, Heiner: *Die Kröte auf dem Gasometer* [1957], in: Pezold, *Günter Grass,* a.a.O., S. 50–52, hier: S. 52.

Dicke Romane*, aus: *Ich glaube an Whisky. Montage aus einem Gespräch mit Heiner Müller, Kommentartexten und Musik* [1989], von Doris Glaser und Robert Waichinger, in: Ders.: *Gesammelte Irrtümer 2. Interviews und Gespräche,* hg. von Gregor Edelmann und Renate Ziemer, Frankfurt/M. (Verlag der Autoren) 1990, S. 163–174, hier: S. 166.

Ein bulgarischer Spion*, aus: *»Zur Lage der Nation«. Heiner Müller im Interview mit Frank M. Raddatz,* Berlin (Rotbuch) 1990, S. 94f.

Krieg ohne Schlacht. Leben in zwei Diktaturen, Köln (Kiepenheuer & Witsch) 1992, S. 218.

Müller, Michael: Brief an GG vom 25.8.2006, unveröffentl., Archiv GG, Lübeck.

Müller-Westernhagen, Marius: *Versuch dich zu erinnern,* Göttingen (Steidl) 2004, S. 338.

Munro, Alice: *Das Glück? Harte Arbeit,* Interview mit Annette Mingels und Guido Mingels, in: *DIE ZEIT* vom 23.3.2006.

Muschg, Adolf: Brief an GG vom 6.10.1985, unveröffentl., Archiv GG, AdK.

Brief an GG vom 25.8.1995, in: Negt, *Der Fall Fonty,* a.a.O., S. 472ff.

Brief an GG vom 8.8.1997, unveröffentl., Archiv GG, AdK.

Brief an GG vom 1.10.1999, unveröffentl., Archiv GG, Lübeck.

Brief an GG vom 5.10.2010, unveröffentl., Archiv GG, Lübeck.

Nadolny, Sten: Brief an GG vom 22.8.1995, in: Negt, *Der Fall Fonty,* a.a.O., S. 469f.

Brief an GG vom 8.10.1999, unveröffentl., Archiv GG, Lübeck.

Nagel, Ivan: Brief an GG vom 2.7.1963, unveröffentl., Archiv GG, AdK.

Nagel, Peter: Brief an GG vom 27.11.1999, unveröffentl., Archiv GG, Lübeck.

Nasreen, Taslima: *French Lover* [2001], New York (Penguin) 2002, S. 108, aus dem Englischen von Uwe Neumann.

Nechuschtan, Abner: *Günter Grass kam, sah und siegte. Der deutsche Schriftsteller machte auf seiner Israel-Reise aus seinem Herzen keine Mördergrube,* in: *FR* vom 29.3.1967.

Neckermann, Josef: Brief an GG vom 23.4.1969, unveröffentl., Archiv GG, AdK.

Negt, Oskar: Brief an GG vom 21.8.1992, unveröffentl., Archiv GG, AdK.

Brief an GG vom 30.9.1999, unveröffentl., Archiv GG, Lübeck.

Brief an GG vom 13.4.2012, unveröffentl., Archiv GG, Lübeck.

Brief an GG vom 15.10.2012, unveröffentl., Archiv GG, Lübeck.

Ders. (Hg.): *Der Fall Fonty. »Ein weites Feld« von Günter Grass im Spiegel der Kritik,* Göttingen (Steidl) 1996.

Netzer, Günter: *Aus der Tiefe des Raumes. Mein Leben,* mit Helmut Schümann, Reinbek bei Hamburg (Rowohlt) 2004, S. 234.

Abschied von einem Fußball-Fan, in: *Bild* vom 13.4.2015.

Neudeck, Rupert: Brief an GG vom 20.10.2012, unveröffentl., Archiv GG, Lübeck.

Neumann, Robert: Tagebuch [16.12.1964], aus: *Vielleicht das Heitere. Tagebuch aus einem andern Jahr,* München (Desch) 1968, S. 573f.

Der Chef der Gruppe 47*, aus: *Spezis in Berlin* [1966], in: Horst Ziermann (Hg.): *Gruppe 47. Die Polemik um die deutsche Gegenwartsliteratur. Eine Dokumentation,* Frankfurt/M. (Wolter Editionen) 1966, S. 77–91, hier: S. 83.

Neuss, Wolfgang: *Dr. h.c. Günter Grass*,* aus: *Plädoyer für eine neue Opposition* [1965], in: Ders.: *Der totale Neuss. Gesammelte Werke,* hg. von Volker Kühn, Hamburg (Rogner & Bernhard) 1997, S. 307–320, hier: S. 309.

Talk Show*, aus: *»Nu hör doch ma uff, Mensch!«. Ein Talk-Show-Duell zwischen W. Neuss und R. von Weizsäcker* [1983], in: ebd., S. 747–754, hier: S. 749f.

Boykottiert die Volkszählung!*, aus: *Erzähl dich* [1986], in: ebd., S. 706f., hier: S. 707.

Neutsch, Erik: *Unsere Revolutionen,* in: *Neue deutsche Literatur* 1971, H. 1, S. 46–49, hier: S. 47.

Rede bei der ›Berliner Begegnung zur Friedensförderung‹, in: *Berliner Begegnung zur Friedensförderung. Protokolle des Schriftstellertreffens am 13./14. Dezember 1981. Der vollständige Text aller Beiträge aus Ost und West,* Darmstadt/Neuwied (Luchterhand) 1982, S. 50.

Niemann, Norbert: Brief an Uwe Neumann vom 10.12.2008, Erstveröffentlichung.

Brief an GG vom 5.4.2012, unveröffentl., Archiv GG, Lübeck.

Nink, Stefan: *Donnerstags im Fetten Hecht,* Wiesbaden (Limes) 2012, S. 210.

Nöhbauer, Hans F.: *Die große Danziger Hunde-Saga,* in: *Abendzeitung* vom 10.8.1963.

Brief an GG vom 17.3.1977, unveröffentl., Archiv GG, AdK.

Brief an GG vom 4.7.1977, unveröffentl., Archiv GG, AdK.

Noll, Ingrid: *Ehrenwort* [2010], Zürich (Diogenes) 2012, S. 18.

Nolte, Mathias: *Louise im blauweiß gestreiften Leibchen,* Wien (Deuticke im Zsolnay Verlag) 2009, S. 214.

Nossack, Hans Erich: Tagebuch [31.12.1959], aus: *Die Tagebücher 1943–1977,* hg. von Gabriele Söhling, mit einem Nachwort von Robert Miller, Frankfurt/M. (Suhrkamp) 1997, Bd. I, S. 393.

Tagebuch [10.9.1969], in: ebd., Bd. II, S. 1025f.

Nowakowski, Tadeusz: Brief an GG vom 2.7.1972, unveröffentl., Archiv GG, Lübeck.

Oates, Joyce Carol: *Literatur ist eine Form der Sympathie,* Interview mit Dieter E. Zimmer, in: *DIE ZEIT* vom 27.6.1980.

Brief an GG vom 9.4.1983, unveröffentl., Archiv GG, Lübeck, aus dem Amerikanischen von Uwe Neumann.

Obama, Auma: Intensive Lektüren*, aus: *Das Leben kommt immer dazwischen. Stationen einer Reise* [2010], Köln (Lübbe) 2011, S. 13.

O'Brien, Edna: In New York*, aus: *Country Girl. A Memoir,* London (Faber and Faber) 2012, S. 252, aus dem Englischen von Uwe Neumann.

Ōe, Kenzaburō: Ein prägender Blick*, aus: *Literatur ist ein Ausdruck des Lebens. Ein Gespräch mit dem Literatur-Nobelpreisträger Kenzaburō Ōe über Schreiben, Krieg, Richard Wagner und Günter Grass,* in: *FAZ* vom 14.10.1994.

Brief an GG vom 25.2.1995, aus dem Japanischen von Otto Putz, in: Ders. / Günter Grass: *Gestern vor 50 Jahren. Ein deutsch-japanischer Briefwechsel,* Göttingen (Steidl) 1995, S. 36f.

Ohnemus, Günter: *Der Tiger auf deiner Schulter,* Frankfurt/M. (Schöffling) 1998, S. 64f.

Ōoka, Shōhei: Brief an GG vom 24.6.1985, aus: *Ein notwendiger Dialog über weite Distanz. Briefwechsel zwischen Shōhei Ōoka und Günter Grass,* in: *Hermes, Grass im Ausland,* a. a. O., S. 181–196, hier: S. 181.

Ordensgemeinschaft der Ritterkreuzträger: *Aufruf an den Anstand*, in: *Tagesanzeiger* (Regensburg) vom 25.2.1967.

Ordukhanyan, Azat: Brief an GG vom 22.4.2010, unveröffentl., Archiv GG, Lübeck.

Ören, Aras: Brief an GG vom 29.8.1995, unveröffentl., Archiv GG, AdK.

Brief an GG vom 7.10.1999, unveröffentl., Archiv GG, Lübeck.

Orlowa, Raissa: Heinrich Bölls Beerdigung*, Tagebucheintrag vom 15.7.1985, in: Dies. / Lew Kopelew: *Wir lebten in Köln. Aufzeichnungen und Erinnerungen*, Hamburg (Hoffmann und Campe) 1996, S.264f.

Ortheil, Hanns-Josef: *Schwerenöter*, München/Zürich (Piper) 1987, S.7.

ZEIGRODEURO oder: Wie die Geschichte der Bundesrepublik sich von selbst erfand, in: *SZ* vom 10./11.10.1987.

Das (ausgefallene) literarische Quartett [1989], in: Peter Wapnewski (Hg.): *Betrifft Literatur. Über Marcel Reich-Ranicki*, Stuttgart (DVA) 1990, S.252–255, hier: S.254.

In »Wolffs Bücherei«*, aus: *Nootebooms Reisen* [2000], in: Ders.: *Die weißen Inseln der Zeit. Orte, Bilder, Lektüren*, München (btb) 2013, S.303–309, hier: S.303.

Orths, Markus: *Meine Herzensbücher*, in: *Von Büchern & Menschen*, Frankfurt/M. (Schöffling) 2004, S.14–27, hier: S.22f.

*Ein Wunsch**, aus: *Lust auf Veränderung. Markus Orths, der in Klagenfurt mit dem Telekom-Preis ausgezeichnet wurde, über seinen druckfrischen Roman »Das Zimmermädchen«*, in: *Kleine Zeitung* vom 1.7.2008.

Osang, Alexander: *Königstorkinder*, Frankfurt/M. (Fischer) 2010, S.268.

Ossowski, Leonie: Brief an GG vom 11.3.1989, unveröffentl., Archiv GG, AdK.

Brief an GG vom 15.5.1992, unveröffentl., Archiv GG, AdK.

Ostwald, Michael: *Besuch bei Günter Grass**, aus: Tagebuch [1962], in: Ders.: *Dichterbesuche. 36 Dichterporträts, Antworten (Warum schreiben Sie?), Autogramme*, Zürich (Orell Füssli) 1964, S.8f.

Oswald, Georg M.: *In schwierigstem Gelände*, in: *Kursbuch* 173, 2013, S.194–206, hier: S.204f.

Otto, Herbert: *Zeit der Störche* [1966], Köln (Bastei Lübbe) 1981, S.29.

Oz, Amos: *Der dritte Zustand* [im Original: *Ha mazaw ha schlischi*, 1991], aus dem Hebräischen von Ruth Achlama, Frankfurt/M. (Insel) 1992, S.196ff.

*Der Hass auf alles Deutsche**, aus: *Israel ist eine Sammlung feuriger Argumente*, Gespräch mit Michael Krüger, in: *Welt online* vom 19.4.2008.

Özdamar, Emine Sevgi: *Die Brücke vom Goldenen Horn* [1998], Köln (Kiepenheuer & Witsch) 2002, S.156f.

Paeschke, Hans: Brief an GG vom 3.1.1978, unveröffentl., Archiv GG, AdK.

Pamuk, Orhan: *Magischer Realismus**, aus: *Salman Rushdie: »Die Satanischen Verse« und die Freiheit des Autors* [1989], in: Ders.: *Der Koffer meines Vaters*, aus dem Türkischen von Ingrid Iren und Gerhard Meier, München (Hanser) 2010, S.183–186, hier: S.184.

Kann Literatur die Welt verändern?*, aus: *Pamuk lebt »im Elfenbeinturm«*, Interview mit Lothar Schröder, in: *RP online* vom 9.4.2011.

Patterson, James: *Und erlöse uns von dem Bösen* [im Original: *London Bridges*, 2004], aus dem Amerikanischen von Edda Petri, München (Blanvalet) 2005, S.197.

Meine Lieblingsschriftsteller*, aus: *James Patterson: By the Book*, Interview, in: *The New York Times* vom 25.8.2013, aus dem Amerikanischen von Uwe Neumann.

Pauly, Gisa: *Tod im Dünengras. Ein Sylt-Krimi*, München (Piper) 2009, S.9.

Pennac, Daniel: *Große Kinder – kleine Eltern* [im Original: *Messieurs les enfants*, 1997], aus dem Französischen von Eveline Passet, Köln (Kiepenheuer & Witsch) 1999, S.206.

Petersdorff, Dirk von: *Die Blätter*, in: Ders.: *Wie es weitergeht. Gedichte*, Frankfurt/M. (Fischer) 1992, S.31.

Woher hat Adorno den Zaubertrank? Postmoderne Häppchen, in: Ders.: *Verlorene Kämpfe. Essays*, Frankfurt/M. (Fischer) 2001, S.71–85, hier: S.84f.

Petterson, Per: *Ich verfluche den Fluss der Zeit* [im Original: *Jeg forbanner tidens elv*, 2008], aus dem Norwegischen von Ina Kronenberger, München (Hanser) 2009, S.80.

Peuckmann, Heinrich: *Der Reiseschüler*, in: Ders.: *Der Vorwärtsfahrer. Erzählungen*, Bochum (Brockmeyer) 2009, S.25–45, hier: S.33.

Pezold, Klaus (Hg.): *Günter Grass. Stimmen aus dem Leseland*, Leipzig (Militzke) 2003.

Pfeiffer, Rolf: Brief an Heinz Knobloch vom 15.7.2000, in: Heinz Knobloch / Rolf Pfeiffer: *Schriftwechsel 1997–2003*, Berlin (Edition Hüne) 2006, S.150.

Pieper, Annemarie: *Die Klugscheisser GmbH*, Basel (Schwabe) 2006, S.157f.

Pietraß, Richard: Brief an Christa Wolf vom 25.10.2008, in: Therese Hörnigk (Hg.): *Sich aussetzen. Das Wort ergreifen. Texte und Bilder zum 80. Geburtstag von Christa Wolf*, Göttingen (Wallstein) 2009, S.119f., hier: S.120.

Piontek, Heinz: *Dichterleben*, Hamburg (Hoffmann und Campe) 1976, S.211.

Piper, Klaus: Brief an Klaus Roehler vom 28.9.1959, in: Gisela Elsner / Klaus Roehler: *Wespen im Schnee. 99 Briefe und ein Tagebuch*, mit einem Vorwort von Reinhard Baumgart, Berlin (Aufbau) 2001, S.236.

Pirinçci, Akif: *Der Rumpf* [1992], München (Heyne) 2008, S.357.

Piwitt, Hermann Peter: *Deutschland. Versuch einer Heimkehr*, Hamburg (Hoffmann und Campe) 1981, S.100.

Lebenszeichen mit 14 Nothelfern. Geschichten aus einem kurzen Leben, Göttingen (Wallstein) 2014, S.59f.

Pleschinski, Hans: *Der Teufelsritt*, in: *Von Büchern & Menschen*, Frankfurt/M. (Schöffling) 1997, S.60–75, hier: S.71.

Pletzinger, Thomas: Eine Lesung von Günter Grass*, aus: *Die Coladose erzählt von dem, der sie austrank – Vermutungen darüber, wovon Geschichten leben können*, in: Martin Bruch u. a. (Hg.): *Treffen. Poetiken der Gegenwart. Ein Werkstattbuch,* Hildesheim (Bella Triste) 2008, S. 87–95, hier: S. 93f.

Pohl, Klaus: *Die Kinder der Preußischen Wüste,* Zürich/Hamburg (Arche) 2011, S. 305.

Politycki, Matthias: *Ein Mann von vierzig Jahren,* München (Luchterhand) 2000, S. 53.

Pomar, Jorge A.: Brief an GG vom Okt. 1999, unveröffentl., Archiv GG, Lübeck.

Popp, Steffen: *Grass' Rättin? Ab auf den Dachboden,* in: *DIE ZEIT* vom 20. 5. 2010.

Porter, Anna: *Mord auf der Buchmesse* [im Original: *The Bookfair Murders,* 1997], aus dem Englischen von Claudia Feldmann, München (List) 1997, S. 9.

Posener, Julius: Brief an GG vom 22. 3. 1986, unveröffentl., Archiv GG, AdK.

Praunheim, Rosa von: Tagebuch [8.1.1965], in: Ders.: *Rosas Rache. Filme und Tagebücher seit 1960,* Berlin (Martin Schmitz) 2009, S. 61.

Tagebuch [3. 6. 1967], in: ebd., S. 66.

Sex und Karriere, Reinbek bei Hamburg (Rowohlt) 1978, S. 38f.

Primor, Avi: Deutschland und Israel*, aus: »... mit Ausnahme Deutschlands«. Als Botschafter Israels in Deutschland, Berlin (Ullstein) 1997, S. 102.

Die Verantwortung des Individuums*, Interviewäußerung, in: Anonymus: *Grass gewachsen,* in: *Mobil. Das Magazin der Deutschen Bahn* Nr. 3, 1998, S. 9.

Qiding, Hu: Brief an GG vom 4. 8. 1990, unveröffentl., Archiv GG, AdK.

Quadflieg, Will: Brief an GG vom 25. 8. 1995, unveröffentl., Archiv GG, AdK.

Quick: *Meldung aus Berlin,* in: *Quick* vom 21. 6. 1967.

Raddatz, Fritz J.: *gg + bb. Eine Revokation* [Okt. 1977], unveröffentl., Archiv GG, Lübeck.

Grass in Danzig, in: *DIE ZEIT* vom 19. 6. 1981.

Der Kongreß zankt. Der PEN in New York: Von Glanz und Elend einer literarischen Mammut-Veranstaltung, in: *DIE ZEIT* vom 24. 1. 1986.

Brief an GG vom Aug. 1986, unveröffentl., Archiv GG, AdK.

Brief an GG vom 14. 7. 1988, unveröffentl., Archiv GG, AdK.

Unruhestifter. Erinnerungen, München (Propyläen) 2003, S. 352ff.

Bücher für den Weihnachtsmann, in: *Welt online* vom 11. 12. 2010.

Bestiarium der deutschen Literatur, illustriert von Klaus Ensikat, Reinbek bei Hamburg (Rowohlt) 2012, S. 33.

Rakusa, Ilma: *Große Literatur*,* aus: Interview mit Alexandra Kedves, in: *Viceversa littérature* Nr. 1, 2007.

Ranft, Ferdinand: *Ein makabres Schauspiel*,* aus: »*Ein Licht ins dunkle deutsche Land«. Die Bücherverbrennung des Jugendbundes für Entschiedenes Christentum,* in: *DIE ZEIT* vom 15. 10. 1965.

Rathenow, Lutz: *Als Grass der DDR den Krieg erklärte,* in: *Berliner Zeitung* vom 8. 3. 2010.

Ratte, Günter: *Der Grass. »Das literarische Bubenstück«. Eine geheimnisvolle Parodie, die unter die Gürtellinie greift – und ihre Hintergründe* [1986], Frankfurt/M. (Eichborn) 2006, S. 20f.

Ratzinger, Georg: *Mein Bruder, der Papst,* aufgezeichnet von Michael Hesemann, München (Herbig) 2011, S. 132.

Ratzinger, Joseph: *Glaube und Zukunft* [1970], Neuausgabe, München (Kösel) 2007, S. 32f.

Brief an GG vom 18.9.2012, unveröffentl., Archiv GG, Lübeck.

Rau, Johannes: Brief an GG vom 5.7.1968, unveröffentl., Archiv GG, AdK.

Brief an GG vom 14.10.1981, unveröffentl., Archiv GG, AdK.

Brief an GG vom 13.10.1982, unveröffentl., Archiv GG, AdK.

Brief an GG vom 13.10.1997, unveröffentl., Archiv GG, Lübeck.

Brief an GG vom Okt. 2002, unveröffentl., Archiv GG, Lübeck.

Brief an GG vom Okt. 2005, unveröffentl., Archiv GG, Lübeck.

Read, Herbert: Brief an Michael Hamburger vom 1.10.1961, zit. nach Michael Hamburger: *Verlorener Einsatz. Erinnerungen,* aus dem Englischen von Susan Nurmi-Schomers u. Christian Schomers, Stuttgart (Flugasche-Verlag) 1987, S. 117.

Reding, Josef: Brief an GG vom 1.10.1999, unveröffentl., Archiv GG, Lübeck.

Rehn, Jens: *Das neue Bestiarium der deutschen Literatur,* mit Originalgraphiken von Bert Gerresheim, Stierstadt (Eremiten-Presse) 1970, S. 18f.

Reichert, Klaus: Brief an GG vom 9.4.1984, unveröffentl., Archiv GG, AdK.

Lesenlernen. Über moderne Literatur und das Menschenrecht auf Poesie, München (Hanser) 2006, S. 60.

Reich-Ranicki, Marcel: Ein echtes Talent*, aus: *Eine Diktatur, die wir befürworten* [1958], in: Reinhard Lettau (Hg.): *Die Gruppe 47. Bericht – Kritik – Polemik. Ein Handbuch,* Neuwied/Berlin (Luchterhand) 1967, S. 139–142, hier: S. 141.

Auf gut Glück getrommelt [1960], in: Ders.: *Unser Grass,* München (DVA) 2003, S. 13–18, hier: S. 18.

Brief an GG vom 21.1.1965, unveröffentl., Archiv GG, AdK.

Poesie im Tageslicht [1967], in: Ders.: *Unser Grass,* S. 67–75, hier: S. 75.

Brief an GG vom 4.6.1972, unveröffentl., Archiv GG, AdK.

Von im un synen Fruen [1977], in: Ders., *Unser Grass,* S. 89–101, hier: S. 101.

Lebensgefährlich [1977], in: Ders.: *Mehr als ein Dichter. Über Heinrich Böll,* Köln (Kiepenheuer & Witsch) 1986, S. 87–89, hier: S. 89.

Brief an GG vom 16.1.1982, unveröffentl., Archiv GG, AdK.

Das literarische Quartett, Sendung vom 30.9.1988, zit. nach Stephan Reichenberger (Hg.): *... und alle Fragen offen. Das Beste aus dem Literarischen Quartett,* München (Heyne) 2000, S. 38.

War Grass ein bulgarischer Spion?, in: *Der Spiegel* vom 9.4.1990.

Das literarische Quartett, Sendung vom 14.1.1993, zit. nach Hubert Spiegel (Hg.): *Welch ein Leben. Marcel Reich-Ranickis Erinnerungen. Stimmen, Kritiken, Dokumente,* München (DTV) 2000, S. 380.

Brief an GG vom 4.7.1995, unveröffentl., Archiv GG, AdK.

Mein Leben, Stuttgart (DVA) 1999, S. 384-389.

Meine Bilder. Porträts und Aufsätze, Stuttgart/München (DVA) 2003, S. 317.

Letzte Tänze*, aus: *Jenseits des Schreckens tanzende Paare* [2003], in: Ders., *Unser Grass,* S. 195-204, hier: S. 195.

Ich bin bisweilen boshaft, Interview mit Mathias Schreiber, Martin Doerry und Volker Hage, in: *Der Spiegel* vom 30.5.2005.

Das berühmte Titelbild* [2005], in: *Marcel Reich-Ranicki antwortet auf 99 Fragen,* hg. von Hans-Joachim Simm, Frankfurt/M. (Insel) 2006, S. 196.

Reifferscheid, Eduard: Brief an GG vom 11.12.1959, unveröffentl., Archiv GG, DLA.

Brief an Helen Wolff vom 9.2.1965, in: Günter Grass / Helen Wolff: *Briefe 1959-1994,* hg. von Daniela Hermes, Göttingen (Steidl) 2003, S. 462.

Telegramm an Helen Wolff vom 18.4.1966, unveröffentl., Archiv GG, DLA.

Brief an GG vom 9.1.1986, unveröffentl., Archiv GG, AdK.

Reimann, Brigitte: Tagebuch [29.5.1961], aus: *Ich bedaure nichts. Tagebücher 1955-1963,* hg. von Angela Drescher, Berlin (Aufbau) 2000, S. 188.

Franziska Linkerhand [1974], Berlin (Aufbau) 1998, S. 496.

Reuter, Edzard: *Schein und Wirklichkeit. Erinnerungen,* Berlin (Siedler) 1998, S. 266.

Rezzori, Gregor von: *Greisengemurmel. Ein Rechenschaftsbericht* [1998], hg. von Gerhard Köpf, Heinz Schumacher und Tilman Spengler, mit einem Vorwort von Péter Esterházy, Berlin (BvT) 2005, S. 83ff.

Richartz, Walter E.: *wörtlich betäubt,* Frankfurt/M. (Kohlkunstverlag) 1970, S. 17f.

Richler, Mordecai: *Der Traum des Jakob Hersch* [im Original: *St. Urbain's Horseman,* 1971], aus dem Englischen von Gisela Stege, München (Liebeskind) 2009, S. 93.

Richter, Hans Werner: Brief an Walter Höllerer vom 1.12.1962, in: Ders.: *Briefe,* hg. von Sabine Cofalla, München/Wien (Hanser) 1997, S. 430.

Brief an Susanna Brenner-Rademacher vom 10.12.1963, in: ebd., S. 488.

Brief an GG vom 24.4.1964, unveröffentl., Archiv GG, AdK.

Brief an Klaus Wagenbach vom 26.7.1965, in: Ders., *Briefe,* S. 571.

Brief an Erich Fried vom 18.7.1966, in: ebd., S. 616.

Tagebuch [3.12.1966], aus: *Mittendrin. Die Tagebücher 1966-1972,* hg. von Dominik Geppert in Zusammenarbeit mit Nina Schnutz, München (Beck) 2012, S. 44f.

Brief an Wolfgang Hildesheimer vom 22.7.1969, in: Ders., *Briefe,* S. 695f.

Tagebuch [4.10.1969], aus: *Mittendrin,* S. 134.

Tagebuch [17.10.1970], aus: ebd., S. 166.

Tagebuch [24.10.1970], aus: ebd., S. 166f.

Tagebuch [23.1.1971], aus: ebd., S. 183.

Tagebuch [1.6.1971], aus: ebd., S. 197f.

Die Gruppe 47*, aus: *Wie entstand und was war die Gruppe 47?* [1974], in: Hans A. Neunzig (Hg.): *Hans Werner Richter und die Gruppe 47,* Frankfurt/M. u. a. (Ullstein) 1981, S. 27–110, hier: S. 77.

Brief an GG vom 17.8.1977, in: Ders., *Briefe,* S. 708.

Brief an GG vom 19.11.1978, unveröffentl., Archiv GG, AdK.

Simon Dach als Geburtstagsgeschenk [1986], aus: *Im Etablissement der Schmetterlinge. Einundzwanzig Portraits aus der Gruppe 47,* München (DTV) 1988, S. 121–137.

Brief an GG vom 24.7.1986, unveröffentl., Archiv GG, AdK.

Richter, Toni: Brief an GG vom 15.4.1989, unveröffentl., Archiv GG, AdK.

Brief an GG vom 15.11.1995, unveröffentl., Archiv GG, AdK.

Brief an GG vom 30.9.1999, unveröffentl., Archiv GG, Lübeck.

Rinke, Moritz: *Müllers Rache* [1996], in: Ders.: *Der Blauwal im Kirschgarten. Erinnerungen an die Gegenwart,* Berlin (Rowohlt) 2001, S. 70–72, hier: S. 70f.

Bei einer Lesung im Kanzleramt*, aus: *Schröder und die D-Frage,* in: *DIE ZEIT* vom 7.2.2002.

Rinser, Luise: Brief an Karl Rahner vom 16.9.1963, in: Dies.: *Gratwanderung. Briefe der Freundschaft an Karl Rahner 1962–1984,* hg. von Bogdan Snela, München (Kösel) 1994, S. 163.

Tagebuch [1967], aus: *Baustelle. Eine Art Tagebuch 1967–1970,* Frankfurt/M. (Fischer) 1977, S. 19.

Tagebuch [1968], aus: ebd., S. 35.

Tagebuch [1968], aus: ebd., S. 141f.

Tagebuch [1977], aus: *Kriegsspielzeug. Tagebuch 1972–1978,* Frankfurt/M. (Fischer) 1980, S. 139.

Tagebuch [13.12.1981], aus: *Winterfrühling 1979–1982,* Frankfurt/M. (Fischer) 1982, S. 181.

Tagebuch [März 1984], aus: *Im Dunkeln singen. 1982–1985,* Frankfurt/M. (Fischer) 1985, S. 152f.

Tagebuch [1984], aus: ebd., S. 197f.

Roa Bastos, Augusto: Deutsche Gegenwartsliteratur*, Gespräch mit Günter W. Lorenz [1968], in: Günter W. Lorenz: *Dialog mit Lateinamerika. Panorama einer Literatur der Zukunft,* Tübingen/Basel (Erdmann) 1970, S. 403–459, hier: S. 450.

Roche, Charlotte: Prägende Filme?*, aus: *Es fällt mir total schwer, mich locker zu machen,* Interview mit Ralf Krämer, in: *Planet Interview* vom 26.11.2006.

Roehler, Klaus: Brief an Elfriede und Walter Roehler vom 10.11.1958, in: Gisela Elsner / Klaus Roehler: *Wespen im Schnee. 99 Briefe und ein Tagebuch,* mit einem Vorwort von Reinhard Baumgart, Berlin (Aufbau) 2001, S. 209.

Brief an GG vom 9.6.1959, unveröffentl., Archiv GG, AdK.

Brief an GG vom 16.12.1959, unveröffentl., Archiv GG, AdK.

Brief an GG vom 13.8.1965, unveröffentl., Archiv GG, AdK.

Roehler, Klaus (Hg.): *Geschichten aus der Geschichte der Bundesrepublik Deutschland 1949–1979,* Darmstadt/Neuwied (Luchterhand) 1980.

Roehler, Klaus / Nitsche, Rainer: *Das Wahlkontor deutscher Schriftsteller in Berlin 1965. Versuch einer Parteinahme,* Berlin (Transit) 1990.

Roehler, Oskar: *Im Herbst des schlurfenden Patriarchen. Wie Günter Grass mir zu meinem Vornamen verhalf,* in: *Bücher.de* vom 19.10.2009.

Herkunft, Berlin (Ullstein) 2011, S. 273.

Roeingh, Ulrich: Brief an GG vom 1.10.1999, unveröffentl., Archiv GG, Lübeck.

Roggenkamp, Viola: Lokalpatriotismus*, aus: *Ich bin nämlich ein Mann,* in: *DIE ZEIT* vom 12.11.1993.

Röhl, Bettina: *Marcel Reich-Ranicki – der große Theaterdonner im deutschen Literaturbetrieb!,* in: *Die Welt* vom 16.4.2009.

Röhl, Cay-Heinrich: *Deutsche Literatur – ein Dreck?,* in: *Husumer Nachrichten* vom 4.5.1978.

Röhl, Ernst: *Der Ostler, das unbekannte Wesen. Geschichten,* Berlin (Eulenspiegel) 2000, S. 92f.

Röhl, Klaus Rainer: *Die Genossin,* Wien u. a. (Fritz Molden) 1975, S. 187.

Deutscher Narrenspiegel. Hypochonder und Schutzheilige, München (Universitas) 1997, S. 50.

Roll, Evelyn: *Der Steinewälzer in Stockholm,* in: *SZ* vom 11./12.12.1999.

Römbell, Manfred: *Rotstraßenträume,* Landau (Pfälzische Verlagsanstalt) 1993, S. 119f.

Rotstraßenende, Blieskastel (Gollenstein) 1996, S. 140.

Rommel, Manfred: *Trotz allem heiter. Erinnerungen,* Stuttgart (DVA) 1998, S. 94f.

Rose, Romani: Brief an GG vom 16.10.2002, unveröffentl., Archiv GG, Lübeck.

Rosenlöcher, Thomas: *Ostgezeter. Beiträge zur Schimpfkultur,* Frankfurt/M. (Suhrkamp) 1997, S. 40.

Ein alter Herr*, ohne Titel, in: *goethe.de* (Yakin Bakis) vom 19.6.2008.

Röstel, Gunda / Trittin, Jürgen: Telegramm an GG vom 16.10.1997, unveröffentl., Archiv GG, Lübeck.

Rote Armee Fraktion: *Das Konzept Stadtguerilla,* Programmpapier (16 Seiten), Amsterdam (Niemec) 1971, S. 14.

Roth, Gerhard: *Das Alphabet der Zeit,* Frankfurt/M. (Fischer) 2007, S. 752.

Roth, Philip: Die Blechtrommel*, aus: »*Ich bin nicht mehr so verrückt*«, Interview mit Martin Scholz, in: *FR-online* vom 12.10.2009.

Rother, Stephan M.: *Das Babylon-Virus. Thriller,* München (Blanvalet) 2010, S. 109 f.

Rowohlt, Harry: *Pooh's Corner. Meinungen und Deinungen eines Bären von geringem Verstand,* mit einem Nachwort von Elke Heidenreich, Zürich (Haffmans) 1993, S. 94.

In Schlucken-zwei-Spechte. Harry Rowohlt erzählt Ralf Sotscheck sein Leben von der Wiege bis zur Biege, Berlin (Tiamat) 2002, S. 192 f.

Rühmann, Heinz: Brief an GG vom 2.7.1968, zit. nach Torsten Körner: *Ein guter Freund. Heinz Rühmann. Biographie,* Berlin (Aufbau) 2001, S. 294.

Rühmkorf, Peter: *Die Jahre die Ihr kennt. Anfälle und Erinnerungen* [1972], in: Ders.: *Werke,* Bd. II, hg. von Wolfgang Rasch, Reinbek bei Hamburg (Rowohlt) 1999, S. 195–197.

Tagebuch [27.10.1989], aus: *Tabu 1. Tagebücher 1989–1991,* Reinbek bei Hamburg (Rowohlt) 1995, S. 112.

Tagebuch [29.12.1989], aus: ebd., S. 173.

Tagebuch [23.3.1990], aus: ebd., S. 244.

Tagebuch [2.8.1990], aus: ebd., S. 334 ff.

Tagebuch [31.12.1990], aus: ebd., S. 521 f.

Brief an GG vom 23.9.1991, unveröffentl., Archiv GG, AdK.

Tagebuch [14.5.1995], aus: *Ich habe Lust, im weiten Feld ... Betrachtungen einer abgeräumten Schachfigur,* Göttingen (Wallstein) 1996, S. 13.

Tagebuch [20.8.1995], aus: ebd., S. 38.

Brief an GG vom 25.8.1995, unveröffentl., Archiv GG, AdK.

Brief an GG vom 27.8.1995, unveröffentl., Archiv GG, AdK.

Brief an Marcel Reich-Ranicki vom 27.8.1995, in: *»Lieber Marcel«. Briefe an Reich-Ranicki,* hg. von Jochen Hieber, 2., erw. Aufl., Stuttgart/München (DVA) 2000, S. 345 ff.

Brief an GG vom 3.9.1997, unveröffentl., Archiv GG, AdK.

Brief an GG vom 7.1.1999, unveröffentl., Archiv GG, AdK.

Brief an GG vom 25.8.2006, unveröffentl., Archiv GG, Lübeck.

G. G. Geburtstagsmedaillon [2007], in: Ders.: *Paradiesvogelschiß. Gedichte,* Reinbek bei Hamburg, (Rowohlt) 2008, S. 136.

Rumler, Fritz: Der Komiker Marty Feldman*, aus: *»Ich bin der beste Verlierer«. Fritz Rumler über den Komiker Marty Feldman,* in: *Der Spiegel* vom 8.10.1973.

Rummenigge, Karl-Heinz: Nachtreten*, zit. nach Anonymus: *Nach Dichter-Attacke. Rummenigge: Groll auf Grass,* in: *Bild.de* vom 18.4.2006.

Rushdie, Salman: *Mitternachtskinder* [im Original: *Midnight's Children,* 1981], aus dem Englischen von Karin Graf, München (Piper) 1983, S. 11.

Trümmerfelder*, aus: *Das Treffen in Telgte* [1981], in: Ders.: *Heimatländer der Phantasie. Essays und Kritiken 1981–1991,* München (Kindler) 1992, S. 320–323, hier: S. 323.

Günter Grass: *Essays, Reden, Briefe, Kommentare* [1984], in: ebd., S. 323–330, hier: S. 324.

Der Boden unter ihren Füßen [im Original: *The Ground Beneath Her Feat*, 1999], aus dem Englischen von Gisela Stege, München (Kindler) 1999, S. 362.

Joseph Anton. Die Autobiografie [im Original: *Joseph Anton. A Memoir*, 2012], aus dem Englischen von Verena von Koskull und Bernhard Robben, München (Bertelsmann) 2012, S. 584f.

Nadelstiche*, aus: »*Ihr wollt, dass ich Angst habe*«, Interview mit Joachim Frank und Martin Scholz, in: *FR* vom 5.10.2012.

Der große Tänzer der Literatur, aus dem Englischen von Felicitas von Lovenberg, in: *FAZ* vom 15.4.2015.

Russell, Craig: *Wolfsfährte* [im Original: *Brother Grimm*, 2006], aus dem Englischen von Bernd Rullkötter, Köln (Lübbe) 2008, S. 341f.

Sachs, Gunter: *Was, bitte, ist guter Stil?*, in: *DIE ZEIT* vom 21.10.1999.

Sahl, Hans: Brief an GG vom 12.9.1966, unveröffentl., Archiv GG, AdK.

Salvatore, Gaston: *Wolfgang Neuss – ein faltenreiches Kind. Biographie* [1974], Hamburg (EVA) 1995, S. 236ff.

Brief an GG vom 27.2.1980, unveröffentl., Archiv GG, AdK.

Saramago, José: Brief an GG vom 1.10.1999, unveröffentl., Archiv GG, Lübeck, aus dem Französischen von Uwe Neumann.

Sartorius, Joachim: Brief an GG vom 2.10.1999, unveröffentl., Archiv GG, Lübeck.

Sauer, Jörg Uwe: *Uniklinik* [1999], Reinbek bei Hamburg (Rowohlt) 2007, S. 15.

Das Traumpaar, Salzburg/Wien (Jung und Jung) 2001, S. 205.

Sauzay, Brigitte: Bei Günter Grass in Behlendorf*, aus: *Retour à Berlin. Ein deutsches Tagebuch*. Einleitung von Richard von Weizsäcker [im Original: *Retour à Berlin. Journal d'Allemagne 1997*, 1998], aus dem Französischen von Frauke Rother, Berlin (Siedler) 2009, S. 317–320.

Scandinavian Airlines: Brief an GG vom 1.12.1999, unveröffentl., Archiv GG, Lübeck.

Schach, Rosemarie von: *Tochterliebe*, Würzburg (Arena) 1988, S. 70.

Schädlich, Susanne: In Wewelsfleth*, aus: *Immer wieder Dezember. Der Westen, die Stasi, der Onkel und ich*, München (Droemer) 2009, S. 76f.

Schätzing, Frank: *Der erste Satz ist heilig*, in: *FR-online.de* vom 12.10.2009.

Altersverwirrung?*, aus: »*Auch Deutsche dürfen unterhalten*«, Interview mit Daniel-Dylan Böhmer und Martin Scholz, in: *Die Welt* vom 4.3.2014.

Scheck, Denis: *AOK oder Waffen-SS?*, in: *Der Tagesspiegel* vom 3.9.2006.

Grimms Wörter*, aus: »*Grass hat eine Sprachwucht wie kein anderer Autor*«, Gespräch mit Anne Raith, in: *dradio.de* vom 9.10.2010.

Scheel, Walter: Brief an GG vom 18.3.1969, unveröffentl., Archiv GG, AdK.

Brief an GG vom 7.3.1979, unveröffentl., Archiv GG, AdK.

Brief an GG vom 8.6.1983, unveröffentl., Archiv GG, AdK.

Scheerer, Jana: *Mein Vater, sein Schwein und ich* [2004], München (Piper) 2006, S. 52.

Schelsky, Helmut: *Die Arbeit tun die anderen. Klassenkampf und Priesterherrschaft der Intellektuellen* [1975], München (DTV) 1977, S. 287f.

Scherzer, Landolf: *Nach der Himmelfahrt auf Hiddensee* [1997], in: Ders.: *Urlaub für rote Engel. Reportagen,* mit einem Vorwort von Günter Wallraff, Berlin (Aufbau) 2011, S. 150–160, hier: S. 151.

Scheub, Ute: *Das falsche Leben. Eine Vatersuche,* München (Piper) 2006, S. 7f.

Schiller, Karl: Brief an GG vom 17. 3.1965, unveröffentl., Archiv GG, AdK.

Brief an GG vom 12. 8.1965, unveröffentl., Archiv GG, AdK.

Brief an GG vom 30.10.1969, unveröffentl., Archiv GG, AdK.

Schimanek, Jürgen: *Negerweiß. Deutsches Fernsehtraining in Afrika in 99 Einstellungen,* Frankfurt/M. (März bei Zweitausendeins) 1979, S. 59f.

Schirrmacher, Frank: Eine verrückte Liebe*, Interviewäußerung, zit. nach Paul Sahner: *Im Feuilleton wird genaddelt. Marcel Reich-Ranicki und Günter Grass: Zwei Ex-Freunde liefern sich ein literarisches Luderduell,* in: Bunte vom 17.10. 2002.

Schladitz, Werner: Brief an GG vom 7.11.1960, unveröffentl., Archiv GG, AdK.

Schlamm, William S.: *Schmutztrommler in Amerika,* in: Volksbote vom 25. 5.1963.

Schleef, Einar: Tagebuch [6.12.1964], aus: *Tagebuch 1964–1976. Ostberlin,* hg. von Winfried Menninghaus, Sandra Janßen und Johannes Windrich, Frankfurt/M. (Suhrkamp) 2006, S. 70.

Tagebuch [13. 8.1977], aus: *Tagebuch 1977–1980. Wien – Frankfurt am Main – Westberlin,* hg. von Winfried Menninghaus, Sandra Janßen und Johannes Windrich, Frankfurt/M. (Suhrkamp) 2007, S. 87.

Tagebuch [10.12.1999], aus: *Tagebuch 1999–2001. Berlin – Wien,* hg. von Winfried Menninghaus, Sandra Janßen und Johannes Windrich, Frankfurt/M. (Suhrkamp) 2009, S. 107.

Schlei, Marie: Eine zwergwüchsige Republik*, ohne Titel, in: Der Spiegel vom 7. 5.1979.

Schleime, Cornelia: *Weit fort,* Hamburg (Hoffmann und Campe) 2008, S. 24.

Schlesak, Dieter: Brief an GG vom 31.12.1991, unveröffentl., Archiv GG, AdK.

Schlesinger, Klaus: Brief an GG vom 27.12.1992, unveröffentl., Archiv GG, AdK.

Deutsch-deutsche Dichtertreffen*, ohne Titel, in: *Märkische Oderzeitung* vom 16.10.1997.

Schlingensief, Christoph: Günter Grass*, aus: *Soziale Plastik für Afrika,* Interview mit Christoph Schlingensief, in: *Abendzeitung* vom 10. 9. 2009. *Ich weiß, ich war's,* hg. von Aino Laberenz, Köln (Kiepenheuer & Witsch) 2012, S. 90.

Schlink, Bernhard: *Gratulation,* in: Spiegel online vom 2.10. 2002.

Schlöndorff, Volker: Tagebuch [23.4.1977], aus: »*Die Blechtrommel*«. *Tagebuch einer Verfilmung*, Darmstadt/Neuwied (Luchterhand) 1979, S.37f.

Tagebuch [30.6.1977], aus: ebd., S.39.

Tagebuch [20.9.1977], aus: ebd., S.43.

Tagebuch [25.9.1977], aus: ebd., S.43f.

Brief an GG vom 22.1.1978, unveröffentl., Archiv GG, AdK.

Brief an GG vom 3.7.1990, unveröffentl., Archiv GG, AdK.

Licht, Schatten und Bewegung. Mein Leben und meine Filme, München (Hanser) 2008, S.303.

Er ist ganz anders!, in: *Lübecker Nachrichten* vom 7./8.10.2012.

Das Herz eines zürnenden Gottes, in: *FAZ* vom 16.4.2015.

Schmid, Eva-Maria: *Ein krasser Sommer*, Weinheim/Basel (Beltz & Gelberg) 2006, S.46.

Schmidt, Arno: Brief an Hans Wollschläger vom 2.4.1964, in: Ders.:»*Und nun auf, zum Postauto!*«. *Briefe von Arno Schmidt*, hg. von Susanne Fischer und Bernd Rauschenbach, Berlin (Suhrkamp) 2013, S.213.

*Walser, Grass, Johnson?**, aus: *Apropos: Ah!; pro=Poe*, Interview mit Gunar Ortlepp [1970], in: Hans-Michael Bock (Hg.): *Über Arno Schmidt. Rezensionen von »Leviathan« bis zu »Julia«*, Zürich (Haffmans) 1984, S.189–193, hier: S.190.

Schmidt, Harald: *Im Kreißsaal*, in: *Focus online* vom 29.10.2007.

Schmidt, Helmut: Brief an GG vom 19.10.1965, zit. nach Hartmut Soell: *Helmut Schmidt 1918–1969. Vernunft und Leidenschaft*, München (DVA) 2003, S.494.

Rede auf dem SPD-Parteitag in Hamburg vom 15.-19.11.1977, zit. nach Hartmut Soell: *Helmut Schmidt. Macht und Verantwortung*, München (DVA) 2008, S.791.

Weggefährten. Erinnerungen und Reflexionen, Berlin (Siedler) 1996, S.92f.

Schmidt, Jochen: *Müller haut uns raus*, München (Beck) 2002, S.156.

Schmied, Wieland: *Günter Grass: Die Vorzüge der Windhühner*, in: *Morgen* (Wien) vom Mai 1957.

Schmitt, Oliver Maria: *Die Manns und ihre Folgen. Ein schwerliterarischer Serienguide*, in: *Titanic* H.1, 2002.

Der beste Roman aller Zeiten, Berlin (Rowohlt) 2009, S.104.

Schmitz, Rainer: Fragilaria guenter-grassii*, aus: *Was geschah mit Schillers Schädel? Alles, was Sie über Literatur nicht wissen*, Frankfurt/M. (Eichborn) 2006, S.17.

Schneider, Michael: Brief an GG vom 1.2.1994, unveröffentl., Archiv GG, AdK.

*Der nationale Konsens**, aus: *Was hat den linken Blick nach Osten getrübt?*, in: Renate Chotjewitz-Häfner / Carsten Gansel (Hg.): *Verfeindete Einzelgänger. Schriftsteller streiten über Politik und Moral*, Berlin (Aufbau) 1997, S.31–42, hier: S.41f.

Brief an GG vom 31.10.1999, unveröffentl., Archiv GG, Lübeck.

Schneider, Peter: *Lenz. Eine Erzählung* [1973], Berlin (Rotbuch) 1974, S. 25f.

Brief an GG vom 15.10.1997, unveröffentl., Archiv GG, Lübeck.

Brief an GG vom 1.10.1999, unveröffentl., Archiv GG, Lübeck.

Rebellion und Wahn. Mein 68. Eine autobiographische Erzählung, Köln (Kiepenheuer & Witsch) 2008, S. 92–96 u. S. 164.

Schneider, Rolf: Brief an GG vom 9.12.1965, unveröffentl., Archiv GG, AdK.

Literatur nach dem Mauerfall*, aus: *We bedehn se ok up platt. Die Literatur* [1997], in: Hanne Bahra (Hg.): *Mecklenburg-Vorpommern. Ein Reisebuch in den Alltag,* Reinbek bei Hamburg (Rowohlt) 1997, S. 86–91, hier: S. 91.

Schnell, Robert Wolfgang: Brief an GG vom 31.1.1963, unveröffentl., Archiv GG, AdK.

Brief an GG vom 18.9.1978, unveröffentl., Archiv GG, AdK.

Die »zinke«, in: Günter Bruno Fuchs: *Zinke. Berlin. 1959–1962,* Berlin (Künstlerhaus Bethanien) 1979, S. 10–15, hier: S. 13.

Schnetz, Wolf Peter: *Ein unbestechlicher Zeitzeuge,* Originalbeitrag, 2011.

Schnurre, Wolfdietrich: *Die Aufzeichnungen des Pudels Ali* [1962], Frankfurt/M. u. a. (Ullstein) 1980, S. 133.

Brief an GG vom 14.10.1977, unveröffentl., Archiv GG, AdK.

Schoenle, Annemarie: *Frauen lügen besser,* München (Droemer) 1998, S. 5.

Schöfer, Erasmus: *Zwielicht. Die Kinder des Sisyfos* [2004], Berlin (Dittrich) 2011, S. 467f.

Scholl, Joachim: *Grass-TV,* in: *Zitty,* H. 18,1995, S. 35.

Scholtis, August: Brief an Jacob Picard vom 7.5.1964, in: Ders.: *Briefe,* Teil 2: 1958–1969, ausgewählt, hg. und kommentiert von Joachim J. Scholz, Berlin (Gebr. Mann) 1992, S. 261.

Brief an Traud Gravenhorst vom 16.1.1964, in: ebd., S. 254.

Brief an Max Tau vom 19.12.1968, in: ebd., S. 389.

Schömel, Wolfgang: *Die große Verschwendung,* Stuttgart (Klett-Cotta) 2011, S. 60f.

Schönborn, Erwin: *Die Schande von Aurich,* Grundsatzreferat, gehalten am 12.2.1967 in Frankfurt/M., in: Ders.: *Soldaten verteidigen ihre Ehre,* Frankfurt/M. (Bierbaum) 1974, S. 21–25, hier: S. 24f.

Brief an Alfred Burgemeister vom 8.1.1967, in: ebd., S. 19f.

Soldaten verteidigen ihre Ehre, Vorwort [1974], in: ebd., S. 7–9, hier: S. 8.

Schönborn, Fritz: *Deutsche Dichterflora. Anweisungen zum Bestimmen von Stilblüten, poetischem Kraut und Unkraut,* München (Hanser) 1980, S. 109ff.

Schönhuber, Franz: Wählerpsychologie*, aus: *Die schweigende Mehrheit,* in: *Abendzeitung* vom 13.11.1970.

Schorlemmer, Friedrich: Brief an GG vom 29.4.1990, unveröffentl., Archiv GG, AdK.

»Deutscher Lastenausgleich. Wider das dumpfe Einheitsgebot« von Günter Grass [1990], in: Pezold, *Günter Grass,* a. a. O., S. 156–164, hier: S. 157.

Die Gier und das Glück. Wir zerstören, wonach wir uns sehnen, Freiburg im Breisgau (Herder) 2014, S.142.

Schramm, Godehard: *Das Kupfer ist verkauft,* in: Ders.: *Meine Lust ist größer als mein Schmerz. Gedichte,* München/Zürich (Piper) 1975, S. 48–51, hier: S.50.

Schröder, Gerhard: Telegramm an GG vom 16.10.1997, unveröffentl., Archiv GG, Lübeck.

Telegramm an GG vom 30.9.1999, unveröffentl., Archiv GG, Lübeck.

Entscheidungen. Mein Leben in der Politik, Hamburg (Hoffmann und Campe) 2006, S. 20.

Brief an GG zum 20.4.2012, unveröffentl., Archiv GG, Lübeck.

Brief an GG zum 16.10.2012, unveröffentl., Archiv GG, Lübeck.

Schröder, Martin Z.: Im Verteidigungsministerium der DDR*, aus: *Wie ich zweimal zum Staatsfeind wurde,* in: *Berliner Zeitung* vom 8.11.2003.

Schroers, Rolf: Brief an Paul Celan vom 29.11.1959, in: Paul Celan: *Briefwechsel mit den rheinischen Freunden. Heinrich Böll, Paul Schallück und Rolf Schroers,* hg. u. kommentiert von Barbara Wiedemann, Berlin (Suhrkamp) 2011, S.156.

Schulz, Hermann: *Nicaragua. Eine amerikanische Vision,* Reinbek bei Hamburg (Rowohlt) 1983, S.128.

Schulze, Ingo: Brief an GG vom 8.10.1999, unveröffentl., Archiv GG, Lübeck.

Jemenitisches Tagebuch [2004], in: *Sprache im technischen Zeitalter,* 42.Jg., 2004, H.170, S. 228–249, hier: S. 228, 231, 245.

Das letzte Treffen*, aus: *Lebendige Erinnerung an Günter Grass,* in: *Thüringische Landeszeitung* vom 16.4.2015.

Schütt, Julian: *Spätsünder,* in: *Die Weltwoche* vom 8.10.2003.

Schütz, Helga: Brief an GG vom 1.11.1981, unveröffentl., Archiv GG, AdK.

Schütz, Klaus: *Logenplatz und Schleudersitz. Erinnerungen,* Berlin/Frankfurt/M. (Ullstein) 1992, S.95f.

Schwanitz, Dietrich: *Bildung. Alles, was man wissen muß* [1999], München (Goldmann) 2002, S.494.

Schwarz, Stefan: *War das jetzt schon Sex? Frauen, Familie und andere Desaster,* Berlin (Seitenstraßen) 2003, S.118f.

Scorsese, Martin: Mein erstes Buch*, aus: *Der Minotaurus haust in uns,* Interview mit Fritz Göttler, in: *SZ* vom 17.1.2005.

Seebacher-Brandt, Brigitte: *Die Linke und die Einheit,* Berlin (Siedler) 1991, S.63.

Seidel, Markus: *Endlich,* Berlin (epubli) 2013, S.5.

Selbmann, Fritz: Ein Konterrevolutionär*, aus: *Die Prager Eisheiligen* [1968], in: Ders.: *Das Schreiben und das Lesen. Ein Sammelband,* Halle (Mitteld. Verlag) 1974, S. 407–412, hier: S. 411f.

Seligmann, Rafael: *Der Musterjude,* Hildesheim (Claassen) 1997, S.55.

Senesi, Vauro: Die Satire*, ohne Titel, in: *FR* vom 20.7.2004.

Şenocak, Zafer: *Die zwei Gesichter Deutschlands,* in: *Der Tagesspiegel* vom 31.8.2010.

Deutschsein. Eine Aufklärungsschrift, Hamburg (Edition Körber-Stiftung) 2011, S. 56f.

Seuren, Günter: Altmeisterlich*, aus: *Kein Mann fürs literarische Café* [2002], in: Uwe Neumann (Hg.): *Johnson-Jahre. Zeugnisse aus sechs Jahrzehnten,* Frankfurt/M. (Suhrkamp) 2007, S. 1065f., hier: S. 1066.

Seyppel, Joachim: *Umwege nach Haus. Nachtbücher über Tage 1943–1973* [1962], Berlin/Weimar (Aufbau) 1974, S. 157.

Torso Conny der Große. Einundzwanzig romantische Tatsachenberichte vom Schelm, der keiner war, Berlin/Weimar (Aufbau) 1969, S. 285.

Shuvaprasanna: Brief an GG vom 5.10.1999, unveröffentl., Archiv GG, Lübeck.

Das neue Mitglied der Familie [2001], in: Martin Kämpchen (Hg.): »*Ich will in das Herz Kalkuttas eindringen«. Günter Grass in Indien und Bangladesch,* Eggingen (Edition Isele) 2005, S. 81–90, hier: S. 86f.

Sichelschmidt, Gustav: *Bankrott der Literatur. Eine notwendige Bestandsaufnahme,* Berg (Türmer) 1982, S. 164.

Siebeck, Wolfram: *Poeten an Pötten und Pfannen,* in: *DIE ZEIT* vom 18.10.1974.

Aal grün*, aus: *Vom Einfluss der Literatur auf unseren Küchenzettel,* in: *DIE ZEIT* vom 1.7.1999.

Sieburg, Friedrich: *Freiheit in der Literaturkritik* [1962], in: Ders.: *Verloren ist kein Wort. Disputationen mit fortgeschrittenen Lesern,* München (DTV) 1969, S. 195–199, hier: S. 198.

Siedler, Wolf Jobst: *Wir waren noch einmal davongekommen. Erinnerungen,* München (Siedler) 2004, S. 392f.

Sieg, Wolfgang: *Säurekopf,* Genf/Hamburg (Helmut Kossodo) 1968, S. 192f.

Sijie, Dai: Meine Favoriten*, aus: *Autor Dai Sijie: »Chinesen verehren Grass und Zweig«,* Interview, in: *Kurier* vom 16.11.2010.

Simmel, Johannes Mario: *Auch wenn ich lache, muß ich weinen* [1993], München (Knaur) 1995, S. 166.

Nobelpreiswürdig*, aus: »*Ich bin noch kapabel«,* Interview mit Fiona Ehlers und Claudia Vogt, in: *Der Kultur Spiegel* vom 26.7.1999.

Simon, Dietrich: Mein größter Lesespaß 1996*, aus: *Welche Bücher lesen die Verleger 1996?,* in: *Welt am Sonntag* vom 29.9.1996.

Simonis, Heide: Brief an GG vom Aug. 2006, unveröffentl., Archiv GG, Lübeck.

Simplicissimus: Die Vorzüge der Windhühner*, ohne Titel, in: *Simplicissimus* vom 2.2.1957.

Singh, Khushwant: *Alles gesagt und getan. Ein Resümee von Günter Grass' Aufenthalt in Indien* [1987], in: Martin Kämpchen (Hg.): »*Ich will in das Herz Kalkuttas eindringen«. Günter Grass in Indien und Bangladesch,* Eggingen (Edition Isele) 2005, S. 147–157, hier: S. 156.

Skármeta, Antonio: *Sophies Matchball* [im Original: *Match Ball,* 1989], aus dem chilenischen Spanisch von Curt Meyer-Clason, München/Zürich (Piper) 1992, S. 11.

Sloterdijk, Peter: *Zeilen und Tage* [2009], aus: *Zeilen und Tage. Notizen 2008–2011*, Berlin (Suhrkamp) 2012, S. 165.

Sollers, Philippe: Memoiren* [im Original: *Un vrai roman. Mémoires*, 2007], Paris (Gallimard) 2009, S. 75f., aus dem Französischen von Uwe Neumann.

Sombart, Nicolaus: Tagebuch [1983], aus: *Journal intime 1982/83. Rückkehr nach Berlin,* Berlin (Elfenbein) 2003, S. 99.

Sommer, Günter: *Der Sprechtrommler. Eine Erinnerung: wie Günter Grass zum Schlagzeug las,* in: *Der Tagesspiegel* vom 3.10.1999.

Sotscheck, Ralf: *Dublin Blues,* Hamburg (Rotbuch) 2003, S. 16.

Sparschuh, Jens: Brief an GG vom Sept. 2010, unveröffentl., Archiv GG, Lübeck.

Spies, Werner: *Mein Glück. Erinnerungen,* München (Hanser) 2012, S. 199.

Stacton, David: *Old Acquaintance* [1962], London (Faber and Faber) 2015, S. 169, aus dem Englischen von Uwe Neumann.

Staeck, Klaus: Brief an GG vom 12.10.2012, unveröffentl., Archiv GG, Lübeck.

Staiger, Emil: Brief an Hermann Stolz vom 27.5.1969, unveröffentl., Archiv GG, DLA.

Stäter, Fritz K. H.: Die Unterschrift von Günter Grass*, ohne Titel, in: *FR Magazin* vom 7.4.2001.

Steffen, Jochen: Brief an GG vom 5.1.1967, unveröffentl., Archiv GG, AdK.

Brief an GG vom 12.2.1968, unveröffentl., Archiv GG, AdK.

Stein, Hannes: *Enzyklopädie der Alltagsqualen. Ein Trostbuch für den geplagten Zeitgenossen,* München (Piper) 2006, S. 115.

Steinbach, Erika: Rede vor dem Bundestag am 3.7.2003, in: Deutscher Bundestag: Plenarprotokoll 15/56 vom 3.7.2003.

Steinke, Udo: Mit und ohne Abitur*, Interviewäußerung, in: *Stern* vom 23.9.1982.

Sterchi, Beat: *Tagebuch, Wewelsfleth* [Sept. 1982], unveröffentl.

Arbeitsjournal vom 22.9.1982, unveröffentl.

Arbeitsjournal vom 30.1.1983, unveröffentl.

Blösch [1983], Zürich (Diogenes) 1985, S. 149.

Mundart in der Literatur*, aus: *Chinesisch solltet ihr lernen!,* Diskussion mit Beat Sterchi und Daniel Goetsch, geführt von Daniel Di Falco, in: *Der kleine Bund* vom 19.8.2006.

Paris [2009], in: www.beatsterchi.ch.

Stern, Carola: Brief an GG vom 16.8.1977, unveröffentl., Archiv GG, AdK.

Brief an GG vom 30.9.1999, unveröffentl., Archiv GG, Lübeck.

Doppelleben. Eine Autobiographie, Köln (Kiepenheuer & Witsch) 2001, S. 230–238.

Stern, Fritz: Postkarte an GG vom 17.1.1967, unveröffentl., Archiv GG, AdK.

Fünf Deutschland und ein Leben. Erinnerungen [2006], aus dem Englischen von Friedrich Griese, München (Beck) 2007, S. 348.

Stern, Katja: *Weimar ist eine bessere Debatte wert,* in: *Neues Deutschland* vom 27.11.1964.

Sternburg, Wilhelm von: Brief an GG vom 24.8.1995, in: Negt, *Der Fall Fonty,* a.a.O., S.471.

Brief an GG vom 1.10.1999, unveröffentl., Archiv GG, Lübeck.

Sternheim, Thea: Tagebuch [27.2.1964], aus: *Tagebücher 1903–1971,* Bd.4: *1951–1971,* hg. und ausgewählt von Thomas Ehrsam und Regula Wyss, Göttingen (Wallstein) 2002, S.498.

Tagebuch [15.3.1968], aus: ebd., S.617.

Stiller, Klaus: Brief an GG vom 6.3.1970, unveröffentl., Archiv GG, AdK.

Brief an GG vom 3.10.1999, unveröffentl., Archiv GG, Lübeck.

Strasser, Johano: Brief an GG vom 10.11.1986, unveröffentl., Archiv GG, AdK.

Brief an GG vom 25.7.1990, unveröffentl., Archiv GG, AdK.

Brief an GG vom 21.6.1991, unveröffentl., Archiv GG, AdK.

Brief an GG vom 3.5.1992, unveröffentl., Archiv GG, AdK.

Brief an GG vom 9.5.1992, unveröffentl., Archiv GG, AdK.

Brief an GG vom 24.5.1992, unveröffentl., Archiv GG, AdK.

Von Grass überrascht?, Interview mit Andreas Ostermeier, in: *SZ* vom 16.8.2006.

Als wir noch Götter waren im Mai. Erinnerungen, München/Zürich (Pendo) 2007, S.248.

Brief an GG vom 5.9.2010, unveröffentl., Archiv GG, Lübeck.

Strausfeld, Michi: *In Granada und Madrid notiert,* in: *DIE ZEIT* vom 23.6.1978.

Strauß, Franz Josef: Rede vor dem Bundestag am 21.9.1966, zit. nach Anonymus: *Das Dingslamdei,* in: *Der Spiegel* vom 26.12.1966.

Günter Grass und die Bayern*, zit. nach *Garmischer Tagblatt* vom 20.8.1969.

Debatte zu inneren Sicherheit*, zit. nach Anonymus: *»Sie sind geistig ein Terrorist«,* in: *Die Welt* vom 15.3.1975.

Auswärtige Kulturpolitik – Mittel und Wege [1986], in: Joachim Sartorius (Hg.): *In dieser Armut – welche Fülle! Reflexionen über 25 Jahre auswärtige Kulturarbeit des Goethe-Instituts,* Göttingen (Steidl) 1996, S.181–191, hier: S.181.

Strauß, Marianne: Lektüregewohnheiten*, Interviewäußerung, aus: Ernst Günter Dickmann: *Die Bayerin, die Wein dem Bier vorzieht,* in: *Frau im Spiegel* Nr.24, 1975.

Streeruwitz, Marlene: *Nachkommen,* Frankfurt/M. (Fischer) 2014, S.332f.

Strittmatter, Erwin: Tagebuch [9.2.1969], aus: *Nachrichten aus meinem Leben. Aus den Tagebüchern 1954–1973,* hg. von Almut Giesecke, Berlin (Aufbau) 2012, S.350.

Struck, Karin: Brief an GG vom 15.9.1984, unveröffentl., Archiv GG, AdK.

Struck, Peter: Brief an GG vom 14.10.1999, unveröffentl., Archiv GG, Lübeck.

Strunk, Heinz: *Fleckenteufel,* Reinbek bei Hamburg (Rowohlt) 2009, S.149.

Stuckrad-Barre, Benjamin von: *Die Blechstimme.* »*Reich-Ranicki solo*« – *Kritik im Chor. Aufzeichnungen eines kollektiven Fernsehabends,* in: *SZ* vom 7.2.2002.

Günter Grass?*, aus: »*Politiker tun mir leid*«, Interview mit Christine Eichel, in: *Cicero* vom 18.8.2009.

Alles gelesen?*, aus: »*Ich mag Leute, die keiner mag*«, Interview mit Christian Möller, in: *1Live* vom 30.3.2010.

Sundermeier, Jörg: *Ilsebill schlägt Gregor Samsa,* in: *taz.de* vom 9.11.2007.

Surminski, Arno: »*Nun kommt die Flut*«, Interview mit Moritz Schwarz, in: *Junge Freiheit* vom 1.3.2002.

Süssmuth, Rita: Brief an GG vom 14.10.1997, unveröffentl., Archiv GG, Lübeck.

Syberberg, Hans-Jürgen: *Notizen* [1980], in: Ders.: *Die freudlose Gesellschaft – Notizen aus dem letzten Jahr,* München (Hanser) 1981, S.124f.

Szczypiorski, Andrzej: Unkenrufe*, aus: *Fröschegequak und Krähengekrächz. Über* »*Unkenrufe*« *von Günter Grass,* in: *Der Spiegel* vom 4.5.1992.

Tabori, George: Brief an GG vom 11.8.1977, unveröffentl., Archiv GG, AdK, aus dem Englischen von Uwe Neumann.

Brief an GG vom Okt. 1999, unveröffentl., Archiv GG, Lübeck.

Thadden, Adolf von: *Einsatz für Deutschland. Aus Reden in den Jahren 1965–69,* Hannover (DN-Verlag) 1969, S.49.

Thalmayr, Andreas: *Kleine Kulturgeschichte in Schüttelreimen,* in: *FAZ Magazin* vom 27.12.1996.

Thelen, Albert Vigoleis: Eine Lesung von Martin Walser* [1967], aus: »*Ganz schwüle Sachen*«. *Aus einem unbekannten Brief von Albert Vigoleis Thelen,* in: *Der Spiegel* vom 29.9.2003.

Thierse, Wolfgang: Deutsche Einheit?*, aus: *Hat die Kultur eine Chance in der vormaligen DDR?* [1991], in: Ders.: *Mit eigener Stimme sprechen,* München/Zürich (Piper) 1992, S.110–123, hier: S.121.

Brief an GG vom 29.8.1995, unveröffentl., Archiv GG, AdK.

Mitteilung vor dem Bundestag, aus: Deutscher Bundestag: Plenarprotokoll 14/58 vom 30.9.1999.

Brief an GG vom 30.10.1999, unveröffentl., Archiv GG, Lübeck.

Freundschaft mit Polen*, aus: »*Zur Freundschaft gehört, dass man sich zu ihr bekennt*«, Rede in Beslau am 31.3.2005, in: Deutscher Bundestag, homepage.

Timm, Uwe: *Heißer Sommer* [1974], München (DTV) 1998, S.137.

Johannisnacht, Köln (Kiepenheuer & Witsch) 1996, S.113f.

Der Freund und der Fremde. Eine Erzählung, Köln (Kiepenheuer & Witsch) 2005, S.68f.

Vogelweide, Köln (Kiepenheuer & Witsch) 2005, S.99f.

Titanic: *Die sieben peinlichsten Persönlichkeiten,* in: *Titanic,* Okt. 1986.

Marcel Reich-Ranicki: »*Mein Leben*«, in: *Titanic,* Sept. 1999.

In memoriam »*Jacko*« *Jackson,* in: *Titanic,* Juli 2009.

Toer, Pramoedya Ananta: Seelenverwandtschaft*, aus: *Ich musste mir meine Freiheit selbst schaffen,* Gespräch mit Martin Scholz und Brigitte Spitz, aus dem Indonesischen von Martina Heinschke und Marianne Klute, in: *FR* vom 12.7.1999.

Toews, Miriam: *Ein komplizierter Akt der Liebe* [im Original: *A Complicated Kindness,* 2004], aus dem Englischen von Christiane Buchner, Berlin (Berlin Verlag) 2005, S.133f.

Tomayer, Horst: Brief an Eva Genée vom 24.4.1970, unveröffentl., Archiv GG, AdK.

Torkar, Igor: *Sterben auf Raten* [im Original: *Umiranje na obroke,* 1984], aus dem Slowenischen von M. Š., Klagenfurt / Celovec (Založba Drava) 1991, S. 41f.

Tournier, Michel: Die beste Antwort*, aus: *Günter Grass und seine Blechtrommel* [1981], aus dem Französischen von Ute Klein und Ulrich Krafft, in: Hermes, *Grass im Ausland,* a. a. O., S.127–135, hier: S.135.

Alle Jahre wieder*, aus: *»Die Teilung ist widernatürlich«,* Interview mit R. Becker und D. Wild, in: *Der Spiegel* vom 22.1.1990.

Trotta, Margarethe von: Brief an GG vom 20.10.1997, unveröffentl., Archiv GG, AdK.

Tsakiridis, Vagelis: Brief an GG vom 3.1.1973, unveröffentl., Archiv GG, AdK.

Unruh, Trude: Brief an GG vom 29.6.1986, unveröffentl., Archiv GG, AdK.

Unseld, Siegfried: Brief an GG vom 25.10.1958, unveröffentl., Archiv GG, AdK.

Brief an GG vom 14.12.1959, unveröffentl., Archiv GG, AdK.

Brief an Peter Weiss vom 14.10.1960, in: Ders. / Peter Weiss: *Der Briefwechsel,* hg. von Rainer Gerlach, Frankfurt/M. (Suhrkamp) 2007, S.97.

Schriftstellerkongreß in Stuttgart*, aus: *Reisebericht* [21./22.11.1970], in: Ders.: *Chronik 1970,* hg. von Ulrike Anders u. a., Berlin (Suhrkamp) 2010, S.334.

Der 60. Geburtstag von Max Frisch*, aus: *Sonderbericht Frisch-Feier* [19.6.1971], in: Ders.: *Chronik 1971,* hg. von Ulrike Anders, Raimund Fellinger und Katharina Karduck, Berlin (Suhrkamp) 2014, S.221.

Brief an GG vom 13.6.1977, unveröffentl., Archiv GG, AdK.

Brief an GG vom 2.8.1977, unveröffentl., Archiv GG, AdK.

Brief an GG vom 3.6.1992, unveröffentl., Archiv GG, AdK.

Updike, John: *Fischgeschichten* [1978], aus dem Amerikanischen von Volker Neuhaus, in: Hermes, *Grass im Ausland,* a. a. O., S. 80–85, hier: S. 80.

Urban, Simon: *Plan D,* Frankfurt/M. (Schöffling) 2011, S. 57.

Valdés, Hernán: *Vom Ende an* [im Original: *A partir del fin,* 1981], aus dem Spanischen von Ulrike Michael, Berlin (Rotbuch) 1984, S. 83.

Vargas Llosa, Mario: *Freiheit für die Freien?* [1983], in: Ders.: *Gegen Wind und Wetter. Literatur und Politik,* aus dem peruanischen Spanisch von Elke Wehr, Frankfurt/M. (Suhrkamp) 1988, S. 235–241, hier: S. 235.

Trommelwirbel. »*Die Blechtrommel*« [1987], in: Ders.: *Die Wahrheit der Lügen. Essays zur Literatur,* aus dem Spanischen von Elke Wehr, Frankfurt/M. (Suhrkamp) 1994, S. 156–164, hier: S. 158.

Stein des Anstoßes – Günter Grass am Pranger, aus dem Spanischen von Helmut Frielinghaus, in: *El País* vom 27. 8. 2006.

VdRD: Brief an GG vom 4.1.1996, unveröffentl., Archiv GG, AdK.

Vegesack, Siegfried von: Brief an Oda Schaefer vom 8. 8. 1965, in: Ders.: *Briefe 1914–1971,* hg. von Marianne Hagengruber, Grafenau (Morsak) 1988, S. 514f.

Brief an Oda Schaefer vom 24. 10. 1965, in: ebd., S. 520f.

Veit, Georg: *Münsterland-Mafia. Ein Kriminalroman aus der Provinz,* Münster (Waxmann) 1999, S. 42.

Verhoeven, Paul: *Sex wird total überschätzt,* Interview mit Lars-Olav Beier und Martin Wolf, in: *Der Spiegel* vom 4. 9. 2006.

Vesper, Bernward: *Die Reise. Romanessay* [1977], Reinbek bei Hamburg (Rowohlt) 1983, S. 499f.

Vesper, Guntram: Tagebuch vom 22. 10. 1961, unveröffentl., Archiv GG, AdK.

Brief an GG vom 17. 8. 1997, unveröffentl., Archiv GG, AdK.

Voehl, Uwe: *Tod und Schinken,* Köln (Bastei Lübbe) 2013, S. 335.

Vogel, Hans-Jochen: Brief an GG vom 7. 10. 1969, unveröffentl., Archiv GG, AdK.

Brief an GG vom 3. 5. 1971, unveröffentl., Archiv GG, AdK.

Brief an GG vom 14. 1. 1993, unveröffentl., Archiv GG, AdK.

Brief an GG vom 15. 10. 1997, unveröffentl., Archiv GG, Lübeck.

Voigt, Karin: *Jahresblätter* [11. 9. 1981], aus: *Köpfe: Fotografien, Prosa, Gedichte,* Fischerhude (Verlag Atelier im Bauernhaus) 1982, S. 81–85.

Vollmann, Rolf: *Der Roman-Navigator,* Frankfurt/M. (Eichborn) 1998, nicht paginiert.

Vollmer, Antje: Brief an GG vom 25. 12. 1989, unveröffentl., Archiv GG, AdK.

Brief an GG vom 24. 3. 1994, unveröffentl., Archiv GG, AdK.

Vonnegut, Kurt: *Zeitbeben* [im Original: *Timequake,* 1997], aus dem Amerikanischen von Harry Rowohlt, München (Goldmann) 2000, S. 26.

Vormweg, Heinrich: *Der Berühmte* [1964], in: Loschütz, *Von Buch zu Buch,* a. a. O., S. 202–207, hier: S. 203f. u. S. 207.

Brief an GG vom 8. 7. 1964, unveröffentl., Archiv GG, AdK.

Voznesenskij, Andrej: *Der Dichter Günter Grass* [1983], aus dem Russischen von Swetlana Geier, in: Hermes, *Grass im Ausland,* a. a. O., S. 148–154, hier: S. 148f.

Vranitzky, Franz: Brief an GG vom 10. 10. 1997, unveröffentl., Archiv GG, Lübeck.

Waalkes, Otto: Du kaufst jetzt …*, Sketch von 1979.

Wackwitz, Stephan: *Walkers Gleichung. Eine deutsche Erzählung aus den Tropen,* Göttingen (Steidl) 1996, S. 90.

Wagenbach, Klaus: Berlin in den sechziger Jahren*, aus: »*Johnson, ziemlich deutsch.*« Klaus Wagenbach im Gespräch über Uwe Johnson, geführt von Roland Berbig und Florian Petsch [1999], in: Roland Berbig / Thomas Herold / Gesine Treptow / Thomas Wild (Hg.): *Uwe Johnson. Befreundungen. Gespräche, Dokumente, Essays,* Berlin (KONTEXT) 2002, S. 133–156, hier: S. 148.

Brief an GG vom 30. 9. 1999, unveröffentl., Archiv GG, Lübeck.

Zum 80. Geburtstag von Günter Grass [2007], in: Ders.: *Die Freiheit des Verlegers – Erinnerungen, Festreden, Seitenhiebe,* hg. von Susanne Schüssler, Berlin (Wagenbach) 2010, S. 210–215, hier: S. 215.

Brief an GG vom 16. 4. 2012, unveröffentl., Archiv GG, Lübeck.

Waigel, Theodor: Absurdes Denken*, aus: Interview mit Werner Reuß, in: *Bayerischer Rundfunk,* Sendung vom 22. 4. 2009.

Wałęsa, Lech: Brief an GG vom 29. 5. 1981, unveröffentl., Archiv GG, Lübeck, aus dem Polnischen übersetzt.

Wallraff, Günther: *Was mache ich falsch?,* Interview, in: *DIE ZEIT* vom 2. 11. 1973.

Walser, Martin: Brief an Max Frisch vom 23. 4. 1964, unveröffentl., zit. nach Jörg Magenau: *Martin Walser. Eine Biographie,* Reinbek bei Hamburg (Rowohlt) 2005, S. 199.

Brief an Uwe Johnson vom 19. 1. 1966, zit. nach: ebd., S. 226.

Über die Neueste Stimmung im Westen [1970], in: Ders.: *Ansichten, Einsichten. Aufsätze zur Zeitgeschichte,* Frankfurt/M. (Suhrkamp) 1997, S. 284–315, hier: S. 290.

Brief an GG vom 8. 9. 1975, unveröffentl., Archiv GG, AdK.

Tagebuch [8. 5. 1976], aus: *Leben und Schreiben. Tagebücher 1974–1978,* Reinbek bei Hamburg (Rowohlt) 2010, S. 273f.

Tagebuch [28. 8. 1977], aus: ebd., S. 424.

Tagebuch [23. 4. 1978], aus: ebd., S. 484f.

Tagebuch [12. 3. 1979], aus: *Schreiben und Leben. Tagebücher 1979–1981,* Reinbek bei Hamburg (Rowohlt) 2014, S. 70.

Brief an GG vom 21. 8. 1997, unveröffentl., Archiv GG, AdK.

Tod eines Kritikers, Frankfurt/M. (Suhrkamp) 2002, S. 52.

Drei Sätze zu Günter Grass, in: *DIE ZEIT* vom 11. 10. 2007.

Ich war ihm ausgeliefert, in: *DIE ZEIT* vom 16. 4. 2015.

Walther, Jens: *Abstieg vom Zauberberg,* Frankfurt/M. (Eichborn) 1997, S. 144.

Wapnewski, Peter: *Mit dem anderen Auge. Erinnerungen 1959–2000,* Berlin (Berlin Verlag) 2006, S. 113.

Wästberg, Per: Brief an GG vom 4. 10. 1999, unveröffentl., Archiv GG, Lübeck, aus dem Englischen von Uwe Neumann.

Weck, Roger de: *Der Kulturkampf. Günter Grass, Jürgen Habermas – und ihre Widersacher,* in: *DIE ZEIT* vom 7. 10. 1999.

Weidermann, Volker: *Lichtjahre. Eine kurze Geschichte der deutschen Literatur von 1945 bis heute,* Köln (Kiepenheuer & Witsch) 2006, S. 92.

Das wunderbare Jahr, in: *FAS* vom 26.1.2009.

Der Zwerg, der Riese Deutschland [2015], in: Ders.: *Dichtertreffen. Begegnungen mit Autoren,* Köln (Kiepenheuer & Witsch) 2016, S. 290-299, hier: S. 298.

Weidhaas, Peter: Rumänien, 1969*, aus: *Und schrieb meinen Zorn in den Staub der Regale. Jugendjahre eines Kulturmanagers,* Wuppertal (Peter Hammer) 1997, S. 139-141.

Eine Verwechslung*, aus: *Und kam in die Welt der Büchermenschen. Erinnerungen,* Berlin (Ch. Links) 2007, S. 210.

Weiss, Peter: *Rekonvaleszenz* [1970], in: Ders.: *Werke in sechs Bänden,* hg. vom Suhrkamp Verlag in Zusammenarbeit mit Gunilla Palmstierna-Weiss, Frankfurt/M. (Suhrkamp) 1991, Bd. II, S. 345-546, hier: S. 415f.

Notizbücher [1978], aus: *Notizbücher 1971-1980,* Bd. II, Frankfurt/M. (Suhrkamp) 1981, S. 730f.

Weizsäcker, Richard von: Brief an GG vom 20.9.1985, unveröffentl., Archiv GG, AdK.

Brief an GG vom 21.6.1989, unveröffentl., Archiv GG, AdK.

Brief an GG vom 23.3.1990, unveröffentl., Archiv GG, AdK.

Brief an GG vom 11.7.1994, unveröffentl., Archiv GG, AdK.

Brief an GG vom Okt. 1999, unveröffentl., Archiv GG, Lübeck.

Wellershoff, Dieter: *Für einen neuen Realismus,* in: *Civis* 12, 1966, H. 10, S. 29-30, hier: S. 29.

Brief an GG vom 6.10.1999, unveröffentl., Archiv GG, Lübeck.

Welt, Wolfgang: *Peggy Sue* [1986], aus: *Buddy Holly auf der Wilhelmshöhe. Drei Romane,* Frankfurt/M. (Suhrkamp) 2006, S. 28.

Wense, Jürgen von der: Brief an Dieter Heim vom 7.7.1964, in: Ders.: *Wanderjahre,* hg. von Dieter Heim, Berlin (Matthes & Seitz) 2006, S. 536.

Wesel, Uwe: *Die verspielte Revolution. 1968 und die Folgen,* München (Blessing) 2002, S. 39.

Westhafen, Werner von: *Die Oranienstraße Nr. 27,* in: *Kreuzberger Chronik* Nr. 118 vom Juni 2010.

Westphalen, Joseph von: Brief an Monika Maron vom 6.11.1987, in: Monika Maron / Joseph von Westphalen: *Trotzdem herzliche Grüße. Ein deutsch-deutscher Briefwechsel,* Frankfurt/M. (Fischer) 1988, S. 63.

Die deutsche Literaturkritik*, aus: *So sind wir nicht! Elf deutsche Eiertänze,* Frankfurt/M. (Eichborn) 2000, S. 171.

Stoff, aus dem ihre Anzüge sind. Warum sich Schriftsteller meist nicht kleiden wie Tom Wolfe: Joseph von Westphalen erklärt, was die Kleidung über einen Autoren aussagt, in: *SZ am Wochenende* vom 16.3.2007.

White, Edmund: Jack Holmes und sein Freund [im Original: Jack Holmes and His Friend, 2012], aus dem Amerikanischen von Peter Peschke und Alexander Hamann, Berlin (Gmünder) 2012, S. 364.

Wickert, Erwin: *China von innen gesehen* [1982], München (Heyne) 1985, S. 322.

    Brief an GG vom 24.2.1982, unveröffentl., Archiv GG, AdK.

    Brief an GG vom 9.10.1999, unveröffentl., Archiv GG, Lübeck.

Wickert, Ulrich: *Und Gott schuf Paris,* Hamburg (Hoffmann und Campe) 1993, S. 149 f.

    Einblicke in eine verletzliche Seele. Ulrich Wickert unterhält sich mit Günter Grass über Obsessionen, Deutschland und sein Tagebuch des Schicksalsjahres 1990, das jetzt erscheint, in: *Die Welt* vom 31.1.2009.

    Neugier und Übermut, Hamburg (Hoffmann und Campe) 2012, S. 398–402.

Wieczorek-Zeul, Heidemarie: Brief an GG vom 11.10.1999, unveröffentl., Archiv GG, Lübeck.

Wiese, Benno von: *Ich erzähle mein Leben. Erinnerungen,* Frankfurt/M. (Insel) 1982, S. 318 f.

Wilke, Reinhard: Aufzeichnungen [März 1973], aus: *Meine Jahre mit Willy Brandt. Die ganz persönlichen Erinnerungen seines engsten Mitarbeiters,* mit einem Vorwort von Ulrich Wickert, Stuttgart (Hohenheim) 2010, S. 134.

    Meine Jahre mit Willy Brandt, aus: ebd., S. 40 f.

Willson, A. Leslie: Ein autodidaktisches Genie*, aus: *Die doppelspitzige Feder von Günter Grass* [1982], in: Akademie der Wissenschaften und Künste, Abhandlungen der Klasse der Literatur, Jg. 1983, Nr. 1, S. 1–40, hier: S. 3.

Winder, Simon: *Germany, oh Germany. Ein eigensinniges Geschichtsbuch* [im Original: *Germania. A Personal History of Germans Ancient and Modern,* 2010], aus dem Englischen von Sigrid Ruschmeier, Reinbek bei Hamburg (Rowohlt) 2010, S. 101.

Winter, Michael: *Auf den Trümmern der Moderne. Einhundertsiebenunddreißig Torpedos,* Frankfurt/M. (Frankfurter Verlagsanstalt) 1992, S. 95.

Wirth, Andrzej: Brief an GG vom 14.10.1999, unveröffentl., Archiv GG, Lübeck.

    Der Nobelpreis – ein großes Theater, in: *Der Tagesspiegel* vom 12.12.1999.

Witkowski, Michał: *Lubiewo* [im Original: *Lubiewo,* 2005], aus dem Polnischen von Christina Marie Hauptmeier, Frankfurt/M. (Suhrkamp) 2007, S. 134.

Wohmann, Gabriele: *Die 47er in Princeton. Im Flug notiert* [1966], in: Dies.: *Ich lese. Ich schreibe. Autobiographische Essays,* Darmstadt (Luchterhand) 1984, S. 37–45, hier: S. 43.

Wolf, Christa: Tagebuch [27.9.1963], aus: *Ein Tag im Jahr 1960–2000,* München (Luchterhand) 2003, S. 60.

    Brief an Wladimir I. Steshenski vom 11.11.1963, in: Dies.: *Man steht sehr bequem zwischen allen Fronten. Briefe 1952–2011,* hg. von Sabine Wolf, Berlin (Suhrkamp) 2016, S. 92.

Antikommunismus*, Diskussionsbeitrag beim 11. Plenum des ZK der SED am 16.12.1965, in: Günter Agde (Hg.): *Kahlschlag. Das 11. Plenum des ZK der SED 1965. Studien und Dokumente,* 2., erw. Aufl., Berlin (Aufbau) 2000, S. 255–266, hier: S. 260 f.

Tagebuch [27.9.1969], aus: *Ein Tag im Jahr 1960–2000,* S. 129.

Brief an Hans-Joachim Hoffmann vom 29.9.1983, in: Dies., *Briefe,* S. 458.

Tagebuch [27.9.1985], aus: *Ein Tag im Jahr,* S. 387.

Brief an GG vom 3.8.1988, unveröffentl., Archiv GG, AdK.

Brief an GG vom 17.7.1990, in: Dies., *Briefe,* S. 628.

Brief an GG vom 17.10.1992, unveröffentl., Archiv GG, AdK.

Brief an GG vom 21.3.1993, in: Dies.: *Auf dem Weg nach Tabou. Texte 1990–1994,* München (Luchterhand) 1994, S. 262 f.

Brief an GG vom 18.8.1995, in: Negt, *Der Fall Fonty,* a.a.O., S. 468 f.

Brief an GG vom 7.9.1995, in: ebd., S. 476 ff.

Brief an Bernd F. Lunkewitz vom 18.9.1995, in: Dies., *Briefe,* S. 790.

Tagebuch [27.9.1995], aus: *Ein Tag im Jahr,* S. 546.

Zum 70. Geburtstag von Günter Grass [1997], in: Dies.: *Hierzulande Andernorts. Erzählungen und Texte 1994–1998,* München (Luchterhand) 1999, S. 173 f.

Brief an GG vom 10.3.2009, in: Dies., *Briefe,* S. 914 f.

Wolf, Klaus-Peter: *Das Werden des jungen Leiters,* Frankfurt/M. (Büchergilde Gutenberg) 1986, S. 69.

Ostfriesengrab, Frankfurt/M. (Fischer) 2009, S. 319.

Wolf, Markus: *Spionagechef im geheimen Krieg. Erinnerungen,* München (List) 1997, S. 403.

Wolff, Helen: Brief an GG vom 5.11.1963, in: Günter Grass / Helen Wolff: *Briefe 1959–1994,* hg. von Daniela Hermes, Göttingen (Steidl) 2003, S. 38.

Brief an GG vom 15.12.1966, in: ebd., S. 103.

Brief an GG vom 18.3.1968, in: ebd., S. 124.

Brief an GG vom Sept. 1977, unveröffentl., Archiv GG, Lübeck.

Brief an GG vom 14.2.1978, in: Grass/Wolff, *Briefe,* S. 507.

Brief an GG vom 17.3.1984, in: ebd., S. 319.

Brief an GG vom 7.12.1991, in: ebd., S. 384.

Wolff, Kurt: Brief an GG vom 24.3.1959, in: Grass/Wolff, *Briefe,* a.a.O., S. 11.

Brief an Eduard Reifferscheid vom 25.11.1962, in: Ders.: *Briefwechsel eines Verlegers 1911–1963,* hg. von Bernhard Zeller und Ellen Otten, ergänzte Ausgabe, Frankfurt/M. (Fischer) 1980, S. 488.

Wolitzer, Meg: *Die Interessanten* [im Original: *The Interestings,* 2013], aus dem Amerikanischen von Werner Löcher-Lawrence, Köln (Dumont) 2014, S. 20 f.

Wondratschek, Wolf: »*Nimm mein Mädchen*«, sagt der Boxer, »*alles andere ist zu kompliziert!*« [1974], in: Ders.: *Die Gedichte,* Zürich (Diogenes) 1992, S. 48–53, hier: S. 49.

Wurm, Franz: Brief an Paul Celan vom 18.10.1969, in: Paul Celan / Franz Wurm: *Briefwechsel,* hg. von Barbara Wiedemann in Verbindung mit Franz Wurm, Frankfurt/M. (Suhrkamp) 1995, S. 219.

Wurzelriss, Benno: *Literaticals. Günter Grass,* in: *Deutsche Zeitung* vom 16.3.1962.

Wühr, Paul: Tagebuch [5.12.1980], aus: *Der faule Strick,* München/Wien (Hanser) 1987, S. 673.

Tagebuch [2.10.1985], aus: ebd., S. 174.

Yushu, Zhang: *Der deutsche Zwang, über Sex zu schreiben,* in: *Welt am Sonntag* vom 11.5.2008.

Zahl, Peter-Paul: *Literaturfriedhof* [1976], in: Ders.: *Die Barbaren kommen. Lyrik & Prosa,* Hamburg (Schulenburg) 1979, S. 19–22, hier: S. 19.

Die Glücklichen. Schelmenroman, Berlin (Rotbuch) 1979, S. 516.

Zeh, Juli: *Genie Royal* [2002], in: Dies.: *Alles auf dem Rasen. Kein Roman,* München (btb) 2008, S. 194–200, hier: S. 195.

ZEIT: *Neuester Kanzlerwitz,* in: *DIE ZEIT* vom 4.6.1965.

Eigenberichte vom Tage, in: *DIE ZEIT* vom 1.4.1967.

Exklusive Nachrichten, in: *DIE ZEIT* vom 28.3.1969.

Zeman, Miloš: Brief an GG vom 30.9.1999, unveröffentl., Archiv GG, Lübeck.

Ziem, Jochen: *Grass,* aus: *Die Jahrebücher. Notizen zu Literaten und Literatur,* unveröffentl. Typoskript, undatiert, Adk, Jochen-Ziem-Archiv, Nr. 10, S. 1f.

Außenseiter [undatiert], aus: ebd., S. 16.

Ziesel, Kurt: *Die verratene Demokratie,* München (Lehmann) 1961, S. 56.

Der deutsche Selbstmord. Diktatur der Meinungsmacher, Kettwig (blick + bild, Verlag für politische Bildung) 1963, S. 371.

Großangriff gegen Heinrich Lübke [1964], in: Ders.: *Freiheit und Verantwortung. Beiträge zur Zeit,* München (Lehmann) 1966, S. 95–98, hier: S. 97.

Botschafter Grass [1967], in: Heinz Ludwig Arnold / Franz Josef Görtz (Hg.): *Günter Grass – Dokumente zur politischen Wirkung,* München (Edition Text + Kritik) 1971, S. 309.

Zimmer, Dieter E.: *Über die Beackerung von Wortfeldern* [1978], in: Helmut Frielinghaus (Hg.): *Der Butt spricht viele Sprachen. Grass-Übersetzer erzählen,* Göttingen (Steidl) 2002, S. 30–33, hier: S. 30f.

Zippert, Hans: *Wer verkörpert heute die Bundesrepublik? Eine Landeskunde in neun Kurzporträts,* in: *Die Weltwoche* vom 6.5.2009.

Geisterfahrer Günter Grass, in: *Welt online* vom 10.9.2009.

Zuckmayer, Carl: Brief an Carl Jacob Burckhardt vom 5.11.1964, in: Ders. / Carl Jacob Burckhardt: *Briefwechsel,* ediert und kommentiert von Claudia Mertz-Rychner und Gunther Nickel, in: *Zuckmayer-Jahrbuch* 2, 2000, S. 11–243, hier: S. 86.

Brief an GG vom 1.7.1969, in: ebd., S. 206.

Żukrowski, Wojciech: *Wirrwarr im Kopf* [im Original: *Bełtanie w głowie*], in: *Kultura* vom 6.10.1963, aus dem Polnischen von Christiane Schulz-Sievert.
Zwaanenburg, Jos: Brief an GG vom 12.9.1986, unveröffentl., Archiv GG, AdK.
Zweig, Arnold: Brief an GG vom 18.10.1967, unveröffentl., Archiv GG, AdK.
Zwerenz, Gerhard: *Ärgernisse. Von der Maas bis an die Memel,* Köln (Kiepenheuer & Witsch) 1961, S. 135f.
Casanova oder der Kleine Herr in Krieg und Frieden, Bern / München / Wien (Scherz) 1966, S. 235.
Erbarmen mit den Männern. Roman vom Aschermittwochsfest und den sieben Sinnlichkeiten, Bern u. a. (Scherz) 1968, S. 303f.

Zeittafel zu Leben und Werk von Günter Grass

1927	Günter Grass wird am 16. Oktober in Danzig als Sohn eines Kolonialwarenhändlers geboren.
1933–44	Besuch der Volksschule und des Gymnasiums in Danzig; Mitglied des Jungvolks und der Hitlerjugend.
1944–45	Kriegsteilnahme als Luftwaffenhelfer, später als Panzerschütze bei der SS-Division »Jörg von Frundsberg«; Verwundung bei Cottbus; amerikanische Kriegsgefangenschaft.
1946–47	Entlassung aus der Kriegsgefangenschaft; Gelegenheitsarbeiten auf dem Land und als Koppeljunge in einem Kalibergwerk bei Hildesheim; Praktikum als Steinmetz.
1948–52	Schüler von Sepp Mages und Otto Pankok an der Düsseldorfer Kunstakademie.
1953	Umzug nach Berlin; Studium der Bildhauerei bei Karl Hartung an der Hochschule für Bildende Künste.
1954	Heirat mit Anna Schwarz; Tod der Mutter.
1955	Dritter Preis im Lyrikwettbewerb des Süddeutschen Rundfunks; Einladung zur Tagung der Gruppe 47 in Berlin.
1956	*Die Vorzüge der Windhühner;* Aufenthalt in Paris bis 1960.
1957	Uraufführung des Stückes *Hochwasser* an der Frankfurter Studentenbühne; Geburt der Zwillinge Franz und Raoul.
1958	Bei der Tagung der Gruppe 47 in Großholzleute liest Grass aus der *Blechtrommel* und erhält den Preis der Gruppe 47; Uraufführung von *Onkel, Onkel;* Reise nach Polen, um für den Schauplatz des Romans zu recherchieren.
1959	*Die Blechtrommel;* Grass wird der Bremer Literatur-Preis zuerkannt, der Bremer Senat verweigert jedoch seine Zustimmung.
1960	*Gleisdreieck;* Übersiedlung von Paris nach Berlin.
1961	*Katz und Maus;* Geburt der Tochter Laura; Unterstützung für Willy Brandt im Wahlkampf der SPD.
1962	Französischer Literaturpreis für die *Blechtrommel* als »le meilleur livre étranger«; Antrag des hessischen Ministeriums für Arbeit, Volkswohlfahrt und Gesundheitswesen auf Aufnahme von *Katz und Maus* in die Liste jugendgefährdender Schriften (im Dezember zurückgezogen).
1963	*Hundejahre;* Umzug in die Niedstr. 13 in Berlin-Friedenau.
1964	Rede zum 400. Geburtstag Shakespeares; *Kleine Rede auf Arno Schmidt;* Reise in die USA.
1965	Georg-Büchner-Preis; Ehrendoktorwürde des Kenyon College (USA); Wahlreise für die SPD mit 52 Veranstaltungen; Geburt des Sohnes Bruno.

1966	Uraufführung von *Die Plebejer proben den Aufstand* im Berliner Schillertheater; mit Elisabeth Borchers und Klaus Roehler Herausgeber der *Luchterhand Loseblatt Lyrik*.
1967	*Ausgefragt;* erste Reise nach Israel; Uraufführung des Films *Katz und Maus* in Berlin; Teilnahme am Wahlkampf für die SPD in Schleswig-Holstein und Berlin.
1968	*Über das Selbstverständliche; Briefe über die Grenze* (mit Pavel Kohout); Fontane-Preis; Carl von Ossietzky-Medaille des Kuratoriums der Internationalen Liga für Menschenrechte.
1969	*örtlich betäubt;* Uraufführung von *Davor* am Schillertheater in Berlin; Theodor-Heuss-Preis; Gründung der Sozialdemokratischen Wählerinitiative; Bundestagswahlkampf für die SPD mit 190 Veranstaltungen.
1970	Teilnahme an Wahlkämpfen der SPD in Nordrhein-Westfalen und Bayern; Reise mit Bundeskanzler Willy Brandt nach Warschau zur Unterzeichnung des Deutsch-Polnischen Vertrages.
1971	Rede in Nürnberg zum Dürer-Jahr; Teilnahme an Wahlkämpfen der SPD in Rheinland-Pfalz, Schleswig-Holstein und Berlin; Auseinandersetzung mit Heinar Kipphardt.
1972	*Aus dem Tagebuch einer Schnecke;* Bundestagswahlkampf für die SPD mit 129 Veranstaltungen; Trennung von Anna Grass; Erwerb eines Hauses in Wewelsfleth (Schleswig-Holstein).
1973	*Mariazuehren;* Reise mit Willy Brandt nach Israel; Beginn von regelmäßigen Werkstattgesprächen mit Schriftstellern aus der DDR in Ost-Berlin (bis 1976).
1974	Geburt der Tochter Helene Grass.
1975	Erste Indien-Reise.
1976	*Mit Sophie in die Pilze gegangen;* mit Heinrich Böll und Carola Stern Begründer und Herausgeber der Zeitschrift *L '76;* Ehrendoktorwürde der Harvard University, USA.
1977	*Der Butt;* Premio Internationale Mondello.
1978	Stiftung des Alfred-Döblin-Preises; Verfilmung der *Blechtrommel* unter der Regie von Volker Schlöndorff; Premio Letterario Viareggio; Alexander-Majkowski-Medaille; Scheidung von Anna Grass.
1979	*Das Treffen in Telgte;* Heirat mit Ute Grunert.
1980	*Kopfgeburten oder Die Deutschen sterben aus;* der Film *Die Blechtrommel* erhält den Oscar für den besten fremdsprachigen Film.
1981	Reise nach Danzig auf Einladung des Verbandes bildender Künstler.
1982	*Zeichnen und Schreiben I;* Antonio-Feltrinelli-Preis; Reise nach Nicaragua; Eintritt in die SPD aus Anlass des konstruktiven Misstrauensvotums gegen Helmut Schmidt.
1983	Wahl zum Präsidenten der Berliner Akademie der Künste (bis 1986)
1984	*Zeichnen und Schreiben II; Widerstand lernen;* Umzug von Wewelsfleth nach Hamburg.

1985	Schenkung des Hauses in Wewelsfleth an das Land Berlin; das »Alfred-Döblin-Haus« wird Schriftstellern für Arbeitsaufenthalte zur Verfügung gestellt.
1986	*Die Rättin;* Umzug von Hamburg nach Behlendorf bei Lübeck; August 1986 bis Januar 1987 Aufenthalt in Calcutta.
1987	Eine zehnbändige Werkausgabe erscheint zum 60. Geburtstag.
1988	*Zunge zeigen.*
1989	*Skizzenbuch;* Rede vor dem Club of Rome; Austritt aus der Berliner Akademie der Künste wegen mangelnder Solidarität für Salman Rushdie.
1990	*Totes Holz; Deutscher Lastenausgleich; Ein Schnäppchen namens DDR; Schreiben nach Auschwitz;* Streitgespräch mit Rudolf Augstein; Ehrendoktor der Universität Posznan.
1991	*Vier Jahrzehnte.*
1992	*Unkenrufe;* Premio Grinzane Cavour; Plakette der Freien Akademie der Künste, Hamburg; Gründung der Daniel-Chodowiecki-Stiftung; im Dezember Austritt aus der SPD wegen der Ablehnung des Asylkompromisses.
1993	*Novemberland;* Premio Hidalgo; Premio Comites; Ehrendoktorwürde der Universität Gdańsk; Ernennung zum Ehrenbürger der Stadt Gdańsk; der Steidl Verlag übernimmt die Weltrechte am Werk von Günter Grass.
1994	Großer Literaturpreis der Bayerischen Akademie der Schönen Künste; Medaille der Universidad Complutense, Madrid; Karel-Čapek-Preis, Prag.
1995	*Ein weites Feld;* Briefwechsel mit Kenzaburō Ōe; Hermann-Kesten-Medaille; Hans-Fallada-Preis; Umzug des Sekretariats von Berlin nach Lübeck.
1996	Sonning-Preis, Kopenhagen; Samuel-Linde-Preis; Thomas-Mann-Preis der Hansestadt Lübeck.
1997	*Fundsachen für Nichtleser;* Werkausgabe in sechzehn Bänden; Gründung der »Stiftung zugunsten des Romavolks«; Laudatio auf Yaşar Kemal.
1998	Wiedereintritt in die Berliner Akademie der Künste; Fritz-Bauer-Preis der Humanistischen Union.
1999	*Mein Jahrhundert;* Nobelpreis für Literatur; Prinz von Asturien-Preis, Oviedo; *Auf einem anderen Blatt.*
2000	Gründung der Wolfgang-Koeppen-Stiftung mit Peter Rühmkorf.
2001	*Mit Wasserfarben; Fünf Jahrzehnte.*
2002	*Im Krebsgang;* Eröffnung des »Günter-Grass-Hauses« in Lübeck als Forum für Literatur und Bildende Kunst; *Gebrannte Erde.*
2003	*Letzte Tänze;* Briefwechsel mit Helen Wolff; Ehrendoktor der Universität zu Lübeck.

2004 *Lyrische Beute; Der Schatten; Fünf Jahrzehnte.*
2005 Hans-Christian-Andersen-Preis der Stadt Odense; Ehrendoktorwürde der Freien Universität Berlin; erstes »Lübecker Literaturtreffen«.
2006 *Beim Häuten der Zwiebel.*
2007 *Dummer August; Steine wälzen;* Göttinger Ausgabe; Briefwechsel mit Uwe Johnson.
2008 *Die Box.*
2009 *Unterwegs von Deutschland nach Deutschland. Tagebuch 1990; Die Blechtrommel,* Jubiläumsausgabe; Eröffnung der Günter-Grass-Galerie in Gdańsk.
2010 *Grimms Wörter;* Gründung der August-Bebel-Stiftung.
2011 Gründung der Günter und Ute Grass Stiftung.
2012 *Was gesagt werden muß; Eintagsfliegen;* Ernennung zum »Europäer des Jahres« durch die Dänische Europabewegung.
2013 *Hundejahre,* illustrierte Jubiläumsausgabe; Briefwechsel mit Willy Brandt.
2014 *Sechs Jahrzehnte.*
2015 Günter Grass stirbt am 13. April in Lübeck; *Vonne Endlichkait.*

Personenregister

In dem Register werden alle genannten Personen aufgeführt. Keine Berücksichtigung finden Namen, die Bestandteile von Literaturpreisen, Straßen, Theatern etc. sind (z. B. Büchner-Preis, Schillertheater o. ä.). Indirekte Erwähnungen (z. B. bei Werktiteln ohne Nennung des Autors) werden mit eckigen Klammern angegeben. **Fettdruck** verweist auf Beiträge, Normaldruck auf bloße Erwähnungen.

Abbas, Mahmud (*1935), palästinen. Politiker 804

Abramowitz, Elga (*1926), ungar. Übersetzerin 210

Abusch, Alexander (1902–1982), SED-Politiker und Schriftsteller, 1958–1961 DDR-Kulturminister 569

Achternbusch, Herbert (*1938), Schriftsteller und Filmemacher **487** 517 **543**

Ackermann, Rosemarie (*1952), Leichtathletin 830

Adamo, Salvatore (*1943), belg. Chansonnier 162

Adamov, Arthur (1908–1970), russ.-frz. Schriftsteller 153

Adele, nicht ermittelt 84

Adenauer, Konrad (1876–1967), CDU-Politiker, 1949–1963 Bundeskanzler 127 232 279 342 376 409 502 600 632

Adonis, eig. Ali Ahmad Said Esber (*1930), syrisch-libanes. Schriftsteller **818**

Adorf, Mario (*1930), Schauspieler **644ff.** 679

Adorno, Theodor W. (1903–1969), Philosoph und Soziologe 39 110 409f.

Agnoli, Johannes (1925–2003), Politikwissenschaftler 832

Ahlers, Conrad (1922–1980), Journalist und SPD-Politiker, 1969–1972 Regierungssprecher **213f.**

Ahmadinedschad, Mahmud (*1956), iran. Politiker, 2005–2013 Staatspräsident 795

Aichinger, Ilse (1921–2016), österr. Schriftstellerin **623**

Alain-Fournier, Henri (1886–1914), frz. Schriftsteller 541

Albee, Edward (1928–2016), amerik. Schriftsteller 153

Albertz, Heinrich (1915–1993), Theologe und SPD-Politiker, 1966/1967 Regierender Bürgermeister von Berlin 147 723

Albertz, Luise (1901–1979), SPD-Politikerin 94

Alembert, Jean Le Rond d' (1717–1783), frz. Philosoph und Schriftsteller 180

Alexander, Peter (1926–2011), österr. Sänger, Schauspieler und Entertainer 828

Allen, Woody (*1935), amerik. Schauspieler und Filmregisseur 494

933

Allende Gossens, Salvador (1908–1973), chilen. Politiker, 1970–1973 Staatspräsident 227

Alt, Franz (*1938), Journalist und Publizist 306

Amelung, Margarethe (*1948), Physiotherapeutin, 1965/66 Haushaltshilfe bei G. Grass **695f.**

Amery, Carl (1922–2005), Schriftsteller 96 122 **196 306** 334 452

Améry, Jean (1912–1978), österr. Schriftsteller **58 204 264** 269f.

Ananyan, Levon (1946–2013), armen. Journalist und Übersetzer, seit 2001 Vorsitzender des Schriftstellerverbands von Armenien **770f.**

Anders, Günther (1902–1992), Schriftsteller, 1928–1936 mit H. Arendt verheiratet **331**

Andersch, Alfred (1914–1980), Schriftsteller 22 **50f. 73f.** 76 **82** 95 **95f.** 107 **138** 267 550 683

Anderson, Sascha (*1953), Schriftsteller 768

Anonymus 21 **45ff.** 63 64 65 **65f.** 73 77 **119 120f.** 134 135 145 146 161 162 163 **165** 170 **176** 180 **193 194** 206 **208** 218f. 231 232 265 274 275 341 486 487 558 **588f.** 620 667 **677f. 749f.** 794

Anouilh, Jean (1910–1987), frz. Schriftsteller 153

Antek → Fac, Bolesław.

Apitz, Bruno (1900–1979), Schriftsteller in der DDR 83

Arafat, Jassir (1929–2004), palästinen. Politiker, 1994 Friedensnobelpreis 842

Arendt, Erich (1903–1984), Schriftsteller in der DDR 508 674

Arendt, Hannah (1906–1975), Philosophin 55 **55** 88 **125** 227

Aristophanes (vor 445 – um 385 v. Chr.), griech. Komödiendichter 164

Armstrong, Louis (1900–1971), amerik. Jazztrompeter 651

Arndt, Adolf (1904–1974), SPD-Politiker, 1963/64 Berliner Kultursenator 84

Arnim, Bettina von (1785–1859), Schriftstellerin 772

Arnold, Heinz Ludwig (1940–2011), Literaturkritiker, seit 1963 Herausgeber von *TEXT+KRITIK* **181** 307 315 466 468

Arntzen, Helmut (1931–2014), Literaturwissenschaftler und Schriftsteller **590**

Artmann, Hans Carl (1921–2000), österr. Schriftsteller, 1997 Georg-Büchner-Preis **608**

ARTus, eig. Walter G. Goes (*1950), Graphiker **615**

Ash, Timothy Garton (*1955), engl. Historiker und Schriftsteller **697**

Assmann, Aleida (*1947), Literatur- und Kulturwissenschaftlerin **819**

Atwood, Margaret (*1939), kanad. Schriftstellerin 396 505

Audiberti, Jacques (1899–1965), frz. Schriftsteller 153

Augst, Manfred (1913–1969), Apotheker, Vater von Ute Scheub 684

Augstein, Rudolf (1923–2002), Journalist, Publizist und Verleger (Pseudonym: Jens Daniel) **89** 92 180 **407f.** 408 447 659 673 739 748

Augustin, Ernst (*1927), Schriftsteller **651f.**

Aust, Stefan (*1946), Journalist und Publizist, 1994–2008 Chefredakteur beim *Spiegel* **659f.** 748

Austen, Jane (1775–1817), engl. Schriftstellerin 395
Axionow, Wassili (1932–2009), russ. Schriftsteller 339

Baader, Andreas (1943–1977), Mitglied der Rote Armee Fraktion (RAF) 231 621
Bach, Johann Sebastian (1685–1750), Komponist 421 [799]
Bachér, Ingrid (*1930), Schriftstellerin 443 450 **458f.** **460**
Bächler, Wolfgang (1925–2007), Schriftsteller 23 **208**
Bachmann, Ingeborg (1926–1973), österr. Schriftstellerin, 1964 Georg-Büchner-Preis 35 50 100 110 **141** 165 223 239 453 505 553 554 633
Bachmann, Josef (1944–1970), Hilfsarbeiter, verübte 1968 das Attentat auf Rudi Dutschke 146
Backes, Lutz (*1938), Karikaturist, Kabarettist und Schriftsteller **209**
Backus, Gus (*1937), amerik. Sänger 828
Bahlsen, Gerhard und Manja, Freunde von H. W. Richter 247
Bahr, Egon (1922–2015), SPD-Politiker, 1960–1966 Leiter des Presse- und Informationsamtes des Landes Berlin, 1969–1972 Staatssekretär im Kanzleramt 203 355 **406f.** **483f.** **500** **625f.** **686f.** **798**
Bahro, Rudolf (1935–1997), Sozialwissenschaftler und Schriftsteller, verließ 1979 die DDR 250 601
Baier, Lothar (1942–2004), Literaturkritiker und Schriftsteller **409ff.** **414f.**
Baiyu, Liu (1916–2005), chines. Schriftsteller und Kulturpolitiker 724

Baldauf, Helmut (*1931), Journalist 68
Ballin, Albert (1857–1918), Reeder 230
Balthus (1908–2001), poln.-frz. Maler 542
Balzac, Honoré de (1799–1850), frz. Schriftsteller 314 770
Balzary, Michael »Flea« (*1962), amerik. Rockmusiker (Red Hot Chili Peppers) **591**
Bardot, Brigitte (*1934), frz. Filmschauspielerin, 1966–1969 mit G. Sachs verheiratet 163 175 699
Baring, Anna, Tochter von A. Baring 813
Baring, Arnulf (*1932), Historiker und Publizist 177 312 **597f.** **812–815**
Barlog, Boleslaw (1906–1999), Regisseur und Intendant, 1951–1972 Generalintendant der staatlichen Schauspielbühnen Berlin 103 **287f.**
Barnes, Djuna (1892–1982), amerik. Schriftstellerin 37
Barnouw, Dagmar (1936–2008), dt.-amerik. Historikerin 362
Baroth, Hans Dieter (1937–2008), Schriftsteller 338
Barrie, James Matthew (1860–1937), schott. Schriftsteller [546]
Bartel, Kurt (1914–1967), Schriftsteller (Pseudonym: Kuba), seit 1954 Mitglied des ZK der SED 148
Barzel, Rainer (1924–2006), CDU-Politiker, 1964–1973 CDU/CSU-Vorsitzender, 1983/84 Bundestagspräsident 159 193 203 205 **378** 597 654
Baselitz, Georg (*1938), Maler und Bildhauer **765**
Bastian, Claus (1909–1995), Maler und Bildhauer 553

935

Bastrup, Lars (*1955), dän. Fußballspieler 647f.

Batista y Zaldívar, Fulgenico (1901–1973), kuban. Politiker, 1940–1944 und 1952–1958 Staatspräsident 510

Bauer, Edda (1944–2008), Lektorin 508

Bauer, Fritz (1903–1968), Jurist, 1956–1968 Generalstaatsanwalt in Hessen 121

Bauer, Leo (1912–1972), SPD-Politiker 227 401

Bauer, Walter (1904–1976), Schriftsteller **56 80**

Bauer, Wolfgang (1941–2005), österr. Schriftsteller **153**

Baumann, Guido (1926–1992), schweiz. Journalist 320

Baumgart, Hildegard (*1929), Übersetzerin und Publizistin, seit 1954 mit R. Baumgart verheiratet 392

Baumgart, Reinhard (1929–2003), Schriftsteller und Literaturkritiker 26 29 108 120 268 392 **616 641f.**

Bayer, Thommie (*1953), Schriftsteller, Musiker und Maler **761**

Bayley, John (1925–2015), engl. Literaturwissenschaftler und Schriftsteller 497

Beatles, engl. Popgruppe 72 162 663

Beatty, Paul (*1962), amerik. Schriftsteller **727**

Beauvoir, Simone de (1908–1986), frz. Schriftstellerin 126

Bebel, August (1840–1913), sozialist. Politiker, Mitbegründer der sozialdemokrat. Arbeiterpartei 309

Becher, Johannes R. (1891–1958), Schriftsteller, 1954–1958 DDR-Kulturminister 170

Beck, Christoph, Literaturkritiker **58**

Beckenbauer, Franz (*1945), Fußballspieler 205 620 638

Becker, Artur (*1968), dt.-poln. Schriftsteller **715f.**

Becker, Boris (*1967), Tennisspieler **627** 667

Becker, Jurek (1937–1997), Schriftsteller, verließ 1977 die DDR 297 **298 339f.** 478 491 602

Becker, Jürgen (*1932), Schriftsteller, 2014 Georg-Büchner-Preis **85**

Becker, Manfred (*1947), dt.-poln. Maurer und Schlosser, Vater von Artur Becker 715

Becker, Rolf (*1928), Literaturkritiker und Schriftsteller **505**

Becker, Thorsten (*1958), Schriftsteller **376**

Beckett, Samuel (1906–1989), ir.-frz. Schriftsteller, 1969 Literaturnobelpreis 33 153

Bee Gees, austral. Popgruppe 162

Beer, Otto F. (1910–2002), österr. Schriftsteller und Literaturkritiker **85**

Beethoven, Ludwig van (1770–1827), Komponist [346]

Beitz, Berthold (1913–2013), Unternehmer und Manager 92

Bellow, Saul (1915–2005), amerik. Schriftsteller, 1976 Literaturnobelpreis 85 310 338f. 340 **377** 443ff. 546 786 835

Ben-Amotz, Dahn (1924–1989), israel. Schriftsteller 330

Bender, Hans (1919–2015), Schriftsteller und Kritiker, 1954–1980 Mitherausgeber der Zeitschrift *Akzente* 29 **30** 30 **51 85** 145 344 **378 400f. 517 826**

Benedikt XVI. → Ratzinger, Joseph.

Ben Jelloun, Tahar (*1944), marokkan. Schriftsteller 617
Benn, Gottfried (1886–1956), Schriftsteller, 1951 Georg-Büchner-Preis **20** 449 453 690
Bennent, Anna (*1963), Schwester von D. Bennent 252
Bennent, David (*1966), schweiz. Schauspieler, Sohn von H. Bennent 250 251f. 264 644f.
Bennent, Heinz (1921–2011), Schauspieler 250 251 644 645
Beran, Georg Jiří, schweiz. Antiquar 589
Berent, Annie, Ehefrau von Ernst Berent (1887–1961), 1955–1961 Geschäftsführer des Council of Jews from Germany, London 329
Berg, Sibylle (*1962), dt.-schweiz. Schriftstellerin **504**
Berg, Stefan (*1964), Journalist **324**
Bergdoll, Nathalie (*1976), Schriftstellerin und Schauspielerin **764**
Bergen, Ingrid van (*1931), Schauspielerin 448f.
Bergerhausen, Wilhelm (1950–2006), Tierschützer **402**
Berghoff, Dagmar (*1943), Fernsehmoderatorin 647
Bergman, Ingmar (1918–2007), schwed. Film- und Theaterregisseur [77] [137]
Berkéwicz, Ulla (*1951), Schriftstellerin und Verlegerin, seit 1990 mit S. Unseld verheiratet 434
Bermann Fischer, Gottfried (1897–1995), Verleger **340f.**
Bernhard, Thomas (1931–1989), österr. Schriftsteller, 1970 Georg-Büchner-Preis 394 609 679 699
Bernstein, F. W. (*1938), Schriftsteller und Zeichner 374 **637**

Bernstein, Leonard (1918–1990), amerik. Komponist und Dirigent 85f.
Bertolucci, Bernardo (*1940), ital. Filmregisseur 275
Beutler, Christian (1923–2003), Kunsthistoriker 791
Beuys, Joseph (1921–1986), Künstler 487 758
Bhagwan (1931–1990), ind. Philosoph 371
Bichsel, Peter (*1935), schweiz. Schriftsteller **145 274** 300 **380 761**
Biedenkopf, Kurt (*1930), CDU-Politiker, 1990–2002 Ministerpräsident von Sachsen **520 571f.** 578
Bieler, Manfred (1934–2002), Schriftsteller, übersiedelte 1964 von der DDR nach Prag, emigrierte 1968 in die BRD 83 121 **387**
Bienek, Horst (1930–1990), Schriftsteller **293**
Biermann, Wolf (*1936), Liedermacher und Schriftsteller, ab 1965 Auftrittsverbot in der DDR, 1976 ausgebürgert, 1991 Georg-Büchner-Preis 194 196 **200** 452 488 **489** 508 513 599 **603–605** 761 777 791
Bierwisch, Manfred (*1930), Sprachwissenschaftler 59
Biller, Maxim (*1960), Schriftsteller **661f.**
Binder, Klaus (*1946), Lektor 342
Binder-Gasper, Christiane (*1935), Schriftstellerin **258**
Bingxin, Xie (1900–1999), chin. Schriftstellerin 299
Bin Laden, Osama (1957–2011), Gründer und Anführer der Organisation al-Quaida 716

Biolek, Alfred (*1934), Entertainer 481 620

Birnbaum, Norman (*1926), amerik. Soziologe und Publizist 571

Birthler, Marianne (*1948), Politikerin (Bündnis 90 / Die Grünen), 2000–2011 Bundesbeauftragte für die Unterlagen des Staatssicherheitsdienstes 737f.

Bisky, Lothar (1941–2013), Politiker, 1993–2000 und 2003–2007 PDS-Bundesvorsitzender, 2007–2010 Vorsitzender der Partei Die Linke 525

Bismarck, Klaus von (1912–1997), Journalist, 1977–1989 Präsident des Goethe-Instituts 367

Bismarck, Otto von (1815–1898), Politiker, 1871–1890 Reichskanzler 605 607

Bissinger, Manfred (*1940), Publizist 416 420 468

Bissinger, S., in erster Ehe mit M. Bissinger verheiratet 416 420

Bittermann, Klaus (*1952), Schriftsteller und Verleger 698

Bjørneboe, Jens (1920–1976), norweg. Schriftsteller 159

Black, Roy (1943–1991), Schlagersänger 163 193

Blanco, Roberto (*1937), Schlagersänger 638

Blandford, Richard (*1975), engl. Schriftsteller 701

Blankenburg, Ingo (*1954), Schriftsteller 647

Błaut, Sławomir (1930–2014), poln. Übersetzer 688

Bleicher, Willi (1907–1981), Gewerkschaftler 205 676

Bloch, Ernst (1885–1977), Philosoph, von 1949 bis zur Zwangsemeritierung 1957 Professor in Leipzig, verließ 1961 die DDR 102 **134** 155 288

Bloch, Karola (1905–1994), Architektin, seit 1934 mit E. Bloch verheiratet **94**f. 288

Blöcker, Günter (1913–2006), Literaturkritiker 32 34

Bloom, Allan (1930–1992), amerik. Philosoph 444f.

Blüm, Norbert (*1935), CDU-Politiker, 1982–1998 Minister für Arbeit und Sozialordnung 524

Bobrowski, Johannes (1917–1965), Schriftsteller 23 **67**f. **68 69** 76 179 [296] 800 844

Boccaccio, Giovanni (1313–1375), ital. Schriftsteller 79

Bodrožić, Marica (*1973), dt.-kroat. Schriftstellerin **699**f.

Bohlen, Dieter (*1954), Popmusiker 611

Bohley, Bärbel (1945–2010), Malerin und Bürgerrechtlerin 406 606

Böhme, Erich (1930–2009), Journalist und Fernsehmoderator 441f.

Böhme, Herbert (1907–1971), nationalsozial. Schriftsteller 137 **165**f. 175

Böhme, Ibrahim (1944–1999), Politiker (SED/SPD) 407

Bohrer, Karl Heinz (*1932), Journalist und Literaturwissenschaftler 415 476

Bolaño, Roberto (1953–2003), chilen. Schriftsteller 558 **640**

Bolívar, Simón (1783–1830), Staatsmann, Anführer der lateinamerik. Unabhängigkeitsbewegung 641

Böll, Annemarie (1910–2004), Übersetzerin, seit 1942 mit H. Böll verheiratet 266 **349**

Böll, Heinrich (1917–1985), Schriftsteller, 1967 Georg-Büchner-Preis,

1972 Literaturnobelpreis 58 67 77 84 95 **96f.** 100 107 110 138 144 145 155 **156** 160 **160** 180 188 **200** 206 224 230 **230** 231 243 253 257 **265 266f.** 270 286 303 314 [320f.] 323 328 333 334 337 [**338**] 343 349 365 372 374 384 400 401 403 418 426 427 450 457 471 487 501 505 531 533 534 550 562 563 567 570 578 579 590 598ff. 614 616 640 643 647 653 654 683 687 730 742 742ff. 745 752 759 765 766 767 768 776 802 819 820 821 831

Böll, René (*1948), Sohn von H. Böll 334 349 **687** 742f.

Böll, Viktor (1948–2009), Neffe von H. Böll 334

Böll, Vincent (*1950), Sohn von H. Böll 334 349

Bomm, Manfred (*1951), Journalist und Schriftsteller **810**

Bonde-Henriksen, Henrik (1920–2001), dän. Journalist **156**

Bondy, François (1915–2003), schweiz. Schriftsteller und Literaturkritiker 632 633

Böni, Franz (*1952), schweiz. Schriftsteller **349**

Bono, eig. Paul David Hewson (*1960), ir. Popmusiker (U2) **303**

Borchers, Elisabeth (1926–2013), Schriftstellerin und Lektorin **242**

Borchert, Wolfgang (1921–1947), Schriftsteller 105 534 765

Borges, Jorge Luis (1899–1986), argent. Schriftsteller 546

Born, Christine, 1961–1966 mit N. Born verheiratet 569

Born, Nicolas (1937–1979), Schriftsteller **80 254f.** 272 380 569 631 632

Börner, Holger (1931–2006), SPD-Politiker 768

Bosch, Hieronymus (1450–1516), niederl. Maler 69 604

Bosch, Manfred (*1947), Schriftsteller **191**

Bose, Subhas Chandra (1897–1945), Anführer der ind. Unabhängigkeitsbewegung 593

Bosetzky, Horst (*1938), Schriftsteller **534 647 678 682 728**

Boss, Hugo (1885–1948), Textilunternehmer 667

Bourdieu, Pierre (1930–2002), frz. Soziologe **580** 675 716

Bouteiller, Michael (*1943), Jurist, 1988–2000 Bürgermeister von Lübeck **486**

Bowie, David (1947–2016), engl. Popmusiker, lebte 1976–1978 in Berlin **258** 621

Bowles, Paul (1910–1999), amerik. Schriftsteller und Komponist 747

Brambach, Rainer (1917–1983), schweiz. Schriftsteller **29f.** 30 **30** 85

Brand, Heiner (*1952), Handballspieler 701

Brandstetter, Alois (*1938), österr. Schriftsteller und Literaturwissenschaftler **292f. 337 380 714f.**

Brandt, Ingeborg, Literaturkritikerin **61**

Brandt, Lars (*1951), freier Künstler, Sohn von R. und W. Brandt 113 129 **129** 227f. 438 **671f.**

Brandt, Peter (*1948), Historiker, Sohn von R. und W. Brandt 113 129 438

Brandt, Rut (1920–2006), norweg. Journalistin, 1948–1980 mit W. Brandt verheiratet 104 366 **438**

Brandt, Willy (1913–1992), SPD-Politiker, 1969–1974 Bundeskanzler, 1971 Friedensnobelpreis 64 65 71 89 93 94 97 101 **104** 113 120f. 122 123 124 **127 131** 141 **159** 167 **170** 170 185 188 **188 190** 193 199 202 203 **205** 205 206 214f. 218 223 **226** 227 **227** 228 229 230 231 **234** 252f. 280 317 319f. 331 341 341f. **344** 354f. 366 **401f.** 404 407 408 420 438 440 486 500 501f. 541 548 556 579 599 626 627 632 643 652f. 656 672 675 676 708 728 768f. 770 794 805 811 812ff. 815

Brasch, Thomas (1945–2001), Schriftsteller, verließ 1976 die DDR 297f. 696

Braun, Günter (1928–2008), Schriftsteller in der DDR, mit J. Braun verheiratet 112

Braun, Harald (*1960), Schriftsteller und Journalist **763f.**

Braun, Johanna (1929–2008), Schriftstellerin in der DDR 112

Braun, Karlheinz (*1932), Dramaturg und Verlagsleiter 197

Braun, Volker (*1939), Schriftsteller, 2000 Georg-Büchner-Preis **385** 386 **480 625 685 691f. 693 701 718**

Brecht, Bertolt (1898–1956), Schriftsteller, kehrte 1948 aus dem Exil nach Ostberlin zurück, gründete 1949 das Berliner Ensemble 33 48 63 80 84 103 105f. 107 110 112 164 175 186 197 206 238f. 288 307 354 [382] 387 444 449 450 453 511 555 690 777 795 809

Breloer, Heinrich (*1942), Regisseur und Drehbuchautor 620

Bremer, Uwe (*1940), Maler und Grafiker 178

Brenner(-Rademacher), Susanna (1899–1980), Übersetzerin 58

Brentano, Heinrich von (1904–1964), CDU-Politiker, 1955–1961 Außenminister 238

Breschnew, Leonid (1906–1982), russ. Politiker, 1964–1982 Parteichef der KPdSU 205 237 707

Breytenbach, Breyten (*1939), südafrik. Schriftsteller 339

Brink, André (1935–2015), südafrik. Schriftsteller und Literaturwissenschaftler **617 754**

Brinkmann, Rolf Dieter (1940–1975), Schriftsteller 177

Broch, Hermann (1886–1951), österr. Schriftsteller 206 643

Broder, Henryk M. (*1946), Journalist und Publizist **620** 834 **841f.**

Brodsky, Joseph (1940–1996), russ.-amerik. Schriftsteller, 1972 ausgebürgert, 1987 Literaturnobelpreis 386

Bronska-Pampuch, Wanda (1911–1972), poln. Übersetzerin und Schriftstellerin 178

Brown, Dan (*1964), amerik. Schriftsteller 748

Brückner, Christine (1921–1996), Schriftstellerin **180 207**

Bruhns, Wibke (*1938), Journalistin und Publizistin, ab 1971 erste deutsche Nachrichtensprecherin beim ZDF 768 **793f.**

Bruns, Gerd, Lebensgefährte von Fritz J. Raddatz 635

Brussig, Thomas (*1965), Schriftsteller 489 **566** 586 **698** 701 **747f. 829f.**

Bruyn, Günter de (*1926), Schriftsteller **110ff.** 324 **345 492** 741

Buback, Siegfried (1920–1977), Jurist, seit 1974 Generalbundesanwalt 195

Buch, Hans Christoph (*1944), Schriftsteller 249 272 380 490f. 508 **512 579 800ff. 818**

Büchner, Georg (1813–1837), Schriftsteller 95 281 488

Buck, Pearl S. (1892–1973), amerik. Schriftstellerin, 1938 Literaturnobelpreis 747

Bude, Heinz (*1954), Soziologe 699

Budke, Gudula (*1926), Schriftstellerin **271**

Bügelbrett, Berliner Kabarett 252

Buggert, Christoph (*1937), Schriftsteller **678f.**

Bührig, Dieter (*1943), Schriftsteller **809**

Bukowski, Charles (1920–1993), amerik. Schriftsteller 664 745

Burckhardt, Carl Jacob (1891–1974), schweiz. Historiker, Schriftsteller und Diplomat **79** 79

Burgemeister, Alfred (1906–1979), CDU-Politiker 129

Bürger, Gottfried August (1747–1794), Schriftsteller [610]

Burger, Hermann (1942–1989), schweiz. Schriftsteller **207f.** 449

Burger, Norbert (1932–2012), SPD-Politiker, 1980–1999 Oberbürgermeister von Köln 334

Burger, Peter, Pseudonym für Kurt Morawietz (1930–1994), Schriftsteller **234**

Burgess, Anthony (1917–1993), engl. Schriftsteller und Kritiker **263 278f.** [431] 546

Burroughs, William S. (1914–1997), amerik. Schriftsteller 258

Bursch, Peter (*1949), Gitarrist 595

Bursch, Roland (*1969), Publizist **742ff.**

Buruma, Ian (*1951), anglo-niederl. Schriftsteller und Journalist **454**

Büsch, Wolfgang (1929–2012), SPD-Politiker, 1967 Berliner Innensenator 723

Busche, Jürgen (*1944), Literaturkritiker, 1988–1989 Mitglied des *Literarischen Quartetts* 394

Buselmeier, Michael (*1938), Schriftsteller **302**

Bush, George W. (*1946), amerik. Politiker, 2000–2008 US-Präsident 621 716

Busta, Christine (1915–1987), österr. Schriftstellerin 22

Butenandt, Otfried (*1933), Arzt 249f.

Butler, Jan, engl. Übersetzerin, 1978–1986 mit J. Jewtuschenko verheiratet 455

Butt, Hans-Jörg (*1974), Fußballspieler 757

Byrt, Andrzej (*1949), poln. Politiker, 1995–2001 poln. Botschafter in Deutschland, 2001 Berater des Präsidenten und Stellvertretender Außenminister **525f.**

Caillois, Roger (1913–1978), frz. Soziologe und Literaturkritiker 616

Cailloux, Bernd (*1945), Schriftsteller **617**

Calmund, Reiner (*1948), Fußballfunktionär 776

Calvino, Italo (1923–1985), ital. Schriftsteller **32 124** 617

Camus, Albert (1913–1960), frz. Philosoph und Schriftsteller, 1957 Literaturnobelpreis 99 424 449 617 650

Canetti, Elias (1905–1994), Schriftsteller, 1972 Georg-Büchner-Preis, 1981 Literaturnobelpreis **61**

Cardenal, Ernesto (*1925), nicarag. Schriftsteller und Politiker 306

Carossa, Hans (1878–1956), Schriftsteller 453
Carpentier, Alejo (1904–1980), kuban. Schriftsteller [683]
Cărtărescu, Mircea (*1956), rumän. Schriftsteller 630f.
Casanova, Giacomo (1725–1798), ital. Schriftsteller 110 774
Cash, Johnny (1932–2003), amerik. Sänger 664
Cassirer, Reinhold (1908–2001), dt.-südafrik. Galerist, seit 1954 mit N. Gordimer verheiratet 607
Castro, Fidel (1926–2016), kuban. Politiker, 1959–1976 Regierungschef, 1976–2008 Staatspräsident 595
Catull (um 84–54 v. Chr.), röm. Schriftsteller 146
Ceauçescu, Elena (1916–1989), rumän. Politikerin, seit 1945 mit N. Ceauçescu verheiratet 405
Ceauçescu, Nicolae (1918–1989), rumän. Politiker, 1967–1989 Staatspräsident 405
Celan, Paul (1920–1970), Schriftsteller, 1960 Georg-Büchner-Preis 23 **30f.** 34f. 168 181 213 [453] 677
Céline, Louis-Ferdinand (1894–1961), frz. Schriftsteller 653
Cervantes Saavedra, Miguel de (1547–1616), span. Schriftsteller [547] 631
Chávez Alfaro, Lizandro (1929–2006), nicarag. Schriftsteller 317
Chotjewitz, Peter O. (1934–2010), Schriftsteller und Jurist, Wahlverteidiger von Andreas Baader 115 148f. 161 595 661 696
Christiansen, Sabine (*1957), Fernsehmoderatorin 613

Chruschtschow, Nikita (1894–1971), sowjet. Politiker, 1953–1964 Erster Generalsekretär des ZK der KPdSU 568
Churchill, Winston (1874–1965), brit. Staatsmann, 1953 Literaturnobelpreis 554
Chwin, Stefan (*1949), poln. Schriftsteller 731f.
Clayton, Victoria (*1947), engl. Schriftstellerin 630
Clinton, Hillary (*1947), amerik. Politikerin, 2009–2013 Außenministerin 798
Coetzee, John Maxwell (*1940), südafrik. Schriftsteller, 2003 Literaturnobelpreis 617 **629** 748
Cohen, Albert (1895–1981), schweiz. Schriftsteller 617
Cohn-Bendit, Daniel (*1945), dt.-frz. Politiker 648
Collodi, Carlo (1826–1890), ital. Schriftsteller [396]
Columbus, Christoph (1451–1506), span. Seefahrer 606
Conrady, Karl Otto (*1926), Literaturwissenschaftler 536
Corino, Karl (*1942), Literaturwissenschaftler und Schriftsteller 466 467 473 474 5**85**
Coriolanus, Gnaeus Marcius, sagenhafter röm. Held des 5. Jh. v. Chr. 80 87 103 107
Cortázar, Julio (1914–1984), argent. Schriftsteller 260 293 370 640
Coster, Charles De (1827–1879), belg. Schriftsteller 329
Coulter, Catherine (*1942), amerik. Schriftstellerin **652**
Cramer, Heinz von (1924–2009), Schriftsteller 76
Crane, Megan (*1973), amerik. Schriftstellerin **652**

Crawshaw, Steve (*1955), engl. Journalist und Publizist 655

Croissant, Klaus (1931–2002), Strafverteidiger von Andreas Baader 696

Czechowski, Heinz (1935–2009), Schriftsteller in der DDR 272 566f. **674**

Dabeler, Christian (*1965), Musiker, Produzent und Schriftsteller **727**

Dacey, eig. Mike Dacey, amerik. Karikaturist **217**

Dach, Simon (1605–1659), Schriftsteller 266 349 359f.

Dahn, Daniela (*1949), Schriftstellerin, Gründungsmitglied des »Demokratischen Aufbruchs«, mit J. Laabs verheiratet **561f.**

Dahrendorf, Ralf (1929–2009), Soziologe und FDP-Politiker 170

Daniel, Jean (*1920), frz. Journalist und Publizist, 1964–2008 Direktor des *Nouvel Observateur* **566**

Daniel, Jens, Pseudonym
→ Augstein, Rudolf.

Dante Alighieri (1265–1321), ital. Schriftsteller [474] **631**

Dassler, Adolf (1900–1978), Unternehmer, Gründer des Sportartikelherstellers *adidas* 649

Dassler, Rudolf (1898–1974), Unternehmer, Bruder von A. Dassler, Gründer des Sportartikelherstellers *Puma* 649

Dauman, Anatole (1925–1998), frz. Filmproduzent 732

Dayan, Moshe (1915–1981), israel. General und Politiker 224

DBC Pierre, Pseudonym für Peter Warren Finlay (*1961), austral. Schriftsteller **642f.**

Dean, Martin R. (*1955), schweiz. Schriftsteller **381 783**

Dedekind, Friedrich (1525–1598), Schriftsteller 328

Deep Purple, engl. Rockband 424

Defoe, Daniel (1660–1731), engl. Schriftsteller 314

De Höhner, Kölner Musikgruppe 776

Delius, Friedrich Christian (*1943), Schriftsteller, 2011 Georg-Büchner-Preis **504f. 583 674 791 801**

Delling, Gerhard (*1959), Sportjournalist 843

Del Río, Pilar (*1950), span. Journalistin und Übersetzerin, seit 1988 mit José Saramago verheiratet 562

Demetz, Peter (*1922), amerik. Literaturwissenschaftler **370**

Denk, Friedrich (*1942), Gymnasiallehrer und Schriftsteller 392

Depardieu, Gérard (*1948), frz. Schauspieler 667

Derrida, Jacques (1930–2004), frz. Philosoph 675

Desai, Anita (*1937), ind. Schriftstellerin 617

Deschner, Karlheinz (1924–2014), Schriftsteller und Publizist **71 71 159 206**

Diana → Spencer, Diana.

Dibelius, Otto (1880–1967), Theologe, seit 1945 Bischof **99**

Di Benedetto, Antonio (1922–1986), argent. Schriftsteller **144**

DiCaprio, Leonardo (*1974), amerik. Schauspieler 825

Dickens, Charles (1812–1870), engl. Schriftsteller 497 516 703 839

Didion, Joan (*1934), amerik. Schriftstellerin 310

943

Dieckmann, Christine (*1937), mit F. Dieckmann verheiratet 564
Dieckmann, Friedrich (*1937), Schriftsteller 508 **564**
Dietrich, Marlene (1901–1992), dt.-amerik. Filmschauspielerin und Sängerin **270 424**
Dietrich, Mechthild (1940–2009), Bekannte von G. Grass 670
Dietzel, Ulrich (*1932), Mitarbeiter der Ost-Berliner Akademie der Künste **297f. 484f.**
Dine, Jim (*1935), amerik. Künstler 258
Disney, Walt (1901–1966), amerik. Filmproduzent 396 [783]
Ditfurth, Christian von (*1953), Schriftsteller und Publizist, Bruder von Jutta Ditfurth **556** 557
Dobelli, Rolf (*1966), schweiz. Schriftsteller **636 680**
Döblin, Alfred (1878–1957), Schriftsteller 71 185 259f. 326 328 343 [376] 387 453 459 530 609 610 765 [777]
Döblin, Klaus (1917–2005), Sohn von A. Döblin **259**
Dobraczyński, Jan (1910–1994), poln. Schriftsteller **62**
Dobrynin, Anatoli F. (1919–2010), sowjet. Diplomat, 1962–1986 Botschafter in den USA 377
Doderer, Heimito von (1896–1966), österr. Schriftsteller 597
Domin, Hilde (1909–2006), Schriftstellerin **90 150 441**
Donne, John (1572–1631), engl. Schriftsteller 631
Doornkaat-Geschäftsleitung 72
Döpfner, Julius August Kardinal (1913–1976), Bischof von Würzburg und Berlin, Erzbischof von München und Freising 145f.
Döpfner, Mathias (*1963), seit 2002 Vorstandsvorsitzender der Axel Springer SE 687 834
Dor, Milo (1923–2005), österr. Schriftsteller **116**
Dos Passos, John (1896–1970), amerik. Schriftsteller 376
Dostojewski, Fjodor M. (1821–1881), russ. Schriftsteller [418] 534 621 701
Doutiné, Heike (*1946), Schriftstellerin **204 372 821**
Draht, Charlie op den, Pseudonym → Hoche, Karl.
Drautzburg, Friedhelm (*1938), Gastronom, begleitete G. Grass 1969 und 1972 auf Wahlkampftournee **171 173ff.**
Drechsel, Sammy (1925–1986), Kabarettist, Journalist und Sportreporter 768
Dregger, Alfred (1920–2002), CDU-Politiker, 1982–1991 Vorsitzender der CDU-Bundestagsfraktion **324**
Drewermann, Eugen (*1940), Theologe und Schriftsteller 471f.
Drewitz, Ingeborg (1923–1986), Schriftstellerin 740
Drews, Berta (1901–1987), Schauspielerin 438
Droste, Wiglaf (*1961), Schriftsteller **488 590f. 628 662 665f. 776f.**
Dückers, Tanja (*1968), Schriftstellerin **612f.**
Duensing, Erich (1905–1982), 1962–1967 Polizeipräsident von Berlin 723
Dundes, Alan (1934–2005), amerik. Ethnologe **328**

Dürer, Albrecht (1471–1528), Maler 187 199 [332]
Durrell, Lawrence (1912–1990), anglo-ir. Schriftsteller 286
Dürrenmatt, Friedrich (1921–1990), schweiz. Schriftsteller, 1986 Georg-Büchner-Preis 34 110 153 182 **287** 403 416 640 783 820
Durzak, Manfred (*1938), Literaturwissenschaftler 225
Dutschke, Hosea Che (*1968), Sohn von R. Dutschke 265
Dutschke, Rudi (1940–1979), Wortführer der 68er Studentenbewegung **135** 146 **153**f. 155 160 162 176 231f. 265 458 622
Duve, Freimut (*1936), SPD-Politiker und Publizist 474
Duve, Karen (*1961), Schriftstellerin 586
Dylan, Bob (*1941), amerik. Musiker, 2016 Literaturnobelpreis 820

Eco, Umberto (1932–2016), ital. Schriftsteller und Professor für Semiotik **314**
Edelmann, Marek (1919–2009), poln. Kardiologe und Politiker, Anführer des Aufstands im Warschauer Ghetto **628**
Edschmid, Kasimir (1890–1966), Schriftsteller **98**
Effenberg, Martina (*1969), 1990–2002 mit Stefan Effenberg verheiratet 638
Eggebrecht, Axel (1899–1991), Schriftsteller und Journalist **333**
Ehmke, Horst (1927–2017), SPD-Politiker, Kanzleramtschef unter Willy Brandt **192** 215 **453** 533 813
Eichborn, Vito von (*1943), Verleger **341 342**

Eichholz, Armin (1914–2007), Schriftsteller und Journalist **283**
Einstein, Albert (1879–1955), Physiker 728
Elga → Abramowitz, Elga.
Elisabeth II. (*1926), seit 1952 Königin von England 162 597
Elsner, Gisela (1937–1992), Schriftstellerin, 1958–1963 mit K. Roehler verheiratet 26 28f. 32 76
Emma, 1977 von Alice Schwarzer gegründete Frauenzeitschrift **244**f.
Ende, Michael (1929–1995), Schriftsteller 546 676f. 731
Endler, Adolf (1930–2009), Schriftsteller in der DDR **563**
Endres, Elisabeth (1934–2000), Literaturwissenschaftlerin 279
Engdahl, Horace (*1948), schwed. Literaturwissenschaftler, 1999–2009 Ständiger Sekretär der Schwedischen Akademie 581 748
Engelmann, Bernt (1921–1994), Schriftsteller, 1977–1983 Vorsitzender des Verbands deutscher Schriftsteller **144** 643
Engels, Friedrich (1820–1895), Philosoph und Politiker 165 714
Engholm, Björn (*1939), SPD-Politiker, 1988–1993 Ministerpräsident von Schleswig-Holstein 405 420
Ensikat, Peter (1941–2013), Schriftsteller und Kabarettist in der DDR 173
Ensler, Eve (*1953), amerik. Schriftstellerin 590f.
Ensslin, Gudrun (1940–1977), Gründungsmitglied der Rote Armee Fraktion 231 238 621 696
Enzensberger, Dagrun (*1929), Audiopädagogin, 1957–1967 mit

H. M. Enzensberger verheiratet 26 827

Enzensberger, Hans Magnus (*1929), Schriftsteller (Pseudonym: Andreas Thalmayr), 1963 Georg-Büchner-Preis **24 26 30 31 44** 50 80 82 88 92 107 110 122 124 144 **149** 153 164 180 236 267 268 309 [321] 341 357 **399 400** 452 457 **487** 487 492 535 553 554ff. 556 782 791 820 827 **845–850**

Enzensberger, Katharina (*1949), Journalistin und Schriftstellerin, seit 1981 mit H. M. Enzensberger verheiratet 848f.

Enzensberger, Ulrich (*1944), Schriftsteller, Bruder von H. M. Enzensberger 133 **286**

Eppler, Erhard (*1926), SPD-Politiker, 1968–1974 Bundesminister für wirtschaftliche Zusammenarbeit **170** 199 813

Erb, Elke (*1938), Schriftstellerin in der DDR 490ff.

Erhard, Ludwig (1897–1977), CDU-Politiker, 1963–1966 Bundeskanzler **89** 89 90 94 127 175 342 500f.

Erler, Fritz (1913–1967), SPD-Politiker, 1964–1967 Vorsitzender der SPD-Bundestagsfraktion **92** 93

Ernmann, Malena (*1970), schwed. Opernsängerin 583

Ernst, Jochen, Journalist **131**

Ernst, Max (1891–1976), Maler 218

Erpenbeck, Jenny (*1967), Schriftstellerin 586

Erwin → Palm, Erwin Walter.

Erwin, Thomas (*1961), Schriftsteller und Maler, verließ 1981 die DDR 767 768

Euler, Leonhard (1707–1783), schweiz. Mathematiker und Physiker 728

Everding, August (1928–1999), Regisseur, Kulturpolitiker und Intendant 194 553

Evers, Carl-Heinz (1922–2010), SPD-Politiker, 1963–1970 Schulsenator von Berlin 165

Ewers, Kinoleiter 732

Faber, Elmar (*1934), 1983–1992 Verleger des Aufbau-Verlags **822ff.**

Fac, Bolesław (1929–2000), poln. Schriftsteller und Übersetzer **273 336** [675]

Fac, Maja, mit B. Fac verheiratet 273

Faes, Urs (*1947), schweiz. Schriftsteller **596f.**

Faktor, Jan (*1951), tschech.-dt. Schriftsteller, 2005 Alfred-Döblin-Preis **455f.**

Fallada, Hans (1893–1947), Schriftsteller 842

Farah, Nuruddin (*1945), somal. Schriftsteller **285 784**

Farrow, Mia (*1945), amerik. Schauspielerin 495

Fassbinder, Rainer Werner (1945–1982), Regisseur 777

Faulkner, William (1897–1962), amerik. Schriftsteller, 1949 Literaturnobelpreis 744 821

Fauser, Jörg (1944–1987), Schriftsteller **317 326 342f.**

Faust, Siegmar (*1944), Schriftsteller, verließ 1976 die DDR **281ff.**

Feldman, Marty (1934–1982), engl. Komiker 218

Felix → Schmidt, Felix.

Fels, Ludwig (*1946), Schriftsteller **259 424 570f. 825f.**

Feltrinelli, Giangiacomo (1926–1972), ital. Verleger 114
Ferber, Christian (1919–1992), Schriftsteller und Journalist, Sohn der Schriftstellerin Ina Seidel 499f.
Ferber, Ursula, seit 1951 mit C. Ferber verheiratet 499
Fest, Alexander (*1960), Verleger, Sohn von J. Fest 690
Fest, Joachim (1926–2006), Historiker und Publizist, 1973–1993 Herausgeber der *FAZ* 452 **654** 690
Fetscher, Iring (1922–2014), Politikwissenschaftler 599
Feuchtwanger, Lion (1884–1958), Schriftsteller 270 444
Fforde, Jasper (*1961), engl. Schriftsteller **636**
Fichte, Hubert (1935–1986), Schriftsteller **120 135** 380
Figes, Eva (1932–2012), engl. Schriftstellerin **251 324f.**
Fischer, Frank, Taxifahrer **780f.**
Fischer, Joschka (*1948), Politiker (Bündnis 90 / Die Grünen), 1998–2005 Außenminister und Vizekanzler **559**
Fitzgerald, Francis Scott (1896–1940), amerik. Schriftsteller 85 744
Flaubert, Gustave (1821–1880), frz. Schriftsteller 304 690 701 770
Flick, Friedrich Karl (1927–2006), Unternehmer 230 363
Flimm, Claudia, Tochter von J. Flimm 420
Flimm, Jürgen (*1941), Regisseur 420 530 619 673
Flimm, Susanne, Filmproduzentin, seit 1990 mit J. Flimm verheiratet 420

Flora, Paul (1922–2009), österr. Zeichner **74f.**
Fo, Dario (1926–2016), ital. Schriftsteller, 1997 Literaturnobelpreis 517 543
Foer, Jonathan Safran (*1977), amerik. Schriftsteller **663**
Fontane, Emilie (1820–1902), Ehefrau Fontanes 557
Fontane, Theodor (1819–1898), Schriftsteller 146 365 460 461 470f. 482 485 486 537 538f. 542 544 [545] 557 605 657 659 737 738 743
Fontane-Archiv 571
Ford, Richard (*1944), amerik. Schriftsteller **510**
Forman, Miloš (*1932), amerik. Regisseur 520
Forte, Dieter (*1935), Schriftsteller **650**
Foucault, Michel (1926–1984), frz. Philosoph 675
Fourier, Charles (1772–1837), frz. Sozialphilosoph 309
Fraenk, Lilly (2001 gest.), nicht ermittelt 269
Franck, Julia (*1970), Schriftstellerin 671
Franco Bahamonde, Francisco (1892–1975), span. General und Politiker 237 716
Frank, Anne (1929–1945), jüdisches Mädchen, das dem Holocaust zum Opfer fiel 792
Franke, Egon (1913–1995), SPD-Politiker, 1969–1982 Minister für innerdeutsche Beziehungen 194
Franzen, Jonathan (*1959), amerik. Schriftsteller **754**
Frenssen, Gustav (1863–1945), Schriftsteller 54

Freud, Sigmund (1856–1939), österr. Psychoanalytiker 78 582 716

Freyer-Mauthner, Anne (*1945), frz. Verlegerin 624 699

Fried, Erich (1921–1988), österr. Schriftsteller, 1987 Georg-Büchner-Preis 117f. 118 122 140 **338** 403 675

Friedrich, Caspar David (1774–1840), Maler und Graphiker 763

Friedrich, Jörg (*1944), Historiker 655

Frielinghaus, Helmut (1931–2012), Lektor und Übersetzer 459

Fries, Fritz Rudolf (1935–2014), Schriftsteller und Übersetzer, 1942 Übersiedlung von Bilbao nach Leipzig 153 **447f.** 643

Friesel, Uwe (*1939), Schriftsteller **408f.**

Fringeli, Dieter (1942–1999), schweiz. Schriftsteller und Literaturkritiker **187f.**

Frisch, Marianne (*1939), Übersetzerin, 1968–1979 mit Max Frisch verheiratet 210 [216] 309 507

Frisch, Max (1911–1991), schweiz. Schriftsteller, 1958 Georg-Büchner-Preis 33 34 39f. 73 81 84 **90f.** [105] 110 **164 181–187** 197 210 213 216 **223f.** 238f. 308 322 401 403 416 446 450 506f. 550 614 621 659 674 722 776 802 820 846

Fritz, Walter Helmut (1929–2010), Schriftsteller 110

Fröse, Hans, nicht ermittelt 404

Fuchs, Gerd (1932–2016), Schriftsteller **761f.**

Fuchs, Günter Bruno (1928–1977), Schriftsteller 258 568 762 791

Fuchs, Jürgen (1950–1999), Schriftsteller in der DDR 768

Fuchsberger, Joachim (1927–2014), Schauspieler und Entertainer 775

Fuentes, Carlos (1928–2012), mexik. Schriftsteller 310 **616f.**

Fugard, Athol (*1932), südafrik. Schriftsteller 617

Fühmann, Franz (1922–1984), Schriftsteller 210

Führer, Christian (1943–2014), Theologe, ab 1980 Gemeindepfarrer der Leipziger Nikolaikirche 578 **741f.**

Fuld, Werner (*1947), Literaturkritiker und Publizist (Pseudonym: Jens Walther) **456 458 504 544**

Funke, Cornelia (*1958), Kinder- und Jugendbuchautorin **731**

Furet, François (1927–1997), frz. Historiker 511

Gabriel, Sigmar (*1959), SPD-Politiker, seit 2009 Parteivorsitzender, seit 2013 Vizekanzler, 2017 Außenminister **804f. 816f.**

Gadamer, Hans-Georg (1900–2002), Philosoph **418**

Gaddis, William (1922–1998), amerik. Schriftsteller 697

Gahse, Zsuzsanna (*1946), Schriftstellerin und Übersetzerin 536

Ganghofer, Ludwig Albert (1855–1920), Schriftsteller 54

García Márquez, Gabriel (1927–2014), kolumb. Schriftsteller, 1982 Literaturnobelpreis 310 [314] 370 397 431 497 **562** 617 619 640 641 [683] 807

Garfunkel, Art (*1941), amerik. Musiker 746

Gary, Romain (1914–1980), frz. Schriftsteller **128**

Gates, Bill (*1955), amerik. Unternehmer 595

Gauck, Joachim (*1940), Pastor, Mitbegründer des Neuen Forums, 1990–2000 Bundesbeauftragter für die Unterlagen des Staatssicherheitsdienstes, 2012–2016 Bundespräsident **511f. 587 806 820**

Gaulle, Charles de (1890–1970), frz. General und Politiker, 1958–1969 Staatspräsident 413

Gaupp, Grete, nicht ermittelt 56

Gaus, Günter (1929–2004), Journalist, Publizist und SPD-Politiker, 1973–1981 ständiger Vertreter der BRD in der DDR **655f.** 812 813

Gauß, Carl Friedrich (1777–1855), Mathematiker, Astronom und Physiker 698

Gay, Peter (1923–2015), amerik. Historiker **701**

Geier, Swetlana (1923–2010), Übersetzerin 701

Geißendörfer, Hans Wilhelm (*1941), Regisseur und Produzent 619 **624f.**

Geißler, Heiner (*1930), CDU-Politiker, 1977–1989 CDU-Generalsekretär **413**

Geldmacher, Horst (1929–1992), bildender Künstler 650 651

Genée, Eva → Hönisch, Eva.

Genet, Jean (1910–1986), frz. Schriftsteller 78 153 258

Genscher, Hans-Dietrich (1927–2016), FDP-Politiker, 1974–1992 Außenminister und Vizekanzler 224 **265 269** 373 392f. **402** 408 **832**

Gerlach, Walter (*1943), Schriftsteller und Journalist **372f.**

Gernhardt, Robert (1937–2006), Schriftsteller und Maler, 1979 Mitbegründer des Satiremagazins *Titanic* **457**

Gerson, Eva (1922–2013), in der Nazi-Zeit einzige Überlebende einer jüd. Familie aus Danzig 203

Gerstenmaier, Eugen (1906–1986), Theologe und CDU-Politiker, 1954–1969 Bundestagspräsident 123

Giebe, Hubertus (*1953), Maler und Graphiker **315 345 403**

Giedion-Welcker, Carola (1893–1979), schweiz. Kunsthistorikerin 326

Giefer, Michael, Kameramann 788

Ginsberg, Allen (1926–1997), amerik. Schriftsteller 81 115 258 339

Giordano, Ralph (1923–2014), Schriftsteller 472 **557 702f.**

Giroud, Françoise (1916–2003), frz. Journalistin, Schriftstellerin und Politikerin **391**

Glas, Uschi (*1944), Schauspielerin 180

Globke, Hans (1898–1973), Politiker und Jurist, Kommentator der Nürnberger Rassegesetze von 1935, 1953–1963 Staatssekretär im Bundeskanzleramt 47 253

Glotz, Peter (1939–2005), SPD-Politiker und Publizist **319f. 452f. 664**

Glowna, Vadim (1941–2012), Schauspieler **673**

Glucksmann, André (1937–2015), frz. Philosoph **515f. 621**

Gnekow, Horst (1916–1982), Schauspieler, Dramaturg und Intendant 445f.

Goebbels, Joseph (1897–1945), NSDAP-Politiker 167 473

Goertz, Heinrich (1911–2006), Schriftsteller, Journalist und Maler **63f.**

Goes, Albrecht (1908–2000), Schriftsteller **86f.**

Goethe, Johann Wolfgang von (1749–1832), Schriftsteller 54 65 83 120 137 153 234 253 270 367 387 434 469 534 538 547 590 [596f.] 618 691 696 718 742 743 797 801 819 848

Goetz, Rainald (*1954), Schriftsteller, 2015 Georg-Büchner-Preis **313f. 320f. 388** 457 **776**

Gogolin, Wolfgang A. (*1957), Rechtspfleger und Schriftsteller **726**

Goldhaber, Leo (1902–1992), bis 1937 Direktor der Jewish Public Bank in Danzig 330

Golding, William (1911–1993), engl. Schriftsteller, 1983 Literaturnobelpreis [584]

Goldt, Max (*1958), Schriftsteller **613f.**

Gollwitzer, Helmut (1908–1993), Theologe und Schriftsteller 675

Gombrowicz, Witold (1904–1969), poln. Schriftsteller **86**

Goosen, Frank (*1966), Kabarettist und Schriftsteller **651**

Gorbatschow, Michail (*1931), russ. Politiker, 1985–1991 Generalsekretär der KPDSU, 1990–1991 Präsident der Sowjetunion, 1990 Friedensnobelpreis 403 407

Gordimer, Nadine (1923–2014), südafrik. Schriftstellerin, 1991 Literaturnobelpreis 339 **437 484 529 607f.** 617 787 841

Gorki, Maxim (1868–1936), russ. Schriftsteller 108

Görner, Rüdiger (*1957), Literaturwissenschaftler und Schriftsteller **728f.**

Gotthelf, Jeremias (1797–1854), schweiz. Schriftsteller 184

Gottschalk, Thomas (*1950), Entertainer **658f.**

Goya y Lucientes, Francisco José de (1746–1828), span. Maler 329

Goytisolo, Juan (1931–2017), span. Schriftsteller 616 800

Graeter, Michael (*1941), Gesellschaftsreporter **747**

Graf, Oskar Maria (1894–1967), Schriftsteller **66 107f.** 842

Graf, Steffi (*1969), Tennisspielerin 595

Grahn, Lucille (1819–1907), dän. Tänzerin 454f.

Gramsci, Antonio (1891–1937), ital. Schriftsteller und Politiker 546

Granin, Daniil A. (1919–2017), russ. Schriftsteller 224

Grass, Anna (*1932), schweiz. Tänzerin, 1954–1978 mit G. Grass verheiratet 21 26 31 39 44 58 59 65 97 114 119 132 **133 151** 208 216 222 250 288 322 330 568 632 633 696 712 718 762

Grass, Bruno (*1965), Sohn von A. und G. Grass 119 141 177 203 208 216 290 292 312 316 602f. 632 670 761

Grass, Franz (*1957), Sohn von A. und G. Grass 39 54 58 59 60 63 119 177 203 216 290 316 632 677 696 751 761 815

Grass, Helene (1898–1954), Kolonialwarenhändlerin, Mutter von G. Grass 132 685 697 710

Grass, Helene (*1974), Schauspielerin, Tochter von G. Grass und Veronika Schröter 447 670

Grass, Jürgen (*1936), Schriftsteller 248

Grass, Laura (*1961), Tochter von
 A. und G. Grass 44 58 63 119 141
 177 193 203 216 248 632 696
Grass, Raoul (*1957), Sohn von
 A. und G. Grass 39 54 58 59 60
 63 119 177 203 216 290 316 632
 677 696 751 761
Grass, Roseanna (*1990), Tochter von
 Beatrice und Raoul Grass 747
Grass, Ute (*1936), Organistin, seit
 1979 mit G. Grass verheiratet
 247 250 290 291 296 312 343
 345 371 374 385 390 392 402
 403f. 417 420f. 447 468 499 503
 527 528 562 575 583 624 686
 691 708 724 738 757 773 787ff.
 797 801 829 839 848f.
Grass, Waltraut (1930–2017), Hebamme, Schwester von G. Grass
 86 711
Grass, Wilhelm (1899–1979), Kolonialwarenhändler, Vater von
 G. Grass 291 353
Gravenhorst, Traud (1892–1968), Schriftstellerin 82
Green, John (*1977), amerik. Schriftsteller **770**
Greene, Graham (1904–1991), engl. Schriftsteller **278** 392 430 747
Greffrath, Mathias (*1945), Schriftsteller und Journalist **688**
Gregor-Dellin, Martin (1926–1988), Schriftsteller 333
Greiner, Ulrich (*1945), Literaturkritiker 476
Grieshaber, Helmut Andreas Paul (1909–1981), bildender Künstler 368
Grimm, Jacob (1785–1863) und Wilhelm (1786–1859), Sprach- und Literaturwissenschaftler 145 326 546 610 770 771 772 773 774 784 821 834 837 840

Grimmelshausen, Johann Jakob Christoffel (1622–1676), Schriftsteller [66] 328 329 783
Grochol, Gregor (*1980), Schriftsteller **782**
Gromaire, Marcel (1892–1971), frz. Maler und Graphiker 23
Grönemeyer, Herbert (*1956), Musiker und Schauspieler **450**
Groschupf, Johannes (*1963), Schriftsteller 671
Gross, Johannes (1932–1999), Publizist und Journalist 453 **502** 654
Großmann, Ursula, Lehrerin 282
Grözinger, Wolfgang (1902–1965), Literaturkritiker und Schriftsteller **31f.**
Grün, Max von der (1926–2005), Schriftsteller 95 **121** 180 **221** 342
Grünbein, Durs (*1962), Schriftsteller, 1995 Georg-Büchner-Preis 616 757 **798f.**
Gruner, Wolfgang (1926–2002), Kabarettist 73
Grünewald, Armin (1930–1993), 1973–1980 stellvertretender Regierungssprecher **220**
Gryphius, Andreas (1616–1664), Schriftsteller 359 421
Guevara, Ernesto »Che« (1928–1967), kuban. Politiker 162
Guillaume, Günter (1927–1995), seit 1972 persönlicher Referent von Willy Brandt, 1974 als DDR-Spion enttarnt 226 649
Guillou, Jan (*1944), schwed. Schriftsteller **377**
Guimarães Rosa, João (1908–1967), brasil. Schriftsteller 260
Günther, Joachim (1905–1990), Schriftsteller 34 **42**

Günzel, Manfred (1932–1989), Schriftsteller 64f.

Gustafsson, Lars (1936–2016), schwed. Schriftsteller 500 673

Gysi, Gregor (*1948), Politiker (PDS/Die Linke) 525 560 606

Haas, Daniel (*1967), Journalist 648f.

Haase, Horst (*1929), Literaturwissenschaftler 44f. 69

Habe, Hans (1911–1977), österr. Schriftsteller und Journalist 88 106 147 202

Habermas, Jürgen (*1929), Philosoph und Soziologe 485f. 675

Habsburg, Otto von (1912–2011), österr.-dt. Schriftsteller und Politiker 534

Hacks, Elly (1896–1972), Mutter von P. Hacks 66 168

Hacks, Peter (1928–2003), Schriftsteller, übersiedelte 1955 in die DDR 66 100 120 159 168 225 389 611

Haefs, Hanswilhelm (*1935), Übersetzer und Publizist 430

Haffner, Sebastian (1907–1999), Historiker 84

Hage, Volker (*1949), Literaturkritiker 375 585 586

Hagen, Eva-Maria (*1934), Schauspielerin und Sängerin, 1965–1972 Lebenspartnerin von Wolf Biermann 237

Hager, Kurt (1912–1998), SED-Politiker, galt als »Chefideologe« der Kultur- und Bildungspolitik 237 319

Hahn, Ulla (*1945), Schriftstellerin 628 819

Hahnl, Hans Heinz (1923–2006), österr. Schriftsteller und Literaturkritiker 449

Haider, Daud (*1952), bengal. Schriftsteller 373 593

Hajek, Otto Herbert (1927–2005), Maler und Bildhauer 728

Hallervorden, Dieter (*1935), Kabarettist 748

Hamburger, Michael (1924–2007), Schriftsteller und Übersetzer 50 106 139 436

Hamm, Peter (*1937), Schriftsteller und Literaturkritiker 21 37 149 585

Hamm-Brücher, Hildegard (1921–2016), FDP-Politikerin, 1976–1982 Staatsministerin im Auswärtigen Amt 161f. 269

Hammelehle, Sebastian (*1969), Literaturkritiker 774

Hammerthaler, Ralph (*1965), Schriftsteller 671

Handke, Peter (*1942), österr. Schriftsteller, 1973 Georg-Büchner-Preis 108 116 149 247 270 [338] 386 395 403 424 450 453 454 457 468 487 535 546 584 612 614 614 621 696f.

Händler, Ernst-Wilhelm (*1953), Schriftsteller 683

Hans (*1969), Sohn von Ute Grass aus erster Ehe 291

Hannsmann, Margarete (1921–2007), Schriftstellerin 368

Hanstein, Huschke von (1911–1996), Motorsportler 777

Hardy, Françoise (*1944), frz. Sängerin 162

Hardy, Thomas (1840–1928), engl. Schriftsteller [636] 839

Harfouch, Corinna (*1954), Schauspielerin 748

Harig, Ludwig (*1927), Schriftsteller 437
Harpprecht, Klaus (1927–2016), Journalist und Publizist, 1972–1974 Redenschreiber für Willy Brandt 214f. 632 822
Harris, Robert (*1957), engl. Schriftsteller und Journalist 430
Harris, Thomas (*1940), amerik. Schriftsteller [636]
Hart, Josephine (1942–2011), ir. Schriftstellerin 755
Hartenstein, Liesel (1928–2013), SPD-Politikerin 523
Härter, Herta, Tänzerin, mit U. Härter verheiratet 288 336
Härter, Ulrich (1925–2016), Maler 288 336 687
Hartlaub, Felix (1913–1945), Schriftsteller, Bruder von G. Hartlaub 366
Hartlaub, Geno(veva) (1915–2007), Schriftstellerin und Journalistin 363–366
Härtle, Heinrich (1904–1986), rechtsextremer Publizist 146 166f. 192f.
Härtling, Peter (1933–2017), Schriftsteller (Pseudonym: Benno Wurzelriss) 52f. 235 374 398 528 568 631–634
Härtling, Mechthild, Psychologin, seit 1959 mit P. Härtling verheiratet 633
Hartung, Harald (*1932), Schriftsteller und Literaturkritiker 561
Hartung, Karl (1908–1967), Bildhauer 20
Hartung, Rudolf (1914–1985), Schriftsteller und Literaturkritiker 28
Hašek, Jaroslav (1883–1923), tschech. Schriftsteller 173

Hassel, Kai-Uwe von (1913–1997), CDU-Politiker, 1966–1969 Bundesvertriebenenminister, 1969–1972 Bundestagspräsident 120 168
Hauff, Wilhelm (1802–1827), Schriftsteller 551
Haufs, Elisabeth, in erster Ehe mit R. Haufs verheiratet 568
Haufs, Rolf (1935–2013), Schriftsteller 568f.
Hauptmann, Gerhart (1862–1946), Schriftsteller, 1912 Literaturnobelpreis 54 58 157 160 234 237 280 564 756
Hausmann, Manfred (1898–1986), Schriftsteller 36 52 53
Havel, Václav (1936–2011), tschech. Schriftsteller und Politiker, 1989–1992 Präsident der ČSFR, 1993–2003 Präsident der ČR 512 588f. 622
Havemann, Florian (*1952), Schriftsteller, Maler, Komponist und Richter, Sohn von R. Havemann 696
Havemann, Robert (1910–1982), Chemiker und Publizist, Aktivist in der Bürgerrechtsbewegung der DDR 767
Hawthorne, Nathaniel (1804–1864), amerik. Schriftsteller 839
Hebel, Johann Peter (1760–1826), schweiz. Schriftsteller 66 429
Heckmann, Herbert (1930–1999), Schriftsteller (Pseudonym: Fritz Schönborn) 208 280f.
Hegel, Georg Wilhelm Friedrich (1770–1831), Philosoph 153 410
Heidegger, Martin (1889–1976), Philosoph 84 301
Heidenreich, Elke (*1943), Journalistin und Schriftstellerin 487 595 698 701

Heidenreich, Gert (*1944), Schriftsteller und Journalist, 1965–1972 mit Elke Heidenreich verheiratet **475–478**

Heigert, Hans (1925–2007), 1989–1993 Präsident des Goethe-Instituts 428

Heim, Dieter (*1924), Literaturwissenschaftler 73

Heim, Uta-Maria (*1963), Schriftstellerin und Literaturkritikerin **453** 621

Hein, Christoph (*1944), Schriftsteller 43f. 311f. **344f. 390f. 400 411** 414f. **520** 563 **573f.** 797

Heine, Heinrich (1797–1856), Schriftsteller 100 402 656 795

Heinemann, Gustav (1899–1976), SPD-Politiker, 1969–1974 Bundespräsident 151 293 453 **832**

Heinemann, Hilda (1896–1979), seit 1926 mit G. Heinemann verheiratet 453

Heinemann-Rufer, Ulrich (2003 gest.), Journalist **140f.**

Heinrich, Willi (1920–2005), Schriftsteller 270

Heintje (*1955), niederl. Sänger und Schauspieler 193

Heiseler, Bernt von (1907–1969), Schriftsteller **78f.**

Heißenbüttel, Helmut (1921–1996), Schriftsteller, 1969 Georg-Büchner-Preis 20 **180 199** 259 **279 389** 662

Heizler, Rudolf (1912–gest.), Journalist **202**

Heller, André (*1947), österr. Künstler **648**

Hellwig, Brigitte (*1935), Diakonissin 98

Hemingway, Ernest (1899–1961), amerik. Schriftsteller, 1954 Literaturnobelpreis 66 424 724 744

Henkel, Hans-Olaf (*1940), Manager, Politiker und Publizist **613** 613

Henn, Walter (1931–1963), Regisseur 311

Hennig, Falko (*1969), Schriftsteller **664**

Henniger, Rolf (1925–2015), Schauspieler und Regisseur 633

Henrich, Franz (*1931), kath. Priester, 1967–2000 Direktor der Katholischen Akademie in Bayern 163

Henscheid, Eckhard (*1941), Schriftsteller, 1979 Mitbegründer des Satiremagazins *Titanic* **308 326f. 328 373f. 434 456**

Henschel, Gerhard (*1962), Schriftsteller **752f. 793 820 829**

Hensel, Jana (*1976), Schriftstellerin und Journalistin 699

Hensel, Kerstin (*1961), Schriftstellerin **586f.**

Hentig, Hartmut von (*1925), Pädagoge und Publizist **104ff.** 332

Hentschel, E., nicht ermittelt 152

Henze, Hans Werner (1926–2012), Komponist 95 170 **332**

Herberger, Sepp (1897–1977), Fußballtrainer, 1936–1942 und 1950–1964 Trainer der dt. Fußballnationalmannschaft **158f.**

Herbst, Jo (1928–1980), Kabarettist 73

Herburger, Günter (*1932), Schriftsteller 114f. 195 **198** 199 **230 408** 631 **803 827**

Herburger, Ingrid, 1962–1973 verheiratet mit G. Herburger 827

Herburger, Anna Katrine (*1974), Tochter von G. und R. Herburger 827

Herburger, Rosemarie, seit 1973 mit G. Herburger verheiratet 827
Herking, Ursula (1912–1974), Schauspielerin und Kabarettistin 86 196f.
Herles, Wolfgang (*1950), Journalist 686
Hermann, Judith (*1970), Schriftstellerin 640 699
Hermlin, Irina (*1935), russ. Übersetzerin, seit 1963 mit S. Hermlin verheiratet 577
Hermlin, Stephan (1915–1997), Schriftsteller, 1950–1963 Vizepräsident des DDR-Schriftstellerverbandes, seit 1975 Vizepräsident des Internationalen PEN-Clubs 44 48 **49** 270f. 297 324 370 414 508 527 577
Herms, Ingeborg, mit U. Herms verheiratet 686
Herms, Uwe (*1937), Schriftsteller 686
Herrhausen, Alfred (1930–1989), Bankmanager 195 406
Herrndorf, Wolfgang (1965–2013), Schriftsteller 618 699 799 800
Hertel, Michael (*1954), Journalist und Schriftsteller 783
Herzog, Werner (*1942), Regisseur 487
Heß, Rudolf (1894–1987), NSDAP-Politiker 228
Hesse, Hermann (1877–1962), Schriftsteller, 1946 Literaturnobelpreis 147 206 271 411 450 484 550 682
Hessler, Günter, nicht ermittelt 152
Hettche, Thomas (*1964), Schriftsteller 585
Heuss, Theodor (1884–1963), Politiker und Publizist, 1949–1959 erster Bundespräsident 50

Heydenreich, Titus (1936–2013), Literaturwissenschaftler 641
Heydrich, Jürgen (*1933), Politiker (Die Republikaner) 523
Heym, Stefan (1913–2001), Schriftsteller, übersiedelte 1952 in die DDR, 1979 Ausschluss aus dem DDR-Schriftstellerverband, gilt als Nestor der DDR-Bürgerrechtsbewegung 82 104 406 414 427f. 532
Heyse, Paul (1830–1914), Schriftsteller, 1910 Literaturnobelpreis 206 654
Highsmith, Patricia (1921–1995), amerik. Schriftstellerin 253
Hildebrandt, Dieter (1927–2013), Kabarettist 713f.
Hildebrandt, Dieter (*1932), Schriftsteller und Journalist 195
Hildesheimer, Silvia (1917–2014), Malerin, seit 1952 mit W. Hildesheimer verheiratet 242 340
Hildesheimer, Wolfgang (1916–1991), Schriftsteller, 1966 Georg-Büchner-Preis 26f. 80 160 **239** 242 247 307 309 325 332 340 352 677
Himmler, Heinrich (1900–1945), NSDAP-Politiker 111 468 849
Hinck, Sigrid, seit 1957 mit W. Hinck verheiratet 536
Hinck, Walter (1922–2015), Literaturwissenschaftler 460 535–539 772
Hindenburg, Paul von (1847–1934), Politiker 160
Hintze, Peter (1950–2016), CDU-Politiker, 1992–1998 CDU-Generalsekretär 528 529
Hinz, Michael (1939–2008), Schauspieler 438
Hirsch, Helga (*1948), Publizistin 669

Hirsch, Rudolf (1905–1996), 1950–1962 Lektor und Mitglied der Verlagsleitung des S. Fischer Verlags 34 **35** 303f.

Hitchens, Christopher (1949–2011), anglo-amerik. Literaturkritiker 713

Hitler, Adolf (1889–1945), NSDAP-Politiker, 1933–1945 Reichskanzler, ab 1934 »Führer und Reichskanzler« 53 62 85 106 123 128 137 156 167 168 176 232 237 320 332 333 426 427 429 430 454 459 495 593 661 675 677 679 690 693 702 705 716 719 730 792

Hoche, Karl (*1936), Schriftsteller (Pseudonym: Charlie op den Draht) **225 f.**

Höcherl, Hermann (1912–1989), CSU-Politiker, 1961–1965 Innenminister 194

Hochhuth, Rolf (*1931), Schriftsteller 89 90 110 115 221 **333** 691f.

Hoegner, Wilhelm (1887–1980), SPD-Politiker 174

Hoeneß, Uli (*1952), Fußballspieler und Manager 667f.

Hofer, Karl (1878–1955), Maler 333

Höfer, Werner (1913–1997), Journalist und Fernsehmoderator 690

Hoffer, Klaus (*1942), österr. Schriftsteller, 1980 Alfred-Döblin-Preis **312**

Hoffman, Dustin (*1937), amerik. Schauspieler 644

Hoffmann, E. T. A. (1776–1822), Schriftsteller 329 420 459

Hoffmann, Hans-Joachim (1929–1994), 1973–1989 DDR-Kulturminister 319

Hoffmann, Hilmar (*1925), SPD-Kulturpolitiker, 1993–2002 Präsident des Goethe-Instituts 94 **556 564** 591

Hofmannsthal, Hugo von (1874–1929), österr. Schriftsteller 105 303 449

Holbein, Ulrich (*1953), Schriftsteller **424 449 595**

Hölderlin, Friedrich (1770–1843), Schriftsteller 235 281 532 610 [728] 801

Hollander, Walther von (1892–1973), Schriftsteller 97

Höllerer, Walter (1922–2003), Schriftsteller und Literaturwissenschaftler **19 f.** 23 24 26 32 56 76 85 **132 218 240** 248 252 267 **283** 355 362 380 392 463 552 553 588 662

Höllerers Ehefrau → Mangoldt, Renate von.

Holthusen, Hans Egon (1913–1997), Schriftsteller und Literaturkritiker 101 **196**

Homer (8. Jhr. v. Chr.), griech. Dichter 299

Hone, Joseph (*1937), ir. Schriftsteller **197 f.**

Honecker, Erich (1912–1994), SED-Politiker, seit 1971 Erster Sekretär des ZK der SED, 1976–1989 Generalsekretär des ZK 392

Hönisch, Eva, geb. Genée (*1939), 1963–1995 Sekretärin von G. Grass 177 695

Höpcke, Klaus (*1933), SED-Politiker, 1973–1989 stellvertretender DDR-Kulturminister und Leiter der Hauptverwaltung Verlage 415 442 **485** 728 824

Höra, Daniel (*1965), Schriftsteller **792**

Horbach, Michael (1924–1986), Schriftsteller **327**

Hörbiger, Christiane (*1938), österr. Schauspielerin **718**

Horne, Marilyn (*1934), amerik. Opernsängerin 377

Hornung, Peter (*1931), Journalist und Publizist 32 67

Horváth, Ödön von (1901–1938), österr. Schriftsteller 386 669

Ho Tschi Minh (1890–1969), vietnam. Politiker, 1954–1969 Staatspräsident 148

Hua, Bai (*1956), chines. Schriftsteller 724

Huber, Heinz (1922–1968), Schriftsteller 641

Huchel, Peter (1903–1981), Schriftsteller, verließ 1971 die DDR 100 295

Huelle, Paweł (*1957), poln. Schriftsteller 593f.

Hugo, Victor (1802–1885), frz. Schriftsteller 477 516

Hugues, Pascale (*1959), frz. Journalistin und Publizistin 667

Huhn, Klaus (1928–2017), Sportjournalist in der DDR, langjähriger Leiter der Sportredaktion von *Neues Deutschland* 737

Hull, Edmund James (*1949), amerik. Diplomat, 2001–2004 US-Botschafter im Jemen 639

Humboldt, Alexander von (1769–1859), Naturforscher und Geograph 698

Humboldt, Wilhelm von (1776–1835), Philosoph, Sprachforscher und Staatsmann 137

Humperdinck, Engelbert (*1936), engl. Schlagersänger 163

Humphrey, Hubert Horatio (1911–1978), amerik. Politiker, 1965–1969 US-Vizepräsident 133 134

Hundertwasser, Friedensreich (1928–2000), österr. Künstler 487

Hundhammer, Alois (1900–1974), CSU-Politiker, bayer. Staatsminister und Landtagspräsident 163

Hüppauf, Bernd (*1942), Literaturwissenschaftler 777f.

Ibsen, Henrik (1828–1906), norweg. Schriftsteller [195] [252] [303]

Igarashi, Hitoshi (1947–1991), japan. Übersetzer 397

Ignée, Wolfgang (*1932), Literaturkritiker 248

Ihlefeld, Heli (*1936), Journalistin 728

Ihlenfeld, Kurt (1901–1972), Pfarrer und Schriftsteller 34 **80 146**

Illies, Florian (*1971), Schriftsteller und Journalist 589 **637f.** 699

Imkamp, Wilhelm (*1951), Theologe 807

Ingólfsson, Viktor Arnar (*1955), isländ. Schriftsteller 745f.

Ionesco, Eugène (1912–1994), rumän.-frz. Schriftsteller 153

Irving, Everett (*1991), Sohn von J. Irving 492 499 708 839

Irving, Janet, Literaturagentin, seit 1987 mit J. Irving verheiratet 492f. 499 708

Irving, John (*1942), amerik. Schriftsteller **286 299 395f.** 478 481 **492–499 703–713 838f.** 841

Irving, Shyla (*1943), Malerin und Photographin, 1964–1981 mit J. Irving verheiratet 706

Isenschmid, Andreas (*1952), schweiz. Literaturkritiker 468

Italiaander, Rolf (1913–1991), Schriftsteller und Übersetzer 112f.

Ivanji, Ivan (*1929), jugoslaw. Schriftsteller und Übersetzer **100 107 109 215f. 335 344**

Jäckel, Eberhard (*1929), Historiker 171 215 812 813

957

Jackson, Michael (1958–2009), amerik. Popmusiker 757f.

Jacobi, Claus (1927–2013), Journalist und Publizist 718

Jaeger, Richard (1913–1998), CSU-Politiker, 1953–1965 und 1967–1976 Vizepräsident des Deutschen Bundestags 174

Jaesrich, Hellmut (1908–1989), Literaturkritiker und Schriftsteller 274

Jagger, Mick (*1943), engl. Popmusiker (Rolling Stones) 783

Jahida → Wahba, Jahida.

Jahnn, Hans Henny (1894–1959), Schriftsteller 71 206

Jakobs, Karl-Heinz (1929–2015), Schriftsteller, verließ 1981 die DDR 510

James, Henry (1843–1916), amerik. Schriftsteller 85

Janka, Walter (1914–1994), Verleger 512

Janker, Josef W. (1922–2010), Schriftsteller 37f. 138

Jankowski, Martin (*1965), Schriftsteller 671

Jannings, Emil (1884–1950), Schauspieler 274

Janosch, eig. Horst Eckart (*1931), Illustrator, Kinderbuchautor und Schriftsteller 455 776

Jansen, Günther (*1936), SPD-Politiker, 1975–1987 Vorsitzender der SPD in Schleswig-Holstein 320

Janssen, Horst (1929–1995), Zeichner und Grafiker 99f. 420 502

Janssen, Verena (*1939), 1960–1968 mit H. Janssen verheiratet 99f.

Jarowoy, Robert (*1952), Schriftsteller und Politiker (Die Linke) 286f.

Jarre, Jean Michel (*1948), frz. Musiker und Komponist, Sohn von Maurice Jarre 650

Jarry, Alfred (1873–1907), frz. Schriftsteller [641]

Jaruzelski, Wojciech Witold (1923–2014), poln. General und Politiker, 1985–1990 Staatsoberhaupt 414 740

Jaspers, Gertrud (1879–1974), seit 1910 mit K. Jaspers verheiratet 88

Jaspers, Karl (1883–1969), Philosoph 88 124f. 125

Jelinek, Elfriede (*1946), österr. Schriftstellerin, 1998 Georg-Büchner-Preis, 2004 Literaturnobelpreis 394 437f. 748 821

Jenny, Urs (*1938), schweiz. Literaturkritiker 195 196

Jens, Tilman (*1954), Journalist, Sohn von Walter Jens 754f.

Jens, Walter (1923–2013), Schriftsteller und Literaturkritiker 69 116 122 199 288 367 369 401 453 553 556 616 620 754f.

Jensen, Ole (1924–1977), Zeichner und Karikaturist 130

Jentzsch, Bernd (*1940), Schriftsteller, verließ 1976 die DDR 272 674

Jewtuschenko, Jewgenij (1933–2017), sowjet. Schriftsteller 455 493 708

Jewtuschenkos Ehefrau → Butler, Jan.

Jirgl, Reinhard (*1953), Schriftsteller, 1993 Alfred-Döblin-Preis, 2010 Georg-Büchner-Preis 473f.

Job, Jakob (1891–1973), Schriftsteller 97

Joffe, Josef (*1944), Publizist und Verleger 834

Johannes Paul II. (1920–2005), poln. Theologe, 1978–2005 Papst 273 595

Johnson, Elisabeth (*1935), Literaturwissenschaftlerin, seit 1962 mit U. Johnson verheiratet 696
Johnson, Katharina (*1962), Tochter von E. und U. Johnson 695f.
Johnson, Lyndon B. (1908–1973), amerik. Politiker, 1963–1969 US-Präsident 113 136 162
Johnson, Uwe (1934–1984), Schriftsteller, verließ 1959 die DDR, 1971 Georg-Büchner-Preis 34 43 52f. 58f. **59f.** 61f. 71 **73** 73 76 83 84 88 **92 108** 108 110 110 123 132 133 134 **141** 151 **153** 164 **171** 181 210 222f. **227** 229 **239** 252 **259** 264 272 279 303 311 323 322 [338] 357 365 392 **395** 416 449 492 500 513 533 534 538 554 555 569 597 620 621 631 640 675 674 678 695 718 719 746 765 [766] 782 791 814 823 827 846
Jokostra, Peter (1912–2007), Schriftsteller und Literaturkritiker 71 181
Jonas, Anna (1944–2013), Schriftstellerin **318** 382 740
Jones, Tom (*1940), engl. Popsänger 162
Jong, Erica (*1942), amerik. Schriftstellerin **455**
Josephine, nicht ermittelt 507
Joyce, James (1882–1941), ir. Schriftsteller [242] 258 282 326 [338] 345 385 418 538 546 807
Juhnke, Harald (1929–2005), Schauspieler und Entertainer 590 793
Jünger, Ernst (1895–1998), Schriftsteller **391 482** 760
Jungk, Robert (1913–1994), Publizist, Aktivist der Friedensbewegung 297 499
Jungk, Ruth (1913–1995), seit 1948 mit R. Jungk verheiratet 499f.

Juppé, Alain (*1945), frz. Politiker 699
Jürgens, Udo (1934–2014), österr. Komponist und Sänger 162
Jurgensen, Manfred (*1940), dt.-austral. Literaturwissenschaftler und Schriftsteller **826f.**
Jürgs, Michael (*1945), Journalist und Publizist **85 673 727f.**
Just, Ward (*1935), amerik. Schriftsteller 310

Kaczyński, Lech (1949–2010), poln. Politiker, seit 2005 Staatspräsident **668**
Kafka, Franz (1883–1924), Schriftsteller 206 246 [701] 798f.
Kahane, Meir (1932–1990), israel. Rabbiner und Politiker 427
Kaiser, Henriette (*1961), Drehbuchautorin und Regisseurin, Tochter von J. Kaiser **732ff.**
Kaiser, Joachim (1928–2017), Literatur- und Musikkritiker **101f.** 116 **160f.** 235 248 **266** 388 446 **446f.** 732ff.
Kaminer, Wladimir (*1967), dt.-russ. Schriftsteller **744**
Kaniuk, Yoram (1930–2013), israel. Schriftsteller **609f.**
Kant, Hermann (1926–2016), Schriftsteller, 1969–1978 Vizepräsident und 1978–1990 Präsident des DDR-Schriftstellerverbandes, 1981–1990 Mitglied der Volkskammer, Inoffizieller Mitarbeiter des Staatssicherheitsdienstes (IM »Martin«) 45 83 **100** 282 **375** 386 414 415 **423** 442 578 740 **765f.** 766
Kant, Immanuel (1724–1804), Philosoph 77 803

Kantorowicz, Alfred (1899–1979), Schriftsteller und Literaturwissenschaftler 386 513
Kapielski, Thomas (*1951), Schriftsteller, bildender Künstler und Musiker 756f.
Karajan, Herbert von (1908–1989), österr. Dirigent 252
Karasek, Hellmuth (1934–2015), Literaturkritiker und Schriftsteller, 1988–2001 Mitglied des *Literarischen Quartetts* 100 195 247 320 394 433 434 459 466 474 482 484 530f. 585 656f. 692 834
Karl XVI. Gustav (*1946), seit 1973 König von Schweden 581 582 747
Kassan, Marc, Schriftsteller 682
Kästner, Erhart (1904–1974), Schriftsteller 34
Kästner, Erich (1899–1974), Schriftsteller, 1957 Georg-Büchner-Preis 90 92 99 553
Katzer, Hans (1919–1996), CDU-Politiker, 1965–1969 Minister für Arbeit und Sozialordnung 97
Kehlmann, Daniel (*1975), Schriftsteller 640 683 698 828
Kemal, Tilda (gest. 2001), seit 1952 mit Y. Kemal verheiratet 516
Kemal, Yaşar (1923–2015), kurd.-türk. Schriftsteller 516 528 540 688 784f.
Kempowski, Walter (1929–2007), Schriftsteller, verließ 1956 die DDR 92 268 279 309 312 320 [338] 386 402 403 404 404f. 409 424 427f. 430 462 468 611 613 624 629f. 675
Kennedy, Douglas (*1955), amerik. Schriftsteller 744f.

Kennedy, Jacqueline (1929–1994), Journalistin, seit 1953 mit J. F. Kennedy verheiratet 163
Kennedy, John F. (1917–1963), amerik. Politiker, 1960–1963 US-Präsident 64 65 162 163 [458]
Kennedy, Robert F. (1925–1968), amerik. Politiker 162
Kerbach, Ralf (*1956), Künstler, verließ 1982 die DDR 595
Kerkeling, Hape (*1964), Komiker 676f.
Kermani, Navid (*1967), dt.-iran. Schriftsteller und Orientalist 616 777
Kerouac, Jack (1922–1969), amerik. Schriftsteller 258 546
Kertész, Imre (1929–2016), ungar. Schriftsteller, 2002 Literaturnobelpreis 609 664
Kesey, Ken (1935–2001), amerik. Schriftsteller [431]
Kessler, Alice (*1936) und Ellen (*1936), Tänzerinnen 558
Kesten, Hermann (1900–1996), Schriftsteller, 1974 Georg-Büchner-Preis 90 149
Kesten, Toni (1904–1977), seit 1928 mit H. Kesten verheiratet 149
Keyn, Hannelore (1935–2010), betreute das Alfred-Döblin-Haus in Wewelsfleth 670
Khomeini, Ruhollah Musavi (1902–1989), schiitischer Ayatollah, seit 1979 iran. Staatsoberhaupt 397 398
Kiesel, Helmuth (*1947), Literaturwissenschaftler 425
Kiesinger, Kurt Georg (1904–1988), CDU-Politiker, 1966–1969 Bundeskanzler 122 **123** 123 124 138 155 155 156 162 342 831 832

Kinder, Hermann (*1944), Schriftsteller und Literaturwissenschaftler 252 419 763
Kinks, engl. Popgruppe 590
Kipphardt, Heinar (1922–1982), Schriftsteller 119f. 194ff. 673
Kirch, Leo (1926–2011), Medienunternehmer 587 837
Kirchhoff, Bodo (*1948), Schriftsteller 616 746
Kirsch, Rainer (1934–2015), Schriftsteller, 1960–1968 mit S. Kirsch verheiratet 283
Kirsch, Sarah (1935–2013), Schriftstellerin, verließ 1977 die DDR, 1996 Georg-Büchner-Preis 217 343 456 490 508 612 624 636 674
Kishon, Ephraim (1924–2005), israel. Schriftsteller 462
Kissinger, Henry (*1923), amerik. Politiker, 1973–1977 Außenminister, 1973 Friedensnobelpreis 224 377
Klarsfeld, Beate (*1939), dt.-frz. Journalistin, kandidierte 2012 bei der Wahl zum Amt des Bundespräsidenten 137 156 830ff.
Klarsfeld, Serge (*1935), frz. Rechtsanwalt und Historiker, seit 1963 mit B. Klarsfeld verheiratet 831
Klebe, Giselher (1925–2009), Komponist, 1986–1989 Präsident der Akademie der Künste in West-Berlin 397 398 400
Klee, Paul (1879–1940), Maler 745
Kleeberg, Michael (*1959), Schriftsteller und Übersetzer 775f.
Klein, Alfred (1930–2001), Literaturwissenschaftler 43 323
Kleinschmidt, Franz (1888–1918), Wilderer und Raubmörder (»der Schrecken der Tucheler Heide«) 189f.

Kleist, Heinrich von (1777–1811), Schriftsteller [105] 257 469
Klemperer, Otto (1885–1973), Dirigent und Komponist 142
Kliesch, Vincent (*1974), Schriftsteller 809
Klonovsky, Michael (*1962), Schriftsteller und Journalist 663
Klose, Hans-Ulrich (*1937), SPD-Politiker, 1994–1998 Vizepräsident des Deutschen Bundestages 521
Kluge, Alexander (*1932), Schriftsteller und Filmregisseur, 2003 Georg-Büchner-Preis 453
Kluger, Richard (*1934), amerik. Schriftsteller und Publizist 85f.
Klüger, Ruth (*1931), österr. Schriftstellerin und Literaturwissenschaftlerin 609 723
Klünner, Lothar (1922–2012), Schriftsteller 762
Knappe, Joachim (1929–1994), Schriftsteller in der DDR 233
Knaus, Albrecht (1913–2007), Lektor und Verleger 564
Knef, Hildegard (1925–2002), Schauspielerin und Sängerin 92 142 265 277f. 303 [458] 631 671
Knobloch, Charlotte (*1932), 2006–2010 Präsidentin des Zentralrats der Juden in Deutschland 835
Knobloch, Heinz (1926–2003), Schriftsteller in der DDR 45 587
Knoff, Arthur (1893–1916), Bruder von G. Grass' Mutter Helene 132
Koch, Knut (*1941), Schauspieler und Regisseur 445f.
Koeppen, Wolfgang (1906–1996), Schriftsteller, 1962 Georg-Büchner-Preis 52 94 172 191 246 259 325 365 447 550

Kohl, Helmut (1930–2017), CDU-Politiker, 1982–1998 Bundeskanzler 314 342 **383** 405 411 419 **422 428** 539 55**6** 579 5**8**7 595 647 **665** 811

Kohl, Inge, nicht ermittelt 647

Kohnen, Alexander, Journalist **776**

Kohout, Pavel (*1928), tschech.-österr. Schriftsteller **374f.** 513 622 **692f.**

Kolle, Oswald (1928–2010), Journalist und Filmproduzent **729f.**

Köller, Metzgermeister 790

Kolleritsch, Alfred (*1931), österr. Schriftsteller 247

Kong, Luosun (1912–1996), Vize-Generalsekretär des chines. Schriftstellerverbandes 724f.

König, Barbara (1925–2011), Schriftstellerin **212f. 265f. 384 392 588**

Konopacka, Joanna, poln. Verlegerin 688

Konrád, György (*1933), ungar. Schriftsteller und Soziologe, 1997–2003 Präsident der Berliner Akademie der Künste **526**

Konsalik, Heinz G. (1921–1999), Schriftsteller **328**

Konstantin (272–337), röm. Kaiser 237

Kopelew, Lew (1912–1997), russ. Schriftsteller, 1968 Ausschluss aus der KPDSU, erhielt 1977 Publikationsverbot, 1981 ausgebürgert und seitdem in der BRD **67 200 216 334 433f.** 601

Kopelews Ehefrau → Orlowa-Kopelew, Raissa.

Kopernikus, Nikolaus (1473–1543), Astronom und Mathematiker 167

Kopetzky, Steffen (*1971), Schriftsteller **619**

Köpf, Gerhard (*1948), Schriftsteller und Literaturwissenschaftler **343** 372 395 419 512 517**f. 666 685**

Korlén, Gustav (1915–2014), schwed. Literaturwissenschaftler 87 **144f.** 583 **771**

Kortner, Fritz (1892–1970), österr. Schauspieler und Regisseur **106** 482

Kosinski, Jerzy Nikodem (1933–1991), amerik. Schriftsteller poln. Herkunft 520

Kosta, Tomáš (1925–2016), tschech. Schriftsteller und Verleger 334 598 600

Kotschenreuter, Hellmut, Theaterkritiker **65**

Kowa, Victor de (1904–1973), Schauspieler **172f.**

Kozarynowa, Zofia (1890–1992), poln. Schriftstellerin 62

Kracht, Christian (*1966), schweiz. Schriftsteller und Journalist **747**

Kraft, Werner (1896–1991), Schriftsteller und Bibliothekar, emigrierte 1933 nach Jerusalem 111 125**f. 300f.**

Krahl, Hans-Jürgen (1943–1970), Leitfigur der Frankfurter Studentenbewegung 622

Krämer-Badoni, Rudolf (1913–1989), Schriftsteller und Journalist **205**

Kranzhöfer, Christa (*1935), Diakonissin 98

Kraus, Peter (*1939), österr. Schauspieler und Sänger **142**

Krause, Walter (1912–2000), SPD-Politiker 205

Krausser, Helmut (*1964), Schriftsteller **462f.** 517 580**f.** 821

Kreisky, Bruno (1911–1990), österr. Politiker (SPÖ), 1970–1983 Bundeskanzler **206f. 214**

Krenz, Egon (*1937), ab Oktober 1989 für sieben Wochen Nachfolger von Erich Honecker als Generalsekretär des ZK der SED, 2000–2003 inhaftiert wegen Totschlags 557 **737**
Krippendorff, Ekkehart (*1934), Politikwissenschaftler 832
Kroetz, Franz Xaver (*1946), Schriftsteller **588**
Kröhnke, Friedrich (*1956), Schriftsteller **336f.**
Kron, Norbert (*1965), Schriftsteller **669ff.**
Kronauer, Brigitte (*1940), Schriftstellerin, 2005 Georg-Büchner-Preis **745**
Kronenberg, Susanne (*1958), Schriftstellerin **681**
Krug, Manfred (1937–2016), Schauspieler, verließ 1977 die DDR **490ff.** 508
Krüger, Carsten (*1945), Filmemacher 603
Krüger, Hanspeter (*1937), Journalist und Rundfunkredakteur 569 719 721
Krüger, Horst (1919–1999), Schriftsteller **155**
Krüger, Ingrid (*1937), Lektorin und Übersetzerin **563**
Krüger, Michael (*1943), Schriftsteller und Verleger, 1986–2013 Leiter des Hanser Verlags **597**
Kruntorad, Paul (1935–2006), österr. Schriftsteller **173**
Krupp, Industriellen-Familie 230
Krüss, James (1926–1997), Schriftsteller **159**
Kryzsewski, österr. Musiklehrer 617
Kryzsewski, Franziska, Tochter von Kryzsewski 617

Krzemiński, Adam (*1945), poln. Journalist und Publizist, Vorsitzender der deutsch-poln. Gesellschaft in Warschau 479
Kuby, Erich (1910–2005), Schriftsteller und Publizist 354
Kuczynski, Jürgen (1904–1997), Historiker und Wirtschaftswissenschaftler **458**
Kühn, August (1936–1996), Schriftsteller **326**
Kühn, Siegfried (*1935), Regisseur 110
Kulick, Holger (*1960), Journalist **612**
Kundera, Milan (*1929), tschech. Schriftsteller, übersiedelte 1975 nach Paris 431
Kunert, Günter (*1929), Schriftsteller, verließ 1979 die DDR 290 403 **505ff.** 584 674 768
Kunert, Marianne (*1927), seit 1952 mit G. Kunert verheiratet 290 291 292 506f.
Kunze, Heinz Rudolf (*1956), Musiker **758 777 820f.**
Kunze, Reiner (*1933), Schriftsteller, verließ 1977 die DDR, 1977 Georg-Büchner-Preis 251 413 578 740
Künzel, Helene, Mutter von Beate Klarsfeld 830
Kunzelmann, Dieter (*1939), Aktionskünstler, Mitbegründer der »Kommune I« **133**
Kurras, Karl-Heinz (1927–2014), Polizist, erschoß 1967 Benno Ohnesorg 135
Kurz, Paul Konrad (1927–2005), Theologe und Schriftsteller 146
Kwaśniewski, Aleksander (*1954), poln. Politiker, 1995–2005 Staatspräsident **565**

Laabs, Joochen (*1937), Schriftsteller, mit Daniela Dahn verheiratet 558 561f. 727f.
Lacan, Jacques (1901–1981), frz. Psychoanalytiker 732
Laederach, Jürg (*1945), schweiz. Schriftsteller 381ff.
Lafontaine, Oskar (*1943), Politiker (SPD/Die Linke), 1995–1999 SPD-Vorsitzender 420 **456** 526 557 588 **664f.** 665
Lagerfeld, Karl (*1933), Modeschöpfer 745 **761** 794
Lagerlöf, Selma (1858–1940), schwed. Schriftstellerin, 1909 Literaturnobelpreis 450
Lämmert, Eberhard (1924–2015), Literaturwissenschaftler 513
Lammert, Norbert (*1948), CDU-Politiker, seit 2005 Bundestagspräsident **805f.**
Lang, Michel (1940–2004), frz. Publizist 830f.
Langenscheidt, Florian (*1955), Verleger und Publizist 667
Langer, Jochen (*1953), Schriftsteller **403**
Langer, Tanja (*1962), Schriftstellerin **679**
Langhans, Rainer (*1940), Autor und Filmemacher, Mitbegründer der »Kommune I« **718**
Längle, Ulrike (*1953), österr. Literaturwissenschaftlerin und Schriftstellerin **431**
Laqueur, Walter (*1921), amerik. Historiker und Publizist 632
Laser, Dieter (*1942), Schauspieler 195
Lasker-Schüler, Else (1869–1945), Schriftstellerin 799

Lasky, Melvin J. (1920–2004), amerik. Publizist und Kulturpolitiker **425** 444 632
Lattmann, Dieter (*1926), Schriftsteller, 1969–1974 erster Bundesvorsitzender des Verbandes Deutscher Schriftsteller, 1972–1980 SPD-Bundestagsabgeordneter 196 578 **671**
Lauterbach, Heiner (*1953), Schauspieler 587
Lawrence, David Herbert (1885–1930), engl. Schriftsteller 85
Laxness, Halldór (1902–1998), isländ. Schriftsteller, 1955 Literaturnobelpreis 617
Lebert, Benjamin (*1982), Schriftsteller 586
Le Carré, John (*1931), engl. Schriftsteller **630**
Ledig-Rowohlt, Heinrich Maria (1908–1992), Verleger 504
Lefèbvre, Jean-Pierre (*1943), frz. Literaturwissenschaftler und Schriftsteller **396**
Le Fort, Gertrud Freiin von (1876–1971), Schriftstellerin **113**
Leger, Peter (1924–1991), Karikaturist 40
Lehr, Thomas (*1957), Schriftsteller **450** **585f.**
Leinen, Jo (*1948), SPD-Politiker 367
Leiser, Erwin (1923–1996), dt.-schwed. Publizist und Regisseur **206**
Lely, Peter (1618–1680), engl. Maler 630
Lem, Stanisław (1921–2006), poln. Schriftsteller **362f.**
Le Maire, Bruno (*1969), frz. Politiker (UMP / Les Républicains), 2009–2012 Minister für Ernährung, Landwirtschaft

und Fischerei, seit 2017 Wirtschaftsminister unter Emmanuel Macron **811f.**

Lembke, Robert (1913–1989), Fernsehmoderator 320

Lemmer, Ernst (1898–1970), CDU-Politiker 170

Lenin, Wladimir Iljitsch (1870–1924), russ. Politiker 237 667

Lennon, John (1940–1980), engl. Popmusiker (Beatles) 72

Lenz, Hermann (1913–1998), Schriftsteller, 1978 Georg-Büchner-Preis **23**

Lenz, Siegfried (1926–2014), Schriftsteller 95 188 200 **217** 225 286 305 323 335 343 366 368 413 449 450 456 501 **519** 601 616 643 647 653 730 761 776 819 **821** 821

Leo, Annette (*1948), Historikerin 48

Leo, Per (*1972), Schriftsteller und Historiker **819**

Leonhardt, Rudolf Walter (1921–2003), Publizist 90

Leppler, Willi (*1929), Historiker und Schriftsteller **21**

Lernet-Holenia, Alexander (1879–1976), österr. Schriftsteller **84**

Lessing, Doris (1919–2013), engl. Schriftstellerin, 2007 Literaturnobelpreis 584

Lessing, Gotthold Ephraim (1729–1781), Schriftsteller 590

Lester, Richard (*1932), amerik. Filmregisseur 72

Lettau, Reinhard (1929–1996), Schriftsteller und Literaturwissenschaftler 59 **139 148** 178 357 508 719 762 846

Leupold, Dagmar (*1955), Schriftstellerin 797

Levine, David (1926–2009), amerik. Karikaturist **262 294 435**

Levinger, Mosche (1935–2015), israel. Rabbiner 427

Lévy, Bernard-Henri (*1948), frz. Philosoph **425f.** 667

Lewinsky, Monica (*1973), amerik. Psychologin, wurde 1998 bekannt durch ihre Affäre mit Bill Clinton 661

Lewitscharoff, Sibylle (*1954), Schriftstellerin, 2013 Georg-Büchner-Preis **799**

Lichtenberg, Georg Christoph (1742–1799), Schriftsteller 390

Lichtenstein, Erwin (1901–1993), israel. Rechtsanwalt **126f. 202f.** 329ff.

Lichtenstein, Lotte (1901–gest.), seit 1922 mit E. Lichtenstein verheiratet 329ff.

Lichtenstein, Ruth (*1923), Tochter von E. Lichtenstein 329

Liebmann, Irina (*1943), Schriftstellerin 843f.

Lietzau, Hans (1913–1991), Regisseur und Intendant 183 184

Lietzmann, Sabina (1919–1995), Journalistin und Publizistin 81 113 **115f.** 140

Limbach, Jutta (1934–2016), Juristin und SPD-Politikerin, 1994–2002 Präsidentin des Bundesverfassungsgerichts 701

Linde, Erdmann (*1943), SPD-Politiker, 1998–2006 Leiter des WDR-Studios Dortmund **482**

Lindenberg, Udo (*1946), Popmusiker 595

Lindgren, Astrid (1907–2002), schwed. Schriftstellerin [619]

Lindlau, Dagobert (*1930), Journalist und Schriftsteller 728 768

Lindner, Erich (*1932), Rechtsextremist 120f.
Lindner, Erik (*1964), Historiker 697f.
Lippe, Jürgen von der (*1948), Schauspieler und Komiker 763
Littell, Jonathan (*1967), frz. Schriftsteller 716
Littmann, Corny (*1952), Theatermacher, Schauspieler und Regisseur, 2003–2010 Präsident des FC St. Pauli 648 649
Livaneli, Zülfü (*1946), türk. Musiker, Schriftsteller und Regisseur 784f.
Livius, Titus (59 v. Chr. – 17 n. Chr.), röm. Geschichtsschreiber 80
Lobo Antunes, António (*1942), portugies. Schriftsteller 697
Lodemann, Jürgen (*1936), Schriftsteller 245
Lodge, David (*1935), engl. Schriftsteller und Literaturwissenschaftler 431
Loerke, Oskar (1884–1941), Schriftsteller 206
Loest, Erich (1926–2013), Schriftsteller, verließ 1981 die DDR 137 285 333 344 385 403 442 458 462 489 578 726 738 740f. 768 772f.
Loetscher, Hugo (1929–2009), schweiz. Schriftsteller 39f.
Löffler, Sigrid (*1942), österr. Literaturkritikerin, 1988–2000 Mitglied des *Literarischen Quartetts* 390 394 466 467 571 609
Lombardo-Radice, Lucio (1916–1982), ital. Mathematiker, Schriftsteller und Politiker 599
Loredano, eig. Silva Loredano Cássio (*1948), brasil. Karikaturist 275 364

Lortholary, Bernard (*1936), frz. Übersetzer 504
Lottmann, Joachim (*1956), Schriftsteller und Journalist 377 505 543 675f. 759 829
Löwenthal, Richard (1908–1991), Politikwissenschaftler 632
Lowry, Malcolm (1909–1957), engl. Schriftsteller 747
Lübke, Heinrich (1894–1972), CDU-Politiker, 1959–1969 Bundespräsident 71 120 137 500 535
Lübke, Wilhelmine (1885–1981), seit 1929 mit H. Lübke verheiratet 500
Ludwig I. (1786–1868), König von Bayern 64
Luft, Friedrich (1911–1990), Theaterkritiker 76
Lukács, Georg (1885–1971), ungar. Philosoph und Literaturwissenschaftler 109 607
Lunkewitz, Bernd F. (*1947), Verleger 480
Lüst, Reimar (*1923), Astrophysiker und Wissenschaftsmanager 453
Luther, Martin (1483–1546), Reformator 328
Luxemburg, Rosa (1870–1919), Politikerin 237f. [511]
Lynch, David (*1946), amerik. Regisseur [431]

Maar, Paul (*1937), Schriftsteller 701
Madonna (*1958), amerik. Popmusikerin 595 807
Maelck, Stefan (*1963), Schriftsteller 631
Magenau, Jörg (*1961), Journalist und Literaturkritiker 528 659 773
Magnuson, James (*1941), amerik. Schriftsteller 825

Maguire, Tobey (*1975), amerik. Schauspieler 825

Mahfuz, Nagib (1911–2006), ägypt. Schriftsteller, 1988 Literaturnobelpreis 617

Mailer, Norman (1923–2007), amerik. Schriftsteller 85 786

Maletzke, Erich (*1940), Journalist und Schriftsteller **272f.**

Malle, Louis (1932–1995), frz. Regisseur 240 275

Malraux, André (1901–1976), frz. Schriftsteller und Politiker 653

Malte (*1967), Sohn von Ute Grass aus erster Ehe 291

Mampell, Klaus (1916–2000), Schriftsteller und Biologe **25**

Manfred, nicht ermittelt 84

Mangoldt, Renate von (*1940), Photographin, seit 1965 mit W. Höllerer verheiratet 85 132 392

Manguel, Alberto (*1948), kanad. Schriftsteller und Übersetzer **717**

Manheim, Ralph (1907–1992), amerik. Übersetzer 630

Mann, Golo (1909–1994), Schriftsteller und Historiker, 1968 Georg-Büchner-Preis **150f.** 151 157 348 620

Mann, Heinrich (1871–1950), Schriftsteller 37 279 389 400 620 842

Mann, Klaus (1906–1949), Schriftsteller 620 775

Mann, Thomas (1875–1955), Schriftsteller, 1929 Literaturnobelpreis 25 29 37 61 65 71 107 206 263 279 346 386 388 400 [530] 553 564 618 620 647 745 [757] 763 776 783 848

Mann-Borgese, Elisabeth (1918–2002), Meeresrechtlerin und Ökologin 499 620

Manthey, Jürgen (*1932), Rundfunkredakteur, Lektor und Literaturwissenschaftler 201 459

Manthey, Maria, mit J. Manthey verheiratet 201 459

Manzoni, Alessandro (1785–1873), ital. Schriftsteller [363]

Mao Tse-tung (1893–1976), chin. Politiker, 1954–1976 Staatspräsident 147 148 162 787 788

Marat, Jean-Paul (1743–1793), frz. Publizist, Arzt und Revolutionär 118 124 179 267 268 453

Marcuse, Herbert (1898–1979), Philosoph 230

Marcuse, Ludwig (1894–1971), Schriftsteller und Philosoph 110 **149**

Marías, Javier (*1951), span. Schriftsteller 609

Maron, Monika (*1941), Schriftstellerin, verließ 1988 die DDR 372 410 415

Marquardt, Hans (1920–2004), Journalist, Lektor und Verlagsleiter, 1961–1987 Leiter des Verlags Philipp Reclam jun. Leipzig 283 766 768 824

Martel, Yann (*1963), kanad. Schriftsteller **617**

Marx, Karl (1818–1883), Philosoph und Politiker 165 237 474 714

Mascolo, Georg (*1964), dt.-ital. Journalist, 2008–2013 Chefredakteur beim *Spiegel* **747**

Matinyan, Karlen, armen. Übersetzer 771

Matthia, Günter J. (*1955), Schriftsteller **534**

Matthies, Frank-Wolf (*1951), Schriftsteller, verließ 1981 die DDR 767f.

Matthöfer, Hans (1925–2009), SPD-Politiker, 1974–1978 Bundes-

minister für Forschung und Technologie 256f.
Maupassant, Guy de (1850–1893), frz. Schriftsteller 66
Maurer, Georg (1907–1971), Schriftsteller 693
Maurer, Jörg (*1953), Kabarettist und Schriftsteller 759
May, Karl (1842–1912), Schriftsteller [547]
Mayer, Brigitte Maria (*1965), Photographin und Filmemacherin, seit 1992 mit Heiner Müller verheiratet 488
Mayer, Hans (1907–2001), Literaturhistoriker und Schriftsteller, verließ 1963 die DDR 41 43f. 105 116 **140** 179 248 268 288 **322ff.** 332 344 374 459f. 463 530 822
Mayer-Amery, Christian → Amery, Carl.
McCarthy, Mary (1912–1989), amerik. Schriftstellerin 55 55 763
McEwan, Ian (*1948), engl. Schriftsteller **786**
Mechtel, Angelika (1943–2000), Schriftstellerin 367f. 567
Meckel, Christoph (*1935), Schriftsteller und Graphiker 490 508 674
Medwedew, Roy (*1925), russ. Historiker und Politiker 599
Meier, Georg (*1947), Schriftsteller **718**
Meinhof, Ulrike Marie (1934–1976), Journalistin, 1961–1968 mit K. R. Röhl verheiratet, Mitglied der Rote Armee Fraktion (RAF) 37 **89 134** 201 231 232 687 696
Meinke, Hans (*1937), Verleger in Spanien **800**
Meins, Holger (1941–1974), Mitglied der Rote Armee Fraktion (RAF) 231

Melandri, Sabrina (*1978), Publizistin 28
Melldahl, Asa (*1951), schwed. Schauspielerin und Regisseurin 583
Melville, Herman (1819–1891), amerik. Schriftsteller [68] [473] 753 839
Mende, Erich (1916–1998), FDP-Politiker, 1963–1966 Vizekanzler und Minister für gesamtdeutsche Fragen, trat 1970 zur CDU über 77 **366**
Mendès-France, Pierre (1907–1982), frz. Politiker 541
Merchant, Judith (*1976), Schriftstellerin **792**
Mercouri, Melina (1925–1994), griech. Schauspielerin, Sängerin und Politikerin, 1967–1974 ausgebürgert, 1981–1989 Kulturministerin **147** 148
Merian, Svende (*1955), Schriftstellerin **276f.**
Merkel, Angela (*1954), CDU-Politikerin, 2005 zur ersten Bundeskanzlerin gewählt **626** **689** 810 812 835
Merkel, Petra-Evelyne (*1947), SPD-Politikerin **627**
Meroz, Yohanan (1920–2006), israel. Diplomat, 1974–1981 Botschafter in Bonn **254**
Mettke, Jörg (*1943), Journalist 603
Meyer, Clemens (*1977), Schriftsteller **669**
Meyer, Detlev (1948–1999), Schriftsteller **335**
Meyer, Fritz, nicht ermittelt **188ff.**
Meyer, Ulrich (*1955), Journalist und Fernsehmoderator 423
Meyer-Brockmann, Henry (1912–1968), Zeichner und Karikaturist **57**
Meyer-Clason, Curt (1910–2012), Übersetzer **260f.**

Meysel, Inge (1910–2004), Schauspielerin 595
Michaelis, Rolf (1933–2013), Literaturkritiker 235 280 328 **517**
Michalzik, Peter (*1963), Journalist und Literaturkritiker **25**
Michel, Karl Markus (1929–2000), Publizist und Lektor **554ff.**
Michnik, Adam (*1946), poln. Publizist 627
Mickel, Karl (1935–2000), Schriftsteller 272
Middlehoff, Thomas (*1953), Manager 755
Middleton, Christopher (1926–2015), engl. Schriftsteller und Übersetzer 258
Mielke, Erich (1907–2000), SED-Politiker, seit 1957 Minister für Staatssicherheit 319 386 488 538
Miller, Arthur (1915–2005), amerik. Schriftsteller **119** 374 599
Miller, Henry (1891–1980), amerik. Schriftsteller 79 286
Minkmar, Nils (*1966), dt.-frz. Historiker und Publizist **815**
Miriam, Enkelin von F. Schorlemmer 821
Mishima, Yukio (1925–1970), japan. Schriftsteller 429
Mitscherlich, Alexander (1908–1982), Psychoanalytiker 166 230 675
Mitscherlich(-Nielsen), Margarete (1917–2012), Psychoanalytikerin, seit 1955 mit A. Mitscherlich verheiratet **769f.**
Mittenzwei, Werner (1927–2014), Literaturwissenschaftler **606**
Mitterand, François (1916–1996), frz. Politiker, 1981–1995 Staatspräsident 413 811
Mitterand, Frédéric (*1947), 2009–2012 frz. Kulturminister 811

Młynarczyk, Jerzy (*1931), 1977–1981 Stadtpräsident von Gdańsk 284
Modick, Klaus (*1951), Schriftsteller und Literaturkritiker **387f. 614 629 654f. 683 807f.**
Modick, Marlene (*1985), Tochter von K. Modick 654f.
Moers, Walter (*1957), Comic-Zeichner, Illustrator und Schriftsteller **546**
Molière (1622–1673), frz. Schriftsteller 304
Mon, Franz (*1926), Schriftsteller 662
Moníková, Libuše (1945–1998), Schriftstellerin, übersiedelte 1971 von der Tschechoslowakei in die BRD, 1987 Alfred-Döblin-Preis **374**
Monk, Egon (1927–2007), Regisseur **481f.**
Montand, Yves (1921–1991), frz. Chansonnier und Schauspieler 293
Morriën, Adriaan (1912–2002), niederländ. Schriftsteller **23 33** 844
Morriën, Guus, mit A. Morriën verheiratet 33
Morrison, Toni (*1931), amerik. Schriftstellerin, 1993 Literaturnobelpreis 310
Morshäuser, Bodo (*1953), Schriftsteller 671
Mozart, Wolfgang Amadeus (1756–1791), österr. Komponist 328 [581]
Muehlen, Norbert (1909–1981), dt.-amerik. Publizist **198**
Mulisch, Harry (1927–2010), niederl. Schriftsteller **611 622f.**
Müller, André (*1925), Schriftsteller **389**

Müller, André (1946–2011), österr. Journalist und Schriftsteller 287 386 **757**

Müller, Christoph (*1938), Journalist 492

Müller, Gerd (*1945), Fußballspieler 193

Müller, Heiner (1929–1995), Schriftsteller, 1985 Georg-Büchner-Preis 23 **394f. 411f.** 414 **430** 488 685

Müllers Ehefrau → Mayer, Brigitte Maria.

Müller, Herta (*1953), dt.-rumän. Schriftstellerin, übersiedelte 1987 von Rumänien in die BRD, 2009 Literaturnobelpreis 821

Müller, Michael (*1948), SPD-Politiker **692**

Müller, Peter (1927–1992), Berufsboxer 193

Müller-Sommer, Maria (*1922), Bühnenverlegerin, langjährige Freundin von G. Grass 259

Müller-Stahl, Armin (*1930), Schauspieler 748

Müller-Westernhagen, Marius (*1948), Musiker und Schauspieler **650**

Mundt, Hans Josef (1914–2003), Lektor und Verlagsleiter 26 122

Munro, Alice (*1931), kanad. Schriftstellerin, 2013 Literaturnobelpreis **680**

Müntzer, Thomas (1489–1525), ev. Theologe und Revolutionär 155

Muschg, Adolf (*1934), schweiz. Schriftsteller und Literaturwissenschaftler, 1994 Georg-Büchner-Preis, 2003–2006 Präsident der Berliner Akademie der Künste 297 335 **468f. 518f. 563** 773

Musil, Robert (1880–1942), österr. Schriftsteller 37 71 110 206 258 [**388**] 550 586 617

Mussolini, Benito (1883–1945), 1922–1943 faschist. Diktator Italiens 716

Nabokov, Vera (1902–1991), seit 1925 mit V. Nabokov verheiratet 763

Nabokov, Vladimir (1899–1977), russ.-amerik. Schriftsteller 55 [77] 99 516 546 586 747 763

Nachbar, Herbert (1930–1980), Schriftsteller in der DDR 44

Nádas, Péter (*1942), ungar. Schriftsteller 563

Naddel, eig. Nadja abd el Farrag (*1965), Fernsehmoderatorin und Sängerin, 1989–2001 Lebenspartnerin von Dieter Bohlen 611

Nadolny, Sten (*1942), Schriftsteller **463f. 575**

Nagel, Ivan (1931–2012), ungar.-dt. Theaterwissenschaftler und Intendant **66f.**

Nagel, Peter (*1941), Maler und Grafiker **580**

Napoléon Bonaparte (1769–1821), Kaiser der Franzosen 640

Nasreen, Taslima (*1962), Schriftstellerin aus Bangladesch **593**

Naters, Elke (*1963), Schriftstellerin 586

Naumann, Michael (*1941), SPD-Politiker, 1998–2001 Kulturstaatsminister 473 583

Naura, Michael (1934–2017), Jazzpianist, Redakteur und Publizist 467

Nechuschtan, Abner (1900–1968), israel. Journalist **126**

Neckermann, Josef (1912–1992), Versandkaufmann **157**

Negt, Oskar (*1934), Soziologe **436 561** 599 **799 803**
Nehmer, Rudolf (1912–1983), Maler und Graphiker 282
Neruda, Pablo (1904–1973), chilen. Schriftsteller und Politiker, 1971 Literaturnobelpreis 779
Neske, Günther (1913–1997), Verleger 26f.
Netanjahu, Benjamin (*1949), israel. Politiker, seit 2009 Ministerpräsident 795 834
Netzer, Günter (*1944), Fußballspieler und Medienunternehmer **647f. 842f.**
Neudeck, Rupert (1939–2016), Journalist, Mitbegründer der Hilfsorganisation *Cap Anamur*, seit 2003 Vorsitzender der *Grünhelme* **803f.**
Neumann, Robert (1897–1975), österr. Schriftsteller **83** 118
Neumann, Uwe (*1958), Literaturwissenschaftler 734
Neuss, Wolfgang (1923–1989), Autor, Schauspieler und Kabarettist 73 **88f.** 222f. **321 346** 535 791
Neutsch, Erik (1931–2013), Schriftsteller in der DDR **191 296f.**
Niemann, Norbert (*1961), Schriftsteller **734ff. 795ff.**
Nietzsche, Friedrich (1844–1900), Philosoph und Schriftsteller 167 391
Nink, Stefan (*1965), Publizist und Schriftsteller **791**
Niro, Robert de (*1943), amerik. Schauspieler 116
Nixon, Richard (1913–1994), amerik. Politiker, 1969–1974 US-Präsident 155
Nöhbauer, Hans F. (1929–2014), Journalist und Schriftsteller 67 239f. 243f.

Noll, Dieter (1927–2008), Schriftsteller in der DDR 44
Noll, Ingrid (*1935), Schriftstellerin **764**
Nolte, Hans (1929–1997), CDU-Politiker 145
Nolte, Mathias (*1952), Schriftsteller und Journalist, Sohn von Jost Nolte **746**
Nolten, Oberstaatsanwalt 64
Nordhoff, Heinrich (1899–1968), Generaldirektor von VW 92
Nossack, Hans Erich (1901–1977), Schriftsteller, 1961 Georg-Büchner-Preis **36 168** 180
Novak, Helga M. (1935–2013), Schriftstellerin, verließ 1966 die DDR 695
Novalis (1772–1801), Schriftsteller 78
Nowakowski, Marek Rafael (*1961), Sohn von T. Nowakowski 205
Nowakowski, Tadeusz (1917–1996), poln. Schriftsteller 122 178 **204f.**
Nowitzki, Dirk (*1978), Basketballspieler 728

Oates, Joyce Carol (*1938), amerik. Schriftstellerin **278 309ff.**
Obama, Auma (*1960), kenian. Publizistin, Schwester von B. Obama **765**
Obama, Barack (*1961), 2009–2017 US-Präsident, 2009 Friedensnobelpreis **834** 842
Oberländer, Theodor (1905–1998), 1953–1960 Bundesminister für Vertriebene 253
O'Brien, Edna (*1932), ir. Schriftstellerin **786**
Ochwadt, Curd (1923–2012), Schriftsteller und Übersetzer 111 125 300

Ōe, Hikari (*1963), Sohn von K. Ōe 458
Ōe, Kenzaburō (*1935), japan. Schriftsteller, 1994 Literaturnobelpreis **451 457f.** 617
O'Henry (1862–1910), amerik. Schriftsteller 66
Ohnemus, Günter (*1946), Schriftsteller und Übersetzer **532**
Ohnesorg, Benno (1941–1967), Student 135 147 662 723
Ohsoling, Hilke (*1960), seit 1995 Sekretärin von G. Grass 825
Olbrychski, Daniel (*1945), poln. Schauspieler 646
Olofsson, Olov (*1947), schwed. Dirigent 583
Ōoka, Shōhei (1909–1988), japan. Schriftsteller **329**
Opitz, Martin (1597–1639), Schriftsteller 359
Ordukhanyan, Azat (*1965), armen. Historiker, 2009–2014 Vorsitzender des Zentralrats der Armenier in Deutschland **770**
Ören, Aras (*1939), türk.-dt. Schriftsteller **474f.** 573
Orlowa-Kopelew, Raissa (1918–1989), sowjet. Schriftstellerin, seit 1956 mit L. Kopelew verheiratet **333f.** 601
Ortheil, Hanns-Josef (*1951), Schriftsteller **376f. 394 589**
Orths, Markus (*1969), Schriftsteller **642 731**
Orwell, George (1903–1950), engl. Schriftsteller 430 [521] 749
Osang, Alexander (*1962), Schriftsteller und Journalist **766**
Osborne, John (1929–1994), engl. Schriftsteller 39
Ossowski, Leonie (*1925), Schriftstellerin **399 432f.**

Ostwald, Michael (1926–1995), Graphiker, Karikaturist und Maler **54f.**
Oswald, Georg M. (*1963), Schriftsteller und Rechtsanwalt **810f.**
Otto, Herbert (1925–2003), Schriftsteller in der DDR **109** 110
Otto, Jens-Peter (*1938), Handelsreferent im kanad. auswärtigen Dienst in Deutschland 157
Oz, Amos (*1939), israel. Schriftsteller **426f. 730f.**
Özdamar, Emine Sevgi (*1946), dt.-türk. Schriftstellerin **535**

Paczensky, Susanne von (1923–2010), Journalistin und Publizistin 691
Paeschke, Hans (1911–1991), Publizist, 1947–1978 Gründer und Herausgeber des *Merkur* 67 **260**
Pahlavi, Farah (*1938), seit 1959 mit M. R. Pahlavi verheiratet 135
Pahlavi, Mohammad Reza (1919–1980), 1941–1979 Schah von Persien 135 137 147
Palach, Jan (1948–1969), tschech. Student 684
Palm, Erwin Walter (1910–1988), Philologe, seit 1936 mit H. Domin verheiratet 90
Pamuk, Orhan (*1952), türk. Schriftsteller, 2006 Literaturnobelpreis **397 748 784**
Pasternak, Boris (1890–1960), russ. Schriftsteller, musste 1958 auf Druck der Parteiführung den Literaturnobelpreis ablehnen 328 433
Pastior, Oskar (1927–2006), rumäniendt. Schriftsteller, 2006 Georg-Büchner-Preis 265
Patterson, James (*1947), amerik. Schriftsteller **642 807**

Paul, Jean (1763–1825), Schriftsteller 326 351 459
Pauls, Rolf Friedemann (1915–2002), Diplomat, 1965–1968 erster Botschafter der BRD in Israel 127 329
Pauly, Gisa (*1947), Schriftstellerin **745**
Paustowski, Konstantin (1892–1968), russ. Schriftsteller 424
Pelikán, Jiří (1923–1999), tschech. Publizist 599
Pennac, Daniel (*1944), frz. Schriftsteller **516**
Pericoli, Tullio (*1936), ital. Zeichner und Karikaturist **379 439**
Pétain, Philippe (1856–1951), frz. Politiker 716
Petersdorff, Dirk von (*1966), Schriftsteller und Literaturwissenschaftler **432 595**
Petterson, Per (*1952), norweg. Schriftsteller **731**
Peuckmann, Heinrich (*1949), Schriftsteller **756**
Pfeiffer, Rolf (*1932), Journalist **587f.**
Pfitzmann, Günter (1924–2003), Schauspieler 620
Picard, Jacob (1883–1967), Schriftsteller 78
Picasso, Pablo (1881–1973), span. Maler 451 728
Pieper, Annemarie (*1941), Philosophin und Schriftstellerin **680**
Pierre, Abbé (1912–2007), frz. Priester 716
Pietraß, Richard (*1946), Schriftsteller **727**
Pink Floyd, engl. Rockband 424
Pinner, Erna (1890–1987), Illustratorin und Publizistin 98

Piñón, Nélida (*1937), brasilan. Schriftstellerin 617
Pinter, Harold (1930–2008), engl. Schriftsteller, 2005 Literaturnobelpreis 153 630
Piontek, Heinz (1925–2003), Schriftsteller, 1976 Georg-Büchner-Preis **235**
Piper, Klaus (1911–2000), Verleger 29 31
Pirinçci, Akif (*1959), dt.-türk. Schriftsteller **431**
Piwitt, Hermann Peter (*1935), Schriftsteller **285 415 822**
Pleschinski, Hans (*1956), Schriftsteller **503f.**
Pletzinger, Thomas (*1975), Schriftsteller **725f.**
Plutarch (um 46 – um 120), griech. Philosoph und Schriftsteller 80
Poche, Klaus (1927–2007), Schriftsteller, verließ 1979 die DDR 490
Podolski, Lukas (*1985), Fußballspieler 668
Pohl, Klaus (*1952), Schriftsteller **781**
Polanski, Roman (*1933), poln. Filmregisseur und Schauspieler 644
Politycki, Matthias (*1955), Schriftsteller **590**
Pol Pot (1928–1998), kambod. Politiker 512
Pomar, Jorge M. (*1948), kuban. Übersetzer und Verleger 447 **576f.**
Pompidou, Georges (1911–1974), frz. Politiker, 1969–1974 Staatspräsident 413
Pönig, Rolf (*1938), Oberleutnant bei der Stasi 506
Ponto, Jürgen (1923–1977), Bankier 195

973

Popp, Steffen (*1978), Schriftsteller 765
Porter, Anna (*1943), kanad. Schriftstellerin und Verlegerin 505
Posener, Julius (1904–1996), Architekturhistoriker 346f.
Praunheim, Rosa von (*1942), Filmregisseur 84 135 258
Prechtl, Michael Mathias (1926–2003), Maler und Zeichner 219 318
Presley, Elvis (1935–1977), amerik. Sänger 758
Priebe, Heinz (1932–2015), Hausmeister 670
Primor, Avi (*1935), israel. Diplomat und Publizist, 1993–1999 Botschafter in Deutschland 515 530
Prince (1958–2016), amerik. Popmusiker 758
Proust, Marcel (1871–1922), frz. Schriftsteller 385 418 449 617 631
Puschkin, Alexander Sergejewitsch (1799–1837), russ. Schriftsteller 434
Puth, Klaus (*1952), Illustrator und Karikaturist 241
Pynchon, Thomas (*1937), amerik. Schriftsteller 747 756

Qiding, Hu (1939–2013), chines. Lektor und Übersetzer 418
Quadflieg, Margaret (*1936), seit 1963 mit W. Quadflieg verheiratet 472
Quadflieg, Will (1914–2003), Schauspieler und Regisseur 471f.
Queen, engl. Rockband [649]
Queneau, Raymond (1903–1976), frz. Schriftsteller [240] 678

Raabe, Elisabeth (*1939), schweiz. Verlegerin 391
Rabelais, François (1494–1553), frz. Schriftsteller 164 263 270 329 397 699
Rabin, Jitzchak (1922–1995), israel. Politiker 661
Racine, Jean (1639–1699), frz. Schriftsteller 39
Raddatz, Fritz J. (1931–2015), Literaturwissenschaftler und Schriftsteller, 1977–1985 Feuilletonchef der ZEIT 123 **238f.** 239 247 248 **284f. 338f.** 370 386 **390** 512 528 **634f. 774 792f.**
Radisch, Iris (*1959), Literaturkritikerin 468
RAF (= Rote Armee Fraktion) 191
Rahner, Karl (1904–1984), Theologe 68
Rakusa, Ilma (*1946), schweiz. Schriftstellerin und Übersetzerin 701
Ramírez, Sergio (*1942), nicaraguan. Schriftsteller und Politiker, 1984–1990 Vizepräsident 306
Ramsey, Bill (*1931), dt.-amerik. Sänger 828
Ranft, Ferdinand (1927–2011), Schriftsteller und Journalist **98f.**
Rasputin, Grigorij (1864–1916), russ. Mönch und angebl. Wunderheiler 120
Rathenow, Lutz (*1952), Schriftsteller, Aktivist in der Friedens- und Bürgerrechtsbewegung der DDR **766f.**
Ratte, Günter, Pseudonym, nicht ermittelt 341 **341f.**
Ratzinger, Georg (*1924), Priester und Kirchenmusiker, Bruder von J. Ratzinger **775**

Ratzinger, Joseph Alois (*1927), 2005–2013 Papst (Benedikt XVI.) **171** 775 **806**

Rau, Andrea (*1947), Filmschauspielerin 193

Rau, Johannes (1931–2006), SPD-Politiker, 1999–2004 Bundespräsident **151 287 307** 348 **521f.** **626** 647 **666**

Raue, Paul-Josef (*1950), Journalist 834

Ravera, Lidia (*1951), ital. Schriftstellerin 763

Read, Herbert (1893–1968), engl. Schriftsteller und Kunsthistoriker **50**

Reagan, Ronald (1911–2004), amerik. Schauspieler und Politiker, 1981–1989 US-Präsident 293 340 707

Reddick, John (*1940), engl. Literaturwissenschaftler 749

Reding, Josef (*1929), Schriftsteller **563**

Reemtsma, Industriellenfamilie 687f.

Reger, Max (1873–1916), Komponist 421

Rehn, Jens (1918–1983), Schriftsteller **175**

Reich, David (1880–1942), Geschäftsmann, Vater von M. Reich-Ranicki 610 660

Reich, Helene (1884–1942), Mutter von M. Reich-Ranicki 610 660

Reichert, Klaus (*1938), Literaturwissenschaftler, Übersetzer und Schriftsteller **325f. 677**

Reich-Ranicki, Andrew A. (*1948), Mathematiker, Sohn von M. Reich-Ranicki 658

Reich-Ranicki, Marcel (1920–2013), Literaturkritiker, 1988–2001 Leiter des *Literarischen Quartetts* **25 38**
84 85 105 116 **140** 149 161 168 177 203 **203f.** 235 **246** 246 247 248 256 **257** 281 293 **301f.** 342f. 368 370 389 **390** 394 411f. **413** 433 434 435 441 **450** 452 **460** 462–467 472f. 474f. 476 478 479 480f. **482** 484 488 494 502 504 535 **549-553** 553 579 590 592 609 610 611 613 614 **635f.** **636** 641 656 658ff. **661** 667 708 748 800 842

Reich-Ranicki, Teofila (»Tosia«) (1920–2011), seit 1942 mit M. Reich-Ranicki verheiratet 552f.

Reifferscheid, Eduard (1899–1992), Verleger, Leiter des Luchterhand-Verlags 31 **33** 52 69 **87f.** 112 **114** 337 353 5**69** 719

Reimann, Brigitte (1933–1973), Schriftstellerin in der DDR **44f. 224f.**

Reinhold → Cassirer, Reinhold.

Remarque, Erich Maria (1898–1970), Schriftsteller 424 842

Reuschenbach, Peter W. (1935–2007), SPD-Politiker 768

Reuter, Edzard (*1928), Industriemanager, 1987–1995 Vorstandsvorsitzender bei Daimler-Benz **531**

Rezzori, Gregor von (1914–1998), Schriftsteller **533f.**

Rheinheimer, Kurt (*1940), dt.-amerik. Rechtsextremist 120

Richards, Keith (*1943), engl. Popmusiker (Rolling Stones) 811

Richartz, Walter E. (1927–1980), Schriftsteller **172**

Richler, Mordecai (1931–2001), kanad. Schriftsteller **197**

Richter, Antonie (»Toni«) (1918–2004), Lehrerin, seit 1942 mit H. W. Richter verheiratet 178 392 **400 484 562**

Richter, Hans Werner (1908–1993), Schriftsteller, Begründer der »Gruppe 47« 26 **56 58 73** 76 85 92 117 **118 122** 140 160 **169 177 178 192 199** 199 221 **247f.** 265f. **266 267 349–362 368ff.** 380 384 392 400 454 512 551 583 814 845 847

Richter, Bruder von H. W. Richter 247

Rickelt, Martin (1915–2004), Schauspieler 619

Ridao, José María (*1961), span. Schriftsteller 800

Riddell, Chris (*1962), engl. Karikaturist **465**

Riemeck, Renate (1920–2003), Pädagogin und Historikerin 37

Riemenschneider, Tilman (1460–1531), Bildhauer 772

Rilke, Rainer Maria (1875–1926), österr. Schriftsteller 162 206 424

Ringier, Michael (*1949), schweiz. Verleger 834

Rinke, Moritz (*1967), Schriftsteller **488 618f.**

Rinser, Luise (1911–2002), Schriftstellerin **68f. 136 145f.** 152 248 257 **297 322 325** 456

Ritter, Henning (1943–2013), Journalist und Schriftsteller 309

Rixdorfer, 1963 gegründete Berliner Künstlergruppe 252

Roa Bastos, Augusto (1917–2005), paraguyan. Schriftsteller **144**

Roche, Charlotte (*1978), Moderatorin **679**

Rodin, Auguste (1840–1917), frz. Bildhauer 147

Roeder, Manfred (1929–2014), Rechtsextremist, Anwalt von Rudolf Heß 228

Roehler, Elfriede (1906–1989), Mutter von K. Roehler 26 752

Roehler, Klaus (1929–2000), Schriftsteller, 1958–1963 mit Gisela Elsner verheiratet **26 28f.** 31 **32** 59 **93** 132 169 238 357 424 554 632 719 721 750 781f.

Roehler, Oskar (*1959), Filmregisseur, Sohn von G. Elsner und K. Roehler 32 **750ff. 781f.**

Roehler, Walter (1902–1988), Vater von K. Roehler 26

Roeingh, Ulrich, CDU-Politiker, 1999–2004 Bürgermeister von Telgte **566**

Rogaczewski, Kasimir (1903–1939), poln. Postbeamter 41

Roggenkamp, Viola (*1948), Schriftstellerin **448f.**

Röggla, Kathrin (*1971), österr. Schriftstellerin 640

Röhl, Bettina (*1962), Journalistin und Publizistin, Tochter von U. Meinhof und K. R. Röhl **748f.**

Röhl, Cay-Heinrich (1910–1984), Pastor **263**

Röhl, Ernst (1937–2015), Kabarettist in der DDR **590**

Röhl, Klaus Rainer (*1928), Journalist und Publizist, 1961–1968 mit U. Meinhof verheiratet **231f.** 404 459 **516f.**

Rohwedder, Detlev Karsten (1932–1991), Manager und SPD-Politiker, seit 1990 Vorsitzender der Treuhandanstalt 539 657

Roll, Evelyn (*1952), Journalistin und Publizistin **581f.**

Rolling Stones, engl. Rockband 162

Römbell, Manfred (1941–2010), Schriftsteller **449 500f.**

Rommel, Lucie (1894–1971), Mutter von M. Rommel 533

Rommel, Manfred (1928–2013), CDU-Politiker, 1974–1996 Oberbürgermeister von Stuttgart **533**

Rosa, Dennis, amerik. Regisseur 116

Rose, Romani (*1946), seit 1982 Vorsitzender des Zentralrats Deutscher Sinti und Roma 582f. **625**

Rosenbaum, Ruth (1906–gest.), 1934–1939 Gründerin und Leiterin der Höheren Jüd. Privatschule in Danzig 203

Rosenlöcher, Thomas (*1947), Schriftsteller **511**

Rosenthal, Tom (1935–2014), engl. Verleger 630

Rossi, Semino (*1962), argent.-ital. Schlagersänger 821

Röstel, Gunda (*1962), Politikerin (Bündnis 90 / Die Grünen), 1996–2000 Sprecherin des Bundesvorstands der Grünen **525**

Rostropowitsch, Mstislaw L. (1927–2007), russ. Cellist 775

Roth, Dieter (1930–1998), schweiz. Schriftsteller und bildender Künstler 759

Roth, Eugen (1895–1976), Schriftsteller 191

Roth, Gerhard (*1942), österr. Schriftsteller, 1983 Alfred-Döblin-Preis **700**

Roth, Joseph (1894–1939), österr. Schriftsteller 71 212 424

Roth, Philip (*1933), amerik. Schriftsteller 546 585 616f. **749**

Roth, Rafael (1933–2013), Unternehmer und Kunstförderer 834

Rother, Stephan M. (*1968), Schriftsteller und Kabarettist **764**

Rousseau, Jean-Jacques (1712–1778), frz. Schriftsteller und Philosoph 784

Rowohlt, Harry (1945–2015), Übersetzer und Schriftsteller **423 619**

Rüber, Johannes (*1928), Schriftsteller 207

Rude, François (1784–1855), frz. Bildhauer 204

Ruge, Ellen (*1960), Lichtdesignerin 583

Rühe, Volker (*1942), CDU-Politiker, 1992–1998 Verteidigungsminister 427

Rühmann, Heinz (1902–1994), Schauspieler **150**

Rühmkorf, Eva (1935–2013), Psychologin und SPD-Politikerin, 1988–1990 Bildungsministerin in Schleswig-Holstein, seit 1964 mit P. Rühmkorf verheiratet 417 424 466ff. 691

Rühmkorf, Peter (1929–2008), Schriftsteller, 1993 Georg-Büchner-Preis **200ff.** 380 **403f.** **405** 414 **416ff.** **418f.** **420f.** 424 459 462 **466ff.** 472 472f. 519 **557f.** 609 616 662 **689ff.** 713 848

Rulfo, Juan (1917–1986), mexik. Schriftsteller [683]

Rumler, Fritz (1932–2002), Journalist **218**

Rummenigge, Karl-Heinz (*1955), Fußballspieler und Manager **667f.**

Ruppe, Reinhold (*1942), amerik. Rechtsextremist 120f.

Rushdie, Salman (*1947), ind.-brit. Schriftsteller **285** 286 **286** 327 **339** 397 398 400 431 527 536 **545f.** 717 787 **794f.** **839ff.**

Russell, Craig (*1956), schott. Schriftsteller **681f.**

Rychner, Elly (1899–1975), mit M. Rychner verheiratet 98

977

Rychner, Max (1879–1965), schweiz. Schriftsteller und Literarhistoriker 98

Sacharow, Andrej (1921–1989), russ. Physiker und Bürgerrechtler, 1975 Friedensnobelpreis 320
Sacher-Masoch, Leopold (1836–1895), österr. Schriftsteller 647
Sachs, Gunter (1932–2011), Unternehmer und Photograph, 1966–1969 mit B. Bardot verheiratet 163 **553f.** 699
Sachs, Nelly (1891–1970), Schriftstellerin, 1966 Literaturnobelpreis 50
Sachse, Ekkehard (1917–1995), 1970–1990 Bürgermeister von Wewelsfleth 272
Sade, Donatien Alphonse François, Marquis de (1740–1814), frz. Schriftsteller 111 124 453
Saeger, Uwe (*1948), Schriftsteller 503
Sagan, Françoise (1935–2004), frz. Schriftstellerin 99
Sahl, Hans (1902–1993), Schriftsteller **122f.**
Sahm, Ulrich (1917–2005), Diplomat, 1972–1977 Botschafter in Moskau 822
Salinger, Jerome D. (1919–2010), amerik. Schriftsteller 85 430 650
Salter, James (1925–2015), amerik. Schriftsteller **429**
Salvatore, Gaston (1941–2015), dt.-chilen. Schriftsteller, Aktivist in der 68er Studentenbewegung **222f.** 279
Saramago, José (1922–2010), portugies. Schriftsteller, 1998 Literaturnobelpreis **562f.** 570 616
Saramagos Ehefrau → Del Río, Pilar.

Sarrazin, Thilo (*1945), SPD-Politiker 771
Sartorius, Joachim (*1946), Schriftsteller und Übersetzer, 1996–2000 Generalsekretär des Goethe-Instituts **567**
Sartre, Jean-Paul (1905–1980), frz. Philosoph und Schriftsteller, lehnte 1964 den Literaturnobelpreis ab 126 293 505 650 784
Sauer, Arthur, Arzt 285
Sauer, Jörg Uwe (*1963), Schriftsteller **545 595**
Sauzay, Brigitte (1947–2003), Dolmetscherin und Publizistin, seit 1998 Beraterin der Bundesregierung für dt.-frz. Beziehungen **540ff.**
Scandinavian Airlines 580
Schach, Rosemarie von (*1939), Schriftstellerin **387**
Schädlich, Hans Joachim (*1935), Schriftsteller, verließ 1977 die DDR 250f. 460 490 508 512 754 844
Schädlich, Susanne (*1965), Schriftstellerin und Übersetzerin, Tochter von H. J. Schädlich **754**
Schaefer, Oda (1900–1988), Schriftstellerin 93
Schallück, Paul (1922–1976), Schriftsteller 95 768
Scharang, Michael (*1941), österr. Schriftsteller 563
Schätzing, Frank (*1957), Schriftsteller 277 **753 818**
Schäuble, Wolfgang (*1942), CDU-Politiker, 1989–1991 und 2005–2009 Innenminister, seit 2009 Finanzminister 335 557
Scheck, Denis (*1964), Literaturkritiker **693f.** 773 799

Schedl, Otto (1912–1995), CSU-Politiker, 1970–1972 bayer. Finanzminister 174

Scheel, Walter (1919–2016), FDP-Politiker, 1974–1979 Bundespräsident 159 224 225f. **269 319**

Scheerer, Jana (*1978), Schriftstellerin und Journalistin **651**

Schelsky, Helmut (1912–1984), Soziologe **230**

Schenk, Johannes (1941–2006), Schriftsteller 491f. **508**

Scherg, Georg (1917–2002), dt.-rumän. Schriftsteller 393

Scherzer, Landolf (*1941), Schriftsteller **503**

Scheub, Ute (*1955), Journalistin, Tochter von M. Augst **684**

Schiller, Friedrich (1759–1805), Schriftsteller 54 153 165 311 406 537 [636] 743

Schiller, Karl (1911–1994), SPD-Politiker, 1961–1965 Berliner Wirtschaftssenator, 1966–1971 Wirtschaftsminister **87** 93 **93** 156 **169** 193 194 357 505

Schimanek, Jürgen (1939–2014), Schriftsteller **270**

Schirrmacher, Frank (1959–2014), Literaturkritiker und Journalist, 1989–1993 Literaturchef der *FAZ*, seit 1994 Mitherausgeber der *FAZ* 452 476 **611** 834

Schladitz, Werner, Rechtsanwalt 41

Schlamm, William S. (1904–1978), österr. Journalist und Schriftsteller, ging 1938 ins Exil in die USA, kehrte 1957 nach Europa zurück **61f.**

Schleef, Einar (1944–2001), Schriftsteller und Theaterregisseur, verließ 1976 die DDR, 1989 Alfred-Döblin-Preis **82 246 581**

Schlei, Marie (1919–1983), SPD-Politikerin, 1976–1978 Bundesministerin für wirtschaftliche Zusammenarbeit **270**

Schleime, Cornelia (*1953), Malerin und Schriftstellerin **729**

Schlesak, Dieter (*1934), rumän.-dt. Schriftsteller, übersiedelte 1969 in die BRD **428**

Schlesinger, Klaus (1937–2001), Schriftsteller, verließ 1980 die DDR **436** 490f. **508ff.**

Schleyer, Hanns Martin (1915–1977), Manager, 1973–1977 Arbeitgeberpräsident 195 776

Schlingensief, Christoph (1960–2010), Regisseur und Aktionskünstler **760 794**

Schlink, Bernhard (*1944), Schriftsteller und Jurist **623**

Schlöndorff, Georg, Arzt, Vater von V. Schlöndorff 732

Schlöndorff, Ilse (1944 gest.), Mutter von V. Schlöndorff 732

Schlöndorff, Volker (*1939), Filmregisseur, 1971–1991 mit M. von Trotta verheiratet **240** 242f. 249f. 251f. 264 274 275 416 487 582 583 644ff. **732** 757 802 **833–837**

Schlüter, Kai (*1956), Journalist und Publizist 766 768

Schmeling, Max (1905–2005), Boxer 649 830

Schmid, Eva-Maria (*1954), Schriftstellerin **681**

Schmidt, Arno (1914–1979), Schriftsteller 76 100 180 **181** 261 279 388 430f. 492 611 677f. 820

Schmidt, Felix (*1934), Journalist 420

Schmidt, Hannelore (»Loki«) (1919–2010), seit 1942 mit Helmut Schmidt verheiratet 790

Schmidt, Harald (*1957), Fernsehmoderator 648 667 **700**

Schmidt, Helmut (1918–2015), SPD-Politiker, 1974–1982 Bundeskanzler 93 **97** 113 120 251 **257** 317 342 347 356f. **501f.** **524** 534 556 599 776 790

Schmidt, Jochen (*1970), Schriftsteller **618**

Schmidt-Braul, Ingo-Eric (*1944), 1991/92 Geschäftsführer von Volk & Welt 824

Schmied, Wieland (1929–2014), österr. Schriftsteller und Kunsthistoriker **22**

Schmitt, Oliver Maria (*1966), Schriftsteller, 1995–2000 Chefredakteur des Satiremagazins *Titanic* **620 756**

Schmitz, Rainer (*1950), Journalist und Publizist **668**

Schnabel, Ernst (1913–1986), Schriftsteller 76 534

Schneider, Michael (*1943), Schriftsteller, Bruder von P. Schneider **451f. 511 579**

Schneider, Peter (*1940), Schriftsteller **210ff.** 297 410 419 452 **526 563** 632 **718–723** 801 802

Schneider, Rolf (*1932), Schriftsteller in der DDR 100 232 414 **503**

Schnell, Robert Wolfgang (1916–1986), Schriftsteller **69f.** 258 **258f. 271f.** 568

Schnetz, Wolf Peter (*1939), Schriftsteller **778f.**

Schnitzler, Arthur (1862–1931), österr. Schriftsteller 304

Schnitzler, Karl-Eduard von (1918–2001), Chefkommentator des DDR-Fernsehens, moderierte 1960–1989 die Fernsehsendung *Der schwarze Kanal* 168

Schnurre, Marina (*1935), Graphikerin, Schriftstellerin und Psychoonkologin, seit 1966 mit W. Schnurre verheiratet 256

Schnurre, Wolfdietrich (1920–1989), Schriftsteller, 1983 Georg-Büchner-Preis 45ff. 48 49 53 **53** 76 **255f.** 568

Schoenle, Annemarie (*1943), Schriftstellerin **535**

Schöfer, Erasmus (*1931), Schriftsteller **643f.**

Scholem, Gershom (1897–1982), Religionswissenschaftler 165f. 185 300f.

Scholl, Günther (1923–2011), Maler und Kunsterzieher 651

Scholl, Joachim (*1960), Literaturkritiker **466**

Scholl-Latour, Peter (1924–2014), dt.-frz. Journalist und Publizist 453

Scholtis, August (1901–1969), Schriftsteller und Journalist **78 82 154**

Scholz, Gustav »Bubi« (1930–2000), Boxer 458

Schömel, Wolfgang (*1952), Schriftsteller und Literaturwissenschaftler **780**

Schön, Geza (*1969), Parfümeur 794

Schonauer, Franz (1920–1989), Literaturwissenschaftler und Publizist 23 122

Schönberg, Arnold (1874–1951), österr. Komponist 583

Schönborn, Erwin (1914–1989), rechtsextremer Verleger **128 129 227f.**

Schönborn, Fritz, Pseudonym → Heckmann, Herbert.

Schönhuber, Franz (1923–2005), Journalist und Politiker, 1983 Mitbegründer der rechtsextremen

Partei Die Republikaner, 2005 Kandidat für die NPD **173** 739

Schopenhauer, Arthur (1788–1860), Philosoph 65 449 745

Schorlemmer, Friedrich (*1944), Theologe, Publizist und Bürgerrechtler, 1989 Mitbegründer des »Demokratischen Aufbruchs« **415 420 821**

Schörner, Ferdinand (1892–1973), Generalfeldmarschall 166f.

Schörner, Anneliese, Tochter von F. Schörner 166

Schramma, Fritz (*1947), CDU-Politiker, 2000–2009 Oberbürgermeister von Köln 743

Schröder, Gerhard (*1944), SPD-Politiker, 1998–2005 Bundeskanzler **524** 526 **559f.** 564 579 612 619 638 675f. **676**

Schröder, Martin Z. (*1967), Schriftsteller und Journalist **631**

Schröder, Rudolf Alexander (1878–1962), Schriftsteller 52 53

Schroers, Rolf (1919–1981), Schriftsteller, Publizist und FDP-Politiker **34f.** 35 199 389

Schröter, Veronika (1939–2012), Architektin und Malerin, Wahlkampforganisatorin der SPD 215 768

Schubert, Werner (1925–2009), Literaturwissenschaftler 323

Schulz, Günther (*1946), rumän.-dt. Schriftsteller, seit den siebziger Jahren neuer Lebensgefährte von Anna Grass 250

Schulz, Hermann (*1938), Schriftsteller und Verleger **317**

Schulze, Ingo (*1962), Schriftsteller **574f. 639f.** 743 843

Schumpeter, Joseph (1883–1950), amerik. Ökonom 735

Schütt, Julian (*1964), schweiz. Journalist und Publizist **637**

Schütz, Heinrich (1585–1672), Komponist und Musiker 421

Schütz, Helga (*1937), Schriftstellerin in der DDR **295f.**

Schütz, Klaus (1926–2012), SPD-Politiker, 1967–1977 Bürgermeister von Berlin 171 **440** 814f.

Schwab-Felisch, Hans (1918–1989), Publizist 392

Schwanitz, Dietrich (1940–2004), Literaturwissenschaftler und Schriftsteller **546**

Schwarz, Stefan (*1965), Schriftsteller **637**

Scorsese, Martin (*1942), amerik. Filmregisseur 663

Seebacher-Brandt, Brigitte (*1946), Historikerin, Journalistin und Publizistin, seit 1983 mit W. Brandt verheiratet **425**

Seeler, Uwe (*1936), Fußballspieler 115 590

Seghers, Anna (1900–1983), Schriftstellerin, 1952–1978 Präsidentin des DDR-Schriftstellerverbandes 47 191

Seidel, Ina (1885–1974), Schriftstellerin 180

Seidel, Markus (*1969), Schriftsteller **808**

Seitz, Franz (1921–2006), Filmregisseur 242 249

Selbmann, Fritz (1899–1975), Schriftsteller in der DDR, 1954–1958 Mitglied des ZK der SED **149**

Seligmann, Rafael (*1947), dt.-israel. Schriftsteller **504**

Senesi, Vauro (*1955), ital. Journalist und Karikaturist **643**

Şenocak, Zafer (*1961), dt.-türk. Schriftsteller und Publizist **771 784**

Seuren, Günter (1932–2003), Schriftsteller **620**
Seyppel, Joachim (1919–2012), Schriftsteller **54 164f.**
Shakespeare, William (1564–1616), engl. Schriftsteller 80 103 [106] 107 112 270 [533] [583] 619 663
Shani, Moshe (*1923), Ehemann von Ruth Lichtenstein 329
Shaw, George Bernard (1856–1950), ir. Schriftsteller, 1925 Literaturnobelpreis 33
Shirer, William L. (1904–1993), amerik. Historiker, Publizist und Schriftsteller 62
Shuvaprasanna (*1947), ind. Maler **571 592f.**
Sichelschmidt, Gustav (1913–1996), Historiker und Schriftsteller **305**
Siebeck, Wolfram (1928–2016), Kochbuch-Autor und Gastronomiekritiker **222 547f.**
Sieburg, Friedrich (1893–1964), Literaturkritiker und Schriftsteller, 1955–1964 Leiter der Literaturredaktion der *FAZ* 42 **52**
Siedler, Wolf Jobst (1926–2013), Publizist und Verleger **652ff.**
Sieg, Wolfgang (1936–2015), Realschullehrer und Schriftsteller **147**
Sijie, Dai (*1954), chines. Schriftsteller, lebt seit 1984 in Paris **770**
Silvia (*1943), seit 1976 Königin von Schweden 581 747
Simmel, Johannes Mario (1924–2009), österr. Schriftsteller 265 271 346 **441f.** 487 **543** 819
Simon, Claude (1913–2005), frz. Schriftsteller, 1985 Literaturnobelpreis 597
Simon, Dietrich (1939–2014), seit 1969 Lektor bei Volk & Welt, 1992–2001 Geschäftsführer von Volk & Welt **489f.**
Simon, Ernst (1899–1988), israel. Religionsphilosoph, Pädagoge und Historiker 301
Simon, Paul (*1941), amerik. Musiker 746
Simonis, Heide (*1943), SPD-Politikerin, 1993–2005 Ministerpräsidentin von Schleswig-Holstein **686**
Singh, Khushwant (1915–2014), ind. Schriftsteller und Journalist, 1980–1986 Mitglied des Oberhauses im ind. Parlament **373**
Sironi, Fabio (*1956), ital. Karikaturist **572**
Skármeta, Antonio (*1940), chilen. Schriftsteller, 2000–2003 chilen. Botschafter in Berlin **394**
Sloterdijk, Peter (*1947), Philosoph 456 **756**
Smith, David (*1943), engl. Karikaturist **412**
Snowdon, Antony Armstrong-Jones (1930–2017), engl. Photograph 286
Sölle, Dorothee (1929–2003), Schriftstellerin und Theologin, Aktivistin der Friedensbewegung 334
Sollers, Philippe (*1939), frz. Schriftsteller 650 **716**
Solloch, Alexander, Journalist 738
Solschenizyn, Alexander (1918–2008), russ. Schriftsteller, 1970 Literaturnobelpreis, 1974 aus der UDSSR ausgebürgert 223 601
Sombart, Nicolaus (1923–2008), Schriftsteller und Soziologe **309**
Sommer, Günter »Baby« (*1943), Schlagzeuger **569f.** 726
Sommer, Maria → Müller-Sommer, Maria.

Sontag, Susan (1933–2004), amerik. Schriftstellerin und Kritikerin 616

Sontheimer, Kurt (1928–2005), Politikwissenschaftler 812f. 815

Sotscheck, Ralf (*1954), Publizist **637**

Sparschuh, Jens (*1955), Schriftsteller **771**

Speer, Albert (1905–1981), Architekt im Dritten Reich 168

Spencer, Diana (1961–1997), 1981–1996 verheiratet mit dem brit. Thronfolger Charles 758

Spiegel, Hubert (*1962), Literaturkritiker 658

Spielberg, Steven (*1946), amerik. Filmregisseur 807 825

Spies, Werner (*1937), Kunsthistoriker **791**

Spitteler, Carl (1845–1924), schweiz. Schriftsteller, 1919 Literaturnobelpreis 654 747

Spitzweg, Carl (1808–1885), Maler 643

Spoerri, Daniel (*1930), schweiz. Künstler 758f.

Springer, Axel Cäsar (1912–1985), Verleger 102 134 136 146 194 372 458 687 723

Ssachno, Helen von (1920–2003), russ. Literaturkritikerin 178

Stacton, David (1923–1968), amerik. Schriftsteller **55**

Staeck, Klaus (*1938), Graphiker 462 643 691 **803** 816

Staiger, Emil (1908–1987), schweiz. Literaturwissenschaftler **163f.**

Stalin, Josef (1879–1953), russ. Politiker 117 237 459 716

Starr, Ringo (*1940), engl. Popmusiker (Beatles) 72

Stäter, Fritz K. H. (*1930), Architekt, Maler und Schrift-Psychologe **594**

Stauffenberg, Claus Schenk Graf von (1907–1944), Offizier in der deutschen Wehrmacht, zentrale Persönlichkeit in der Widerstandsbewegung 468

Steffen, Jochen (1922–1987), SPD-Politiker, 1965–1975 SPD-Landesvorsitzender in Schleswig-Holstein **125 149f.** 199

Steidl, Gerhard (*1950), Verleger 459 462 578 612 636 740

Stein, Hannes (*1965), Journalist und Publizist **667**

Stein, Maria, Journalistin 684

Stein, Peter (*1937), Regisseur 303

Steinbach, Erika (*1943), CDU-Politikerin, 1998–2014 Präsidentin des Bundes der Vertriebenen **627**

Steinbeck, John (1902–1968), amerik. Schriftsteller, 1962 Literaturnobelpreis 65

Steinbrück, Peer (*1947), SPD-Politiker, 2005–2009 Finanzminister 815 816

Steiner, George (*1929), amerik. Literaturwissenschaftler und Schriftsteller 427

Steinfeld, Thomas (*1954), Literaturkritiker **795**

Steinke, Udo (1942–1999), Schriftsteller, verließ 1968 die DDR **306**

Steinmeier, Frank-Walter (*1956), SPD-Politiker, 2005–2009 und 2013–2017 Außenminister, seit 2017 Bundespräsident 841f.

Sterchi, Beat (*1949), schweiz. Schriftsteller **300 307 312 315 669 749**

Stern, Carola (1925–2006), Journalistin und Publizistin, 1976–1988 mit H. Böll und G. Grass Mitherausgeberin der Zeitschrift *L'76* (später *L'80*) **247** 333 **562** **597–603**

Sterns Ehemann → Zöger, Heinz.

Stern, Fritz (1926–2016), amerik. Historiker **125** 672f.

Stern, Jeanne (1908–1998), Übersetzerin, mit Kurt Stern verheiratet 48f.

Stern, Katja (1924–2000), Journalistin **83**

Stern, Kurt (1907–1989), Schriftsteller 48f.

Sternberger, Dolf (1907–1989), Schriftsteller und Publizist 281

Sternburg, Wilhelm Freiherr Speck von (*1939), Schriftsteller **464**

Sterne, Laurence (1713–1768), engl. Schriftsteller 537

Sternheim, Thea (1883–1971), Schriftstellerin, 1907–1927 verheiratet mit Carl Sternheim **78 150**

Steshenski, Wladimir I. (1921–2000), russ. Übersetzer und Literaturwissenschaftler 69

Stevenson, Robert Louis (1850–1894), schott. Schriftsteller [636]

Stiller, Klaus (*1941), Schriftsteller **176f. 569**

Stiller, Maria Vittoria (1941–2003), mit K. Stiller verheiratet 569

Stoiber, Edmund (*1941), CSU-Politiker 619

Stolz, Dieter (*1960), Literaturwissenschaftler und Lektor 671

Stolz, Hermann, Mitarbeiter im Luchterhand Verlag 163

Stolzmann, Paulus von (1901–1989), Diplomat zur Zeit des Nationalsozialismus, 1967–1971 Leiter des Goethe-Instituts in Neapel 176

Stone, Robert (1937–2015), amerik. Schriftsteller 310

Storz, Ingrid (1935–1983), Buchhändlerin 264

Strasser, Johano (*1939), Schriftsteller und Politikwissenschaftler 170 306f. **371 416 423 433 434 435 689 695** 767 **771**

Strausfeld, Michi (*1945), Literaturwissenschaftlerin **260**

Strauß, Botho (*1944), Schriftsteller, 1989 Georg-Büchner-Preis 453 457 503 **584**

Strauß, Franz Georg (*1961), Sohn von F.J. Strauß 265

Strauß, Franz Josef (1915–1988), CSU-Politiker, 1956–1962 Verteidigungsminister 89 **113** 121 124 **163** 174f. 194 205 206 224 **231** 265 **367** 567 603 836

Strauß, Marianne (1930–1984), seit 1957 mit F.J. Strauß verheiratet **230f.** 265

Strauß, Max (*1959), Sohn von F.J. Strauß 265

Streckenbach, Bruno (1902–1977), SS-Gruppenführer und Generalleutnant der Waffen-SS 702

Streeruwitz, Marlene (*1950), österr. Schriftstellerin **825**

Strindberg, August (1849–1912), schwed. Schriftsteller 450

Strittmatter, Erwin (1912–1994), Schriftsteller 45 48 **156f.** 191

Struck, Karin (1947–2006), Schriftstellerin **325**

Struck, Peter (1943–2012), SPD-Politiker, 2002–2005 Verteidigungsminister, 2005–2009 Fraktionsvorsitzender **576** 630

Strunk, Heinz (*1962), Schriftsteller und Entertainer **745**

Stuckrad-Barre, Benjamin von (*1975), Schriftsteller **611** 759 **759f. 765**

Sundermeier, Jörg (*1970), Journalist, Publizist und Verleger **701**

Surminski, Arno (*1934), Schriftsteller **612**

Süskind, Patrick (*1949), Schriftsteller **778**

Süssmuth, Rita (*1937), CDU-Politikerin, 1988–1998 Bundestagspräsidentin **522f.**

Süsterhenn, Adolf (1905–1974), Staatsrechtler und CDU-Politiker 253

Styron, William (1925–2006), amerik. Schriftsteller 616

Swift, Jonathan (1667–1745), ir.-engl. Schriftsteller [344]

Syberberg, Hans-Jürgen (*1935), Regisseur **281**

Szczypiorski, Andrzej (1924–2000), poln. Schriftsteller **432** 435

Tabori, George (1914–2007), engl. Schriftsteller und Regisseur, 1992 Georg-Büchner-Preis **245f. 576**

Taher, Bahaa (*1935), ägypt. Schriftsteller **796**

Tanja, nicht ermittelt 68

Tantawi, Mohammed Hussein (*1935), ägyp. Politiker **796**

Tarantino, Quentin (*1963), amerik. Regisseur **504**

Tau, Max (1897–1976), Schriftsteller und Lektor 154

Taubes, Jacob (1923–1987), Religionssoziologe und Philosoph 832

Tenzing Norgay (1914–1986), mit Edmund Hillary Erstbesteiger des Mount Everest 745

Teresa, gen. Mutter Teresa (1910–1997), Ordensschwester, 1979 Friedensnobelpreis 371

Teufel, Fritz (1943–2010), Aktionskünstler, Mitbegründer der »Kommune I« 134

Thaddäa, Tante von Martin Walser 844f.

Thadden, Adolf von (1921–1996), rechtsextremer Politiker **155**

Thalmayr, Andreas, Pseudonym → Enzensberger, Hans Magnus.

Thalbach, Katharina (*1954), Schauspielerin 645

Thelen, Beatrice (1901–1992), seit 1934 mit A. V. Thelen verheiratet 138

Thelen, Albert Vigoleis (1903–1989), Schriftsteller **138**

Theroux, Paul (*1941), amerik. Schriftsteller 310

Thiele, André (*1968), Publizist und Verleger 611

Thierse, Wolfgang (*1943), SPD-Politiker, 1998–2005 Bundestagspräsident **422 474 559 560f. 665**

Thom, Gefängnisleiter 140

Thomsa, Jörg-Philipp (*1979), seit 2009 Leiter des Günter-Grass-Hauses in Lübeck 843

Thyssen, August (1842–1926), Industrieller 230

Timm, Uwe (*1940), Schriftsteller **224 500 662 808f.**

Tišma, Aleksandar (1924–2003), serb. Schriftsteller 609

Titanic, 1979 gegründetes Satiremagazin **371 553 757f.**

Toer, Pramoedya Ananta (1925–2006), indones. Schriftsteller **544**

Toews, Miriam (*1964), kanad. Schriftstellerin **646f.**

985

Tolkien, J. R. R. (1892–1973), engl. Schriftsteller 546
Tolstoj, Lew N. (1828–1910), russ. Schriftsteller 85 [363] [418] 537 [636]
Tomayer, Horst (1938–2013), Schriftsteller **177**
Torberg, Friedrich (1908–1979), österr. Schriftsteller und Publizist 107 632
Torkar, Igor (1913–2004), slowen. Schriftsteller **327f.**
Tournier, Michel (1924–2016), frz. Schriftsteller **286 418**
Triboll, fiktive Figur, geschaffen von Gisela Elsner und Klaus Roehler 26 616
Trifonow, Juri W. (1925–1981), russ.-sowjet. Schriftsteller 333
Trittin, Jürgen (*1954), Politiker (Bündnis 90 / Die Grünen), 1998–2005 Bundesminister für Umwelt, Natur und Reaktorsicherheit **525**
Trotta, Margarethe von (*1942), Regisseurin, 1971–1991 mit V. Schlöndorff verheiratet **528** 645
Trotzki, Leo (1879–1940), russ. Revolutionär und Politiker 237
Tsakiridis (»Tsak«), Vagelis (*1936), griech.-dt. Schriftsteller **213** 252
Tucci, Niccolò (1908–1999), italo-amerik. Schriftsteller 55
Tucholsky, Kurt (1890–1935), Schriftsteller 348f. 475 505
Twain, Mark (1835–1910), amerik. Schriftsteller [636]

Uecker, Günther (*1930), Maler und Objektkünstler 758
Uhland, Ludwig (1787–1862), Schriftsteller 772

Ulbricht, Walter (1893–1973), SED-Politiker, 1953–1971 Erster Sekretär des ZK der SED, 1960–1973 Staatsratsvorsitzender 47 61
Undset, Sigrid (1882–1949), norweg. Schriftstellerin 617
Unertl, Franz Xaver (1911–1970), CSU-Politiker 174
Unruh, Trude (*1925), Politikerin (Die Grauen) **347f.**
Unseld, Siegfried (1924–2002), Verleger, seit 1959 Leiter des Suhrkamp Verlags **24f.** 25 26 **33f. 38** 73 108 **187 197 242** 242 **244** 259 **434** 452 **554f.** 659 776
Updike, John (1932–2009), amerik. Schriftsteller **261f.**
Urban, Simon (*1975), Schriftsteller **782**
Utzerath, Hansjörg (*1926), Regisseur und Intendant 103 287

Valdés, Hernán (*1937), chilen. Schriftsteller, seit 1974 im Exil **293**
Valentin, Karl (1882–1948), Komiker und Schriftsteller 846
Vanunu, Mordechai (*1954), israel. Nukleartechniker 804
Varain, Heinz-Josef (1925–2011), Politikwissenschaftler 812
Vargas Llosa, Mario (*1936), peruan. Schriftsteller, 2010 Literaturnobelpreis **317 375f.** 516 617 640 **694** 697
VdRD 488f.
Vegesack, Siegfried von (1888–1974), Schriftsteller **93f. 97f.**
Vegesack, Thomas von (1928–2012), schwed. Verleger und Lektor 121f.
Veit, Georg (*1956), Schriftsteller und Lehrer **546**

Venske, Henning (*1939), Schauspieler und Kabarettist 277
Verhoeven, Paul (*1938), niederl. Regisseur und Filmproduzent 679
Vesper(-Triangel), Bernward (1938–1971), Schriftsteller, Sohn des Schriftstellers Will Vesper 125 237f.
Vesper, Guntram (*1941), Schriftsteller 49f. 519
Vesper, Heidrun, mit G. Vesper verheiratet 519
Villa, Francisco, gen. Pancho (1878–1923), mex. Revolutionär 448
Villoro, Juan (*1956), mex. Schriftsteller und Journalist 448
Vilsmaier, Joseph (*1939), Filmregisseur 487
Viseur, Raimund Le (1937–2015), Publizist 99
Vitali, Regina (*1942), schweiz. Verlegerin 391
Voehl, Uwe (*1959), Schriftsteller 809
Vogel, Hans-Jochen (*1926), SPD-Politiker, 1960–1972 Oberbürgermeister von München, 1987–1991 SPD-Bundesvorsitzender 169 174 **194** 195 215 420 **441 524**
Vogeler, Heinrich (1872–1942), Maler und Schriftsteller 420
Voigt, Karin (1930–2006), Schriftstellerin **289–292**
Völler, Rudi (*1960), Fußballspieler 776f.
Vollmann, Rolf (*1934), Schriftsteller **531**
Vollmer, Antje (*1943), Politikerin (Bündnis 90 / Die Grünen), 1994–2005 Vizepräsidentin des Deutschen Bundestages **405 452** 458
Voltaire (1694–1778), frz. Philosoph und Schriftsteller [344]
Vonnegut, Kurt (1922–2007), amerik. Schriftsteller **520** 546
Vormweg, Heinrich (1928–2004), Literaturkritiker **58f. 80** 334 599f.
Voznesenskij, Andrej (1933–2010), russ. Schriftsteller **315ff.**
Vranitzky, Franz (*1937), österr. Politiker (SPÖ), 1986–1997 Bundeskanzler **521**
Vranken, Karl-Heinz, nicht ermittelt 98
Vulpius, Christian August (1762–1827), Schriftsteller [819]

Waalkes, Otto (*1948), Komiker **271**
Wackwitz, Stephan (*1952), Schriftsteller **487**
Wagenbach, Helene (*1997), Tochter von K. Wagenbach 800
Wagenbach, Klaus (*1930), Verleger, 1964–2002 Leiter des Wagenbach Verlags 59 92 **114** 200 252 **554 561** 713 719f. **800**
Wagner, Richard (1813–1883), Komponist 147
Wahba, Jahida, liban. Sängerin 640
Waigel, Theodor (*1939), CSU-Politiker, 1989–1998 Finanzminister **739f.** 761
Waits, Tom (*1949), amerik. Sänger, Komponist und Schauspieler 583
Walden, Matthias (1927–1984), Journalist 297
Waldheim, Kurt (1918–2007), österr. Politiker (ÖVP), 1986–1992 Bundespräsident 714

Wałęsa, Lech (*1943), poln. Werftarbeiter und Gewerkschaftler, 1983 Friedensnobelpreis, 1990–1995 Staatspräsident **284**

Wallace, Edgar (1875–1932), engl. Schriftsteller 72

Wallraff, Günter (*1942), Schriftsteller **218** 306 333f. 365 377 757

Walser, Katharina (»Käthe«) (*1929), seit 1950 mit M. Walser verheiratet 250

Walser, Martin (*1927), Schriftsteller, 1981 Georg-Büchner-Preis 37 52 80 **81** 108 **108f.** 110 138 144 153 164 **177** 180 181 195 199 **229 235f.** 250 264, 267 **273** 343 354 372 409 413 415 422 452 453 473 487 492 503 **519** 555 557 561 584 **614** [616] 653 661 683 697 698 699 **713** 752 759 760 761 763 765 795 814 821 **844f.**

Walter, Otto F. (1928–1994), schweiz. Schriftsteller und Verleger 27 197

Walters, Vernon A. (1917–2002), amerik. Diplomat, 1989–1991 Botschafter in der BRD 407

Walther, Jens, Pseudonym → Fuld, Werner.

Walther von der Vogelweide (um 1170–1230), mhd. Schriftsteller 171

Wapnewski, Peter (1922–2012), Literaturwissenschaftler 652f. **674f.**

Warhol, Andy (1927–1987), amerik. Künstler 258

Wästberg, Per (*1933), schwed. Schriftsteller, Mitglied des Nobelpreis-Komitees 570

Watteau, Jean Antoine (1684–1721), frz. Maler 605

Wawerzinek, Peter (*1954), Schriftsteller und Maler 670f.

Weber, Max (1864–1920), Wirtschafts- und Sozialwissenschaftler 515

Weck, Roger de (*1953), schweiz. Publizist 573

Wegners, Freunde von M. Bissinger 420

Wehner, Herbert (1906–1990), SPD-Politiker, 1969–1983 SPD-Fraktionsvorsitzender 153 186 192 203

Weidenfeld, Sir Arthur George (1919–2016), engl. Verleger, Journalist und Diplomat 534

Weidermann, Volker (*1969), Literaturkritiker **668 746f.** 842

Weidhaas, Peter (*1938), 1975–2000 Direktor der Frankfurter Buchmesse **513f. 699**

Weigel, Hans (1908–1991), österr. Schriftsteller 173

Weigel, Helene (1900–1971), Schauspielerin und Theaterleiterin, seit 1928 mit B. Brecht verheiratet, kehrte 1948 aus dem Exil nach Ostberlin zurück 104 288

Weiser, Grethe (1903–1970), Schauspielerin 366

Weiss, Peter (1916–1982), Schriftsteller, 1982 Georg-Büchner-Preis 38 110 115 117 118 124 165 **178ff. 267f.** 380 454

Weizsäcker, Carl Friedrich von (1912–2007), Physiker und Philosoph 321

Weizsäcker, Marianne von (*1932), seit 1953 mit R. v. Weizsäcker verheiratet 576

Weizsäcker, Richard von (1920–2015), Jurist und CDU-Politiker, 1984–1994 Bundespräsident **321** 334 **334f. 402f.** 413f. 451 576

Wekwerth, Manfred (1929–2014), Theaterregisseur, 1982–1990

Präsident der Akademie der
Künste in Ostberlin 319
Wellershoff, Dieter (*1925), Schriftsteller **108f.** 410 **572**
Welles, Orson (1915–1985), amerik. Schauspieler und Regisseur 293
Welt, Wolfgang (1952–2016), Schriftsteller **338**
Wenders, Wim (*1945), Regisseur 487
Wense, Jürgen von der (1894–1966), Schriftsteller **73**
Wernstedt, Rolf (*1940), SPD-Politiker, 1990–1998 Kultusminister in Niedersachsen 480
Werth, Gisela, mit W. Werth verheiratet 631
Werth, Wolfgang (*1937), Literaturkritiker 631
Wesel, Uwe (*1933), Jurist **622**
Weskott, Martin (*1951), Pfarrer 479
Wessel, Horst (1907–1930), Nationalsozialist 238
Westerwelle, Guido (1961–2016), FDP-Politiker, 2009–2013 Außenminister 638
Westhafen, Werner von, Pseudonym für Hans W. Korfmann (*1956), Publizist **762f.**
Westphalen, Joseph von (*1945), Schriftsteller **372 584 697**
Wetzel, Wolfgang (1921–2004), Professor für Statistik, 1966/67 Dekan der Wirtschafts- und Sozialwissenschaftlichen Fakultät der FU Berlin 135
Weyrauch, Wolfgang (1904–1980), Schriftsteller 52f.
White, Edmund (*1940), Schriftsteller **787**
Wickert, Erwin (1915–2008), Schriftsteller und Diplomat, 1976–1980 Botschafter in China **299 575** 723ff. 788ff.

Wickert, Ulrich (*1942), Journalist und Publizist, Sohn von E. Wickert **447** 517 **564** 688 729 **739, 787–791**
Wieczorek-Zeul, Heidemarie (*1942), SPD-Politikerin, 1998–2009 Bundesministerin für wirtschaftliche Zusammenarbeit und Entwicklung **575**
Wiese, Benno von (1903–1987), Literarhistoriker 34 **303ff.**
Wiesel, Elie (1928–2016), amerik. Schriftsteller, 1986 Friedensnobelpreis 443 520
Wilder, Thornton (1897–1975), amerik. Schriftsteller 786
Wilhelm II. (1859–1941), 1888–1918 dt. Kaiser und König von Preußen 230 777
Wilke, Reinhard (1929–2009), 1970–1974 persönlicher Referent von Willy Brandt **214** 215 **768f.** 794
Willson, A. Leslie (1923–2007), amerik. Literaturwissenschaftler **305f.**
Winder, Simon (*1961), engl. Lektor und Publizist **763**
Winkler, Angela (*1944), Schauspielerin 679
Winter, Michael (*1946), Schriftsteller und Journalist **432**
Wirth, Andrzej (*1927), poln.-dt. Literaturwissenschaftler 413 549 **576 582f.** 583
Witkowski, Michał (*1975), poln. Schriftsteller **663f.**
Witt, Katarina (*1965), Eiskunstläuferin 830
Wohmann, Gabriele (1932–2015), Schriftstellerin 110 **115**
Wolf, Annette (*1952), Psychoanalytikerin, Tochter von C. und G. Wolf 168

Wolf, Christa (1929–2011), Schriftstellerin, 1980 Georg-Büchner-Preis 68 69 83 100f. **168** 216 **319** 334 389 **389** 403 416 **416** 434 **436**f. 442 448 452 **461** **479**f. **480**f. **481** 503 **527** 528 544 590 611 612 618 727 **738** 765 774 801

Wolf, Gerhard (*1928), Schriftsteller und Verleger, seit 1951 mit C. Wolf verheiratet 69 168 334 416 461 481 544

Wolf, Klaus-Peter (*1954), Schriftsteller und Drehbuchautor **758**f.

Wolf, Markus (1923–2006), 1952–1986 DDR-Spionagechef 510

Wolfe, Tom (*1931), amerik. Journalist und Schriftsteller 697

Wolff, Helen (1906–1994), Verlegerin, emigrierte 1941 nach New York, leitete 1961–1984 innerhalb des Verlags Harcourt, Brace and World das Imprint »Helen and Kurt Wolff Books«, in dem europäische Literatur in Übersetzungen erschien 52 **70** 87f. 113 114 **123** 144 195 **254 263** 322 **428**f. 630

Wolff, Kurt (1887–1963), Verleger, seit 1933 mit H. Wolff verheiratet 31 52 70 114

Wolitzer, Meg (*1959), amerik. Schriftstellerin 807

Wollschläger, Hans (1935–2007), Schriftsteller und Übersetzer 76

Wondratschek, Wolf (*1943), Schriftsteller **225**

Wühlmäuse, Berliner Kabarett 252

Wühr, Paul (1927–2016), Schriftsteller **279 335**

Wulff, Rainer (*1943), Journalist 649

Wunderlich, Paul (1927–2010), Maler und Graphiker 332

Wurm, Franz (1926–2010), schweiz. Schriftsteller **168**

Würth, Reinhold (*1935), Unternehmer und Kunstförderer 849

Wurzelriss, Benno, Pseudonym
→ Härtling, Peter.

Xiaoping, Deng (1904–1997), chines. Politiker 787

Xingjian, Gao (*1940), chines. Schriftsteller, 2000 Literaturnobelpreis 748

Yan, Ke (1929–2011), chines. Schriftstellerin 724

Young, Neil (*1945), kanad. Rockmusiker 616

Yushu, Zhang (*1934), chines. Literaturwissenschaftler und Übersetzer **723**ff.

Zahl, Peter-Paul (1944–2011), Schriftsteller, 1974 wegen eines Schusswechsels mit der Polizei zu vier Jahren, in einem neuen Verfahren 1976 zu fünfzehn Jahren Haft verurteilt, 1982 Haftentlassung **234 270**

Zaimoglu, Feridun (*1964), Schriftsteller 505 743 744

Zalewski, Edmund (1923–2011), ehemaliger Angehöriger der Waffen-SS, Schriftführer des Veteranenvereins »Kameradschaft Frundsberg« 712

Zappa, Frank (1940–1993), amerik. Rockmusiker 744

Zeh, Juli (*1974), Schriftstellerin **618**

ZEIT-Redaktion 90 132 165

Zeman, Miloš (*1944), tschech. Politiker (ČSSD), 1998–2002 Premierminister 559 **560**

Ziem, Jochen (1932–1994), Schriftsteller, verließ 1956 die DDR 114f. 131f.

Ziesel, Kurt (1911–2001), österr. Schriftsteller und Journalist, überzeugter Nationalsozialist, Mitglied mehrerer rechtsextremer Organisationen, 1969 Mitinitiator eines »Komitees zum Schutz der Bürger gegen Diffamierung durch die Linkspresse«, führte mehrere Prozesse u. a. gegen G. Grass, H. Böll und W. Brandt **42f.** 65 71 **127f.** 163 163f.

Zimmer, Dieter E. (*1934), Literaturkritiker, Übersetzer und Schriftsteller, 1973–1977 Feuilletonchef der *ZEIT* 110 **261**

Zimmermann, Harro (*1949), Literaturwissenschaftler 565

Zippert, Hans (*1957), Satiriker und Kolumnist, 1990–1995 Chefredakteur der Satirezeitschrift *Titanic* 757 **760**

Zöger, Heinz (1915–2000), Journalist, seit 1971 mit C. Stern verheiratet 247 333 562 601

Zola, Émile (1840–1902), frz. Schriftsteller 542 744 784

Zuckmayer, Alice (1901–1991), österr. Schriftstellerin, seit 1925 mit C. Zuckmayer verheiratet 79 84

Zuckmayer, Carl (1896–1977), Schriftsteller, 1929 Georg-Büchner-Preis 79 **79** [105] **157**

Żukrowski, Wojciech (1916–2000), poln. Schriftsteller **62**

Zwaanenburg, Jos (*1958), niederl. Musiker und Komponist **371**

Zweig, Arnold (1887–1968), Schriftsteller, kehrte 1948 aus dem Exil nach Ostberlin zurück 37 **136**

Zwerenz, Gerhard (1925–2015), Schriftsteller, 1994–1998 PDS-Bundestagsabgeordneter 43 71 **110** 111 **153** 191

Trotz intensiver Recherchen war es nicht in allen Fällen möglich, die Rechteinhaber der Texte und Zeichnungen ausfindig zu machen. Bei berechtigten Ansprüchen werden die Rechteinhaber gebeten, sich an den Verlag zu wenden.

1. Auflage 2017

© Copyright für die deutsche Ausgabe:
Steidl Verlag, Göttingen 2017
Alle deutschen Rechte vorbehalten

Lektorat: Dieter Stolz
Gestaltung: Victor Balko, Steidl Design
Umschlagsillustration: Paul Flora

Gesetzt aus der Baskerville
Gedruckt auf Schleipen Fly bläulichweiß 70 g

Steidl
Düstere Straße 4, 37073 Göttingen
Tel. +49 551 496060 / Fax +49 551 4960649
mail@steidl.de / www.steidl.de

ISBN 978—3—95829—243—7
Printed in Germany by Steidl